U0544547

◎知识产权经典译丛

国家知识产权局专利复审委员会组织编译

欧洲专利局上诉委员会判例法

（第6版）

欧洲专利局上诉委员会◎编

北京同达信恒知识产权代理有限公司◎主持翻译

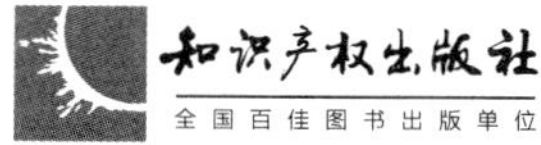

图书在版编目（CIP）数据

欧洲专利局上诉委员会判例法（第6版）/欧洲专利局上诉委员会编；北京同达信恒知识产权代理有限公司主持翻译. —北京：知识产权出版社，2016.1

书名原文：Case Law of the Boards of Appeal of the European Patent Office(Sixth Edition)

ISBN 978-7-5130-3956-7

Ⅰ.①欧… Ⅱ.①欧… ②北… Ⅲ.①专利权法—审判—案例—欧洲 Ⅳ.①D950.3

中国版本图书馆CIP数据核字（2015）第307609号

内容提要

本书以介绍2009年之前欧洲专利局上诉委员会的判例为依托，辅以案例索引、EPC法条索引及词汇索引等信息，详细介绍了欧洲专利申请的要求、修改、申请的法律流程、分案申请、机构事项等，是中国企业利用专利法律工具走向欧洲的必备参考工具书。同时也为我国专利制度的发展和完善提供了很好的借鉴和参考。

策划编辑：卢海鹰　倪江云　　**责任校对：**董志英
责任编辑：卢海鹰　　**责任出版：**刘译文
执行编辑：王祝兰　王玉茂　可　为

知识产权经典译丛
国家知识产权局专利复审委员会组织编译
欧洲专利局上诉委员会判例法（第6版）
欧洲专利局上诉委员会　编
北京同达信恒知识产权代理有限公司　主持翻译

出版发行：知识产权出版社有限责任公司　　**网　　址：**http://www.ipph.cn
社　　址：北京市海淀区马甸南村1号(邮编:100088)　　**天猫旗舰店：**http://zscqcbs.tmall.com
责编电话：010-82000860转8122　　**责编邮箱：**wangyumao@cnipr.com
发行电话：010-82000860转8101/8102　　**发行传真：**010-82000893/82005070/82000270
印　　刷：北京科信印刷有限公司　　**经　　销：**各大网上书店、新华书店及相关专业书店
开　　本：720mm×1000mm　1/16　　**印　　张：**68
版　　次：2016年1月第1版　　**印　　次：**2016年1月第1次印刷
字　　数：1300千字　　**定　　价：**260.00元
ISBN 978-7-5130-3956-7
京权图字：01-2012-5092

序

当今世界，经济全球化不断深入，知识经济方兴未艾，创新已然成为引领经济发展和推动社会进步的重要力量，发挥着越来越关键的作用。知识产权作为激励创新的基本保障，发展的重要资源和竞争力的核心要素，受到各方越来越多的重视。

现代知识产权制度发端于西方，迄今已有几百年的历史。在这几百年的发展历程中，西方不仅构筑了坚实的理论基础，也积累了丰富的实践经验。与国外相比，知识产权制度在我国则起步较晚，直到改革开放以后才得以正式建立。尽管过去三十多年，我国知识产权事业取得了举世公认的巨大成就，已成为一个名副其实的知识产权大国。但必须清醒地看到，无论是在知识产权理论构建上，还是在实践探索上，我们与发达国家相比都存在不小的差距，需要我们为之继续付出不懈的努力和探索。

长期以来，党中央、国务院高度重视知识产权工作，特别是十八大以来，更是将知识产权工作提到了前所未有的高度，作出了一系列重大部署，确立了全新的发展目标。强调要让知识产权制度成为激励创新的基本保障，要深入实施知识产权战略，加强知识产权运用和保护，加快建设知识产权强国。结合近年来的实践和探索，我们也凝练提出了“中国特色、世界水平”的知识产权强国建设目标定位，明确了“点线面结合、局省市联动、国内外统筹”的知识产权强国建设总体思路，奋力开启了知识产权强国建设的新征程。当然，我们也深刻地认识到，建设知识产权强国对我们而言不是一件简单的事情，它既是一个理论创新，也是一个实践创新，需要秉持开放态度，积极借鉴国外成功经验和做法，实现自身更好更快的发展。

自 2011 年起，国家知识产权局专利复审委员会携手知识产权出版社，每年有计划地从国外遴选一批知识产权经典著作，组织翻译出版了《知识产权经典译丛》。这些译著中既有涉及知识产权工作者所关注和研究的法律和理论问题，也有各个国家知识产权方面的实践经验总结，包括知识产权案件的经典判例等，具有很高的参考价值。这项工作的开展，为我们学习借鉴各国知识产权的经验做法，了解知识产权的发展历程，提供了有力支撑，受到了业界的广泛好评。如今，我们进入了建设知识产权强国新的发展阶段，这一工作的现实意义更加凸显。衷心希望专利复审委员会和知识产权出版社强强合作，各展所长，继续把这项工作做下去，并争取做得越来越好，使知识产权经典著作的翻译更加全面、更加深入、更加系统，也更有针对性、时效性和可借鉴性，促进我国的知识产权理论研究与实践探索，为知识产权强国建设作出新的更大的贡献。

当然，在翻译介绍国外知识产权经典著作的同时，也希望能够将我们国家在知识产权领域的理论研究成果和实践探索经验及时翻译推介出去，促进双向交流，努力为世界知识产权制度的发展与进步作出我们的贡献，让世界知识产权领域有越来越多的中国声音，这也是我们建设知识产权强国一个题中应有之意。

申长雨

2015 年 11 月

《知识产权经典译丛》
编审委员会

第 6 版前言

欧洲专利局上诉委员会经过三十多年时间，形成了大量《欧洲专利公约》判例法。自从 1979 年 3 月作出第一个决定以来，上诉委员会已处理超过 28 000个案例。此外，上诉扩大委员会的 90 多个决定或意见已阐明具有根本重要性的法律点，以确保法律适用的统一。

第 6 版《欧洲专利局上诉委员会判例法》包含 2009 年年底之前的决定，还考虑了 2010 年前两个月签发的大量重要决定。本书遵循与前一版本相同的一般模式，将判例法分成若干主题，通过所选决定的简短摘要来说明每个主题。按照 EPC 2000 将各个章节进行了全面修改和更新。

本书的目的是帮助欧洲专利制度的用户查找所需决定。无论摘要写得多么仔细，还是需要研究实际决定。在欧洲专利局网站（www. epo. org）可以完全免费查询自 1979 年以来作出的所有决定。通过参考号或检索词可以查询到这些决定。在“ESPACE Legal” DVD 上也可获得这些决定，该 DVD 每年出版两次。

借此机会，感谢法律研究部人员的工作，他们对文本进行了修改，对三种官方语言的综合索引和案例表进行了统一更新。同时感谢欧洲专利局语言服务部，因为他们的合作和辛苦努力，本书才能同时以三个官方语言出版。还要感谢所有为本书出版工作提供协助的其他欧洲专利局职员。

欧洲专利局上诉委员会判例法的最新报告为关心欧洲专利法的人员提供了全面的有用信息。读者还可参阅欧洲专利局官方公报的年度《上诉委员会判例法》特别版。

阅读本报告的人一定都能发现它的实用之处。

Peter Messerli

上诉扩大委员会主席

总司 3　副局长

读者指南

1. 缩略词

Art.	条
BlfPMZ	《专利、外观设计和商标期刊》（德国期刊）
Budapest Treaty	《国际承认微生物保藏布达佩斯协议》（布达佩斯条约）
CAFC	美国联邦巡回上诉法院
cf.	比较
Corr.	勘误表
DBA	上诉惩戒委员会
DG	欧洲专利局总司
DPMA	德国专利商标局
EC	欧洲共同体
ed.	版本
eg	例如
EPC	《欧洲专利公约》
epi	欧洲专利协会（欧洲专利局专业代理人协会）
EPO	欧洲专利局
EQE	欧洲资格考试
et seq.	及其后
GRUR	《知识产权保护期刊》（德国期刊）
Guidelines	《欧洲专利局审查指南》（指南）
ie	即
IPEA	国际初步审查单位
IPER	国际初审报告

IRB	国际专利协会
IRPI	法国知识产权研究协会
ISA	国际检索单位
ISPE Guidelines	《国际检索与初步审查指南》（ISPE 指南）
no.	号
OJ	《欧洲专利局公报》
OJ SE	《欧洲专利局公报》特别版（OJ 特别版）
Paris Convention	《保护工业产权巴黎公约》（巴黎公约）
PCT	《专利合作条约》
R.	细则
RDR	专业代理人惩戒规则
REE	欧洲专业代理人资格考试规则
rev.	经修改
RPBA	上诉委员会程序规则
RPEBA	上诉扩大委员会程序规则
RFees	收费规则
TRIPS	《与贸易有关的知识产权协定》
UPOV	植物新品种保护国际联盟
USPTO	美国专利商标局
WIPO	世界知识产权组织

2. 引　　用

(a) 引用的 EPC 条款及其细则引自作出决定时有效的版本。

(b) 2000 年修改 2007 年生效的 EPC 文本，在引用时不写“2000”。引用在这之前有效的文本时写为“EPC 1973”。

(c) 引用 EPO 公报时的写法是 OJ 后面加上公布年份和页码（例如 OJ 1993, 408）。

(d) 上诉委员会的决定已在 OJ 中**公布**的，给出参考号。决定**未**在 OJ 中**公布**的，通常给出案号。在案件表中列出了所有引用的决定的著录数据［参考号、作出决定的委员会、决定日以及（若适用）OJ 中的引用］。

3. 案　　号

案号的写法是**字母**后面加上**数字**序列：

G　　上诉扩大委员会关于移送案件的决定和意见

R　　上诉扩大委员会关于复核呈请的决定

J　　法律上诉委员会的决定

T　　技术上诉委员会的决定

W　　技术上诉委员会根据 PCT 细则第 40.2 条或第 68.3 条的决定

D　　上诉惩戒委员会的决定

斜线前面的数字是按 DG 3 收到的时间顺序分配的**序号**。斜线后面的两位数字表示 DG 3 **收到**上诉的**年份**。

意见G 3/08的提要

本提要仅以法律程序的语言公布。

1. EPO局长在行使其移送权时，有权充分利用EPC第112（1）（b）条所赋予的自由裁量权，即使在相对较短时间之后他/她对移送必要性的理解发生了变化。

2. 根据EPC第112(1)(b)条，具有不同人员组成的一个技术上诉委员会的不同决定可以成为可接纳EPO局长将某个法律要点转给上诉扩大委员会的依据。

3. 由于EPC第112(1)(b)条的措辞在“不同的”（different/abweichende/divergent）决定的含义方面不明确，必须根据《维也纳条约法公约》（VCLT）的第31条考虑其宗旨和目的对该条款进行解释。根据EPC第112(1)(b)条的规定，移送权的目的是建立欧洲专利系统内的法律统一性。考虑到局长将法律问题转给上诉扩大委员会的权利的目的，“不同的决定”这一概念必须限制性地理解为“冲突的决定”。

4. 法律发展的概念是解释EPC第112(1)(b)条中“不同的决定”这个概念时必须认真考虑的另一个因素。无论采用哪种解释方法，法律发展都是其适用性的一个必要方面，因此是司法活动固有的特征。所以，法律发展本身不能形成移送案件的依据，仅仅因为新的法律和/或技术领域中的判例法不是一直按照线性方式发展，早先的方法可能被抛弃或修改。

5. 法律裁定不仅在于裁决，而且在于理由。因此上诉扩大委员会可以在审查两个决定是否满足EPC第112(1)(b)条的要求时将附带意见纳入考虑。

6. 在T 424/03中，微软确实偏离了T 1173/97表达的观点，IBM担心计算机可读介质上的程序的权利要求是否一定能避免EPC第52（2）条的可专利性除外情况。然而，这是判例法的法律发展，并不存在可使局长将该法律要点转给上诉扩大委员会的偏离。

7. 上诉扩大委员会未能发现局长声称有分歧的决定的理由之间存在任何其他不一致之处。因此，根据EPC第112(1)(b)条的规定该移送案件是可接纳的。

简　目

第 6 版前言 …………………………………………………………（1）

读者指南 …………………………………………………………（1）

1. 缩略词 …………………………………………………………（1）
2. 引用 …………………………………………………………（2）
3. 案号 …………………………………………………………（2）

意见 G 3/08 的提要 …………………………………………………………（1）

第 1 章　可专利性 …………………………………………………………（1）

A. 可授予专利的发明 …………………………………………………………（1）
B. 可专利性的例外情形 …………………………………………………………（34）
C. 新颖性 …………………………………………………………（59）
D. 创造性 …………………………………………………………（152）
E. EPC 第 57 条规定的工业实用性的要求 …………………………………………………………（207）

第 2 章　申请需要满足的条件 …………………………………………………………（213）

A. 披露的充分性 …………………………………………………………（213）
B. 权利要求 …………………………………………………………（233）
C. 发明的单一性 …………………………………………………………（272）

第 3 章　修改 …………………………………………………………（294）

A. EPC 第 123（2）条 …………………………………………………………（294）
B. EPC 第 123（3）条 …………………………………………………………（331）
C. EPC 第 123（2）条与 EPC 第 123（3）条之间的关系 …………………………………………………………（341）
D. EPC 细则第 139 条 …………………………………………………………（344）
E. 准许修改和修正的证明标准 …………………………………………………………（347）

第4章　分案申请 …………………………………………………… (349)

第5章　优先权 …………………………………………………… (368)

A. 产生优先权的申请——一般性问题 …………………………… (369)
B. 发明的同一性 ………………………………………………… (371)
C. 首次申请 ……………………………………………………… (386)
D. 部分和多项优先权 …………………………………………… (389)

第6章　所有EPO法律程序的共同规则 …………………………… (393)

A. 合法期望保护原则 …………………………………………… (393)
B. 陈述权 ………………………………………………………… (405)
C. 口头法律程序 ………………………………………………… (420)
D. 时限、进一步处理与法律程序的中断 ………………………… (442)
E. 权利恢复 ……………………………………………………… (453)
F. 收费规则 ……………………………………………………… (492)
G. 程序步骤 ……………………………………………………… (496)
H. 证据法 ………………………………………………………… (503)
I. 代理 …………………………………………………………… (527)
J. EPO部门的决定 ……………………………………………… (544)
K. 其他程序问题 ………………………………………………… (576)
L. 对EPC的解释 ………………………………………………… (588)
M. 获得欧洲专利的权利 ………………………………………… (593)

第7章　EPO法律程序 ……………………………………………… (595)

A. 初步和形式审查 ……………………………………………… (595)
B. 审查程序 ……………………………………………………… (608)
C. 异议和上诉法律程序的特殊之处 …………………………… (646)
D. 异议程序 ……………………………………………………… (702)
E. 上诉程序 ……………………………………………………… (755)

第8章　上诉惩戒委员会的法律程序 ……………………………… (859)

第9章　作为PCT专利局的EPO …………………………………… (872)

A. 上诉委员会在PCT规定的抗议法律程序中的权限 …………… (872)
B. 作为指定或选定局的EPO …………………………………… (873)

详　目

第 6 版前言 …………………………………………………………（1）
读者指南 ……………………………………………………………（1）
1. 缩略词 ……………………………………………………………（1）
2. 引用 ………………………………………………………………（2）
3. 案号 ………………………………………………………………（2）

意见 G 3/08 的提要 …………………………………………………（1）

第 1 章　可专利性 ……………………………………………………（1）
A. 可授予专利的发明 …………………………………………………（1）
1. 技术发明的专利保护 ……………………………………………（1）
1.1　发明的技术性质 ………………………………………………（2）
1.2　分开且独立的可专利性要求 …………………………………（3）
1.3　绝对和相对的可专利性要求 …………………………………（3）
1.4　审查 EPC 第 52 条规定的主题或活动 ………………………（4）
1.4.1　独立于发明贡献的审查 ……………………………………（4）
1.4.2　技术考量 ……………………………………………………（5）
1.5　具有技术和非技术主题的发明 ………………………………（8）
1.6　将发明作为整体进行判断 ……………………………………（9）
2. EPC 第 52（2）条和第 52（3）条规定的非发明 ………………（10）
2.1　简介 ……………………………………………………………（10）
2.2　发现、科学理论和数学方法 …………………………………（12）
2.2.1　发现和科学理论 ……………………………………………（12）
2.2.2　数学方法 ……………………………………………………（13）
2.3　美学创作 ………………………………………………………（14）
2.4　计算机实现的发明 ……………………………………………（15）

2.4.1 一般性问题 …… (15)
2.4.2 排除本身为计算机程序的主题 …… (17)
2.4.3 计算机程序产品的权利要求 …… (18)
2.4.4 技术性质和计算机程序 …… (19)
2.4.5 计算机编程 …… (22)
2.4.6 控制和操作程序 …… (23)
2.5 用于进行心智行为、进行比赛游戏或经营商业的方案、规则和方法 …… (24)
2.5.1 经营商业的方法 …… (24)
2.5.2 进行心智行为方法 …… (27)
2.5.3 文字处理 …… (28)
2.6 信息呈现 …… (32)
B. 可专利性的例外情形 …… (34)
1. 简介 …… (34)
2. 违背“公共秩序”或道德 …… (35)
3. 生物发明的可专利性 …… (40)
3.1 植物和植物品种 …… (40)
3.2 动物和动物物种 …… (42)
3.3 本质上生物的方法 …… (43)
3.4 微生物方法及其产品 …… (45)
4. 医学方法 …… (47)
4.1 简介 …… (47)
4.2 使用手术或疗法的治疗方法和诊断方法 …… (48)
4.2.1 一般方法 …… (48)
4.2.2 从业者的参与 …… (48)
4.3 手术方法——G 1/07 …… (49)
4.3.1 关于“手术治疗”的新概念 …… (49)
4.3.2 分步式方法中的一个手术步骤 …… (49)
4.3.3 手术治疗不局限于疗法目的的手术 …… (50)
4.3.4 避免根据EPC第53（c）条将手术疗法排除在专利保护之外 …… (50)
4.3.5 手术过程中获得的数据 …… (51)
4.4 疗法方法 …… (51)
4.4.1 “疗法”的含义 …… (52)
4.4.2 既包括疗法又包括非疗法的方法 …… (53)

4.5 诊断方法——G 1/04 …………………………………………………… (56)
4.5.1 构成“诊断方法”的情形 ………………………………………… (56)
4.5.2 从业者的参与 ………………………………………………………… (57)
4.5.3 “在人体或动物体上实行”的标准 ……………………………… (57)
4.5.4 涉及诊断方法的权利要求的清楚性 …………………………… (58)
4.5.5 除外范围 ……………………………………………………………… (58)
4.5.6 具有诊断相关性的中间发现 ……………………………………… (58)
4.6 适用了 G 1/04 确立的原则的判例法 ……………………………… (59)
C. 新颖性 ………………………………………………………………………… (59)
1. 定义现有技术 ……………………………………………………………… (60)
1.1 相关的时间点 …………………………………………………………… (60)
1.2 欧洲优先权 ……………………………………………………………… (60)
1.3 作为现有技术的 PCT 申请 …………………………………………… (61)
1.4 优先权日之前未公开的内部知识 …………………………………… (62)
1.5 “公知常识”的定义 …………………………………………………… (62)
1.6 被排除的国家优先权 …………………………………………………… (63)
1.7 EPC 第 55 条 …………………………………………………………… (64)
1.8 公众可获得性 …………………………………………………………… (65)
1.8.1 公开 ……………………………………………………………………… (65)
1.8.2 宣传册 …………………………………………………………………… (68)
1.8.3 讲演 ……………………………………………………………………… (68)
1.8.4 文件的摘要 ……………………………………………………………… (69)
1.8.5 口头披露的重现 ………………………………………………………… (69)
1.8.6 在先使用 ………………………………………………………………… (70)
1.8.7 生物材料 ………………………………………………………………… (70)
1.8.8 “公众”的概念 ………………………………………………………… (71)
1.8.9 保密义务 ………………………………………………………………… (72)
1.9 证据问题 ………………………………………………………………… (80)
1.9.1 证据性质 ………………………………………………………………… (80)
1.9.2 举证责任 ………………………………………………………………… (80)
1.9.3 证明标准 ………………………………………………………………… (81)
1.9.4 互联网检索的信息可获得性日期的证明 …………………………… (84)
1.9.5 EPO 主动审查的义务 ………………………………………………… (86)
2. 确定相关现有技术的内容 ……………………………………………… (86)

2.1 一般解释规则 …… (86)
2.2 现有技术文件中的组合 …… (89)
2.3 考虑隐含特征 …… (90)
2.4 考虑固有特征 …… (92)
2.5 考虑等同物 …… (93)
2.6 考虑附图 …… (93)
2.7 考虑示例 …… (94)
2.8 在先使用的判断 …… (95)
2.9 宽泛的权利要求 …… (98)
2.10 披露中的缺陷和错误 …… (98)
2.11 意外披露 …… (99)
2.12 披露内容的可再现性 …… (100)
3. 确定不同点 …… (102)
3.1 对比来自现有技术的个别项目 …… (102)
3.2 区别特征 …… (103)
3.2.1 措辞上的不同 …… (104)
3.2.2 值的不同 …… (105)
3.2.3 组合物方面的差异 …… (106)
3.2.4 必然获得的产物 …… (107)
3.2.5 功能性特征 …… (107)
3.2.6 一般披露 …… (107)
3.2.7 具有方法特征的产品权利要求 …… (109)
3.2.8 非技术性的或者不包含技术特征的区别特征 …… (109)
4. 化学发明和选择发明 …… (110)
4.1 化学化合物和化合物群组的新颖性 …… (111)
4.1.1 某些化合物的预期 …… (112)
4.1.2 物质群组的新颖性 …… (115)
4.1.3 对映体的新颖性 …… (116)
4.1.4 获得更高纯度 …… (117)
4.2 参数范围的选择 …… (120)
4.2.1 从较广的范围内进行选择 …… (120)
4.2.2 重叠范围 …… (122)
4.2.3 多项选择 …… (123)
4.3 主题群组 …… (125)

5. 用途的新颖性 …………………………………………………………… (126)
5.1 第一医学用途 …………………………………………………………… (126)
5.1.1 简介 …………………………………………………………… (126)
5.1.2 与目的有关的产品权利要求的范围…………………………………… (127)
5.1.3 保护以“部件箱”的形式存在的制剂…………………………………… (128)
5.1.4 与现有技术相比较的进一步技术信息…………………………………… (129)
5.2 第二（或者进一步）医学应用 …………………………………………… (129)
5.2.1 简介 …………………………………………………………… (129)
5.2.2 EPC 1973 下权利要求的表述方式 ………………………………… (130)
5.2.3 EPC 第 54（5）条下权利要求的表述方式 ………………………… (134)
5.2.4 疗法应用的新颖性……………………………………………… (136)
5.3 第二（或进一步）非医学用途…………………………………………… (144)
5.3.1 包含目的特征的用途权利要求和方法权利要求的新颖性标准 … (144)
5.3.2 EPC 1973 第 52（4）条看非医学用途权利要求的目的说明 …… (151)
5.3.3 具有目的特征的产品权利要求的新颖性标准 ……………………… (151)
D. 创造性 …………………………………………………………………… (152)
1. 简介 …………………………………………………………………… (152)
2. 问题和解决方案方法 …………………………………………………… (153)
3. 最接近的现有技术 ……………………………………………………… (154)
3.1 确定一般最接近的现有技术 ……………………………………… (154)
3.2 相同目的或效果 …………………………………………………… (155)
3.3 技术问题的相似性 ………………………………………………… (155)
3.4 最有前景的跳板 …………………………………………………… (156)
3.5 选择最有前景的出发点 …………………………………………… (157)
3.6 已知产品生产方法的改进 ………………………………………… (158)
3.7 旧的现有技术文件作为最接近的现有技术 ……………………… (159)
4. 技术问题 ………………………………………………………………… (160)
4.1 技术问题的确定 …………………………………………………… (160)
4.2 指称的优点 ………………………………………………………… (161)
4.3 技术问题的陈述 …………………………………………………… (161)
4.3.1 无解决方案提示 ………………………………………………… (161)
4.3.2 专利申请中作为出发点而构建的问题 ………………………… (162)
4.3.3 部分问题的构建：缺乏单一性 ………………………………… (162)
4.4 技术问题的再构建 ………………………………………………… (163)

4.5 已知问题的替代解决方案 …………………………（165）
4.6 解决技术问题：公开后的文件 ……………………（165）
5. “能够—会方法”和事后分析 ……………………（166）
6. 成功期望，尤其是在遗传工程和生物技术领域 ……（167）
7. 技术人员 …………………………………………（170）
7.1 技术人员的定义 …………………………………（170）
7.1.1 定义 ……………………………………………（170）
7.1.2 有能力的技术人员——作为“技术人员”的一群人 ……（171）
7.1.3 生物技术领域的技术人员的定义 ………………（172）
7.1.4 计算机实现的发明中的技术人员的确定 …………（173）
7.2 邻近领域 …………………………………………（173）
7.3 技术人员——知识水平 …………………………（175）
7.4 不同技术领域的日常用品 ………………………（176）
8. 创造性的判断 ……………………………………（177）
8.1 技术特征和非技术特征的处理 …………………（177）
8.1.1 发明的技术性质 ………………………………（177）
8.1.2 问题和解决方案方法 …………………………（178）
8.1.3 确定技术特征 …………………………………（179）
8.1.4 技术效果的判断 ………………………………（181）
8.1.5 技术问题的构建 ………………………………（182）
8.2 组合发明 …………………………………………（184）
8.2.1 组合发明的存在 ………………………………（184）
8.2.2 部分问题 ………………………………………（185）
8.3 现有技术文件中的技术披露 ……………………（186）
8.4 对问题解决方案无贡献的特征 …………………（186）
8.5 可预见不利的或技术上非功能的修改 …………（187）
8.6 材料替换——类似使用 …………………………（187）
8.7 文件组合 …………………………………………（188）
8.8 化学发明 …………………………………………（189）
8.8.1 问题和解决方案方法 …………………………（189）
8.8.2 结构相似性 ……………………………………（189）
8.8.3 宽范围的权利要求 ……………………………（190）
8.8.4 中间产物 ………………………………………（191）
8.9 等同物 ……………………………………………（192）

8.10 问题发明 …………………………………………………………… (192)
8.11 已知手段的新用途 ……………………………………………… (193)
8.12 显而易见的新用途 ……………………………………………… (194)
8.13 需要提高性能 …………………………………………………… (194)
8.14 权利放弃 ………………………………………………………… (195)
8.15 参数优化 ………………………………………………………… (195)
8.16 商用方法的小幅改进 …………………………………………… (196)
8.17 医学领域创造性的证据 ………………………………………… (196)
8.18 类似工艺——可以想象的产品 ………………………………… (196)
8.19 否定创造性的示例 ……………………………………………… (197)
8.19.1 程序步骤颠倒 ……………………………………………… (197)
8.19.2 有目的选择 ………………………………………………… (197)
8.19.3 自动化 ……………………………………………………… (197)
8.19.4 常规试验 …………………………………………………… (198)
8.19.5 复杂技术的简化 …………………………………………… (198)
8.19.6 在几个显而易见的方案中选择一个方案 ………………… (198)
8.19.7 一些显而易见的步骤 ……………………………………… (199)
8.19.8 从显而易见的替代方案中选择 …………………………… (199)
9. 判断创造性的次要因素 ……………………………………………… (199)
9.1 一般性问题 ………………………………………………………… (199)
9.2 技术偏见 …………………………………………………………… (200)
9.3 文件年代——时间因素 …………………………………………… (201)
9.4 满足长期需要 ……………………………………………………… (202)
9.5 商业上的成功 ……………………………………………………… (202)
9.6 市场竞争对手 ……………………………………………………… (203)
9.7 简单的方案 ………………………………………………………… (204)
9.8 预料不到的效果——红利效果 …………………………………… (204)
9.9 比较测试 …………………………………………………………… (206)
E. EPC 第 57 条规定的工业实用性的要求 ……………………………… (207)
1. "工业实用"的概念 …………………………………………………… (207)
1.1 一般性问题 ………………………………………………………… (207)
1.2 指出发明在工业中的盈利用途 …………………………………… (209)
2. 决定工业实用性的标记 ……………………………………………… (211)
2.1 应用于私人领域的方法 …………………………………………… (211)

2.2 企业提供服务的可能性 …………………………………… (212)
2.3 权利要求的表述——其他标准 …………………………………… (212)

第2章 申请需要满足的条件 …………………………………… (213)
A. 披露的充分性 …………………………………… (213)
1. 与判断披露的充分性相关的申请的组成部分 …………………………………… (213)
2. 与判断披露的充分性相关的技术人员的知识 …………………………………… (214)
3. 披露的清楚性和完整性 …………………………………… (215)
4. 可再现性 …………………………………… (218)
4.1 一般原则 …………………………………… (218)
4.2 没有不当负担的可再现性 …………………………………… (219)
4.3 后出版的文件 …………………………………… (222)
5. 在生物技术领域中披露充分性的要求 …………………………………… (222)
5.1 披露的清楚性和完整性 …………………………………… (222)
5.1.1 概述 …………………………………… (222)
5.1.2 不当负担裁断的影响因素 …………………………………… (224)
5.2 活体材料的保藏 …………………………………… (226)
5.2.1 实体法问题 …………………………………… (226)
5.2.2 程序法问题 …………………………………… (227)
6. EPC第83条和第84条之间的关系 …………………………………… (228)
6.1 EPC第83条以及说明书的支持 …………………………………… (228)
6.2 EPC第83条和权利要求的清楚性 …………………………………… (229)
7. 证据 …………………………………… (232)
B. 权利要求 …………………………………… (233)
1. 清楚性 …………………………………… (234)
1.1 关于权利要求文本的原则 …………………………………… (234)
1.1.1 概述 …………………………………… (234)
1.1.2 通过参数描述产品特征 …………………………………… (237)
1.1.3 引用说明书或附图 …………………………………… (238)
1.1.4 指明所有必要特征 …………………………………… (239)
1.1.5 宽泛权利要求的清楚性 …………………………………… (241)
1.1.6 与权利要求的类别有关的原则 …………………………………… (242)
1.2 原则的例外 …………………………………… (243)
1.2.1 权利放弃 …………………………………… (243)

1.2.2 功能性特征 …………………………………………………… (247)
1.2.3 未指明的特征和相对特性 ……………………………………… (249)
2. 简洁性 ………………………………………………………………… (251)
2.1 概述 ……………………………………………………………… (251)
2.2 EPC 细则第 43 (2) 条 ……………………………………………… (252)
2.2.1 条件 …………………………………………………………… (252)
2.2.2 举证责任 ……………………………………………………… (253)
2.2.3 异议法律程序中的适用性 ……………………………………… (254)
3. 权利要求的形式 ……………………………………………………… (254)
3.1 一部分或两部分形式的权利要求 ………………………………… (254)
3.2 与两部分形式权利要求有关的具体问题 ………………………… (255)
4. 权利要求得到说明书的支持 ………………………………………… (256)
4.1 一般原则 ………………………………………………………… (256)
4.2 权利要求指出所有必要特征的要求 ……………………………… (257)
4.3 对说明书中的技术信息和举出的示例进行概括的限制 …… (258)
4.4 使说明书与修改的权利要求一致 ………………………………… (259)
5. 权利要求的解释 ……………………………………………………… (260)
5.1 一般原则 ………………………………………………………… (260)
5.2 术语的含义 ……………………………………………………… (261)
5.3 使用说明书和附图来解释权利要求 ……………………………… (262)
5.3.1 一般原则 ……………………………………………………… (262)
5.3.2 EPC 第 69 条的关联 …………………………………………… (263)
5.3.3 解释模糊术语或确认权利要求的文本 ………………………… (263)
5.3.4 将附加特征和限制读入权利要求 ……………………………… (264)
5.3.5 审查中涉及根据 EPC 第 84 条清楚性要求的使用 …………… (265)
5.3.6 就侵权而言未限定的保护范围 ………………………………… (267)
6. 以方法限定产品的权利要求 ………………………………………… (267)
6.1 介绍 ……………………………………………………………… (267)
6.2 要求保护的产品必须可授予专利权的要求 ……………………… (268)
6.3 权利要求保护的产品无法以其他方式描述的要求 ……………… (270)
6.4 产品和方法特征的组合 …………………………………………… (270)
6.5 方法限定产品型权利要求所给予的扩大保护 …………………… (271)
7. 权利要求费 …………………………………………………………… (271)
C. 发明的单一性 ………………………………………………………… (272)

1. 简介 …… (272)
2. 不同类型的权利要求在上下文中的单一性 …… (273)
2.1 多个独立权利要求 …… (273)
2.2 从属权利要求 …… (275)
2.3 中间产物 …… (275)
3. 判断发明缺乏单一性 …… (276)
3.1 一般方法——权利要求书的内容 …… (276)
3.2 通过国际检索单位（ISA）判断缺乏单一性 …… (277)
3.3 审查程序中缺乏单一性的判断 …… (278)
3.3.1 在程序不同阶段提出缺乏单一性 …… (279)
3.3.2 评价进一步检索费退还请求 …… (279)
3.4 在异议法律程序中不判断缺乏单一性 …… (280)
4. 确定缺乏单一性的标准 …… (281)
4.1 技术问题的确定 …… (281)
4.2 关于新颖性和创造性的审查 …… (282)
5. 一个总的发明构思 …… (283)
5.1 概述 …… (283)
5.2 一个总的构思的创造性特征 …… (285)
5.3 限定替代方式的单项权利要求的单一性（马库什权利要求） …… (288)
6. 多个发明和进一步检索费 …… (290)
6.1 不支付进一步检索费的后果 …… (290)
6.2 摒弃进一步的检索费 …… (292)
6.3 进一步要求支付附加检索费 …… (292)

第3章 修改 …… (294)
A. EPC第123（2）条 …… (294)
1. 一般性问题 …… (294)
2. 中位概述——未披露的组合 …… (302)
3. 技术贡献——特征的增加或删除 …… (305)
4. 权利放弃 …… (309)
4.1 适用的法律——决定G 1/03和G 2/03 …… (309)
4.2 适用G 1/03和G 2/03所确定标准的决定 …… (309)
4.3 G 1/03和G 2/03之前的判例法综述 …… (315)

5. 附图中的披露 …………………………………………………………（315）
6. 最初提交的申请：形式方面 ………………………………………………（318）
6.1 交叉引用 …………………………………………………………（318）
6.2 披露中的错误 ……………………………………………………（318）
6.2.1 计算错误 …………………………………………………………（318）
6.2.2 不正确的结构式 …………………………………………………（319）
6.2.3 基于错误进行的修改 ……………………………………………（319）
6.2.4 消除矛盾 …………………………………………………………（319）
6.3 后续增加细节 ……………………………………………………（321）
6.3.1 现有技术说明的修改 ……………………………………………（321）
6.3.2 后续增加效果 ……………………………………………………（322）
7. 判断修改允许性的“测试” ………………………………………………（322）
7.1 提交申请中修改的直接且毫无疑义的可推断性 ………………（323）
7.2 “是否必要性”测试 ……………………………………………（328）
7.3 “新颖性”测试 …………………………………………………（330）
B. EPC 第 123（3）条…………………………………………………………（331）
1. 一般性问题 ……………………………………………………………（331）
2. 特征的广义化 …………………………………………………………（335）
3. 特征的换位 ……………………………………………………………（336）
4. 权利要求类别的变化 …………………………………………………（336）
C. EPC 第 123（2）条与 EPC 第 123（3）条之间的关系…………………（341）
1. 发生冲突的情况 ………………………………………………………（341）
2. 上诉扩大委员会的 G1/93 决定 ………………………………………（341）
3. 解决例外情况下的冲突 ………………………………………………（343）
D. EPC 细则第 139 条 ………………………………………………………（344）
1. 与 EPC 第 123（2）条的关系…………………………………………（345）
2. 错误的明显性和修正 …………………………………………………（346）
E. 准许修改和修正的证明标准 ……………………………………………（347）

第 4 章 分案申请 ……………………………………………………………（349）
1. 分案申请的主题 ………………………………………………………（349）
1.1 简介 ………………………………………………………………（349）
2. 分案申请的有效性 ……………………………………………………（350）
2.1 转交给上诉扩大委员会的问题 …………………………………（350）

2.2 修改权——G1/05 …………………………………… (351)
2.3 系列分案申请——G1/06 …………………………………… (352)
3. 个案 …………………………………… (353)
4. 分案申请的修改 …………………………………… (355)
4.1 EPC第76（1）条与第123（2）条之间的联系 …………… (355)
4.2 个案 …………………………………… (356)
5. 重复专利 …………………………………… (358)
6. 提交分案申请 …………………………………… (359)
6.1 提交权 …………………………………… (359)
6.2 申请日 …………………………………… (360)
6.2.1 EPC1973细则第25（1）条的修改版本以及EPC细则第36（1）条和第36（2）条规定的新法律依据 …………… (360)
6.2.2 关于1988年10月1日版本的判例法 …………………… (362)
6.2.3 关于2002年1月2日版本的判例法 …………………… (363)
7. 程序问题 …………………………………… (363)
7.1 基本考虑 …………………………………… (363)
7.2 提交分案申请的目的或提交分案申请的权利 ……………… (364)
7.3 分案申请指定的缔约国 …………………………………… (365)
7.4 错误的修正 …………………………………… (366)

第5章 优先权 …………………………………… (368)
A. 产生优先权的申请——一般性问题 ……………………… (369)
1. 在/向《巴黎公约》缔约国或WTO成员递交的申请 …………… (369)
2. 申请人或其所有权继任者的优先权 ……………………… (369)
3. 工业品外观设计的国家保存 ……………………………… (370)
4. 展览优先权 …………………………………… (370)
5. 填迟在先申请的日期 …………………………………… (370)
6. 向一个缔约国多次行使优先权 ……………………………… (371)
B. 发明的同一性 …………………………………… (371)
1. 在先申请中披露在后申请中要求保护的发明 ……………… (372)
1.1 “相同发明”解释中的基本考虑事项 ……………………… (372)
1.2 修改和权利放弃 …………………………………… (373)
1.3 在作为整体的在先申请中的披露 …………………………… (373)
1.4 引用公知常识 …………………………………… (374)

1.5 明确或隐含披露优先权文件中的“必要”特征 ………… (375)
1.5.1 概述 ………… (375)
1.5.2 未披露必要特征的判例 ………… (375)
1.5.3 披露发明必要特征的判例 ………… (376)
1.6 相同问题的解决方案 ………… (377)
1.7 优先权文件中的相同教导 ………… (377)
1.8 误差容限和极限定义 ………… (378)
1.9 从一般披露中选出 ………… (379)
1.10 涉及核苷酸和氨基酸序列的发明 ………… (380)
2. 在后续申请中要求保护在先申请中所披露的发明 ………… (382)
2.1 后续申请的技术教导的隐含特征 ………… (382)
2.2 相对于在先申请缺失的特征 ………… (382)
2.2.1 省略非必要特征 ………… (382)
2.2.2 省略必要特征 ………… (383)
3. 能够在优先权文件中披露 ………… (384)
C. 首次申请 ………… (386)
1. 发明的同一性 ………… (386)
2. 申请人的同一性 ………… (388)
D. 部分和多项优先权 ………… (389)
1. 在优先权期限内公开 ………… (389)
2. 欧洲专利申请的不同部分的不同优先权 ………… (390)
3. 一个权利要求的多项优先权 ………… (390)

第6章 所有EPO法律程序的共同规则 ………… (393)
A. 合法期望保护原则 ………… (393)
1. 一般性问题 ………… (393)
1.1 合法期望的来源 ………… (394)
1.2 合法期望原则的案例 ………… (394)
1.3 合法期望保护原则的限制 ………… (396)
1.4 证明要求 ………… (397)
2. 提请注意容易补救的缺陷引起义务 ………… (397)
2.1 关于提请注意容易补救的缺陷的案例 ………… (398)
2.2 文件的电子提交 ………… (399)
2.3 提请注意容易补救的缺陷的义务的限制 ………… (400)

3. EPO 提供的免费服务 …… (401)
4. 偏离先前判例法的合法期望保护原则 …… (402)
4.1 概述 …… (402)
4.2 脱离现行实践做法的新决定开始具备普遍适用性的时间点 …… (403)
B. 陈述权 …… (405)
1. 一般原则 …… (405)
1.1 “理由或证据”的定义 …… (405)
1.2 一般原则的一些示例 …… (406)
1.3 一般原则的限制 …… (407)
1.4 陈述权与决定时间 …… (409)
2. 口头法律程序的陈述权 …… (410)
2.1 参加口头法律程序的权利 …… (410)
2.2 引入新权利要求、相关文件和新观点 …… (411)
2.2.1 引入新权利要求或相关文件的情况 …… (411)
2.2.2 未引入新的权利要求、相关文件或新观点的案例 …… (413)
2.3 口头法律程序后的变更 …… (413)
3. 缺席口头法律程序和陈述权 …… (413)
3.1 缺席口头法律程序——有关 G4/92 的判例法 …… (414)
3.2 缺席上诉委员会的口头审理 …… (416)
4. EPC 第 113（2）条 …… (417)
4.1 要求经申请人同意的文本 …… (418)
4.2 EPO 对文本认定的不确定或误解的案例 …… (419)
C. 口头法律程序 …… (420)
1. 参与口头法律程序的权利 …… (420)
1.1 一般原则 …… (420)
1.2 受理部之前口头法律程序的特殊案例 …… (420)
1.3 一般原则之实例 …… (421)
2. 请求口头法律程序 …… (422)
2.1 请求的措辞 …… (422)
2.1.1 构成请求的措辞 …… (422)
2.1.2 不构成请求的措辞 …… (422)
2.2 撤回请求 …… (423)
2.3 在同一部门进一步提起的口头法律程序 …… (424)

2.4 口头法律程序附加请求 …… (425)
2.5 在进一步审查程序中的口头法律程序请求 …… (426)
2.6 作为回复上诉委员会通信的口头法律程序请求 …… (426)
3. 缺席口头法律程序 …… (426)
3.1 提交意见的权利与一当事方选择缺席 …… (426)
3.2 不出席口头法律程序的通知义务 …… (427)
4. 口头法律程序的准备与举行 …… (428)
4.1 确定或推迟举行口头法律程序的日期 …… (428)
4.1.1 当事方、代理人或专家无法出席 …… (429)
4.1.2 新证据 …… (432)
4.1.3 在国家法院进行的法律程序 …… (432)
4.2 缩短传票通知时间 …… (432)
4.3 根据 RPBA 第 15（1）条规定发出的通信 …… (433)
4.4 EPC 细则第 116 条规定的解释与适用
(EPC1973 细则第 71a 条) …… (434)
4.4.1 审查和异议程序 …… (434)
4.4.2 上诉程序 …… (436)
4.5 进行口头法律程序的地点 …… (437)
4.6 计算机生成的演示文稿 …… (438)
4.7 口头法律程序记录（EPC 细则第 124 条） …… (439)
4.8 费用 …… (440)
4.8.1 费用分摊 …… (440)
4.8.2 口头法律程序中的口译费 …… (441)
5. 非公开口头法律程序 …… (441)
6. 委员会评议期间的助理出席 …… (442)
D. 时限、进一步处理与法律程序的中断 …… (442)
1. 时限的计算、确定与延长 …… (442)
1.1 根据 EPC 细则第 131 条计算时限 …… (442)
1.2 根据 EPC 细则第 132 条确定和延长期限 …… (443)
1.2.1 时限延长时的相关标准（EPC 细则第 132（2）条第二句） …… (443)
1.2.2 收费规则中 EPC 细则第 132 条的适用性 …… (444)
1.3 因法定假日或干扰依法延长时限 …… (444)
1.3.1 在缔约国中的邮寄中断（EPC 细则第 134（2）条） …… (444)
1.3.2 缔约国境外邮政服务的干扰（EPC 细则第 134（5）条） …… (445)

1.4 法定宽限期和假定遵守缴费时限 ……………………………… (446)
1.4.1 EPC 细则第51（2）条规定的续展费的延长期限……………… (446)
1.4.2 EPC1973 细则第85a 条规定的缴费宽限期 ……………………… (446)
1.4.3 根据收费规则第7（3）条和第7（4）条假定按时缴费 ……… (447)
2. EPC 第121 条规定的进一步处理 ……………………………… (448)
3. EPC 细则第142 条规定的程序中断 ……………………………… (449)
3.1 EPO 自行适用 EPC 细则第142 条……………………………… (449)
3.2 无行为能力的概念（EPC 细则第142（1）（a）条和第142（1）（c）条） ……………………………… (449)
3.3 根据 EPC 细则第142（1）条确定申请人或专利所有人的无行为能力 ……………………………… (449)
3.4 根据 EPC 细则第142（1）（c）条确定代理人的无行为能力 ……………………………… (450)
3.5 缔约国以外国家代理人的无行为能力 ……………………………… (451)
3.6 因破产导致的法律程序中断（EPC 细则第142（1）（b）条） ……………………………… (452)
3.7 程序中断的后果（EPC 细则第142（4）条） ……………… (452)
E. 权利恢复 ……………………………… (453)
1. EPC 2000 修正摘要 ……………………………… (453)
2. 权利恢复的适用性（EPC 第122（1）条） ……………………… (454)
2.1 “时限”的含义 ……………………………… (454)
2.2 作为 EPC 直接后果的权利丧失 ……………………………… (455)
2.3 申请人的行为疏忽 ……………………………… (455)
3. 权利恢复申请的可接纳性 ……………………………… (457)
3.1 能够对申请作出裁决的部门 ……………………………… (457)
3.2 提交权利恢复申请的时限（EPC 细则第136（1）条） …… (458)
3.2.1 自未遵守的原因消除起2个月时限……………………………… (459)
3.2.2 未遵守的时限届满日后1年的时限……………………………… (462)
3.3 补偿疏忽行为 ……………………………… (463)
3.4 申请的提交和证明 ……………………………… (463)
3.5 权利恢复申请中的缺陷修正 ……………………………… (465)
4. 根据 EPC 第122（4）条和 EPC 细则第136（3）条被排除在权利恢复之外的时限 ……………………………… (465)
5. PCT 申辩程序中有关时限的权利恢复 ……………………………… (467)

6. 法律程序的各方 …………………………………………………… (468)
7. 权利恢复申请的法律依据 ………………………………………… (469)
7.1 纳入考虑的递交材料 ……………………………………………… (469)
7.2 没有能力遵守时限 ………………………………………………… (470)
7.2.1 财务困难 ………………………………………………………… (470)
7.2.2 策略考量 ………………………………………………………… (470)
7.3 应有的谨慎的一般评述 …………………………………………… (471)
7.3.1 简介 ……………………………………………………………… (471)
7.3.2 例外情况 ………………………………………………………… (472)
7.3.3 在符合要求的时限监测系统范围内的个别错误 ……………… (473)
7.4 要求实施"应有的谨慎"的人员和关于
"应有的谨慎"的要求 ……………………………………… (478)
7.4.1 申请人"应有的谨慎" ………………………………………… (478)
7.4.2 专业代理人应有的谨慎 ………………………………………… (479)
7.4.3 非授权的代理人"应有的谨慎" ……………………………… (483)
7.4.4 对待助理应有的谨慎 …………………………………………… (484)
7.4.5 使用邮件递送服务时应有的谨慎 ……………………………… (488)
8. EPC 第122（5）条规定的使用权 ………………………………… (488)
9. 恢复原状——法律程序的中断 …………………………………… (489)
10. 一般中断期间在局长时限延长背景下的权利恢复 …………… (490)
11. 比例原则 ……………………………………………………………… (490)
12. 权利恢复费的退还 ………………………………………………… (491)
F. 收费规则 ……………………………………………………………… (492)
1. 概述 ……………………………………………………………… (492)
2. 费用缴纳 ………………………………………………………… (492)
2.1 缴纳方式 ……………………………………………………… (492)
2.2 付款通知单 …………………………………………………… (493)
2.3 指明款项用途 ………………………………………………… (494)
2.4 指定费 ………………………………………………………… (494)
3. 付款日期 ………………………………………………………… (495)
4. 小额欠费 ………………………………………………………… (495)
5. 审查费扣减 ……………………………………………………… (496)
G. 程序步骤 ……………………………………………………………… (496)
1. 一般原则 ………………………………………………………… (496)

2. 签名 …… (498)
3. 主请求和附属请求 …… (498)
3.1 可接纳性 …… (498)
3.2 请求的顺序 …… (499)
3.3 审查程序 …… (500)
3.4 异议程序 …… (502)
3.5 上诉程序 …… (502)
H. 证据法 …… (503)
1. 简介 …… (503)
2. 可接纳证据 …… (504)
2.1 未对可接纳证据进行明确的逐条列举 …… (504)
2.2 陈词证人和专家 …… (504)
2.3 书面宣誓声明和法定声明 …… (505)
2.4 其他证据 …… (507)
3. 取证 …… (507)
3.1 有权部门 …… (507)
3.2 时间范围 …… (507)
3.3 取证——被陈词的范围和权利 …… (507)
3.4 证据保管 …… (510)
4. 证据评估 …… (510)
4.1 不受约束地考查证据原则 …… (510)
4.2 证据的证明价值——个案 …… (511)
4.2.1 充分的证据 …… (511)
4.2.2 不充分的证据 …… (512)
4.3 “可能性的权衡”和证明标准——各种案件 …… (515)
4.3.1 公开在先使用 …… (515)
4.3.2 披露的内容 …… (516)
4.3.3 修改 …… (518)
4.3.4 主张有效的优先权 …… (518)
4.3.5 滥用行为 …… (519)
4.3.6 形式要求 …… (519)
4.3.7 惩戒事项 …… (520)
5. 举证责任 …… (520)
5.1 举证责任分配 …… (520)

5.1.1 概述 …………………………………………………………… (520)
5.1.2 各类案件 ………………………………………………………… (522)
5.2 举证责任转移 ……………………………………………………… (525)
I. 代理 …………………………………………………………………… (527)
1. 专业代理人 ………………………………………………………… (528)
1.1 专业代理人名册（EPC 第 134（1）条） ……………………… (528)
1.2 在某缔约国既没有住所也没有营业地的人必须选择由专业代理人代理 ………………………………………… (528)
1.3 过渡期内的专业代理人 …………………………………………… (529)
1.4 专业代理人以外的人履行的程序步骤 …………………………… (529)
2. 有资格作为专业代理人的法律从业者 …………………………… (530)
2.1 一般性问题 ………………………………………………………… (530)
2.2 法律从业者登记簿 ………………………………………………… (531)
2.3 EPC 第 134（8）条规定的资格条件……………………………… (531)
3. 指定共同代理人（EPC 细则第 151 条） ………………………… (532)
4. 指定代理人的授权书 ……………………………………………… (534)
4.1 提交授权书 ………………………………………………………… (534)
4.2 一般授权书 ………………………………………………………… (535)
4.3 再授权 ……………………………………………………………… (537)
4.4 代理人组织的授权 ………………………………………………… (538)
5. 陪同人员的口头陈词 ……………………………………………… (538)
5.1 概述 ………………………………………………………………… (538)
5.2 上诉委员会前任成员作出的口头陈词 …………………………… (542)
5.3 非 EPC 缔约国的有资格专利律师的口头陈词…………………… (543)
6. 区分事实和证据的陈述与论点陈述 ……………………………… (544)
J. EPO 部门的决定 ……………………………………………………… (544)
1. 请求作出决定权 …………………………………………………… (544)
2. 一审主管部门的构成 ……………………………………………… (545)
2.1 审查部 ……………………………………………………………… (545)
2.2 异议部 ……………………………………………………………… (545)
3. 涉嫌偏袒 …………………………………………………………… (547)
3.1 一般原则 …………………………………………………………… (547)
3.2 个案 ………………………………………………………………… (549)
3.2.1 审查部和异议部的成员 ………………………………………… (549)

3.2.2 上诉委员会的成员 …… (551)
3.2.3 上诉扩大委员会的成员 …… (556)
4. 决定的日期 …… (556)
4.1 决定生效 …… (556)
4.2 内部决定过程的结束 …… (556)
5. 决定的形式 …… (557)
5.1 一般性问题 …… (557)
5.2 口头决定与书面决定的抵触 …… (559)
5.3 决定理由 …… (559)
5.3.1 简介 …… (559)
5.3.2 主请求和附属请求的理由 …… (560)
5.3.3 符合 EPC 细则第111（2）条（EPC 1973 细则第68（2）条）的要求 …… (560)
5.3.4 不符合 EPC 细则第111（2）条（EPC 1973 细则第68（2）条）的要求 …… (561)
5.4 决定上的签字 …… (567)
6. 修正决定中的错误 …… (569)
6.1 一般性问题 …… (569)
6.2 欧洲专利说明书印刷版本中的错误 …… (571)
6.3 根据 EPC 细则第140条（EPC 1973 细则第89条）修正决定的权力 …… (572)
7. 行使自由裁量权的原则 …… (573)
8. 审查指南在 EPO 中的法律地位 …… (574)
9. 未委托给手续人员的职责 …… (575)
10. 管辖权 …… (576)
K. 其他程序问题 …… (576)
1. 语言特权 …… (576)
1.1 概述 …… (576)
1.2 欧洲专利申请 …… (577)
1.3 审查法律程序 …… (578)
1.4 异议法律程序 …… (578)
1.5 上诉法律程序 …… (578)
1.6 费用减免的请求或通知 …… (578)
1.7 译文 …… (579)

2. 档案查阅 …… (580)
2.1 概述 …… (580)
2.2 EPC 细则第 144 条规定的查阅的例外情形 …… (581)
3. 专利登记簿 …… (581)
3.1 概述 …… (581)
3.2 许可的登记 …… (582)
3.3 转让 …… (582)
4. 暂缓 EPC 第 14（1）条规定的法律程序 …… (583)
4.1 EPC 细则第 14（1）条（EPC 1973 第 13（1）条） …… (583)
4.1.1 概述 …… (583)
4.1.2 国家法院启动法律程序 …… (584)
4.2 EPC 细则第 14（3）条（EPC 1973 第 13（3）条） …… (585)
5. 通知 …… (586)
6. 欧洲专利申请的单一性 …… (588)
L. 对 EPC 的解释 …… (588)
1.《维也纳条约法公约》 …… (588)
2.《与贸易有关的知识产权协定》(TRIPS) …… (589)
2.1 对决定进行司法复核的要求 …… (589)
2.2 根据 TRIPS 解释 EPC 第 87 条 …… (590)
3. 对 EPC 的多种语言文本进行解释（EPC 第 177 条） …… (591)
4. 上诉委员会对 EPC 的解释 …… (591)
4.1 行政委员会关于解释问题的决定 …… (591)
4.2 考虑国内的决定 …… (592)
4.3 实施细则 …… (592)
4.4 国内立法和 EPC 的不同 …… (592)
5. EPC 中的职责分配 …… (593)
M. 获得欧洲专利的权利 …… (593)

第 7 章 EPO 法律程序 …… (595)
A. 初步和形式审查 …… (595)
1. 简介 …… (595)
2. 赋予申请日——所提交文件的语言 …… (595)
3. 申请文件 …… (597)
3.1 提交申请文件 …… (597)

3.2 申请后提交说明书的缺失部分或缺失的附图 ……………… (598)
3.3 替代发明 …………………………………………………… (599)
3.4 受理部的权限范围 ………………………………………… (600)
4. 申请人的识别 ………………………………………………… (601)
5. 指定国 ………………………………………………………… (602)
5.1 EPC第79（2）条 ………………………………………… (602)
5.1.1 EPC第79（2）条（自2007年12月13日起生效） ………… (602)
5.1.2 EPC 1973第79（2）条（有效期限自1997年7月1日至2007年12月12日） ………………………………… (602)
5.2 未缴纳指定费的结果 ……………………………………… (602)
5.3 欧洲—PCT申请中的指定国修正 ………………………… (603)
6. 优先权 ………………………………………………………… (604)
6.1 提交优先权文件 …………………………………………… (604)
6.2 优先权声明的修正 ………………………………………… (604)
7. EPC 1973第110（3）条（EPC细则第100（3）条）的适用性 ……………………………………………………… (607)
8. 申请的公开 …………………………………………………… (607)
B. 审查程序 ……………………………………………………… (608)
1. 请求审查 ……………………………………………………… (608)
1.1 一般性问题 ………………………………………………… (608)
1.2 依据EPC细则第70条规定的审查请求 …………………… (609)
1.3 收到欧洲检索报告后进行修改 …………………………… (610)
2. 申请的实质审查 ……………………………………………… (610)
2.1 依据EPC第94（3）条与EPC细则第71（1）条所发出的通信 ……………………………………………… (610)
2.2 依据EPC第94（3）条与EPC细则第71（2）条规定所发出的通信 …………………………………………… (612)
2.3 收到第一次通信后的修改（EPC细则第137（3）条） … (613)
2.4 进一步修改的可接纳性（EPC细则第137（3）条） …… (614)
2.5 涉及未检索主题的修改 …………………………………… (616)
2.6 根据EPC第113（1）条的进一步通信事宜 ……………… (620)
2.7 非正式通信 ………………………………………………… (624)
2.7.1 电话交谈 ……………………………………………… (624)
2.7.2 面谈 …………………………………………………… (624)

2.8 没有答复来自审查部的通信（EPC 第 94（4）条） ……… （626）
2.9 依据 EPC 第 97（2）条（EPC1973 第 97（1）条）规定否决欧洲专利申请 …………………………………………… （627）
2.10 向上诉委员会提交的修改 ……………………………………… （628）
3. 签发 EPC 细则第 71（3）条规定的通信之后的审查程序 ……… （629）
3.1 简介 ………………………………………………………………… （629）
3.2 申请人同意的文本 ……………………………………………… （629）
3.2.1 清楚且毫无疑义的文本认定 ………………………………… （629）
3.2.2 拒绝主请求与第一附属请求的 EPC 细则第 71（3）条规定的通信（EPC1973 细则第 51（4）条，2002 年版） ……… （630）
3.3 无提交或同意的文本时否决申请的法律依据 ………………… （631）
3.4 对 EPC 细则第 71（3）条规定的通信进行回复而提交的修改 …………………………………………………… （633）
3.5 同意授权文本后再次开展审查 ………………………………… （636）
3.6 发回进一步审理之后的审查 …………………………………… （637）
3.7 EPC 细则第 71（5）条规定的通信进行修改 ………………… （637）
3.8 审查程序结束后进行的修改 …………………………………… （639）
4. 撤回专利申请或放弃其某些部分 ………………………………… （639）
4.1 整体撤回专利申请 ……………………………………………… （639）
4.2 放弃申请的某些部分 …………………………………………… （641）
4.3 在缺乏单一性的情况下未缴纳进一步检索费 ………………… （642）
4.4 未缴纳权利要求费 ……………………………………………… （642）
5. 合并法律程序 ……………………………………………………… （643）
6. 欧洲专利授权决定的生效 ………………………………………… （643）
7. 专利公报中的错误 ………………………………………………… （645）
8. 公制单位或国际单位 ……………………………………………… （645）
C. 异议和上诉法律程序的特殊之处 ………………………………… （646）
1. 迟延递交 …………………………………………………………… （646）
1.1 简介 ………………………………………………………………… （646）
1.1.1 概述 ……………………………………………………………… （646）
1.1.2 延迟递交 ………………………………………………………… （646）
1.2 关联性审查 ……………………………………………………… （647）
1.2.1 概述 ……………………………………………………………… （647）
1.2.2 G9/91 和 G10/91 涉及的关联性审查 ……………………… （648）

1.3 适用于判断延迟递交的其他标准 …… (650)
1.3.1 概述 …… (650)
1.3.2 滥用程序 …… (650)
1.3.3 程序经济 …… (652)
1.3.4 延迟递交实验数据 …… (653)
1.3.5 公开在先使用 …… (654)
1.4 在异议法律程序中考虑延迟提交的事实、证据和论点 …… (656)
1.4.1 在提交上诉书的期限届满之后的递交 …… (656)
1.4.2 异议部行使自由裁量权 …… (657)
1.4.3 在异议部撤回的请求 …… (657)
1.5 延迟提交的正当性 …… (658)
1.5.1 概述 …… (658)
1.5.2 对异议部决定的正当反应 …… (659)
1.5.3 代理人的变动 …… (659)
1.6 审查论据 …… (660)
1.7 专利说明书或检索报告中引用的文件 …… (661)
2. 撤回异议 …… (662)
2.1 在EPO的法律程序中撤回异议的影响 …… (662)
2.1.1 在异议法律程序中撤回异议 …… (662)
2.1.2 在上诉法律程序中撤回异议 …… (662)
3. 介入 …… (663)
3.1 概述 …… (663)
3.2 被控侵权人在异议法律程序中的介入 …… (664)
3.3 上诉程序中介入的可接纳性 …… (664)
3.3.1 上诉程序中的介入方权利 …… (665)
3.4 时限 …… (665)
3.4.1 介入时限 …… (665)
3.4.2 其他时限 …… (666)
3.5 程序行为评估 …… (666)
4. EPC第115条 …… (667)
4.1 一般原则 …… (667)
4.2 谁可以提交意见陈述 …… (667)
4.3 EPC第115条下的意见陈述时限 …… (668)
4.3.1 概述 …… (668)

4.3.2 第三方的意见陈述和 EPC 第 114（2）条 …………………… (668)
4.4 审查范围 …………………………………………………………… (669)
4.4.1 EPC 第 114（1）条和第 115 条 ………………………………… (669)
4.5 意见陈述的性质 ……………………………………………………… (670)
4.6 意见陈述应采用的格式 ……………………………………………… (670)
4.7 第三方的法律地位 …………………………………………………… (671)
4.8 考虑 EPC 第 115 条时的其他规定 …………………………………… (671)
4.8.1 修改欧洲专利申请 ……………………………………………… (671)
4.8.2 审查法律程序的中期决定 ……………………………………… (672)
4.8.3 重大程序违法 …………………………………………………… (672)
4.9 提交意见陈述之后的发回 …………………………………………… (672)
5. 当事方地位的转让 ……………………………………………………… (672)
5.1 异议人的当事方地位 ………………………………………………… (673)
5.1.1 实体要求 ………………………………………………………… (673)
5.1.2 形式要求 ………………………………………………………… (674)
5.1.3 扩大委员会在 G2/04 中的决定 ………………………………… (676)
5.1.4 处理转让的法律有效性的个案 ………………………………… (676)
5.2 所有人的当事方地位 ………………………………………………… (678)
6. 专利的限制、撤销、放弃或过期 ………………………………………… (679)
6.1 限制/撤销 …………………………………………………………… (679)
6.1.1 限制/撤销——EPC 第 105a～c 条 ……………………………… (679)
6.1.2 异议和异议上诉程序中的撤销请求…………………………… (679)
6.2 专利的放弃、失效和届满 …………………………………………… (680)
6.2.1 专利的放弃 ……………………………………………………… (680)
6.2.2 异议程序的继续（EPC 细则第 84（1）条） ………………… (681)
6.2.3 终止异议法律程序的案件 ……………………………………… (681)
6.2.4 异议上诉程序的继续…………………………………………… (681)
7. 费用的分摊 ……………………………………………………………… (682)
7.1 各方必须承担各自费用的原则 ……………………………………… (682)
7.2 关于不同费用分摊不偏袒的案件 …………………………………… (683)
7.2.1 延迟提交文件和/或请求 ……………………………………… (683)
7.2.2 不利于及时有效地进行口头法律程序的作为或不作为……… (689)
7.2.3 程序滥用 ………………………………………………………… (696)
7.3 程序方面 ……………………………………………………………… (698)

7.3.1 提交费用分摊的请求 …………………………………………………… (698)
7.3.2 权限问题 ……………………………………………………………… (699)
7.3.3 可分摊的费用 ………………………………………………………… (699)
7.3.4 只对费用决定提出的上诉不可接纳………………………………… (701)
D. 异议程序 ………………………………………………………………… (702)
1. 异议程序的法律性质 …………………………………………………… (702)
1.1 简介 ……………………………………………………………………… (702)
1.2 争议的各方之间的法律程序 …………………………………………… (702)
1.3 多个异议，仅一个异议程序 …………………………………………… (703)
2. 异议的可接纳性 ………………………………………………………… (703)
2.1 有权提出异议 …………………………………………………………… (703)
2.1.1 简介 ………………………………………………………………… (703)
2.1.2 异议人的动机不具关联性 ………………………………………… (704)
2.1.3 专利所有人或发明人提出的异议 ………………………………… (704)
2.1.4 代表第三方提交异议——“稻草人” ………………………………… (705)
2.1.5 同一个人重复提交异议 …………………………………………… (706)
2.1.6 共同异议（多项异议）的可接纳性 ……………………………… (707)
2.2 异议的形式要求和按时提交 …………………………………………… (709)
2.2.1 基本原则 …………………………………………………………… (709)
2.2.2 异议人的身份 ……………………………………………………… (709)
2.2.3 发明名称 …………………………………………………………… (710)
2.2.4 异议费的缴纳 ……………………………………………………… (711)
2.2.5 其他要求 …………………………………………………………… (711)
2.3 异议的证实 ……………………………………………………………… (712)
2.3.1 异议的法律依据 …………………………………………………… (712)
2.3.2 援引事实和证据的必要性 ………………………………………… (712)
2.3.3 各种案例 …………………………………………………………… (715)
2.3.4 异议中指称的公开在先使用 ……………………………………… (719)
2.4 审查可接纳性的程序方面 ……………………………………………… (720)
3. 异议的实质审查 ………………………………………………………… (721)
3.1 基本原则 ………………………………………………………………… (721)
3.2 异议的法律框架审查 …………………………………………………… (722)
3.2.1 异议范围 …………………………………………………………… (722)
3.2.2 异议理由的审查范围 ……………………………………………… (724)

3.2.3 新的异议理由 …………………………………………………………（725）
3.3 异议的事实框架的审查 ……………………………………………（731）
4. 异议法律程序中的修改 ………………………………………………（732）
4.1 可接纳性 ………………………………………………………………（732）
4.1.1 基本原则 ………………………………………………………………（732）
4.1.2 修改的申请日 …………………………………………………………（734）
4.1.3 提交经修改的权利要求 ………………………………………………（736）
4.1.4 意图弥补缺乏清楚性的修改 …………………………………………（739）
4.2 修改的实质审查 ………………………………………………………（741）
4.3 发生修改时的附加检索 ………………………………………………（743）
5. 程序方面 ………………………………………………………………（743）
5.1 公正性原则 ……………………………………………………………（744）
5.2 陈述权 …………………………………………………………………（744）
5.2.1 平等对待原则和作出评论的机会 ……………………………………（744）
5.2.2 提交意见陈述的邀请 …………………………………………………（745）
5.2.3 EPC 细则第 82（1）条（EPC1973 细则第 58（4）条）所规定的提交意见陈述的通信和邀请 ……………………………………………（747）
5.2.4 EPO 的“注意”通信和递交答复的充分时间 ………………………（747）
5.2.5 发表评论的机会——多组案例 ………………………………………（749）
5.3 存在未决的侵权法律程序情况下，加快法律程序 …………………（751）
6. 异议部的决定 …………………………………………………………（752）
6.1 通过决定撤销欧洲专利 ………………………………………………（752）
6.2 中期决定 ………………………………………………………………（753）
6.2.1 概述 ……………………………………………………………………（753）
6.2.2 维持经修改的欧洲专利 ………………………………………………（753）
E. 上诉程序 …………………………………………………………………（755）
1. 上诉程序的法律性质 …………………………………………………（755）
2. 上诉的中止效力 ………………………………………………………（756）
3. 上诉的移交效力 ………………………………………………………（757）
4. 法律程序的语言 ………………………………………………………（757）
5. 当事方的程序地位 ……………………………………………………（758）
5.1 上诉程序的当事方 ……………………………………………………（758）
5.2 EPC 第 107 条规定的当事方权利 ……………………………………（759）
6. 详细审查的范围 ………………………………………………………（761）

6.1 请求的约束力——禁止不利变更 …… (761)
6.2 审查的标的物 …… (766)
6.3 审查中的可专利性要求 …… (768)
6.3.1 单方法律程序 …… (768)
6.4 被审查的事实——在上诉法律程序中应用 EPC 第114条 …… (769)
6.5 被审查的论点 …… (770)
6.6 对一审自由裁量决定的审查 …… (771)
7. 上诉的提交和可接纳性 …… (771)
7.1 过渡性条文 …… (771)
7.2 可上诉的决定 …… (772)
7.2.1 部门 …… (772)
7.2.2 决定 …… (772)
7.2.3 中期决定 …… (774)
7.2.4 针对上诉委员会的决定提出上诉 …… (774)
7.3 负责审理案件的委员会 …… (775)
7.4 上诉权 …… (776)
7.4.1 形式方面 …… (776)
7.4.2 受到不利影响的当事方 …… (777)
7.5 上诉的形式和时限 …… (781)
7.5.1 上诉的电子提交 …… (781)
7.5.2 上诉书的格式和内容 …… (782)
7.5.3 在时限内提起的上诉 …… (785)
7.5.4 上诉费的缴纳 …… (786)
7.6 上诉理由陈述书 …… (786)
7.6.1 一般原则 …… (787)
7.6.2 该原则的例外情况 …… (788)
7.6.3 决定宣布以后的情况变化 …… (791)
7.6.4 参考早前递交 …… (791)
7.6.5 参考其他文件 …… (791)
8. 平行法律程序 …… (792)
9. 做决定过程的结束 …… (792)
9.1 实质辩论的结束 …… (792)
9.2 根据当时有效的档案作出决定 …… (793)

9.3 决定传达以后的法律程序 …………………………………………… (793)
9.4 委员会的中期决定 …………………………………………………… (793)
10. 向一审部门移交 ……………………………………………………… (794)
10.1 概述 ………………………………………………………………… (794)
10.2 提交或延迟递交相关新文件之后的移交 ………………………… (794)
10.2.1 概述 …………………………………………………………… (794)
10.2.2 处于危险状态的专利 ………………………………………… (795)
10.2.3 新事实 ………………………………………………………… (796)
10.3 在上诉程序中权利要求发生实质性修改后的移交 ……………… (797)
10.4 发生重大程序违法以后的移交 …………………………………… (798)
10.5 引入新的论点及说明书的修改 …………………………………… (799)
10.6 行使发回案件的自由裁量权 ……………………………………… (800)
11. 约束力 ………………………………………………………………… (801)
11.1 一般原则 …………………………………………………………… (801)
11.2 发回类型 …………………………………………………………… (803)
11.2.1 仅出于说明书改写的目的进行发回 ………………………… (803)
11.2.2 出于继续法律程序的目的进行发回 ………………………… (803)
12. 上诉程序的终止 ……………………………………………………… (804)
12.1 撤回上诉 …………………………………………………………… (805)
13. 中间修改 ……………………………………………………………… (806)
13.1 概述 ………………………………………………………………… (807)
13.2 上诉费的退回 ……………………………………………………… (807)
13.3 重大程序违法 ……………………………………………………… (809)
14. 转交上诉扩大委员会 ………………………………………………… (810)
14.1 确保法律适用的一致性 …………………………………………… (810)
14.2 重要法律点 ………………………………………………………… (811)
14.3 扩大委员会转交以后中止一审法律程序 ………………………… (813)
15. EPC 第 112a 条规定的复核呈请 …………………………………… (813)
15.1 概述 ………………………………………………………………… (813)
15.2 过渡性条文 ………………………………………………………… (814)
15.3 依据 EPC 细则第 106 条提出反对的义务 ………………………… (814)
15.4 EPC 细则第 107 条规定的复核呈请的内容 ……………………… (816)
15.5 EPC 细则第 109 条规定的用以处理复核呈请的程序 …………… (816)
15.6 根本性地违反 EPC 第 113 条的行为 …………………………… (816)

15.7 其他的根本性程序缺陷 …………………………………… (819)

16. 上诉程序中提交经修改的权利要求 …………………………… (819)

16.1 简介 …………………………………………………………… (819)

16.1.1 一般原则 ……………………………………………… (819)

16.1.2 上诉委员会程序规则（RPBA） ……………………… (820)

16.2 多方参加的上诉 ……………………………………………… (821)

16.2.1 原则 …………………………………………………… (821)

16.2.2 异议部未审查的请求 ………………………………… (821)

16.2.3 从属权利要求 ………………………………………… (823)

16.3 法律程序的状态 ……………………………………………… (824)

16.3.1 概述 …………………………………………………… (824)

16.3.2 安排口头法律程序后的修改 ………………………… (824)

16.3.3 口头法律程序开展期间提交的请求 ………………… (825)

16.4 对经修改的权利要求予以考虑的标准 ……………………… (828)

16.4.1 经修改权利要求明显可被允许 ……………………… (828)

16.4.2 对反对作出的回应 …………………………………… (829)

16.4.3 行使自由裁量权 ……………………………………… (831)

16.5 拒绝考虑经修改的权利要求的标准 ………………………… (832)

16.5.1 经修改的权利要求的复杂性 ………………………… (832)

16.5.2 主题的变化 …………………………………………… (833)

16.5.3 附加检索的必要性 …………………………………… (833)

16.5.4 程序经济原则 ………………………………………… (833)

16.5.5 分案申请未决时经修改的权利要求不被接纳 ……… (834)

16.6 上诉程序中恢复较宽泛的权利要求 ………………………… (835)

16.6.1 概述 …………………………………………………… (835)

16.6.2 单方法律程序 ………………………………………… (835)

16.6.3 多方法律程序 ………………………………………… (835)

16.7 与法律程序无关的情形 ……………………………………… (837)

16.7.1 简介 …………………………………………………… (837)

16.7.2 当事方或代理人的变化 ……………………………… (837)

17. 上诉费的退回 ……………………………………………………… (838)

17.1 一般性问题 …………………………………………………… (838)

17.2 上诉的可允许性 ……………………………………………… (840)

17.3 公平 …………………………………………………………… (840)

17.3.1 公平退回 …………………………………………………………………… (840)
17.3.2 不公平退回 ………………………………………………………………… (841)
17.4 重大程序违法 ……………………………………………………………… (842)
17.4.1 定义 ………………………………………………………………………… (842)
17.4.2 请求口头法律程序 ………………………………………………………… (843)
17.4.3 陈述权 ……………………………………………………………………… (844)
17.4.4 一审决定给出的理由不充分 ……………………………………………… (848)
17.4.5 一审部门的裁决错误 ……………………………………………………… (851)
17.4.6 其他案件 …………………………………………………………………… (852)
17.5 中间修改 …………………………………………………………………… (856)

第8章 上诉惩戒委员会的法律程序 ………………………………………… (859)
1. 简介 ………………………………………………………………………… (859)
2. 欧洲资格考试 ……………………………………………………………… (860)
2.1 报名手续和条件 …………………………………………………………… (860)
2.2 考试条件 …………………………………………………………………… (862)
2.3 给答卷评分 ………………………………………………………………… (863)
2.4 成绩/通过考试 ……………………………………………………………… (864)
2.5 证实 EQE 决定 ……………………………………………………………… (864)
2.6 针对考试委员会和考试秘书处的决定提起上诉 ………………………… (865)
2.6.1 上诉委员会的权限 ………………………………………………………… (865)
2.6.2 上诉时限/改正决定 ………………………………………………………… (865)
2.6.3 客观审查评分 ……………………………………………………………… (866)
2.6.4 正当利益 …………………………………………………………………… (868)
2.6.5 考试委员会的义务 ………………………………………………………… (868)
3. 惩戒事项 …………………………………………………………………… (868)
3.1 惩戒措施 …………………………………………………………………… (868)
3.2 惩戒事项中决定的可上诉性 ……………………………………………… (869)
4. 职业行为准则 ……………………………………………………………… (870)
4.1 一般职业义务 ……………………………………………………………… (870)
4.2 职业保密 …………………………………………………………………… (870)
4.3 做广告 ……………………………………………………………………… (870)
5. 对上诉惩戒委员会的决定提起上诉 ……………………………………… (871)

第9章 作为 PCT 专利局的 EPO ……………………………………………… (872)
A. 上诉委员会在 PCT 规定的抗议法律程序中的权限 ……………………… (872)

1. 向简化抗议程序的过渡 …………………………………………………（873）
B. 作为指定或选定局的EPO …………………………………………………（873）
1. 随EPC的修改而引入的法律程序变更 ……………………………………（874）
2. EPO作为指定局或选定局的权限 …………………………………………（874）
3. 法律程序的语言 …………………………………………………………（876）

第10章　机构事项 ……………………………………………………………（878）
1. 与德国专利局的行政管理协定 ……………………………………………（878）
2. EPC第23（4）条规定的修改RPBA的权力…………………………………（879）
3. 关于欧洲专利扩展的扩展条例 ……………………………………………（880）
4. 根据欧共体条约向欧盟法院进行的移交——
EPO上诉委员会的法律地位 ………………………………………………（881）

原版判例索引 …………………………………………………………………（882）

原版援引法条索引 ……………………………………………………………（950）
1. 欧洲专利公约 ………………………………………………………………（950）
EPC 2000 …………………………………………………………………（950）
EPC 1973 …………………………………………………………………（953）
2. EPC实施细则 ………………………………………………………………（959）
EPC 2000的实施细则 ……………………………………………………（959）
EPC 1973的实施细则 ……………………………………………………（962）
3. 收费规则 ……………………………………………………………………（965）
4. 专利合作条约（条约和细则） ……………………………………………（966）
PCT …………………………………………………………………………（966）
PCT细则 ……………………………………………………………………（966）
5. 欧洲专业代理人资格考试规则 ……………………………………………（966）
6. 专业代理人惩戒规则 ………………………………………………………（967）
7. RPEBA ………………………………………………………………………（967）
8. RPBA …………………………………………………………………………（967）

附录 ……………………………………………………………………………（969）
1.《欧洲专利局上诉扩大委员会程序规则》 ………………………………（969）
2.《欧洲专利局上诉委员会程序规则》 ……………………………………（976）
3. 过渡规定 ……………………………………………………………………（984）
4. EPC 1973与EPC 2000交叉引用列表 ……………………………………（986）
5. 总体索引 ……………………………………………………………………（992）

第 1 章
可专利性

EPC 第 52（1）条规定了 EPC 下发明可专利性的四项重要前提条件："所有技术领域的任何发明，只要具备新颖性、创造性和工业实用性，均可授予欧洲专利。"

A. 可授予专利的发明

1. 技术发明的专利保护

EPC 修订版（EPC 2000）于 2007 年 12 月 13 日生效。在 EPC 修订过程中，为体现欧洲实体专利法基本规定中的"技术"一词，明确界定 EPC 的范围，在法律中**明确**规定**各种技术发明**均可获得专利保护，EPC 第 52（1）条规定与 TRIPS 第 27（1）条首句内容保持一致。EPC 第 52（1）条的新措辞明确表示，技术领域的创造享有专利保护（参见 OJ 特别版 4/2007，48）。修改后的 EPC 第 52 条规定适用于 2007 年 12 月 13 日当日授权的欧洲专利及未决的欧洲专利申请，以及于该日期当日及之后提交的申请。该修改不太可能影响 EPO 的实践做法。

EPC 第 52（2）条包含一份非穷尽的"**非发明**"清单，非发明系指不被视为第 52（1）条所指的发明的主题或活动。根据该条规定，除外的各项**具体**包括：（a）发现、科学理论和数学方法；（b）美学创作；（c）执行心智行为、进行比赛游戏或经营商业的方案、规则和方法，以及用于计算机的程序；（d）信息呈现。将上述主题或活动排除出可专利性仅适用欧洲专利申请或欧洲专利**本身**涉及该类主题或活动时（EPC 第 52（3）条；另见 OJ 特别版 4/2007）。EPC 2000 并未对 EPC 第 52（2）条或第 52（3）条作出实质性变更，仅对其进行了细微编辑上的更正。

1.1 发明的技术性质

技术创造应享有专利保护，这一直是欧洲法律传统的一部分（例如参见 **T 22/85**，OJ 1990，12；**T 154/04**，OJ 2008，46）。结合 EPC 1973 第 52（2）条和第 52（3）条的所谓“除外规定”，EPC 1973 第 52（1）条所使用的“发明”一词被上诉委员会解释为，为取得专利权，要求保护的发明需满足技术性质或技术性的要求。因此，例如，如果一项发明实现了技术效果，或者如果实施该发明需要**技术考量**，该发明就可以是 EPC 第 52（1）条所指的发明。“发明”一词应解释为“具有技术性质的主题”（**T 931/95**，OJ 2001，441；**T 258/03**，OJ 2004，575；**T 619/02**，OJ 2007，63）。根据 **T 930/05**，EPC 1973 第 52（2）条所规定的不被视为发明的条目列表是非穷尽的，仅凭这一点就表明这些项具有共同的除外标准，该标准可充当增补列表项的依据。EPC 1973 第 52（2）条所列举的典型非发明涵盖具有缺少技术性质这一共同特征的主题。EPC 1973 第 52（2）条的除外目录引用了 EPC 1973 第 52（1）条，被视为发明概念的反向定义。

根据 EPC 2000，EPC 第 52（1）条的新措辞明确表示**技术**领域的发明享有专利保护。为了取得专利权，要求保护的主题因此必须具有“技术性质”，或者更精确地说，涉及“技术教导”，即，就如何使用特定技术手段解决特定技术问题对技术人员提供指导（参见 OJ 特别版 4/2007）。

在 **T 1173/97**（OJ 1999，609）和 **T 935/97** 中，委员会称，在 EPC 的适用范围内，发明的技术性质被公认为可专利性的基本要求。在 **T 931/95**（OJ 2001，441）中，委员会遵循决定 **T 1173/97** 和 **T 935/97**，认为技术性质是一项发明成为 EPC 1973 第 52（1）条所指的发明需满足的《公约》隐含要求（另见 **T 1543/06**）。

在 **T 619/02**（OJ 2007，63）中，委员会认为，长期以来公认的是（在此方面，参见决定 **T 22/85**，OJ 1990，12；**T 931/95**，OJ 2001，441；以及 **T 258/03**，OJ 2004，575），发明的技术性质构成 EPC 1973 第 52 条内在的基础先决条件——在 EPC 1973 第 52（1）条中表述为一项明确的要求。因此，技术性质构成了能够获得 EPC 下专利保护的发明所需满足的不可缺少的条件。

在 **T 154/04**（OJ 2008，46）中，委员会总结了上诉委员会相关判例蕴含的主要原则。其认为，“技术性质”是 EPC 1973 第 52（1）条所指的“发明”的**隐含要件**（“技术性”要求）。EPC 1973 第 52（2）条没有将任何具有技术性质的主题或活动排除在可专利性之外，即使其与该规定所列条目相关，因为**只是**这些条目“**本身**”**被排除在外**（EPC 1973 第 52（3）条）。在针对一个权利要求审查一项发明的可专利性时，必须解释为权利要求决定该发明的技术特征即对该发明的技术性质作出贡献的特征（另见 **T 931/95**，OJ 2001，441；**T 914/02**，**T 1543/06**）。委员会认为，EPC 第 52（3）条的明确意图是，保证先前根据常规可专利性标准可授予专利的发明在《欧洲专利公约》下可专利性保持不变。考虑到可专利性要求的目标和目的以及 EPO 缔约国的法律实践，上诉委员会已将发明的技术性质视为 EPC 1973 第 52（2）条和第 52（3）条要求的基本标准。工程和技术领域的创造享有《欧洲专利公约》下的专利保护，这一直是共同基础。

EPC 1973 第 52（2）条所列的典型“非发明”涵盖具有缺少技术性质这一共同特征的主题。该法律表述实际来源于所采用的发明的古典概念，该概念区分了实用的科学应用与一般的智力成果。

1.2　分开且独立的可专利性要求

根据 **T 154/04**（OJ 2008，46），由 EPC 1973 第 52（1）条的措辞以及可专利性标准上下文中所使用的术语“发明”可见，新颖性、创造性和工业实用性这些发明要求是分开且独立的标准，可能会产生以由这些要求为依据的并存的多项反对。特别是，新颖性不是 EPC 1973 第 52（1）条所指的发明要件，而是一个单独的可专利性要求。EPC 1973 第 52（1）条的解释在上诉扩大委员会的判例法中有明确法律依据（**G 2/88**（OJ 1990，93）理由第 7.2 点、第 7.3 点和第 8 点；**G 1/95**（OJ 1996，615）理由第 4 点及其后）。

在 2007 年 6 月 29 日的 **T 1543/06** 中，委员会认为，EPC 1973 第 52（1）条结合 EPC 1973 第 52（2）条和第 52（3）条，一般解释是指，要求保护的发明要想取得专利权则需具有技术性质（参见《EPO 上诉委员会判例法》2006 版）。以前使用“贡献法”（contribution approach）判断技术性质，近来的判例法放弃了该方法，而推崇一种将技术性质的要求视为与 EPC 1973 第 52（1）条其他要求（特别是新颖性和创造性）相分离、独立的方法，因此是否符合该要求的判断无须再依赖于现有技术。

1.3　绝对和相对的可专利性要求

在 **T 154/04**（OJ 2008，46）中，委员会还表示，审查是否构成 EPC 1973 第 52（1）~（3）条所指的发明，应严格与 EPC 1973 第 52（1）条所指的其他三个可专利性要求分开，并且不应混淆。该决定将“发明”这一概念作为可专利性的一般性要求和绝对要求，并与以下各项区分开：a）相对标准，即新颖性和创造性（在通行意义上理解为任何发明的属性），以及 b）工业实用性要求。要求保护的主题之固有性质对于是否存在（潜在地可授予专利的）发明起到决定性作用。发明绝对要求与作为相对要求的新颖性和创造性之间的区别在国家判例法中并不是未知的。例如参见上诉法院（英格兰和威尔士）对Genentech公司专利的判决（1989，专利案件报告，147，第262页及其后页），德国联邦法院（最高法院）的判决X ZB 20/03 – Elektronischer Zahlungsverkehr（电子银行）（2004年5月24日，理由第II 3. b）（1）点和第II 4点）。这些观点与委员会在EPC 1973第52（1）~（3）条中所适用的“发明”这一法律概念完全一致，不可与外行人认为发明具有新颖性、通常还具有创造性及对公知技术作出贡献的通常理解相混淆。在同一情境中使用这两个非常不同的发明概念是法律谬论。

1.4 审查EPC第52条规定的主题或活动

根据**T 258/03**（OJ 2004，575），核查要求保护的主题是否为EPC 1973第52（1）条所指的发明，原则上是审查新颖性、创造性和工业实用性的先决条件，因为新颖性、创造性和工业实用性的要求是专门针对发明而定义的（参见EPC 1973第54（1）条、第56条和第57条）。EPC的结构因此表明，无须任何现有技术知识（包括公知常识）也可以确定主题是否属于EPC 1973第52（2）条规定的除外范围（另见**T 154/04**，OJ 2008，46）。

1.4.1 独立于发明贡献的审查

为了判断要求保护的主题是否为EPC 1973第52（1）条所指的发明，上诉委员会在其早期判例法中适用了所谓的“贡献法”，根据该方法，如果一项发明对不属于EPC 1973第52（2）条可专利性除外情况的领域的现有技术提供技术贡献，该发明则具有技术性质（参见**T 121/85**，**T 38/86**，OJ 1990，384；**T 95/86**，**T 603/89**，OJ 1992，230；**T 71/91**，**T 236/91**，**T 833/91**，**T 77/92**）。上诉委员会早期判例适用的所谓贡献法背后的思想是，EPC 1973只允许在“发明涉及对不属于可专利性除外情况的领域的现有技术作出某种贡献的情况下”授予专利（**T 38/86**，OJ 1990，384）。换言之，为了判断第一个要求即是否存在EPC 1973第52（1）条所指的发明，设立了一个以满足该条款中提及的其他要求（特别是新颖性和/或创造性）为基础的标准。因此，判断主题是否属于EPC 1973第52（2）条和第52（3）条的除外情况，应考虑特定现有技术（参见**T 769/92**，OJ 1995，525）。

然而，在委员会最新决定中裁决，与现有技术进行的任何比较均不适于确定是否存在发明。在**T 1173/97**（OJ 1999，609）中，委员会认为，与判断是否属于EPC 1973第52（2）条和第52（3）条规定的除外情况相比，判断发明相对于现有技术所实现的技术贡献更适用于审查新颖性和创造性。在

T 931/95（OJ 2001，441）中指出，在审查一个发明是否可视为 EPC 1973 第 52（1）条所指的发明时，区分该发明的"新特征"和该发明的根据现有技术已知的特征，在 EPC 中是没有依据的。因此，为此目的适用所谓的贡献法在 EPC 中是没有依据的（另见 **T 258/03**，OJ 2004，575；**T 1001/99**）。

在 **T 388/04**（OJ 2007，16）中，委员会裁决，哪些主题或活动属于 EPC 1973 第 52（2）条和第 52（3）条规定的可专利性的除外情况，在概念上区别于并且可视为独立于创造性问题。因此，在审查创造性之前，委员会有权判断哪些要求保护的方法被排除在可专利性之外。申请中根本就没有描述任何技术手段。

在 **T 619/02**（OJ 2007，63）中，委员会认为，发明的技术性质是固有属性，无关该发明对现有技术的实际贡献（**T 931/95**，OJ 2001，441；**T 258/03**），因此要求保护的方法解决技术性问题的可能性应可以从实际要求保护的方法的各个方面看出来。

1.4.2　技术考量

例如，如果一项发明**实现了技术效果**，或者如果实施该发明**需进行技术考量**，则可能属于 EPC 1973 第 52（1）条所指的发明（参见 **T 931/95**，OJ 2001，441）。

T 769/92（OJ 1995，525）涉及有关计算机内部功能的发明。在该决定（**T 1173/97**，OJ 1999，609 进行了评论）中，为了实现发明需进行技术考量这一事实是对要求保护的发明**提供充分技术性质**时要考虑的，以避免发明落入 EPC 1973 第 52（2）（c）条和第 52（3）条规定的可专利性除外情况，而整体系统的特定用途并不重要。委员会裁决，对于包括通过软件（计算机程序）实现功能性特征的发明而言，如果为了实施该发明，需进行与该发明所解决问题之方案的细节有关的技术考量，则该发明不属于在 EPC 1973 第 52（2）条和第 52（3）条规定的可专利性的除外情况。这种技术考量为发明提供了技术性质，因为其隐含了（隐含）技术特征要解决的技术问题。这种发明不被视为本身涉及 EPC 1973 第 52（2）条所指的计算机程序。正如该决定中所指出的，可专利性的非除外情况不会受到本身被除外的**附加特征**的影响。

在 **T 914/02** 中，委员会表示，具备技术性是 EPC 1973 第 52（1）条所指的发明要满足的《公约》之隐含要求。然而，涉及技术考量并不是只可通过心智方式实施的方法具备技术性质的**充分条件**。事实上，EPC 1973 第 52（2）条所列的其他非发明，例如科学理论以及计算机程序，一般都涉及技术考量。可通过方法的技术实现来提供技术性质，使方法提供有形的技术效果，例如通过使用技术手段提供物理实体作为最终产品或非抽象活动。

在 **T 38/86**（OJ 1990，384）中，委员会认为，在部分或完全没有人工介入的情况下**利用技术手段**实施一种方法（如果该方法由人执行，则需这个人的心智行为），根据 EPC 1973 第 52（3）条，使得这种方法成为技术过程或方法，因此成为 EPC 1973 第 52（1）条所指的发明。

在 **T 641/00**（OJ 2003，352）中，委员会认为，EPC 1973 第 52 条所指的发明**只能由**对技术性质作出贡献的**特征构成**。

在 **T 172/03** 中，委员会指出，根据 EPO 的判例法和实践，发明的可专利性（要求有创造性）须来源于**该发明的特征和有关方面**，从该特征和有关方面中可推断出技术问题的技术方案，因而它们具有**技术性质**（例如参见 **T 931/95**，OJ 2001，441；**T 641/00**，OJ 2003，352）。如果是**混合式发明**（包括非技术方面），可专利性审查通常要求进行发明分析和权利要求解释，以确定作为先决条件的权利要求的技术内容（关于创造性，参见 **T 931/95** 和 **T 641/00**，OJ 2003，352）。所要求的权利要求特征分析可能只是事后的（ex post facto），即利用已知的相关专利申请和发明。

在 **T 471/05** 中，委员会指出，要求保护的发明之技术性质标准所隐含的前提是，限定了所请求保护之对象的主题涉及物理实体或物理活动（参见 **T 619/02**）。委员会认为，无可否认，主请求的权利要求 1 所限定的方法可以使用一些物理手段（例如一块光学材料，逐步成型为光学系统，以满足权利要求中规定的代数条件），或使用一些技术手段（例如计算机，以确定光学系统设计图样的光学规范），或以产生物理实体的物理活动的形式（例如，当通过如权利要求 5 实际所述的设计图样制造方法实现要求保护的“制作光学系统设计图样”的步骤时）实施，该要求保护的方法的这种实现构成没有被排除在专利保护之外的物理技术活动（例如参见决定 **T 914/02** 和 **T 258/03**，OJ 2004，575）。然而，委员会裁决，要求保护的方法不必使用技术手段，并且如以上所指出，**该方法不限于物理技术实现方式**，并且要求保护的方法包含如以上提及的不属于专利性除外情况的实现方式这一事实，不能排除该要求保护的方法还包含属于专利性除外情况的主题这一事实（**T 914/02**，第 2 点和第 3 点；**T 388/04**，OJ 2007，16；**T 453/91** 和 **T 930/05**）。因此，只要要求保护的设计方法不限于物理技术实现方式，要求保护的主题就包含属于 EPC 1973 第 52（1）条至第 52（3）条所规定的专利性除外情况的实施例，且该主题不能享有 EPC 下的专利保护。

在 **T 306/04** 中，委员会指出，**仅有**用于技术目的或解决技术问题的**可能性**，不足以说明其不属于 EPC 1973 第 52（2）条和第 52（3）条所规定的除外情况（另见 **T 388/04**，OJ 2007，16）。

在 **T 258/03**（OJ 2004，575）中，委员会裁决，涉及技术手段的方法属于EPC 1973 第 52（1）条所指的发明（不同于决定 **T 931/95**，OJ 2001，441）。委员会认为，考虑到 EPC 1973 第 52（1）条所指的“发明”这一概念，重要的是，存在技术性质，而该技术性质能从实体的物理特征或活动的性质推出，或者（对于非技术活动）能通过使用技术手段赋予。

尤其是，委员会认为，不能视后一种情况“本身”为 EPC 1973 第 52（2）条和第 52（3）条所指的非发明。因此，根据委员会的观点，“本身”属于非发明这一概念的活动通常代表无任何技术含义的纯粹抽象概念。委员会认为，对 EPC 1973 第 52（1）条的“发明”一词作较宽泛的解释会囊括我们非常熟悉的而其技术性质却往往被忽略的活动，例如用笔和纸写字的行为。然而，这并不意味着所有涉及技术手段使用的方法都可授予专利。能授予专利的方法仍须是新颖的，构成对于技术问题的非显而易见的技术方案，并且具有工业实用性。

在 **T 619/02**（OJ 2007，63）中，委员会指出，从术语的一般意义上说，技术发明通常是有用的和实用的，但反过来却未必正确，即，并非每个实用或有用的实体或活动在专利法的意义上都必然具有技术性（参见 **T 388/04**，OJ 2007，16）。委员会指出，在某些国家专利法体系中，“有用”是 EPC 1973 第 57 条规定的工业实用性要求的同义词（参见 TRIPS 第 27（1）条的注释 5）；然而，该词的这个特殊含义也不一定表示技术性质。因此，对有用性和实用性的考量不能代替或等同于 EPC 隐含规定的技术性质的先决条件。对于上诉人认为该方法的产物是可销售或可商业化的这一主张，考量的思路与此相同。委员会得出结论，要求保护的方法的产物可用于技术或工业活动以及该产物是有用的、实用的或可销售的这两个事实，都不足以成为该方法的产物或该方法本身具有技术性质的充分条件。

委员会认为，除此之外，EPC 隐含规定的技术性质先决条件与技术性质的概念和 EPC 1973 第 52（2）条规定的（非穷尽的）除外清单之间的可能概念联系无关，该先决条件相当于将不符合技术性的实体、活动等排除在专利保护之外。因此，对于虽然可能包含技术实施例但还包含不符合技术性的实施方式的发明而言，**不能认为**该发明**满足技术性质**的先决条件。因而，当且仅当要求保护的发明所包含的各个方面赋予几乎所有发明实施方式技术性质时，该发明才能得到 EPC 1973 第 52（1）条所指的专利保护。如决定 **T 914/02** 所述，事实上，类似的条件适用于 EPC 1973 第 52（2）条规定的可专利性除外情况，在 **T 914/02** 中相关委员会驳回了内容为一项涉及技术考量且包含技术实施例的发明的权利要求（理由第 3 点），理由是要求保护的发明还可以单单通过根据 EPC 1973 第 52（2）（c）条被排除在可专利性之外的纯粹心智行为实施。

1.5 具有技术和非技术主题的发明

混合发明是既有技术特征又有非技术特征的发明，其中“非技术”涉及根据 EPC 第 52（2）条的规定不被视为 EPC 第 52（1）条所指发明的事物（**T 1543/06**）。

在 **T 154/04**（OJ 2008，46）中，委员会认为，在审查发明可专利性中审查一个权利要求时，该权利要求必须解释为能决定该发明的技术特征，即对该发明的技术性质作出贡献的特征。在一个权利要求中出现**技术特征和“非技术”特征的混合**是合法的，其中，非技术特征甚至可以形成要求保护的主题的主导部分。新颖性和创造性也只能依赖于技术特征，因此技术特征须在权利要求中清晰界定。非技术特征解决了一个技术问题，便没有与权利要求的技术主题相互作用，即非技术特征“本身”不提供对现有技术的技术贡献，因此在判断新颖性和创造性时被忽略（另见 **T 641/00**，OJ 2003，352；**T 1505/05**）。在 **T 1543/06** 中可找到上诉委员会所适用的方法论。

在 **T 258/03**（OJ 2004，575）中，委员会指出，在决定要求保护的主题是否为发明时，考虑了技术与非技术特征的混合可被视为 EPC 1973 第 52（1）条所指的发明并且**不应考虑现有技术**这两个事实，之所以根据 EPC 1973 第 52（2）条没有否决由技术特征和非技术特征组成的主题之有力理由就是，技术特征本身可以满足 EPC 1973 第 52（1）条的所有要求。而且，通常很难将一项权利要求分割成技术特征和非技术特征，一项发明可能具有在大体上非技术的上下文中隐藏的技术方面。这种技术方面在审查创造性的框架下可能较易于识别，根据上诉委员会的判例，创造性与发明的技术方面有关。因此，除了 EPC 1973 第 52（3）条限制 EPC 1973 第 52（2）条适用性的限制性措辞之外，实践中还可能把一般将技术特征和非技术特征的混合视为 EPC 1973 第 52（1）条所指的发明。

在 **G 1/04**（OJ 2006，334）中，上诉扩大委员会引用 **T 603/89**（OJ 1992，230）裁定，对于包含技术特征和非技术特征的权利要求之主题，如果非技术特征与技术特征相互作用以产生技术效果，则满足 EPC 1973 第 52（1）条的要求。委员会说，由于 EPC 1973 第 52（4）条提到的诊断方法属于 EPC 1973 第 52（1）条所指的发明，因而在推断性的医学或兽医决定阶段为纯粹智力活动即非技术性阶段的情形下，这种方法必须还包括该阶段之前的技术性阶段，以满足 EPC 1973 第 52（1）条的要求。

在 **T 820/92**（OJ 1995，113）中，委员会指出，虽然 EPC 1973 第 52（2）

条规定某些抽象智力性质的活动不能视为发明，但 EPC 1973 第 52（3）条规定该除外情况应只适用于本身为该活动的情况。这已被解释为仅意味着，内容为这种活动本身的权利要求是不能获得准许的，但在这种活动与其他事物的相互作用视为发明的情况下，这种权利要求是可以获得准许的。这与 EPC 1973 第 52（4）条的立场形成对比，该条款禁止所述方法被授予专利，即使根据 EPC 1973 第 52（1）条的要求这些方法可被视为具有工业实用性的发明。委员会指出，没有类似于 EPC 1973 第 52（3）条的规定限制 EPC 1973 第 52（4）条的除外情况（另见 **T 82/93**，OJ 1996，274）。

在 **T 1054/96**（OJ 1998，511）中，委员会认为，EPC 1973 第 53（b）条和 EPC 1973 第 52（2）条使用了不同的措辞，并且这些可专利性除外情况是在不同的条款中，这是为了强调涉及本身不被视为发明的事物的 EPC 1973 第 52（2）条与涉及虽然本身可被视为发明但不能授予专利的除外情况的 EPC 1973 第 53（b）之间不属于同一法律类别。

1.6　将发明作为整体进行判断

决定 **T 26/86**（OJ 1988，19）审查了包含根据例程进行操作的数据处理单元的 X 射线装置是否可授予专利。委员会认为，该权利要求既不涉及独立的脱离任何技术应用的计算机程序，也不涉及以在数据载体上进行记录的形式运行的计算机程序，也不涉及与计算机程序相结合的已知通用计算机。相反，委员会裁断，依其例 X 射线装置运行的例程产生了技术效果，即，其控制 X 射线管，从而通过建立一定参数优先级，使得最佳曝光量与 X 射线管过载的充分保护相结合。因此，无论没有计算机程序的该 X 射线装置是否构成现有技术的一部分，该发明都可授予专利。委员会认为，发明**必须作为整体进行判断**。如果使用了技术手段和非技术手段，非技术手段的使用则不损害整体教导的技术性质。《公约》没有禁止对技术元素与非技术元素混合组成的发明授予专利。因此，委员会认为，为了确定一项权利要求本身是否涉及计算机程序，不必权衡该权利要求中的技术特征和非技术特征。如果该权利要求所限定的发明使用了技术手段，其可专利性则不会被 EPC 1973 第 52（2）条和第 52（3）条排除在外，而且如果其满足 EPC 1973 第 52 ~ 57 条的要求，则可获得保护。

在 **T 603/89**（OJ 1992，230）中，委员会认为，当且仅当**非技术元素**与已知技术元素**相互作用**产生技术效果时，“混合”权利要求才不会根据 EPC 1973 第 52（2）~（3）条的规定被排除在可专利性之外。因此，委员会认为，当技术元素与非技术元素之间存在相互作用，并且作为整体的混合体解决了技术问题时，才不被排除在可专利性之外（参见 **T 26/86**，OJ 1988，19）。在没有这种相互作用的情况下，即，当技术元素只是非技术元素的支持但不以其他方式与非技术元素配合时，发明没有使用技术手段，因此不能授予专利（参见 **T 158/88**，OJ 1991，566）。

在 **T 209/91** 中，委员会支持 **T 26/86**（OJ 1988，19）阐述的原则：对于使用技术特征和非技术特征的发明，不能先入为主地排除其可专利性。权利要求必须作为整体进行判断；权利要求包含非技术特征的，**只要这些特征**也有助于带来技术效果，就不损害整体教导的技术性质。

在 **T 1001/99** 中，委员会引用 EPC 1973 第 52（2）条认为，可专利性除外情况的审查必须基于整体权利要求的主题，而不是基于要求保护的主题对现有技术增加的贡献，即使是将该主题作为整体考虑以确定整体主题是否描述的是 EPC 1973 第 52（1）条所指的发明。根据 EPC 1973 第 52（3）条，**只有**要求保护的主题"本身"涉及非技术主题（例如涉及一种用于执行心智行为或 EPC 1973 第 52（3）条所列的其他各项的方法时）才能**否决**可专利性，"本身"的意思是限于该主题（例如心智行为）而不涉及技术方面（例如所需的技术考量、隐含的技术效果或解决的技术问题）。

在 **T 553/02** 中，委员会得出结论，一项内容包括物质组合物（本案中为漂白组合物）的产品和该产品使用说明的权利要求，且该说明对该产品没有技术效果，不属于 EPC 1973 第 52（2）条规定的专利性的除外情况，因为该权利要求具有技术意义并且限定了对于限定要求保护的主题（包括漂白组合物的产品）来说必要的技术特征。在本案中，要求保护的产品是否具备新颖性对于评价可专利性来说是无关紧要的（例如参见 **T 931/95**，OJ 2001，441）。委员会还指出，该结论确认了《EPO 审查指南》的规定。事实上，《审查指南》C－Ⅳ 2.2 部分指明了 EPC 第 52（2）条规定的可专利性除外情况仅在申请本身涉及除外主题时（在该争议案件中并非如此）适用，并且对权利要求的内容应作为整体考虑，以确定要求保护的主题是否具有技术性质；C－Ⅳ 2.3 部分讨论了信息呈现，本身涉及内容为信息呈现的权利要求或内容为信息呈现方法或产品（装置）的权利要求，不涉及如本权利要求这样的内容为两个单独实体、一种物理产品或对要求保护的物理产品没有技术效果的信息的权利要求。

2. EPC 第 52（2）条和第 52（3）条规定的非发明

2.1 简　介

"所有技术领域的任何发明，只要具备新颖性、创造性和工业实用性，均可授予欧洲专利”EPC 第 52（1）条表述了所有技术领域的任何发明一般都享有专利保护这一基本准则。因此，对于一般都享有专利保护的任何**限制**均不是司法自由裁量权的问题，必须在 EPC 中具有明确的法律依据。

EPC 第 52（2）条列出了**不被视为** EPC 第 52（1）条所指发明的主题或活动。该条**具体**指出，以下各项不应视为第（1）款所指的发明：（a）发现、科学理论和数学方法；（b）美学创作；（c）执行心智行为、进行比赛游戏或经营商业的方案、规则和方法，以及用于计算机的程序；（d）信息呈现。

EPC 第 52（3）条规定，第（2）款应仅在欧洲专利申请或欧洲专利本身涉及其中所指的主题或活动的限度内，排除该主题或活动的可专利性。

在 **T 854/90**（OJ 1993，669）中，委员会指出，上诉委员会已强调了要求保护的主题若要被视为是 EPC 1973 第 52（1）条所指的发明则须具有**技术性质**。特别是，在决定 **T 22/85**（OJ 1990，12）中，委员会针对 EPC 1973 第 52（2）（c）条所列的除外主题和活动，指出“无论它们具有哪些不同，这些除外情况具有的共同之处在于：它们都不以任何直接技术结果为目标，而是具有抽象和智力性质的活动”。

在 **T 154/04**（OJ 2008，46）中，委员会指出，EPC 1973 第 52（2）条列举的典型非发明涵盖了具有极度缺乏技术性质这一共同特征的主题。EPC 1973 第 52（2）条仅仅是不应被视为 EPC 1973 第 52（1）条所指发明的非穷尽的负面清单。缔约国的明确意图是，该“除外”主题清单不应被赋予太宽的适用范围。因此，EPC 1973 第 52（3）条是作为对 EPC 1973 第 52（2）条这种宽泛解释的限制而引入的。第 52（3）条通过明确地引用“主题或活动的可专利性”，实际上是为了保障第 52（2）条所列举的非发明享有专利保护的权利——尽管其通过“在欧洲专利申请或欧洲专利本身涉及该主题或活动的限度内”排除可专利性而限制了这种权利。从以下事实中不能得出体系的转移：缔约国瑞士认为在将国家法规与 EPC 1973 相协调时，没必要（“überflüssig”）将 EPC 1973 第 52（2）条和第 52（3）条内容包含在国家法规中（参见“Botschaft des Bundesrates an die Bundesversammlung über drei Patentübereinkommen und die Änderung des Patentgesetzes”，76.021，1976 年 3 月 24 日，第 67 页）。

而且，委员会认为“技术性质”是 EPC 1973 第 52（1）条所指的“发明”的**隐含要件**（“技术性”要求）。EPC 1973 第 52（2）条**没有将**任何具有技术性质的主题或活动**排除在可专利性之外**，即使其与该规定中所列条目相关，因为这些条目**只是“本身”被排除在外**（EPC 1973 第 52（3）条）。在就一项权利要求审查发明的可专利性时，该权利要求必须解释为决定该发明的技术特征，即，对该发明的技术性质作出贡献的特征。该原则的确在《公约》

以及上诉委员会（特别是上诉扩大委员会）判例法中具有明确一致的法律依据（另见 **T 931/95**，OJ 2001，441；**T 914/02**）。

2.2 发现、科学理论和数学方法

EPC 第52（2）（a）~（d）条中列出了不被视为发明之条目的非穷尽清单。其中（a）项中包括“发现、科学理论和数学方法”。这些活动的共同特征是，不以任何直接技术结果为目标，而是具有抽象和智力性质（参见 **T 338/00**；**T 22/85**，OJ 1990，12；**T 854/90**，OJ 1993，669）。

2.2.1 发现和科学理论

在 **G 2/88**（OJ 1990，93）中，上诉扩大委员会将一项权利要求视为已知化合物的新用途（这种用途的新目的是唯一可能具有新颖性的特征）。委员会认为，如果经适当解释该权利要求不包含反映这种新用途的技术特征，并且该权利要求提及这种新用途的措辞仅仅是心智性质的且不限定技术特征，那么该权利要求不包含新颖的技术特征，根据 EPC 1973 第54（1）条和第54（2）条的规定，该权利要求是无效的（因为该权利要求中仅有的技术特征是已知的）。对于这种不具有新颖技术特征的权利要求，无须考虑要求保护的发明是否涉及发现或 EPC 1973 第52（2）条规定的排除可专利性的其他内容。然而，基于特定权利要求的特定措辞，以上解释不是关于已知化合物的新用途的唯一可能解释。在特定案件中，可能明显有必要考虑和确定要求保护的发明是否为 EPC 1973 第52（2）（a）条所指的发现。这种考虑的第一个必要步骤是对权利要求进行解释，从而确定其技术特征。如果确定之后，涉及要求保护的发明“本身”很明显发现或其他除外主题（EPC 1973 第52（3）（a）条），则适用 EPC 1973 第52（2）（a）条的除外情况。如 **T 208/84**（OJ 1987，14）（涉及数学方法而不是发现，但适用相同的原则）所认识到的，在这种关联中，要求保护的主题背后的思想或概念属于发现这一事实不一定意味着要求保护的主题“本身”是发现。在一个特定案件中，可能的情况是，以 EPC 1973 第54（1）条和第54（2）条为依据的反对以及以 EPC 1973 第54（3）条为依据的反对可能同时出现。然而，它们是不同的反对。

在 **T 1538/05** 中，委员会指出，一般来说，发明必须具有技术性质，必须至少部分地利用技术手段解决技术问题。委员会认定，争议的权利要求涉及科学理论的发现，而不涉及技术教导。上诉人声称已发现了迄今未知的磁力，因此证实了海森伯测不准原理和爱因斯坦的相对论等理论是错误的。这些科学理论或发现不同于已确立的自然法则科学理论或发现。权利要求书、说明书和上诉人发出的许多信函都没有指出任何技术教导。专利说明书指出发明可属于哪

个专利分类或者专利可用于哪个分类，在这点上是不符合要求的。因此，根据 EPC 1973 第 52 条的规定，以上缺陷使发明不能被授予专利，因为该条款明确排除了发现、科学理论和数学方法。

上诉人指出，EPO 的审查员、上诉委员会以及公认的物理学家没有很好地理解他的物理理论和发现。委员会指出，也可能是这样的。委员会无法确定这些物理理论和发现是否正确。然而，委员会评述到，专利授予局和上诉委员会不可能是讨论新物理理论的地方，除非这些理论已被毫无疑义地证明、具有技术性并且能用于工业应用。委员会明确地认为，上诉人要求保护的主题是不能授予专利的，因为上诉人没有证明这些理论具有技术性且该发明能应用于方法或装置。上诉人的物理理论在什么限度内是正确的，这是学术辩论的问题，适合讨论申请人理论的地方是物理学刊物。在此点上，委员会认为，值得注意的是，根据上诉人所述，一位顶级法国物理学家都没有理解该争议理论，上诉人也未能在公认的刊物中发表其理论。

2.2.2 数学方法

在 **T 208/84**（OJ 1987，14）中，方法权利要求 1 ~ 7 和 12 的内容为用于数字处理图像的方法。要确定的一个基本问题是，根据 EPC 1973 第 52（2）条和第 52（3）条的规定这种方法是否因本身是数学方法而被排除在可专利性之外。委员会指出，几乎毫无疑问，任何电子信号处理操作均可用数学用语描述。例如，滤波器的特征可以用数学公式表达。然而，通过以下事实可以看出数学方法和技术过程之间的基本区别：数学方法或数学算法是通过数字（无论这些数字可以代表什么内容）执行的，并且还以数值形式提供结果，数学方法或算法只是规定如何对数字进行运算的抽象概念。该方法本身不产生直接技术结果。相比之下，如果在技术过程中使用数学方法，则是通过实现该方法的某种技术手段对物理实体（可以是实物，同样也可以是作为电子信号存储的图像）执行该过程，并且该过程提供该实体的某种变化作为其结果。该技术手段可以包括包含适当硬件的计算机，或适当编程的通用计算机。因此，委员会认为，即使发明背后的思想可以被视为属于数学方法，内容为使用该方法的技术过程的权利要求也没有寻求保护该数学方法本身。相比之下，对于“数字过滤数据的方法”而言，只要没有指明该数据代表什么物理实体，并且没有形成技术过程（具有工业实用性的过程）的主题，则该方法与数学方法同属于抽象概念（另见 **T 1161/04**）。

在 **T 59/93** 中，方法权利要求 1 被理解为，通过其包括的步骤，限定通常由程序控制的计算机执行的交互画图系统的操作性功能特征，其操作者为用户。步骤（e）、（g）和（h）暗示用数学方法计算坐标、线条和角度。委员会指出，根据EPC 1973第52（2）（a）条，结合第52（3）条，本身属数学方法的将被排除在可专利性之外。然而，很明显，该权利要求本身不涉及数学方法，没有限定作为执行计算依据的任何公式。所提及的计算步骤在整个要求保护的方法中只是方法或工具，用于将旋转角度值输入画图系统。要旋转的图形对象没有被其含义或信息内容限定为商业图形，例如饼形图、条形图等。因此，根据EPC 1973第52（2）（a）条，结合第52（3）条，不能提出反对，认为要求保护的方法本身是商用的。

在**T 212/94**中，权利要求1内容为对代表音频信息或图像信息的数据进行编码，以根据该权利要求所指明的码本（赋值规则）在通信系统中传输。虽然该发明背后的思想即将码本定义为数学函数的新颖算法，可被视为是数学方法，但该权利要求的内容为音频或图像信号处理过程中的赋值规则使用，所述信号本身是物理实体。该发明解决的问题中描述的实体和关系不是纯粹抽象的数学问题。要求保护的方法解决了一个技术问题。遵循VICOM决定（**T 208/84**，OJ 1987，14），委员会裁定，该权利要求的主题本身不涉及数学方法，根据EPC 1973第52（2）条和第52（3）条的规定，不被排除在可专利性之外。通过类推，该裁定同样适用于装置权利要求。

在**T 953/94**中，主请求的权利要求1涉及一种利用数字计算机生成曲线周期行为的数据分析方法，该曲线是由将两个参数彼此相关联的多个点表示。委员会认为，这种方法不能被视为可授予专利的发明，因为曲线周期行为分析本身很明显是被排除在可专利性之外的数学方法。引用数字计算机只起到表明要求保护的方法是在计算机（可编程通用计算机）的辅助下执行的作用，而该计算机是在本身被排除在可专利性之外的程序的控制下发挥作用。说明书披露了非技术领域和技术领域的示例，这证实了要求保护的数学方法解决的问题与任何应用领域无关，因此在本案中只属于数学领域而非技术领域。

2.3 美学创作

根据定义，美学创作涉及具有非技术方面并且所述方面的鉴赏本质上属于主观性的物品（例如绘画或雕塑）。美学效果本身无论在产品权利要求中还是方法权利要求中都是不能授予专利的。然而，如果通过技术结构或其他技术手段获得了美学效果，虽然美学效果本身是不可授予专利的，但获得美学效果的手段可能是可授予专利的。

在**T 686/90**中，委员会被要求就“彩绘玻璃风格的艺术品”这个特征是否意味着根据EPC 1973第52（2）条的规定其被排除在可专利性之外作出决定。委员会认为，涉及一般美学创作的功能信息本身不能限定出一个美学创作，至少在这种信息充分地标示出该权利要求主题的技术特征的情况下。由于美学创作（没有正式指明）作为所述目的与其他特征一起充分地限定出了该权利要求的技术主题，因此不存在本身属美学创作的内容。由于这个原因，基于 EPC 1973 第 52（3）条，不能根据 EPC 1973 第 52（2）条对该权利要求提出反对。

在 **T 962/91** 中，委员会另一方面认为，该发明背后的实际问题（正如所披露的）包括隐藏外区出现的不规则，并且利用修边转移人们对信息载体外观的注意，使得所谓的错误对观察者不明显。委员会同意审查部的观点，认为这种错误决不会损害信息载体的技术操作。这意味着使用声称用于隐藏错误的修边，不是为了解决技术问题，而是为了实现美学效果。

在决定 **T 119/88**（OJ 1990，395）中，涉案申请的主题涉及一种由塑料片制成的软盘外套，其向外界呈现出某种最小光强度的表面颜色。委员会首先指出，本身具有特定颜色的特征不构成表明一物体或装置完全或部分被该颜色覆盖的技术特征；然而，委员会没有排除这并非在所有情况下都有效的可能性。就该特征本身来说，可能看起来并不透露任何技术方面，但可通过在以前不包括该特征的对象增加该特征之后所带来的效果来确定其技术或非技术性质。在本案中，委员会得出结论，所称的指纹耐抗是对有关发明没有任何技术贡献的纯美学效果（EPC 1973 第 52（2）（b）条），且易于通过颜色进行分类的优点是以信息呈现的形式表现了非技术效果。就其本身而言，根据 EPC 1973 第 52（2）（d）条和第 52（3）条的规定被排除在可专利性之外。

2.4　计算机实现的发明

2.4.1　一般性问题

计算机程序本身的不可专利性不妨碍向计算机实现的发明授权专利。如果要求保护的主题具有技术性质，则根据 EPC 1973 第 52（2）条和第 52（3）条该主题不被排除在可专利性之外。

在 **T 1173/97**（OJ 1999，609）中，委员会指出，TRIPS 第 27（1）条规定"所有技术领域的任何发明，无论是产品还是方法，均可获得专利"。委员会认定，TRIPS 的明确意图是无论属于哪个领域的任何发明都不被排除在可专利性之外，特别是不排除 EPC 1973 第 52（2）（c）条所提到的且根据该条款被排除的用于计算机的程序。委员会指出，内容明确为计算机程序的权利要求直到近年来才被允许。根据上诉委员会的早期判例法，委员会多次认为，EPC 1973 第 52（2）（c）条和第 52（3）条规定的除外情况适用于所有计算机程序，与其内容无关，即与该程序被载入适当计算机时能做什么或执行什么无关。根据这种推理，不应区分技术性质的程序与非技术性质的程序。例如可在决定 **T 26/86**（OJ 1988，19，理由第3.1点），**T 110/90**（OJ 1994，557，理由第5点），**T 164/92**（OJ 1995，305，勘误表387）和 **T 204/93**（理由第3.13点）中找到这种推理的一些例子。例如，在 **T 204/93** 中，委员会认为，计算机内容本身，无论具有什么内容，都是不可授予专利的，与其应用无关，即使该内容在运行时恰好使其可用于控制技术过程。委员会裁决，“同理”，程序员的编程活动作为一种“心智行为”是不可授予专利的，这与产生的程序是否可用于控制技术过程无关，并且以不涉及任何常规手段的方式使该活动自动化也不会使该编程方法可被授予专利，这与产生的程序的内容无关。

在 **T 935/97** 和 **T 1173/97**（OJ 1999，609）中，上诉委员会裁决，在计算机程序权利要求有关的某些方面，EPO 在 EPC 1973 第52（2）条和第52（3）条方面的实践做法应作改变。委员会在这些决定中认为，排除“本身”是计算机程序的可专利性并不排除所有用于计算机的程序。委员会认为，如果程序在计算机上运行或载入计算机时带来或能够带来技术效果，而该技术效果超出了程序（软件）和在其上运行该程序的计算机（硬件）之间的“正常”物理相互作用，则该计算机程序产品不属于 EPC 1973 第52（2）条和第52（3）条规定的可专利性的除外情况。而且，委员会认为，关于 EPC 1973 第52（2）条和第52（3）条的除外情况，一个计算机程序是作为程序本身要求保护还是作为载体上的记录要求保护，没有什么不同（遵循了决定 **T 163/85**，OJ 1990，379）。

在 **T 208/84**（OJ 1987，14）中，委员会认为，即使发明背后的思想可能被视为属于数学方法，内容为使用该方法的技术过程的权利要求不是寻求保护是该数学方法本身的，不能认为一个内容为在程序控制下执行（无论通过硬件还是软件方式）技术过程的权利要求本身涉及计算机程序。此外，被视为主题为计算机的权利要求，而该计算机设置为根据指定程序进行操作（无论通过硬件还是软件方式）以控制或执行技术过程，则不能视其本身涉及计算机程序（参见案件提要）。在本案中，委员会认为，本发明的方法不被排除在可专利性之外，因为其构成在物理实体上执行的技术过程。该实体可以是实物，但也可以是作为电信号存储的图像。因此，所述方法本身既不是数学方法，也不是计算机程序（另见 **T 1173/97**，OJ 1999，609）。

EPO 局长利用 EPC 第12（1）（b）条规定的权力，就如何适用排除本身为计算机程序的可专利性的几个法律要点以及计算领域可专利性限制，将案件转给了上诉扩大委员会。该移交案件的概要指出，正如 EPC 1973 条文所表现出来的，给人的感觉是，最好不要在该法中精确地限定除外情况，而应留给 EPO 和国家法院把握。然而，上诉委员会的不一致决定产生了不确定性，为使该领域判例法能够进一步地和谐发展，有必要对由此产生的问题进行回答。国家法院和公众也表示担忧，认为上诉委员会的一些决定对除外的范围进行了过于限制性的解释。EPO局长明确指出，欧洲专利局应在协调欧洲范围内各专利局实践做法上发挥主导作用。

移送的主要问题如下：

1. 若明确地将一个计算机程序作为计算机程序要求保护，是否其只有它本身作为计算机程序时才能被排除可专利性？

2. 计算机程序领域的权利要求，能否仅仅通过明确提到使用计算机或计算机可读数据存储介质而避免根据EPC 1973第52（2）（c）条和第52（3）条被排除可专利性？

3. 为了对权利要求的技术性质作出贡献，要求保护的特征必须要对真实世界的物理实体产生技术效果吗？

4. 对计算机编程的活动一定涉及技术考量吗？

上诉扩大委员会对**G 3/08**中对该局长移交的案件提出了其意见（参见文前**G 3/08**提要）。

2.4.2 排除本身为计算机程序的主题

根据EPC 1973第52（2）条和第52（3）条排除本身为计算机程序的主题，在本领域非常重要。

在**T 1173/97**（OJ 1999，609）中，委员会指出，EPC 1973第52（3）条对EPC 1973第52（2）（c）条规定的除外情况的范围进行了重要限制。根据EPC 1973第52（3）条，除外情况仅在欧洲专利申请或欧洲专利“本身”涉及用于计算机的程序的限度内适用。这两条规定（EPC 1973第52（2）条和第52（3）条）相结合证明了立法者不想把所有用于计算机的程序都排除在可专利性之外。换言之，只有本身涉及用于计算机的程序的专利申请才被排除在可专利性之外，这意味着在用于计算机的程序本身不被视为用于计算机的程序的情况下，涉及该程序的专利申请则可允许授予专利。为了确立用于计算机的程序的可专利性除外范围，有必要确定“本身”的确切含义。这就可以识别出那些由于本身不被视为用于计算机的程序因而可授予专利的用于计算机的程序。根据上诉委员会的判例法，内容为计算机程序用于解决技术问题之用途的权利要求本身不能被视为寻求保护EPC 1973第52（2）（c）条和第52（3）条所指的程序，即使发明背后的基本思想本身可被视为计算机程序，如决定**T 208/84**（OJ 1987，14）和**T 115/85**（OJ 1990，30）。因此，当发明背后的基本思想本身可视为计算机程序时，判例法允许向该发明授予专利。

2.4.3 计算机程序产品的权利要求

在**T 1173/97**（OJ 1999，609）和**T 935/97**中，权利要求的内容为一种计算机程序产品，委员会必须从可称作“进一步技术效果”的角度进行审查，如果存在进一步技术效果，则根据EPC 1973第52（2）条和第52（3）条排除主题的可专利性。委员会指出，每种计算机程序产品在计算机上运行有关程序时均产生效果。该效果只表现为运行程序时的物理现实。因此，计算机程序产品本身不直接披露物理现实中的所述效果，计算机程序产品只有运行时该效果才被披露，因此其只具有产生所述效果的“可能性”。在该决定理由第6点的意义上，该效果也可以是技术性的，在该案件中其构成了此处提及的“进一步技术效果”。这意味着计算机程序产品可以具有产生“进一步”技术效果的可能性。

一旦已明确确立了特定计算机程序产品在计算机上运行时带来以上意义的技术效果，委员会就没有理由区分直接技术效果和产生技术效果的可能性（也可以视为间接技术效果）。因此，计算机程序产品可以因其具有产生以上意义的预定的进一步技术效果的可能性而具有技术性质。根据以上所述，具有技术性质的意思是，根据EPC 1973第52（3）条“本身”不被排除在可专利性之外。委员会认为，具有产生预定的进一步技术效果的可能性的计算机程序产品原则上根据EPC 1973第52（2）条和第52（3）条的规定不被排除在可专利性之外。因此，计算机程序产品不是在所有情况下都被排除在可专利性之外。

委员会进一步认为，（隐含地）包括可授予专利的方法的所有特征的计算机程序产品原则上根据EPC 1973第52（2）条和第52（3）条的规定不被排除在可专利性之外。对于委员会来说，不证自明的是，这种计算机程序产品必须**包括**确保计算机上运行时意图执行的方法之可专利性的**所有特征**。当该计算机程序产品载入计算机时，装有程序的计算机构成能够进一步执行所述方法的装置。委员会指出，计算机程序产品的**权利要求**以此方式**表述**保证了当硬件根据其预定规程工作时，程序执行的其内部物理变化本身在确定（要求保护的）发明是否可授予专利方面无关（例如，参见**T 22/85**，OJ 1990，12）。

T 424/03与一项申请有关，该申请披露了一种提供用于格式之间传输数据的扩展剪切板格式的方法。该剪切板是在常见计算机命令“剪切”“复制”和“粘贴”中使用的存储区。权利要求1涉及一种在计算机系统中实现的方法。包括存储器（剪切板）的计算机系统是一种技术手段，因此根据既定判例法，要求保护的方法具有技术性质。而且，委员会强调，**计算机系统中实现的方法**代表实际执行的实现某种效果的一系列步骤，而不是仅有在载入计算机或在计算机上运行时实现这种效果的可能性的计算机可执行指令（**计算机程序**）。委员会认为，计算机实现方法的权利要求类别**不同于**计算机程序权利要求的类别。即使方法（特别是操作计算机的方法）可以在计算机程序的帮助下付诸实践，涉及这种方法的权利要求也没有要求保护属于计算机程序类别的计算机程序。因此，在本案中，权利要求 1 本身不涉及计算机程序。

委员会还认为，要求保护的方法步骤对发明的技术性质作出了贡献。这些步骤通过技术手段解决技术问题在于：功能数据结构（剪切板格式）的使用独立于任何认知内容（参见 **T 1194/97**，OJ 2000，525），以便增强计算机系统的内部操作，从而便于在各种应用程序之间交换数据。因此要求保护的步骤提供了具有进一步功能的通用计算机，计算机帮助用户将非文件数据转入文件中。

在同一案例中，权利要求 5 涉及一种计算机可读的介质，这种计算机可读的介质上有计算机可执行的指令（计算机程序）以使计算机系统实施要求保护的方法。委员会裁决，权利要求 5 的主题具有技术性质，因为该权利要求涉及计算机可读的介质，即涉及载体的技术产品（参见 **T 258/03**，OJ 2004，575）。此外，计算机可执行的指令能够实现增强计算机的内部运作的上述进一步技术效果，这超出了数据处理的任何软件和硬件的基本相互作用（**T 1173/97**，OJ 1999，609）。介质上记录的计算机程序因此不能被认为是计算机程序本身，并且因此还有助于要求保护的主题的技术性质。

在移送给上诉扩大委员会的 **G 3/08** 中，EPO 局长认为，决定 **T 424/03** 强调计算机程序要求保护的方式，而 **T 1173/97**（OJ 1999，609）强调计算机程序的功能（要求保护的程序具有技术性质吗?），而不是计算机程序要求保护的方式（例如作为计算机程序、计算机程序产品或由计算机实现方法）。这种分歧涉及排除计算机程序本身的申请，并且加以强调（参见 **G 3/08**，上述问题 1）。这是说，如果有人想遵循 **T 424/03** 的推理，那么克服计算机程序的除外情况将成为正式方式，仅仅需要将权利要求阐述成一种由计算机实现的方法或计算机程序产品。上诉扩大委员会在局长移送的案件 **G 3/08** 中给出了自己的观点（参见文前 **G 3/08** 意见提要）。

2.4.4　技术性质和计算机程序

按照既定判例法，如果权利要求的主题具有技术性质，那么根据 EPC 第 52（2）条和第 52（3）条该主题不能被排除在可专利性之外。

在移送案件 **G 3/08**（见上文）中，EPO 的局长特别评述道，对于在计算机程序领域的权利要求的情况（例如，明确措辞为计算机程序或由计算机实施的方法），不确定确切地在什么情况下特征会赋予这些权利要求技术性质

（见上文问题2）。还提到，根据决定 **T 163/85** 和 **T 190/94**，需要在现实世界中对**物理实体**产生技术效果。然而，在 **T 125/01** 和 **T 424/03** 中并非如此（见上文移送案件 **G 3/08**，问题3）。在这些决定中，技术效果在本质上局限于各个计算机程序。EPO 局长说，不管简单地通过选择权利要求的适当形式能否避免根据 EPC 第52（2）条和第52（3）条的例外情况的问题，总是会需要评价单个特征或这些特征的组合产生的效果以确定这些效果是否有助于权利要求的技术性质。确定这种贡献总是关系到评价 PEC 的进一步要求（例如，创造性）。

在 **T 1173/97**（OJ 1999，609）和 **T 935/97** 中，委员会裁决，计算机程序在具有技术性质时必须被认为是可专利的。为了解释根据 EPC 1973 第52（2）条和52（3）条的计算机程序的可专利性的例外情况，委员会假设**计算机程序**不能仅仅因为它们是计算机程序被认为具有技术性质。这意味着源于执行计算机程序给出的指令的硬件的物理修改（例如产生电流）本身不能构成避免这些程序的例外情况所需的技术性质。尽管这些修改可以被认为是技术修改，但是它们是适于在计算机上运行的所有这些计算机程序的共有特征，并且因此不能用于使具有技术性质的计算机程序区别于计算机程序本身。因此，必须在上述意义上寻找技术性质的其他方面：在源自（由硬件）执行计算机程序给出的指令的**进一步效果**中可以找到。当所述进一步的效果具有技术性质时或者当这些进一步的效果导致软件解决技术问题时，带来这种效果的发明可以被认为在原则上成为专利的主题的发明。委员会的结论是，只要这些进一步的效果能产生上述意义上的技术效果，那么所有的计算机程序必须被认为是 EPC 1973 第52（1）条意义上的发明，并且如果满足 EPC 规定的其他要求，那么可以成为专利的主题。委员会认定，上述考量符合 EPO 的上诉委员会的判例法中的主流。至于涉及可专利性，委员会迄今为止要求发明具有技术性质。根据委员会的知识，不存在以下决定：仅仅因为程序注定用于技术手段（计算机），上诉委员会就将技术性质归因于计算机程序。

在 **T 1177/97** 中，权利要求1针对一种在自然语言之间的翻译方法；因此该权利要求使用多种语言术语并且涉及语言方面的翻译方法。委员会提出以下问题，这种语言构思和方法究竟能否形成技术发明的一部分。委员会提到 EPO 判例法，该判例法提供了多个示例来表明甚至这种方法的自动化也不缺乏技术性质（例如 **T 52/85**）。另外，按照具体情况具体分析，编码的信息已经被认为是可授予专利的实体，例如，**T 163/85**（OJ 1990，379）、**T 1194/97**（OJ 2000，525）和 **T 769/92**（OJ 1995，525）。委员会确认，根据该判例法，技术系统中的一条信息的用途或者该信息用于这个目的的可用性会赋予信息本身技术性质似乎是共同基础，这条信息例如经过专门格式化并且/或者经过专门处理来反应技术系统的性能。当在技术系统中使用或由技术系统处理时，这种信息可以是解决技术问题的技术方案的一部分，并且因此构成发明对现有技术的技术贡献。

至于目前涉及的技术性质，委员会强调，这应当与常规的计算机或任何其他常规的信息处理设备使用或处理这条信息无关，因为这种设备已经变成日常使用的常规制品的情况并不会剥夺这种设备的技术性质，就像锤子仍然应当被视为技术工具，即使已知锤子的用途已经几千年了。委员会因此得出以下结论，如果涉及语言学的信息和方法用于计算机系统且形成技术问题的解决方案的一部分，那么这些信息和方法在原则上可以假设具有技术性质。在计算机系统上实施功能总是（至少隐含地）涉及技术考量，并且实质上的意思是增加了技术系统的功能。将涉及语言学的信息和方法实施为计算机化的翻译方法同样要求技术考量，并且在技术方面给自身提供了非技术的事物，例如，字典、词语匹配或将符合表述翻译成对应的意思。然而，在判断创造性时，必须忽略仅涉及语言学领域的特性的方法的特征或方面。

在 **T 158/88**（OJ 1991，566）中，委员会指出，**技术手段**（例如，视觉显示设备）**将用于**实施要求保护的方法的**表述**单独不足以给在本质上构成计算机程序本身的方法提供 EPC 1973 第 52（1）条所指称的可专利性。如果要求保护的教导仅仅修改数据并且在信息处理之外没有产生效果，那么不能认为计算机程序是技术操作过程的一部分。如果要求保护的教导局限于改变数据并且没有对数据处理产生任何效果，那么计算机程序并没有成为技术操作方法的一部分。在审查本方法是否用于解决技术问题时，这能使可专利的权利要求中限定的程序成为技术操作教导的一部分，委员会得出以下结论：当根据要求保护的方法处理数据既不代表操作参数，也不代表装置，对装置工作的方式更没有物理或技术效果时，权利要求中限定的方法没有利用任何技术手段并且根据 EPC 1973 第 52（2）（c）条和第 52（3）条不能被认为是 EPC 1973 第 52（1）条意义上的可专利性发明。

在 **T 1227/05**（OJ 2007，574）中，申请涉及一种计算机实施的方法，该方法具有数学步骤来模拟具有 1/f 噪声的电路的性能。通过输送适当的随机数字到电路模型中可以模拟 1/f 噪声。委员会的结论是，由于根据独立权利要求 1 或权利要求 2 的方法是计算机实现的方法，所以该方法使用技术手段并且因为这个原因具有技术性质（参见 **T 258/03**（OJ 2004，575）和 **T 914/02**）。委员会则讨论他认为哪些其他特征有助于该方法的技术性质，因为只有这些特征可以并且应当考虑来判断创造性（参见 **T 641/00**，OJ 2003，352）。除了过程步骤的实施之外，该过程步骤对方法的技术性质的贡献只能达到该过程步骤用于方法的技术目的的程度。委员会认同以下观点，假设计算机实现的方法在功能上局限于计算机实施的方法的技术目的，模拟具有1/f的噪声的电路构成适当限定的计算机实现的方法的技术目的。用于计算机实施的模拟方法的具体技术应用本身将被视为形成制造过程的必要部分并且在实际生产之前的现代技术方法，大部分具有创造性。从这个角度来讲，仅仅因为这些模拟方法还没有并入物理端产品，所以这些模拟方法不会被否认具有技术效果。

在**T 421/06**中，申请以类似于**T 1227/05**中的权利要求的权利要求为基础。模拟方法扩展了产生1/f噪声的随机数字序列，而**T 1227/05**中披露的方法提前产生对应于期望数量的模拟步骤的固定的多个随机数字作为“一批”，以便使这些数字在随后的电路模拟中可用。委员会的结论是，要求保护的电路模拟没有构成数学方法本身或计算机程序本身，尽管在实施这种模拟时使用了数学公式和计算机指令。即使当通过智力活动或数学活动来实施发明时，要求保护的结果不能等同于这种活动。这些权利要求并不涉及设计模拟方法，而是涉及单纯的智力方法或数学方法再也无法实施的模拟方法。因此，模拟实现了作为现代工程师的典型工作的技术任务。与电路模拟的所有步骤，即包括通过数学方式表达的权利要求的特征，有助于根据权利要求1或权利要求2的模拟方法的技术性质，并且还可以因此确立方法对在先应用的新颖性。

在**T 1351/04**中，申请涉及一种计算机执行的索引文件的创建方法及装置和文集检索方法及设备。委员会认为，包括用于检索文件的信息的检索文件是技术手段，因为该检索文件确定了计算机检索信息的方式，而检索信息是技术任务。创建这种索引文件的计算机执行的方法可以因此被视为技术手段的制造方法，同样具有技术性质。

2.4.5 计算机编程

EPC中并没有规定与创建计算机程序相关的活动（给计算机编程）是否或者在什么情况下是在原则上可专利的技术活动或者本身排除了可专利性的非技术活动。在**G 3/08**中，EPO的局长向上诉扩大委员会提到这种法律观点（见上文问题4）。

在该移送案件中，EPO的局长提到**T 1177/97**，其中委员会认定“在计算机系统上实现功能总是涉及（至少隐含地涉及）技术考量”。引用“计算机程序”解释了这种实施方式包括给计算机编程（另见**T 172/03**）。根据该移送案件，这个问题的答案影响了本领域技术人员的定义，并且因此影响了可以作为客观的技术问题提出的问题的性质。因此，澄清本领域技术人员的技能在计算机技术领域至关重要。与这些决定相反，**T 833/91**、**T 204/93**和**T 769/92**

（OJ 1995，525）认为编程是程序员的心智行为。上诉扩大委员会针对局长在**G 3/08**的移送案件给出了自己的观点（参见文前**G 3/08**意见提要）。

在**T 204/93**中，要求保护的发明涉及生成“具体的”软件程序的技术（以特定的编程语言编写的软件程序）。这些“具体的”软件程序是由提供的“通用”规范生成的，这些规范是以更通用的语言编写的程序组件或模块，所以这些规范在插入“具体的”程序中之前必须经过“翻译”。使用将要生成、重新组装的计算机程序中存储在其他位置的有名称的程序模块的原则，除使用的语言水平之外，公知地接通主程序中存储的子程序。至于涉及要求保护的主题，委员会没有辩论该主题会提高程序员的效率。然而，这并不意味着计算机会以不同于技术观点的在本质上新的方式工作。计算机程序不是可专利的，而与它们的内容无关，即便这些内容偶尔例如使计算机程序在运行时可用于控制技术方法。类似地，程序员编程的活动作为一种心智行为不会是可专利的，这与所得的程序是否可以用于控制技术方法无关；最后，以不涉及任何非常规装置的方式使这种活动自动化也不会使这种编程方法变成可专利的，这与所得的程序内容也无关。委员会在**T 1173/97**（OJ 1999，609）中的观点是，在决定**T 204/93**中，由于排除计算机编程，程序员编程的活动本身构成根据EPC 1973第52（2）（c）条和第52（3）条排除的心智行为，并且编程的活动同样排除了可专利性，因为这种活动的自动化（例如通过计算机程序）并不涉及能克服这种排除的任何非常规的装置，根据EPC 1973第52（2）（c）条和第52（3）条，这种排除最终明显是基于实现心智行为本身的方案、规则和方法的排除与计算机程序本身的排除的组合。

在**T 833/91**中，委员会认为，计算机程序本身被明确排除在可专利性之外，并且程序员的活动会涉及进行心智行为，并且因此也落入根据EPC 1973第52（2）（c）条的排除的范围内。

在**T 769/92**（OJ 1995，525）中，委员会认为，鉴于以下事实，单纯编程本身会被排除在可专利性之外：编程是本质上涉及根据EPC 1973第52（2）（c）条被排除在可专利性之外的心智行为的一种活动。此外，编程只能得到根据同一规定同样排除的计算机程序。然而，在要求保护的系统中，通过要求保护的方法实施所述“转账传票”形式的所述“接口”的实施方式不仅仅是编程行为，而且关系到涉及在编程可以开始之前将会进行的技术考量的一系列活动。

2.4.6　控制和操作程序

在**T 6/83**（OJ 1990，5）在中，委员会认定，涉及保存在通信网络中具有多个互连的数据处理器的数据处理系统中的不同处理器的程序与数据文件之间的内部通信的配合和控制的发明将被视为解决本质上是技术问题的问题，通信网络的特征并不涉及数据的性质以及特定的应用程序在该通信网络上运行的方式。这种控制程序因此相当于任何计算机调整其内部基本功能从而允许多个具体引用的程序运行所需的常规操作程序。这种发明将被视为解决本质上是技术问题的问题，并且因此被视为 EPC 1973 第 52（1）条意义上的发明。

在 **T 26/86**（OJ 1988，19）中，委员会认为，在通用计算机中使用的普通计算机程序必然借助自然力量将数字值转换成电信号，涉及的电信号只是相当于复制信息并且本身不能被视为技术效果。在通用计算机中使用的计算机程序因此被视为程序本身，并且因此排除了根据 EPC 1973 第 52（2）（c）条的可专利性。但是如果程序控制通用计算机的操作是为了在技术上改变其功能，那么由程序与组合的计算机构成的设备可以是可专利的发明。

2.5 用于进行心智行为、进行比赛游戏或经营商业的方案、规则和方法

2.5.1 经营商业的方法

单纯的经商方法本身不是可授予专利的（EPC 1973 第 52（2）条和第 52（3）条）（例如，参见 **T 931/95**，OJ 2001，441）。

在 **T 769/92**（OJ 1995，525）中，申请人要求保护一种用于多种类型的独立管理的计算机系统以及该系统的操作方法，这些管理包括至少金融和存货管理。使用该系统可以彼此独立进行的多种类型的管理的数据可以使用例如以计算机系统的显示设备的屏幕上显示的图像的形式单个“转账传票”来输入。尽管金融和库存管理一般会落入“经营商业”，委员会认为，根据 EPC 1973 第 52（2）条和第 52（3）条，该发明并不被排除在可专利性之外。按照委员会的观点，提及的特定种类的管理并不是决定性的；这些管理具有彼此“独立”进行的不同的“具体”种类的事实才被认为是重要的。该申请所含的教导为，提供了用于在计算机系统的存储设备中的某些文件和处理装置，用来存储并且进一步处理输入的数据并且使处理设备执行这些功能。这种教导的实施方式要求对申请进行技术考量。按照委员会的观点，不被排除在可专利性之外同样适用于对发明的实施方式的细节进行技术考量的这些发明。对这些技术考量的特殊需求暗示将要解决至少暗含的技术问题以及解决这个问题的至少暗含的技术特征。此外，单个转账传票的规定要求对申请进行技术考量。这种“用户接口”暗指实际上独立的金融和库存管理系统通过共有的输入设备组合，从而允许输入数据以用于所述系统之一，如有需要同样用于其他系统。在要求保护的计算机系统中的这种接口的实施方式不仅仅是编程行为，而是关系到涉及在编程可以开始之前将会进行的技术考量的一系列活动。然而，上诉委员会

确立的实践允许技术特征和非技术特征混合的可专利性。

在 **T 931/95**（OJ 2001，441）中，委员会处理涉及商业方法的发明的可专利性。主请求的权利要求 1 针对一种**方法**，该方法通过管理至少一个订户用人单位账户来控制退休金收益程序。委员会说，如果该方法是技术方法，或者换句话讲，具有技术性质，该方法仍然可能是经营商业的方法，而不是本身为经营商业的方法。然而，权利要求 1 的所有特征，即限定要求保护的方法的单个步骤，是具有单纯的管理性质、保险精算性质和/或金融性质的处理信息和产生信息的步骤。处理和产生这些信息是商业方法和经济方法的典型步骤。因此，要求保护的发明并没有超出经营商业的方法本身，根据 EPC 1973 第 52（2）（c）条和 EPC 1973 第 52（3）条被排除在可专利性之外。委员会补充道，为了单纯的非技术目的和/或者为了处理单纯的非技术信息而使用技术手段并不必然使用途的任何单独步骤或方法整体具有技术性质。在权利要求中单纯存在技术特征并不会使权利要求的主题变成 EPC 1973 第 52（1）条意义上的发明。

另外，委员会认定，经过适当编程用于特定领域的计算机系统，即使该领域是商业和经济的领域，具有物理实体意义上的具体**设备**，人为地用于盈利目的，并且因此是 EPC 1973 第 52（1）条意义上的发明。根据 EPC 1973 第 52（2）（c）条的措辞调整了用于**经营商业的方法**与**适用于实施这种方法的设备**之间的可专利性的区别，根据该条款“方案、规则和方法”是经济和商业领域的非可专利性类别，但是“物理实体”或“产品”意义上的“设备”的类别并未在 EPC 1973 第 52（2）条中提到。这意味着，如果权利要求涉及这种实体，那么这种权利要求的形式类别事实上确实暗示着要求保护的主题的**物理**特征，这些物理特征可以相当于涉及的发明的技术特征并且因此与其可专利性有关。构成物理实体或适用于实施或支持**经济活动**的具体产品的设备是 EPC 1973 第 52（1）条意义上的发明。

在 **T 258/03**（OJ 2004，575）中，委员会考虑 EPC 1973 第 52（2）（c）条的措辞，根据该条款“用于进行心智行为、玩游戏或经营商业的方案、规则和方法”不被视为 EPC 1973 第 52（1）条意义上的发明。委员会并不确信这种措辞对涉及活动的方法以及涉及用于实施这些活动的实体强加区别对待。就 EPC 1973 第 52（1）条意义上的“发明”的概念真正重要的是**存在技术性质**，可以通过实体的物理特征或活动的性质来暗示技术性质，或者可以通过使用技术手段对非技术活动赋予技术性质。按照委员会的观点，落入非发明概念本身的范围的活动通常代表缺乏任何技术暗示的纯粹抽象的概念。委员会认为，涉及技术手段的**方法**是 EPC 1973 第 52（1）条意义上的发明（区别于决

定 **T 931/95**）。委员会指出，上诉委员会此前的决定认为，使用进行心智行为方法的技术手段在部分地或完全没有人干涉的情况下会（考虑到 EPC 1973 第52（3）条）使这种方法成为一种技术过程或方法，并且因此成为 EPC 1973 第52（1）条意义上的发明（**T 38/86**，OJ 1990，384；**T 769/92**）。然而，由商业方案的修改组成的并且旨在**绕过技术问题**而不是通过技术手段解决这个技术问题的方法步骤不会有助于要求保护的主题的技术性质。

由于上述原因，委员会还认为，权利要求3的**设备**是 EPC 1973 第52（1）条意义上的发明，因为该设备包括明显是技术特征的特征，例如"服务器计算机""客户端计算机"和"网络"。这个结论符合决定 **T 931/95**。委员会说，这种推理独立于权利要求的类别。

在 **T 854/90**（OJ 1993，669）中，计算机制造商申请保护一种使电子自助服务机（例如自动提款机）运行的方法，这种电子自助服务机可以通过任何机器可读的卡来访问。未来的使用者首先必须插入这种卡以便存储这种卡的识别数据，然后使用者将有关他自己的信用卡信息键入"电子申请表"上，从而允许判断是否授权他为用户。一旦授权，他就可以使用同一张卡来访问系统。委员会裁定，这不是可专利性的，要求保护的该方法的一部分仅仅是使用机器的指示，并且尽管使用了技术部件，但是这无法改变以下事实：要求保护的是经营商业的方法本身。

在 **T 636/88** 中，权利要求1涉及一种分发由船舶散装运输的材料的方法：称重和装袋设备安装在码头周围，这种设备可以装运在标准容器中并且在材料搬运到下一个港口之前卸载这些材料并装袋。其他的权利要求针对装袋设备本身。然而，委员会认为，要求保护的方法明显具有技术性质，该方法涉及使用技术设备（装袋设备）来实现技术结果（生产密封的称重装袋的讨论的材料）。

在 **T 1002/92**（OJ 1995，605）中，要求保护一种用于在多个服务点确定服务顾客的队列顺序的方法。该系统给顾客提供了选择特定服务点的可能性；该系统具体地包括转数分配单元、每个服务点的终端以及向顾客指示特定的转数和特定的免费服务点的信息单元。

委员会认为，权利要求的措辞不会使人怀疑请求保护具有某些功能的三维物体，权利要求限定了明显属于具有结构部件的设备的类别的技术项目，这些结构部件的特征在于它们的功能。总而言之，委员会认为，权利要求涉及一种设备，该设备特别包括按照特定的计算机程序工作的计算机软件。由程序确定的硬件的输出信号用于对另一个系统部件（信息单元）的操作进行自动控制，因此，解决完全具有技术性质的问题。此外，涉及通过"商业设备"对顾客提供服务的系统的实际应用之一并不意味着要求保护的主题必须等同于经营商业的方法本身。

在 **T 59/93** 中，方法权利要求 1 将被理解为通过其包括的步骤来限定交互式绘图系统的起作用的功能性特征，这些特征通常由程序控制的计算机来实施，该交互式绘图系统的操作者为使用者。在步骤（e）、（g）和（h）中，隐含了用于计算坐标、线和角的数学方法。委员会指出，根据 EPC 第 52（2）（c）条和第 52（3）条，数学方法本身可以被排除在可专利性之外。然而，显然权利要求并不涉及数学方法本身；权利要求并不限定进行计算应当遵循的任何公式。相反，提及的计算步骤只是在要求保护的总方法中用于将旋转角度值输入图形系统中的手段。将要旋转的图形对象并不会通过它们的含义或信息内容而局限于商业图形，例如饼形图、条形图等。因此，根据 EPC 第 52（2）（c）条结合第 52（3）条无法提出主张所要求保护的方法本身是经营商业的反对。

2.5.2　进行心智行为方法

用于进行心智行为方法的技术手段的用途在部分地或完全没有人工介入的情况下根据 EPC 1973 第 52（3）条会使这种方法成为一种技术过程或技术方法，并且因此成为 EPC 1973 第 52（1）条意义上的发明（**T 38/86**，OJ 1990，384；案件提要 III）（另见 **T 258/03**，OJ 2004，575）。

T 51/84（OJ 1986，226）涉及一种通过应用经过编码的特殊符号防止伪造来保护记录声音的载体的方法。委员会认为，该方法符合根据 EPC 1973 第 52（2）（c）条和第 52（3）条排除了可专利性的主题，因为权利要求仅仅专注于由技术人员按照他选择的任何方式可以实施的过程步骤，而没有指明或预先假定用于实施这些过程步骤的技术手段。

在 **T 453/91** 中，涉及 VLSI 芯片的产品权利要求被认为具有新颖性和创造性。然而，同样要求保护物理 VLSI 芯片设计的方法被驳回，因为这些权利要求只是提到设计这种芯片的单独步骤，并且因此不能被理解为仅仅输送现实世界中并不存在并且可能或不可能变成实际物体的一些事物的图像形式的设计。该方法的结果无法必然成为决定 **T 208/84**（OJ 1987，14）中限定的"物理实体"。然而，委员会允许不仅包括芯片设计步骤而且包括"在物质上生产按照所述芯片设计步骤设计的芯片"的特征。这种权利要求被认为是明显局限于制造具有技术特征的实际（物理）物体的方法，并且因此局限于技术方法。

在 **T 125/04** 中，委员会引用 **T 244/00**，该裁决说，设计图形的任务一般是非技术性的。即使可以证明这些图形按照观察者会直观地将其视为特别吸引人、明晰或合理的方式传递信息，同样如此。

在**T 49/04**中，申请涉及用于增强（计算机）显示器上的自然语言的文本显示的方法和设备。技术上诉委员会在2003年4月3日遵循**T 643/00**而非**T 125/04**（技术委员会在2001年5月3日作出这两份决定，尽管具有不同的内容），并且说无法在图形界面的设计和使用中排除技术方面。此外，以提高可读性的方式在显示器上显示自然语言文本，从而使用者更高效地完成他们的任务，涉及**如何**（通过何种物理布局的文本）将认知内容传达给读者并且因此被认为有助于技术问题的解决方案。

在**T 603/89**（OJ 1992，230）中，发明包括当在键盘上同样出现与一张乐谱上的音符对应的数字时学习如何演奏键盘乐器的设备和方法。要求保护的技术特征是标记这些按键。根据EPC 1973第52（2）（c）条和第52（d）条排除了可专利性。由于案件标记仅仅是已知的技术特征，要求保护的发明对教学设备的工作的贡献仅仅在于显示的信息的内容，而不是设备本身。发明并不是建立在技术问题的基础上，而是建立在对教学方法的改进上，这等效于对心智行为方法的改进。

在**T 474/98**中，权利要求1～3并没有要求保护计算机程序或心智行为方法本身，因为数字地测量参数并将测量值转换成不同的坐标值的步骤与进一步的方法步骤有联系，例如，比较数值、判断参数并且进行镜头磨边的步骤，即明显是技术性的步骤。总而言之，权利要求1和权利要求3并没有要求保护心智行为或程序本身，而是指明将要进行的步骤的权利要求：（a）为了获得结果，即预磨边的镜头能否安装在镜框中，并且（b）根据选择的镜框的配置对镜头进行磨边。根据这些条件，满足EPC 1973第52（2）（c）条和第52（3）条的要求。

在**T 27/97**中，上诉人（异议人）将权利要求解释成权利要求的主题（不管权利要求的叙述涉及在电子系统中的使用方法）局限于单纯的智力方法并且因此被EPC 1973第52（2）（c）条排除。委员会不赞同，并且规定，根据权利要求1，该申请要求保护一种在电子系统中使用的对信息（使用RSA型公用密钥算法表示成数字代码的形式）进行加密或解密的方法。所以发明明显是计算机和通信领域的方法，并且因此根据EPC 1973第52（2）条和第52（3）条被排除，即使建立在抽象算法或数学算法的基础上。

2.5.3 文字处理

T 115/85（OJ 1990，30）决定，涉及用于显示包括由多个文字组成的短语的一组预定消息之一的方法，每条消息表示在文字处理系统的输入输出设备中会发生的具体事件，该文字处理系统还包括键盘、显示器和存储器。

委员会评述道，自动给出设备或系统中普遍存在的条件的视觉指示基本上是技术问题。该申请提出了该技术问题的解决方案，涉及使用计算机程序以及存储在存储器终端某些表。该申请采用了决定 **T 208/84** 中主张的原则：根据常规的可专利性标准将会是可专利的发明不应当排除对以下单纯事实的保护：为了实施该发明，使用计算机程序形式的技术手段。但是，反倒是计算机程序无论如何都会被认为构成技术手段不遵循这一点。在本案中，以功能性术语表述的权利要求的主题并不是根据 EPC 1973 第 52（2）（c）条和第 52（3）条禁止保护的。

在 **T 22/85**（OJ 1990，12）中，同一个委员会必须裁决一种自动抽象输入的文件并将其存储在信息存储器和检索系统中的方法以及从该系统中检索文件的对应方法的可专利性。委员会评述道，所述方法落入 EPC 1973 第 52（2）（c）条限定的活动类别的范围内。委员会认为，根据在常规的计算机硬件元件的帮助下将会实现的功能或功能性手段单纯列出进行活动所需的步骤顺序没有带入任何技术考量，并且因此既没有给活动提供技术性质，也没有给作为整体考虑的要求保护的主题提供技术性质，在使用常规的计算器时，至多解数学方程可以被视为技术活动。

在 **T 186/86** 中，委员会指出，编辑文字的活动主要涉及文字的语言学特征和布局特征，但是在使用机器（文字处理器）的帮助进行编辑时，编辑文字的活动必须包括特别是用于向操作人员以适合编辑文字的形式呈现待编辑文字的进一步步骤，以及用于存储并且/或者复制最终文本的步骤。然而，整个编辑方法为了实现其目的创建了具有所需的信息内容和布局的文本，这意味着该方法本身有助于解决本质上具有非技术性质的问题。因此，委员会的观点是文字编辑活动本身必须被认为是落入进行心智行为的方案、规则和方法的类别的范围内，并且根据 EPC 1973 第 52（2）（c）条和第 52（3）条被排除了可专利性。委员会认定，为了实际实施根据 EPC 1973 第 52（2）（c）条排除的活动，可以使用一些手段，这些手段本身有资格成为技术手段，例如由适当的软件控制的计算机。涉及排除的活动但是同时包括这些技术特征的权利要求在任何情况下都不会是不允许的。在本案中，权利要求 1 中限定的方法通过在常规的文字处理器中运行适当的计算机程序来实现，从说明书可以看出。权利要求 1 列出了在控制所述程序的情况下影响根据本申请的编辑方法所需的数字处理步骤，包括操作人员输入他想对文字进行的修改的交互式步骤。执行的操作没有超出涉及输入、存储、显示、转换和转移数据的常规技术的数据处理，这些并不代表物理实体。因此，一旦限定了讨论的编辑方法的步骤，在这些步骤中将要使用的技术手段的实施方式至少在权利要求 1 规定的通用水平至多涉及常规技术的直接应用。委员会认为，按照上述评论的在案件 **T 22/85** 中的决定，根据在常规的计算机硬件元件的帮助下将会实现的功能或功能性手段单纯列出进行活动（根据EPC 1973第52（2）条和第52（3）条本身被排除在可专利性之外）所需的步骤顺序没有带入任何技术考量，因此无法给这种活动带来技术性质，从而克服被排除在可专利性之外。

在**T 38/86**（OJ 1990，384）中，委员会首先必须判断一种自动检测并替换在一组语言表述中超出预定的理解水平的语言表述的方法的可专利性。委员会的观点是，想通过使用自己的技能和判断来进行这种任务的人会进行EPC 1973第52（2）条意义上的单纯心智行为；在进行这种心智行为中使用的方案、规则和方法不是EPC 1973第52（1）条意义上的发明。委员会说，使用用于实施（如果由人来实施会要求人进行心智行为的）方法的技术手段根据EPC 1973第52（3）条**可能**给这种方法带来技术过程或方法，并且因此带来EPC 1973第52（1）条意义上的发明。由于仅在专利申请涉及排除的主题或活动本身的限度内被排除在可专利性之外，所以《欧洲专利公约》似乎有意允许在发明涉及在不被排除在可专利性之外的领域中对技术的贡献的这些情况中申请专利。在本案中，不满足以下条件：一旦限定了讨论的用于进行心智行为的方法的步骤，在这些步骤中将要使用的技术手段的实施方式至多涉及常规技术的直接应用，并且因此应当被认为对本领域技术人显而易见。如果用于实施方法的设备（这里是文字处理系统）的权利要求没有指明属于所述方法的权利要求中已经包括的技术特征之外的任何技术特征，此外没有根据其物理结构限定该设备，而是根据与该方法的步骤对应的功能性术语限定该设备，委员会说，要求保护的设备并没有比该方法对现有技术作出更多贡献，尽管该权利要求阐述为不同的类别。在这种情况下，如果方法排除了可专利性，那么设备同样排除了可专利性。

决定**T 121/85**确认了决定**T 38/86**。权利要求涉及由文字处理系统实施的文字处理，该文字处理系统包括由计算机程序控制的处理器。委员会的结论是，公开的内容中没有针对超出语言学领域以及从将要应用的语言学规则直接获得的计算机功能的贡献，例如程序（申请人已经要求保护对检查文字拼音的语言学问题的软件解决方案）。因此，该权利要求根据EPC 1973第52（2）（c）条和第52（3）条被排除在可专利性之外。

在**T 95/86**中，申请人要求保护一种文字编辑的方法。委员会认定，编辑文字的活动主要涉及其语言学特征和布局特征。编辑文字本身（使在机器的帮助下编辑文字）因此落入根据EPC 1973第52（2）（c）条和第52（3）条不能授予专利的进行心智行为的方案、规则和方法的类别的范围内。委员会认为，单纯列出实施活动（本身被排除在可专利性之外）所需的步骤顺序没有带来任何技术考量，即使这些步骤被描述为在常规的计算机硬件元件的帮助下将会实施的功能或功能性手段。

在 **T 110/90**（OJ 1994，557）中，发明涉及一种将使用批处理文字系统制备的第一可编辑文件格式转换成在交互式或批处理文字系统上使用的第二可编辑文件格式的方法。遵循 **T 163/85**（OJ 1990，379），委员会认定，以数字数据形式呈现的文本中包括的控制项（例如打印机控制项）是出现这些控制项的文字处理系统的特征，这些控制项是该系统的技术内部运作的特征。因此这些控制项代表出现控制项的文字处理系统的技术特征。因此，将代表属于一个文字处理系统的技术特征的控制项转换成代表属于另一个文字处理系统的技术特征的控制项构成具有技术性质的方法。

在 **T 71/91** 中，委员会考虑电子文件系统的可专利性，该系统包括接收并发送数字流形式的文件的多个处理器或工作站。这些数据代表文件的内容以及有关将对文件进行的处理的类型的信息。如果处理器检测到处理器无法进行处理的信息，那么这些信息不是仅仅被忽视，而是存储在存储器中，并且当数据流被发送到另一个处理器时进行检索。因此数据流被重构，并且发送的数据与接收的数据实质上相同，没有丢失信息。委员会认为，遵循 **T 38/86**（OJ 1990，384），要求保护的主题明显在未被排除在可专利性之外的领域对现有技术作出了贡献。委员会还指出，在类似案例 **T 110/90**（OJ 1994，557）中，根据 EPC 1973 第 52（2）（c）条认为没有排除“控制例如打印机的硬件”，因为这并不涉及“文本的文字的语言学意义”。类似地，在委员会面前的案例中，将要处理的数据也区别于文件本身的内容。

在 **T 236/91** 中考虑了排除的特征与未排除的特征之间的相互关系，遵循 **T 208/84**（OJ 1987，14）、**T 38/86**（OJ 1990，384）和 **T 26/86**（OJ 1988，19），委员会重述道，虽然《公约》没有禁止将包括排除的特征和未排除的特征的混合体的发明申请专利，并且由于只在专利申请涉及排除的主题或活动本身的限度内被排除在可专利性之外，所以《公约》的意图似乎是允许（只是）在发明涉及在未被排除在可专利性之外的领域中对现有技术的贡献的这些情况下申请专利。

将这一点应用于本案，委员会认定，即使在发现要求保护的计算机不是显而易见的之后，仍然必须判断该计算机的非显而易见的一个或多个特征是否对现有技术作出了技术贡献。按照委员会的观点，要求保护的发明的要旨可以从以下事实看出：不仅在自然语言的语句被完全输入计算机之后，而且在输入每个文字或短语之后逐步地解析这些语句，并且根据这种解析结果，创建仅表现出这些语言的可能延续的选择的新菜单；计算机的设计者无法预设的选择。在这个意义上，要求保护的计算机的内部运作不是常规的并且按照委员会的观点应当被视为技术效果。

2.6 信息呈现

只是通过信息的内容来限定信息呈现不是可授予专利的。这适用于不论针对信息呈现本身还是针对信息呈现方法和设备的权利要求。

在 **T 163/85**（OJ 1990，379）中，至于以存在彩色电视信号的系统的技术特征为特征的彩色电视信号，委员会认为，当讨论信息呈现时适合区分两种信息；根据这种区别，只是以信息本身（例如在标准电视信号上调制的动画）为特征的电视系统会落入 EPC 1973 第52（2）（d）条和第52（3）条的排除情况，但是内在地包括存在电视信号的电视系统的技术特征的明确限定的电视信号不是排除情况；由于 EPC 1973 第52（2）条（结合 EPC 1973 第52（3）条）中阐述的可专利性的排除列表，鉴于“特别地”的短语并不详尽，这种排除情况可以合理地归纳推广到技术性质本质上抽象并且非实物的主题，并且因此其特征不是 EPC 细则 1973 第29（1）条意义上的技术特征。

在 **T 125/04** 中，委员会的观点是，一般来讲，设计图形的任务是非技术性的（参见2001年11月15日的 **T 244/00**）。即使可以证明这些图形按照观察者会直观地将其视为特别吸引人、明晰或合理的方式传递信息，同样如此。

在 **T 77/92** 中，发明涉及一种在紧急情况下选择正确的患者的治疗值（药物剂量）、去纤维性颤动技术的能量和/或设备尺寸的方法。该方法包括使用特定胶带测量急诊患者的身体长度，在没有临床专业知识实践、计算或参考其他数值源的情况下快速地选择所述正确的患者治疗值。使用的特定胶带具有脚跟到齿冠长度的增量，每个增量方位表示适合于该增量并且由测量的患者的脚跟到齿冠的高度与正确的治疗值之间的相互关系所确定的正确的治疗值。根据既定判例法，对于未被排除在可专利性之外的发明，委员会必须在面对情况中考虑必须作为整体进行判断的要求保护的主题是否具有技术性质或者对现有技术提供技术贡献，即在未被排除在可专利性之外的领域中的贡献。在限定现有技术之后，委员会总结道，上诉的决定并不适合评价患者的脚跟到齿冠的长度与测量胶带上提供的每个治疗值之间的相互关系。测量的高度与有关胶带测量的信息之间的相互关系导致在要求保护的方法中使用的胶带变成用于直接测量患者的治疗值的新量具，正如仅仅将表示高度的刻度替换成压力计的刻度来获得测高仪。用于直接测量患者的治疗值的这种新量具明显具有技术性质。

进一步引用 **T 115/85**（OJ 1990，30），委员会在 **T 362/90** 中裁定，自动视觉显示在设备或系统中普遍存在的或期望的条件基本上是技术问题。涉及显示（尤其是在重型货运货车中）使用中的齿轮以及（通过评估有关发动机性能的信号）最佳的齿轮的设备的权利要求根据 EPC 1973 第 52（2）（d）条不是可专利的，即使该权利要求确实涉及有关信息呈现的非技术特征。

委员会在 **T 790/92** 中考虑到 **T 115/85**，委员会认为，表示处理系统的设备中可能发生的具体事件的显示消息基本上是技术问题，因为这涉及设备的内部运作。然而，在本案中，委员会说，这并不是涉及设备的运作并且因此形成会得到消息的技术问题的这种“技术”事件或条件，而是表格呈现的信息与表格通常有意呈现的信息之间的差别。委员会认为，不能认为正常的信息呈现和修改的信息呈现之间的这种差别具有技术性质。

在 **T 887/92** 中，发明的一个目的是使常用的求助设施具有许多更友好的计算机程序。委员会认为，自动视觉显示在设备或系统中普遍存在的或期望的条件基本上是技术问题。因此，在求助面板上显示最合适的有效命令具有技术性质，因为这清楚地反映了该系统的状态或条件。步骤（1）所依赖的计算机程序被认为构成用于实施该发明的技术手段。

在 **T 599/93** 中，要求保护在一个（计算机）屏幕上同时显示几个图像的配置。例如通过一条水平线和一条垂直线将屏幕分成四个部分。委员会的观点是，通过改变定位标记的相关表面的颜色来在屏幕窗口上告知有关事件的信息不具有技术性质（例如没有给出有关要求保护的配置的工作状态的信息），而是仅仅引起使用者注意相关图像的特定内容，并且因此用于呈现 EPC 1973 第 52（2）（d）条意义上的信息。

在 **T 1194/97**（OJ 2000，525）中，专利申请涉及两部分图像检索系统，该图像检索系统包括记录载体和阅读设备，即可以单独销售但是每个部分被专门设计成适用于实施同一创意的互补方面的两个单独且协作的制品。权利要求 1 针对该系统，而权利要求 4 试图保护记录载体本身。根据对这种发明要求保护的标准实践（通俗地称为“弓和箭”或“插头和插座”型发明），权利要求 4 的记录载体被指明“用于根据权利要求 1 所述的系统”。审查部将权利要求 4 解释成规定上面存储由数据的公知载体，所述数据不具有含糊的技术功能，并且审查部参照 EPC 1973 第 52（2）（d）条总结道，“为了判断记录载体的技术优点，该记录载体上存储的内容事实上是单纯呈现信息。”委员会将审查部对权利要求 4 的解释看成是误解“供使用”短语的效果。委员会指出，按照这个短语的正确解释，权利要求 4 的记录载体具有技术上的功能性特征（行号、编码的图像行和地址及同步），这些功能性特征适于与阅读设备中对应的装置协作以提供图像检索系统（另见 **T 643/00**）。

通过类比的方式应用并扩展 **T 163/85** 的裁判理由，委员会认为，权利要求4的记录载体根据EPC 1973第52（2）（d）条和第52（3）条未被排除，因为该记录载体上记录了功能性数据，特别是图像行同步、行号和地址的数据结构。为了就数据结构产品获取额外支持来支持委员会的观点，委员会还提到决定**T 1173/97**（OJ 1999，609），并且特别提到，在该决定中理由第9.4点对以下效果作出的评述：载体上记录的程序的预定的潜在技术效果会赋予这种产品足以克服根据EPC 1973第52（2）条和第52（3）条排除情况的技术性质。

B. 可专利性的例外情形

1. 简　　介

2000年对EPC的修订中，EPC第53条进行了多处修改。不过，这些修改不大可能影响EPO的实践做法（参见OJ SE 4/2007）。

EPC第53（a）条与TRIPS第27（2）条和第98/44/EC号生物发明的法律保护指令第6（1）条达成一致。只有那些因保护“公共秩序”（ordre public）与道德而禁止进行商业利用的发明，才属于可专利性的除外情况。因而，“公开或”（publication or）的表述从EPC第53条中删除，并增加了术语“商业”（commercial）（MR/2/00，45）。另外在德语版中，EPC第53（b）条中的术语“Tierarten”被“Tierrassen”代替，从而与EC指令和EPC 1973细则第23c（b）条（MR/2/00，45）达成一致。

此外，之前包含在EPC 1973第52（4）条中的排除医学方法的规定转移到EPC第53条。因法律上假定医学方法不具有工业实用性，医学方法之前一直被排除在可专利性之外。不过，既然医学方法被排除在可专利性之外主要出于公众健康方面的考量，那么将这些发明归入可专利性的例外情形也似乎是合理的（MR/2/00，45）。

因此，自EPC 2000生效之后，EPC第53条不受限地适用于欧洲专利和专利申请，现在限定了可专利性的三种例外情形：（a）商业利用会违背“公共秩序”或道德的发明，但是，只因部分或全部缔约国的法律或法规禁止其商业利用的，不能视为违背“公共秩序”或道德；（b）植物或者动物品种或者用于植物或动物生产的本质上生物的方法，但是这不适用于微生物方法或其产品；（c）使用手术或疗法治疗人体或动物体的方法和在人体及动物体上实行的诊断方法，但本规定不适用于在这些方法中使用的产品，特别是物质或组合物。

EPC 1973细则第23b～e条（EPC细则第26～29条）的规定实质上没变

（参见 OJ SE 5/2007）。

判例法表明，对可专利性的例外情形应作缩小解释。关于 EPC 1973 第 53（a）条，参见 **T 356/93**（OJ 1995，545）和 **T 866/01**，另见 **T 1374/04**（OJ 2007，313）；关于 EPC 1973 第 53（b）条，参见 **T 320/87**（OJ 1990，71）、**T 19/90**（OJ 1990，476）和 **T 315/03**（OJ 2006，15）；关于 EPC 第 53（c）条（EPC 1973 第 52（4）条），参见 **T 144/83**（OJ 1986，301）、**T 385/86**（OJ 1988，308）和 **G 1/04**（OJ 2006，334）。不过，考虑到各个条文的立法理由，这种缩小解释产生了不同的结果：包含植物或动物品种但未个别地要求保护该品种的权利要求，不属于根据 EPC 1973 第 53（b）条规定的可专利性除外情况（**G 1/98**，OJ 2000，111；**T 19/90**，OJ 1990，476；**T 315/03**，OJ 2006，15）。根据上诉委员会的既定判例法，如果一个方法权利要求包括至少一个特征，该特征限定了构成用手术或疗法治疗人体或动物体的方法步骤的物理活动或行为，那么该权利要求属于 EPC 1973 第 52（4）条（EPC 第 53（c）条）禁止的情况（参见第 1 章 B. 4. 2 节）。相比之下，由于这种方法内在和固有的多步骤性质，限定 EPC 1973 第 52（4）条（EPC 第 53（c）条）所指的诊断方法则需几个步骤（**G 1/04**，OJ 2006，334）。**T 19/90** 还说，法律的目标和目的（立法理由）不只指法律通过时立法者的意图，也指法律通过以后在变化的情势之下所推定的立法者意图。

有生命的物体一般不能根据 EPC 取得专利。有关这个问题的过往判例法不受 EPC 修改案的影响。

T 356/93（OJ 1995，545）认为，不能只因其属于“有生命的物体”或以植物基因资源应是“人类共同遗产”为由，将籽种和植物本身归入 EPC 1973 第 53（a）条规定的可专利性的例外情形。

委员会在 **T 49/83**（OJ 1984，112）中引用了 EPC 1973 第 53（b）条，表示不能从《公约》中得出动物类的发明一般不能取得发明。根据 **T 19/90**（OJ 1990，476），EPC 1973 第 53（b）条规定的可专利性的例外情形适用于某些动物类别而不是动物本身。扩大委员会在 **G 1/98**（OJ 2000，111）中说，未单独要求保护具体植物品种的权利要求不属于 EPC 1973 第 53（b）条规定的可专利性例外情形，即使该权利要求包含有植物品种。

2. 违背“公共秩序”或道德

以前，这个问题主要与生物技术发明相关。

其中的一个最重要的案件涉及一个有关具有增加的致癌可能性的转基因动物的专利。审查一开始否决该申请，理由是 EPC 1973 第 53（b）条禁止动物品种申请专利，以及由于不确定申请中唯一示例——老鼠是否可以扩展到其他动物，因而不符合 EPC 1973 第 83 条规定的充分披露。审查部也考虑了 EPC 1973 第 53（a）条关于公开或利用发明会违背“公共秩序”或道德的不能申请专利的规定。不过，审查部得出结论是专利法不适于解决由此引发的潜在问题。

在 **T 19/90**（OJ 1990，476）中，申请人对该决定提起了上诉，在 **T 19/90**（OJ 1990，476）中，委员会认为 EPC 1973 第 53（b）条适用于某些动物类别而不是动物本身，并且认为，在缺乏经核实事实支持的谨慎怀疑的情况下，不能因其涉及从老鼠到一般哺乳动物的推理而依 EPC 1973 第 83 条否决该申请。关于 EPC 1973 第 53（a）条，委员会表示，像该案一样通过插入激活致癌基因进行动物基因操作（genetic manipulation of animals）的案件，存在有力的理由考虑该条款。由于一审阶段没有考虑过这个条文，委员会将这个案件发回审查部，并指示，在决定对发明申请授权还是否决该申请之前认真地权衡动物遭受的痛苦与可能的环境风险以及发明对人类的有用性。

审查部最终作出授予专利的决定（OJ 1992，588）。审查部收到 17 份特别根据 EPC 1973 第 53（a）条和第 53（b）条提交的反对该申请的异议，理由是该发明的利用违背道德和“公共秩序”并且一些权利要求针对的是动物品种。审查部对该申请的修改版本作出维持决定，其中独立权利要求针对啮齿科动物。其中几个异议人对该决定提出上诉。**在 T 315/03**（OJ 2006，15）中，委员会审理了这些异议。下文概述了委员会对 EPC 1973 第 53（a）条作出的裁断（关于 EPC 1973 第 53（b）条规定的动物品种的非专利性，请参见下文第 3.2 节）。

委员会认为，按照立法机关的规定，EPC 1973 第 23b ~ e 条（新版 EPC 细则第 26 ~ 29 条）适用于细则生效时（1999 年 9 月 1 日）未决的诸如本案的案件。

EPC 1973 细则第 23d 条中规定，根据 EPC 第 53（a）条不能向四类生物技术发明授予欧洲专利。委员会裁决，属于这四类任意一类的案件仅基于事实就可依据 EPC 1973 第 53（a）条拒绝授予专利，没有必要再进一步考虑那一条的规定。不过，不属于这四类任意一种的案件仍然需要在 EPC 1973 第 53（a）条下进一步考虑。因此如果案件属于这四类任意一种，EPC 1973 细则第 23d 条在 EPC 1973 第 53（a）条中插入了一项反对（“细则第 23d 条式”的 EPC 1973 第 53（a）条反对），基于事实和测试的结果，该反对可能会成为 EPC 1973 第 53（a）条反对（“真正”的 EPC 1973 第 53（a）条反对）的一项由判例法确立的额外的或替代的反对。后一种反对需要判断利用发明是否会违背道德或“公共秩序”。

EPC 1973 第 23d 条中的四类之一规定，对于很有可能使动物遭受痛苦却没有给人或动物带来任何重大医学益处的修改动物遗传同一性的方法，及由此类方法产生的动物，不应授予欧洲专利。当事方的意见认为，该细则越权了或者该细则与缩小解释可专利性除外情况的原则或之前的法律相抵触，委员会驳回了这一意见。

而且，根据 EPC 1973 细则第 23d（d）条的这个测试只需考虑三个事项：动物遭受的痛苦、医学上的益处以及两者之间在所涉动物上的必要对应关系。动物遭受的痛苦和重大医学益处的证明标准是一致的，都是要达到一种可能性。

在判断一个“真正的”EPC 1973 第 53（a）条反对时，仅基于诸如经济或宗教原则等界定道德不能代表欧洲文化的接纳标准。**T 356/93**（OJ 1995，545）论证了民意调查证据的有限价值，该案发现民意调查的很多缺陷，从一次调查所包含的问题类型和数量到被调查人口重叠部分的规模和代表性，到所得结果的解释方式。

在 **T 315/03**（OJ 2006，15）中，委员会认为，在动物操作的案件中，**T 19/90**（OJ 1990，476）的测试是适当的。这与 EPC 1973 第 23d（d）条的测试在很多方面是不同的，其中最重要的是，允许考虑除动物遭受痛苦和医学上的益处以外的事项。虽然 EPC 1973 第 23d（d）条的测试只要求动物遭受痛苦（不论多轻）的可能性和获得医学上益处的可能性，本案裁决中的测试是要求“谨慎地权衡”要平衡的事项。这显然允许一个对动物遭受的痛苦、环境风险以及使用非动物替代物可行性的判断。也可考虑比 EPC 1973 第 23d（d）条规定的重大医学益处更宽泛的对人类的益处。由于所述决定中的测试“主要”是判断的基础，还可另外论证道德或“公共秩序”的适当标准，但是所有论证必须有证据支持。

对于“细则第 23d 条式”（现为“细则第 26 条式”）反对与“真正的”EPC 1973 第 53（a）条式反对的判断，应自涉诉专利或申请的申请日或优先权日起开始。自上述日期之后形成的证据可以考虑进来，只要证据在所在日期指向这一论断。

委员会裁决，指向啮齿动物的权利要求没有通过 EPC 1973 第 23d（d）条的测试，因而根据 EPC 1973 第 53（a）条被否决，理由是专利披露了将发明应用于一般动物门类时动物遭受痛苦的可能性而不是医学益处的可能性。根据“真正的”EPC 1973 第 53（a）条进行判断，也会得出相同的结论。不过，当将发明限于老鼠时，两个测试都通过了。

T 356/93（OJ 1995，545）也提出了道德的问题，这次是关于植物的。该发明的对象是**植物和籽种**，它们**耐特定种类的除草剂**，从而能选择性免受杂草和真菌感染疾病的侵害。这是通过在植物的基因组中稳定地加入异源DNA实现的，异源DNA对能够中和除草剂或使除草剂失活的蛋白质进行编码。有人依EPC 1973第53（a）条对该专利提出了异议，具体地理由是利用该发明很有可能对环境造成严重损害。

委员会承认，判定一个要求保护的主题是否违背“公共秩序”或道德是困难的，尽管这样也不能忽视EPC 1973第53（a）条的规定。在每一个具体案件中，必须在其实际情况中进行考虑。

委员会将“**公共秩序**”的概念界定为涵盖对公共安全和作为社会一部分的个人的人身安全的保护。这个概念也包含环境保护。因此，其利用很有可能对环境造成严重影响的发明，因其违背“公共秩序”应被排除在可专利性之外。

道德这一概念涉及某些行为是正当的和认可的而其他行为是错误的观念，这一观念建立在深深根植于特定文化中的公认规范。就EPC而言，这里所说的文化是指欧洲社会和文明自身的文化。因此，其利用不符合常规上认可的与该文化相关的行为标准的发明，因违背道德被排除在可专利性之外。

因而，关于EPC 1973第53（a）条所要决定的问题是，所要保护的主题的利用是否有可能对环境造成严重影响或者该主题是否涉及对植物生物技术的不当使用或破坏性使用。

在委员会看来，以发明的利用将对环境造成严重影响为由根据EPC 1973第53（a）条撤销一项专利，前提是对环境的威胁在EPO作出撤销专利决定时已得到充分证实。

在具体的案件中，委员会认为，尽管上诉人（异议人）提交的文件提供了证据证明基因工程技术应用于植物可能产生的危害，但是从这些文件不能得到确定的结论：利用要求保护的主题会对环境造成严重影响。

而且，委员会裁断，各个权利要求都不涉及可能导致不当使用或破坏性地使用植物生物技术的主题，因为这些权利要求关涉的是根据欧洲文化常规上认可的行为标准，本身不被认为是错误的活动（植物和籽种生产、保护植物免受杂草或真菌感染疾病的侵害）和产品（植物细胞、植物、籽种）。不能认为植物生物科技本身比传统的选择育种更违背公共道德。

基于这些原因，委员会得出结论，在这个具体的案件中EPC 1973第53（a）条不构成对可专利性的阻碍。

关于涉及基因改良的耐抗除草剂的植物的发明是否符合EPC 1973第53

(a) 条，另见 **T 475/01**。

在 **T 272/95** (OJ 1999, 590) 中，涉诉专利涉及“人类松弛素的进一步基因序列编码的分子克隆和特性描述”。在异议法律程序中，异议部作出决定，有关人类基因的发明不构成可专利性的例外情形，因为不能笼统地认为其是无法容忍的。

对于异议人的上诉，委员会考虑了 EPC 1973 细则第 23e (2) 条 (新版 EPC 细则第 29 (2) 条)。该细则界定了哪些**源自人体的生物材料**可以授予专利 (脱离人体的元素或者用包括基因序列或部分基因序列 [……] 在内的科技方法产生的其他元素，即使该元素的结构与一个自然元素的结构相同)。在考量了 EPC 1973 第 164 (2) 条之后，委员会接着需考查新的细则在涉及 EPC 1973 第 53 (a) 条的范围内是否与该条款一致。委员会遵循了 **G 1/98** (OJ 2000, 111)，采取这样一种观点，即与公约条文相关的细则条文仅是解释性。细则的条文只是对 EPC 1973 第 53 条起初预想含义进行了更详尽的解释，因而适用于细则草案提出前未决的案件。

该案从细则条文本身推出，不应认为该主题属于 EPC 1973 第 53 (a) 条规定的可专利性的例外情形 (违背“公共秩序”或道德的发明)。

T 1213/05 中的发明涉及从基因组**分离的人类 BRCA1 基因**、该基因的突变体形式及其在诊断乳房与子宫癌倾向中的用途。委员会认为，EPC 没有条款要求申请人提交有关细胞捐赠者事先知情的同意 (informed consent) 或受益共享协议 (benefit sharing agreement) 的证据。用作补充性解释手段 (EPC 1973 第 23b (1) 条) 的 98/44/EC 号指令在其背景条款 26 中说：“[……] 根据国家法，从其身体获取材料的人必须有机会对此表达自由的和有根据的同意”。因而，立法者在 EPC 授予生物专利的框架中规定了核实知情同意的程序。委员会引用了欧洲法院第 C-377/98 号关于申请判定该指令无效的判决，其中英国和荷兰主张，没有条文要求核实捐赠人已表示同意或收到了由生物科技手段获得的产品，这损害了自主权，法院驳回了这一主张。该指令仅涉及专利授权，因而不会扩展到授权之前与之后的活动 (不管是检索或还是使用已获专利的产品)。

异议人 2 主张向要求保护的主题授予专利的社会经济后果应根据 EPC 1973 第 53 (a) 条进行考虑，对此，委员会指出，第 53 (a) 条涉及的是“发明的利用”而不是“专利的利用”。

在 **T 1374/04** (OJ 2007, 313) 中，转给上诉扩大委员会的问题之一是，EPC 1973 细则第 23d (c) 条 (现在的 EPC 细则第 28 (c) 条) 是否禁止向一种涉及产品 (此处为**人类胚胎干细胞的培养物**) 的权利要求授予专利的问题，该产品涉及只能使用必然会破坏人类胚胎（作为产品的来源）的在申请日能够用于制备的方法（该方法不包含在权利要求书中）。上诉扩大委员会在 **G 2/06**（OJ 2009，306）中说，如该申请所述，制备该涉及产品的权利要求中的产品只能使用必然会破坏人类胚胎（作为产品的来源）的在申请日能够用于制备的方法（该方法不包含在权利要求书中），EPC 细则第28（c）条禁止向该利要求授予专利。在此情况下，申请日后能够获得同一产品而无须采用必然会破坏人类胚胎的方法，不具有关联性。

T 522/04 遵循了 **G 2/06**（OJ 2009，306），也认为不能向破坏人体胚胎的方法授予专利。在本案中，争议的权利要求指向一种体外繁殖来自哺乳动物的神经嵴干细胞的无性系种群的方法。显然，其中包括来自人体的细胞。上诉人（申请人）主张，要求保护的方法提到的细胞不仅可从胚胎获得，也可以从成人末梢和中枢神经系统获得，但没有得到提交的申请的支持。由于如何制备人类神经峭干细胞培养物的唯一教导是使用（涉及破坏）人类胚胎，委员会的结论是，在申请日人类神经峭干细胞可以只能使用必然破坏人类胚胎的方法制备，这必然导致该发明落入 EPC 第53（a）条与 EPC 细则第28（c）条相结合形成的禁止范围。

3. 生物发明的可专利性

3.1 植物和植物品种

根据 EPC（其修改版对此未作任何修改）第53（b）条，如果要求保护的主题是针对植物品种的，则不能授予专利。如果一个产品权利要求没有描述任何特定植物品种，但描述了可以在**不特定数量的植物品种中实施的技术教导**，那么，要求保护的发明的主题不涉及 EPC 第53（b）条所指的一个或多个植物品种。因而，不应向单个植物品种授予专利，但是植物品种可落入权利要求书的范围之内的，可以授予专利。如果单独要求保护植物品种，是不能向其授予专利的，不论其是如何制成的（**G 1/98**，OJ 2000，111）。术语“植物品种”在 EPC 细则第26（4）条（EPC 1973 细则第23b（4）条）中的定义如下：

> 已知最低等级的单个植物分类中的任何植物集群，不论是否完全符合植物品种授予专利的条件，该集群可以是：
>
> （a）用特定基因型或基因型组合所产生的特征进行描述的方式所界定的，
>
> （b）以描述至少一项上述特征的方式区别于任何其他植物集群

的；以及

（c）被视为一个适合不改变性状地进行繁殖的单元。

上诉扩大委员会在 **G 1/98** 中得出结论，对 EPC 1973 第 53（b）条的正确解释不排除在具体植物品种未被指明的情况下向转基因植物授予专利，即使权利要求书中包含植物品种。上诉扩大委员会的观点认为，EPC 1973 第 53（b）条限定了专利保护与植物品种保护之间的边界。不授予专利的范围的另一面是维护植物品种权。由于植物品种权仅授予特定植物品种，不授予可以在不特定数量的植物品种中实施的技术教导，将 EPC 1973 第 53（b）条规定的专利保护的例外情形适用于专利申请权利要求书包含或可能包含的一个或多个植物品种，是站不住脚的（另见 **T 475/01**）。

上诉扩大委员会进一步认为，根据既定判例法，方法专利赋予的保护延伸至**由该方法直接获得的产品**（使该产品本身不能获得专利），在依照既定判例法审查一个植物品种生产方法的权利要求时，不应考虑 EPC 1973 第 64（2）条。

最后，上诉扩大委员会认为，EPC 1973 第 53（b）条前半句规定的可专利性的例外情形适用于植物品种，不论其是以什么方法生产出来的。因此，包含使用重组基因技术引入原型植物的基因的植物品种不能取得专利。其中的原因是，EPC 1973 第 53（b）条的例外情形是用于将植物育种人（breeder）权利体系中获得保护的主题排除在可专利性之外。无论是对于《UPOV 公约》的要求还是《植物品种权规定》（*Regulation on Plant Variety Rights*）的要求，都是如此，也不管一个品种是由传统的培育技术还是由基因工程获得。这意味着，“植物品种”这一术语适于限定专利保护与植物育种人权利保护之间边界，不论该品种的来源为何。当事方的意见认为，《公约》的立法者没有设想到基因改良的**植物品种的可能性**，因而无意将其排除在可专利性之外，这个意见是不可接受的——不能将法律的适用范围局限于立法者已知的情形。

在这一问题上，之前的一些决定在当下只有历史价值；然而其他决定则得到了 **G 1/98**（见上文）或后来决定的确认。

T 49/83（OJ 1984，112）首次将术语“植物品种”定义为特征大体相同且经过一个繁殖周期之后特征相似度仍在特定容差之内的多个植物。自该案之后，委员会在 **T 320/87**（OJ 1990，71）中的结论说，**杂交籽种和植物**缺乏整代种群的某些特性的稳定性，不归为 EPC 1973 第 53（b）条所指的植物品种。就这一点，另见 **T 788/07**，据该案，杂交籽种或植物不被视为“适于性状不变地繁殖”的单位（EPC 细则第 26（4）（c）条；原 EPC 1973 细则第 23b

（4）（c）条），因而也不能视为排除在可专利性之外的植物品种。

在**T 356/93**（OJ 1995，545）中，委员会认为，不能认为该**植物细胞**本身落入植物或植物品种的定义之中，现代科技可以培养出极相似的细菌和酵母菌。这点得到了**G 1/98**（见上文）的确认，在该案中，委员会说，不能像看待微生物一样看待植物细胞。

委员会在**T 356/93**中的结论是，根据EPC 1973第53（b）条前半句，一个将“植物品种”包含在其主题中的产品权利要求是不能取得专利的，不过这一结论被**G 1/98**推翻。

3.2 动物和动物物种

在EPC的修改中，德语版EPC第53（b）条中的术语“Tierarten”被“Tierrassen”所取代，以与EC《指令》和EPC 1973细则第23c（b）条（EPC细则第27（b）条）达成一致（参见MR/2/00，45）。判例法至今已形成了统一的解释，无须援引某一语言版本中的分类学类别。

上诉委员会坚持这样一种一般原则，即EPC 1973第53（b）条规定的可专利性的例外情形适用于某些动物类别，但不适用**动物本身**（例如**T 19/90**，OJ 1990，476）。

在解释术语“动物品种”时，委员会在其决定中强调要对EPC 1973第53（b）条进行缩小解释。考虑到动物——不像植物品种——不能获得其他工业产权权利，委员会裁决，EPC 1973第53（b）条规定的可专利性的例外情形适用于某些动物类别，而不是动物本身。因此，并不禁止术语“动物品种”“种属动物”（races animales）或“Tierarten”未涵盖的主题取得专利。

委员会在同一个决定中说，根据EPC 1973第53（b）条，EPC 1973第52（1）条包含的可专利性一般原则仍适用于涉及微生物方法及其产品的发明。EPC 1973第53（b）条前半句规定的禁止申请专利的情形没有扩展到EPC 1973第53（b）条前半句规定的允许申请专利的微生物方法产品。因而认为，专利可授予由**微生物方法生产的动物**，虽然没有定义这个术语。

关于动物的可专利性，**T 315/03**（OJ 2006，15）认为，在根据EPC 1973第53（b）条进行判断时，**G 1/98**（OJ 2000，111）阐述的关于植物和“植物品种”的原则也应适用于动物。这意味着，不能向单独的一个动物品种（或者物种或者种属，取决于EPC 1973的不同语言文本）授予专利，但是如果动物品种可落入权利要求书的范围之内，则可以授予专利。

援引分类学等级界定动物品种（或物种或种属）将针对植物品种的观点达成一致，也是为了法律的确定性。正如EPC 1973细则第23c（b）条所作出的解释，根据 EPC 1973 第 53（b）条进行判断时，要考虑发明的技术可行性是否限于特定动物品种（或物种或种属）。

委员会进一步指出，每一种官方语言使用的不同术语是不一致的，表示不同的分类学类别。因而，严格遵从 EPC 1973 第 177（1）条——其规定 EPC 1973 的三种文本具有同等的权威性——将导致不合理的结果，即 EPC 1973 第 53（b）条反对的结果将取决于案件所使用的语言，其中德语“物种”（Tierarten）具有最高的分类学顺序，因而反对的对象也是最宽泛的。

委员会不同意一些上诉人（原异议人）的主张，他们认为专利中的转基因老鼠是一种新的物种，因为这种老鼠继承了特定特征即患肿瘤的可能加大。当可能的“起始原料”（starting material）可为一个门类的动物即所有老鼠时，不足以创造一个新物种。

委员会也不同意，包含基因操作的方法可以是一种“本质上生物的方法”，后者被 EPC 1973 第 23b（5）条定义为包括“诸如杂交或选择育种的纯自然现象”。

因此，委员会认为，EPC 1973 第 53（b）条不排除经修改的仅包含老鼠的权利要求的可专利性，据此维持授予专利的决定。

3.3　本质上生物的方法

如果植物或动物生产方法是本质上生物的方法，（根据旧版 EPC 或新版 EPC）该方法是不能取得专利的。相反，非本质上生物的方法，则可以取得专利。

几项裁决解释说，包含使用重组基因转化细胞或组织的方法不是 EPC 第 53（b）条所指的“本质上生物的方法”。

在 **T 19/90**（OJ 1990，476）中，委会员同意这样一种观点，即通过在染色体中将激活的致癌基因序列加入非人类哺乳动物的基因组来生产转基因非人哺乳动物的方法权利要求，不涉及 EPC 1973 第 53（b）条所指的“本质上生物的方法”。要求保护由基因操作的动物的产品权利要求包括非直接基因操作的而是通过有性生殖的本质上生物的方法所生产的后代。委员会认为，这是一个用生产方法限定的产品权利要求，并认为，以方法限定产品的权利要求（product - by - process claim）虽然提到了方法但还是一种产品权利要求。

在 **T 356/93**（OJ 1995，545）中，委员会要对一个生产植物的方法作出裁决，该方法用重组 DNA 转化植物细胞或组织，然后再生和复制植物或籽种。委会员遵循了 **T 320/87**（OJ 1990，71），认为这个方法在整体上不是 EPC 1973 第 53（b）条所指的“本质上生物的”，因为转化步骤（不管其效果是否带有偶然性）是对预期的最终结果起决定作用的必要技术步骤，没有人工介入不可能发生。

在 **T 315/03**（OJ 2006，15）中，委员会裁断，包含基因操作的方法不可能是“本质上生物的方法”，后者在 EPC 1973 细则第 23b（5）条（该条款是通过 1999 年 6 月 16 日行政委员会的决定增加的，于 1999 年 9 月 1 日生效，OJ 1999，437）中可被定义为包含“诸如杂交或选育的纯自然现象”。

T 83/05 和 **T 1242/06** 中的移送案件正在处理中，案号为 **G 2/07** 和 **G 1/08**，内容有关植物育种方法，其中该方法的本质是“经典的”（classical）植物育种技术。

在 **T 83/05 中，委员会转给**上诉扩大委员会以下问题：

（1）含杂交和选种步骤的培育植物的非微生物生产方法不属于 EPC 1973 第 53（b）条规定的例外情形，仅是因为该方法包含具有技术性质的附加特征作为进一步的步骤或作为杂交和选种步骤中的任一步骤的一部分？

（2）如果对问题 1 的回答是否定的，区分 EPC 1973 第 53（b）条规定的不能获得专利保护的与可获得专利保护的非微生物的植物生产方法之相关标准是什么？具体而言，要求保护的发明的本质在于什么和/或技术性的附加特征对于要求保护的发明的某种贡献是否超过了微不足道的程度，这是否相关？

应诉人（专利所有人）要求保护用过量的抗癌化合物 4 - MSB GSL 或 3 - MSP GSL 或两者生产甘蓝的方法，该方法包括（a）将两种特定的野生芸薹属物种之一与花茎甘蓝双单倍体育种品系进行杂交，（b）用过量的所述化合物选育杂交种，（c）使用具有记录了过量所述化合物编码的基因组合回交并选育植物，以及（d）用特定量的所述化合物选育花茎甘蓝品系，其中步骤（b）和（c）中使用了分子标记。

在移送案件的裁决中，委员会指出，委员会对 EPC 1973 细则第 53（b）条的解释与行政委员会引入 EPC 1973 细则第 23b（5）条时的解释并不相同。尽管它在 **T 320/87** 和 **T 356/93** 中认为对例外情形的适用进行裁判时，要基于发明的本质，考虑人工介入的总量及其对预期结果的影响，但是 EPC 1973 细则第 23b（5）条将含义限制为包括“诸如杂交和选育的纯自然现象”的方法。委员会认为，提出 EPC 1973 第 23b（5）条的引入没有最终解决何为正确方式的问题，并且产生了三段论而使该规则的适用性受到质疑或限制。

在该案中，结果取决于这两种方式（基于发明的本质进行裁判，或基于 EPC 1973 细则第 23b（5）条规定的限制性方式进行裁判）哪个占据上风，因为，委员会判断，分子标记的使用，或者将双单倍体品系用作起始原料，或者将芸薹属品系与花茎甘蓝育种品系进行杂交所需的人工介入均不能对要求保护的发明作出超过微不足道程度的贡献。委员会认为，其所解决的技术问题在于可用于识别野生芸薹属物种，这一物种在与商用栽培品种杂交时可用于提高抗癌化合物的含量。

在 **T 1242/06** 一案中，不同成员组成的同一个委员会向上诉扩大委员会转交了三个法律问题，问题 2 和问题 3 在很大程度上与上文的问题 2 和问题 3 相对应。问题 1 问的是，包含杂交和选种步骤的培育植物的非微生物方法，是否只有在这些步骤反映并对应无须人工介入自然发生的现象时，才属于 EPC 第 53（b）条（在修改 EPC 时，没有进行实质性修改）规定的例外情形。

第一上诉人的主请求和附属请求 1 中的权利要求 1 涉及培育结出果汁较少之番茄的番茄植物的方法。委员会认为，如果 **T 320/87** 裁决（该案中，仅具备人工介入的必要性不认为是“本质上生物的”的充分标准）对 EPC 1973 第 53（b）条的解释是仍然正确的，第一上诉人主请求和附属请求 1 中的权利要求 1 的主题不属于例外情形。第一上诉人提出的旨在证明所要求保护的方法需要较高程度的人工介入的论证，不能改变该方法的本质是“经典的”植物育种技术的结论。种间杂交的必要性、选用特别的选育标准或者存在诸如称重和干燥的技术步骤都不能将所要求保护的方法排除在经常使用人工介入的经典植物育种技术之外。

根据上文援引的 **T 320/87**（OJ 1990，71），要对一种（非微生物的）方法是否被视为 EPC 1973 第 53（b）条所指的“本质上生物的”方法进行裁判，必须基于发明的本质，考虑人工介入的总量及其对预期结果的作用。仅具有人工介入的必要性不是非“本质上生物的”的充分标准。人工介入可能仅意味着该方法不是“纯粹的生物”方法，没有作出超过微不足道程度的贡献。另外，这也不单单是关于此类介入的数量或质量的问题。

在该案中，委员会的结论是要求保护的用于制备杂交植物的方法不构成可专性的例外情形，因为该方法属于对已知的生物方法的和经典的育种人的方法的本质改良，产出物的高效性和高产出显示出重要的技术性质。

3.4　微生物方法及其产品

EPC 第 53（b）条后半句只包含一个对 EPC 1973 英语版细小的纯文字性的修改，其他方面没有变化。

在 **T 356/93**（OJ 1995，545）中，委员会引用 **T 19/90**（OJ 1990，476），认为，如果动物品种是 EPC 1973 第 53（b）条后半句所指的微生物方法的产品时，可以取得专利，并且得出结论，该原则经适当变更适用于植物品种。委员会进而将术语“微生物”定义为不仅包括细菌和酵母菌，也包括真菌、藻类、原生动物以及人体、动物和植物细胞，即具有肉眼看不到的大小能在实验室里繁殖和操作的所有一般来讲单细胞的生物体，包括质粒和病毒。

因而，委员会将术语“微生物的”解释为能直接利用微生物的“资格性”（qualifying）技术活动。这些活动不仅包括传统的发酵和生物转化方法，还包括用基因工程或融合技术操作微生物，重组体系中产品的生产或改良等，简言之，综合运用生化和微生物技术（包括基因和化学工程技术），以利用微生物和培养细胞的能力。

委员会因而将EPC 1973第53（b）条规定的“微生物方法”这一概念定义为将微生物用于制造或改造产品的方法或者为特定用途开发新的微生物的方法。从委员会看来，“及其产品”这一概念囊括用微生物制造或改造的产品以及新的微生物本身。

虽然上诉扩大委员会在**G 1/98**（OJ 2000，111）中确认了上述对“微生物”的定义，但它接着说，基因工程的方法与微生物方法不同。EPC 1973第53（b）条中的微生物方法这一术语与使用微生物的方法同义。微生物不同于用于植物基因改良的生物。将经基因改良的植物看成EPC 1973第53（b）条后半句所指的微生物方法的产品，会忽略EPC 1973第53（b）条排除植物品种的目的，即把可在植物育种人权利体系下获得保护的主题排除出可专利性的范围之外。因此，上诉扩大委员会的观点认为，无论是对于《UPOV公约》的要求还是《植物品种权规定》的要求，都是如此，也不管品种是如何获得的。一个植物品种是否是传统育种技术的结果或者是否用基因工程获取不寻常的植物集群并不重要。这意味着，用术语“植物品种”限定专利保护与植物育种人权利保护的边界是合适的，不管该品种的来源为何。

委员会在**T 356/93**中审查要求保护的植物集群的可专利性时，也处理了能否认为包含至少一个**微生物方法步骤**（例如用重组DNA转化细胞）的生产植物的**分步式方法**在整体上构成EPC 1973第53（b）条后半句所指的“微生物方法”，以及在此基础上，能否认为此类方法的产品（如植物）可视为本条文所指的“及其产品”。

委员会认为，“包含微生物步骤的技术方法”不能简单地等同于“微生物方法”。此类方法产生的最终产品（如植物品种）也不能定义为上述条文所指的“微生物方法的产品”。

要求保护的特定植物是用分步式方法生产的，除用重组DNA转化植物细胞或组织的初始微生物方法步骤之外，该分步式方法还包括从转化后的植物细胞或组织中再生植物步骤以及复制植物材料的步骤。委员会认为，该植物不是微生物方法的产品。尽管初始微生物步骤无疑对最终结果起到了决定性作用，因为该植物通过此步获得了代代相传的限定性特征，但是要求保护的植物不只是这个（微生物的）初始步骤的结果。接下来的植物再生与复制的步骤具有重要的增加值，并且（尽管以一种不同的方式）对最终结果有所贡献。

因此，委员会的结论是，不管微生物方法步骤是否对最终结果的决定性作用，用于生产要求保护的植物的分步式方法不是EPC 1973第53（b）条后半句所指的微生物方法，因而不能将该植物视为“微生物方法的产品”。

EPC细则第26（6）条（EPC 1973细则第23b（6）条）将“微生物方法”定义为涉及微生物材料的或对微生物材料施行的或产生微生物材料的任何方法。委员会还没有发布解释该定义的决定。

4. 医学方法

4.1 简　　介

EPC第53（c）条说，不能对使用手术或疗法治疗人体或动物体的方法和在人体及动物体上实行的诊断方法授予专利；该条也不能适用于这些方法使用的产品，特别是物质或组合物。

因而，EPC 1973第52（4）条先前所指的治疗方法和诊断方法的例外情况，已经被加入并出现在新的EPC第53（c）条可专利性的两个例外情形之中。尽管手术或疗法方法构成发明，却因假定它们缺少工业实用性而被排除在可专利性之外。由于疗法和诊断方法被排除在可专利性之外是为了公众健康，因此支持这一假定是不可取的。因此，更好的办法是将此类发明加入可专利性的例外情形之中，以将可专利性的这三类例外情形编入EPC第53（a）条、第53（b）条和第53（c）条。因此，不能设想EPO对此类发明的实践做法会有变化（在**G 1/07**中得到确认，参见OJ 2011，＊＊＊，理由第3.3.2.1点）。

另外，由于TRIPS第27（3）（a）条说“用于治疗人或动物的诊断性、疗法和手术方法”可被排除在可专利性之外，为了使EPC与TRIPS相一致，将EPC 1973第52（4）条转移到EPC第53（c）条是适宜的（MR/2/00，第45页）。

在三个（几乎）相同的决定**G 1/83**（**德语**）、**G 5/83**（**英语**）和**G 6/83**（**法语**）中，扩大委员会说，EPC 1973第52（4）条（现为EPC第53（c）条）的意图仅在于防止非商业和非工业的医学或兽医活动受到专利权的束缚（例如适用于**T 245/87**，OJ 1989，171）。

在**G 1/04**（OJ 2006，334）中，上诉扩大委员会援引诊断方法，认为EPC 1973第52（4）条（现为EPC第53（c）条）规定被排除在可专利性之外，看起来实际是基于社会道德和公众健康的考虑。因此，EPC 1973 第54（4）条的法律假定的背后的目的看起来在于，确保实施作为人体的医学治疗或动物的兽医治疗的一部分的诊断方法的人不受到专利的约束（引用了**T 116/85**）。

G 1/07 是一个关于手术治疗的决定，扩大委员会指出，立法者有意保留了 EPC 1973 第52（4）条规定的除外情况，从而确认了这一原则，即应保护医学和兽医从业者为患者利益使用最佳可行治疗的自由，使其不必担忧某些治疗可能属于专利，让这些活动排除在可专利性之外。

4.2 使用手术或疗法的治疗方法和诊断方法

4.2.1 一般方法

在上诉委员会的判例法中，区分了对待使用手术或疗法的治疗方法和诊断方法的不同方式。主导性的案件是关于诊断方法的 **G 1/04**（OJ 2006，334）和关于手术治疗的 **G 1/07**（OJ 2011，＊＊＊）。关于以前的判例法，请参考本书的第5版。

这两种方式的一个重要不同在于，如果一个方法权利要求包括或囊括限定至少一种物理活动或行为的特征，该活动或行为构成使用手术或疗法治疗人体或动物体的方法步骤，则该权利要求属于禁止申请专利的使用疗法或手术的疗法（**G 1/07**），而 **G 1/04** 中就诊断方法被排除在可专利性之外，适用了一个对 EPC 1973 第52（4）条更狭窄的解释（见下文第4.5段）。

4.2.2 从业者的参与

在关于诊断方法的 **G 1/04**（OJ 2006，334）中，上诉扩大委员会认为，一种方法是否属于 EPC 1973 第52（4）条（现为 EPC 第53（c）条）所指的诊断方法，既不取决于医学或兽医从业者的参与，也不取决于所有方法步骤同样能或只能由医学或技术支持人员、患者自己或自动化系统实施的事实。上诉扩大委员会在 **G 1/04** 中强调了在 EPC 框架内从欧洲层面上对什么人应算作从业者进行界定的困难（如果不是不可能的）。为了法律的确定性，不应使欧洲专利授权程序依赖于此类从业者的参与。另见下文4.5节，“诊断方法——**G 1/04**”。

上诉扩大委员会在 **G 1/07**（一个关于用手术治疗的裁决）中引用 **G 1/04**，确认一个方法是否根据 EPC 第53（c）条被排除在可专利性之外不取决于实施该方法的人。扩大委会员在 **G 1/07** 中裁断，尽管 **G 1/04** 的裁断针对的是诊断方法，但该裁断也一般性地适用于 EPC 1973 第52（4）条规定的可专利性除外情况，因而与新版 EPC 第53（c）条中的其他除外情形具有同等效力。

4.3　手术方法——G 1/07

4.3.1　关于“手术治疗”的新概念

在 **G 1/07** 中，上诉扩大委员会否决了委员会在 **T 182/90** 和 **T 35/99** 等案件中对手术质的介入所做的与 EPO 实践做法一致的扩大解释。该扩大解释认为，所有对有生命的细胞或对该生命体的组织造成不可挽回的损害或破坏的方法都应视作并非无关紧要的介入，因而应被视作手术治疗，不管该介入的基础机制为何（例如，机械的、电力的、热的、化学的）。上诉扩大委员会表示，考虑到当今的技术现状，这一观点是太过宽泛。**G 1/04** 中附带给出了定义“对人体或动物体的‘任何物理介入……’”属于 EPC 1973 第 52（4）条所指的手术方法，这一定义看起来太过宽泛。

扩大委员会发现自己难以给出一个界定手术治疗这一新概念的准确边界的定义。可能涉及手术步骤的方法的领域非常广，因而要根据各自的实际情况对每一类进行判断。目前采取的方式是不令人满意的。

需要对“手术治疗”进行较狭窄的理解。对术语“手术治疗”的定义必须涵盖代表医学专业活动实质的这类介入，即为实施此类介入需要对其成员进行专门培训并且该成员对实施此类介入承担特定责任。这样的缩小理解排除了仅涉及较小发明且不构成重大健康风险的非紧要方法。

所需的医学专业知识和所涉的健康风险不应作为判断一个要求保护的方法是否为 EPC 第 53（c）条所指的“手术治疗”的唯一标准。对医学意义上的“手术”的理解在很大程度上是一个常规问题。因此，为了做手术，不一定需要进行开刀介入或刺入组织（T 5/04）。正如决定 **T 182/90** 中所确认的，手术一词的范围可能随时间和新技术进展的出现而改变。

在 **G 1/07** 中，扩大委员会就案件的事实裁定，根据 EPC 第 53（c）条，一个要求保护的成像方法被视为使用手术治疗人体或动物体的方法而被排除出可专利性之外，其中，该方法在实施时维持患者的生命和健康是重要的，它包括或囊括一个构成在人体上的重大物理介入的介入步骤，该步骤需要实施专业医学专门技术，即使是具有所需的专业谨慎和专门知识的人实施该方法也会有重大的健康风险。

4.3.2　分步式方法中的一个手术步骤

在 **G 1/07**（OJ 2011，＊＊＊）中，上诉扩大委员会支持 **G 1/04**（OJ 2006，334）中确认且迄今的整体实践做法和法律体系（例如参见 **T 820/92**（OJ 1995，113））背后的原则，即，如果一个方法权利要求包括或囊括至少一个特征，该特征限定了构成用手术或疗法治疗人体或动物体的方法步骤的物理活动或行为，则该方法属于当前EPC第53（c）条规定的禁止授予专利的使用疗法或手术的治疗方法。

扩大委员会说，在修改EPC的过程中，欧洲立法故意在现在的EPC第53（c）条中保留了EPC 1973第52（4）条规定的除外情况。这确认这样一条原则，即应保护医学和兽医从业者为患者利益使用最佳可行治疗的自由，使其不必担忧某些治疗可能属于专利，让这些活动排除在可专利性之外。为了充分达到立法目标，排除到可专利性之外的还有包括或囊括一种用于疗法或手术步骤的分步式方法。因此，法律体系中发展起来这一原则，即分步式方法中存在疗法或手术步骤会将该方法排除在可专利性之外，不仅在形式上依据于这样一种事实，即EPC第53（c）条规定的除外情况不包括在要求保护该方法本身而被排除的情况下对该要求保护的方法的任何限制。更重要的是，它对于物质也适用，即达成了除外情况所服务的立法目标。

4.3.3　手术治疗不局限于疗法目的的手术

在**G 1/07**（OJ 2011，＊＊＊）中，上诉扩大委员会的结论是，EPC第53（c）条（EPC 1973第52（4）条）规定的可专性的除外情况的立法历史或其目标和目的，可为将术语“手术治疗”限制为治愈性手术提供充足理由（推翻了**T 383/03**）。这样的限制将背离对“手术”一词指代治疗性质而非目的的日常理解，且背离EPC第53（c）条界定三个不同的替代性除外情形借以暗示这些除外情形不只是在范围上相同的事实。上诉扩大委员会在**G 1/07**评述道，比较一下**T 383/03**与**T 1172/03**，可以看到如果将术语“手术治疗”限制为疗法手术，作出的裁决会变得多么不一致。

扩大委员会在**G 1/07**中也考虑了**G 1/04**的附带意见，该意见其认为，“EPC 1973第52（4）条所指的手术方法包括在人体或动物体之上的任何物理介入，其中保持患者的生命和健康具有极端重要性。”在**G 1/07**中委员会说，不能因此将这个定义理解为**G 1/04**的裁决意见支持“手术治疗”这一术语局限于疗法手术的观点。说手术治疗包括在人体或动物体上的任何物理介入且“其中保持患者的生命和健康具有极端重要性”不等同于说术语“手术治疗”限于疗法方法。相反，这一定义与之前既定的法律体系相吻合，**T 182/90**和**T 35/99**认为，手术治疗这一术语囊括优先考虑作为实施对象的人体或动物体的生命和健康的介入，不管其具体目的为何。

4.3.4　避免根据EPC第53（c）条将手术疗法排除在专利保护之外

a）不应允许权利要求包含手术步骤

上诉扩大委员会在**G 1/07**（OJ 2011，＊＊＊）中确认了上诉委员会的既定判例法，根据该判例法，不应允许一个包含属于EPC 1973第52（4）条

（现为 EPC 第 53（c）条）规定的可专利性除外情形的实施例的权利要求不进行修改。

正如上诉人所述的，这一观点并没有被上诉扩大委员会在 **G 1/98**（OJ 2000，111）中的裁断所更改，该裁断认为没有分别要求保护具体植物品种的权利要求不能排除在 EPC 1973 第 53（b）条规定的可专利性之外，即使该权利要求囊括植物品种。在该决定中，上诉扩大委员会特别指出，EPC 1973 第 53（b）条背后的思想与 EPC 1973 第 52（4）条极为不同："在 EPC 1973 第 52（4）条中，有意地保留了符合条件的主题的保护范围中的空白，以将非商业的和非工业的医学和兽医活动从中解放出来（**G 5/83**，OJ 1985，64）。"依据上诉扩大委员会在 **G 1/07** 的观点，决定 **G 1/98** 确认了这一原则，即包含排除在 EPC 第 53（c）条规定的可专利性之外的实施例的权利要求不能保留该实施例。

b）权利放弃

扩大委员会在 **G 1/07** 接着说，可以通过放弃实施例来避免落入 EPC 第 53（c）条规定的可专利性例外情形，意思是为了获得专利，包含权利放弃的权利要求必须满足 EPC 的所有要求以及（在适用情况下）决定 **G 1/03**（OJ 2004，413）和 **G 2/03**（OJ 2004，448）限定的权利放弃应达到的要求。必须基于未决个案的总体情况判断是否以可以修改权利要求的措辞以略去手术步骤，从而不违反 EPC。

c）仅涉及装置操作的方法

发明仅涉及装置操作的案件是，无须存在可能的手术步骤作为权利要求的积极特征即能使发明得到充分限定的一类典型的案件。对于此类发明，上诉扩大委员会一直认为，如果一个方法仅涉及装置操作，但要求保护的方法与装置在人体上产生的效果之间不存在功能性联系，该方法根本不构成 EPC 1973 第 52（4）条所指的治疗方法（**T 245/87**，OJ 1989，171；**T 789/96**，OJ 2002，364）。如果正相反，存在这样一种功能性联系，则该方法排除在可专性之外（**T 82/93**，OJ 1996，274）。

4.3.5　手术过程中获得的数据

在 **G 1/07** 中，基于所审理案件的具体事实，扩大委员会认为，所要求保护的成像方法不能仅因在手术介入中使用该方法获得的数据即可让做手术的医生决定手术介入应采取的下一步行动，就被当作 EPC 第 53（c）条所指的"使用手术治疗人体或动物体"。

4.4　疗法方法

在 **G 1/07** 中，扩大委员会强调了对术语"手术治疗"进行定义的困难。

上诉委员会更习惯于针对本转交案件以外的情形，对“手术治疗”这一概念以划定较狭窄边界的方法进行解释。上诉委员会可以针对疗法治疗这一概念选择一种类似于具体情况具体分析的方式。下文列出了决定 **G 1/07** 之前的上诉委员会的判例法。

4.4.1 “疗法”的含义

第一个对该术语进行定义的是 **T 144/83**（OJ 1986，301）。根据此决定，疗法指一般的疾病治疗或狭义上的治愈治疗以及缓解疼痛症状。

旨在通过防止发生各种患病结果来维持健康的预防性治疗属于 EPC 第 53（c）条提到的使用疗法的治疗方法，以及疗法不只限于通过治愈已发生的疾病来恢复健康的治疗，均已成既定的判例法（例如参见 **G 5/83**，OJ 1985，64）。治疗疾病的预防和治愈方法都涵盖在疗法一词中，因为两者都指维持或恢复健康（**T 19/86**，OJ 1989，24；**T 290/86**，OJ 1992，414；**T 438/91**，**T 820/92**，OJ 1995，113）。

在 **T 81/84**（OJ 1988，207）中，出现的问题是表现为剧烈头痛和其他疼痛症状的月经不适的性质是否达到使其归入治愈治疗这一类。委员会裁断，**不应**对疗法这一概念进行**狭窄**的解释。有很多化学制剂可供医生用于缓解疼痛、不适和失能。尽管至少部分此类和类似感受可能是由于自然情形（如月经、怀孕或年老等）所致或是对人工环境（如引发疲劳、头痛等的大气状况）的反应，但这些感受与疾病或受伤的症状互相重叠，时常混在一起。委员会指出，不能也不必区分基础疗法和症状疗法，即治愈和单纯缓解。只要人体经受疾病、疼痛或不适或者失能，就可能求助于药物，用药可达到或有助于部分或全部地助于治愈，或缓解或恢复健康。委员会的结论是，**不论**疼痛、不适或失能的**来源为何**，用适当的药剂进行缓解可以解释为 EPC 1973 第 52（4）条所指的疗法或疗法用途。

在 **T 24/91**（OJ 1995，512）中，委员会评述道，“疗法”一词不限于治愈疾病和消除其根源。这个术语涵盖用于治愈、减少、消除或减轻人体或动物体的任何失调或失常，或者防止或减少人体或动物体染上任何失调或失常的可能性。委员会裁断，要求保护的方法通过治疗患者的眼睛，消除了近视、远视和散光的症状，因此属于疗法治疗。

根据裁决 **T 774/89**，疗法的目的都是将机体从病态恢复到原来的状态或者以预防病态为首位，而非疗法的机能改善则以正常状态（需要界定）作为起点。

在 **T 469/94 中**，委员会评述道，主题的可专利性取决于**治疗的性质**。争议点在于，在一个即将参加高强度运动或做完高强度运动的人的大脑和组织中，提高乙酰胆碱的水平以减轻疲劳感是否可算作对人体的疗法或非疗法治疗。委员会指出，由做运动引起的疲劳状态是由自然情境引发的暂时生理状况，休息一下即可消除。众所周知，简单的训练会减缓疲劳感的发生。疼痛或巨大的痛苦似乎不是疲劳的表现，因而与疾病或受伤的典型病态不具可比性。委员会评述道，减少疲劳感的治疗与缓解疼痛、不适和失能之间不具可比性（见上文 **T 81/84**，OJ 1988，207）。

在 **T 74/93**（OJ 1995，712）中，要求保护的发明涉及脂环族化合物及其避孕用途。产品权利要求和使用要求保护的化合物与无毒载体配制避孕组合物的方法的权利要求没有遭到反对。不过，该申请被审查部否决，因为，就该化合物用于女性子宫颈而言，权利要求 5 不具备 EPC 1973 第 57 条要求的工业实用性，其中该权利要求使用一种包含用于可受孕女性的子宫颈的该化合物的组合物（如乳剂）进行避孕。

委员会认为，就 EPC 1973 第 57 条和第 52（4）条第一句（现为 EPC 第 53（c）条）规定的工业实用性而言，不能将避孕方法本身排除在可专利性之外。怀孕不是一种病，因此防止怀孕不是 EPC 第 53（c）条通常意义上疗法（具体案件参见 **T 820/92**，OJ 1995，113）。似乎缔约国已广为认可此类方法可以具有工业实用性。不过，这一般不足以认定此类方法具有工业实用性。在具体案件中要求保护的发明必须符合 EPC 1973 第 57 条（参见第 1 章 E 节，EPC 1973 第 57 条规定的工业实用性的要求）。

T 241/95（OJ 2001，103）中，委员会认为，荷尔蒙受体的选择性占用不能被视为疗法应用；这一发现即一种物质选择性地黏合血清素受体，即使构成科学知识的一个重要部分，仍然要找到一种实践应用，作为一种限定的真正的病态治疗以对本领域的作出技术贡献并被认作有资格受到专利保护的发明。

在 **G 1/07**（OJ 2011，＊＊＊）中，上诉扩大委员会指出，EPC 第 53（c）条的措辞明确表示，只有疗法方法被排除在可专利性之外（因而美容方法不被排除）并且该除外情况不能扩展到本身不具有疗法性质的治疗（**T 1172/03** 引用了 **T 144/83**（OJ 1986，301））。

4.4.2　既包括疗法又包括非疗法的方法

EPC 第 53（c）条规定要求保护的发明是否被排除在可专利性之外取决于所涉权利要求的措辞（参见 **T 820/92**，OJ 1995，113；**T 290/86**，OJ 1992，414；**T 780/89**，OJ 1993，440 以及 **T 1077/93**）。

a）要求保护的方法的必然和不可分割地联系在一起的疗法效果

T 116/85（OJ 1989，13）中，委员会认为，尽管动物疗法治疗通常属于农业，如果要求保护的方法把动物疗法治疗作为必要部分，根据 EPC 1973 第

52（4）条（现为EPC第53（c）条）的规定，该方法没有被排除在可专利性之外，并且农业方法通常是可能取得专利的主题。在此点上，委员会认为在法律上不可能区分由农民实施的此类方法与由兽医实施的同一方法，不能说该方法由农民实施时就是一种工业活动，由兽医实施时就是EPC 1973第52（4）条规定的不能取得专利的疗法方法。

根据**T 780/89**（OJ 1993，440），疗法治疗的次要效果不会使其能取得专利。所涉的权利要求有关一种用于动物的通用免疫刺激作用的方法。申请人认为，特别地，该方法用于提高肉类生产，因此不是用作疗法手段。不过，委员会将提高肉类生产的效果视作提升动物健康的结果。而且，通常刺激免疫系统与防护特定感染的预防疾病的功能不可分割。

T 438/91中，专利权人主张，要求保护的方法的主要目的是提高动物的重量，该效果与预防或治愈家畜腹泻的效果无关。后者只是有益的意外效果。有必要判定权利要求1和2中家养动物的培育方法是否涉及一种疗法或预防治疗。委员会指出，以下两种效果被视为由要求保护的培育方法所致：（a）治疗家畜腹泻和（b）提高所培育动物的体重。委员会裁断，根据专利披露的内容，两种效果由培育动物这一行为联系在一起，发明意图是同时在患家畜腹泻的动物上取得两种效果（疗法治疗），在这些没有患家畜腹泻的动物上防止患病（预防治疗）。结论是，委员会认为权利要求1和2的主题涉及家养动物的疗法或预防治疗，因而属于EPC 1973第52（4）条列出的可专利性的禁止情况。

T 290/86（OJ 1992，414）中，由于所披露的消除牙菌斑的方法必然具有预防龋齿和牙周病的治愈效果，所有的方法权利要求都被视为是不能获准的；因此其落入EPC 1973第52（4）条（现在的EPC 1973第53（c）条）的禁止情况，尽管去除牙菌斑还可起到改善牙齿外观的美容效果。委员会认为，一项要求保护的发明是否被属于EPC 1973第52（4）条规定的可专利性除外情况，具体取决于所涉专利的措辞。如果要求保护的发明不只指向美容效果，还必要地限定了使用疗法治疗人体，则该权利要求属于可专利性的除外情况（区别于**T 144/83**，OJ 1986，301）。委员会认为，如要求保护的化学品用途必然具有**疗法效果以及美容效果**，所要求保护的发明一定限定了一种使用疗法进行的人体治疗并且是不能取得专利的。

T 1077/93中，异议部的结论是，要求保护的发明不是EPC 1973第52（4）条所指的不能取得专利的疗法方法，而是一种美容治疗。权利要求1和11涉及将3，5-二异丙基水杨酸的二价铜复合物（下文简称“CuDIPS”）用作美容产品或用于美容组合物以及在使用该复合物的基础上的美容疗法，用以保护人体表皮。该获得专利的组合物的目的在于保护人体表皮免受紫外线辐射：值得注意的是，降低被认为是阳光对皮肤造成的形式最壮观的伤害——红斑的严重程度，降低皮肤层的变化，例如退化和坏死的角质细胞（一般被称为“阳光灼伤细胞（SBC）”）。上诉人针对异议部的决定提出了上诉。委员会在裁决中援引了**T 820/92**（OJ 1995，113）早已探讨的问题，即不能简单地在形式上通过重新组织权利要求的措辞使该方法作为一个不可分割的整体具有非疗法性质，从而避开EPC 1973第52（4）条（现为EPC第53（c）条）规定的可专利性除外情况。委员会认为，审查权利要求1和11的可专利性时有必要审查CuDIPS运行的机制以及其产生的所有效果之间的关系。委员会的结论是，至少部分防护效果不是源于皮肤表面的简单过滤，而是源于与表皮细胞机制的相互作用以防止发生病态（红斑）；因此该方法事实上具有疗法效果。

b）可区分的疗法效果与非疗法效果

T 144/83（OJ 1986，301）中，委员会认可了一个权利要求的可专利性，该权利要求的措辞方式使其清楚地要求保护一种以美容为目的的人体治疗法，而不是用于同样可行的疗法应用。委员会指出，所涉权利要求的语言“清楚地涵盖了一种美容用的方法，与通常意义上的人体或动物体疗法无关。这是因为，体重下降就像体重上升通常不作为医学上期望的效果。”基于该案的事实，委员会认为，**很难区分**以提升体貌为目的（美容治疗）与以治疗肥胖病为目的（疗法治疗）的体重下降，但是这不能被申请人所利用，将**其权利要求的措辞**组织为**要求专利保护美容治疗**而不是疗法治疗本身。因此，委员会认为，一种化学品用于人体或动物体时具有美容和治疗的双重效果这一事实不能使该美容治疗不能取得专利。对EPC 1973第52（4）条（现为EPC第53（c）条）应作缩小解释，以防仅寻求美容治疗的专利保护的申请人处于不利地位（关于这一点，另见**G 1/07**）。

T 36/83（OJ 1986，295）中，说明书明确地披露了用于治疗粉刺的一种化合物的**两种非常不同**的属性，即抗菌和清洁功效。该申请显示，医药性制备和美容性制剂的形式可以十分相似（如是不是相同的话）。其中的区别清楚地列在了提交的说明书中。委员会裁定，同时具有疗法用途的一个产品的美容应用是可以获得专利的，因为申请人**只在**“用作美容产品”方面要求保护。委员会认为，虽然申请所述的美容治疗可能也会**偶尔**地涉及医学治疗，但使用“美容”一词已足够准确。

T 584/88中，权利要求1针对使用一种物质制造以疗法治疗不健康打鼾的装置，权利要求15针对使用该物质对抗恼人的打鼾。权利要求1将打鼾描述为“有害健康”，保证其只涵盖使用该物质制造用于治疗病态症状的装置。

权利要求15只涵盖恼人的打鼾（而是不是病态的打鼾）；因此不能将这一用途当作以疗法治疗的方法。委员会允许了这两个权利要求：通常认为打鼾是恼人的而非病态的，但是一些医学专家已警告经常性的大声打鼾是不健康的。如果属于这种情况，对抗打鼾是防护性的（预防性的）以疗法治疗的方法；否则，其与人体美容治疗更具有可比性。恼人的打鼾与不健康的打鼾之间的分界线是很难划出的。委员会遵循了 **T 36/83**（OJ 1986，295）和 **T 144/83**（OJ 1986，301），裁决同时允许这两种权利要求。

T 774/89 中，委员会认可了用药提高奶牛出奶量的可专利性，因为很明显这个治疗的成功不依赖于动物健康状况，以及将“非疗法的”这一术语插入权利要求作为一个权利**放弃**，排除药物的疗法效果。

T 469/94 中，需要确定的是所涉申请的所述非疗法效果是否能与胆碱的疗法效果区分开。委员会裁断，胆碱的两种效是不可分割地联系或关联在一起的，但又是容易区分的，因为它们涉及能毫无疑义区分的**人群**（或患者）。第一种包含患有肌肉病、肌肉损伤或癫痫的患者，第二种包含不能受益于该治疗的健康人。而且，评价这不同效果所需的时间（对于疗法效果是需要几天，对于非疗法效果需要几分钟或几小时）将会不同，因则不会发生不想要的治疗重叠。因此，委员会认为，所涉权利要求指向的是一种非疗法的方法。

4.5 诊断方法——G 1/04

根据EPC第53（c）条，在人体及动物体上实行的诊断方法也属于可专利性的除外情况。

EPO局长使用EPC 1973第112（1）（b）条规定的权力，转给上诉扩大委员会几个法律点（points of law），涉及EPC 1973第52（4）条（现为EPC第53（c）条）所指的“在人体及动物体上实行的诊断方法”这一术语的解释。上诉扩大委员会在 **G 1/04**（OJ 2006，334）的裁决意见中强调，就人体及动物体上实行的诊断方法，它对EPC 1973第52（4）条的可专利性除外范围的解释在EPC 2000中仍然有效。

4.5.1 构成“诊断方法”的情形

所转交的主要问题之一如下：

“在人体及动物体上实行的诊断方法”是否仅指包含进行医学诊断所要执行的所有程序步骤，或者如果一个要求保护的方法仅包括一个可用于诊断目的或与诊断相关的程序步骤，它还是一种“诊断方法”吗？

G 1/04（OJ 2006，334）中，上诉扩大委员会对该问题作了以下回复：

为了使与在人体及动物体上实行的诊断方法相关的一个权利请求的主题落

入 EPC 第 52（4）条的除外情况，权利要求要包含与以下内容相关的特征：（i）在严格意义上构成推断性医疗或兽医决策阶段的作为纯智力活动的为治疗目的的诊断，（ii）为进行该诊断的作为构成部分的先期步骤，以及（iii）与人体或动物体的具体相互作用，该相互作用在具有技术性的先期步骤中执行时发生。

上诉扩大委员会指出，在不违反 EPC 1973 第 84 条的情况下，一个方法权利要求的**手术或疗法**性质不能因其只具有一个方法步骤而成立。**诊断**方法在这一点上与手术和疗法方法不同。在进行诊断之前开展的作为智力活动的方法步骤涉及检查、数据收集和比较。如果先期步骤中只有一个是此类诊断的构成部分，就不是诊断方法，至多是可用在诊断方法中的数据获取或数据处理方法（参见 **T 385/86**）。委员会接着说，虽然一个方法权利要求的手术或疗法性质可通过单个方法步骤实现，但由于这种方法**内在和不可避免的分步式**性质，需要有多个方法步骤才能限定 EPC 1973 第 52（4）条所指的诊断方法。

4.5.2　从业者的参与

转给上诉扩大委员会的另一个问题是关于从业者的参与能在多大程度上起到决定作用。

G 1/04（OJ 2006，334）中，上诉扩大委员会认为，将一个活动归类为具有诊断性质，这不依赖于参加者。EPC 1973 第 52（4）条（现为 EPC 第 53（c）条）的措辞清楚地说明了，除外情况只与方法有关，与实行方法的人无关。让欧洲专利的授权依赖于此类人的参与会因此将法律的不确定性引入专利授权程序中。因此，一种方法是否属于 EPC 1973 第 52（4）条所指的诊断方法既不应取决于医学或兽医从业者的参与（通过在场或承担责任的方式），也不应取决于所有的方法步骤也可以或只可以由医学或非医学支持人员、患者自己或自动化系统实行的事实（另见 **G 1/07**（OJ 2011，＊＊＊）。而且，在此种情况下，没有对具有诊断性质的必要方法步骤和缺乏诊断性质的非必要方法步骤进行区分。另见上文 4.2.2。

4.5.3　“在人体或动物体上实行”的标准

转给上诉扩大委员会的另一个问题是关于“在人体或动物体实行”的标准。

EPC 1973 第 52（4）条要求，要排除在专利保护之外，诊断方法必须在人体或动物上实行。上诉扩大委员会认为，在 EPC 1973 第 52（4）条（现为 EPC 第 53（c）条）规定的诊断方法中，属于为治愈目的进行的诊断的组成部分的**前期步骤的技术性质的方法步骤**在严格意义上必须符合“在人体或动物体上实行”的标准。

从EPC 1973第52（4）条也指手术和疗法方法这一事实可以推出，诊断方法用于治愈目的，因此应在有生命的人体或动物体上实行。只有针对具有技术性质的方法步骤，才能考虑“在人体或动物体上实行”这一标准。因此，严格意义上为治愈目的进行的诊断不适用于该规则，即推断性决策阶段，该阶段作为纯智力活动不可能在人体或动物体上实行。

EPC 1973第52（4）条不要求与人体或动物体有特定类型和强度的相互作用；如果具有技术性质的前期步骤的表现暗示与人体或动物体任何相互作用，足以认定相互作用的存在，则符合“在人体或动物体上实行”的标准。

另外，EPC 1973第52（4）条允许向包含使用器械实施的技术性质的先期方法步骤的诊断方法授予欧洲专利，因为相应的方法步骤的执行不满足“在人体或动物体上实行”的标准。不过要受到专利保护，通常需要购买所涉器械以有权实施该方法。如果一个方法不使用该器械可以得到同样的诊断结论，实施该方法的人不受专利的约束。因此，不能认为该专利的存在会束缚医学或兽医从业者。

4.5.4 涉及诊断方法的权利要求的清楚性

G 1/04（OJ 2006，334）中，上诉扩大委员会指出，作为推断性医学或兽医的决策阶段的诊断是一个纯智力活动，与治愈目的的诊断相关的特征和与作为诊断构成部分的前期步骤相关的特征构成EPC 1973第52（4）条所指的诊断方法的必要特征。因此，为了符合EPC 1973第84条，一项与该方法相关的独立权利要求必须要包含这些特征。如果一个非技术特征被认为是用于限定发明的组成部分，这个特征同样必须作为一个必要特征包含在该独立权利中。

4.5.5 除外范围

对EPC 1973第52（4）条（现为EPC第53（c）条）规定的关于**诊断方法**的可专利性除外范围，应作**缩小解释**。因此，要让涉及在人体或动物体上实行的诊断方法的权利要求的主题属于EPC 1973第52（4）条的禁止范围，考虑到EPC 1973第84条，该权利要求必须包含有关以治愈为目的的推断性医学或兽医决策阶段纯智力诊断活动的特征，以及有关（i）作为该诊断的组成部分的先期步骤，以及（ii）与人体或动物体的具体相互作用，该相互作用在实行上述具有技术性质的先期步骤时发生。

4.5.6 具有诊断相关性的中间发现

上诉扩大委员会说，具有诊断相关性的中间发现（intermediate findings）不能与严格意义上的治愈目的的诊断相混淆，后者包括将检测出的偏离进行一个特定的临床描述（clinical picture）。委员会接着说，获取此类结果或发现的方法不构成依据EPC 1973第52（4）条否决可专利性的充分依据。如果不是这样，裁决将会扩大解释 EPC 1973 第 52（4）条规定的关于诊断方法的可专利性除外范围，这不符合法律确定性的要求。

4.6　适用了 G 1/04 确立的原则的判例法

T 1197/02 中，发明涉及判断绿内障对一个主体的视觉系统的损害。委员会解释说，只有针对具有技术性质的方法步骤才会考虑适用 EPC 1973 第 52（4）条规定的“在人体或动物体上实行”标准（**G 1/04** 第 6.4.1 点和第 6.4.4 点，OJ 2006，334），这一标准既不适用推断性决策阶段，也不适用包括有用标准数值比较检查所收集的数据并在比较中找出明显的偏离的步骤。这些活动主要是非技术性质的，并且通常不在人体和动物体上实行。委员会接下来说，在多数情况下，实际上只有涉及检查阶段和收集数据的步骤会具有技术性质，因而会涉及“在人体或动物体上实行”的标准。为了完整性，涉及诸如调整或准备收集数据所用仪器的额外中间步骤将会放入一个方法权利要求中。不过，由于该额外特征不属于作诊断的必要步骤之一，在判断该方法的诊断性质时，可以被忽略该特征。该中间特征是否具有技术性质以及在人体或动物体上实行与本问题不相关。

T 143/04 中，涉案权利要求 1 涉及在有生命主体上诊断阿尔茨海默氏病的方法。委员会指出，使用自动化仪器的数据处理不是涉及数据收集的检查阶段的实际组成部分，但它产生于一个处于数据收集与用标准数值比较这些收集到的数据之间的中间的后续技术步骤。在判断该方法的诊断性质时，不应考虑此类中间步骤。涉案的权利要求包括 **G 1/04** 的裁决意见中所述的在人体及动物体上实行的诊断方法的全部特征。EPC 1973 第 52（4）条不禁止此类方法取得专利。

C. 新　颖　性

要想成为可获得专利的发明，必须满足 EPC 第 52（1）条规定的四项要求：首先，必须是一项发明；其次，如果是一项发明，还必须满足新颖性、创造性和工业实用性这三项要求。作为可专利性的标准，这四项要求本质上是相互分离和独立的，可能会同时引发多项反对。其中，新颖性虽然不是 EPC 第 52（1）条规定的发明之要件，但却是可专利性的一项独立要求（参见 **T 154/04**，OJ 2008，46）。

只有新颖的发明才可以获得专利。不构成现有技术一部分的发明会被视为是新颖发明。EPC 第 54（1）条的目的旨在防止现有技术再次被授予专利

（**T 12/81**，OJ 1982，296；**T 198/84**，OJ 1985，209）。

决定某项发明是否属于新颖的发明时首先采取的步骤是确定现有技术、该等技术的相关部分及该等相关部分的内容。下一步是将发明与上述确定的现有技术进行对比，并查看发明是否不同于该等现有技术。如果不同，则发明就是新颖的。

对 EPC 2000 进行修改的过程中，EPC 第 54 条发生了几处修改。EPC 第 54（1）~（2）条未发生任何变化。EPC 1973 第 54（3）条移除了对 EPC 第 93 条的引用。EPC 1973 第 54（4）条被删除，如此一来，EPC 第 54（3）条所指的任何欧洲专利在公开时便构成现有技术，效力遍及所有 EPC 缔约国。考虑到删除了 EPC 1973 第 54（4）条以及 EPC 1973 第 52（4）条并编入 EPC 第 53（c）条（可专利的例外情形），修改了 EPC 1973 第 54（5）条（现为 EPC 第 54（4）条）。除了这处编辑性修改之外，该条文的内容基本未发生任何变化。这样，新的 EPC 第 54（5）条消除了以后医学使用的可专利性上的法律不确定性。对于作为已知药品的物质或组合物的新医学使用，该条文明确允许保护特定用途的产品（purpose - related product）（参见 OJ SE 4/2007）。

1. 定义现有技术

根据 EPC 1973 第 54（2）条，现有技术包括在欧洲专利申请日或优先权日**之前**，通过书面或口头描述、使用或者任何其他方式公开的所有东西。

1.1 相关的时间点

与待审查申请的申请日或优先权日相同的申请不构成现有技术的一部分（参见 **T 123/82**）。

根据上诉委员会既定的判例法，现有技术内容应解释为技术人员在获得该等内容时能够理解。其中，对于确定属于 EPC 1973 第 54（2）条所规定的现有技术的任何文件之披露，具有相关性的日期是公开日。将一个文件解读为仅是利用了所引用的现有技术的公开日至待审查申请或争议专利的申请日或优先权这段时间内相关专家可获得的知识，这一问题与创造性相关，与新颖性无关（参见 **T 205/91**、**T 965/92**、**T 590/94**）。但是，在 **T 74/90** 中，委员会考虑了在涉诉专利申请日技术人员如何理解一个引证。

1.2 欧洲优先权

根据 EPC 1973 第 54（3）条，为了防止出现重复专利问题，在审查一项欧洲申请的新颖性时，如果另一项申请的申请日或优先权日早于该项申请而且其公开日等于或晚于该申请的申请日，则该另一项申请应被视为构成现有技术的一部分。之前的 EPC 1973 第54（4）条将 EPC 1973 第54（3）条规定的现有技术之效力限定为避免权利冲突所必要的最低水平，也就是说，现有技术效力仅限于在在先申请和稍晚申请中都指定的缔约国。对 EPC 进行修改的过程中，删除了 EPC 1973 第54（4）条，如此一来，对于所有 EPC 缔约国，EPC 第54（3）条所指的任何欧洲专利在公开时便构成现有技术。相应地，修改了 EPC 1973 细则第87 条（参见 EPC 细则第138 条），同时删除了 EPC 1973 细则第23a 条。修改以后的 EPC 第54（3）条的适用于 EPC 2000 生效之时或之后提交的欧洲专利申请。被删除的 EPC 1973 第54（4）条的仍适用于包括 EPC 2000 生效之时已被授予的欧洲专利以及仍处于未决状态的申请。

J 5/81（OJ 1982，155）中，委员会认为，一项欧洲专利申请一旦公开便成为 EPC 1973 第54（3）条所指的现有技术的一部分，对于评估在该申请申请日或优先权日之后该申请日公开日之前提交的申请具有追溯至申请日或优先权日的效力，但是委员会也同时指出，这仅适用于该“在先申请”在公开日仍然存在的情形。

T 447/92 中，就新颖性而言，属于 EPC 1973 第54（3）~（4）条所指的一份在先文件的全部内容必须被视为构成现有技术的一部分。委员会指出，为了降低自相矛盾的风险，上诉委员会一直严格解释披露。委员会认为，不这样做的话，在判定是否具有 EPC 1973 第56 条第二句所规定的创造性时，便会不当地放松应考虑的 EPC 1973 第54（3）条所指的文件的排外情形之标准。

1.3 作为现有技术的 PCT 申请

对于尚未公开且 EPO 是其指定局的国际申请，根据 EPC 1973 第54（3）条，只要该等申请已经采用官方语言向 EPO 提交，并且国家费已经缴纳，则自其申请日或优先权日起，该等申请就应被视为已经包含在现有技术的范围内（EPC 第153 条第（3）~（5）款；EPC 1973 第158 条第（2）~（3）款）。

T 404/93 中，考虑到一项在自己的申请日之后公开的在先国际申请，一项欧洲专利申请被局限于以下缔约国：意大利（IT）、荷兰（NL）和瑞典（SE）。委员会指出，该项在先的 PCT 申请提到了几个 EPC 缔约国，其中包括 IT、NL 和 SE，作为欧洲专利的指定国。但是，该项在先申请进入欧洲阶段时，对 IT、NL 和 SE 没有缴纳指定费。

因此，委员会认定，对于 IT、NL 和 SE 而言，该项在先的国际申请没有被包含在 EPC 1973 第54（3）条规定的现有技术的范围内（另见 **T 623/93**）。

T 622/91 中，应诉人（专利所有人）请求取消被上诉决定，并针对所有指定缔约国维持该专利。两项在先的国际申请和该欧洲专利同时指定了缔约国法国（FR）。委员会指出，EPC 1973 第 158（2）条（现为 EPC 第 153 条第（3）款、第（4）款和 EPC 细则第 159 条）规定的要求已经得到符合，并且根据 EPC 1973 第 54（3）条和第 158（1）条（现为 EPC 第 153（5）条）认为上述两项国际申请已经被包含在与涉诉专利相关的现有技术的范围内。委员会接着审查了主请求的权利要求 1，然后认定在指定相同缔约国法国的情况下，在先申请推翻了新颖性。

1.4 优先权日之前未公开的内部知识

T 1001/98 中，委员会认为，无论是对于自己而言还是对于审查部而言，以未被确定为 EPC 1973 第 54（2）条规定的现有技术一部分的主题作为评估实体可专利性（新颖性和创造性）的依据均是不适当的。这项观点与许多之前的上诉委员会决定一致（比如 **T 654/92**）。鉴于上诉人声称专利申请附图 7（a）和图 7（b）中的安排属于在专利优先权日之前未曾公开的内部知识，并且考虑到欧洲检索报告未揭示任何相应的文件，委员会得出以下结论：上述安排不得被当作包含在 EPC 1973 第 54（2）条规定的现有技术的范围内。因此，委员会认为该等安排与实体可专利性无关。同样，审查部决定中依凭该等安排作出的论证，不具有效力。

1.5 “公知常识”的定义

T 890/02（OJ 2005，497）中，委员会解决了“公知常识”的定义问题。委员会指出，上诉委员会一直把技术人员的公知常识定义为与争议主题相关的百科全书、教科书、词典和手册［参见（但不限于）**T 766/91**，**T 206/83**，OJ 1987，5；**T 234/93**］。但是，在一些案件中，例外地将专利说明书和科学出版物视为是公知常识的一部分。具体而言，对于某项研究领域非常之新以致无法从教科书中获得技术知识的情况，应作特别对待（参见 **T 51/87**，OJ 1991，177；**T 772/89**）。

委员会继续说道，在所有上述案件中，尽管委员会均承认技术人员无法非常容易地获得全部技术，但是确定了正确评估技术人员公知常识的三个重要方面——这三个方面普遍适用于所有案件。

第一，该等人员的技术不仅包括特定现有技术的基本常识，而且包括知道去哪搜寻到该等信息，无论是在相关研究中（参见 **T 676/94**）还是在科学出版物或专利说明书中（参见 **T 51/87** 和 **T 772/89**）。

第二，不能认为为了确定公知常识，技术人员会全面检索差不多涵盖整个现有技术的文献。不得要求本领域技术人员在该等检索方式上作出不当努力（参见 **T 171/84**，OJ 1986，95；**T 206/83**；**T 676/94**）。

第三，搜寻到的信息必须清楚明白，并且无须质疑或进一步调查便直接和明确使用（参见 **T 206/83**）。

这三个方面实际上对应了下述三项经典步骤，即（a）从图书馆的书架上选取**正确的**工具书（手册、百科全书等）；（b）不费巨大努力地查看**适当的**条目；以及（c）获取无须进一步调查便可使用的**正确**信息或清楚数据。

接下来，就每一项案件而言，从事特定技术领域的技术人员的公知常识必须根据该案的事实和证据，对法律理据作出判定。

该本案中，申请人将 EMBL 数据库的检索等同于 Chemical Abstracts 数据库的检索。但是，委员会指出，正如判例法确认的那样，Chemical Abstracts 数据库几乎包含整个现有技术，而且远远超出技术人员的公知常识（参见 **T 206/83**）。根据 EMBL 数据库中与 DNA 序列相关的内容明显可以看出，该数据库不同于 Chemical Abstracts 数据库或者其他书目数据库比如 Biological Abstracts 和 EMBASE 等。该等其他书目数据库旨在通过提供摘要和数项可检索领域的方式（描述符）概括科学出版物、会议等的完整披露。考虑到它们所含信息的数量和质量，为了搜寻到想要的资料，通常有必要采取复杂的检索策略。单纯利用某项酶名称或 EC 编号查询任何书目数据库是不够的，因为这样做会出现大量结果需要考虑，不进行附加查询加以限制很难获得有用信息。此外，查询到这种信息——摘要内容——在实际进行检索之前也无法预期，而且就其本身而言是不完整的或不充分的，因此会要求查看原始出版物。因此，从 EMBL 中一个直接的查询（查询酶的名称或者 EC 编号）通常会产生带有明确信息（核苷酸序列）的大量结果。相比之下，在书目数据库中，无论是必要的检索策略（查询）还是结果（摘要）都不是明确和直接的。

因此，委员会认为，尽管不是严格意义上的百科全书或手册，但是（a）据技术人员所知属于获取必要信息正确来源的，（b）无须不当负担便可以从中检索出必要信息的，（c）无须进行进一步调查便可以直接明确地提供必要信息的数据库构成判例法定义的公知常识。

1.6 被排除的国家优先权

T 550/88（OJ 1992，117）中，委员会明确指出，就 EPC 1973 第54（3）条的正确解释而言，在先的国家权利不被包含在现有技术的范围内。针对上诉人引用《公约》第八部分，委员会认定，该等引用只是确认了欧洲专利的在先的国家权利的效力是一项国家法上的问题，而欧洲专利的在先的欧洲申请的效力却是 EPC 1973 第54（3）条（根据 EPC 1973 第138（1）（a）条，这也可以作为国家法撤销专利的理由）具体规定的。换句话说，EPC 1973 第138

(1) 条和第139条的综合效力旨在基于某项在先的国家权利的存在为国家法提供一项额外的潜在撤销理由，EPC 1973 第54条没有提供该等综合效力。

委员会认为，很明显 EPC 1973 第54（3）条的措辞意在排除国家申请对欧洲专利的现有技术效力。EPC 1973 生效时，缔约国国家法是否包含与 EPC 1973 第54（3）条所述在先权效力相同的在先权效力仍然无法确定。甚至现在，瑞士国家法也规定了一项不同于 EPC 1973 第54（3）条所规定的在先利权效力（“完整内容”）的优先权效力（“优先权利要求”）。出现该等国际不确定性的情况下，EPC 1973 第54（3）条规定的在先的国家权利被省略了。委员会接着指出，如果 EPC 1973 第54（3）条包含在先的国家权利，则考虑到 EPC 1973 第139（2）条，结果会是一项法律矛盾，尤其是就瑞士而言——针对欧洲专利向 EPO 提出的异议中，如果其中根据 EPC 1973 第54（3）条依凭了某项在先的国家权利，那么，该等冲突可以按照 EPC 1973 第54（3）条的“完整内容”制度进行解决，但是，在根据瑞士国家法针对欧洲专利提起的撤销程序中，根据 EPC 1973 第139（2）条，相同的矛盾应按照优先权要求制度进行解决（《瑞士联邦专利法》第7a条）。

1.7 EPC 第55条

对 EPC 进行修改的过程中，EPC 第55条的文本仅发生了小幅修改，它规定了两种专利的任何在先披露不得被视为 EPC 第54条规定的现有技术一部分的情况；如果该等在先披露是由于或者是发端于（a）针对申请人或其法定前任的明显侵害（evident abuse），或者（b）申请人或其法定前任已经在某次正式国际展览会展示了专利。

在合并案件 **G 3/98**（OJ 2001，62）和 **G 2/99**（OJ 2001，83）中，扩大委员会裁决，计算 EPC 1973 第55（1）条规定的6个月期限时，具有相关性的日期是欧洲专利申请的实际申请日，而不是它的优先权日。

T 173/83（OJ 1987，465）中，委员会裁决，如果可以明确无疑看出任何第三方在没有授权的情况下向其他个体传递了所接收信息，视为发生了 EPC 1973 第55（1）（a）条规定的明显侵害。因此，不仅在有意伤害的情况下会发生侵害，而且在第三方的行为使发明人面临遭受伤害的风险的或者第三方未能遵守它同发明人之间的纽带即相互信任之声明的也会发生侵害。

T 585/92（OJ 1996，129）中，上诉人1976年7月14日在巴西提交了一项专利申请，这项申请最初主张源自几项英国申请的优先权，在这几个英国申请中最早的一项的申请日是1975年7月15日。根据巴西的专利法，该巴西申请应于1977年8月16日公开。但是，申请人放弃了所主张的全部优先权，该优先权本可将该公开延期 12 个月。虽然放弃了优先权，该申请却被错误地在涉诉专利的优先权日之前进行了公开。委员会认定，政府机构错误地过早公开专利申请并不必然构成 EPC 1973 第 55（1）（a）条规定的侵害，不管最终会产生何种不幸和损害性后果。“侵害者”的心理状态对于确定是否发生了 EPC 1973 第 55（1）（a）条规定的侵害非常重要。这项被公开的巴西申请被视为构成了现有技术的一部分。

T 436/92 中，委员会认定，故意伤害对方会构成明显侵害，明知违反保密义务的行为可能造成伤害的也很有可能构成滥用行为。“滥用者”的心理状态是最为重要的（确认了 **T 585/92**）。委员会认为，基于可能性的权衡，上诉人并没有证明该公开违反了隐含的保密义务。换句话说，该公开并不是 EPC 1973 第 55（1）条规定的明显侵害。

1.8　公众可获得性

现有技术包括公众可以获得的技术。

上诉委员会判例法规定，只要获取信息存在理论上的可能性，那么，便具有公众可获得性（**T 444/88**），不管获取专利信息的手段为何，以及（就在先用途而言）不管是否存在分析该产品的特殊理由（**G 1/92**，OJ 1993，27）。在这一点上，本决定取代了 **T 93/89**（OJ 1992，718）、**T 114/90** 和 **T 62/87**。作为一项法律问题，公众成员在特定日期是否实际上已经看到那份文件或者知道它是可以获得的，已无关紧要。

获得信息的手段不同，出现的问题也会不同。

1.8.1　公　　开

T 611/95 中，一家行业内知名的研究机构握有一份待申请发明的**报告**，任何人都可以在这家机构浏览这份报告，或者也可以提出订购请求。在优先权日之前发表的两篇论文提及了这份报告，并注明了可以从哪获得这份报告。因此，委员会认为，这份报告是可以被公众获得的。就公众可获得性而言，虽然上述机构没有被等视为图书馆，但是文件中包含的信息已经向领域内的专家表明任何人都可以在那里查看或订购这份报告。

T 842/91 中，要求保护的发明的主题包含在一本待出版的**书**中。通过以下文字：“[……] 本人特此向本书出版商授予无限制的出版权利，并特此放弃因此可能引发的任何索赔”，在优先权日之前不久，专利所有人给予了出版商披露该书内容的许可。此外，异议人声称，由于在优先权日之后不久召开了一次涉及该主题的研讨会，有可能这篇文章在优先权日之前已经发生传阅。委员会认为，尽管专利所有人明确允许出版商向公众提供所要求保护的主题，但这种行为不自动地等同于实际上提供给了公众。同时，也不得仅仅基于所给予的许可或上述研讨会的日期就得出结论该书事实上在优先权日之前已经提供给公众。

T 37/96 中，委员会须针对某些现有技术文件的公众可获得性作出决定。其中两份是**通常的公司文件**。

委员会认为，与科学或技术刊物不同，该等文件不得被认为会自动进入公共领域。相反，它们是否真的在某个指定日期进入了公共领域取决于当时情况和已有的证据。

T 877/98 提出这样的问题即如果一个德国专利之前未曾公开过，那么**一旦接到**授权决定通知，该专利是否立即具有公众可获得性?

委员会认为，在授权决定被公布在专利公报上之前，该等专利是不可以获得的；只有从授权决定被公布在专利公报上开始，在档案中才可以查看到。因此，委员会支持德国联邦专利法院（German Federal Patents Court）的观点（1994年12月23日的判决，4W（pat）41/94，BlfPMZ 1995，324）。

T 165/96 中，在涉案欧洲专利申请的申请日之前，哥本哈根郊区发行的一份**微型小广告报纸**（small - ads newspaper）（发行量24 000份）的插页中披露了发明一项特征的技术信息。

专利所有人争辩道，考虑到该份报纸有限的发行量和读者（哥本哈根郊区的“平民”），相关信息实际上仍然是不公开的，不得被当作构成了EPC 1973第54（2）条规定的现有技术的一部分；上诉程序因此不能接纳该文件。专利所有人还认为，就在申请之前公开的科学或技术信息而言，如果该等信息是在非技术或非科学的环境下公开的，超出了相关现有技术的范围，而且没有能够在将来被再次查到的参考信息或区别性特征，那么，就不应被当作是在无须承担任何 **G 1/92**（OJ 1993，27）所指的不当负担的情况下可以被公众直接获得。

委员会裁决，不认同专利权人的观点，采用该等方式进行公开符合援引已披露内容反驳专利的必要和充分条件。一旦在理论上人们可以意识到信息，信息就是“可获得的”。任何公开都不必为了成为可援引的披露而去满足任何特定的格式或布局标准。

关于“不当负担”的论点，委员会指出，专利权人的解释会将扩大委员会试图在 **G 1/92** 中排除的主观因素引入对新颖性的考量。该项论点因此是无效的。

T 314/99 中，**毕业论文**在优先权日之前归入汉堡大学化学系图书馆档案室无可非议的。但是，根据委员会的判断，该毕业论文不会仅仅凭借归入档案便成为可以被公众获得的，因为归入档案并不意味着自那时起该毕业论文已经得到归类，或者已经做好供公众从中获得知识的任何其他准备，因为缺乏该等信息手段，公众仍然不会意识到它的存在。

T 328/00 中，潜在预见性文件识是一个包含所要求保护的系统的编程和操作说明的小册子。该小册子的首页带有印记“1980 年 1 月”（早于优先权日 20 年），并且末页带有标题“1980 年 11 月的软件代码”。通常，包含某项装置的编程和操作说明并且具有该文件特征的小册子应是为购买该等装置的用户准备的。其他文件表明，在上述小册子中披露的系统旨在市场上进行自由流通。委员会认为，有理由认定上述小册子是早于优先权日 20 年起草的，已经发行供公众使用，并且在这 20 年的时间内可以被公众获得。

T 1030/00 中，委员会认为，针对书面说明书，EPC 1973 第 54（2）条没有要求只有进行免费提供才可以被视为是可以被公众获得。

T 1137/97 中，文件 D1 已经在 EPO 的检索报告中被引用。提起异议认为，审查期间没有充分考虑该文件。作为回应，专利权人针对该文件的现有技术地位提出了质疑，递交了来自荷兰三家不同图书馆的证据，其中包括异议人的一家图书馆，证明三家图书馆收藏的文件 D1 的复印件直到涉诉专利的优先权日到期之后才送达图书馆。

委员会指出，就作为公众可获得的实际日期之证明的出现在图书馆期刊上的“接收”日期标识而言，推测该日期标识是准确的是否具有说服力取决于图书馆所使用的常规程序。考虑了其他证据之后，委员会没有认可期刊封面出现的手写日期。因此，文件 D1 没有构成 EPC 1973 第 54（2）条规定的现有技术。

T 315/02 中，委员会表示，就尚未在来源国公开的任何专利申请而言，只要该申请作为一份已公开的欧洲专利申请的优先权文件可被公众获得，那么，该申请便可以构成 EPC 1973 第 54（2）条规定的现有技术的一部分（EPC 1973 第 128（4）条）。

T 267/03 中，委员会裁决，就双筒望远镜而言，如果该望远镜以图片的形式在某本双筒望远镜书中得到描述，而且带有制造商名称，并且该望远镜的大致制造日期（1960 年前后）远远早于涉诉专利的申请日，则在内部结构方面该望远镜相对于涉诉专利构成了现有技术。

T 355/07 中，委员会认为，自德国实用新型列入德国专利商标局（DPMA）实用新型登记册之日起，便被视为可被公众获得，如此一来，该实用新型构成了 EPC 第 54（2）条所指的现有技术。在那天该有没有公众成员查看档案无关紧要。

1.8.2 宣 传 册

T 804/05 中，文件 E1 通常是在潜在消费者之间散发的商业宣传册，目的是为了向消费者告知新产品。与上诉人的观点相反，**T 743/89** 的决定被认为与是否应该向公众提供宣传册以及何时向公众提供宣传册这一争议有关，在这个早前的案件中委员会已经得出结论，在缺乏与专利权人提供的证据相反的任何证据的情况下，应认为宣传册已经在宣传册所示日期至涉诉专利的优先权日之间的7个月内可被公众获得。

该本案中，E1 的相关日期是涉诉专利优先权日18个月前，因此认为宣传册在上述间隔期限内已经散发是正确的。基于下述理由，上诉人所引用的决定涉及不同的情形。**T 37/96** 中，引用并非是一份商业宣传册，而是作为在先使用的证据提交的一份操作说明书；操作说明书和商业宣传册不具有可比性。**T 543/95** 中，尽管所引用的文件是一份商业宣传册，但是它没有印制或发布日期。由于就与权利要求1的主题之间紧密性而言，该宣传册中的披露没有优于法律程序中讨论的另一份引用文件，因此不能依该宣传册判断在优先权日之前该等主题是否可被公众获得。因此，委员会的结论是，E1 构成 EPC 1973 第54（2）条规定的现有技术的一部分。

1.8.3 讲 演

T 1212/97 中，异议人在陈词中说，由于在优先权日数天之前向人数为100～200人的观众做了一次有关发明的讲演，因此，该发明是已向公众提供。需要解决的问题是，关于通过上述讲演向公众提供的内容是否存在任何可信赖的和令人满意的证据。

委员会认为，讲演的内容无法单凭讲演人提供的任何证据被排除任何合理怀疑。讲演人的证据可以被用于限定可能向观众传达的知识量的上限，但是不可以依该证据确定必然向观众传达的新知识的下限。证明演讲人向观众传达了哪些内容的意图或印象之证据不可以被当作是公众实际上已获得对观众而言的新信息的表面案件陈述。必须要考虑讲演是短暂性的这项事实，因此，讲述的方式或速度会影响讲演的可理解性。即使有记录讲演内容的任何音频或视频，除非可被公众获得，否则，获取全部信息必须进行数次收听或查看的情况，也必须谨慎对待。在由至少两名观众在讲演的过程中做的同步书面笔记中出现的信息通常可以被当作是充分的信息，但是仅在一位观众做的笔记中出现的信息可能是不够充分的，该信息反映了听者的想法，而不是单纯地反映了讲演的内容。如果演讲人从打印稿或手稿读出了讲演内容，或者演讲人随后记录下自己的讲演内容，并且该讲演随后以会议文集的一部分的形式被出版，则该书面版本的讲演可以被当作是讲演内容的部分证明，但由于无法保证手稿是完整和可被理解的或者事后整理的稿子没有扩充内容，还是需要保持一些谨慎。最为有用的是讲演时向公众散发的包含讲演最重要部分的材料以及所放映的幻灯片的副本。

但是，该案没有获得任何该等类型的证据。同时，委员会不得不作出这一结论，即不存在任何令人信赖和令人满意的证据能够证明讲演中传达的信息可以被视为已被公众获得。虽然毫无疑问，讲演是发生了，对于讲演所提供的信息超出了本领域中已知信息的范围这一事实，委员会不能得出可能性的权衡的结论，更不用说排除合理怀疑。

1.8.4 文件的摘要

T 160/92（OJ 1995，35）中，上诉人对以下事实提出的反对，即审查部针对要求保护的主题是否包含创造性作出判断时仅是以**某份日本专利文件的摘要**作为依据，而没有引入原始文件，也没有从中引用具体的篇章。

关于摘要的可引用性，委员会认为，在没有相对应的原始文件的情况下之前已公开的日本专利文件摘要的教导本身仅可被视为构成现有技术的表面证据，本身可以被合法引用，前提条件是，档案中没有指出其无效性的任何内容。意图基于原始文件的教导质疑上述教导有效性的当事方需要承担举证责任。关于在缺少原始文件的情况下引用该摘要是否是可允许的或者是否构成程序违法行为，委员会指出，其必须考虑根据 EPC 1973 细则第 51（3）条和 EPC 1973 细则第 68（2）条（现为 EPC 细则第 71（2）条和 EPC 细则第 111（2）条）单纯依据该摘要的陈述是否是合理的。该案中，摘要提供了部分信息，对于技术读者而言，没有任何表明该等信息无效的迹象。因此，审查部的论证思路是完整和合理的。

T 243/96 中证明了基于其驳回涉诉申请的文件摘要本身构成现有技术的独立部分。但是，考虑到这一披露的不充分性，而且关于应如何解释该摘要众说纷纭，因此委员会决定在上诉程序中引入以英文译本的形式存在的完整文件时，应认为，完整文件的地位优先于摘要。

1.8.5 口头披露的重现

基于数年之前举行的某次公共会议上的某次口头披露出版书面披露的情况下，原则上不得假设该等书面披露与口头披露完全一致。必须提出附加情形，并证明该等附加情形能够证实该等结论（**T 153/88**）。**T 86/95** 中，委员会认为，口头披露和书面披露是一致的，因为发言人在会议上忽略该等显著的特征是非常不可能的。

T 348/94 中，委员会确认，据称是基于在先之前（本案中为 10 个月之前）举行的某次公共会议上宣读的某份论文的书面出版物不可以被认为是与口头披露的内容完全一致，它可能包含额外信息。针对口头披露的范围，举证责任由异议人承担。

1.8.6 在先使用

T 84/83 中，一种新型的宽角镜安装在了用于展示的机动车上，时间持续了至少6个月。委员会认为这种做法构成了在先使用，因为在此期间，可以认为该车辆停泊在公路上，因此可被第三方查看到。

T 245/88 中，多个蒸发器安装在了造船厂的栅栏隔离区域。公众无法自由访问该区域。委员会认为，这些蒸发器无法被公众获得。

T 327/92 中，专利权人要求保护单轴牵引实现扩张的扩张薄膜薄片。一个引用文件的方法产品包含一个薄片，它最初朝一个方向伸展，然后过一会儿会朝与这个方向呈直角的方向伸展；在这个过程中，一个单轴伸展的薄片至少会存在60秒。委员会认为，这个在进行进一步加工之前仅存在60秒的中间产物破坏了专利权人权利要求的新颖性，因为它满足了该等权利要求所必要的全部技术特征。但是，委员会允许针对单轴伸展薄片尚未披露的用途提出权利要求。

T 947/99 中，委员会认为，与异议部在被上诉决定中的观点相反，通过说明出于制造某项特定产品的目的某项特定工艺已经在优先权日之前的规定期限内得到了使用可以确定在先公开使用，同时委员会认为，所述类别的不具有保密或机密义务的个人比如来访人员有机会直接、明确地访问与该等工艺相关的任何特定信息。如果情况真的如此，必须说明哪个人在哪一天看见了运行中的工艺。

委员会评述道，根据 **G 1/92**（OJ 1993，277）列明的原则，直接、自由并且明确地访问与已知制造工艺相关的任何特定信息本身是可能的，无论是否存在查看或要求该等信息的任何理由，这种情况下，该等工艺根据 EPC 1973 第54（2）条会被视为可被公众获得。

关于要求保护在先使用的前提条件，参见第7章D“异议程序”和第6章H“证据法”。

1.8.7 生物材料

就微生物学领域而言，在 **T 576/91** 中，委员会的结论是，科学界可能存在一项不成文的规定，根据这项规定，科学出版物提及的生物材料可以进行自由交换。但是，这并不等同于是一项义务，如此一来，作为任何出版物对象的任何生物材料可以被视为可被公众获得。委员会进一步称，如果因为当事方之间存在的合同义务导致生物材料被有意地局限于受研究合同或许可约束的一类人员进行访问，这种情况下，不可以作出该等材料根据 EPC 1973 第54（2）

条“可被公众获得”这项结论。**T 128/92** 中，委员会称，任何生物化学复合物想要可被公众获得，公开时至少应满足的要求看起来是告知领域内的公众成员该等生物化学复合物的样本可以通过请求获得，以及明确证明该等生物化学复合物到底是什么。

1.8.8 “公众”的概念

多年以来，针对“公众”委员会已经得出一个明确的定义。就任何信息而言，只要某一位公众成员有机会访问它并理解它，并且该等公众成员没有任何保密义务，那么，它便可以说成是可被公众“获得”（**T 1081/01**、**T 229/06**）。

a）向单一客户出售

T 482/89（OJ 1992，646）中，委员会表示，向单一客户进行出售的情况下，只要买方不需要承担任何保密义务，那么，这足以导致所售物件根据 EPC 1973 第 54（2）条是可被公众获得的。没有必要证明其他人也了解相关物件（另见 **T 327/91**、**T 301/94** 和 **T 462/91**）。

向没有保密义务的单一客户出售物品会导致发明被公开，即使所售物品会以原型模式进行使用（大批量生产之前原型需要进行保密）（**T 1022/99**）。

b）EPC 第 54（2）条不一定指的是技术人员

即使是向非本领域内的技术人员进行出售，委员会通常也会判定信息已经被公开（参见 **T 953/90**、**T 969/90**）。

T 809/95 中，专利权人主要是依据测试人员并非本领域内的技术人员证明没有被披露的观点。他引用了 **T 877/90**。委员会指出，**T 877/90** 涉及的是通过讲演过程中的口头披露得到公开的信息。该决定中，公开披露是以观众中包含能够理解讲演内容的技术人员为条件的。对于口头考虑而言，该等考虑似乎是合适的，但是不适用于通过提供物件进行自由使用的方式被公开的信息，因为 EPC 1973 第 54（2）条仅使用了术语“公众”，而没有提及“技术人员”。但是，在该案中，出于完整性的考虑需要指出的是单纯从外观便可以直接识别出已上市奥普拉瓶子的全部基本特征，并且瓶子被压平时，无须任何技术知识便可以识别出瓶底折线和瓶身折线之间的相互作用。

根据 **T 877/90** 和 **T 406/92**，EPC 1973 第 54（2）条中的“公众”一词不一定指的是普通人——向技术人员进行披露之所以能够使技术人员成为“公众”是因为技术人员能够理解披露内容，并且其可能会向公众中其他技术人员进行传播（另见 **T 838/97**）。

c）有限的人群

不时会被用到的另一个论点是由于仅向有限的人群进行提供，所以信息不会可被公众获得。

委员会认为，向有限的人群提供信息的情况下，被提供的信息是可被公众获得的（**T 877/90**——会议；**T 228/91**——课程；**T 292/93**——在与异议人存在紧密联系的公司的经营场所向潜在客户进行展示）。

T 877/90 中，针对一项口头披露，如果在相关日期公众成员有机会获得对披露内容的了解，并且在使用或传播该等知识方面不存在任何保密义务的限制，这种情况下，口头披露视为可被公众获得。由于只有特定人员受邀参加有关会议，因此有关会议不向所有人公开似乎是可信的。但是，受邀人员不受任何保密协议的约束。因此，不受任何限制公众便可以获得会议的口头披露。会议上提到的任何内容因此是可被公众获得的。

T 300/86 中，委员会认为，关于一份书面说明书，如果在相关日期公众成员有机会获得对该文件内容的了解，并且在使用或传播该等知识方面不存在任何保密义务的限制，这种情况下，这份说明书视为可被公众获得。这与《指南》一致。理所当然地，应被视作 EPC 1973 第 54（2）条规定的公众范围内的人群局限于针对该文件的内容存在利害关系的人群。所有利益相关方肯定有机会获得对该文件内容的了解，即使在使用或传播其中信息方面存在任何合同或其他法律限制。不然的话，该文件不应被视为可被公众获得。

T 1081/01 中，委员会评述道，如果在收到信息的时候，接收人**与所收悉信息的捐赠者之间存在某种特殊的关系**，则接收人不可以被当作是公众成员，而且所收悉的信息也不得被视为如 EPC 1973 第 54 条所言的得到公开。即使该等特殊关系随后终止，如此一来，接收人现在可以自由传递所收悉的信息，所收悉的信息**无法**单纯凭借该等特殊关系的终止便可以可被公众获得。

T 398/90 中，安装在某条船上的一个船用发动机被认为是已经为引擎室人员所知，因此是可被公众获得的。

T 1085/92 中，委员会裁决，通常情况下，公司自身的职员不得被等同视为 EPC 1973 第 54（2）条规定的“公众”。

T 165/96 中，委员会认为，EPC 1973 第 54（2）条规定的“公众”没有以最低数量的人员或特定的学历为先决条件；哥本哈根郊区的居民便可以称作是公众。

1.8.9 保密义务

如果能够获得发明知识的人员具有保密义务，则发明不可以说成是可被公众获得，前提条件是，该等人员没有违反保密义务。

T 1081/01 中，委员会认为，根据某项保密协议提供的信息无法单纯凭借相关保密义务到期而成为可被公众获得的。要想使其成为可被公众可获得的，还需要另外采取几个行为。这项结论与 **T 842/91** 中的结论一致，其中，允许公开某份文本仅是被视为允许向公众提供被公开的文本，而没有被视为实际上向公众提供被公开的文本。

如果保密义务源自得到遵守的明示协议，则信息不可被公众获得。不太明确的情况是存在**默示**保密协议的情形或者保密义务源自该等情形。关于这一点存在大量的判例法。

T 1309/07 中，委员会裁决，根据档案可以明显看出特定型号的 17520 内燃机活塞已经在优先权日之前向雷诺进行了供应。问题是在交付时默示保密协议是否适用。考虑到涉及数量较大，并且鉴于该型号的活塞是在一份预出版零部件目录中被报价这项事实，委员会认为，该供应的目的不是用于测试，而是用于正常的批量生产，基于这一点，不存在任何该默示保密协议。

a）招股说明书、技术说明书等的散发

T 173/83（OJ 1987，465）和 **T 958/91** 中，委员会认为，向客户发送的技术说明书不可以被视为保密信息。

b）展示发明

在 **T 87/90** 案件中，以在制造商装配车间等待向客户交付的集成涂覆装置为特征的单张纸胶印印刷机允许自由访问。该发明涉及涂覆装置。另外一位客户在检查为自己公司订购的印刷机时意外地注意到了上述印刷机。尽管没有向这位客户展示如何运行涂覆装置，但是制造商向他解释了所有细节。委员会认为，根据经验，公司在获取后续订单方面的商业利益重于对保密性的任何考虑，因此委员会认为，构成在先公开使用。

T 1085/92 中，某第三方代表上诉人按照上诉人提供的图纸制造刷架，制造完成的刷架会被安装在上诉人所有的装配线上，而公司的来访人员有权访问该等装配线。尽管存在禁止泄露图纸的提示，也无法确定在该案中是否存在明示的保密协议。委员会认为，存在该等合同关系与开发协议的情况下可以认为存在保密协议。在装配线上安装上述装置没有导致发明对于来访人员而言是明显的，因此不可以说存在可预见性的在先公开使用（另见 **T 365/93**）。

c）分包

T 830/90（OJ 1994，713）中，构成在先使用的行为是基于接受委托建造新船只的造船厂与两家存在竞争关系的分包商（也就是专利所有人和异议人）之间的会议。会议涉及向造船厂提交报价。会议期间展示的附图带有明显可见的印章，该印章提及了德国法律禁止不公平竞争法律的第 18～20 条以及《德国民法典》第 823 条（基于可起诉侵权行为的损害赔偿责任）。证人称，对于他们而言，保密是理所当然的事情。鉴于这些事实，委员会认为，三方之间已经达成了保密协议——至少达成了一项默示保密协议。这完全够了。此外，按照一般经验，须认为，至少在针对保密性存在共同担忧的情况下该等协议会得到遵守。该等担忧至少在保护商业伙伴的利益所必要的期限内一直持续。举例来讲，该等利益可能包括仍然不存在法律保护的合作阶段，或者仍然需要共同进一步开发新机制的合作阶段。

T 799/91 中，异议人声称，要求保护的主题发生了在先公开使用，因为它的制造被“分包”给了第三方公司。委员会认为，该第三方公司不单纯是任何第三方，因为异议人下达订单的决定是基于一项信任关系。因此，委员会没有发现在先公开使用的迹象，而且这项声称也无法得到任何证人证词的证实。

d）出于介绍目的展示产品

T 634/91 中，被声称的在先公开使用由专利所有人和某位潜在买方之间举行会议期间在异议人营业场所介绍圆盘锯的构成。委员会没有作进一步的说明，只是引用了 **T 830/90**（OJ 1994，713）中的决定，认为该等谈话构成默示的保密谅解。

T 292/93 中，委员会裁决，为一小组潜在客户在与异议人存在紧密关联的一家公司的经营场所进行展示与保密义务的存在相抵触。

在案件 **T 478/99** 中，由两位潜在客户进行了演示。无法证明是否存在保密协议。委员会认为，单纯凭借不存在明确的保密要求不足以得出不具有保密性这项结论，因为保密可以来自大公司（比如这两位客户）为职员制定的道德行为规范。因此，委员会认为没有证明所指称的公开在先使用。

T 823/93 中，异议人向一家公司出售了一台包装装置，这台装置的特征类似于获专利授权的装置。虽然异议人在专利的优先权日之后进行了交付，但是交付装置在该日期之前未向这家公司的职员进行展示。

这台包装装置是基于客户的订单开发出来的。这项订单与成品无关，但是却与需要进行改装以便满足采购者要求的某项复杂系统有关。开发这台装置的目的在于解决一项由客户自己发现的技术问题。问题是客户是否要求了观看装置展示的职员对展示进行保密。

委员会认为，新装置的开发通常是对竞争者保密的。该案中，上述装置的开发必须看作异议人和客户双方合作的结果。委员会据此认为，基于这些事实，可以认为双方均无意披露与上述装置有关的任何信息，并且双方之间交流的技术报告可能默示地要求保密。委员会同时还认为，已变成合同条件并且要求保密计划、涉及和其他文件保密处理的通用商业条款的适用范围还包括展示上述装置期间口头提供的信息和细节。鉴于这些情况，委员会决定，观看装置展示的职员不可以被当作是 EPC 1973 第 54（2）条规定的公众。

e）以书面形式介绍产品

T 887/90 中，所指称在先公开使用基于两份报价的提交，其中，每一份报价均包含与潜在客户之间的一系列技术讨论。这两项报价不是针对成品的报价，而是针对需要按照客户的要求进行调整的系统。对于这两项报价有无意义至关重要的附图明确提及了德国禁止不公平竞争法律的第 18 条，而客户也注意到了这一点。

委员会认为，从这些情况可以明显看出存在保密义务。上述报价的接收方没有任何明确理由向第三方传达报价内容，因此也没有理由选择忽略附图中的引用。单纯声称没有提及任何保密义务不足以驳倒存在默示保密协议这个观点。销售代表也在场也不足以证明这个观点为不符合事实。

T 541/92 中，一位分包商向其客户提供了一项装置的草图。委员会认为，这构成保密义务。对客户及其分包商而言对它们的项目进行保密是标准惯例，而且相反的指称需要令人信服的证据。

T 1076/93 中，在不存在明定的保密协议的情况下，异议人提供了一项导致发明的主题缺乏新颖性的装置，并向一家武器制造商提供了附图。委员会认为，该在先使用没有导致缺乏新颖性，因为种种情形表明其中存在保密义务。委员会认为，在该等公司的经营场地审慎（discretion）被公认为是规则。异议人和上述武器制造商之间的业务往来局限于特定的个人。此外，除了在这个行业分支内得到普遍遵守的审慎之外，几乎相关公司员工用到的所有纸张上面都带有保密警告。已证明，这家公司没有允许向第三方传递报价的细节的一般规则。

T 818/93 中，相关现有技术文件是一份由发明人对美国专利商标局作出的声明，外加其中提及的附件 1 和 4 联系了数家公司，目的是为了引发它们对开发和资助附件 1 所概述的管腔内移植的兴趣，但是没有成功。附件 4 发送给了发明人的上级，任职得克萨斯大学圣安东尼奥健康科学中心的一位教授，发送之后，针对如何获取开展这项研究和装配以及移植测试的设备与这位教授和一位研究助理进行了讨论。委员会判断，所有这些措施和方法都是以促使这一项目获得圆满结束所必要的业务关系为背景采取的。考虑到涉及当事方的可比利益，该等磋商在本质上是保密的，并且暗示了存在一项保密协议。与应诉人的声称相反，委员会认为，无须任何书面的协议将第三方排除出去。因此，在该案中，在被异议专利的申请日之前举行的会议和磋商没有违反默示的保密性。

T 480/95 中，被异议部作为对与评估创造性而言具有决定性的预出版物依凭的文件是异议人向一位客户发送的信函，这封信函涉及两家公司之间的合同关系。在这封信函中，异议人针对某项特定的编程记忆如何解决具体的处理问题提供了建议。委员会认为这封信函是缔约公司之间一项通常的通信，就其本质而言具有保密性。

f）出于测试目的进行提供

应保密对待出于测试的目的进行提供的产品。就通常以较大数量进行出售的产品而言，以有限的数量出售产品视为是出于测试的目的进行出售（参见 **T 221/91**、**T 267/91** 和 **T 782/92**）。

T 602/91 中，异议人使用了应诉人（专利所有人）的发明在优先权日之前进行了一项实验，其间，上诉公司至少有两名职员在场。不存在明示保密协议这一点上没有争议。同时，在委员会看来也不存在任何默示协议，因为双方未曾签订开发协议，也未曾订立表明它们中间任何一方在任何保密协议中存在任何特定利益的任何其他合同关系。此外，单纯凭借产品制造商和潜在终端用户之间存在合作不足以认定它们之间订立了默示的保密协议。单凭关系良好不足以形成默示协议，尤其是像在本案中，上诉人在向应诉人的竞争对手披露发明方面存在经济利益。

在案件 **T 809/95** 中，授权专利是为了（但不限于）一个塑料瓶，这个塑料瓶的特征在于它的可折叠性。其中一位异议人指称了两种在先使用的情况。其中一种情况涉及一家市场调查公司代表第三方开展的“市场测试”，测试目的是针对这种瓶子进行市场测量。专利所有人声称，上述两项在先使用均受制于保密规则。

就通过市场调查实现的在先使用而言，委员会认为，上述第三方选择一项允许测试参与者将瓶子带回家中的测试变体表明，在专利方面它没有附加任何特定的保密价值。同时，也不存在任何间接的保密义务，因为上述市场调查机构既没有聘用任何测试人员，并且与测试人员之间也不存在任何业务关系。允许将瓶子带回家中和自由使用构成反对任何保密义务的证据。

T 1054/92 中，异议人指称并证实，要求保护的发明即尿布吸收结构是在由数百名公众成员参加并且在美国多个地方在几周的时间内进行的公开测试中得到测试的。上诉人（专利所有人）虽然承认不确定该等测试是否是保密的，但是却认为应由应诉人“排除怀疑地”证实不存在任何保密性的限制。由于缺乏该等证据，基于可能性的权衡，委员会应认定测试是保密的。根据共同经验，委员会认为，该等测试很可能不是保密的，尤其是因为部分用过的尿布没有返还给上诉人。与上诉人的观点相反，委员会确认，保密协议存在的举证责任应由专利所有人承担。由于专利所有人无法利用测试参与者证明存在保密协议，因此，委员会认定测试不是保密的。

T 1464/05 中，委员会认为，尽管数量明显多于最初交付的小样本，但是

200 千克产品的数量仍然不足以进行大规模的光缆生产，至多可能连同如此获得的电缆用来在光缆生产的过程中进行测试。委员会称，在缺少任何其他特殊情形或支持证据的情况下，单凭交付产品的目的可能看似是正常商业交易的结果中开展测试这一事实不足以构成得出以下结论的条件：所交付产品必定是根据一项默示的保密协议进行交付的（关于这一方面的决定，参见 **T 602/91**、**T 264/99**、**T 913/01**、**T 407/03** 及 **T 1510/06**）。鉴于该案的具体情况，就涉及 200 千克产品的交付而言，不仅不存在表明两家公司之间存在任何明定保密协议的任何迹象，而且也不存在表明除了卖方公司和买方公司之间存在的普通关系之外两家公司之间还存在任何特定或特殊关系的迹象。正如委员会在决定 **T 681/01** 中认为的那样，“必须存在某种东西暗示在交付之前存在看起来是正常商业交易结果的保密关系这一观点可不予理会，因为没有导致所交付货物可被公众获得的东西”。

g）会议

T 739/92 中，在一次会议上对发明进行了口头描述。问题是这次会议的参与者是否一定要保密，如果是的话，他们因此不会被视为构成 EPC 1973 第 54（2）条规定的“公众”。参与者名单显示，相关领域内的所有专家均可以参加这次会议。参与者没有被禁止传播来自会议的口头信息，也没有被禁止公开来自会议的任何信息，前提条件是，传播时或者公开时应避免提及这次会议。但是，会议禁止使用磁带等记录讲演，并禁止拍摄幻灯片材料。同时，会议禁止来宾参加会议讲演和讨论。委员会认为，在这些条件下，这次会议的参与者应被当作是普通公众，因为在这次会议上不存在任何保密协议。与 **T 300/86** 中的情形不同，这次会议的参与者既不是会议组织方的被许可人，也没有遭受任何全面合同性禁止不得向第三方传递自己所获得的信息。

T 202/97 中，委员会认为，作为准备某次标准会议的一部分连同议程表一起向某个国际标准工作小组的成员发送的一份标准草案通常不是保密的，因此可被公众获得。即使只有特定的人群被邀请参加这次标准会议，也应由标准委员会连同领域内的专家一起起草在尽可能广泛的基础上约定的并且以当前的发展状况作为基础的标准提案。这项任务排除了任何保密义务。

T 838/97 中，发明是在一次会议上进行口头介绍的，这次会议的参与者包括相关技术领域内大约 100 位最为知名的专家，其中包括潜在竞争对手。会议明确要求参与者未经作者的明确授权不得使用在会议上提出的任何信息。委员会认为，参与者受到了保密协议的约束，因此发明不应被视为构成现有技术的一部分。

h）合资协议

T 472/92（OJ 1998，161）中，委员会裁决，合资协议的存在意味着保密义务的存在。委员会认定，通常情况下，既有的合资协议包括共同的子公司（daughter）和母公司（parent）之间存在的明示或默示的保密义务。

T 633/97 中，异议人必须证明某项指称在先使用实际上已经被公开，也就是说，两位承包商之间不存在保密义务。委员会称，取决于业务关系的性质和涉及公司的状态，认定存在该等义务可以仅基于表面证据，而无须任何书面协议。该案中，LLNL 是代表美国的国家利益行事，这必须被认为是机密的。具体而言，CII 向 LLNL 交付的并被上诉人提及的玻璃雏形将在取决于是否可以获得质量最优的熔融石英的原子蒸气激光同位素分离（AVLIS）项目中使用。这个项目的性质即铀浓缩技术导致了以下结论，即所有相关人员必须保密。

同样地，在决定 **T 1076/93** 中，委员会认为武器制造商通常不构成公众的一部分，但是根据其承包商的暗示，它好像是在已经指明保密协议的情况下行事。

T 163/03 中，上诉人（异议人）在上诉中称，关于装置在附图 D2 中显示的技术细节，在不存在任何保密限制的情况下于 1990 年 5 月（在涉诉专利的优先权日之前）向 BM 提供该附图以后，该等技术细节就变成了现有技术。作为对自己请求的支持，上诉人指出，与合资情形相反的是，合伙人分摊新技术开发成本和风险的情况下，正如异议人和 BM 双方约定的一样，SE 项目的目的在于通过在开发新产品的同时节省准备生产新产品的时间。应诉人认为，合同中的数项条款明确标明异议人和 BM 之间的合作关系实际上不是供应商—客户关系，而是通常会默示保密性的合资关系。

为了确定所指称在先使用是否满足了可以被认作 EPC 1973 第 54（2）条所指现有技术的各项要求，委员会审查了保密性问题。在该案中，没有必要决定 SE 项目是否可以作为一项需要异议人和/或 BM 方面承担默示保密义务的合资项目。正如该案中，技术合作的条款和条件包括相关的保密义务采用书面合约的方式得到明确规定并经合作方同意的情况下，应以合同条款为准，而且在这种情况下也没有机会向当事方施加与当事方针对合约的正确解释已经在合约中规定的任何事项不同或不一致的默示义务。委员会认定，在不存在任何明定的保密义务的情况下不存在任何理由认定 BM 需要承担任何默示的保密义务，对异议人在 SE 项目的框架内向 BM 披露的制造技术进行保密。至少在 M60 引擎上市之前，这项结论没有被 BM 在保密 SE 项目细节和相关专有技术方面的潜在利益驳倒。

委员会指出，在这些情况下，即使BM自己关于这方面向自己的职员或第三方施加了保密义务，作为相对方的异议人也不必一定要这样做。换句话说，如果BM在履行SE合同的过程中传达了从异议人那里获得的任何信息，BM不应被视为违反了SE合同，而这对于BM成为公众成员也是具有决定性的。基于这些理由，委员会确定，在涉诉专利的优先权日之前，附图D2已变成EPC 1973第54（2）条所指的现有技术。

i）为获得学位而提交的论文

T 151/99中，委员会认为，一般而言，为获得学位而提交的论文（就该案而言，硕士论文）不具有保密性貌似非常合理，并且如果该等论文在已出版的科学作品中被引用的情况下，该等论文不具有保密性就会成为确定的事实。如果该等论文是在一份在涉诉专利的优先权日之前公开的文件中被引用，则可以认定在该日期之前该等论文同样可被公众获得。

j）医学领域

T 906/01中，所指的称公开在先使用与F. 博士实施的手术相关，并且涉及在某位病人体内植入修正装置。关于是否真的植入了第一脊柱系统仍然存在一些质疑。

委员会认为，就任何装置而言，如果该等装置处于研究状态，于医院的限制区内在由在包含保密条款的研究者协议的框架内实施手术的手术医生负责的情况下进行植入和测试，则该等装置必须被当作是装置原型。通常，只要上述产品或装置还没有被批准和上市，该等产品或装置的开发和测试阶段必然会存在保密义务（参见**T 818/93**）。因此，即使没有出示对应诉人有利的更加具体的证据，委员会仍然认为，由F. 博士在自担责任的情况下亲自开展的临床测试向整个手术施加了默示的保密义务，而该等保密义务必须扩及参与该等手术的整个团队。因此，无论是医院人员已经收到和准备第一脊柱系统这项事实还是在手术过程中医院人员可以看见第一脊柱系统这项事实都不足以证明第一脊柱系统是可被公众获得的。此外，委员会认定除了手术团队之外任何其他人都不可以进入手术室，而且它还认定上述装置至少部分被植入病人皮肤中，因此从手术室外面是不可以直接看到的。

委员会遵循了**T 152/03**的论证，即在该领域内存在一个初步假设，即考虑到对病人保密和保护装置原型开发和测试的必要性，参与医疗过程的任何人员有义务进行保密，并且存在证明相反的任何证据均是重要的，必须尽早出示。

1.9 证据问题

1.9.1 证据性质

T 611/97 中，上诉人/异议人列明了所指称的公众可通过多种不同的方式（通过宣传、制造或买卖，或者通过分发产品目录）获得的多种不同枪支对准装置。

委员会称，很明显，诸如在产品目录中描述上述装置并进行出售等多种行为通常意味着向公众提供了一样不同的产品。举例来说，本领域内的技术人员可以拆解和分析公众可以通过买卖自由获得的任何装置，以此方式获取目录中没有包含的技术信息。针对某项产品以产品目录散发作为依据的所称可获得性和针对该等产品目录中描述的某项装置的所称销售因此代表了不同的可获得性情况，每一项都必须单独证明。

1.9.2 举证责任

指称缺乏新颖性的情况下，举证责任肯定应由声称相关信息在相关日期之前可被公众获得的一方承担（例如参见 **T 193/84**，**T 73/86**，**T 162/87**，**T 293/87**，**T 381/87**，OJ 1990，213；**T 245/88**，**T 82/90**）。

根据 **T 766/91** 和 **T 919/97**，只要一般技术知识受到争议就必须递交证明一般技术知识的证据。

但是，在 **T 743/89** 中，委员会应用了初步证据原则。该案中，经证实，一份披露发明的传单是在优先权日7个月之前印制的，但是无法确定这份传单是什么时候散发的。委员会认为，尽管无法继续确定散发日期，但是无论在任何情况下推定散发行为发生在上述7个月内是合理的。应诉人认为情况并非如此，而委员会认为应诉人的主张缺乏可信性，因而要求应诉人承担举证责任。

在决定 **T 73/86**、**T 162/87**、**T 293/87**、**T 708/89**、**T 82/90**、**T 600/90**、**T 267/91**、**T 782/92** 以及 **T 34/94** 中，委员会认为与在先使用相关的所有情形必须由提出反对的一方予以证实。

T 326/93 中，委员会认为，在评估公开在先使用的时候，举证责任应由异议人承担，根据可能性的权衡，异议人必须首先表明发明在优先权日之前已经进行公开展示，其次必须表明技术人员会从该等展示中得到必要的教导（另见 **T 472/92**，OJ 1998，161；**T 750/94**，OJ 1998，32；**T 848/94**）。

T 221/91 中，裁决一项针对在先使用提出的反对时，委员会认为，异议人证明发明可被公众获得而专利所有人声称存在保密协议的情况下，应由专利所有人证明存在保密义务（另见 **T 969/90** 和 **T 1054/92**）。

T 901/95 中，委员会决定，单纯声称由于发电设备安装在了三家不同造船厂的船只上，因此是可被公众获得的不足以证明发电设备发生了明显的在先使用。通常，造船厂被认为是限制区，因此不对公众开放。这更加适用于固定在造船厂船只中的安装。鉴于缺乏其他保护，也不能排除上述造船厂的商业伙伴通过明示或默示的保密协议保护它们共同利益的可能性。该案中，可被质疑的问题还包括单纯查看内置装置是否就可以看出切换装置的相关工序和功能安排；同时，也无法确定发电装置是何时可以运行的。双方均省掉了口头法律程序，没有陈词任何证人；在这些情况下，委员会没有考虑所指称的公开在先使用。

T 887/90 中，保密义务来自案件的情形。该案中，委员会认为，证明相反的责任完全应由异议人承担（**T 541/92 与之**类似；另见第 6 章 H“证据法”）。

T 826/03 中，申请人在审查过程中质疑文件 D3 的公开日是否正确。文件 D3 是一项基于国际申请的加拿大专利申请。尽管如此，审查部还是认为文件 D3 属于 EPC 1973 第 54（2）条所指的现有技术，依据是加拿大知识产权局（CIPO）针对 EPO 的询问提供的相应的电子邮件回复。上诉中，上诉人针对 CIPO 所提供信息的有效性提出质疑，并争辩道，根据该案的具体情况，D3 中的加拿大申请在其进入国家阶段之日还未被公开，而是在很久以后才被公开。作为支持自己陈词的证据，申请人出示了几份文件。在试图解决证据相互矛盾的过程中，委员会向 CIPO 提出了另一次问询，但是没有收到任何回复。

委员会很清楚，其面对着证明文件 D3 的公开日的相互矛盾的证据。它无法确定无疑地驳倒上诉人的指称，即在该案的具体情况下，D3 申请人和多个相关的不同专利局之间在所称的优先权的有效性方面存在的争议对公众获取 D3 中申请的内容造成了影响。原则上，如果 EPO 某机构的任何相反决定会依凭某项特定事实，应排除任何合理怀疑地证明该等事实。该案中，鉴于在案的矛盾证据，在缺乏来自 CIPO 的任何其他澄清信息的情况下，委员会实际上不可能毫无疑问地确定公众在 D3 中加拿大申请声称的优先权日之前具有获取该等申请的权限。基于上述理由，委员会认为，文件 D3 不属于 EPC 1973 第 54（2）条所指的现有技术。

1.9.3　证明标准

T 48/96 中，委员会称，为了证明在某一产品目录中得到描述的某项特定装置在优先权日之前可被公众获得这项指称，只是展示该等产品目录得到按时公开是不够的，因为单凭产品目录中的一处标示无法构成所描述产品实际上可被任何人获得的绝对证明。

T 77/94 中，公开通知的签发日期肯定紧邻它的印制日期（因为该等通知印制的目的仅是为了签发）这一论点被认为仅是一项假设，还需要确认；实际上，情况往往会不同。

T 729/91 中，一份相关的文件是某月刊的一期，这本月刊的对象是旅馆经营者和酒席承办人，可以在南非买到。在该案中提出的证据显示，某图书馆在1984年8月9日，也就是在涉诉专利的优先权日（1984年8月13日）之前，收到了这本月刊的一份复制品。该图书馆的图书管理员称，就任何出版物而言，“一般而言，自收到之日起便是可被公众获得的”。无法毫无疑问地确定这也适用于涉案出版物。委员会认为，对与可能性的权衡相关的可用证据进行考虑以后EPO必须判定发生了什么，也就是说，它必须判定相对于不会发生的事情较大可能发生了什么。该案中，在委员会看来，明显很有可能发生的是自收到之日起上述出版物可被公众获得。由于缺乏相反的证据，委员会因此认可实际发生的便是如上述图书管理员所述“一般”会发生的。因此，上述出版物被视为在优先权日之前已经可被公众获得。

T 1029/96 中，委员会称，要求保护的主题在专利文件中得到直接的、毫无疑义的披露必须是毫无疑问——不单是可能的。因此，如果针对某项披露的结果存在任何合理疑问，则基于相关文件提出的新颖性反对必须被驳回。

T 231/01 中，审查部依凭了以下可能性的权衡和可能性，即如果测量的话，从所递交文件中得出的商品参数会在要求保护的范围内。但是，委员会不能遵循这项推导，因为评估新颖性的标准不是基于可能性，而应基于现有技术披露的内容和要求保护的主题两者在技术信息方面是否一致。

T 55/01 中，应诉人争辩道，单凭一条“完整的证据链”便足以确定电视手册构成现有技术的一部分。委员会同意上诉人举出的证据形不成一条完整的销售证据链，并指出，在只有一方有权访问与某项指称公开在先使用相关的信息的情况下，判例法倾向于希望在排除合理怀疑的条件下（“彻底地”）证明该等公开在先使用，并回答“是什么”“在何时”“在何地”“怎样”以及“向谁”等典型问题，因为这会迫使另一方仅指出证据链中存在的不一致之处或缺口；参见 **T 472/92**（OJ 1998，161）。但是，判例法考虑到了区别对待向通常为匿名的客户广泛宣传并且兜售大批量生产货物的情况；参见 **T 241/99**。在该等情况下的确要求一条完整的证据链会使一方成功依凭某项出售或兜售证明公众可获得性变得异常复杂。

委员会评述道，电视机是大批量生产的消费品，无须任何保密义务便可以快速销往市场。它认定，根据一般经验，在大批量生产的同时在某处隐蔽的位置囤积该等货物是非常不可信的。它认为，在这些情况下，无须任何进一步的证据便可以证明电视机实际上已经出售给了特定客户，而且随附的手册在电视机确定的生产日期和涉案专利的优先权日之间大约 4 个月的期限内可被公众获得，因此，它考虑了通常会谨慎观察市场的每一个人（尤其是竞争对手）能够非常容易地获悉大众市场发生的事件比如新电视机的上市这项事实。因此，在诸如此类的情况下，可能性的权衡是适用的证明标准，而这与 **T 472/92** 不同。

T 665/00 中，委员会认为，所递交的证据必须根据“不受约束地考查证据”这项原则进行评估。此外，相同的取证原则适用于出于支持所有异议理由的目的而被依凭的所有事实和论点，包括公开在先使用（与本案大体相同，参见 **T 270/90**，OJ 1993，725）。但是，委员会指出，该等自由裁量权的存在意味着在评估证据时可以应用不同的严格标准。因此，针对可能性的权衡决定某项事实问题时，相关事实问题及其对于专利的命运的影响越重大，证据必须越具有说服力（**T 750/94**，OJ 1998，32）。其中，如果委员会关于是否撤销的专利的决定取决于该等事实问题，则必须谨慎、严格地审查可用证据。

T 313/05 中，委员会引用了下述既定的上诉委员会判例法：指称缺乏新颖性的情况下，举证责任应由声称相关信息可被公众获得的一方承担。这项上诉委员会判例法关于证明标准规定了一些原则，这些原则对于确定决定应以哪些事实作为依据而言是必要的。在某些决定中，上诉委员会应用了“可能性的权衡”这项标准，这意味着就（比如）某份文件首次可被公众获得是什么时候这种问题而言，委员会必须判定相对于不会发生的事情较大可能发生了什么（例如参见决定 **T 381/87**，OJ 1990，213；**T 296/93**，OJ 1995，627，以及日期为 1994 年 11 月 21 日的 **T 729/91**）。在其他决定中，委员会认为，任何事实必须被证明“排除合理怀疑”或者被“彻底”证实（例如参见日期为 1994 年 6 月 22 日的 **T 782/92**，**T 97/94**，OJ 1998，467；日期为 1997 年 6 月 3 日的 **T 848/94**，**T 472/92**，OJ 1998；以及（尤其是）**T 750/94**，OJ 1998，32）。委员会认为，在撤销授权欧洲专利遭到争议的情况下，后一种方法是适当的。仅以对发生的可能性的权衡作为撤销决定的依据很难与 EPO 决定程序对可靠性的需要实现协调，但是，这种必要性对于专利制度的使用者和公众来讲却是至关重要的。因此，只有在对证据进行考虑以后，委员会在这一方面没有遇到任何合理怀疑的情况下，争议文件在涉诉专利优先权日之前的公众可获得性方可视为得到确定。

T 738/04 中，委员会指出，在举证责任完全应由异议人承担的情况下应用“绝对确信”而非“可能性的权衡”这项标准是上诉委员会的既定的实践做法［参见 **T 472/92**，OJ 1998，92；后来在决定 **T 97/94**（OJ 1998，467）得到重申］。这意味着不仅上诉人提及的论证应是完整和具有决定性的，而且支持该等论证的所有事实也应得到相应证据的证实。这项要求是代表相反利益的当事方应得到公平对待这项原则的结果，这项原则源自授权后异议程序的程序特性（参见 **G 9/91**，OJ 1992，408）。委员会评述道，通常情况下，对于未曾在所指称的在先使用中发挥任何作用的专利权人来讲唯一的可能性是反对所列举证据的可信性，然后进而反对该等证据所引发论证的可信性；源自异议人单方访问可用证据这一不平衡的事实情况还要满足判例法规定的几项严格法律要求，即该等在先使用应在排除合理怀疑的条件下才能证明。就任何一项更为宽松的方法而言，如果该等方法接受可以基于相对而言不是那么苛刻的“可能性的权衡”这项标准确定事实，那么，在诸如上述不公平的情况下，应用该等方法通常会违反这项原则，因为专利权人会被剥夺成功质疑异议人论证的机会，也就是说，会被剥夺质疑所列举证据可信性的机会。

委员会认定，提交异议书时，或者最晚在提交上诉理由陈述书时，异议人必须决定以哪项在先使用作为反对授权专利的依据。在诸如本案的情形下，即在其中对某项规范进行详细阐述会引发大量单凭自己的力量便可能构成一项在先使用的事实状况（该规范的多种打印版本、多次会议、公共问询等），从异议程序或者后续上诉程序一开始，异议人就应识别出自己拥有最高胜算的事实状况，也就是说，其中自己能够出示足够完整的证据支持自己想要的结论的事实状况。委员会认为，允许上诉人在多方法律程序开展期间将最初就某项具体事实状况提出的案件陈述扩及其他事实状况是不公平的，即使该等其他事实状况发生在同一一般详细阐述过程的框架内。

关于与公开在先使用相关的证明的更多详细信息，另见“证据法”一节。

1.9.4 互联网检索的信息可获得性日期的证明

上诉委员会的许多决定要求使用互联网作为披露源。

T 91/98 中，委员会裁决，就在任何条目的标题中提及的任何日期而言，如果该等条目从 Lexis – Nexis 数据库（属互联网资源）检索得到的日期远远晚于相关日期，则该等日期不能视同于发行日期，它不一定是正确的日期。委员会认定，宣誓书和声明也无法确定具备必要确定度的可获得性日期。

T 373/03 中，就从互联网中恢复的任何 PBS 文件而言，无论是该等文件的作者日期还是该等文件嵌入代码中的创建日期都不被委员会接受可以用来证明早于相关日期的可获得性日期。

在上述两种情况中，由互联网中检索得到的信息本身没有被排除。但是，这两项种情况均显示在确定该等信息确切的可获得性日期方面存在困难（参见 **T 1134/06**）。

T 1134/06 中，委员会认定，互联网中的任何披露均可以包含在 EPC 1973

第 54（2）条所指现有技术的范围内。将任何互联网用作现有技术的情况下，应适用严格的证明标准。因此，互联网披露构成 EPC 1973 第 54（2）条所指现有技术一部分这项事实应在“排除合理怀疑”的条件下得到证实。每一项个案所要求的特定事实和证据可能有所不同，但是通常都必须满足上诉委员会法律体系针对在先使用或在先口头披露制定的标准，也就是说，都必须回答互联网披露何时可被公众获得、公众可获得的是什么以及互联网披露是在什么情况下可被公众获得的等问题。就后一项问题而言，在大多数情况中，尤其是为了确定检索得到的披露是否以及在何等程度上忠实于该日期出现的披露，必须要解决互联网可靠性这项主要疑虑。

委员会接着说，在某些案件中，在享有良好声誉或值得信赖的出版商在线出版纸质出版物的电子版本的情况下，可以认定所显示的内容和日期，而无须任何支持证据。从这还可以推出，如果一家网站按照认可条例和标准运营，而且该等条例和标准认为由该等网站中检所得到的日期和内容具有较高的确定度，则可能也不需要或者不再需要进一步的证据。当然，对于审查员和公众来讲，互联网来源是否被认为是“具有良好声誉”或“得到监管”应该明显可以识别出。这再一次需要得到明确规定的指南。披露由诸如互联网档案之类的资源中检索而来的情况下，必须提供针对披露历史、自披露首次出现在网站之日起它是否发生过修改以及（如果是）是怎样修改等问题的进一步证据。该等进一步的证据可以采用档案保管员权威声明的形式提出。或者，与披露内容相关的有效声明，不论是来自包含披露的存档网站的所有人还是其创始人，也是足够的。

T 1875/06 中，委员会完全认同决定 **T 1134/06** 中的认定，并针对（3）号文件应用了严格的证明标准。（3）号文件是由审查部在编制欧洲检索报告补充报告的过程中由互联网中检索得来的。（3）号文件是某网页的打印出来的。在决定日，欧洲检索报告补充报告中显示的 URL 没有允许检索（3）号文件或任何其他文件。委员会称，基于所提供的信息，有必要进一步调查包含（3）号文件内容的一份文件在当前申请的优先权日是否可被公众获得。委员会裁定，上述针对（3）号文件的公众可获得性作出的假设的证明取决于是否存在适当的进一步证据。委员会因此意图行使 EPC 第 111（1）条所指的自由裁量权，并将案件发回至审查部进行进一步审查，以便审查部进行进一步调查，获得必要的证据。在通过合理的行动未能获取该等进一步的证据的情况下，应进行该等审查，并且不得将（3）号文件视为包含在现有技术的范围内。

1.9.5 EPO主动审查的义务

部分指称在先使用案件涉及EPC第114条规定的EPO主动审查义务。在这些案件中，要么是异议在上诉阶段被撤回，确定在先公开使用存在困难；要么是指称在先使用未得到证实。

T 129/88（OJ 1993，598）中，委员会认为，如果先前指称在先公开使用的当事方退出法律程序，并且没有该等当事方的配合难以确定事实，即使是这样，EPO的主动审查义务也不包括调查该等指称（另见**T 830/90**，OJ 1994，713；**T 887/90**，**T 420/91**）。

T 582/90中，委员会裁决，就任何针对在先公开使用提出的反对而言，如果该等反对看起来有关，则必须对其进行审查，即使该等反对未得到充分证实。

2. 确定相关现有技术的内容

确定哪些信息构成现有技术一部分以后，下一步便是确定该等信息的技术内容以及该等内容是否是明显的。

判例法一致认为，如果一项发明缺乏新颖性，那么，它的主题肯定可以直接从现有技术中明确得到（例如参见**T 465/92**，OJ 1996，32；**T 511/92**），并且它所有的特征——不仅仅是基本特征——肯定可以从现有技术中看出来（**T 411/98**）。披露取决于相关技术领域内的普通技术人员能够并且可以获得的知识和了解（**T 164/92**，OJ 1995，305，Corr. 387；**T 582/93**）。

确定信息内容意味着解释现有技术的构成部分是什么。委员会确定了几项需要在这个过程中遵循的原则。

2.1 一般解释规则

T 600/95中，委员会认为，通常，对给定文件中包含的技术披露进行解释不取决于该等技术披露的**目的**，无论目的是代表现有技术、优先权文件还是提交的申请。

T 312/94中，委员会认为，针对任何文件尤其是专利申请或专利进行解释的过程中，为了确定它们的真实含义并进而确定它们的内容和披露，一般法律规则是，不得独立于该等文件的其他部分之外单独解释其中的某一部分。相反，该等文件的任何部分都必须**以文件整体内容为背景**进行解释。因此，即使独立于文件的其他部分之外照字面对文件的某一部分进行解释的时候该部分似乎具有特定的含义，结合文件其他部分对该部分进行解释的时候该部分的真实含义可能会有所不同（另见**T 546/07**、**T 860/06**）。

T 969/92 中，委员会决定，为了确定哪些东西可被公众获得，就任何**专利文件**而言，不仅要考虑它们的主要权利要求，还要仔细考虑它们的其他部分，由此可以明白先有文件实际教导了哪些东西，也就是说，可以明白先有文件真实的明示和默示信息内容。

T 158/96 中，审查部认为，鉴于一份文件披露，“舍曲林”（sertraline）在优先权日之前不久被用于 OCD 临床试验，因此，使用化合物舍曲林制造用以治疗强迫性精神障碍（OCD）的药物不具有新颖性。审查部强调，为专利披露之目的，就任何药理试验而言，只要该等试验被公认为是潜在治疗应用的指示器，便认可药理试验是医疗应用的披露。

该案中，委员会并不认同审查部的结论。任何现有技术文件被认为会损害任何要求保护的主题的新颖性的情况下，该等文件传递的信息不可以基于以下规则进行解释，即尽管通常是有效的，但是不一定适用于特殊情形，而且如果在特殊情形中应用可能会导致**猜测性结论**的规则。

就任何引用中包含的下述信息而言，即为了一项特定的治疗应用，某项药物正在进行临床试验阶段的评估，如果该等信息可能与实际情况相反，并且如果上述引用的内容不允许结合实际存在的并且直接地、毫无疑义地支撑要求保护的治疗应用的任何治疗效果或任何药理效应得出任何结论，则该等信息对于针对相同药物相同治疗应用的权利要求的新颖性不构成损害（另见 **T 385/07**）。

T 943/93 中，委员会认为，在法律上，在要求保护领域内的进行操作的**假设可能性**本身不足以剥夺该等领域的新颖性，尤其是在技术人员没有任何技术动机，进而没有任何实际需求在该等领域内工作的情况下。

对 **T 464/94** 中的新颖性具有决定性的是一项披露利用精选标记改造植物原生质体的初步试验的引用文件。异议部认为，这份文件有可能性的权衡预见了被异议专利。

委员会认为，基于可能性的权衡决定某份文件是否对新颖性不利是不合理的。某项专利因缺乏新颖性而被撤销的情况下，对在法律程序开展期间提出的所有事实和论点进行考虑以后，相关部门必须确定该等撤销是否理由充分。如果存有疑问，还必须举出进一步的证据，否则，专利就不能以缺乏新颖性为由被撤销。

T 233/90 中，委员会认为，在属于 EPC 1973 第 54（3）条所指现有技术的文件针对配制某项产品提及“**一项常规方式**”的情况下，为了确定凭借该等引用技术人员针对先有文件的生效日期可以获得哪些知识，允许使用参考文件比如手册、百科全书或字典。

T 60/99 中，涉诉专利的权利要求1的主题不同于相关先有文件中说明书和附图提及的机器，区别在于，该农机中用以连接割草装置和牵引挂接装置的框架是在拖拉机的前端，而在现有技术中，该等框架是在拖拉机后端。

上诉人/异议人认为，现有技术文件中附图和说明书只是提及了涉及后置机器的一项具体实施例这项事实，并不意味着该文件的信息内容排除了前置机器。

委员会判断，通常情况下，专利文件中的独立权利要求代表对在说明书中通过参考附图得到详细描述的东西的概括。保护范围的定义是通过规定一项不仅包括在说明书中得到详细描述的具体实施例，而且还包括其他具体的实施例的构思得出的，尽管后者可能不同于在文件中得到详细描述的具体实施例，但是也具备该权利要求所定义构思的所有特征。

但是，该权利要求的范围及其信息内容必须彼此区别开来。权利要求的信息内容相关于以下全部特征，即由于普遍适用于大量个别项目，因此允许所有该等个别项目在构思上可以被包含并且允许构思彼此相互区分（在构思的意图或内部内容方面）的所有特征。权利要求的范围相关于具有构思全部特征的所有个别项目（构思的延展或外部范围）。

该案中，现有技术文件的独立权利要求明确了一项较在说明书和附图中得到描述的后置割草压扁机更为普遍的构思（也就是一项同时包含前置和后置割草压扁机的构思），但是没有披露这项普遍构思的任何特定示例（也就是说，既没有披露前置割草压扁机，也没有披露后置割草压扁机）。因此，相对于这份文件的信息内容，涉诉专利的信息内容必须被认为是新颖的。

T 1080/99（OJ 2002，568）中，委员会认为，考虑到它的法律性质和计划用途，采用英文写就的日本专利摘要意图反映相应日本专利申请的技术内容，以便确保公众快速获得初步信息，这同时也是技术主题任何类型摘要或概要的目的。因此，如果可以获得原始文件，则应根据原始文件对该等摘要的内容进行解释，并且可能的话，还应进行重新评估。如果较原始文件相比摘要增加了一些内容，则这意味着摘要出现了错误，或者至少意味着在对原始文件的解释方面出现了错误。

对既定的判例法进行参考以后，在 **T 410/99** 中，委员会指出，就任何现有技术披露而言，如果它们直接地、毫无疑义地披露了相关主题，并考虑了某位技术人员的公知常识，无论是在所引用文件的公开日（就根据EPC 1973第54（2）条引用的现有技术而言）还是在所引用文件的优先权日（就EPC 1973第54（3）条所指的文件而言），则视为它们会破坏新颖性（例如参见 **T 511/92**）。此外，现有技术披露必须解读为向它所包含的信息赋予了技术人员在其公开日会赋予它的含义，并且忽略了技术人员会认为错误的信息；但是，不会被技术人员认为错误的任何教导必须被接受为现有技术（参见 **T 412/91**）。

该案中，上诉人陈词时说，技术人员会认为虽然附加步骤被包含在了在（9）号现有技术文件中得到披露的工艺之中，但是没有在这项引用中得到描述，因此针对它的文本可能存在其他解释。因此，要求保护的主题并非直接地、毫无疑义地源自该文件的教导，例如 **T 464/94** 也这么认为。但是，委员会认定，在该案中，认为（9）号文件的明示教导不完整或错误不存在任何证据或理由，因为它明确地描述了所有工序步骤以及每项工序步骤对依此获得的产品的质量的影响。此外，与 **T 464/94** 中的情形不同，关于在文本中提及的要求保护的工艺，它的教导没有针对凭借该等工艺获得的结果提出任何质疑；它的教导既不能被视为是假设性的，也不能被视为与相关技术领域内的公知常识相矛盾。因此，由于该案的事实不同于 **T 464/94** 的事实，后者不可以适用于该案。委员会的结论是，（9）号文件直接地、毫无疑义地披露了权利要求 1 中工艺的所有特征，因此，权利要求 1 的主题缺乏新颖性。

T 4/00 中，委员会认定，要想针对气体混合物组成部分的要求保护的范围破坏新颖性，技术读者应该能够直接地、毫无疑问地从任意曲线图的任意特定部分至少获得一项与要求保护的范围相关的具体气体混合物成分。但是，现有技术文件的描述指出，这些曲线图是具有相同焊透深度的近似等高线，是基于在利用大量气体混合物进行的试验中获得的焊透深度制定的。因此，这些曲线图自己无法代表测量值。此外，委员会评述道，曲线图的编制方法没有在现有技术文件中提到。它因此认为，就任何曲线图在任何现有技术文件任何图表中的点而言，如果无法确定相关图表中相关曲线图的准确性，则该等点就不是代表披露从相关图表的刻度中读出的相应值。

T 546/07 中，委员会认定，阅读任何文件的技术人员没有单独解释披露的个别点，而是结合整个文件的上下文进行解释的（**T 312/94**、**T 860/06**）。

2.2　现有技术文件中的组合

T 305/87（OJ 1991，429）中，作为权宜之计，委员会称，为了评估新颖性，自己仅着眼于某单项文件的整体内容是不足够的，而是要分别考虑其中描述的每一实体。被上诉专利的主题是剪刀。异议人主张，整体而言，在某一产品目录中得到披露的两把剪刀的特征必须被当作是同一项现有技术，因为这两把剪刀是在同一个技术背景下在同一份文件中得到描述的。异议人争辩道，作为一个整体来看的时候，这套已知的特征预见了发明。但是，委员会明确指出，就**属于不同实施例的单个项目**而言，如果该等不同的实施例是在同一份文件中得到描述的，则将该等单个项目进行组合便是不被允许的，唯一理由是它们是在相同文件中被披露的，当然，该等文件中特别提出进行该等组合的除外。因此，从上述产品目录中获悉的这两把剪刀无疑是两个单独的实体，它们形成了两项在评估新颖性时需要予以单独考虑的独立对比基础，并且，利用属于其中一项实体或两项实体的特征人为地拼凑出一项相关性更高的现有技术也是不被允许的，即使它们是在同一份文件中被披露的（参见 **T 901/90**、**T 931/92** 及 **T 739/93**）。

T 332/87 中，委员会认为，审查新颖性的时候，同一文件的不同篇章可以进行组合，前提条件是，不存在防止任何技术人员进行该等组合的任何理由。一般而言，技术示例教导可以与在同一文件其他部分得到披露的示例教导进行组合，比如在专利文件的说明书中得到披露的，前提条件是，相关示例确实是在有关文件中得到披露的一般技术教导的代表，或者与其相一致。该案中，委员会的结论是，某一示例中的某项特定成分与现有技术文件的一般技术教导不一致，而且考虑到该等不一致，技术人员不会将上述披露与该示例进行组合。

T 42/92 解释道，根据委员会的既定判例法，就任何预出版的专利说明书而言，仅针对相关技术领域内的技术人员能够无可争辩地从文件整体中推断出的要素，该等专利说明书才构成 EPC 1973 第 54（2）条所指现有技术的一部分。但是，就引用权利要求引发的个别特征而言，如果出于专利法的考虑该等特征被单独要求保护，并且不赞成对它们进行组合，或者甚至——比如本案——对它们进行组合与所描述的实施例相抵触，则对相关现有技术专利说明书的披露便不包括该等个别特征的组合。

考虑到针对新颖性没有提出的反对，在决定 **T 610/95** 中，需要回答的问题是在专利中提议的解决方案是否可以直接地、毫无疑问地从（2）号引用文件的披露中获得。（2）号引用文件包含对**三份专利说明书**的交叉引用，其中没有对这些引用的优先等级进行排名。在配置医用敷料压敏层方面，这些引用均提供了大量不同的选择。

委员会认为，在这些情况下，不可以说在要求保护的发明中使用作为压敏材料的特定产品是直接地、毫无疑问地源自对在（2）号引用文件中提及的三份不同先有文件的一般性引用，因此早已经可被公众获得。

2.3 考虑隐含特征

T 6/80（OJ 1981，434）中，委员会认定，就在某份文件中得到披露的某项**装置**的某一要素而言，如果相关领域内的技术人员在阅读该文件时明显可以发现该要素进一步的功能属性，则关于该装置，该等功能属性构成现有技术的一部分。

就任何现有技术披露而言，如果从其中可以直接地、毫无疑问地推断出要求保护的主题，包括在明确披露中对于技术人员而言是隐含的特征，则该等现有技术披露具有新颖性破坏性（参见 **T 677/91**，**T 465/92**，OJ 1996，32；**T 511/92**）。

T 666/89（OJ 1993，495）中，术语“可获得的”明显超越了文字的或图示的说明书，并且意味着还可以通过其他手段明示或默示地传递技术信息。关于可获得的并且超越文字描述或图示内容的文件的信息内容，其中一个例子是下述情况，即按照某份现有技术文件实施一项工艺不可避免地导致了一项与其中所描述产品不同的产品。在该这种情况下，委员会称，该现有技术文件会剥夺包含该等产品的权利要求的新颖性。因此，一般而言，对于新颖性问题具有决定性的是内容，无论是明示的还是默示的，而非仅是形式，对于“选择”的新颖性而言尤其如此（参见 **T 793/93**）。

T 518/91 中，委员会认为，关于技术人员对在某份先有文件中得到明确表述的技术事实的逻辑解释——尤其是技术人员超出该文件的明确披露对在该文件中得到笼统描述的现有技术特征的定义，如果它与在对该文件进行的其他一致性的整体披露中的其他明确技术信息相矛盾，则它便不属于该文件中隐含的技术教导的一部分，技术人员可以自动推导出该等隐含技术教导。

T 624/91 中，委员会认为，考虑到在再现性和分析结果方面存在的已知波动，现有技术中的确切**合金成分披露**必须解释为小范围内的普通值或标称值，存在相反证据的除外。委员会指出，只要冶金学家意图根据给定的公称成分生产合金，那么，最终产品的成分多少都会偏离这个目标，或者甚至不能在特定的狭窄范围内确定。冶金生产方法无法完美再现，而且以相同的公称成分为目的的不同批次的实际成分会遍布这一目标周围的特定区域。因此，所引用合金的公称成分不仅将该等成分作为任何人在实际中都无法实现到的一个具体点进行了披露，而且还将该等成分作为一个靠近普通成分或公称成分的特定范围进行了披露，其中，以达到公称成分为目标在生产和分析时使用本领域内通常谨慎程度对这些合金进行的大部分分析都在这个范围内。

T 71/93 中，委员会认为，针对一项未曾在某份现有技术文件中明确提及的特征，尽管众所周知该特征有助于克服一项在同一技术领域内常见的缺陷，但是如果无法直接从该现有技术文件中得出该缺陷被认为是无法接受的与/或如果针对克服该缺陷提议了其他解决方案，则该特征就不可以被视为是隐含地披露的。

T 572/88 和 **T 763/89** 中，委员会提醒在使用“默示在先描述”这项概念时，不可以导致与创造性评价相关的考虑被转移至新颖性判断方面。对发明的可专利性进行公平判断要求明确区分新颖性和创造性。比如，在决定 **T 763/89** 中，针对一项恰好是三层的材料，异议人不可以像在被异议专利中那样声称“默示的在先描述”，理由是，意识到更深的子层需要大量的花费以及在改善图像质量方面它们能够起到的作用有限，技术人员会认为在没有对层数设定上限的情况下权利要求的措辞实质上等于“两层或三层”。如果这样做，必须举出一项创造性评价的典型标准。

T 71/93 中，委员会认为，任何特征的任何“默示的在先描述”均不得作为依据，理由是，相关领域内的技术人员会发现一些缺点，而且也会发现关于某项特征缺乏其他改进形式，因为这是创造性评价的一项标准。

2.4 考虑固有特征

T 59/87（OJ 1991，561）中，应诉人争辩道，一项特定的文件在本质上披露了要求保护的发明，因此它破坏了新颖性。但是，委员会强调，决定 **G 2/88**（OJ 1990，93，Corr. 469）强调需要决定的问题是公众可获得的是什么，而不是公众可获得的东西里面内含的是什么。此外，考虑某项书面说明书中的教导同时也使实施该等教导的必然结果在何等程度上可被公众获得的时候，就每一情况而言，“必须界定公众实际上可获得的东西与仍然隐藏的或者公众尚且不可获得的东西”。因此，委员会决定，关于之前未曾得到披露但是在之前在某项书面说明书中得到披露的技术教导被实施的情况下实际上必然会发生的技术效果，该等技术效果是否会因为该等书面说明书中的教导被实施而可被公众获得是一项需要结合个案的具体情况进行决定的事实问题。

G 1/92（OJ 1993，277）进一步规定，可商购的产品本身不会隐含地披露除了自己成分或内部结构之外的任何东西。因此，就其他特征而言，如果该等其他特征只有在为了提供一项特定的效果或结果，或者发现潜在结果或能力的情况下产品与特别选择的外部条件发生相互作用时才被揭示，则该等其他特征会超越产品本身之外，因为这是取决于所意图作出的选择，因而不可以被视为早已经可被公众获得。

继该项决定之后，在 **T 977/93**（OJ 2001，84）中，委员会认为，就可被公众获得的任何产品而言，如果技术人员无法确定该等产品的再现品是否与在市场上可买到的那些完全一致，则该等产品根据 **G 1/92** 便不是可再现的，进而也不属于现有技术，因为该等产品的内在和外在特征是无法获取的，而且再现时很可能会发生变化。

2.5　考虑等同物

上诉委员会判例法基于一狭义的新颖性概念，也就是说，任何在先文件的披露均不包括被明确地或隐含地披露的特征的等同物；只有在涉及创造性的情况下等同物才可以得到考虑（参见 **T 517/90**）。尽管排除了等同物，对于 EPC 1973 第 54（3）条的应用，这个狭义的新颖性概念仍然具有特殊的重要性。**T 167/84**（OJ 1987，369）中，委员会评论道，EPC 1973 第 54（3）条项下的冲突申请只有从新颖性的角度出发才可以视为被包含在现有技术的范围内，但是需要从其“整体内容”上进行考虑。为了缓解这项“整体内容方法”的巨大影响，它仅适用于新颖性（参见 EPC 1973 第 56 条第二句）。此外，为了降低“自我冲突”的风险，通常认为新颖性适用一项严格的方法是正当的。基于这项理由，《指南》明确规定，“对新颖性进行考虑的时候，将任何文件的教导解释为包括虽然知名但是没有在相关文件中得到披露的等同物是不正确的；这是一项显而易见性问题。”因此，委员会认为，任何较早文件的“整体内容”也不包含在后来文件中得到披露的特征的等同物（另见 **T 928/93**）。

T 652/01 中，上诉人/异议人认为，尽管相关的现有技术文件没有明确提及某项特定的特征，但是对该文件的教导在细节上作出必要修改并加以应用的情况下仍然可以从该文件中得出该特征。上诉人引用了 **T 952/92**（OJ 1995，755），其案件提要说，EPC 1973 第 54（2）条项下的“可获得性”不仅包括披露的可获得性，而且还包括可从披露中获取和导出信息的可获得性。

在单独使用的情况下，术语“可导出的”尤其可以解释为“能够作为一项结论、推论或推断获得或取得”（《牛津英语词典》），这意味着“可导出的等同物”是包含在内的。

但是，委员会认为，以当前决定为背景阅读引用自 **T 952/92** 的语句的时候，很明显术语“可导出的”被应用的意义是“通过对示例进行化学分析的方式是可以获得的”，而且在使用时受到了在 **G 1/92**（OJ 1993，277）意见中明确的限制，也就是说，它必须是“直接地、毫无疑问地可导出的”。

2.6　考虑附图

T 896/92 中，委员会强调，根据 **T 169/83**（OJ 1985，193），就披露仅在某份附图中得到显示的某项特征而言，还需要进一步的条件。关于这一点，该特征的结构不仅要在该附图中得到充分和明确地显示，而且还应能够导出所取得的技术功能（另见 **T 241/88**）。

T 204/83（OJ 1985，310）中，委员会认为，就仅在某份附图中得到显示的特征而言，如果在缺乏任何其他描述的情况下相关技术领域内的技术人员能够从中推导出一项技术教导，则该等特征构成现有技术的一部分。但是，只是通过测量某份文件中的图表显示而获得的尺寸不构成披露的一部分（参见**T 857/91**和**T 272/92**）。

T 451/88针对专利文件中通常包含的带有刻度的施工图纸与示意性附图作出了区分，即虽然后者能够充分指出发明的基本要素，但是不足以用来制造产品。经认定，示意性附图不可以用来推导出两项尺寸之间的比例（**T 1664/06**）。

T 56/87（OJ 1990，188）中，委员会认为，就任何技术特征而言，如果该等技术特征是来自或基于由某一图表中获得的尺寸，并且在技术层面来讲与说明书的教导相悖，则该等技术特征不构成任何文件披露的一部分。

T 748/91涉及测量附图中的相对尺寸。该案中，委员会认定，在特定的情况下，尺寸比甚至可以在示意性附图中推断出来。

2.7 考虑示例

T 12/81（OJ 1982，296）中，委员会认为，所引用文件的教导不受发明实施示例所提供详细信息的限制，但是包含在权利要求和说明书中以确保相关领域内的技术人员能够实施发明的任何信息（另见**T 562/90**）。**T 424/86**中，委员会称，任何文件的披露均不应解释为只是基于文件中的示例；相反，需要考虑整份文件（另见**T 373/95**）。**T 68/93**中，委员会称，在脱离上下文的情况下举出一项特定的示例是不允许的。**T 12/90**中，委员会决定，在可能影响某项权利要求新颖性的某份在先文件中的披露不一定局限于具体的工作示例，而且还应包含在该文件中得到描述的任何可再现的技术教导（另见**T 247/91**和**T 658/91**）。

T 290/86（OJ 1992，414）中，委员会决定，通过某份文件所包含的具体和详细的示例"可被公众获得的"东西不一定局限于该等具体示例的确切细节，而且在每项案件中还取决于技术人员读者"可获得的"技术教导。通过纳入一项针对该等具体和详细示例的放弃声明对某项权利要求进行修改无法赋予该权利要求新颖性。

T 365/89中，委员会认为，EPC 1973第54（1）条没有要求必须详细地（比如利用工作示例）披露技术教导。因此，不论是否存在该等更为详细的信息均不影响某份特定文件中的相关披露是否属于现有技术这项问题的答案。

T 666/89（OJ 1993，495）中，应诉人争辩道，一份特定现有技术文件中的示例超出了某项特定权利要求的范围，同时该文件中的一般披露不可以被认为可从该权利要求中预见到。因此，只有一份文件中的示例应被视为是现有技术。委员会称，应诉人忽略了上诉委员会的既定判例，据此，决定新颖性问题时必须考虑任何引用的整体内容。因此，应用这项原则时，评估不应仅仅局限于要求保护的主题与某项引用中的示例之间的对比，还应扩及较早文件包含的所有信息。

T 1049/99 中，委员会指出，根据 EPC 1973 第 54（2）条，现有技术包括“在欧洲专利申请日或优先权日之前，依书面或口头叙述的方式，依使用或任何其他方法使公众能获得的东西”。在某项“书面说明书”接受公众查阅的情况下，公众可获得的东西是该说明书中包含的所有信息。在某些情况下，书面决定中包含的信息，比如针对工艺实施方法的教导，还提供了获取应用该等教导必定会引发的其他信息的机会（**T 12/81**，OJ 1982，296；**T 124/87**，OJ 1989，491；**T 303/86**）。

2.8　在先使用的判断

数项决定涉及在先使用的信息内容。

T 245/88 中，蒸发器安装在了造船厂的栅栏隔离区域。就是否有机会从栅栏外看到这些蒸发器而言，委员会不认为在缺少对争议专利中要求保护的主题的了解的情况下，本领域内的技术人员可以识别出它包含的教导以及它试图解决的问题，也不相信技术人员可以发现所声称的诸多尺寸之间间距比以及可以从多管蒸发器得出的尺寸比。

T 363/90 中，安装有与要求保护的发明相一致的供纸器的一台机器在贸易展览会上进行了展示和演示。委员会的结论是，在这些情况下，针对所展览的供纸器，技术人员根本不可能识别出——或者根据进一步的信息推断出足以确保技术人员能够再现其设计的技术特征和功能，更不用说对其进行进一步开发了（另见 **T 461/88**，OJ 1993，295）。

T 87/90 裁决，一台接受公开观看的印刷机的特征和功能是可被公众获得的，因为公开观看的情况下，这台印刷机的细节已经被充分披露，而且还散发了信息材料。

T 208/88（OJ 1992，22）中，委员会认为，就之前未曾得到披露但是在开展某项已知教导（就本案而言，用作杀真菌剂）期间实际发生了并且意图作为某项使用发明依据的任何效果（就本案而言，生长调节）而言，如果在开展该等教导期间无法明显看出向大量技术人员披露了（至少潜在披露了）发明的基本特点，则无论在任何情况下，该等效果都是不可被公众获得的。

在很多情况中，识别技术教导比如发生在先使用的某产品的内部结构或组成的能力是以对包含该等技术教导的产品进行分析为先决条件的。对可在自由市场中获得的产品进行分析在技术层面是否可行是一项委员会在大量场合中已经考虑的问题。

T 461/88（OJ 1993，295）中，委员会裁决，就储存在微型芯片中的控制程序而言，如果对它们进行分析需要的努力仅可以以人年为单位进行计算，并且如果出于经济原因的考虑程序控制机器的唯一买家非常不可能实施该等分析，则该等控制程序是不可被公众获得的（参见 **T 969/90** 中的附带意见）。

T 390/88 中，委员会驳回了以下论点，即就任何一部电影而言，它的存在仅是在优先权日期三周之前举行的新闻发布会上公布的，则它是不可被公众获得的，进而本领域内的技术人员想要在如此短的时间内确定它的组成也是不可能的。

T 406/86（OJ 1989，302）中，在优先权日期之前可通过商购的方式获得的某产品的组成被认为构成了现有技术的一部分，因为无须不当负担便可以对该产品进行分析。**T 969/90** 和 **T 953/90** 中，委员会裁决，就发生在先使用的任何产品而言，如果技术人员依凭自己可获得的普通调查便可以对其进行分析，则该等产品是可被公众获得的。

在上述 **G 1/92**（OJ 1993，277）中，上诉扩大委员会认为："在技术人员有可能发现产品的组成或内部结构并在无须任何不当负担的条件下便可以进行再现的情况下，无论是产品还是其组成或内部结构都会变成现有技术。"

T 952/92（OJ 1995，755）中，委员会认为，产品的在先使用会提供获取技术人员利用已知分析技术能够从产品中确定的东西的机会。无论该等分析是否无须不当负担便可以实施，这与产品的组成是否可被公众获得这项问题不相干。给出自己的理由时，委员会称，原英文版的 **G 1/92**（OJ 1993，277）在语法方面不是完全清楚的，因为短语"无须不当负担"可以单纯指再现产品，也可以同时指发现产品组成或内部结构和再现产品。严格来讲，提及"无须不当负担"对于回答所提及的问题而言不是必要的，因此不可以用来更改或补充涉及"现有技术"组成的现行法律。是否"无须不当负担"便可以再现产品是与EPC 1973第83条相关联的一项问题。此外，应用"不当负担"这项概念会向新颖性的判定引入一项实体因素，而这项因素正是扩大委员会在 **G 1/92** 中特别试图反驳的。

委员会考虑的另外一项问题是，如果发生在先使用的某产品即将"可被获得"，那么，在这种情况下是否存在对该等产品进行完整分析的可能，如果是的话，就会像专利所有人主张的那样，该等产品完全可以进行再现。委员会认为，就任何要求保护的发明而言，如果利用可用分析技术对某产品进行的分析本身可以告知技术人员该产品在专利权利要求范围内的某一实施例，则该等发明应视为通过该产品的在先使用被预见。

T 472/92 中，涉诉专利的主题解决的问题是如何为生产可以在瓶子上面进行高温收缩的套筒准备适当的层压品，其中，该等层压品的外表应具有良好的可印染性。根据涉诉专利，通过使用聚苯乙烯解决了这项问题。这项解决方案的另外一项要素是采用复合挤压的方式生产两层的层压品。上诉人/异议人争辩道，复合挤压聚苯乙烯层压品已经向一位客户进行了交付，而且技术人员应该已经意识到它们具有良好的可印染性，并且针对在现有技术范围内已知的层压品，技术人员应该已经被鼓励基于非细胞层利用由聚苯乙烯制成的非泡沫层取代氯化乙烯高分子组合物。委员会引用了 **G 1/92** 并得出结论，上述材料的可印染性不是一项单凭它们的交付便可以被公众获得的属性，因为这明显是一项需要与特别选择的外部条件发生相互作用的外在特征。因此，该等特征不可以被视为早已经是可被公众获得的（另见 **T 267/92**）。

在案件 **T 301/94** 中，专利涉及一类绿色玻璃瓶，这类玻璃瓶具有较强的紫外线过滤功能，并且拥有确定的组成。经证实，具有要求保护的特征的瓶子已经进行了出售，并由应诉人（异议人）在优先权日期之前交付给了一位客户。上诉人争辩道，尤其基于以下理由，由上诉人利用具有上述组成的玻璃生产的瓶子不是可被公众获得的：

（1）玻璃的硫化物浓度根据决定 **G 1/92**（OJ 1993，277）和 **G 2/88**（OJ 1990，93）是一个秘密或者一项“隐藏”的特征，因为在优先权日期具有较高 UV 吸附性的绿色玻璃可能包含非常低的硫化物含量不是一项公知常识。因此，对该等玻璃进行分析的时候，技术人员应该不会注意硫化物浓度，他们只知道琥珀玻璃存在较高的硫化物浓度。

（2）根据在优先权日期众所周知的东西，技术人员应该无须不当负担便可以再现绿色玻璃，因为要想利用工业厂房内的持续生产弄清导致出现预期光学性质的温度和还原条件需要数量极大的实验。

委员会认为，光学参数代表了玻璃组成的内在特征，而不是取决于剥离某项特定使用或应用的特征。扩大委员会在决定 **G 2/88** 中考虑的情形不同于该案的情形，因为它涉及的是一项与反映最新发现的技术效果的某项已知的化合物的新使用相关的权利要求，而不是针对化合物本身的权利要求。构成隐藏的或者秘密特征的是新的技术效果，而不是组合物本身或其中任何一种成分。此外，委员会认为，实际上，上诉人针对化学组合物是否可被公众获得引入了一项附加的要求，也就是，基于在优先权日期存在的公知常识，技术人员应该能够通过推理识别出可商购的产品可能包含哪些成分及其各自的数量。该等附加要求与 **G 1/92** 意见的要旨不一致。**G 1/92** 规定，就任何可商购的产品而言，如果想要它们的化学组合物构成现有技术的一部分，它们只需具备可分析性和可再现性即可。

此外，委员会认为，技术人员应该无须不当负担便可以再现绿色玻璃，而且这足以满足 **G 1/92** 规定的可再现性要求。**G 1/92** 要求的不是无须不当负担便可以在工业规模的层次上进行持续生产，而是基于自己的公知常识，并在了解产品的组成或内部结构之后，技术人员便可以在无须不当负担的条件下配制产品，不管生产规模是多大（实验室生产、试生产或工业规模上的生产）。

T 515/98 中，发明涉及一种脱毛装置。该法律程序涉及（但不限于）一项在先使用的权利要求。

委员会裁决，任何在先使用均必须从整体上进行考虑，正如不可以将任何现有技术文件的任何部分脱离上下文进行考虑一样，一旦这样做会从整体教导中获得不同的技术信息。在本案中也是一样，就任何特定组件而言，如果该等特定部件被视为是对于某项装置满足制造商计划中正常使用的基本设计而言是必要的，则该等特定组件不可以被忽略。

在本案中，只要忽略特定的主要部件，进而改变这项在先使用脱毛装置操作元件的运行性，这项在先使用脱毛装置——甚至如上诉人/异议人承认的那样——就会展示权利要求1的所有特征。

委员会认为，上诉人因此隐含地承认，上市以后这项装置是与发明中的装置不一样的；与发明中的装置相同的是修改以后的版本，而这项修改以后的版本仅是利用部分原始组件最新构造的，因此这两种版本的脱毛装置同时在结构和运动性方面相互区别。由于为了从这项在先使用装置移动至发明中的装置，技术人员必须采取数项行动（拆解上市的装置、忽略部件、部分重建），而正常使用在售的装置不会引发该等行动，因此，权利要求1的主题不是可直接地、毫无疑问地从在先教导中推导出的。

2.9 宽泛的权利要求

T 607/93 中，委员会决定，对新颖性和创造性进行判断的时候，就任何一项过分宽泛的权利要求而言，如果它不是一项理解需要解释的概念的问题，而是一项审查一项与现有技术相关的过分宽泛的请求的问题，则没有理由利用说明书对它进行狭窄的解释。

2.10 披露中的缺陷和错误

任何文件中的错误均不会构成本身会妨碍专利授权的现有技术。

T 77/87（OJ 1990，280）中，期刊《化学摘要》（*Chemical Abstracts*）中发表的摘要没有正确地再现原始文件。委员会称，原始文件是作为技术教导可被公众获得的东西的主要来源。原始文件与其摘要之间存在一项实质性不同的情况下，很明显应以原始文件中的披露为准。针对技术人员可以获得什么，原始文件中的披露提供了强有力的证据。根据相关的同时可获得的证据明显可以看出某份文件中的字面披露是错误的，而且没有代表预期技术事实的情况下，该等错误披露不应被视为是现有技术的一部分。

T 591/90 中，另外一份在先文件也存在错误。委员会将本案与涉及一项特殊案件的 **T 77/87**（OJ 1990，280）进行了区分，并且认为，就任何一份文件而言，即使它的披露存在缺陷，通常情况下它仍然构成现有技术的一部分。但是，对该等披露进行评价的时候，应假设技术人员读者主要“是对技术事实感兴趣”。利用自己的技术知识，并通过查询参考文献，他可以立刻发现相关信息是不正确的。可以假设技术人员会试着纠正可识别的错误，但是不可以假设他会利用存在缺陷的披露指引通往既有技术问题解决方案的道路。

T 412/91 中，考虑到 EPC 1973 第 54 条后，委员会认为，文件（1）中的错误教导不被包含在现有技术的范围内。它称，原则上，构成某份现有技术披露的东西不仅仅会受到在该文件披露中实际用到的字词的管束，而且还会受到出版物向技术人员作为一项技术事实问题揭示的东西的管束。如果一项说明完全是错误的，无论是由于其内在的不可能性还是由于显示其是错误的其他材料，则尽管是已经公开的，它仍然不构成现有技术的一部分。相反，如果技术人员无法看出这份声明是错误的，则它就构成现有技术的一部分。

T 89/87 中，委员会认定“0.005mm”（ =5nm）属于现有技术文中包含的一项印刷错误，而且还认定只有“0.0005mm”（ =0.5nm）是正确的。委员会称，技术人员读者当然也会自己作出这项纠正。

T 230/01 中，委员会指出，根据 EPC 1973 第 54（2）条，现有技术包括“在欧洲专利申请日或优先权日之前，依书面或口头叙述的方式，依使用或任何其他方法使公众能获得的东西。”就任何一份文件而言，即使它的披露存在缺陷，通常情况下它仍然构成现有技术的一部分，除非可以明确地证实这份文件的披露是不可用，或者这份文件的字面披露是明显错误的，没有代表预期的技术事实。这样的话，该等无能或错误披露不应被视为是现有技术的一部分（**T 77/87**，OJ 1990，280；**T 591/90**）。

2.11　意外披露

T 161/82（OJ 1984，551）中，委员会认定现有技术文件所涉及的某项问题的解决方案完全不同于在争议申请中阐明的解决方案，并得出以下结论，在预期具有偶然性的情况下，也就是说，如果在某份在先文件中得到披露的东西在不涉及任何普遍技术问题的情况下，可以意外地符合有待接受新颖性审查的某项权利要求的措辞，则需要对被公平地认为符合该项权利要求措辞的东西与在该文件中实际显示的东西进行特别仔细的比对。

T 601/92 中，要求保护一项径向通风设备，它的特征是通风设备轮子安装于通风设备传动轴上，而且从轮轴的方向看去通风设备轮子彼此背对的方式可以使得一个通风设备轮子的辐条背对另一个通风设备轮子辐条之间的间隙。该项现有技术由风扇组成，对风扇进行组装时，没有人注意到彼此相关的两个通风设备辐条的转动角。存在极大可能该等意外要求保护辐条安排的风扇已经被出售。委员会认为这是要求保护的产品发生预见性在先使用的证据，并称，在涉及具有偶然性的预期的情况下，如果其中不存在任何技术问题，考虑何种东西应被视为是权利要求的组成部分以及在先公开会引发何种东西时应格外注意。与 **T 161/82**（OJ 1984，551）形成对照——其中，要求保护的主题也是在结构上与在先主题相同，但是功能不一样，在本案中，功能方面不存在可识别的差别。**T 208/88**（OJ 1992，22）不具有可比性，因为，在本案中要求保护的是一项产品，而不是一项基于该内容之前未知的效果或功能的已知内容的新的可能用途。该附属请求相关于一项制造低噪声径向通风设备的工艺，这项通风设备的特征在于通风设备轮子被有系统地安装于通风设备传动轴上，而且从轮轴的方向看去通风设备轮子彼此背对的方式可以使得一个通风设备轮子的辐条背对另一个通风设备轮子辐条之间的间隙。委员会认为，通过“有系统地”这项特征这项权利要求与现有技术划定了明显界限。这项特征明显指的是一项工艺步骤，作为一项实质性的区别特征，并且相对于现有技术，它仅会在方法权利要求的范围内获得重要性。制造方法权利要求主要包含产品特征这项事实是产品和方法之间存在紧密联系的逻辑结果，不会阻止该等权利要求被允许。

T 608/96 中，委员会裁决，就任何一项披露而言，如果它没有得到遇到申请或专利项下问题的技术人员的考虑，无论是因为它属于相去甚远的技术领域还是因为它的主题暗示它对于解决该问题没有帮助，则它会“意外地破坏新颖性”。这同时也意味着，就任何一项披露而言，只要它对于判断创造性而言完全无关，则它就会“意外地破坏新颖性”。

2.12 披露内容的可再现性

就任何一项披露而言，只要它所包含的教导是可再现的，那么，它就会破坏新颖性。

在 **T 206/83**（OJ 1987，5）中，委员会认定，就任何一份文件（就本案而言，一项共同未决的欧洲申请）而言，如果技术人员无法根据它或者基于自己的公知常识弄清如何获取必要的启动材料或中间产物，则在实际上它就没有披露任何化合物，即使它阐明了化合物的生产结构和步骤。只有通过全面检索方可获取的信息不被认为是公知常识的一部分。该可用露的必要性同时也符合 EPC 1973 第 83 条针对专利申请规定的原则，根据这项原则，欧洲专利申请必须“清楚和完整地披露发明，足以使本领域内的技术人员可以对发明进行实施”。因此，在披露充分性方面的要求在所有这些情形中都是相同的。

对于选择发明而言，披露的可重现性这项要求也具有显著的意义。**T 26/85**（OJ 1990，22）中，委员会指出，就包含在现有技术范围内的任何东西而言，只有在同时考虑到技术人员在相关领域内掌握的常识的情况下，它们向相关领域内的技术人员提供的信息足以确保技术人员实践作为披露主题的技术教导，它们方可被视为是可被公众获得的。在本案中，某一特定的参数在权利要求中的范围被包含在某份现有技术文件针对相同参数规定的更为宽广的范围。委员会认为，在针对某项特定的参数存在重叠范围的情况下（对比现有技术）对被审查的发明进行新颖性判断时，一项可行的方法是考虑相关领域内的技术人员是否真的会根据技术事实考虑在重叠的范围内应用现有技术文件中的技术教导；如果可以公平地假设情况真是如此，则必须得出新颖性不存在这项事实。但是，对于当前被考虑的事项，情况并非如此，因为在现有技术中存在一项说明理由的说明，这份说明明确劝阻本领域内的技术人员不得使用包含特定值的范围，而且重叠的范围包含该特定值；要求保护的范围因此被认为具有新颖性。

T 447/92 中，委员会认为，所引用的文件没有披露要求保护的发明中的一项移动零件（空气断路器）何时移动或者移动多远，或者它防止杠杆回弹的工作方式。附图中没有描述或者显示任何相关的移动，而且关于相关部件之间的配合方式也只是猜想。委员会认定，虽然技术人员可能会明显地看出槽口可以按照在涉诉专利权利要求中明确的方式相互配合，但是这仅意味着该等披露差不多会让技术人员独自完成剩余部分。它并不意味着该文件会带领技术人员了解到当前发明。因此，申请中权利要求 1 的空气断路器的特征不是可以毫无疑义地从较早欧洲专利申请中的附图中推导出的。

T 310/88 中，上诉委员会必须考虑按照与在先文件的说明书相关的信函实施在先文件中的技术教导的实践中实际发生的东西与在先文件认为应该会发生的东西两者之间的差别。根据在先文件中的说明书，一项特定的部件是不存在的，但是该项部件的存在对于后来的发明而言缺失必不可少的。但是，在实践中，按照在先文件的字面意思实施教导以后，该部件是存在的。委员会认为，较现有技术文件而言这项发明是新颖的，因为对于未得出的结论而言，前者没有足够清楚的教导。遵循文件中的教导以后，技术人员被带入一个明显偏离要求保护的主题的方向，因为该文件称，所获得的组合物没有包含要求保护的化合物中所包含的一种成分。即使通过再现在现有技术文件中得到描述的示例，技术人员会不可避免地获得与要求保护的组合物相一致的并且包含特定成分的组合物，主题仍然是新颖的。根据委员会的意见，在先文件中的教导必须被解释为要想剔除附加成分，必须采取进一步的措施。

T 491/99 中，委员会认为，就所使用的术语让人乍一看便会想起要求保护的产品发明的较早专利而言，如果技术人员实际上只能利用涉诉欧洲专利首次描述的方法和机器在将来制造出相关产品，那么，它们实际上就不是不利披露。

3. 确定不同点

利用上述标准确定是现有技术，并且现有技术的内容也得到确定之后，最后一步便是确定所涉发明是否不同于现有技术。

3.1 对比来自现有技术的个别项目

出于新颖性的考虑，将发明与利用上述标准得以确定的现有技术进行比较的时候，这种比较必须仅以现有技术整体的各个要素作为基础（参见 **T 153/85**, OJ 1988, 1; **T 124/87**, OJ 1989, 491; **T 233/90**, **T 904/91**）。

但是，如果一份在先文件（最早文件）特别提及了另外一份在先文件，对最早文件进行解释的时候（也就是决定最早文件对技术人员而言意味着什么的时候），由于存在该等特别的引用，可能有必要将另外一份文件的部分或全部披露视为最早文件披露的一部分（参见 **T 153/85**, OJ 1988, 1; **T 645/91**, **T 942/91**, **T 422/92**, **T 866/93**, **T 866/93**, **T 239/94**）。

T 291/85（OJ 1988, 302）中，委员会指出，通常情况下，在先公开中的披露不仅包括它以发明教导的形式呈现的东西，而且还包括被称为现有技术的东西。但是，委员会认为，进行新颖性审查的时候，在得到非常笼统地表述的现有技术中加入相同文件中发明教导的具体细节只有在下述情况下是允许的，即相关领域内的技术人员在阅读该文件的时候实际上会作出该等组合。比如，在针对所描述的现有技术将引用一个来源，而且一项具体和相关的披露可以从原始文件中推导出的情况下，或者在现有技术的描述直接提及发明描述中的适当篇章的情况下，情况会是如此。在特定的情况下，利用这种方法将来自说明书中的某一项具体特征与现有技术的一般描述进行组合，对于技术人员而言只有凭借自己的技术常识才可以发现。

但是，委员会认为，在缺乏该等或类似的情况下，不可以假设技术人员根据该类型组合必定会从文件中推导出一项教导。因此，委员会的结论是，如果一项引用在没有提及任何具体来源的情况下针对一项仅得到笼统描述的现有技术的进一步发展提供了详细的信息，则在进行新颖性审查的过程中，不允许仅出于解释上述发展的目的对这些一般性的声明与所作出的具体说明进行组合，除非相关领域内的技术人员在阅读这项引用的时候会进行该等组合。

T 288/90 中，上诉人争辩道，根据文件（I）指称发明缺乏新颖性，不论是在单独阅读文件（I）的情况下还是在组合被视为是文件（I）技术人员读者技术常识代表的文件（12）一起阅读的情况下。委员会认为文件（12）本身是在相关时间可获得的技术常识的合适代表，因为它只是在文件（I）申请日期 15 个月前公开的。委员会评述道，尽管出于判断新颖性的目的，在通常情况下同时阅读这两份文件是不合法的，但是，在解释某项单一文件的时候，有必要在考虑技术常识的同时对其进行阅读，而且为此目的，还有必要指望具有代表性的技术文献帮助正确解释所遇见的任何特定技术术语。

在决定 **T 56/87**（OJ 1990，188）中，委员会强调，任何文件中的技术披露均应从整体上进行考虑，正如相关领域内的技术人员一样，同时，委员会还强调，出于从相关文件中推导出与相关文件的整体教导相互区别的或者甚至相互矛盾的任何技术信息项目的目的而随意孤立相关文件的任何部分是不合理的。因此，委员会认为，一项与传输离子室外部电极布置——部分位于瞄准仪附近，功能是实施一项发散光束调准错误纠正方法——没有在一份包含可用于识别该等布置的图形的现有技术文件中得到披露。理由是相关图形明显是一份示意图，它既没有显示实际装置的比例，也没有显示实际装置的尺寸。为了能够对它进行正确解释，技术人员必须参考其他图形和文件的书面说明书；但是，他应该会从后者中推导出外部电极应全部位于辐射场，并非如经审查以后的权利要求所述部分位于瞄准仪附近（参见 **T 332/87**、**T 441/91** 和 **657/92**）。

T 31/01 中，委员会认为，如果某项独立权利要求与说明书相一致的措辞表明，要求保护的测量装置是以特定的方式附着于被测量的部分，对比最接近的现有技术对要求保护的主题的可专利性进行判断的时候，应充分考虑权利要求中定义附着方法的技术特征。

3.2　区别特征

T 4/83（OJ 1983，498）中，委员会认为，应当考虑到专利说明书中向相关领域内的技术人员传递技术教导的任何信息均属于披露的内容，无论它是否在权利要求的范围内，也无论它的目的是什么。

T 223/05 中，委员会认为，对专利保护范围进行解释不是 EPO 的职责，根据EPC 1973第64条和第69条，这是主管侵权案件法律程序的国家法院的职责（参见**T 740/96**、**T 442/91**）。其中，EPC 1973第69条没有为在判断新颖性的时候对可以在说明书中发现的权利要求特征进行理解提供任何依据（参见**T 1208/97**）。

3.2.1 措辞上的不同

T 114/86（OJ 1987，485）中，委员会认为，单凭措辞上存在差异不足以确定新颖性（参见**T 12/81**，OJ 1982，296；**T 198/84**，OJ 1985，209；**T 248/85**，OJ 1986，261）。**T 565/90**中，上诉人主张，只有优选范围或者示例构成具有新颖性破坏性的技术披露，而且一般范围或示例无法预见争议专利更为具体的教导。委员会对此并不同意，并根据较早的判例法确认，仅在措辞上与现有技术存在不同的发明的定义不足以确定新颖性。委员会称，需要确定的是现有技术是否会以技术教导的形式向技术人员提供发明的主题。

T 917/94中，委员会称，并入一项由于未能改变要求保护的主题而显得多余的技术特征不会赋予已知主题新颖性。

T 826/94中，委员会认为，就显示了某项已知测量装置的所有构造特征但是与该测量装置仅在名称上存在差异——也就是说在被测量的尺寸方面存在差异——的要求保护的测量装置而言，如果它只是在抽象思考的阶段，那么，它具有EPC 1973第54条规定的新颖性，而且，对这两项测量装置的基本原理进行相互对比时，可以得出这两项测量装置属于同一类型这项结论。

T 870/95中，委员会决定，就在引用中使用的**一般术语“碱”**（base）而言，如果可以显示，根据技术人员的技术常识，它仅可以被理解为意味着更为具体的术语“水溶液中高锰酸盐”（permanganate in aqueous solution），那么，这种情况下，前者被视为破坏了后者的新颖性。

T 79/96中，除了使用“逆流气体/重力式分级器”之外，节选自一本手册（D1）的内容还披露了争议专利权利要求1的所有其他特征。因此，关于新颖性，它必须决定如在D1中描述的那样气流经颗粒床向上流动的振动流化床是否应被当作逆流气体/重力式分级器。

逆流气体/重力式分级器的定义是在节选自另一份化学技术标准手册（D3）的内容中提供的。专利所有人认为，D3中提供的定义范围过于宽泛，而且本领域内的技术人员不会将效率相对来讲较低的分级器流化床当作逆流气体/重力式分级器。

委员会并不这样认为。它认为，对要求保护的主题的新颖性进行判断的时候，权利要求中的表达应提供在技术层面具有意义的最大范围内的含义。基于此，任何气体/重力式分级器，包括流化床，满足了争议专利权利要求1的分级要求。因此，相对于 D1 而言，主题缺乏新颖性。

3.2.2　值的不同

T 686/96 中，权利要求 1 涉及一项具有特征（iv）的组合物，这项特征要求的有机玻璃® 磨耗值（PAV）需要在 12 ~ 20PAV 的范围内。在示例 2 中，一份现有技术文件披露了一项具有权利要求 1 特征（i）~（iii）的组合物。关于新颖性，必须决定已知的组合物是否也具有权利要求 1 特征（iv）要求的磨耗值。委员会确定了已知组合物的磨耗值略低于权利要求特征（iv）指明的下限值。由于权利要求 1 中的下限值被规定为"12 左右"，因此，需要进行一些解释。委员会认为，决定某项权利要求的主题是否具有新颖性的时候，应考虑这项权利要求在技术层面具有意义的范围最为广泛的解释。委员会认为，权利要求 1 的范围应被解释为指明的下限值与现有技术中披露的值相对应，因此权利要求 1 被视为缺乏新颖性。

T 262/96 中，关于新颖性的问题，上诉人/异议人争辩道，ZN40 材料在优先权日期之前可以通过商购的方式获得，而且这些产品具有涉诉专利权利要求 1 指明的组合物、微结构和性能。这项 ZN40 材料样本里面的硅含量低于涉诉专利权利要求 1 规定的下限值 0.05wt%。上诉人的论点，即上述数值之间存在的不同仅是 0.007，因此数值相差不大，没有说服委员会。由于这项 ZN40 材料里面的硅含量本身相对较低，因此，这项不同实际上代表了 16%。如果采用所用的测量方法足够准确地确定该等较低的硅含量，则在硅含量方面存在 16% 的不同足以将两种产品区别开来。针对所用测量方法的标准变差或者准确度，上诉人没有提供任何信息。相反，上诉人在口头法律程序中争辩道，0.043. wt% 的值实际上低于实际值，因为分析是针对烧结体进行的，而且由于在烧结过程中会形成额外的成分，相对于针对前铸粉开展的分析而言，该等分析存在更多的问题。委员会认为，针对烧结制品进行分析可能更加困难这项事实并不意味着分析的结果必定太低。此外，虽然上诉人断言对烧结体进行测量以后得出的硅含量低于实际值，但是这项断言没有得到证据支持，因此遭到了应诉人的质疑。

如果出于进行辩论的考虑必须假设就 ZN40 提供的值太低，则上诉人仍然必须证明实际值在要求保护的范围 0.05wt% ~ 0.5wt% 内。尽管应由上诉人承担相关的举证责任，但是他没有就此提供任何证据。鉴于这些情况，委员会认为，由于缺乏相反的证据，所披露的硅含量超出了要求保护的范围，不会破坏要求保护的陶瓷体的新颖性。

T 74/98 中，委员会认定没有理由四舍五入通过转换最初以不同的计量单位计值的现有技术值而得到的数字。很明显，在这些数字转换成为摩尔数量以后进行任何四舍五入会影响这些组合物的定义。委员会指出，同样明显的是，某项具体披露的真实含义不可以受到选择用来表述它的单位的影响，同时，委员会还指出，针对缺乏新颖性提出的反对依凭的是由上诉人随意引入的一项歧义。

T 1186/05 中，委员会对该案与委员会在 **T 74/98** 中处理的案件进行了区分。在后者中，委员会认为，将通过转换其重量比例而得到的某项成分带有两个小数位的摩尔比例四舍五入至下一个整数值（由此与要求保护的“发明范围”的下限值相匹配）是不合理的，理由是（i）这样做会导致要求保护的范围变宽，以及（ii）将四舍五入之后的摩尔比例重新转换成为相对应的重量比例也会暗示后者发生了修改，也就是说，这样做会改变这项具体披露的真实含义。

但是，在 **T 1186/05** 中，委员会认为，就该案而言，为了对两个密度值进行比较——其中，虽然每一个密度值均反映了一个带有三个（或者更多）小数位的“真实”密度值，但是却被表述为具有不同的准确度，即一个带有三个小数位，而另外一个只带有两个小数位，进行四舍五入是必要的。因此，通过利用为四舍五入目的而存在的数学规则，四舍五入运算将要求保护的密度值和现有技术密度值置于同一水平。这项运算没有影响现有技术文件披露的密度值。为了定义密度范围，应诉人选择只使用两个小数位。这意味着，只有在现有技术值同样减少到带有两个小数位的情况下，也就是说在进行四舍五入的情况下，才可以与规定三个小数位的现有技术进行比较。委员会指出，出于进行比较的目的，对 D1 进行阅读的技术人员因此会被迫将披露的值四舍五入至 0.89（另见日期为2007年2月14日的决定 **T 708/05**）。委员会无法接受应诉人（专利权人）的以下论点，即 0.885 的值也可以四舍五入至 0.88，因此超出了要求保护的范围。就其中最后一位数字是5（或者更大值）的值而言，对该等值进行四舍五入的数学惯例要求其应增长或者成为整数，由此，在该案中，会导致出现一个 0.89 的值。

3.2.3 组合物方面的差异

T 80/96（OJ 2000，50）中，主请求的权利要求 3 内容如下：“就含有左旋卡尼丁，以片剂、胶囊、粉剂或颗粒的形式存在，并且尤其适合外用的剂型而言，它的特征在于含有左旋卡尼丁——带有一项或多项辅助物质以及可能还带有一种或多种其他活性成分的 L－酒石酸盐。”

在要求保护的酒石酸盐化合物中，一种水溶液在现有技术中得到了描述。委员会认为，就本身已知可溶于水的活性成分而言，相关领域内的技术人员很明显可以看出描述和将该等活性成分声称为一种溶液不会补充也不会改变该活性成分的定义。如果不存在进一步说明，在某项权利要求中将某种溶剂或稀释液描述成为液体或固体不会改变对该权利要求主题的新颖性作出的判断。

类似地，在一项针对至少利用一项辅助物质制备一项已知的并且在结构上得到确定的活性成分的权利要求中——其中，“利用一项或多项辅助物质”这项特征意味着添加到活性成分之中的东西，考虑到需要进行考虑的物质数量是无限的，混入一项未指明的辅助物质不可以视为是对活性成分进行的一项实质性的和区别性的添加，除非这项对于新颖性获得承认而言所必要的特征以相关领域内的技术人员能够识别出应向活性成分中添加什么东西的方式进行指明。该权利要求因此不具有新颖性。

3.2.4 必然获得的产物

T 270/97 中，要求保护的产物被异议部和应诉人/异议人视为是产出的药剂所预期且是通过重复某份现有技术文件中的示例 1 和 2 的方法必然获得的。

但是，委员会认定，在示例 2 的文本中得到披露的方法暗示了一项没有被涉诉专利中的方法想到的作用方式。当事方试图说明按照示例 2 获得的粒子与涉诉专利的产物相同或者不同的行动导致了极其矛盾的结果。因此，委员会无法仅得出以下结论，即根据在示例 2 中未得到披露的实验条件，也许会获得不同的产物。因此，按照示例 2 中的方法不一定会获得要求保护的产物。至于示例 1，委员会认定它没有披露制造涉诉专利产物方法的必要特征。在这些情况下，争辩涉诉专利中的产物是重复示例 1 的必然结果站不住脚。

3.2.5 功能性特征

T 500/89 中，只有在对披露进行整体考虑的情况下才可以看出现有技术文件没有剥夺要求保护的发明的新颖性，因为构成最接近的现有技术的方法与要求保护的方法在一处功能特征方面存在差异。争议专利涉及一项同时利用多层流动式摄影底层材料制造摄影材料的方法。尽管出于支持异议的目的而引用的文件针对在要求保护的方法中用到的层厚度、黏度、涂布速度等列明了数值范围，要求保护的方法仍然被认为是新颖的，因为所引用的文件描述的数值范围的选择会导致两项特定层之间发生混合。

对争议专利应按照一项不同的标准进行判断，因为根据它的描述，对层进行利用“实质上可以避免发生混合”。在引用中被描述称为一项目标的“混合”不仅仅是一项无法构成所描述方法任何技术特征的宣称的目的，还是一项形成本次公开所规定教导必要要素的功能特征——实际上是一项标准。

3.2.6 一 般 披 露

T 651/91 中，获得同意以后，委员会引用了《指南》，并且确认，在通常情况下，一般披露不会剥夺在该等披露范围内的任何具体示例的新颖性。委员会进一步补充道，就一项披露而言，即使它只提供在两项替代方案之间进行选择的机会，它也是一般披露。**T 508/91** 中，通过引用《指南》，委员会认为，在另一方面，子集“蔬菜”的在先披露剥夺了范围相对更广的集合“水果和植物”的新颖性。

T 427/00 中，上诉人（异议人）争辩道，E1 预期了专利方法，因为它提供了一项从所有合适的制造方法中选择一项具体方法的机会，而且技术人员很可能会考虑该等选择。

委员会认为，E1 所未能解决的问题是如何制造相关元素。它是一项“消极”披露，所提供的信息不足以明确地披露一项特定范围。从选择发明这个意义上来说，可能用于制造通道和表面的方法不是一个“范围”；它们在数量方面是无法确定的和无限的，而且最多可以总结到一个一般标题（比如“制造方法”）项下。

因此，该案涉及的不是从一个已知较广的范围内选择一个具体的范围，而是从一个范围相对更广的概念中选择一项具体的方法；但是，上诉委员会判例法认为，在通常情况下，对某项一般概念进行披露不会剥夺被该等概念所涵盖的具体示例的新颖性。

T 452/05 中，第一上诉人认为，只有借助自己的公知常识，技术人员才可以将术语“水渗透膜”理解为意味着过滤纸。委员会并不这样认为。

委员会称，根据上诉委员会既定判例，就任何现有技术披露而言，如果要求保护的主题可以直接地明确地从它们自身推断出来，包括虽然已经得到明确披露但是对于技术人员而言仍然是隐含的特征，则它们应视为具有新颖性破坏性（例如参见 **T 511/92**）。在这一方面，委员会认同 **T 823/96** 的认定，即对于技术人员而言，“隐含的”事项必须是明确提及事项的清楚且毫无疑义的结果。

另外，委员会称，(i) 为了解释专利文件中术语的含义，技术人员不会脱离文件的其他部分单独考虑术语，也就是说，不会只按照它们的字面意思去考虑；相反，他们会组合文件的整体内容去考虑术语（另见 **T 312/94**），而且 (ii) 如果遇到争议，被指称构成技术人员公知常识一部分的信息必须得到证明。通常情况下，这会通过参考教科书等去证明。

如果它们一致代表了某一特定领域内的公知常识，则多个专利文件也是适合的。委员会指出，原则上，从一般术语不会预期出具体术语。尽管如此，在 **T 870/95** 中，如果经证实，根据公知常识，一般术语只可以按照更为具体的术语的含义进行理解，这种情况下会出现例外情况。由于本案的情况并非如此，因为，委员会的结论是，不能从一般术语（水渗透膜）预期出具体术语

（“过滤纸”）。

3.2.7 具有方法特征的产品权利要求

T 815/93 和 **T 141/93** 中，权利要求同时包含产品特征和产品制造方法的特征。在这两个案件中，只有方法特征将发明与现有技术区别开来。根据针对以方法限定产品的权利要求的判例法，委员会认定，就之前未曾得到描述的方法特征而言，只要它们促使要求保护的产品获得不同于之前得到描述的产品的性能，它们就可以确立要求保护的产品的新颖性。不仅专利所有人在第一个案件中没有证实了这一点，申请人在第二个案件中也没有证实这一点。

3.2.8 非技术性的或者不包含技术特征的区别特征

虽然对于确立某项发明的技术特征而言新颖性不是必要的，但是反过来说，新颖性和创造性仅可以以发明的技术特征为依据进行确立也是不对的。这与上诉委员会判例法相一致（**T 154/04**，OJ 2008，46）。

在决定 **G 2/88**（OJ 1990，93）中，上诉扩大委员会认为，欧洲专利的权利要求应明确定义主题发明的技术特征，进而明确定义它的技术主题，由此可以决定专利赋予的保护，并且与现有技术进行比较，以确保要求保护的发明具有新颖性。就任何一项要求保护的发明而言，除非它们至少包含一项将其与现有技术区别开来的必要技术特征，否则，它们就缺乏新颖性。

因此，针对某项权利要求的新颖性做决定的时候，最初的一项基本考虑事项是对权利要求进行解释，以便决定它的技术特征。对权利要求进行正确解释以后，如果发现它没有包含任何反映该等新用途的技术特征，并且权利要求中提及该等新用途的措辞在本质上仅是头脑中的，没有定义任何一项技术特征，则权利要求没有包含任何新颖的技术特征，根据 EPC 1973 第54（1）~（2）条是无效的（因为权利要求中唯一存在的技术特征是已知的）（理由第7点）。

T 619/98 中，委员会称，根据上诉委员会既定判例，就将（已知的）技术特征和明显的非技术特征进行混合而言，只要后者有助于实现一项整体的技术效果，则该等混合仍然可以获得专利。

因此，正如第一应诉人争辩的那样，需要审查被考虑的特征是否会产生技术效果，或者它们是否仅用来呈现信息。委员会的结论是，这些特征没有产生任何类型的技术效果。由此，它们不是 EPC 1973 细则第 29（1）条项下的“技术特征”，进而，它们无法用来将发明和现有技术进行区分。

T 959/98 中，委员会认为，即使接受权利要求 1 需要计算，智力活动仍然是文件（1）未曾提及的唯一特征，而这项特征却不是技术特征。在该案中，上述智力活动不会导致出现一项与在文件（1）得到披露的主题不同的主题。因此，鉴于该案的情况，该非技术特征无法赋予权利要求1新颖性。

T 553/02 中，委员会称，就包含在任何一项针对由组合物构成的产品的权利要求中的使用说明书而言，如果它们既没有对要求保护的产品作出技术贡献，也不是该等产品的技术特征，则它们视为没有以任何方式限制该等权利要求的范围，因此不得在评价新颖性的时候予以考虑。

T 154/04（OJ 2008，46）中，委员会称，就在其中“非技术”特征甚至可以构成要求保护的主题的主要部分的权利要求而言，将出现在该等权利要求中的技术特征和“非技术”特征进行混合是合法的。但是，新颖性和创造性仅可以以技术特征作为依据，因此，权利要求必须明确定义技术特征。就任何非技术特征而言，如果在解决某项技术问题的时候它们没有与权利要求的技术主题相互作用，也就是说，“本身”属于非技术特征，它们不会向现有技术提供任何技术贡献，因此在判断新颖性和创造性的时候应予以忽略。

T 234/03 中，委员会指出，应由上诉人提供足够的证据证明凸版轮转印刷机和照相凸版印刷用油墨与适用于连续喷墨印刷方法的喷墨在物理性质方面存在显著差异。但是，上诉人未能证明指明预期用途相当于要求保护的组合物的一项技术特征，可以将它与文件（1）中的组合物区别开来。由此，在评价新颖性的时候不应考虑指明用途（遵循了 **T 553/02**）。

4. 化学发明和选择发明

现有技术通常包括其中技术教导得到笼统描述的文件；反过来，这些教导又包含许多更为具体化的技术教导。对可以归结到现有技术某项一般术语项下的主题的新颖性进行判断的时候，会出现以下问题，即该等一般术语会使要求保护的主题全部还是部分可被公众获取。换句话说，必须确定在引用中使用的一般术语是否披露了在权利要求中得到特定术语定义的主题。在该等情况下尤其需要特别仔细地确定现有技术披露。

尤其是在化学文献中经常会出现这类的一般术语，而这也是为什么相关判例法通常涉及这个领域的原因。这里存在两种类型的情况：

（a）根据化学物质和物质群组所属的一般结构（马库什结构）判断它们的新颖性（参见下文第1章C.4.1）；以及

（b）相对于以更广的或者重叠的参数范围为特征的已知产品或方法判断以参数范围进行定义的产品或方法的新颖性（参见下文第1章C.4.2）。

虽然这些类型主要在技术术语方面存在差异，但是它们适用相同的专利法原则。由于这个原因，上诉委员会通常可以针对具有这种性质的问题采取相同的方法。

4.1 化学化合物和化合物群组的新颖性

T 12/81（OJ 1982，296）中，一项针对化学领域内的新颖性作出的具有根本重要性的决定经常在上诉委员会判例法中被提及。委员会称，所引用文件的教导不受如何实施发明的示例所提供详细信息之限制，但是包含权利要求和说明书中确保相关领域内的技术人员能够实施发明的任何信息。如果某项产品无法利用一项足够准确的**通式**进行定义，则允许利用附加的产品参数就该等产品作出一项更为精确的定义，比如熔点、亲水性、NMR 耦合常数或者制备方法（以方法限定产品的权利要求）。由此必然出现的结果是，如果后来申请要求保护以不同的并且可能更为精确的方法定义的相同物质，则使用该等定义的专利文件会损害该等后来申请的新颖性。决定 **T 12/81** 涉及一个该等案件。委员会总结称，在众多化学物质中的一种物质在某在先出版物中按照自己的结构式得到描述的情况下，如果经证明，这种物质的特定立体定向配置是通过指明**起始化合物**或**方法**在上述在先出版物中得到充分描述的众多方法中的一种方法的必然结果，但是未被发现，尽管没有明确被提及，该等特定的立体定向配置的披露方式仍然损害了新颖性。

申请人争辩道，要求保护的产品的新颖性是以某项选择为依据。起始物质由一份包含 20 种化合物的清单中选取出来以后与五种替换性方法变体中的一种进行了组合。委员会没有认同这个观点，而是利用这次机会针对这个论点发表了自己的意见，并制定了在后来决定中经常被接纳的**选择发明标准**：

- 在缺少与起始物质相关的任何信息的情况下，如果发现了具有现有技术所涵盖分子式的任何未提及化合物或化合物群组，这时，可以进行物质选择。但是，该案中的主题没有涉及以下领域内的那种选择，即尽管由现有技术划定了界限，但是仍然属于处女地的领域。
- 但是，通过某份引用文件对起始物质和反应过程进行描述而实现的披露通常会损害新颖性，因为这些数据必定会确定最终产物。
- 在另一方面，如果制备最终产物需要两类起始物质，并且每一类中个体的示例是在两份相当长的清单中予以提供的，则为专利之目的，因来自这两份清单的某一具体物质对之间发生反应而产生的物质仍然可以被当作是选择，因此也可以被当作是新颖的。

委员会认为，起始物质和方法变体之间进行组合大大不同于两种起始物质之间进行组合，因此两者之间没有可比性。简单来讲，如果起始物质被当作是最终产物的片段，则在第一份清单中给定的某项起始物质与包含额外要求起始物质的第二份清单中的任何起始物质之间的每一项可能组合均会涉及对第一项起始物质进行真实的和实质性的修改，因为在每一项组合中，通过第二项起始物质所包含的不同片段的补充它会变成一种不同的最终产物。因此，每一项最终产物均是两项可变参数的结果。

但是，将来自一份包含该等物质的清单的某项给定物质与一种给定的制备方法进行组合不会导致起始物质发生真正的物质修改，只会导致“类同的”修改。举例来讲，在该案中，无论使用哪一种得到详细描述的方法，最终产物总是特定起始物质的氢化产物，该等产物与起始物质本身的不同之处仅在于它包含两种附加的氢原子。因此，从最终产物这个方面来看，方法参数不是一项会导致可能性范围无限放大的可变参数，因此，准确来讲，在该案中，最终产物不是两项可变参数的结果。

4.1.1 某些化合物的预期

a）根据结构式或其他参数定义物质

T 12/81（OJ 1982，296，见上文）中，委员会称，就任何一项化学物质而言，如果无法利用一项足够准确的“**通式**”实现定义，则允许利用额外的产品参数对进行更为精确的定义，比如熔点、亲水性、NMR 耦合常数或者以方法限定产品的权利要求。由此必然出现的结果是，如果后来申请要求保护以不同的并且可能更为精确的方法定义的相同物质，则使用该等定义的专利文件会损害该等后来申请的新颖性。

T 352/93 中，委员会决定，就针对仅利用结构参数进行定义的，也就是说，仅利用正负离子的结构式进行定义的离子化合物（盐）提出的权利要求而言，相对于所披露的水溶液包含与上述正离子相对应的碱和与上述负离子相对应的酸的现有技术，该等权利要求不具有新颖性。

T 767/95 中，专利涉及的白细胞介素－1 具有指定的分子量、指定的 pl 和指定的氨基酸序列。上诉人/异议人无法证明在（1）号现有技术文件中得到披露的物质和要求保护的白细胞介素－1 是相同的蛋白质。委员会称，（a）在分子量方面存在差异，（b）在给定的情况下对在（1）号文件中得到描述的物质和要求保护的物质之间进行 pl 方面的比较是不可能的，（c）（1）号文件暗示存在蛋白质的混合。（1）号文件中的剂型存在半纯化的性质得到了科学文献中说明的确认。因此对于技术人员排列（1）号文件中的材料存在一项阻碍。无论它是来自（1）号文件中剂型的半纯化性质还是来自只产生蛋白质痕迹的方法，这项阻碍妨碍了（1）号文件的教导的公众可获得性，因为一种蛋白质在涉诉专利中指明了上述氨基酸序列。总之，由于委员会没有收到证明（1）号文件中的材料展示了涉诉专利权利要求 1 的特征的证据，因此，这份文件没有影响提纯白细胞介素 -1 的新颖性。

b）从不同的清单中选择起始物质

T 401/94 中，委员会再一次接纳了决定 **T 12/81**（OJ 1982，296）列明的一项选择发明标准，即如果制备最终产物需要两类起始物质，并且每一类中个体的示例是在两份相当长的清单中予以提供的，则为专利之目的，因来自这两份清单的某一具体物质对之间发生反应而产生的物质不可以被当作是选择，因此也不可以被当作是新颖的。委员会将上述标准应用在了本案中，并称，尽管 **T 12/81** 涉及的是某项化学产物的合成，而本案涉及的是某项“**混合物**”的制备，但是要求保护的主题是基于两种化学实体进行定义的，而每一种实体又是从不同的化合物清单中选择出来的。因此，**T 12/81** 中的这项标准同样适用于本案。以此类推，委员会认为，在本案中，要求保护的组合物必须被看作一项选择，因此必须被视为是新颖的，因为它对应一项具体的成分组合，而每一项成分又是从不同的且相当长的清单中选择出来的。委员会因此得出以下结论，针对这两项成分的混合不存在任何隐含的披露。

T 427/86 中，在先文件描述了一项合成方法，它的特征一方面是起始物质，另一方面是包含金属成分和催化促进剂的催化体系；考虑到在这份文件中，金属成分清单和促进剂清单中存在大量的替代方案，因此它可能包含 36 种不同的催化体系。要求保护的发明试图改善催化体系的运作。它涉及从在先文件中的金属成分清单和促进剂清单中选择数量非常小的替代方案（分别是一项和两项），而在后一份清单中并没有提及两类替代方案之间的组合。委员会认为，为专利之目的，因来自这两份较长清单的某一具体物质对之间发生反应而产生的物质是一项选择，因此可以被当作是新颖的，因为这项由较广的可能性范围中选取的具体组合未曾在引用中被披露。

另外，委员会补充道，考虑到较早决定 **T 198/84**，从客观角度出发对现有技术文件进行阅读，显示了催化体系的成分不同于要求保护的成分。因此，要求保护的成分没有被隐含地披露。委员会的结论是，新颖性这项条件得到了满足。

T 366/96 中，专利涉及由过氧物酶、过氧化氢和表面活性剂组成的清洁剂组合物。（12）号现有技术文件披露了一项由表面活性剂、酶和漂白剂组成的清洁剂组合物。在适用酶清单中，没有提及任何过氧物酶。在适用漂白剂清单中尤其包括无机过氧化物。

委员会认定，（12）号文件教导了一项由过氧物酶和漂白剂组成的清洁剂组合物。正如在本领域内众所周知的那样，过氧物酶会作为酶作用物对过氧化氢起作用。这意味着，如果明确地指明了存在过氧物酶，则肯定也同时存在过氧化氢。换句话说，即使接受这样的观点即在（12）号文件中，一方面过氧物酶在一份清单（酶清单）中得到列举，而在另一方面过氧化氢在另一份清单（漂白剂清单）中得到提及，则要想获得涉诉专利中的组合物便不需要从两份清单中进行“双重”选择，尽管该等“双重”选择可以赋予作为结果出现的特征组合新颖性。相反，只要本领域内的技术人员考虑包含过氧物酶的清洁剂组合物，他/她还必须考虑也在（12）号文件中得到披露的过氧化氢，由此才可以确保供应必要的过氧物酶酶作用物过氧化氢。在第一项成分选择出来以后，如果技术上存在很大的必要性迫使选择特定的第二项成分，这时，这与可赋予作为结果出现的组合新颖性的“双重”选择便没有可比性。

c）基于通式的选择

在这里，现有技术披露也具有关键的重要性。**T 181/82**（OJ 1984，401）中，委员会确认，作为对某项起始材料的在先描述的必然结果而出现的方法产品以及在该等描述中应用的方法构成现有技术的一部分。即使两项反应物中的一项表明自己是来自一组得到一般定义的化合物（$C_1 \sim C_4$ 烷基溴）的化学实体（C_1 烷基溴），情况也是如此。委员会认为，对某项特定的起始材料与 $C_1 \sim C_4$ 烷基溴之间的反应进行描述只是披露了 C_1 替代产物，而没有准备识别针对某项特定的丁基替代品的披露，理由是存在四种同分异构的丁基自由基。

T 7/86（OJ 1988，381）中，委员会同样以 **T 12/81**（OJ 1982，296）作为自己推理的依据，并称，在个别替代品必须从两份或更多份相当长的清单中进行选择的情况下，比如在本案中，尽管如此因来自这两份清单的某一具体物质对之间发生反应而产生的物质仍然可以被当作是新颖的这项原则不仅适用于化学反应中的起始物质，而且还适用于多取代化学物质。

紧接着 **T 181/82**（OJ 1984，401），在 **T 7/86** 中，委员会称，就（利用化学反应）只是在结构方面得到精确定义且仅拥有一项得到一般定义的替代品的一类化学化合物而言，如果它没有构成针对在对替代品定义进行任意选择的过程中涉及的所有理论化合物的在先披露，则这明显也适用于一组通式拥有两个可变群组的化学物质。因此，只是利用至少拥有两个可变群组的一般结构式进行定义的任何一类化学化合物没有明确披露任何一项来自该群组内的所有可能变体的组合的单个化合物。

T 258/91 中，案件涉及从两份起始化合物清单中进行选择。作为引用证明涉诉专利不具有新颖性的化合物（分子式 VI）不同于利用甲基残渣实现的要求保护的化合物（分子式 I），两者的不同之处在于4－位置的氨基。根据委员会的判断，引用文件中的信息不足以以具体的和可重现的技术教导的形式向技术人员披露带有分子式 I 的化合物。委员会认定，引用文件没有包含任何涉及化合物修改的教导，而仅是以举例的方式进行了提及。引用文件所教导的只是某类化合物的制备方法，而不是某一项具体的单个化合物的制备方法。

T 658/91 中，委员会认为，就任何化学化合物而言，判例法没有表示只要它们的名称被提及，或者甚至只是在某项示例中得到描述，它们便视为得到了明确披露。相反，如果可以毫无疑问地确定该等化合物是在相关文件中以个例的形式进行设想的，这是足够的，因为 EPC 1973 第 54（2）条的目的在于将现有技术从可专利性的范围内排除出去。

4.1.2 物质群组的新颖性

决定 **T 12/90** 总结了与得到一般定义的化合物的新颖性以及该等化合物的具体示例相关的判例法。在以下情况下，委员会必须考虑利用一般的结构式进行定义的化学化合物大家族的新颖性：现有技术还披露了另外一个同样利用一般的结构式进行定义的大家族，而这两个家族又存在大量共同产物。

委员会指出，必须对以下两种情形进行区分：

（a）如果发明的主题是一项具体的化合物，而现有技术披露了一个虽然包含这项具体的化合物在内但是没有对其进行明确描述的利用一般的结构式进行定义的化合物家族，则发明必须被认为是新颖的（参见 **T 7/86**、**T 85/87**、**T 133/92**）。

（b）如果在相同的现有技术中，发明的主题是部分涵盖前一个化合物家族的另外一个家族，则发明就不是新颖的（参见 **T 124/87**）。

关于情形（a），委员会评述道：“这个情形与当前的情形没有可比性，在当前的情形中，必须区分的是，利用一个通式进行定义的一个物质群组与另一个虽然涵盖前一个群组但利用其他通式进行定义的物质群组的新颖性，因为**个性化概念**理所当然地只适用于某一单项化合物的结构定义，而不是某一化合物集合的结构定义。”

T 124/87（OJ 1989，491）对情形（b）进行了广泛讨论。这项决定涉及判断利用在一定的数值范围内的参数进行定义的某类化合物的新颖性的问题。涉诉专利要求保护一类利用在一定数值范围内的参数进行定义的化合物，而现有技术披露了一项可以用来制备一类化合物——包含涉诉专利要求保护的化合物在内——的方法，这项方法包含后者中主要权利要求所要求的参数的组合。

在那个案件中，在在先文件中得到明确披露的示例没有披露如何制备包含在争议专利的权利要求明确的化合物范围内的任何具体化合物。但是，专利权人接受，结合自己的公知常识，在利用在上述文件中得到描述的方法制备包含在争议专利的权利要求明确的化合物范围内的化合物的过程中技术人员应该都不会遇到困难，因此，在先文件中的披露必须被当作是不仅局限于制备方法在示例中得到描述的具体化合物，而且还包括技术人员通过那种技术教导可以获得的普通类化合物，即使在这类化合物中只有部分化合物被描述成为已经进行制备。既然在争议专利的权利要求中得到明确的化合物构成这一普通类化合物的主要部分，那么，它们也构成现有技术的一部分，因此不具有新颖性。

T 133/92 中，在进行新颖性审查的时候需要回答的问题是，选择在争议专利的权利要求中得到明确的氨基相对于某份在先文件中的披露是否根据 EPC 1973 第54 条是可被公众获得的。通过引用 **T 666/89**（OJ 1993，495），应诉人（专利所有人）争辩道，适用于决定选择新颖性的在法律上正确的方法同在决定显而易见性时应用的方法相同或者非常相近。具体地，应诉人争辩道，在出现存在重叠范围的化合物的情况下，如果可以证实相对狭窄的范围较相对宽广的范围更具有创造性，则通常情况下，较针对范围更广的现有技术范围提出的权利要求而言针对较狭窄范围提出的权利要求具有选择上的新颖性。但是，委员会评述道，在所引用的案件中，委员会反复强调选择新颖性与 EPC 1973 第52 条和第54 条项下的任何其他类型的新颖性并无两样，因此，适当的方法是根据一项具体的文件考虑可获得性。因此，委员会认定，就要求保护的化合物群组而言，如果它们本质上是源自对范围更广的化合物群组中应该很快会被技术人员认为较其余部分而言不那么引人注意的部分的忽略，则它们在选择上不具有新颖性。此外，委员会认为，顾及这些考虑以后，技术人员很有可能会考虑在重叠的范围内应用这份现有技术文件中的技术教导。

4.1.3　对映体的新颖性

根据决定 **T 296/87**（OJ 1990，195），对外消旋酒石酸盐进行的描述没有预见其中所包含的空间配置的新颖性；在现有技术中，外消旋酒石酸盐是通过对结构式和科学术语进行专家解释的方式得到描述的；由于结构式中包含不对称碳原子，相关物质可能会出现在多个可设想到的空间配置（D 和 L 对映体）中，但是后者不会因此而自动地以个例的形式被揭示。存在目的是为了将外消旋酒石酸盐分隔成为对映体（enantiomers）的方法是仅应针对创造性进行考虑的东西。

T 1048/92 中，委员会评述道，在先文件中的披露只包含两种可能的空间配置的这项事实没有剥夺在申请中要求保护的具体空间配置的新颖性，因为针对后者不存在任何毫无疑问的技术教导。只有在针对该等个别化学配置存在以技术教导的形式存在的无歧义披露的情况下，这种配置的新颖性才可以被剥夺。因此，单凭所涉配置在概念上属于被公开的某类可能配置，而没有指明任何个别成员是不够的。

T 1046/97 中，权利要求是针对一项具体的纯对映体。审查部认定，现有技术文件（B）披露了一项分子式同申请人要求保护的化合物相同的化合物，但是没有针对这项化合物的立体化学配置提供任何信息。但是，在文件（B）中，它还称“在其中得到描述的化合物的所有光学活性形式随附在其中的教导中”。既然识别该等混合物并将它们分开属于技术人员的公知常识，因此，审查部认为，要求保护的对映体不具有新颖性。

委员会没有发现任何理由去相信技术人员会将对该化合物的披露与对外消旋、内消旋和光学活性形式的引用相结合。但是，根据上诉委员会的既定判例法，只有在针对个别化学化合物存在以技术教导的形式存在的直接且毫无疑义披露的情况下，这种化学化合物的新颖性才可以被剥夺（参见 **T 181/82**，OJ 1984，401；**T 296/87**，OJ 1990，195）。因此，单凭要求保护的对映体在概念上属于在文件（B）中提及的可能光学活性形式群组不足以证明缺乏新颖性，除非在相关群组中指明个别成员。因此，由于要求保护的具体对映体无论是以外消旋的形式还是以内消旋的形式存在，都不是无可置疑的，通过判断新颖性下述问题实现了具体化：与对光学活性形式的引用进行结合时它是否可以直接地毫无疑问地从对该化合物的披露中推导出来。

委员会认为，术语“光学活性形式”应被解释为包含该化合物在文件（B）中得到披露的任何立体化学形式，独立于该等性质是否可以利用一项纯的立体化学同分异构体或者该等同分异构体的任何混合物来获得这项问题之外。

由于文件（B）没有针对任何具体的立体化学形式提供任何信息，这项披露必须被当作是无差别的，因此，对“化合物在其中得到描述的所有光学活性形式”的引用不可以被等视为对某项具体对映体的单独披露。委员会因此认为，要求保护的对映体的具体配置无法从文件（B）的教导中直接地毫无疑问地推导出来，因此它的新颖性没有被破坏。

4.1.4 获得更高纯度

T 990/96（OJ 1998，489）中，必须要审查的问题是实际上代表一项“**具体化学纯度**”（尤其是非对映纯度）的所涉特征是否构成向要求保护的主题赋予新颖性的“新元素”。

委员会称，通常情况下，利用化学反应的方式获得的任何化学化合物会因为各种不同的原因包含杂质，而且由于热力学的原因根本无法获得在严格意义上属于完全纯度的化合物，也就是完全不含任何杂质的化合物，这是公知常识。因此，对于合成有机化学领域内的技术人员而言，根据实际需求和要求（进一步）提纯采用特定的化学制造方法获得的化合物是常见做法。适用于提纯低分子有机反应产品的常规方法是公知常识，而且在正常情况下，该等常规方法在提纯步骤中会得到成功应用。一般而言，由此出现的结果是，披露低分子化学化合物及其制造方法的一份文件会导致该等化合物根据 EPC 1973 第 54 条是可被公众获得的，并且相关领域内的技术人员可以按照自己的意愿获得**所有纯度等级**的该等化合物。

也可能存在导致出现不同结论的例外情况。举例来说，可能存在针对可能性的权衡证明利用常规提纯方法获得某项特定的纯度等级的在先行动均以失败告终的情形。

T 728/98（OJ 2001，319）中，申请人（上诉人）争辩道，该等情形便是在 **T 990/96** 中提及的例外情况。要求保护的药物化合物不同于现有技术，因为它所包含的化合物具有相当高的纯度，而这不是通过常规方法可以获得的。

但是，委员会认定，理应针对这项指称提供证据的申请人没有提供任何必要的证据。实际上，利用常规的提纯方法现有技术教导产生了数量显著（虽然量较小）的实质上纯的化合物。因此，以下一般规则应适用，即针对某项已知的化合物可以获得更高的纯度不可以被当作是一项相对现有技术而言可以向该等产物赋予新颖性的特征。

T 786/00 中，应诉人（异议人）关于 **T 990/96**（OJ 1998，489）陈述的论点不具有说服力，因为该决定不可以适用于当前的案件。与 **T 990/96** 相比，本案涉及制造具有特别性质（沸水抵抗性）的聚合物的方法，它的特点在于所使用的有机化合物具有作为起始化合物所必要的纯度。

换句话说，起始化合物的纯度是这项方法的一项必要技术特征，这项方法只可以在必要的纯度范围内实施，不可以在所有可获得的起始材料的纯度等级上实施。委员会认为，被推定存在目的是为了隔离最终产物的纯度要求与在制备方法中用到的起始材料的纯度要求两者之间存在根本差异。相比之下，在 **T 990/96** 中，围绕起始材料的担忧恰好相反，在于它包含一项立体异构体混合物，构成这项混合物的不同立体异构体可以通过部分结晶的方式分离开来，如此一来，为了获得最终的纯度，分离产物会分解成为两个光学活性对映体。由此，技术人员的担忧必须被推定是尽可能地使用最不纯的起始材料，由此才可以获得足够的本身可以进行进行进一步提纯的产物。因此，**T 990/96** 中涉及最终产物纯度的一般性说明不可以直接适用于起始材料，或者说不可适用于本案。

T 112/00 中，委员会认为，就所含溶剂的纯度高于 99% 的组合物而言，相对于某项虽然也包含相同溶剂但是溶剂纯度没有被指明的某项现有技术组合物而言，它们是新颖的。委员会称，要求保护的组合物可以被认为是最终产物，而溶剂可以被认为是起始材料。正如在 **T 786/00** 中，新颖性可以根据起始材料被明确的纯度确定。

T 803/01 中的问题是某项药物组合物是否具有新颖性，这项组合物仅在它其中某项成分的纯度方面与现有技术组合物存在差别。委员会认为，就每一项提纯方法而言，如果它们是“常规的”，但是没有顾及所要追求的纯度，则它们应被推定是可自动被公众获得的，而且是可以被公众充分获得，由此才可以成为具有有效地损害新颖性的披露。正如 **T 100/00** 关于这一点所述，术语“常规的”只可以意味着“在相关具体的技术背景下是常规的”。因此在权利要求 1 中要求的聚合物纯度是否提供了（相对于现有技术而言）较新的元素这项问题必须在相关具体的技术背景下进行判断。

在本案中，委员会的结论是，在文件 D2 中得到描述的提纯方法——在相关具体的技术背景下必须被当作是相关的“常规提纯方法”——不会成功地提供必要的纯度。同时也不存在得出其他“常规的”提纯方法能够实现必要纯度这项结论的任何根据。委员会因此决定，正如权利要求 1 所述的那样，某项确定纯度的特征方面存在新元素。

T 142/06 中，委员会指出，根据 **T 990/96** 中的考虑——在 **T 990/96** 中，一份披露了一项低分子化合物及其制造方法的文件可以允许人们按照自己的意愿获得纯度等级不同的该等化合物，就任何一项有机化合物而言，对于定义它们，它们的纯度本身不是一项必要的特征。但是，在该案中，很明显，要求保护的乳胶中的氯离子含量是要求保护的乳胶的一项必要的特征，因为根据涉诉专利，只有氯离子含量如此低的乳胶才可以允许人们生产具有预期性能——隔氧性能和沸点雾浊性能——的胶片。

这意味着，在氯离子含量方面声称的纯度不可以被视为是随意的纯度，而是相当于刻意选择。因此，基于这个原因，在决定 **T 990/96** 之中作出的考虑以及采用暗示的方式在决定 **T 803/01** 之中作出的考虑不适用于委员会的当前案件。此外，根据在决定 **T 990/96** 之中作出的考虑还可以得出以下结论，在审查之前，无论在现有技术中得到描述的常规方法能够成功地获取必要的纯度，在委员会看来，首先应该检查的是获取所声称的纯度在相关的现有技术中是否存在吸引力（另见日期为 2003 年 3 月 7 日的 **T 100/00**）。委员会无法看出将氯离子的含量降至非常低的水平在现有技术文件中存在任何可欲性。因此，委员会的唯一结论是，发明者实际上向公众提供了一些新颖的东西，或者，换句话说，在权利要求 1 中存在新颖的元素（也就是不高于 500ppm 的氯离子含量），而这项新的元素较现有技术而言可以赋予新颖性。

4.2 参数范围的选择

4.2.1 从较广的范围内进行选择

针对选择发明的新颖性上诉委员会作为自己既定的判例法的一部分应用的原则具体是在 **T 198/84**（OJ 1985，209）中制定的。这些原则在 **T 279/89** 中得到了简要概括，根据 **T 279/89**，以下所有标准得到满足的条件下，从相对更广的范围内选择数值的子区间是新颖的：

（a）所选择的子区间应比较狭窄；

（b）所选择的子区间应充分远离采用示例的方式得到阐释的已知范围；

（c）所选择的区域不应随意地提供来自现有技术的样本，也就是说，它所提供的不应是在先描述的实施例，而是另一项发明（刻意选择）。

针对选择子区间新颖性的这三项原则以以下前提为依据，即新颖性是一项绝对的概念。因此，只是在发明定义的措辞上面存在差异是不够的。关于新颖性在审查的过程中必须确定的是现有技术本身是否允许技术人员通过技术教导获得发明的**主题**（**T 198/84**，OJ 1985，209；另见 **T 12/81**，OJ 1982，296；**T 181/82**，OJ 1984，401；**T 17/85**，OJ 1986，406）。

通过参考第三项标准，在 **T 198/84** 中，委员会认为，这项新颖性的观点实际上所引发的不只是一项相对于现有技术的正式界限。如果选择是随意的，也就是说，如果所选择的范围只是拥有同整个范围相同的性能和能力，则仅会在发明定义的措辞方面存在界限，而不会在发明的内容方面存在界限，这样的话，所选择的东西只是随意地从现有技术中选取的样本。

如果选择的效果比如在产量方面出现实质性的改善多半只是发生在所选择的范围内，而不是发生在已知的整体范围内，则实际情况不会如此（刻意选择）。

为了防止发生误解，委员会强调，根据 **T 12/81**（OJ 1982，296），从相对更广的范围内挑选出的子区间不会凭借发生在自己范围内的最新发现效果而成为新颖的，而是它本身必须是新颖的。因此，对于是否具有新颖性而言，这类效果不是一项先决条件；但是，考虑到技术差异，它允许以下推断，即所涉及的东西不应是随意地从现有技术中选择出来的样本，也就是说，不应是来自在先描述的实施例，而是应是另一项发明（刻意选择）。

T 17/85（OJ 1986，406）中，要求保护的范围被否定具有新颖性，因为一项引用中的优选数值范围部分预期了申请中要求保护的范围。至少在以下情况下，要求保护的范围不可以被当作是新颖的：在引用所提供的示例中的值恰好在要求保护的范围之外，而且它们教导技术人员存在利用整个要求保护的范围的可能。

在决定某项专利是否具有新颖性的时候，在 **T 247/91** 中，委员会强调，除了需要考虑示例以外，还必须考虑一份现有技术文件的整体披露本身是否可以允许技术人员通过技术教导的方式获得试图寻求保护的主题。委员会称，上诉人（专利所有人）接受，在实施在引用中得到披露的发明的时候，引用文件的技术人员读者没有理由去排除在涉诉专利中要求保护的范围 85～115℃。明显可以看出，引用文件的教导没有局限于利用例证温度，而是扩及了得到描述的整个范围 80～170℃，而这个范围是技术人员通过技术教导的方式可以获得的。涉诉专利的主题因此缺乏新颖性。

T 406/94 中，委员会认定，尽管在数值上非常接近要求保护的范围，但是在现有技术中引用的比例范围不可以出于预期要求保护的主题的目的而被列举出来，因为在现有技术中引用的比例是基于不同的起始材料。

T 209/94 中，尽管针对为了制造纤维而需要执行的热解步骤的温度范围发生了重叠（根据发明温度必须“高于 1600℃左右”，而根据现有技术文件温度必须在“900～1800℃”这个范围内），热解步骤在功能上根据引入至争议申请权利要求 1 和 2 的说明确定的限制——“将纤维中氧气与/或氢气含量降至纤维质量 0.5% 以下所必需的时间”——将要求保护的方法与现有技术文件中的方法区别开来。的确，委员会从后一份文件中得出结论，纤维中存在一定量的氢气（和硼）对于保持它们温度的稳定性是必要的。由于对纤维的热稳定性进行改善恰恰是在现有技术中得到披露的发明的目标，因此，没有满足这项要求的纤维不可以被视为是在这份文件的教导范围之内。

这意味着，由于氢气与/或氧气含量过低而无法产生预期的热稳定性的纤维不在现有技术中得到披露的发明的范围内。在现有技术文件中得到披露的最低值是 3.89%，而根据争议申请，所允许的最大值是 0.5%。

T 610/96 中，专利权人（应诉人）要求保护一项同时由具有磁性的和不具有磁性的金属薄膜层构成的磁阻材料。委员会认定，确定这些金属薄膜层构成的要求保护的范围必须被视为是一项来自现有技术文件 D10 中一般披露的狭窄选择，这项选择没有与 D10 中的优选子区间发生重叠，而且它从一组可能金属薄膜层中进一步选择了一种具体的非磁性金属薄膜层。这项选择也应充分远离 D10 中的具体示例。此外，要求保护的材料显示了磁阻变化的不同特征，因而，这项具体的子区间不单纯是随意构成 D10 中一般披露的部分，而是具有不同的性质，因此具有新颖性。**T 279/89** 针对选择发明列明的标准因此得到了满足。另外，由于 D10 中的某篇章可能会被视为是一项防止技术人员在争议专利的子区间内应用 D10 中概念的说明，因此，本领域内的技术人员不大可能会考虑在这个范围内应用D10中的教导（参见**T 26/85**，OJ 1990，22）。

4.2.2 重叠范围

在决定**T 666/89**（OJ 1993，495）中，委员会针对存在重叠数值范围的情形下的新颖性判断提供了裁决。其中的专利涉及一种洗发香波，这种洗发香波含有8%～25%的阴离子型表面活性剂和0.001%～0.1%的阳离子聚合物。在一项较早的专利申请中，一种含有5%～25%的阴离子型表面活性剂和0.1%～5.0%的阳离子聚合物的洗发香波组合物得到了披露。

委员会认为，上述组合物不是新颖的。在委员会看来，在所谓的"重叠"或者"选择"情形下审查新颖性与在其他情形下审查新颖性之间不存在根本的差别，尽管为了验证在发生重叠的情形下针对某项新颖性审查的一项初步结论，去调查某项特定的技术效果是否与被异议的狭窄范围存在关联可能是有帮助的。但是，需要强调的是，该等特定的效果既不是新颖性的一项先决条件，而且它本身也无法赋予新颖性；它存在的目的只是确认针对早已获得的新颖性的认定。EPC 1973第54（2）条项下的术语"可获得的"明显已经超出了字面描述或图解描述，而且意味着还可以通过其他手段明确或隐含地传递技术信息。因此，明显可以看出，并非是在故意隐藏的意义上而是在隐匿于某份文件的意义上被隐藏的事项在后者意义上不可能是"可被获得的"。在一项权利要求和一项现有技术披露在物理参数的范围方面发生重叠的情况下，通常对决定（与可被获得的东西相比）哪些东西是被"隐藏"的起到帮助作用的是判断技术人员在重叠的范围内实施现有技术教导是否困难。

一种类似的方法是考虑本领域内的技术人员在结合自己所掌握的所有技术事实的情况下是否会"认真地考虑"（seriously contemplate）在重叠的范围内应用现有技术文件中的技术教导。

意识到"认真地考虑"这个概念由较广的范围移动到较狭窄（重叠）的范围看起来类似于委员会在判断创造性的时候所应用的一项概念，也就是说，概念上的读者是否会"在认为存在合理的成功预期的情况下试图"填补现有技术和创造性上有争议的权利要求两者之间在某项特定的片段方面存在的技术缺口，委员会补充道，它的新颖性构思在根本上不同于这个"创造性构思"，因为为了确定预期，不可以存在上述类型的缺口。在**T 366/90**和**T 565/90**中，新颖性基于可比较的考虑进行了仔细地分析。

决定**T 26/85**（OJ 1990，22）提出，作为一项用来确定某项技术教导是否是可被公众获得的具体测试，可以提出这一问题即本领域内的技术人员是否会结合自己所掌握的技术事实"认真地考虑"在重叠的范围内应用现有技术文件中的技术教导。如果可以合理认为技术人员会这样做，则必须得出不存在新颖性这项结论。尤其在 **T 279/89**、**T 666/89**、**T 255/91**（OJ 1993，318）、日期为 1992 年 10 月 7 日的 **T 369/91**、**T 631/92** 以及 **T 660/93** 中，提出这项问题的测试得到了接纳。

T 751/94 中，委员会认为很明显不应该在重叠的范围内实施引用文件中的方法，因此，该项重叠没有剥夺要求保护的发明的新颖性。另外，对要求保护的发明中的参数进行组合也没有在引用文件中得到披露，而且明显也无法从引用文件中推导出来。

T 240/95 中，上诉人争辩道，0.5～60 分钟不会包含 60 分钟，因为如果想要包含 60 分钟的话，应当表述为"0.5～60 分钟（包括本身）"。委员会认为，根据既定的判例法，对某项范围进行披露应被视为是对末端值的明确披露。

T 594/01 中，主请求和首项附属请求要求保护乙二醇制备方法，根据这两项请求，这种方法会利用反应混合物中所包含的少于 0.1wt% 的二氧化碳的实施。委员会必须决定该二氧化碳范围与在一份描述了一种乙二醇制备方法的文件（"1 号文件"）中的 4 号示例中披露的二氧化碳值 0.1wt% 之间是否存在重叠。

委员会称，定量分析化学中的每一项实验性测量以及任何物理测量的任何结果都不可以与附着于测量的不确定性边际割裂开来，这是公知常识。通常情况下，经测量得出的实验值所存在的不确定性与新颖性的判断不相干。但是，在一项具体的实验值在一项现有技术示例中得到披露的情况下，试图只是按照必须要"低于"上述实验值的某项上限值将要求保护的主题与现有技术区分开来肯定会失败，因为在实验误差的边际内要求保护的主题与现有技术仍然是无法区分开来的。

因此，在主请求和首项附属请求中确定的二氧化碳范围即"低于 0.1wt%"没有将它与在"（1）号文件"4 号示例中披露的实验性二氧化碳浓度 0.1wt% 区别开来（另见 **T 708/05**）。

委员会将相同的推理应用到了第二项和第三项附属请求，这两项请求要求保护烷撑二醇的制备方法，根据这两项请求，这种方法会利用反应混合物中所包含的少于 0.1wt% 的二氧化碳实施。"（1）号文件"2 号示例披露了一项制备烷撑二醇的方法，这项方法涉及反应混合物所包含的 0.01wt% 的二氧化碳。该等权利要求因为缺乏新颖性遭到驳回。

4.2.3　多项选择

T 245/91 中，上诉人（专利所有人）针对应诉人根据某份在先文件的披露提出的新颖性缺乏之反对提出了质疑。上诉人争辩道，权利要求 1 的主题相当于刻意从上述文件范围非常广的披露中选择一个较小的范围。委员会评述道，涉诉专利权利要求1中的大部分范围均可以通过将引用文件中的范围缩小25%～80%并将其局限于其中心部位的方式获得，同时，委员会还评述道，在诸如以下的情形中，即用考虑多个参数范围的情形，必须进行仔细比较，以便判断要求保护的发明的主题是否是可被技术人员获得的。应严格地避免针对显而易见性进行任何考虑。通过引用 **T 666/89**（OJ 1993，495），委员会强调，根据《公约》，决定新颖性的时候必须参考一份被引用的现有技术文件所包含的全部信息内容。根据委员会的判断，技术人员读者不会认真地考虑对相关特征进行组合，而且他们也不会获得该等组合，因为上述特征在引用文件中并不明显，因此不会导致它们自己成为无歧义的隐含的披露。需要考虑的另外一个点是用来确定要求保护的主题的参数的数量，因为每一项氯化乙烯聚合物的特征均是存在多项参数。委员会认为，即使这些参数的大部分范围对应以下范围，即限制引用文件中组合物中相对应参数的范围的差不多的中心部位，但是由于所涉及参数的数量较多，会超过十个，相对于已知组合物定义的宽度而言要求保护的混合物的范围实际上相当狭窄。这同时也是以下论点，即在在先文件中存在针对这项狭窄选择的明确描述，不被接受的原因。

在 **T 653/93** 中，申请遭到审查部驳回的上诉人（申请人）争辩道，权利要求1的方法具有新颖性，因为它提及了三项方法特征与被选择出来的带有特殊限制的范围和产品特征之间的组合，这项组合未曾在现有技术文件中被披露。

上诉委员会强调，在该等情形下，新颖性的问题不可以通过分别考虑多项不同参数的范围进行回答。根据委员会的判断，这是一种人为的不正当的方法，因为构成权利要求1主题的不是这三项参数或其凝聚的指定范围，而是利用这些范围的组合进行确定的方法群组，较在现有技术文件中得到披露的方法群组而言该方法群组相对较小。

因此，以三项具体的方法参数的组合为特征的要求保护的方法群组没有在现有技术文件中被披露，因此可以说成是源自"多项（三重）选择"。应用现有技术文件中的教导时，相关领域内的技术人员应该没有任何理由去全力关注在（比如）权利要求1中确定的子区间的组合，因为在现有技术文件中得到披露的范围的被省略部分可以被认为是具有较少的吸引力。由于不存在带有这个意思的任何指示，因此，"组合选择"并非来自对于技术人员而言是得到隐含披露的现有技术文件。

权利要求1技术教导的新颖性得到了以下实验证据的证实，即显示源自要求保护的方法的产物无法通过虽然接近要求保护的方法但是却在要求保护的方法的范围之外的方法获得的实验证据。此外，对通过要求保护的方法获得的产物的性能进行组合也不是在现有技术文件中得到披露的方法的必然结果，而是只可以通过对方法参数进行特定的组合实现。由此而来的结果是，权利要求 1 的主题没有被视为已经在现有技术文件中被披露。

T 65/96 中，在现有技术文件 D2 中没有提及任何具有以下组合特征的橡胶加强共聚物，即构成在争议专利中被提及的技术问题的解决方案的组合特征。委员会指出，根据上诉人（异议人）的论点，即所有相关的参数已经“在几行文字中”被提及，不具有相关性，这是因为，一项披露在文件中的位置就其本身而言不足以显示参数之间真实的上下文关系，更不用说可以确定它们是在组合中得到披露的，正如上述技术问题的解决方案要求的那样。不管怎样，其中一项参数在披露中一项非常独立的部分中得到了提及。

此外，经过对 D2 进行更加仔细的审查显示，与橡胶的数量和橡胶的颗粒大小相关的参数仅是作为独立的范围被披露的，并没有指明它们彼此之间如何变化，或者它们彼此之间是否真的会发生变化。虽然应诉人在口头法律程序中承认 D2 披露的范围部分与在技术问题的解决方案中确定的范围发生了重叠，但是后一项范围要求同时满足相同参数的三个值。

委员会得出以下结论，要求保护的解决方案不是随意的，因为与 D2 中的产物相比，它解决了一项具体的技术问题。因此，就要求保护的解决方案而言，只要它没有与 D2 中的一般披露发生任何重叠，那么，它就构成从其中进行的狭窄选择，并满足了真实选择的所有要求（参见 **T 198/84**，OJ 1985，209）。

4.3　主题群组

T 763/89 涉及从得到一般定义的多层材料群组中进行选择引发的问题。其中的专利涉及由具有相异感色灵敏度的三层构成的反转彩色感光材料，其中，每一层又由具有相同感色灵敏度但是相异照相灵敏度的三层构成。最接近的现有技术包含的反转材料“至少两层”。异议人争辩道，在这项现有技术中得到披露的多层材料也包括要求保护的三层材料，因此导致缺乏新颖性。但是，委员会认为上述三层材料是新颖的：尽管“至少两层”与多层材料同义，并且以双层材料的形式设定了下限值（这项描述虽然涉及任何多层材料，但是没有针对可能层数指明上限值），但是针对该等多层材料唯一提供的理论上的示例是双层材料。引用用来支持异议的文件实际上也没有暗示三层材料。三层材料构成引用文件中多层材料群组的一部分似乎是合乎逻辑的，但是这并意味着它因此被披露了。相反，它是构成这一群组一部分并且从中选择出来的新材料。

以先前针对含有化学物质的选择发明的判例法为背景，委员会宣布了这项裁决。判例法规定，就任何技术教导而言，如果它们以个例的形式披露了一项物质，也就是说，一项明显可与在结构上相似的物质相区分的物质，则它们便损害了新颖性。这项用来判断与某一群组相区分的个体的新颖性的原则可以适用于诸如所涉照相材料的东西，像被异议照相材料一样，它们明显与构成得到一般描述的相同群组一部分的其他东西相区分。

5. 用途的新颖性

5.1 第一医学用途

5.1.1 简　介

根据EPC第53（c）条，采用手术或疗法对人体或动物体进行治疗的方法和应用于人体和动物体的诊断方法（“医学方法”）不具有可专利性；该条文不应适用于在任何该等方法中应用的产品，尤其是具体的物质或组合物（参见先前的EPC 1973第52（4）条）。

EPC第54（4）条（先前的EPC 1973第54（5）条）规定，针对新颖性的一般法律规则没有将在EPC第53（c）条（先前的EPC 1973第52（4）条）提及的任何方法中应用的并且包含在现有技术范围内的任何物质或组合物排除在可专利性的范围之外，前提条件是，它们在该条文提及的任何方法中的用途没有包含在现有技术的范围内。

因此，除了具有新颖性总体构思之外，针对在手术和疗法治疗中用到的以及在应用到人体和动物体的诊断方法中用到的物质和化合物，该条文还引入了一项在其他技术领域内未知的**具有新颖性的总体构思**（**T 128/82**，OJ 1984，164）。在EPC 2000中，部分该等条文得到了修改，但是它们的内容未发生任何变化。

因此，根据EPC第54（4）条（先前的EPC 1973第54（5）条），就已知的物质或组合物而言，只要它们是在上述医学方法中第一次被应用，则它们就应被视为是新的。根据上诉委员会的判例法，任何物质或组合物在任何医学方法中的首次应用应获得广泛的保护，保护范围应涵盖相关物质或组合物在任何医学方法中的任何应用，即使只有一项具体的应用在申请中得到了披露（参见**T 128/82**，OJ 1984，164；**T 36/83** OJ 1986，295）。

针对一项已知物质的首次医学应用，EPC第54（4）条（先前的EPC 1973第54（5）条）提供了一项特别的权利要求的形式（**与目的有关的产品权利要求**）。**G 5/83**（OJ 1985，64）中，扩大委员会评述道，“首次医学指征”的发明人可以针对任何已知的物质或组合物获得限制用途的产品保护，并且无须局限于该等物质或组合物在技术上适应于某项指定疗法目的的形式。因此，对于发明者来讲，就其最为广泛的形式而言，上述适当的保护是一项目的受限的产品权利要求。

5.1.2 与目的有关的产品权利要求的范围

T 128/82（OJ 1984，164）中，关于与用途有关的产品权利要求的范围，委员会考虑了第一医学指示（已知物质的第一医学用途）这项问题。审查部驳回了该申请，理由是，它未能满足 EPC 1973 第 52（4）条和第 54（5）条（现为 EPC 第 53（c）条和第 54（4）条）的要求，因为其中的权利要求没有局限于已知物质首次发现的具体的疗法用途。委员会必须考虑根据 EPC 1973 第 54（5）条该等权利要求范围较宽泛的版本是否是可容许的，以及 EPC 1973 是否针为可狭义解释的疗法目的的限制性说明提供了依据。在委员会看来，EPC 1973 既没有禁止也没有要求对目的进行无限的说明。它认为 EPC 1973 第 54（5）条允许主张一般性疗法的目的受限的物质权利要求，并且认定在已知化合物首次被提出并且要求在疗法中进行使用的情况下，具体的用途在说明书中得到披露这项事实本身不会要求该等目的受限的产品权利要求局限于上述用途（另见 **T 43/82** 和 **T 36/83**，OJ 1986，295）。委员会进一步评述道，迄今为止，EPO 的实践做法表明，针对没有局限于具体指示的疗法上的活性化合物提起的物质和医学制备权利要求是可容许的，即使原则上只有部分具体活动得到了指明。一般来说，这项实践做法涉及新的化合物。根据委员会的判断，无法从 EPC 1973 中推断出尽管先前已经得到知悉但是根据 EPC 1973 第 54（5）条仍然具有可专利性的化合物在原则上应区别对待。如果针对适用于疗法用途的新化学化合物发明人被授权绝对的保护，公平对待原则同样也会要求相应地向首次在疗法中应用已知化合物的发明人就其所提供的服务授予 **EPC 1973 第 54（5）条项下涵盖整个疗法领域的目的受限的物质权利要求**。只有在 EPC 1973 第 54（5）条完全禁止较广的保护范围的情况下，任何其他治疗才能获得依据。EPC 1973 第 54（5）条没有要求保护的范围必须是广泛的这项事实本身不是一项拒绝授权该等保护的理由。一般来说，应当遵循涉及新化合物的常规做法。另一方面，单凭针对任何全部可能的具体疗法应用不存在任何指示这项事实无法证明范围局限于通常所述的疗法应用正当。这样做与 EPO 涉及疗法上的活性化合物的一般实践相抵触。

委员会指出，根据 EPC 1973 第 54（5）条，任何已知的但是未曾在疗法上应用的化合物应被当作是新颖的。但是，新颖性不单会被相同的具体疗法效果在相关领域内已经被知悉这项事实破坏，而且还会遭受任何其他具体的疗法申请的披露的不利影响。因此，就新颖性而言，对任何具体的效果进行披露通常会产生相同的影响——反过来，鉴于存在这种影响，将涵盖任何全部具体指示的范围广泛的用途说明视作是可接纳的便是公平的。

5.1.3 保护以“部件箱”的形式存在的制剂

T 9/81（OJ 1983，372）中，委员会认为，单个成分构成已知疗法治剂的组合制剂可以以 EPC 1973 第 54（5）条（现为 EPC 第 54（4）条）的表述方式得到保护，即使是在它们作为**部件箱**（kit - of - parts）要求保护的情况下，前提条件是，这些成分在功能上实现统一（通过以目的导向的申请实现真正的组合）。按照 EPC 1973 第 54（5）条规定的格式起草的权利要求 1 提及了一项包含 oxazaphosphorin 细胞生长抑制剂的组合制剂以及作为疗法活性成分的 2 - 巯基乙烷磺酸氯化钠。该产品中第一个提及的成分是已知的，第二个提及的成分是一项已知的溶黏蛋白剂。根据委员会可获得的现有技术文件，这两项活性成分从未出于获得**新的联合效果**的目的被一起使用过，它们**作为组合物是未知的**。因此，根据该专利更优选施用的活性成分不是仅仅代表已知药剂的集合，而是一项具有意外的有价值的属性的新组合，根据这项属性，在由于 2 - 巯基乙烷硫酸盐具有排毒功效而不需要施用细胞生长抑制剂的情况下，认为会出现严重的副作用。

权利要求 1 所提及的产品局限于在细胞抑止疗法中同时、分别或按顺序地进行使用。根据委员会的判断，由这项目的指示可以得出，上述成分没有必要继续作为一个整体出现，例如在组合物中出现，因为不然的话，它们无法实现单独的或者按顺序的应用。委员会称，但是，作为**部件箱**，考虑到单个成分之间在物理上彼此分隔，它未必是一项真正的组合。已知成分只是存在宽松的关联本身无法促使它们形成一个符合以下情况的功能统一体，即在其中成分之间发生必要的、直接的相互作用是目标用途的前提条件（比如，锁和钥匙、火柴和承击面、双组分黏合剂）。尽管要求保护的组合之中的成分彼此之间没有发生直接的相互作用，但是只要它代表针对指定应用的一项真实限制，应用于联合疗法的目的指示可以重新确立该产品作为两项成分功能集合统一体的地位。只要这两项成分无法在彼此脱离的情况下实现发明中确定的有利效果，联合效果便会证明由于符合 EPC 1973 第 54（5）条所列明条件的权利要求的保护范围内目的指示设定的限制而实现的组合产品的统一体的地位，即使这两项成分并排呈现，而非作为一个整体呈现。由于当前权利要求中的组合产品的单个成分自身具有已知的疗法应用，通过明确地包含这些成分的独立呈现，这些权利要求确实应被当作是局限于组合产品的联合应用，由此可以排除现有技术中的单个应用。

5.1.4　与现有技术相比较的进一步技术信息

T 1031/00 中，权利要求1针对的是（-）氨氯地平的第一医疗用途，也就是用于治疗高血压。但是，在现有技术文件中，（-）氨氯地平抑制钙离子流入离体小鼠主动脉组织的能力已经得到说明，这表示它在治疗高血压方面具有效果。它同时还披露，当时氨氯地平正处于高血压治疗第三期临床试验阶段。

委员会认定，即便在专利申请的说明书中存在大量的示例，只有一项是涉及高血压，而且这一项示例也没有超出体外实验这个范围。因此，较现有技术而言，在提供用以显示（-）氨氯地平同分异构物在人体或动物体上出现的实际降压效果的证据或数据方面，这份说明书**没有提供进一步的证据或数据**。委员会评述道，由于较现有技术文件（3）中的披露而言，在最初提起的申请中没有提出任何数据可以用来提供与人体或动物体上的实际降压效果相关的额外技术信息，因此，它必须得出以下结论，即专利申请的主题已经被上述现有技术文件所预期；换句话说，文件（3）所披露的医学用途与在争议申请中披露的相同。

5.2　第二（或者进一步）医学应用

5.2.1　简　　介

根据EPC 1973，就针对在制造用于特定疗法应用的药物的过程中应用某项物质或组合物提出的权利要求（“瑞士型权利要求”）而言，该等权利要求可以依据一项首次在决定**G 5/83**（OJ 1985，64）中列明的判例法被授权进一步医学应用的专利。该等权利要求的主题的新颖性不仅可以来自制造用物质或方法的新颖性，也可以来自新的疗法应用（**G 5/83**）。这项在决定**G 5/83**中被称为“推导新颖性的特殊方法”的方法构成了一般新颖性要求的有限例外情况，不得应用于其他技术领域。

根据EPC第54（4）条（之前的EPC 1973第54（5）条），就已知的物质或组合物而言，只要它们是在上述医学方法中第一次被应用（“医学方法中的第一用途”），则它们就应被视为是新的。在20世纪80年代初，上诉扩大委员会被要求对这样的问题作出判定，即在EPC 1973第54（5）条的措辞（现为EPC第54（4）条）似乎限制只有第一医学用途可以享有可专利性的情况下，针对任何进一步医学用途是否可以获得EPC下专利保护。扩大委员会将之前的EPC 1973第54（5）条所提供的概念新颖性的范围进行了扩展，并将其应用到了所谓的“瑞士型权利要求”，即“针对在制造用于特定的具有新颖性的和创造性的疗法应用的药物的过程中应用某项物质或组合物”提出的权利要求中的每一项进一步医学用途（**G 5/83**，OJ 1985，64；瑞士联邦知识产权局法律建议，OJ 1984，581）。

对EPC 2000进行修改的过程中，之前的EPC 1973第54（5）条（“医学方法中的第一用途”）进行了重新编号，成为EPC第54（4）条，同时引入了新的EPC第54（5）条就第二医学用途提供保护。现在，新的EPC第54（5）条排除了针对进一步医学用途的任何法律不确定性。针对已知是医疗产品的任何物质或组合物的任何进一步新的医学用途，该条文明确允许与用途有关的产品保护。

就进一步医学用途而言，这项保护等同于瑞士型权利要求提供的保护。与针对医学方法中的第一用途提供广泛（一般）保护的EPC 1973第54（5）条（现为EPC第54（4）条）相比，新的EPC第54（5）条局限于医学方法中的某项具体应用。这项限制旨在尽可能地使保护范围向瑞士型权利要求所提供的保护范围靠近。针对第二医学用途提出的权利要求应被起草为涉及某项具体的第二（或进一步）医学用途的产品权利要求（参见**T 1599/06**）。

其后，在**G 2/08**（OJ 2010，＊＊＊）中，上诉扩大委员会认为，在某项权利要求的主题单纯凭借某项药物新的疗法用途而被赋予新颖性的情况下，该等权利要求不得继续采用决定**G 5/83**（OJ 1985，64）所规定的所谓的瑞士型权利要求的格式。由于EPC第54（5）条现在允许已知的药物在治疗方法中进行任何进一步的具体用途获得与目的有关的产品保护，EPC 1973条款存在的漏洞因而得到了填补——判例法的理由失效的情况下，判例法本身也失效。**G 2/08**将在下文5.2.4b）中进行更加详细的讨论。

依据于2001年6月28日根据2000年11月29日生效的《关于修订〈欧洲专利公约〉的法案》第7条作出的第3号行政委员会决定的第1条，只要尚未针对专利授权作出任何决定，则修改以后的EPC第54（5）条的适用范围便包括截至EPC 2000生效之时处于未决状态的欧洲专利申请（参见日期为2008年1月15日的决定**T 1127/05**；日期为2008年1月16日的**T 406/06**）（另见OJ SE 4/2007）。

5.2.2 EPC 1973下权利要求的表述方式

a）在制造药物的过程中使用物质或组合物

G 5/83（OJ 1985，64）中，扩大委员会没有接受针对在治疗疾病Y的过程中应用一项已知的物质X提出的权利要求，因为该等权利要求会涉及一项根据EPC 1973第52（4）条不具有可专利性的医学方法。但是，它允许以下类型的权利要求，即针对“**在制造用于疗法应用Y的药物中物质X的用途**”提出的权利要求（所谓的瑞士型权利要求）。扩大委员会根据该等权利要求所具有的唯一一项新特征即该已知物质的新的药物用途推断出它们具有新颖性。扩大委员会认定，无法从 EPC 1973 的条款中推断出不存在将第二（以及进一步）医疗指示一般性排除在专利保护范围之外的意图。因此，扩大委员会认为，允许针对在制造用于特定的具有新颖性和创造性的疗法应用的药物的过程中应用某项物质或组合物提出的权利要求原则上是合法的，即使制造方法本身与使用相同活性成分的已知方法没有区别。EPC 2000 现在所持有的立场，参见 **G 2/08**（OJ 2010，＊＊＊）（下文 5.2.4b）。

b）制造药物的方法

T 51/93 中，委员会认为，(4) 号文件预见了在针对奥地利（AT）、西班牙（ES）和希腊（GR）提出的一组权利要求中提出的方法权利要求 1，因为在方法权利要求 1 以决定 **G 5/83** 准许的用途权利要求的形式出现的情况下，其中产品的预期用途的新颖性只可以被视为是一项对该权利要求进行限制的技术特征。决定 **G 5/83** 准许的用途权利要求强调，预期用途是一项需要在判断新颖性的时候进行考虑的**技术**特征，而这项特征会限制用途权利要求。委员会称，但是，在通常的情况下，在要求保护"包括步骤［……］的为用途 Y 制造 X 的方法"的权利要求中，这项方法权利要求会被解释为涵盖制造 X 的特定方法，不管 X 是不是用于用途 Y。因此，在该等方法权利要求中，措辞"**为用途 Y**"的意图不是作为一项区别性的技术特征，而是仅用以"**说明**"X 的可能用途。因此，委员会认为，根据适用于方法权利要求的常见做法，在针对 AT、GR 和 ES 提起的方法权利要求 1 中，措辞"用于皮下施用治疗［……］"应被视为只是说明性，而**不是作为一项能够确立新颖性的限制性技术特征**。委员会进一步称，为了在 EPO 的法律程序中判断新颖性，不管权利要求是针对哪一个缔约国提起的，针对权利要求作出的解释必须是相同的。就任何一项权利要求而言，在对于所有指定国而言现有技术相同的情况下，如果它们对于所有其他缔约国而言也是新颖的和可容许的，则缔约国 AT、ES 和 GR 在某段时期内的法律限制可要求保护的主题这项事实不会导致它们针对所有指定国被解释为新颖的和可容许的。因此，方法权利要求 1 只是针对 AT、ES 和 GR 提出这项事实不会对上诉人提供任何帮助。

然而，在 **T 893/90** 中，上诉委员会得出了不同的结论。其中，权利要求表述为**方法**权利要求书**权利要求**的编制方法相同，也就是说，制造一种药物组合物以控制非血友病哺乳动物的流血的方法，其特征为根据功能确定的数量和比例混合两种组合物。

根据委员会的判断，就其表述方式而言，上述权利要求与用途权利要求之间**没有存在实质性的差别**，也就是说，与针对为了特定目的而使用一定量的两种在功能上得到确定的成分的混合物提起的权利要求之间没有存在巨大的差别，上述特定目的指为控制非血友病哺乳动物的流血而制造一种治疗药物成分。在这一方面，还可以看到，根据权利要求1，这一混合物排除了其他具有生理活性的材料；因此，上述混合物利用自己的成分得到了明确的定义。委员会的结论是，根据既定的EPO判例法，该等权利要求是可容许的权利要求，它们是针对在制造用于特定的具有新颖性和创造性的疗法应用的药物的过程中应用某项物质或组合物，即使相关制造方法本身与利用相同活性成分的已知方法并无区别（参见 **G 5/83**，OJ 1985，64）。

T 958/94（OJ 1997，242）中，审查部驳回了针对希腊和西班牙提起的权利要求，理由是，因为它们针对的是一项方法而不是应用或用途，不属于上诉扩大委员会在 **G 5/83**（OJ 1985，64）中规定的“第二医学指示”的范畴。审查部认为，“为制造药物而使用某项物质”的新颖性与形式要求存在关联，同时，审查部还认为，考虑到关于第二医学指示保护的 **G 5/83**，只有**用途权利要求而非方法权利要求**满足那些要求。上诉人（申请人）针对该决定提起了上诉，要求取消驳回申请的决定。

委员会指出，扩大委员会的决定 **G 1/83**、**G 5/83** 和 **G 6/83** 没有提到涉及任何管束针对药物第二疗法指示提出的权利要求的形式或范畴要求。委员会认为，在决定 **G 6/83**（OJ 1985，67）中使用的法文措辞“revendications ayant pour objet”并非指的是某种权利要求的形式方面而是其内容，也就是，其根据其必要特征定义的要求保护的发明。德文版本和英文版本的并列决定 **G 1/83**（OJ 1985，60）和 **G 5/83**（OJ 1985，64）所使用的措辞分别是“Patentansprüche gerichtet auf”和“指向……的权利要求”，而不是“Gegenstand”或是“主题”，这同样表明决定性因素并非权利要求所选的用语或种类，而是其内容，也即形成要求保护的发明本质的技术特征（所涉物质的用途）。**G 1/83**、**G 5/83**及 **G 6/83** 中决定的理由确认了这一理解。

在决定 G 5/83 的理由第11点中（第一段），扩大委员会认为，涉及活动的发明既可以作为为了所述目的（比如，获得技术成果）应用或使用某物而要求保护，也可以作为利用相同物质实现相同结果的方法或工艺而要求保护，究竟选择哪一种取决于申请人的倾向。任一类型的权利要求还包括了给出最终效果的一系列步骤。因此，就用途而言，没有本质区别。这一一般规则对疗法领域同样适用。针对在利用疗法治疗人体或动物体的过程中应用某项物质或组合物提出的权利要求与针对在利用疗法治疗人体或动物体的过程中所应用的方法提出的权利要求之间不存在**可辨识的实质性区别**。正如扩大委员会在决定 **G 5/83** 理由第13点中强调的那样，它们之间唯一的区别在于措辞。因此，制造一种药品确实包括一系列一般的和必需的步骤，无论权利要求的形式是如何限制其制造方法，无论权利要求是为了“应用某项物质去获取适用于新的疗法用途的某项药物”还是为了一项“获取适用于新应用的某项药物的方法，其特征在于所使用的物质”。尽管活性药物成分本身、药物及其制造方法已经被知悉，在决定**G 1/83**、**G 5/83**和**G 6/83**中，扩大委员会还是批准了一项要求保护制备应用于新疗法指示的药物的权利要求，这项权利要求针对物质在制造应用于上述疗法指示的药物的过程中的应用。因此，考虑到针对应用某项物质去获取适用于新的疗法用途的某项药物提出的权利要求与针对获取适用于新的疗法用途的某项药物的并且特征在于使用相同物质的方法提出的权利要求实质上是一样的，在相同的条件下，即在活性物质本身、药物及其制造方法全部缺乏新颖性的情况下，认为针对“用以制造适用于新的疗法指示的药物的方法”提起的权利要求不具有可专利性是不合理的。

这一决定认同早已在**T 893/90**中列出的方法。该方法也在涉及该争议的若干决定中得到确认（在**T 853/94**、**T 532/96**、**T 1076/00**，在**T 825/94**中得到了间接确认）。

c）涉及权利要求表述方式和解释的其他问题

T 570/92中，委员会允许的一项权利要求所采用的形式是要求保护某项已知物质的第二医学用途的权利要求的形式，而且这项权利要求提及了一项之前未曾得到具体描述的物质。与**G 5/83**（OJ 1985，64）类似，要求保护的是药物的用途，以制造一种治疗高血压的口服长效药品，每日使用一到两次。**涉及药物施使用**的后一项**特征**不会导致其根据EPC 1973第52（4）条（现为EPC第53（c）条）被排除专利性。其中的措辞不是为了指示医生在治疗某个病人时实际的施用频率，而只是传达以下教导即如果每天使用药品不多于两次则可以保障治疗成功。

T 143/94（OJ 1996，430）中，委员会认定，针对在制造用于疗法应用的药物的过程中使用某项物质或组合物提出的权利要求并未与EPC 1973第52（4）条（现为EPC第53（c）条）或是EPC 1973第57条（参见上文中的**G 5/83**）冲突；无论该等权利要求的目的为何（保护某药物或药物成分的第一医学用途，或保护第二医学用途）。因此，针对包含在专利申请中的该等权利要求的形式不需要提供先有的**进一步**医疗应用**医学用途的证据**。

T 138/95中，瑞士型权利要求的格式允许应用在**医学器械**的制造过程中。

T 4/98（OJ 2002，139）中，独立权利要求是采用瑞士型权利要求的格式起草的。然而，异议部认为其特征为使用一种脂质体包裹的不明疗法化合物，目的在于进行特定新型疗法应用。该药品可治疗未知主体的某种未知疾病，但是至少需要三倍（或十倍）该不明化合物的有效剂量。委员会认为，根据**G 5/83**（OJ 1985，64）的原则及相应的判例法，第二或进一步医学用途的概念只能应用于采用EPC 1973第52（4）条所指的方法利用药物或药物成分制备药品。委员会指出，“疗法”或“疗法用途”的概念包括了对需要治疗的特定人或动物使用特定化学药物或成分以治疗疾病，因此如果未指明（i）**所欲治疗的疾病**或需调理的病灶、（ii）用于治疗或调理的医**疗法化合物的性质**，（iii）**所欲治疗的主体**，而仅仅只有方法特征，不应理解为能区分EPC 1973第52（4）条（现为EPC第53（c）条）所指的某个治疗方法或疗法用途。因此，委员会得出结论，独立权利要求的主题应被理解为相关于一项非疗法技术活动（方法）。“三倍剂量”这一特征只能理解为要求保护的方法的方法特征（参见下文中的**T 1020/03**——其中，**T 4/98**中的“疗法”的定义遭到了质疑）。

T 1286/05中，独立权利要求1是按照在决定**G 5/83**（OJ 1985，64）中确定的“第二（可进一步）医学用途权利要求”的格式起草的。然而，即便存在该等特定的格式，该权利要求实际上并未反映出第二（进一步）医学用途，因“显著降低了亲水性表面活性剂对易消化油脂在体内分解时的抑制效果”这一特征显然属于非疗法用途。而它事实上也并不包含对疾病或者病理条件的治疗或缓和，因此属于非疗法用途。

需要确认的是，如何对虽然是利用第二医学用途权利要求的格式起草的但是涉及非疗法活动的权利要求进行理解它才可以进行新颖性的判断。委员会称，在**G 5/83**中，根据EPC 1973第54（5）条导出新颖性的方法显然只适用于在EPC 1973第52（4）条所指的方法中使用药物或药物成分的权利要求（参见**G 5/83**，第21点）。因此，这一特殊的方法不适用于权利要求1，因其为一个定义常规制备方法的权利要求。委员会指出，权利要求1中指出了最终组合物中某成分额外的非疗法效果，只是用于说明对制备组合物的方法没有影响。因此，它不适合用来确立新颖性。

5.2.3 EPC第54（5）条下权利要求的表述方式

EPC第54条（5）是EPC修改内容的一部分，并且被引入了《公约》。根据EPC 2000的过渡规定，EPC第54（5）条应适用于尚未批准的仍处于未决状态的专利申请（**T 1599/06**和**T 1127/05**）。

EPC第54条第（4）款和第（5）款的内容为：“第2款和第3款的规定不排除EPC第53（c）条所述方法使用包括在现有技术内的药物或药物成分取得专利的可能性，假如该款所说的任何方法使用该药物或药物成分不包括在现有技术内的话”；以及“第2款和第3款的规定不排除EPC第53（c）条所述方法使用本条第 4 款所指的药物或药物成分取得专利的可能性，前提是该款所说的任何方法使用该药物或药物成分不包括在现有技术内”。因此，针对第二医学用途提出的权利要求应被起草成为涉及某项具体的第二（或进一步）医学用途的产品权利要求（**T 1599/06**）。

T 1599/06 中，委员会指出，根据适用的 EPC 版本（EPC 1973），所涉的权利要求根据 EPC 1973 第 54（5）条可以被认定为一个第一医学用途的产品权利要求，尽管疗法用途通过特殊方式进行了说明。但 EPC 的修正案即将生效（EPC 2000 于 2007 年 12 月 13 日生效）。由于这一始于 2007 年 12 月 13 日的法律情形，可根据 EPC 第 54（5）条认定权利要求 1 为第二医学用途，因其定义了特殊的用途。

委员会评述道，根据 EPC 2000 的过渡规定，新的 EPC 第 54（5）条适用于尚未获得授权的仍处于未决状态的申请。尽管根据 EPC 1973 第 111（1）条，上诉委员会可以行使负责处理被上诉决定部门权限内的所有权力，但是，在实践中，委员会则从未亲自批准申请，而是将案件发回一审部门。这是因为还需要满足若干形式要求，如权利要求的翻译。委员会指出，既然作出决定的委员会遵循这种做法，则所涉专利申请不可能在 2007 年 12 月 13 日前获得批准。因此，委员会认定审查所涉权利要求时须根据 EPC 2000 予以考虑。由此，权利要求 1 应根据 EPC 第 54（5）条被理解为第二医学用途的产品权利要求。

T 385/07 中，尽管权利要求的主题与即将生效的 EPC 要求相符，委员会认为不应将案件发回到审查部门，并要求批准这些权利要求。委员会指出，必须考虑到 EPC 2000 即将于 2007 年 12 月 13 日生效这项事实，同时，委员会还指出，根据 2001 年 6 月 28 日根据关于修改 2000 年 11 月 29 日生效的 EPC 的《法案》第 7 条项下的过渡规定作出行政委员会决定，新的 EPC 第 54（5）条适用于其生效时尚未批准的仍处于未决状态的欧洲专利申请。

由于在本案中，申请很难在 2007 年 12 月 13 日前获得批准（仍需要修改说明书）；且 EPC 第 54（5）条允许一种权利要求格式，与之后上诉扩大委员会在决定 **G 5/83**（OJ 1985，64）中认定的瑞士型权利要求格式有区别，上诉人可以考虑根据这一实体法的变动修改其权利要求。案件被发回一审部门进行进一步审查。

T 1314/05 中，委员会称，决定 **G 5/83**（OJ 1985，64；理由第 21 点）确认其特殊的导出新颖性的方法仅适用于在 EPC 1973 第 52（4）条所指治疗方法中使用药物或药物成分的发明或权利要求，且该方法并非现有技术的一部分。委员会认定 **G 5/83** 并未表明这一衡量瑞士型药物或药物成分权利要求新颖性的特殊方法可以适用于为医学目的而使用设备制造器械。将该特殊方法扩展到器械的制造与例外情况应狭义理解的法律原则不符。事实表明，EPC 2000的立法者在EPC第54（5）条中明确限制了涉及药物及药物成分第二医学用途的例外情况。因此决定 **G 2/08**（OJ 2010，＊＊＊）根据EPC的修正案和 **G 5/83** 来考察瑞士型权利要求——参见 **T 406/06** 和下文5.2.4。

T 406/06 中，所有提交给委员会考虑的权利要求都是所谓的瑞士型权利要求。委员会称，根据EPC 1973，就针对在制造用于指定医学应用的药物的过程中应用某项物质或组合物提出的权利要求而言（"瑞典型权利要求"），该等权利要求可以依据一项首次在决定 **G 5/83**（OJ 1985，64）中列明的判例法被授权进一步医学用途的专利。该等权利要求的主题的新颖性不仅可以来自制造用物质或方法的新颖性，也可以来自新的疗法应用（**G 5/83**）。这项在决定 **G 5/83** 中被称为"导出新颖性的特殊方法"的方法构成一般新颖性要求的有限例外情况，不得应用于其他技术领域。

委员会需要考虑的问题是，根据EPC 1973在决定 **G 5/83** 中被接受的一般新颖性要求的例外情况在新的法律框架下是否仍然有效。根据EPC第54（5）条，新的法律框架允许申请人对已知药品的新型医学用途获得专利保护。如果这一问题的答案是否定的，则瑞士型权利要求的新颖性只会依据药物自身或制造流程进行判断。委员会并未就这一点作出决定，而是假设为上诉人的利益，瑞士型权利要求主题的新颖性仍能自新型疗法应用中推导而得。然而，委员会的结论是，即便引入EPC第54（5）条并未改变作出决定 **G 5/83** 的法律基础，要求保护的主题仍然缺乏新颖性。委员会认定，权利要求1与决定 **G 5/83** 所指的新型疗法用途无关，因此不具有新颖性。其后，在 **G 2/08**（OJ 2010，＊＊＊）中，上诉扩大委员会认为，在某项权利要求的主题单纯凭借某项药物新的疗法应用而被赋予新颖性的情况下，该等权利要求不得继续采用决定 **G 5/83**（OJ 1985，64）所规定的所谓的瑞士型权利要求的格式。

5.2.4　疗法应用的新颖性

a）基于待治疗主体群组的新疗法应用

在案件 **T 19/86**（OJ 1989，25）中，上诉委员会应用了决定 **G 5/83**（OJ 1985，64）的原则。委员会必须决定为预防**同一疾病**而在具有**不同免疫机制**的同类动物群体上使用已知药物时，该权利要求是否能被视为新型疗法用途从而具有新颖性。根据决定 **T 19/86**，某个新型疗法用途是否属于决定 **G 5/83** 规定的范围，不应只根据待治疗的病症决定，而是也应考虑治疗主体（本案中为新的猪群体）。如果未鉴别待治疗的主体，则疗法应用并不完整；只有同时公布待治疗的疾病**和**主体才代表了完整的技术教导。除非对该动物进行滴鼻，注入已知血清，否则其无法受到保护，因此这一主张并未在现有技术中公布，根据 **G 5/83** 构成新颖疗法用途（另见 **T 893/90**）。

T 233/96 中，委员会认为，如果已知可以对特定群体使用某化合物以治疗或诊断疾病，则只要该方法可应用于**生理或病理上**能与此前区分的新一族**主体**群上，则仍然属于新颖的治疗或诊断应用（**T 19/86**，OJ 1989，25；**T 893/90**）。然而，如果所选的群体与之前治疗的有重叠，或新的群体为任意选择，也就是说，该主体群的特定生理或病理性质与所达到的医疗或药理效果没有功能上的联系，则不应适用。

在案件 T 836/01 中，涉诉专利的权利要求 1 和 2 针对的是使用人干扰素 - β2 制备一种药品以影响肿瘤/癌症细胞生长和分化。文件（D1）披露了使用人干扰素 - β2 以活化成熟淋巴细胞对癌症细胞的作用，或是以刺激化疗病人的免疫系统。鉴于文件（D1）和要求保护的发明因此涉及用于治疗同一疾病（癌症/肿瘤）的相同药物成分（人干扰素 - β2），委员会必须决定申请人要求权利的医学用途是否代表了进一步的有区别的疗法用途。委员会评述道，要求保护的发明依赖于与在已文件（D1）中得到披露的技术效果不同的另一技术效果，即人干扰素 - β2 对癌症细胞有着**间接作用**。

但是，如果想要一项申请被理解为进一步用途，或是“进一步医学用途”/“进一步疗法应用”，则这项新的技术效果应指向确实具有新颖性的工业/商业应用，如开创新的应用领域，治疗不同的病理/临床表现，划分独有的主体或其子类（用户或是病人），抑或实践新的使用时须含有新的物理手段/措施。依据这些标准，委员会的结论是，依赖于要求保护的发明的技术效果确定了**新的临床表现**，即更适合直接针对癌症细胞，而非文件（D1）中的淋巴细胞或免疫系统。既然作为一个抽象概念，某个新的临床表现无法与置身其中的病人相区分，则应认定该新型临床表现也识别出了待治疗主体中一个新的子类。

T 485/99 中，现有技术文件（1）已经披露了涉诉专利权利要求 1 中使用组合物进行的免疫刺激。权利要求 1 唯一的新特征是以下事实，即摄入免疫饮食的时间为手术前。委员会认为，需要调查在该权利要求中得到定义的术前疗法是否能由于其手术前使用而产生不同医疗（生理）效果而与在文件（1）中得到披露的疗法区分开来，并由此确定其是否属于引向 **G 5/83**（OJ 1985，64）中的疗法指示的功能特征。如果不能，则该使用的定义可能限制医疗从业者治疗病人时的自由（参见 **T 56/97**）。由此，术前或术后摄入免疫餐构成对人的医学方法，根据 EPC 1973 第 52（4）条不具有专利性。上诉人辩称此类使用术前摄入免疫餐的病人群组能与术后摄入的区分开来。委员会认为，问题在于**术前摄入免疫餐导致的病人生理状态是否是不同的**。委员会的结论是，目前尚不能确定这一点。

关于在不同类主体群上应用疗法新颖性的其他决定，另见 **T 893/90**、**T 885/91**、**T 51/93**、**T 584/97** 及 **T 486/01**。

b）处方服法的差异

T 1319/04（OJ 2009，36）中，委员会指出，该申请在 EPC 2000 生效之日仍处于未决状态。因此，该申请会根据 EPC 第 53（c）条以及第 54 条第（4）款和第（5）款进行考量，而不再继续根据 EPC 1973 第 52 条第（4）款和第（5）款进行考量。在所涉申请中，权利要求 1 的特征——每天睡前一次——无法被现有技术文件预见。委员会指出，以下法律问题，即在唯一的新颖特征为剂量的情况下，在治疗疗法中应用药物根据 EPC 第 53（c）条和第 54（5）条是否具有可专利性，是重要的法律点，因为该等情形很常见。如果在该种情况下会被排除获得专利授权的可能性，则申请人需要确认这一点。因此，委员会向扩大委员会提出了三个问题，而这三项问题在 **G 2/08**（OJ 2010，＊＊＊）中得到了如下回答：

1. 在某项药品已经在获得专利的疾病治疗中获得使用的情况下，EPC 第 54（5）条不排除通过另一种途径对其进行使用以治疗同一疾病的方法获得专利。EPC 第 53（c）条明确清晰地指出“对人体使用的疗法”是不具有专利性的一项例外情况，并在要求保护疗法治疗的不可容许的方法权利要求与要求保护在该等治疗方法中应用药物的可容许权利要求之间划出了界线。疗法治疗方法与在该方法中使用的产品这两个概念如此接近，以至于除非将其限制于法律所设定范围内，不然就很有可能混淆。因此，EPC 第 53（c）条第二句不应获得狭义解释；相反，应给予这两项条文（EPC 第 54（5）条和第 53（c）条）同样的权重，并认定涉及要求保护疗法的权利要求时，方法权利要求是绝对禁止的，以此保证医生可以自由采取行动，但是产品权利要求可能会获得批准，前提条件是，只要它的主题具有新颖性和创造性。由于禁止疗法治疗方法获得专利保护，EPC 第 53（c）条第一句应与 EPC 第 53（c）条第二句及 EPC 第 54 条第（4）款和第（5）款的内容一起解读和理解，由此，这些条款是互补的，而不是互斥的。依凭法律拟制，EPC 第 54（4）~（5）条承认，即便已经被包含在现有技术中，药物或药物成分仍具有概念上的新颖性，条件是，针对在被 EPC 第 53（c）条排除获得专利保护的某项方法中要求保护新的应用。这一概念性新颖性即非显而易性，并非由所述药物或药物成分推导出，而是从其预期的医疗使用推导出。EPC 第 54（5）条提到了“任何特定使用”，因此结合立法者试图维持上诉委员会案例法在 **G 5/83**（OJ 1985，64）项下在这一方面所形成保护现状的意图，这项用途不可以依职权被局限于某项严格意义上的新指示（认可了 **T 1020/03**，OJ 2007，204）。

2. 而后扩大委员会认为，在剂量规定是要求保护的唯一特征，并且未被包含在现有技术中的情况下，该等专利授权同样也不会被排除。考虑到对第一项问题的回答，并且由于在治疗相同疾病的案件中可以应用 EPC 第54（5）条，则在 EPC 第54（5）条中，"特定使用"可能存在于对不同疾病进行治疗的其他东西中，扩大委员会认为，没有理由去区别对待在某项已知药物某种新的剂量规定中存在的特征和向在判例法中得到承认的任何其他具体用途赋予的特征。但是，扩大委员会强调，涉及衡量新颖性和创造性的整体法律理论仍然适用；特别是，要求保护的剂量规定的定义由此不仅应与现有技术在措辞上存在区别，还应反映不同的技术教导。关于这点的判例获得了持续应用（参见 **T 290/86**；OJ 1992，414；**T 1020/03**，OJ 2007，204；**T 836/01**；**T 1074/06**）。关于第二（和进一步）医疗指示，现在，EPC 允许针对物质本身提起的与用途有关的产品权利要求，但是根据 EPC 1973，**G 5/83** 允许针对在制造用于疗法指示的药物的过程中应用一项物质提起的权利要求（瑞士型权利要求）。似乎 EPC 第54（5）条项下的权利要求种类赋予专利人的权利更广泛，这可能限制医学人员在开出或使用仿制药方面的自由。

3. 在权利要求的主题只有依凭药物的新型疗法应用才可以获得新颖性的情况下，该等权利要求不可以继续采用 **G 5/83** 所规定的所谓的瑞士型权利要求的格式。现在，EPC 第54（5）条允许针对一项已知药物在疗法方法中进行进一步的具体用途提起的与目的有关的产品保护。扩大委员会为该条文的生效设定了时间（参见第6章 A. 4. 2，"合法期望保护原则"）。

T 317/95 中，新颖性争议涉及两个问题，一是两种药品在施用过程上的区别（如处方服法）是否真的能够权利要求10赋予新颖性，二是驳回该项权利要求似乎是应用了 EPC 1973 第52（4）条针对专利性争议的规定。其中的发明涉及治疗同类病人，所使用的商业药物、药物浓度、剂量和治疗形式相同，它们适用的疾病也相同，唯一的区别在于治疗的服法略有不同（BNS 和西咪替丁在五分钟内一并使用）。

委员会评述道，在 **G 5/83**（OJ 1985，64）中，扩大委员会已经指出 EPC 1973 第52（4）条排除医学方法可专利性的目的在于解除对非商业和非工业的医学和兽医活动的限制。委员会并未质疑异议人的下述陈词，即药品业正通过研究所使用的最佳服法尽可能地取得最佳的疗法效果，以此来优化药物和药品施用。但是，委员会指出，为了满足病人的特殊需求而确定最佳的单个疗程，特别是为开出特定药品而规定和修改药物服法似乎属于**医生**在实践其治疗、防止或缓解疼痛或疾病的症状方面的专业医疗技能的**典型行为和义务**。这些为典型的非商业和非工业医学活动，属 EPC 1973 第 52（4）条意图解除限制的对象。委员会认定，在涉诉专利的优先权日之前，医疗从业者已经意识到了使用在权利要求 10 中得到确定的药物组合治疗肠胃失调的可能性。这类似于医生需要开出有效的服法以根据他/她的个人需要进行治疗的情形。因此，委员会质疑的问题似乎是所涉特征是否真的可以被视为代表了新颖性，可以基于在决定 **G 5/83** 中列明的原则中推导出的第二医学指示。无论在哪种情况下，该发明都缺乏创造性。

T 56/97 中，指称发明是基于以下发现，即通过口服使用一定剂量服法或是小单位剂量的噻嗪类利尿剂，病人可以实现降压活动，但是不会产生有效的利尿效果。权利要求 1 采用的是常规的“第二（进一步）医学用途权利要求”的格式。

委员会认为，所发现的全部内容是，如果使用噻嗪类利尿剂的剂量单位足够低，其利尿效果相对而言不会那么显著，甚至可能完全消失，但是降压活动会保留下来。即使假设在现有技术中，这一发现尚不为人知晓，委员会仍认为，只能将这一发现视为用于高血压治疗以减轻和治愈需要该等药物的人类或动物体的高血压症状和病症的噻嗪类利尿药的**已知疗法应用的额外知识**，从信息本身来说，其并不能赋予该等已知疗法应用新颖性。就新颖性的确认而言，该等结果或发现需要引起一项**新的疗法应用或目的**。但在本案中，情况并非如此，委员会不明白如何将权利要求 1 解释为与第二（或进一步）医学用途有关。

上述考量指向权利要求 1 是否符合 EPC 1973 第 52（4）条规定这一问题。委员会认为，确定用于施用特定的药物，以便满足患者的特殊需要并在个体患者的治疗中取得预期的效果的最佳个人治疗计划（尤其是药物给药方案的开方和修改）是医学从业者在治疗、防止或缓解痛苦和疾病症状过程中运用其专业技能的首要责任。该等活动为**典型的非商业性和非工业性医学活动**，是 EPC 1973 第 52（4）条意图保持不受限制的活动。基于该案的若干请求缺乏新颖性且不符合 EPC 1973 第 123（2）条规定，所以，未对以上问题作出最终决定。

T 584/97 和 **T 485/99** 在对仅与已知医学治疗的特殊给药方案的处方相关的特征是否代表可衍生出新颖性的进一步医学指示这一问题上采取了类似的观点。

在 **T 1020/03** 中，权利要求旨在说明胰岛素样生长因子－I 在出于以特殊的不连续施用方式为哺乳动物的施用的目的制备药物中的用途。分析决定 **G 5/83**（OJ 1985，64）后，委员会发现，适用 EPC 1973 第 52（4）条第一句的任何用途，只要具有新颖性和创造性，则即便其成分已被建议用于一些疗法用途，都可以核准形式主张进一步医学用途权利要求，无论指明用途的细节数量有多少。扩大委员会用语“为特定的新型和创新型疗法应用而制造药物”仅仅表明该申请相对于使用这一成分的已知疗法而言，在获得新颖性和创造性方面有所限制。根据委员会，如果权利要求的主题属于核准的瑞士型权利要求主题，不在 EPC 1973 第 52（4）条第一句禁止的疗法之列，则无须进一步考虑须考虑符合该条规定，及依据该条对权利要求的范围进行限制。

委员会认为，并未干涉医疗人员的自由，因为专利所有人只能针对药物成分的制造人或交易人获取救济。药品销售在缔约国受相关管理部门严格控制，所以，对大部分药品而言，其销售所为的疗法可以得到验证。允许第二医学用途专利增加了人们从事必要研究的可能性。

基于这些理由，委员会将决定 **G 5/83**（OJ 1985，64）解释为允许瑞士型权利要求指向为特定的具有新颖性和创造性的疗法应用而使用某药物成分制造药品，其应用的新颖性可能在于即将使用的剂量或方式。但已不再需要瑞士型权利要求（见上文 **G 2/08**）。

c）基于不同施用模式的新颖性

T 51/93 中的欧洲专利申请涉及使用人体绒毛膜促性腺激素 HCG 制造药品并进行皮下施用，这一申请被审查部驳回，因现有技术文件 D（1）中隐含地公布了皮下施用，且皮下施用 HCG 显然不同于肌肉施用。（委员会引用的）文件 D（4）披露了包含 HCG 和稀释剂的施用剂瓶，通过将 HCG 与载体和/或稀释剂混合后存入容器中。要求保护的发明与 D（4）的披露内容之间的唯一区别在于权利要求指向预期的**皮下施用**方法。这一权利要求的形式获决定 **G 5/83** 批准，其新颖性完全在于预期的使用方式，因此唯一的问题在于药品施用方法上的区别是否可以被认定为一种新的疗法用途。委员会根据 **T 290/86**，注意到施用模式可能是医疗中的关键因素，且可与现有技术区分，无任何**现有**理由可拒绝这一区分，并可由此产生新颖性。相应地，可专利性应只依赖于是否这一修改在事实上具有新颖性及创造性。因此，可以确认 D（4）的新颖性（见 **T 143/94**，OJ 1996，430）。

d）基于不同技术效果的新颖性

在决定 **T 290/86**（OJ 1992，414）中，委员会需要裁定以第二医疗用途形式拟就的权利要求的新颖性。权利要求的主题是为消除牙菌斑而使用某镧盐制备药物成分（专利所有人称，消除牙菌斑有预防龋齿的效果）。最接近的现有技术公布了某药物成分，其中的盐含有若干元素，包括镧；该药物成分用于抑制有机酸环境中牙齿珐琅质的溶解度，由此防止蛀牙。委员会认为，要求保护的发明具有新颖性。决定的理由为："当现有技术文件和要求保护的发明都是为同一治疗目的应用于人体的类似治疗方法时，如果要求保护的发明系基于不同技术效果，相对于现有文件的披露内容具有新颖性和创造性，则根据**G 5/83**，构成了进一步医学指示。"本案中新的技术效果为消除牙菌斑，而现有技术只公布了抑制有机酸中珐琅质的溶解度（见 **T 542/96** 和 **T 509/04**）。但在 **T 384/03** 中，委员会认为该案与 **T 290/86** 不同，因所涉两个效果——增加眼部血液流量和降低眼压——会由所述治疗同时引发。相比而言，**T 290/86** 中出现的两个技术效果互不相同，彼此独立。

e）关于已知器械的手术用途的说明

在 **T 227/91**（OJ 1994，491）中，委员会认定，目的仅为手术用途无法导致某涉及使用已知设备组件进行生产（例如流水线）的权利要求的主题产生新颖性。所涉权利要求为在制造激光手术器械时处理基底及涂层以"使用"散射的激光（用途）。指出的目的，即使激光束发散，属于器械的手术用途特征，不影响设备的结构或组件。该类功能指引一般无法导致已知物品产生新颖性，除非该功能会导致必须对物品本身进行改动。目前仅有的例外情形源于 EPC 1973 第 54（5）条，是关于制造特征为产品新用途的已知医学设备的新疗法［第二（或进一步）医疗指示——**G 5/83**］。但是，为手术目的使用器械与上述案例中的疗法用途并不相似，因为器械不会在应用中消耗，可以为同一或其他目的而反复使用。

f）已知化合物属性中潜在的先前未知属性的发现

在 **T 254/93**（OJ 1998，285）中，审查部驳回了一并使用维 A 酸和皮质激素防止皮肤萎缩的申请。

委员会指出，**G 2/88**（OJ 1990，93）中的基本考量为，识别或发现某化合物的先前未知属性可能对现有技术产生有价值的创造性贡献，只要该属性有新的技术效果。显然，这也是为何上诉扩大委员会同意涉及该属性的用途可以认定为技术特征具有新颖性的原因。委员会称，认定阻止皮肤萎缩为一种医学特征并不困难，且根据上诉扩大委员会的结论，这一特征的效果并未通过任何所引的书面文件为公众所知。但是，问题在于在本案中，这一效果是否属于 **G 2/88** 和 **G 6/88**（OJ 1990，114）中所指的技术效果，且根据 EPC 1973 第 54（1）条规定，要求保护的主题须依据这一技术效果产生新颖性。尽管其涉及已知用途的特定方面，权利要求 1 指出的用途（防止皮肤萎缩）实际上与已知用途（治疗皮肤病）没有区别。委员会指出，当第二医疗指示涉及使用某成分制备药物，而最终效果显然在于**为已知目的使用现有药物**时，获取最终效果及制备药物均不体现技术问题。唯一的问题在于根据已知方法解释治疗现象。但是，使用已知药物中某化合物时，**仅仅解释了效果**，即便该解释关系到已知药物中化合物的未知医疗效果，但只要技术人员应用已知方法时已经了解所欲效果，便仍不能就已知方法产生新颖性（见 **T 669/01**）。

同样，在 **T 486/01** 中，专利所有人强调的心理效果只属于已知疗法应用中关于进一步作用机制的额外知识。

在 **T 1001/01** 中，上诉人认为 **T 1020/03**（OJ 2007，204）已经确认，指明“施用方法”始终是具有新颖性的——为“瑞士型”的第二医学用途权利要求附加了特征。（见 **G 2/08**，OJ 2010，＊＊＊，根据瑞士型权利要求在 EPC 2000 中的地位。）

委员会指出，上诉人所称的决定已经在 2006 年发布的《EPO 上诉委员会判例法》第 5 版中获得引用，认为“理解‘新疗法’这一概念的新方法”（该判例法报告第 109 页）不具备关联性，因委员会并未对 EPC 1973 第 54 条作出结论，所以 **T 1020/03** 中对新颖性的评论只属于附带意见。委员会称，事实上，当技术人员已经了解相关现有技术时，对新颖性的衡量仍然是对特定权利要求中的特征进行仔细详尽的技术分析（而非仅仅是从语言上）后依据个案进行决定。实际上，**T 1020/03** 的结论与本案权利要求无关，因为该权利要求的措辞属于可接受的“瑞士型”医学用途权利要求，根据其所作的决定并未与 EPC 1973 第 52（4）条冲突。（见 **G 2/08**，OJ 2010，＊＊＊，瑞士型权利要求在 EPC 2000 中的地位。）

在 **T 385/07** 中，权利要求 1 采用的形式是第二（或进一步）医学用途，目的在于为治疗感染胰腺癌的哺乳动物而使用阿普立定制造药物。根据现行有效的相关法律，所涉事项为是否这一用途与 **G 5/83**（OJ 1985，64）中所称的新颖医学用途相关。委员会认为，根据 **T 158/96**，引用中关于药物正在为进行特定疗法应用而进行临床阶段评估的消息并不有损为同一疗法应用使用同一药品的权利要求的新颖性，只要所述的引用内容并未就实际医疗效果或药理作用作出结论，直接、清晰地涵盖要求保护的疗法用途。

委员会称，专利申请相对于现有技术文件的教导未能提供“新元素”可能导致要求保护的医学用途缺乏新颖性（见 2003 年 4 月 7 日，**T 919/99** 中的理由第 7 点和第 22 ~ 24 点）。但委员会并不认同审查部的观点，其认为涉案申请并未能实际产生能与文件 D1 区分的主题。此外，这一申请与老鼠的体内结果相关，而非人类。但判例法的已有原则是，为对某药物的医学应用进行专利保护，可以认为药理效果或是任何在动物模型上观察到的效果提供了疗法应用的证据，只要对于技术人员而言，该效果直接、清晰地反映了该疗法用途（例如参见 **T 241/95**，OJ 2001，103）。根据这一原则，委员会认为，在没有人类病患数据的情形下，老鼠实验足以预见到在人类身上的抗肿瘤效果。

在**T 1127/05**中，需要根据EPC第54（5）条规定决定是否要求保护的使用已知有机化合物抑制α，β3介导的血管生成不属于现有技术中的特定用途。审查部的决定只是认为权利要求1的主题相对于文件（2）而言缺乏新颖性。审查部称，申请披露了要求保护的化合物α，β5拮抗剂，对α，β3介导的新生血管同样有抑制作用。既然在现有技术中使用化合物抑制血管生成是已知的，则无论是通过α，β3还是α，β5受体抑制血管生成的机制均无法就要求保护的医学应用产生新颖性（根据文件（2）已知）。

委员会指出，文件（2）并未隐含地或明确地披露使用有机类似物抑制α，β3介导的血管生成。但这一技术效果的实现则是权利要求1的技术特征。委员会不赞同审查部的裁断，而是认为，文件（2）自身并未披露是否抑制血管生成的方法除了可以通过α，β5介导，还可以通过α，β3。要求保护的化合物可以阻挡两种血管生成途径本可能隐含地在文件（2）中进行了披露。但委员会总结称，α，β3和α，β5介导的血管生成关联到不同的疾病，要求保护的化合物使用α，β3介导血管生成的拮抗剂，开启了治疗方法的新领域。基于以上考量及上诉扩大委员会在**G 5/83**（OJ 1985，64）中确立的原则，委员会认为，权利要求1的主题具有新颖性。

5.3 第二（或进一步）非医学用途

5.3.1 包含目的特征的用途权利要求和方法权利要求的新颖性标准

a）上诉扩大委员会判定的一般性问题

一般来说，EPC接受方法权利要求和用途权利要求，但以实施某活动的方法（设定一系列流程步骤）还是以基于特定目的使用物品（应用的步骤）对任何活动要求权利，属于优选问题。对上诉扩大委员会而言，没有本质区别（**G 5/83**，OJ 1985，64）。

两件转给扩大委员会的案件涉及第二非医学用途的一般新颖性事项，该用途与医学领域内用途权利要求的特殊问题没有关联。

在非医学领域内，用途权利要求是可接纳的，批准用途权利要求不需要特别条件。在**T 231/85**（OJ 1989，74）中，委员会需要判断某特殊领域中第二非医学用途的新颖性。委员会认为，已知药物无法排除该药物目前未知用途的新颖性，即便新的用途并未要求对同一药物的已知用途有更多的技术认知。在该案中，已知用途为植物生长调节剂，而申请人要求保护的新型用途则是杀菌剂。两种情况下的技术认知都是对有用的植物进行喷洒。

随后，同一委员会就不同的药物成分向扩大委员会转交问题，即根据EPC

1973 第 54 条是否为特定非医学目的使用化合物具有新颖性。鉴于已披露的化合物的用途系基于不同的非医学目的，因此，权利要求中唯一的新颖性特征为使用化合物的目的。这些案件中的具体问题在于，之前已经披露的药物用途，即便说明其目的不同，本质上仍然构成新应用中要求保护的用途（**T 59/87**，OJ 1988，347；**T 208/88**，20. 7. 1988）。

在 **G 2/88**（OJ 1990，93）和 **G 6/88**（OJ 1990，114）中，扩大委员会称，根据 **G 5/83**（OJ 1985，64）中关于药物第二医学用途的原则，产品的第二非医学用途的可专利性已经获得认可。但是，在这一早期决定中，扩大委员会排除了疗法和诊断方法的可专利性，只许可了特定类型的权利要求。这些特殊难题没有在非医学领域中出现；在这些领域中，该问题具有一般性，主要涉及对 EPC 1973 第 54（1）~（2）条的理解。因此，**G 2/88** 和 **G 6/88** 指出，除非要求保护的发明具有至少一项实体技术特征，可将其与现有技术区分开来，否则，不具有新颖性。所以，决定权利要求新颖性时的一个基本的考量是，对其进行分析以决定其技术特征。扩大委员会认为，如果权利要求的措辞清晰地定义了已知化合物的新型用途的话，则一般合理的理解应该是，这一新型用途系基于要求权利发明的某个技术特征，获得了新的技术效果。由此，如果这一用途所涉的特定技术效果已经在专利中获得描述，则对相应权利要求的合理理解要求其中的某技术特征至少隐含地包括了功能特征，如，化合物实际实现了该特定效果。

以 **T 231/85**（见上文）的事实为例，扩大委员会认为，指向将药物作为杀菌剂用途的权利要求（已知可作为生长调节剂）隐含有**功能性**技术特征，也就是说，当以所描述方法使用该药物时达到了控制真菌的效果（实现功能）。权利要求不应仅仅从字面上理解为只包括了“实现所称目的的方法”和“特质”的技术特征，特定情况下还应理解为根据其**技术结果**，将达到该目的的功能作为技术特征纳入其中。当考查新颖性时，个案中决定性的事实问题是什么已经为公众所知。需要在事实上已经为公众所知的内容和仍然隐藏或并未为公众所知的内容之间划出界线。就此而言，还需要强调缺乏新颖性和创造性之间的区别：等同于某个要求保护的发明的信息可能“已经为公众所知”（因此缺乏新颖性），或是并未为公众所知但显而易见（因此具有新颖性但不具有创造性），或是并未为公众所知也不显而易见（同时具有新颖性和创造性）。因此，应该强调，隐藏的内容仍可能是显著的。根据 EPC 1973 第 54（2）条，问题不在于之前已经为公众所知的内容中可能内在地包含什么内容。根据《公约》，不得根据隐藏或是秘密的用途来驳回欧洲专利，因其尚未为公众所知。就此而言，《公约》的条文可能与某些缔约国之前的国家法不同，甚至是当前的国家法。所以，根据 EPC 1973 第 54 条规定，不存在“内在的”问题。从发明在先的用途中衍生出的任何既有权利都是国家法问题。

扩大委员会由此得出的结论是，如果某权利要求指向已知化合物的新型用途，则该用途可能反映专利中新发现的技术效果。所获得的这样一种技术效果应认定为权利要求的**功能性技术特征**（如该技术效果特定背景下的成果）。如果 EPC 1973 第 54（2）条所述的任何方法的技术效果之前均未被公众所知，则要求保护的发明具有新颖性，即便该技术效果可能在实施之前已经为公众所知的内容时已经内在地实现。**T 59/87**（OJ 1991，561）和 **T 208/88**（OJ 1992，22）的最终决定都认为要求保护的发明同时具有新颖性和创造性。

b）动物的非疗法性措施

T 582/88 的情形与 **G 2/88** 略有不同，但委员会仍应用了 **G 2/88** 中的原则。发明的主题是为提升动物的牛奶产量而采取非疗法性的措施，包括口服增加更多丙酸的糖肽类抗生素。委员会认为，在本案中，发明提升牛奶产量这一技术效果，属于新的技术特征，足以产生新颖性。权利要求的主题为对动物采取非疗法性措施的方法，而非 **G 2/88** 中的使用已知产品实现新效果。

c）与已知疗法用途不同的非疗法用途

在 **T 469/94** 中，审查部驳回了以指向胆碱或胆碱衍生物的第二医学指示的一系列权利要求为基础的欧洲专利申请，因其认为涉案申请中要求保护的减少肌肉疲劳的治疗相当于或等同于已知的使用胆碱治疗肌肉疾病和僵硬的治疗。上诉人提交了一系列新的具有保护某产品的第二非疗法用途的形式的权利要求，以回应委员会的通信。

考查该案后，委员会得出的结论是，胆碱可减少疲劳感的能力并未为公众所知。疗法领域中胆碱的首次使用源自两份现有技术文献。委员会认定，如果该效果导致新的技术用途，可以清晰地与已知应用区分，则可以基于此新发现的效果产生独立的发明。现有技术文献实际上描述了对以下患者群使用胆碱的情形：癫痫或是肌肉疾病和损伤。同样，某现有技术文献中设想使用胆碱预防肌肉风湿或由于甲状腺疾病引发的肌肉问题，并不意味着预防疾病本身，而只是防止慢性病的急性期。委员会指出，剧烈运动后的疲劳感并非病理性的，且剧烈运动后的表现与现有技术文献中的情形非常不同，特别是肌肉损伤。因此，发明中对胆碱的非疗法用途**指向特定人群**，具有独立性，可以与已知疗法用途区分。涉案权利要求的主题具有新颖性。

d）瑞士型权利要求的新颖性

在 **T 292/04** 中，专利的权利要求 1 指向使用卤过氧化物酶制造抗菌剂，系以瑞士型权利要求的形式撰写。该药剂的用途不仅用于在 EPC 1973 第 52（4）条所提到的方法中，还用在该条未指出的方法中，比如在隐形镜配方中使用。委员会强调，根据 **G 5/83**（OJ 1985，64）的原则，只要权利要求 1 指向在 EPC 1973 第 52（4）条之外的方法中使用卤过氧化物酶制造抗菌剂，则无法根据所称的选择性杀灭致病菌的新发现效果产生新颖性和创造性。而且，权利要求并未限于所制造药剂的疗法用途，而是指向制造液体抗菌药剂的方法。上诉人辩称，现有技术文件并未披露涉案专利所描述的新发现的技术效果。不过，委员会指出，**G 2/88**（OJ 1990，93）的推论并不适用，因为权利要求 1 并不指向已知化合物的新用途，而是已知化合物在制造某药剂的过程中的用途。上诉扩大委员会在 **G 5/83** 中认定，该类权利要求只在某特例中具有新颖性；也即制造药剂的目的为在对人体或动物体进行的手术、诊断或治疗方法中使用该药剂。（根据修改后的 EPC，在该情况下瑞士型权利要求不再具有必要性及可能性 —— 见 **G 2/08**，OJ 2010，＊＊＊。）

e）功能性特征在已知方法中的新用途

在 **T 848/93** 中，申请要求某方法的权利，与现有技术的唯一区别在于其用途（回熔而非气相焊接）。审查部认定该权利要求意味着要求保护的方法适于所描述的用途，但虽然并未明示，现有技术中已知的方法同样适合该用途，因此缺乏新颖性。

委员会认为，如果某权利要求涉及一种设备，与已知设备的区别仅在于所指明的用途，则该用途并非设备的特征。这意味着这两种设备在结构上相同。如果已知设备适合于要求保护的用途，则该用途缺乏新颖性。且权利要求如指向某物、某药物或是药物成分，结果也一样。但方法权利要求的情况不一样。该类案件中，用途特征属于功能性用途特征，与方法的其他特征（步骤）近似。因此，**T 69/85** 的情况不适用于本案。

在 **T 1049/99** 中，委员会认为 **G 2/88** 和 **G 6/88**（OJ 1990，93 和 114）中设定的标准不能简单地应用于方法权利要求。委员会指出，根据这些决定，只要某用途权利要求实际定义了已知特定物理实体的用途，则即便达到新目的的识别方法与已知的相同，新的目的与新的技术效果的结合仍会导致要求已知产品权利的用途产生新颖性。委员会将之与 EPC 1973 第 64（2）条的范围区分开来，后者的情形为方法权利要求，定义了为完成某产品的特定物理实体的用途。对上诉扩大委员会在以上决定中设定的标准进行拓展，会导致基于新发现的方法本身中的效果保护该方法获得的产品，即便该方法与已知的相同（见 **T 910/98**）。

在 **T 1092/01** 中，要求保护的主题涉及某方法，其技术特征包括在现有技术文件 D2 和 D3 披露的内容中，但其用途并未在这些文件中披露（将叶黄素异构化为玉米黄质）。更一般地说，权利要求 1 与可实现先前未知技术效果的已知方法相关（仍可能在实现方法的内部过程中发生）。委员会接纳 **G 2/88**（OJ 1990，93）的思路，其同样关联已知化合物的用途，而该用途系基于已知化合物先前未知的技术效果。因此，委员会认为，问题在于通过已知方法达到的新效果是否具有新颖性。根据 **G 2/88**，委员会得出的结论是，如果新发现的效果能指引技术人员进行新的行为，与之前的已知方法无关联，则该效果能导致指向该新行为的权利要求产生新颖性，如某用途或方法（权利要求）。如果不是这样，则缺乏新颖性。

f）指向为特定目的使用已知方法的权利要求

因为在 **T 210/93** 中要求保护的温度范围已经在 D1 中披露，审查部认为，要求保护的制造橡胶产品的方法不具有新颖性。申请人引用 **G 2/88** 和 **G 6/88** 声称，使用已知方法以制备橡胶产品能获得 X 成分的特定最高比例。其辩称，D1 中没有披露这一摩尔比，因而构成“实现先前未知化学结构排列的具体技术目标”。委员会指出，**G 2/88** 和 **G 6/88** 涉及为特定目的使用已知化合物的权利要求，与上诉人的权利要求相比而言，其指向为特定目的使用已知方法，而该目的为制备该方法会自然产生的特定产品。委员会认为，**为制备其产品而使用某方法**只涉及同样的方法，且就其保护范围而言，指向该方法的权利要求和指向该用途的权利要求没有区别。

在 **T 684/02** 中，涉及权利要求主题新颖性问题时，双方均反复引用 **G 2/88** 和 **G 6/88**。委员会称，上诉扩大委员会在 **G 2/88** 和 **G 6/88** 中明确对“使用已知化合物的权利要求”作出限制，权利要求中的技术效果需能理解为功能性技术特征。在委员会看来，这一规定并未为措辞与之不符的权利要求留出任何空间。

但所涉权利要求与上诉扩大委员会在以上决定中所遇到的情况不同，其并未指向为特定目的使用化合物或是化学药物成分，而是，按申请人在审查程序中所选的措辞，指向了方法的用途。第一上诉人认为，**G 2/88** 和 **G 6/88** 中的考量对于当前指向使用某方法的权利要求也同样适用，因为通过这一方法，产品性能将获得提升。委员会不同意这一观点。

委员会指出，权利要求 1 指向使用氟化反应过程以从起始聚合物中移除不稳定末端基。这一方法会在其结果中显现，如产品的内部属性及其特定历史来源的影响（见 **T 119/82**；OJ 1984，217，特别是理由第 11 点），但不包括产品的特定使用效果。此外，在委员会看来，指向使用方法或方法本身的权利要求标明了产品制造者，无论其后有哪些应用、进一步处理方法或是产品用途为何；而指向使用产品的权利要求则清晰标明了该产品的消费者/使用者。换言之，所声称的优势或目的不应认定为权利要求 1 的功能性技术特征，因为根据上诉委员会的规定及技术原因，当用于特定情形下及边缘状态时，这些优势或目的只与（在某些方法中制造的）产品相关。最后，委员会称，其赞同 **T 210/93** 中的理由 3.2.3，即为特定目的而使用方法“系使用同一方法”。由此，委员会认定，请求不能满足 EPC 1973 第 52（1）条和第 54 条的要求。

在 **T 1179/07** 中，委员会认为，**G 2/88** 和 **G 6/88** 的裁断主要涉及为此前未知的目的而使用已知化合物的权利要求（见案件提要，第 III 点）。这些决定并未涉及关于为特定目的而设的方法的权利要求。尽管“使用某化合物”可以被认定为一个含有使用化合物的程序步骤的方法，用途权利要求一般不等同于方法权利要求，因为 EPC 第 64（2）条作为其规则，不适用于用途权利要求。依据上诉扩大委员会在 **G 2/88** 中的推论（推论第 5.1 点），EPC 第 64（2）条一般不会指向主题为使用某方法来达到特定效果的专利（这一般是用途权利要求的主题），而是指向主题为产品制造方法的专利。

即便指明特定目的，本案中要求保护的方法目的仍显然在于制造产品：对原产品的程序处理产生了与原产品不同的最终产品。如果委员会试图将 **G 2/88** 和 **G 6/88** 中的裁断扩展到已许可的方法权利要求，则根据 EPC 第 64（2）条规定，这会对已许可的方法权利要求 1 产生新的保护，即便该产品根据 D1 已知，且已通过与 D1 描述的相同的方法获得。但将其保护扩展到通过已知方法获得的产品与 EPC 第 64（2）条的目的和对象不符。特别是，在委员会看来，根据 EPC 第 64（2）条的上下文，对方法和用途权利要求的区别对待并未将扩大委员会在 **G 2/88** 和 **G 6/88** 中确立的关于为先前未知的目的而使用已知化合物的原则扩展到方法权利要求上（参见 **T 684/02**、**T 910/98** 和 **T 1049/99**）。

g）发现已知用途中的新属性/技术效果

在 **T 958/90** 中，委员会提到，只要专利提供了迄今未知的信息，则已知效果可以具有新颖性。

在 **T 279/93** 中，异议部撤销了在某方法内使用第一化合物以制备第二化合物的权利要求，因其缺乏新颖性。特别是权利要求指向了使用烷醇胺以降低三聚氰胺杂质的生成。上诉人称，尽管这一目的可能通过遵循现有技术文件的指示能内在地实现，权利要求的主题仍能由此而具有新颖性。根据 **G 2/88**（OJ 1990，93）中的推论，内部性不会破坏新用途的新颖性，而是应被认定为权利要求的功能性技术特征。

委员会判定，在制备其他化合物的方法中使用某化合物以减少杂质并不一定是 **G 2/88** 所指的功能性技术特征，因此，含有这一步骤的权利要求主题不会在任何情况下都产生新颖性。本案中的事实与 **G 2/88** 的情形有显著区别，因为相对于这一决定的要求而言，涉案权利要求似乎未能包含任何新的技术效果或技术目的。委员会认为，注意到之前的产品包含较少三聚氰胺杂质纯属发现。为了将之转化为具有专利性的发明，表达新技术效果的特征，权利要求中的用途应该是该产品的某些**新用途**，即能为特定的新技术目的提供新发现的较少三聚氰胺杂质解决方案。但涉案专利并未披露该类新型用途；其并未教导技术人员做某些其知晓该专利内容前不会做的事。专利只是为技术人员提供了在其他已知产品基础上制备另一已知产品的现有技术理由，而该现有技术已知（另见 **T 1855/06** 关于已知药物的新用途）。

在 **T 892/94**（OJ 2000，1）中，委员会指出，根据 **G 2/88**（OJ 1990，93），对于指向为迄今未知的（例如新型）非医学目的而使用已知药物的权利要求而言，只要该用途反映了新发现的技术效果，则可以获得 EPC 1973 第54（1）条意义上的新颖性。但如果新发现的技术效果**已经存在于已知药物的已有用途中**，则指向为已知非医疗目的而使用已知药物的权利要求无法产生新颖性。

委员会判定，引用文件（1）的披露有损涉案权利要求的新颖性。尽管被引用文件中并未描述“芳香酯”在除臭成分中会起作用这一技术效果，但并不影响其新颖性遭破坏的结果。在除臭产品中使用“芳香酯”作为活性成分时产生的除臭效果源自其抑制生产酯酶的微生物的能力。这一事后发现似乎应被认定为关于该种芳香酯的已知用途或应用的（潜在意外的）知识，不能为权利要求赋予新颖性。因为新发现的技术效果需要能导致“芳香酯”确实产生新的技术应用或用途，才能产生新颖性。该用途与已知的应用或用途未必有联系，而且能与之清楚地区分开来。

在 **T 706/95** 中，委员会认定，为了降低同一污水中氮氧化合物的浓度这一**相同已知目的**而使用的**相同已知方法**有额外效果，这一发现不能就此已知用途产生新颖性（见 **T 934/04**）。

在 **T 189/95** 中，委员会裁定，药物的新属性，如某个新的技术效果，未必会指示或导致该药物的某个新用途。例如，新属性**只是**如 **T 892/94**（OJ 2000，1）一样**解释现有技术中已描述的用途的机制**。本案中，委员会再次裁定，如果该发现只是表明已知药物的已知用途的原理，则发现新属性或活动本身不会导致为已知非医学用途而使用已知药物的权利要求产生新颖性。

关于所发现的先前已知用途的化合物背后的未知属性，参见 **T 1073/96**，这一决定引用了 **T 254/93**（OJ 1998，285）。相比之下，委员会也裁定具有新用途，例如，**T 319/98**、**T 952/99**、**T 966/00**、**T 326/02** 和 **T 1090/02**。

h）药物用途仅在特定情形下达到的技术效果

在 **T 977/02** 中，涉案权利要求事实上不是指向设备本身，而是指向使用特定部分（电机的架子）来实现某技术效果（以促进电机的循环利用）。根据 **G 2/88**（OJ 1990，93）和 **G 6/88**（OJ 1990，114），委员会认定，基于专利中描述的技术效果（在循环利用过程中通过绕组将材料破碎为碎块的处理方法）指向为特定目的（促进电机的循环利用）而使用某具有特殊属性的部分（能够压成碎块的材料）的权利要求，应被理解为凭借该技术效果而构成功能性技术特征。委员会认为，像之前的案件中的情形一样，当技术效果只能在特定情形下（当该电机被回收时）实现时仍然有效。委员会还认为，涉案权利要求中定义的用途涵盖了选择特定材料来制造架子，构成新颖的选择。

5.3.2　EPC 1973 第 52（4）条看非医学用途权利要求的目的说明

在 **T 36/83**（OJ 1986，295）中，委员会称，申请人首次发现了现有技术中某已知化学产品意想不对的性质，并在若干用途中展示了这些特性，因此，申请人有权为这些用途获得保护。本案中的说明书用两种方法展示了这些用途；一种是医学方法和一种是非医学方法。根据 EPC 1973 第 52（4）条规定，医学方法不具有可专利性，但在医学方法中使用的产品则可获得专利保护。权利要求 1 ~7 依此措辞。非医学方法一般属于具有专利性发明的范围。正常情况下，不会驳回这类用途或方法权利要求（见 **G5/83**，OJ 1985，64）。申请人选择了“**作为化妆品使用噻吩甲酰过氧化氢**”的措辞。委员会认为，本案中**可接受**这种形式的权利要求。委员会指出，根据 EPC 1973 第 52（4）条排除专利性时，权利要求的措辞很重要。本案的结论为，委员会认定，使用“化妆品”一词就该应用的上下文而言已足以排除疗法用途，而无须特别声明没有这类用途。

5.3.3　具有目的特征的产品权利要求的新颖性标准

在 **T 215/84** 中，委员会认为，可以通过一种新的方式使用已知设备这一发现无法导致该设备本身产生新颖性。

在 **T 523/89** 中，某现有技术文件披露了一种容器，其具有涉案专利权利要求 1 中定义的全部结构特征。因此，唯一的问题是 D1 并未指出所披露的容器意在用于储存冰淇淋。委员会指出，《指南》中已解决指向特定用途的物品的权利要求是否可预期的问题，而根据已有答案，显然除了已知药物的医学用途，只应认定指出的特定用途**仅限于适合物品的用途**。换而言之，即便该物品适合新用途，指向此物品的发明披露后，无须在发明中提出这一要求保护的新用途，仍导致指向该新用途的物品权利要求缺乏新颖性。委员会对《指南》中设定的这一理解原则没有异议。

在 **T 303/90** 和 **T 401/90** 中，主要的权利要求与某包含已知医疗化合物的避孕药物成分相关。委员会认为，要求保护的药物成分不具有新颖性，而增加的“避孕”一词并未将产品权利要求变为用途权利要求。如果该产品已经在其他技术领域中已知，则增加的目的**只在第一医疗用途中**导致产品权利要求产生新颖性（见 **T 1200/03**）。

在 **T 15/91** 中，委员会裁定，根据上诉委员会的判例法，只要迄今未知的用途并未要求对已知设备的技术设计进行修改，发现能以迄今未描述的方式使用已知设备不会导致设备产生新颖性（见 **T 523/89**）。

在 **T 637/92** 中，委员会认为，根据既定判例法，要求保护的设备（或产品）的目的说明应被理解为，该设备**适合用于所称的目的**，且如果某已知设备用于其他目的，并具有专利权利要求中所列全部特征，但不适合用于权利要求中所指的目的，则该已知设备并不破坏权利要求的主题的新颖性（见 **T 287/86**）。但是，本案并未满足这些条件，因为，从引用中可知该设备并不包含权利要求1的任何特征。

D. 创　造　性

1. 简　　介

就**现有技术**而言，如果某项发明对**本领域的技术人员**来说不是**显而易见**的，则应认为该发明具有**创造性**（EPC 第56条第一句，未修改）。在判定是否具有创造性时，“现有技术”是指 EPC 第54（2）条所定义的现有技术。EPC 第56条第一句是 EPC 2000 修改版的一部分，而且这句话在其三种官方语言版本中保持不变。EPC 第56条第二句的措辞在其英文版本和法文版本中稍有编辑性修改。修改不包括后来公布的 EPC（修改本）第54（3）条提到的欧洲申请。只有在考虑新颖性时，此类在先申请才是现有技术的组成部分；而在考虑创造性时，此类在先申请则不是现有技术的组成部分（详细信息参见《指南》C－IV，7.1 和 11.2，2010年4月版）。

技术进步并非 EPC 规定的可专利性的要求。因此，与在售产品相比较而言的技术进步，作为对于所指称的创造性的支持，不能替代相对于有关最接近的现有技术而言具有创造性的证明（见 **T 181/82**，OJ 1984，401；**T 164/83**，OJ 1987，149；**T 317/88**，**T 385/94**）。

专利所赋予的独占权的限度应与对本领域的技术贡献相符，并由该技术贡献证明其正当性。这项一般法律原则曾适用于 **T 409/91**（OJ 1994，653）和

T 435/91（OJ 1995，188）（尽管是为了确定 EPC 1973 第 84 条和第 84 条所证明的保护范围），而且同样适用于根据 EPC 1973 第 56 条所作出的决定，因为一个合法有效的权利要求所涵盖的所有内容都必须具有创造性。否则，就必须通过删除其中任何显而易见的内容对该权利要求进行修改，以确保独占权的正当性（**T 939/92**，OJ 1996，309；**T 930/94**，**T 795/93**，**T 714/97**）。

2. 问题和解决方案方法

各委员会一般采用“问题和解决方案方法”来判断创造性。该方法主要由以下部分组成：

（a）确定“最接近的现有技术”；

（b）与已经确定的“最接近现有技术”比较，判断要求保护的发明所获得的技术成果（或效果）；

（c）限定要解决的技术问题作为获得上述成果的发明目的；并且

（d）就以下问题进行审查：技术人员考虑到最接近的现有技术，为实现该要求保护的发明成果所取得的成果，是否会建议采用要求保护的技术特征（另见《指南》C－Ⅳ，11.5，2010 年 4 月版）。

委员会多次援引 EPC 1973 细则第 27（1）（c）条作为问题和解决方案方法的依据。在 EPC 2000 中，EPC 1973 细则第 27（1）（c）条被重新编号为 EPC 细则第 42（1）（c）条。但是，除其英文版本的措辞稍有编辑性修改外，该条款的规则本质上保持不变。EPC 细则第 42（1）（c）条要求披露发明时所采用的词语应使人能够理解技术问题（使并未明确表述技术问题本身）及其解决方案。因此，问题和解决方案是任何技术发明的组成部分。提出问题和解决方案方法主要是为了确保客观判断创造性，避免对现有技术进行事后分析。

根据上诉委员会判例法（参见 **T 1/80**，OJ 1981，206；**T 20/81**，OJ 1982，217；**T 24/81**，OJ 1983，133；**T 248/85**，OJ 1986，261），对创造性的判断必须基于发明人的客观成就，而非主观成就。应从客观的普遍存在的现有技术出发，基于客观标准以及关于披露的解决方案是否对技术人员是显而易见的考虑来确定技术问题。尽管问题和解决方案方法并非强制性的，但正确使用这一方法有助于客观判断创造性。**事后分析**利用了发明中的知识，这是不允许的。而正确运用“问题和解决方案”就可以避免此类事后分析（**T 564/89**、**T 645/92**、**T 795/93**、**T 730/96** 和 **T 631/00**）。因此，原则上应采用问题和解决方案方法；不过如果例外地采用其他方法，应说明不采用普遍认可的问题和解决方案方法的原因。

委员会在 **T 967/97** 中表示，问题和解决方案方法在本质上是以技术人员在优先权日应客观（也就是在不知道专利申请和与该专利申请相关的发明的情况下）掌握的关于技术问题及其技术解决方式的实际知识为基础的。如果技术人员有若干种可能对该发明具有启示作用的可行方案可供选择，那么根据问题和解决方案方法的基本原理，在作出任何**确认**创造性的决定之前，必须将发明相对于所有这些可能的方案进行评价。如要**否认**创造性的，即使技术人员有若干种可行的解决方案可供选择，技术人员可以对引用的现有技术进行预选，无须提供任何特别理由；理由陈述只能起到一个作用，那就是表明根据与可行方案（至少）之一有关的现有技术，该发明对于技术人员来说是显而易见的（另见 **T 558/00**、**T 970/00**、**T 172/03**、**T 323/03**）。

在 **T 465/92**（OJ 1996，32）中，委员会在判断创造性时，没有采用问题和解决方案方法，并表示，问题和解决方案方法只是一种优缺点并存的可行方法之一。但是，该决定仅限于这一个判例。

3. 最接近的现有技术

3.1 确定一般最接近的现有技术

根据问题和解决方案方法，委员会已经制定了某些标准，用来确定作为出发点的最接近的现有技术。确定相关现有技术后，必须仔细考虑在有关案件中，技术人在考虑了所有关于要求保护的发明的技术背景的可用信息后，是否有足够理由将该现有技术作为进一步进展的出发点。EPC 1973 第 54 条下的“现有技术”应理解为“现有科学技术”，EPC 1973 第 54（2）条的“所有事物”应理解为与某技术领域相关的信息有关（**T 172/03**）。

委员会一再指出，用于判断创造性的最接近的现有技术通常是现有技术文件，所述文件披露与要求保护的发明有相同的目的而构想的技术主题或指向相同的目标，且两者具有最相关的共有技术特征，例如，要求最小限度上的结构修改（**T 606/89**、**T 686/91**、**T 834/91**、**T 482/92**、**T 298/93**、**T 380/93**、**T 59/96**、**T 730/96**、**T 650/01**）。选择最有可能的出发点的另一个标准是技术问题的相似性（参见 **T 495/91**、**T 570/91**、**T 439/92**、**T 989/93**、**T 1203/97**、**T 263/99**）。因此，确定最接近的现有技术是客观行为，而不是主观行为。确定最接近的现有技术是基于概念上的技术人员对各个现有技术的主题、目的和特征的客观比较，最后将一个现有技术确定为最接近的现有技术（**T 1212/01**）。

在 **T 1464/05** 中，委员会认为，通过公开在先使用的方式使公众可获得的特征，是最接近的现有技术（见下文 7.1.1，“技术人员”）。

最接近的现有技术必须按照在要求保护的发明的申请日或者有效优先权日

之前一日技术人员的观点进行判断（**T 24/81**，OJ 1983，133；**T 772/94**，**T 971/95**，《指南》C－Ⅳ，11.5.1，2010 年 4 月版）。

3.2　相同目的或效果

在选择最接近的现有技术时，首先必须考虑的是其必须与发明针对相同的目的或效果。否则，该现有技术不能以显而易见的方式引导技术人员推出要求保护的发明。根据 **T 606/89**，用于客观判断创造性的最接近的现有技术通常是与一种要求在最小限度上进行结构和功能修改的**相似用途**相对应的现有技术（参见 **T 574/88**、**T 834/91**、**T 897/92**、**T 380/93**、**T 1040/93** 以及 **T 795/93**）。在 **T 273/92** 中，上诉委员会确认了委员会的既定判例法，根据该判例法，不能仅凭产品的组成具有相似性，就认为某个文件是一项发明的最接近的现有技术；该文件还必须描述其适合该发明的预期用途（另见 **T 327/92**）。因此，根据 **T 506/95**，最接近的现有技术最适合发明所宣称的目的，而不是表面上表现出与要求保护的方案的结构相似性。理想状态下，上述目的或目标应已在现有技术文件中作为值得实现的目标提到（**T 298/93**、**T 859/03**）。这样做的目的是判断过程的出发点实际上应尽可能接近发明人的处境。必须考虑现实世界的情况。如果根据本标准还不确定最接近的现有技术，则应采用其他可行的出发点再次运用问题和解决方案方法（**T 710/97**、**T 903/04**）。

在 **T 176/89** 中，委员会得出结论，最接近的现有技术包含两个相互组合的文件。委员会认为，**在例外情况下**，这两个文件须结合起来解读；这两个文件具有相同的专利权人，发明人大体相同，且明显涉及同一套测试方法。但是，一般来说，在判断创造性时，如果在此情况下两个文件的教导内容明显是互相矛盾的，那就不应该将两者结合起来（另见 **T 487/95**）。

3.3　技术问题的相似性

作为评价一项发明的创造性的起点的文件，应涉及与涉案专利相同或相似的技术问题，或者至少应涉及与涉案专利相同或密切相关的技术领域（**T 989/93**、**T 1203/97**、**T 263/99**）。

在 **T439/92**（角落淋浴间或者圆形淋浴间的隔断墙）中，委员会指出，尽管可以自由选择反对发明缺乏创造性所基于的出发点，但是所选择的现有技术应符合某些标准才能视为最接近的现有技术。标准之一是已在专利中陈述的技术问题。显然，在很多案件中，技术问题与被选定为最接近的现有技术的现有技术之间存在一定的联系，这是合理的。（**T 495/91**、**T 570/91**）。

在 **T 325/93 中**，申请涉及环氧树脂分散，其提供了耐冲击性更强的凝固树脂。委员会表示，无法从 D2（D2 涉及低摩擦系数组合物，并且根据一审部门和上诉人所述，D2代表了最接近的现有技术）的披露中推导出也不能从中真正辨识出该申请所提出的问题。早在**T 686/91**中，另一个委员会就曾评述道，如果一个文件未能提及至少与可从专利说明书中推导出来的技术问题相关的技术问题，那么无论该文件与有关专利的主题拥有多少个共同技术特征，该文件通常情况下不符合成为判断创造性所用的“最接近的现有技术”的条件（另见**T 410/93**、**T 708/96**、**T 59/96**、**T 979/00**以及**T 496/02**）。在**T 644/97**中，委员会得出结论，“最接近的现有技术”披露与要求保护的主题无关的（也就是说，该披露并未提及至少与可从专利说明书中推断出来的技术问题有关的技术问题），由该披露产生的技术问题的解决方案实际上绝不可能显而易见，因为无论技术人员如何尝试，始终是无法建立一系列考虑事项并借此以显而易见的方式推出要求保护的主题。同理，各个要求保护的主题相对于该技术而言也是非显而易见的（另见**T 792/97**和**T 599/03**）。

在**T 835/00**中，异议部认为D1是最接近的现有技术，而D1并未提及要求保护的发明所提出的任何问题方面。因此，产生的技术问题与D1的实际披露无关，但是，该技术问题的解决方案相对于D2的披露则是显而易见的。委员会引用**T 686/91**，并表示选择若没有不合适的事后认识就不能据其确定相关技术问题的现有技术披露作为运用问题和解决方案方法的出发点，这是一个致命的缺陷，因为若没有该事后认识，想要确立一个合乎逻辑的、可推出要求保护的发明的考虑事项链的尝试均会由于缺少相关可确定的目标或者目的而从一开始就陷入困境。如果无法从所指称的最接近的现有技术中推导出该相关问题，那么就更无法推导出其解决方案的措施。换言之，该发明相对于该现有技术而言并不是显而易见的（另见**T 548/03**）。

3.4 最有前景的跳板

T 254/86（OJ 1989，115）将客观上最接近的现有技术描述成可供技术人员使用的、通向发明的“最有前景的跳板”（另见**T 282/90**、**T 70/95**、**T 644/97**）。

如果若干引用的文件都与要求保护的发明同属一个技术领域的，则最接近的现有技术是在申请日最容易使指技术人员作出该项发明的技术（**T 656/90**）。

根据**T 870/96**，在评估技术人员在使用问题和解决方案方法时的能力和行为时，应选择一个“桥头堡”位置作为最接近的现有技术。该位置应该是所述技术人员在置身于要求保护的发明的“情形”（只要前述情形可从该现有技术中的某个项目中获取）之下会**现实地**采用的位置。因此，在这些“情形”

中，发明主题的指定、原始问题的提出、预定用途和所要达到的效果等方面所获得的权重通常应高于最大数量的完全相同的技术特征所获得的权重（另见 **T 66/97**）。

在 **T 824/05** 中，委员会遇到这样一个情形：存在两个非此即彼的出发点，二者均适于判断创造性，通过其中一个出发点，也就是 D11，得出的结论是要求保护的主题是显而易见的，而通过另一个出发点，也就是 D1，则得出恰好相反的结果。委员会认为，在这种情况下，D1 不能作为该技术的最接近的现有技术，因为 D1 并不代表通向发明的最有前景的跳板。

3.5 选择最有前景的出发点

有些决定解释了如何确定最接近的现有技术。该最接近的现有技术为技术人员铺就了一个最为便捷的路径，帮助他们得出要求保护的解决方案，或者找到最有前景的出发点，从而取得一个显而易见的发展，最终得出该要求保护的发明。用于判断创造性的出发点至少应该是一个“有前景的”的出发点，也就是说，技术人员有可能通过该出发点作出该要求保护的发明。

在 **T 211/01** 中，委员会认为，事实上，不仅技术人员通常根本不会考虑明显有缺陷的披露，而且当存在其他现有技术，且该现有技术的披露并没有受到质疑的，并且和涉案专利一样指向相同的目的或者效果，那么选择一个有缺陷的披露作为评估创造性的出发点就会显得格外不切实际。因此，如果某个文件明显存在缺陷，且本领域的技术人员在再现该文件的披露时可轻易识别前述缺陷的，则不得将该文件视为对于判断创造性来说最有前景、最合适的出发点。

在 **T 570/91** 中，委员会强调，尽管本领域的技术人员在选择出发点时完全是自由的，该技术人员在作出选择后必然会受其选择的约束。例如，如果该技术人员喜欢并决定选择某一特定的压缩机活塞作为出发点，他可以进一步改进该活塞，但是在改进完成后，其成果通常仍然是压缩机活塞，而不会是内燃机活塞。在 **T 439/92** 中，委员会作出了如下解释：在知晓相关各类对应的优缺点的情况下有意识地选择出发点，不仅确定了作为出发点的主题，而且限定了进一步改进的框架，也就是在该具体类型内作进一步的改进。如果在对有意识地选定的类型作出进一步改进的过程中变为另一种类型，且改变后的类型是先前已知的但未曾选择的，则只能将该变动视为事后分析的结果（另见 **T 1040/93**、**T 35/95**、**T 739/95**、**T 255/03**）。最初选择的发明类型在改进过程中发生变动是不太可能的，通常也不是显而易见的（**T 817/94**）。属类上不同的文件通常不能视为用作判断创造性的现实可行的出发点（**T 870/96**、

T 1105/92、**T 464/98**）。

在判例 **T 487/95** 中，委员会选择了某种军用防护头盔作为最接近的现有技术，但是，委员会指出，这并不意味着描述另一种类的保护头盔（如工人用的安全帽）的文件不能看作本领域技术人员所掌握知识的构成部分。在该案例中采用的是问题和解决方案方法，涉及一种已知的军用保护头盔（D9）的涉案专利中所包含的信息是**主要**信息来源，也就是最有前景的出发点，技术人员会从该出发点出发，尝试得出要求保护的主题。但是，其他文件可以作为**次要**信息来源（在该案例中为工人的安全帽），从业的技术人员可以从此类信息中获得与所要解决的问题相关的指示和启发。

但是，在运用这些原则时，应注意避免采用溯及既往的方法。一位竭尽全力想要得出一种简单的构造的技术人员，不太可能一开始就使用一种涉及复杂机制的与众不同实施例的现有技术，后来却又从发明中省去该机制（**T 871/94**）。

在 **T 211/06** 中，原申请是一项 PCT 申请。审查部将申请中指出的背景技术作为判断创造性的出发点。据申请人说，该背景技术包含保密信息。委员会表示，这种背景技术是指在优先权日可公开获得的技术，而不是仅在聘用发明人的公司内知晓的某种内部现有技术。如果可获得的证据证明，提交的申请中的披露根据 EPC 1973 第 54（2）条的规定不能作为现有技术的，该披露不能用作判断创造性的出发点，无任何客观证据证明审查部提出的主观的“实验室实践”是公众可获得的知识的，该主观的“实验室实践”也不能用作判断创造性的出发点。

3.6 已知产品生产方法的改进

如果现有技术不是针对与出发点相同的目的，那么任何尝试建立能推导出要求保护的发明的逻辑思路链，从一开始就不可避免地陷入困境。特别是，当发明的背景是已知化合物的已知制备方法中所遇到的困难时尤其如此。如果发明是关于改进已知化学化合物的生产方法的，那么最接近现有技术就限于描述该化合物及其生产的文件。将发明与这些文件单独进行比较，就可以表明是否实现了改进，然后在确定该发明所要解决的问题时就可以将其考虑在内（**T 641/89**、**T 961/96**、**T 713/97**、**T 948/01**、**T 833/02**、**T 339/03**）。在发明涉及一种要使用具有必须特定特性的具体化学物质的特殊方法的情形下，在确定最接近的现有技术时，首要的是必须只考虑那些描述属类上相应的、恰好使用前述具备特定特性的具体化学物质的方法的文件（**T 1285/01**、**T 354/03**）。这一要求准确、客观地反映了技术人员在争议专利的优先权日所面临的实际情况（**T 793/97**）。

上述有关最接近的现有技术的考虑同样适用于除化合物外的其他主题的生产方法。在 **T 325/97** 中，涉案专利涉及一种用于从黏结剂储层中向外控制输出尼古丁的装置的生产方法。在 **T 373/94** 中，委员会还适用了 **T 641/89**（该判例中，涉案发明涉及某种预充式塑料注射器的生产方法）中所确定的原则和结论。

3.7　旧的现有技术文件作为最接近的现有技术

一些决定涉及通过将旧的现有出版物作为确定要解决的技术问题的实际出发点来确定最接近的技术。原则上，根据 EPC 1973 第 54（2）条规定的任何属于现有技术的文件均可以作为最接近的现有技术的候补。但是，法律承认，在一些案件中，文件可能并非实际可行的出发点，因为该文件涉及过时的技术，且/或与公知的缺点有关，因而技术人员根本不会考虑对该文件进行改进。不过，文件的新旧不能作为排除该文件成为最接近的现有技术和判断创造性的出发点的理由（**T 1408/04**）。

在 **T 1019/99** 中，委员会并没有判定一份只是在专利的优先权日之前 5 年公开的文件以任何方式代表过时的技术，即便是在诸如数据图像处理这样快速发展的领域也是如此。鉴于该文件是一份孤立存在的文件，且经公开后并没有得到任何注意，委员会同意被上诉人的观点，即可能是由于各种未知的技术或经济原因，阻止了不然本该很有前景的方法在早期公布之后很快采用。但是，5 年时间并不显得那么长，特别是考虑到实施和评估该现有技术的教导实际所需的时间后尤其如此。

在 **T 334/92** 中，委员会认为，一份被相关领域的技术人员忽视达 20 年以上的文件在此期间内从未被人用作进一步改进的基础，并且该文件对其所指称的活动的范围只字未提，最后，该文件甚至根本没有提及（更不要说讨论）相关现有技术了，因此，技术人员根本无从辨别这些化合物相对于现有技术而言具有任何技术上的优势，因此该文件不能代表最接近的现有技术，因而也就不能用来界定一个现实的技术问题。但是，在 **T 964/92** 中（作为 **T 334/92** 的分案申请），委员会认为，前述文件却可以作为用于确定相关技术问题的切实可行的出发点。委员会表示，在 **T 334/92** 中解决的技术问题应视为提供其他化学化合物，与已知化合物相比，前述化合物在治疗心绞痛方面作用更大，并且毒性更小。相反，在 **T 964/92** 中，技术人员要探寻的仅仅是被描述为治疗心绞痛药物的已知化合物的替代品而已。因此，委员会认为，任何属于现有技术并且已知具备所需效果的化合物或化合物组合，技术人员均会将其视为合适的出发点。在这种情形下，该文件向公众开放的时间长短已经无关紧要了。

在 **T 1000/92** 中，委员会不同意选择文件（1）作为最接近的现有技术，因为文件（1）是在申请的优先权日的大约30年前公布的，并且文件（1）中所描述的方法的缺点非常明显且广为人知，技术人员是不会试图改进和发展该旧方法的（另见 **T 616/93**）。

在另一决定 **T 479/00** 中，委员会认为一份有65年历史的文件不能作为评估创造性的切实可行的出发点。假定在没有事后认识的情况下，1994年某个陶瓷制品着色领域的普通技术人员有意对一项在之前65年内无人问津的技术进行改进，该假定是不切实际的。此外，该文件是在1929年公布的，其教导从来没有投入到任何大规模的实践当中。

在 **T 153/97** 中，委员会表示，没有任何合情合理的理由表明，技术人员会仅仅因为某一文件公布的时间是在30年前就无视该文件。

T 69/94 同样指出，EPC 1973 第54（2）条将现有技术定义为包括公众可获得的所有事物，明显没有对时间做任何限制。因此，如果一份文件涉及相关产业不再使用的过时技术，且在涉案专利的申请日技术人员不同意构成该技术的教导，不能仅仅因为该文件的公开日是在涉案专利申请文件的申请日的约20年之前就拒绝将该文件作为最接近的现有技术。

委员会在判例 **T 113/00** 中指出，通过显而易见的修改，重新启用非常陈旧的教导内容（在该案件中为31年前的内容），并不能让已知的主题具备创造性。

4. 技术问题

4.1 技术问题的确定

EPC 细则第42（1）（c）条（原 EPC 1973 细则第27（1）（c）条，措辞一致）规定，申请说明书必须“采用能够理解技术问题（便该技术问题本身并未被明确陈述）及其解决方案的用语来披露要求保护的发明，并陈述清楚该发明与背景技术相比所具备的有益效果”。早在 **T 26/81**（OJ 1982，211）时期，EPC 1973 细则第27（1）（c）条就被认为明确具有约束力。委员会的判例法，以及问题和解决方案方法的正确适用（参见 **T 1/80**，OJ 1981，206；**T 24/81**，OJ 1983，133）表明，必须使用客观标准来确定技术问题，也就是可视为根据最接近的现有技术已实际解决的技术问题，前述最接近的现有技术可能和发明人所采用的现有技术不一样（**T 576/95**）。这些客观标准具体可通过以最接近的现有技术作为参照来评估申请主题所取得的技术进步来界定（**T 20/81**，OJ 1982，217；**T 910/90**）。将涉案申请中所述的技术问题与现有文件中所述的技术问题进行比较的时候，必须避免采用与本领域技术人员实际思维相去甚远的过于抽象的方法（**T 5/81**，OJ 1982，249）。

确定该技术问题的时候，不允许利用在申请日或者优先权日之后才获得的知识。根据 **T 268/89**（OJ 1994，50），如果现有技术装置或方法的非有效性在优先权日或申请日之后才被认识到或者被人指称的，那么在**确定技术问题时**，特别是在援引该技术问题来支持“问题发明”的创造性的时候，不得利用该非有效性（见 **T 2/83**，OJ 1984，265）。创造性必须基于技术人员在优先权日或申请日之前所掌握的知识进行判断（另见 **T 365/89**）。

在问题和解决方案方法中，问题必须属于在优先权日可能会要求具体领域的技术人员解决的技术问题。在构建技术问题时可能采用的目的要在非技术领域实现，由此该目的也就不属于发明对现有技术所做的技术贡献的构成部分（**T 641/00**，OJ 2003，352；**T 154/04**，OJ 2008，46）；另见下文 8.1，技术特征和非技术特征的处理。

4.2 指称的优点

根据上诉委员会的判例法，如果专利所有人/申请人仅仅提及所指称的优点，并没有提供充分证据支持与最接近的现有技术的比较，那么在确定该发明背后的技术问题以及因此判断创造性的时候，不得考虑这些指称的优点。（见 **T 20/81**，OJ 1982，217；**T 181/82**，OJ 1984，401；**T 124/84**，**T 152/93**，**T 912/94**，**T 284/96**，**T 325/97**，**T 1051/97**）。

在 **T 355/97** 中，专利涉及一种改进的用于制备 4－氨基苯酚的加氢方法。涉案专利中指出的技术问题包括在不损失选择性的情况下改进制备方法的性能指标。然而，专利所有人没有适当地证明已成功实现了要求保护的发明的声称优点，即在不损失选择性的情况下改进制备方法的性能指标。委员会引用上述判例，认为由于声称的优点没有得到所需的充分支持，因此需要重新表述技术问题。因此，该客观问题只能视为仅提供了用于制备 4－氨基苯酚的进一步方法（另见 **T 1213/03**）。

4.3 技术问题的陈述

4.3.1 无解决方案提示

根据决定 **T 229/85**（OJ 1987，237）和 **T 99/85**（OJ 1987，413），发明要解决的技术问题的表述，应不包含解决方案提示，也不得部分预期到解决方法，因为若问题陈述包含发明提供的解决方案的一部分内容，就一定会导致在就该问题评价现有技术时对创造性采取事后观点（**T 322/86**，**T 184/89**，**T 289/91**，OJ 1994，649；**T 957/92**，**T 422/93**，OJ 1997，24；**T 986/96**，

T 313/97，**T 799/02**）。

委员会在 **T 1019/99** 中补充说，该方法限制了问题陈述的具体性。然而，还限制了陈述可以“偏离”具体性的限度，即限制了问题的一般性。问题不能比现有技术披露所允许的范围更概括。否则，太一般地陈述问题，会避开现有技术文件中对要求保护方案的表示。因此，陈述问题的正确步骤是，完全基于将该权利要求与现有技术相区分的特征之技术效果选择问题，现有技术尽可能具体，但不含有解决方案的要素或提示。

在 **T 910/90** 中，委员会表示，判断客观问题时，必须考虑最接近的现有技术以及描述发明特性的特征所实现的任何技术进步。这样一来，最接近的现有技术是否已经提及该问题并不重要；重要的是技术人员在将最接近的现有技术与本发明进行比较时，客观上视之为问题的问题。

4.3.2 专利申请中作为出发点而构建的问题

此外，必须考虑的是，客观定义本发明要解决的问题，通常应从争议专利描述的问题开始。只有当审查表明所披露问题未被解决或使用不当的现有技术来界定问题时，才有必要研究其他客观存在的问题。要避免定义虚构的在技术上不切实际的问题（参见 **T 246/91**、**T 495/91**、**T 731/91**、**T 741/91**、**T 334/92**、**T 881/92**、**T 380/93**、**T 813/93**、**T 68/95**、**T 644/97**、**T 747/97** 和 **T 946/00**）。该法律原则同样适用于单方法律程序（**T 881/92**、**T 882/92**、**T 884/92**）。**T 419/93**则做了如下补充：在确定问题时，应对申请中同该问题相关的陈述进行审查，确定其就现有技术而言的正确性，以及其与所主张的解决方案特征之间的**事实关联性**。只有当申请中说明的问题未达到现有技术要求和/或未根据发明特征予以解决时，才应对该问题进行调整以适应现有技术和/或达到实际技术成效。在这一点上，**T 800/91** 强调，在任何情况下，所陈述的问题应是只了解现有技术的技术人员希望解决的问题。对问题进行陈述时不应带有倾向性而不公平地朝着要求保护的方案引导。在 **T 400/98** 中，争议专利所述的技术问题应予以重新表述，因为该问题并未得到令人信服地解决。

4.3.3 部分问题的构建：缺乏单一性

在 **T 314/99** 中，权利要求 1 涵盖的三个不同实施例不属于同一单个总的发明构思（EPC 1973 第82 条）。根据 **G 1/91**（OJ 1992，253），缺乏单一性不是异议（或异议上诉）程序的争议点。在相关案件中，委员会指出，概念上缺乏单一性的后果是，问题的不同方面适用于三个实施例，且如权利要求涵盖的不同实施例之间产生概念上的非单一性，就有必要陈述相应的部分问题，并对该部分问题各自的解决方案单独判断创造性。关于 EPC 1793 第 56 条的要求，如只有一个实施例是显而易见的，则必须将权利要求主题的创造性作为整体予以否定。

4.4 技术问题的再构建

既定判例法规定，如果，特别是对创造性的客观判断利用了新引入的现有技术，且与原申请或已授权专利引用的现有技术相比，新引入的现有技术与发明更接近，则申请人或专利权人可重新表述说明书中的具体问题。鉴于此，评估要求保护的发明在与（新的）最接近的现有技术进行比较时所实现的技术效果，以界定新的客观技术问题。原则上讲，只要发明所提供的效果可根据提交的申请得出，就可将该效果作为重新表述技术问题的基础（参见《指南》IV－C，11.5.2，2010年4月版）。

在**T184/82**（OJ 1984，261）中，委员会表示，“就发明的效果而言”，“只要技术人员能够识别该问题暗含在最初提出的问题中或与其有关系”，就允许重新表述问题。因此，可以重新表述问题，以实现不太高的目标（另见**T 106/91**、**T 339/96**、**T 767/02**）。**T 13/84**（OJ 1986，253）同样裁定，如果技术人员在根据最接近的现有技术进行考虑时，可从提交的申请中推导出问题的，则不能根据EPC 1973第123（2）条排除对问题重新进行陈述（**T 469/90**、**T 530/90**、**T 547/90**、**T 375/93**、**T 687/94**、**T 845/02**）。在**T 818/93**中，委员会补充道，如随后可通过比较申请和最接近的技术推导出重新表述的问题，则亦符合该条件。由于附图的特征可能被结合到权利要求中和支持权利要求的说明书中（**T 169/83**，OJ 1985，193），因此这些特征的效果和优点也可作为重新表述问题的基础使用，但前提是应可从上述比较中明显推导出该问题。**T 162/86**（OJ 1988，452）补充道，在上诉法律程序中，应仍可在原说明书的范围内，更准确地界定原问题。

根据**T 39/93**（OJ 1997，134），最初在涉案申请或专利中提出的、要被视为“主观的”技术问题，可能要求基于申请人或专利权人最初未考虑的客观上更为相关的因素重新表述该问题。该重新构建界定了“客观的”技术问题。后者代表的是最终留下的问题，即权利要求中界定的主题（特征）所实现的技术效果。

在**T 564/89**中，上诉人主张，对任何技术问题的修改必须符合EPC 1973第123（2）条的规定。委员会申明，本条关注的争议点不是在所谓的问题和解决方案方法的过程中是否能够使用客观上重新表述的技术问题。只有当修改的技术问题被结合在说明书本身中时，EPC 1973第123（2）条才起作用。

在**T 732/89**中，应诉人主张，要求保护的组合物的“耐热/防潮”性能，尽管不可否认其性能要高于控制组合物的性能，但其对应于一种全新效果，若将其结合在技术问题中，则违反 EPC 1973 第123（2）条的规定。委员会不同意该论证方式，并援引 **T 184/82**（OJ 1984，261），该条允许重新定义与发明效果有关的问题，但前提是技术人员能够识别该问题暗含在最初提出的问题中或与其相关。在相关案件中，委员会在表述技术问题方面考虑了展现的效果，说明在确定关键效果和偶然效果（所谓的“加分效果”）时应采取现实方法，并考虑这些效果在特定案件的情形下的相对技术和实际重要性（另见 **T 227/89**）。

在 **T 440/91** 中，委员会指出，EPC 1973 细则第27条并未排除附加优点的可能性——这些优点虽未在提交的申请中提及，但却与提及的用途领域相关——随后提供附加优点的目的是支持 EPC 1973 第52（1）条所指的可专利性，但该优点并未改变发明的性质。因此，如这样的优点对提交申请中详细说明的技术问题进行补充，技术人员可能会因其与原问题有密切技术关系而加以考虑，则发明性质就没有发生改变（另见 **T 1062/93**）。委员会区别了 **T 386/89** 和 **T 344/89** 中的情形，该情形中不存在这种技术关系。**T 386/89** 中，委员会认定，根据提交的申请可推导出的技术问题解决方案与随后援引的技术效果绝对没有任何关联。因此，该附加效果并未纳入考虑。为了评估创造性而确定发明背后的问题时，如果技术人员相对于最接近的现有技术考量提交的申请，无法从中推导出所描述特征的指称效果，则不能将该效果纳入考虑。类似地，在 **T 344/89** 中，委员会拒绝考虑随后援引的技术效果，理由是考虑该技术效果则会改变发明的性质（**T 532/00** 和 **T 845/02**）。

在 **T 235/04** 中，比较测试报告不允许针对以下情况作出任何结论：是否在权利要求1的整个范围内实现了要求保护的组合物相对于最接近的现有技术的技术效果。由于并未证明在所称的整体范围内产生声称的改进，所以委员会不接受对技术问题进行陈述。在界定技术问题时，如无法在要求保护的主题所涵盖的整个范围内获得预期结果，则不能保留该技术效果。因此，应设定相对较低的要求，重新界定技术问题（**T 626/90**、**T 1057/04**、**T 824/07**）。

在 **T 259/05** 中，委员会也认为声称的改进未获证明；其并未通过测试证实或以其他方式合理证明，因此认为其所陈述的目标较高的问题没有得以成功解决。这样，权利要求1所界定的发明并非是对该技术问题的成功解决方案。由此，在评估涉案专利试图解决的客观问题或涉及的创造性时，不能考虑所声称的方法效率上的改进。所以重新构建技术问题时要设定较低要求。

在 **T 1188/00** 中，委员会认定，与首次在上诉法律程序中指称的效果有关的重新表述（目标较高的问题），如果没有合理证实指称的效果能在整个权利要求范围内实现，则不能用于证明其创造性。在上述情形中，专利所有人负有举证责任。

在 **T 134/00** 中，可用实验证据支持了以下观点：只有权利要求 1 涵盖成分的某个特定组合存在一种效果，并非所有可能组合都具有该效果。委员会的结论是，在对要求保护的发明背后的技术问题进行界定时，不予考虑上述指称的改进。因此，有必要以较低要求重新表述技术问题。

在 **T 357/02** 中，也需要将技术问题以更低的要求重新构建。委员会认为，根据技术问题的最简性质，该技术问题客观产生于最接近的现有技术，且只能通过对现有技术进行改动来构造，无论所使用的方法成功或失败，几乎对后一过程的所有改动都可能被相关技术领域的技术人员认为是可行的替代方案，因而具有显而易见性，因为每一对应的解决方案都同样有效（或无效）。

T 155/85（OJ 1988，87）则描述了另一方面。根据该决定，申请人此前已描述为不合需要、无价值的某一效果，却又突然从另一角度作为可能代表某种优点而提出，从而暗示在确定技术问题、考量创造性时应考虑这一反言，对此委员会无法接受。重新定义技术问题不得与申请中先前关于发明的一般目的和性质的陈述相矛盾（另见 **T 115/89**）。

4.5　已知问题的替代解决方案

在 **T 92/92** 中，委员会注意到，EPC 1973 第 56 条并未要求需要解决的问题本身具有新颖性。事实是，现有技术已经解决了专利背后的问题，而如果专利主题代表了对这一问题的替代方案，则衡量创造性时无须重新定义该问题。在此背景下，委员会特别引用了决定 **T 495/91**。同样，在本案中，专利说明书指出的问题也已解决。待客观解决的问题是提供一种替代流程和设备，以通过简单和低成本的方法制造具有特定特性的覆膜地板（另见 **T 780/94**、**T 1074/93**、**T 323/03**、**T 824/05**）。

根据 **T 588/93**，为了具备创造性，不一定非要展现相对于现有技术的实质性或逐步性改进。因此，先前特定技术问题解决方案，并不排除后来使用另一种并非显而易见的方式来尝试解决同一问题。

4.6　解决技术问题：公开后的文件

根据判例法，如果申请中的技术指导至少能使人信服其确实解决了声称要解决的问题，则可成为一项发明。

在 **T 433/05** 中，委员会引用了决定 **T 1329/04** 和 **T 1336/04**，以判断在相关日期，权利要求 1 的主题是否确实解决了技术问题（另见 **T 1306/04**、**T 710/05**、**T 1396/06**）。

T 1329/04 指出，发明定义为对技术的贡献，即解决而非仅仅提出一个技术问题，或者要求申请公布内容中的披露至少能使人信服其教导确实解决了声称要解决的问题。因此，即使也可以适当考虑补充性的公开后的证据，仍不能作为确定申请确实解决了声称要解决的问题的唯一依据。在此之前的案件中，委员会认定公开后的证据不能作为支持性证据，这些本应在提交申请时提出，但当时未提出。由于公开后的证据被视为超出推测范围的首次披露，因此该证据不予以考虑。

同一委员会（编号3.3.08）面对的技术情形有所不同，即根据涉案专利所提供证据的性质，可以认为要求保护的发明确实是待解决问题的解决方案，因而将公开后文件的披露内容纳入考虑，该委员会接受了该问题的解决方案（**T1336/04**）。

考虑到决定 **T 1329/04** 和 **T 1336/04**，委员会确信，在当前情况下，可以考虑补充的公开后文件，以确定申请是否确实解决了声称要解决的问题。鉴于涉案专利披露的内容得到了公开后文件的支持，因而委员会认为权利要求的主题已经解决了该问题。

5. “能够—会方法”和事后分析

上诉委员会在很多决定中警告了在判断创造性时不得采用事后分析方法（另见《指南》C-IV，11.8，2010年4月版）这尤其适用于那些乍一看像是显而易见的发明、组合发明以及所提出的解决方案看起来较“简单”的发明。正确应用技术问题和解决方案法应避免这种不允许的利用发明中的知识的事后分析（**T 24/81**，OJ 1983，133；**T 564/89**，**T 645/92**，**T 795/93**）。

在判断创造性时，必须避免在解读现有技术文件时受发明所解决问题的影响，因为那些文件并未提及或提示该问题，该解读方法只是事后分析的结果（**T 5/81**，OJ 1982，249；**T 63/97**，**T 170/97**，**T 414/98**）。

在 **T 970/00** 中，委员会声称，任何事后分析，特别是任何超出了技术人员在不得益于发明的事后知识的情况下能从现有技术中客观推导出的内容范围的事后结论，必然不属于技术问题—解决方案方法的合理利用。这在决定发明对现有技术的技术贡献时同样适用。相应地，要确定发明相对于最接近的现有技术所实现的技术贡献，需要将要求保护的结构和功能特征组合与最接近的现有技术向技术人员传达的技术信息进行客观、技术上有意义的、一致的比较。因此，任何基于对发明的事后知识，解读最接近现有技术的披露内容，以达到歪曲或曲解披露内容中的适当技术指示，人为地迎合所考虑的权利要求中特定特征的行为，都必然会失败，特别是在这种行为会导致不公平地、有偏见地隐藏发明的技术贡献，破坏之后对要求保护的发明所解决的技术问题的客观确定的情况下。

委员会既定判例法表明，问题不在于技术人员**是否能够**实施发明，而在于是否会希望解决背后的技术问题，或期望实现某种改进或优点而实施发明——所谓的“能够—会解决”（**T 2/83**，OJ 1984，265；**T 90/84**，**T 7/86**，OJ 1988，381；**T 200/94**，**T 885/97**）。因此，关键不在于技术人员是否能够通过修改现有技术实现这一发明，而在于该技术人员是否会抱有对实际实现的优点的期望（根据所提出的技术问题），由于现有技术中的提示而实现该发明（**T 219/87**、**T 455/94**、**T 414/98**）。

人们往往认为，发明一旦出现，通常就表明技术人员能够通过组合现有技术的不同元素而实现该发明，但该论点属于事后分析的结果，不予考虑（**T 564/89**）。

根据 **T 939/92**（OJ 1996，309），至于技术人员会怎样做的问题，其答案在很大程度上取决于他要实现的技术结果。换言之，概念上的“技术人员”不是基于闲暇时的好奇心，而是心里怀有特定技术目的而行事的。

技术可行性和没有技术障碍只是可再现性的必要条件，但却不足以认定技术人员实际可实现的效果是显而易见的（**T 61/90**）。事实上，技术人员了解某一技术手段的固有特性，因此拥有将该手段应用于常规装置中的智力可能性，但该事实只是确定了以这种方式（技术人员**能够使用**的方式）使用该特定技术手段的**可能性**。但是，如果要确定该智力上的可能性同时也是技术人员显然会使用的技术方法，则有必要表明；现有技术中存在可识别的指示，将该已知手段和常规装置实现预期的技术目标进行组合，即技术人员**会**进行这样的组合。该技术理由的存在不仅依赖于该手段的已知特性，还依赖于该装置的特性（**T 203/93** 和 **T 280/95**）。

6. 成功期望，尤其是在遗传工程和生物技术领域

根据上诉委员会的判例法，如技术人员本可以期待某些改进或优点而实施某种活动，则该活动可根据 EPC 1973 第 56 条认定为是显而易见的（**T 2/83**，OJ 1984，265）。换言之，不仅当成果可以被清晰地预见时是显而易见的，而且可以合理期望成功时也是显而易见的（**T 149/93**）。

在基因工程领域的某些决定中，委员会问及，在相关案件中，以**合理的成功期望**，尝试某种提示的方式、路径或方法对于技术人员来说是显而易见的（**T 60/89**，OJ 1992，268）。更多关于生物技术发明和技术人员定义的内容，参见第 1 章 D. 7. 1. 3。

在 **T 296/93** 中，委员会认定，就创造性而言，其他人或团队在同时从事

同一项目的事实可表明，其可能是“显而易见的尝试”或该领域是值得探索的有趣领域，但这并不一定意味着有“合理的成功期望”。**不应将合理的成功期望与可理解的“成功希望”相混淆**；合理的成功期望暗示，技术人员能够基于已有知识，在研究项目开始前，在可接受的时限内理性预测所述项目取得成功结果。研究的技术领域内未知的内容越多，对成功结论的预测越困难，因此，成功期望就越低（**T 694/92**，OJ 1997，408）。根据 **T 207/94**（OJ 1999，273），“成功希望”只是愿望的表达，而“合理的成功期望”则预设了对已有事实的科学评价。

在 **T 187/93** 中，委员会表明，即使技术人员进行实验是显而易见的事，也并不一定意味着技术人员一开始实验就有合理的成功期望。

在 **T 223/92** 中，委员会称，在1981年，考虑到当时的现有技术，技术人员选择DNA重组技术后，只能依靠例如其运气和创造力，才能克服所涉已知（当时未知）的问题，这会导致普通技术人员预期到失败。

在某些案件中，委员会称，曾有些案件因技术人员处于“试试看”的状况，上诉委员会否定了创造性。如果技术人员根据现有技术中的教导，已经清楚地设想一组或某种化合物，然后进行通过常规测试决定该（组）化合物是否具有所希望的效果，则属于“试试看”的情况（**T 889/02**、**T 542/03**、**T 1241/03**、**T 1599/06**）。在 **T91/98** 中，委员会指出，“合理成功预期”方法背后的原理是，一个人可能很容易设想通过基因工程作出发明，然而考虑到项目启动时才知道或经历的困难，实现发明则可能导致一些问题。在委员会的案件中，为了确定叠氮胸苷（azidothymidine）的衍生物在对抗人类逆转录酶病毒时，对细胞没有毒性，进行众所周知的常规病毒感染体外试验就足够了，因此，所应用的方法是“试试看”的方法。

在 **T 1396/06** 中，委员会称，即使技术人员为解决某个密切相关的技术问题而采用常规方法时，其对获得成功也没有绝对确定性。但是，根据上诉委员会的判例，并不要求有成功的确定性，而是明确区分合理的成功期望和成功确定性（**T 918/01**）。然而，尽管生物技术实验的特点就是可理解的不确定性，技术人员也没有理由采取怀疑态度。该技术人员会有一些成功期望，或者往最坏处想，即使没有任何特别期望，也有着“试试看”的态度，这与完全没有合理的成功期望也是不同的（另见 **T 759/03**）。

在 **T 111/00** 中，委员会指出，该方法特别适用于考虑某些重组DNA技术固有的复杂性，否则可能破坏利用该技术的实验取得的最终结果。本案中，技术人员会认识到克隆人类cDNA是常规技术，因为文件1中已经进行了必要研究，且没有遇到任何问题。

根据最接近的现有技术，委员会认为，**T 886/91** 要解决的技术问题是严格识别和界定乙型肝炎病毒亚型 adyw 的基因序列。委员会指出，**T 886/91** 的情形不能和 **T 223/92** 和 **T 500/91** 的情形相比较，**T 223/92** 和 **T 500/91** 实现了在一个 DNA 重组系统中产生部分已知的蛋白质，且被认为具有创造性，因为在上述特定情形下，没有实际的成功期望。关于这一点，最接近的现有技术已经披露了乙型肝炎病毒亚型 adyw 基因组的克隆和表达。对技术人员而言，对要求保护的相同基因组的特定序列进行辨识和特征描述，只不过是以常规方法进行实验的结果，而该常规方法与通过对现有知识的应用，填补知识空缺的一般做法相关。

在 **T 923/92**（OJ 1996，564）中，委员会必须决定，技术人员是否会带有合理成功期望，尝试制造人组织多肽抗原（human t－PA）的互补脱氧核糖核酸（cDNA）编码，或者是否在此情形中，技术人员甚至在从事研究前已根据其技术知识知道他能在可接受时间内完成该项目。委员会认为，正如**T 816/90** 所述，"即使理论上可能想到一个直截了当的方法解决特定技术问题，技术人员在试着将该想到的策略付诸实践时，仍可能遇到意想不到的困难。"委员会称，尽管从事这一项目的技术人员希望成功，但他知道，项目成功不仅取决于将理论实验方案中的一系列精确步骤付诸实践的技术能力，而且在很大程度上取决于在艰难的实验条件下全程作出正确抉择的能力。在这些情况下，可以说技术人员并没有合理的成功期望。

在 **T 386/94**（OJ 1996，658）中，委员会再次引证 **T 816/90** 裁定，在基因技术中，如果在优先权日，技术人员可以期待用相当直截了当的方法进行基因的克隆物和表达，而且尽管克隆需要做大量工作，却不会导致产生能够证明其成功期望并无根据的问题，则不能认为具有创造性。

当在选择的外部寄主中表达克隆 DNA 构成了要求保护的发明的主题时，是否存在合理的成功期望，只能通过考虑与该步骤相关的实际困难来评价。因此，任何认定特征危害了合理成功期望的主张都应基于技术事实来进行考量（**T 207/94**，OJ 1999，273）。

在 **T 737/96** 中，委员会认为，尝试评估随机技术的成功期望是不恰当的，如结果依赖于偶然事件诱变技术。这是因为技术人员知道，除非可以开发出特定的选择方法，否则，由于无法对突变事件进行任何形式的控制，毅力和运气在获得成功中扮演关键角色，虽然涉案专利并非如此。这种情况下，就像买彩票一样，成功期望通常从 0～100% 不等，因此，无法基于技术事实进行合理的评估。与此不同的是，依据更具可预测性的方法解决特定问题的技术情形，例如，基因工程方法，如克隆或表达某个 DNA 序列。在这类情形中，通常可以合理预测成功的可能性，这时，“合理的成功期望”就是判断创造性的有意义且可靠的标准（另见 **T 694/92**，OJ 1997，408）。

决定 **T 455/91**、**T 412/93**、**T 915/93**、**T 63/94**、**T 856/94** 和 **T 948/01** 同样考虑了这个主题。

7. 技术人员

7.1 技术人员的定义

7.1.1 定义

根据上诉委员会的判例法，应假定**本领域的技术人员**是知晓在相关日期该领域所有普通技术知识的**普通从业者**（普通技术人员）。应假定他能够获知现有技术中所有**技术**，特别是检索报告中引证的文件，而且具有自行进行常规工作和实验的一般手段和能力（《指南》C－IV，11.3，2010年4月版）。该技术人员会是**技术领域**的专家（**T 641/00**，OJ 2003，352）。**T 39/93**（OJ 1997，134）解释道，尽管普遍接受的概念上的“本领域技术人员”的定义并不总是用相同的言词来限定该人员的素质，但这些技术人员有一个共性，即他们中没有任何人具有创造能力。只有发明人具有这种创造能力，由此将其与概念上的技术人员相区分。

关于技术人员的定义，委员会在 **T 26/98** 中总结了上诉委员会一般适用的原则：如问题促使技术人员从另一技术领域寻求解决方案，则该技术领域的专家就是能解决该问题的人。因此，判断解决方案是否具备创造性必须基于上述专家的知识和能力（参见重要决定 **T 32/81**，OJ 1982，225；**T 141/87**，**T 604/89**，**T 321/92**）。可以期待技术人员在邻近领域寻找建议，如果该领域中也有相同或相似问题。如果技术人员知晓某个通用技术领域，则可以期待技术人员在该领域寻找建议。在高科技领域，有能力的“技术人员”可以是来自相关技术分支的一组专家团队。非特定（通用）领域的一般技术问题的解决方案视为构成一般技术知识的一部分。

在 **T 1464/05** 中，委员会认为，通过公开在先使用的为公众所知的特征属于最接近的现有技术。委员会称，根据已有原则，假定 EPC 1973 第56条提到的概念上的技术人员了解与相关技术领域相关的所有现有技术，特别是根据 EPC 1973 第54（2）条为公众所知的所有内容。现有技术为公众所知的不同方法之间相互的地位相等。应假定概念上的技术人员知晓涉案现有用途中为公众所知的所有特征。因此，尽管感兴趣的公众中的所有技术人员都知晓通过在先使用为公众所知的特征，这一假定是不切合实际的，但 EPC 1973 第56条下的技术人员的概念，确保了任何感兴趣的公众中特定技术人员获得通过在先使用的为公众所知的特征中的信息后，所进行的对公共在先使用特征的任何显而易见的开发或应用都会根据 EPC 1973 第 56 条进行处理，即就现有技术而言是显而易见的，无论感兴趣的公众中的其他成员是否确实知晓在先使用的特征。

在 **T 1030/06** 中的申请涉及一种安全缓冲内容的系统和方法。委员会认为，技术人员是该领域中具有普通技能的人，该技术人员不仅可获得该领域中现有技术和公知常识，而且有能力从事常规工作和实验。因此，可以期望技术人员能够找出解决方案并作出选择以尝试解决突然出现的设计问题。委员会认为，当实现有特定要求功能的装置时会出现问题，更是如此。实现解决方案第一部分（这里是指提供若干处理器）通常会导致需要作出下一步设计的决定（这里是指选择加密方案和鉴别数据源），以建立一个工作系统。不应期望技术人员中途放弃，使用带有未界定方法的“黑箱”实现方案，为实现所要求的功能，而是技术人员应尝试使用所有可获得的知识将该方法付诸实践。这些方法字面上确实是“更进一步的想法”，在特定背景中是新颖的，但是该方法属于常规方法，因此不具有创造性。

根据 **T 422/93**（OJ 1997，25），在使用“问题和解决方案方法”审查创造性时，界定合适的技术人员的出发点是基于现有技术披露的内容待解决的技术问题，与所涉专利对技术人员给出的其他定义无关。由于陈述发明解决的技术问题时不应预见解决方案，如果提出的解决方案所属的技术领域不同于表述技术问题时考虑的技术领域，则所考虑的技术人员不应是提出解决方案所属的技术领域中合适的专家。如果最接近的现有技术没有提示将会在其他技术领域找到解决方案，则合适的技术人员的基本知识也不应包括提出解决方案所属的不同技术领域中的专家知识。

7.1.2　有能力的技术人员——作为“技术人员”的一群人

有时，“技术人员”可能是一群人，例如研究或生产团队。根据 EPC 1973 第 56 条，通常不会假定技术人员了解某偏门技术领域的专利或技术文献。但是，在适当情形下，可以认为某个团队由拥有不同领域专业知识的人员构成（**T 141/87**、**T 99/89**）。在某特定领域的专家适于解决某部分问题，而另一部分的问题需要其他领域的专家解决时尤其如此（**T 986/96**）。

因此，委员会举例称，在 **T 424/90** 中，在实际生活中，如果半导体专家所涉及的问题是为一种离子发生装置提供技术改进，他就会咨询一位等离子体专家。同样，在 **T 99/89** 中，委员会认为，“有能力的技术人员”可被理解为来自相关分支的两名或可能更多专家组成的团队。

T 164/92（OJ 1995，305，勘误表 387）中提及，如某项公布内容含有充分的指示，表明其描述的事实的更多细节可在所列附件的某个程序列表中找到，则有时电子领域的普通技术人员，特别是当该技术人员自身没有足够的关于编程语言的知识时，可能会去咨询计算机程序员。

更多关于“专家团队”概念的评论可在以下决定中找到：**T 57/86**、**T 222/86**（在先进的激光技术领域，“技术人员”是由分别来自物理、电子学和化学领域的三位专家组成的团队），**T 141/87**、**T 460/87**、**T 295/88**、**T 825/93**、**T 2/94**、**T 402/95** 和 **T 986/96**（该团队中第一位专家属于邮件处理领域，第二位专家熟悉称重领域的信息）。

7.1.3　生物技术领域的技术人员的定义

上诉委员会的判例法明确界定了生物技术领域的技术人员。它的态度被认为是保守的。它绝不会违反已经确立的偏见，不会试图进入不可预知的领域，也不会冒不可估量的风险。概念上的技术人员会将邻近领域的技术转移到其感兴趣的特定领域，如果该技术转移涉及只包含由常规实验构成的常规的试验性工作（**T 455/91**，OJ 1995，684；**T 500/91**，**T 387/94**，**T 441/93**，**T 1102/00**）。

在 **T 60/89**（OJ 1992，268）中，委员会认为，即使1978年从事基因工程领域的有些科学家实际上被授予了诺贝尔奖，也不能将1978年该领域的技术人员定义为诺贝尔奖获得者。相反，应认为当时的技术人员是一名科学家（或科学家团队），职业是老师或实验室中的研究员，当时正从分子遗传学过渡至基因工程。

T 500/91——“IOGEN II”确认了该判例法。委员会决定，普通技术人员，也可能是相关领域的一组专家团队，从事的是实际层面的工作，而通常预期由其完成的技术改进不包括通过科学研究解决技术问题。

只能期待技术人员应用已有知识，在填补知识空缺这一通常实践范围内，通过常规方法完成实验性工作（**T 886/91**、**T 223/92**、**T 530/95**、**T 791/96**）。

应假定普通技术人员不会进行创造性思考（**T 500/91**）。然而，可以期望他/她在任何时候作出对所有技术人员来说常见的反应，即关于成功地实现项目可能会遇到的困难的假定或假设总是基于事实。因此，委员会认为，缺乏证据证明某个给定特征可能会成为实现发明的障碍，既不能被视为表明该发明无法实现，也不能被视为表明该发明能够实现（**T 207/94**，OJ 1999，273）。

在 **T 223/92** 中，委员会不得不考虑，距 **T 500/91** 相关时间1年多以后，即1981年10月，基因工程领域概念上的技术人员的知识和能力。当时，更多的基因成为克隆和表达方法的主题，而该技术领域中的技能和经验也在迅速发展。概念上的技术人员的知识应视为合适的专家团队的知识，该团队了解考虑克隆新基因时仍然可以预期到的所有困难。但是，应假定技术人员缺乏创新想象力来解决还不存在常规解决方法的问题。

T 412/93 的专利涉及红细胞生成素的生产。各方当事人同意，应将该案中的技术人员视为三个人的团队，包括一名博士研究员，他在所考虑的基因技术或生物化学方面有若干年经验，并由两名充分了解该方面相关技术的实验室技术员协助。根据所处理的特定方面要求的知识和技能，团队的组成可以有所不同。

在 **T 455/91**（OJ 1995，684）中，委员会开始考虑技术人员对待已知产品（如质体）或程序（如实验方案）可能的变更、修改或调整的可能态度。其目的在于，避免任何事后分析，并客观地回答，对结构或程序进行的更改是否对技术人员是显而易见的问题。该领域的技术人员充分了解产品（如带菌体、蛋白质或 DNA 序列）或过程（如提纯过程）中即便是小的结构性改变也能产生巨大的功能性改变。因此，该技术人员会持保守态度。例如，他既不会违反已经确立的偏见，试图冒险进入"神圣不可侵犯的"或不可预知的领域，也不会冒不可估量的风险。但是，在正常的设计程序中，该技术人员会乐意寻求涉及小麻烦或少量工作且没有或仅有可估量风险的合理清晰的改变、修改或调整，在想获得更加便利或更加方便的产品或者简化程序时尤其如此。

另一方面，为了将以前在某一研究领域已确立的技术（转化酿酒酵母完整细胞的方法）转移到邻近领域（转化克鲁维酵母完整细胞的方法），技术人员期望对此进行科学研究，而不是做常规工作，则可以认定具有创造性（**T 441/93**）。

T 493/01 中的发明涉及保护性抗原，该抗原可能对某种百日咳疫苗有用。**T 455/91**（OJ 1995，684）已经限定生物技术领域的技术人员是谨慎且保守的。委员会称，这并不意味着技术人员会因为信息不涉及该技术人员专业领域的主流研究，或者该信息只适用于部分地域，而不去考虑该信息。技术人员的技能和知识不受地理位置的限制；事实上，他拥有全球化的视野。因此，如果如本案那样，某种病原体对世界的有限地区构成已知威胁，则技术人员会将有关该病原体的已有知识纳入考虑之中，或将该知识作为其活动的基础。

7.1.4 计算机实现的发明中的技术人员的确定

在 **T 641/00**（OJ 2003，352）中，委员会称，技术人员的确定需审慎考虑。他应是某一**技术**领域的专家。如果技术问题涉及计算机实现的业务、精算或会计体系，则他会是熟悉数据处理的人，且不仅仅是一个商人、精算师或会计人员（**T 172/03**）。

7.2 邻近领域

T 176/84（OJ 1986，50）和 **T 195/84**（OJ 1986，121）是两个里程碑式

的决定，详细讨论了相关技术领域的问题，即当判断创造性时，应在何种程度上考虑申请的特定领域以外的相关领域。根据 **T 176/84**，审查创造性时，如果相同或相似的问题出现在相关领域或更加广泛的一般技术领域，且可以预期技术人员了解该上述一般领域，则技术人员与考虑申请的特定技术领域的现有技术相同，也会在该相关领域或更加广泛的一般技术领域寻找启示。**T 195/84** 补充道，现有技术还必须包括涉及该技术问题的解决方案的非特定（一般）领域的现有技术，而这些技术问题也出现在与申请有关的特定领域，并由申请在其特定领域已解决。应认为该非特定（一般）领域的一般技术问题的解决方案是一般技术知识的组成部分，精通任何特定技术领域的技术人员会优先获得这些知识。这些原则在大量决定中得以适用。

在 **T 560/89**（OJ 1992，725）中，委员会认为，即使其他领域既不是技术问题的相关领域也不是更加广泛的一般领域，如果因为使用的材料涉及该其他领域，或者因为公众争论技术问题在两个领域都很常见时，技术人员同样会利用该其他领域的现有技术。**T 955/90** 就此展开，补充道，实践中，熟悉更加广泛的一般领域的技术人员同样会利用范围更小、更为专业的领域内普通技术的已知主要应用，以寻求该技术的特定应用以外的问题的解决方案（**T 379/96**）。

根据 **T 454/87**，专攻某一特定技术领域（气相色谱仪）的技术人员在其正常职业活动过程中，也会注意到相关技术领域（吸收光谱分析）中设备的发展。

在 **T 891/91** 中，委员会称，眼镜片领域的技术人员面对透镜表面涂层的黏合性和耐磨性的技术问题时，也会引用更加普遍的塑料片涂层领域中的现有技术。该领域中同样有膜层黏合性和耐磨性问题，而且该技术人员对其有所了解。

T 767/89 中，委员会裁定，关于地毯，假发既不是邻近技术领域，也不是包含前一种领域的更广的一般技术领域。因此，假发不是相关技术领域，地毯领域的技术人员不会在该领域寻求解决方案。两项发明解决的是不同问题；其用户需求没有可比性。

由于安全风险不一样，不能预期技术人员在散装货物包装领域内寻求设计一种用于运送货币的装置的闭合件的想法（**T 675/92**）。

其他若干决定中可以找到更多对相关领域这一概念的评论，包括：**T 277/90**（在牙科学中，成型技术和假牙修复术是邻近技术领域），**T 358/90**（为了排出便携式厕所的内在物，不能引导技术人员想到使用特殊容器填充链锯油箱的领域），**T 1037/92**（为可编程 ROMs 制造熔丝领域的技术人员同样会查阅超小型集成开关领域的文件），**T 838/95**（制药领域和化妆品领域是最接近的领域），**T 26/98**（尽管电化学发电机和离子电渗疗法均依靠电化学过程，但委员会不认为两者是邻近领域，因为两者的电化学过程的目的和应用在本质上不同，结果必然是必须满足不同的需求），**T 365/87**，**T 443/90**，**T 47/91**，**T 244/91**和 **T 189/92**。

另一方面，关于申请人引用非相关领域技术，委员会在 **T 28/87**（OJ 1989，383）中给出以下裁定：如果是在申请或专利说明书的介绍中引用现有技术，而客观上不能将该现有技术列为相关领域，则在可专利性的审查过程中，不能仅因为上述引用而认为申请人或专利权人将该现有技术作为邻近领域从而使其处于不利地位。

7.3 技术人员——知识水平

当就同一发明必须考虑其是否充分披露和是否具有创造性这两个问题时，应使用相同的技术水平进行考量（**T 60/89**，OJ 1992，268；**T 373/94**）。**T 694/92**（OJ 1997，408）补充道，尽管 EPC 1973 第 56 条和第 83 条使用了相同的技术水平，但两者的出发点不同；以判断创造性为目的时，技术人员只知道现有技术；判断披露的充分性时，技术人员知道现有技术和所披露的发明。

根据 **T 426/88**（OJ 1992，427），某本书提供了某一般技术领域的一般教导，且发明的特定技术领域属于该一般技术领域，其是前述特定技术领域的专家的普通技术知识的组成部分。当代表公知常识的书描述了一般技术的基础理论或方法，且只用特定技术领域的应用进行例证时，这不限制其一般范围与公布内容的相关性，也不排除其他领域中可能的应用。上诉人辩称，该书以德语写成，不算是英国的该领域专家一般会查阅的参考书目。但是，委员会坚持 EPC 1973 第 54 条给出的现有技术的定义，认为不应考虑技术人员从事其专业的地理位置。

委员会在 **T 766/91** 中总结称，普遍接受的观点是，所涉主题的基础手册和教科书代表公知常识。该公知常识是指该领域具有经验的人员应该掌握的知识，或者，至少他知道在需要时可以在手册中查到的知识。这类作品中的说明常被用作方便的引用，以表明什么是常识。通过特定手册或教科书公开该类信息通常不会因此成为公知常识；而是由于该信息长期出现在上述作品中，已经为众人所知。因此，百科全书中公布的内容通常可以证明信息不仅为人所知而且已经是公知常识。因此，只有在 EPO 或另一方对某些信息是否属于公知常识的一部分存有疑问时，才需要进行证明（**T 234/93**、**T 590/94**、**T 671/94**、

T 438/97）。

委员会在 **T 378/93** 中确认了该判例法，并补充道，主要针对合格的专业人员和享有全球盛誉的科学期刊里的文章，也属于公知常识。

T 939/92（OJ 1996，309）解释称，现有技术同样可以完全只依赖于相关公知常识，反过来说，该现有技术不一定要以书面方式，如以教科书或类似方式表现，而可能只是普通技术人员不成文的“知识储备”的一部分。但是，在有任何争议的情况下，则必须提供证据证明相关公知常识的范围，如书证或口头证据。

在相当短的时间内，报告某个特定活跃技术领域中的会议和研究，大量出现在专业出版物上，该报道可以反映该段时间内该领域的公知常识（**T 537/90**）。

委员会在 **T 632/91** 中称，证据不包括对要求保护的主题和现有技术的比较，但仍可以反驳一个初步假设，该假设认为技术人员本可以根据某些公知常识忽视化学化合物之间结构上的不同。

7.4 不同技术领域的日常用品

T 1043/98 中的专利涉及一种用于车辆约束系统的可充气式气囊，该气囊的一部分是球杆状，另一部分总体上是蝶状。上述两部分的边缘在其连续的接缝处被缝在一起。上诉人声称，技术人员通过其已知的网球或棒球构造的知识就能立刻想到该要求保护的气囊。这引起了一个问题，即应用的特征或解决方案来源于其他技术领域，但该领域可被认为是“日常用品”。

委员会已经在 **T 397/87** 中指出，没有明显理由可以认定，为什么试图解决某个大问题的技术人员可以通过日常生活中与所考虑问题无关的简单示例，想到要求保护的工艺。同样，在 **T 349/96** 中，委员会无法理解，为何日常生活中不同的啤酒瓶运送容器，会促使技术人员发明带有综合传输系统及配套的纺丝/卷绕机，即使相关技术领域的引证无法促使技术人员得到该启示（另见 **T 234/91**）。

但是，在 **T 234/96** 中，委员会赞同审查部的意见，实现了洗衣粉分配器盒机动化的技术人员，头脑中会将 CD 播放机中按弹出键后电机开始运转的光盘托盘作为模型，而在申请日，这种 CD 播放机很常见，因此，该模型对权利要求 1 的主题有启示。委员会认为，洗衣机和 CD 播放机本质上是用途不同的差异产品，但是，这一事实不足以导致关注洗衣机构造的技术人员在设计洗衣粉盒时，忽视 CD 播放机中自动运行托盘的基本原理。

基于对上述决定的比较，委员会在 **T 1043/98** 中的结论是，上述产品在创造性上的相关性在很大程度上取决于个案的具体情况。委员会同意，正在开发有争议气袋的技术人员中可能包括网球或棒球玩家。但是，委员会不同意上诉人的观点，认为技术人员会利用其可能知道的制作网球或棒球的知识解决发明中的问题。主要原因是气袋并不会做成球形。因此，技术人员不太可能用球形的物体作为其出发点。（参见 **T 477/96**，委员会同样得出结论，日常经验与发明的技术领域无关）

8. 创造性的判断

8.1 技术特征和非技术特征的处理

8.1.1 发明的技术性质

上诉委员会的若干决定，特别是技术上诉委员会（编号3.5.01）中的决定，与判断某些案件中同时含有技术与非技术特征发明的创造性有关。最初，具有技术性质是EPC 1973的一个隐含要求，一项发明要想成为EPC 1973第52（1）条意义上的发明，就必须满足这个要求。《公约》的修改本（EPC 2000）则确定技术性质为明确要求。EPC 1973第56条的法律定义应与EPC 1973第52~57条中其他可专利性要求的上下文相结合，这些条款表明存在一些一般原则，即所有技术领域的发明均可授予专利权，而技术性质是EPC 1973所指的发明的必要条件（**T 931/95**，OJ 2001，441；**T 935/97**，**T 1173/97**，OJ 1999，609；**T 641/00**，OJ 2003，352；**T 914/02**；**T 1227/05**，OJ 2007，574）。

如果采用这种方法，权利要求中出现技术特征与“非技术”特征（涉及EPC 1973第52（2）条所指的非发明的特征）的混合是合法的，即使非技术特征构成主导部分（**T 26/86**，OJ 1988，19；**T 769/92**，OJ 1995，525；**T 641/00**，OJ 2003，352和**T 531/03**）。

T 1173/97（OJ 1999，609）称，如果计算机程序产品在计算机上运行时，产生了超过程序（软件）和计算机（硬件）之间“正常”物理相互作用的进一步技术效果时，根据EPC 1973第52（2）条和第52（3）条，该计算机程序产品不被排除在可专利性之外。委员会在**T 424/03**中称，计算机可读取的介质是一种技术产品，因此，具有技术性质。

EPO局长已将众多涉及禁止对计算机程序本身授予专利（EPC第52（2）（c）条和第52（3）条）的相关问题转给上诉扩大委员会（参见第1章A.2.4，“计算机实现的发明”）。上诉扩大委员会就局长在**G 3/08**中提到的事项提供了意见（参见文前意见提要）。

根据 **T 931/95**（OJ 2001，441），构成物理实体或具体产品的设备，适合完成或支持某项经济活动的，是 EPC 1973 第 52（1）条所指的发明（**T 258/03** 确认了这一点）。但是，委员会在 **T 258/03**（OJ 2004，575）中指出，这一推论与权利要求的类别无关。与 **T 931/95**（见案件提要 2）相反，委员会的结论是，一般而言，涉及技术手段的**方法**是 EPC 1973 第 52（1）条所指的发明。委员会在 **T 424/03** 中补充道，计算机实现的方法的权利要求类别与计算机程序的权利要求类别不同。

委员会在 **T 258/03**（OJ 2004，575）中称，关于 EPC 1973 第 52（1）条所指的“发明”这一概念，真正重要的是其技术性质的存在，可以通过实体的物理特征或活动的性质隐含技术性质，或通过使用技术方法赋予非技术活动技术性质。

委员会在 **T 914/02** 中称，对于只能通过心智方式实施的方法，涉及技术考量不足以使具有技术性质。在 **T 388/04**（OJ 2007，21）中，上诉委员会 3.5.02 认为，根据 EPC 1973 第 52（2）条和第 52（3）条排除主题或活动可专利性的程度，在概念上与创造性问题不同，可以独立于创造性问题进行考虑。

技术上诉委员会（编号 3.2.04）在 **T 336/07** 中认定，主题（这里指游戏规则）是在技术上实现的这一事实无法构成创造性的基础，该主题根据 EPC 1973 第 52（2）（c）条其本身被排除在外。创造性可以只基于该主题实现的特定方式。因此，有必要询问本身被排除的主题是如何实现的。具体实现方式的考虑必须专注于和排除的主题内在的优点和效果相比，与具体实现特征相关的任何进一步的技术优点或效果（另见 **T 1543/06**）。

8.1.2 问题和解决方案方法

上诉委员会使用问题和解决方案方法确定发明是否具有创造性。该方法要求按照技术问题的技术方案来分析发明。由于发明提供的解决方案和解决的技术问题均必须具有技术性，则当发明包含非技术方面或非技术因素时，技术问题和解决方案方法可能会出现问题。要解决该难题，应适当注意界定发明所属的技术领域，该技术领域的技术人员会使用的专业技术、技能的范围以及对实际解决的技术问题的正确定义（**T 1177/97**）。在 **T 641/00**（OJ 2003，352）中，技术上诉委员会（编号 3.5.01）已经认定，原则上，根据创造性要求对包含技术特征和非技术特征的组合且整体上具有技术性质的发明进行评价时，应考虑所有对技术性质有贡献的特征。不构成技术问题解决方案的一部分的发明特征，应在创造性的判断过程中不予考虑。技术上诉委员会（编号 3.4.03）在 **T 531/03** 中确认了 **T 641/00** 中设定的原则，并称在创造性的判断过程中，不涉及 EPC 1973 第 52（2）条所指非发明的特征（所谓的“非技术特征”）不能支持创造性的存在。委员会在 **T 619/02**（OJ 2007，63）中确认了 **T 641/00** 和 **T 172/03** 的裁定，认为根据问题和解决方案方法来判断创造性从根本上来说是技术性的，相应地，确定创造性的存在只能基于要求保护的发明相对于最接近的现有技术的区别特征和实现的效果的技术方面。

在 **T 1121/02** 中，技术上诉委员会（编号 3.2.04）同样引用了 **T 931/95**（OJ 2001，441）和 **T 641/00**（OJ 2003，352），确认对技术性质没有贡献的特征不能支持创造性的存在。委员会在 **T 258/03**（OJ 2004，575）中认定，应只考虑对技术性质有贡献的特征来评价发明。因此，需要确定有技术贡献的特征。最后，同样必须仔细考虑技术人员的确定。技术人员会是某一技术领域的专家（**T 641/00**）。**T 172/03** 认定，EPC 1973 第 54 条“现有技术”一词应被理解为“现有科学技术”。EPC 1973 第 54（2）条“一切事物”一词应被理解为涉及与某个技术领域相关类型的信息。因此，与任何技术领域无关或与某个技术领域无关的任何事物，而该技术领域由于具有信息性质而导致技术人员预期会从该领域推导出技术上相关信息的，不属于 EPC 1973 第 54 条和第 56 条的上下文中会考虑的现有技术。

委员会在 **T 688/05** 中讨论了可适用于审查包括非技术特征和技术特征的发明的创造性的原则。EPC 1973 第 27（1）（c）条和第 29（1）条指出，必须能够使用技术问题的具有技术特征的解决方案来表达一项发明。尽管非技术特征也能很好地限定技术问题产生的背景，然而，从定义上看，由于该非技术性质没有产生技术后果，因此，不能对解决方案作出贡献。

8.1.3　确定技术特征

除非另有说明，技术上诉委员会（编号 3.5.01）已经详细阐述下述章节中提到的判例法，下述章节是关于包括发明技术特征和非技术特征相混合的发明。

在 **T 931/95**（OJ 2001，441）中，第一附属请求是请求保护一种用于控制养老福利程序和系统的装置。委员会得出结论：根据该申请的发明所设想的改进发明本质上是经济改进，也就是属于经济领域，因此此改进对创造性没有贡献。可取得专利的主题的体制只能通过用于实施发明的计算机系统的编程实现。因此，创造性的判断必须从作为本领域技术人员软件开发者或应用程序员的角度进行，本领域技术人员懂得改进福利系统的概念和结构知识以及信息处理的基本方案知识。不但考虑到形成技术人员部分知识的信息处理步骤从功能上精确地界定要求保护装置技术特征的事实，而且在申请的优先权日（申请日），也考虑到在经济部门应用计算机系统已经是普遍现象的事实，得出的结论是要求保护的主题不具有创造性。

在关键性决定 **T 641/00**（OJ 2003，352）中，涉案专利涉及一种 GSM 型数字移动电话系统中的方法，在该方法中，为用户身份模块（SIM 卡）分配有至少两个由用户选择性激活的身份以在私人电话和业务呼叫之间分配费用。委员会认为，在根据创造性要求对含有技术特征和非技术特征的混合且整体上具有技术性质的发明进行评价时，应只考虑对技术性质有贡献的那些特征。没有这种贡献的特征不能支持创造性的存在。委员会引用 **T 158/97**，其中认为未涉及任何技术功能的已知装置的修改不能对创造性作出贡献（另见 **T 72/95**、**T 157/97** 和 **T 176/97**）。

在 **T 27/97 中**，委员会在判断创造性时，不考虑将要求保护的主题与现有技术区分的特征，理由是其缺乏与该特征有因果关系的技术效果。

在 **T 1001/02** 中，表征特征主要涉及旨在协调和增强整个散热器外观的设计元件。技术上诉委员会（编号 3.2.03）认为，这种特征不能因此被认为是技术特征，所以在创造性的判断中，不考虑该特征。

在 **T 531/03** 中，涉案专利涉及一种产生零售店印刷折价券的系统。技术上诉委员会（编号 3.4.03）说，在创造性的判断中，涉及 EPC 1973 第 52（2）条意义上的非发明的特征（“非技术特征”）不能支持创造性的存在。专利权人主张说，争议的发明需要技术创造性和非技术创造性的组合，因此技术人员将包括“非技术人员”与技术人员的团队。委员会驳回这种方法并指出，在创造性的判断中，试图平等对待非技术方面和技术方面与《公约》不一致，因为在该方法中，创造性的存在归因于《公约》中限定为非发明的特征。

在 **T 619/02**（OJ 2007，63）中，主请求和第一附属请求不能构成 EPC 1973 第 52（1）条意义上的发明。第二附属请求限定一种制作香水产品的方法，该方法包括用一种气味香化，该气味通过下列程序选择，在该程序中，以（未香化）产品本身或可替代地其他希望的属性为目标。上诉委员会（编号 3.4.02）指出，权利要求针对香水产品制造并需要将所选气味给予产品，因此，限定了在本质上来说技术的方法或活性且属于香水制造业的一般技术领域。委员会确认，在要求保护的发明相对于最接近的现有技术的区别特征和取得的效果两个技术方面的基础上，才可以确定是否存在创造性。委员会说，要求保护的方法与最接近的现有技术的区别在于气味是按照特定选择程序选择的。但是，无论是选择程序还是最终所选气味都不具有技术本质。委员会的结论是，除了可能在商业上有前景的但纯粹属于审美或情感上的且因此技术上任意的效果，如果在要求保护的发明的上下文中，发明相对于最接近的现有技术的区别特征不能执行任何技术功能或实现任何技术效果，则任何技术本质的特定客观问题都不能视为本发明要解决的问题（另见 **T 1212/04**）。

在 **T 912/05** 中，本申请涉及可以通过邮件或电子方式投递邮件的邮递系统。邮递系统本质上包括提供通知收件人待收邮件的邮递服务并根据收件人的指令投递邮件。所有请求的独立方法权利要求包括涉及以电子邮件形式发送信息的步骤。委员会（编号 3. 5. 02）说，如权利要求 1 所述的邮递系统方法包括至少一个涉及用于实施方法的技术手段的步骤，因为这种形式的通信必然需要使用如计算机等技术手段。根据上诉委员会判例法，因此，这些方法可以被视为 EPC 第 52（1）条所指的“发明”。然而，委员会裁决，在其审理的案例中，没必要试图将本质上与商业相关而与技术问题的解决方案无关的特征与那些在判断创造性时应该考虑的本质上技术的特征相分离。结论是，在不初步明确分离商业相关特征和技术特征的情况下，判断商业相关方法的创造性是可能的。

8. 1. 4　技术效果的判断

T 258/97 中的发明涉及一种图像通信装置。委员会引用 **T 27/97**，其中谈到，只有当确定技术效果与算法有因果关系时，抽象算法才与创造性相关，只有这样，技术效果对技术问题的解决方案作出贡献，因此赋予算法“技术性质”。因此，委员会裁决，创造性的判断只能基于可以确定技术效果的元素和方面。发明是否引起技术效果在本质上说是事实问题。

委员会在 **T 643/00** 中阐述说，菜单项（图像）在屏幕上的排列可以通过技术考量来确定。此类考虑可能是为了使用户能够以更有效或更快捷的方式管理如查找和检索存储在图像处理装置中的图像等技术任务，即使涉及心智水平上用户的评价。虽然此类评价本身不属于根据 EPC 1973 第 52 条规定的“发明”，但涉及心智活动的单纯事实不一定使主题成为非技术性，原因是技术方案的最终目的是为了提供服务于、辅助或代替包括心智活动的不同种类人类活动的工具。

委员会引用 **T 1177/97**，其中表示，在技术系统中使用一条信息或为此目的的使用性可以赋予信息本身技术性质，因为其反映了技术系统的特性，例如通过具体格式化或处理。此外，委员会引用 **T 1194/97**，其中委员会（编号 3. 5. 02）指出，记录在图片检索系统使用的记录载体上的功能数据（行号、编码图片行、地址和同步）应与编码的认知内容相区别。即使整体信息可以在其他技术或人为环境中以无数不同方式解释，这并不会有损于要求保护的发明的相关内容的技术功能（另见 **T 424/03**）。

T 1121/02 的申请涉及一种电围网元件，其特征在于所述电围网元沿其表面具有可以威慑动物的对比标志。委员会（编号 3. 2. 04）指出，所述对比标志不是技术特征。据说这些标志就像其他动物的警告图案一样，但这并不是技术效果。因此，所述对比标志在判断创造性时没有意义。

在**T 258/03**（OJ 2004，575）中，委员会认为要求保护的方法的总目的——确认拍卖会上拍卖品的中标人，不具有技术性。上诉人争辩道，技术效果在于克服现有技术中投标人和送达人之间信息传播延迟的问题。所述问题的解决方案包括调整已有拍卖方法以使其自动执行。委员会的结论是，包括商业计划（拍卖罪责）修改的、目的是规避技术问题而不是通过技术手段解决技术问题的方法步骤对要求保护的主题的技术性质没有贡献。委员会认为，本发明是在缺乏投标人的情况下的仅仅自动进行荷兰式拍卖的非技术性活动，因此只限于指示服务器计算机应用给定条件并执行任何必需的计算。委员会认为这是在技术人员力所能及范围内程序编程。

8.1.5 技术问题的构建

在**T 641/00**（OJ 2003，352）中，委员会考虑了对技术问题的构建。尽管构造待解决的技术问题时不得指明或部分提示解决方案，也不表明出现在权利要求中的某特征意味着其在构造问题时被自动排除在外。特别是在权利要求引用非技术领域中实现的目标时，该目标可能作为待解决技术问题框架的一部分合法地出现在技术问题的构造中，以避免判断创造性时考虑非技术部分。委员会提到**T 1053/98**决定，该决定认为有必要在构造技术问题时，"通过纯非技术特征具备创造性的可能性"。对该问题的构建能引用发明的非技术要素，作为提出技术问题的给定框架。本案中，如专利说明书中所述的发明的目的是消除由于区分业务和私人电话以及不同用户之间的花费所引起的不便。必须重构该目的，以将使用GSM系统的技术问题定义为，允许用户对不同目的或不同用户的电话进行可选择的区分（这一方面，另见**T 509/07**）。

根据COMVIK方法（**T 641/00**），构建技术问题的时候可以考虑非技术特征。**T 688/05**中，委员会称这样就可以判断某个技术实现是否要求创造性技能。上诉人提出，这一方法将非技术特征视为就像是已知的，而这些特征可能实际上是发明人贡献的一部分。但委员会认为，这是EPC的要求所导致的不可避免的后果，即发明必须涉及技术问题。委员会补充道，EPC 1973第54（1）条的"新颖性"概念仅为"发明"而设。"新颖性"概念不适用EPC 1973第52（2）条列举的例外，同样，可以认定对"发明"定义没有贡献的权利要求特征不属于新颖的特征或是根据EPC 1973第54条不具有新颖性。但这些特征实施时仍可能产生技术特征之间仅有的逻辑关联。因此必须在判断创造性时考虑这些特征，但同时不得允许这些特征对创造性作出贡献。

T 1284/04中，委员会认为，COMVIK方法并未将非技术限制列为现有技术，而是纳入在作出发明之前的概念或动机阶段中，因为这些限制可能导致技术问题但对解决方案没有贡献。判断创造性时从来没有考虑过这些方面，无论这些限制是否已经根据现有技术为公众所知。

T 1177/97 中委员会认为，如果与语言学相关的信息和方法在计算机系统中使用并形成技术问题解决方案的一部分，原则上其可被认为具有技术性质。要求保护的方法的特征或方面只反映语言学领域的独特性的，在判断创造性时，必须忽略。在本案中，确立要求保护的方法的新颖性的技术差异不具有创造性，因为这些技术差异源于技术问题的非技术性限制，其实施是显而易见的。

T 244/00 中的上诉涉及视听系统领域内的遥控装置。本发明与现有技术系统的唯一区别在于：在至少六个方向上，可以单个或成对操作至少四个开关（光标键）并允许光标沿着对角方向的斜线直接跳跃。委员会称，一般来说，菜单的设计不是菜单驱动控制系统的技术方面。此类菜单的实际使用也不是技术人员（发挥技术专家的作用）面临的问题。在问题和解决方案方法中，该问题必须属于在优先权日可能会要求具体领域的技术人员解决的技术问题。因此，委员会得出的结论是，在争议案件中，技术问题必须以比基于指称的在 TV 屏幕上对角移动光标的优点更有限的方式构造。实际技术问题在于提供合适光标键使用户能够在六个或更多个方向上移动光标。

T 951/02 中申请的权利要求 1 涉及一种组合游戏和赌博装置。技术上诉委员会（编号 3.4.03）认为，根据申请中问题的陈述，本发明的目的是向玩家提供特殊诱惑的游戏机，从而防止玩家开始变得无聊。然而，在该措辞中没有可识别的客观技术问题。为了得出客观技术问题，根据已知游戏装置的可能游戏系统必须在申请中构建表明增强韧性的目的的上述非技术问题。但是，委员会认为，由于赌博装置本身具有运行游戏的所有技术要求，因此用游戏系统代替现有装置中的赌博系统不具备创造性。对赌博装置的必要改造限于控制程序对新游戏系统的适应性。对装置控制程序的改造对于一个专家来说是通常做法。

T 336/07 中的申请涉及一种以显示、检测和确定步骤为顺序的电子视频扑克机的操作方法。该方法也包括非技术方面，原因是视频扑克机的操作是按照视频扑克游戏的规则进行的。委员会认为，一套游戏规则限定了玩家同意的规章制度并涉及游戏意义上的行为、约定和条件。参与的玩家认为该游戏机的明确目的就是玩游戏。虽然根据设定进行玩游戏的方法和装置本质上技术性的，但是协议框架本身纯粹就是抽象的心智构思。委员会裁断权利要求的主题不具备创造性。

T 318/03 中的发明涉及一种最佳操作参数（特别是操作频率）的分配方法。本申请面对的客观问题是一种为了减少信号受其他发射器信号干扰程度而在具有不同单元尺寸的无线网络中分配射频的方法。技术上诉委员会（编号3.5.03）确认这是技术问题。要求保护的方法影响最终物理辐射场，因此通过技术手段解决了问题。

委员会在 **T 309/05** 中裁断，在 COMVIK 中采用本方法是合适的（**T 641/00**，OJ 2003，352）。委员会称，只有可用和期望的域名呈现给潜在买家，产生互联网域名自动化问题必须从美学和语义对价中剥离，原因是美学和语义对价是根据 EPC 1973 第 52（2）（b）条和第 52（c）条的规定排除在可专利性以外的领域。将问题重新构建成非技术分量和技术分量将用户的提供文本字符串与预定字符串串联作为一个技术问题。

T 928/03 中的申请涉及一种交互式视频游戏，在该游戏中，用户控制至少一个显示在屏幕上的玩家角色。委员会称，为交互式视频游戏的用户制作在显示屏上清晰可见可能隐藏的指示符并不能专门解决人类心理过程，而是对显示作出客观技术功能的贡献。功能质量不通过这样的事实删除：具体化信息也会进入与显示在屏幕上的视频游戏交互的用户决定中。在公平应用 COMVIK 方法中，必须牢记其目的：一方面，该方法是确保非技术方面不支持创造性的裁断；另一方面，在判断创造性时必须考虑发明任何一个特征对技术性质的实际贡献。关于这一点，游戏规则约束必须与其技术实施认真区分。

T 958/03 中发明涉及一种基于差价的产生购买奖励的方法和装置。在委员会的判决中，第一上诉人主要贡献存在于细化营销方案中，营销方案是根据差价和品牌忠诚度将优惠券发行方法建立关于消费者行为的商业和/或心理假设的基础上。在争议案件中，在任何发明前，非技术思想属于非可专利性动机阶段。因此，他可以包括在技术问题的构建中，在判断创造性时，可以忽略。

8.2 组合发明

8.2.1 组合发明的存在

在基于组合特征判断发明的创造性中，必须考虑的是现有技术是否给技术人员精确提出要求保护的特征组合的建议。已知的单个特征或多个特征并不决定性地证明了组合的显而易见性（**T 37/85**，OJ 1988，86；**T 656/93**，**T 666/93**，**T 1018/96**）。问题不是可以得到整个现有技术的技术人员是否能够根据发明进行组合，而是技术人员是否为了改进真正地会做这件事（参见 **T 2/83**，OJ 1984，265；**T 713/93**，**T 223/94**，**T 406/98**）。在判断组合发明的创造性时，决定标准不是组合的单个元素是否是已知的且相对于现有技术显而易见，而是现有技术的状态是否将引导技术人员对这些（可能已知的）特征进行特别的全面的组合。如果情况不是这样，只包括已知单个特征的组合具备创造性是不可能的（**T 388/89**、**T 717/90**、**T 869/96**）。

必须将单纯特征聚集与组合发明区分开来。

组合发明的存在要求特征或特征组之间的关系是**功能对等**或他们表现出单一效果之和以外的组合效果。委员会在 **T 1054/05** 中称，如果两个特征的效果相互关联且产生了超出每个特征单独考虑的效果总和的附加效果，则这两个特征协同地相互作用。特征解决相同的技术问题或者其效果也是相同，只是增加效果在其他方面不变，是不够的（另见以下 I. D. 8. 2. 2）。

委员会在 **T 406/98** 中裁断，一般来说，当涉及大量引证时，询问技术人员**为什么**会考虑这些文件的特定组合及在**不知道本发明**的情况下是否有理由这样做，是有必要的。在本案中，问题的完整解决方案需要从这些大量引证中精心挑选。

根据上诉人在 **T 55/93** 中的论点，指称的发明应该当作两个不相关独立部分问题解决方案的简单集合，委员会不接受上诉人的论点。在恰当的案件中，不仅不能裁断争论专利的主要问题也不能从现有技术文件中得到，而且要求保护的特征互补。委员会称，这些特征在功能上联系在一起，这是组合发明的实际特征。在多个待解决部分问题的基础上，选择在装置组合中使用的各自构建手段或者根据功能性特征的方法步骤是错误的，功能性特征和问题的解决方式应整体看待。组合权利要求的非显而易见性取决于所有特征的同时应用（**T 175/84**，OJ 1989，71）。在 **T 120/88**、**T 731/94**、**T 434/95** 和 **T 897/95** 中也可以证实组合效果。

8.2.2　部分问题

在专利法条款中，组合发明即组合特征的存在性应该与部分问题即特征集合的存在性区别看待。根据本判例法，如果权利要求的特征或特征组不是**功能相互依赖**、不互相影响的这些特征或特征组（并置或排列），则存在部分问题，这些特征或特征组取得技术成果，与组合特征案例中假定的效果相比，效果高于各自单独效果的总和（**T 389/86**，OJ 1988，87；**T 387/87**，**T 294/90**，**T 363/94**）。应该牢记的是，必须在发现解决方案的领域内的技术人员的知识和专门技术的基础上对不同的技术领域内部分问题的解决方案进行判断（**T 32/81**，OJ 1982，225；**T 324/94**）。

在 **T 389/86**（OJ 1988，87）中，两组特征之间的关系不是功能对等之一。委员会裁决，在此情况下，是没有支持创造性的组合效果，而不是的每组特征是否能从现有技术中得到的问题。对于待判断创造性的权利要求主题，这些组特征中有一组具有创造性就足够了（**T 345/90**、**T 701/91**）。

同样地，在 **T 130/89**（OJ 1991，514）中，要求保护的发明待解决的技术问题也包括两个技术上独立的部分问题，每个问题各自由要求保护的主题的特征来解决。委员会认为，要求保护的主题特征的独立性（每个产生不同效果）意味着，在判断创造性时，必须考虑两个最接近的现有技术以限定两个部分问题中每一个问题。结论是，由于每个部分问题仅由执行已知功能的手段解决，每个部分解决方案是显而易见的，因此本发明不具备创造性。委员会又裁定 **T 597/93** 不具备创造性，原因是组合的权利要求的两个特征本身都是已知的，而它们涉及解决两个完全独立的部分问题。委员会引用 **T 687/94** 并认为，在此类案件中，解决方案可以单独根据现有技术判断（另见 **T 315/88** 和 **T 65/90**）。

委员会在 **T 711/96** 裁断，表征特征（a）和（b）在功能上完全相互独立；他们之间没有功能相互作用（组合）。尽管每个值（例如传播）的设定不能直接影响其他值（例如数量）的设定，因为可以将传播和数量都调节以维持常量分布，但这两个特征不直接相关。换句话说，尽管两个特征能互相影响，表征特征并不一定互相影响。因此，委员会分别判断这两个特征的创造性，得出的结论是两个部分问题都是明显的。

上诉委员会在 **T 410/91** 称，由于不具备创造性，尽管权利要求1所有措施有助于增加植物的效率，而这种贡献是在已知、不同单个效果的基础上的，导致这些措施是以技术人员期望的方式执行。因此，权利要求1的主题涉及显示特征效果的已知措施的串接，从各自操作的相互影响的意义上说，无法辨识基于单个措施组合的协同效果（另见 **T 144/85**、**T 141/87**、**T 407/91**、**T 1277/01**）。

8.3　现有技术文件中的技术披露

与上诉委员会的既定判例法一致，在研究创造性时，应该牢记的是，应该考虑现有技术文件中的技术披露的全部内容，本领域内的技术人员会这样做，为了得到与文件整体教导不同的技术信息，将此类文件的部分与其上下文任意分离，是不合理的（**T 56/87**，OJ 1990，188；**T 768/90**，**T 223/94**，**T 115/96**，**T 717/96**，**T 414/98**）。根据 **T 95/90**，如果没有什么可阻止技术人员这样做的话，可以将文件中不同部分文本进行组合。

8.4　对问题解决方案无贡献的特征

根据上诉委员会既定判例法，在判断组合特征的创造性时，不应该考虑对说明书中问题的解决方案无贡献的特征（**T 37/82**，OJ 1984，71）。依据此决定，在判断组合特征创造性中，只有在申请人提供证据证明一项特征单独或与其他一项或多项其他特征结合对说明书中的问题解决方案有贡献的情况下，才必须考虑该项特征（另见 **T 65/87**、**T 144/90**、**T 206/91**、**T 574/92**、**T 226/94**、**T 912/94**、**T 15/97**、**T 471/98**、**T 442/02**）。因此，只有那些对问题解决方案有贡献的要求保护的特征才给予考虑（**T 285/91**）。委员会在 **T 294/89** 中称，附加特征不提供意外的优点，对解决问题没有任何贡献。因此，所述附加特征与判断要求保护的组合特征的创造性无关。

在 **T 589/95** 中，技术问题的解决方案的条款延伸到公认在实践中不会产生相关问题的应用领域中。委员会说，对于该领域，该方案的特征对技术问题的解决方案没有贡献，在判断创造性时不能纳入考虑。

根据 **T 119/82**，委员会（编号 3. 3. 05）在 **T 72/95**、**T 157/97**、**T 176/97** 以及 **T 158/97** 中认为，将相似考虑适用于技术上非功能性修改。不能基于已知装置的非功能性修改宣称创造性。如果通过增加无技术功能的特征对已知装置修改，则该修改不能认为具备创造性。然而，委员会不得不判断与创造性相关的技术功能的存在性。委员会从 **T 1027/93** 意识到，另外一个委员会评述道（附带意见），《公约》并没有作出如下要求：发明要想取得专利就必须具有有用效果，换句话说，给定做法明显无用导致绝对的非显而易见性。委员会强调的是“发明”概念隐含技术性质。即使技术人员从未想过此类修改，技术上非功能性的修改也与创造性无关。可以与基于已知的技术概念的新设计作比较。所述新设计可能会是惊喜，因此对专业设计者来说是“非显而易见的”。不过，如果修改没有技术关联性且从技术角度看修改是任意的，新设计不具备授权专利的条件和创造性。

8. 5　可预见不利的或技术上非功能的修改

在一些决定中，当发明是最接近的现有技术可预见不利修改的结果时，裁定主题不具备创造性（**T 119/82**，OJ 1984，217；**T 155/85**，OJ 1988，87；**T 939/92**，OJ 1996，309；**T 72/95**）。

委员会在 **T 119/82**（OJ 1984，217）中已经裁断，如果技术人员清楚地预见这些缺点且判断是正确的，如果这些可预见缺点不能通过任何非预期的技术优势进行补偿，则可预见不利修改不具备创造性。

8. 6　材料替换——类似使用

根据 **T 21/81**（OJ 1983，15），对于技术人员来说，从适于特定目的的已知材料中选择最恰当的材料应该认为是他正常活动的构成部分。技术人员在标准技术进步的限定内应该有权使用具有相同效果的技术人员熟知的替换方案

（**T 324/94**）。委员会在 **T 410/92** 中认为，在具有双极永磁转子的单相同步电机中使用高质量材料是显而易见的。上诉人争辩说，使用可获得的高级材料的技术人员将会面临令人困惑的问题。然而，委员会得出的结论是，当使用新开发材料时，为了获得特定和期望的改进，技术人员遇到的已知问题不会阻止他不使用新开发材料，具体地说是克服这种问题的手段可以从现有技术中得出。

T 192/82（OJ 1984，415）中内容如下：如果一件物品认为是实现已知功能的构件的组合或混合，生成和应用具有相同目的的改进新组件，包括该组件的改进制品也是可以授予专利权。另外，如果问题形式的组件、具有相关属性的部分现有技术一同引入同一件物品中，鉴于其可预见性有益效果（"类似替换"）将是显而易见的。

关于这一点，委员会在 **T 130/89**（OJ 1991，514）中也确认，基于已知性能且以已知方式使用已知材料从而以新组合形式获得已知效果，不具备通常意义上的创造性（"相似使用"）。在特殊案例中可以允许出现例外情况，例如选择带来意想不到的优点，克服偏见或遇到不可预见的困难，需要改变其他组件（另见 **T 1216/05**、**T 330/07**）。

这些决定之后，委员会在 **T 213/87 中**，总结如下：在缺乏意想不到效果的情况下，仅仅通过具有相关属性的元件提供已知效果的替换不能看作可以申请专利。

8.7 文件组合

将单独且非常旧的文件（例如50年的文件）与反应最接近的现有技术的文件相结合对技术人员来说不是显而易见的，那些非常旧文件没有在现有技术中引发一种趋势，其教导与目前趋势背道而驰（**T 261/87**、**T 366/89**、**T 404/90**）。

委员会在 **T 745/92** 中指出，两种现有文件的披露内容——即使它们的IPC分类号相同——只能组合在一起，如果这种组合对于试图解决要求保护的发明中的问题的技术人员来说已经是显而易见的，这种组合导致裁断为不具备创造性（**T 104/95**、**T 395/00**）。

委员会在 **T 552/89** 中确认，在判断创造性时，为了确定要求保护发明的显而易见性，将现有技术中不同文件组合是不允许的，除非在申请日对于技术人员来说是显而易见的。当通过引用原始文件中披露的最接近的现有技术来限定的问题包含单个问题时，上诉委员会判例法称，希望技术人员考虑相同或相邻技术领域内不同二次文件中提出的单个问题的解决方案。因此，当单个解决方案仅仅集合在要求保护的发明中时，如果二次解决方案提供具体单个问题的解决方案，该具体单个问题形成来自最接近现有技术的部分客观问题，二次文件的教导可以与最接近现有技术的披露相结合。

委员会在 **T 302/02** 补充道，如果一件发明包括从不同技术领域取得的特征新组合，它是否是显而易见的讨论通常将涉及至少像技术领域一样多的文件。委员会采用 **T 552/89** 中的方法，根据此方法，一个技术问题可以由“单个问题”组成。单个问题的数量显然取决于考虑之中的权利要求的详细程度，引用的决定并不表示存在创造性的权利要求就可以授权。反之，只要相应的解决方案仅仅在权利要求书中集合起来，试图解决单个问题就是显而易见的。

8.8 化学发明

8.8.1 问题和解决方案方法

在多个化学决定中，问题和解决方案方法——基于标志性决定 **T 1/80**（OJ 1981，206）、**T 24/81**（OJ 1983，133）和 **T 248/85**（OJ 1986，261）包括以下步骤：

a）确定“最接近的现有技术”；

b）根据现有技术限定问题；

c）确定解决方案；

d）证明解决方案的成功；

e）任选地重新表述问题。

根据现有技术审查解决方案的显而易见性，证明解决方案的成功以及任选重新表述问题是非常重要的步骤（见 **T 231/97**、**T 355/97**）。

8.8.2 结构相似性

为认定结构上与已知化合物相似的新化合物不具备创造性，需认为技术人员有理由期待，已知化合物和新化合物在作为解决涉案应用背后的技术问题的手段时，具有相同或类似用途。如果技术人员根据公知常识或某些特定披露得以了解，所涉及化合物之间的结构差异如此之小，以至于如此小的差异对解决所述技术问题很重要的属性而言不具有本质影响，能够忽略，则会证实这一期待（**T 852/91**）。

T 643/96 中，委员会认定，生物电子等排这一概念对技术人员而言确实构成了公知常识的一部分，但涉及判断创造性时需谨慎适用。在药物设计领域，对任何药理学上的活性成分进行的结构性改动，在未证实结构性特征和活性之间联系的情况下，技术人员会首先期待其对原始结构的药理活性机制产生扰动。对所称的生物电子等排的情况也一样，该技术属于调整结构活性关系的可选方法之一，只要应用时并非已确定为生物电子等排的情况（则具有创造性）（另见 **T 548/91**）。

委员会在 **T 643/96** 中认为，当涉及决定一种药理学上的活性成分的创造性时，关键不在于是否化合物的某个特定子结构被另一已知电子等排子结构所取代，而在于是否就该特定（族）化合物进行的替换对其药理活性机制产生的影响已经为公众所知（另见 **T 467/94**、**T 156/95**）。

T 930/94 中，委员会基于对事实的了解，认为一类化合物中一旦有某个特殊成员无法产生若干其他成员所能实现的效果，则在没有其他证明的情况下，意味着不得将该效果归因于这一族中的全部化合物。这一情形下，无法通过所涉效果，概括出某技术概念，表明存在对其的认知（**T 641/97**、**T 209/98**、**T 853/03**）。

T 989/93 中，委员会称，在没有适合的公知常识的情况下，不可能基于某族化合物的属性（本案：苯衍生物）作出结论，确认另一族化合物的性质（本案：萘衍生物）。

8.8.3 宽范围的权利要求

EPC 1973 第 56 条规定，要求保护的发明也就是说针对给定技术问题提出的技术解决方案，对本领域内技术人员不是显而易见的。如果要求保护的发明的创造性是基于给定技术效果，原则上，给定技术效果应该在要求保护的所有领域内可实现的（**T 939/92**，OJ 1996，309；**T 694/92**，OJ 1997，408；**T 583/93**，OJ 1996，496）。

T 939/92（OJ 1996，309）含有对化学领域内广泛权利要求的基本规定。委员会认为，根据现有技术，涉案专利所提出的技术问题是供应具有除草活性的更先进化合物。所有要求权利的化合物都必须具有除草活性。而且，如果证明该技术效果是这些化合物具备创造性的唯一理由，则应可以根据 EPC 1973 第 56 条提出是否该权利要求所覆盖的所有化合物都实现了这一技术效果的问题。上诉人的意见是说明书中包含的测试结果表明某些要求保护的化合物确实具有除草活性，但（委员会认为）这不代表有充足证据推断出所有要求保护的化合物都确实具备该活性。在此类案件中，上诉人负有举证责任。因此，EPC 1973 第 56 条的要求未能获得满足（**T 268/00**、**T 1188/00**、**T 320/01**、**T 1064/01**、**T 924/02**）。

根据 **T 939/92**（OJ 1996，309），委员会在 **T 668/94** 中称，只有能认定技术问题确实得到了成功解决，也就是说，所有化合物都具有植物生长调节活性这一情况确实可信时，才得在判断创造性时考虑这一技术问题。当只有一些，而非全部要求保护的化合物表现出特定技术效果时，则必须认定独立权利要求中广泛地界定的发明并不是实现给定技术效果这一技术问题的解决方案，并导致在决定发明背后的客观问题时，以及随后在判断创造性时，忽略所称的某些要求权利化合物的技术效果。

T 942/98 中，申请本身所涉及的技术问题是制备改进的选择性除草剂。委员会引用之前提到的判例法，不同意申请人的意见，申请人在本案件中认为，他只需要表明在现有技术和申请之间的直接接口（direct interface）上产生了改进效果，则无须提供更进一步的细节即可证明，这一改良效果无条件地适用于整个权利要求。委员会认为，上诉人的意见相当于无论要求保护的化合物的改进效果是否可信，都允许申请人来决定权利要求范围的宽窄。

8.8.4　中 间 产 物

委员会在关键决定 **T 22/82**（OJ 1982，341）中裁定，为实现预想不到有利完整工艺，为了获得已知最终产品而制备的新中间体具备创造性。

在 **T 163/84**（OJ 1987，301）中，再次认为中间化学产品具有专利性，原因是进一步加成的已经最终产品具备创造性。然而，委员会认为，新化学中间体不会仅仅因为在具备创造性的多步骤流程中制备，并进一步加工成已知最终产品而具备创造性；应该具有次要因素，例如，制备新中间体的工艺是第一次将新中间体制备出来，并创造性地完成以及好像排除其他制备中间体的方法。

委员会在 **T 648/88**（OJ 1991，292）中不同意 **T 163/84** 中的观点，而是采用了 **T 22/82** 中的方式。如果中间体的制备流程、进一步处理或其所处的完整流程具备创造性，为了获得已知最终产品而制备的中间体视为具备创造性。

委员会在 **T 1239/01** 中确认，如果中间体的制备完整流程具有创造性，则为了获得已知最终产品而制备的中间体视为具备创造性。

T 65/82（OJ 1983，327）阐述道，参与系列产品（最终产品或各种中间体）的（非创造性）类似工艺的新型中间体，为了成为中间体，必须对后续产品提供结构上的贡献。即使满足该条件，此类中间体也不能无条件地具备创造性，例如不考虑现有技术。与现有技术有关的现有技术，需要考虑两个不同领域。一个是“接近于中间体”的现有技术。这些是所有与中间体相近的化学组成确认的化合物。另外，也必须考虑“接近于产品”的现有技术，也即与后续产品化学组成近似的化合物。

T 18/88（OJ 1992，107）中申请人辩称，已知最终产品的杀虫活性明显优于另一结构相似的已知杀虫剂；这足以确定中间产物具备创造性，即便该最终产品并不具备新颖性或/和创造性。委员会引用 **T 65/82**（OJ 1983，327），基于以下理由驳回申请人的论据：要求保护的中间体其自身必须具备创造性才能具有专利性。在特定情况下，需要考量是否具备新颖性和创造性的后续产品表明了中间体具备创造性，但在这里问题并非如此，因为本案中的后续产品既不具备新颖性也不具备创造性。后续产品的效果再优异，因其既不具备新颖性也不具备创造性，也不足以使中间体具备创造性（**T 697/96**、**T 51/98**）。

8.9 等 同 物

根据既定上诉委员会判例法，在判断新颖性时，不必考虑未在出版文件中披露的等同物，因为这正好属于创造性的审查（参见 **T 167/84**，OJ 1987，369；**T 446/88**，**T 517/90**；另见《指南》C－Ⅳ，9.20，2010年4月版本）。在 **T 697/92**，委员会处理了“等价手段”概念，尽管实施例不同，如果这两种手段对相同结果发挥相同的功能，则认为他们是等价的。如果这两种手段共用相同的基本思想，即以相同的方式应用相同原则，执行相同的功能。结果是手段产生的技术效果总和。为了当成等同物考虑，手段必须获得相同种类和质量的结果。如果因不同的实施例导致有效性的种类相同但是质量或程度不同，这样的手段也不是等价的。这种结果不一定都是较好的，只要是不同已经足够了，因为不是结果本身具备可专利性，而是获得结果的手段具备可专利性（参见 **T 818/93**、**T 929/02**）。

8.10 问 题 发 明

尽管要求保护的解决方案并不重要且其本身是显而易见的，但在特定情况下，发现未知问题可能产生可授予专利权的主题（参见 **T 2/83**，OJ 1984，265；**T 225/84**）。如果新问题已经由本领域内普通技术人员提出，则该问题对解决方案的创造性方面没有贡献（**T 109/82**，OJ 1984，473）。同时必须考虑的是：消除不足、克服缺陷以及对已知设备和/或工艺改进是技术人员的普通任务（参见 **T 15/81**，OJ 1982，2；**T 195/84**，OJ 1986，121）。

委员会在 **T 532/88** 中确认，通过简单寻求克服日常工作中出现的困难的方法去解决问题，不具备创造性。根据该判例法，委员会在 **T 630/92**、**T 798/92**、**T 578/92**、**T 610/95**、**T 805/97** 和 **T 1417/05** 中认为，提出问题无法使要求保护的主题具备创造性。然而在 **T 135/94**，**T 540/93**（宠物门）中，承认具备创造性，原因是提出的问题不是显而易见的。

委员会在 **T 971/92** 中强调，去除缺点、优化参数或节约能量或时间等形成本领域技术人员的正常活动基础的常见技术问题，不具备创造性。只有在极特别的情况下，鉴别出的技术问题才具备创造性。然而，如果申请人仍然愿意依赖这一要求，认为尽管解决方案公认是显而易见的，但识别出技术问题本身含有创造性活动，则需要满足在所提交的申请中清楚准确地公布该技术问题这一最低要求（**T 43/97**、**T 1417/05**）。

T 566/91 中的发明涉及一种治疗口腔中念珠菌感染的制霉菌素软锭剂的

配方。在本案中，委员会不同意上诉人的陈词，争议专利的技术问题包括未发现病人极不配合，因该特定情况下，一旦某物品或产品获得使用，则普通技术人员应该会提出这一问题。因此，由于活性物质令人不适的口感而导致使用制霉菌素配方时病人极不配合的问题，只是在特定情况下注意到的显而易见不配合，不应认定该问题为待解决的实际问题。

8.11　已知手段的新用途

在判断已知手段的新用途的创造性时，上诉委员会审查了在已知案例中用已知手段已经解决的问题是否与未决定的案例中提出问题不同。如果审查表明这两种问题之间没有本质区别，原则上可以得出如果采用已知手段则不具备创造性的结论（具体参见 **T 39/82**，OJ 1982，419；**T 142/84**，OJ 1987，112；**T 332/90**，**T 485/91**，**T 25/97**）。委员会在 **T 39/82**（OJ 1982，419）中称，技术人员在不同的上下文中使用已知方法并非是显而易见的，因为两个问题之间有根本区别。

参照 **T 39/82**（OJ 1982，419），委员会在 **T 818/93** 中确认，组合发明中所有特征本身可以是已知的——发明以所有特征在结构上和功能上相互关联的方式存在。在判断争议组合发明的创造性时，只要在专利中披露的条件和情形下所产生的用途和应用不能通过所引用的现有技术显示，即使适当结构是已知的，也是无关紧要的。

T 741/92 中的发明涉及一种已知手段（一种特殊网状结构）的新用途。在此类发明中，委员会的观点是，如果新用途中起作用的是新属性和新目的，手段本身是已知的，也不是很重要。发明中使用的已知手段可以获得之前未知或并非显而易见的结果。

总结 **T 301/90**，委员会认为，在创造性的判断中，公认原则是，在预期内在效果的基础上，为获取已知结果利用已知手段通常不具备创造性，通过这些已知效果（对于化学领域的应用，参见 **T 4/83**，OJ 1983，498；物理领域，参见 **T 39/82**，OJ 1982，419）获得的新型且非显而易见技术结果可以将这种已知手段的用途转换成用于解决新技术问题的新型且非显而易见的工具。因此这一用法表示对技术的改进，具备创造性（参见 **T 1096/92**、**T 238/93**）。

应诉人在 **T 590/90** 中争辩说，争议专利的技术教导所采用的两种手段均与文件 1 的手段有所区别，但它们都已经是现有技术的一部分，且这些手段在文件 1 中所描述工艺中的应用是显而易见的。但是，委员会认为，与一些文件中给出的提示相反，本身已知手段的应用不是显而易见的。由于该种手段具备创造性，包含该种手段的如权利要求 1 所述的整个工艺同样也具备创造性：利用两种中至少一种不是显而易见的手段对已知方法进行修改，整个方法具备创造性。

8.12 显而易见的新用途

在**T 112/92**（OJ 1994，192）中，作为最接近的现有技术的文件（1）提到作为增稠剂的葡甘露聚糖在处理未成胶食物产品中的用途，但是没有提及作为稳定剂的功能。委员会将**T 59/87**（OJ 1991，561）中陈述的原则应用到本案件中并称，即便根据文件（1）葡甘露聚糖在制备产品的过程中起到了乳液稳定剂的作用，该用途也本来就属于隐含用途。得出结论，使用某物质作为乳液稳定剂时，如果这一用途不是无可避免地与其作为增稠剂的用途相关联，至少也是密切相关。委员会认为，这对于技术人员来说，知道葡甘露聚糖作为乳液增稠剂是有效的，至少试图找出葡甘露聚糖是否作为稳定剂也有效，本来就是显而易见的。虽然**T 59/87**已经裁断，某已知物质内在但隐含的用途权利要求可以具备新颖性，但如果现有技术确实证明之前的用途和之后的用途有紧密关联，则该权利要求的主题仍缺乏创造性（另见**T 544/94**）。

8.13 需要提高性能

在**T 57/84**（OJ 1987，53）的前言中，委员会称，在各种条件下，如果产品需要显示特殊性能（在本案件中是指高效抑菌效果），本发明的优越性将依赖于在实际遇到的各种可靠条件下，特别是为了测试而设计出的各种条件（本案件中是指暴露在水中和风中）下，是否提高性能。如果引用支持这一优势的比较测试，则需要考虑（试验与属性的）组合结果。决定性因素是本发明是否在整体上超过比较测试中使用的药物（本案中，对污染物质需要使用的浓度明显更低），即使用于比较的药物在其中一项测试中证明更好一些。

遵循**T 57/84**，委员会在**T 254/86**（OJ 1989，115）中称，依赖于对某特定属性实质性且预料不到改进的发明，就其与用途有关的其他属性而言，不需要也表现出相对于现有技术的优势，只要其他属性保持在合理水平以至于使改进不能由其他方面的劣势完全抵消到无法接受的程度或者与发明的公布内容有根本冲突（参见**T 155/85**，OJ 1988，87）。因此，也没有必要在每个方面都提高（**T 302/87**、**T 470/90**）。

委员会在**T 155/85**（OJ 1988，87）中进一步指出，在存在其他考虑的情况下，结构上介于所引用披露的两个具体实施例之间且效果上显示在相同实施例的效果之间的主题，不具备创造性。

8.14 权利放弃

在**G 1/03**和**G 2/03**（OJ 2004，413和448）中，上诉扩大委员会处理了在已提交申请中没有根据的"未披露的权利放弃"，即"消极特征"（negative features）的允许范围。上诉扩大委员会认为，与创造性的判断或披露的充分性相关或变得相关的权利放弃增加了违反EPC 1973第123（2）条的主题（**T 1028/02**）。

对于权利放弃的更多信息，另见第2章B.1.2.1和第3章A.4。

8.15 参数优化

委员会在关键决定**T 36/82**（OJ 1983，269）称，通过同时求解两个方程，该两个方程本身是已知的且分别由设备一定维度为函数的那些参数表达，对特定设备的两个参数进行并行优化，因此这种努力不具备创造性。当现有技术中的指示表明可以通过其应用的计算方法获得其结果，已经证明可以为争议维度找到提供两个参数间可接受折中的数值范围的事实是可预见的。

T 263/86中的发明涉及一种具有散光效果的眼镜片。上诉委员会指出，假定眼镜专家能够了解剩余像散、聚焦误差和频率响应之间的关系。因此，委员会将质量准则看作仅仅是多个镜片属性同步优化的结果，同步优化导致技术人员自由决定范围内的折中。然而，在参数优化情况下的折中不能视为是意想不到的，因此这一发现不能看作具备创造性。

在大量其他决定中，都引用了**T 36/82**（OJ 1983，269），裁定主题不具备创造性，特别是当解决的问题是找出不同参数之间的合适折中时（**T 38/87**、**T 54/87**、**T 655/93**及**T 118/94**）。委员会在**T 410/87**称，为了达到预期目的，通过优化物理维度以在该维度上作用相反的两个效果之间获得可接受折中的做法，视为技术人员正常活动的一部分（参见**T 409/90**，OJ 1993，40；**T 660/91**，**T 218/96**，**T 395/96**，**T 660/00**）。

委员会在**T 73/85**中称，提高性能的问题不是——像一般情况——通过具体改变结构参数的方式，而是通过修改工艺参数的方式解决这样的事实，应认定是预料不到的情况。在该案件中，争议专利中要求保护的单个反应条件本身是已知的没有关系，更为重要的是，技术人员是否在期待受欢迎优化或在缺乏合理预见的情况下，试图将已知手段进行组合作为优先权，并以此要求保护。

委员会在**T 500/89**中确认，已知所采用单个参数区域的事实，并不意味着在争议专利中为了解决技术问题对其进行特定组合也是显而易见的。因为文件1没有对这种组合任何启示，所以对单个参数区域单组合并不仅仅是文件1中方法的常规优化的结果。

8.16 商用方法的小幅改进

上诉委员会在 **T 38/84**（OJ 1984，368）指出，在大规模（此处指产量增加0.5%）商业上使用的工艺获得小幅改进代表在判断要求保护的解决方案的创造性时不应该忽略的有价值的技术问题（另见 **T 466/88** 及 **T 332/90**）。委员会在 **T 155/85**（OJ 1988，87）中补充道，这样说是正确的：即使在产量或其他工业特性上的小幅改进，在大规模生产中可以意味着是非常相关的改进，但这一改进必须是显著的并且超出该领域中因其他参数产生的误差幅度和正常波动。**T 286/93** 中的发明涉及一种制造包装纸和包装板的方法。该方法的结果表明，与添加多氯化铝和阳离子淀粉顺序相反的方法相比，机器速度和获得纸的机械质量已经提高3%左右。由于该类方法显然是用于工业规模生产包装纸，即使小幅改进也必须当作显著改进。

8.17 医学领域创造性的证据

委员会在 **T 619/94** 中认为，由于在本案中，通过磨削去除人体组织的一致性与通过喷砂去除材料的一致性不同，在不考虑医学领域内特殊条件的情况下，在喷砂领域内的已知或显而易见的特征不能自动转移到医学领域中。

T 913/94 中的发明涉及一种特异性药物在制备抗胃炎药物中的用途。依委员会的观点，虽然胃炎和溃疡是两种不同的疾病，但是它们的致病因素具有共同点。在本案件中，委员会调查了抗胃溃疡药物是否在治疗胃炎也具有活性。结论是，如果第二种更严重的疾病（胃溃疡）的症状是通过第一种疾病的症状引发且这一假设获得了可信的证实，并未遭到反驳，则针对更严重疾病的药品活性已经能强烈地表明其对较不严重的疾病也具有效果。因此，治疗实验诱导的胃溃疡的所述药剂是已知的，该药剂在制备治疗胃炎药物中的用途不具备创造性。

8.18 类似工艺——可以想象的产品

方法的效果连同其内部特性以及其例如质量、产量以及经济价格等历史渊源结果表现在结果，即化学案件的产品中。在类似工艺提供具有新颖性和创造性的产品的范围内，已经确认该类似工艺可以授权专利权。这是因为类似工艺的所有特征只能通过还未知且未预想到的（问题发明）效果得到。另外，如果效果是完全或部分了解，例如该产品是旧产品或是旧结构部件的新改造，发明（例如方法或中间体），不应该仅仅包括需要通过相对于现有技术显而易见的方式从效果已知部分推导而出的特征（**T 119/82**，OJ 1984，217；另见 **T 65/82**，OJ 1983，327）。

根据 **T 2/83**（OJ 1984，265），只有当需要制造特定的可专利产品这类问题还未落在现有技术范围内时，化学领域内的所谓类似工艺才能要求保护。

委员会在 **T 1131/05** 中认定，类似工艺的方法权利要求具备新颖性和创造性。

T 595/90（OJ 1994，695）涉及一种产品的创造性，该产品本身是发明人设想出来，其制造方法不存在。相应地，按所述构想而出的产品，其全部特性决定了包括其使用属性的特性。如果现有技术中没有可制作该产品的已知方法或可用（类似）方法且由此权利要求的制备方法首次实现了该产品的制备，则该方法也具备创造性，则这种显而易见的实体，可以成为非显而易见且可获授权的发明（**T 268/98**、**T 441/02**）。

委员会在 **T 803/01** 得出的结论是，通过 **T 595/90** 类推，本案件中决定性问题是在涉案申请的优先权日是否得到要求保护纯度的聚交酯或者是否存在导致此结果的显而易见的方式。但是本案件并不是这样，因此委员会的结论是要求保护的主题具备创造性。

在 **T 233/93** 中，要求保护产品限定的属性组合已经是技术人员曾经力求实现的迫切需求。但是，认为这些属性是相矛盾的。委员会称，如果现有技术中没有可制作该产品的已知方法或由此权利要求的制备方法首次生产该产品，则该方法也具备创造性，此类希望得到的本身是显而易见的产品可以认为是非显而易见的且可授权（**T 1195/00**）。

8.19　否定创造性的示例

8.19.1　程序步骤颠倒

生产元件的程序步骤颠倒不能为创造性提供正当理由（**T 1/81**，OJ 1981，439）。

8.19.2　有目的选择

对于已知方法的特殊应用，如果技术人员为了这一目的使用市场上出售的材料且很有可能不是因为其特性才使用该种材料，单独基于这些特性，这种使用不应该具备创造性。如果基于其他理由，实施该步骤本身是显而易见的，则如果没有相反证明的话，市场上对该特定方法的自然选择并非经过心智、实践或“有目的选择”的结果，也是合乎情理的（**T 513/90**，OJ 1994，154；另见 **T 659/00**）。

8.19.3　自　动　化

委员会在 **T 775/90** 裁定，由人工操作员先前执行的功能自动化与技术一般趋势相一致，因此不具备创造性（**T 1175/02**、**T 438/06**）。

仅仅是自动执行方法步骤的思想，例如用自动操作替换人工操作，是技术人员的常规目的（**T 234/96**）。

在从已知人工工艺发展到自动工艺中，除了将人工工艺的单个步骤简单自动化外，只要自动提供监测、控制和调节单个工艺步骤的设备属于专门技术的定义范围，技术人员也可以将其引入（**T 850/06**）。

8.19.4 常规试验

根据上诉委员会判例法，如果增强效果是源自显而易见试验，它不能作为创造性的证据（**T 296/87**，OJ 1990，195；**T 432/98**，**T 926/00**，**T 393/01**）。

T 308/99 中要求保护的用途是基于已知物质的完全显而易见属性。与现有技术中使用的物质相比，与要求保护用途相关的略微增强效果是源自显而易见试验。

包括仅仅是常规实验，例如没有利用除公知常识以外的技术的常规试错法实验，不具备创造性（**T 455/91**，OJ 1995，684；**T 104/92**）。

T 253/92 中权利要求1主题涉及一种永磁合金的制造方法。委员会认为，尝试制造与一系列现有技术中已知合金有相似成分的合金并测量合金的磁性，对技术人员而言是显而易见的。

8.19.5 复杂技术的简化

委员会在 **T 61/88** 中指出，面对技术问题的优化但复杂的解决方案时，技术人员能识别出通常可达到还不完美结果的不太复杂的替代方案，因此至少在减少复杂程度的好处能合理地超过性能的损失的情况下，设想出这种替代方案（**T 817/94**）。

T 505/96 中，委员会的结论是，至少在减少复杂程度的好处能合理地超过性能的损失的情况下，简化复杂技术应认为属于技术人员正常工作的一部分。

8.19.6 在几个显而易见的方案中选择一个方案

委员会在 **T 400/98** 中称，从技术人员可获得的可能解决方案中应用一个解决方案不需要特殊技能，因此不具备创造性（**T 107/02**）。

委员会在 **T 588/99** 中称，在文件明确限定了具有一定活性组合物作为洗涤剂化合物合适组分并敦促本领域技术人员在生物化学和医学等其他技术领域的出版物中寻找这样的化合物的特定情况下，在通过任何其他由探索其他技术领域获得的组合物代替具有给定活性的明确指定化合物来解决为现有技术中披露的组合物提供替换物的技术问题中，不需要任何创造性活动。

在2006年3月29日裁决的 **T 190/03** 中，委员会称，关于从多种可能性选择的解决方案的显而易见性，只要从中选择一个解决方案是显而易见的就足够了，无须与一些其他可能解决方案相关。委员会引用 **T 939/92**（OJ 1996，

309)，该案例称，（尽管在化学领域），如果将要求保护的方案与其他方案区分开的未知技术效果不合理，在缺乏暗示的情况下，从多个可能性中任意选择一个解决方案的做法是不具备创造性的。在之前的案件中，委员会并未看到任何未知或预料之外的效果，而是只有显而易见的效果。

8.19.7 一些显而易见的步骤

如果技术人员自己解决的技术问题将其逐步引向解决方案，而每个单独步骤依据技术人员已获得的技术和待解决的技术都是显而易见的，则基于现有技术，解决方案就对技术人员而言是显而易见的，即便需要两个或更多的此类步骤，该解决方案不具备创造性（**T 623/97**、**T 911/98**、**T 558/00**、**T 1514/05**）。

8.19.8 从显而易见的替代方案中选择

T 1072/07 中的申请涉及一种用于玻璃成型操作的燃氧前端。现有技术文件为解决选择燃烧器燃料问题提出了两种可能性，因此出现了两种类型的燃烧器，即燃气燃烧器和燃氧燃烧器。委员会的结论是，为了解决问题，（如何选择合适类型的燃烧器），本领域内的技术人员必须在这两种已知可能性之间作出选择。在特定情况下，每次选择将会在特定类型燃烧器的如操作效率等优点以及所需技术适应性以及成本等缺点之间权衡，因待选的燃烧器是已知，所以无论选择哪种燃烧器，都是显而易见的。

9. 判断创造性的次要因素

9.1 一般性问题

根据上诉委员会既定判例法，与 EPC 第 56 条的现有技术相比，仅仅对创造性存在性指标进行调查不能代替对发明技术上熟练判断。在此类指标存在的情况下，现有技术的总体情况及考虑所有重要因素可以表明具备创造性，但不是所有案例都需要这样做（参见 **T 24/81**，OJ 1983，133 及 **T 55/86**）。有疑义（如当现有技术教导的客观评价尚未提供清晰画面）时，次要因素也很重要（**T 645/94**、**T 284/96**、**T 71/98**、**T 323/99**、**T 877/99**）。标识只是在创造性的判断中辅助考虑因素（**T 1072/92**、**T 351/93**）。

在 **T 754/89**——“EPILADY”，委员会详细说明了裁定具备创造性的原因。虽然商业上的成功、克服偏见、引用文件年代、做广告成本、产生新市场份额、满足长期需要、存在假冒、侵权形式等因素得到广泛关注，尤其是在各方的书面陈述书中，该案件的技术事实是判断创造性的其他指标，没有任何相关性。

委员会在 **T 915/00** 中认为，科学界对商业实施、许可以及发明人权益的认可构成更令人信服的次要因素。

9.2 技术偏见

根据上诉委员会判例法（参见**T 119/82**，OJ 1984，217；**T 48/86**），有时通过证明已知偏见，即需要克服对技术事实广泛认可但不正确的观点，可确认创造性。在本案件中，举证责任在专利权人（专利申请人），例如参考合适的技术文献。证明确实存在指称的偏见（**T 60/82**、**T 631/89**、**T 695/90**、**T 1212/01**）。

在任何特定领域中，偏见涉及一种本领域专家广泛或普遍坚持的观点或固有想法。此类偏见的存在性通常通过参考文献或优先权日之前出版的百科全书证明。这种偏见必须在优先权日已经存在，在优先权日后产生的任何偏见在创造性的判断中无任何意义（**T 341/94**、**T 531/95**及**T 452/96**）。

一般来说，偏见不能通过单个专利说明书的陈述书来证明，原因是专利说明书或科技论文中的技术信息是基于特殊前提或作者的个人观点的。但是，这个原则不适于解释相关领域内代表常见专业知识的标准作品或教科书（**T 19/81**，OJ 1982，51；**T 104/83**，**T 321/87**，**T 392/88**，**T 601/88**，**T 519/89**，**T 453/92**，**T 900/95**，**T 1212/01**）。委员会在**T 515/91**中将《ABC科学和技术》（*ABC Naturwissenschaft und Technik*）看作标准作品（另见**T 461/92**、**T 152/93**）。在**T 943/92**中，偏见的存在性由反映涉案专利的特殊领域中的技术知识的专业书支持。此类书不包括单个专业作者的观点，而是本领域的专家观点，因为此类书是"许多任意科学家、技术人员、技工、协会及研究机构"合作的结果。如果多种现有技术文献中的意见相反，则一本教科书中的一般批评性言辞不足以证实所称的偏见（**T 134/93**）。

一般来说，当认定存在偏见时，已确定的上诉委员会判例法非常严格。克服偏见提出的解决方案必须与本领域专家的现行指示相冲突，即专家一致的经验和见解相冲突，而不仅仅是引用单个专家或公司的相反意见（**T 62/82**、**T 410/87**、**T 500/88**、**T 74/90**、**T 943/92**、**T 531/95**及**T 793/97**）。接受缺点或简单忽略偏见并不意味着已经克服偏见（**T 69/83**，OJ 1984，357；**T 262/87**，**T 862/91**）。

T 1212/01中的专利涉及一种治疗阳痿的吡唑并嘧啶酮（伟哥）。为了证明技术偏见的存在性，专利权人引用了30篇科技论文，技术偏见是降血压药物是阳痿的病因之一而不是一种治疗的形式。然而，委员会称，从现有技术中选择的内容本身不能被看作对男性勃起功能障碍口服治疗的技术偏见。此类偏见只能通过在涉案专利优先权日之前证明针对技术方案的相对普遍错误以及对技术发明的误解存在于相关技术领域技术工人中来确认。本案并非这一状况。

应诉人（专利所有人）在 **T 550/97** 中争辩，发明后的数年，已经提交了技术上落后的解决方案并作为一种集成不同移动无线网络的装置推向市场。但是，委员会并没有考虑这样一个事实：有争议的较落后解决方案较迟开发，是创造性的证据，没有理由假设较迟的开发是因为当前发明需要克服的技术偏见。

委员会在 **T 347/92** 中指出，在一个区域发现一个相对小的操作窗口，对本领域技术人员不能认为是显而易见的，但是根据最新文献，该窗口认为是不能使用的。

具有“技术偏见”性质的次要因素的一个形式是技术在不同方向的发展（**T 24/81**，OJ 1983，133；**T 650/90**，**T 330/92**）。

委员会在 **T 883/03** 中裁断，专家对导致权利要求 1 的表征特征长期形成现有技术一部分的教导一直“视而不见”。在本案件中，这种教导是权利要求 1 提出的解决方案具备创造性的进一步证据。

委员会在 **T 872/98** 中指出，次要因素的存在性也可以由这样的事实证实：在优先权日之后不久，竞争对手向德国商标专利局提交一份专利申请，发明中采取的方向与欧洲申请完全不同。

委员会在 **T 779/02** 中指出，偏见能够通过这样的事实证明：最接近的现有技术和本发明相隔很长时间（在本案中，相隔 16 年以上），在那段时间，唯一追随的解决方案远离于本发明，而本发明提供的解决方案在这个时间之后逐渐被本领域内的专家接受。

9.3　文件年代——时间因素

如果需要未解决问题的解决方案存在于文件日和发明日之间的整个期间，则已知文件年代早于申请日可能是创造性唯一证据（**T 79/82** 和 **T 295/94**）。然而，待考虑的较长时间段不是文件出版和披露该文件教导的欧洲专利申请提交之间的时间，而是问题变得显著和提供一个解决方案的欧洲专利申请提交之间的时间（**T 478/91**）。

在经济上重要且研究频繁的领域中，最接近的现有技术的文件的公开日与涉案专利的优先权日之间的 23 年时间通常可以视为存在创造性的证据（**T 273/92**）。在 **T 203/93** 及 **T 795/93** 中，11 年认为是支持创造性的一个证据，在 **T 986/92** 中是 70 年，**T 478/91** 中是 80 年以及 **T 626/96** 中是 60 年（另见 **T 774/89**、**T 540/92**、**T 957/92**、**T 697/94**、**T 322/95**、**T 255/97**、**T 970/97**、**T 6/02**）。

在**T 330/92**中，反映应用领域（现金卡持有人的注塑成型技术）内专家可得常识的文件在涉案专利申请日至少前17年已经出版。上诉委员会指出，导致权利要求1特征组合的元件在现有技术中已经是已知的，然后这期间专家对这些发现“视而不见”。同一技术领域的其他申请人也没有使用这些知识。

在**T 1077/92**中，委员会面临问题的异常情况，该问题与其已有解决方案共存了100年，在最近深入研究领域，还未采取看似显而易见的步骤。委员会的结论是，既然还未发现其他解释，只能是因为还需要创造性的洞察力（**T 617/91**）。

在**T 123/97**中，未能对争议专利的技术问题采取显而易见的解决方案，导致这一结果的原因有很多种：例如，未采取该项新技术，可以有商业原因，因为客户对旧技术满意，且该技术也可以升级，因此避免了以工业规模接纳一项新技术所带来的相当大的投资成本。

9.4 满足长期需要

在发明出现前，现有技术已经闲置很长一段时间这一事实，如果明确已经存在改进的迫切需要，可以成为具备创造性的一个证据（见**T 109/82**，OJ 1984，473；**T 555/91**，**T 699/91**）。该证据与时间因素的证据以及引用的文件的年代密切相关。

委员会在**T 605/91**中称，如果只有单个技术人员发现这种“长期需要”是不够的。只有能确认多个且重复处理相关缺陷的尝试的时候，才能认为长期需要看起来是长久的。

委员会在**T 1014/92**中不承认上诉人提出的进一步论据：在较长时间（35年左右）期间，文件（1）和文件（2）已经由公众查阅，但是没有进行组合，这是作为两个文件之间无明显联系的最有力的证据。委员会认为，如果与时间相关的证据通过例如长期需要等其他证据进行互相印证，只能得出这个结论（另见**T 1183/06**）。

尽管一种方法存在经济缺陷，但是它已经以商业规模成功运行20年以上，要求保护的发明提供的技术问题的解决方案避免了这样的经济缺陷，这一事实支持了具备创造性（**T 271/84**，OJ 1987，405）。

9.5 商业上的成功

原则上，单独商业上的成功不能视为创造性的证据。必须首选满足以下要求：必须已经满足长期需要；商业上的成功必须源自发明的技术特征，而不是其他影响因素（例如推销技术或做广告）。

委员会在**T 110/92**没有反驳称如权利要求1所述的加热组件已经取得商

业上的成功。然而，此类单独商业上的成功，要求保护的主题的技术相关审查导致了否定结果，也不能认定为形成创造性证据的基础，即便委员会认定商业成功系源自加热组件的技术特征而非其他因素如商业性本质（见 **T 5/91**、**T 219/90**、**T 373/94**）。

T 478/91 也一样，商业上的成功不能认定为创造性的证据。委员会指出，众所周知，产品商业上的成功同样很容易地归因于除性能以外的其他因素，具体地说是，更流水化生产、市场垄断、广告活动或有效销售技巧（见 **T 270/84**、**T 257/91**、**T 712/92**）。

T 1212/01 中的专利涉及一种治疗阳痿的吡唑并嘧啶酮（伟哥）。委员会称，为了将商业上的成功确认为创造性的证据，需要两个证据步骤。第一，必须证明商业上的成功，第二，必须显示此类成功源于要求保护的发明，而不是一个或多个其他原因。伟哥已经获得各种奖励并在各种杂志中受到赞扬。委员会称，如果受到懂专利法人的奖励，赞扬才有意义。然而，如果这些奖励是基于产品的改善生活特性，或上诉人的高标准研发，或很高的销量，则因为所有这些原因都可能值得颁发奖项，所以这些奖励在判断创造性时没有意义。委员会决定，证据并未表明“奖励和赞扬”源自要求保护的创造性。

委员会在 **T 677/91** 中将要求保护发明的商业上的成功考虑在内并称忽略发明自优先权日后在其领域中造成的实际影响是错误的。例如，在一本教科书的一些段落中提到了这样一种事实，也即要求保护的发明的各种优点已经在这一特殊领域引进了新时代。委员会的结论是，将这些段落的内容与要求权利保护的发明仅仅是一项常规研发的思想相调和是困难的，因此认定该项发明具备创造性。

T 626/96 中的发明同样也已取得巨大的商业成功，在许多国家中获得广泛认同。而且，商业成功是在很短时间内获得的，因此似乎对这一简单解决方案有着迫切商业需求。此外，这一成功直接归因于要求保护产品的结构，而不是营销手段或广告技巧。

9.6　市场竞争对手

市场竞争对手获得共同使用权的努力构成与商业上的成功密切相关的另一次要因素。它们可以导致对创造性的明确决定，但不是必须这样做。委员会在 **T 351/93** 中称，依据问题和解决方案方法，根据现有技术对发明的技术和专家判断，得出的结论是本发明不具备创造性。

T 812/92 中案件的情况稍有不同，在涉案专利提交前不久，其中一个**专利所有人的竞争对手**向客户提供一种技术装置，但是未使用发明所述的先进技术方案。这可能是发明具备创造性的一个证据。

委员会在 **T 252/06** 中确认，存在创造性，理由是专利所有人的竞争对手已经使用了专利的教导并提交了相关申请。

9.7 简单的方案

在相当关注商业重要性的技术领域，简化提出的解决方案可以成为具备创造性的证据。因此，在不牺牲质量的情况下开发简单的方案的难度证明具备创造性（**T 106/84**，OJ 1985，132；**T 229/85**，OJ 1987，237；**T 9/86**，OJ 1988，12；**T 29/87**，**T 44/87**，**T 528/89**，**T 73/95**）。但这并未预设现有技术中就没有任何东西能够对所提出的解决方案有所启发（**T 712/92**）。

T 234/91 中指出，结构工程经验表明，具有相同或甚至改良效果——本案中是可靠性的提升——常常是识别并实现一个简单解决方案比较复杂实施例更难。鉴于技术文献中大量解决方案，委员会得出结论，通过涉案专利中提示的简单结构措施获得的改进不是显而易见的（另见 **T 330/87**）。

T 349/95 中的主题涉及一种简单装置的简单形式，但是装置产生了意想不到主要功能上的改进。委员会认为，这种意想不到的改进和现有对解决方案没有明确启示的事实构成要求保护的方案具备创造性的证据。

委员会在 **T 113/82**（OJ 1984，10）中处理了不同方面。为了从已知技术继续到本发明，需要采取一系列的步骤。委员会认为，这可以认为是存在创造性的证据，具体地说，在一个案件中，虽然乍一看最后步骤好像很简单，但是既不能证明最后的决定性步骤是从现有技术得知也不能证明它是从现有技术中推导而得（另见 **T 315/87**、**T 508/88**、**T 424/89**、**T 394/90**）。

9.8 预料不到的效果——红利效果

预料不到的效果可以视为创造性的一项证据（**T 181/82**，OJ 1984，401）。但是，需要满足特定前提。委员会在 **T 21/81**（OJ 1983，15）中考虑到，如果根据现有技术，技术人员实现权利要求术语范围内的某些事项已经是显而易见的，则因为可以期待有利效果是源自对现有技术文献的教导的组合，即便在获得了（可能是预料不到的）额外效果的情况下，该权利要求也缺乏创造性（参见 **T 365/86**、**T 350/87**、**T 226/88**）。该判例法在 **T 69/83** 中也获得了确认（OJ 1984，357）。因为提出了技术问题的关键部分，现有技术要求技术人员采取特定解决方案时，该解决方案不因其预料不到地解决了部分问题而自动具备创造性。因此，预料不到的红利效果不会将显而易见的解决方案赋予创造性（**T 231/97**）。如果技术人员为了解决问题的关键部分而对现有技术的教导进行组合是显而易见的，则即便预料不到的额外效果同时解决了问题的另一部分，原则上也不具备创造性（**T 170/06**）。

此外，委员会在 **T 192/82**（OJ 1984，415）中称，技术人员应该能根据其目的自由地使用可行的最佳方法，即便所使用的方法导致一些预料中的改进，而如果方法包括多种可能性中的选择，则方法依赖于某项额外效果而具备专利性。在这方面，缺少替代方案可能产生一种导致可预料优点的“单行道”情形，即便存在预料不到的“红利”效果，它也仍然是显而易见的。委员会在 **T 506/92** 中也指出，根据 EPO 判例法，技术人员在显而易见方法的基础上自身不付出任何努力便必然会实现的附加效果，代表了一种奖赏，即便是预料不到的效果，也不能证实具备创造性（参见 **T 766/92**、**T 431/93**、**T 703/93**、**T 681/94**、**T 985/98**、**T 794/01**）。

委员会在 **T 936/96** 中认为，一旦已经限定了一个实际技术问题且证明技术人员根据现有技术本可以构想出该问题的特定解决方案，则不能说该解决方案具备创造性，且这种判断结果不因要求保护的发明也内在地解决其他技术问题的事实而改变。本案中要求权利的预料不到的效果不应视为具备创造性的证据。

T 227/89 中，委员会称在决定效果是关键的还是偶然的（所谓“红利效果”）过程中，应采取现实方法，根据给定案件情形，考虑这些效果的相关技术和实际的重要程度（另见 **T 732/89** 和 **T 729/90**）。当判断化学物质的创造性时，经常需要考虑其预料不到的性质（关于这点，参见 **T 20/83**，OJ 1983，419）。

T 848/94 中，已有技术问题的解决方案要求对方法的组合，现有技术并未以技术人员本可以接纳的方式提出这一组合。因此，技术人员并非处于“单行道之情形”。

T 154/87 指出，实现预料不到的效果并非具备创造性的前提。所必需的只是确认技术人员无法根据已知现有技术以显而易见的方式推导出相应主题（**T 426/92**、**T 164/94**、**T 960/95**、**T 524/97**）。

T 551/89 中，委员会称，可以期待是显而易见方法结果的效果对所要求的创造性的认定没有帮助，即便对技术人员而言该效果的规模是预料不到的。本案中效果规模超过技术人员的期望，只能代表一种红利效果，必然源自使用一种显而易见的方法，且技术人员获得该效果无须自身付出创造性的努力（**T 506/92**、**T 882/94**）。

T 240/93 中的申请涉及一种通过高热对组织进行手术并带有热保护方法的设备。审查部驳回了该申请，认为源自使用冷却方法的较短的 1 小时治疗时间及其他优点属于额外（红利）效果。但委员会称，本案中发明的客观问题为在短时间内为有效治疗处理良性前列腺增生提供一种设备。考虑到对单个病人进行单个1小时热疗疗程的许多可观实际优点，该较短的治疗期间不应被视为仅仅是“红利”效果，而是对发明至关重要，是客观问题的基础。

9.9 比较测试

根据既定判例，比较测试中证明的意想不到的效果（有益效果或特征）可以作为创造性的证据。如果基于改良效果，选择比较测试来证明创造性，与最接近现有技术比较的性质应该能有说服力地说明，指称的优点或效果是源于本发明与最接近的现有技术直径的区别特征（**T 197/86**，OJ 1989，371；**T 234/03**；**T 378/03**）且就确定本申请的问题而言，不能将指称的但未支持的优点考虑在内（另见第1章D.4.2，“指称的优点”；**T 20/81**，OJ 1982，217；**T 561/94**）。

委员会在**T 197/86**（OJ 1989，371）中补充了在先决定**T 181/82**（OJ 1984，401）中主张的原则，根据该原则，递交了作为意想不到效果证据的比较测试，必须有可能最接近的结构近似物以和要求保护的主题相比较。在本案件中，应诉人（专利所有人）主动提供与变体的比较来加强对其主张的支持，虽然变体不明确属于现有技术，但是仅仅通过发明的区别特征与要求保护的主题相区别。委员会总结其立场称，当选择比较测试以通过要求保护的范围具有改进效果证明创造性时，与最接近现有技术进行比较的性质应该是该效果令人信服地源于发明的区别特征。为此目的，可以修改比较的元素，以便这些元素与区别特征相区别（**T 292/92**、**T 412/94**、**T 819/96**、**T 133/01**、**T 369/02**、**T 668/02**、**T 984/03**）。

委员会早在**T 35/85**中称，申请人或专利权人可能通过主动递交与最接近现有技术新制备变体的比较测试，辨识出与发明通用的特征，免除其举证责任，以产生一个与发明更接近的变体，更清晰地证明归因于区别特征的有利效果（**T 40/89**、**T 191/97**、**T 496/02**）。

申请人/专利权人需就其已经宣称的权利要求主题，在整个要求保护的范围内，提交权利要求主题相对于最接近的现有技术的改进效果的证据，但是在已提交的申请中没有提及（**T 355/97**、**T 1213/03**）。

委员会在**T 390/88**中解决了不需要提出比较例的情形的问题。在上述在先案例中，虽然发明具有新颖性，但本发明产品与现有技术中的产品在结构上十分相近，所以发明是显而易见的。本案件有所不同。因此，委员会说，提出比较例对确定创造性不是必要的，因为从一开始，该发明就不是显而易见的（**T 656/91**）。

委员会在 **T 702/99** 中称，关于化妆品之类的产品的案件，申请人或专利人试图确认其发明相对于现有技术具有改进的“感觉”，或是异议人试图否定这种改进“感觉”，因此对于一方或多方提交由多个人进行比较测试的证据是比较常见的。在保证进行测试的部分人和在后期需要为法律程序提供证据的那些人的最大客观性的条件下，进行此类测试是有必要的。一般会要求该类测试是“盲目的”，且在最严格的条件下进行；测试人员未参与制作要求保护的发明，或是导致发明的研究，或是专利程序。

委员会在 **T 234/03** 中称，为了与相比最接近的现有技术获得了某项技术改进的证明产生关联，任何提出的比较测试必须基于就此提供的信息具有可复制性，从而这些测试的结果直接可测试（**T 494/99**）。这一要求尤其意味着，实行测试的流程依赖于量化信息，允许本领域的技术人员有效地可信地进行复现。模糊和不精确的操作说明导致测试不准确，因此也不相关。

T 172/90 产生的比较例不能否成合适的创造性的证据。委员会称，基于比较举出的产品是市场上可买到的并明显是随机挑选的。与这类产品比较所表现的技术进步不能替代相对于最接近现有技术具备创造性的证明（另见 **T 164/83**，OJ 1987，149；**T 730/96**）。

E. EPC 第 57 条规定的工业实用性的要求

1. “工业实用”的概念

1.1　一般性问题

EPC 第 57 条（该措辞在修改版 EPC 中没有变化）规定：“如果一个发明能在任何一种工业（industry）（包括农业）中制造或使用，应认为其能够在工业上应用。”该条款定义并说明了 EPC 第 52（1）条中要求的性质即主题要“能够在工业上应用”。尤其是，该条款明确了，根据《公约》，农业是一种工业，因此农业方法一般而言是能够在工业上应用的方法（**T 116/85**，OJ 1989，13）。关于在 EPC 修改过程中对 EPC 第 52（1）条的修改，参见第 1 章 A. 1，“技术发明的专利保护”。

委员会在 **T 144/83**（OJ 1986，301）中指出，根据 EPC 1973 第 57 条，如果发明能在任何一种工业中制造或使用，应认为其能够在工业上应用。美容领域的企业，诸如美容沙龙和美容院属于 EPC 1973 第 57 条所指的工业，因为“工业”这一概念意味着为经济收益而连续且独立地实施一项活动。一个委员会已作出决定，这类发明在美容沙龙内的专业使用为EPC 1973第57条所指的工业应用。委员会在**T 36/83**（OJ 1986，295）中也裁断，该发明在美容院内的专业使用为EPC 1973第57条所指的工业应用。

T 204/93中，委员会认为，根据EPC 1973第52（2）（c）条和第52（3）条排除可专利性的商业用途（不能将其解释为开展业务的方法）特征可能会符合发明要能够在工业上应用（EPC 1973第52（1）条）这一要求，即发明能够在任何一种工业中制造或使用（EPC 1973第57条）；其具体引用了《公约》的该条文中的德语单词“gewerblich”。委员会提到，计算机程序可以被商业性地利用是没有争议的。EPC 1973第52（2）条和第52（3）条中定义的可专利性的除外情况根本不涉及EPC 1973第52（1）条中“工业应用”的要求，而只涉及第52（1）条中所要求保护的主题必须是“发明”这一要求。通常认为，EPC 1973第52（2）条和第52（3）条中的除外情况为具有以下共同特征：被排除的主题缺乏技术性而非不能够被制造或使用，例如能够被交易。

T 953/94中，委员会说，正如《公约》所显示的（EPC 1973第52（1）条），要求保护的主题须为“发明”的要求（EPC 1973第52（2）条和第52（3）条作了限定）不同于要求保护的发明“能够在工业上应用”的要求（EPC 1973第57条作了限定）。虽然前者可粗劣地等同于要求有“技术的”（technical）贡献，但是其与“工业的”（industrial）实用性的要求并不相同；至少在此情况下，术语“技术（的）”和“工业（的）”不是同义词。

EPC 1973第57条中，“工业”的含义显然是涵盖商业应用的；例如，德语版（“gewerblich”）明确了这一点。在EPC 1973第52（2）条中，“技术（的）”一词的含义显然与此不同。这是因为，在“控制［……］过程”的语境中，而非EPC 1973第57条的语境中，应将形容词“工业的”理解为仅指通常在“工业”（在当前语境中应将该术语狭义地理解为德语中称为“Industrie”的含义）中发生的技术过程，因此不同于包括“商业”甚至“金融”应用包含的内容。

T 541/96中，委员会指出，根据EPC 1973第52（1）条，欧洲专利权可授予（但不限于）能够在工业上应用的发明。该观点与EPC 1973第83条规定的申请人有义务对发明进行充分说明有关。不符合公认的物理定律的发明或申请声称为发明的专利申请与EPC 1973第57条和第83条的要求不符，因为其不能被使用，因此缺乏工业实用性。如果申请人没能说明其如何工作，则说明书也是不充分的。

委员会继续评述道，《公约》没有限制“革命性”发明的可专利性。然而，EPC 1973第83条使得充分披露一个发明所需的信息量在某种程度上依赖于该发明的实际“性质”。如果后者属于公知的技术领域并且基于公认的理论，说明书不必包括对于技术人员来说毫无疑义的许多具体技术细节。然而，如果一个发明（至少初次）看起来违反了公认的物理定律和既定理论，披露应该是详细的，足以向熟悉主流科技的技术人员证明该发明确实是可行的（例如能够在工业上应用）。这暗示着（但不限于）要提供技术人员执行要求保护的发明所需要的全部数据，因为无法预期不能够从公认理论导出该数据的技术人员仅通过反复试验就得到本发明的教导。

在所涉案件中，发明的大意是在低温下通过电场在轻核和不稳定重核之间诱发核聚变。上诉人既没有提供实验证据，也没有提供使技术人员能够判断发明的有效性的坚实的理论基础；说明书基本上是一般性的描述和猜测，不能提供清楚和可穷尽的技术教导。因此，无须考虑说明书中提到的聚变反应在理论上是否可行，或者该反应是否确实可能在特定条件下发生。

T 718/96 中，委员会判定，虽然根据 EPC 1973 第 57 条可以以不能实施的发明不能够在工业上应用为由，提出披露方面的反对，该反对更应基于 EPC 1973 第 83 条或第 100（b）条提出，该规定具体涉及发明的可执行性。

T 18/09 中，委员会指出，EPC 第 83 条和第 57 条之间密切的相互关系已在上一个决定中处理（参见（但不限于）**T 898/05**）。两个条文都涉及申请人充分说明发明的义务。关于 EPC 第 83 条，上诉委员会的既定判例法指出，仅在存有由可测试事实证实的严重疑问的情况下，才能提出缺乏披露充分性的反对（参见 **T 19/90**，OJ 1990，476）。对委员会而言，对 EPC 第 57 条建立不同的证明标准将是不合理和不公平的。

1.2　指出发明在工业中的盈利用途

EPC 细则第 42（1）（f）条（原来的 EPC 1973 细则第 27（1）（f）条）规定，说明书应当“在发明的说明书或性质未明显显示出发明工业实用的方式时，明确地指出该方式”。

在 **T 870/04** 中，判断发明是否符合《公约》要求的关键问题是，申请中披露的发明是否“能够在工业上应用”。委员会指出，判例法显示，“工业”这一概念被广义地解释为包括企业为经济（商业）利润而连续、独立地实施的所有制造、提取和处理活动（参见 **T 144/83**，OJ 1986，301）。EPC 1973 第 57 条规定的发明可以在至少一个工业活动领域内“制造或使用”的这一要求，强调要披露发明的“实践”应用。一种物质能够用某些方式生产，未必就符合该要求，除非存在利用该物质的盈利用途。

委员会指出，生物技术发明常常与自然界发现的物质（例如蛋白质、DNA

序列等）有关。如果一个功能被公认为是对人体健康必不可少的，对具有这种功能的物质的识别就直接地暗示一种在物质缺乏（如缺乏胰岛素、人体生长激素或促红细胞生成素）引起的疾病或状况中的实践应用。在这种情况下，根据EPC 1973第57条的要求，描述充分的说明书能确保“发明能够在工业中制造或使用”。如果识别出自然出现在人体中一种物质，并且通过某些方法可将该物质在结构上特征化并使其可获取，但该物质的功能并非已知或因其复杂性不能被完全理解，且尚未识别出该物质过多或缺乏引起的疾病或状况，也没有提出该物质的实践用途，那么，不能认可该物质具有工业实用性。委员会判定，虽然涉案申请描述了一个产品（一个多肽），用于制造产品的装置和方法以及其在基础科学活动中的潜在用途，但是申请没有指出在至少一个工业活动领域中利用该产品的实践路径。

T 898/05 中，委员会认定，就EPC 1973第57条而言，一个要求保护的发明必须具有坚实的技术基础，使得技术人员能够意识到其对本领域的贡献可以达成在工业中的实践应用。委员会认为（但不限于），必须以确定的技术术语披露本发明的目的以及如何将其用于工业实践以解决特定技术问题，这是利用本发明的实际益处或优点。该要求的本质是，如果从发明的性质或者背景技术不能明显地看出至少一种可能的实际（与利用的纯理论可能性相反）利用的前景，则必须说明该前景。不应由有技术的读者来找出如何通过开展研究计划利用该发明。

因此，如果一个产品的结构已给定（例如核酸序列），但其功能是不确定或模糊的或者仅含糊地指出该功能，则该产品不满足以上标准，尽管该产品本身的结构可以再生（制造）（参见 **T 870/04**）。如果授予了专利，可能妨碍在该领域内的进一步研究，和/或赋予专利权人对在该领域积极研究并可能最终发现实际利用途径的其他人的不合理控制。另外，如果一个产品被清楚地描述并且可信地证明其是可用的（例如用来治愈稀有或罕见的疾病），可以认为该产品具有**盈利用途**或者具体益处，不管其是否实际上以任何交易为目标。因此，虽然不能预见开发这种产品会有特定的经济利润，然而毫无疑问地认为其展示了直接具体的益处。

在 **T 641/05** 中，委员会认为，无法从申请本身或者现有技术文件直接推导出关于CEGPCR1a克隆功能的任何实际信息，决定 **T 898/05** 提到了该克隆涉及三种特定功能水平，即广义上的分子、细胞和生物功能（配体的结合、横跨膜信号的传播、在转导信号通路和/或在多细胞生物的互联通路的网络中的作用）。虽然在特定条件下，委员会遵循决定 **T 898/05** 中采用的具体问题具体分析的方法，乐于承认基于计算机辅助方法的可能功能，在本案中，这些

（序列同源）方法完全缺乏证明价值。在缺乏该功能信息的情况下，涉案申请中披露的 CEGPCR1a 克隆只等同于决定 **T 870/04** 中指出的第二组案件，即不能认可案件有工业实用性（决定 **T 898/05** 中定义的“直接具体的益处”）。

T 1452/06 中，委员会评论道，要求保护的主题的所有疗法适应症的基础是细胞外基质退化期间序列 SEQ ID No：24 的多肽的声称的丝氨酸蛋白酶活性的预测作用。对于要满足工业应用要求的所要求保护的主题而言，序列 SEQ ID No：24 的多肽的声称的丝氨酸蛋白酶活性是必不可少的。委员会认定，本申请中不存在任何实验证据支持包括氨基酸序列 SEQ ID No：24 的多肽的丝氨酸蛋白酶活性。

不存在披露用于序列 SEQ ID No：24 的多肽的丝氨酸蛋白酶活性的示例，也不存在证据表明可以通过序列 SEQ ID No：24 的多肽实际实现基于丝氨酸蛋白酶活性的筛选方法和治疗适应症。而且，委员会认定，无法从与计算机辅助方法的现有技术相比较获得的数据中找到证明价值，也无法从关于序列 SEQ ID No：24 的多肽的丝氨酸蛋白酶活性的申请中获得任何结论。序列 SEQ ID No：24 的多肽的唯一用途是找出关于多肽本身及其天然功能的更多信息。不能承认此用途具有决定 **T 898/05** 所指的“直接具体的益处”。

委员会认为，专利体系的一个基本原则是要获得排他权利，要以发明的充分披露来交换，其中需要指示如何利用该发明（EPC 1973 第 57 条）。该指示必须具有“坚实的技术基础”，因为“对可能实现目标的推测性指示，且使用所述工具开展进一步研究可能或不能实现该目标，不足以满足工业实用性的要求”（参见 **T 898/05** 和 **T 870/04**）。

2. 决定工业实用性的标记

2.1　应用于私人领域的方法

T 74/93（OJ 1995，712）中，该申请被审查部否决，因为权利要求 5 的内容为将避孕组分（例如乳膏）用于能怀孕的女性的子宫颈的用途的，就将该化合物用于女性子宫颈而言该申请不具有 EPC 1973 第 57 条所要求的工业实用性。上诉人争辩的本质在于日用品领域的许多发明是私人使用的并且其可专利性不应被限制。

委员会指出，因为工业产权领域内的“工业”一词被最广义地理解（《巴黎公约》第 1（3）条），这种自由解释也可以应用于 EPC 1973 第 57 条。然而，委员会认为，在确定工业活动（专利的作用受到其推崇）与私人活动（其不应因专利权利的行使而受到不利的影响）之间的边界时，委员会对如下事实予以考虑：EPC 1973 第57条可以被视为表达了一种一般性观念即任何自然人享有其隐私受到保护的权利。该权利的核心是不能被任何人剥夺。因此，某些女性避孕与专业活动（professional activities）相关这一事实不能使其本质上为私人的行为具备工业性质。委员会指出，这不适用于所有避孕，仅适用于权利要求5所述的该组分的特定类型用途。

委员会不能确定用于权利要求5限定的直接用途的任何具有工业实用性的领域，且满足EPC 1973 第57条的要求。关于是否可以期待其在未来具有工业实用性，这一问题可以搁置不理。即使委员会在此方面接受上诉人的立场，此种无事实根据的断言也是不充分的。在没有任何具体指示的情况下，委员会不认可已满足EPC 1973 第57条所列要求的观点。

2.2 企业提供服务的可能性

T 1165/97 中，委员会认为，如果可以想到这些步骤作为有偿服务实施且其执行不仅仅依赖于女性的指示，则使用阴道分泌物收集器以及在一次性使用后处置该收集器的方法可以被认为能够在工业上应用。委员会指出，就EPC 1973 第57条而言，具有相关性的问题是这种服务是否有可能由企业提供。在该案件中，委员会作出了肯定的裁决，并指出，与 **T 74/93** 中的情况相反，该服务不是仅满足女性的完全的个人需要的服务。收集样本可能是由外部原因引起，例如，在医学从业者的建议下，取得这样的样本用于进一步诊断。

2.3 权利要求的表述——其他标准

G 5/83（OJ 1985，64）中，针对用于治疗人体或动物体的方法中使用的物质或组合物的权利要求，毫无疑问针对的是具有EPC 1973 第52（1）条所指的工业上应用性的发明。这不仅在EPC 1973 第52（4）条最后一句中有明确的说明，而且还可以从EPC 1973 第57条中“能够在工业上应用”这一限定中推断出来，即发明“能够在包括农业的任何工业中制造或使用”。EPC 1973 第52（4）条最后一句似乎是明确的说明，表述非常严谨。

T 80/96（OJ 2000，50）中，委员会认定，使用一种物质来制造新药品（不局限于所指出的产品），并不违反EPC 1973 第57条和EPC 1973 第52（1）条。在委员会看来，对权利要求的清楚性的要求（EPC 1973 第84条）同样并不意味着用于制备特定产品的方法权利要求不能以用途权利要求的形式撰写。不能赋予单个处理步骤其他含义。

第 2 章 申请需要满足的条件

A. 披露的充分性

EPC 第 83 条规定，申请应当（此前是“必须”）清楚、完整地披露发明，足以让本领域技术人员实施该发明。在 EPC 的修改过程中，仅对 EPC 第 83 条作了细微的编辑性修改。

1. 与判断披露的充分性相关的申请的组成部分

判断 EPC 第 83 条所指的披露的充分性必须基于整个申请，包括说明书和权利要求书（**T 14/83**，OJ 1984，105；另见 **T 169/83**，OJ 1985，193），而非单独考虑权利要求书（例如参见 **T 202/83**、**T 179/87**（1990. 1. 16）、**T 435/89**、**T 82/90**、**T 126/91**）当考虑是否满足 EPC 第 83 条（和 EPC 第 84 条）时，必须认为附图与专利申请的其他要素具有同等地位（参见 **T 169/83**，OJ 1985，193；**T 308/90** 和 **T 818/93**）。

T32/84（OJ 1986，9）指出，实施发明所必要的某些要素既未明确在权利要求书或说明书的相关部分中提出，也未在所要求保护的发明的附图中示出，这一事实并不一定意味着该专利申请没有按照 EPC 1973 第 83 条的要求清楚、完整地披露发明足以让本领域技术人员实施该发明。在本案中，本领域的技术人员通过应用说明书所披露的原理能够实施发明，该原理证明是该发明所必要的要素，但其并未在演示所要求保护的发明的附图中示出，而是在该专利申请的另一个附图中示出。然而，仅当本领域技术人员没有利用额外的教导并且创造性缺乏时，这才能适用。

在 **T 1011/01** 中，委员会引用了 **T 226/85**（OJ 1988，336），其表述为，根据披露的内容，必须能够实现几乎任何权利要求所限定的发明的实施例。这特别暗示，能够针对任何独立权利要求或从属权利要求的主题提出不充分反对（EPC 1973 细则第29（3）条，现为EPC细则第43（3）条）。因此，从法律的角度讲，被反对的特征是否是必要的或者专利所赋予的保护范围在多大程度上依赖于所涉权利要求，不具有关联性。

2. 与判断披露的充分性相关的技术人员的知识

a）披露针对的是技术人员

对于同一个发明，当考虑充分披露和创造性的两个问题时，应当适用同一等级的技术水平（**T 60/89**，OJ 1992，268；**T 694/92**，**T 187/93**，**T 412/93**）。

然而，要求EPC 1973第123（2）条规定的修改达到披露标准即能够直接且毫无疑义地推导出的，这并不合适，标准应是必须能够在不付出任何创造性劳动和不当负担的情况下，能够根据原始申请文件再现发明（**T 629/05**）。

技术人员可以使用他的公知常识来补充申请中包含的信息（**T 206/83**，OJ 1987，5；**T 32/85**，**T 51/87**，OJ 1991，177；**T 212/88**，OJ 1992，28；**T 580/88**，**T 772/89**，**T 231/92**，**T 818/97**）。他甚至可以根据此类知识识别和改正说明书中的错误（**T 206/83**，OJ 1987，5；**T 171/84**，OJ 1986，95；**T 226/85**，OJ 1988，336）。教科书和一般性技术文献属于公知常识的一部分（**T 171/84**、**T 51/87**、**T 580/88**、**T 772/89**）。然而，只有经全面检索之后才能获得的信息不能被视为公知常识的一部分（**T 206/83**、**T 654/90**）。根据委员会在**T 475/88**中的决定，如发生纠纷，主张属于公知常识的必须有证据作为支持。通常，证明公知常识能够从教科书或专著中获得，证据就达到充分程度了。

除非所涉专利的技术人员读者可获得专利说明书，专利说明书通常与披露的充分性无关（**T 171/84**，OJ 1986，95）。不过也有例外，当发明属于新的研究领域，还无法从教科书获得相关技术知识时，专利说明书和科学出版物可以被视为公知常识的一部分（**T 51/87**，OJ 1991，177；**T 772/89**，**T 676/94**）。在**T 676/94**中，委员会认为，在判断披露的充分性时，应当在个案中依据事实和证据回答有关技术期刊的内容是否属于技术人员的普通知识。

考虑到引用DVB标准的限度以及缺乏准确性，该标准的内容不一定是公知常识的一部分，委员会在**T 1191/04**中认为，引用这些文件不足以满足EPC 1973第83条的要求。

b）引用也可能使技术人员能够实施发明

申请文件本身并未提及但是在其引用的文件中提及的特征，如果其明显属于要求保护的发明的一部分，则该特征可以包含在专利的权利要求中。然而，如此披露的属于一个整体的必要结构性特征必须要纳入权利要求中，不允许只选出一个特定的特征（**T 6/84**，OJ 1985，238）。

发明提到该发明说明书中最初引用的现有技术发生改进的，如果该引用文件宽泛描述的且没有在本发明中明确提及的特征以引用文件同样提及的实施例形式在本发明示例中实现，就达到充分披露程度了（**T 288/84**，OJ 1986，128）。

如果专利说明书和原说明书引用了另一个文件，技术人员能够从这样的交叉引用中获得再现发明所需的但诸多说明书文字本身没有披露的信息，那么该发明也实现充分披露了（**T 267/91**、**T 611/89**）。不论起草所使用的语言为何，这都适用（参见 **T 920/92**，其中引用的文件是日文的）。

然而，当引用文件是可能短期存在的广告材料时，申请人最好明确将出版物的信息包含进来，而非仅仅进行引用（**T 211/83**）。

T 737/90 明确说，当引用另一个文件时，只有该被引用的文件能够被毫无疑义地识别并且相关受众可以获得它，才能将其纳入考虑范围。这仅仅取决于案件的事实。委员会在 **T 429/96** 中遵循了 **T 737/90**，其确认，公众最早在公开日而非在欧洲专利申请的申请日可以获得的文件，才能通过引用方式纳入到欧洲专利申请文本中去，以便适用 EPC1973 第 83 条时将这个文件考虑进去。

T 341/04 中的问题是依据一个被引用文件的专利族成员的现有信息能否如 EPC 1973 所规定的将该被引用文件“考虑进来”，其可凭借包含此引用文件的申请日通过其文件编号被毫无疑义地识别，但其由于在所述申请日无法获得而“缺失”。委员会给出了肯定回答。

T 276/99 说，为了让人理解并能够实施发明，说明书是专利说明书的必要组成部分，并说，为此对于理解发明起到关键作用的信息应当出现在专利说明书中，而不应通过引用 A 型出版物将信息纳入进来。当说明书引用了已出版的现有技术时，仅仅一个引用可能就达到充分程度了，因为此类现有出版物通常不涉及发明的核心。然而，即使在这种情况下，为了便于参考，在专利说明书中应当明确地呈现某种在先出版的信息（对 **T 211/83** 表示赞同）。

3. 披露的清楚性和完整性

a）一般原则

在付出创造性的努力没有超出从业人员的通常技能的情况下，必须能够使用原始申请文件再现要求保护的步骤（**T 10/86**）。当申请人没有在说明书中提供生产过程的细节以防止发明被轻易地再现，并且缺失的信息无法从本领域技术人员的常识中获得时，应认为该发明披露不充分（**T 219/85**，OJ 1986，376）。

b）指明至少“一种方式”

如果清楚地指明了至少一种能使本领域技术人员实施发明的方式，那么发明基本上是披露充分的。在这种情况下，不给出该发明的功能性限定的组成特征的某些具体变体对于充分性无关紧要，前提是技术人员通过所披露的内容或对发明产生相同效果的公知常识得知了适用的变体（**T 292/85**，OJ 1989，275）。这得到了许多决定的确认：**T 81/87**（OJ 1990，250），**T 301/87**（OJ 1990，335），**T 212/88**（OJ 1992，28），**T 238/88**（OJ 1992，709），**T 60/89**（OJ 1992，268），**T 182/89**（OJ 1991，391），**T 19/90**（OJ 1990，476），**T 740/90**，**T 456/91** 和 **T 242/92**。

然而，达到 EPC 细则第 42（1）（e）条的要求即说明书应当详细描述至少一种实施要求保护的发明的方式，并不自动意味着提交的申请已按照 EPC 第 83 条作了充分披露。这必须根据技术人员在相关日期的公知常识，通过评估示例中包含的信息以及说明书的其他部分进行判断（例如参见 **T 322/93**）。然而，要达到 EPC 第 83 条的要求，前提是根据 EPC 细则第 42（1）（e）条存在至少一种实施所披露发明的方式（例如参见 **T 561/96**）。在这个决定中，审查部尽管根据 EPC 1973 第 83 条提出了反对但仍然承认发明的新颖性和创造性的事实向委员会证明了发明因能被技术人员毫无疑义地理解而得到充分披露。

c）在要求保护的整个范围内实施发明

公开实施发明的某一方式的披露仅当其能让发明在要求保护的**整个范围内**实施而非**仅**在要求保护的**部分**类别中实施时，才能达到充分程度。（**T 409/91**，OJ 1994，653；**T 435/91**，OJ 1995，188；**T 172/99** 和 **T 1288/01**）。这被认为是一个事实问题。因此，披露充分性的前提是技术人员能获得落入权利要求书保护范围内的几乎所有实施例。这也是委员会在决定 **T 19/90**（OJ 1990，476）、**T 242/92**、**T 418/91**、**T 548/91**、**T 659/93**、**T 435/91**（OJ 1995，188）和 **T 923/92**（OJ 1996，564）中持有的观点。这个原则适用于所有发明，不管其限定的方式为何，无论是否通过功能特征的方式进行限定。技术特征的功能性限定的不同之处在于技术特征是通过其效果进行限定的。这种限定模式包括无限的抽象的众多方案，只要该方案可用并且实现期望的结果就是可接受的（**T 1121/03** 和 **T 369/05**）。

为了支撑宽范围的权利要求，可能需要更多的技术细节和多于一个的实例（**T 612/92**，**T 694/92**，OJ 1997，408；**T 187/93**）。对此进行决定必需具体情况具体分析。必须达到委员会的要求：第一，专利说明书使技术人员获得至少一种实施要求保护的发明的方式；第二，技术人员可以在权利要求的整个范围内实施发明。如果不能满足委员会第一点的要求，不需要考虑第二点（**T 792/00**）。

d）参数

根据 **T 517/98**，涉诉专利的披露局限于一种产品的，当根据发明的方法来制备该产品时其特征在于独特的参数，那么就推定，未规定该参数的权利要求所包含的实施例不是通过所披露的方法获得的。只公开实施发明的一种方式的这种披露仅当其能使本领域技术人员在权利要求的整个范围内实施发明时，才被认为是充分的。如果不属于这种情况，该权利要求就没有满足 EPC 1973 第 83 条和第 100（b）条（EPC 第 100（b）条没有变化）的要求。在 **T 172/99** 中，委员会认定，要求保护的主题依据新制定的因此也不常见的参数来限定实现相关效果的技术问题解决方案的，专利权人按照 EPC 1973 第 83 条有责任向公众充分且公正地披露其发明，负有特别义务按照以下方式披露限定新参数确实需要的所有信息：（i）形式正确且完整，使得本领域技术人员在没有不当负担的情况下可以获得其值；（ii）确实保持了参数对于整个涉诉申请或专利的技术问题解决方案的有效性，也就是说，日常获得的值不会使要求保护的主题涵盖能够提供相关效果或因而能解决相关技术问题的变体（被 **T 914/01** 和**T 179/05**所遵循）。

在 **T 815/07** 中，委员会指出，权利要求中包含的参数旨在限定发明的必要技术特征。其重要性在于，这一技术特征的存在有助于解决发明所要解决的技术问题。规定用于确定参数的方法因此应当能产生一致的值，使得技术人员会知道当其实施发明时他所得到的值能否解决技术问题。

技术人员没有理由怀疑给出的参数限定但是专利中没有指出如何测量参数的，该专利没有满足 EPC 1973 第 83 条的要求（**T83/01**）。然而，当权利要求没有涉及参数的确定方法时，没有具体确定参数的直接独立的方法本身并不会对说明书的充分性产生影响。在本案中，存在对技术人员而言可行的进行间接实证调查的可能性是可接受的解决方案，在没有不当负担的情况下单独这一解决方案就足以满足 EPC 1973 第 83 条的要求（**T 256/87**）。

当可以实现校准（未披露的）测试条件时，即使没有完整描述参数的确定方法，发明也可能达充分披露的水平。例如参见 **T 1062/98**，其中，作示例的材料可以再现，并且专利指出的用于各个示例的值可以用于适应测量条件或方法，测量所得值接近专利中的值。在 **T 485/00** 和 **T 225/93** 中，本领域中存在已知的三种方法用来确定 $CaCO_3$ 颗粒具体的表面积。在两个案件中，说明书或公知常识都没有偏向其中之一。在 **T 485/00** 中，委员会认为，再现示例和通过两种或三种公知的方法来测量所得产物的表面积，没有对技术人员构成不当负担。然而在 **T 225/93** 中，委员会认定，由于存在并不总会得到同一结果的三种不同的测量方法，这构成不当负担。

显然，技术人员选择一种特定的分析测量方法（专利中未披露任何此方法）时，平衡简易便利与所需精度，满足EPC第83条的要求便会得到满足（例如参见**T 492/92**）。

4. 可再现性

4.1 一般原则

在**T 281/86**（OJ 1989，202）中，委员会认为，EPC 1973第83条没有以下要求：必须可以精确地重复一个详细描述的方法示例。在一个方法中使用的试剂的组分变化对披露的充分性无关紧要，但前提是要求保护的方法确实能得到期望的产物。只要方法的描述足够清楚和完整，即在将技术人员的常识考虑进来的情况下他可以实施要求保护的方法而没有不当负担，在这方面就没有问题。另见**T 292/85**（OJ 1989，275）；**T 299/86**（OJ 1988，88）；**T 181/87**，**T 212/88**（OJ 1992，28）；**T 182/89**（OJ 1991，391）和**T 19/90**（OJ 1990，476）。

在**T 449/90**中，委员会认为，当可以证明要求保护的艾滋病病毒的失活程度（“基本上”）具有充分的确定性时，就满足了EPC 1973第83条的要求。威胁生命的病毒完全失活——异议人认为是必要的——是十分想要达到的，但鉴于权利要求的措辞，这不是EPC 1973第83条讨论的问题。

在**T 515/00**中，委员会指出，仅仅因为权利要求包含一个假想的实施例，该实施例不在《关于解释EPC 1973第69条的议定书》所确定的权利要求的广度之内并且无法再现，不能认为该发明不可再现。

如果在专利中披露出具体细节的唯一实施例没有完整披露足以让本领域技术人员在所要求保护的发明（本案中为具有液氮冷却的超导变压器的铁路牵引装置）的基础范围的优先权日实施所述发明，这对以下充分披露问题毫无关联：如果由于与专利的教导相比缺乏相当的技术成功，一个没有被专利权利要求的措辞所涵盖的变体落入要求保护的发明（本案中为具有液氮冷却的变压器的铁路机车）的基础范围内，该变体能否在相关申请日实施（**T 1173/00**，OJ 2004，16）。

委员会继续说，发明未被充分披露，与客观上能否在优先权日提供丢失的信息（是否没人可以实现预期的和要求保护的技术效果）无关。决定性问题是，是否完整地披露了发明足以让本领域普通技术人员根据对专利的了解和个人的公知常识在优先权日实施该专利。

发明的缺点（在本案中为伤害使用者的风险）可能阻碍使用发明的，并不妨碍可再现性，除非涉诉专利披露的技术教导在其他方面取得了期望的结果（**T 881/95**）。就没有详细指出产品所设想的**用途**提出一个 EPC 第 83 条反对，不能成立，因为 EPC 第 83 条仅仅要求发明被充分地披露（例如参见 **T 866/00**）。

在 **T 156/91** 中，委员会质疑一个仅能使用制造方法未披露的但在商业上可行的产品来实施的发明是否被充分地披露，尽管它们的可行性未被允诺明确期限。然而由于该方法缺乏创造性，委员会最后不必解决可再现性的问题。

应诉人/异议人在 **T 1023/02** 中争辩，不存在对 HSV－1 疫苗的有效披露，因为说明书中完全没有任何这方面的实验数据。从后出版的文件可以看出，还没有对抗 HSV 的有效疫苗。因此，抛开专利中的披露内容，还有必要进一步开展创造性工作。

委员会不赞同。后出版的文件说没有经过验证的对抗 HSV 的有效疫苗，这一事实并不能证明发明不可用，因为不能根据发明生产疫苗的可能还有其他原因，例如管制原因。此外，为了符合 EPC 1973 第 83 条的要求，不需要开展并披露临床试验。

专利权利要求书的措辞是起决定作用的，并且委员会必须判定有经验的从业者在阅读权利要求书时能否获得实现特定目标所需的技术信息。事实并非是两个权利要求围绕一个治疗方案，其与有效成分的数量和单个剂量之间的时间间隔大致重叠，而是该两个权利要求针对/有不同目标（**T 1074/06**）。考虑到与有效成分的数量和单个剂量之间的时间间隔大致重叠的一种治疗方案并非两项权利所要求，而是说此两项权利要求针对不同目标（**T 1074/06**）。

在 **T 1063/06**（OJ 2009，516）中，委员会认为，使用说明中阐述的筛选方法借助于新型检索工具将会找到在功能上限定的化学化合物的权利要求的表述构成遍延式权利要求，这种权利要求还指向基于现在公开的发明的未来发明。由于申请人有权仅就其对本领域的实际贡献要求专利保护，因此据此限制权利要求的主题既是合理的也是必需的。根据 EPC 的专利保护并不是为了像遍延式权利要求一样为具体申请人预留未探索的研究领域，而是为了保护成功研究的实际结果，作为使公众可使用具体的技术结果的回报。

4.2　没有不当负担的可再现性

披露内容必须在没有不当负担的情况下可再现。

尽管在诸如未经探索的领域或者存在许多技术困难的领域中，披露的充分性允许合理数量的反复试验，技术人员还是必须能从说明书中抑或根据公知常识得到充分的信息，以便通过评估初期失败而必然和直接地获得成功（**T 226/85**，OJ 1988，336；遵循了 **T 14/83**，OJ 1984，105；**T 48/85**，**T 307/86** 和 **T 326/04**）。

技术人员仅能通过反复试验才能确定他对众多参数的特定选择是否会获得满意结果，构成不当负担（**T 32/85**）。对于与主流技术观点相反的发明，如果专利权人没有给出一个可再现的示例，也无法确认披露的充分性（**T 792/00**）。

使用让装置可实施的技术术语清楚地披露旨在实施发明的装置，并且至少在一些同样真实的情况下获得期望的结果，发明的披露就是充分的（**T 487/91**）。只要少量尝试就能将失败转为成功，且这些尝试在合理界限内并不要求具有创造性，那么要求保护的方法发生偶尔失败并不损坏其可再现性（**T 931/91**）。如果选择多个参数的值是常规性工作，和/或者说明书的示例提供了进一步的信息，这样也不损坏可再现性（**T 107/91**）。然而，错误地引用一个必要产品参数的测量方法，可能会构成披露不充分（**T 1250/01**）。根据 **T 256/87**，唯一需做到的就是，阅读说明书的技术人员能实施发明的所有必要部分，并且能知道他是否在权利要求书的禁区内工作。按照委员会的观点，说明书中提到的进行间接实证调查的可能性是可接受的解决方案，在没有不当负担的情况下足以实现 EPC 1973 第 83 条的要求。这一决定得到了 **T 387/01**、**T 252/02**、**T 611/02** 和 **T 464/05** 的遵循。然而，根据几个决定，“禁区”这一概念与权利要求书的范围（EPC 1973 第 84 条）有关，与披露的充分性无关（参见下文 6.2）。

在 **T 1886/06** 中，委员会强调，上述 **T 256/87** 的决定并不意味着如果权利要求书使用了 EPC 1973 第 84 条未定义的术语，在说明书或技术人员的公知常识中没有具体指出可能定义的情况下，发明必然无法按 EPC 1973 第 83 条所指的付诸实施；怀疑权利要求书在其整个范围内的可再现性必须通过可测试的事实来证实。仅仅推测权利要求书的范围可能延伸到未披露的变体是不足够的。

条约中没有要求，要求保护的发明在极少量额外的未披露步骤的辅助下可以实施。唯一必要的要求是，根据技术人员的公知常识，这些额外步骤的每一个对于技术人员应是显而易见的，以至对额外步骤的描述都是多余的（**T 721/89**）。

如果实验的首要目的是找到问题的解决方案而非为了确定功能性限定的范围的值域而实施，那么该实验构成不当负担（**T 312/88**）。实验必须快速地给出如何生产出或制造出产品的可靠思路（**T 475/88**）。然而，涉诉专利提交的实验数据不必精确重复该专利的工作示例，只要认为实验工作属于发明的范围之内（**T 674/96**）。

技术人员显然会选择某一特定的分析测量方法（专利中未披露任何一种此类方法），平衡简化便利与所需的精度，符合 EPC 第 83 条的要求便会得到满足（例如参见 **T 492/92**）。即使专利权人提出了两种不同的分析方法，对同一组分得出明显不同的结果的，也满足 EPC 第 83 条的要求。如果本领域技术人员会认为很可能使用了某一方法，并且根据涉诉专利的示例中给出的信息能够测试这个观点，那么这也满足要求（**T 143/02**）。然而，存在并不总会得到相同结果的不同测量方法的，可以构成不当负担，如 **T 225/93**。在 **T 930/99** 中，委员会认为 **T 225/93** 不适用，因为委员会面前仅有一种测量方法。应诉人认为，由于第三方不知道他们是在规定范围以内或以外工作，所以存在法律不确定性，应诉人的这一论点明显是基于缺乏清楚性作出，而缺乏清楚性不是提出异议的根据，所以不会被考虑（另见下文 6.2）。

如果专利说明书中的描述只是对尚未识别出的化学化合物的可能医学用途的模糊表述，那么随后无法使用更详细的证据来补救这个主题的基础性披露不充分（**T 609/02**）。委员会在 **T 433/05** 中引用了 **T 609/02**：当按照瑞士方式要求保护疗法应用时，获得要求保护的疗法效果是权利要求的功能性技术特征。因此，根据 EPC 1973 第 83 条，专利申请必须披露该所制造的产品适于要求保护的治疗应用。

当本领域技术人员必须通过反复试验来找出满足权利要求中列出的参数的化合物（如有的话）时，这构成不当负担。这可以通过常规实验来完成并不足以使要求保护的主题满足 EPC 第 83 条的要求。是否能够可靠地确定参数也与此无关（**T 339/05**）。在 **T 123/06** 中，委员会认定，装置的功能性限定只是邀请开展研究计划，技术人员仅能通过反复试验才能确定是否获得了要求保护的装置。这构成了不当负担。

根据 **T815/07**，权利要求中包含的参数旨在限定发明的必要技术特征。其重要性在于具有该技术特征有助于解决发明中潜在的技术问题。规定用于确定参数的方法因此应当用于产生一致的值，使技术人员在实施发明时知道他所得到的值能否解决问题。

根据 **T 1063/06**（OJ 2009，516），化学化合物的功能性限定（本案中为遍延式权利要求）涵盖具有权利要求所述能力的所有化合物。当涉诉申请中缺乏任何选择规则时，技术人员在不可能求助于其公知常识的情况下，必须对随意选择的化学化合物施加反复试验来确定它们是否具有权利要求所述的能力；这相当于邀请技术人员开展研究计划并且因此构成不当努力（遵循了 **T 435/91**）。另见 **T 1140/06**。

根据 **T 954/05**，如果存在以下条件，那么一个权利要求中的化学化合物的结构限定不能由并列的标榜代表完整的化学结构的特征以及并列的功能特征所取代：

- 一方面，第一特征包括无限数量的化合物，且没有基于该特征的系统选择规则使技术人员识别出要求保护的化合物，以及/和
- 另一方面，在可能适合于该功能的化合物的无限列表中无法识别第二功能性特征，因为没有指明用于确定化合物存在或不存在的典型标准化测试。

4.3 后出版的文件

考虑到将化合物正式认证为药物的特殊困难，上诉委员会的做法是，为了使疗法应用的充分披露得到认可，并不总是需要在相关日期提供临床试验的结果，但是该专利/专利申请必须提供一些信息表明要求保护的化合物对疾病特别涉及的新陈代谢机制有直接效果。一旦从专利/专利申请可获得这些证据，就可以考虑后出版的证据来支持专利申请的披露（**T 433/05**）。

在 **T 1262/04** 中，委员会考查了 **T 994/95** 和 **T 157/03**，在这两个案件中，委员会认为如果申请或专利的说明书仅仅以总体构思形式进行了披露，缺乏任何具体或确切证据来证明要求保护的发明是可以实施的，后出版的文件可构成证据证明于相关日期在没有不当负担的情况下发明确实可再现。委员会认为，这个原则至少适用于类似本案的情况，其中专利申请中披露的技术教导是可信的。

5. 在生物技术领域中披露充分性的要求

5.1 披露的清楚性和完整性

5.1.1 概　　述

根据上述第 2 章 A.3 和 A.4 阐述的原则也适用于生物发明。具体而言，参见委员会在 **T 281/86**（OJ 1989，202）、**T 299/86** 和 **T 409/91**（OJ 1994，653）中确立的判例法。委员会在创造性（例如，参见 **T 1329/04**、**T 604/04**、**T 898/05**，上述第 1 章 D.4.1）和工业适用性（例如，参见 **T 870/04**、**T 641/05**、**T 1452/06**，上述第 1 章 E 节）的背景中也讨论了涉及披露完整性的问题。申请是否披露足够信息使人相信要求保护的多核苷酸或多肽缩多氨酸具有所指称的技术效果，这一问题被视为创造性问题（**T 743/97**；**T 1329/04**）或工业实用性问题（**T 1165/06**、**T 1452/06**），而 EPC1973 第 83 条涉及的问题是说明书是否足够清楚且完整，使得技术人员能制备要求保护的产物（**T 743/97**）。

当**不能精确重复**结果时，发明也可以是充分披露的。在 **T 301/87**（OJ 1990，335）中，发明提供了通过重组 DNA 技术以得到某些类型的干扰素的途径，但是按照其方式在重复时无法每次都获得相同的结果。委员会得出结

论，某一类基因前体的结构变体，例如结构限制与功能测试的组合所要求保护的重组 DNA 分子，对披露的充分性无关紧要，前提是技术人员不一定要提前知道可以得到哪个成员就能很容易地获得该类别的一些成员。

为了落实根据对本领域的技术贡献来判断专利的范围这一法律原则，要让发明达到充分披露，技术人员必须获得充分指导以在没有不当负担的情况下在要求保护的整个范围内实施发明（**T 612/92**）。然而，在 **T 636/97** 中，委员会强调，专利法的基本原则权利请求可以有效地涵盖宽泛的主题，即使相关专利的说明书并不能使实现主题的每一种方法都能实施。否则就不会存在支配性专利（dominant patent），因为实现该主题的每个新方法的开发者可以不受在先专利的约束。在 **T 694/92**（OJ 1997，408）中，委员会认为，当发明涉及实际地实现了现有技术理论水平所预期的技术效果时，必须在以下两方面之间进行合理的平衡：一方面是所述发明对现有技术的实际技术贡献，另一方面是所述发明的表述，目标是当授予专利保护时，专利的范围公平且充分。委员会强调了 EPC 1973 第 84 条、第 83 条与第 56 条的要求之间的相关关系。

至于充分披露需要披露多少细节，这取决于案件事实与某些一般性参数之间的相互关系，例如，技术领域的性质与在该技术领域中实施某一书面披露所需的平均劳动量，向公众公开披露的时间与相应的公知常识，以及文件中披露的可靠的技术细节的数量（参见 **T 158/91**；**T 694/92**，OJ 1997，408；**T 639/95**；以及 **T 36/00** 和 **T 1466/05**）。

当审查披露的充分性时，以下两点必须让委员会满意：第一，专利说明书使技术人员获得**至少一种方式**来实施要求保护的发明；第二，技术人员可以在**权利要求的整个范围内**实施发明（例如参见 **T 792/00**、**T 811/01**、**T 1241/03**、**T 364/06**）。判断披露的必要限度要具体问题具体分析，顾及发明的必要部分（**T 694/92**，OJ 1997，408）。

在 **T 292/85**（OJ 1989，275）中，委员会声明，如果清楚地指出了至少一种方式能使技术人员实施发明，那么就认为发明被进行了充分的披露。本案的发明涉及一种重组质粒，该重组质粒包括同源调节子、异源 DNA 和一个或多个终止密码子，用于以可恢复的方式表达功能性异源多肽缩多氨酸的细菌。审查部否决了该申请，理由是落入权利要求宽泛的功能性措辞内的所有实施例并非都是可用的。权利要求中还包含未来产物的制备，而权利要求应当局限于在优先权日可用的事物。委员会对此并不赞同，认为只要存在提供相同效果的已知的适当变体，一些特定变体的不可用性无关紧要。

同样，在 **T 386/94**（OJ 1996，658）中，专利说明书提供了用大肠杆菌来表达凝乳酶原前体及其成熟形式的技术方面详细描述的示例。这暗示着能够在一般微生物中表达这些蛋白质。委员会认为该发明被充分披露，因为清楚指明了实施发明的一种方式，并且现有技术中没有证据表明外源基因不能在除大肠杆菌以外的生物体中表达。在 **T 292/85**（OJ 1989，275）中阐述的原则同样适用于 **T 984/00**（该案中，发明使用不含野生型 Ti 质粒的 T 区基因的农杆菌的 T 区，以避免该基因对目标植物的有害影响）和 **T 309/06**（在该案中，上诉人披露了一组新型的酶，其特征在于其有用的属性，并且委员会允许上诉人独立于它们的来源要求保护这些酶）。

在其他案件中，委员会裁断需有更多技术细节和多于一个的示例来支持宽范围的权利要求，例如，如果发明的必要部分是公知技术在不同申请领域中实现的特定技术效果，并且对能否在要求保护的申请的整个范围内容易地获得这种效果存在严重怀疑，就需要更多的技术细节和多于一个的示例（参见 **T 612/92**；**T 694/92**，OJ 1997，408；**T 187/93** 和 **T 923/92**）。**T 694/92** 给出了不完整的指导。要求保护的主题涉及一种用基因改良植物细胞的方法。事实上，委员会认为，说明书中的实验证据和技术细节不足以使技术人员在没有不当负担的情况下容易地实现技术效果，即在任何植物催化剂的控制下在任何植物结构基因的任何植物细胞中的表达。当需要多于一个示例时，可以在 5.1.2 中找到更多案件。

仅当存在严重怀疑，并且可测试的事实证实了这些怀疑时，申请才会因缺乏充分披露而被反对。不能单单以一个权利要求很宽泛这一事实本身为由，认为申请不符合 EPC 第 83 条充分披露的要求（例如参见 **T 19/90**，OJ 1990，476；既定判例法中，对于存在严重怀疑的情况，**T 612/92** 表示了支持，**T 351/01**、**T 21/05**、**T 1188/06**、**T 884/06** 或 **T 364/06** 表示了反对）。在 **T 19/90**中，要求保护的发明的限定是将激活的癌基因序列整合到一般的非人哺乳动物的基因组中。审查部否决了该申请，理由是，鉴于不同动物之间的差异，不能假设给出的唯一示例（老鼠）能扩展到所有其他的非人哺乳动物，因此该权利要求是不切实际地宽泛。委员会对此并不赞同。

5.1.2 不当负担裁断的影响因素

例如在 **T 187/93** 中，专利申请中存在实验不确定性。发明涉及一种通过在真核细胞中的表达生产病毒多肽缩多氨酸的截短型无膜衍生物的方法，在免疫的主体中提供保护抵御由病毒病原体引起的体内挑战。仅给出了 HSV 糖蛋白 gD 截断的示例。没有披露可将该结果从任何其他病毒推及到任何其他糖蛋白的一般技术。委员会认为，技术人员在使用不同的糖蛋白来尝试获得相同的技术效果时会经历不可预测性，相当于不当负担。

同样，委员会在 **T 727/95** 中认定，发明具有过度的偶然性。要求保护的主题包括一个“微生物体指定为醋杆菌属并且具有微生物 ATCC 53264、ATCC 53263 和 ATCC 53524 至［……］的能力”。委员会评述道，通过包括“具有……的能力”的表述，权利要求不仅涵盖从保藏的菌株衍生的醋杆菌属微生物，而且涵盖具有与保藏的菌株相同的所述特性的醋杆菌属微生物。委员会决定，在自然界中找到其他稳定的、纤维质的高产的醋杆菌属菌株是偶然事件，再现性是偶然的，没有证据表明这种偶然事件会发生并可以被频繁地识别出来以保证成功，这相当于不当负担。委员会的结论是，在权利要求的整个广度上如没有不当负担，该权利要求不是可重复的。

在 **T 639/95** 中，要求保护的主题涉及一种在用基因转化的宿主中生产 PHB 生物聚合物的方法，该基因编码了 β－酮硫解酶、乙酰基－CoA 还原酶和聚羟基丁酸酯（PHB）合成酶。委员会认定，用于识别和分离 PHB 基因的实验计划非常普通。一些引用丢失和/或不完整。不存在可以便利重复该工作的结果或细节。委员会因此认为，对于技术人员而言，朝着期望的最终目标逐步顺利前进所需实验劳动的总量相当于不当负担。

然而，在 **T 412/93** 中，当错误和遗漏损害一个示例的整体可再现性和另一个示例的部分可再现性时，发明的可再现性不受影响，因为这些示例是之前示例的替代方案。

在 **T 612/92** 中，需要进一步的科学研究以便在某些要求保护的领域实施发明。要求保护的发明涉及一种将外源 DNA 通过 T－DNA 整合到单子叶植物的基因组中的方法。该专利提出将从双子叶植物现有技术中已知的相同技术应用于单子叶植物。给出了转化两种单子叶物种的示例，但是没有提出任何新的技术，也没有指出使已知方法在单子叶物种中起作用所需的任何改造。随后的工作导致在其他的单子叶植物物种中无法取得成功。委员会认为，EPC 1973 第 83 条的要求并未满足，因为对这种方法能否在要求保护的整个范围内实施存在严重怀疑（参见 **T 694/92**，OJ 1997，408）。

然而，在 **T 223/92** 中，委员会驳回了上诉人（异议人）的反对，该反对的内容为提供人体扰素－γ 的 DNA 序列编码本身并不充分并且技术人员根据这一知识重复发明构成不当负担。委员会很清楚以下事实，即使完全披露 DNA 序列，表达基因以生产期望的干扰素 γ 的整个过程的可再现性在 1981 年仍然是一件困难、复杂且**耗时**的任务。尽管如此，委员会确信，在 1981 年提供 DNA 序列使本领域技术人员能再现发明，可能是耗时且繁重的，仅在给定情况下**没有不当**的实验负担并且不需要创造性技能（另见 **T 412/93**）。

在 **T 1466/05** 中，出现了以下问题：生产一种特异性抗体（51A93）的杂交瘤的可行性，连同对这种抗体所识别的表位的一般描述，是否使技术人员在这种情况下获得具有相同特异性的进一步抗体。委员会评述道，上诉委员会决定的许多案件中出现了类似的问题，并且不同的委员会根据每个案件的情况给出了不同答案（**T 510/94**、**T 513/94**、**T 349/91**、**T 716/01**）。

委员会指出，权利要求1并不限于共享保藏的杂交瘤所产生的抗体的互补性决定区（CDR）的嵌合单克隆抗体，而是还包括虽然具有相同的特异性但不是从抗体51A93衍生的单克隆抗体。鉴于该申请没有披露用于制备要求保护的进一步抗体的任何特定抗原，委员会认为，试图制备这种抗体的技术人员不得不按照期望事项（抗体必须与肽联的吡啶啉中的吡啶啉发生特异性反应）的唯一指导，在申请中没有关于如何达到期望特异性的任何教导的情况下，开始研究计划。由于缺乏技术细节，试图生产要求保护的进一步抗体的技术人员在没有申请的任何指导的情况下，将不得不进行额外的实验，而这超出了在单克隆抗体领域所需的平均的劳动量。该额外的实验构成不当负担。

5.2 活体材料的保藏

如果发明包含生物材料的使用或涉及生物材料，且该生物材料是公众无法获得的并且在欧洲专利申请中无法按照使本领域技术人员能实施发明的方式进行描述，那么仅当在不晚于申请的申请日将生物材料的样本送到公认的保藏机构保藏（EPC细则第31（1）（a）条）并且仅当申请满足EPC细则第31条中阐述的其他要求时，发明才能被视为已按照EPC第83条的规定进行了披露（另见**G 2/93**，OJ 1995，275）。

作为EPC 2000修改版的一部分，为了更加清楚和一致，EPC 1973细则第27a条、第28条和第28a条经过调整、精简被并入（如EPC细则第30～34条）生物技术发明的章节中（参见OJ SE 1/2003，164，OJ SE 5/2007，44和54）。新的EPC细则第31条涉及生物材料的保藏，新的EPC细则第32条涉及专家解决方案（expert solution），新的EPC细则第33条涉及从欧洲专利申请的申请日起保藏的生物材料的可用性（OJ SE 5/2007，46）。

5.2.1 实体法问题

在决定**T 418/89**（OJ 1993，20）中，委员会须决定保藏的杂交瘤是否能使技术人员实施要求保护的发明。委员会认定，由保藏的菌株生产的单克隆抗体的特征不同于在权利要求中提及的单克隆抗体的特性，并且无法使用保藏机构推荐的技术从保藏的杂交瘤中生产单克隆抗体。因此，EPC 1973第83条的要求的没有达到。如果需反复请求保藏机构之后并且通过采用比保藏机构推荐的技术更加复杂的技术才能再现发明时，不能认为披露充分。专利的范围也不能局限于保藏的对象，因为保藏物的特征不同于专利中的书面披露。没有描述由保藏的杂交瘤生产的单克隆抗体的真实特性，因此公众也无法获得该特征。因此，在没有任何对应的书面描述的情况下，单纯的杂交瘤保藏不能提供充分的披露。在决定 **T 495/89** 和 **T 498/94** 中得出了类似结论。

EPC 细则第 31（1）条不能解释成：如果根据书面描述可以重复发明，就存在保藏材料以便于再现的义务，即使这会比单纯培养保藏的微生物更为繁重（例如参见 **T 223/92**）。

同样，在 **T412/93** 中，委员会认为提到不当负担这一概念不能引入保藏的需要。这个概念更多的是涉及读者要遵循的路径标注得很糟糕以至取得成功并不确定，例如在 **T 418/89** 中（见上文）。如果该路径是确定的，但是很长且费力，那么专利权人并没有义务提供实际的物理样本以辅助披露。委员会认为，得出相反结论会有效地引入向公众便利地提供最佳样式这一要求，并且这种要求不属于欧洲专利制度（另见 **T 431/96**）。

对于在没有保藏的情况下是否用书面描述保证**特异微生物**（例如质粒或病毒菌株）的**可再现性**这一问题，委员会经过仔细审查书面披露之后认为，某些情况下在申请中提供的信息足以使技术人员可靠地获得相同微生物（**T 283/86**、**T 181/87**），但是在其他情况下则并不可行（**T 815/90**、**T 816/90**）。

5.2.2　程序法问题

a）转换为《布达佩斯条约》规定的保藏

T 39/88（OJ 1989，499）肯定了以下原则：EPC 1973 细则第 28 条（EPC 细则第 31 条）的一个重要目的是使保藏的有机物的可用性不依赖于存放者的任何同意。委员会评述道，要让为其他目的（本案中为美国申请）而原先提交的保藏符合 EPC 体系的要求，正确做法是根据具体情况，将该保藏正式地转换成 EPC 1973 细则第 28 条所规定的保藏（本案中依据 EPO 与保藏机构之间的特殊协议）或者转换成《布达佩斯条约》（自动地涵盖 EPC 1973 细则第 28 条）规定的保藏（另见 **T 239/87**、**T 90/88**、**T 106/88**）。

b）逾期提交保藏号

根据 EPC 1973 细则第 28（1）（c）条，申请必须说明保藏机构和保藏的生物材料的档案号。在 **G 2/93**（OJ 1995，275）中，上诉扩大委员会认为 EPC 1973 细则第 28 条的规定从属于 EPC 1973 第 83 条的要求。在专利申请中标示培养物保藏的档案号（索取号）是实体问题，因为根据《条约》，档案号对于使本领域技术人员能够实施发明起到重要作用。上诉扩大委员会因此认为，与 **J 8/87**（OJ 1989，9）的裁决相反，不能在 EPC 1973 细则第 28（2）（a）条中列出的时限（在申请的申请日之后 6 个月，要求优先权的，则是在优先权日之后6个月）届满之后提交有关档案号的信息。

对于作为国际申请提交的欧洲申请，纳入EPC 1973细则第28（2）（a）条后半句所指的术语“公开”（publication），参见**T 328/04**。

参见**T 227/97**（OJ 1999，495），其中委员会的决定，权利恢复可以适用EPC 1973细则第28（2）（a）条和PCT细则第13条之二第4款规定的时限。

6. EPC第83条和第84条之间的关系

在修改EPC的过程中，对英文版标题和德语版的文本仅作少量编辑性修改。

6.1 EPC第83条以及说明书的支持

专利的权利要求必须根据EPC第84条清楚地限定请求保护的主题。在**T 94/82**（OJ 1984，75）中，委员会认为，当一个产品权利要求的产品的特征由与产品物理结构相关的参数确定后，该权利要求就满足这一要求，前提是本领域中常用的客观程序可以清楚且可靠地确定这些参数。在这种产品权利要求中，用参数说明产品的物理性能就足够了，因为并不强制要求在权利要求本身中给出如何获得产品的指示。然而，说明书必须满足EPC 1973第83条的要求，并且因此使本领域技术人员能获得其中描述的要求保护的产品（另见**T 487/89**、**T 297/90**、**T 541/97**）。也不能理解为，该条还涉及落入权利要求的字面措辞范围内但是技术人员会立即排除的变体，因为该变体明显在要求保护的主题的实践应用范围之外，例如，包括一个参数开放式范围（该开放式范围在实践中是有限制的）对于技术人员而言很显然的权利要求。技术人员不会将实践中无法获得的参数值视为包括在权利要求中，因此无法以此为由提出披露不充分的反对（**T 1018/05**）。

对于已经修改的案件，当考虑异议法律程序仍然允许就EPC第83条的要求进行审查而限制就EPC第84条的要求进行审查，一个问题是否落入EPC第83条或第84条的范围具有相关性（参见**T 127/85**，OJ 1989，271；另见**T 301/87**，OJ 1990，335；**T 1055/98**，**T 5/99**）。关于在异议法律程序期间就EPC第84条进行审查另见第7章D.4.1.4和4.2，“修改”。

在**T 292/85**（OJ 1989，275）中，否决理由是，根据EPC 1973第84条该披露不充分并因而根据EPC 1973第84条缺乏合理的支持。委员会指出，在适当情形中，考虑到权利要求中使用了功能性术语对发明的性质进行了描述，仅能以给予公平保护方式限定发明（请求保护的主题，EPC 1973第84条）。公平保护的需要对权利要求的范围以及充分披露的考量均有支配作用。委员会认为，如果清楚地指出了至少一种方式使技术人员能实施发明，那么发明就被充分地披露了。

在 **T 409/91**（OJ 1994，653；单方法律程序）和 **T 435/91**（OJ 1995，188；多方法律程序）中，委员会指出，赋予专利的保护应当与发明中描述的披露内容对本领域的技术贡献相对应，这排除了专利垄断扩展到在技术人员阅读专利说明书之后技术人员仍然无法使用的主题。提供的信息必须使技术人员能在没有不当困难的情况下在包括对应的功能性限定的权利要求的整个范围内实现设想的结果，并且描述或未描述公知常识的说明书必须就如何实现这种效果提供完全不言自明的技术概念。**T 713/98** 遵循了 **T 409/91**，其中委员会表示，以限定要实现结果的功能性特征作为特征的权利要求的理解性要求之一是清楚，落实这一要求的其中一个支持是这两者均在 EPC 1973 第 84 条的含义内。将该落实看成涉及整个披露，与 EPC 1973 第 83 条规定的充分性问题有高度相关性。另见 **T 1225/07**。

在多方案件 **T 435/91**（OJ 1995，188）中，权利要求 1 的一个必要技术特征，即使洗涤剂成分变成六方液晶相的一种添加剂，仅是通过功能进行限定的。专利权人承认，根据专利说明书中包括的信息或公知常识，无法识别除带来期望效果的具体提及的化合物之外的化合物。委员会的观点是，如果限定要满足 EPC 1973 第 83 条的要求，那么技术人员必须可以获得所有的成分。

然而，只要没有确实的依据认为不能在要求保护的整个范围内实施发明，就应允许申请中的更为宽泛的权利要求（**T 242/92**、**T 484/92**）。在异议法律程序中，异议人承担证明无法在要求保护的整个范围内实施发明的责任（**T 418/91**、**T 456/91**、**T 548/91**）。

在 **T 1404/05** 中，委员会认为，当对权利要求阐述模糊，留下几个可能的构造，并且部分要求保护的主题因未充分描述而无法在这些构造上实施，可以根据 EPC 第 100（b）条对该权利要求提出反对。为了避免发生这种反对，权利要求需要被明确地限于一种构造，这也适用于对权利要求的模糊阐述，但是对于该构造不能根据 EPC 第 100（b）条提出反对。仅有说明书阐明了后一种构造是预期的构造这一事实并不意味着权利要求可以被视为局限于后一种构造。EPC 第 69 条及其议定书意在帮助专利权所有人争取比权利要求的措辞含义更宽泛的对权利要求的解释，而不是缩减权利要求的范围。

6.2 EPC 第 83 条和权利要求的清楚性

当权利要求中使用未定义的参数并且没有提供测量方法的细节时，就会出现是否存在与 EPC 第 83 条或第 84 条规定相关的问题。这个问题的答案很重要，因为在异议法律程序中，可以不受任何限制地审查专利是否符合 EPC 第 83 条。然而，仅在申请经过修改的情况下才能审查是否符合 EPC 第 84 条。

在一些决定中（**T 123/85**、**T 124/85**、**T 172/87**、**T 358/88**、**T 449/90**、**T 148/91**、**T 267/91**、**T 697/91**、**T 225/93**、**T 378/97**、**T 387/01**、**T 252/02**、**T 611/02** 和 **T 464/05**），申请中缺少测量申请中未确定的参数的测量方法的信息被认为是相关 EPC 1973 第 83 条的问题。在单方法律程序中，EPC 1973 第 83 条涉及如何处理这个问题（参见 1991 年 2 月 5 日裁定的 **T 122/89** 以及 **T 503/92**）。其他决定中，处理这个问题考虑了 EPC 1973 第 84 条，例如 **T 860/93**（OJ 1995，47），该案同样是单方法律程序，委员会决定，缺少用于测量权利要求中的相对质量的方法按照 EPC1973 第 84 条是权利要求的清楚性问题（另见 **T 230/87**、**T 176/91**、**T 917/92**、**T 299/97**、**T 439/98**、**T 413/99**、**T 930/99**、**T 960/98**、**T 619/00**、**T 943/00**、**T 344/01**、**T 563/02**、**T 1033/02**、**T 208/03**、**T 882/03**、**T 452/04**、**T 1316/04**、**T 466/05**、**T 1586/05**、**T 859/06**）。

以下进一步讨论一些决定。

在 **T 464/05** 中，委员会认为，涉诉专利没有清楚且完整地披露发明，足以让本领域技术人员实施该发明（EPC 1973 第 83 条）。这个裁决本质上相当于技术人员必须知道“他什么时候在权利要求的禁区内工作”（例如参见决定**T 256/87** 和决定 **T 387/01**、**T 611/02** 和 2006 年 2 月 3 日的委员会决定 **T 252/02**）。委员会的观点是，虽然在广义上讲该要求肯定涉及 EPC 1973 第 84 条（例如参见决定 **T 943/00**），但是在严格意义上该要求实际上涉及 EPC 1973 第 83 条，暗示技术人员必须能确定特定的对象是否落入权利要求的禁区内，该禁区旨在成为包括有效地解决涉诉专利技术问题的实施例的区域。

在 **T 1055/92**（OJ 1995，214）中，审查部根据 EPC 1973 第 84 条驳回了专利申请，因为权利要求没有清楚地说明如何计算某些值。委员会认为，EPC 1973 第 84 条的要求即权利要求应当限定请求保护的主题，应当明确地区别于 EPC 1973 第 83 条的要求即欧洲专利申请必须以本领域技术人员能实施同一发明的方式披露发明。根据 EPC 1973 第 83 条，一个欧洲专利申请需要有充分的披露，即披露整个申请，包括权利要求书，连同说明书和附图，不只要披露各个权利要求本身。另外，权利要求必须包括发明的必要特征（**T 32/82**，OJ 1984，354）；必要特征应当包括使发明区别于最接近的现有技术特征。权利要求的主要功能是阐述发明请求保护的范围，这意味着权利要求并非总是需要详细地指出技术特征或步骤（另见上文 6.1 中的 **T 713/98**）。

根据 **T 882/03**，使用不同的数学模型计算固有黏度时所获得的稍有不同的结果不会妨碍本领域技术人员实施发明，但涉及请求保护的主题是否按照

EPC 1973 第 84 条被充分地定义的问题。

在 **T 256/87** 中（另见上文 4.2），委员会认定，阅读说明书的技术人员能在实施发明的所有必要方面并且知道他什么时候在权利要求的禁区内工作。专利说明书中提到的间接实证调查是一个可以接受的解决方案，可以在没有不当负担的情况下满足 EPC 1973 第 83 条的要求。在 **T 943/00** 中，委员会不赞同 **T 256/87**，裁断“禁区”这一概念关联权利要求的范围即 EPC 1973 第 84 条，而非与披露的充分性相关。委员会在 **T 466/05** 对此表示同意，还表示，EPC 1973 第 84 条的要求与 EPC 1973 第 83 条的要求应当区分开，并说，就充分性而言，相关问题是涉诉专利是否提供充足的信息，在考虑公知常识的基础上使技术人员能再现发明。另见 **T 452/04** 和 **T 1586/05**。其他决定也解释了 **T265/87** 所述“知道什么时候在权利要求的禁区内工作”，将该表述解释为解决权利要求赋予的保护界限的问题，并且因此涉及 EPC 1973 第 84 条的要求而非 EPC 1973 第 83 条的要求（例如，**T 960/98**、**T 943/00**、**T 619/00**、**T 452/04**、**T 466/05**）。

委员会在 **T 608/07** 中发现，其所面对的披露充分性问题非常类似于 **T 256/87** 的情形，两者都涉及由模糊性所致的不充分性。尽管委员会承认，根据案件情况，该模糊性很可能会导致不充分性的反对，但是应当牢记，模糊性还涉及权利要求的范围，即 EPC 1973 第 84 条。然而，由于 EPC 1973 第 84 条本身不能作为提出反对的理由，所以必须注意由模糊性引起的不充分性反对并不仅是 EPC 1973 第 84 条所规定的隐性反对。委员会确信，对于模糊性引起的不充分性，仅仅表明在诸如权利要求的边缘等地方存在模糊性是不够的。通常需要表明模糊性使本领域技术人员丧失了成功实施发明的希望。不言而喻，必须根据每个个案的法律理据来判断 EPC 1973 第 83 条与第 84 条之间的微秒平衡。

在 **T 378/97** 中，委员会注意到，披露的充分性针对的是将发明付诸实践的从业者，并不依赖于任何精确的理论值。因此，不同的结果并不必然妨碍本领域技术人员实施发明（EPC 1973 第 83 条），但会是一个根据 EPC 1973 第 84 条限定发明的问题。另见 **T 960/98**，其中委员会表示，披露充分性的相关问题是涉诉专利是否提供充分信息，在考虑公知常识的基础上使技术人员能再现发明，**T 586/94**、**T 245/98** 和 **T 859/06** 类似。委员会在 **T 439/98** 中遵循 T 378/97，裁断，上诉人提出的披露充分性的反对（指称涉诉专利没有指明适当的方法测量孔隙度）涉及在权利要求中指出的孔隙度值的范围，也就是涉及权利要求的清楚性，而非能否再现发明的可能性。在 **T 619/00** 中，委员会同意，用于确定凝胶分数值的不同方法本身并不构成不当负担。在缺乏证据证明所指明的不同方法会得到具有彼此偏离的具有技术意义的重大数量时（遵循 **T 378/97**），或者得到彼此偏离的使技术人员处于无法实施发明的境地的数量时（遵循 **T 930/99**），专利说明书没有说明应当使用哪种方法这一事实不会损害披露的充分性。限定的方法是会得到唯一值还是不同值这一问题根据 EPC 1973 第 84 条还涉及权利要求的主题限定是否清楚。在 **T 930/99** 中，仅涉及一种测量方法，并且委员会因此认为 **T225/93** 不适用，（根据 **T 225/93**，并不总是得到同一结果的不同测量方法可能会构成不当负担。）应诉人认为由于第三方不知道他们是在规定的范围以内还是以外工作，所以存在法律的不确定性，应诉人这一论点明显是基于缺乏清楚性作出的，而这不能作为异议的理由，所以不能考虑。另见 **T 396/02**。

根据 **T 805/93**，EPC 1973 第 84 条规定，权利要求应当限定请求保护的主题。在本案中，由于黏度是涉诉权利要求的唯一表征（characterizing）特征，所以很显然限定请求保护的主题很关键。缺乏确定权利要求的黏度极限的精确条件的有关信息导致发明范围的精确界限的不确定性。因此，不能认为已清楚地指明黏度并且不能视请求保护的主题已被定义，因此该权利要求不符合 EPC 1973 第 84 条。基于同样的原因，为了获得落入要求保护的黏合剂范围的反应产物，技术人员在选择反应成分时会相当疑惑选择哪种化合物。因此，涉诉申请的披露没有使技术人员一般性地实施要求保护的主题，因而也没有满足 EPC 1973 第 83 条的要求。

7. 证　　据

缺乏充分披露的反对以由可测试事实证实的严重疑问为前提（**T 19/90**，OJ 1990，476；**T 890/02**，OJ 2005，497）。

为了确立不充分性，异议人负有举证责任来可能性的权衡地确立阅读专利的技术人使用他的公知常识不能实施发明（**T 182/89**，OJ 1991，391）。单纯说专利中的几个示例之一曾“如所述的一样精确地”重复了一次而没有得到如专利中所述一样的结果，在原则上不足以尽到举证责任（另见 **T 406/91**、**T 418/91**、**T 548/91**、**T 588/93**、**T 465/97**、**T 998/97**、**T 499/00** 和 **T 751/00**）。当当事方对有关确立专利性的事实作出了矛盾但未经证实的主张并且 EPO 无责任主动确立事实时，专利所有人受益于该疑惑（**T 72/04**）。如果专利仅包括一个具有假想的实验规程的示例，且基于这个示例展现充分性，则专利权人负有举证责任来表明这个规程在实践中会如所述的一样工作。证明这个方案的变体起作用的证据不太可能是充足的（**T 792/00**）。更多细节详见第 6 章 H，“证据法”。

委员会在 **T63/06** 中同意，异议人通常负有确立披露的不充分性的举证责任。当专利没有给出一个发明特征如何付诸实践的任何信息时，认为发明被充分披露的推定是容易推翻的。在这种案件中，异议人可能通过辩称公知常识无法使技术人员实施这个特征，就可以尽到举证责任。专利的所有人则负有证明相反主张的举证责任，即公知常识确实能使技术人员实施发明。

委员会认为，要作为发明未被充分披露的证据，要求即使遵循了示例中给出的条件重复示例的尝试必然会失败。当异议人按照权利要求 1 中包含的条件重复授予专利的方法，但该条件与争议专利的示例适用的大不相同，不能满足这个要求（**T 665/90**）。

应当使用给出的示例再现发明。当专利中作为示例的唯一实施例是工业发酵过程时，根据实验室试验不能证明不充分性（**T 740/90**）。当异议人仅仅使用专利中给出的表面活性剂的等同物时，同样认为披露充分，因为异议人没尽到举证责任（**T 406/91**）。

委员会在 **T 541/96** 中认为，如果发明似乎违反了普遍认可的物理定律和既定理论，披露应当足够详细能向精通主流科技的技术人员证明本发明确实可行，这是申请人的责任（另见 **T 1023/00**）。新发明与之前认可的技术知识的矛盾越多，在申请中就需要的技术信息和解释越多以使仅具有常识的普通技术人员能实施发明（**T 1785/06**）。

B. 权利要求

EPC 第 84 条制定了权利要求的内容和措辞的相关原则，规定权利要求应当清楚且简洁并且得到说明书的支持。EPC 细则第 43 条对其进行了补充。

当修改 EPC 时，EPC 第 84 条的德文版和英文版仅根据修改法案第 3（1）条进行了修改（校准/小修改；参见 OJ SE 4/2007，84）。类似地，EPC 1973 细则第 29 条在重新编号之后变成了 EPC 第 43 条，只是经过精简和调整（参见 OJ SE 5/2007，72）。实质上，这两条规定保持不变，这意味着 EPC 1973 判例法继续适用。

按照有关 EPC 1973 的决定 **G 2/88**（OJ 1990，93，更正 469）中的解释，EPC 第 84 条规定欧洲专利申请的权利要求“应当限定请求保护的主题”。EPC 细则第 43（1）条进一步要求权利要求“应当以发明的技术特征来限定请求保护的主题”。考虑到发明的具体性质以及权利要求的目的，权利要求中使用的措辞的主要目的因此必须满足这些要求。根据 EPC，权利要求的目的是为了能确定专利或专利申请给予的保护（EPC 第 69 条），并且在考虑 EPC

第52～57条的可专利性的情况下确定指定缔约国内的专利所有人的权利（EPC第64条）。

基本上有两种不同类型的权利要求，即，物理实体权利要求（例如，产品、装置）和物理活动权利要求（例如方法、过程、用途）。这两种基本类型的权利要求有时称作两种可能“类别”的权利要求。在上述两种基本类型的权利要求中，可以存在多个子类别（例如，化合物、组合物、机器或制造方法、化合物的生产过程、测试方法等）。此外，还可以存在既包括涉及物理活动的特征又包括涉及物理实体的特征的权利要求。在多种可能形式的权利要求之间不存在固定界限。

发明的技术特征是发明所必需的物理特征。物理实体权利要求的技术特征是实体的物理参数，并且活动权利要求的技术特征是限定这种活动的物理步骤。然而，上诉扩大委员会还指出，上诉委员会在许多案例中允许在某些情况下在功能方面限定技术特征（例如，**T 68/85**，OJ 1987，228；**T 139/85**）。

将区分所谓的遍延式权利要求。

在**T1063/06**（OJ 2009，516）中，委员会认为，使用说明中阐述的筛选方法借助于新型检索工具将会找到在功能上限定的化学化合物的权利要求的表述构成遍延式权利要求，这种权利要求还指向基于现在公开的发明的未来发明。由于申请人有权仅就其对本领域的实际贡献要求专利保护，因此据此限制权利要求的主题既是合理的也是必需的。根据EPC的专利保护并不是为了像遍延式权利要求一样为具体申请人预留未探索的研究领域，而是为了保护成功研究的实际结果，作为使公众可使用具体的技术结果的回报。

上诉委员会反复确认，权利要求为了法律确定性必须清楚，因为它们的目的是为了能确定专利所赋予的保护（例如，参见**T 337/95**，OJ 1996，628；**T 338/95**，**T 586/97**，**T 437/98**，**T 728/98**，OJ 2001，319；**T 877/99**，**T 1074/00**，**T 799/04**）。

1. 清　楚　性

1.1　关于权利要求文本的原则

1.1.1　概　　述

通常在权利要求中应当通过技术特征表明请求的保护（参见**T 4/80**，OJ 1982，149）。此外，权利要求本身必须不存在矛盾（参见**T 2/80**，OJ 1981，431）。

早在**T 165/84**的案例中，委员会认为，如果无法从权利要求知晓界定保护范围的准确区别，那么权利要求不够清楚。

当权利要求针对一种以参数描述特征的产品时，必须能够清楚且可靠地确定这些参数（参见 **T 94/82**，OJ 1984，75；**T 452/91**，**T 541/97**，**T 437/98**，**T 193/01**）。关于根据权利要求本身须在何种程度上清楚要如何确定参数，见下文 1.1.2。

然而，在 **T 412/93** 中，委员会评述道，经常在必须测量某物时，可能存在灰色区域，在此灰色区域中测量误差使得难以确定特定产品是否落入权利要求中。委员会认为，这并不能判定根据 EPC 1973 第 84 条反对。

在 **T 555/05** 中，委员会指出，**T 412/93** 中考虑的特征相对于作为参考的现有技术产品以相对术语进行限定。然而，在涉诉案件中，导致反对的特征是以绝对术语进行限定的。委员会因此判定涉诉权利要求不满足 EPC 1973 第 84 条的要求。

当化学组合物中包含的必要成分是开放的而被任意地标记成“有效成分”或者不仅仅依靠使用者所希望的心理标记，从而使所述特征的意义千变万化时，公众就会在区分权利要求涵盖哪些成分以及不涵盖哪些成分，哪些成分根据法律确定性原则发生变化时产生疑惑。因为缺乏法律确定性，**T 586/97** 中的涉诉权利要求没有满足 EPC 1973 第 84 条规定的清楚的要求。

在 **T 762/90** 中，在标明整个系列产品的商标使用中发现缺乏清楚性，这些产品依其工业发展的阶段而互不相同。此外，委员会对使用这种标识表示怀疑，因为不确定商标的含义是否会保持不变直到专利期限结束（另见 **T 939/92**）。类似地，在 **T 480/98** 中，委员会认为权利要求 1 的特征部分中指代的商标产品不具有清楚的技术含义，因为它可以指代具有不同组成和性能的多种产品。因而缺乏清楚性，并且权利要求不被允许。在 **T 623/91** 中，根据委员会的观点，通过引用商标或商号来排除组合物不会引入不确定性，因此不违反 EPC 1973 第 84 条，因为在没有贸易名称或商标的对应变化的情况下化学组合物的范围不可能发生变化。

在 **T 363/99** 中，申请的权利要求 2 的前序部分包括引用德国专利说明书。委员会认为这违反了 EPC 1973 第 84 条第二句，因为在不查询提及的参考文件的情况下无法确定请求保护的主题的范围。相比之下，表明参考文件的公开号提供了请求保护的主题的最简洁的定义的事实（EPC 第 84 条）是无关的。当阐述专利的权利要求时，必须选择在客观上总是更为精确的形式（**T 68/85**，OJ 1987，228）。

在 **T 728/98**（OJ 2001，319）中，委员会认为，根据法律确定性的要求，如果权利要求包括在相关领域中不存在明确的公认含义的不清楚的技术特征

（这里是“基本上纯的”），该权利要求在 EPC 1973 第 84 条下则不能被视为是清楚的。如果不清楚的特征对于使要求保护的主题与现有技术划分界限来说是必要的，那么这就更加适用。在本案中，说明书并没有就应如何解释术语给出任何指示。同样在 **T 226/98** 中，委员会认为，在涉及产品本身的权利要求中用于限定药物纯度标准的特征“作为药物产品”（这里，法莫替丁“B”型），致使所述权利要求在缺乏用于指称的纯度标准的公认的量化定义的情况下不清楚。

在决定 **T 1129/97**（OJ 2001，273）和 **T 274/98** 中，委员会强调，为了满足清楚性要求，根据权利要求的这组化合物/成分的限定必须使技术人员能够清楚地区分化合物/成分是否属于要求保护的这组化合物/成分（另见 **T 425/98** 中有关表述“主要由……组成”）。在 **T 274/98** 中，委员会说，在涉及包括脂肪组织的化妆品或药物组合物的权利要求的背景下，术语“氧化敏感产品”指的是在环境温度下在存在氧气时分解的产品。按照这种观点，有争议的术语非常清楚。上诉人没有提供证据来证明，在给定的背景下，一些产品在一些情况下容易氧化，另一些产物不易氧化。因此不存在模糊，并且权利要求清楚。

当特性在权利要求中被表述为在一个数值范围内时，用于测量该特性的方法必须或者是公知常识，或者需要确定用于测量该特性的方法。然而，当权利要求指明必须不存在某一特性时，这暗指现有技术中用于测量该特性的常用方法无法检测到该特性，使得不需要指明具体的方法（**T 1012/98**）。

复杂性本身并不等同于不清楚，在提供请求保护的主题的权利要求仅仅具有复杂性并且对本领域技术人员而言其范围清楚且不模糊的情况下，该权利要求本身，抑或根据说明书并不存在根据 EPC 第 84 条缺乏清楚性（参见 **T 574/96**，EPC 1973 经过修改的第 84 条）。在 **T 1020/98**（OJ 2003，533）中，委员会确认，判断是否符合 EPC 1973 第 84 条的清楚性要求，并非取决于确定给定化合物是否被产品权利要求涵盖所需的时间。清楚性要求并不是反对权利要求的复杂性的依据。该法条所指的清楚性仅仅要求权利要求向技术人员清楚且不模糊地（如果有必要的话依据说明书）限定请求保护主题。

在 **T 687/00** 中，主请求的权利要求 1 的前序部分尤其涉及一种“明显比常规片材更好的双轴延伸性的塑料密封片材”。委员会认为，这种部分特征传达了对权利要求的主题没有本质技术贡献的纯粹需求。此外，存在反对的特征描述了在现有技术的基础上实现的目的，并且因此涉及涉诉申请的发明人所解决的中心问题。这种主观问题在异议程序期间会变化。委员会强调，问题的陈述照惯例属于说明书而非权利要求。

在 **T 194/99** 中，委员会评述道，在权利要求中，第一实体不能根据在使用第一实体时采用的第二实体的特性来限定第一实体的某些特征（根据光敏剂的吸收特性来限定医疗激光设备）。同样，权利要求不需要涉及第一实体和第二实体的组合（**T 455/92**）。然而，根据委员会的观点，先决条件是在权利要求中毫无疑义地确定第二实体及其相关特性本身（不是它们的确切值）。

在 **T 651/05** 中，委员会发现，引入模糊术语由于不同但同样有效的理解而导致不清楚。（另见 **T 621/03 和 T 127/04**）。对于模糊阐述的权利要求的几种可能结构之一，要求保护的主题的一部分没有充分描述以便能够实施时，根据 EPC 1973 第 100（b）条可能对该权利要求提出反对（**T 1404/05**，在第 2 章 A. 6. 1，EPC 第 83 条及说明书的支持中也有记载）。

1.1.2 通过参数描述产品特征

在决定 **T 94/82**（OJ 1984，75）中，委员会裁定，如果产品的特征是通过与产品的物理结构有关的参数来指明，那么在产品权利要求中则能够满足清楚性要求，只要通过本领域常用的客观程序可以**清楚且可靠**地确定这些参数（另见 **T 452/91**、**T 541/97**、**T 437/98**、**T 193/01**）。并不强制在权利要求本身中说明如何获得产品（**T 94/82**）。

在 **T 29/05** 中，委员会认定，尽管在本案中可以采用不同的实验方案来评价严格条件下的杂交，但是它们在本领域中是常用的（遵循 **T 1084/00**）。

在 **T 307/06** 中，权利要求包括增加的特征“以及小于 25℃ 的 Tg”。委员会注意到，存在不同的方法来确定 Tg（玻璃转变温度）。然而，在满足以下条件的至少一种时，存在几种方法的这一事实不会使权利要求不清楚：

（a）不同的方法对同种材料得到本质上相同的 Tg 值，或者

（b）本领域技术人员将涉诉的权利要求 1 中提及的 Tg 值的范围与仅仅一种标准测量方法相关联。

既不满足条件（a）也不满足条件（b）。委员会得出结论，关于权利要求 1 涵盖哪个主题是值得怀疑的，并且因此使所述权利要求不清楚（参见 **T 728/98**，OJ 2001，319）。

在多个决定中，委员会强调，必须使技术熟练的读者从权利要求本身清楚如何确定参数，除非可以证明技术熟练的读者甚至在没有权利要求中的这些表述的情况下也能立即知道采用哪种方法和条件。

在 **T 412/02** 中，委员会认为，通过参数或参数之间的数学关系在产品权利要求中毫无疑义地进行特征描述必然要求能够清楚且可靠地确定每个参数。按照委员会的观点，他们认为有关确定参数的方法和条件的知识是毫无疑义地限定参数所必需的，并且因此也是毫无疑义地限定两者之间的数学关系所必需的。因此，为了允许限定请求保护的主题，当本领域技术人员阅读权利要求

时，从权利要求本身必须清楚应如何精确地确定参数。这一般意味着应当在权利要求中明确地或者任选地根据 EPC 1973 细则第 29（6）条通过引用说明书的方式来表述确定方法和可能会对参数的值产生影响的测量条件。只有在可以表明技术人员一开始就知道采用哪种方法和条件的情况下，这种表述才会显得多余（另见 **T 1156/01**）。

根据 **T 908/04**，为了符合 EPC 1973 细则第 84 条，当利用普通技能，但不包括从专利申请的说明书中得出的任何知识阅读时，权利要求本身必须清楚，（遵循 **T 988/02**，另见 **T 1898/06**）。当本领域技术人员阅读权利要求时，从权利要求本身必须清楚应当如何精确地确定要求保护的产品的特征的参数（在本案中是其结晶度）。这意味着应当在权利要求中明确地或者（如果适当的话）根据 EPC 1973 细则第 29（6）条通过引用说明来表述确定方法和可能会对结晶度的值产生影响的测量条件。只有在可以表明技术人员一开始就知道采用哪种方法和条件，因为例如，这种方法是本技术领域中常用的方法，或者相关技术领域中公知的用于确定这个参数的所有方法在测量精度的适当界限内会产生相同结果的情况下，这种表述才会显得多余（另见 **T 555/05**）。

在 **T 992/02** 中，委员会持以下观点，当注意到权利要求本身必须清楚的一般原则时，按照权利要求必须简洁的要求，权利要求不包括可以测量表征要求保护的组合物的其中一个参数（形成挥发物的水平）的方法是合理的。委员会认为，目前的案例中可以得出这种结论，因为在说明书中明确指出了所述方法，并且所述方法并没有造成任何模糊。

1.1.3 引用说明书或附图

在 **T 150/82**（OJ 1984，309）中，委员会裁定，就权利要求的所有技术特征而言依靠引用专利说明书中的说明书的权利要求（所谓的“多项权利要求”）由于违反 EPC 1973 细则第 29（4）条和第 29（6）条（EPC 细则第 43 条没有变化）而不被允许，除非绝对必要，例如，当在没有这种引用的情况下无法用语言表达多个条件时。这种例外情况的示例包括：发明包括只有借助于限定特定形状或多个条件的附图或图形来表达的特征或限制。在 **T 271/88** 中，委员会支持 **T 150/82** 并且裁决，权利要求不能以示出被指定为“结合在权利要求书中的化学式”的结构化学式的附录为依据。委员会认为，EPC 1973 细则第 29（6）条中的术语“说明书”和“附图”很明显意味着包含结构化学式（另见 **T 752/94**）。

在 **T 1156/01** 中，委员会认为，如果发明通过参数描述特征，那么用于测量的方法和装置应当在合理的时候完全出现在权利要求本身中，或者如果所述方法太长而可能损害权利要求的简洁性，就按照 EPC 1973 细则第 29（6）条引用说明书（在 **T 796/01** 中被确认）。

在 **T 237/84**（OJ 1987，309）中，委员会陈述道，权利要求中的附图标记的目的（EPC 1973 细则第 29（7）条）是为了让大家更容易理解权利要求。它们并不限制权利要求的范围，但是确实影响权利要求的清楚性并且能比其他可行的方式更简洁地表达权利要求（例如，在 **T 572/90** 中被确认）。在 **T 986/97** 中，委员会允许引用附图。

在决定 **T 816/90** 中，通过使用本身没有技术含义的名称来限定质粒。此外，通过引用附图来限定质粒的结构。委员会的观点是，质粒的这种限定与 EPC 1973 第 84 条的要求相反，并且因此无法被接受。

1.1.4　指明所有必要特征

根据上诉委员会的既定判例法，EPC 第 84 条（在 EPC 2000 中基本上不变）必须被理解为意味着不仅从技术的观点必须能理解权利要求，而且权利要求必须清楚地限定发明的客体，也就是说，指明权利要求的所有必要特征。专利申请所涉及的解决技术问题所必需的所有特征必须被视为必要特征，这个问题参见 **T 32/82**（OJ 1984，354）和 **T 115/83**，尤其在 **T 269/87**、**T 391/91**、**T 409/91**（OJ 1994，653）、**T 694/92**（OJ 1997，408）、**T 1055/92**（OJ 1995，214）、**T 630/93**、**T 61/94**、**T 488/96**、**T 1167/97**、**T 203/98**、**T 260/01**、**T 1069/01**、**T 844/02** 和 **T 813/03** 中确认。指明所有的必要特征部分地看成是满足清楚性要求所必需的，部分地看成是根据 EPC 1973 第 84 条第二句主张的支持功能的先决条件（见下文 4，权利要求得到说明书的支持，并且结合 EPC 1973 细则第 29（1）条和第 29（3）条从 EPC 1973 第 84 条第一句部分地推断出）。

必要特征应当特别地包括那些使发明区别于现有技术的特征（**T 1055/92**，OJ 1995，214；**T 813/03**）。有关必要特征与非必要特征的界限，另见 **T 61/94**，**T 203/98**，**T 141/00** 和 **T 260/01**。

委员会在 **T 32/82** 中的观点同样在 **T 622/90** 中被确认，委员会认为，不清楚不仅可以是由存在模糊特征导致的，而且可以是由缺乏清楚所必需的特征所导致的（另见 **T 630/93**）。

在 **T 409/91** 中，发明涉及包含固体石蜡的矿物油。发明人发现，通过使用具有专利申请中用一般公式描述的结构的添加剂，可以获得在柴油发动机中使用的蜡质燃料，这种蜡质燃料具有石蜡晶体，这种石蜡晶体在低温下的尺寸足够小到穿过纸质过滤器。权利要求没有提及这种添加剂。

委员会认为，按照 EPC 1973 第 84 条第一句的规定，权利要求并不是通过引用它的全部必要技术特征来限定请求保护的主题：在涉诉申请的说明书中，某些添加剂的使用相当于燃油组合物的必要组成部分。由于权利要求中丢失了这些特征，所以委员会认定，权利要求限定了未充分披露的某个其他发明。委员会进一步认为，权利要求应当得到说明书的支持的要求（EPC 1973 第 84 条第二句）反映了一般法律原则：权利要求所限定的专利独占权的范围应当与对本领域的技术贡献对应。权利要求因此不得延伸到技术人员在阅读说明书之后仍然无法使用的主题。因此，在说明书中作为发明的必要特征进行描述并强调的技术特征也必须是权利要求的一部分。

在 **T 914/02** 中，上诉人试图从提出的解决方案的所谓的纯粹复杂性推导出技术装置（特别是计算机）的隐含使用。根据委员会的观点，复杂性是否可以用于使活动丧失心智活动的资格是值得怀疑的原则问题（另见第 1 章 A. 1. 4. 2）。相反，一般会出现如果计算机装置确实不可或缺，那么这些计算机装置应当作为发明的必要特征包含在权利要求中。

在 **T 818/03** 中，委员会认为，假设清楚地限定了要获得的结果，并未充分清楚地叙述获得特定结果的步骤的方法权利要求仍然可以被认为是清楚的，并且假设充分清楚地限定了获得结果所需执行的步骤，限定用于实现未清晰界定的结果的方法的权利要求仍然可以被认为是清楚的。然而，如果权利要求像这样既没有充分清楚地阐述方法的必要参数，又没有充分清楚地阐述所述结果的相关特征，则权利要求必定会被认为缺乏清楚性。

在 **G 1/04**（OJ 2006，334）中，扩大委员会回想起 EPC 1973 细则第 29 条指称的独立权利要求应当明确指明限定发明所需的所有必要特征，并且本领域技术人员单独从权利要求的措辞应当清楚这些特征的含义。该法条经过必要的修改应当适用于涉及根据 EPC 1973 第 52（4）条（EPC 第 53（c）条）被排除在专利保护之外的主题的权利要求。这些要求用于法律确定性的首要目的。

扩大委员会持以下观点，EPC 1973 第 52（4）条指称的诊断方法具有内在的且不可避免的多步骤属性。如果作为推断性医疗或兽医决策阶段的诊断是纯粹智力活动，那么属于治疗目的的诊断的特征以及涉及进行诊断的要素的在先步骤的特征则代表 EPC 1973 第 52（4）条意义上的诊断方法的必要特征。因此，为了满足 EPC 1973 第 84 条的要求，涉及这种方法的独立权利要求必须包括这些特征。

清楚且完整地限定具体发明所需的必要特征是特征本质的大部分内容。但是，如果非技术特征被视为用于限定发明的要素，那么这些非技术特征必须作为必要特征同样包含在独立权利要求中。因此，尽管诊断在严格意义上讲是纯粹智力活动，除非通过设备进行诊断，但关于诊断的特征是独立权利要求中应当包括的这种必要特征。同样的原理适用于属于为了治疗而进行的诊断的要素的在先步骤的、涉及非技术本质的方法步骤的特征。至于（特别是）有关治疗医疗目的的诊断的非技术特征，如果从对应的欧洲专利申请或欧洲专利整体能毫无疑义地推导出这些非技术特征的必要性，那么该非技术特征作为必要特征包含在对应的独立权利要求中。如果涉案申请或专利披露了用于获得诊断相关的结果的方法，这些发现允许将检测到的偏差归因于特定的临床现象，则属于这种情况（该决定的原则问题，参见第1章A.2.5）。

1.1.5　宽泛权利要求的清楚性

委员会在决定**T 238/88**（OJ 1992，709）中说，如果术语（例如，“烷基”）本身的含义或依据说明书该术语的含义对本领域技术人员毫无疑义，那么权利要求的清楚性不会由于权利要求中包括的这种术语的纯粹广度而削弱（有关理解一般权利要求的问题，参见第2章B.5）。

在**T 523/91**中，委员会认为，措辞“塑料与嵌件组合”和“该嵌件以包裹或折叠方式与塑料颗粒组合”并没有使权利要求的主题成为EPC 1973第84条所指的不清楚。尽管组合的本质涵盖许多可能性，但是所得的权利要求的主题是宽泛的而不是不清楚。权利要求的广度本身并不产生争议，而是仅仅与例如新颖性、创造性或可再现性的其他标准结合时才会产生争议。

同样地，在**T 688/91**中，委员会说，宽泛的权利要求并不等同于缺乏清楚的权利要求。在此情况下，权利要求被表述如下：“集成微程序控制的装置［……］，具有产生T状态T0［……］，T1［……］，［……］的装置，其特征在于［……］在每种情况下根据前一个T状态以及例如状态和/或模式信号和［……］的瞬时值的状态参数来产生T状态T0，T1［……］和进一步的T状态［……］两者。”委员会认为，即使将词语“例如”理解成“举例来说”，其结果是不应当在严格意义上理解随后的信息，词语“状态参数”在它们所表达的事实方面尽量清楚：根据代表设备的状态之一的任何参数来产生T状态。尽管权利要求被视为宽泛，但是由于使用的术语容易进行一般的解释，所以广度并不等同于缺乏清楚性。

在**T 630/93**中，委员会指出，EPC 1973第84条第一句暗示，权利要求并非总是必须确定技术特征或步骤的所有细节。必要特征（尽管正常以技术术语表述）的作用通常是限定发明的边界，而不是限定在这些边界内的发明细节。因此，必要特征通常可以具有极为一般的性质，在极端案例中，仅仅指明原理或新想法（另见第2章A，“披露的充分性”）。

在**T 29/05**中，委员会认为在涉诉权利要求中存在不相关的主题仅仅是假设，并且审查部没有提供证据来支持在现有技术中可能存在不相关的主题。在缺乏这种证据的情况下，必须假定每种和每个核酸分子（指明的）与申请中披露的主题相关。大量可能的核酸序列可落入权利要求的范围内的事实并不能作为提出缺乏清楚性的反对理由。

在几个决定中采用了宽泛的权利要求本身并非不清楚的原则（尤其参见**T 456/91**、**T 393/91**、**T 530/94**、**T 950/97**、**T 149/98**）。

1.1.6　与权利要求的类别有关的原则

在上述决定**T 688/91**（参见上述要点1.1.5）中，委员会认定，不同类别的权利要求被视为独立权利要求的事实并不排除引用其他类别的权利要求。然而，按照委员会的观点，任何这种引用必须非常清楚这种引用是否旨在替换特征。在前一种情况中，为了清楚的理由必须替换所有特征，但是在后一种情况中不用替换。

在涉及数据处理系统的案例**T 410/96**中，出现的问题是是否允许系统权利要求向后引用方法权利要求。委员会认为，尽管EPC 1973细则第29（4）条提到了仅在权利要求包括它所引用的权利要求的所有特征的背景下的引用，这并不意味着反向推理，即不满足这个条件的引用必然不被允许。委员会认定，对于从不同类别的前列权利要求处部分地获得其特征的独立权利要求，根据EPC 1973细则第84条并不存在先验反对。通过引用，该实质特征被并入到有争议的权利要求中，该权利要求于是符合EPC 1973细则第29（3）条EPC细则第43（3）条。

在决定**T 418/92**和**T 453/90**中，委员会确认，仅当定义中还包括设备特征时，特别是在当有关发明向技术人员完全披露为**方法**时，权利要求可能同时涉及物理活动和物理实体两者。在**T 1046/05**中，委员会同样确认了方法权利要求中的设备特征的清楚性。

在**T 426/89**（OJ 1992，172）中，委员会裁定，如果要求保护的特征只是描述了装置如何工作，那么涉及用于“操作一种料装置方法”的权利要求并不“清楚”（EPC 1973第84条）。

在**T 841/95**中，委员会认定，当装置权利要求通过引用装置将会使用的特征来试图限定发明时，会导致缺乏清楚性。然而，如果申请的主题是装置，并且不通过引用所述用途来限定该装置就是不可行的，那么涉及该装置与用途的组合并且毫无疑义地限定该装置的装置权利要求就会是清楚的。

在“用于实施方法”的装置权利要求中包括向后引用在前的权利要求并不会改变它是独立（非方法）权利要求的事实，权利要求将要求保护的装置限制为适合于实施引用的方法（**T 1017/98**）。

在**T 952/99**中，在委员会面前的有争议的权利要求包括用途权利要求的两个不同方面：一方面，权利要求限定特定物理实体的用途为实现一种“效果”，另一方面，权利要求限定其用途为生产一种产品。尽管用途权利要求通常落入一种类别抑或另一种类别中，但是委员会认定，在本案中不能这样清楚的区分开。权利要求包括用途特征和方法特征两者，并且额外的方法步骤与发明的“核心”之间存在技术关联。用途特征和方法特征两者因此都是发明的技术特征，使得它们的组合并不违反 EPC 1973 细则第 29（1）条，用于判断“用途”权利要求和技术方法特征的组合从清楚的观点看所允许的范围的相关标准。

委员会在 **T 796/91** 中作出了区别，委员会在该案例中认为，方法特征和应用特征的异类组合使得权利要求在根本上不清楚。该案例涉及方法权利要求和用途权利要求的组合，而根本没有方法权利要求。与委员会面前的案例相反，方法特征明显与应用特征无关，这使得无法将两种不同种类的技术特征归入一个权利要求中。

对于以产品方法限定产品的权利要求的细节，见下文 B.6。

1.2 原则的例外

出于实践的原因并且在某些情况下当授权的权利要求包括权利放弃形式的特征以及功能性或未指定的特征时，允许这些原则的例外。

1.2.1 权 利 放 弃

在 **G 1/03** 和 **G 2/03**（OJ 2004，413 和 448）决定中，上诉扩大委员会使用术语“权利放弃”的意思是对权利要求的修改导致“否定的”技术特征结合在权利要求中，通常从一般特征中排除具体实施例或范围。

在第 3 章 A.4 节中可以找到对 **G 1/03** 和 **G 2/03** 以及根据 EPC 第 123（2）条对未披露的权利放弃的可允许性的后来判例的更加详细的讨论。权利放弃起草参见以下的（b）；与权利放弃相关的新颖性和创造性参见（c）。

（a）权利放弃的可允许性

总而言之，可以允许未披露的权利放弃以便：

- 根据 EPC 第 54（3）条和第 54（4）条通过针对现有技术界定权利要求的范围来恢复新颖性。
- 按照 EPC 第 54（2）条通过针对与偶然占先界定权利要求的范围来恢复新颖性。
- 放弃根据 EPC 第 52 ~ 57 条出于非技术原因被排除在可专利性之外的主题。

上诉扩大委员会强调，在限定允许权利放弃的情形中，必须谨慎以确保证明权利放弃合理的理由与发明的教导无关。

上诉委员会不赞同以下观点，即首先假设权利放弃总是仅对发明的一部分的弃权，那么权利放弃可以用于任何目的，即还可以用于排除无法实施的实施例。上诉扩大委员会认为，包括无法实施的实施例的权利要求可能依不同情况有不同的结果。

根据上诉扩大委员会的观点，当存在大量的可想到的替代方案并且专利说明书包含有关在要求保护的范围内通过合理努力找到合适的替代方案的相关标准的充足信息时，包括无法实施的实施例没有害处。因此，权利放弃既不是必要的，也不是适当的。

如果不是这种情况并且要求保护的发明缺乏可再现性，那么根据创造性或披露的充分性的要求这会变得相关。满足后一种要求的决定性日期必须是申请日或优先权日，并且在EPO之前的法律程序期间不能弥补这方面的缺陷（不同于**T 170/87**和**T 313/86**）。

上诉扩大委员会的决定推翻了在**T 323/97**中的更具限制性的方法，**T 323/97**主张对于未得到最初提交的申请支持并且旨在针对现有技术进一步界定要求保护的主题的范围的权利要求的任何修改均违反EPC 1973第123（2）条。此外，更精确地限定了容许权利放弃的范围，从而使早前的判例过时（参见**T 313/86**、**T 623/91**、**T 1050/93**）。根据这些决定，当在范围方面限定的发明的主题的子范围不是由于现有技术而是由于并未解决技术问题而被排除时，同样应当允许权利放弃。

（b）权利放弃的撰写

就权利放弃的撰写而言，上诉扩大委员会在**G 1/03和G 2/03**（OJ 2004，413和448）中说，权利放弃不得去除超过恢复新颖性之必要的限度或者放弃出于非技术原因而被排除在可专利性之外的主题。

无论如何，EPC 1973第84条的简洁性和清楚性要求同样适用于包含权利放弃的权利要求。这意味着，如果必要的限制可以按照EPC 1973细则第29（1）条第一句（EPC细则第43（1）条）以更简单的术语在肯定的原始披露的特征中表达，那么不允许权利放弃。此外，多个权利放弃可能导致使公众在找出保护什么以及不保护什么时有不合理的负担的权利要求起草。必须在申请人获得适当保护的利益与公众通过合理努力确定保护范围的利益之间建立平衡。

在专利的透明性的利益中，从说明书应当清楚，存在未披露的权利放弃并且为什么引入权利放弃。应当按照EPC 1973细则第27（1）（b）条（EPC细则第42（1）（b）条）在说明书中指明被排除的现有技术，并且应当表明现有技术与权利放弃之间的关系。

就权利放弃的撰写而言，上诉扩大委员会同样从现有的判例中获得启示，大部分的现有的判例无疑仍然适用。

委员会已经在 **T 4/80**（OJ 1982，149）中裁决，如果无法在技术上更加清楚且简洁地直接限定权利要求中剩下的主题，就允许权利放弃（另见 **T 433/86** 和 **T 173/96**）。

为了确立新颖性而引入的权利放弃应当仅仅排除在现有技术中披露的主题（**T 434/92**，**T 653/92** 和 **T 426/94**）。关于遵循 **G 1/03** 和 **G 2/03** 的案例，尤其参见 **T 285/00**、**T 426/00**、**T 747/00**、**T 10/01**。

在 **T 11/89** 中，委员会认为，包含权利放弃的权利要求应当清楚地明示要求保护的主题区别于排除的主题的技术特征。专利说明书的公开号显然不是技术特征并且因此不适合用于确定权利放弃的范围。所涉权利要求的类型是"除在专利说明书 N°［……］中披露的概述学式 I 的 X 衍生物之外的概述学式 I［……］的 X 衍生物"（参见 **T 623/91**，然而，其中允许通过引用商标或商品名排除组合物；就引用商标而言，虽然有另一种结果，另见 **T 480/98**）。

在 **G 1/03** 和 **G 2/03**（OJ 2004，413 和 448）中的决定之后，遵循对包括权利放弃的权利要求的清楚性的以下裁决：

在 **T 161/02** 中，委员会指出，权利放弃与从现有技术的两份不同文件得到特征进行组合，这些特征的组合得到既不对应于第一份文件的公开内容也不对应于第二份文件的公开内容的权利放弃，并且上诉人承认这些特征的组合并不具有任何技术意义。委员会认为，这种权利放弃致使权利要求成为 EPC 1973 第 84 条所指的不清楚，因为这种权利放弃不允许公众找出保护什么以及不保护什么。

为了证明在有争议的权利要求的开头的阐述"非治疗用途"所表达的排除，上诉人在 **T 67/02** 中引用 **G 1/03** 和 **G 2/03**（OJ 2004，413 和 448），这些案例中裁决，对于根据 EPC 1973 第 52 ~ 57 条无法获得专利的主题允许权利放弃。然而，委员会认定，在本案中，无法识别化妆用途与治疗用途之间的明显区别。因此委员会认为，排除致使要求保护的主题不清楚。

在 **T 201/99** 的涉诉权利要求中，上诉人（专利所有人）将治疗时间的范围"1 ~ 10 分钟"替换为"1 ~ 6 分钟"。他们争辩道，1 ~ 6 分钟的范围应当被视为放弃多于 6 ~ 10 分钟的子范围，以便去除要求保护的主题与现有技术之间的重叠区域。然而，委员会强调，上诉扩大委员会的决定 **G 1/03** 和 **G 2/03**（理由的第 3 点）明确排除了通过使用限定原始权利要求与预期之间的差异的未披露的积极特征而隐藏权利放弃的可能性，因为这会影响专利的透明性（EPC 1973 第 84 条）。

在**T 286/06**中，涉诉的权利要求1要求，要求保护的组合物包括指定量的黏结抑制剂，这种黏结抑制剂是季铵化合物，并且涉诉的权利要求包含权利放弃："假设所述黏结抑制剂不是可生物降解的季铵化合物。"在异议法律程序期间引入了权利放弃，以便相对于文件（1）的公开内容恢复新颖性。申请的原始文件并不包含有关哪些季铵化合物必须被视为"可生物降解的"的可能解释的任何引用。

委员会认为，通过考虑与解释说明书或权利要求中使用的术语有关的、在专利申请的原始文件中未明确引用的进一步公开文件的教导无法解释权利要求的措辞源自于EPC 1973第84条的目的，从而确保法律确定性。这同样适用于权利放弃的案例，因为在权利要求中引入权利放弃的唯一理由排除破坏新颖性的披露并且这并不代表申请人或专利所有人有机会任意修改他的权利要求（参见**G 1/03**，OJ 2004，413）。委员会评估权利要求1的清楚性，从而考虑到技术人员在思考公知常识的情况下仅仅在阅读权利要求之后会理解什么。委员会得出结论，权利要求1的措辞不清楚。

（c）新颖性和创造性

在**T 188/83**（OJ 1984，555）中，委员会已明确指出，如果从引用中描述的实例计算得到的值不能被视为单独的值，那么凭借权利放弃来排除这些值的事实不会使范围具有新颖性。

在**T 170/87**（OJ 1989，441）中，委员会确立了权利放弃会致使与现有技术重叠的创造性教导具有新颖性，但是不会损坏显而易见的教导的创造性（另见**T 857/91**和**T 710/92**）。在**T 597/92**（OJ 1996，135）中，委员会确认了这一点，委员会说EPC 1973中没有通过权利放弃的方式证实创造性的依据（另见**T 653/92**）。

上诉扩大委员会在**G 1/03**和**G 2/03**同样努力指出，与判断创造性或充分披露有关或变得有关的未披露的权利放弃构成根据EPC 1973第123（2）条不被容许的扩大保护（另见**T 968/00**和**T 703/02**）。

只有在"未披露的"权利放弃的案例中，才必须在不考虑所述权利放弃的情况下判断创造性（**T 1028/02**）。

在**T 134/00**中，涉诉权利要求涉及一种由中间馏分燃料油和添加剂组合物构成的燃料油组合物。它要求添加剂组合物包括至少给定类型（i）和（ii）的成分，但是添加剂组合物还可以包括其他添加剂成分。权利要求还包括权利放弃，该权利放弃排除只是将具体组合作为成分（i）排除在外并且不是从总的燃料组合物中排除。因此委员会得出结论，权利放弃没有在总的燃料组合物中排除这两种指定成分的存在。

1.2.2　功能性特征

在 **T 68/85**（OJ 1987，228）中，委员会认定，限定技术结果的功能性特征在以下两种条件下在权利要求中是可允许的：（i）从客观的观点来看，如果这种特征在不限制发明的范围的情况下无法另外更加精确地进行限定；以及（ii）如果这些特征提供足够清楚使得专家在没有不当负担的情况下将这些特征付诸实践的指示（如有必要的话使用合理的实验）。委员会进一步指出，当使用功能性术语限定特征的努力按照 EPC 1973 第 84 条的要求危及权利要求的清楚时，必须中途停止这些努力。以下决定赞同这些裁决：**T 139/85**、**T 292/85**（OJ 1989，275）、**T 293/85**、**T 299/86**（OJ 1988，88）、**T 322/87**、**T 418/89**（OJ 1993，20）、**T 707/89**、**T 204/90**、**T 752/90**、**T 388/91**、**T 391/91**、**T 810/91**、**T 822/91**、**T 894/91**、**T 281/92**、**T 490/94**、**T 181/96**、**T 750/96**、**T 265/97**、**T 568/97**、**T 484/98**、**T 1186/01**、**T 295/02**、**T 499/02**、**T 1173/03**、**T 404/06**。其中一些决定（参见例如 **T 204/90**、**T 181/96**、**T 265/97**）审查在不严格的意义上来讲是根据 EPC 1973 第 84 条的要求的第三条标准，并且要求：（iii）现有技术没有妨碍使用这种功能性的并且因此一般且宽泛的术语。

T 332/87 提供了当时适用版本的《指南》C－III，4.8 的一种解释，当时是说，涉及特定用途的产品的权利要求必须被理解为限定适用于这种用途的产品。根据委员会的观点，这只是意味着在适当案例中可能允许在用于限定产品的权利要求中引入功能性语言。然而，尤其凭借功能性特征进行限定的产品仅当这种功能性特征使产品在本质上不同于公知的产品时才能被视为具有新颖性。

在 **T 361/88** 中，委员会区分两种类型的功能性特征：第一种类型的功能性特征涉及本领域技术人员公知的并且可以容易实施以便获得期望结果的方法步骤；第二种类型的功能性特征包括由预期的结果所限定的方法步骤。只要本领域技术人员在不超过他的正常技能和知识的情况下知道他必须做什么以便获得所述结果，这同样也是可允许的。如果在本领域技术人员不知道如何获得所述结果的情况下第一次获得了所述结果，则出现另一种情形。

在 **T 243/91** 中，委员会说，如果功能性特征给技术人员提供了清楚的指示以在没有不当负担的情况下将功能性特征付诸实践，这种功能性特征就是可允许的。在 **T 893/90** 中，委员会认为特征“以刚好足够止血的量和比例存在”是限定技术结果的功能性特征，这种功能性特征还构成要求保护的药物成分将要满足的可测试标准。因为这种测试仅仅涉及例行试验，并且采用的功能性语言是可允许的。引入对成分的具体量和/或比例的引用会限制权利要求并且并不是必要的。在 **T 893/90** 中的情形区别于在 **T 181/96** 中在委员会面前的情形。尽管在前一种情形中测试会在表面看起来显得麻烦，但是并没有超出医疗领域的普通技能，只是涉及例行试验。然而，在涉诉案例中，涉诉案例涉及一种用于两个连接的管段之间的螺纹连接的密封元件的静水压测试的装置，不存在具有一般明确定义的尺寸范围的一般类型的管连接，所述管连接本身因此一般可用于验证所述功能性特征。

在 **T 446/90** 中，在权利要求中由将要实现的结果，即获得颗粒 B 的致密堆积来限定混合步骤，后者的定义是理论的理想化科学模型，这种模型是公知的。技术人员在涉诉专利中给出的进一步信息的基础上可以理解引用这种理论模型，并且在说明书中已经披露了至少一种适合于测试堆积的密度的间接方法。在这些情况下，委员会认为，由将要实现的结果来定义混合条件是清楚的。委员会指出，将示例中描述的混合条件结合在权利要求中会不适当地限制保护范围并且因此不适合。

在案例 **T 720/92** 中，申请被驳回，尤其是因为权利要求被认为不清楚，因为权利要求使用模糊的术语“金属促进的氧化”和“可氧化的有机聚合物”，指明最大透氧被认为是由不能代表技术特征的将要实现的结果进行的定义。委员会不赞同，认为 EPC 1973 第 84 条中的术语“清楚”指的是专利权利要求的语言的实际含义。局限于特征的功能性定义（技术人员根据公知常识毫无困难地能确定）与对现有技术的必要贡献的结构定义的组合权利要求并不违反 EPC 1973 第 84 条。

在 **T 391/91** 中，权利要求 1 使用一般术语阐述了将会按遵循的步骤顺序以便实施发明，即为了生产具有 INA（冰核活性）或增强 INA 的单细胞微生物宿主细胞。权利要求事实上是特定示例的概括。初审部门认为不允许对负责 INA + 表型的表达产物进行编码的 DNA 片段的一般功能性术语的定义。委员会说，因为没有理由怀疑能够概括给定示例的具体教导，所以要求通过将示例的具体特征结合在权利要求中来限制权利要求对上诉人是不公平的。技术人员可以使用能提供发明的相同效果的任何合适的变体。这可能单调而乏味，但是并没有超出本领域的普通技能并且只是涉及例行试验。

在 **T 241/95**（OJ 2001，103）中，瑞士型第二医疗用途权利要求将使用物质 X 进行治疗的疾病或失调限定为“通过选择性占用 5 – 羟色胺受体能改善或防止的条件”。委员会认为，这种功能性限定不清楚，因为不能方便地使用测试来确定治疗效果是否是由于占用 5 – 羟色胺受体的 X 的新发现的性能或者该物质的任何公知或未知的性能。

在 **T 1074/00** 中，委员会认为，考虑到主题的特定属性，对于 EPC 1973 第 84 条来说，术语“在严格条件下能杂交”足够清楚（另见 **T 29/05**）。委员会认定，尽管可以采用不同的实验方案来判断严格条件下的杂交，但是这并不意味着这些实验方案会得到不同的结果，只要考虑到了检测的核苷酸序列。此外，还必须考虑到本权利要求还通过与生物活动有关的进一步功能性特征来限定其主题。

T 151/01 中，涉诉的产品权利要求旨在通过功能性特征（相对于现有技术的实施例）进行限定，即组合物中存在的成分的量必须是“治疗量”。委员会并不怀疑技术人员在大多数情况下完全能确定一定量的给定非类固醇消炎剂是否具有治疗效果。然而，委员会指出，为了确立给定的非类固醇消炎剂的治疗量的下限，换句话讲，为了清楚地确立权利要求的保护范围，需要一种标准测试，因为试验结果强烈依赖于使用的试验方法。由于说明书中不存在这种测试或者技术人员并不知道这种测试，因此委员会得出结论，该权利要求并不满足 EPC 1973 第 84 条的要求。

1.2.3　未指明的特征和相对特性

按照以下方式允许未指明的特征：

（a）当本领域技术人员能够通过反复试验而别无他法来验证结果时，为了避免不当限制权利要求的范围（**T 88/87**）。

（b）为了从实际权利要求能理解特征的含义。

因此，**T 487/89** 中的反对根据以下事实，权利要求用下限而非上限来指明延展性和韧性。异议部认为，如果这种“开放式”参数涉及固有期望特性，那么总能对这种参数提出反对。然而，委员会认为，在任何具体个案中能否接收权利要求中存在上限或下限取决于所有的周围环境。在本案中，当权利要求在给定了权利要求的其他参数的情况下试图包括在指定的最低水平以上能够获得的尽可能高的值时，那么通常不能对这种开放式参数提出反对。这个决定得到了 **T 129/88**（OJ 1993，598）、**T 87/84**、**T 92/84**、**T 136/84**、**T 297/90** 和 **T 1018/05** 的确认，尽管在最后两个案例中，充分披露的问题起到一定作用（另见 **T 989/95**，委员会赞同 **T 487/89**，但是并未实施）。在 **T 586/97** 中，另一方面，委员会认定，任何独立权利要求中缺乏在要求保护的化学组合物中特别有害但是必要的成分的量的任何上限有违在说明书中阐述的发明目的，即降低在要求保护的组合物中不期望的成分的百分比。

因此权利要求太宽泛而超出了说明书中披露的发明的范围。因此，不满足 EPC 1973 第 84 条第二句的要求（见下文 B.4）。

在 **T 227/91**（OJ 1994，491）中，权利要求包括涂层厚度，该涂层厚度由具有两个参数（a）和（t）的公式来限定。参数（a）代表涂层装置的热扩散系数并且因此是仪器固有的特征。参数（t）代表激光的有效脉冲时间并且涉及激光的工作条件，而并不涉及激光或仪器的结构。权利要求中限定的厚度仍然与激光的工作模式有关联，也就是说，与仪器本身不相关的人为因素相关。因此委员会认为权利要求的主题给予的保护程度模糊并且无限。

在 **T 455/92** 中，独立权利要求 2 表述如下："冲压件［……］的覆盖物［……］，其特征在于：

（a）至少对应于将被覆盖的冲压件的壳面周长的长度，

（b）足以覆盖所述壳面以及所述冲压件的两个端面的总体宽度，以及

（c）使［……］宽度［……］对应于所述冲压件的所述壳面的宽度的折痕"。

委员会并不认为这违背 EPC 1973 第 84 条，因为引用的是公知的物理实体；因此只要权利要求排除用于其他物理实体的包装材料，尺寸的范围就是可定义的。此外，对本领域技术人员不言而喻的是，包装材料（覆盖物）的尺寸取决于将被包装的物理实体（权利要求的解释见下文 5）。

在 **T 860/93** 中，委员会裁决如下：当特性在权利要求中被表述为在一给定数值范围内时，用于测量该特性的方法必须是公知常识（从而不需要明确说明）抑或需要确定一种测量该特性的方法（遵循决定 **T 124/85**）。相反，当权利要求指定相对特性时，在本案中，产品应当是"水溶性的"，通常不需要确定用于确定该相对量的任何方法（另见 **T 785/92**）。在 **T 860/95**、**T 649/97**、**T 939/98**、**T 1041/98**、**T 193/01**、**T 545/01** 和 **T 378/02** 中，委员会确认，当技术人员在给定的上下文中能理解相对术语的含义时，可以接受在权利要求中使用这种相对术语。然而，在 **T 728/98** 和 **T 174/02** 中，委员会裁定，涉诉的相对术语不清楚。

在 **T 378/02** 中，权利要求 1 包括术语"光滑的不透表面"。上诉人争辩，表面的定义模糊，因为"光滑的"是相对术语。

权利要求由于术语的含义根据上下文改变的术语特性因而使其不清楚要素太宽泛，不过如果术语的含义在整个披露的上下文中清楚，这些术语就可以被认为清楚并且因此允许在专利中使用这些术语（例如，就"水溶性的"参见 **T 860/93**，OJ 1995，47，例如，就"长时间段"参见 **T 860/95**，就"透明的"参见 **T 649/97**，就"薄板"参见 **T 1041/98**，就"薄膜复合材料"参见 **T 193/01**）。相反，在决定 **T 728/98** 中，术语"基本上纯的"本身并且根据说明书被认为不清楚。委员会认为，在涉诉专利整体的披露的上下文中，术语"光滑的"代表清楚的定义。

2. 简 洁 性

2.1 概　　述

在 **T 79/91** 中，委员会说，权利要求整体不清楚可能是由于不简洁。本案的发明已经在不同范围的至少十项独立权利要求中进行阐述。委员会的观点是，这种陈述使得难以（如果并非不可能）确定请求保护的主题，并且给试图确立独占性范围的技术人员造成不当负担。通过引用这个案例，委员会在 **T 596/97** 中初步认定，由于简洁和清楚的原因，总共七项独立权利要求会是不可取的。然而，关于委员会的具体案例，委员会认定独立权利要求是可接受的。

在 **T 246/91** 中，申请包括 191 项权利要求，在上诉法律程序中减少到 157 项权利要求。委员会裁定，权利要求的数量必须合理，从而考虑到要求保护的发明的本质。尽管没有一成不变的定义可以符合合理的术语，这并不意味着这种要求完全缺乏意义和法律效果。在确定主题时，必须考虑相关公众的权益，因为不允许专利在专利所主张权利的发明的潜在使用者面前矗立法律迷宫或烟幕。专利的权利要求就单个来看以及就总体上看必须清楚和简洁，以便使这些潜在使用者在没有不当负担（更不用说提出诉讼）的情况下能确定他们计划的商业用途是否有可能侵犯该专利。不得不理解剩余的 157 项权利要求，并且不得不就这些权利要求的任意一项是否会妨碍或阻碍商业活动的问题形成合法的并且在商业上有用的观点，这必然给公众造成严峻且完全不当的负担。因此，涉案申请不仅违反 EPC 1973 细则第 29 条（EPC 细则第 43 条）有关清楚的规定，而且违反 EPC 1973 第 84 条有关清楚的规定。

然而，当必须表现出与要求保护的多种方法相对应的多种替代方案的单项主权利要求可能会不清楚时，多项权利要求可能会变得具有 EPC 1973 第 84 条所指的简洁性（**T 350/93**）。

委员会在 **T 433/99** 中强调允许方法和用途重叠的权利要求，并且因此权利要求的范围稍有不同。此外，这种权利要求允许在 EPC 的不同缔约国的权利要求解释方面存在差异，特别是在国家法院的侵权和撤销法律程序期间，在此期间限制修改的机会。

马库什结构是在权利要求中限定一类化学化合物的最简洁方式（**T 1020/98**）。审查部认为，“按照使实质审查的日常工作不必要地困难的方式阐述权利要求”违反 EPC 1973 第 84 条的规定。然而，《公约》中并没有法律依据来要求限制独立权利要求的内容以使实质审查可以更容易且更省力地进行。

有关由于多余权利要求而不简洁，参见例如 **T 988/02**。

2.2 EPC 细则第43（2）条

2.2.1 条　件

正如以上提及的，除了少量编辑上的修改，EPC 1973 细则第29（2）条保持不变，从而成为新的EPC 细则第43（2）条。

在案例 **T 56/01** 中，在上诉阶段中上诉人的每个请求包括同种类别的三个独立权利要求：一项关于宽频通信模块的权利要求以及两项关于信号传输系统的权利要求。因此，委员会不得不讨论是否符合 EPC 1973 细则经修改的第29（2）条。委员会从筹备性文件得出的结论是，尽管在 EPC 细则的开篇便区分了产品和装置，条件（a）同样适用于装置权利要求。不过委员会没有考虑到条件（a）满足这两项关于信号传输系统的权利要求，因为这两项权利要求并没有互相关联。委员会从早前建议行政委员会修改 EPC 1973 细则第29（2）条的提议中的示例推断，相互关联的产品意味着彼此互补的不同物体，或者以某种方式一起工作的物体。然而，在本案中，这两项不同的关于信号输送系统的权利要求本质上涉及同一物体。此外，委员会根据 EPC 1973 细则第29（2）（c）条将"替代的方案"定义为不同或者甚至互相排斥的可能性。然而，涉诉权利要求涉及措辞和细节的水平稍有不同的一个并且相同的解决方案。此外，甚至只有在以下条件下才允许替代的解决方案："不适合用单项权利要求涵盖这些替代选择。"委员会从筹备性文件得出结论，"不适合"意味着"不能或不实际"。目的是，如果能用单项权利要求涵盖替代的解决方案，那么申请人就应当这样做。在涉诉案例中，给定了权利要求的特征的重叠和相似性，委员会认为，完全适合用单项独立权利要求来涵盖信号传输系统的主题，独立权利要求在有必要的情况下可以具有从属权利要求。

在 **T 659/03** 中，委员会必须裁决，EPC 1973 细则第29（2）（c）条中的例外是否涵盖同一类别的两项有争议的独立权利要求。委员会认为，首先，上诉人想用两项独立的方法权利要求来保护两种替代的方法的愿望是有正当理由的。委员会随后确认，特定的问题存在替代的解决方案，因为每项独立权利要求均包括解决所提出的问题需要的所有特征。在 **T 525/03** 中，委员会认定存在替代的解决方案，并且认为用单项独立权利要求涵盖这些替代的解决方案看起来并不合适。相反，在一项独立权利要求中以更加概括的方式重新限定这些权利要求的主题可能导致根据 EPC 1973 第123（2）条的反对。此外这种概括就 EPC 1973 第87 条而言会存在问题。在 **T 895/05** 中，委员会同样认定满足 EPC 1973 细则第29（2）（c）条的要求。

在 **T 671/06** 中，委员会认定，包括以宽泛的功能性术语描述之电源的一个系统的权利要求以及以结构术语描述的一个用于系统之电源的权利要求没有落入 EPC 1973 细则第 29（2）（a）条设想的例外中。从《指南》中提供的示例可以推导出，相互关联的产品一方面是产品，尽管作为独立的产品彼此独立地存在，但是在彼此相互作用时只是实施分布式发明（例如，插头和插座，发送器和接收器）；并且另一方面，是从它们的前体（中间化学产物和最终化学产物，基因—基因结构—宿主—蛋白质—药剂）衍生出的化学产物。相反，一方面在权利要求 8 中要求保护的系统以及另一方面在权利要求 13 和 15 中要求保护的电源（这个系统的一部分的替代物）彼此并不相互作用，因为要求保护的系统在实施发明时是完全独立的。在权利要求 13 和权利要求 15 中使用的句子“根据权利要求 8 所述的系统”的意思是“适合于替代”而不是“适合于与……相互作用”。委员会得出结论，在 EPC 1973 细则第 29（2）条中的术语“相互关联的产品”没有延伸到在实施发明时独立的系统（根据权利要求 8 的系统）以及作为系统的基本替代部分的产品（根据权利要求 13 和 15 所述的电源）。

委员会没有遵循 **T 133/02**，委员会在该案件中认为，系统权利要求以及涉及系统的部件的装置权利要求针对相互关联的产品，类似于插头以及将插头与适应的插座组合起来的连接系统。委员会在 **T 671/06** 中辩论道，针对包括插头的连接系统的权利要求从属于插头的权利要求，因为前者必然包括插头的所有特征（EPC 1973 细则第 29（4）条）。然而，EPC 1973 第 29（2）条并非旨在允许或禁止 EPC 1973 细则第 29（4）条允许的权利要求。这些子规定的申请范围应当保持分开。

同样地在 **T 1232/07** 中，讨论 EPC 1973 细则第 29（2）条主张的例外的同一委员会强调，例外（a）只是提到相互关联的产品并且并没有提到独立权利要求的主题之间的某种相互关系。这种产品一方面是物体，尽管作为独立的产品彼此独立地存在，但是在彼此相互作用时只是实施分布式发明（例如锁和钥匙）；并且另一方面，是从它们的前体衍生出的化学化合物。此外，委员会认定，根据例外（b）不允许争议的权利要求，因为要点（b）提到产品或装置的不同用途，并且没有提到上诉的申请人争辩的概念的不同用途。

2.2.2 举证责任

在 **T 56/01** 中，委员会强调，当根据 EPC 1973 细则第 29（2）条（EPC 第 43（2）条）提出反对时，举证责任转移到申请人，即轮到申请人令人信服地争辩为什么可以维持额外的独立权利要求。

2.2.3 异议法律程序中的适用性

在**T 263/05**（OJ 2008，329）中，委员会考虑了以下问题：凭借引用EPC 1973细则第61a条EPC 1973细则第29（2）条是否适用于异议法律程序，异议部认为适用。

为了回答这个问题，委员会回顾了决定**G 1/91**（OJ 1992，253），该决定考虑了EPC 1973细则第61a条在单一性要求的背景下的效果。上诉扩大委员会认为，引用第2章仅仅是一般引用，并且EPC 1973细则第61a条只能被认为引用了“对于涉及修改的专利的新文件来说仍然合理的那些要求”。异议法律程序的目的是使一方能对不当的保护权利提出异议。委员会得出结论，如果要求已修改的权利要求符合这条规定是不合理的，EPC 1973细则第29（2）条并不适用于异议法律程序以禁止对授权的专利进行修改。

EPC 1973细则第29（2）条只是关注于感觉到的限制独立权利要求数量的程序和实际需要，设计目的是帮助确保能以程序经济性的方式反驳违反EPC 1973第82条和第84条的申请。修改形式的该规则不能全面地应用于委员会在异议法律程序中的所有修改。否则不能允许引入不具备单一性的权利要求的修改，这在异议法律程序中明显适合，鉴于所有人不能再提交分案申请（**G 1/91**）。此外，在EPC 1973细则第29（2）条否则会迫使所有人放弃授权的权利要求中已经包括的可能有效的主题的情况下，要求修改的权利要求符合这条规则会不合理。涉诉案例是这种情况的一个示例。

委员会得出结论，无法设想EPC细则第29（2）条适用于异议法律程序的任何情况。一旦考虑到异议的理由而确定对权利要求的修改是必要的且适当的，强加以下额外要求就会是不合理的：修改符合EPC 1973细则第29（2）条的纯粹管理规定。

3. 权利要求的形式

EPC细则第43（1）条（类似于EPC 1973细则第29（1）条）规定，权利要求在适当的情况下必须包括：指明发明主题的名称和限定要求保护的主题所需的但组合起来构成现有技术的一部分的那些技术特征的叙述（前序部分）以及叙述与第一部分中所述的特征相结合以期望得到保护的技术特征的特征部分。

3.1 一部分或两部分形式的权利要求

在决定**T 13/84**（OJ 1986，253）中，委员会裁决，如果存在清楚限定的现有技术，并且要求保护的主题通过进一步的技术特征使本身区别于现有技术，那么两部分形式的权利要求必须认为是适当的（在 **T 181/95** 中同样如此）。**T 162/82**（OJ 1987，533）确认了该决定，委员会追述道，在说明书中引用现有技术的程度不能成为确定一部分还是两部分形式的权利要求在给定案例中合适时的决定性因素。

T 170/84（OJ 1986，400）指出，当两部分形式的权利要求会导致复杂阐述时，两部分形式的权利要求就不再合适。在一部分形式的权利要求中，从说明书必须充分清楚属于现有技术的限定所需的特征。在 **T 269/84**、**T 120/86**、**T 137/86** 和 **T 278/86** 中尤其支持这个原则。后两个决定规定，如果两部分形式的权利要求给出现有技术的不当描述，那么两部分形式的权利要求就不合理（在 **T 181/95** 中同样如此）。在 **T 735/89** 中，委员会没有接受一部分形式的权利要求，因为该权利要求给出的印象是，没有更接近的现有技术。

在 **T 99/85**（OJ 1987，413）中，委员会认为，在异议法律程序中正式地讲没有理由仅仅因为两部分形式的权利要求的前序部分的一个特征并不属于现有技术而坚持对权利要求的措辞进行修改。此外，委员会将 EPC 1973 细则第 29（1）条视为不构成异议理由的实施细则（在 **T 168/85**、**T 4/87**、**T 429/88** 和 **T 65/89** 中持类似观点）。

在 **T 350/93** 中，专利申请披露了用于电活性材料以及包含这种材料的复合材料的生产方法。该专利申请包括一部分形式的主权利要求 1 ~ 4 和主权利要求 6 ~ 8。委员会评述道，一部分形式的权利要求是合理的，因为某些方法步骤中的细节使要求保护的方法区别于从现有技术已知的方法，并且难以按照简单且毫无疑义的形式指出所得的独特特征。

在 **T 121/06** 中，根据 EPC 1973 细则第 51（4）条的通信所附的新文件作为最接近的现有技术被引入。因此，审查部基于新文件起草两部分形式的独立权利要求。在上诉中，委员会认定，从新的文件无法知晓权利要求 1 中的特征的组合。委员会继续评述道，试图将权利要求的特征（i）~（iii）分成它们的基本构建块，仅仅为了指明哪些刚好是从新的文件碰巧知晓的，而不考虑它们的相互关联，这有损权利要求的逻辑。因此，两部分形式的权利要求被认定为不合适（EPC 1973 细则第 29（1）条）。

有关两部分形式的权利要求被视为不合适的进一步实例，尤其参见 **T 345/89**、**T 378/92**、**T 723/93** 和 **T 181/95**。

3.2　与两部分形式权利要求有关的具体问题

必须根据客观事实来确定哪些特征是公知的并且因此在前序部分中包括这些特征（**T 6/81**，OJ 1982，183）。

在**T 13/84**（OJ 1986，253）中，委员会认为，以下不能被视为一般规则：用作权利要求的前序部分的现有技术的内容应当涉及与发明所涉及的问题相同的问题（在**T 287/02**中同样如此）。一般来讲，构成最接近发明的现有技术的装置或方法必须出现在权利要求的前序部分中，叙述的特征对限定要求保护的主题必要，并且这些特征相结合已构成该现有技术的一部分（另见**T 897/90**）。EPC 1973 细则第 29 条（在 EPC 1973 细则第 43 条中同样如此）没有提及以下必要或希望：权利要求的特征部分应当公正地阐述创造性。正是权利要求主题作为一个整体体现该发明和包含于其中的创造性（参见**T 886/91**和**T 157/93**）。

同样，在**T 850/90 中**确认创造性的审查还应当考虑前序部分中的特征，因为发明由权利要求整体来限定。同样，在**T 980/95 中**认为 EPC 1973 细则第 29（1）（a）条中没有明确要求两部分形式的权利要求应当根据“最接近的”现有技术来阐述，因为细则没有提及权利要求的特征部分阐述创造性的必要性或希望。因此，在随后的法律程序中证明特定的现有技术不是用于判断创造性的“最接近的”现有技术的纯粹事实本身并没有基于违反 EPC 1973 细则第 29（1）（a）条的该技术得到两部分形式。

在决定**T 688/91**中（以上在 1.1.4 讨论了指明所有的必要特征），委员会认为，不正确地区分前序部分和特征部分会违反 EPC 1973 细则第 29 条和 EPC 第 84 条（在**T 181/95**中同样如此）。

4. 权利要求得到说明书的支持

4.1 一般原则

EPC 第 84 条规定，权利要求必须得到说明书的支持。这个要求意味着权利要求的主题必须取自说明书并且不允许要求保护未被描述的主题。

在决定**T 133/85**（OJ 1988，441）中，委员会认为，根据 EPC 1973 第 84 条，没有包括申请中描述的特征作为发明的必要特征（按照说明书的正确解释）并且因此与说明书不一致的权利要求没有得到说明书的支持。委员会采用这个原则作为他们既定判例的一部分，参见例如**T 409/91**（OJ 1994，653）、**T 939/92**（参见下文）、**T 322/93**、**T 556/93**、**T 583/93**、**T 659/93**、**T 482/95**、**T 616/95**、**T 687/98**、**T 1076/00**和**T 637/03**。然而，要指明所有的必要特征的要求在一定程度上是从 EPC 第 84 条的不同规定推断得来的（另见上文 1.1.3）。

许多委员会进一步强调，权利要求要得到说明书的支持的要求是旨在确保由专利的权利要求限定的保护范围与披露的发明对现有技术的技术贡献相对应（另见 **T 409/91**，OJ 1994，653；**T 435/91**，OJ 1995，188；**T 1055/92**，OJ 1995，214；**T 659/93**，**T 825/94**，**T 586/97**，**T 94/05**，**T 1217/05**）。因此，权利要求必须按照技术人员能在要求保护的整个范围内实施发明的方式反映对现有技术的实际贡献（**T 659/93**、**T 94/05**）。按照委员会的观点，说明书的单纯形式支持，即逐字重复提及要求保护的特征不能满足这些要求（**T 94/05**，另见 **T 127/02** 和 **T 1048/05**）。然而，根据不同的观点，阅读预备材料中发现的多种草案的论述，就会发现支持权利要求的要求更多地被视为形式问题以确保说明书和权利要求具有相同的范围（**T 1020/03**，OJ 2007，204）。在相关案例中，委员会得出结论，EPC 1973 第 84 条不能用于迫使申请人缩减被认为比说明书中披露的任何用途太宽泛的第一或第二医疗用途的权利要求的范围。其他决定反而考虑了这两个方面（参见例如 **T 297/05**）

根据委员会在 **T 317/99** 中的观点，权利要求的一部分与说明书中举出的示例不一致的事实并不总是足以证明根据 EPC 1973 第 84 条的反对。如果权利要求是可以理解的并且合逻辑的，那么说明书支持权利要求的所有要素就足够了。（关于仍然满足 EPC 1973 第 84 条要求的同时，说明书中的技术信息和举出的示例可以进行概括的程度，见下文 4.3）

4.2 权利要求指出所有必要特征的要求

同样在 **T 156/91** 中，指称的权利要求中缺乏必要特征不能被视为 EPC 1973 第 83 条和第 100（b）条所指的发明的可再现性问题，其整体披露总是判断标准，相反，涉及根据 EPC 1973 第 84 条的反对。

在决定 **T 435/89** 中，装置权利要求中缺少据称必要的方法特征。委员会认为，装置权利要求本身并不需要包括有关操作设备的最有效方式的信息，即方法特征。应当严格分开设备以及使用该设备的方法。

在 **T 888/90**（OJ 1994，162）中，上诉人在他们的权利要求 1 中删除了被认为技术问题的解决方案所必需的特征。委员会强调，在组合中省略特征将意味着权利要求仅仅涉及发明的子组合。如果在提交的专利申请中如此明确地陈述，除用于提供富有创造性的完整组合的中间构建块的功能之外不具有其他功能的这种子组合在原则上也是可授予专利权的。这种子组合类似于化学合成中的中间化合物。然而，按照委员会的观点，不能假定组件从一开始就直接且毫不含糊地暗指着它们自己的子组合。因此，在这方面（包括特定用途）没有明确披露的情况下，这些权利要求的支持并不充分。

在 **T 1055/92** 中，委员会说，权利要求的主要功能是阐述发明请求保护的范围，这暗示权利要求并非总是需要详细地确定技术特征或步骤。权利要求的主要功能应当清楚地区别于以下要求：欧洲专利申请必须按照使本领域技术人员能实施同一个发明的方式来披露发明。委员会认为，如果专利申请整体上按照使本领域技术人员能实施发明的详细程度描述发明的必要特征，那么专利申请就披露充分。然而，这个要求涉及 EPC 1973 第 83 条并且与 EPC 1973 第 84 条无关。按照 EPC 1973 第 83 条，欧洲专利申请要求充分披露，但是单独的权利要求本身并没有这种要求。权利要求必须包括发明的必要特征；必要特征应当特别地包括使发明区别于最接近的现有技术的这些特征（另见 **T 61/94**）。

在 **T 586/97** 中，委员会认定，任何独立权利要求中缺乏在要求保护的化学成分中特别有害但是必要的成分的量的任何上限有违在说明书中阐述的发明目的，即降低在要求保护的成分中不希望的要素的百分比。该权利要求因此太宽泛，而超出了在说明书中披露的发明的范围。

4.3　对说明书中的技术信息和举出的示例进行概括的限制

说明书中的技术信息和举出的示例可以在权利要求的阐述中进行概括的程度的问题通常在 EPC 第 83 条的要求的背景下进行审查（特别参见第 2 章 A. 3，“披露的清楚性和完整性”）。不过有的时候也在说明书支持的要求的背景下进行考虑。有关 EPC 第 83 条和第 84 条之间的关系，另见第 2 章 A. 6。

在 **T 484/92** 中，委员会得出结论，与 **T 409/91** 相反，满足了得到说明书的支持的要求，并且上诉人有权以宽泛的功能性术语，即就希望的最终效果而言要求保护指称的发明，因为在已经披露了实现这个目标的一种机制的情况下，存在供本领域技术人员支配的实施发明的替代方案，本领域技术人员根据他的公知常识在阅读说明书之后会明白这些替代方案。

在 **T 659/93** 中，委员会认为，权利要求应当得到说明书的支持的要求意味着权利要求不仅应当包括说明书中叙述的所有必要的特征，而且还应当通过使技术人员能在权利要求应用的整个领域中实施他们的教导来反映申请人的有效贡献（在 **T 332/94** 中同样如此，参见 **T 409/91**，OJ 1994，653）。

在 **T 939/92**（OJ 1996，309）中，审查部提出以下反对：有争议的权利要求是对说明书中包括的示例的不合理的概括。然而，委员会认为，根据 EPC 1973 第 84 条并不能得出以下结论：仅仅因为权利要求“不合理地宽泛”则权利要求可被反对。表述“得到说明书的支持”意味着在说明书中作为所述发明的必要特征进行叙述的技术特征必须与在权利要求中限定发明所使用的技术特征相同，否则权利要求就不是真正的限定，而只是纯粹描述。如果权利要求本身涉及一组化学化合物，不能仅仅因为说明书没有包括用来确信通过要求保护的所有化合物获得指称的技术效果（然而，这不是限定要求保护的化合物的一部分）充足信息，而被不适当地提出缺乏说明书支持的反对。本案的事实不同于以下 **T 409/91** 的事实。

在 **T 568/97** 中，涉诉专利的权利要求限定了通过在经尿道给药的药物组合物中使用足够高浓度的血管活性肠肽和/或前列腺素作为活性剂所获得的生理作用。专利中既没有披露血管活性肠肽和/或前列腺素的量的单值，也没有披露血管活性肠肽和/或前列腺素的量的范围。此外，纯粹根据公知常识在没有不当负担的情况下不能找到要求保护的生理有效剂量。委员会认为，就实现生理有效剂量所需的血管活性肠肽和/或前列腺素的量而言，专利的说明书缺乏 EPC 1973 第 84 条所指的支持。功能性特征不仅必须使技术人员能理解这个功能性特征，而且还必须使技术人员能实施这个功能性特征。

在 **T 627/04** 中，委员会允许宽泛的权利要求，因为该权利要求与有争议的专利的披露对现有技术的实际贡献相对应。

在 **T 94/05** 中，委员会指出，权利要求得到说明书的支持的要求旨在确保专利权利要求所限定的保护范围与披露的范围对现有技术的技术贡献相对应（另见 **T 409/91** 和 **T 435/91**）。因此，权利要求必须按照技术人员能在要求保护的整个范围内实施发明的方式来反映对现有技术的实际贡献（**T 659/93**）。按照委员会的观点，说明书的单纯形式上的支持，即逐字重复提及的要求保护的特征不能满足这些要求。为了得到允许，功能性特征必须披露技术人员能在没有不当负担的情况下实施的清楚的教导（参见 **T 68/85**，OJ 1987，228）。由此得出，技术人员至少在阅读专利说明书、考虑他的公知常识并且还可能在进行正常实验之后必须实际上具有至少多个不同的实施例变体。以上提及的功能性限定的特征从专利说明书的可再现性仅限于所述的单个实施例。委员会得出结论，权利要求 1 中的功能性限定并没有充分反映专利说明书中描述的技术贡献。

4.4 使说明书与修改的权利要求一致

在 **T 977/94** 中，委员会裁决，如果专利权人修改他的权利要求，那么他还必须使说明书与权利要求一致，因为这一点非常重要性。发明仅在权利要求得到说明书的支持的限度内可要求保护（EPC 1973 第 84 条第二句），并且权利要求是根据说明书进行解释的（EPC 1973 第 69 条）。所以必须检查在说明书中同样也描述了要求保护的发明的必要要素（参见 **T 300/04**）。

在 **T 295/02** 中，委员会认定，如果修改导致不一致，如果说明书的文本明显不是申请人意在形成任何决定的同意基础，尤其是涉及与修改的权利要求的一致性的决定，并且如果上诉人准备修改说明书以符合一组明确允许的权利要求，那么权利要求与临时说明书之间的不一致不能成为反驳申请的正当理由。

在 **T 1808/06** 中，委员回顾说，为了满足 EPC 1973 第84条的要求，权利要求必须得到说明书的支持，通常应当删除说明书和/或附图中与修改的主题不一致的任何披露。必须删除修改的权利要求不再涵盖的引用实施例，除非合理地认为这些实施例可以用于强调修改的主题的具体方面。在这种情况下，必须突出阐述权利要求不涵盖实施例的事实。

委员会认为，如同在涉诉决定中的做法，对于不太严格的说明书改写而言，以 EPC 第69（1）条为依据并不是适当的理由。引用 EPC 第69（1）条令人误解，因为其可被理解为暗示着在审查阶段或异议阶段可直接适用该法条的内容。这明显并非如此，因为 EPC 第69（1）条涉及保护范围。只有在不能由于程序原因而删除不一致的内容（例如，无法修改授权版本）的情况下，才可以援引 EPC 第69（1）条来解释要求保护的主题（纯粹作为辅助性解释）。

5. 权利要求的解释

5.1 一般原则

技术人员在考虑权利要求时应当排除不合逻辑或没有技术意义的解释。技术人员应当以综合倾向性（建立而非推翻）尝试达到**在技术上有意义的**并且考虑专利的整体披露的权利要求的解释。必须以渴求理解的心态而不是期望误解的心态来解释专利（**T 190/99**；尤其在 **T 437/98**、**T 1084/00**、**T 920/00**、**T 552/00**、**T 500/01**、**T 1023/02**、**T 749/03**、**T 859/03**、**T 1241/03**、**T 1418/04**、**T 906/05**、**T 405/06**、**T 1537/05**、**T 1204/06**、**T 1771/06** 中被确认）。

然而，在 **T 1408/04** 中，委员会强调，这只能理解成应当排除技术上不合理的解释。渴求理解的心态并不要求对宽泛的术语进行较狭义的解释（如同在涉诉案例中，即使较狭义的解释指的是在有关技术领域中非常普通但不是独有的结构）。

在 **T 1771/06** 中，委员会认为，使用闭式语言特别指代基因结构的特征部分（反义方向的 GBSS 基因节段）并且以合法的概括尝试使系统（“包括编码用于……的片段，所述片段由选自……序列号……的核苷酸序列组成”）运作所需的其他结构要素开放的权利要求不是不寻常的权利要求并且没有任何问题。委员会并不接受上诉人的争辩，上诉人认为权利要求的范围延伸到包括除 GBSS 基因段之外的任何 DNA 的基因结构。技术人员当然会考虑到制作基因结构的目的是将 GBSS DNA 片段引入马铃薯细胞中入并且将其整合成基因组。因此，会认为基因组包括实施这些步骤所需的所有 DNA 要素。

在 **T409/97** 中，委员会认为，当说明书介绍中的错误陈述与说明书的实际内容矛盾时，这些陈述对理解权利要求并且确立请求保护的主题并没有帮助。

在技术上并不互相依赖的两种方法不能形成单个多步骤方法（如“技术整体”），即使它们在权利要求中在语言上关联在一起（**T 380/01**）。

5.2　术语的含义

在 **T 759/91** 和 **T 522/91** 中，权利要求包括“大体上包括……”的表述。委员会的观点是，该术语缺乏清楚、明确的边界并且需要解释该术语的范围。虽然在日常用语中，词语“包括”可以具有“包括”或“包含”和“由……组成”的意思，但是在起草专利权利要求过程中，法律确定性通常要求将权利要求理解成更宽泛的意思“包括”或“包含”（例如，参见 **T 457/02**）。词语“大体上”在“在很大程度上只包括指明的”的意义上对词语“包括”施加限制。因此术语“大体上包括”的边界被延伸到指明的主题的必要特征中止时。术语“大体上包括”的范围因此被理解为与“本质上包括”的术语相同。然而，鉴于词语“由……组成”与“包括”相比的明确性，倾向于给出“本质上由……组成”的表述。

在决定 **T 711/90** 中，委员会在判例法中确认以下假设，在权利要求中用术语“由……组成”替代“包括”会导致权利要求清楚性的问题。如同在涉案权利要求中，当玻璃由表示成（i）、（ii）和（iii）的成分组成时，排除了存在任何额外的成分，并且因此对于每种要求保护的组合物，表示成百分比的成分（i）、（ii）和（iii）的比例应当加起来等于 100 摩尔百分比。

在 **T 1599/06** 中，委员会同样不得不解释术语“包括”。委员会强调，必须从在专利申请的上下文中并且以技术人员的公知常识为背景阅读权利要求的技术人员的立场来确定专利的权利要求中的术语的含义。权利要求针对一种疫苗接种剂，所述疫苗接种剂包括至少一种结核分枝杆菌的特异性纯化并分离的蛋白质。审查部宽泛地解释术语“包括”并且认为要求保护的主题相对于部分纯化的蛋白质分段缺乏新颖性，按照审查部的观点，这种部分纯化的蛋白质分段尤其包括指定的蛋白质。然而，按照委员会的观点，技术人员会从专利申请整体中获得根据发明的疫苗接种剂的具体特性从分离并纯化的结核分枝杆菌蛋白质生成的信息。因此，技术人员会考虑到权利要求 1 的定义涵盖疫苗接种剂，这种疫苗接种剂首先是由权利要求中提及的分离并纯化的蛋白质构成的，并且其次包括这些蛋白质作为它们的主要成分。

在**T 1023/02**中，委员会表达了如下观点：使用“包括”语言的权利要求应当一般不被理解成涵盖以下主题，这种主题包括其本质会明显抵消权利要求中阐述的步骤所指明的技术目的的进一步步骤。

在**T 1045/92**中，权利要求涉及一种包括［……］的双液型固化性组合物。按照委员会的观点，“双液型固化性组合物”是聚合物领域的技术人员熟悉的商贸产品，如同广大公众熟悉的日用产品一样。权利要求因此清楚。

在**T 405/00**中，委员会认为，根据化学领域的专利权利要求常用的语言，措辞“包括过酸盐的化合物”排他地限定了强制存在属于这种过酸盐的至少一种具体化学化合物。

5.3 使用说明书和附图来解释权利要求

5.3.1 一般原则

EPC第84条规定了权利要求的主题，并且EPC第69条规定了权利要求的功能。根据EPC（1973和2000）第84条，权利要求限定请求保护的发明。根据EPC（1973和2000）第69条，权利要求通过它们对发明的限定来确定专利给予的保护范围。根据EPC（同样在两种版本中）第69条，说明书和附图用于解释权利要求。出现了以下问题，即能否按照EPC第69条的规定根据说明书和附图来解释权利要求以便仅仅确定保护范围，或者还能否按照EPC第69条的规定根据说明书和附图来解释权利要求以便确立是否已经满足可专利性条件和清楚性的条件。

在许多决定中，例如**T 23/86**（OJ 1987，316）、**T 16/87**（OJ 1992，212）、**T 89/89**、**T 121/89**、**T 476/89**、**T 544/89**、**T 565/89**、**T 952/90**、**T 439/92**、**T 458/96**、**T 717/98**、**T 500/01**、**T 1321/04**和**T 1433/05**，上诉委员会主张并适用凭借使用说明书和附图来解释权利要求并识别其主题的原则，特别是为了判断权利要求是否具有新颖性且并非显而易见。同样地，在大量决定（例如，**T 327/87**，**T 238/88**，OJ 1992，709；**T 416/88**，**T 194/89**，**T 264/89**，**T 430/89**，**T 472/89**，**T 456/91**，**T 606/91**，**T 860/93**，**T 287/97**，**T 250/00**，**T 505/04**）中，上诉委员会根据说明书和附图来解释权利要求，以便确立权利要求是否满足在EPC 1973第84条所指的清楚性和简洁性。

然而，偶尔强调对根据说明书和附图解释进行限制（细节参见5.3.5和5.3.6）。权利要求与说明书之间的矛盾不是忽略权利要求的清楚语言结构并且对权利要求作出不同的解释（**T 431/03**），或者赋予权利要求特征不同的含义的正当理由，而该权利要求特征本身给技术人员传授了清楚可信的技术教导（**T 1018/02**，另见**T 1395/07**）。不过，在**T 1023/02**中，对与说明书中使用的术语矛盾的“不幸的”权利要求语言（“转录”，而不是“转换”）作出了不同的解释。

5.3.2　EPC 第 69 条的关联

若干决定引用 EPC 1973 第 69（1）条（**T 23/86**，OJ 1987，316；**T 16/87**，OJ 1992，212；**T 476/89**，**T 544/89**，**T 565/89**，**T 952/90**，**T 717/98**）。其他判例法强调，EPC 1973 第 69 条（EPC 第 69（1）条）及其协定书主要供处理侵权案例的司法机关使用（例如，参见 **T 1208/97**、**T 223/05**；另见 **T 1404/05**）。委员会在 **T 556/02** 中阐明，委员会仅仅使用了在整个 EPC 中适用的一般法律原则：文件必须作为整体来解释（例如，参见 **T 23/86**，OJ 1987，316；**T 860/93**，OJ 1995，47）。ECP1973 第 69 条是这个一般原则的具体应用。

在案例 **T 1279/04** 中，委员会并不承认上诉人/所有人的以下观点：为了在异议法律程序中判断新颖性的目的，应当根据 EPC 1973 第 69（1）条及其协定书来解释权利要求。EPC 1973 第 69（1）条及其解释涉及专利或专利申请所给予的保护范围，这是在侵权法律程序中主要关心的内容。在权利要求的措辞一成不变的情况下，该法条及其解释用于在实际被控侵权人的情况下尤其通过引用说明书和附图来确定公正的保护。相比之下，在审查法律程序和异议法律程序中，未来法律确定性的价值是最重要的。就这一点而言，权利要求的功能是限定请求保护的主题（EPC 1973 第 84 条第一句，这同样适用于异议）。鉴于在这个法律程序阶段中，权利要求可以并且应当进行修改以确保法律上确定的可专利性，特别是相对于任何公知的现有技术的新颖性和创造性，不存在严格定义方法之外的情况。在审查法律程序和异议法律程序的所有方面存在的真实的解释困难的答案应当是修改而不是旷日持久的争辩，得到承认的是异议理由应引起对已授权专利的修改。

同样地在 **T 1808/06** 中，委员会强调，当必须按照 PEC 第 84 条的要求进行修改时，只有在不能由于程序原因而删除不一致的内容（例如，无法修改授权版本）的情况下——纯粹作为辅助性解释——才可以援引 EPC 第 69（1）条来解释要求保护的主题。

5.3.3　解释模糊术语或确认权利要求的文本

使用说明书和附图来解释权利要求的许多决定涉及解释相对的、模糊的或不清楚的术语，或者引用说明书仅仅用来确认权利要求的文本的最明显的解释（例如，**T 23/86**，OJ 1987，316；**T 16/87**，OJ 1992，212；**T 327/87**，**T 121/89**，**T 476/89**，**T 565/89**，**T 952/90**，**T 439/92**，**T 458/96**，**T 717/98**，**T 556/02**）。

在决定 **T 50/90** 中，委员会指出，当必须确定保护范围时，说明书和附图用于确定权利要求中包括的相对术语。

当权利要求和说明书的技术内容清楚地明确了如何实施发明时，不能将这些特征单纯地解释成限定了预定用途而在判断可专利性时忽视这些特征（**T 458/96**）。

在几个决定中，委员会指出，专利文件中使用的术语应当被赋予相关领域中的普通含义，除非说明书赋予它们特殊含义。专利文件可以成为自己的字典（例如，参见 **T 311/93** 和 **T 1321/04**）。同样地在 **T 500/01** 中，委员会认为，作为法律文件的专利可以成为自己的字典。如果意在使用现有技术中用于限定特定主题的公知的词语来限定不同的主题，说明书通过明确定义可以赋予这个词语特殊的首要含义。因此，如果在措辞上与最初提交的权利要求本质上相同的权利要求包括在说明书中以不允许的方式进行修改定义的特征，那么该权利要求会违反 EPC 第 123（2）条的要求。

在 **T 1023/02** 中，发明基于以下认识，在被感染细胞中表达的特异性蛋白的基因（ICP34.5）确定单纯疱疹病毒摧毁中枢神经系统组织的能力。应诉人争辩道，后公开的文件披露了存在与 ICP34.5 基因一致但反义的 ORF－P 基因。因此，考虑到术语“仅仅”，权利要求必须被理解成要求第一方法步骤不干涉这种 ORF－P 基因的表达。然而，委员会指出，从说明书明显看出，专利权人并没有设想存在这种基因。技术人员因此根据说明书不会按照应诉人主张的方式解释权利要求 1 的主题。因此，更多技术细节和/或并发症的后公开的知识会证实这种解释。

5.3.4 将附加特征和限制读入权利要求

在 **T 416/87**（OJ 1990，415）中，委员会遇到以下情况，权利要求中不包括某个特征，说明书对该特征进行合理解释时指明该特征是发明的首要要求。委员会认为，按照 EPC 1973 第 69（1）条及其协定书，权利要求可以被解释成要求这个特征作为必要特征，即使在单独阅读时权利要求的措辞没有特别要求这种特征（在 **T 717/98** 的判决附带意见中得到确认）。

在 **T 121/89** 中，另一方面，委员会没有使用说明书来解释模糊的术语（“宽松的引火药”），但是同时强调，只能阐述权利要求中叙述的或可推断的特征以使发明区别于现有技术。说明书中叙述的示例并不限制权利要求的范围，除非在权利要求中明确提到这些示例（另见 **T 544/89**）。

在 **T 1208/97** 中，产品权利要求的术语包括某些公知的分子。第一上诉人争辩道，不适用新颖性反对，因为专利说明书陈述了不涵盖这些分子的清楚意图。委员会不赞同这种观点。为了判断新颖性的目的，EPC 1973 第 69 条没有提供将说明书中可以找到的特征读入权利要求的依据。由于该法条及其协定书涉及保护范围，所以它们主要供处理侵权案件的司法机关使用。根据委员会的观点，必须确立权利要求 1 的措辞（独立于从说明书能推断的任何指称的意图）是否允许清楚地区别要求保护的分子和公知的分子。

在 **T 932/99** 中，权利要求 1 本身针对一种产品。该权利要求同样只限定膜的结构，独立于在气体分离装置中的安装膜。委员会指出，为此，在权利要求中指明“能从含氧气体混合物中分离氧气”纯粹用于限定权利要求保护的膜的性能的目的，而没有对要求保护的结构的任何实际使用赋予任何限制。应诉人争辩道，如果根据说明书解释权利要求 1，那么这些限制显而易见。然而，委员会认为，必须区分以下两方面：一方面，可能需要考虑在解释权利要求的术语的说明书中给出的任何明确定义；另一方面，试图使用 EPC 1973 第 69 条作为将从说明书推导的限制读入权利要求以便避免根据缺乏新颖性或创造性而提出反对的依据。借此将仅在说明书中提及的特征被读入权利要求 1 中作为必要限制的后一种解释方法与《公约》不相符（**T 1208/97**，另见 **T 945/99**，**T 2049/07**）。

在 **T 1018/02** 中，委员会强调，尽管一定不能按照不合逻辑或没有意义的方式解释权利要求，但是说明书不能用于给本身向技术人员传递清楚可信的技术教导的权利要求特征赋予不同的含义。当没有按照权利要求中出现的形式来最初披露特征时，这同样适用（另见 **T 373/01** 和 **T 396/01**）。

在 **T 223/05** 中，针对某一种化合物的权利要求 18 在不存在 Y 时没有说明 X 值。异议部认为，技术人员会参照说明书的内容并且会推导出所有要求保护的化合物都具有迈克尔受体的侧链。因此，技术人员通过参照说明书的内容会修正权利要求 18 中缺少的信息，并且会得出以下结论，在缺乏 Y 时，X 必须是迈克尔受体的侧链。为此，所述权利要求的主题与文件（3）相比具有新颖性。

然而，委员会强调，EPC 1973 第 69 条及其协定书没有对排除权利要求的术语在字面上涵盖的内容提供依据。将其应用于涉诉案例，委员会认为，将仅在说明书中出现的 X 的特定含义读入权利要求 18 中，然后依据这个特征来提供与现有技术的区别，这与合理的权利要求解释不一致（参见 **T 881/01**）。在 **T 681/01** 中，委员会同样强调，不能依赖于 EPC 1973 第 69 条及其协定书将权利要求的明确措辞未暗示的隐含的限制性特征读入权利要求中。关于这个问题，另见 **T 1105/04**。

5.3.5　审查中涉及根据 EPC 第 84 条清楚性要求的使用

已经提到，在大量决定（例如，**T 327/87**，**T 238/88**，OJ 1992，709；**T 416/88**，**T 194/89**，**T 264/89**，**T 430/89**，**T 472/89**，**T 456/91**，**T 606/91**，**T 860/93**，**T 287/97**，**T 250/00**，**T 505/04**）中，委员会根据说明书和附图来

解释权利要求，以便确立权利要求是否清楚并简洁。

在**T 238/88**（OJ 1992，709）中，委员会说，这些特征实际上并非本领域常用术语的事实不排除清楚性和简洁性，因为根据EPC 1973第69条，说明书应当用于解释权利要求。

在**T 456/91**中，委员会的观点是，如果权利要求中包括的术语的含义本身或者根据说明书对本领域技术人员毫无疑义时，该术语的纯粹范围不会降低权利要求的清楚性。在这种情况下，极大量的化合物可以用于实施发明。当根据说明书阅读时，从权利要求清楚哪种缩氨酸适合于本发明。

同样地，在**T 860/93**（OJ 1995，47）中，委员会假设说明书可以用于确定权利要求是否清楚。按照这种做法，从缔约国承认的一般法律原则获得提示，由此“最合适理想的解释来自对上下文的理解”。委员会接受**T 454/89**（见下文）中的推理，即只有在权利要求自我矛盾的情况下，而不是在一般情况下，说明书才能用于确定给予的保护范围并且不能用于确定清楚性（另见**T 884/93**和**T 287/97**）。在**T 523/00**、**T 1151/02**和**T 61/03**中，委员会说，专利可以成为自己的字典。

然而，多个决定指出，在涉及清楚性要求的审查过程中限制说明书和附图的使用。

T 2/80（OJ 1981，431）指出，如果权利要求并非本身不存在矛盾，则该权利要求不符合EPC 1973第84条主张的清楚性要求。必须能够在不引用说明书的情况下理解权利要求（另见**T 412/03**）。

在决定**T 454/89**中，委员会赞同这个观点并且解释道，EPC 1973第84条要求当使用普通技能阅读时，权利要求本身必须清楚，这些普通技能包括现有技术的知识但是不包括从专利申请或修改的专利中包含的说明书推导出的任何知识。尽管EPC 1973第69条确实允许使用说明书来解释权利要求，但是每当（特别是对于第三方）必须确定保护范围时，只是涉及作为申请或专利的一种效果所授予的保护范围。并不像EPC 1973第84条那样涉及权利要求对请求保护的主题的限定。因此，在异议的审查过程中，申请人或专利权人不能依据EPC 1973第69条作为替代法条来进行弥补缺乏清楚所需的修改。委员会在**T 760/90**中持相同观点。

在**T 1129/97**（OJ 2001，273）中，委员会认为，不清楚的术语（“低烷基”）的精确含义在说明书中明确披露但是在权利要求中没有明确披露的单纯事实并不意味着权利要求满足清楚性要求。根据EPC 1973第84条的清楚性规定只是涉及权利要求，并且因此——根据EPO上诉委员会既定判例法——要求权利要求本身必须清楚，而不要求技术人员参照说明书。根据EPC 1973第

69（1）条，说明书确实将会用于解释权利要求。但是 EPC 1973 第 69 条仅仅在例如与第三方存在争议时涉及保护范围，而并不涉及权利要求将会保护的主题的限定（EPC 1973 第 84 条规定）（在 **T 56/04** 和 **T 64/03** 中得到确认）。

在 **T 49/99** 中，委员会认为，由于清楚性是对权利要求的要求，所以说明书和附图会帮助读者理解权利要求旨在限定的技术主题的事实并不能修正权利要求措辞方面的清楚性缺陷。

在 **T 56/04** 中，委员会指出，包括不清楚的技术特征的权利要求不能防止其主题受到质疑。特别是对于以下情况，如果不清楚的特征意图使要求保护的主题与现有技术划分界限。委员会因此持以下观点，权利要求中使用的模糊或不清楚的术语以及仅仅能在说明书中找到的精确限定仅允许用于使要求保护的主题与现有技术划分界限的例外情况中。如果精确的限定（无论什么原因）无法结合在权利要求中并且技术人员从说明书能毫无疑义且直接识别模糊或不清楚的术语的精确限定，那么存在根据 EPC 1973 细则第 29（6）条（加以必要变更）的这种例外。在 **T 56/04** 中，委员会表示不涉及例外。说明书中披露的“大约 1mm”的具体值可以结合进权利要求本身而非“稍微小于［……］”。

当通过参数描述产品的特征时，从权利要求本身必须清楚如何确定参数的程度，见上文 1.1.2。在多个决定中，委员会强调，当使用普通技能而不使用从说明书推导的任何知识来阅读时，权利要求本身必须清楚（例如，参见 **T 412/02** 和 **T 908/04**）。然而，在 **T 992/02** 中，委员会认为本案中权利要求不包括用于测量参数的过程有正当理由。

5.3.6　就侵权而言未限定的保护范围

在 **T 442/91** 中，应诉人想让委员会就上诉人认为宽泛的权利要求所给予的保护范围作出裁决。然而，委员会认为，在异议上诉法律程序中不应当考虑专利所给予的保护范围（除 EPC 1973 第 123（3）条的目的之外），因为这是处理侵权案例的国家法院的职责。虽然 EPO 阐明了应当如何理解权利要求中使用的技术术语，但术语不应进一步解释，未来该专利的保护范围不能超出现有范围（另见 **T 740/96**）。

根据这种想法，委员会在 **T 439/92** 和 **T 62/92** 中使用识别权利要求的主题的观点来解释权利要求。

6. 以方法限定产品的权利要求

6.1　介　　绍

根据 EPC（1973 和 2000）第 64（2）条，方法专利所给予的保护延伸到通过该方法直接获得的产品，即使产品本身并不能授予专利权。某些申请人试图通过以下方式获得对公知产品的保护：使用方法权利要求来限定产品，并且辩称遵循 EPC 1973 第64（2）条（该法条明确陈述，可授予专利的方法的直接产品被赋予保护），根据 EPC 的规定，产品凭借新方法生产的事实使产品具有新颖性。尽管事实情况是，这种产品本身凭借物理特征并不具有新颖性（参见 **T 248/85**，OJ 1986，261；在 **T 150/82**，OJ 1984，309 中同样如此）。

上诉委员会并不接受这样的论点，并且区分了由产品的制造方法限定的新的创造性产品的权利要求以及新的创造性方法的权利要求，后者的保护效果还延伸到这种方法的直接产品。

就这一点而言，第一决定是 **T 150/82**（OJ 1984，309）。委员会声明，以产品的制备方法限定的产品的权利要求（已知为“以方法限定产品”的权利要求）仅在以下情况下可容许：产品本身满足可专利性的要求，并且在申请中不存在可用的其他信息，这些信息使申请人能通过引用产品的成分、结构或一些其他的可测试参数来满意地限定产品（既定判例法，例如参见 **T 956/04**）。

上诉委员会在他们的判例法中进一步阐明并发展了这些要求。

6.2 要求保护的产品必须可授予专利权的要求

在决定 **T 248/85**（OJ 1986，261）中，委员会陈述，产品可以通过使用各种参数来限定，例如，产品的结构或产品的制造方法。用于限定特定产品而使用不同的参数本身并不能使产品具备新颖性。此外，EPC 1973 第64（2）条在产品本身不存在新颖性时并没有给予被阐述为“以方法限定产品”的权利要求新颖性，并且没有使欧洲专利的申请人有权或能够在不满足 EPC 1973 第52（1）条的可专利性要求的专利中包括这样的权利要求。

在 **T 219/83**（OJ 1986，211）中，委员会声明，必须在绝对意义上（独立于方法）解释“以方法限定产品”的权利要求。如果权利要求的主题本身是新的，那么这些权利要求仍然不会仅仅因为产品的制造方法具有创造性而具有创造性。为了具有可专利性，要求保护的产品本身必须是根据现有技术并非显而易见的单独的技术问题的解决方案（另见 **T 223/96**）。

在许多决定中确认并适用了这些标准（例如参见 **T 251/85**、**T 434/87**、**T 171/88**、**T 563/89**、**T 493/90**、**T 664/90**、**T 555/92**、**T 59/97**、**T 1164/97**、**T 238/98**、**T 748/98** 和 **T 620/99**）。

委员会在决定 **205/83**（OJ 1985，363）中阐明了以方法限定产品的权利要求的新颖性条件。委员会说，由公知的化学方法制造的聚合物产品单纯凭借修改方法并不会使这种产品具备新颖性。如果化学产品只能通过其制造方法来限定，而不能通过结构特征来限定，那么只有提供证据证明修改该方法的参数会得到其他产品才能确立新颖性。

如果表明在产品的特性之间存在明显差别，就足以实现这个目的。这种证据可以不包括并非由于产品的物质参数所得到的特性（另见 **T 279/84**、**T 151/95**、**T 728/98**、**T 564/02** 和 **T 1247/03**）。

在决定 **T 300/89**（OJ 1991，480）中，委员会声明，如果权利要求既没有在结构上限定产品，又没有提及必定获得产品（该产品的新颖性例如凭借对比测试可以得到证实）所需的所有特定条件，那么申请缺乏新颖性。类似地，在 **T 552/91**（OJ 1995，100）中，委员会裁定，权利要求必须包括将要求保护的物质毫无疑义地限定为必然的方法产品所需的所有方法参数。由于化学反应很少仅仅通过一个特定的过程产生并且因此很少仅仅得到均一的物质，所以一般不仅需要指明初始材料和反应条件，而且需要指明为了获得要求保护的物质而处理反应混合物的方法。这个判例法在中 **T 956/04** 得到确认，其中委员会认为，在没有清楚地指明具体的初始材料和具体的反应条件的情况下，要求保护的“可获得的”特征无法将要求保护的催化剂明确地限定为必然的方法产品。

在 **T 728/98** 中，委员会陈述，小分子量的化学化合物的纯度水平不能涉及新颖性的一般规则在以方法限定产品的权利要求的案例中同样有效，其中纯度水平是权利要求中指明的制备方法的必然结果。在本案例中，上诉人（申请人）已经无法证明存在以下例外情况：通过常规的提纯方法的所有尝试无法达到特定水平的纯度。对于“达到更高程度的纯度”的问题的细节，参见第1章C.4.1.4。

在 **T 803/01** 中，委员会指出（与审查部的观点相反），在 **T 205/83**（OJ 1985，363）中没有陈述因为清楚性的原因而禁止在权利要求中存在涉及杂质的参数。涉及聚乳酸的纯度的参数是根据 EPC 1973 细则第29（1）条的技术特征。这被认为是从清楚性的观点来判断产品权利要求中的纯度参数的用途可允许的范围的相关标准（**G 2/88**，OJ 1990，93）。

在 **T 394/03** 中，委员会裁定，凭借方法实现的改善的产品质量在以方法限定产品的权利要求中一般不会构成能产生新颖性或创造性的结构特征。在本案例中，要求保护一种装饰陶瓷产品，这种装饰陶瓷产品仅仅凭借其更好的质量而不同于这种类型的公知产品，而这种质量是根据该发明所述方法实现的。

在 **T 564/02** 中，当审查产品本身是否满足可专利性的要求时，委员会必须处理举证责任。应诉人（异议人）根据现有技术文件中的示例的公开内容提出了缺乏新颖性的反对。委员会评述道，这种驳回的有效性仅仅依赖于应诉人就现有技术中披露的产品参数而作出的某些假设的有效性。在这种案例中，可能性的权衡的概念不能应用于判断每个假设的有效性，必须放弃靠近绝对理念的更严格的标准。换句话讲，必须有排除合理怀疑的一定程度的确定性。

6.3 权利要求保护的产品无法以其他方式描述的要求

在**T 150/82**（OJ 1984，309）中主张的这项标准现在是既定的判例法，根据该标准，不以制造方法限定要求保护的产品一定是不可能的（例如参见**T 333/93**、**T 749/95**、**T 950/97**、**T 1074/97**、**T 933/01**）。尤其在以下决定中具体讨论了这项标准。

委员会在决定**T 320/87**（OJ 1990，71）中表述，当杂交籽种和植物并非能以它们的生理学或形态学特征来表征的可单独限定的生物实体时，这些杂交籽种和植物的以方法限定产品的权利要求是可容许的。

在决定**T 130/90**中，委员会必须对重组单克隆抗体进行裁定，这种重组单克隆抗体具有两种不同的特异性，并且通过涉及三源杂交瘤细胞或四源杂交瘤细胞的方法来制造，并且因此生产原生形式的抗体。这种方法的可专利性没有受到质疑。从现有技术已知的方法在化学上重组抗体半分子。问题在于产品权利要求的有效性。现有技术并没有公开如果从在化学上发生改变的分子中筛选并分离出可能包括在杂交种的混合物中的完全重新关联的分子（与原生抗体具有相同的结构）。委员会允许包括完整免疫链的双特异性重组单克隆抗体的权利要求，这种双特异性重组单克隆抗体是通过涉诉专利的独立方法权利要求中要求保护的方法所产生的。通过其方法来限定抗体是使其与现有技术划分界限的唯一方法。

在**T 552/91**（OJ 1995，100）中，委员会认为，当欧洲专利申请涉及最初由不正确的化学结构式限定的化学物质时，根据EPC 1973细则第88条不允许改正该化学结构式，用正确的化学结构式替换不正确的结构式违反EPC 1973第123（2）条。然而，如果“以方法限定产品”的权利要求包括获得这种结果所需的所有度量（初始材料、反应条件、分离），那么提交这种权利要求就符合EPC 1973第123（2）条。

6.4 产品和方法特征的组合

在决定**T 148/87**中，委员会声明，在同一个权利要求中允许组合产品参数和方法参数。在**T 129/88**（OJ 1993，598）中，委员会的观点是，如果考虑到一个或多个缔约国的国家法律的影响希望存在一个或多个方法特征，就可以允许产品权利要求中包括这些方法特征（另见**T 592/95**和**T 288/02**）。

6.5　方法限定产品型权利要求所给予的扩大保护

在决定 **T 411/89** 中，委员会必须裁决，在以方法限定产品的权利要求中将“获得的”修改成“可获得的”是否扩大了专利给予的保护范围。委员会持以下观点，没有扩大保护范围，因为修改没有更改一开始要求保护的产品本身的定义，并且因为用于产品的特性描述的方法保持不变。

在决定 **T 423/89** 中，通过将权利要求限制成原始权利要求中指明的并且在说明书中披露的多种制造方法的唯一一种，专利所有人就停止主张绝对的产品保护并且已经对他们的权利要求进行了重大限制。因此根据 EPC 1973 第 123（3）条不存在反对。在此案例中同样允许从以方法限定产品的权利要求到制造方法权利要求的类别变化，因为授权的专利所提供的保护必须延伸到权利要求中描述的并且在专利说明书中披露的方法所涵盖的所有那些制造方法。

然而，在 **T 20/94** 中，根据 EPC 1973 第 123（3）条的反对导致委员会反驳通过修改的方式将方法权利要求变成以方法限定产品的权利要求，因为尽管以方法限定产品的权利要求的特征在于产品的制备方法，但是该权利要求属于针对物理实体的权利要求的类别并且本身是针对产品的权利要求。产品权利要求所给予的保护范围超出了根据 EPC 1973 第 64（2）条的方法权利要求所给予的范围。

7. 权利要求费

在 2008 年 3 月 31 日之前，根据 EPC 1973 细则第 31（1）条，然后根据新的 EPC 细则第 45 条，包括多于 10 项权利要求的任何欧洲专利申请必须就超过且多于 10 项的每项权利要求支付权利要求费。新的法条从 2008 年 4 月 1 日起生效之后，免除费用的权利要求的数量增加到 15 项。

法律上诉委员会在案例 **J 9/84**（OJ 1985，233）中规定，EPC 1973 细则第 31（1）条将被解释成以下含义：编号 1 ~ 10 的权利要求在提交欧洲专利申请时，或者根据 PCT 传送到国际申请的 EPO 时，免除费用，并且编号 11 及以上的权利要求不能免除费用。因此，在提交或传送之后放弃免除费用的权利要求并不会导致该权利要求的免除费用传递到另一项权利要求。

在诸多情况下出现了以下问题，按 EPC 1973 细则第 31（1）条的规定，包括以权利要求的形式编写的一系列有编号的段落的欧洲专利申请的说明书的一部分或附录是否应当被视为权利要求。

在 **J 5/87**（OJ 1987，295）中，专利申请在标题“权利要求书”下包括 10 项权利要求，然而，该专利申请包括 33 项进一步的权利要求，这些权利要求被附在说明书后作为以权利要求的形式表示的优选的有编号的实施例。从表面上看，附录在形式和实质上只是由 EPC 1973 第 84 条和细则第 29 条所指的权利要求组成。此外，上诉人承认，附录包括在专利申请中以便保持使该附录的内容作为实质审查的基础的可能性。因此，要求申请人支付权利要求费，即申请人不能随意忽视 EPC 1973 细则第 27 条和细则第 29 条中包括的有关说明书和权利要求书的形式和内容的规定。

在决定 **J 15/88**（OJ 1990，445）中，委员会在类似案例中裁决，尽管涉案的 117 项有争议的“句子”被编号并排成权利要求并且似乎以技术特征来限定主题，但是不能这样看待这些句子，因为事实仍然是这些句子决不能被称为权利要求并且在其他地方有同样所指的权利要求存在。

决定 **J 16/88**、**J 29/88**、**J 25/89**、**J 26/89**、**J 27/89**、**J 28/89**、**J 34/89** 和 **T 490/90** 都确认了这种观点，指出在 **J 5/87** 中处理的案例不同于其他案例，因为申请人已经表明将附录视为权利要求的意图。上诉人并不想将这部分视为权利要求的意图比文本的形式更重要。

C. 发明的单一性

1. 简　　介

根据 EPC 第 82 条，欧洲专利申请可以只涉及一个发明或者涉及彼此关联以形成**一个总的发明构思**的一组发明。EPC 细则第 44 条（EPC 1973 细则第 30 条）给出了要求保护一组发明的**发明单一性概念**的解释。欧洲专利组织行政委员会在 1990 年 12 月 7 日（OJ 1991，4）的决定中修改了这项规定，修改的规定在 1991 年 6 月 1 日开始生效，但是仍然可以适用在 1991 年 6 月 1 日之前生效的上诉委员会判例法阐述的有关 EPC 1973 细则第 30 条的原则。当在 2000 年修改 EPC 时，EPC 1973 细则第 30（1）条经过梳理并且其措辞与 EPC 2000 的风格一致。EPC 1973 第 82 条保持不变。

根据 EPC 1973，上诉委员会在裁决申请人对 EPO 按照 ISA 或 IPEA（参见 EPC 1973 细则第 154（3）条和第 155（3）条）收取附加费提出抗议时负责判断发明的单一性。EPC 1973 细则第 154（3）条和第 155（3）条作为 EPC 修改的一部分被删除。但是它们仍适用于在 EPC 2000 生效时未决的 PCT 申请。尽管剥夺了上诉委员会就 PCT 抗议程序的司法权，但是上诉委员会继续考虑欧洲申请上下文中的单一性。

在 PCT（PCT 细则第 13 条）和 EPC（EPC 第 82 条结合 EPC 细则第 44

条）中有关发明单一性要求的定义的协调性意味着这两种系统中发明单一性的标准相同。当考虑欧洲申请上下文中的单一性时，上诉委员会在 PCT 案例中作出的决定因此仍然有影响力。

2. 不同类型的权利要求在上下文中的单一性

2.1　多个独立权利要求

根据 EPC 第 82 条和 PCT 细则第 13.1 条，国际申请必须只涉及一个发明或者涉及彼此关联以形成一个总的发明构思的一组发明。第二种替代形式，即一个构思的关联组可以产生**同一类别或不同类别**的多个独立权利要求。

在 **W 5/92** 中，委员会认为，在 PCT 细则第 13.1 条的定义中隐含着在最宽泛的意义上考虑“发明”。因此，根据《PCT 检索指南》VII－5（1992 年 PCT 公报第 30 期第四部分；1993 年第 29 期第四部分，不再生效；类似指南参见《PCT 国际检索和初步审查指南》的第 10.05 段，自 2004 年 3 月 25 日生效），国际申请包括不同类别的权利要求或相同类别的几项独立权利要求的单纯事实本身不是根据缺乏发明的单一性而提出异议的理由。

EPC 细则第 44（1）条和 PCT 细则第 13.2 条陈述道，当欧洲/国际专利申请中要求保护一组发明时，仅当涉及一个或多个相同或相应的特殊技术特征的这些发明之间存在技术关系时，才满足发明的单一性要求。

旧的 EPC 1973 细则第 30 条（一直生效至 1991 年 5 月 31 日），如同之前的 PCT 细则第 13 条，规定了不同类别的独立权利要求的组合被视为具有上述意义的单一性的三种情况。这些组合如下：

（a）除给定产品的权利要求之外，专门适用于制造产品的方法权利要求以及产品的用途权利要求；

（b）除给定方法的权利要求之外，专门设计用于实施该方法的设备或装置权利要求。

（c）除给定产品的权利要求之外，专门适用于制造产品的方法权利要求以及专门设计用于实施该方法的设备或装置权利要求。

以上列举并不是穷尽的，并且如果其他组合满足 EPC 1973 第 82 条的要求，这些组合也是被允许的（**T 861/92**）。同样的原理适用于旧版 PCT 细则第 13.2 条（**W 3/88**，OJ 1990，126；**W 29/88**，**W 3/89**）。在 **T 702/93** 中，委员会认为，这个旧版的 EPC 1973 细则第 30 条并没有提供对于相同类别的独立权利要求的这种虚构的单一性。

此前委员会对发明的单一性的裁定中主张的原则以这种虚构为基础，而在经过修改的EPC 1973细则第30条和PCT细则第13条从1991年6月1日起生效之后就不存在这种虚构了。但是，该判例法中阐述的这些原则保持不变（**T 169/96**）。

在**T 202/83**中，委员会从旧版EPC 1973细则第30（c）条总结道，并不是实施方法的每个主题均满足单一性要求。相反，这项规定预设的前提是已经专门设计了用于实施方法的装置。因此，如果相应方法有关的这种装置明显还能用于解决其他技术问题，那么这种装置就不满足单一性要求。

在**T 200/86**中，委员会认为，在一个专利申请中不仅可以要求保护药品用途的产品，而且还可以要求保护该产品的非治疗（化妆品和膳食）用途。

在**W 29/88**中，国际申请涉及化学产品、这种化学产品的制备方法以及这种化学产品的用途。委员会的观点是，一种类别的化合物的特定用途与这种类别的化合物本身或这种类别的化合物的某些成员的权利要求可以形成一个总的发明构思。委员会强调，要点不是各个结构范围的同一性，而是要求保护的化合物本身（及其制造方法）是否有助于解决隐含其后的用途发明的问题。

在**W 32/88**（OJ 1990，138）中，委员会的观点是，根据有关方法和设备的国际申请涉及两个不同的发明而装置是专门设计用于实施方法来要求支付附加费是没有法律依据的，即使设备权利要求并不局限于这种用途（另见**W 16/89**）。

在**W 13/89**中，委员会认定用于制备打算用于具体用途（第二医疗用途）的药物的物质或组合物的用途权利要求与包含该物质或组合物（第一医疗用途）的药物产品的权利要求之间存在发明的单一性。这份决定在**W 5/91**和**W 28/91**中得到确认。

在**W 23/91**中，委员会确认，ISA的观点是，在不违反发明的单一性要求的情况下，给定产品的新颖性可以证明单个专利申请中包括的不同类别的权利要求的合理性（产品在不同领域的几个新用途和/或有关该产品的新方法，例如，制备方法）。在本案中，两项独立权利要求涉及两种“产品”，即核酸序列和涉及这种核酸序列的蛋白质。委员会认为，如果这些产品具有新颖性，那么它们可以构成普通链环。

在**W 40/92**中，委员会的观点是，如果一个申请中包括一个方法独立权利要求以及另一个用于实施该方法的装置的独立权利要求，那么存在发明单一性。所述装置本身也可以是方法。

在**T 492/91**中，委员会认定，根据EPC 1973第82条，权利要求6所涵盖的整个组合物（新的组合物）需为根据权利要求1所述的方法（用于制备公知产品的方法）的产品。当该组合物和该方法旨在解决相同的技术问题时，该组合物的一种成分是这种产品就足够了。委员会总结道，权利要求 6 的范围因此没必要局限于根据权利要求 1 所述的方法得到的组合物，因此排除了通过随后混合可获得的组合物。

2.2　从属权利要求

PCT 细则第 13.4 条明确规定，从属权利要求必须满足根据 PCT 细则第 13.1 条的单一性要求。EPC 并没有类似的明文规定。因此出现的问题是，是否必须根据两条规定区别对待从属权利要求。上诉委员会对 PCT 案例的判例法是一致的：委员会反复确认以下原理，从属权利要求也必须满足单一性要求（特别参见 **W 3/87**、**W 2/88**、**W 30/89**、**W 32/89**、**W 26/90**、**W 8/91** 和 **W 54/91**）。在 EPC 案例中，委员会同样假设从属权利要求必须满足单一性要求。与 PCT 程序不同，根据 EPC 的方法并没有总是根据明文规定审查独立权利要求的情况那样严格，而是类似于可能存在单一性问题的情况（参见 **T 140/83** 和 **T 249/89**）。

在 **W 8/91** 中，委员会裁决，当权利要求在形式上是从属权利要求时，ISA 必须明确陈述为什么这些权利要求缺乏单一性；不能简单地说这是根据 ISA 限定的主题直接看出来的。

在 **W 6/98** 中，委员会认为，期待独立权利要求的主题可能也会导致后验的非单一性情形，而这种情形仅仅通过表明所有的从属权利要求确实没有共同的单一的新构思才能确立。委员会指出，独立权利要求的主题缺乏单一性并不会自动导致直接或间接地附在所述独立权利要求后的权利要求后验地缺乏单一性。

2.3　中 间 产 物

在 **T 57/82**（OJ 1982，306）中，委员会强调，如果涉及新的化学终产物及其制备方法以及这些终产物的新的中间产物的专利申请的主题全部在技术上互相关联并且通过朝着终产物发展而整合成一个总的构思，那么这些主题无论如何都具有 EPC 1973 第 82 条指称的单一性。在这种背景下，在制备终产物的方法中使用的并且本身是披露的虽然未要求保护的生产方法的产品的初始材料也被认为是中间产物。对于小分子量的产物，这个原则在 **T 110/82**（OJ 1983，274）中得到确认。根据上诉委员会的观点，如果制备并且朝着终产物发展的这组中间产物通过将必要结构要素并入终产物而与终产物在技术上密切地互相关联，并且如果适当考虑 EPC 1973 第 82 条的调节功能（禁止不合理的节省费用，需要易于理解），那么涉及新的小分子量终产物并且涉及几组新的小分子量中间产物的发明一定具有单一性。

T 35/87（OJ 1988，134）和 **T 470/91**（OJ 1993，680）确认了这一点。后一种情况中的中间产物（不同于前一种情况的中间产物）在结构上彼此不相关。但是，它们提供了终产物中存在的这两个必要结构要素。专利申请的中间产物因此只是着眼于获得终产物并且它们与这些终产物在技术上密切关联。因此，它们通过朝着终产物发展而整合成一个总的发明构思。这并不会受到以下事实的妨碍：两组中间产物在结构上彼此不相关，因为中间产物朝着终产物发展而允许中间产物解决的单个技术问题结合到两组有意制造的中间产物有助于解决的单一总体问题中。

在 **W 35/91** 中，委员会裁决，如果被设计成产生新终产物的新中间产物通过它们对终产物的必要结构要素的贡献而在技术上充分紧密地关联，那么满足 PCT 细则第 13.1 条和第 13.2 条阐述的发明的单一性要求。

在 **W 7/85**（OJ 1988，211）中，委员会陈述道，存在充分的技术信息来证明混合物的权利要求与这种混合物或狭隘限定的混合物的一种必要成分的权利要求之间发明的单一性的初步裁断。如果在化学中间产物和终产物的情况下证明单一性的裁断，甚至当（通常是这种情况）实际整合了仅仅一小部分中间结构时，就存在更加正当的理由来检查通过整合在技术上互相关联的混合物的完整部件和对应成分。当混合物被制备并且在产物中完全保持它们的性能和功能时，与在此过程中丧失特性的典型中间产物不同，不破坏单一性。因此，这两种发明都可以被认为是落入同一个总的发明构思的范围内。在这种情况下，看起来满足以下要求，即用于制备终产物的装置应当“专门设计用于实施该方法”，因为这些装置没有一种会得到或涉及在其定义范围之外的终产物。鉴于此，该成分中的发明特性表面上看还依赖于终产物中发明的存在。

3. 判断发明缺乏单一性

3.1 一般方法——权利要求书的内容

根据 PCT 第 3（4）（iii）条，国际申请必须符合“规定的发明单一性要求”。在 EPC 中，在 EPC 第 82 条和 EPC 细则第 44 条中阐述了相应的发明单一性要求。

在 **W 6/97** 中，委员会认为，发明的单一性的确定必须以根据说明书和附图（如适用）解释的权利要求书的内容为依据。委员会引用《PCT 行政规程》附录 B 第 1（b）部分（对应于 2008 年 7 月 1 日开始生效的《PCT 行政规程》附录 B 第（b）段），规程陈述了上述原则并且指出《PCT 行政规程》不仅对 ISA 有约束力而且对根据 PCT 细则第 40.2（c）条和第 40.2（e）条充当“三人委员会”的上诉委员会有约束力（参见 **G 1/89**，OJ 1991，155，在 PCT 规程中，从 2005 年 4 月 1 日开始生效，引用“三人委员会”被替换成引用“复核机构”）。

在 **W 39/90** 中，委员会评述道，并非措辞的形式选择或引用形式，而是权利要求的实际内容确立了不同权利要求的主题之间的技术关系，并且因此对单一性问题起到决定性作用。在 **W 33/92** 中，委员会强调，PCT 细则第 13.1 条并不要求两个独立权利要求的主题之间的关联在其措辞中明确地陈述。唯一的要求是存在单个发明构思。

PCT 本身和 PCT 细则都不包括指示如何确定国际申请是否符合规定的发明单一性要求的规定。然而，在《PCT 检索指南》中特别规定，缺乏发明单一性可以是直接“先验”明显，即在考虑权利要求与任何现有技术的关系之前，或者可以仅仅变得“后验”明显，即在考虑现有技术之后（**G 1/89**，OJ 1991，155）。

3.2　通过国际检索单位（ISA）判断缺乏单一性

缺乏单一性可以是直接先验明显的，即在与检索所揭示的现有技术相比较来审查权利要求的实情之前（**W 1/96**，**W 6/90**，OJ 1991，438）。如果先验地提出缺乏发明单一性的反对，那么必须单独根据说明书而非现有技术来限定技术问题（参见 **W 50/91**、**W 52/91**、**W 22/92**、**W 52/92** 和 **T 188/04**）。

对于国际申请，出现的问题是 ISA 是否有权力后验地判断发明的单一性，即在审查专利申请之后。在 **W 3/88**（OJ 1990，126）中，委员会对这个问题的回答是否定的，将 PCT 细则第 13.1 条的表述“一个总的发明构思”解释成仅仅是申请人主观上声称为他的发明的总的构思。相反，在 **W 44/88**（OJ 1990，140）和 **W 35/88** 中，答案是肯定的。在后一种情况中，委员会引用允许后验地判断单一性的《PCT 检索指南》。上诉委员会和 EPO 局长都将以下问题转给上诉扩大委员会：

上诉扩大委员会在 **G 1/89**（OJ 1991，155）和 **G 2/89**（OJ 1991，166）中传达了这份决定。上诉扩大委员会裁决，当国际申请被认为后验地缺乏发明的单一性时，EPO 像 ISA 那样在其能力范围内可以根据 PCT 第 17（3）（a）条要求进一步的检索费。扩大委员会首先指出，涉及的问题主要是由于以下事实，根据 PCT 以及 EPC 1973，以顺序上不同的步骤并且由不同的审查员进行检索和（实质）审查。由于检索和审查之间的功能关系，检索和审查的程序分离必然导致某些重叠。因此，尽管检索的目的在原则上讲是限于发现并且报告为了判断新颖性和创造性的目的的相关现有技术，而判断新颖性和创造性最终是审查机构（IPEA 和/或 PCT 指定局以及 EPC 1973 所指的审查部）的任务。显然，在许多情况下检索审查员需要对这些问题形成临时的观点以便进行有效的检索。否则，他只会困惑不知道如何判断现有技术的文件的相关性以及如何相应地处置这些检索报告。这种重叠是 PCT 和 EPC 1973 内在的，并且与大部分国家的专利法系统相反，在大部分国家的专利法系统中，检索和审查通常由同一个审查员在一个组合操作中执行，并且因此没有像 PCT 和 EPC 1973 规定的检索费和审查费的分离。

扩大委员会进一步指出，根据 PCT 的发明单一性要求同等适用于根据 PCT 第 17（3）（a）条的 ISA 之前的程序以及根据 PCT 第 34（3）（a）条的 IPEA 之前的程序，这些程序符合以上提及的检索和审查的程序分离并且反映了正常检索费和审查的用费仅涉及一个发明（或者一个总的发明构思）的原则。这得出以下结论，根据 PCT 的发明单一性要求在原则上必须由 ISA 和 IPEA 两者根据同一个客观标准进行判断。

扩大委员会评述道，《PCT 检索指南》包括直接引用由 ISA 根据后验的依据对发明的单一性作出的考量，即就与现有技术有关的新颖性和创造性判断权利要求之后。与对应的 EPO 指南进行比较表明根据 EPC，还清楚地预测由检索部对发明的单一性作出的考量会在后验的基础上（另见 EPC 1973 细则第 46 条）。根据上诉扩大委员会的观点，这是由于 PCT 和 EPC 1973 的特殊结构造成的。因此，该指南在这一点上被认为与 PCT 和 EPC 1973 一致。至于《PCT 检索指南》，上诉扩大委员会指出，这些指南是根据涉及技术合作委员会的任务的 PCT 第 56 条（特别参见 PCT 第 56（3）（ii）条并且参考尤其是工作方法的一致性的要求）。《PCT 检索指南》VII－9（PCT 公报 1992 年第 30 期第 14025 页，现在以修改的形式包括在从 2004 年 3 月 25 日开始生效的《PCT 国际检索及初步审查指南》的第 10 章中）阐述了如何实施这种要求并且这种要求是所有国际检索单位进行统一实践的依据。

由于根据 PCT 细则第 33.1（a）条的条文，现有技术包括在国际申请提交之前公众可获得的所有事情，ISA 可以使用这些文件作为依据来后验地裁决缺乏单一性，即使不能引用这些文件来对比在一个指定缔约国提交的相应国家专利申请（**W 21/89**）。

3.3 审查程序中缺乏单一性的判断

根据 EPC 第 82 条的措辞，不仅提交时的专利申请必须满足发明的单一性要求，而且在后来的专利授权程序阶段（审查部负责的，直到专利授权）的专利申请也必须满足发明的单一性要求。EPC 细则第 64（2）条（EPC 1973

细则第46（2）条，实质上保持不变）提到审查部可能会不赞同检索部对特定专利申请缺乏单一性的判断，则审查部的观点对于检索部会根据申请人的请求下令退还任何进一步的检索费而言是决定性的。审查部有自由裁量权来裁决专利申请缺乏EPC第82条的含义内的发明的单一性，即使检索部不会根据EPC细则第64（1）条（EPC 1973细则第46（1）条，实质上保持不变）提出类似异议（**T 178/84**，OJ 1989，157）。

3.3.1 在程序不同阶段提出缺乏单一性

在**T 87/88**（OJ 1993，430）中，委员会指出，上诉扩大委员会已经规定，当EPO进行国际检索时，还可以根据PCT第17（3）（a）条认为国际申请不符合“后验的”发明单一性的要求，即在考虑现有技术并且由此对新颖性和创造性形成临时观点之后（**G 1/89**，OJ 1991，155；**G 2/89**，OJ 1991，166）。当进行欧洲检索时，这个原则同等适用（EPC 1973第92条），因为在两种情况下检索和检索报告事实上完全相同。上诉人认为检索部同样无权裁决“后验的”要求保护的发明缺乏单一性的异议因此无事实依据。

在**T 94/91**中补充道，EPC 1973第82条清楚规定了欧洲专利申请必须不受任何限制地满足发明的单一性标准。在EPC 1973中，“先验的”与“后验的”缺乏单一性之间没有差别。因此，欧洲专利申请必须满足单一性条件并且正好或仅仅根据在检索期间或在审查期间发现的文件是否不具有单一性并不重要。

在**T 544/88**（OJ 1990，429）中，委员会规定，如果申请人为了回应根据EPC 1973第82条提出的缺乏单一性的异议而提交据称涉及满足单一性要求的发明的新的权利要求，那么应当继续进行审查，即使其他的申请文件并不局限于这些权利要求的主题。然而，审查部可以要求申请人使说明书和附图与有效的权利要求一致（从1991年5月31日起开始生效的EPC 1973细则第27（1）（d）条，这对应于EPC 1973细则第27（1）（c）条和EPC细则第42（1）（c）条）并且从专利文件删除说明书和附图中没有提到要求保护的发明的部分（EPC 1973细则第34（1）（c）条）。这就必须检查每个个案来判断这些调整是否应当延期直到提交允许的权利要求。

3.3.2 评价进一步检索费退还请求

在**J 24/96**（OJ 2001，434）中，上诉人提出以下问题，在涉及根据EPC 1973细则第46（2）条（EPC细则第64（2）条）退还进一步的检索费的决定中，是否应当处理部分检索报告所谓的不完整性。委员会认为，在EPC 1973细则第46条的框架内，审查部（和上诉委员会）的任务是审查检索部根据EPC 1973细则第46（1）条请求进一步的检索费的通信是否正当。然而，

EPC 1973 细则第46（2）条并没有提到检索部除了根据 EPC 1973 细则第46（1）条提交通信之外的任何行为。因此，审查部没必要在决定中根据 EPC 1973 细则第46（2）条处理由上诉人结合检索提出的其他异议，例如，没有按照指南制定部分检索报告的异议。为了避免任何误解，委员会评述道，审查部如果认为检索部提交的检索报告不完整，就当然能够安排进行额外的检索，但是这与根据 EPC 1973 细则第46（2）条提交的有关在上诉人提出请求时退还进一步的检索费的正式决定没有任何关联。

在 **T 188/00** 中，上诉人请求退还由于检索部根据 EPC 细则第46（1）条通信而支付的进一步的检索费。委员会指出，根据 EPC 细则第46（2）条，审查部必须复核检索部对权利要求缺乏发明的单一性的裁断。换句话讲，必须仅考虑检索部根据 EPC 1973 细则第46（1）条的通信中提出的事实来复核缺乏发明的单一性的裁断。由于在大部分情况中，已经考虑了现有技术才提出对缺乏发明的单一性的反对（后验的单一性反对），这意味着审查部的复核必须单独建立在由检索部制定的部分检索报告中援引的文件以及不同发明的说明书的基础上，同时考虑申请人为了使他退款的请求得到支持而可能提交的任何论据。

委员会评述道，在根据 PCT 的类似过程中，在 PCT 细则第40.2（c）条和第40.2（e）条以及 PCT 细则第68.3（c）条和第68.3（e）条中规定了对由于缺乏单一性的裁断导致要求支付附加费的理由进行复核，即抗议程序。上诉委员会规定，这些复核必须仅仅建立在付费要求中给出的理由的基础上，考虑到申请人提交的事实和论据（**W 4/93**，OJ 1994，939）。

然而，在本案中，审查部推断提交的权利要求后验地缺乏单一性，因为裁断提交的权利要求1就对比文件 D1 和 D4 而言缺乏创造性，而在部分检索报告中没有引用对比文件 D4。因此，审查部没有复核 EPC 1973 细则第46（2）条所指称的缺乏发明的单一性的裁断，而是在新的对比文件 D4 的基础上进行新的审查。委员会因此认为不得不将单独因为正式理由必须驳回拒绝退还进一步的检索费的决定搁置，并且上诉人根据 EPC 1973 细则第46（2）条请求退还进一步的检索费是正当的。

3.4 在异议法律程序中不判断缺乏单一性

在 **G 1/91**（OJ 1992，253）中，上诉扩大委员会认为，当以修改形式维持专利时，欧洲专利及其涉及的发明必须满足 EPC 1973 第102（3）条（EPC 第101（3）（a）条）的要求并不会带来发明的单一性。这因此在异议法律程序中与授权或修改的欧洲专利不满足单一性要求并不相关。从“准备工作”

明显看出，不仅刻意排除缺乏单一性作为异议的依据，而且必须接受由于修改专利引起的在异议的法律程序期间出现的任何缺乏单一性。

上诉扩大委员会特别提到，尽管根据 EPC 1973 第 82 条的发明的单一性是实质性问题，但是这仍然仅仅是行政规程。这用于多个行政目的，特别是划分部门的对应职责。单一性的行政目的主要在专利授权时实现。异议法律程序的目的和意图是给竞争者提供对不正当的保护权利提出异议的机会。由于这是维护竞争者的权益，但他也不需要获得根据缺乏单一性对专利提出争议的机会。缺乏单一性事实上并不会取消专利保护，这仅仅会导致专利申请被分割而产生两个或更多个专利。

4. 确定缺乏单一性的标准

4.1 技术问题的确定

根据上诉委员会既定的判例法，确定发明的单一性要求以下前提：分析各组发明潜在的一个或多个技术问题（参见 **W 11/89**，OJ 1993，225；**W 6/97**，**T 188/04**）。在 **W 6/91** 中，委员会认为，发明潜在的技术问题的确定是判断发明的单一性的强制性前提，即要求作为这个问题的解决方案进行保护的主题是否代表单个总的发明构思。忽视这个原则本身对退还附加检索费就足够正当。在 **W 8/94** 中，委员会认为，需要讨论要求保护的主题潜在的问题，因为只有这样才能够裁决对于不同的实施例是否存在 PCT 细则第 13.1 条和第 13.2 条所指称的共同的特殊技术特征（参见 **W 11/89**，OJ 1993，225；**W 14/89**，**W 59/90**，**W 14/91**，**W 17/91**）。

在 **W 6/97** 中，委员会认定，确定与现有技术有关的要求保护的发明或发明组潜在的技术问题一般来说应当从说明书中被认为要求保护的发明已经实现的内容开始，因为至少涉及主题的组成部分的权利要求通常未说明这些组成部分所实现的技术效果。只要检索揭露了比国际申请的说明书中已经获知的内容明显更相关，就需要根据国际申请的公开内容作为整体以及因此揭露的现有技术来确定什么才被认为是特定的技术问题（参见 **W 6/91**）。仅当以这种方式确定技术问题之后才能判断发明的单一性。

委员会在几个场合强调，在权利要求中指称的缺乏单一性不能用作根据缺乏单一性提出反对的理由（参见 **W 31/88**，OJ 1990，134；**W 7/89**，**W 59/90**，**W 9/02**）。在 **W 21/04** 中，委员会评述道，根据上诉委员会既定的判例法，在审查缺乏单一性的反对时不能忽视 ISA 认为不满足 PCT 第 6 条的独立权利要求的特征。

在**W 17/03**中，委员会关心对单一性的技术关系的调查。以下进一步提到这个案例。

4.2 关于新颖性和创造性的审查

在**W 12/89**（OJ 1990，152）中，委员会审查了法律地位，并且考虑到委员会之间的观点不同，向上诉扩大委员会特别提到以下问题（**G 1/89**）：

"当根据PCT第17（3）（a）条考虑专利申请是否符合PCT细则第13.1条阐述的发明的单一性要求时，国际检索单位是否有权力就新颖性和创造性进行国际申请的实质审查？

如果国际检索单位确实有这种权力，那么国际检索单位在什么情况下有义务进行这种实质性审查呢？"

上诉扩大委员会在**G 1/89**（OJ 1991，155）和**G 2/89**（OJ 1991，166）中作出裁决。上诉扩大委员会认定，根据普通的术语，术语"审查"或"实质审查"指的是负责确定可专利性的官方机构例如EPO的审查部的活动，或者在PCT的情况中，指的是IPEA和/或指定的专利局的活动。显然，ISA并没有任何权力来进行这种活动。上诉扩大委员会认为，ISA只能对新颖性和创造性形成临时观点以便进行有效检索。这个观点与上述提及的官方机构没有任何关联。当ISA认为根据"后验的"依据国际专利不符合PCT细则第13.1条中阐述的发明的单一性要求时，相同的原则同样适用。这种考量只对启动在PCT第17条和PCT细则第40条中规定的特定法律程序具有程序上的效果，并且因此不是这个术语在普通意义上的"实质审查"。根据决定，在实施PCT第17条和PCT细则第40条中阐述的法律程序时，只要需要确定发明是否符合单一性的要求，就要进行判断是否存在一个总的发明构思。这种判断是**临时的**并且并不构成可专利性审查意义上的实质审查（参见**W 6/90**，OJ 1991，438）。

上诉扩大委员会进一步指出，ISA对发明的单一性要求的考量当然应当总是考虑到给予申请人公正对待并且应当仅在明确的情况下按照PCT第17（3）（a）条收取附加费。特别地，考虑到根据PCT的这种考量是在申请人没有机会进行评论的情况下进行的，ISA在判断新颖性和创造性时应当保持克制，并且在模棱两可的情况下优选地克制以缺乏新颖性或创造性为依据认为专利申请不符合发明的单一性要求（参见**W 24/90**、**W 23/91**、**W 43/91**）。在**W 1/97**中，委员会认为，不存在ISA在已经检索部分主题的情况下仍然处于无法识别几个单独的发明的处境的情况。

在上诉扩大委员会在**G 1/89**和**G 2/89**中的决定之后，委员会反复使用发明潜在的总的发明构思缺乏新颖性或创造性来证明发明缺乏单一性的裁断

（参见 **W 17/89**、**W 27/89**、**W 18/90** 和 **W 19/90**）。在 **W 10/92** 中，委员会强调，问题—解决方案的方法适用于发明的单一性（**W 16/91**、**W 21/91**）。

在 **W 17/03** 中，ISA 考虑到缺乏共同的技术特征并且解决指称的不同问题应当足以证明多组发明之间缺乏单一性。委员会建议，ISA 确定问题的方法看起来好像源自于以下信念：所需要的仅仅是在使用问题和解决方案的方法来评价创造性时用于确定问题的相同分析，或许是因为在两种情况下涉及差异和问题。

委员会陈述道，并不能确信在发明潜在的共同问题的帮助下调查单一性的技术关系必然与在使用问题和解决方案的方法来评价创造性时用于确定问题的分析相同。

（1）评价单一性涉及比较由不同的权利要求所解决的问题（或实现的效果），而创造性的评价是对单项权利要求进行的。因此，当审查单一性时，由不同的权利要求解决的问题必须参照彼此来考虑并且不能在绝对意义上单独确定。

（2）在评价创造性时，想法是根据在本质上尽量窄但是不涉及解决方案的要素的区别特征来限定问题。另外，在评价单一性时，并不适用这些限制，因为总体目标是找出所涉及的权利要求的共同之处，即各项发明是否彼此关联以形成一个总的发明构思。

因此，不同的发明相对于最接近的现有技术所解决的具体问题需要逐步细化以找到是否存在使发明仍然区别于所述现有技术的共同特征，特别是以直接解决的问题为出发点进行概括。

5. 一个总的发明构思

5.1 概　　述

决定发明的单一性时，强制要求根据 EPC 第 82 条和 PCT 细则第 13.1 条来确定在专利申请中要求保护的一组发明是否形成一个总的发明构思。因此，当试图在检索阶段确定发明是否符合单一性的要求时，首先考虑的问题是这些发明是否通过一个总的构思关联起来。

在 **W 19/89** 中，委员会决定，专利申请明显缺乏发明的单一性，因为权利要求 1 包括的四种可能性涉及在不同方向对现有技术的进一步发展，即通过采用不具有新的共同技术特征的不同类别的脱卤剂。当技术问题潜在的至少一个解决方案已经构成现有技术的一部分时，“一个总的发明构思”的要求暗示着专利申请中对该问题提出的更多解决方案必须具有至少一个新的共同要素，这个新的要素通常由至少一个新的技术特征来代表。由于申请人承认缺乏这种统一的新的技术特征，所以该专利申请涉及一个以上的发明。

在**W 6/90**（OJ 1991，438）中对一个总的发明构思进行有用分析。委员会认定，这个构思本身在同一专利申请中单独解释的不同教导所具有的共同特征中得到证明。委员会评述道，符合专利法目的的教导不仅包括在相关权利要求中限定的问题的解决方案的直接主题，而且包括表述为效果的技术后果。委员会指出，任何主题都是由结构特征以及它们之间的关系限定的。相关的效果，即要求保护的发明所实现的效果或结果，通常已经能从阐述的问题明显看出来。仅当从要求保护的主题的结构特征和/或与这些主题相关的效果或结果得出的专利申请中的教导之间存在部分同一性时，才能因此认为存在一个总的构思。

当涉及同一类别的主题时，从这些主题的结构特征和/或它们的相关效果可以得到产生发明的单一性的部分同一性。在某些情况下可能先验地确定专利申请的所有不同教导之间缺乏这种共同的要素，并且因此缺乏发明的单一性。然而，如果关联的权利要求的主题对现有技术明显不具有新颖性和创造性，那么还可能在不同的独立权利要求的主题之间或者在剩余主题中后验地确立缺乏发明的单一性。委员会给出了抽象术语“一个总的构思”所具有的含义的实例：例如，产品、专门适用于制造所述产品的方法以及所述产品的用途实施一个总的构思，一方面，产品与从该产品的结构特征获得的产品用途之间的部分同一性，另一方面，产品与同样从该产品获得的专门适用于产品制造的方法所共享的部分同一性，该产品将被认为是该方法的效果或结果（参见**T 119/82**，OJ 1984，217）。

委员会还指出，当创造性主要建立在发现未认知的问题上时，以上阐明的根据PCT细则第13.1条发明单一性的标准在原则上同样适用（参见**T 2/83**，OJ 1984，265）。如果共同的问题（将要实现的效果）本身是已知的或者可以被认为是一般可取的（单纯迫切希望）或显而易见的，那么在阐述问题时没有发明的优点。如果仅在权利要求的现有技术部分中发现共同的结构特征，并且如果这些公知的特征并不能帮助解决组合整体的问题，那么这也会表明缺乏单一性。

在**W 38/90**中，权利要求1、2和4的主题之间的唯一共同的联系是各个特征全部有助于实现同一个装置——门的观察组件。委员会评述道，这个共同的预表征特征被限定为表示发明的名称，作为现有技术的一部分；然而，这不是与剩余的表征特征相互作用从而有助于多种发明及其效果的具体特征。因此，这种唯一联系由于与任何可能实现创造性的助力无关而必须摒弃。正如已经总结的，在缺乏任何种类的共同相关特征时，不能识别“先验的”单一性。

在 **W 32/92**（OJ 1994，239）中，委员会认为，当独立权利要求的主题（包括它们的效果）在与最接近的现有技术不同的权利要求的这些部分中没有共同的创造性特征时，不存在发明的单一性。

在 **T 861/92** 中，要求保护的设备专门适用于实施要求保护的方法的唯一一个步骤。委员会得出以下结论，权利要求的主题满足 EPC 1973 第 82 条的要求，因为两个发明之间存在技术关联。

在 **W 9/03** 中，委员会考虑权利要求潜在的共同的问题是否可以确立不同发明之间的单一性。委员会认为，共同的问题仅在某些条件下可以确立不同发明的单一性，例如，在问题发明的情况中。然而，这不是本案的情况。根据申请人的观点，共同的问题被认为是提供更加安全、快捷且容易连接的设置。委员会从以下假设开始：相关领域的技术人员通常会考虑到这个问题。共同的问题因此被宽泛地阐述为该共同的额外难题“本身已经是已知的并且可以被认为是一般可取的或显而易见的”（参见 **W 6/90**，OJ 1991，438）；结果，由此无法确立单一性。

5.2　一个总的构思的创造性特征

PCT 细则第 13.2 条定义了用于确定在国际申请中要求保护的一组发明是否满足发明的单一性要求的方法：“在一个且同一个国际申请中要求保护一组发明的情况中，仅当涉及一个或多个相同或对应的特殊技术特征的这些发明之间存在技术关系时才满足 PCT 细则第 13.1 条提及的发明的单一性要求。表述‘特殊技术特征’应当意味着限定每个要求保护的发明（作为一个整体考虑）对现有技术作出的贡献的那些技术特征。”

一旦确立了这种单个，即共同的构思，就必须考虑该构思是否有助于本案中要求保护的多个主题的创造性。无迹象表明该构思是已知的或者属于本领域技术人员的常识。由于检索审查员并没有表明本案中引用的文件可以排除这种贡献，所以不能假设这不是这种情况（**W 17/89**；参见 **W 6/90**，OJ 1991，438）。鉴于此，一个发明构思必须归结为将它们的所有主题关联起来的所有权利要求（参见 **W 22/91**）。

在 **W 6/90**（OJ 1991，438；另见上述第 2 章 C.5.1）中，委员会进一步特别指出，就发明的单一性而言，PCT 细则第 13.1 条同样阐述了一个总的构思必须具有创造性。即使对于给定的一个总的构思，如果该构思不具有创造性特征，也缺乏单一性。上诉委员会在几个场合确认了上述决定（参见 **W 31/91**、**W 29/92**、**W 34/92**、**W 45/92**、**W 8/93** 和 **W 6/97**）。

在**W 48/90**和**W 50/90**中，委员会指出，就涉及的化学化合物而言，发明的单一性不单纯是各个结构特征的问题，而是必须确定考虑将要解决的技术问题，并且各个化合物是否有助于解决发现的问题。

在**W 45/92**中，委员会说术语“创造性”不能理解为将会具有创造性的共同部分本身的要求并且因此就其本身而言是可要求保护的。在这方面的调查应当集中在所有或一些这种特征是否会有助于随后仔细考虑创造性。仅当已经教导的现有技术或公知常识表明（排除合理怀疑）在这种情况下不可行，才应当宣布没有单一性。委员会进一步认为，术语“相同或对应的特殊技术特征”承认这些特征应当限定发明对现有技术的贡献。由于本特征还是大部分相关的现有技术的一部分，而这些特征是以完全相同的方式阐述的，所以它们不能提供这种贡献。因此，如果存在多个发明，那么在每种情况下这些发明的创造性必须在于不共享的具体表征特征。由于权利要求在特征部分中不包括这些权利要求之间的其他共同特征，所以这确定了缺乏单一性的结论（参见**W 32/92**，OJ 1994，239）。

在**W 38/92**中，委员会确认**W 6/90**（上述），并且指出，权利要求组中的共同特征代表关联多个主题的“唯一构思”。委员会说，剩下的问题是在权利要求组或它们的组合中的任何这些具体特征是否会有助于涉及每个要求保护的主题的创造性；若有帮助，这会使关联多个主题的所述构思具有创造性。委员会评述道，新的PCT细则第13条还要求通过建议的共同的“特殊技术特征”作出的对现有技术的这种贡献，即不仅仅提供新颖性。在**T 94/91**中，委员会明确指出总的发明构思不能等同于权利要求中或权利要求的特定组合中引用的特征。应当考虑的是权利要求中限定的发明构思，并适当考虑说明书和任何附图（参见**W 2/95**）。

在**W 9/93**中，委员会指出，中间化合物是公知的，使得这些产物不能用于共同的发明构思，并且方法权利要求中还能够包括的技术特征也是公知的。委员会指出，已经构成现有技术的一部分的技术特征不能通过定义来对现有技术作出贡献，并且因此没有资格成为PCT细则第13.1条所指称的单一要素。委员会评述道，根据从1992年7月1日起生效的PCT细则第13.2条，如果涉及一个或多个相同或对应的“特殊技术特征”（限定每个要求保护的发明对现有技术的贡献的这些技术特征）的这些发明之间存在“技术关系”，那么国际专利申请可以涉及一组发明。委员会继续说，PCT细则第13.1条并没有简单地要求国际专利申请中要求保护的一组发明之间的一些关联，而是共同的发明构思。这意味着必须存在共同的技术问题，抑或（如果存在不止一个技术问题）在这些不同问题的解决方案背后至少存在一个技术构思。然而，在本案中都不满足这些条件。

在 **T 957/96** 中，专利申请描述了不具有任何共同方法步骤的多种方法。委员会认定，在本案中，对于发明的单一性的决定性问题是要求保护的所有方法共享共同的技术特征，即使用基本上纯的位置异构体，这是用于解决专利申请所处理的技术问题所必需的。正是中间产物的这种用途构成要求保护的所有方法变体的共同“创造性”构思。换句话讲，按照 EPC 1973 细则第 30（1）条的要求，这个特征构成限定要求保护的发明对现有技术贡献的特殊技术特征。

在 **W 11/99**（OJ 2000，186）中，委员会认为，如果在国际专利申请中存在针对产品以及用于制造该产品的方法的权利要求时，不能仅仅因为该方法还可以用于制造其他产品假设没有 PCT 细则第 13.2 条所指称的对应的特殊技术特征。

委员会解释在同一个申请中要求保护制造方法和产品的情况下根据 PCT 细则第 13.2 条存在“对应的特殊技术特征”的要求的意思是当产品方法是新的并且实际上适于使要求保护的产品可行时通常可以假设存在这种特殊技术特征（在除进一步产品之外的适当情况下）。在这种情况下，委员会认为方法“专门适用于”制造要求保护的产品。术语“专门适用于”和“对应的特殊技术特征”的狭义理解不会实现 PCT 第 34（3）条以及相关的 PCT 细则第 13.1 条的立法目的，根据委员会的观点，其立法目的与 EPC 1973 第 82 条的立法目的相同，即防止在一个且同一个申请中要求保护并不互相关联的主题。这种解释与《PCT 指南》III－7.2（1998 年 7 月版）中提及的《PCT 行政规程》的附录 B 一致，其中在第一部分第（e）项中规定，如果方法内在地得到产品，那么该方法专门适用于制造该产品（参见 2008 年 7 月 1 日生效的《PCT 行政规程》附录 B 第（e）段）。如果满足这个条件，那么与使用该方法是否可以获得其他产品无关。

在 **T 106/06** 中，委员会提到上诉委员会既定的判例法，根据该判例法，制造方法及其所得产品被认为是单一的主题（例如 **W 2/95** 和 **W 11/99**）。委员会考虑以下问题，权利要求 1 并不涉及通常意义上的制造方法，其特征在于在方法的开始就设想了具体的终产物，而是涉及分离基因的方法，根据它的设置，这种方法类似于筛网法，而筛网法的特征可以在于在开始就已知终产物并且应当对判断单一性有影响。委员会认为，决定性的问题是是否通过该方法已经实际生产该产品，而不是在该方法开始时是否已知该产物。因此，在判断制造方法和筛网法与它们所得的产物之间的单一性方面不存在差异。

在 **W 18/01** 中，委员会指出，根据《PCT 行政规程》以及 PCT 国际初审指南（对EPO有约束力；参见**G 1/89**，OJ 1991，155，理由第6点）中的定义，例如通过表明在限定这组发明的所有权利要求中规定的特征通常不足以单纯限定并审查一组发明的共同核心。PCT细则第13.2条要求审查一组发明之间的技术关系。假设这些发明涉及对应的特殊技术特征，那么即使这些发明并不涉及相同的技术特征，也可能存在这种关系。在PCT细则第13.2条中给出的“特殊技术特征”的定义要求分析每件要求保护的发明对现有技术的贡献。在可以根据说明书，特别是解决的问题以及要求保护的发明实现的效果审查这些发明的贡献之前，首先需要分析哪些特征使要求保护的发明区别于引用的现有技术。

5.3 限定替代方式的单项权利要求的单一性（马库什权利要求）

涉及所谓的“马库什做法”的情况同样由EPC细则第44（1）条和PCT细则第13.2条管理，在“马库什做法”中，单项权利要求限定替代方式。根据EPC细则第44（2）条和PCT细则第13.3条，应当在不考虑是否在分开的权利要求中或者在单项权利要求中作为替代方式来要求保护发明的情况下确定一组发明是否紧密联系以形成一个总的发明构思（参见**W 35/91**）。

在**W 3/94**（OJ 1995，775）中，委员会必须决定ISA是否证实了它不具有单一性的裁断。委员会通过引用涉及“马库什做法”的特殊情况的从1992年7月1日开始生效的《PCT行政规程》附录B第1（f）部分（现在是从2008年7月1日开始生效的《PCT行政规程》附录B第（f）段）探讨了这个问题。根据《PCT行政规程》的这部分内容，当替代方式具有相似属性时，应当认为满足在PCT细则第13.2条中规定的技术上的相互关联以及相同或对应的特殊技术特征的要求。这部分内容随后规定了什么时候这些替代方式被认为“具有相似的属性”。

在**W 1/94**中，充当ISA的EPO认定，根据识别的“发明”的化合物并不具有新的结构要素。然而，委员会总结道，缺乏这种要素并不会自动破坏发明的单一性。相反，从《PCT行政规程》可以清楚地认识到，必须识别一组替代的化学化合物的技术关系，例如，具有共同的性能或行为的所有化合物，并且在本案中存在这种共同的行为。这种新用途根据PCT细则第13.1条因此可以形成与权利要求的主题相关联的总的发明构思，并且必须被当作是与要求保护的化合物相关联的功能性特性。

在**W 6/95**中，委员会提到《PCT行政规程》，根据PCT细则第40.2（c）条，该规程不仅对ISA有约束力，而且对充当“三人委员会”的上诉委员会有约束力（参见**G 1/89**，OJ 1991，155；在2005年4月1日开始生效的PCT

规程中，提到的“三人委员会”已经被替换为“复核机构”)。委员会提到，根据《PCT 行政规程》附录 B 第 1（f）（i）部分（现在是 2008 年 7 月 1 日开始生效的《PCT 行政规程》附录 B 第（f）段的一部分），为了“后验地”确定发明的单一性，马库什权利要求所涵盖的化学化合物的所有替代方式不足以具有共同的性能或行为，即适合于解决共同的技术问题，因为根据（B）（1）项，它们此外还必须具有共同的“重要结构要素”从而使这些替代方式形成单一性。然而，委员会明确指出，假设所述“重要结构要素”本身必须具有新颖性不符合《PCT 行政规程》的附录 B 第 1（f）（ii）部分中给出的解释。相反，这种表述的意思是，有关所述共同的性能或行为，必须存在使要求保护的化合物区别于具有相同性能或行为的公知化合物的化学结构的共有部分（另见 **W 6/97**）。

在 **T 169/96** 中，审查部的观点是，在审查部面前的案例中，不存在这种一个总的发明构思，因为化学式 A 包括的具有共同的性能的结构替代方式并不共享共同的重要结构要素，并且根据《EPO 指南》C－III，7.4a，其引用了 EPC 1973 细则第 30 条的文本（旧版本生效至 1991 年 5 月 31 日），公知的和新的化学化合物的共同新用途本身并不足以确立 EPC 1973 第 82 条所指称的共同的发明构思。委员会指出，一项权利要求还包括公知的化合物，这种化合物未被另一项权利要求 2 涵盖，并且与单一性的问题无关，因为 PEC 细则 1973 第 30（b）条（旧版本生效至 1991 年 5 月 31 日；同样根据此后生效的版本）并不要求必须存在根据该法条的不同“装置”潜在的共同构思。换句话讲，在这种情况下并不相关，由审查部识别的三种不同类别的化学化合物包括完全不同化学结构的剩余部分。委员会评述道，指南的上述章节以及涉及审查所谓的马库什型权利要求的发明的单一性的《PCT 行政规程》附录 B 第 1（f）部分（这对应于 2008 年 7 月 1 日开始生效的《PCT 行政规程》附录 B 第（f）段）恰当地陈述道，所述重要结构要素可以包括关联在一起的单个成分的组合。这些法规并没有说单个结构要素本身必须具有新颖性，这种要求也并不满足 EPC 1973 第 82 条。相反，根据《指南》，这种表述的意思是，关于所述共有性能或行为，必须存在使要求保护的成分区别于具有相同性能或行为的公知化合物的化学结构的共有部分。在本案中，并没有引用涉及化学化合物的现有技术，已知这些化合物可用于生产具有增强的氧化稳定性的聚合成分。然而，过氧化氢组和负责提供氧化稳定性的剩余部分“An”的组合，一方面，使权利要求 2 的化合物区别于在聚合成分中照惯例用作抗氧化剂的所有化学化合物，另一方面，使权利要求 2 的化合物区别于照惯例用作聚合引发剂的所有化合物。

在 **W 4/96**（OJ 1997，552）中，上诉委员会指出，当所有要求保护的替代方式属于可能期望按照要求保护的权利要求（“马库什权利要求”）的上下文中相同的方式发挥作用的一类化合物时，满足 PCT 细则第 13.2 条第一句限定的技术关系的要求。技术关系涉及限定对现有技术的贡献的这些共同的特殊技术特征（PCT 细则第 13.2 条第二句；另见 **W 6/96**）。然而，如果现有技术中已经出现了按照申请中公开的方式发挥作用的这类构件，那么根据这种预期不能辨别这种贡献。

委员会补充道，如果至少一项马库什替代方式不比现有技术新，那么审查员必须重新考虑单一性问题，即后验（结合《PCT 检索指南》参见《PCT 行政规程》附录 B 第 I（f）（v）部分；《PCT 行政规程》附录 B 第 I 部分已经变成了从 2008 年 7 月 1 日开始生效的《PCT 行政规程》的附录 B；在从 2004 年 3 月 25 日开始生效的《PCT 国际检索和初审指南》中现在可以找到第 II 部分（示例））。

委员会还认为，有关所有类别的化学化合物的替代方式的分组，可以后验地提出缺乏单一性的异议。在所有情况下必须按照相同的方式后验地判断单一性，因为 PCT 细则第 13 条的法律要求对于所有情况都相同。因此，在一组化合物的功能性关系的情况下后验地判断单一性必须按照对应于在结构性关系的情况下判断单一性的方式进行。这适用于通过它们的结构及功能关联的化合物。附录 B 第 I（f）（i）（B）（1）部分指称的结构性关系以及附录 B 第 I（f）（i）（B）（2）和（iii）指称的关系用于相同的目的：两种测试都旨在表明替代的化合物是否具有附录 B 第 I（f）（i）部分介绍中阐述的类似属性。这些测试仅仅是为了确定是否存在 PCT 细则第 13 条限定的发明的单一性的工具。

6. 多个发明和进一步检索费

6.1 不支付进一步检索费的后果

如果检索部提出缺乏发明的单一性的异议，那么根据 EPC 细则第 64（1）条（EPC 1973 细则第 46（1）条；本质上保持不变）或 PCT 第 17（3）（a）条，对于每项涉及的专利必须支付进一步的检索费。如果在到期之前支付费用，申请人可以选择在主要申请中保留他希望的单项发明或一组发明。

不支付欧洲专利的授权法律程序的进一步的检索费的后果已经是一部分委员会互相矛盾的解释的主题。尽管委员会在 **T 178/84**（OJ 1989，157）中说，在不支付根据 EPC 1973 细则第 46（1）条的进一步的检索费的情况下，未检索的主题被视为放弃并且因此在专利申请中不能继续，在 **T 87/88**（OJ 1993，430）中，委员会专门提到，不付费不会导致放弃。委员会说，不支付进一步的检索费决不会损害未检索部分的未来法律命运，并且 EPC 1973 细则第 46（1）条单纯规定，在不支付进一步的检索费的情况下，检索部只会针对已经支付检索费的发明所涉及的申请的这部分起草欧洲检索报告。

EPO 的局长因此向上诉扩大委员会提到以下法律观点：

"当检索部根据 EPC 1973 细则第 46（1）条要求申请人支付不具有单一性的申请的进一步的检索费时没有付费的申请人能否继续未支付检索费的主题的申请或者他必须提交该申请的分案申请?"

在 **G 2/92**（OJ 1993，591）中，上诉扩大委员会决定，就申请人尚未支付进一步的检索费的主题不能继续申请。相反，如果申请人继续保护该申请，那么申请人必须提交分案申请。根据上诉扩大委员会的观点，从 EPC 1973 的程序系统很明显将要审查可专利性的发明必须是在起草欧洲检索报告之前已经支付检索费的发明。EPC 1973 第 IV 部分设想在从检索部提交到审查部之后继续申请。EPC 1973 细则第 46 条的一个目的是通过确保就审查部审查申请之前就每个单个申请完成适当的扩展检索来实施这个过程。为此，为了回应检索部要求支付就申请涉及的一个或多个进一步发明的一项或多项检索费用，如果申请人想确保进一步的发明之一变成申请的权利要求的主题，那么散热器必须支付这些进一步的费用。这是 EPC 1973 细则第 46（1）条在上下文中的正确解释。这确认了根据 **T 178/84** 的实践做法。

在 **T 319/96** 中，初始申请缺乏单一性，但是未支付进一步的检索费。申请人认为，因为由 EPO 对原始权利要求 4 至 10 的主题进行国际性检索（PCT 第 15（5）（a）条），所以并没有没收申请人选择的权利并且因此可以继续进行这个主题。已经支付了两项发明的每项发明的检索费，并且欧洲专利局已经准备了两份检索报告。由于上诉人坚持进一步继续第二项发明，所以结合 EPC 1973 第 82 条和细则第 46 条根据 EPC 1973 第 97（1）条驳回申请。

委员会说，根据 EPC 1973 细则第 46（1）条，如果欧洲检索报告将要涵盖这个发明，那么必须为每个进一步的发明支付检索费。确实，已经根据 PCT 第 15（5）（a）条为另一个法律过程的背景中第二项发明的主题起草了国际性检索报告，即为了确立优先权目的的国家过程；然而，这不能简单地代替欧洲检索报告。EPC 1973 细则第 46 条并没有规定，来自另一个法律过程的检索报告不能取代欧洲检索报告。相反，收费规则（RFees）规定，如果欧洲专利局在根据其他条约产生不同效力的欧洲授权过程的背景之外准备检索报告，那么只要部分或完全退还了欧洲检索费就应当考虑同一主题的检索报告（收费规则第10（2）条）。通过“回落”而不是通过放弃欧洲检索费来进行恢复。为此，EPC 1973细则第46条确实适用于此，并且上诉人就已经有义务来支付进一步的检索费以便保留继续涉诉申请的第2项发明的选择权。

在**T 631/97**（OJ 2001，13）中，委员会认为，当未支付进一步的检索费时，EPC 1973细则第46（1）条在正确解释上并没有禁止审查部对缺乏发明的单一性的检索部的观点进行调查。当未支付附加检索费时，检索部对缺乏发明单一性的裁断根据EPC 1973细则第46（1）条被认为是终局裁断，而该法条的狭义理解会剥夺申请人在审查程序期间争辩检索部的裁断的机会，并且还会在发明的单一性问题上将审查部的权力限制在支付了检索费的主题上。因此，委员会并不同意在**T 1109/96**中持有的观点。委员会认定，EPC 1973细则第46（1）条的上述理解符合上诉扩大委员会在**G 2/92**中的观点。委员会还认定，指南与**G 2/92**和EPC 1973细则第46条完全一致。

委员会指出，当选举EPO时，根据PCT的检索和国际申请的审查实践或指定局同样符合上述观点：同样当ISA认为申请不符合发明的单一性要求（PCT细则第13.1条和细则第13.2条），并且申请人并没有支付根据PCT第17（3）（a）条的附加检索费时，在2000年3月1日开始生效的EPC 1973细则第112条（OJ 1999，660－667）要求EPO审查将作为欧洲—PCT申请进入EPO的国际申请的发明单一性要求。EPC 1973细则第112条被重新编号为EPC细则第164条并且包括实质修改。

6.2 摒弃进一步的检索费

在**W 36/90**和**W 19/89**中，委员会评述道，当在国际申请中缺乏单一性时，特别是当异议明显是后验时，检索审查员会决定使用对额外发明以及第一发明的检索来补充国际检索。当发明的构思非常接近并且这些构思没有一个要求在不同类别中进行检索，使得在不需要付出太多额外工作的情况下可以对所有的发明进行检索时（参见中期技术合作委员会在1977年10月在日内瓦的第七次会议赞同的《PCT检索指南》，PCT/INT/5），特别如此。在此案中，不应当提出缺乏单一性的异议，因为收取进一步的费用与公平对待申请人的原则不符（参见**G 1/89**；对于在未支付费用的情况下检索额外方法，参见在2004年3月25日开始生效的《PCT国际检索和初审指南》的第10.64～10.65段以及《审查指南》（2010年4月）第B部分第VII章第2.3段）。

6.3 进一步要求支付附加检索费

EPC 2000引入的程序变化涉及在缺乏单一性的情况中支付补充的检索费。根据EPC 1973的规定，申请人在进入欧洲阶段时能支付在PCT阶段中未经检索的发明附加检索费（EPC 1973 细则第 112 条）。

根据新规定，申请人必须支付一直会进行的补充检索的费用，除非 EPO 是国际检索单位，但是可以不再支付在国际阶段未经过检索的发明的附加检索的费用（EPC 细则第 164 条）。至于后一种情况，在进入欧洲阶段之后可以提交分案申请。

第 3 章 修改

本章涉及 EPC 第 123（2）条和第 123（3）条。其他方面的修改在别处介绍；例如参见第 4 章“分案申请”；第 5 章 B.1.2“优先权”；第 7 章 B.1.3，B.2.3，B.2.4，B.2.5，B.2.10，B.3.4，B.3.7，B.3.8“审查程序”；第 7 章 D.4，“异议程序”；第 7 章 E.16“上诉程序”。

A. EPC 第 123（2）条

根据 EPC 第 123（2）条，欧洲专利申请或欧洲专利的修改不得包含超出所提交申请书内容范围的主题。EPC 的修正纯粹是对 EPC 第 123（2）条的措辞进行编辑上的修改，目的是与 EPC 第 123（1）条保持一致。但是，EPC 1973 第 123（2）条和 EPC 第 123（2）条实质相同。

1. 一般性问题

对于申请内容的概念，**G 11/91**（OJ 1993，125）指出，申请内容涉及欧洲专利申请决定发明披露的各个部分，即说明书、权利要求书和附图。在此重申，申请文件中的说明书、权利要求书和任何附图决定所提交申请的内容（**G 2/95**，OJ 1996，555；**T 382/94**，OJ 1998，24）。

此外，正如 **T 860/00** 中所指出，专利申请中的隐含披露，即本领域的技术人员认为专利申请作为整体必然隐含的内容（例如，考虑到基础科学定律），与 EPC 1973 第 123（2）条的要求相关（另见 **T 1772/06**）。

在 **T 246/86**（OJ 1989，199）中，委员会决定，摘要仅用于文件编制目的，不属于发明披露的一部分。对于 EPC 1973 第 123（2）条来说，摘要不能用来解释申请内容（**T 606/06** 中确认的方案）。对于 EPC 1973 第 123（2）条来说，“所提交申请的内容”也不包括任何优先权文件，即使优先权文件与欧洲专利申请在同一天提交（**T 260/85**，OJ 1989，105）。

对于最初提交申请的内容，委员会在 **T 1018/02** 中指出，尽管权利要求没有以不合逻辑或没有意义的方式进行解释，但不能通过说明书赋予权利要求特征不同的含义，权利要求特征本身就已向技术娴熟的读者提供了清楚可靠的技术教导。这同样适用于特征最初没有以权利要求中出现的形式披露的情况。

在 **T 605/93** 中，委员会认为，所提交的欧洲申请的申请文件是所提交的国际申请的翻译的，“所提交申请”的内容（针对 EPC 1973 第 123（2）条）为所提交国际申请的内容。但是，在所有正常情况下，应假定已公开的欧洲申请的内容与已公开的国际申请的内容相同。

在 **T 658/03** 中，委员会指出，对于之前不包括某一主题的缔约国而言，缔约国不同则权利要求亦不同（几套）的申请或专利中请求保护的主题的任何归属变化都属于 EPC 1973 第 123 条意义上的修改。此类修改原则上需要就其是否符合公约要求进行全面审查。

在 **T 382/94**（OJ 1998，24）中，欧洲专利申请提交了德文说明书和权利要求书，附有 25 个附图。其中 3 个附图包含英文文字内容的所谓流程表。该申请以这种形式公开。

在作出决定时，根据 EPC 1973 第 80（d）条、第 14（1）条、第 14（2）条和第 91 条以及 EPC 1973 细则第 43 条，委员会裁决，申请日的确定只能与整个申请文件有关。申请日实际提交的说明书、权利要求书或附图的某些部分不视为所提交文件的一部分，这似乎违反了公约。基于所提交附图中的英语文字内容对申请进行的修改，并不违反 EPC 1973 第 123（2）条。

在 **T 287/98** 中，英文版申请具有争议的章节中最初包含的词语“scrap（废料）”表示“一般意义上的垃圾或废物”，在权利要求 1 中已被替换为“废金属”（scrap metal）。荷兰语的原申请包含的词语“schroot”，意思是废金属，上诉人提供的各种词典副本证实了这一点。委员会认为，这个词没有被准确地翻译成英语，在最初提交的申请中，除了“废金属”别无他意。委员会进一步裁定，可以根据 EPC 1973 第 123（2）条将词语“scrap”替换成“scrap metal”，因为 EPC 1973 第 70（2）条规定，在 EPC 1973 第 14（2）条所指的情况下，即欧洲专利申请以除英语、法语或德语之外的缔约国语言提交的情况下，在欧洲专利局的法律程序中必须考虑原始文本，以确定申请的主题是否超出所提交申请的内容范围。

在 **T 23/02** 中，委员会认为，尽管最初提交的权利要求书没有提到平均粒径测量方法，但这并不意味着可以采用任何方法确定该参数。如果有的话，权利要求书会就如何测量平均粒径提出疑问，具体是因为技术人员会意识到测量方法在粒径分析中的决定性作用。所以技术人员在确定如何测量平均粒径时会利用说明书和附图，并得出以下结论：在根据原说明书进行适当解释时，最初提交的权利要求书已包含对于各种微粒平均粒径的测量方法的限制。

此外，平均粒径的测量方法由于影响了该参数的实际值，所以不具有技术贡献。

在 **T 500/01** 中，委员会指出，即使一项权利要求的措辞与最初提交的权利要求基本相同，如果该权利要求所包含特征的定义在说明书中以不允许的方式修改，该权利要求也会违反 EPC 1973 第 123（2）条的要求。根据说明书，一个特征的定义是要求保护的发明最重要的要求，每当专利中提及该特征，技术娴熟的读者就会利用其定义来解释该特征。由于在这种情况下，该定义在所提交的申请书中毫无根据，所以权利要求 1 不符合 EPC 1973 第 123（2）条的要求。

T 1228/01 中的上诉源于审查部对欧洲专利申请“绝育和避孕用卵透明带抗原和抗体的制备方法及用途”的驳回决定，该驳回是因为该申请包含超出所提交申请的内容范围的主题，违反了 EPC 1973 第 123（2）条。上诉人推断，权利要求书提及沉积的噬菌体（在最初提交的申请中提到了正确沉积）是对噬菌体所包含的核酸序列一部分的隐含披露，尽管从本质上讲并未披露该序列。引用 **T 301/87**，其结论在这里同样适用，其中已确定如果向技术人员披露了实体本身，但如果无法直接且毫无疑义地对此进行此类设想，还需进行大量的调查研究才能揭示其同一性，则不一定意味着对于优先权同样披露了其组成部分。因此在 **T 1228/01** 中，委员会指出，最初提交的申请中对重组噬菌体 Lgt11 - P3 沉积物的披露不被视为在 EPC 1973 第 123（2）条要求的范围内对指定为“P3 编码序列”的 DNA 序列进行披露的依据，虽然诉称该细菌噬菌体包含该序列，但在最初提交的申请中没有披露该序列。

在 **T 792/94** 中，委员会裁决，由于所修改的权利要求 1 的教导较为模糊（EPC 1973 第 84 条），从而使解释超出了最初申请整体教导的范围，所以此项修改违反了 EPC 1973 第 123（2）条。

决定 **T 673/89** 和 **T 685/90** 禁止后期纳入**等同物**。**T 673/89** 涉及双回路制动系统。委员会认为，原权利要求书没有指出如何在制动回路中传输信号，仅这一事实不能成为以最初提交的申请文件中未提及的其他实施例对其教导进行有意补充的依据。在 **T 685/90** 中，委员会认为，对于明确披露特征的具体等同物而言，若根据 EPC 1973 第 54（3）和 54（4）条，该内容相对于较近期的申请而言，作为现有技术使用，则该等同物并非自动属于所提交欧洲专利申请的内容。因此得出的结论是，若在根据 EPC 1973 第 123（2）条确定是否允许修改时对该内容进行判断，则此类等同物也不属于欧洲专利申请的内容。在**T 265/88**中，委员会不允许通过使用更宽泛的技术术语代替最初披露的单一技术手段而增加最初未披露的等同物。

T 118/88得出结论，某一特征的显而易见性无法替代原披露。

在**T 40/97**中，委员会考虑了最初提交的申请对本领域技术人员的教导，并且认为，如果若干大致相似的实施例以等同物术语进行论述，在正常情况下以及没有与之相反的情况时，本领域技术人员会将详细描述的某一实施例的元素特征与不太详细描述的另一个实施例的可比元素特征在概念上相关联。

在**T 243/89**中，申请人最初请求保护一种仅用于医疗用途的导管；在审查程序中他又提交了一项该医用导管的生产方法的权利要求。由于这两个独立权利要求措辞相似并且具有密切的相互关系，所以上诉委员会认为没有理由拒绝申请增加一项形成该装置的方法权利要求。由于该活动结果本身可授予专利，因此此类方法也可授予专利，除非披露不充分。

T 157/90和**T 397/89**强调，特征概述若在所提交的申请中只有形式支持则是不充分的。例如，如果所提交的申请只描述了具体实施例，并且特征的一般适用性在技术人员看来并不明显，则不允许概述。

在**T 906/97**中，委员会指出，与其余申请文件相孤立看待的原权利要求书可解释为涵盖特定类型的装置的这种后验证明，无法提供令人信服的证据证明实际上已向技术人员披露该特定装置。

在**T 770/90**中，委员会裁决，最初提交的说明书不支持的过宽权利要求不是用于修改的适当“库”。关于EPC 1973第123（2）条的问题，委员会在**T 296/96**中指出，文件的内容不得视为这样的库，取自库中的与单独实施例相关的特征可以组合，目的是人为创建具体实施例。在判断某一特征是否已在文件中披露时，相关问题是技术人员是否会认真地思考将该文件所引用的不同特征相组合。在所提交的申请中情况并非如此。

在**T 54/82**（OJ 1983，446）中，委员会认为，当提出的修改涉及将申请的最初主题的单独特征相组合时，不一定会出现EPC 1973第123（2）条下的反对。在考虑申请说明书的不同部分是否可以适当地一起理解时，也可以将现有技术考量在内。

在**T 13/84**（OJ 1986，253）的基础上扩展，**T 547/90**和**T 530/90**中规定，只要所澄清的问题以及建议采用的方案本来就能够根据最初提交形式的整体申请推断出来，重新表述技术问题就并不违反EPC 1973第123（2）条。

决定**T 784/89**（OJ 1992，438）对所提交文件中明确披露的计算机控制的NMR影像生成方法作出裁决。通过引用另一专利申请，隐含披露了一种装置，该装置包括可编程部件，该可编程部件若适当编程则可用于要求保护的方法。委员会认为，只披露了这种具体组合。申请保护实施某种方法的装置被视为欧洲专利申请的不容许的延伸，因为该权利要求涵盖了还可以在其他方法中使用并可达到其他效果的装置。唯一可授予专利的权利要求是针对一种用于实施某种方法的装置，该装置包括适当编程即可实施该方法的可编程组件。

在 **T 526/92** 中，专利涉及一种用于润滑油组合物的具有至少 235 高总碱值（TBN）的添加剂浓缩物。除 235 为所提及的最低值的示例外，所提交的申请没有明确提到 TBN。"具有至少 235 高 TBN"的特征是在审查程序过程中引入的，以便将要求保护的主题与引文中披露的具有 100 低 TBN 值的组合物进行区分。委员会撤销了该专利，理由是违反了 EPC 1973 第 123（2）条，不符合放弃声明的前提条件（参见下文第 3 章 A.4 中有关放弃声明现行法律的 **G 1/03**）。

在这种情况下，TBN 值最初没有作为"宽"范围披露，只是作为单一的点值披露；因此限定了最初没有披露的新范围。此外，原说明书的一般部分不含任何表明 TBN 在涉案申请框架中起到任何作用的信息。这意味着，也不存在与 TBN 范围有关的任何信息，无论开放式信息还是非开放式信息。原说明书中也不包含关于 TBN 对技术问题的解决方案作出贡献的任何信息。而且也不能得出如下结论：示例中披露的单一 TBN 值代表始于 235 且无任何上限的 TBN 范围。委员会认为，如果仅在示例中给出了参数值，且该参数的意义在原说明书中没有变得明显，则无须任意地规定出范围，否则范围的一侧是开放的且有一个选自示例的限值。

T 201/83（OJ 1984，481）和 **T 17/86**（OJ 1989，297）基于以下假定：限制也可构成对申请主题的不容许扩展。然而，在 **T 201/83** 中，委员会得出结论，基于具体示例中描述的数据对要求保护的合金成分的浓度范围进行修改是容许的，因为技术人员本来就能够容易地认识到，该值并非与该示例的其他特征密切相关，以至于在很大程度上决定发明的实施例的效果。因此，可以从原文件中推断出新限值。在 **T 17/86** 中，审查部认为，虽然将具体技术特征引入一项权利要求会构成限制，但不违反 EPC 1973 第 123（2）条，因为有关特征已在申请书中进行了描述，仅与该权利要求不包含的另一特征相关。

但是，委员会认为，所提交的申请清楚地表明，这样修改的新权利要求中的技术特征组合足以产生该申请书要达到的结果。

在 **T 433/01** 中，委员会认为，第 2 项附属请求也很可能不满足 EPC 1973 第 123（2）条的要求，因为此项请求不符合根据 **T 201/83**（OJ 1984，481）得出的以下准则：若使基于某一示例所描述的数值进行的概述可容许，该数值必须在相关技术特性方面完全明显独立于该示例的其他特征。

在**T 876/06**中，委员会建议，根据EPO惯例，举例来说，如**T 201/83**所述，如果技术人员本来就能够容易地认识到，特定示例所描述的具体数值并非与该示例其他特征密切相关，以至于以独特的方式在很大程度上决定整体发明的效果，则基于该数值对一项针对混合物的权利要求中的浓度范围进行修改是可容许的。根据这一原则，委员会认为，在争议案件中必须确定，几个示例中规定的液体橡胶与固体橡胶的重量比从这个意义上是否与这些示例的其他特征密切相关。委员会得出结论，技术人员从最初提交的申请中本来就能够认识到，液体橡胶与固体橡胶的重量比并非与这些示例的其他特征密切相关，以至于以独特的方式在很大程度上决定整体发明的效果。因此，根据委员会的裁断，在争议案件中，允许通过几个示例中采用的具体数值来限制液体橡胶与固体橡胶的重量比范围。该权利要求的限制只相当于将范围量化为文件中已设想的值，而不是根据**T 201/83**中的理由第10点对要求保护的发明的主题作出技术贡献的任意限制。委员会还发现，应诉人/异议人认为**T 201/83**中进行的修改是容许的，只因为修改体现的是针对当时要求保护的发明所披露的最低值，该观点是错误的。在委员会看来，这个事实根本不起作用。委员会也不同意决定**T 201/83**已被上诉扩大委员会后面的决定否决的观点。其符合EPC 1973第123（2）条的要求。

在涉及EPC第123（2）条的案件**T 184/05**中，委员会决定，严格来说，不能孤立于示例看待在特定工艺条件下获得的产品的杂质浓度值，除非已证实，经过采用的工艺处理后，该值与该产品中的所有其他杂质的特定（未披露）最大值不具有如此密切的关系。

在**T 570/05**中，发明涉及一种太阳能控制的高反射涂层基质，建议进行的修改如下："……涂层厚度为220～500nm"，对于该修改来说，要求保护的涂层的厚度范围最低值220nm在最初提交的申请中的唯一文字依据可在示例18、21和25中找到。数值"220"已正式披露；要决定的问题是，通过采用所述数值220 nm在权利要求中形成新范围，是否增加了新主题，显然所提交的文件的任何地方都没有提及所述数值构成了厚度范围的下（或确实存在的任何）端点。委员会在回顾涉及提取孤立特征的相关判例法，即**T 201/83**、**T 1067/97**和**T 714/00**后，审查了涂层厚度（尤其是下限）与该权利要求的其余特征之间是否存在功能或结构关系。委员会得出结论，本案不满足无任何明确可辨识的功能或结构关系的条件，而在这种功能或结构关系下，根据相关判例法，依据EPC第123（2）条可以孤立提取示例的特征。

在**T 727/00**中，委员会认为，取自两个特征列表各自的一个项目的组合

（得不到所提交申请的支持）意味着，尽管该申请可能在概念上包括要求保护的主题，但没有以具体的单独形式披露它。仅凭这个原因，主请求的权利要求1就没有得到说明书的支持。

尽管为了形成新（更窄）的子范围，根据EPC第123（2）条，选择明确披露的定义几种范围（子范围）的边界值，当这些范围属于同一列表时，是无可争辩的，但该列表中的单一范围与第二个范围列表中出现并涉及不同特征的另一单一范围的组合不被视为在所提交的申请中披露，除非明确指向该组合（**T 1511/07**）。

与上诉人/专利所有人的指称相反，委员会在**T 1374/07**中提到**T 811/96**时指出，从一个列表中选择两个部分事实上等同于从两个相同的列表中选择了两次。

根据委员会一致的判例法，指导原则是，删除其余部分的含义不得导致在各自列表中选择其余部分的单一、特定但最初未披露的含义的具体组合（参见**T 615/95**和**T 859/94**）。

在**T 942/98**中，准确地说，这已通过删除所有其他含义实现，其余部分X1、X2和R5已被缩小到一个含义，从而导致在所提交的申请中没有披露的其余部分的特定含义的组合。因此，所提交的权利要求1本身没有为所修改的权利要求1提供足够的支持。

在**T 615/95**中，有三个很长的独立列表，指明了权利要求的化学通式中其余3个部分不同含义。从全部三个独立列表中删除了一个最初披露的含义。委员会认为，该删除没有挑选出特定含义的具体组合，即迄今为止还没有具体提到的单个化合物或一组化合物，但其余主题作为以较小尺寸不同于原化合物组的类化合物组被保留下来。根据EPC 1973第123（2）条，通用化学化合物组的范围变窄并非不允许，因为这些删除没有导致最初未披露或（换言之）没有生成其他发明的各个其余部分特定含义的具体组合（另见**T 948/02**，详细查阅关于删除最初披露的一种含义以及不允许修改化学通式的判例法；另见**T 659/97**和**T 894/05**）。

在**T 1146/01**中，委员会必须回答仅在单个示例中披露的样本的所选特征或特性的一个度量是否与要求保护的主题的一般性相关的问题，这与同一个样本固有的其他参数分开且无关。本案中的情况不同于**T 201/83中的案件**。在**T 201/83**中，可以基于特定示例中描述的具体值进行修改，只要技术人员本来就能够容易地认识到该值并非与该示例其他特征的密切相关，以至于以独特的方式在很大程度上决定整体发明实施例的效果。但是，在**T 1146/01**中，委员会认为，基于从彼此之间并非直接相关的所选示例中获得的个体值制定新范围意味着，读者会遇到并非可直接从最初提交的申请的文字内容得出的新信息。

在 **T 653/03** 中，权利要求1中的原术语“柴油发动机”（diesel engine）已被替换为“内燃机”（combustion engine）。因此，要求保护的方法的适用性被概述为任何类型的内燃机。委员会裁定，原申请中的废气处理始终与柴油发动机有关，技术人员不能推断已授权专利的主题扩展到适合任何类型内燃机的方法。技术贡献是，修改后的方法适合任何类型的内燃机，而在原形式中，该方法只适合柴油发动机。该概括是不容许的。

在 **T 1241/03** 中，鉴于所提交申请的一般性披露，委员会没有把权利要求中提及对申请的不同段落中明确披露的特定浓度的化合物组合视为是对专利进行的超出最初提交申请的内容范围的修改。

在 **T 1067/02** 中，委员会得出结论，该性质不确切的修改在授权时引入所提交的权利要求1，即引入术语“完全”（complete）可以有两种不同的解释，尽管这两种解释在技术上是合理的，但任何一种解释都可从所提交申请的一般性披露中直接且毫无疑义地得出。所以，主请求的权利要求1超出了最初提交的申请的整体教导范围。

在 **T 1239/03** 中，各方一致认为，专利的任何部分都没有以重量百分比对弹性共聚物的乙烯含量进行定义。修改前，重点解释“摩尔百分比”，删除示例3后转为重点解释“重量百分比”。委员会认为，EPC 1973第123（2）条被解读为是指整体专利（或申请），而不仅是权利要求书。本条清楚的措辞直接表明了这一点。因此，修改专利（或申请）的哪一部分不重要，重要的是，甚至在考虑对于本领域的技术人员来说隐含的事物时，专利（或申请）内容的整体变化是否为技术人员提供了最初提交的申请中没有直接且毫无疑义地给出的信息。在这种情况下，如果确定权利要求的解释重点已转移，但仍然存在疑问，委员会认为，专利所有人或申请人作为该修改的撰写人有责任证明所作修改符合EPC 1973第123（2）条的要求。

在争议案件下，专利所有人无法证明，在修改前后，百分比数值一直都被解释为“重量百分比”。由此得出的结论是，涉案专利中修改的撰写人，即应诉人，没有履行应承担的举证责任。在本案的特定情况下，为了排除将相关百分比解释为摩尔百分比的可能性而删除两个示例提供了横向转移信息，这意味着主题超出了所提交申请的内容范围。

T 97/05 涉及一项对权利要求进行的修改，该修改导致示例提供的信息发生转变。在异议程序过程中，为了明确阴离子基团与亲核的键合性质，将权利要求1中的术语“化学”（chemically）替换为“共价”（covalently）。委员会认为，在审查修改是否符合 EPC 1973 第 123（2）条的要求时，必须同时考虑权利要求书和申请或专利的其他部分，即说明书和示例。说明书中提供的信息是，亲核与阴离子基团之间为“化学”键合，一种类型或种类的“化学”键合为“共价”键合。所提交申请的一般描述中采用的术语“化学键合”包含但没有具体披露阴离子基团与亲核“共价”键合的化合物。

委员会得出结论，修改权利要求书致使该说明书一般部分的信息内容与所提交的申请的信息内容相比发生了变化。催化剂的活性成分中的亲核与阴离子基团的键合不再被概述定义为“化学”键合，现在被更加狭窄、具体地定义为一种“化学的”，即“共键的”。示例没有论述或以其他方式说明（甚至通过暗示）生成的多元离子化合物中亲核与阴离子基团的键合性质。专利所有人对此并无争议。

示例中提供的与此相关的信息不比说明书更具体，即没有对术语“化学”包含的具体键合种类提供任何键合类型限制。委员会认为，修改权利要求时将上位术语“化学键合”替换为下位术语“共价键合”，其结果是，从关联信息获得的专利示例的例子，即阴离子基团与亲核共价键合，这没有包含，甚至没有隐含地包含在所提交申请的相同示例中。因此，即使示例本身没有修改（根据 **T 1239/03** 类推），与所提交申请中相同示例提供的信息相比，根据主请求修改的专利中示例提供的信息有所改变。所以，主请求不符合 EPC 1973 第 123（2）条的要求。

2. 中位概述——未披露的组合

上诉委员会的判例法必须考虑当修改涉及从初始上下文提取特征并将这些特征与其他特征组合时会发生的情况。上诉委员会必须决定，在那些情况下最终修改符合 EPC 第 123（2）条的要求。例如在决定 **T 1408/04** 和 **T 461/05** 中，上下文中使用了“中位概括”这种表达。

在 **T 1067/97** 中，委员会确认，如果权利要求被限制为优选实施例，则根据 EPC 1973 第 123（2）条的要求，通常不允许从该实施例组合最初披露的一组特征中提取孤立的特征。这种性质的修改只有在所述特征之间不存在任何明显可辨识的功能或结构关系时才能认为是合理的。

在 **T 284/94**（OJ 1999，464）中，委员会指出，根据 EPC 1973 第 123（2）条的要求，如果技术娴熟的读者从所提交的申请文件中无法毫无疑问地清楚地看出修改的权利要求的主题针对申请中明白可辨识的技术问题提供了完整的解决方案，则不允许通过引入孤立于特定实施例的描述提取的技术特征的介绍对权利要求进行修改。将已披露的特定特征以其功能或更一般性的术语代替，从而将未披露的等同物纳入所提交申请的内容，这种修改在 EPC 1973 第 123（2）条下同样是不允许的。

在 **T 714/00** 中，委员会指出，从最初披露的组合中提取孤立的特征并通过该特征来界定要求保护的主题，只有在该特征并非与该组合的其他特征密不可分地相关联的情况下，根据 EPC 1973 第 123（2）条的要求，才是允许的。

关于组合特征的孤立和提取，**T 25/03** 首先指出，根据上诉委员会既定判例法，如果权利要求被限制为优选实施例，则根据 EPC 1973 第 123（2）条的要求，通常不允许从最初披露的与该实施例组合的一组特征中提取孤立的特征。这种修改只有在所述特征之间不存在明显可辨识的功能或结构关系时才能认为是合理的（例如参见 **T 1067/97**）。在争议案件中，委员会得出结论，由于权利要求 1 是从图 4 实施例中披露的必要特定组合提取孤立步骤产生的，并且由于上诉人没有提及所提交申请中可支持提议修改的其他部分，而且委员会未确认该部分，所以根据第一项附属请求修改的权利要求 1 不符合 EPC 1973 第 123（2）条的要求。

在 **T 582/91** 中，应诉人（异议人）认为，当通过引入从属权利要求的主题来限制授权的权利要求时，该涉案的从属权利要求中的所有特征都应被纳入这个新的独立权利要求中。与这种观点相反，委员会认为，只要技术人员认识到，从属权利要求的一个特征与其他特征之间或该特征与该从属权利要求中提及的其他从属权利要求的教导之间明显不存在密切的功能或结构关系，该从属权利要求中的该特征就可以很容易地与前面的独立权利要求相组合。如果情况确实如此，则不会出现 EPC 1973 第 123（2）条下的反对（**T 938/95** 中已确认；另见 **T 288/89**）。

在 **T 3/03** 中，委员会裁定，对具体实施例得到的效果进行概括而作的修改是不允许的。在其中一个案例中，具体实施例得到的结果不能概括，因为具体的使用环境，包括所用添加剂的类型，决定了滤过率能否提高。

在涉及一种吸收剂唇间装置的 **T 1408/04** 中，应诉人/异议人特别指称，引入权利要求 1 的术语为原披露的中位概括，因为限定顶面的顶片和定义相对面的背片只在图 1 至图 3 的实施例中披露，并且不能普遍适用于根据权利要求 1 的其他特征对该装置的宽泛定义。委员会指出，根据主请求引入权利要求 1 的术语在所提交的申请中没有明示披露。目前已从授权的权利要求 1 的范围内广泛的顶片/背片结构中作出具体选择。委员会认为，为了避免**中位概括**（位于原始宽泛公开与受限具体公开之间的未公开的所选特征组合），该具体选择的所有必要特征都必须包含在权利要求中。本案中的选择来自附图，然而附图还示出了特定（虽然常用）类型的顶片/背片连接。该权利要求中没有提到这种特定连接。因此，出现了中位概括。委员会不仅不同意上诉人关于“权利要求应该由‘乐意理解’的人来解释”意味着什么的理解，而且还认为，对权利要求1的修改导致原披露的中位概括，因此，权利要求1的主题不符合EPC 1973第123（2）条的要求。

对于涉及应诉人基于指称存在的中位概括根据EPC 1973第123（2）条提出异议的第三附属请求，在**T 1408/04**中，委员会得出结论，顶片/背片密封连接的具体定义并非是对最初提交申请的内容的概括。虽然图1至图3确实代表了优选实施例，但显然也只是代表了顶片、背片和吸收芯一种组装方式的“优选”实施例。事实上，这是明确且毫无疑义地披露的唯一方式。技术人员会立即意识到，如图所示的特定顶片/背片密封配置同样普遍适用于该发明的其他方面，并且不只限于图1至图3所示的那组特征。在这方面，说明书中也确认，这些图中出现的其他元素并非与顶片/背片密封配置密不可分地相关联，说明书将这些特征归类为可选的。因而，技术人员会毫无疑义地理解为，这些特征并不是顶片/背片结构的一部分，并且可从图1至图3的实施例中省略。因此，图中特别示出的且该请求的权利要求1定义的顶片/背片结构普遍适用于权利要求1中其他特征限定的发明。所以，符合EPC 1973第123（2）条的要求。

在**T 461/05**中，根据审查部对专利申请的驳回，权利要求4涉及具体实施例的概括，其中每个实施例都构成一个不可分割的整体，这使该申请的主题超出了原内容的范围，不符合EPC 1973第123（2）条的要求。委员会判令，该决定宣告无效。在本案中，委员会发现，所修改的权利要求4的主题较原版本中权利要求1的限定一般性稍差，但比该说明书所披露的案件2a对应的具体实施例以及最初提交的权利要求6的主题更具一般性。因而，权利要求4代表了概括，这在专利行话中被称为中位概括。委员会在此强调，**中位概括**不同于简单概括，因为在前一种情况中，以一般意义的术语对发明进行的限定构成了原披露的组成部分。“中位概括”表达的思想是，修改的主题是对原申请所披露的具体实施例的概括，是该具体实施例与以一般意义的术语对最初披露的发明的限定之间的中点。委员会认为，事实上“中位限制”的表达更恰当，因为它强调，一般来说，修改也是以一般意义的术语对原披露的限制。

T 461/05中的争议案件涉及通过增加最初作为具体实施例披露的特征组合的一部分特征，以一般意义的术语对最初提交的主权利要求进行限制。因此，修改包括对该具体实施例特征组合的某些特征的省略。委员会认为，只有修改向技术人员提供了没有直接且毫无疑义地遵循最初提交的申请的新信息时，EPC 1973第123（2）条的规定才会禁止进行此类修改。通过增加最初披露的具体实施例的一些特征来限制权利要求本身不会引入此类新信息。相比之下，如果省略的该实施例其余的特征是实现该发明具体实施例必需的，省略这些特征则会引入新信息。在这种情况下，省略这些特征就会首次向技术人员提供以下信息：与最初披露相反，在实现该发明具体实施例中无须这些特征。委员会发现，争议的决定没有包含为什么这些省略的特征对于实现该发明来说是必要的原因。也没有包含为什么从该决定中可以明显地看出所有实施例构成一个不可分割的整体的原因。委员会本身也没有发现任何此类原因。

关于这方面，另见 **T 166/04**、**T 311/04**、**T 98/05**、**T 876/05**、**T 300/06**、**T 1250/06** 和 **T 1001/01**；**T 1407/06** 和 **T 911/06**；进一步参见 **T 17/86**、**T 962/98**、**T 25/03**、**T 1004/01** 和 **T 404/03**，在本章的其他部分中引用了这些决定。

3. 技术贡献——特征的增加或删除

G 1/93（OJ 1994，541）指出，EPC 1973 第 123（2）条的基本思想很明显，即申请人不得通过增加所提交申请中未披露的主题来提高自己的地位，这会赋予申请人绝对优势，并且可能损害依赖于原申请内容的第三方的法律保障。但是，如果增加的特征仅仅是使所提交申请涵盖的要求保护的发明的主题的一部分不受保护，则增加该特征不能合理地被视为赋予申请人绝对优势。增加该特征也不会对第三方的利益造成不利影响。因此，在所提交的申请中没有披露但在审查过程中已被增加到该申请中的特征，如果只是通过使所提交申请涵盖的要求保护的发明的主题的一部分不受保护来限制授权专利所赋予的保护，而对要求保护的发明的主题不具有技术贡献，则该特征不被视为 EPC 1973 第 123（2）条所指的超出所提交申请的内容的主题（另见 **T 112/95**）。

所增加的特征是否具有技术贡献或是否只是限制了保护范围的问题已在几个决定中讨论。

在 1994 年 9 月 27 日的 **T 384/91**（OJ 1995，745）中，委员会认为，增加的特征不具有技术贡献。该决定基于以下考虑：扩大委员会提到的示例阐释了增加的特征明显不只是一种限制的情况。超过边界，某一特征就不再被视为对要求保护的发明的主题具有技术贡献，并且只是限制了所赋予的保护，然而该边界与该示例不具有相同范围，而是在它与完全技术无关极限之间。

委员会认为，这种观点与扩大委员会驳回相关性作为新颖性和创造性标准的事实吻合，这也会隐含与所引用的现有技术文件的比较。委员会解释到，术语“发明”不一定意味着存在新颖性和创造性，这从 EPC 1973 第 52 条、第 54 条和第 56 条的措辞中明显可以看出。

委员会的结论是，无须考虑现有技术文件，但正如技术娴熟的读者所理解的，在评价对于仅仅限制之例外情况是否适用于具体案件时，应只取决于增加的特征与最初提交的申请的内容的技术关系。至少，如果某一特征与该权利要求的其他特征解决技术问题的方式相互作用，则该特征超出了仅提供限制而不涉及对该发明的技术贡献的范围，这从最初提交的申请中可以看出。

在案件 **T 64/96** 中，异议部撤销了涉及一种汽车遮阳镜盖件的专利，其包括相互叠加并呈链状连接的矩形板。权利要求 1 第三附属请求的修改在于，包含了“在所述遮阳板中一体成型的”凸耳这个附加特征。

上诉人（专利所有人）首先辩称，该特征至少已在原申请书中被隐含披露。的确，由于上诉人将遮阳板描述为塑料制品，本领域的技术人员就不会认真考虑先形成无凸耳的遮阳板，然后再附接凸耳，因为这样做会不必要地增加大批量生产物品的生产成本。上诉人还在替代方案中辩称，凸耳“在所述遮阳板上一体成型”的要求属于 **G 1/93**（OJ 1994，541）允许的特征类别（简言之，不具有技术贡献）。具体而言，上诉人在这方面辩称，他所做的就是通过非创造选择方式限制该专利的保护范围，因为原申请书涵盖了一体构成的凸耳和后来附接在板上的分开形成的凸耳。

委员会认为，第一轮辩论混淆了两个本质不同的问题，即本领域的技术人员在力图将原申请中的教导付诸实践时基于一般公知常识的做法，以及原申请直接且毫无疑义地向他披露了什么内容。对第二个问题的答案是，技术人员被告知，这些板只“设有”凸耳，别无其他。该陈述肯定包含了凸耳与遮阳板一体成型的可能性但并没有披露。

委员会随后对第二轮辩论进行了审查，并得出结论，对本案执行 **G 1/93**（OJ 1994，541）和 **T 384/91**（OJ 1995，745）中规定的准则，可以看出，涉案特征确实对该权利要求的主题具有技术贡献，因为凸耳与遮阳板一体成型会使盖件的构造更简单更便宜，这（至少通过暗示）就是该发明试图解决的技术问题。因此，向第三附属请求的权利要求 1 增加该特征违反了 EPC 1973 第 123（2）条。

在 **T 1269/06** 中，委员会认为，在根据 EPC 1973 第 100（c）条判断该专利的主题是否超出所提交申请的内容时，关键问题是该说明书或权利要求（如本案中）中的修改是否确实向技术人员提供了原申请文件中没有包含的附加的技术相关信息。这不能根据该申请文件中不存在的术语是后来引入的这一事实本身或根据争议的段落的纯粹语义分析进行推断。而提出异议的那方或部门必须能够清楚地识别出据称已增加的技术教导。

在 **T 931/00** 中，委员会指出，尽管示例中的数字在特定条件下可用来限制原申请已存在的范围，但不能用于限定之前从未关联的参数之间的全新关系。现有参数之间的这种任意新联系引入了新事物，违反了 EPC 1973 第 123（2）条和第 100（c）条的要求。

出现的另一个问题是删除特征是否可能构成对发明的技术贡献。

在这一问题上，在单方案件 **T 802/92**（OJ 1995，379）中，所提交的申请只包含产品权利要求，这些权利要求涉及“一种双异质结 p－i－n 光伏电池，具有由至少四种不同元素一起构成的至少三个不同的半导体化合物层，包括……第一和第二欧姆触点……”。在审查法律程序中，申请人还要求保护制作该光伏电池的方法。但是，方法权利要求不包括与形成第一和第二欧姆触点有关的特征。

委员会允许删除方法权利要求中的该特征。委员会解释道，此项发明的目的是制作具备一定性能的光伏电池。使用由至少四种不同元素形成的三个不同半导体层而实现这一目的。委员会认为，根据说明书，欧姆触点的存在不“对要求保护的发明的主题提供技术贡献”。所以，欧姆触点的存在与否并不影响所描述的发明的实施，因为欧姆触点不是该发明的必要部分。委员会援用了扩大委员会在 **G 1/93**（OJ 1994，541）中阐述的 EPC 1973 第 123（2）条背后的原则。委员会认为，在这种情况下，这些考虑事项同样适用于已从权利要求中删除或省略特征的情况，以便扩大发明的保护范围。因此，从权利要求中删除一个特征，而特征对要求保护的发明主题没有技术贡献，只是扩大了权利要求所赋予保护的范围，没有违反 EPC 1973 第 123（2）条。

在 **T 10/97** 中，并非原权利要求中所列的所有化合物都包含在修改的权利要求 1 中。但是，由于要求保护的化合物组并非通过将最初披露的通式中取代基的一般定义限定为从样例中选择的具体取代基来获得，而是通过删除个性化同样有用的化合物列表中的一些成分以增加相对于可获得的现有技术可授予专利的机会来获得，所以委员会裁断，根据上诉委员会判例法，此类删除必须视为可容许（参见 **T 393/91**）。对于其余化合物，没有披露或声称具体技术效果。

在 **T 592/99** 中，异议部已根据 EPC 1973 第 102（1）条撤销了该专利。上诉时，委员会指出，最初披露的特征已替换为根据 EPC 1973 第 100（c）条反对的特征，该权利要求本身涉及不同产品。委员会的结论是，根据 **G 1/93**（OJ 1994，541）的“判令 1”，涉案专利包含了 EPC 1973 第 123（2）条禁止的超出所提交申请内容的主题。因此，该专利不能维持未修改状态，因为 EPC 1973 第 100（c）条的反对理由损害了专利的维持。另外，委员会评述道，该权利要求不能修改，因为删除权利要求的限制性主题会超出所赋予的保护范围，这是 EPC 1973 第123（3）条禁止的。

委员会评述道，在涉及由成分以及按照范围给出的成分相对量所限定的组合物的产品权利要求情况下，上诉人提出的构成必要特征的这种范围对要求保护的发明的主题不具有技术贡献的论述是不能接受的。对范围所做的任何修改都必须起到修改要求保护的主题的作用，因而也提供技术贡献。如果允许重新要求保护受限范围，即使未获支持，基于新范围的任何其后选择发明也不得不因不具备新颖性被驳回，其他情况未必如此。当然，如果允许，则为专利权人提供了绝对优势，这有悖于 EPC 1973 第123（2）条的宗旨。委员会认为，这确实是 **G 1/93** 第16点中“典型示例”所表明的“限制性特征将产生所提交的申请或其他衍生申请中**未披露**的创造性选择”。很明显，在引用的文本中，该“创造性选择”除了指潜在（创造性）选择外不可能指其他任何事。因此，新特征构成了增加的主题。

委员会指出，如果没有进行或阻止应诉人进行进一步的选择发明，就不能请求应诉人证实该选择的潜在特点。因而，不能像上诉人所要求的那样合理地将举证责任转移给应诉人承担。

在 **T 1004/01** 中，异议部已裁决不符合 EPC 1973 第123（2）条的要求。尤其是，指明剥离强度值为“至少为24g”（仅在特定示例中披露的值）的特征与该示例的大量其他特征关联，不能与那些其他特征脱离。摆在上诉委员会面前的问题是，关于“至少为24g”的剥离强度定义要求保护的层压板的说法在最初提交的申请中是否有依据。根据提交的申请，层压板的剥离强度通过作为该发明必要特征的开放范围来限定。在一般说明书和权利要求中，没有进一步提及任何优选剥离强度范围。

委员会认为，所提交申请中的示例仅通过特定层压条件和提供的剥离强度特定值阐明了由特定共混聚合物和特定非编织网制成的特定层压板。因此，例示的层压板及其剥离强度只在具体技术背景中披露，没有规定至少为24g剥离强度是优选的。说明书中也没有提供可判断下限的任何此类优选剥离强度。然而，已披露剥离强度为24g导致的问题是：在什么情况下，此类例示特征可以形成要求保护的新范围的依据。24 g的剥离强度不能脱离例示的层压板形成所述剥离强度范围的概述下限的依据，而不考虑与剥离强度密切关联的其他细节。因此，所有请求中要求保护的主题都不能直接且毫无疑义地从所提交的申请中得出。关于技术贡献，委员会认为，所修改的特征涉及与其他特征的相互作用，即对该发明的技术贡献，并且没有给出纯粹的范围限制。此外，委员会还指出，必须符合 **G 1/93**（OJ 1994，541）的一般准则，即该限制不涉及对要求保护的发明的主题的技术贡献，也没有提供绝对优势。由于要求保护的剥离强度导致对要求保护的主题具有技术贡献，所以该限制性特征是否产生了创造性选择的问题还是没有答案。因此，增加的特征不能被视为纯粹的保护限制。

4. 权利放弃

4.1 适用的法律——决定 G 1/03 和 G 2/03

2004年4月8日，上诉扩大委员会裁决了涉及权利放弃的移送案件 **G 1/03** 和 **G 2/03**（OJ 2004，413 和 448），并确定了需要考虑的标准。在充分考虑权利放弃的适用法律时，参见决定的文本。在此列出扩大委员会对要求考虑的问题的回答：

（1）根据 EPC 1973 第123（2）条的规定，通过引入权利放弃对权利要求进行的修改不得被否决，唯一的理由是权利放弃及其从该权利要求的范围中排除的主题在所提交的申请中都没有依据。

（2）在判断是否允许所提交的申请中未披露的权利放弃时应适用以下标准：

（2.1）允许权利放弃，以便：

——根据 EPC 1973 第54（3）条和第54（4）条，通过针对现有技术划定权利要求的界限来恢复新颖性；

——根据 EPC 1973 第54（2）条，通过针对偶然占先划定权利要求的界限来恢复新颖性；偶然占先指占先内容与要求保护的发明无关或相去甚远以至于本领域技术人员在发明时从未考虑；

——放弃根据 EPC 1973 第52～57条由于非技术原因被排除在可专利性之外的主题。

（2.2）权利放弃不得删除超过对于恢复新颖性必要的内容或放弃由于非技术原因被排除在可专利性之外的主题。

（2.3）与创造性的判断或披露的充分性相关或变得相关的权利放弃增加了违反 EPC 1973 第123（2）条的主题。

（2.4）包含权利放弃的权利要求必须符合 EPC 1973 第84条规定的权利要求书应清楚简要的要求。

关于权利放弃的可容许性，应参考第2章 B.1.2.1 节。

4.2 适用 G 1/03 和 G 2/03 所确定标准的决定

在很多决定中，委员会均遵循扩大委员会就权利放弃作出的决定，均与特定争议案件中偶然占先的性质有关。本节末尾论述的其他决定与其他争议有关。

在 **T 500/00** 中，该修改是响应基于现有技术文件 D1 缺乏新颖性的反对而在审查程序过程中由上诉人引入权利要求 1 的一项权利放弃。问题就是哪种要求可以容许作出此类权利放弃。

根据 **G 1/03**（OJ 2004，413），为了依照 EPC 1973 第54（2）条通过针对偶然占先界定权利要求来恢复新颖性，允许作出权利放弃；因此，出现的问题就是 D1 的披露是否属于偶然的。

在本案中，要求保护的方案表现出与 D1 的教导重叠。D1 和涉案专利涉及相同的技术领域，除放弃权利的成分之外，具有相同的组成，并涉及相同的充分固化目的。此外，涉案专利和 D1 的技术问题也相同。由于技术人员在作出发明时会将 D1 视为适当的现有技术（原申请对 D1 的引用确认了这一点），所以 D1 的披露不能视为 **G 1/03** 意义上的偶然。此外，由于 D1 涉及了与涉案专利相同的技术效果，并且其需要固化的起始聚合物在结构上与要求保护的方法中所用的起始聚合物相同，所以可以将 D1 视为判断创造性的合适出发点。

上诉人辩称，该权利放弃已根据《指南》和作出该放弃之时上诉委员会的实践真诚地作出。委员会指出，《指南》并非法律规则。在将该权利放弃引入授权的权利要求 1 时，上诉人已引用了《指南》C－VI，5.8b（在早期版本中）。委员会解释道，即使如此，在引入该权利放弃时，上诉人考虑了相关判例法，也不能期望与创造性判断相关并改变所提交申请中的技术信息的权利放弃会被容许。正如委员会所解释，上诉人关于应在 **G 1/03** 中向作出权利放弃时真诚地依赖在先 EPO 专利实践的那些申请人提供过渡规定的观点同样失败。**G 1/03** 中制定的原则将应用于本案。由于不能将 D1 中的披露视为 **G 1/03** 意义上的偶然，所以根据 EPC 1973 第 123（2）条，不允许作出该放弃声明。

鉴于 **G 1/03**、**T 14/01** 中的决定涉及旨在删除与现有技术重叠内容的权利放弃的可容许性。委员会在本案中认为，从现有技术中提取的教导偏离了该发明的主张暗示着技术人员已将该现有技术考量在内。然而对于偶然占先而言必要的是，技术人员绝不会将现有技术考量在内。委员会随后裁决，涉案的现有技术不属于 **G 1/03** 意义上的偶然，不容许进行权利放弃。

在 **T 1049/99** 中，委员会得出结论，与应诉人（专利所有人）声称的情况相反，技术人员在进行该发明以寻求应诉人所定义的技术问题的解决方案时会考虑文件 D21 的教导，采取适当且相关的手段解决其在与涉案专利**相同的技术领域**的问题。此外，与应诉人在陈词会上的结论相反，委员会强调，很难在已公布的现有技术中找到文件或技术人员很难获取文件这一事实不足以证明构成偶然占先的结论的合理性。

在 **T 217/03** 中，关于文件 D1 是否为偶然占先的问题，委员会指出，D1 没有明确涉及要求保护的发明背后的技术问题。但是，这不是将 D1 视为偶然占先的决定性因素。委员会的结论是，D1 涉及与权利要求 10 的主题相同的一般技术领域，从技术角度看，并非完全不相干和相去甚远以至于本领域技术人员在进行该发明时决不会将其考虑在内（参见 **G 1/03**，OJ 2004，413，理由第 2.2.2 点）。因此，D1 的披露不能被视为构成偶然占先。所以，权利要求 10 中的权利放弃不满足使其可被容许所需的条件。

在 **T 788/05** 中，没有在所提交的申请中（涉及血管导管）披露权利放弃，上诉人审查程序过程中引入了该权利放弃，目的是使要求保护的主题相对于 D1 具有新颖性，然后 D1 被视为根据 EPC 1973 第 54（3）条相关的现有技术文件。所提交的申请中没有披露的权利放弃，只有在为了克服基于偶然披露的新颖性反对或根据 EPC 1973 第 54（3）条和第 54（4）条界定现有技术的权利要求而被引入时，才会被准许（参见 **G 1/03**）。在本案中，文件 D1 和 D5 代表相关现有技术。若要被允许，该权利放弃必须满足与这两个文件相关的条件。关于 D1，该权利放弃似乎是适当的。D5 代表了 EPC 1973 第 54（2）条所指的现有技术。由于 D5 并非 EPC 1973 第 54（3）条和第 54（4）条所指的现有技术，并且不属于偶然披露，所以该权利放弃只有在没有增加 EPC 1973 第 123（2）条意义上的主题时，即该权利放弃并非与创造性的判断相关，才被容许。至于细节，委员会的结论是，根据 EPC 1973 第 123（2）条，主请求和第一附属请求的权利要求 1 的主题不可接受。

其他决定也必须确定占先是否为偶然的。例如在 **T 717/99** 中，委员会不同意异议人认为该占先不属于偶然占先的结论。在 **T 1086/99**、**T 1050/99**、**T 1102/00**、**T 134/01**、**T 584/01**、**T 506/02**、**T 285/00** 和 **T 1146/01** 中（关于提供无须遵循的教导的现有技术文件的比较例子），委员会裁决该占先不属于偶然占先，权利放弃因此也是不容许的。

以下决定涉及 **G 1/03** 的申请的其他方面：

在 **T 1050/99** 中，应诉人（专利权人）对于决定 **G 1/03** 适用于本案的事实提出争议，辩称由于争议的特征（早期权利放弃重新表述为“除外”特征）涉及所提交的申请中披露的主题，因而由此得出的修改被视为仅是所披露发明的一部分的“弃权”而不是一项权利放弃。因此，委员会认为，**G 1/03** 中阐述的适用于“未披露的”权利放弃的准则不适用。委员会认为，毫无疑问，“排除……”的修改是对权利放弃的定义的解答。此外，申请书中还给出了未纳入权利要求的该主题的依据。但是，该主题作为**发明的一部分而不是**需要排除或避免的领域提出。在这种意义上，该权利放弃实际上就是一种“**未披露**

的”权利放弃，因为该权利放弃本身没有在所提交的申请中披露。在反驳应诉人关于 **G 1/03** 判令 2 解释的争论后，委员会得出结论，**G 1/03** 中涉及所提交的申请中未披露的权利放弃可容许性的裁决完全适用于本案。

T 1102/00 同样考虑了权利放弃的定义。在其决定中，异议部认为，该权利放弃恰当地排除了现有技术中披露的破坏新颖性的事项。委员会评述道，异议部明显没有审查该权利放弃是否在所提交的申请中存在依据的问题，该问题对于该准则适用于判断权利放弃的允许性具有决定性作用。委员会不相信上诉人引用的所提交申请的章节为争议的权利放弃提供了依据。即使委员会承认，表述“哺乳动物的细胞世系”（在权利放弃中）限定的主题恰好对应于表述“哺乳动物细胞的培育”（在申请中）限定的主题，也不能根据所提交的申请的披露推断申请人有意将所述主题排除在寻求保护的范围之外。因此，委员会的结论是，该权利放弃在所提交的申请中毫无根据。委员会随后在判断所提交的申请中未披露的权利放弃的可容许性时采用了 **G 1/03** 确定的标准。

在 **T 970/02** 中，委员会承认，为了相对于 E3 具备新颖性，引入了“负面”特征，并且该文件作为最接近的现有技术在创造性方面也具有相关性。但是，委员会认为，由于该修改和声称的“权利放弃”显然得到了原披露的支持，所以 **G 1/03** 规定的条件不适用于本案。

在 **T 1559/05** 中，上诉人/专利权人建议，由于对权利要求 1 的修改依据已在所提交的申请中披露，所以这不属于“未披露的权利放弃”，所以 **G 1/03** 不适用于争议案件。应诉人/异议人认为，原申请文件根本没有披露目前引入权利要求 1 中的权利放弃不会被纳入最初披露的发明中；相反，目前已放弃权利的材料最初被披露为适合在该发明中使用；所以，该权利放弃在原申请文件中没有依据。委员会与上诉人的看法一致，即在所提交的申请的相关章节中权利要求 1 中的新特征（TPX® 材料）已进行此类披露。但是，相关问题是阅读了原申请文件全文的技术人员会清楚地理解，TPX® 材料实际上已放弃权利，即这种材料已被排除在权利要求中要求保护的范围之外。委员会的结论是，尽管上诉人正确指出材料 TPX® 在原专利申请中存在披露，但申请文件没有放弃使用这种材料，因为该发明可通过这种材料成功实现。因此，上诉人主请求的权利要求 1 中的新特征是之前没有在所提交的申请中披露的权利放弃。对于这种权利放弃，**G 1/03** 的裁决适用。在争议案件中，委员会得出权利要求 1 中的权利放弃不被允许的结论。

在 **T 285/03** 中，委员会认定，上诉人提供的解释相当于权利放弃，尽管这种解释没有按照通常形式措辞。但是，该权利放弃并非基于具体现有技术披露，无论偶然与否，而是试图根据任何潜在现有技术披露来界定该权利要求，

违反了 **G 1/03** 阐述的原则。

T 747/00 涉及 **G 1/03** 规定的条件（理由第2.2点），即权利放弃不得删除超过对于恢复新颖性必要的内容或放弃由于非技术原因被排除在可专利性之外的主题。委员会的结论是，在不存在破坏新颖性的披露的情况下，由于该权利放弃删除了本不需要删除的主题，所有该权利放弃不必要地删除了超出对于恢复新颖性必要的信息，这是不允许的（另见 **T 201/99**）。在 **T 1050/99 中**，委员会的结论是，该权利放弃涵盖了超出现有技术中披露范围的内容，因此从权利要求中删除了超出对于恢复新颖性必要的信息。另见 **T 285/00**，其涉及很大程度上不基于 EPC 1973 第54（3）条所引用的现有技术文件披露的权利放弃，从而使其余要求保护的主题与根据 EPC 1973 第54（2）条所引用的相关现有技术文件相去甚远。

在 **T 382/07** 中，委员会裁决，所述五个权利放弃没有删除不必要的信息。

在 **T 8/07** 中，委员会必须根据 EPC 第123（2）条裁决是否容许作出权利放弃。委员会评述道，**G 1/03** 指出，权利放弃可专门用于预期目的，仅此而已。如果权利放弃的效果超出其目的，则是不容许的或变得不容许。此外，权利放弃的必要性并非使申请人任意修改其权利要求的机会（**G 1/03**，理由第3点）。所以，权利放弃不得删除超出对于恢复新颖性必要的内容或放弃由于非技术原因被排除在可专利性之外的主题。委员会因此认定，通过 **G 1/03** 的推理无法推断出，专利所有人被允许针对要删除的主题草拟权利放弃的“界限”拥有一定自由裁量权或宽容度。相反，与被排除的主题相比与该权利放弃的范围有关的任何自由裁量权的存在均会在草拟该权利放弃时不可避免地引入一定程度的任意性。这会与 **G 1/03** 的明确裁断相冲突。因此，结论是，为了符合 **G 1/03** 就草拟权利放弃产生的要求，权利放弃的表述必须只删除不能要求保护的主题。另外，专利所有人提出的不会产生优势的意见未必一定正确，因为宽泛的权利放弃除了恢复新颖性之外，还会具有使要求保护的主题“免受”缺乏新颖性的潜在攻击的进一步效果。

在 **T 10/01** 中，权利放弃的范围比恢复新颖性所需的范围宽。尽管如此，委员会仍然引用了 **G 1/03** 理由的第3点，即也可根据该决定推断，如果被证明对于防止否则可能导致该权利要求不清楚来说是必要的，根据案件情况，权利放弃的范围比对于恢复新颖性来说严格必要的范围宽泛是可允许的。然而，在争议案件中，没有明显的理由证明该权利放弃的范围比文件（1）披露范围宽泛是合理的。

在 **T 440/04** 中，问题是放弃 C63 的示例1的权利是否足以恢复新颖性。一方面，权利放弃不得删除超过对于恢复新颖性必要的内容；另一方面，权利放弃在所删除内容少于对于恢复新颖性必要的范围时不能被视为满足其预期用途。C63 中对于具有根据所有请求的权利要求 1 所要求的组分和性质的纤维的披露并不严格限于 C63 的示例 1 中描述的纤维。因此“删除”后一种纤维不足以从所述权利要求 1 中排除在 C63 中披露的所有根据所述权利要求的组分和固有性质的纤维。在本案中，示例 1 的权利放弃因而不足以恢复要求保护的主题相对于 C63 的新颖性。

在 **T 795/05** 中，委员会指出，在所提交的申请中没有依据的权利放弃若符合 **G 1/03**（OJ 2004，413）中阐述的准则，则不得根据 EPC 第 123（2）条反驳。该涉案权利放弃在最初提交的申请中既无明示依据也无暗示依据，尽管所提交的申请支持被该权利放弃排除的主题。此外，与 **T 4/80** 中考虑的案件相比，该权利放弃旨在根据 EPC 第 54（3）条恢复相对于属于现有技术的文件的新颖性，本身没有在提交的申请中披露。因此，该涉案权利要求根据 EPC 第 123（2）条是不准许的。

在 **T 1107/06** 中，委员会评述道，在扩大委员会作出决定 **G 1/03** 和 **G 2/03** 前（OJ 2004，413 和 448），人们普遍认为，当要排除的主题在所提交的欧洲专利申请中作为发明的实施例披露时，原则上可以允许作出权利放弃。该原则出现于允许将权利放弃引入权利要求的最初决定（**T 4/80**，OJ 1982，149）。该决定证明允许作出权利放弃并非出于其目的，而是基于要排除的主题最初作为发明的可能实施例由申请人披露的事实。在其他几个决定（例如参见 **T 80/85**、**T 98/94**、**T 673/94**）中适用或赞成地引用了决定 **T 4/80** 中确立的原则。但是，上诉委员会判例法中最近出现了更具限制性的方法（参见 **T 1050/99**、**T 1102/00**、**T 236/01**、**T 868/04**、**T 795/05**、**T 1559/05**），根据该方法，排除作为发明实施例进行披露的主题的权利放弃被视为非披露的权利放弃，并被认为不允许，除非这些权利放弃属于决定 **G 1/03** 和 **G 2/03** 中所指的一种例外情形。

委员会认为，如果权利放弃的主题在所提交的申请中作为发明的实施例披露，则该权利放弃不违反 EPC 第 123（2）条。委员会指出，扩大委员会将其在决定 **G 1/03** 和 **G 2/03** 中的分析限定为所谓的未披露的权利放弃，根据提到的问题，它不意味着包括以肯定性词汇将最初作为实施例披露的主题排除在外的权利放弃。委员会认为，当发明的一般披露与属于一般披露的说明性或优选实施例的具体披露同时存在时，技术人员通常会暗示没有特别提到的、一般披露中包括的所有其他实施例也形成了该发明的一部分。非例示或非优选实施例因此作为例示或优选实施例的逻辑组成部分被隐含披露。因此，委员会明确指出，一般性披露不包含上文所引决定中采用的限制方法，但会继续遵循之前制定的判例法。

最后，关于 **G 1/07** 中最近处理的其他方面，参见第 1 章 B. 4. 3. 4 “手术方法”。

4. 3 G 1/03 和 G 2/03 之前的判例法综述

关于 **G 1/03** 和 **G 2/03** 之前执行的判例法，参见“上诉委员会判例法”2006 年第 5 版。

5. 附图中的披露

判例法根据 **T 169/83**（OJ 1985，193）、**T 523/88** 和 **T 818/93** 表明，EPC 1973 没有禁止修改权利要求，以便将**附图的特征**包含在内，**只要技术人员可从附图中清楚、明白且完全获得该特征的结构和功能**，而且不与该披露的其他部分相抵触。就不会遗漏任何要素。

的确，在 **T 169/83**（OJ 1985，193）、**T 465/88** 和 **T 308/90** 中指出，只要存在**附图**，就会被视为披露该发明的文件不可分割的组成部分。附图已在与该申请的其他部分平等的基础上进行了处理（另见第 3 章 A. 1 节，“一般性问题”）。此外，特征只在附图中披露的事实没有阻止这些特征在程序过程中变得至关重要（**T 818/93**）。技术人员可从附图清楚地获得的结构和功能特征可用于更准确地限定要求保护的主题（**T 372/90**）。

在 **T 398/92** 中，委员会特别提到了关于该主题的判例法。在争议案件中，所修改的专利权利要求包含了在原申请的书面部分没有被明文提及但已根据所提交申请的附图获得的特征。在本案中，涉案附图以精确定义的刻度阐释了 Cartesian 坐标系中的曲线。所以，这些曲线无法与图中给出的发明的示意图相比。委员会承认，这些曲线的特征点并不是纯粹的知识图形结构，而是与真实的实验值对应，表示方案中所释放的特殊药物的比例。尽管这些比例在原文件中没有被明文提及，但是委员会认为，对于技术人员来说，他们本应清楚且毫无疑义地根据 Y 轴上的刻度获得，因为数字对于需要明确阅读的坐标值来说已足够精确，因此对于需要从中获得的权利要求中引入的同样数量的特征也是如此。因此，并入根据曲线推断数值特征的权利要求文本没有违反 EPC 1973 第 123（2）条（就与**描绘数学方程式有关的示图**而言，参见 **T 145/87**）。

该案件涉及调节仅可通过统计计算实施的用于调节打印机打印质量的工艺。基于明文给出的公式，根据 Cartesian 坐标系和统计基础知识的该工艺的示图表示，仍然可以导出公式中两个参数的可能数值，尽管这些数值并未明确披露。

在**T 191/93**中，修改仅基于原附图且只引入附图中披露的一些特征。委员会认为，与所提交的申请相比，该专利的主题已被扩展，因为该主题无法从附图中得出，两个新引入的特征可不依附于附图所示的其他特征。因此，权利要求中限定的主题是模糊的。但是，在本案中，这种歧义也可以通过向权利要求中引入所提交附图中披露的第三个特征以及其他两个特征来消除。

在**T 676/90**中，申请人希望删除滑雪板辅助设备的滚动装置特征。但是，委员会认定，原文件只披露了由滚动装置和运送带组成的或仅由滚动装置组成的辅助设备，但没有披露无滚动装置的选件。委员会也没有因申请人认为运送带在附图中单独示出的观点而动摇。首先，委员会认为，根据该说明书，此附图是图1所示运送带的扩展视图（此外，图1还示出了同时配有运送带和滚动装置的滑雪板）。其次，附图永远不可能孤立于申请书的整体内容来解释，只能在一般上下文解释。申请的内容不仅要通过所提及或示出的特征限定，而且还应通过彼此之间的关系限定。

在**T 497/97**中，委员会指出，由于附图通常为近似的，所以不可靠。附图只能在说明书没有更明确地指明含义的情况下解释所修改的权利要求。此外，在争议案件中，附图只示出了该发明的优选实施例，这没有排除要求保护的主题所涵盖的其他实施例的可能性。委员会的结论是，权利要求1表征部分插入的争议措辞已基于根据该申请的说明书进行了确认，即该措辞已在没有扩展其含义的前提下从其上下文中获得。

在**T 748/91**中，委员会得出了结论，即只要描绘为相关技术人员提供了可辨别的可再现技术教导，就可以从**示意图**中得出尺寸比。委员会认为，示意图描绘了所有必要特征。

但是，仅用于针对该专利主题原理给出示意性解释且并非在每个细节上都代表其本身的附图不允许得出所披露的教导有针对性地排除未代表特征的必然结论。这类“否定”特征（在本案中，“无内部配件”）因此不能纳入该权利要求（**T 170/87**，OJ 1989，441）。

考虑到在仅用于针对该发明的原理给出示意性解释的附图中缺少特征的情况，另见**T 264/99**，委员会认定它的情况与**T 170/87**不同。

同样，在**T 906/97**中，委员会认为，所提交的母申请没有毫无疑义地披露门的位置。该位置的唯一指示可在某些附图中找到，并且委员会还认为，无论如何，说明书本身都没有暗示附图表示的该细节事实上是为了对应附图中所示装置的技术特征，而不仅仅是绘图师艺术自由度的体现。

案件**T 1120/05**中的欧洲专利已于2007年12月13日EPC 2000生效时获授权。该发明涉及“管理一群自由行走的动物的安排及方法”以及引入**消极**

特征（但并非挤奶站（2））的修改。该消极特征在所提交的专利申请的说明书和权利要求中没有被明确披露。只要此类特征的结构和功能可从附图中清楚明白地完全获得，则可以提取附图的特征。在没有其他上下文的情况下，不可能根据该权利要求的现有特征推导出其消极特征或缺失特征。仍然无法裁决能否获得包含消极特征在内的特征组合。在辩论过程中这种方法承认，实际上技术人员能够发现甚至愿意搜索附图中的消极特征，即使这些消极特征可与一些其他特征组合。

此外，出于论证目的，委员会在案件 **T 1120/05** 中接受，技术人员会仔细查看涉及动物段落的特征。出现的问题是，技术人员是否会清楚明白地从该动物传代除那些在申请书明确说明的特征外还具有其他特征的附图中完全获得，即技术人员是否会积极地意识到，该动物段落同样存在消极特征。委员会接受，这就是当时作为合理逻辑的情况，即委员会必须确定技术人员必然会意识到其他消极特征的存在（可能大量存在）。不允许任意选择其中一种特征，因为技术人员不但必须意识到可能的消极特征，而且由于这些特征是从附图中获得的，技术人员还必须确定哪种特征对该发明是必要的，哪种特征对该发明不是必要的。委员会认定，在缺少说明书提供的教导时，技术人员无法在大量潜在必要特征的前提下确定一种消极特征的必要性质，即使技术人员可在附图中识别出附图的经这种选择的单一消极特征。有人提到，判例法还确认，无法从原附图获得的消极特征在修改权利要求时不能被视为申请人或专利所有人可提取的特征库。更一般而言，在 EPC 第 123（2）条的上下文中，原附图不能视为申请人或专利所有人在修改权利要求时能够利用的特征库。决定 **T 169/83** 要求，对于技术人员来说，该消极特征的“结构和功能”应可以从附图中清楚明白地完全获得。本案的情况并非如此。

除此以外，附图还涉及了具体实施例。这种具有争议的消极特征，即“该入口装置形成了一个从接收站通往分离装置而非挤奶站的通道”，没有直接且毫无疑义地从该具体实施例中获得。所以，附图所示的该具体实施例不能作为要求修改的依据。应诉人/专利所有人引用的其他段落将结果限定为无须明确或隐含披露该消极特征就可达到。因此，该消极特征增加了超出所提交申请内容范围的主题。此外，委员会没有将该未披露的消极特征视为决定 **G 1/03** 所指的可容许权利放弃，因为不能将需要进行修改的偶然占先视为偶然。

6. 最初提交的申请：形式方面

6.1 交叉引用

在**T 6/84**（OJ 1985，238）中，该申请的主题是化学工艺，其唯一特征在于，催化剂是硅/铝摩尔比为5～10的合成钾沸石。就合成钾沸石的定义而言，该说明书提到了加拿大专利说明书，加拿大专利说明书中使用的钾沸石被定义为给定摩尔比的氧化钠和典型X射线粉末衍射图铝硅酮盐。委员会认为，申请文件本身未提及但在提到结构特征的文件（此处指加拿大专利说明书）中提及的用于执行化学工艺（此处指催化剂“钾沸石”）的结构特征，如果明确构成了要求保护的发明的组成部分，则可纳入专利权利要求（参见**T 590/94**）。但是，在没有证据表明该特征本身是一种充分的特征描述的情况下，不允许选出任何一种特定数值（此处指硅/铝比）。相反，有必要充分列举在该文件中最初披露并限定的相互从属的结构和衍射图的其他关键要素。在**T 6/84中**，再清楚不过的事实是，修改后包含在主权利要求中的合成钾沸石的其他表征参数确实是明确构成要求保护的发明的组成部分的特征，因为将合成钾沸石用作催化剂已经是最初提交的权利要求中的唯一表征性特征且将其增加到该权利要求书中仅仅是为了更好地限定此类合成钾沸石。

但是在**T 689/90**（OJ 1993，616）中，最初提交的发明的描述书没有以任何方式表明，在所引用的以及现在即将包含在主权利要求中的文件D1中发现的某一特征的“更多细节”是为了识别可能要求保护的发明的特征，也没有表明此类隐含特征明确属于该发明的说明书。委员会裁决，只在所提交的说明书中识别出的交叉引用文件中披露的特征表面上看不在“所提交申请的内容”范围内。只有在特殊情况下，向权利要求中增加主题才不会违反EPC 1973第123（2）条，即所提交发明的说明书让技术娴熟的读者确信，已要求为那些特征提供保护；那些特征有助于实现该发明的技术目的，因而构成要求保护的发明潜在技术问题解决方案的组成部分；隐含特征明确属于所提交申请中包含的发明的说明书，因而属于所提交申请的内容，并且这些特征在引用文件中包含的全部技术信息内可以被精确地限定并识别。在争议案件中，这些要求均不符合。

6.2 披露中的错误

6.2.1 计算错误

在**T 13/83**（OJ 1984，428）中，委员会认为，EPC 1973细则第88条不适用于由不正确的技术计算造成的说明书或权利要求中并非显而易见的错误更正。技术娴熟的读者将修改视为所提交申请的披露明显隐含的，则更正此类错误在 EPC 1973 第123（2）条下是准许的。如果可以设想不止一种算术意义上的更正可能性，则选择的更正方式必须是该申请作为一个整体明显隐含的那种方式。

6.2.2 不正确的结构式

在 **T 552/91**（OJ 1995，100）中，出现的问题是，对于化学物质和单个化合物组获得保护（其是否以及以何种方式可从最初披露的结构式证实是错误的）。申请人的主请求旨在确保可通过随后发现结构式正确的那组化合物的其他物质权利要求提供此类保护。该请求被拒绝，理由是违反了 EPC 1973 第123（2）条。委员会将 EPC 1973 第123（2）条所指的“内容”限定为“技术人员从申请书中获得的整个技术披露”。因此，这不足以证明，只是因为对原专利申请进行了修改，并非由于要求保护最初披露的主题；更为重要的是，技术人员可从原文件中得出的相关技术信息因而未被添加到申请中。在本案中，随后修改的通式为技术人员提供了那组物质真正化学结构的至关重要的信息。这促使本案得出了关于可利用属性的结论。通过修改通式增加到申请书中的与这组物质真实成分相关的信息本来不能从最初提交的申请中获取。

6.2.3 基于错误进行的修改

在 **T 740/91** 中，委员会允许纱线上环氧化合物的数量上限按重量由5.0%变为0.6%。这种修改为要求保护的主题赋予了新颖性和创造性。数值0.6%已在示例Ⅳ中明确披露。但是，专利权人承认，该值取代真实值0.49%被错误插入。

委员会的结论是，该数值错误这一事实没有改变其实际上已被可靠披露的事实。因此，该数值可以是新上限依赖的基础。EPC 1973 第123（2）条的解释与其本意一致，其本意是为了保护公众后期不会面临范围比所提交的申请中已披露的范围宽泛的权利要求的损害，并免于发布公众的信息，包括申请人的竞争对手的信息。在本案中，已阅读最初公开申请的任何此类竞争对手都会形成一种观点，即最初要求保护的0.1%～5%的范围对于现有技术来说过于宽泛，并且会认为，宽泛的权利要求不能有效维持。竞争对手马上就会看到，任何示例中给出的固化环氧树脂的最高值为0.6%，这在示例Ⅳ中已明确披露，因此，如果上限5%后期被减小为0.6%，也就不足为奇了。该数值是错误的这一事实竞争对手不会知道，因此不会影响竞争对手的判断。

6.2.4 消除矛盾

在 **T 172/82**（OJ 1983，493）中，删除权利要求中的特征视为可容许，因为此类删除的唯一目的是澄清和/或解决矛盾。在 **T 271/84**（OJ 1987，405）

中也指出，出于澄清有关说明书的上下文中真实结构的矛盾而对权利要求进行的修改没有违反 EPC 1973 第 123 条第（2）款或第（3）款，前提是修改后与修改前的权利要求含义相同。

在 **T 758/92** 中，委员会允许删除特征，因为该特征与所提交的申请中披露的教导矛盾，并且在原披露中有删除该特征的确凿根据。原申请文件的技术娴熟的读者会意识到，需要删除的特征被错误引入该权利要求，因为所作出的定义与该发明所述实施例的功能矛盾。

在案件 **T 60/90** 中，申请人已删除了温度范围的下限，以消除权利要求与示例之间的矛盾。经认定，解决这种矛盾不会违反 EPC 1973 第 123（2）条。委员会认为，（1）涉案特征没有被解释为披露中的必要特征（该特征最初为优选实施例），（2）正因如此，该特征对于发明的功能并非必要（示例采用了温度下限——矛盾的来源），和（2）删除该特征无须真正修改其他特征来弥补这种变化。

在 **T 609/95** 中，委员会认为，如果申请中的草拟缺陷或矛盾在本领域技术娴熟的读者（处理申请的人员）看来非常明显，则有理由假设，根据该申请的内容，该读者会尝试进行名义上的修改，这种修改有助于理解读者所读的内容，在某种程度上，这种修改据说可跳入读者的脑海，尽管这可能只在细致研究文件之后发生，如果行之有效，则这种修改也可以视为在该申请中是隐含的，不会违反 EPC 1973 第 123（2）条（另见 **T 887/97** 中关于异议上诉程序过程中的此类修改）。

在 **T 749/03** 中，应诉人（专利所有人）提到了 **T 190/99**，**T 190/99** 讨论了修改授权的权利要求以替代不准确的技术声明的可能性，这明显与准确陈述技术特征的该专利的全部披露矛盾。根据该决定，技术人员在考虑权利要求时应排除不合逻辑的解释，或者没有从技术角度进行理解。在本案件 **T 749/03** 中似乎出现了类似情况——最初提交的权利要求 5 单独看来不会从技术角度理解，甚至向权利要求 1 的特征简单增加特征都会导致装置的定义不充分。但是，技术人员若考虑该专利的整体披露就可能获得该权利要求技术上合理的解释。

在上下文中，还引用了 **T 371/88**（OJ 1992，157），它涉及修改授权的权利要求以限制较少的术语替代限制性术语的可容许性。委员会在该案件中裁决，如果授权的权利要求所赋予保护范围的审查得出以下结论，则此类替代根据 EPC 1973 第 123（3）条是准许的：（a）授权的权利要求中的限制性术语在技术含义上在给定的上下文中不是很清楚，给定的上下文可用于确定保护范围，无须引用该专利的说明书和附图来解释；（b）从该专利的说明书和附图以及授权的审查程序可以清楚地看出，其他实施例属于该发明，并且绝对不会使其不能获得专利赋予的保护。在本案件（**T 749/03**）中，在只考虑权利要求1的情况下，涉及第二个（透射）光栅的特征在技术含义上绝对清楚。但是，与权利要求5组合时，只有引用了说明书和附图，此类特征才有意义。因此，其符合（a）要求。此外，毫无疑问，申请人没有放弃该实施例。所以，（b）要求也符合。

在 **T 1464/05** 中，委员会在判断该修改是否根据 EPC 第123（2）条增加了主题时指出，在上下文完全一致以及该申请明确披露的情况下，应诉人/专利所有人进一步尝试之后查看所提交的申请中可删除矛盾的范围值上限是不能接受的。

6.3　后续增加细节

6.3.1　现有技术说明的修改

在 **T 2321/08** 中，委员会考虑了 EPC 1973 细则第27（1）（b）条是否提出以下要求的问题，即在提交申请时申请人已知的现有技术是否已在该申请中得到确认。委员会的结论是，EPC 1973 细则第27（1）（b）条或等同的 EPC 细则第42（1）（b）条没有赋予申请人在提交该申请时承认已知现有技术以及体现该现有技术的文件的严格义务。此外，EPC 的要求并没有禁止为了符合 EPC 1973 细则第27（1）（b）条或 EPC 细则第42（1）（b）条阐述的规定而修改申请。

在 **T 11/82**（OJ 1983，479）中指出，对引用现有技术的说明书的纯粹增加不能合理地解释为违反 EPC 第123（2）条的“主题”增加。无论是否这样做无疑都应取决于实际使用的语言和案件情况。

在 **T 211/83** 中，委员会甚至认为，将只能从之前发表的说明书中所提及广告文献获得的该发明某个部件的工作方式细节纳入说明书中很重要，因为这些细节对该发明具有重要意义。

在 **T 450/97**（OJ 1999，67）中，委员会确认，引用现有技术的纯粹增加没有违反 EPC 1973 第123（2）条。委员会补允到，在限制权利要求后，同时在异议期，后续被证明不但为最接近的现有技术而且对理解 EPC 1973 细则第27（1）（b）条所指的发明必不可少的文件已被引入修改的说明书。

在 **T 889/93** 中，上诉人（专利申请人）解释道，最接近的现有技术示出在争议申请的两张附图中。在针对委员会对其提交的显而易见性反对的回复中，其主张这些附图由于误导性的简单化，没有准确地示出现有技术设备。委员会允许最初提交的附图替代为更好的附图，因为这只是消除了现技术表征中的不精确度，并且没有影响该发明本身的披露。**T 1039/93** 认定了类似观点。在争议案件中，所提交的申请中的一部分附图已被错误标贴为现有技术，事实上代表的是申请人内部尚未向公众发布的技术知识。委员会没有反对删除相关附图中的“现有技术”标签，因为此类删除既没有违反 EPC 1973 第 123（2）条，也没有影响现有技术的披露；相反，此类修改有必要避免不精确地表征现有技术。修改后，该说明书按照 EPC 1973 细则第 27（1）（b）条的要求正确指明了该现有技术。

同样，如果权利要求的前序已通过代替适当且更具一般性的术语进行了修改，则修改后的权利要求也不包含超出所提交申请的内容范围的主题，这更易于限定所提交申请中描述的最接近的现有技术以及作为该申请主题的发明的共同特征，对于具体术语，这不利于限定现有技术的该特征（**T 52/82**，OJ 1983，416）。

6.3.2 后续增加效果

在 **T 11/82**（OJ 1983，479）中指出，通过引用现有技术增加对该发明的优点的讨论会构成对 EPC 1973 第 123（2）条的违反，这并非不可避免。例如在 **T 37/82**（OJ 1984，71）中，一项技术特征已在原申请中被明确披露，但没有提及或充分提及该技术特征的效果。但是，这种效果可根据标准的专业考虑事项从原申请中获得。

在指南 C－VI、5.3.4 和 5.3.5 条中（2010 年 4 月版本），有人指出，通过引入之前未提及的该发明的其他示例和效果陈述或优点进行的修改始终应根据一般考虑事项认真考虑。在某些情况下，随后提交的示例或新效果即使不允许引入该申请，审查人员也不能将其作为支持要求保护的发明的可专利性证据考虑在内。

7. 判断修改允许性的“测试”

根据既定委员会判例法，在判断修改是否增加了超出所提交申请或（在分案申请情况下）母申请内容范围的主题时需要确定的相关问题时，提议进行的修改是否可从所提交的申请或母申请中直接且毫无疑义地获得。在 **T 1206/01**、**T 731/03**、**T 1407/06** 和 **T 1772/06** 等决定中对既定判例法进行了复核。

在该介绍性部分，可引用将两个案件严格区分的近期决定：删除（或替代）以及增加特征。在 **T 404/03** 中，委员会认为，上诉委员会描述并使用与各类修改有关的现有“测试”的调色板的决定可能在一定程度上引起混淆。就一组特征的披露而言，因为有别于这些特征的范围，权利要求中的特征概述以及特征与说明书中实施例相孤立基本上都涉及了特征的删除，即分别为该实施例的特定特征和其他特征。因此，委员会认为，这些案件遵循与纯粹删除相同的标准，所以，原则上为三点测试。与要求原披露提供特定声明或建议不同，三点测试对于申请人来说更慷慨，因为如果技术人员通过所掌握的该领域常识确认特征与该发明无关，三点测试基本上容许某一特征删除。此外，委员会认为，必须根据 EPC 1973 第 123（2）条所指出的修改可容许性区分特征删除和特征增加的案件，因为前者只删除最初披露的要素，因此技术人员可将其判断为对该发明无关紧要，而后者增加了原披露中缺乏任何依据的新要素。

关于修改判断方法，另见上文第 3 章 A. 3 提到的最近的 **T 1269/06**。

7.1 提交申请中修改的直接且毫无疑义的可推断性

阐释此处争议测试申请的一些示例可参见该部分的下文，在相对较早的决定的介绍性概述之后，这些决定涉及实际上被申请的测试。

决定 **T 194/84**（OJ 1990，59）涉及了可导致修改申请主题概述或省略特征的修改（在这种情况下，在通常取代天然纤维素纤维的纤维素纤维蓄电池组电极中的使用）。专利权人认为，这种修改是容许的，因为可针对**纤维素纤维**更通用的权利要求的新颖性正确引用原申请。委员会认为，该方法基于新颖性测试的误用。针对其他主题进行的测试仅与迄今为止需要判断是否可从最初提交的申请或在先文件之前提供的信息中直接且毫无疑义地得出信息的新颖性测试相对应。如果所引起的该申请内容的变化（修改后的主题）与原申请的内容相比具有新颖性，或者从另一角度来看，当原内容不具有新颖破坏性，如果所述内容的变化对于假设的未来权利要求却具有新颖破坏性，则不允许修改。测试的是内容的变化，即修改后的内容减去原内容，使该测试适用于按照特征概述或特征省略的方式修改，这很重要。

在 **T 514/88**（OJ 1992，570）中，委员会认为，在通过放弃特征获得授权之前涉及权利要求扩展问题的两项测试，即必要性（或无关紧要）测试和新颖性，相互之间并不矛盾，而且原理相同。在这两种情况下，相关问题是修改是否与原披露一致。这意味着从原披露整体直接且毫无疑义的可推断性以及无矛盾性（与下文 **T 527/88** 和 **T 685/90** 中的理由相同）。

T 118/89 对该新颖性测试持保留意见，但同时也强调了上述关键问题的重要性，指出可确定授权程序过程中修改的可容许性，无须通过简单地将根据现有权利要求寻求的保护与所提交的申请中的披露进行比较来引用现有技术。所以，没有实施新的或修改后的新颖性测试的客观需要。在本案中，权利要求与文件中的披露或可能损害新颖性（现有技术）的其他证据的直接比较的范围内，新颖性测试与 EPC 1973 第 123（2）条所指的修改可容许性的测试相似。

T 288/92 和 **T 187/91**（OJ 1994，572）中同样明确的是，在判断修改容许性时的决定性问题是修改是否可从所提交的申请文件中直接且毫无疑义地推断出。

在 **T 288/92** 中，上诉人（申请人）认为，该修改导致了原权利要求的限制。委员会否决了这个观点，理由是 EPC 1973 第 123（2）条"超出所提交申请内容范围的主题"的表述禁止引入技术人员在客观上不会从所提交的申请中得出的任何技术信息，以至于对 EPC 1973 第 123（2）条所指的修改可容许性的审查指向"派生"方法（另见 **T 383/88**），这不同于修改后主题与未修改主题范围的简单比较。委员会认为，这为裁决修改的可容许性提供了一种**确定方法**。任何其他"测试"，如"新颖性测试"，必定都提出了假设性问题。从案件实际来看，委员会认为，在没有获得对说明书一般部分中此类限制的一些支持的情况下，通过将最初披露的通式中取代基的一般定义限定为从化学实体（如示例）中任意选择的具体（单个）取代基来修改限定化合物分类的通式是不准许的（另见 **T 859/94**）。

在 **T 187/91**（OJ 1994，572）中，上诉人已请求对光纤放大器授予专利。所提交的申请中权利要求提到了"多个泵光源"，即**两个**或两个以上光源；修改后的权利要求提到了"一个泵光源"，因此要求保护包括一个或多个光源在内的光纤放大器。委员会承认，在新颖性判断与 EPC 1973 第 123（2）条所指的可容许性修改判断之间没有明确的概述上的密切相关性。但是，这也进一步说明了 EPC 1973 第 123（2）条的两个考虑事项不同于 EPC 1973 第 54 条中的考虑事项。首先，18 个月后根据 EPC 1973 第 93（1）条公开的申请的读者会被告知申请主题的最大范围，因此鉴于欧洲检索报告和审查后续申请的起草，在确定该申请（包括权利要求）的文本之前，读者同时会被告知该申请的最多内容。其次，权利要求与欧洲专利申请的内容之间的关系可通过以下思想确定，即在必要的适当修改后，授权的权利要求应为所提交的申请所包含的创造性主题提供公平的保护。

委员会认定，所提交申请的技术娴熟的人员在实施所述发明时会认真考虑只有一个光源的使用；在所提交的申请或根据常识不存在可使技术人员排除只使用一个光源的可能性。此处，在对所提交申请的整体内容进行仔细的分析阅读时，没有理由将多个光源的使用视为对该发明必不可少，以达到其规定的目标。相反，对所提交申请内容的正确解释就是，该申请是该发明（只有一个光源的光纤放大器）优选实施例的一种可能实际的变化。

在几个决定中，都要求委员会对词语“明确且毫无疑义地得出”的解释给出意见。这些决定还表明该标准如何在实践中应用。

T 367/92 介绍了根据 EPC 1973 第123（2）条驳回的修改示例，因为该修改包含委员会认为不能视为可从最初披露的通用术语中明确且毫无疑义地获得的特定术语。在该案件中，所述条款所指的可容许性问题归结为通用术语“聚酯”（polyester）是否可与特定术语“聚对苯二甲酸乙二醇酯”（polyethylene terephthalate）等同对待的问题。上诉人/专利所有人增加的支持该解释的唯一文件只证明，聚对苯二甲酸乙二醇酯是一种聚酯（从未讨论），但没有表明“聚酯”（polyester）可被解释为隐含意义的“聚对苯二甲酸乙二醇酯”（polyethylene terephthalate）。

在 **T 823/96** 中，根据委员会的裁断，含0%紫外线吸收剂的组合物是否已在最初提交的申请中披露的问题不得不考虑该申请的全部内容，不能仅仅基于上诉人依赖的说明书的孤立部分。委员会还评述道，术语“**隐含**披露”（**implicit** disclosure）不得理解为不属于文件提供的技术信息内容的事项，但可根据内容判断为显而易见。根据委员会的裁断，术语“隐含披露”只涉及没有被明确提及的事项，但却是明确提及事项的明确且毫无疑义的结果。因此，在确定被文件明确披露所隐含的清楚且毫无疑义的事项时必须考虑常识，根据常识可通过该披露明确哪些内容与该文件的披露所隐含事项的评估无关。相反，必须将这两个问题严格区分开。所以，委员会不同意上诉人关于上诉决定基于常识估计不足的意见。关于“隐含披露”，另见总结判例法并在其他决定 **T 860/00** 中引用的 **T 1125/07**。

在 **T 1107/06** 中，引用 **T 860/00**，委员会认为，当发明的一般披露与属于一般披露的说明性或优选实施例的具体披露同时存在时，技术人员通常会暗示，没有特别提到的、一般披露中包括的所有其他实施例也形成了该发明的一部分。非例示或非优选实施例因此作为例示或优选实施例的逻辑组成部分被隐含披露。

在 **T 917/94** 中，委员会裁决，如果某一特征通过两个其他特征隐含限定并因此变得多余，该特征的省略没有产生超出所提交申请内容范围的主题，则权利要求的特征省略没有违反 EPC 1973 第123（2）条。

在确定涉及专利新提交文件的可容许性时，委员会在 **T 925/98** 中指出，应诉人认为，权利要求1中给出的30%～50%的范围违反了 EPC 1973 第123（2）条，因为该范围没有在涉案专利最初提交的文件中披露，涉案专利最初提交的文件只披露了30%～60%的一般范围和35%～50%的优选范围。但是，委员会认为，根据既定判例法，在一般范围和优选范围的此类披露情况下，优选披露的较窄范围与属于所披露的位于该较窄范围任意一侧的整个范围的部分范围之一的组合可从涉案专利的原披露中明确得出并因而获得支持（参见 **T 2/81**，OJ 1982，394；**T 201/83**，OJ 1984，481；另见所有引用 **T 2/81** 的 **T 53/82**、**T 571/89**、**T 656/92**、**T 522/96** 和 **T 947/96**；较近期的可参见 **T 1107/06**）。因此，要求保护的30%～50%的范围没有违反 EPC 1973 第123（2）条。此外，在本案中，示图表明，要求保护的范围事实上是最有效的范围。

T 985/06 涉及通过将范围上限从1.05∶1至1.4∶1改为1.05∶1至小于1.4∶1将所提交的说明书中支持的范围上限修改为因此不被支持的新值（下限）。委员会承认，“1.05∶1至1.4∶1”包含了所指范围内的所有值。但是，所提交的申请通常只披露该范围，没有特别从而直接且毫无疑义地披露其中的所有值。所以，该修改违反了 EPC 第123（2）条。应诉人/专利所有人还辩称，如果要求保护的范围“小于1.4∶1”的上限在所提交的说明书中缺少支持，则为没有获得此类支持的**权利放弃**。但是委员会认定，权利要求1不包含通常可从一般特征特定实施例或领域排除的任何“否定”技术特征。

在 **T 329/99** 中，委员会指出，必须清楚地区分具体实施例是否由申请书明确或隐含披露，或/和该实施例是否仅通过申请书的披露呈现显而易见性的问题（参见 **T 823/96**）。具体技术实施例可根据所提交申请的内容呈现显而易见性，但是不属于该申请的明确或隐含披露，因此不得作为修改符合 EPC 1973 第123（2）条要求的有效依据。

委员会认为，在 **T 686/99** 中，所提交的申请以无差别的方式披露了不同类别的原油，没有关于其中一种具体类别的选择的任何暗示。没有为等同原油原始宿主的酯油赋予优先权。因此，委员会的结论是，在权利要求1中将必须包括酯油的原油与权利要求1所列氢氟烃酯油的组合源于两个替代特征列表内的多重选择，即从原油列表中选择酯油，从制冷剂列表中选择氢氟烃，从而生成新鲜的具体组合。所提交申请的内容不得视为这样的库，取自库中的与单独实施例相关的单个特征可以组合，以便人为创建具体组合。在没有指向具体组合的情况下，这种组合的特征选择对于本领域的技术人员来说没有清楚且毫无疑义地出现在所提交申请的内容中。（另见 **T 1206/01** 和 **T 1041/07**，突出表明在判断文件中是否披露特征的具体组合时的相关问题。）

在 **T 962/98** 中，上诉人指称，要求保护的主题从示例1D和最初提交的申请的内容中得出。具体而言，针对示例1D的组合物进行的测试表明，“四种表面活性剂”可在本权利要求1中在更一般的背景中应用，除此以外，还需与说明书一致。委员会没有排除存在以下情况的可能性，即从工作示例中提取一些特征可与更一般的背景下披露的其他特征组合，不一定形成不允许的中位概括。但是，根据 EPC 1973 第 123（2）条，此类中位概括只在以下情况下是准许的，即技术人员可从所提交的申请中毫无疑义地认识到那些特征并非与该工作示例的其他特征密切相关，并且被直接且毫无疑义地应用于更一般的背景中。换言之，为了可被接受，该中位概括必须通过技术人员从阅读示例和所提交申请的内容得出的明确信息来实现。

在争议案件中，委员会认为，不可能毫无疑问地得出结论，即这四种表面活性剂是否可从示例 1D 的组合物中挑出并与其他载体一起使用，还是只适用于示例 1D 中披露的特定组合物。无论是在示例 1D 本身还是在更一般的描述中，技术娴熟的读者都没有获得有关示例 1D 的哪个成分应保持不变以及哪个成分可随意改变的指导。存在这种疑问的情况与修改应从所提交的申请中直接且毫无疑义地得出的要求矛盾。该结论也不能被对示例 1D 的组合物进行的测试反驳。与上诉人的意见相反，为了判断修改是否符合 EPC 1973 第 123（2）条的要求，问题既不是技术人员是否能够根据测试提供的说明设计出其他组合物，也不是修改后的主题是否与说明书一致。

在案件 **T 619/05** 中，该修改涉及了并未通过提供技术效果而对任何技术问题的解决方案有所助益的一项特征。因而，该修改属于非技术主题。EPC 第 123（2）条中没有限定词的术语“主题”（subject - matter）似乎表明，该条款适用于非技术主题和技术主题。因此，涉及非技术主题的任何修改还应可从所提及的专利申请中得出。在这一点上的困难在于，技术人员可能不具备确定是否增加了非技术主题的必要知识。在确定该问题时可能需要具备非技术领域的技能。由于根据 EPC 1973 第 21 条上诉委员会的成员只需要具备技术（或法定）资质，在此类情况下由申请人（或专利所有人）提供证据，从而允许委员会能确定相关非技术领域的技术人员将如何解释原专利申请和修改后的申请（或专利）。在本案中，上诉人没有提供任何允许进行修改的证据，因为上诉人既没有对委员会的通信给出回复，也没有在口头法律程序中派代表出席。

在 **T 495/06** 中，上诉人/申请人关于修改与所提交的原披露不一致的争论没有说服委员会，因为申请人因而援用了在 EPC 第 123（2）条合规方面不如上诉委员会判例中制定的标准严格的标准，即该修改是否可从最初提交的申请文件中“直接且毫无疑义地得出”的问题。换言之，修改与说明书“不一致”这一事实并非符合 EPC 第 123（2）条的充分条件。

在 **T 824/06** 中，委员会指出，EPC 第 123（2）条所准许的修改需要直接且毫无疑义的披露；合理的似然性是不够的。

在 **T 314/07** 中，出现的问题是，针对吸收性材料的权利要求的修改是否仍然可从所提交申请的段落中直接且毫无疑义地得出，所提交的申请没有描述此类最终吸收性材料，但描述了用于该材料的中间膜。所提交的该申请描述的中间膜的具体特征可自动转移到最终吸收性材料，前提是只有这些特征在整个吸收性材料制作过程中保持不变，也就是说，只有中间膜的表面活性剂部位在形成最终吸收性材料的流程步骤（如将胶片利用孔径作用粘接到物品的另一部分）中没有变更。委员会的结论是，其违反了 EPC 第 123（2）条。

7.2 “是否必要性”测试

上诉委员会考虑到 EPC 第 123（2）条的规定而制定的另一个修改允许性测试涉及特征的**删除**。在 **T 66/85**（OJ 1989，167）中指出，如果技术特征从权利要求中删除，以便不排除对该发明某些实施例的保护。只要在最初提交申请中给出了权利要求缺少该特征的依据，该权利要求范围的扩大没有违反 EPC 1973 第 123（2）条。争议特征是否与要求保护的主题的发明构思相关无关紧要（另见 **T 228/98**）。

T 133/85（OJ 1988，441）涉及了某一特征被描述为发明的必要特征但未包含在权利要求中的案件。因此，该权利要求没有获得说明书的支持（EPC 1973 第 84 条）。但是，为了支持权利要求而**对说明书所做的修改**是 EPC 1973 第 123（2）条所不准许的，因为修改后的说明书会包含超出所提交申请内容范围的主题——即此类特征并非该发明的必要特征的信息。

另外，在 **T 260/85**（OJ 1989，105）中指出，不允许从**独立权利**要求中**删除**在最初提交的申请中始终作为该发明**必要特征**呈现的特征，因为这会构成对 EPC 1973 第 123（2）条的违反。**T 496/90**、**T 189/94**、**T 628/91** 和关于删除特征“基本上纯的”的 **T 728/98**（OJ 2001，319）确认了该判例法。但是在 **T 628/91** 中，该披露使得结构特征可替换为功能特征，首先是因为该特征没有作为必要特征披露，其次是因为已描述了其功能。

在 **T 415/91** 中，委员会不允许删除特征“三相”交流电。委员会诉称，在说明书和权利要求中低交流电压和高交流电压始终指的是三相的：在最初提交的申请中“三相”这种表达出现了约 200 次，并且没有提到其他相数。阅读最初提交的该申请的技术人员不一定会将对“三相”的多次提及视为纯粹通过举例的方式。尽管技术人员可能在考虑后通过想象会突然想到使用三相不一定是必要的，但这毕竟是他自己的想法，是他本人的思维产生的。这并非最初提交申请的内容的组成部分。在 **T 236/95** 中，委员会审查了在考虑可从原说明书得出的问题后，三个已删除的特征是否相当于该发明的必要特征。如果不考虑涉及的特征就无法解决这种问题，则不能将其视为无关紧要。

原披露为决定性因素这一观点在允许删除不必要特征的 **T 331/87**（OJ 1991，22）中同样明确：只要技术人员可直接且毫无疑义地认识到（1）该特征在该披露中没有被解释为必要特征；（2）根据其旨在解决的技术问题，该特征对于该发明的功能并非不可缺少；和（3）替换或删除不需要真正修改其他特征来补偿这种变更，则从权利要求中替代或删除特征就不会违反 EPC 1973 第 123（2）条（参见近期的 **T 775/07**，另见 **T 60/90**，在第 3 章 A. 6. 2. 4 中涉及上述问题）。

在 **T 396/95** 中采用上述标准后，委员会认为，鉴于没有明确提到删除的特征（碳化作用）对该发明必不可少，这从该发明的全部陈述内容中隐含得出。根据其旨在解决的技术问题，该特征被委员会视为对该发明的功能必不可少。的确，如果该发明涉及冰镇饮料的获取以及仅由如何提高水的冷却性来提供冷却饮料构成的发明的潜在问题，技术人员就不会将碳化特征视为对该发明的功能不可缺少。但在该案件中，最初提交的申请涉及了“水碳酸化系统”，并且该发明潜在的问题还包括改善气/液混合。在该案件中，技术人员会将碳化特征视为对解决该发明的潜在问题必不可少。

在 **T 374/93** 中，异议人向委员会表示，添加到原申请权利要求 1 所限定的悬浮液中的聚合物用量为必要特征，删除该特征根据 EPC 1973 第 123（2）条是不准许的。委员会不同意，认为原申请作为整体毫无疑义地教导，需要添加到悬浮液中的阳离子聚合物用量取决于各种参数，可以很容易地通过实验确定。根据委员会的裁断，技术人员因此会根据作为整体的原说明书将相关段落解释为出于发现阳离子聚合物的最佳用量之目的给出的指导，或作为最初披露的发明的有利实施例。鉴于这些考虑事项，最初提交的权利要求 1 的已删除特征似乎与原申请的教导不一致，已删除特征表明如果阳离子胶黏剂的胶量值从仅比 0. 5% 多一点减少到刚好在该值以下，则需要逐步增多添加聚合物的量。在任何情况下委员会都认为，技术娴熟的读者不会立即且毫无疑义地从包含“在某些情况下”“例如”“一般”和“通常”等几个相对术语和表达方式的段落中认识到从原权利要求 1 中删除的特征为强制特征。

在 **T 784/97** 中，专利所有人辩称，现有技术文件会让技术人员会意识到争议特征并非必要特征。委员会认为，独立权利要求的特征是否已被视为“必要”不可能成为现有技术披露的问题。更准确地说，需要确定的是最初提交的文件中对技术人员教导的内容。在本案件中，已考虑了最初提交的文件的技术人员意识到，粒径是所指称的发明的组成部分，后期不可以从独立权利要求中省略该特征而不违反 EPC 1973 第 123（2）条和 100（c）条的要求。

关于 EPC 1973 第 123（2）条的解释，如果不允许将之前描述为非必要的特征引入权利要求，那么这种解释的任何尝试都会失败。委员会在 **T 583/93**（OJ 1996，496）中的陈述主要是考虑到，在符合 EPC 1973 第 123（2）条和第 123（3）条的情况下，公约不含禁止该发明重新定义的要求。为了考虑优先权日申请人未知的现有技术，通常有必要进行此类重新定义。因此，在优先权日被描述为可选的特征后来可能会在成为界定发明和现有技术时是必需的。如果首先提交的申请有此类限制的足够基础，其次因此产生的特征组合仍与最初提交的申请中的教导一致，则允许引入此类特征。

7.3 “新颖性”测试

近期判例法不再引用“新颖性测试”。但是，决定 **T 60/03** 和 **T 1374/07** 以及指南均包括传递引用。A.7.1 节的开始部分还回答了新颖性测试的有效性问题。

T 133/85（OJ 1988，441）指出，在对出现与 EPC 1973 第 123（2）条相关的问题使用关于新颖性的法律时必须谨慎。在 **T 177/86** 中，新颖性测试被描述为对审查扩大权利要求的可容许性“不太有用”（另见 **T 150/07**）。

以下决定主要对上诉委员会先前的惯例进行了概述：

在 **T 201/83**（OJ 1984，481）中，委员会指出，EPC 1973 第 123（2）条的合规性测试基本上是新颖性测试，即修改不能产生新主题。这在 **T 136/88** 中获得了认可。**T 17/86**（OJ 1989，297，Corr. 415）补充道，在限制、向权利要求增加其他特征甚至在缺少其中一个设备要素的情况下都可以认定具备新颖性。新颖性测试已被纳入指南，在 2010 年 4 月版（C－VI，5.3.1）的指南中仍然引用该测试，至少适用于通过增加的方式进行修改的情况（另见引用 **T 201/83** 的 **T 1374/07**）。

在 **T 416/86**（OJ 1989，309）中，委员会认为，技术手段（在该案件中指特别设计的光圈）已知的事实不会消除其等同物（在该案件中指效果与前者相同的设计不同的光圈）的新颖性，即使等同物本身已广为人知。因此，已披露技术手段的等同物必须被视为新技术手段，所以如果在原文件中未提及，则没有披露。按照这些原则，委员会裁决，当为除最初披露的特征以外的特定特征首次隐含引入一般陈述时，在该发明中用广泛的一般陈述替换发明所披露的特定特征应被视为 EPC 1973 第 123（2）条所指的不容许修改。所以，在权利要求中用已知功能（或所披露功能）替代该权利要求的在结构上限定的元素视为违反 EPC 1973 第 123（2）条。

但是，在 **T 873/94**（OJ 1997，456）中，委员会指出，如果修改申请书的提议涉及向权利要求增加限制性特征，利用“新颖性测试”则不适合确定修改是否符合EPC 1973第123（2）条。遵从**G 1/93**（OJ 1994，541），委员会指出，EPC 1973第123（2）条的基本思想很明显，即申请人不得通过增加所提交申请中未披露的主题来提高自己的地位，这会赋予申请人绝对优势，并且可能损害依赖于原申请内容的第三方的法律保障。鉴于这些考虑事项，在授权之前向权利要求增加未披露的限制性特征可能会也可能不会违反EPC 1973第123（2）条，视具体情况而定。

B. EPC第123（3）条

EPC第123（3）条表述如下："对欧洲专利的修改不能超出保护范围。"这里指的是专利整体，因此EPC第123（3）条包含实体内容的澄清。该原则适用于EPO所有的法律程序。

1. 一般性问题

在**T 325/95**中，专利所有人通过引入说明书披露的限制性特征对已授权的权利要求进行了修改。上诉人（异议人）争辩说，已授权的权利要求1实际上不能提供任何保护，原因是权利要求主题缺乏创造性，是无效的。由于在任何一个已授权的从属权利要求中没有陈述添加到权利要求1的特征，因而经修改的权利要求1所涵盖的主题没有包括在任何一个权利要求中。因此，通过引入仅在说明书中披露的特征，权利要求的范围已经超出了EPC 1973第123（3）条所指的范围。

委员会指出，该项论证是基于这样的假设：EPC第123（3）条提到的保护范围不仅取决于权利要求的实际措辞，而且取决于就现有技术而言的有效性。然而，该假设得不到EPC 1973第69条所述的"赋予欧洲专利的保护范围取决于权利要求的内容……"的支持。上诉人的陈词实际上暗指在异议程序中经修改的权利要求一般应该在已授的权利要求中有等同物。这也与EPO一贯的判例法不符。例如应注意决定**G 2/88**（OJ 1990，93），它裁定，根据EPC 1973第123（3）条，用内容为化合物或组合物新用途的权利要求替换内容为化合物或组合物的已授权权利要求是允许的。

委员会在**T 1149/97**（OJ 2000，259）中裁定，无异议的情况下，作出授予欧洲专利的决定通常构成对欧洲法律程序中申请修改的截止时间点。如果已经提交异议，因专利授权所致的截止效果可以存在于EPC 1973细则第57a条、第87条和EPC 1973第123（3）条强加给进一步修改专利说明书的限制中。虽然EPC 1973第123（3）条只针对欧洲专利的权利要求，但是对说明书及附图的修改也超出了 EPC 1973 第 69（1）条规定的赋予的保护范围。

鉴于 EPC 1973 第 84 条和 69 条，如果申请文件被改成授权前的经修改的权利要求，删除了在原始披露的部分主题以避免专利说明书的矛盾。原则上，因这种理由而删除的主题不能在不违反 EPC 1973 第 123（3）规定的情况下重新插入到专利说明书或已授权的权利要求中。在为便于理解而作的改动中，相似的裁断应用到了专利说明书保留的主题，但表示与要求保护的发明无关。

在处理 **T 81/03** 中的修改的可允许性时，委员会详细说明了认定 **T 1149/97**（OJ 2000，259）中案件事实与本案事实不同的原因，这与异议人的指称相反即授予欧洲专利权具有实体内容截止的效果。在回答异议人第二个观点时，委员会进一步强调，在需要确定所赋予保护范围的任何时候，EPC 1973 第 69 条及其《议定书》适用于 EPO 法律程序（例如参见 **G 2/88**，OJ 1990，93）。

对等性的考量显然经常在国内侵权法律程序中发挥重要作用。虽然在 EPC 1973 中未提及等同物，但在关于经修改的公约即 EPC 2000 第 69 条的《议定书》（OJ SE 1/2003，73）有提及。不过，尽管用于判断保护范围的等同物概念的重要性无可厚非，如果异议人的指称是正确的，由于增加任何新的特征在一定程度上必须降低已授权的权利要求中特征的分量，因此在异议程序中修改权利要求——虽然公约作了规定——是不可能的。已授权的权利要求的主题不具有新颖性急需修改的情况下，尤其是这样。因此，不能接受这种论点。委员会因此裁断，将特征增加到已授权的权利要求中导致保护范围扩大是令人担忧的，因为所产生的特征组合可能会在侵权法律程序中引起等同物不同判断这一观点本身并不能构成不允许增加 EPC 第 123（3）条所规定的限制性特征的充分理由。

委员会与专利所有人的意见一致，即 EPC 1973 不存在授权后的修改必须以包含在专利说明书中主题为依据。EPC 1973 第 123（2）条的措辞是模糊的。扩大委员会在 **G 1/93**（OJ 1994，541）中指出，EPC 1973 第 123（3）条旨在保护第三方利益。按照委员会的观点，只要此类修改不违反 EPC 1973 第 123（3）条以及 EPC 1973 第 69（1）条，对欧洲专利的修改可以以相应申请中原始披露全部特征为基础。

在 **T 241/02** 中，委员会认为，上诉人（专利权人）批准涉案专利的文本这一事实或者法律确定性的考虑都没有增加对 EPC 1973 细则第 57a 条或 EPC 1973 第 123（2）条中修改的要求。因此，专利授权不一定构成禁止重新插入已删除主题（在本争议案件中，重新插入有关所要求保护的方法的说明书部分）的最终和自动的截止时间点。在这种情况下，所述的重新插入符合 EPC 1973 细则第 57a 条或 EPC 1973 第 123（2）条。因而还需要委员会审查所请求的重新插入是否满足 EPC 1973 第 123（3）条的要求。异议部根据 **T 1149/97**（OJ 2000，259）得出的结论是，重新插入是不可能的，原因是重新插入将与 EPC 1973 第 123（3）条相抵触，但异议部没有提到任何具体部分或者建立待恢复部分与得出产品权利要求如扩大到何种程度会违反 EPC 1973 第 123（3）条具体结论之间的任何关联。委员会判定，与 **T 1149/97** 中的情况相比，在本案中，上诉人已经删除了说明书中太多的内容，忽视了删除部分与剩余权利要求的相关性。根据委员会，**T 1149/97** 没有规定一项严格的规则。对重新插入请求的审查的目的是确定每件案件的事实是否确实侵犯了 EPC 1973 第 123（3）条的规定。由于必须详细审查重新插入请求，在此争议案件中，异议部的决定从整体上不足以驳回重新插入。由于不清楚请求再插入的部分是否还违反公约的一条或多条要求和异议法律程序中还未进一步审查可专利性的标准，委员会决定发回案件以进行进一步审查。

在 **T 975/03** 中，上诉人/异议人为了支持其论点，引用了决定 **T 420/86** 和 **T 61/85**，考虑到重新引入专利授权之前已删除的权利要求 1 的特征，认为上诉人/专利所有人在审查程序中不能将已经删除的特征重新插入到专利中，原因是这种删除构成放弃。然而，委员会的观点是，**T 420/86**（或 **T 61/85**）中没有指出后一项论断的法律依据。该项决定也是在 **G 7/93** 的裁决之前作出的（参见 第 2.1 点）。委员会甚至认为，专利授权并不一定确立了禁止重新引入已删除主题的自动和最终截止。因此，只要不违背 EPC 1973 细则第 57a 条或 EPC 1973 第 123 条第（2）款和第（3）款的规定，争议案件中经修改是允许的。为了反驳新颖性异议，上诉人/专利所有人引入所涉特征，因此此种修改符合 EPC 1973 细则第 57a 条的要求。此特征项包括在已提交的申请（例如权利要求 1）中，故也满足 EPC 1973 第 123（2）条的要求。由于此特征限定了权利要求赋予的保护范围，也满足 EPC 1973 第 123（3）条的要求。委员会的结论是，根据 EPC 的形式要求，允许插入权利要求 1 的特征。委员会也否决了将法律问题移交给上诉扩大委员会的请求。在分析判例法之后，委员会得出结论是（但不限于），不涉及以下情况即一个特征根据 EPC 1973 第 123（3）条是允许的但由于截止效果或放弃而变得不允许的。

决定 **T 190/99** 对根据 EPC 第 123（3）条如何解释已授权的权利要求给出了指引。

T 666/97 中，附属请求的产品权利要求不再包括已授权的权利要求中的方法特征。委员会从这样的事实中得出自己的观点：附属请求中要求保护的主题是只能通过产品本身特征表征的产品。这意味着，在产品生产过程中发生的但来源于产品特征的操作与要求保护的产品的限定毫无关系，因此也与权利要求的保护范围无关。这是适用上诉委员会的既定判例法必然结果，根据上诉委员会的既定判例法，以方法限定产品的权利要求的主题不是从新的程序步骤中得出产品的新颖性而是单纯地从结构特征中得出产品的新颖性（参见 **T 205/83**, OJ 1985，363）。

因此，为了解决是否符合 EPC 1973 第 123（3）条要求的问题，必须要决定的是已略去的以方法限定产品特征对于要求保护的产品的限定是否有技术意义，例如是否是产品特征。委员会裁断，已略去的特征不是产品特征。因此，在 EPC 1973 第 123（3）条含义范围内，权利要求没有扩大范围。

委员会在 **T 1052/01** 中认为，删除授权权利要求 1（这里指“阀、限流器等”）中用于一般特征（这里指“液压功能装置”）的示例，不能扩大保护范围，因为这些示例包括在决定所赋予的保护范围的一般特征中。

委员会在 **T 579/01** 中认为，根据既定判例法，EPC 1973 第 123（3）条中的“所赋予的保护”的法律概念指的是已授权的权利要求确定的保护范围的整体，不是单个已授权的权利要求措辞内的保护范围。根据 EPC 1973 第 123（3）条，通常可以允许专利权人对一些或所有权利要求的特征（不一定是授权权利要求中的个别术语）进行改写、修改或删除，只要权利要求中的新措辞不超出授权专利赋予的保护范围（同时不能违背 EPC 1973 第 123（2）条的要求）。因此，**T 579/01** 中，委员会的观点是，为了判断 EPC 1973 第 123（3）条规定的授权之后的任何修改，必须确定，与修改前的整个权利要求相比，修改后的整个权利要求是否超出所赋予的保护范围。

在本案中，新的主请求的独立权利要求 1 和从属权利要求 2－6 指的是“蔬菜植物”，而已授权的其他权利要求则指的是“蔬菜植物的细胞”。委员会称，在技术人员对术语“植物的细胞”的理解中，不能归为“孤立的”包括各种生理及形态的此类细胞，即包括分化状态和非分化状态。存在于（发展）植物中的分化状态细胞属于权利要求赋予的保护范围，并将此类权利要求赋予的保护范围扩大到植物的细胞中。而且，生物概念“植物细胞”包含此类从形态上和功能上构成植物的分化细胞。这隐含着形态上和功能上组织的植物细胞，例如植物的聚集体同样属于已授权的权利要求赋予保护的“植物的细胞”。

委员会还判定，作为新的主请求权利要求 1 主题的任何植物属于权利要求赋予保护的“植物的细胞”，同时，最终判定要求保护的植物具有与“植物的细胞”已授权的权利要求相同的遗传学特征。委员会还考虑了关于生物技术发明的法律保护（指令 98/44/EC 第 8.1 条和第 9 条）在欧洲的立法发展，委员会的结论是将“植物的细胞”权利要求修改成“植物”权利要求并不违背

EPC 1973 第 123（3）条的要求。

委员会在 **T 142/05** 中裁断，即使已授权的权利要求措辞是未经修改且清楚的，仅仅从说明书删除授权主题的一项重要而渴求的属性导致保护范围扩大，这也违反 EPC 1973 第 123（3）条规定。在争议案件中，在异议程序中将下列句子从授权说明书中删除："此类燃油软管显示出耐热性达约 160°。"权利要求的措辞与授权文本相对应。虽然已授权的权利要求的措辞未发生变化，但是仍然存在问题——从说明书中删除上述句子的事实是否能扩大专利赋予的保护范围，并与 EPC 1973 第 123（3）条相违背。字面上解释说，考虑该条规定意味着对说明书的修改不受该项限制的影响，原因是只提及了专利权利要求。委员会的结论是，虽然权利要求在确定保护范围中是最重要的元素，权利要求的措辞不应该看作唯一相关因素，相反，说明书和附图是用于解释权利要求的。由此可见，即使权利要求的措辞是清楚且毫无疑义，即字面意思的范围清楚，还是要参考说明书和权利要求。这可能导致对权利要求的不同解释，与仅考虑字面意思得到的解释相背离。对说明书和附图的修改可以改变权利要求的内容，因而，即使权利要求的措辞是清楚且毫无疑义，根据 EPC 1973 第 69（1）条也构成扩大保护范围。委员会认为，删除有争议的句子明显使保护范围扩大。删除具有使专利的教导广义化的作用，因为如果没有该条信息，授予专利权的软管表现出的耐热性是开放式的，因此违背了 EPC 1973 第 123（3）条的规定。

2. 特征的广义化

上诉委员会在决定 **T 371/88**（OJ 1992，157）中认为，如果已授权的权利要求中的限制性术语由限制较少的术语代替，则不违背 EPC 1973 第 123（3）条的规定，已授权的权利要求中的严谨字面含义不包含说明书中阐述的示例。然而，限制性术语不必在给定上下文的技术含义上如此清楚，以致不需要参考说明书和附图解释。并且，从说明书、附图和审查程序看对属于本发明的进一步实施例的授权必须很清楚，以致不能从专利给予的保护中排除（另见 **T 673/89**、**T 738/95**、**T 750/02**；以上的 **T 749/03**）。

委员会在 **T 795/95** 中不认同上诉人的观点，从已授权的权利要求 1 的前序部分删除特征"优选聚乙烯基或聚乙烯"扩大了所赋予的保护。特征"优选聚乙烯基或聚乙烯"与保护范围无关，保护范围是由更广义的术语"塑料"确定而不由具体优选的物质聚乙烯基或聚乙烯确定。删除"优选"特征并不扩大保护范围，如果此类特征包括确定赋予保护的更早的广义特征（本案中是指"塑料"）。

3. 特征的换位

委员会在 **T 16/86** 中指出，权利要求的主题作为一个整体包含在发明中。因此，只要权利要求中的特征位置变化不改变特征的含义，赋予的保护范围保持不变，这样的修改既不违背 EPC 1973 第123（2）条也不违背 EPC 1973 第123（3）条。

委员会在 **T 160/83** 中没有反对上诉人对特征部分进行修改以使特征部分包括先前在前序中出现但是未在代表最接近的现有技术的文件中显示的特征。

上诉委员会在 **T 96/89** 中又允许将权利要求前序中的特征换位到权利要求的特征部分。此种做法没有改变要求保护的主题，因此也没有扩大保护范围。如果术语第一次在前序部分概括，然后在特征部分减少原始披露的主题，也不违反 EPC 1973 第123（3）条。EPC 1973 细则第29（1）条要求权利要求与最接近的现有技术划清界限，在可以起草独立权利要求的前序部分之前，从两个限制性术语（要求保护的主题和最接近的现有技术）中选择包含两者的广义术语常常是有必要的。

在 **T 49/89** 中，在异议法律程序中，根据已授权的从属权利要求2，已经将已授权的权利要求1的主题限制到一个具体实施例。上诉委员会认为，没有扩大保护，原因是新权利要求1指明了已授权的权利要求1中的所有特征且新引入的特征仅仅是对包含在已授权的权利要求1中特征的详述。欧洲专利赋予的保护范围是由**所有**权利要求的内容确定，而不是仅有一个或几个权利要求的内容确定。因此，例如，即使独立权利要求缺乏新颖性，但其从属权利要求仍然有效，专利所有人将其限制到从属权利要求。此外，在确定保护范围时，特征是否在现有技术或特征部分中提到过，也是无关紧要的。因此，将信息从一处换位到另一处并不违背 EPC 1973 第123（3）条（**T 49/89**、**T 579/01**、**T 411/02**、**T 250/02**）。

4. 权利要求类别的变化

扩大委员会的决定 **G 2/88**（OJ 1990，93）涉及异议程序中的权利要求类别的变化，具体地说是涉及一种从产品权利要求到用途权利要求的变化。委员会称，异议法律程序中已授权的权利要求的类别发生变化，当根据 EPC 1973 第69条及其议定书解释时，如果这种变化不引起权利要求赋予的保护范围扩大，根据 EPC 1973 第123（3）条无不合理之处。关于这点，不应该考虑与侵权相关的缔约国国家法，因为缔约国国家法赋予的保护与欧洲专利赋予的保护之间存在明显区别。专利赋予的保护是由权利要求确定的（EPC 1973 第69

(1) 条)，具体地说是由权利要求类别及其技术特征确定的。相比之下，赋予欧洲专利人的权利（EPC 1973 第64（1）条）是指定缔约国的法律赋予持有者的法律权利。换句话说，概括地讲，确定专利“赋予的保护范围”是确定保护的内容、类别以及技术特征，而专利“赋予的权利”与如何保护这样的主题相关。

在对涉及类别变化的修改之可允许性作出决定时，原则上考虑的内容与对根据 EPC 1973 第123（3）条提出的其他任何关于修改的可允许性作出决定时考虑的内容相同。

对关于“化合物”和“包括此类化合物的组合物”的已授权的权利要求进行特定目的的修改，修改后的权利要求涉及“化合物在组合物中的用途”。根据 EPC 1973 第123（3）条的规定，并无不合理之处。一般认为本身要求保护物质实体的专利对这样的物质实体赋予绝对保护是 EPC 的立足点，不管这样物质实体的用途是已知的还是未知的。接下来，如果能够表明此类物质实体（例如一种化合物）已经是现有技术的一部分，则对物质实体的权利要求本身就缺乏新颖性。再接下来，当化合物用于特殊物理活动（用途）中，它只是作为权利要求的附加技术特征，对化合物的特殊用途的权利要求实质上是仅仅对物质实体（化合物）的权利要求。因此，此类权利要求比物质实体本身的权利要求赋予的保护更少。

上诉人/专利权人在 **T 912/91** 中要求保护用于获得具有特定性质的烧结复合陶瓷体的用途。委员会认为，权利要求类别从用于复合体的已授权产品权利要求变化到用途权利要求没有扩大已授权权利要求的保护范围。即使考虑到用途权利要求名义上等同于包括在烧结体中使用石墨步骤的方法权利要求，EPC 1973 第64（2）条的作用也是对从该方法所得的产品赋予保护，这并不构成 EPC 1973 第123（3）条规定的扩大保护，原因是烧结复合体是以比授权权利要求的复合体更严谨的方式限制在用途权利要求中（石墨含量范围窄）。

在 **T 134/95** 中，已经向“医疗用途的容器”授予了专利。要求保护的装置是设计用于允许三种预定义和不同化合物的单独存储和混合。因此，赋予的保护涉及一种装置，必要的话，涉及至少一种用于存放和混合的用途。修改之后，权利要求变成只涵盖容器用途不再保护装置的用途权利要求。委员会已经指出，此类发明是为了特定目的设计的，不能用于其他目的，委员会在该案件中提到，通过用要求保护容器用途的权利要求替换已授权的权利要求的方式改变权利要求类别，有限制保护范围的效果。因此，此种修改是允许的。

与异议人指称已获得“滴液”相反，委员会的结论是，容器的用途不会导致制造产品，相反地，正如已授权的权利要求中明确所述（关于用于三种液体“使用前单独存放并随后立即混合”的隔间），其目的是进行两种连续处理操作（在输液时，三种溶液中每一种单独无菌存放，然后将这些液体无菌混合）。其预定目的是在存放阶段保存三种液体中的每一种，在使用前立即混合，以避免混合物的先期变化。因此，该方法对为获得或制造产品而修改起始解决方案一点效果也没有。该种用途属于“获得效果或结果的物质实体的用途”的类别，依此，类别变化是允许的。

委员会在 **T 279/93** 中裁断，化合物 A 在制备化合物 B 的方法中用途的权利要求不比用化合物 A 制备化合物 B 的方法权利要求保护范围宽。**G 2/88**（第2.5点理由）中已指出，活动权利要求的技术特征是限制活动的物理步骤。在本案件中，委员会认为，已提交的方法权利要求1、已授权的方法权利要求1以及被上诉的用途权利要求1均涉及相同的物理步骤，因此权利要求的保护范围也相同。根据这种观点，用途权利要求赋予的保护范围并不比已授权的方法权利要求赋予的保护范围宽（另见 **T 619/88**）。

在 **T 37/90T**、**75/90**、**T 938/90** 及 **T 879/91** 中从产品权利要求变为产品用途权利要求也是允许的。

在 **T 420/86** 中，允许将利用 X 处理土壤的方法权利要求变为 X 在处理土壤的用途的权利要求。另一方面，在 **T 98/85** 中，将“制备……的方法”变为“……组合物的用途”视为违反 EPC 1973 第123（3）条。

根据 **G 5/83**（OJ 1985，64），委员会在 **T 276/96** 中判定，由于相同活性的两个配方对于竞争对手将是禁止的，所以将“利用项 B 制造具有效果 C 的项 A 的方法”类型的权利要求变为“项 B 在制造具有效果 C 的项 A 类型的方法中的用途”类型的权利要求没有扩大所赋予的保护范围。

从产品权利要求变为制造产品的方法权利要求通常认为是没有问题的（**T 54/90**、**T 191/90**、**T 762/90**、**T 153/91** 及 **T 601/92**）。在 **T 423/89** 中，将以方法限定产品的权利要求类别变为制造方法权利要求是允许的。然而，委员会在 **T 402/89** 中指出，对术语“所赋予的保护”的解释存在一些困难。

在 **T 5/90** 中，对“具有产品特征 x 和方法限定产品特征形式方法步骤 y 的产品”形式的权利要求授予了专利。然而，所述权利要求证明不具备新颖性。专利权人最终要求保护“一种利用方法步骤 y 和方法步骤 z 制作具有产品特征 x 的产品的方法”。

委员会将此类权利要求解释为涵盖方法步骤，只要最终结果是具有产品特征 x 的产品。委员会称这种权利要求为产品限定方法权利要求。根据 EPC 1973 第64（2）条的规定，也可以保护所述方法的直接产物，但是此类不可避免地落入最初已授权的产品权利要求的保护范围内。委员会将这种产品限定方法权利要求看作明确符合 EPC 1973 第123（3）条的要求，如果产品落入最初已授权的产品权利要求的保护范围内且另外使用利用方法步骤 z 制造的特殊形式，则将会违反 EPC 1973 第123（3）条的规定。

在 **T 20/94** 中，已独占性授权的争议专利包括制备产品的方法权利要求。经修改的专利包括涉及产品本身的产品权利要求。委员会称，权利要求赋予的保护是针对制备涵盖方法的产品的方法。依照 EPC 1973 第64（2）条，也要保护通过上述方法直接地获得的产品，但是当通过其他方法获得的产品不受保护。不过，针对产品本身的权利要求所赋予的保护是绝对的。产品权利要求是对产品赋予保护，不管制备该产品的方法为何。

上诉人试图通过利用术语“直接获得”将产品权利要求修改为以方法限定产品的权利要求以克服这一反对。委员会不同意这种论点，并称，以方法限定产品的权利要求应解释为本身针对产品的权利要求，原因是参考这种制备方法的唯一目的是限定试图保护的主题即产品。在以方法限定产品的权利要求中是否使用术语“直接获得”或其他任何术语，如“获得的”或“可获得的”，权利要求的类别没有变化。本案中经修改的权利要求 1 违反 EPC 1973 第 123（3）条的规定。

T 426/89（OJ 1992，172）中的权利要求涉及一种起搏器的操作方法。一种用于抑制心跳过速的起搏器的实际操作方法将是一种通过疗法利用起搏器人（或动物）的治疗方法，不能授予专利。但是，专利权人坚持认为，权利要求提到的是技术方法中的步骤，技术方法不是限定治疗方法，而是以功能性术语限定起搏器的结构特征。委员会同意。如果依据 EPC 1973 第69（1）条第二句的正确解释，权利要求 1 不是限定方法，而是根据部件的功能限定一种装置（起搏器）。因为权利要求 1 主题中指定的方法没有明确指明，所以委员会根据 EPC 1973 第84 条认为权利要求 1“不清楚”。附属请求的专利与授权版本之间的差异在于权利要求 1，发明的题目“起搏器的操作方法”已经由“起搏器”替换。委员会指出，包括类别变化的对权利要求 1 的修改并不违反 EPC 1973 第123（3）条。已授权的权利要求 1 已经是关于含有起搏器功能性限定的产品权利要求。因此，类别的表面变化不改变权利要求的内容而是简单地解释清楚权利要求（另见 **T 378/86**，OJ 1988，386）。

在 **T 82/93**（OJ 1996，274）中的授权专利含有涉及起搏器操作方法的权利要求 1。委员会裁断，所述权利要求限定一种通过疗法利用起搏器人（或动物）的治疗方法，根据 EPC 1973 第52（4）条是不准许的。委员会认为，依据 EPC 1973 第123（3）条，附属请求的装置权利要求也是不准许的。授权权利要求保护的主题是起搏器，**在使用时**，相比之下，附属请求的权利要求只包括限定起搏器本身的物理特性的技术特征。委员会解释说，一般来说，如果已授权的专利只包括限定设备操作的权利要求，因此既包括“装置特征”也包括“方法特征”，在异议程序中修改专利的提议包括只含有“装置特征”的权利要求，根据 EPC 1973 第 123（3）条，提出的修改是不准许的，原因是，只有当装置用于执行方法时，已授权专利对装置赋予保护，反之，无论设备是否使用，提出修改专利对设备赋予保护，与已授权专利相比，将会赋予额外的保护。

与上述 **T 426/89** 中的裁断相比，委员会在本案件中认为，已授权权利要求 1 是清楚的，限定了通过疗法执行人体治疗方法装置的用途，因其也包括方法步骤，所以不是单纯的“装置权利要求”。因此，在此情况下，EPC 1973 第 52（4）条和第 123（3）条相结合起到“不可逃离的陷阱”的作用。

委员会在 **T 1206/01** 中清楚地指出，根据上诉委员会既定判例法，产品权利要求对要求保护的产品赋予保护，不管制备该产品的工艺或方法为何。因此，将权利要求的类别从已授权的产品权利要求变为限制一种或多种制备该产品方法的方法权利要求并不扩大所赋予的保护。

T 352/04 中的专利涉及一种头发定型剂。出现的问题是，通过修改在权利要求 1 中增加“具有机械喷雾装置”后，是否扩大了保护范围。委员会注意到了以往判例，判例称专利赋予的保护范围不仅是由其技术特征限定的，而且也由权利要求的类别限定。委员会裁断，在权利要求中包含作为独立元件的机械喷雾装置改变了权利要求类别，权利要求现在能包含含有化妆品剂的喷雾装置。因此，经修改的权利要求 1 不仅使手段专利（用于头发处理）受到保护，而且使装置专利（含有化妆品剂的机械喷雾装置）受到保护。委员会进一步裁断，含有化妆品头发处理剂的机械驱动喷雾装置既不能认为是制造头发处理剂的方法也不能认为是该头发处理剂的用途，且不包含 EPC 1973 第 123（3）条所准许的权利要求类别的变化。相反，以第三方的法律确定性为代价，修改权利要求将专利所有人的保护向引入进一步的先前未保护主题转移，这是 EPC 1973 第 123（3）条试图阻止的。

委员会得出的结论是，除了在实施例中广泛使用的化妆品头发处理剂及机械喷雾装置，引入“具有机械驱动喷雾装置”特征已经进入现在已经包括的主题的保护范围，原因是保护范围不能局限于权利要求的措辞上。因为权利要求的经修改的措辞现在也保护已授权的权利要求未涵盖的机械装置，与授权头发处理剂相比，也已经扩大涉案专利赋予的保护范围。因此，保留的争议专利的文本违背了 EPC 1973 第 123（3）条的规定。

C. EPC 第123（2）条与 EPC 第123（3）条之间的关系

1. 发生冲突的情况

在 **T 384/91**（OJ 1994，169）中，转给扩大委员会的问题是，根据 EPC 1973 第123（2）条与第123（3）条的要求，如果主题超出提交申请的内容且同时增加的特征限制了保护范围，在异议程序中能否维持一件专利。这里的冲突是因为违背 EPC 1973 第123（2）条，必须删除“限制性扩展”，但是这样做，将会扩大专利的范围，因此又违反了 EPC 1973 第123（3）条（参见 **G 1/93**，OJ 1994，541）。

T 231/89（OJ 1993，13）第一次全面讨论了这一问题。在该决定中，在授权法律程序过程中将附加的限制性的特征添加到了权利要求中。异议部以最初提交的申请中未披露该特征但是删除后又违背 EPC 1973 第123（3）条为由，撤销了该专利。上诉委员会认为，在结合应用 EPC 1973 第123（2）条和第123（3）条撤销专利时，将它们看作相互独立的是不合适的。通过依据它们的相互关系解释这两个条款（其中一个是优先的，即独立的，另外一个是次要的，即从属的）避免这种“相互矛盾的结果”：

（a）如果 EPC 1973 第123（2）条是优先的，则不管 EPC 1973 第123（3）条，必须将增加的特征删除；

（b）如果 EPC 1973 第123（3）条当作独立的，则可以保留增加的特征。

如果限制性特征与新颖性和创造性无关，选择替代方案（b）似乎是合理的；保护第三方是至关重要的。另外，如果本案件中增加的特征无技术意义，替代方案（a）看似是恰当的，因此删除特征是正当的。

在 **T 10/91** 中，在审查法律程序期间，增加对技术人员无特殊价值的中性特征。所述特征无技术意义。因此在审查新颖性和创造性时，该项特征可以保留在权利要求中，但是不能作为限定性。

但是，**T 938/90** 中的增加具有技术意义，在审查新颖性和创造性时必须考虑。所以，委员会没有应用 **T 231/89** 中的原则，驳回了专利所有人对撤销专利的上诉（参见 **T 493/93**）。

2. 上诉扩大委员会的 G 1/93 决定

上诉扩大委员会在 **G 1/93**（OJ 1994，541）中对“限制性扩展”的裁决如下：

如果根据EPC 1973第123（2）条已授权欧洲专利包含超出已提交申请内容范围且限制了专利所赋予的保护范围的主题，此类专利在异议法律程序中必须修改，理由是根据EPC 1973第100（c）条，异议损害专利的维持。此类修改将会扩大赋予的保护，这是EPC 1973第123（3）条禁止的，所以不能通过将此类限制性主题从权利要求中删除来修改专利。因此，原则上讲，如果授权欧洲专利包含“限制性扩展”，必须撤销该专利。EPC 1973第123（2）条和第123（3）条是彼此互相独立的。从这个意义上来说，必须承认，EPC 1973第123（2）条与第123（3）条的结合对申请人极其不利，申请人通过修改申请冒着掉入不可逃离的陷阱中失去所有的危险，即使所述修改是限制保护范围的。但是，正如异议人陈词所述，为了充分保护公众利益，这种艰难本身不是不适用EPC 1973第123（2）条的充分理由。也不是审查部已经同意了此类修改的理由。对专利申请（或专利）任何修改的最终责任常常在于申请人（或专利权人）。

然而，扩大委员会也提到其他三种情况：

- 如果增加的特征能由在提交的申请中披露的不违反EPC 1973第123（3）条的其他特征替换，可以维持专利（以修改的形式）。从实践看这种情况很罕见（见下文 **T 166/90**）。
- 在不违反EPC 1973第123（3）条的情况下，可以从权利要求中删除无任何技术意义的增加的未披露特征。
- 增加的特征对要求保护发明的主题不能提供技术贡献，但是仅仅通过排除已提交申请所涵盖的要求保护的发明部分主题的保护来限制已授权专利所赋予的保护，此类增加的特征不能认为是EPC 1973第123（2）条规定的超出提交申请的内容。在本案件中，也可以获得专利。

上诉委员会（编号：3.4.02）在 **T 335/03** 中指出，根据 **G 1/93**，公约中不存在为权利要求提供脚注的依据，即“该项特征是不可接纳的主题。不能从该项特征中得到权利”；换句话说，在EPC 1973第123（2）条和第123（3）条冲突的情况下，脚注的解决方案是不可接纳的。

根据处理EPC 1973第123（2）条和第123（3）条以及放弃声明的决定 **G 1/93** 和 **G 1/03**，委员会在 **T 1180/05** 中得出的结论是，为了克服EPC 1973第123（2）条和第123（3）条之间的潜在冲突，从已授权的权利要求中删除特征是不适合的，该项特征超出已提交申请内容，以放弃声明的形式重新引入以使权利要求的主题相同。委员会决定不按专利所有人的请求将该问题转交上诉扩大委员会。异议部对以修改的形式维持专利的决定被搁置，该专利也被撤销。

3. 解决例外情况下的冲突

在一些情况中，可以解决 EPC 1973 第 123（2）条和第 123（3）条之间的冲突。委员会在 **T 166/90** 中允许其他披露特征替换已授权的权利要求中的不可接纳的特征，原因是其他披露特征没有扩大保护范围。本发明涉及一种不透明塑料薄膜。已授权的产品权利要求包含表明小于由单个组分的类型和比例得出的数学密度的膜密度的特征。在异议法律程序中，专利所有人要求保护制造薄膜的方法，但是在其方法权利要求中不包括与密度相关的特征。委员会审查这种情况是否会扩大专利范围，询问如果替代已删除特征的方法权利要求对膜的权利要求进行必要限制——像在授权产品权利要求一样——以此数学密度低的密度。委员会得出的结论是，所述的要求保护的方法会生产出具有小于由单个组分的类型和比例得出的数学密度的密度的薄膜。因此，删除密度相关的特征实际上并不扩大保护范围。

委员会在 **T 108/91**（OJ 1994，228）中的结论是，当与披露的整体性显然不符的不正确技术陈述由技术特征的准确陈述替换，不违反 EPC 1973 第 123（3）条。本案件涉及一种容器封闭装置，不强调包括在权利要求中的信息，然而，从说明书中清楚地看到，这部分实际上是在强调中的。在 **T 271/84**（OJ 1987，405），**T 371/88**（OJ 1992，157）和 **T 438/198** 之后的决定 **T 673/89** 及 **T 214/91** 裁定，如果修改后的权利要求具有与说明书的未修改权利要求正确解释相同的意思，为了消除不一致性将权利要求进行修改，不违反 EPC 1973 第 123（2）条或第 123（3）条。

委员会在 **T 553/99** 中称，如果已授权的权利要求包含未披露的违反 EPC 1973 第 123（2）条的限制性特征，前提是恰当披露了在已提交申请中的进一步限制性特征添加到了权利要求，未披露特征丧失对要求保护的发明主题的所有技术贡献，在不违反 EPC 1973 第 123（2）条规定的情况下，该未披露特征可以保留在权利要求中。

T 657/01 提供了 EPC 1973 第 123（2）条和第 123（3）条不可逃离的陷阱的示例。关于可应用到涉及 EPC 1973 第 123（2）条和第 123（3）条之间关系的情况的方法，**T 942/01** 认为，如果在审查程序出现违背 EPC 1973 第 123（2）条的情况，在异议程序中不修改专利是专利法的一个原则（参见示例 **G 1/93**，OJ 1994，541）。在本案中，应诉人在异议程序中根据 EPC 1973 第 123（2）条规定对删除了争议特征提出了异议，结果，上诉人取消了删除即将删除的特征重新引入权利要求1。根据公约的规定，除了不准许修改是“限制性扩展”以外，此类在异议程序过程中取消不准许修改通常是可能的，以消除将扩大专利所赋予的保护以及消除对EPC 1973第123（3）条的违反（**G 1/93**）。根据委员会，此类情况是应诉人引用**T 1149/97**的基础。然而，该决定不适于仅仅处理限制性扩展的争议案件（**T 942/01**）。

对于“限制性扩展”的示例，增加违背EPC 1973第123（2）条的主题但同时相对于已经要求保护的范围作出限制，因此该移除会违背EPC第123（3）条，参见**T 567/08**。

遵循**G 1/93**中的原则，委员会得出结论是，在**T 250/05**中，专利可以修改的，**并且**如果在不违背EPC第123（3）条的情况下，在已提交申请中存在替换此类主题的基础上，可以保留该专利。第六附属请求（其仅仅包括一个权利要求）满足了两个先决条件。

D. EPC细则第139条

EPC 1973细则第88条第二句规定，如果请求对说明书、权利要求或附图进行修正，修正必须是明显的，也就是说，可以立即看出需修正的内容。在EPC 2000中，此项规定成为EPC**细则第139条第二句**，其措辞没变，也没有实质性修改，只是对三种语言进行了一些编辑性改动。

在**G 3/89**（OJ 1993，117；另见**G 11/91**，OJ 1993，125）中，上诉扩大委员会指明，允许根据EPC 1973细则第88条第二句进行修正，欧洲专利的各自部分必须包含明显的错误，以至于技术人员可以毫无疑义地看出所涉特征并非所意图表达的内容。另外，如果怀疑特征是否定义错误，禁止进行修正（参见**T 664/03**、**T 580/05**，另见**T 382/07**，没有适用**G 11/91**）。

在**J 42/92**中，委员会必须决定授权后是否能根据EPC 1973细则第88条第二句提出请求。委员会得出结论是，只能在未决的申请或异议法律程序过程中根据EPC 1973细则第88条提出对说明书或权利要求的修改请求。根据EPC 1973细则第97（4）条，授予欧洲专利的决定在《欧洲专利公报》上公布授权的那一日生效。之后，在异议法律程序未决时，不能应用EPC 1973细则第88条。在争议案件中，授予专利的决定已经生效，也没有提出异议。因此，驳回了上诉，原因是在提交请求时，根据EPC 1973细则第88条，EPO已经失去对请求的管辖权。委员会还指出，一旦EPO没有开展未决的申请或异议法律程序，完全有理由，对修正问题（应牢记对技术人员而言明显这一要求）的决定不应该落入国家法院或其他职权部门的专属管辖权内，在这些地方，修正问题可能被提出（引用了 **J 42/92**，另见 **J 23/03** 及 **T 493/08**）。

1. 与 EPC 第 123（2）条的关系

委员会已经多次讨论是否允许根据 EPC 1973 细则第 88 条第二句进行修正的问题，即使修改请求根据 EPC 1973 第 123（2）条构成（与申请日的披露相比）超出范围。在决定 **T 401/88**（OJ 1990，297）和 **T 514/88**（OJ 1992，570）中，答案是否定的。委员会在 **T 200/89**（OJ 1992，46）中对 EPC 1973 第 123（3）条持有相似观点，EPC 1973 细则第 88 条规定的修正请求和 EPC 1973 第 123 条规定的修正请求应该分别考虑。

另一个问题是，对于 EPC 1973 细则第 88 条第二句规定的修正，提供修正的证据是否采用在申请后提交的文件的形式。**T 401/88**（OJ 1990，297）与 **J 4/85**（OJ 1986，205）对这一点得出的结论不同。

最终结果是，EPO 局长（**G 3/89**，OJ 1993，117）和上诉委员会（**G 11/91**，OJ 1993，125）转交这案件后，由扩大委员会判定这两个问题。

扩大委员会的结论是只能在技术人员从最初提交的整个文件中，参在申请日利用公知常识客观看待从而直接且毫无疑义的所获得的范围内，欧洲申请或专利有关披露的部分（说明书、权利要求和附图）可以被修正。此类修正具有严格宣告性质，因此违背 EPC 1973 第 123（2）条规定的禁止扩大。其他文件——尤其是优先权文件及摘要——不能用于修正目的，即使它们与申请文件一起提交，但是可以作为申请日的公知常识的证据。在申请日能以任何合适的形式提供构成公知常识的证据。在特定情况下，与披露无关的文件可以通过引用的方式部分或全部包括在披露中。

如果对是否存在错误或除了提供修正是否没有其他可做的存在任何怀疑，则不能进行修正。

在 **T 1008/99** 中，对错误的修正请求是针对包含错误说明书的已提交的欧洲分案申请而不是在先申请（专利）。因此，错误提交的说明书应该由母申请的说明书替换。委员会认为，就 EPC 1973 细则第 88 条的而言，从**分案申请本身看**，错误必须是明显的，且母申请不能证明错误是明显的（参见第 4 章 7.4 “分案申请”）。

而且，依据决定 **G 2/95**（OJ 1996，555，理由第 2 点），EPC 1973 细则第 88 条第二句的解释必须与 EPC 1973 第 123（2）条相一致，也就是说，EPC 1973 细则第 88 条规定的修正受 EPC 1973 第 123（2）条的约束，该修改涉及提交的欧洲专利申请的内容。因此，只能在决定发明披露部分申请内容的（说明书、权利要求和附图）限度内进行修正。其他文件只能用于证明申请日的公知常识。就根据 EPC 1973 第 76 条的分案申请而言，决定披露的申请内容是提交的分案申请的内容，而不是在先申请（专利）的内容。

2. 错误的明显性和修正

过去，只要错误对于技术人员十分明显且技术人员知道如何修正，委员会准许根据 EPC 1973 细则第 88 条第二句对错误进行修正。在 **T 640/88** 和 **T 493/90** 中，需要修正的权利要求中的错误在说明书中很明显。在 **T 488/89** 中，引用平行申请使技术人员能够毫无困难地确定正确的极限值。**T 365/88** 裁定，可以修正权利要求中的缩略语，因为在说明书中是明显的，为了避免与后期发现的相同类型的酶相混淆，在提交已知的该类型酶时，酶缩略语中的额外罗马数字是隐含的披露。

委员会在 **T 990/91** 中允许对化学名称进行修正，理由是申请主题盐命名时出现明显错误，从申请中，盐的分子式是清楚的。然而，与名称对应的分子式不同。根据申请内容及考虑在涉案申请的优先权日之前出版的引用文件，需要修正对于技术人员是十分明显。

在 **T 417/87**，上诉委员会允许根据 EPC 1973 细则第 88 条第二句对原始说明书中引用的多个披露进行修正。但是在 **T 158/89** 中，不准许对组分的百分数进行修正。在委员会看来，技术人员能够从出现错误的权利要求和说明书矛盾中推断出来。但是，存在两种修正错误的可行方式。由于技术人员已将两个替代方案均视具有可行性，所提出的修正十分明显。

在 **T 606/90**，上诉委员会允许在异议法律程序中根据 EPC 1973 细则第 88 条第二句进行修正，虽然从专利已出版文本中看，修正不是很明显以至可以立即看出所提出修正。申请人已经提交了对权利要求和说明书的修改，并也递交了用于存档的带有手写修正的“工作文件”。权利要求 1 的印刷版本略去了作为根据 EPC 1973 细则第 88 条请求修正的对象的细节；相同的细节出现在说明书相应的段落中。当文本是准备公开的专利，因 EPO 的错误所涉细节也可以从说明书中略去。委员会得出结论是当考虑可接纳性时，不应该将说明书中省略考虑在内。因此，因申请人的错误将所涉术语从权利要求 1 的印刷版本中省略是清楚的，如果 EPO 没有犯这样的转录错误，专利的读者将立即注意到需要修正此类错误。根据 EPC 1973 细则第 88 条，准许这样的修正请求。

在 **T 955/92** 中，上诉人请求，根据 EPC 1973 细则第 88 条，将权利要求和说明书中的单词“二氧化硅”和“氧化铝”分别由“硅”“铝”替换。上诉人认为，“二氧化硅与氧化铝比值”这一模糊的表达可以有两种含义，“硅与铝的原子比”或“硅与铝的摩尔比”，所请求的修正对于技术人员是明显的。

委员会不认同该观点。委员会认定，确实存在明显错误，对所寻求的修正的解释比替代方案具有更大的可能性。然而，委员会参考 **G 3/89**（OJ 1993，117）后强调，修正应该是由技术人员利用公知常识从申请日的专利申请的说明书、权利要求和附图中毫无疑义地获得。委员会认为，在该案件中，上诉人给出的表明提出修改请求的理由不是在申请日的公知常识基础上。为了得出请求修正是具有物理意义的修正，需要更多的公知常识进行实验，因此实验结果不能在申请日得到。

委员会在 **T 438/99** 认为，因无法解决的模糊不清而无法解释术语或短语这一事实并不是意味着该删除是 EPC 1973 第 123（2）条规定的可准许的修改。模糊不清术语中还留有清楚的意思（例如在该案件中，教导了一个具体方向），阻止了不同技术教导的产生。

E. 准许修改和修正的证明标准

委员会在 **T 383/88** 中认为，上诉委员会法律程序中通常证明标准，即“可能性的权衡”对于确定 EPC 1973 第 123（2）条规定的修改的准许性是不合适的。委员会认为，更严格的标准即与“排除合理怀疑”等同的标准适用于本案中是正确的，原因是在表面上证明是公知常识的基础上准许修改的低标准能容易导致无法觉察的滥用。

当事方多次主张，根据公知常识，通过阅读能够直接地、毫无疑义地从提交的说明书中得到特定技术特征。但是，委员会建议非常谨慎地考虑这种方法。首先，判定 EPC 1973 第 123（2）条规定的修改的可允许性要根据公知常识参考从提交的专利申请中得出的内容作出，而不是相反。其次，众所周知，证明公知常识是困难的。例如，信息可以广泛地传播，因此在得到该信息技术人员圈子内是已知的，但是也不一定被普遍接受了。最后，不能对来源于资质较高的人的誓词证据产生过多依赖，相关知识是普通的有技术的得到信息人的知识，而不是在相关科学学科或领域内的领先者掌握的知识。委员会补充道，单个人的宣誓书通常不足以履行所要求的严格标准的举证责任（在这方面，引用了 **T 383/88**，另见 **T 1046/96**、**T 1239/03**、**T 1006/03**）。

委员会在 **T 581/91** 中认为，可能性的权衡不是适用于 EPC 1973 细则第 88 条规定的修正的合适标准。根据决定 **T 383/88**，委员会称，应该应用更严格的标准，即与“排除合理怀疑”等同的标准。

委员会在 **T 795/92** 中称，如果对修改是否由原申请得到存在任何怀疑，EPC 1973 第 123（2）条清楚地排除该修改的可允性。在争议案件中，对镍还原度的主请求的权利要求 1 中 89% 的上限在提交的申请中未明确提及。委员会决定，尽管有一定概率赞成上诉人/专利权人立场，但是不允许该修改，原因是存在计算该值的各种已知方法，并非所有都导致相同结果并且该申请没有直接而明确地披露必须使用的方法。

第4章
分案申请

1. 分案申请的主题

1.1 简　　介

EPC规定的提交分案申请的程序是独立和完整的（例如参见 **T587/98**，OJ 2000，497）。关于欧洲分案申请的最重要规则规定在EPC第76条以及EPC细则第36条（EPC 1973细则第25条）。应赋予分案申请与母申请相同的申请日，且分案申请中的主题享有母申请的任何优先权。除非EPC另有规定，应同等对待分案申请与普通申请，且分案申请与普通申请受限于相同的要求（**G 1/05**，OJ 2008，271，理由第3.1点）。

EPC修改版本中也修改了有关分案申请的规定。对EPC第76条的修改主要是编辑性或澄清性质的或者是其他EPC规定变更所造成的变化。对于EPC细则第25条的修改版本的详细信息，请参见下文6.2.1。

一旦被有效地提交，分案申请应与母申请完全分开审查且必须依自身实际情况满足EPC对分案申请的实体要求。尤其是，只能针对不超出已提交的在先申请（母申请）内容的主题提交欧洲分案申请。如果它满足这个条件和赋予申请日的形式要求，则分案申请享有与母申请相同的申请日和优先权日（EPC第76（1）条第二句）。因此EPC第76（1）条第二句具有双重作用：首先，作为形式要求，防止申请人在分案申请中加入出于国家安全考量可提出反对的新主题；同时，建立分案申请的可专利性的实体要求，使分案申请中不含有关其母申请的附加主题（见 **G 1/05**，OJ 2008，271，理由第2.7点）。

分案申请的主题是否超出母申请范围这一问题将由审查部在实质审查中决定（**J 13/85**，OJ 1987，523；另见2010年4月版指南C－VI，9.1）。分案申请中所披露的所有特征必须反映在已提交的母申请版本中的说明书或权利要求书或附图中（见 **G 1/05**，OJ 2008，271，理由第9.2点；**T 211/95**，**T 1026/03**）。

要判断分案申请是否违反了EPC 1973第76（1）条的规定，必须确定技术信息是否引入了该分案申请中，该分案申请不能由技术人员从已提交的申请中客观且毫无疑义地获得。按EPO实践做法，一个与包含在母申请中的说明书完全一样的未经修改的说明书是可以接受的。

《指南》C-VI，9.1.5（2010年4月版）也规定，只有在绝对必要时才需要修改说明书。因此，除非**重复内容**与分案申请中要求保护的发明明显不相关或不一致，不必对母申请中**主题**在分案申请中的重复提出反对。因而，在**T 441/92**中，委员会认为，EPC没有任何规定阻止申请人在分案申请中重复之前的说明书，并且认为本案在该点上没有违反EPC 1973第76（1）条。

毕竟，对已经授权的分案申请可以提出异议。在此情况下，可以根据EPC第100（c）条以分案申请的主题“超出已提交的在先申请的内容”为由提出异议。

一个欧洲申请可以产生多个分案申请，而一个分案申请反过来也可以产生一个或多个分案申请。委员会在一些决定中确认了由分案申请产生的分案申请（系列分案申请）原则上是可接纳的，这也是EPC 2000筹备期间缔约国也明确所提出的意见（见**T 555/00**，**G 1/05**和**G 1/06**，OJ 2008，271和307）。

2. 分案申请的有效性

2.1 转交给上诉扩大委员会的问题

决定**T 39/03**（OJ 2006，362），**T 1409/05**（OJ 2007，113）和**T 1040/04**（OJ 2006，597）中，关于分案申请有效性的几个问题转交给了上诉扩大委员会。

T 39/03探究的是为了满足EPC 1973第76（1）条第二句的要求，提交时内容超出已提交在先申请的范围的分案申请，在审查过程中是否还可以修改（在**G 1/05**，OJ 2008，271作了回答）。如果分案申请违反了EPC 1973第76（1）条的规定，委员会援引了EPO形成的实践做法，即允许申请人在审查程序的后期进行修改以使分案申请符合EPC 1973第76（1）条的规定，并且只要修改后的申请相对于提交的版本也满足EPC 1973第123（2）条的要求，就将修改后的申请认定为于在先申请的申请日提交并享有优先权的有效分案申请。然而，考虑到关于处理作为在先分案申请的分案申请提交的分案申请的判例法（具体参见**T 1158/01**，OJ 2005，110；**T 720/02**和**T 797/02**）和关于EPC 1973细则第25（1）条的判例法，委员会对该实践做法的正确性持有强烈的保留态度。

T 1409/05 探究了在系列分案申请的案件中是如何解释 EPC 1973 第 76（1）条的要求，其中的每个分案申请都是从其前一个申请中分出的（在 **G 1/06**，OJ 2008，307 中作了回答）。上诉扩大委员会决定在合并法律程序中处理转交的法律问题。

当在剩余上诉撤回之后，**T 1040/04**（OJ 2006，597）的上诉程序——转交的主题——结束，上诉扩大委员会未决的法律程序终止。待解决的问题——在异议程序中是否可以修改向分案申请授予的专利——随后在 **T 687/05**（见下文 2.3 节，“系列分案申请”）中得到解决。

2.2　修改权——G 1/05

在 **G 1/05**（OJ 2008，271）中，上诉扩大委员会认为，在决定 **T 39/03** 中，送交问题的委员会的出发点是，主要基于分案申请最初不符合 EPC 1973 第 76（1）条第二句前半句使该分案申请“无效”的思路，疑惑是否可以修改包含超出已提交在先申请的范围的主题的分案申请以符合 EPC 1973 第 76（1）条第二句前半句。上诉扩大委员会指出，EPC 1973 第 76（1）条第二句具有双重作用，首先，作为形式要求，防止申请人在分案申请中加入出于国家安全考量可提出反对的新主题；同时，建立分案申请的可专利性的实体要求，使分案申请中不含有关其母申请的附加主题。根据上诉扩大委员会的意见，所有的主题表明了以上几点，应适用 EPC 1973 第 76（1）条解释，即允许申请人在提交申请后修改分案申请以符合该条的规定，但前提是该修改符合 EPC 的其他要求。

G 1/05 中转来的第二个问题是，当在先申请不再处于未决状态时，是否仍然可能修改分案申请以使其满足 EPC 1973 第 76（1）条的要求。上诉扩大委员会认为，不管在先申请是否还在处于未决状态，将未披露在已提交的母申请中的附加内容从已提交的分案申请中移除的修改是允许的。

在回答 **G 1/05** 中移来的第三法律点时——对分案申请的修改权是否有进一步的实体限制——上诉扩大委员会再次援引分案申请是分离且独立的申请这一原则，而且如果没有特别的相反规定，分案申请应与普通申请一样被对待和受限于同样的要求。根据 EPC 1973 第 123（2）条，允许对分案申请进行修改，限度与对其他任何非分案申请的修改相同。

该案的提要（headnote）如下：

就 EPC 1973 第 76（1）条而言，一个分案申请在实际申请日包含超出已提交的在先申请内容以外的主题，为了使其主题不再如此超出，可以随后修改该分案申请，即使在先申请不再处于未决状态。

此外，对这些修改的限制与对任何其他（非分案）申请的限制是相同的。

2.3 系列分案申请——G 1/06

在 **T 1409/05**（J 2007，113）中，委员会向上诉扩大委员会转交了以下几个法律点：

一个系列申请包括一个根（原）申请（root（originating）application）附随多个分案申请，每个分案申请从前一个申请中分出，以下是该系列申请中的一个分案申请符合 EPC 1973 第 76（1）条第二句的**充分必要**条件吗？从已提交的每个前一个申请的披露内容中可以直接地、毫无疑义地并分别地得出的该分案申请披露的内容？

在 **G 1/06**（OJ 2008，307）中，扩大委员会裁定，EPC 1973 第 76 条也适用到由分案申请产生的分案申请，因为——如没有特别的相反规定——必须像对待其他任何申请一样对待分案申请。因此，一个分案申请（无论是第几代）可以是 EPC 1973 第 76（1）条所指的可再进行分案的“在先申请”。

每个都是从前一个申请分出的一个系列分案申请的表征特征是，系列权利要求的每个成员在主题从中分出的原申请或根申请的申请日是第一次披露。

根据包括在 EPC 1973 第 76（1）条第二句第二半句中的法律假定，不管一个分案申请是第一分案申请还系列分案申请中的再分案申请，根申请的申请日是唯一可以赋予一个分案申请的申请日。

一个系列申请包括一个根（原）申请附随多个分案申请，每个分案申请从前一个申请中分出，以下是该系列申请中的一个分案申请符合 EPC 1973 第 76（1）条第二句的充分必要条件，从已提交的每个前一个申请的披露内容中可以直接地、毫无疑义地得出该分案申请披露的内容。系列中排在前面的一个成员在申请时省略的内容不能重新引入该成员中或引入系列中排在后面的从该成员分出的分案申请中。

在 **T 687/05** 中，异议部撤销了一个母申请的分案申请的专利权，该母申请本身是一个祖母申请（grandparent application）的分案申请。理由是，认为该母申请的权利要求 11 的主题超出了所提交的祖母申请的内容。在上诉法律程序中，上诉人提交了一个替换主请求，其中包括修改权利要求 1，删除权利要求 11 并由已授权的独立权利要求 12 替代。

委员会认为，虽然上诉扩大委员会在 **G 1/05**（OJ 2008，271）和 **G 1/06**（OJ 2008，307）中的裁断是针对专利申请的，该裁断对已授权的专利同样有效。因此，要满足 EPC 1973 第 100（c）条的要求，以下是充分必要条件：已授权专利中披露的任何内容必须直接且毫无疑义地从作为已授予专利基础的申请中得出也可以从所提交的每一个先前申请中披露的内容中得出（另见 **T 265/05**，该案引用了该决定）。

如果 **T 904/97**、**T 1158/01**（OJ 2005，110）、**T 643/02**、**T 720/02**、**T 797/02**和 **T 90/03** 与 **G 1/05** 和 **G 1/06** 不一致，则不再适用它们。对于这些 T 字号决定，见《欧洲专利局上诉委员会判例法》，2006 年第 5 版，第 285 页。

3. 个　　案

在 **T 176/90** 中，委员会应用这样的原则，即母申请应该足够清楚、完整地披露分案申请中要求保护的发明以使技术人员能够实施该发明。对于涉及普通类化合物的发明，通常需要通过通式以及制备方法的指示来披露此类化合物的结构。

在 **T 118/91** 中，委员会考虑了这样的观点，即提交分案申请导致放弃母申请中的主题的，因而不能再认为该母申请具有最初披露的主题。委员会裁断，在 EPC 1973 第 76 条和 EPC 的其他规定中没有发现支持该观点的依据，明确说所提交申请的内容自然而然由分案申请的后续提交所折损。

在 **T 211/95** 中，由于分案申请的权利要求 1 中完全缺少了母申请的原权利要求 1 的一组特征，审查部否决了分案申请。把该省略说成了违反 EPC 1973 第 76（1）条，委员会不能认可这一点。这里存在可以单独要求保护的两个技术上不关联的教导。技术人员会清楚地看到，引用母申请中要求保护的主题的一组特征对于分案申请中要求保护的主题不是必要的。分案申请的主题在母申请中进行了直接且毫无疑义的披露。

在 **T 1088/06** 中，针对审查部否决作为分案申请提交的欧洲专利申请的决定提出了上诉，理由是该申请超出了已提交的在先申请内容。“10^{-4} ~ 10^{-9}”这一表达在在先申请中出现了六次。不同于上述表达的相反指数符号“10^{4} ~ 10^{9}”在提交的分案申请中也出现了六次。提出的问题就是，静电耗散能力范围和该能力耗散静电能的范围“介于约 10^{4} ~ 10^{9} Ohm/cm^{2}”是否超出已提交的在先申请的内容。

审查部认为，正确的范围不能“从最初披露的母申请中直接和毫无疑义地得出。”委员会认为，如果本领域内的技术人员客观地认出了在先申请中的信息认定为不正确的信息，并且本领域内的技术人员利用公知常识会在申请日从已提交的在先申请的全部文件中客观、直接且毫无疑义地得出正确信息，那么该正确信息属于在先申请的内容，可以用于确定分案申请是否超出已提交的在先申请的内容（EPC 第 76（1）条）。对于该案，委员会的结论是 10^{4} ~ 10^{9} Ohm/cm^{2} 这一范围没有引入超出已提交的在先申请范围的主题。

在 **T 341/06** 中，上诉人（异议人）陈词的要点是权利要求1的主题（涉及被上诉的异议部中期决定）超出了所提交的母申请的内容，因此不符合 **G 1/06**（OJ 2008，307）决定所列的标准。该权利要求涉及具有集成天窗的屋顶组件；为了符合 EPC 1973 第76（1）条，必须将它与母申请的权利要求3作比较，权利要求3也涉及该类型的屋顶组件。被诉人（专利所有人）争辩道，在母申请中直接和清楚地披露了关于将天窗附接到屋顶组件的第二教导。但是，委员会认为，母申请中没有任何内容向本领域技术人员暗示母申请包含一个发明——除已经要求的请求外——该发明与主请求的权利要求1相对应。专利所有人所引用的段落没有提到将天窗架附接到加固架，也没有提到相应的目的或因该附接引起问题。委员会认为这些段落仅仅描述与天窗单元相关的母申请所披露的发明第三个实施例。被诉人随后可能认识到，不管屋顶衬料的形式如何，对附接天窗架的装置的特定特征申请专利符合其自身利益。然而，在母申请中，这些特征的独立性在母申请中并不明显。因此，基于母申请披露内容，权利要求1的主题作为一个特征组合不能直接且清楚地看出。

在 **T 1387/05** 中，母申请披露了两种不同的视频信号传输的分支。第一分支涉及从编码器的发射机侧到解码器的接收机侧的广播且是本案申请要求保护的发明。另外一个分支披露了一种编码器侧上的记录装置（例如磁带录像机）以及在解码器侧上的回放装置（例如盒式录像带播放器），是母申请和根申请要求保护的对象。上诉人（申请人）的观点是基于以下理解：母申请披露了两种互为补充的不同分支，涉案分案申请的权利要求书只涉及第一分支。但是委员会说，母申请没有直接且毫无疑义地提供出与这两种可替换分支相对应的替换性装置。相反，母申请披露了一种记录/再生处理装置，具有发送和/或接收广播波的功能。委员会接受上诉人的观点，即决定 **G 1/06**（OJ 2008，307）没有说主题必须从各个已提交的先前申请所披露的内容中单独地得到。但是，这并不意味着在给定上下文中披露的特征要求在一个不同的上下文中主张或可以不顾已提交的母申请中的适当基础对具体特征进行概括。委员会遵循了 EPC 第76（1）条和 EPC 1973 第123（2）条应用的相同的原则，即根据 EPC 1973 第76（1）条，通常不允许从母申请中仅以组合形式原始披露的一组特征组合中提取特征，也不允许在脱离这些特征上下文的分案申请中要求保护这些被提取的特征即在母申请中以组合形式披露的特征。

委员会在合并案件 **T 1500/07**、**T 1501/07** 和 **T 1502/07** 中遵循了上诉委员会的既定判例法，强调，如果新要求保护的主题的基础是从原来以组合形式（例如说明书中的一个具体实施例）披露的一组特征中提取脱离的几个特征，且这些特征之间没有明确可识别的功能或结构关系即它们并不是密不可分地关联在一起的，那么，就符合 EPC 1973 第 76（1）条的标准。最重要的是判断哪些是母申请最初教导的具体特征组合，技术人员在上下文中阅读披露的整体内容时，利用公知常识能否**立即并毫不含糊地从披露的整体内容中**识别上述特征组合，以及哪些特征对这些具体实施例的正常实施是次要的，因而可以去除这些特征而不会对剩余特征产生影响。在本案中，要求保护的特征没有被赋予特别的重要性，且从功能和结构上与其他特征相结合，剩余特征表明这些标准未能被满足。

4. 分案申请的修改

4.1　EPC 第 76（1）条与第 123（2）条之间的联系

根据 EPC 第 123（2）条，允许对分案申请进行修改，限度与对其他任何非分案申请的修改相同。**G 1/05**（OJ 2008，271，理由第 9.2 点）中讨论了这一问题。上诉扩大委员会不认为仅仅从分案申请这一事实就可以得出限制可以做的进一步修改或所述分案申请的再分案申请的主题范围结论，例如弃权或放弃不包括在在审分案申请的权利要求书中的在先申请的任何主题。EPC 1973 第 76（1）条涉及在先申请的内容，这被解释为整个技术内容，在分案申请中对该内容进行限制没有法律依据。第三方需要意识到，当一个分案申请仍然处于未决状态时，已提交的内容可以还不是专利权利要求的主题，不管这些内容是在该分案申请中，还是再分案申请中。因此，不能将分案申请的修改范围限于已提交的分案申请和在先申请都披露的但没有包括在已提交的分案申请权利要求中的内容。

在作裁断的过程中，上诉扩大委员会特别依赖于 EPC 1973 第 76（1）条与第 123（2）条之间的直接联系，这两条规定包含相同的原则（见理由第 5.1 ~5.4 点）。

这与上诉委员会的既定判例法相一致，即已确立的 EPC 第 123（2）条相关原则也适用于分案申请和母申请之间的关系。经修改的申请或专利（在本案中为分案申请）的主题必能直接且毫无疑义地从最初披露（在本案中为母申请）得到并且与最初披露相一致（**T 514/88**，OJ 1992，570；**T 527/88**）。已提交的原申请的全部信息内容（**T 873/94**，OJ 1997，456；**T 463/08**）是至关重要的。鉴于这些决定，委员会在 **T 289/95** 中认为，由一个分案申请得到的专利的一个权利要求是否“包括”或“包含”母申请中没有具体披露的内容这一问题不是一个适宜的比较标准来判断是否存在不允许的主题扩大。

在 EPC 第 76（1）条要求一个分案申请不能超出在先申请的内容范围的同

时，EPC第123（2）条规定，一旦满足EPC第76（1）条的规定，如果在该分案申请包含超出已提交的分案申请的内容的主题，在提交后就不能修改该分案申请。因此，一个分案申请必须满足EPC第76（1）条和EPC第123（2）条的要求，禁止在审查法律程序中引入新主题（见 **T 441/92**，**T 873/94**，OJ 1997，456；**T 1221/97**、**T 1008/99**、**T 561/00**、**T 402/00**、**T 423/03**）。

EPC第76（1）条和EPC第123（2）条**具有相同的目的**，一方面，在申请人和专利权人的利益之间创造适当平衡。另一方面，在竞争对手和其他第三方的利益之间创造适当平衡。这些规定的思路在于，不能允许申请人通过附加没有在已提交的申请中披露的主题来提升自己的地位，这会给申请人带来无保证的优势，并能对依赖原申请的内容第三方的法律安全造成损害（**G 1/93**，OJ 1994，541；**T 873/94**，OJ 1997，456；**T 276/97**，**T 701/97**）。

在 **T 276/97** 中上诉人使用的观点总结如下：鉴于法语版的EPC 1973第76（1）条第二句的**措辞**与EPC 1973第123（2）条不同，不能遵循该EPO判例法，即EPC 1973第123（2）条的解释也适用于EPC 1973第76（1）条。委员会引用该判例法说，EPC 1973第76（1）条应与EPC 1973第123（2）条等同。法文版EPC 1973第76（1）条中的术语“éléments”不能作为依据支持对德文版EPC 1973第76（1）条中的术语“Gegenstand”和英文版EPC 1973第76（1）条和第123（2）条中术语“主题”（subject matter）进行不同的解释。委员会还确认，EPC 1973第76（1）条的法文措辞在翻译上囊括了与该法条的德文版和英文版相同的目的，即禁止通过在分案提交中引入新主题或通过母申请申请日之后的修改扩大母申请内容。

4.2 个　　案

在 **T 701/97** 中，委员会指出，如果申请内容的总体改变导致向技术人员提供了原始申请未清楚且毫无疑义地显示的信息，即使是考虑了本领域技术人员明确了解的内容，那么应认定这样的修改引入了超出原申请内容的主题（另见 **T 383/88** 和 **T 688/99**）。最近 **G 2/98**（OJ 2001，413）再次限定了用于对要求保护的发明与在声称披露了相同发明的在先文件中披露的主题进行比较时的适用的标准。就本案而言，已提交的母申请中有一个独立权利要求，通过附加限制权利要求范围的特征对其进行了修改，且权利要求来源于原申请中的不明显相关的多个部分，认为原申请披露了所有这些个别附加的特征，理由是不充分的。技术人员利用公知常识必须能清楚且毫无疑义地从该文件中得到争议的特征组合。因此，通过加入多个限制产生不能从原申请得到的特定主题是不允许的。

在 **T 441/92** 中，分案申请连同基本上与母申请的说明书相同的说明书一起进行了提交。对权利要求修改后，该分案申请包括与母申请相同的主题，在此期间，母申请不可撤销地终止（因此没有出现重复专利的问题）。委员会裁断，分案申请中现有的权利要求没有引入超出母申请内容的主题，因此没有违反 EPC 1973 第 76（1）条。因为所有权利要求可以直接且毫无疑义地从已提交的分案申请的说明书中得到，所以也没有违反 EPC 1973 第 123（2）条。同样地，最初提交的分案申请要求保护的发明不同于经修改的权利要求中的描述的发明，针对这一事实不能提出反对。尽管不能扩大提交后的申请的内容，只要该申请处在未决状态，权利要求要求的保护可以超出最初提交的权利要求要求的保护范围；在这一点上，正常申请与分案申请没有区别。而且，不能认为已经放弃了母申请中权利要求的主题，因为该申请已经过期。委员会裁断，母申请过期不具有减损先前已提交的分案申请的内容的效果。

在 **T 542/94** 中，根据 EPC 1973 第 123（2）条审查部否决了分案申请，理由是其主题超出了母申请的范围，而审查部本应根据 EPC 1973 第 76（1）条否决该分案申请。委员会指出，对于分案申请权利要求的可接纳性要求，EPC 1973 第 76（1）条和第 123（2）条的要求相同。由于审查部的论据实质上是基于母申请主题和分案申请权利要求 1 的主题的比较，所以其裁断实际上是在 EPC 1973 第 76（1）条的基础上作出的。因此，上诉决定中给出的不详细的否定理由没有把上诉人放在不利位置，所以根据 EPC 1973 细则第 67 条（现为 EPC 细则第 103 条），不存在退回上诉费的情况。

在 **T 475/02** 中，对已经提交的关于先申请主题的分案申请授予了欧洲专利。当事方针对异议部驳回对本专利的异议的决定提出了上诉请求，异议理由之一是主题已经超出了已提交的在先申请的范围。上诉人（异议人）提出，虽然已提交分案申请的说明书与在先申请的说明书相同，但是它们的权利要求书是不同的，所以，这两个申请实质上不同。因此，在审查程序期间修改权利要求书时应该在分案申请和在先申请上都进行。委员会认为，由于向分案申请授予了被异议专利，任何权利要求的主题要想获准授予专利，必须通过两个测试：（i）主题必须不能超出分案申请的范围；（ii）主题必须不能超出已提交在先申请的范围。通过第一项测试仅仅取决于特定权利要求和已提交的分案申请的内容。通过第二项测试的权利要求的主题并不一定表示它通过了第一条测试，反之亦然。这两项测试需要分开考虑，特别是，当提交的分案申请不包括母申请的全文（说明书和权利要求）时。在委员会审理的案件中，分案申请包括已提交的在先申请的说明书，并不是包括已提交的所有的权利要求。

在这方面，委员会在 **T 806/03** 中评述说，第一项测试依照 EPC 第 123

（2）条的规定，第二项测试依照 EPC 第76（1）条的规定。在委员会审理的案件中，在与已提交分案申请的原始全文相比较的审查中，EPC 第123（2）条为审查分案申请主题的修改的可允许性提供了依据，而 EPC 第76（1）条为将授权专利的正文与母申请的正文进行比较提供了依据。

5. 重复专利

母申请和分案申请可以不要求保护相同的主题。禁止重复专利的原则基于这样的想法：申请人在针对已获得专利的相同主题授予第二件专利的法律程序中没有正当利益。因此，当经修改的分案申请中要求保护的主题与未决专利申请或已授权母专利中主题相同时，既定的 EPO 实践作法中不反对和排斥该分案申请的修改。但是，这个原则不能用于阻止提交相似申请，因为这会违反先例原则，因此要根据申请的最终版本来判断是否满足 EPC 的要求（**G 1/05** 和 **G 1/06**，OJ 2008，271 和 307，见理由第 13.4 点）。

在 **T 118/91** 和 **T 80/98** 中，要通过保证分案申请的主题与母申请的主题不同，来避免重复专利的风险。在 **T 118/91** 中，委员会认为，没有发现证据证明形成分案申请部分主题的特征不能为母申请独立权利要求的主题。指南指出，原则上，一件申请与其他申请主题结合可以要求保护自己的主题。委员会未发现该方法有错，并不认为是对竞争对手强加了不公平负担或者导致了通常意义上的“重复专利”。在这个具体案件中，委员会确信通过**广泛限制**分案申请的权利要求书消除了“重复专利”的任何风险。

在 **T 58/86** 中，委员会裁定，即不允许分案申请中独立权利要求超出原申请的披露内容且省略原申请相关主题的必要特征。恢复这些特征会导致在原申请中已经受保护的主题重复授权——重复专利。

在 **T 587/98**（OJ 2000，497）中，审查部已经否定了作为分案申请提交的欧洲专利申请，理由是分案申请的主题与母申请的主题重叠。委员会根据《指南》裁断，该权利要求不是“冲突的”权利要求。此外，EPC 中没有明确禁止分案申请中存在独立权利要求的明文规定或隐性条款——或将一个真实权利要求划分为表述明确的替代物的多个名义权利要求——通过“母”权利要求包括与附加特征并相结合的“分案”权利要求的所有特征这样的方式，使名义权利要求与母申请中的独立权利要求相关。

在 **T 307/03**（OJ 2009，418）中，委员会不能遵循 **T 587/98**。根据 **T 587/98**，在 EPC 不存在程序规定的情况下，EPC 1973 第 125 条既不能要求 EPO 考虑缔约国所承认的程序法原则，与分案相关的规定也不能阻止在该案件中考虑“冲突权利要求”的类型。在 **T 307/03** 中，就专利的基本权利而言，委员会从 EPC 1973 第 60 条推导出禁止重复专利的原则，委员会并没有仅依据 EPC 1973 第 125 条引入程序法的原则。该委员会强调，可以从 EPC 1973 第 60 条推导出禁止重复专利的原则，即发明人（或其继承人）有权就特定权利要求限定的特定发明向 EPO 申请授权。此外，以后提出的权利要求的主题包含已授权权利要求的主题时，也可以提出重复专利的反对，即除了对已授权专利中没有保护的其他主题获得专利保护之外，申请人试图对已授权专利权利要求的主题重新获得专利权。特别是，要获得重复专利的主题既是实施已授权专利的最佳方式也是实施在审的未决申请的最佳方式的情况下，不能将重复专利的范围看作无关紧要的。为了避免双重专利的反对，未决申请的权利要求应该局限于还没有授权专利的其他主题上以使审查程序集中在主张该其他主题的权利要求是否满足 EPC 的要求。

委员会考虑到将禁止“重复专利”的实践做法限于与由相应的权利要求的主题限定的相同发明有关的专利和申请，即限制于名义上赋予相同保护范围的权利要求，认为，在案件 **T 1391/07** 中没有扩大该实践做法以涵盖不是限制相同主题而是赋予——如之前案件一样——在某种意义上的互相重叠的保护范围的依据，并不是所有名义上由一个权利要求包含的实施方式也将由另外一个权利要求包含。特别是，当各自主题赋予的保护范围仅是**部分重叠**时，不能以申请人不具有对同一主题获得两个专利的合法利益——正如上诉扩大委员会在决定 **G 1/05** 和 **G 1/06**（见上文）中所述的——作为依据，因为没有明确客观的理由否定申请人对同一主题获得不同于——尽管部分重叠于——已授权的母专利的合法利益。因此，委员会得出的结论是，由本权利要求名义上赋予的保护范围将会与不损害专利授权的已授权母专利的保护范围部分重叠。

重复专利不是异议理由——正如 **T 936/04** 中委员会所说的。在异议或异议上诉程序中对所提出经修改的权利要求提出的反对是由 EPO 部门自行决定的，但是只能在明确的情况下。禁止重复专利原则的目的是避免不必要的重复劳动，并不是将 EPO 部门在审的案件与一些其他法律程序中已经授权的权利要求进行复杂比较的责任强加给 EPO 部门。在本案中，当异议部做决定时，分案申请还没有授权。正因如此，异议部不理会之前提出的重复专利的反对是正确的。在分案申请的法律程序中，审查部的所要做的就是通过再次允许在母专利中已经授权的权利要求的方式造成重复专利。

6. 提交分案申请

6.1 提 交 权

在 **J 2/01**（OJ 2005，88）中，委员会认为，共同申请人通常只能获得一个申请人的程序地位，也就是说他们组成法律意义上的单方。因此，当两个或多个申请人共同提交一件申请（“在先申请”）且不符合 EPC 1973 第 61 条或 EPC 1973 细则第 20（3）条（现为 EPC 细则第 22（3）条）时，根据 EPC 1973 第 76 条对在先申请的提交分案申请的权利只能由在先申请的注册申请人共同使用，而共同申请人中单独一个人或不是全部共同申请人的情况下不能使用。

决定 **J 34/86** 中的案件关注了一组非常特殊的情况，其中上诉委员会允许除母申请注册申请人以外的一方提交作为分案申请的一件申请。美国法院要求母申请的申请人将母申请的特定权利要求所限定的发明中所有财产权利转让给分案申请的申请人，母申请的申请人已经在转让书上签字。

在 **J 20/05** 中，委员会认为，从根本上说，是从母申请处获得了提交分案申请的权利。这就意味着针对从母申请处衍生的分案申请的权利扩展到在分案申请的申请日母申请具有的权利，但仅限于此。同样地，案件 **G 1/05**（OJ 2008，271）裁定，通过包含在 EPC 1973 第 76（1）条第二句的后半句的法律虚拟，根申请（root application）的申请日是分案申请的唯一申请日。根据 EPC 1973 第 76 条和 EPC 1973 细则第 25 条（现为 EPC 细则第 36 条），提交分案申请的权利是由在先申请申请人的地位得出的程序权利（引用了 **J 2/01**）。

在法律上诉委员会审理的案件中，在提交分案申请形式招致争议的申请时，国家授权程序仍然处于未决状态且母申请程序仍然处于中止状态。这就意味着，当提交涉诉申请时，存在谁依法享有提交母申请的权利疑问。委员会认为，这是与程序中止的有关规定的根本目的不一致的并且是相反的，该规定的目的一方面是因国家授权程序中止母申请的法律程序，另一方面是允许权利受争议的申请人提交分案申请。总之，在程序中止时，根据 EPC 1973 细则第 13 条（现为 EPC 细则第 14 条），该法律程序中止时申请人没有权利提交该申请的分案申请。因此，这样的申请不也能作为分案申请处理，受理部必须相应地作出决定。

6.2 申　请　日

6.2.1 EPC 1973 细则第 25（1）条的修改版本以及 EPC 细则第 36（1）条和第 36（2）条规定的新法律依据

对 EPC 1973 细则第 25（1）条已经历两次重大修改。

1988 年 10 月 1 日的原始版本中，只能在申请人根据 EPC 1973 细则第 51（4）条（1987 年 9 月 1 日生效的版本）同意要授权专利的文本之日提交分案申请。

根据2002年1月2日修改版本的EPC 1973细则第25（1）条，申请人可以就**任何未决的在先的欧洲专利申请**提交分案申请。这只是意味着，当申请人提交欧洲分案申请时，存在未决申请是需要满足的一个特殊条件。这并不意味着，存在未决的（非法申请人提交的）在先申请是根据EPC 1973第61（1）b条提交新申请的前提（**G 3/92**，OJ 1994，607，理由第5.6点）。在《欧洲专利公报》上提到授权欧洲专利的授予日期或在该申请被驳回、撤回或视为撤回的日期（不包括当日）之前，申请一直处于未决状态（见2002年1月9日的通知，OJ 2002，112）。

法律上诉委员会认为，不能**溯及既往地**应用修改版本（**J 4/99**）。而且，**J 24/03**指出，EPC 1973细则第25（1）条**不是设定**提交分案申请**的最后期限，而是规定**在先申请必须是未决的。因此，由于EPC 1973细则第25（1）条并没有确定时限，按照EPC 1973第122条，恢复权利的规定不能应用到分案申请的提交中（另见**J 21/96**和**J 10/01**）。

在**J 18/04**（OJ 2006，560）中，委员会补充道，EPC 1973细则第25（1）条中术语"未决的……专利申请"没有设定时限，而是确定了提交分案申请时必须满足的实体要求。委员会无权豁免申请人遵守这个实体要求。在分案申请的实际申请日之前，分案申请中不存在已确立的实体权利。母申请中缺失的实体权利不能通过应用EPC 1973第122条在分案申请中恢复。

关于EPC 1973细则第25（1）条中的术语"未决"，在**J 2/08**（OJ 2010，100）中，法律上诉委员会向上诉扩大委员会移交了以下法律点：在提交上诉书的时限届满之前，一项申请被审查部决定驳回，在没有提交上诉的情况下该申请是否自此之后一直处于EPC 1973细则第25条（EPC细则第36（1）条）所指的未决状态之中？本案件如**G 1/09**一样处于未决状态。

在EPC的修改中，EPC 1973细则第25（1）条背后的原则是不经修改纳入进了新EPC细则第36（1）条。另外，欧洲专利组织行政委员会于2009年3月25日所作出的决定（OJ 2009，296）对有争议的规定进行了进一步修改。根据新的法律安排，如果满足以下条件，申请人可以就每一件未决的在先欧洲专利申请提交分案申请：

（a）针对已经签发的通信的在先申请，在审查部第一次通信的24个月时限届满前提交分案申请，或（b）只要审查部提出反对的通信之后24个月时限届满前提交了分案申请，且该反对系首次提出特定反对，内容为该在先申请不满足EPC第82条的要求。

引入上述时限的基本目的是防止滥用分案申请的提交。一旦时限届满，以缺乏单一性为由的分案申请可以是允许的。

对EPC细则第36（2）条修改和补充如下：

分案申请应以在先申请的法律程序的语言提交。如果在先申请的程序的语言不是欧洲专利局的官方语言，分案申请可以在先申请的语言提交，在提交分案申请的2个月内应该提交语言为在先申请程序语言的译文。分案申请应该向在慕尼黑、海牙或柏林的欧洲专利局提交。

而在案件**J 2/08**中，扩大委员会移交的法律问题涉及母申请被驳回且上诉期届满之后母申请的状态，如果不提出上诉，法律委员会面临如**J 5/08**的状况。在对母申请提出上诉之后，审查部的中期决定修改上诉决定之前，在分案申请的申请日必须决定母申请是否是未决的。在没有对可授予专利的主题进行详尽陈述的情况下，此项“变革性的”修改决定局限于对授权决定的修正。根据法律委员会，EPC 1973第109条规定的修改决定开启了全面地重新评价要求保护的主题的可专利性、是否明确要求取消被上诉决定或将书面理由限制于特定法律问题的可能性。在本案中，截止到修改决定日期，由修改决定所终止的授权程序仍然未决是显而易见且不言而喻的。因此，上诉被看作允许的且分案申请认为已经满足EPC 1973细则第25（1）条的要求，即在分案申请的申请日，母申请是未决的。

6.2.2 关于1988年10月1日版本的判例法

1988年10月1日旧版的大量判例法的简单概述如下（对于更详细信息，参见《EPO上诉委员会判例法》，2001年第4版，第463页及以下）。随后将讨论2002年1月2日版的最新判例法。

在**G 10/92**（OJ 1994，633）中，上诉扩大委员会得出的结论是根据EPC 1973细则第51（4）条，到批准日期为止，一个申请人只能提交一件关于未决欧洲专利申请的分案申请。

EPC 1973第76（3）条包含规定提交欧洲专利分案申请的程序的授权。所述授权也允许行政委员会确定递交欧洲分案申请的时间点。因此，EPC 1973细则第25条与EPC 1973第76（3）条是一致的，也是合理和适当的。

在**J 36/92**中，根据EPC 1973细则第51（4）条，上诉人同意将母申请的文本在同一个信函中陈述，“今天，我们已经提交了包括……的分案申请”，然而，在申请人信函到达EPO的一天后，分案申请才到达EPO。委员会认为，根据EPC 1973细则第51（4）条，上诉人同意了母申请的文本，并在同一个信函中陈述了已经在当日提交了分案申请，不管EPO是否同时收到分案申请和信函，应该是允许提交该分案申请（另见**J 27/94**，OJ 1995，831）。

在**J 29/96**（OJ 1998，582）中，委员会认为，根据EPC 1973细则第51（4）条，已经同意了在先申请的文本，之后出于提交分案的唯一目的而撤回该同意不能重新开放提交分案申请的日期（见 **G 10/92**，OJ 1994，633）。

6.2.3　关于2002年1月2日版本的判例法

在 **J 7/04** 中，法律委员会不同意最迟在母申请授权公开日可以提交分案申请的观点。委员会引用了 **J 7/96**（OJ 1999，443）和 **J 10/01**，认为审查部的专利授权决定在完成作出决定过程的那天没有生效，而是在《欧洲专利公报》提到授权的那天生效。在决定授权与公开授权之间的过渡期，EPO 将该申请视为仍处于未决状态。一旦已经涉及授权专利，应终止在先程序且申请不再未决。因为在该日期该专利被视为超出 EPO 的管辖范围，不再允许申请人提交分案申请的日期之后的日期是《欧洲专利公报》提及在先申请授权的日期，并且由于该申请从 EPO 处彻底移除了，也不能在同一天提交分案申请。

在 **J 28/03**（OJ 2005，597）中，法律上诉委员会确认，在欧洲专利公报上提到授权欧洲专利的日期或申请被驳回、撤回或视为撤回的日期（但不包括当日）之前，该申请一直处于未决状态，如果针对**驳回决定**提出上诉，在上诉程序进行中时仍然可以提交分案申请（见2002年1月9日的通知，OJ 2002，112）。EPO 关于修改 EPC 1973 细则第25（1）条的通知（其表示只有针对驳回专利申请提出上诉才能允许提交分案申请）的背后逻辑是使一方提交分案申请而不用管上诉结果为何，换句话说，即使上诉委员会确认将驳回“母申请”，分案申请也要有自己的独立的审查程序。

另一方面，根据 EPC 1973 第107条第一句，针对授权专利并导致授权专利公开的决定提起的上诉是不可接纳的，因而即使在上诉程序期间，也不应该允许申请人提交分案申请。这也可以理解成一种防止基于未决“母申请”的人为解释防止滥用上诉的手段。因此，在针对母申请的授权专利决定提出上诉的同时，分案申请的状态取决于上诉的结果。所以，在上诉委员会对上诉作出决定之前一审部门不能决定是否已经有效地提交了分案申请。

7. 程序问题

7.1　基本考虑

分案申请程序原则上独立于母申请程序。虽然这两种程序之间存在一定联系（例如时限），但是在提交分案申请后在母申请程序发生的作为（或不作为）应该不影响分案申请的程序（**G 4/98**，OJ 2001，131，理由第5点）。这并不是给母申请任何高于分案申请的程序优先地位，分案申请就像其他申请一样，特别是不具有从属程序地位（**T 1177/00**、**T 1176/00**）。

委员会在 **T 1254/06** 中确认了这一观点，即其中的争议（不限于）针对分案申请的转交决定的法律效力是否超出了分案申请程序本身并在一定程度上影响母申请程序，以便能够防止 EPO 的不同部门（包括上诉委员会）处理相似请求的内容。对于受争议的案件，委员会认为，两种程序独立的原则意味着一种程序中的转交决定对其他程序中的相似请求没有**排斥效力**。尤其当——如在本案中——转交决定不是由上诉委员会而是审查部作出时非常适用，因为一审行政决定不像司法机构的最终判决，没有真正的已决事项的效力。

在 **T 51/08** 中，上诉人已经提交与已经驳回的母申请第二附属请求相对应的经修改的权利要求和上诉理由陈述书。委员会认为，本主题已经是已决事项，因此不构在移除驳回的事实基础的适当尝试。上诉委员会已经作出最终决定的母申请的主题成为已决事项，不能就该母申请提交分案申请。

在 **J 5/07** 案件中，根据 EPC 1973 第 96（2）条（现为 EPC 第 94（3）条）审查部邀请上诉人参与的通信，上诉人应在四个月内给出陈述意见。EPO 在这个期限内没有收到陈述意见，以未及时完成遗漏行为为由，驳回了上诉人对该申请进一步处理的请求（EPC 1973 第 121（2）条；现为 EPC 细则第 135（1）条）。上诉人对该决定提出上诉并争辩道，因上诉人已经提交了分案申请的陈述意见，故事实上完成了遗漏行为。法律委员会没有理由怀疑，提交分案申请是上诉人对审查部在 2005 年 3 月 16 日的通信中针对现有申请提出的反对作出的反应。然而，根据 EPC 1973 第 96（3）条（现为 EPC 第 94（4）条）提交分案申请并不构成对审查部就母申请所作要求的响应。委员会强调，分案申请在法律上和行政上与母申请的授权程序是分开和独立的。提交分案申请使有异议的母申请文本未能修改。因此，在一件申请（分案申请）的授权程序中无法找到处理一种行为的逻辑或法律依据，故在整个分开的（母申请）授权程序中，需要程序步骤来弥补未能满足审查意见的时限。

7.2 提交分案申请的目的或提交分案申请的权利

在 **T 1184/03** 中，上诉人在口头法律程序中为了提交一件分案申请，请求推迟提交决定。委员会表示，正准备通过口头法律程序裁判此案。由于委员会将要作出最终决定的主题将又处于未决状态，为了提交分案申请而**推迟委员会的决定**与使主题尽可能快地得到裁判的公众利益背道而驰。

在 **T 591/05** 中，委员会指出，上诉人（申请人）在审查程序期间声明自己保留提交分案申请的权利，这不会使负责审查申请的审查部产生任何义务来检查任何基于该申请的可能分案申请的状态，更不太可能为了弄清可能提出分案申请的上诉人的意图而推迟对专利的授权。因此，一旦在授权程序中上诉人同意授权的文本，审查部应完全遵守正当程序和诚信的一般原则。在授权程序期间拟就请求以及同意为授权提交的申请文件是由上诉人全权负责，对于上诉人，而不是审查部或 EPO，采取适当措施以确保在授权程序结束之前及时提交任何可能的分案申请是义不容辞的（引用了 **T 824/00**，OJ 2004，5 和 **T 953/96**）。

委员会看不出分案申请与本上诉的可接纳性有任何的关系。特别是，任何与提交分案申请的情况相关的指称可能与分案申请的法律状态相关，但是与本上诉可接纳性的争议无关。

上诉人宣告提交分案申请意图和提交分案申请这一事实或者分案申请的状态都不能构成得出结论的充分原因，结论是根据 EPC 第 107 条授权决定对上诉人产生不利影响作出的（引用了 **T 549/93**）。

7.3　分案申请指定的缔约国

根据 EPC 1973 第 76（2）条，欧洲专利申请不应该指定在先申请中未指定的缔约国。EPC 第 76（2）条规定，在先申请在提交欧洲专利申请时指定的所有缔约国视为分案申请指定的缔约国。

EPC 第 51（3）条的新细则第 36（3）条和第 36（4）条随后进行了修改，不仅规定了应支付的费用以及各自的时限，而且还规定了不能及时支付费用的法律后果。

在 **G 4/98**（OJ 2001，131）中，上诉扩大委员会裁断，欧洲专利体系下未能及时支付指定费对指定的影响就像是从来不存在指定一样这一观点是没有依据的。相反，委员会指出，EPC 1973 第 78（2）条和第 79（2）条的措辞明确表明，在支付指定费的到期日之前，指定完全有效。只有当指定费未及时支付时，指定对到期日以后的诸如提交分案申请等行为才不会有效。只有当 EPC 明确规定，例如在临时保护（EPC 1973 第 67（4）条）的情况下，未缴纳指定费的溯及既往的效力才会发生。

申请人可以在分案申请中指定所有母申请的缔约国，即使申请人针对母申请只支付一些指定费或者未支付指定费，他也可以指定所有的缔约国。这与分案申请程序原则上独立于母申请程序且分案申请当作一件新申请对待的事实相一致。虽然这两种程序之间存在一定联系（例如时限），但是在提交分案申请后在母申请程序发生的作为（或不作为）应该不影响分案申请的程序。此外，也不强迫申请人为对自己已经毫无利益的母申请支付指定费。这取代了 **J 22/95**（OJ 1998，569）的决定，该案中未支付指定费而使指定自始无效。

在 **J 40/03** 中，在支付母申请指定费的期限届满**之后**，上诉人在分案申请中请求指定瑞典。已提交的母申请也指定瑞典，但是未为该国支付指定费。

委员会确认了既定判例法（**G 4/98**，OJ 2001，131；**J 25/88**，OJ 1989，486；**J 19/96**），该判例法内容为在提交分案申请时可将母申请指定的缔约国全部或部分地指定为分案申请的缔约国。如果支付母申请指定费的期限未满，因所有视为母申请的预防性指定将会对分案申请有效，所以会出现完全一致的潜在指定。然而，如果期限届满且只向少于母申请最初指定的缔约国支付指定费，分案申请只能指定母申请中指定的部分或全部缔约国，根据 EPC 1973 第 91（4）条（现为 EPC 细则第 39（2）条），母申请原来指定的其他缔约国视为撤回，因此根据 EPC 1973 第 67（4）条，视为撤回不能受益于任何临时保护。EPC 1973 第 76（2）条应该解释为“母申请指定的所有有效缔约国可以指定为分案申请的缔约国”。

在 **J 1/05** 中，在为母申请支付指定费的正常时限届满之前，申请人只针对意大利支付了指定费，并没有提交指定所有 EPC 缔约国的分案申请。委员会确认了 **G 4/98**（OJ 2001，131），委员会在 **G 4/98** 中认为，只有在母申请已经指定的国家可以在分案申请中被指定，或者在未支付母申请指定费的情况下，支付指定费的正常期限还没届满的国家。在正常期限届满后，临时指定其他任何缔约国视为撤回，丧失再指定缔约国的权利。而且，从针对 EPC 1973 第 69（2）条（现为 EPC 细则第 112（2）条）规定的丧失权利通知提出的上诉仍然未决这一事实，不能得出有权在分案申请中有效指定新国。因此，所述分案申请可以主张意大利领域内的有效性。

7.4 错误的修正

在 **J 17/97** 和 **J 18/97** 中，代理人以 I 的名义提交了一件母申请，而以 S 的名义提交了一件分案申请，因申请人的身份不同，受理部驳回了将该申请作为分案申请处理的请求。在该决定中，根据 EPC 1973 细则第 88 条（现为 EPC 细则第 139 条），法律委员会不允许以母申请的申请人名称替换分案申请的申请人名称的修改请求，原因在于上诉人无法证明 S 错误地提交了分案申请，而应该由 I 进行提交。EPC 1973 细则第 88 条不得使主意更改或计划随后发展的具有效力。

在 **T 1008/99** 中，要求修改与欧洲分案申请相关的错误的请求与在先申请（母申请）无关，该欧洲分案申请是与错误的说明书一起提交的。因此错误提交的说明书由母申请的说明书代替了。委员会认为，就 EPC 1973 细则第 88 条而言，错误必须能……从**分案申请本身明显看出**……母申请不能用于证明该错误是明显的。即使已提交说明书、权利要求书和附图的错误明显，不正确的部分也不能立即从分案申请中清除。仅因这个原因根据 EPC 1973 细则第 88 条的第二句请求进行的修正，是不允许。

第 5 章 优先权

优先权通常被视为《巴黎公约》的一个基础。其基本目的是在有限期限内尽力保护专利申请人利益以获得对其发明的国际保护，从而减轻地域原则的不利影响（**T 15/01**，OJ 2006，153）。

EPC 第 87 ~ 89 条就为实现提交欧洲专利申请目的要求优先权规定了一套完整独立的规则（**J 15/80**，OJ 1981，213，大部分在 **J 9/07** 中确认）。然而，因为根据其序言，EPC 构成《巴黎公约》第 19 条所指的特殊协定，其明显不违反后者建立的关于优先权的基本原则（**T 301/87**，OJ 1990，335；**G 3/93**，OJ 1995，18；**G 2/98**，OJ 2001，413）。而且，考虑到 EPC 第 87（1）条和第 87（2）条，欧洲立法者采用的优先权体系也承认“国内优先权”（**T 15/01**，OJ 2006，153）。

在审查期间，EPO 一般并不核实优先权的有效性。但是，如果相关现有技术是 EPC 第 52（4）条所声称的优先权日当天或以后或者申请日以前公众可获得的，或者欧洲专利申请的内容与 EPC 第 54（3）条所称的另一欧洲专利申请版（这类申请要求上述期限内的优先权日（《指南》C－V，2.1，2010 年 4 月版）的内容全部或者部分相同，则必须进行核实。在异议程序中，这适用于在 EPC 第 100（a）条规定下异议理由引用现有技术的情况，与其相关的优先权日至关重要（《指南》D－III，5，2010 年 4 月版）。该部门未能在所述情况下核实优先权的有效性被认为实质性程序违规（**T 16/89**、**T 737/95**、**T 2170/08**）。

关于优先权权利要求的有效性问题，另见第 6 章 H. 4. 3. 4 和 5. 1. 2。关于优先权声明的修正的决定，参见第 7 章 A. 6. 2。

A. 产生优先权的申请——一般性问题

1. 在/向《巴黎公约》缔约国或WTO成员递交的申请

根据EPC 2000第87（1）条，已对EPC进行修改使其与TRIPS第2条一致，其要求优先权也被扩大到在/向WTO任何成员提出的首次申请（OJ SE 4/2007，88）。该修订条款适用于2007年12月13日或之后提交的申请。

以前，在**G 2/02**和**G 3/02**（OJ 2004，483）中，扩大委员会决定源于TRIPS的义务并不直接约束EPO，并且并不因此使欧洲专利的申请人有权对相关日期内不是《巴黎公约》成员国而是WTO/TRIPS成员的国家/地区内的首次申请要求优先权。

2. 申请人或其所有权继任者的优先权

在**T 1008/96中**，产生涉案专利的欧洲专利申请以及要求其优先权的两项意大利实用新型申请是由不同的人提交。委员会认为所有权继承必须获得令其满意的证明。请求保护权利的任何一方必须能够表明其有资格获得该权利是程序法的一般原则（**J 19/87**）。该问题需要根据国内法来解答。委员会的结论是应诉人**不能证明其为**两项意大利实用新型申请**权利的继承人**。因此，被诉专利不存在优先权。

在**T 62/05中**，委员会指出EPC不包含任何关于形式要求的规定，即提交欧洲专利申请的**优先权的转让**应当满足根据EPC 1973第87（1）条被认为有效。然而，考虑到有效优先权日对可专利性的重要影响（EPC 1973第89条），以及在所涉案件中，优先权权利要求的有效性取决于要求保护首次提交欧洲专利申请的日本优先权的所有权转移的有效性，在委员会看来，需要以正式的方式证明这种优先权的转移（比较**T 1056/01**）。因此，适用根据EPC 1973第72条进行欧洲专利申请的转让所需的证据同样高标准的证据对委员会而言看起来是合理的，但是委员会的推论在此并不满足。特别是，上诉人无法说服委员会12个月期限结束之前转让在暗中或默示地发生，或者对于优先权申请的申请人而言，在不转让对应优先权的情况下将申请转让给涉案专利的申请人是不合常理的。

在**T 493/06中**，委员会认为应诉人已提供了优先权转让的充分证据。在委员会看来，如果提供的证据能够证明副本的内容与原件的内容一致，那么，即使转让协议提供副本也是充分的。根据申诉委员会判例法，这种证据可以是宣誓书的形式（使在 EPC 1973 中未清楚地提到宣誓书），并且适用证据不受约束的原则（例如 **T 970/93**、**T 804/94**、**T 558/95** 和 **T 43/00**）。

在另一个更早的在先申请使优先权权利要求的有效性受到质疑的情况下，也出现了所有权继承的问题。（参见本章 C 部分“首次申请”）。

3. 工业品外观设计的国家保存

在 **J 15/80**（OJ 1981，213）中，认为基于工业品外观设计保存的优先权并不被视为欧洲专利申请。因为 EPC 是《巴黎公约》第 19 条所称的特别协定，EPC 缔约国一般理解为工业品外观设计的保存明确给予国家专利申请优先权，通过《巴黎公约》第 4 条的申请，该一般理解会导致超出 EPC 1973 第 87（1）条的解释。然而，在没有这样的一般理解时，没有理由更宽泛地解读 EPC 1973 第 87（1）条的明文条款和要求范围。

委员会的意见中，根据《巴黎公约》与专利申请相关的法律，如果在先申请用于保护发明本身并且包含发明的披露，则存在公约规定的优先权权利。工业品外观设计本质上保护美学外观。虽然被保存的外观设计包含发明，但是根据国家外观设计法，保存不保护发明本身。

4. 展览优先权

在 **T 382/07 中**，认为不能针对欧洲申请或者专利合法地要求保护展览优先权。委员会指出由《巴黎公约》第 11 条推断承认国际上的展览优先权的可能性。其规定允许巴黎联盟成员国在特定的条件下按照其本国的法律承认展览优先权，但是并不强制它们必须如此。将基于要求保护和优先权（对于欧洲申请或者取得 EPC 的专利权）的国家的国内法而不是展会举行或者要求保护展览优先权的首次申请被提交的国家的法律来确定要求保护展会优先权的权利。由于 EPC 不承认展览优先权，基于展会上披露的发明的任何优先权在处理的案件中必然失效。

5. 填迟在先申请的日期

瑞士专利法允许填迟专利申请日期，如果其随后进行了修改。在 **T 132/90** 中，专利所有人声称将较早瑞士申请的原始申请日 1983 年 3 月 11 日作为其在 1984 年 3 月 9 日的欧洲申请的优先权日。1985 年，瑞士专利局判令在紧随技术文件完成之后将瑞士专利申请的申请日定为 1983 年 7 月 1 日。

上诉委员会认为原始申请应作为要求优先权日的基础，优先权日是原始申请的申请日。填迟日期的规定从一开始并不生效，如果不考虑到优先权日，原始申请的后续结果是不重要的。

6. 向一个缔约国多次行使优先权

在 **T 998/99**（OJ 2005，229）中，委员会认为，EPC 1973 第 87（1）条没有规定于优先权期限内在同一个国家对同一主题以及结合相同优先权文件的同一发明可以多次提交。由于必须严格解释损毁，所以只有第一次提交可以正当地要求优先权。《巴黎公约》第 4. G（1）条以及其在 EPC 1973 中的等效形式（EPC 1973 第 76（1）条第二句）都不允许分案申请获得追溯到初始申请的申请日的优先权。

在随后的判例中并没有重复这种解释。在 **T 15/01**（OJ 2006，153）中，委员会指出，就优先权耗尽的问题，EPC 1973 第 87（1）条似乎可以作出不同的解释。由于 EPC 构成了《巴黎公约》第 19 条意义上的特殊协议，所以这条规定并非旨在抵触《巴黎公约》的基本优先权原则。优先权一般被视为《巴黎公约》的基础。其基本目的是在有限的期限内尽全力保护专利申请人的利益以便他的发明获得国际保护，从而减轻地域性原则的负面影响。当前版本的《巴黎公约》明确承认要求多项优先权和部分优先权的可能性，并且保证了分案申请的权益，同时还保留分案申请要求优先权的权益（与 EPC 1973 第 76（1）条第二句和 EPC 1973 第 88（2）条和第 88（3）条承认的原则相同）。鉴于以上所述，委员会认为必须按照以下方式理解《巴黎公约》的优先权规定：该公约确保了尽可能实现它们的一般用途，即帮助申请人使其发明获得国际保护。此外，委员会更严格地审查可能出现优先权耗尽的问题的情况（将优先权申请的主题分开以避免不具有单一性的异议；提交不充分的后续申请并且借助于第二次提交进行弥补；将其原始公开的主题与在优先权期限内作出的进一步改进和额外的实施例结合）并且分析涉及的利益。委员会认为在多个欧洲专利申请中可以正当地要求保护相同的优先权权益，不存在优先权耗尽的问题。在 **T 5/05** 中，委员会再次确认 EPC 和《巴黎公约》都不包括任何迹象表明优先权权益构成必须进行缩小的理解，从而允许仅在一个缔约国实施一次该优先权权益的例外情况。在 **T 1562/06** 中遵循了这些决定。

B. 发明的同一性

根据 EPC 第 87 条的规定（在这方面未经过修改），欧洲专利申请仅仅有权按照在先申请就“相同发明”要求优先权。上诉扩大委员会在 **G 2/98**（OJ 2001，413）中表明，“相同发明”的概念必须进行缩小的理解并要等同于在 EPC 1973 第 87（4）条中的“相同主题”。这种解释的意思是，仅当本领域技术人员使用公知常识从作为整体的在先申请中能够直接且毫无疑义地获得权利要求的主题时，才能根据 EPC 1973 第 88 条承认在先申请就欧洲专利申请要求的优先权。限定欧洲申请的发明主题必须理解为“权利要求中存在的特征的特定组合”（**T 948/97**）。

1. 在先申请中披露在后申请中要求保护的发明

1.1 “相同发明”解释中的基本考虑事项

上诉扩大委员会在观点 **G 2/98**（OJ 2001，413）中提出了 EPC 第 87（1）条的“相同发明”的整体概念。（在 EPC 2000 中并未修改相关规定并且继续适用以下原则。）上诉扩大委员会在本案中提出观点的前几年，委员会用不同的标准来判断在先申请与后续申请之间的发明的同一性。一种是检查欧洲专利申请中要求保护的发明的所有特征是否已在优先权文件中披露（新颖性测试）。特别是在 **T 311/93** 和 **T 77/97** 中，负责验证优先权权利要求的有效性的委员会继续适用 EPC 1973 第 123（2）条用于披露测试的最低隐性披露的标准。尽管其他决定遵循在“糖果”案（**T 73/88**，OJ 1992，557）中确立的原则，增加仅仅限制保护范围的非必要特征不会使优先权权利要求无效。在后决定允许权利要求享有优先权，尽管其包含之前申请中未披露的附加特征。

在 **G 2/98** 中，上诉扩大委员会根据局长关于 EPC 1973 第 87（1）条的解释所提到的法律观点进行裁决，首先认为是否狭义地解释“相同发明”应与《巴黎公约》和 EPC 1973 的相关规定一致。狭义的解释的意思是限定欧洲专利申请中的发明的权利要求的主题，即在该权利要求中的特征的特定组合必须在被要求优先权的申请中最低限度地隐性地披露。上诉扩大委员会认为，宽泛的解释，即涉及发明的功能和效果的技术特征区别于不涉及发明的功能和效果的技术特征（结果是即使修改、删除或增加特征，仍然会认为发明是“相同的”），并不合适并且损害优先权权益的正确实施。为了确保特别是与同等对待申请人和第三方、法律确定性和用于判断新颖性和创造性的原则完全一致的做法，必须狭义地解释“相同发明”，并且将其解释成等同于 EPC 1973 第 87（4）条的“相同主题”。这种解释得到了《巴黎公约》和 EPC 1973 的支持，并且与 **G 3/93**（OJ 1995，18）中的观点完全一致。因此上诉扩大委员会对提到它的法律点裁定如下：

在 EPC 1973 第 87（1）条中提到的“相同发明”要求优先权的意思是，仅当本领域技术人员使用公知常识从作为整体的在先申请能够**直接且毫无疑义**

地获得发明的主题时，才会承认在先申请根据 EPC 1973 第 88 条关于欧洲专利申请中的权利要求的优先权。

上诉扩大委员会在 **G 2/98** 中主张的原则是指，特别是根据 **T 73/88** 决定（认为增加不必要的且仅仅限制保护范围的特征并不会使优先权权利要求失效）作出的许多陈述不再相关（例如 **T 16/87**，OJ 1992，212；**T 582/91**、**T 255/91**，OJ 1993，318；**T 669/93**、**T 1056/93** 和 **T 364/95**；另见 EPO 上诉委员会的判例法，第 3 版，1998 年，第 263 页和第 269 页）。

设计"新颖性"测试和"披露"测试的较早判例法仍然适用下面的 **G 2/98**（**G 1/03** 和 **G 2/03**，见下文 1.2）。该判例法规定，当两个申请都包括"相同主题"时，它们涉及 EPC 1973 第 87 条意义上的"相同发明"。如果两个申请的公开内容相同，那么在先申请的发明或主题被认为与后续申请的发明或主题相同（**T 184/84**）。在先申请中的公开是指在作为整体考虑的在先申请的文件中必须清楚地可辨别欧洲申请的优先权的主题（**T 81/87**，OJ 1990，250；**T 359/92**、**T 469/92**、**T 597/92**、**T 296/93** 和 **T 620/94**）。并不要求二者使用完全相同的措辞（**T 81/87**，OJ 1990，250；**T 184/84**）。

1.2 修改和权利放弃

在 **G 2/98**（OJ 2001，413）中已经陈述，优先权权益的范围由优先权申请中披露的内容确定并且同时局限于所披露的内容。

在 **T 923/00** 中，提交的申请和优先权文件在本质上是相同的。委员会强调，支持或反对根据 EPC 1973 第 123（2）条修改的可允许性的任何结论同样适用于支持或反对要求优先权的权利，并且共同处理这两个问题。

在 **G 1/03** 和 **G 2/03**（OJ 2004，413 和 448）中，上诉扩大委员会认为，为了避免不一致性，必须以相同的方式解释作为 EPC 1973 第 87（1）条的优先权权益的基础以及作为 EPC 1973 第 123（2）条对申请进行修改的基础的公开内容。这意味着，不提供所列的技术贡献，在欧洲专利申请的起诉阶段准许进行的权利放弃，不会改变该发明在 EPC 1973 第 87（1）条意义上的发明同一性。因此，当在不影响首次申请（不包括权利放弃）的优先权权益的情况下起草并提交欧洲专利申请时，引入这一点也是允许的（另见 **T 175/03** 和 **T 910/03**）。

1.3 在作为整体的在先申请中的披露

根据 EPC 1973 第 88（4）条，如果在作为整体的在先申请中披露了后续申请中要求保护的特征，则披露充分（**T 497/91**、**T 184/84** 和 **T 359/92**）。

EPC 1973 第 88（4）条不能被理解成以下含义：优先权文件必须包括权

利要求以便构成能够形成优先权权益的 EPC 1973 第 87（3）条意义上的常规国家申请。如果优先权文件不包括任何权利要求，那么这并不意味着不满足 EPC 1973 第 88（4）条的条件（**T 469/92**）。发明的特征还可以在附图中披露（**T 169/83**，OJ 1985，193）。

另外，**T 409/90**（OJ 1993，40）表明在在先申请中宽泛的权利要求并不必然是优先权权益的合适基础。该决定基于以下原则，优先权文件所披露的是本领域技术人员从作为整体的优先权文件中可以推导出的。然而，当考虑优先权文件的权利要求中披露的内容时必须牢记权利要求的目的，即限定请求的保护。优先权文件中的权利要求足够宽泛到涵盖后续申请首次提交的具体主题的事实本身不足以证明这些后续提交的主题已经在优先权文件中披露，或者以随后提交的主题为基础的后续权利要求仍然限定与优先权文件的主题相同的发明。

T 289/00 中的问题是，权利要求 1 的特征，即通道的所有侧被封闭，是否已被优先权申请直接且毫无疑义地披露。委员会承认，后面提到通道“充满空气”本身并不意味着该通道是封闭的。然而，根据 EPC 1973 第 88（4）条，必须整体考虑的在先申请文件，同时，因此必须结合本领域技术人员从该申请获得的有关这件事情的其他信息考虑引用。将优先权申请文件作为整体考虑的技术人员在没有进一步信息的情况下会得出以下结论：该通道在所有侧都是封闭的。

在 **T 515/00** 中，委员会指出，如果从**作为整体**考虑的在先申请可以获得一个权利要求的主题，那么该权利要求就通过了优先权测试。委员会继续指出，将该权利要求与在先申请对应的权利要求进行比较不是进行“优先权测试”的合法途径。

1.4 引用公知常识

在 **T 136/95**（OJ 1998，198）中，委员会认为，必须参考技术人员来判断发明的同一性。专利申请是技术人员处理的技术文件，不是为普通读者准备的工作。然而，技术人员并不熟悉（与判断创造性不同）所有的现有技术，其仅仅熟悉构成其**常识**的知识要素，并且根据这些知识，或者完成通过这些知识获得的简单操作，他可以推断是否存在发明的同一性。

委员会得出以下结论，对于两项申请之间的发明同一性要求有必要给出一些灵活性。

欧洲申请中要求保护的一些特征不需要在被要求优先权的在先申请中专门提到，如果技术人员单纯根据他的知识或者通过简单操作实施发明就能够从在先申请推断出这些特征。在本案中，欧洲专利申请中要求保护的**结构特征**得到了在先申请中描述的**一般功能性特征**的支持。

在 **T 744/99** 中，上诉人争辩道，权利要求 8 无权要求优先权，因为被要求优先权的英国专利申请并没有披露接收器。委员会指出，与 **G 2/98**（OJ 2001，413）的观点一致，对“使用公知常识从作为整体考虑的在先申请直接且毫无疑义地”获得的权利要求的主题要求，这个主题就优先权文件的公开内容而言不具有新颖性。公知常识的申请只能用于解释技术披露的含义并且将其作为技术背景，但是不能用于完成不完整的技术披露。

因此，委员会的结论是，由于优先权文件在没有披露任何合适的接收器的情况下只是披露新的信号协议，所以针对这种接收器的权利要求 8 无权要求优先权日期，而只能要求申请日。

1.5 明确或隐含披露优先权文件中的“必要”特征

1.5.1 概　　述

为了产生优先权，提交的文本必须专门披露或者直接且毫无疑义地暗示所有的必要特征，即优先权文件中的发明特征。因此存在的问题是，什么构成欧洲专利申请中要求保护的必要要素，即发明的特征，以及这些特征是否已在各个优先权文件中披露（EPC 1973 第 88（4）条，另见 **T 81/87**，OJ 1990，250；**T 65/92**，**T 127/92**，**T 296/93**，**T 479/97**，**T 342/98** 和 **T 188/97**）。优先权文件中缺失的并且仅在随后被认为必要的必要要素不是在先申请的公开内容，也就没有优先权权益（**T 81/87**，OJ 1990，250；**T 301/87**，OJ 1990，335；**T 269/87**，**T 296/93**，**T 1228/01**）。该判例意义上的“必要特征”不是 **T 73/88**（“糖果”案，OJ EPO 1992，557）意义上的“非必要特征”的相对概念。因此，即使在 **G 2/98** 中给出的观点之后，基于 **T 81/87** 的判例也得到了支持（例如，**T 479/97**）。

1.5.2 未披露必要特征的判例

在 **T 923/92**（OJ 1996，564）中，委员会维持了对一种方法的专利保护，该方法包括使用（进一步规定的）人组织纤溶酶原激活物制备蛋白质。权利要求的主题通过引用**氨基酸序列**来限定。欧洲申请中包含的氨基酸序列首次在第三优先权文件（P3）中披露。就三个氨基酸而言，该序列不同于第一优先权文件和第二优先权文件（P1 和 P2）中报道的序列。

委员会认为，只有 P3 才能主张优先权。按照委员会的裁定，技术人员会认为蛋白质的主要氨基酸结构是蛋白质的必要特征，因为这代表蛋白质的化学式。因此技术人员会认为引用蛋白质的氨基酸序列不仅具有信息性质，而且是与产品的性质和属性有关联的**主要技术特征**。当比较 P1/P2 和 P3 中报道的氨基酸序列时，技术人员不会知道（尽管存在差异）该序列是否在物理特征和生物特征方面相同；至少在书面上看，引证的氨基酸的替代物会暗示重要的结构差异和功能性差异。专利权人提交的证据可理解为局限于测试有限数量的参数并且留下了两种多肽在许多其他方面会不同的可能性（另见下文 1.10“涉及核苷酸和氨基酸序列的发明”）。

在 **T 1052/93** 中，欧洲专利中要求保护的洗涤辅助产品包括与**功能性限定的活化剂**结合的过硼酸钠一水合物是该洗涤辅助产品的必要特征。优先权文件只提到符合欧洲专利的功能性定义的某些活化剂；这些具体化合物不能被视为披露了在欧洲专利的权利要求 1 中功能性限定的宽泛的一组活化剂。

在 1996 年 6 月 20 日的 **T 1054/92** 中，权利要求 1 包括吸收结构具有**含水量**小于 10% 的特征。该特征不能从第一优先权文件和第二优先权文件中获得。所述上限只是通过第三优先权文件引入。委员会只能给予权利要求 1 的主题第三优先权日。涉及含水量小于 10% 的特征是必要要素。当试图使该权利要求的主题区别于引用的现有技术时，权利要求 1 中出现的相关特征与原始提交的相同并且是上诉人在审查法律程序中的依据。

在 **T 277/95** 中，委员会认定，以存在特定的**糖基化模式**为特征的由 CHO 细胞产生的 hEPO 的生产方法的权利要求不能享有优先权申请中的优先权，该优先权申请使细胞株可供使用，但是没有给出有关特定糖基化模式的信息。

在 **T 479/97** 中，第一优先权文件将后续申请中要求保护的 pelC 基因描述为以沉积质粒所携带的 **5kb DNA 片段**为特征。委员会认定，即使 DNA 片段的序列是已知的，这也并不必然暗示提供该片段以直接且毫无疑义的方式使该片段所包括的特定基因是可用的，不能仅因为比目的基因更大的 5kb DNA 片段可以携带比一个基因更多的信息。

1.5.3 披露发明必要特征的示例

在 **T 172/95** 中，委员会不认同上诉人/异议人的以下论点：对于共聚物，后续的欧洲专利申请包含的信息没有在优先权文件中找到。至于涉及分馏法的异议，上诉人并不能为他的主张提供证据来证明，存在的差异会导致优先权文件和涉诉专利中要求保护不同的乙烯聚合物。与此相反，异议人提供了相反的证据。

就限定要求保护的共聚物的两个参数的计算方法而言，委员会指出，优先权文件中不存在的通道并不会改变确定这些参数的实际方法，而是仅仅规定本领域技术人员会如何正常地操作。因此，在提交的申请中引入上述通道不会改变共聚物的定义中的任何事物，因此实质上不会改变优先权文件的教导。然而，在优先权文件中，共聚物可以具有一个或多个熔点，但是在后续的欧洲申请中，排除了两个熔点的可能性。

1.6 相同问题的解决方案

在 **T 647/97** 中，委员会声明，如果在先申请和后续申请的公开内容相同，就认为这两项申请的发明或主题相同。这不仅要求给定问题（主权利要求的特征）的解决方案相同，而且要求问题本身在两项申请中相同。对于优先权文件中要解决问题的合理定义，正如对技术人员在优先权文件的申请日使用他对现有技术的公知常识，阅读该文件所理解的一样，对上述结果是决定性的。

委员会指出，优先权文件只是提到用于提供治疗牙周病的缓释成分的固体和凝胶共聚物成分（第一问题），但是未提到有关流体或液体成分。此外，技术人员不会认为流体和液体成分是优先权文件中要解决问题的适当解决方案。在争议的专利中只是披露了流体和液体成分意外地转换成近似固相，从而适合用于治疗难以到达的牙周蛀牙区（第二问题）。因此，这构成了涉及不同问题和不同解决方案的第二发明。

1.7 优先权文件中的相同教导

在 **T 250/06** 中，委员会强调，为了优先权得到承认，在优先权文件中找到要求保护的主题的正式支持并不够，相反，预先假定优先权文件还提供了关于所述主题的适当的技术启示，并且是与欧洲专利“相同”的启示。

权利要求1涉及一组包含核苷酸序列的重组DNA，该核苷酸序列编码以在低紧密度的条件下杂交到老鼠δ阿片受体（DOR）DNA序列为特征的脊椎动物DOR（如图5所示）。优先权文件教导了老鼠DOR DNA及其序列的克隆。所有者/应诉人强调，这是进一步克隆脊椎动物DOR DNA的关键。委员会同意老鼠DOR DNA序列的规定是在进一步克隆不同有机体的DOR DNA方面的一个必要要素。然而，从优先权文件本身明显容易看出，该教导本身并不充分。在示例6中，据称通过使用老鼠DOR DNA探测人类DNA库来识别人类的DOR DNA。然而，这样分离的克隆被证明是μOR DNA。欧洲专利申请特别地通过与现有技术中可获得的序列进行比较来披露μ、κ和DOR克隆及其明确的特性描述。因此，该申请包括不同于优先权文件（更完整的）技术启示的技术启示。

在 **T 1443/05** 中，委员会的结论同样是，争议的专利（包括已经被要求优先权的在先欧洲专利申请中不存在的权利放弃）的教导不同于在先欧洲专利申请的教导，以致不满足EPC第87（1）条和 **G 2/98**（OJ 2001，413）的“相同发明”的要求。委员会还认定，在本案中，在先申请（现在是EPC 1973

第54（3）条的文件）中包括的示例预料了涉诉专利的权利要求1的主题。

1.8 误差容限和极限定义

在**G 2/98**（OJ 2001，413）中给出的观点之前，有时候能够要求保护在后续申请中不同于原始申请的误差容限和极限定义。然而，在**G 2/98**之后的判例中，不再引用在**T 212/88**（OJ 1992，28）、**T 957/91**、**T 65/92**和**T 131/92**中作出的决定（参见EPO上诉委员会判例法，第3版，1998年，第263页）。但是由于在某一点上才有可比性，所以不能明确地说原则在此前主张的何种程度上仍然适用。

在**T 201/99**中，引用的优先权申请就颗粒机/增密器中的材料的**平均停留时间**披露了"1~6分钟"的范围（具有两项优先权的权利要求1）抑或用于所有示例的"约3分钟"的具体停留时间。与此相反，授权专利的权利要求1要求保护"1~10分钟"的平均停留时间。上诉人争辩道，在引用的优先权中并没有披露"6分钟"的上限作为阈值（可能涉及发明的功能及效果），因此，构成在不改变发明本质的情况下可以修改的特征。

委员会不接受这种论据，委员会认为，即使出于论据的考虑，优先权申请中给出的"1~6分钟"的范围被理解为延伸到超出"6分钟"的开放式范围，"10分钟"的值以及例如从6分钟以上直至10分钟的范围仍然构成优先权申请中未披露的选择。因而，对于使用自己的公知常识的技术人员而言，"10分钟"的值至少不能从现有申请直接且毫无疑义地获得。

在**T 423/01**中，发明涉及一种用于在简单的或隐含简单DNA区中分析长度多态性的方法。优先权文件包括根据本发明分析简单DNA序列的定义。根据这种定义，这些序列合并了**短的DNA基序**，这些基序以重复串联的方式重复并且包括至少一个核苷酸以及6~10个核苷酸的最大值。与该申请中的示例2完全相同的示例2描述了检测DNA序列的长度多态性，该DNA序列包括三核苷酸序列作为重复单元。根据涉诉专利的权利要求1，发明中的DNA序列在三个和六个核苷酸之间并入重复单元。应诉人提出反对，特别是，原始文件中无法找出要求保护的上限。

委员会考虑与要求合法的优先权的问题有关的决定**T 201/83**（OJ 1984，481），尽管该权利要求涉及EPC 1973第123（2）条意义上的数值范围的原始披露。根据该判例法，在特定实例中描述的特定值的基础上允许对权利要求中的范围进行修改，前提是技术人员可以容易、唯一，明显认定该值与发明的该实施例的其他特征并非紧密关联。应用上述判例法，委员会认为要求保护的优先权是正当的主张。委员会在EPC 1973第123（2）条的背景下确立了短语

“6～10”明确披露了数字 6。在示例 2 中优选披露的数值 3 与优先权文件中已经提及的作为上限值的“范围”的最低值之间的范围（至少一个核苷酸以及 6～10 个核苷酸的最大值）将被认为已被原始申请披露。

在 **T 250/02** 中，委员会认定，草本精油的权利要求的主题无法从优先权文件直接且毫无疑义地获得，在草本精油中香芹酚和麝香草酚的总量占所述精油重量的至少 55%，并且优选为 70%，该优先权文件披露了一种包括含量在 55%～65% 的麝香草酚和香芹酚的草本油。

涉及优先权文件中表示不同范围的讨论和多组诉争权利要求的更多决定包括 **T 903/97**、**T 909/97**、**T 13/00**、**T 136/01**、**T 788/01**、**T 494/03** 和 **T 537/03**。

1.9　从一般披露中选出

就**既没有明确地也没有隐含地**披露的一个具体实施例而言，隐含两个或更多个替代实施例的一般披露一般不能形成优先权（**T 61/85** 和 **T 30/01**）。

T 77/97 涉及以下案例，欧洲申请的两项从属权利要求 4 和 5 涉及由权利要求 1 通式限定的组中的个别化合物。优先权文件的权利要求 3 借助于通式限定**一组四种化合物**，这些化合物包括根据后续申请的两项权利要求 4 和权利要求 5 的化合物。

委员会承认，优先权文件包括足够的信息使技术人员能够在没有困难的情况下根据权利要求 3 中通式获得四种化合物。然而，这种肯定的结论不会自动导致承认与权利要求 4 和 5 有关的优先权。关于 **T 409/90**（OJ 1993，40；见下文 1.3），委员会指出，不足以确立涉及的化合物落入在先申请的权利要求的范围内，并且根据该申请中包括的信息不能毫无困难地制备这些化合物。

在 EPC 1973 第 87（1）条中使用的表述“相同发明”必须根据 EPC 1973 第 88（2）～（4）条的要求进行解释。在裁决有关主张的优先权之前，首先必须确立该优先权主张的要素以及在优先权文件中是否以精确的方式披露了该发明的这些要素。申请人不仅主张使欧洲专利申请的所有权利要求中要求保护的所有化合物区别于现有技术的优先权权益，而且主张精确限定实际化合物的个别替代物的具体组合的优先权。因此，按照 EPC 1973 第 88（4）条的要求，必须审查这些要素，即这组特征是否被在先申请的文件精确地披露。

尽管不怀疑优先权文件描述了非常狭窄的优选组，然而，这在该组的四种化合物中并无区别，也没有规定权利要求 3 的化学式必须被认为是表示四种单独的化合物的列表或表格的“缩略”形式。因此，权利要求 4 和权利要求 5 不能被授予要求保护的优先权（另见 **T 295/87**）。

在 **T 30/01** 中的涉诉发明涉及一种用于光学成像和测量的设备。委员会驳回了上诉人有关优先权文件隐含披露该文件的教导的两种可行的实施方式的论据。委员会指出，其说明书无误地表示提供“样品臂中”的光转向装置。这种精确披露没有支持上诉人对披露的解释，该披露隐含披露了探针内外的光转向装置为两个互补的替代实施方式，更不必说引用公知常识以“隐含披露”的方式披露这两个替代方式的具体的任意一个（**T 823/96**、**T 744/99** 和**T 818/00**）。

委员会还指出，上诉人的争论与上诉委员会一贯应用的标准不一致。即就既没有明确也没有隐含披露的**具体的实施例**而言隐含地**包括两个或多个替代实施例**的一般披露一般不能产生优先权（**T 61/85**），该标准为 **G 2/98**（OJ 2001，413）中主张的“披露测试”的特定形式，并且构成确立的原则的法律推论（在 **G 2/98**（另见 **T 744/99**）观点中得到确认），不能承认比对应的优先权文件的披露具有新颖性的发明的优先权。

委员会在 **T 788/01**、**T 899/04** 和 **T 70/05** 中应用以下原则，一般披露不能提供优先权文件中未披露的具体实施例的优先权。

在 **T 903/05** 中，专利的权利要求涉及使用由 SEQ ID No. 2、3、4、9 或 10 的序列组成的端粒酶肽来制造治疗或预防癌症或产生 T 细胞免疫的药剂。优先权文件更一般地公开了用于治疗或预防癌症的方法的端粒酶肽的用途，其中产生了 T 细胞免疫。作为表 1 和表 2 中披露的一系列端粒酶肽的一部分的 SEQ ID No. 2、3、4、9 和 10 的端粒酶肽是优选的端粒酶肽。

委员会回忆道，根据 **G 2/98**（OJ 2001，413），如果在随后的欧洲专利申请中要求保护的发明构成涉及被主张优先权的首次申请中披露的主题的选择发明，那么在判断欧洲专利申请中的权利要求是否涉及与 EPC 1973 第 87（1）条意义上的优先权申请相同的发明时必须认真考虑 EPO 着眼于判断选择发明对现有技术的新颖性评估的标准。如果根据这些标准认为讨论的选择发明是“新的”，那么不应当承认这种优先权权利要求。委员会认为，在委员会面前的案例中，从优先权文件的披露中选择具体的多肽不会得到新的主题，因为只是从实体列表中进行选择，即权利要求、表 1 和表 2 中规定的优选多肽，使得从优先权文件直接且毫无疑义地获得要求保护的主题。

1.10 涉及核苷酸和氨基酸序列的发明

在 **T 923/92**（OJ 1996，564；另见上文 1.5.2）中，权利要求 1（通过引用图 5 的氨基酸序列来限定其主题）被认为无权主张未披露该氨基酸序列的在先申请 P1 和 P2 的优先权。图 5 中报道的序列被认为有三个氨基酸不同于 P1 和 P2 的图 5 的序列。

在委员会的裁判中，技术人员会认为引用蛋白质的氨基酸序列是与产品的特征和本质有关联的主要技术特征。专利权人的证据被局限于测试有限数量的参数并且构成大部分相似性，而不是辨别两种多肽的证据。这在必要特征（主要的氨基酸序列）中不同。

在 **T 351/01** 中，作为权利要求 1 的主题的多核苷酸的特征在于结构和其功能两者。优先权文件 1 和 2 披露了与权利要求 1 的多核苷酸的功能相同的多核苷酸。然而，其结构与权利要求 1 的多核苷酸的不同之处在于 5 个碱基，这些碱基都是在不涉及功能，即编码区以外的一部分序列中发现的。委员会援引上诉扩大委员会驳回使涉及发明的功能和效果的技术特征与不涉及发明的功能和效果的技术特征区分开的扩大的或宽泛的解释的观点，结论是权利要求 1 的主题不能被认为与优先权文件中披露的主题相同。

在 **T 30/02** 中，委员会必须判定根据 EPC 1973 第 54（3）条引用的申请是否合法地主张优先权。委员会认为，在该文件披露的核苷酸序列中存在两个附加的鸟嘌呤残基导致无法从被主张优先权的在先申请中直接且毫无疑义地获得不同分子。在上诉委员会的判例法中一般承认，核苷酸的序列代表与核苷酸本身的特征和本质有关联的必要特征，并且核苷酸序列是编码序列，编码的蛋白质同样如此（**T 923/92**，OJ 1996，564）。技术人员已知以下事实，即使微小改动核苷酸序列也会导致不仅结构而且在功能上不同的核苷酸，并且影响核苷酸的改动会导致编码蛋白中氨基酸的替代，或者读码框架的移动（如果删除或插入一个核苷酸），所得到的产物可能是缩短形式的蛋白质或者甚至是具有部分氨基酸序列不同于原始序列的蛋白质。此外，由于蛋白质的主要序列在大部分情况中是其功能的决定性因素，所以即使对核苷酸序列的微小改动也会导致编码的蛋白质的功能急剧变化（另见 **T 70/05**）。

在 **T 1213/05** 中，发明涉及从基因组分离的人类 BRCA1 基因及其在诊断乳腺癌和卵巢癌易患性中的用途。委员会尤其要处理以下问题，尽管事实上 P2 中披露的 BRCA1 编码序列与提交的申请中披露的 BRCA1 编码序列存在 15 个核苷酸残基的差别，申请人能否主张文件（P2）的优先权。

委员会回忆道，上诉扩大委员会在 **G 2/98** 观点中驳回了“相同发明”概念的扩大解释，这种解释使涉及发明的功能和效果的技术特征与不涉及发明的功能和效果的技术特征区分开，可能的结果是，即使修改或删除特征，或者增加其他的特征，也会认为要求保护的发明保持不变。处理生物领域中的“相同发明”的概念特别是与涉及核苷酸序列和氨基酸序列有关的发明的委员会判例法（**T 351/01**、**T 30/02**、**T 70/05**、**T 923/92**）也采用了严格的方法。

所有人/上诉人认为，如果已知权利要求中用于限定物质（这里是核苷酸）的参数（这里是核苷酸序列）在通常遇到的实验误差内变化，那么在优先权文件中的披露与对应的后续申请之间发生这种参数的变化并不必然取消要求的优先权。第三方对法律确定性的要求不能高于实验确定性。所有人进一步争辩道，涉诉专利潜在的技术问题是分离 BRCA1 基因作为工具来诊断乳腺癌或卵巢癌的易患性。序列偏差与解决这个问题无关。然而，委员会驳回了与 EBA 在 **G 2/98** 观点中的结论不符的两种方法。

另外，在委员会的两个进一步的决定 **T 80/05** 和 **T 666/05** 中，委员会认为，涉诉专利与争论的优先权文件（分别为 P2 和 P4）之间的某些序列的偏差并不影响要求保护的发明。因此，在两种案例中，认定对应的优先权日有效。

在 **T 250/06** 中，参照杂交序列限定了第二个辅助请求要求保护的主题。该请求的权利要求 1 涉及包括核苷酸序列的重组 DNA 分子，该核苷酸序列对脊椎动物 δ 阿片受体（DOR）进行编码，其特征在于在严格性差的条件下杂交到 DNA 序列，如图 5 所示。第二上诉人指出，优先权文件的图 5 与专利申请的图 5 的区别在于在第 3′末转录区中的 7 个穿插的碱基。从这一点得出以下结论，通过杂化这些标准分子恢复的要求保护的这组分子一定不同，优先权文件因此不能使用。然而，委员会指出，建立严格性差的条件是为了筛选与探针稍有不同的这组分子。完全可以预期通过杂化优先权文件的图 5 和涉诉专利的 DNA 分别获得的这组分子不会不同。

2. 在后续申请中要求保护在先申请中所披露的发明

在优先权申请中披露的发明特征还必须表征后续申请中要求保护的发明。

2.1 后续申请的技术教导的隐含特征

在 **T 809/95** 中，异议人递交了在第一优先权申请中作为**必要特征**披露的“薄壁”特征并未包括在授权的权利要求 1 中。上诉委员会的观点是，授权的权利要求 1 以“通过吹塑成型方法生产”的“可折叠的”塑料瓶为基础，该塑料瓶具有折痕“以便于当通过手在壁上施加压力时减小体积”。这种描述本身暗示，瓶子必须是由具有足够柔性以便在空瓶状态时可用手折叠的薄壁塑料制成，如同第一优先权申请中的独立权利要求 3 所要求的一样。

2.2 相对于在先申请缺失的特征

2.2.1 省略非必要特征

在 **T 809/95** 中，异议人坚持涉诉的权利要求并不包括技术人员认可的第二优先权文件的必要特征，结果是权利要求涉及另一个发明。然而，委员会确认，异议人认为缺失的特征并没有**以任何可辨别的紧密方式与该优先权文件提出的问题**有关联。不是由缺失的特征，而是由权利要求中全部能找到的其他特征解决这个问题。因此，该权利要求的主题有权主张第二优先权。

在 **T 576/02** 中，委员会指出，通过定义指明发明的所有必要特征，在优先权文件的独立权利要求中甚至不出现不太必要的省略特征。

在 **T 515/00** 中，上诉人争辩道，属于涉及印刷方法的硬件特征不存在于权利要求中，并且在优先权文件中没有依据来删除这些特征。委员会引用**G 2/98**（OJ 2001，413，理由第 8.3 点），其中上诉扩大委员会警告反对一种方法，这种方法使涉及发明的功能和效果的技术特征区别于不涉及发明的功能和效果的技术特征。如果修改或删除特征，或者增加其他的特征，那么不能承认优先权。

委员会进一步指出，如果从**作为整体**的在先申请可以获得一个权利要求主题，那么该权利要求就通过了优先权测试。之后，将该权利要求与在先申请的对应权利要求进行比较不是进行“优先权测试”的合法途径。优先权测试基本上是技术人员可以使用公知常识的披露测试。如果在在先申请的说明书中，区别了实施发明必要的特征与实施发明并不必要的特征，那么可以在不丧失优先权权益的情况下从权利要求的主题删除实施发明并不必要的特征。省略的硬件无论如何也不能表现为优先权文件的说明书中的必要特征。仅仅因为这些硬件存在于优先权文件的权利要求 1 中，技术人员没有任何理由假设这些硬件是必要的。在 **T 321/06** 中遵循了该决定。

2.2.2 省略必要特征

在 **T 134/94** 中，优先权文件披露了一种在特征（a）~（d）表示的具体条件下工作的**方法**。在涉诉专利的授权的权利要求中没有出现要求（a）和（c）。委员会认为，该权利要求无权主张优先权。由于要求（a）和（c）并没有出现在授权的权利要求中，所以由此限定的发明的范围并不属于涉诉发明的范围。因此，由授权的权利要求 1 限定的发明与优先权文件中限定的发明并不相同。在优先权日，仅当条件（a）~（d）都满足时，发明潜在的技术问题才被解决；根据授权的权利要求 1，特征（a）和（c）不再是解决发明潜在问题所必要的。

在这一点，委员会争辩道，应诉人的立场在 EPC 抑或 EPO 判例法中都没有依据。应诉人的立场是，当优先权文件的披露会破坏后续申请或专利的权利要求的新颖性时（“新颖性测试”）应当承认优先权权利要求。这种立场会暗示，在不丧失优先权权益的情况下，在以优先权文件为基础的后续申请中可以在优先权文件中披露发明的必要特征。然而，如果这样省略发明的必要特征，那么发明不再是同一个发明，即不满足 EPC 1973 第 87（1）条的要求。

在 **T 552/94** 中，专利的权利要求 1 缺乏四个特征（根据优先权文件，这四个特征是实施发明必不可少的），换句话讲，它们不再是限定的发明的必要特征。引用 **T 134/94** 和 **T 1082/93**，委员会认定，如果没有这些特征，那么权利要求 1 的发明会不同于优先权文件中描述的发明，因此不满足 EPC 1973 第 87（1）条的要求。

在 **T 1050/92** 中，在先申请中发明的披露为使用欧洲申请中更为通用的术语替换所述申请中使用的术语提供了充分的依据。

3. 能够在优先权文件中披露

前面已经提到，EPC 1973 第 87 条要求欧洲专利申请和被主张优先权的申请涉及相同发明。这方面的主要标准是要求保护的发明是否在优先权文件中公开为实质问题，即具有所有的必要特征。文本必须明示或直接且毫无疑义地暗含必要要素的披露。因此仅在随后认为必要的缺失要素并不是披露的一部分（**T 81/87**，OJ 1990，250；**T 301/87**，OJ 1990，335；**T 296/93**，OJ 1995，627；**T 188/97**）。**T 81/87** 和 **T 296/93** 同样强调，优先权文件必须以本领域技术人员能够实施的方式披露在后续申请要求保护的发明中（**T 193/95**）。除 **T 441/93**（见下文 D. 3）和 **T 20/04** 之外，在下面的决定中讨论这个问题。

在 **T 81/87**（OJ 1990，250）中涉及能表达牛前凝乳酶的活细胞，只有第二个在先申请的优先权权利要求是合法的，因为在第一个在先申请中并**未充分披露**得到所需牛前凝乳酶的步骤。委员会的观点是，为了形成优先权权益，在提交的文本中必须明确披露或直接且毫无疑义地暗含优先权文件中的必要要素，即发明的特征；仅在随后被认为必要的缺失要素并不是披露的一部分，并且不能以此方式依据获得的知识回顾性地完成有关基本组成要素的差异。如果在竞争条件下允许某些当事方依据仅仅期望和通过完全省略发明的关键特征而跳过其他当事方，这就变成了优先权系统的滥用。

在 **T 296/93**（OJ 1995，627）中，委员会审查优先权文件就本领域技术人员在没有不当负担的情况下实施以还原要求保护的权利要求所需的相关技术信息是否充分。同样地，在 **T 207/94**（OJ 1999，273）中，委员会审查以下问题，是否在优先权申请以能用的方式披露后续欧洲申请中要求保护的发明的意义上满足 EPC 1973 第 87 条的要求，即必须在优先权申请和欧洲专利申请中主张相同发明。

在 **T 767/93** 中，欧洲专利的权利要求 1 涉及一种方法，该方法包括在合适的宿主机体上的重组 DNA 载体表达能提高人体中的 HCMV 中性抗体的多肽。委员会认为该发明与第一优先权文件中披露的发明相同。报道的 DNA 和氨基酸序列相同，并且技术人员读到优先权文件的教导时不限于具体实例，而是更普通的范围，因为该教导提到通过使用常规的基因工程技术在合适的载体中分离的基因组片段表达蛋白质，并且还提到能够表达蛋白质的不连续部分。至于“能提高人体中的 HCMV 中性抗体”缺乏实际的人体临床数据并不必然导致以下结论：在第一优先权文件的披露中缺乏必要要素。

在 **T 919/93** 中，欧洲专利的权利要求 1 包括既没有在优先权文件中明示引用也不能从其中隐含地获得使涉及获得性免疫缺陷综合征（AIDS）的病毒失活的引用。

委员会提到 **T 449/90**，NANB 肝炎病毒或 AIDS 病毒在干热处理时失活的特征必须能由技术人员测试以便使欧洲申请满足披露充分的要求。在提交的申请中，有段落涉及根据使用热稳定性高的病毒作为病毒失活指标在干热处理凝血因子制剂中病毒失活的方法。委员会在技术人员充分评估 NANB 肝炎病毒或 AIDS 病毒是否已经被热处理基本灭活的情况下考虑这个技术信息，因此满足 EPC 1973 第 83 条的要求。

然而，在 **T 919/93** 中，为了使专利申请满足 EPC 1973 第 83 条要求所必需的提交的欧洲申请中的这些段落在优先权文件中没有对应的部分，因此不能保护要求的主题。因此，在本案中，不能合法地要求优先权。

在 **T 843/03** 中，委员会指出，优先权文件必须提供能用的披露（**T 81/87**，OJ 1990，250；**T 193/95**）。委员会回忆道，在多个上诉委员会的决定中已经确立披露充分的先决条件是技术人员基本上能获得落入权利要求的范围内的所有实施例，并且技术人员为了实现这个目的不会遇到不必要的负担。

由于缺乏新颖性，审查部驳回了该申请，因为按照委员会的观点，第一优先权文件无法使生产要求保护的 VLP（类病毒颗粒）能用，该 VLP 包括人乳头状瘤病毒（HVP－16）L1 衣壳蛋白。然而，根据 EPC 1973 第 83 条的要求（**T 19/90**，OJ 1990，476）以及根据新颖性要求（**T 464/94**）的在先判例法，委员会的结论是，如果申请人就申请中的某些技术要素提供技术披露和**初步证据**，当判断某些披露或证据没有显示时，**EPO 有举证责任**。根据上诉人的观点，在构成优先权文件的部分电子显微照片中显示了代表 HPV 型 16VLP 的 4 个颗粒，这些颗粒是有关 HPV－11 VLP 的优先权文件披露的一个过程的结果。委员会认为，审查部在使用以下理由裁决申请人的不利条件时没有采用在法律上合适的方法：“……从图 7 无法推导出有关该图是否正确地表示成形 HPV16 颗粒的绝对事实”。委员会按照 EPC 框架内的要求没有看到这些事实的完整证据并且通过可测试的事实无法对审查部提出任何严重怀疑。

在**T 903/05**中，委员会驳回了第二上诉人的论据，上诉人认为权利要求并不涉及相同发明，因为优先权文件**缺乏任何实验数据**使人相信现在要求保护的发明有效。第二上诉人并未明确质疑优先权文件披露的可实施性。委员会没有看到强加附加标准的法律依据，例如在优先权文件中存在使发明看起来似乎有效的实验数据。此外，委员会确信，专利中存在的而优先权文件中不存在的实验数据并不会改变披露的发明本质。

C. 首次申请

原则上，只有在《巴黎公约》的缔约国和WTO的成员中提交的首次申请才能形成优先权的基础。在EPC第87（1）条和第87（4）条中阐明了这一点。

此外，如果除了在后续欧洲申请中被主张优先权的申请，还提交了更早的在先申请以便检查优先权权利要求的有效性，那么必须确认更早的在先申请中是否披露了在后续申请中要求保护的发明（见下文1）。还有两个最近的决定也关注了申请人的同一性，这两个决定涉及优先权申请或在先申请是否是首次申请的问题（见下文2）。

在**T 477/06**中，委员会首先认为，欧洲—PCT申请D8由于未缴纳指定费而被视为撤回（EPC 1973细则第23a条），所以该申请根据EPC 1973第54（3）条和第54（4）条不是涉诉申请的现有技术。然而，该申请是由同一申请人提交的并且比优先权申请更早。鉴于以上事实，该在先申请预料到了要求保护的主题，优先权申请并不是满足EPC 1973第87（1）条和第87（4）条的首次申请（PCT第8（2）（b）条），使得优先权权利要求不是有效的。因此，只享有申请日和申请D8的优先权的涉诉申请是根据EPC 1973第54（2）条的现有技术。

对于优先权被认为无效的情况，关于EPC 1973第87（4）条的目的，在主张优先权申请的申请日，申请人已经**撤回**了就相同发明提交的之前的首次申请，参见**T 1056/01**（第6章H.4.3.4“法律证据”中有提及）。

1. 发明的同一性

为了确认更早的在先申请中是否已经披露了在后续欧洲申请中要求保护的发明，在确认形成优先权基础的申请与要求优先权的申请之间的发明的同一性时，必须应用同一原则。问题是本领域技术人员能否使用公知常识从更早的在先申请或者只是从在后申请直接且毫无疑义地获得后续申请的权利要求的主题。

在 **T 323/90** 中，委员会的结论是，所谓的首次申请披露了与欧洲申请和已经主张优先权的申请不同的发明：要求保护的工艺（用于增加烟草填料层的填充能力）的不同之处在于，用于加工的烟草的含水量以及该方法中的第一步。

在 **T 400/90** 中，就涉及电磁流量计的欧洲申请已经就美国申请主张优先权。异议人认为，相同发明已经是由相同申请人在优先权期限之外提交的在先美国申请的主题。除了使用鞍形线圈之外，在先美国申请披露了欧洲申请中包括的所有特征；然而，鞍形线圈是已知的和常用的，按照委员会的观点，要回答的问题是，在先美国申请**是否披露了使用**鞍形线圈，以及使用这种线圈来代替在先申请中披露的磁体**是否是显而易见的**。委员会得出以下结论，美国申请中要求保护的发明是不同的并且在后申请正确地主张了优先权，因为根据在先申请的教导，可以使用任何形状的线圈，而根据优先权文件的教导，已经使用了鞍形线圈。

在 **T 184/84** 中，一件日本申请要求保护一种单晶铁氧体的生产方法，同时就其欧洲申请和在先日本申请主张了优先权。初始材料在两份日本申请中有不同的限定。在后申请和欧洲申请中披露的方法比形成在先日本申请的主题的方法明显更有优势。委员会认为，**性能的显著不同**表示存在不同的材料，并且因此认定在先的日本申请不是欧洲专利申请中要求保护的发明的首次申请。委员会的裁定基于 **T 205/83**（OJ 1985，363），在 **T 205/83 中**，基于以下事实可以确定使用改进方法制造的产品的新颖性：根据化学上的经验主义原则，产品的结构决定产品的性能，因此产品的性能的差异表示其结构的改变。

在 **T 107/96** 中，涉诉专利的主题包括“大于 120°的接触角”的特征，该特征在随后的在先美国申请 P2 中被披露。在 P2 中，特别有益的效果也很大程度上归因于所述“接触角”。更早的在先美国申请 P1 完全没有提到上述特征“接触角”及其有益效果。然而，P1 的附图显示了**概略图**和示意图。委员会因此总结道，根据上诉委员会既定的判例，这些附图不能用作确定“接触角”的最低程度的依据，因为仅仅通过测量文件的概略图示所获得的尺寸不构成披露的一部分。因此，所述特征“大于 120°的接触角”并未在更早的在先美国申请 P1 中披露，而只是在更晚的在先美国申请 P2 中披露。

在 **T 449/04** 中，为了确认被主张优先权的申请（PR）是否是 EPC 1973 第 87（1）条意义上的“首次申请”，委员会必须将该申请的“主题”（EPC 1973 第 87（4）条）与同一申请人提交的在先申请 D1 的主题进行比较。委员会遵循上诉扩大委员会的观点 **G 2/98**（OJ 2001，413），据此，首先 EPC 1973 第 87（1）条中的“同一发明”的概念必须进行缩小或严格的解释，也就是说，按照使其与EPC 1973第87（4）条的“相同主题”的概念等同的方式进行解释；其次，在先公开的发明的说明书必须**作为整体考虑**。

申请（PR）在没有严重影响机械性能的情况下比D1中的钢具有更低的钴含量。假设阻止D1提供一种具有降低钴含量的马氏体钢，那么D1中披露的发明与申请（PR）中披露的发明不是“相同发明”。但是，与此同时，在先申请D1包括一个**比较例**，该比较例的成分落入本申请以及申请（PR）中要求保护的马氏体钢的元素范围内，这导致审查部得出以下结论，涉诉的主题已经包括在D1中。然而，委员会强调，EPC 1973第87（1）条中考虑的“相同发明”并不包括D1**发明的范围内清楚且明确地排除**的一个或多个比较例。考虑到依据EPC 1973第87（1）条术语“相同发明”的严格和狭义的解释，该术语关注构成发明的要素。两个文件中的教导不同，因此D1不能妨碍申请（PR）成为EPC 1973第87（1）条意义上的“首次申请”。

2. 申请人的同一性

在**T 5/05**中，异议部门的结论是，两个主张优先权的申请都没有资格成为EPC 1973第87（1）条和第87（4）条意义上的首次申请，原因是两个发明人及部分主题与更早的在先申请相同。由于该申请的申请日在诉争专利的申请日之前已超过12个月，并且该申请已经“公开”，所以相同发明人的相同发明不再成为主张优先权的依据。

然而，委员会强调，优先权仅能以欧洲申请的申请人或其前任所有权人提交的在先申请为基础。此外，只有这种申请可以满足从EPC 1973第87（4）条获得以下进一步的要求，形成优先权的申请必须是发明的申请人或在法律上的前任所有权人提交的首次申请。发明人并无关联。由彼此并列的多个申请人提交申请作为EPC 1973第54（2）条或第54（3）条意义上的现有技术。委员会还驳回了应诉人的以下论据：**经济方面**与涉及优先权的要求有关，并且同一总公司的两家全资子公司根据它们与母公司的关系并非彼此独立。法律行为在原则上可归因于事实法律行为的（法律）人，其例外情况需要法律依据，而涉及优先权的法律中并不存在该依据。

在**T 788/05**中，所有人是优先权日比涉诉专利的优先权日更早的在先欧洲申请D1的共同申请人。上诉人/异议人争论道，由于所有人还被指定为D1中的申请人，所以该所有人必须被视为EPC 1973第87（1）条提及的“人”，而忽略在D1中指定的第二申请人。

此外，由于本发明在两个文件中相同，所以D1必须被视为首次申请。因此，涉诉申请主张的优先权不是有效的，并且D1是根据EPC 1973第54（2）

条的现有技术。

委员会认为，EPC 1973 第 87（1）条中的术语“人”（或 EPC 1973 第 88（1）条中的“申请人”）暗示该申请人是“首次申请”（或 EPC 1973 第 88（1）条的“在先申请”）和被主张优先权的在后申请的同一申请人。在 D1 的情况中，优先权同时属于两个申请人，除非一个申请人决定将他的权利转移给另一个申请人，则另一个申请人就变成了他的所有权继承人以及提交在后申请之前的他的所有权继承人。没有递交这种转移的证据。因为只是由一个申请人提交涉诉申请，所以 D1 不能代表 EPC 1973 第 87（1）条意义上的“首次申请”。优先权日是有效的并且 D1 代表 EPC 1973 第 54（3）条意义上的现有技术。委员会还接受在审查法律程序期间引入的以恢复权利要求 1 相对于 D1 的新颖性为目的的权利放弃。

D. 部分和多项优先权

在可以合法地主张部分或多项优先权的情况中，后续申请的主题具有两个或更多个有效的优先权日。在在先申请中披露的部分后续申请的主题具有在先申请的优先权日的**部分优先权**的情况中，对于剩余的部分适用后续申请的申请日。对于多项优先权，主张两个或多个在先申请的优先权。在本案例中，后续申请的权利要求具有在先申请的优先权日，该在先申请披露了后续主张的主题。对于任意一项权利要求可以主张**多项优先权**（EPC 1973 第 88（2）条第二句），只要其包括几个主题。

在这种情况下，当在优先权间隔期间公开了形成优先权权利要求的基础的申请的内容时，出现的问题是这些内容是否属于可以引用对比优先权日在公开日之后的后续申请的部分主题的现有技术。

1. 在优先权期限内公开

在 **G 3/93**（OJ 1995，18）中，上诉扩大委员会决定，如果不是合法地主张在优先权期限内公开的文件（其技术内容对应于优先权文件的技术内容）的优先权，那么该文件构成了 EPC 1973 第 54（2）条可引用的对比要求该优先权的欧洲专利申请的现有技术。如果因为要求保护主题的欧洲申请未在优先权文件中披露而导致优先权文件和后续的欧洲申请不涉及相同发明而导致所主张优先权是无效的，那么这同样适用。

上诉扩大委员会强调，存在优先权权益特别依赖于满足发明的同一性的要求，也就是说，在先申请是否披露了与后续欧洲申请中要求保护的发明相同的发明。

当主张优先权但是因为发明并不相同而不被允许时，无权主张优先权。因此，在优先权期限内的优先权文件内容的任何公开构成了可引用对比无权主张优先权的欧洲申请要素的现有技术（参见 **T 441/91**、**T 594/90**、**T 961/90** 和 **T 643/96**；另一个观点参见 **T 301/87**，OJ 1990，335）。**T 131/99** 强调，在这种程度上，从属权利要求和独立权利要求不存在差异。

2. 欧洲专利申请的不同部分的不同优先权

在 **T 828/93** 中，委员会认为，按照 EPC 1973 第 88（3）条，不同的优先权（不包括优先权，即只是欧洲申请的日期）可以被授予欧洲申请的不同部分。需要检查的仅仅是将会与现有技术对比的主题，即**专利的独立权利要求的主题**，是否对应于作为整体考虑的优先权申请的文件的披露（参见 EPC 1973 第 88（4）条）。只有一项（情况可能是，没有）优先权可以被授予**作为整体考虑**的每项要求保护的**主题**，迄今为止由作为整体考虑的给定要素限定主题。作为整体考虑的主题代表发明，该发明对应于优先权申请的披露或不对应。

T 132/90 涉及以下情况，争议的专利的权利要求 1 包括瑞士优先权文件中未披露的特征 B。委员会认为，只有权利要求的部分主题（没有特征 B 的权利要求 1）具有优先权权益，作为整体考虑的权利要求的主题没有优先权权益。有权主张优先权的部分主题并不涉及创造性。欧洲申请的（只有提交 EPO 的优先权状态）权利要求 1 作为整体考虑的主题不再是新的，因为专利的所有者在提交瑞士申请之后公开了该申请的所有特征。

在 **T 127/92** 中，欧洲专利申请主张在优先权期限内公开的两项德国实用新型（文件 D1 和 D2）的优先权。上诉委员会的观点是，权利要求 1 和几项从属权利要求合法地主张 D1 的优先权。必须确认同样包括 D1 中未披露的要素的这些**从属权利要求**是否有权为它们包括的权利要求 1 的主题主张 D1 的部分优先权。根据 **G 3/93**（OJ 1995，18）中建立的原则，委员会得出以下结论，D1 和 D2 形成这些权利要求的部分现有技术，因此这些权利要求的主题不再涉及创造性。专利所有者因此删除了这些权利要求的主题。

3. 一个权利要求的多项优先权

在 **T 828/93** 中（见上文），委员会确认，因为以上解释的法律形势，EPC 1973 第 88（2）条中提到的任意一个专利权利要求的多项优先权只是涉及以下情况，与涉诉案例不同，权利要求包括替代方式并且可以分成几个主题。

在 **G 2/98**（OJ 2001，413）给出的观点中，上诉扩大委员会分析 EPC 1973 第 88（2）条第二句背后的立法意图，并且同样得出以下结论，即必须区分以下两种情况。立法者并不想让**“和”型权利要求**（例如，要求保护特征 A 和特征 B，第一优先权文件只是披露权利要求特征 A，第二优先权文件只是披露权利要求特征 B）可主张多项优先权。就**“或”型权利要求**而言，上诉扩大委员会从涉及 EPC 1973 的历史文件得出以下结论：当第一优先权文件披露特征 A，同时第二优先权文件披露作为特征 A 的替代方式使用的特征 B 时，则 A 或 B 的权利要求可以享有该权利要求的 A 部分的第一优先权以及该权利要求的 B 部分的优先权。委员会进一步建议，如果**特征 C**，一般术语或公式形式抑或其他形式，**包括特征 A 以及特征 B**，那么针对 C 的权利要求也可以主张这两项优先权。根据 EPC 1973 第 87（10）条和第 88（3）条可完全接受在 EPC 1973 第 88（2）条第二句主张多项优先权的权利要求中使用一般术语或公式，如果其导致要求保护**有限数量的明确限定的替代主题**。

在 **T 620/94** 中，授权的权利要求 1 涵盖发明的两种替代方式 A 和 B 变得显而易见。替代方式 B 只被优先权文件披露，替代方式 A 只包括在后续的欧洲申请中。在优先权期限内披露的现有技术使替代方式 A 变得显而易见。因此，专利只能维持修改形式，即局限于替代方式 B。

在 **T 441/93** 中，欧洲专利涉及一种用于制备克鲁维酵母菌属酵母菌株的方法，该方法包括使用特别包括编码多肽的 DNA 序列转变克鲁维酵母菌属酵母细胞。优先权文件中披露的发明是一种新的克鲁维酵母菌属酵母菌株的制备方法，其特征在于这些酵母的原生质体与载体分子混合并被其转变。上诉人（异议人）争辩道，欧洲专利的一般权利要求 1 并不享有在先申请的优先权，因为优先权文件并没有提到整个细胞的转变，其替代方式被后续申请的权利要求 1 涵盖（或其他权利要求）。

面对眼前的证据，委员会的结论是，引用优先权文件中的原生质体至关重要，并且在优先权文件中没有提到**转变整个细胞**的可行性。委员会认为，在先申请中披露什么方法至关重要，因为后续申请的权利要求 1 涉及一种方法。迄今为止，权利要求 1 涵盖整个细胞转变，该权利要求只是对欧洲申请的申请日有优先权。可能是以下情况：使用整个细胞转变方法可以制备的所有转变的细胞也可以使用优先权文件的原生质体转变方法来制备。但是即便如此也并不意味着权利要求 1 有权享有优先权文件，既没有披露也没有启用的方法的多个方面的优先权日。

因此，目前该权利要求只涉及原生质体的转变，权利要求 1 有权主张优先权申请的申请日。就优先权而言，权利要求可分成两组：A 组，享有在先申请的优先权权益，并且包括权利要求 1，迄今为止涉及用于转变克鲁维酵母菌属原生质体的方法，以及相关的进一步权利要求；以及 B 组，只是享有后续的欧洲申请的优先权，并且包括权利要求1，迄今为止不涉及用于转变原生质体的方法，以及相关的进一步权利要求。

在 **T 665/00** 中，申请人主张的在先使用、优先权文件中披露的发明以及争议的权利要求的主题之间存在不同寻常的关系，可以总结如下：

（a）争议专利的优先权日与申请日之间发生所谓的在先使用。

（b）在优先权文件中描述在先使用的主题。

（c）在先使用的主题落入争议专利的权利要求的范围内。

（d）优先权文件并不一定描述所有要求保护的主题。

在这些具体的情况下，存在的问题是所谓的在先使用是否会破坏权利要求的新颖性，即使在优先权文件中有描述。

委员会评述道，根据 EPC 1973 第 88（3）条，优先权权益仅涉及那些被主张优先权的申请中包括的专利申请要素。专利申请的不同要素可以具有不同优先权日。在 **G 2/98**（OJ 2001，413）中，上诉扩大委员会表明，认定不同优先权日的方法同样适用于使用普通术语或公式的权利要求，只要使用这种术语或公式产生了要求保护有限数量的明确限定的替代主题。将该判例法应用于当前的案例，委员会的结论是，争议专利（涉及包括空心微球的粉末，其密度由普通术语“小于 0.1 g/cm^3”来描述）的权利要求 10 中包括不同替代方式，主张的优先权日涵盖“Expancel DE”的非紧压粉末。根据委员会的观点，要求保护的在先使用（在优先权日之后发生并且涉及包括相同的“Expancel DE”微球的产品）会因此破坏包括根据争议专利的权利要求 10 所述的这些微球的粉末的新颖性，因为优先权日涵盖这些粉末。

另见 **T 1443/05**（在上文 B1.7 中也引用），其中委员会的结论是，权利要求 1 的一般措辞并没有披露可以证明优先权的任何明确限定的替代主题。

第 6 章
所有 EPO 法律程序的共同规则

A. 合法期望保护原则

1. 一般性问题

合法期望保护是欧洲共同体法律确立的一般原则，也是 EPC 缔约国和上诉委员会判例法普遍认可的原则。将该原则适用于 EPO 程序意味着 EPO 采取的措施不得违反当事方在该程序中的合理期望（**G 5/88**、**G 7/88**、**G 8/88**，OJ 1991，137）。一些决定也使用术语“诚信”来描述这个概念（**J 10/84**，OJ 1985，71；**J 38/97**）。**G 2/97**（OJ 1999，123）是有关该问题的重要决定，该决定广泛基于先前的判例法（另见下文第 6 章 A. 1. 3 和第 6 章 A. 2）。

根据上诉委员会的判例法，适用 EPO 和申请人之间的程序的合法期望保护原则要求寄送给申请人的通信必须清楚且毫无疑义，即通信起草方式不应使理性收件人产生误解。如果来自 EPO 的通信包含错误信息，误导申请人采取了导致其专利申请被否决的行动，则该通信是完全无效的（**J 2/87**，OJ 1988，330）。申请人不得因依赖引人误解的通信而承担任何不利后果（**J 3/87**，OJ 1989，3）。相反，如果申请人的行动是基于引人误解的通信，则其将被视为已符合法律规定（**J 1/89**，OJ 1992，17）。

合法期望保护原则适用于 EPO 职员对法律程序各方所采取的所有程序行动，不论正式与否（**T 160/92**，OJ 1995，35；另见 1996 年 7 月 16 日的 **T 343/95**、**T 460/95**、**T 428/98**，OJ 2001，494）。根据决定 **T 923/95** 的裁定，合法期望保护原则适用于单方法律程序和多方法律程序。同时，委员会在 **T 161/96**（OJ 1999，331）中明确指出，EPO 应遵守诚信原则的有关规定同等适用于参与 EPO 法律程序的各方（包括申请人、专利所有人或异议人）。

上诉委员会在**J 13/03**中裁定，PCT第48（2）条和EPC 1973第150（3）条规定的合法期望保护原则也适用于欧洲PCT法律程序其他有关机构在国际阶段实施的行为，例如以美国专利商标局作为受理局或国际初审单位时。

1.1 合法期望的来源

一些决定指明了合法期望的来源。在**T 905/90**（OJ 1994，306，勘误表556）中，上诉委员会主张，特定法律程序框架内的具体通信或其他行动，以及指南等官方声明，并非合法期望的唯一来源；EPO各机构在实际中的一般性做法或已确立的实践做法也可作为合法期望的适当来源。如果该实践做法发生变化，应尽早进行正式公告，以避免误导各方。

在**J 25/95**（以及同日作出的其他决定，即**J 14/95**、**J 15/95**、**J 16/95**、**J 17/95**和**J 24/95**）中，委员会按照判例法拟定了一份合法期望的来源清单。该决定指出，合法期望的来源应限于某些种类的信息，即EPO在个案中提供的信息、EPO公布（在OJ等中）的有关普遍适用性的官方声明中所含的信息、EPO各部门已确立的实践做法，以及扩大委员会因其特殊职责而作出的决定。由于用户认为所有的上诉委员会均应遵循扩大委员会对EPC 1973的解释，因此，用户基于扩大委员会决定而形成的对实践做法连续性的信赖，应视为具有特殊合法性。

委员会在**J 27/94**（OJ 1995，831）中表示可能存在以下情况：公众合理地预期一审部门不会偏离既定判例法。这适用于一审部门的实践做法一直奉行相关判例法的情形，特别是在EPO已公布的指南、法律建议或通知中将其公之于众的情形。另外，一些案例指出，上诉委员会的**单个决定**并不能确立一项未来可遵循的合法期望（**J 25/95**、**T 500/00**）。更多有关于合法期望保护原则判例法的效力信息，可以参见下文“偏离判例法的合法期望原则”的内容。

1.2 合法期望原则的案例

在**T 124/93**中，异议部错将决定的日期写成了较晚的日期，因此误导当事方弄错了提交上诉书和理由陈述书的时限。上诉委员会适用合法期望保护原则裁定：该上诉应视为已按时提交（有关改变决定日期的案例，请参见**T 972/05**）。在**J 18/96**（OJ 1998，403）中，尽管申请人并不满足EPC 1973第80条的规定，但上诉委员会本着保护申请人的合法期望的目的确定了申请日。受理部根据EPC 1973细则第85a条（在EPC 2000中被删除）的规定向申请人发出了通知，给申请人造成了其申请已有效提交的印象（另见**J 5/89**）。

在**J 15/92**中，法律上诉委员会认为，“如果某项请求的性质不明确（如无法确定是请求恢复权利还是请求作出决定），EPO应询问请求人，以便确定请求的性质”。在该案中，EPO 如果要求申请人更明确地限定其请求，即可满足上述条件。因为 EPO 武断地解释了该请求，构成了错误，致使该被质疑的决定归于无效（另见 **J 25/92** 和 **J 17/04**）。

在 **J 6/08** 中，上诉委员会补充道，如果提交一个请求（不论是请求作出决定或是请求恢复权利）的目的是根据 EPC 1973 细则第 69（1）条规定（经修改的 EPC 细则第 56（1）条）寻求纠正权利的丧失（在该案中丧失的原因是未能根据 EPC 1973 细则第 43（1）条的规定在 1 个月的期限内提出更改申请日期的请求），EPO 在解释该请求时应考虑请求人的客观上可辨识的意愿和案件的具体情况对该请求进行解释。若存在疑义，EPO 有义务确定请求人的真实愿望，并有义务指出与该请求有关的未完结的程序步骤（在该案中，指遵守 EPC 1973 第 122（2）条规定的 1 年期限）。如果 EPO 对程序声明的解释是正确的，但（在考虑到程序情况的前提下）对整个当事方陈词的解释至少会使人们合理质疑该声明的字面内容是否在实际上符合申请人的客观上可辨识的意愿，则让申请人对自主选择的声明字眼负责不符合申请人与 EPO 之间的信任关系。

上诉委员会在 **J 17/04** 中提出，EPO 有责任提供满足各类程序可能性的清晰且无疑义的表格。在该案中，根据合法期望保护原则允许申请人依赖于对 EPO 表格文本的一种可能解释，不论是否存在另一种更主流的解释。

委员会在 **J 27/94**（OJ 1995，831）中裁定，如果一项声明因受某条件限制而无效，但 EPO 将该声明视作有效的，申请人基于该行为而作出了如何推进程序的决定，EPO 不得事后违背其先前行为，否则将构成“前后行为矛盾”（venire contra factum proprium），违反普遍认可的法律格言。

T 160/92（OJ 1995，35）和 **T 428/98**（OJ 2001，494）是有关 EPO 职员通过电话提供信息的案例。在 **T 160/92** 中，上诉委员会并不否认合法期望保护原则应适用于 EPO 职员向法律程序当事方作出的所有行为，包括公约没有规定且本身不构成 EPO 正式程序的电话交谈。但是，由于电话交谈并不属于所述正式程序，因此上诉委员会认为没必要为了确定有关电话谈话的内容而对有关电话进行详细调查，程序相关事实的顺序已在档案中确立。在 **T 428/98**（OJ 2001，494）中，上诉委员会主张，如果能够证明委员会登记员已通过电话向上诉人提供了上诉人在与委员会程序中应遵守的时限的计算方法的信息，且在当时，上诉委员会判例法中并未阐释过此类信息的法律规则的，上诉人可以依赖登记员提供的此类信息。

一些案例是关于 EPO 试图更正某项已作出并已送达当事方的决定的。在 **T 1081/02** 中，委员会认为，在上诉期间，异议部的手续人员在通信中声明某项已发出的决定系发送错误，当事方因此无须予以理会的，不构成质疑该决定的效力的充分的法律依据，认为其可能无效。但是无论如何，根据适用的合法期望保护原则，不能视作当事方未遵守提交上诉书的时限（EPC 1973 第 108 条，另见 **T 466/03**）。

T 830/03 的事实类似。在异议部的口头程序结束后，异议部向当事方通告了一份书面决定（简称"第一份决定"）。之后，异议部又向当事方发出了第二份书面决定（简称"第二份决定"），同时附送一个通知指出该决定替代了第一份决定。异议人在之后提交了上诉书，该提交虽未在通告第一份决定之日起 4 个月内完成，但却未超出通告第二份决定的时限。上诉委员会认定第一份书面决定是唯一合法有效的书面决定，但通过适用合法期望保护原则，其认为该上诉应视作已及时提交。

更多关于合法期望保护原则的案例，可参见下文第 6 章 A. 2。

1.3 合法期望保护原则的限制

扩大委员会在 **G 2/97**（OJ 1999，123）中评述道，上诉委员会登记处所发送的是一个标准表格，仅是一份告知当事方上诉法律程序的参考文号的行政通知。该通知不产生任何法律后果，也不属于 EPC 1973 第 110（2）条（现为 EPC 细则第 100（2）条）等规定中所指的"通信"。该通知不应被认为导致了任何误解。

上诉委员会在 **J 17/98**（OJ 2000，399）中裁定，根据合法期望保护原则，EPO 的通信（包括正式表格）均必须清楚且毫无疑义，但并不要求此类表格中含有全面的法律建议。虽然表格必须是清楚且毫无疑义的，但却无须包含对法律的详细解释。这点特别适用于由 EPC 1973 的规定所直接衍生出的法律问题（另见 **T 778/00**，OJ 2001，554）。因此，委员会不同意上诉人的观点，即 EPO 表 1004（一般授权）应该告知用户提交一般授权和指定代理人的区别。此区别是直接源于 EPC 1973 本身的。所以，EPO 表 1004 不提供此类信息并不会导致表格本身变得模糊或令人误解。

同样，委员会在 **T 1029/00** 中裁定，上诉人不能以 EPO 的通信中缺少银行账户信息作为其错误支付现金的理由。公约或其实施细则均要求"自动"提供该信息，不论是一般性适用于所有通信中还是限于特定情况下。如有必要，申请人应该自己确定银行账户信息。

委员会在 **J 29/97** 中强调，不应将审查员视作上诉人的法律顾问，其无义务考虑上诉人可能希望采取的行动。合法期望保护原则的适用范围并未扩大到这一领域。

委员会在 **J 5/02** 中裁定，如果 EPO 向专业代理人提供了错误的信息，而专业代理人根据该信息断定相关法律规定（在该案件中是 EPC 1973 第 122 条）已不再适用，这并不属于违反合法期望保护原则的情况。如果该专业代理人没有意识到该信息是错误的，其就犯了基本上不可原谅的忽略法律的错误；而如果其意识到该信息存在错误，则其并没有被误导。

在 **T 765/06** 中，委员会认为，审查部对延迟提交的新权利要求的同意并不构成一项合法期望，期望该权利要求可以被法律程序接纳并被赋予重要性。

1.4 证明要求

大量的决定已确认，指称 EPO 违反合法期望保护原则的，应提供证明。

在 **T 321/95** 中，上诉委员会表示，主审查员与上诉人的通信中没有提及所指称的口头协议，从档案里也不能得出有此协议。因此，委员会认为，支持违反诚信原则这一主张的论据仅是上诉人的个人臆断，委员会无法对此信服，因为并无证据表明存在上诉人所指的任何协议，主审查员和上诉人之间仅存在“不当通信”（miscommunication）。

在 **T 343/95** 案中，争议问题是上诉人依据一次电话的内容提出了关于诚信原则的主张。委员会认为，尽管不可能在排除对由果及因推论的合理怀疑的基础上确定该次电话的内容，但在类似案例的案件中，根据可能性的权衡（一组事实比其他事实更有可能是真实的）进行就足以让委员会达致满意的程度。该案中确实有不少情况有利于上诉人的陈词，其中一个事实即上诉人在类似的情况中在面对相同的问题时及时作出了反应。

委员会找不到合理的理由，尤其在考虑到上诉人因对档案的利益而联系了 EPO 这一事实，如果上诉人知道他的付款不会被自动处理，他就不会缴纳此款项。委员会因此认定，适用合法期望保护原则的条件已经满足。

在 **T 460/95**（1996 年 7 月 16 日的中期决定）中，委员会表示，如果申请人根据诚信原则主张其信赖了错误信息，其必须证明来自 EPO 的该错误信息是导致申请人采取行动的直接原因，在客观上是其行为的依据（另见 **G 2/97**，OJ 1999，123）。是否属于这一情况取决于每个案件的具体情况。

2. 提请注意容易补救的缺陷引起义务

在 **J 13/90**（OJ 1994，456）中，法律上诉委员会认为，根据诚信原则，EPO 有义务就可能最终导致权利丧失的遗漏或错误提醒欧洲专利系统的用户。一切本着诚信原则预期获得的提醒，均属于需要提供的范畴。这一要求的假定前提是：EPO 能够很容易发现缺陷，且申请人能够纠正该缺陷，从而避免即将发生的权利丧失。**G 2/97**（OJ 1999，123）概述了这一原则的适用范围限制。

扩大委员会根据上诉委员会的既定判例法，在 **G 2/97** 中提出，该案的以下主张并无依据：诚信原则给上诉委员会施加了提醒**当事方自身责任范围内**缺陷的义务（另见 **J 41/92**，OJ 1995，93；**J 4/96**，**T 690/93**，**T 861/94**、**T 161/96**，OJ 1999，331）。上诉人满足"可接纳的上诉"的条件的责任不得转移给上诉委员会。欧洲专利系统的用户不能合法期望上诉委员会将就缺陷发送提醒以满足上述责任。将诚信原则的应用延伸到这一范围，就意味着在实践中，上诉委员会必须彻底承担其法律程序中各当事方的责任，这在公约或一般法律原则中是没有法律依据的。根据扩大委员会的解释，**T 14/89**（OJ 1990，432）的决定是与其案件的特殊情况有关系的，该案涉及对权利恢复的请求，从该案中并不能引申出任何普遍适用的原则。

上诉扩大委员会对 **T 742/96**（OJ 1997，533）所产生的法律问题进行了考量，结论是，如果已及早提交上诉书，上诉人能够及时作出反应和缴纳费用，且（无论是在上诉书中或提交的有关上诉的其他文件中）没有任何迹象表明上诉人若未获得上诉委员会通知将可能因疏忽而错过缴纳上诉费的时限，这种情况下，诚信原则并没有给上诉委员会施加通知上诉人需缴纳上诉费的义务。

在 **T 1152/05** 中，专利所有人提交的上诉书的语言并非 EPO 官方语言。根据 EPC 第 14（4）条规定，应视为该文件还未提交。专利所有人提出，EPO 本应该在上诉期结束前提醒专利所有人，告知其无权提交荷兰语的上诉书，这样其就能获得充分的时间来提交一份以 EPO 官方语言书写的上诉书。但这一抗辩不能改变上述结论。根据上诉委员会的观点，即便是依据 **J 13/90** 的裁决理由，EPO 就专利所有人无法依据 EPC 第 14（4）条的规定获得支持这一事实，无义务作出提醒。

在 **J 2/08**（OJ 2010，100）中，上诉人/申请人还主张，EPO 在多个场合违反了诚信原则（包括因未通知当事方提交分案申请、公告分案申请，以及未能及时告知权利丧失）。因此，上诉人主张，由于 EPO 未采取任何行动（并没有主动提醒上诉人）致使上诉人相信分案申请进行良好，导致最后未能及时针对专利申请驳回决定提起上诉。上诉委员会认为，首先，在事实方面和法律方面确定如何采取最适当的申请提交行动应该是申请人及其代理人的专属责任；其次，对申请已进行公告的事实不能作为对一项申请有效性的合法期望的依据；最后，EPC 1973 细则第 69 条规定的通信并不仅仅是一个提醒，而是一个程序行为，该通信必须在上诉期结束前发出。

2.1 关于提请注意容易补救的缺陷的案例

合法期望保护原则适用于 **J 11/89** 中的以下情况：受理处收到拟作为优先

权文件（该优先权并未在授权请求中主张）的日本专利文件后，未能就此采取任何具体行动。

在**J 13/90**（OJ 1994，456）中，法律上诉委员会裁定，若申请人考虑到诚信原则预期能收到EPO的通信，提醒其有关即将发生的权利丧失，但是EPO却未能按时发出该通信，则EPO必须设定一个新的时限让申请人纠正缺陷并及时实施遗漏的程序行为。

T 460/95（1996年7月16日的中期决定）决定认定，在该争议案件中，不正常情况是很明显且易于确定的，上诉人不难在剩余的时间内纠正该不正常情况。登记员在收到延展请求时，能够且应该发现这是对电话谈话的误解所导致的。

在**J 3/00**中，上诉人向作为PCT受理局的EPO（RO/EPO）提交了国际专利申请。提交的说明书和权利要求书均错误地采用了瑞典语，RO/EPO并不接受以该语言递交的国际专利申请。委员会认为，受理局在根据PCT第11（1）条检查申请的过程中，能够迅速并轻易地从表面上确定该申请中存在的缺陷，因此，上诉人可基于诚信原则期望获得提醒。

一些案例是有关未缴纳费用或未足额缴纳费用的。在1994年11月28日的**J 15/90**中，法律上诉委员会认为，如果未足额缴纳费用发生在上诉期届满前的18天以前，且EPO未通知申请人的，并不会导致权利的丧失（见**J 13/90**，OJ 1994，456）。在**T 923/95**中，上诉人（异议人）提交的上诉书随附的费用缴纳凭证上显示的金额为1 200马克，而非2 000马克。在上诉委员会看来，EPO已承认在上诉费最后缴纳日期前收到了上诉书，其本可以轻易地传真通知上诉人仍有800马克未缴纳。委员会表示，如果在这样的情况下EPO一直不作为，让时限届满（在该案中，为届满一周以后），且当事方未能遵守该时限导致被认定为未提交上诉的，这明显是与诚信原则相悖的。

在**T 296/96**中，在EPC 1973第108条第一句规定的时限届满前，当事方仅缴纳了50%的上诉费。但是，由于手续人员要求上诉人缴纳了上诉费的剩余部分，并没有异议地接受了上诉人随后的付款，则上诉人可根据诚信原则推定，该上诉已被视作已经提交（EPC 1973第108条第二句），因此无须再提交恢复原状申请。EPO原本应该要求上诉人在EPC 1973第122（2）条第三句所规定的1年时限届期前申请恢复原状。但是EPO并没有作出这一要求。手续人员的这一行为误导了上诉人，因此，根据合法期望保护原则，应视为上诉人已经及时缴纳了上诉费，且应视为已经提交该上诉。

2.2　文件的电子提交

EPO于2003年12月3日发布了关于EPC 1973细则第36条（OJ 2003，

609）所指的文件的电子提交的通知，该通知中规定，异议和上诉法律程序不接纳文件的电子提交。这已不再适用，因为根据2007年7月12日发布的《EPO局长决定》（OJ特别版3/2007，第12页），2003年的通知失效。最新的是2009年2月26日发布的涉及文件的电子提交的《EPO局长决定》（OJ 2009，第182页），于2009年3月5日生效，替代了2007年的决定。2009年2月26日的决定在第1条规定了电子提交的可接纳性：EPC法律程序中的文件，**可以以电子形式提交给EPO**。2009年的《EPO局长决定》是**当前适用的法律**。

严格意义上来说，上诉委员会在2003年通知有效时作出的下列决定不再适用。尽管如此，在此转述这些决定，是为了说明委员会在面对合法期望保护原则的问题时是如何推理的。

在单方参加的**T 991/04**中，上诉人通过EPO提供的提交欧洲专利申请相关文件的*epoline*®系统的技术手段（而非普通邮件或传真信函）提交了上诉书以及上诉理由。上诉委员会认为，该上诉书不符合EPC 1973第108条中“书面形式提交”的形式规定，但是基于诚信原则，该提交被视为可接纳的。委员会指出，申请人可期望EPO通知如何使用向EPO提交文件的正确行政渠道，并在申请人犯了容易辨识的错误时，作出相应提醒。

在单方参加的**T 781/04**中，上诉委员会也指出，通过电子方式提交的上诉是不符合EPC 1973第108条中关于上诉应以书面形式提交的规定的。但是，通过电子形式（*epoline*®系统）提交上诉的申请人被误认为其上诉已妥当提交。因此，根据诚信原则，允许上诉人更正错误，而恰当的补救措施就是准许上诉人请求恢复原状。

2.3 提请注意容易补救的缺陷的义务的限制

关于限制提请注意容易补救的缺陷的义务，在有关未缴纳费用和未足额缴纳费用的案例中较为突出。在**T 161/96**（OJ 1999，331）中，委员会得出结论，当事方少缴纳了40%的异议费，让EPO承担提醒当事方防止该权利丧失的义务是没有依据的。**J 2/94**涉及的是一封信函，里面含有一个不一定需要付款的请求。根据委员会的观点，不能期望上诉人已被告知未缴纳的费用。在上诉人提交的陈词中，没有任何明显迹象表明需要EPO给予说明或提醒。当然，委员会也强调，在实践中，EPO只有在有关时限届满，可以拿到该期限内全部付款的完整数据时，才能确认某项费用是否已经缴纳。

在**T 445/98**中，委员会认为，由于收取费用的部门和收到上诉书的部门并非一个部门，有关缺陷并不容易被发现，且缴纳上诉费的时间与提交上诉书的 2 个月时限（未能遵守该时限）届期日之间间隔太短，因此，异议人不能期望将获得提醒。另外，委员会指出，就像上诉委员会在很多决定中所陈述的那样（在 **T 778/00 中得到确认**，OJ 2001，554，该案遵循了 **G 2/97**），合法期望保护原则并未扩大到豁免当事方自身责任的限度。

根据委员会在 **J 12/94** 中的观点，两当事方均有责任基于诚信原则行事。

J 7/97 讲述的是通过传真向 EPO 提交欧洲专利申请的案件。说明书中缺失了一页，而另一页却传真了两次。委员会认为，根据判例法，一篇很长的说明书中只缺失一页的情况不属于“明显错误”，至少在这个特定案件中是这样。

申请人不能基于诚信原则而期望 EPO 能检查其每日收到的申请文件是否完整。依据有关传真传输的《EPO 局长决定》（OJ 1992，299），也无法推断出上述义务；该决定的第 3 条（2007 年 7 月 12 日发布的《EPO 局长决定》第 6 条，OJ 特别版 3/2007，7）规定，如果“传输的文件……模糊不清或不完整”，提交局应尽快通知发送人，其中，“不完整”这一形容词明显是形容传输而非实际文件的。

3. EPO 提供的免费服务

合法期望保护原则也适用于 EPO 提供的免费服务（courtesy services），排除理性收信人一方对服务用语的任何误解。申请人不能依赖于 EPO 系统地提供特定免费服务，也无权基于未提供该服务提出主张（**J 12/84**，OJ 1985，108；**J 1/89**，OJ 1992，17；**J 27/92**，OJ 1995，288）。

在 **J 1/89** 中，委员会认为，申请人有权信赖那些作为免费服务提供的信息是准确且完整的。但是，其不能依赖于公约不要求的系统提供的免费服务。以续展费到期日为例，如果由于让人误解的提醒，导致申请人未能按时缴纳续展费，应视为该申请人已经按时缴纳了该费用。

在 **J 34/92** 中，当事方没有全额缴纳第五年的续展费，但是，其专业代理人并未像通常那样收到 EPO 发出的通信，提请其注意迟延缴纳续展费可能导致额外的费用。此外，根据 EPC 1973 细则第 69（1）条规定所作出的通信，由于发出的时间过晚，以至于当事方无法在 EPC 1973 第 122（2）条规定的 1 年绝对时限内提交恢复权利的请求。上诉委员会在该案中引用了其一贯的判例法，即 EPO 可在随后给予申请人充分的时限，以允许申请人履行之前因 EPO 未能尽到应有的谨慎而使申请人无法履行的责任。但是这仅适用于非绝对时限，因为**绝对时限**在属性上是不能扩展的。

J 14/94（OJ 1995，825）中的事实则截然不同。申请人未能缴纳第三次续展费。尽管如此，EPO在随后的几年里并没有告知申请人存在任何权利丧失，而是继续进行审查程序。上诉委员会认为，若在很长的一段时间内，EPO的行为令当事方和公众合理相信不存在任何权利丧失，EPO不得在之后又提到发生在多年以前的权利丧失，因为这将构成“前后行为矛盾”，违反合法期望保护原则。在这种情况下，如果EPO没有告知申请人有关未付款项且毫无异议地接受了后付的续展费，并且审查法律程序在随后的几年内继续进行，则该迟延缴纳的续展费应被例外地视为已按时缴纳。

在**J 27/92**（OJ 1995，288）中，上诉人提出一个问题，即欧洲代理人是否有权依赖于咨询部门（Information Office）提供的建议。一名代理人表示，一名EPO的职员主动通过电话向其提供了有关审查费用应付金额的信息，该信息误导了他。委员会指出，EPO法律程序的各当事方及其代理人应该了解公约的有关规定，即便这些规定非常复杂。在EPO提供了上述服务的情况下，如果来自EPO的通信是导致申请人采取行动的直接原因，客观上上诉人被该信息误导是有理由的，申请人则有权依赖于该通信的内容。这些原则不仅适用于来自EPO的书面通信，也适用于**口头通信**。

4. 偏离先前判例法的合法期望保护原则

4.1 概　　述

委员会在**J 27/94**（OJ 1995，831）中表示可能存在以下情况：公众合理地预期一审部门不会偏离既定判例法。这适用于一审部门的实践做法一直奉行相关判例法的情形，特别是在EPO已公布的指南、法律建议或通知中提及的情形。在这种情况下，申请人可以合法期望：在没有相应预告前，认可甚或建议法律程序的某一特殊方式的实践做法将不会发生改变。

在该争议案件中，申请人提出，依据合法期望保护原则，**J 11/91**（OJ 1994，28）对一审部门是具有约束力的。但是，**J 11/91**的案件提要与移交给上诉扩大委员会的法律点发布在同一期OJ上。可见，我们没有理由相信一审部门在将来的案件中会遵循**J 11/91**。相反，指南是保持不变的，可引申出一项合理期望，即基于指南的实践做法也同样是不会被改变的。因此，在**G 10/92**（OJ 1994，633）的决定意见向公众发布之前，根据**J 11/91**合法期望保护原则不强制一审部门在批准拟授予专利的文本之后允许提交分案申请。

在**J 25/95**中，委员会强调，在EPO的公报（OJ 1994，28）和《EPO上诉委员会判例法》中公布**J 11/91**，并不会形成一项合法和合理期望，即分案申请可在作出授权决定之前提交。没有一个案例中认可仅基于上诉委员会的单个决定的公布即可产生一项合法期望。上诉委员会进一步评述道，委员会公布决定并不是因为EPO希望其用户能在未来的案件中遵循这些决定，而是由于**委员会**自身认为，这些决定对于判例法的发展来说具有普遍的益处。

如果上诉人怀疑是否存在这方面已确立的实践做法，其应向EPO咨询以弄清楚该问题，EPO将很快告知上诉人，一审部门并不适用**J 11/91**。

在**T 740/98**中，上诉人主张，按照审查指南（1994年版）和当时的上诉委员会既定判例法，审查部已经认可了放弃声明。因此，随后的**G 1/03**（OJ 2004，413）中所提出的标准不适用，否则将违反诚信原则和对EPO用户的合法期望保护原则。委员会强调，公约确立的法律体系并不将指南或既定判例法视为是有约束力的。所以，任何合法期望保护原则不以在先的指南或判例法为依据。委员会裁定，**G 1/03**提出的标准适用于该案。

在**T 500/00**中出现了类似的问题。上诉人作出放弃声明是基于诚信原则，根据指南和作出放弃声明时上诉委员会的实践做法。委员会指出，重要的不是当事方的行为是否是根据指南作出的，而是其行为是否是根据公约作出。委员会还主张，上诉人作出放弃声明时，无法预期到该免责声明将被允许。委员会进一步补充，上述委员会的单个决定并不能形成一项其以后将被遵循的合法期望。因此，不得引用诚信原则来反对在未决案件中应用**G 1/03**所确立的关于放弃声明可允许性的原则。

4.2　脱离现行实践做法的新决定开始具备普遍适用性的时间点

有多个决定是有关于下列问题的：偏离现行实践做法且不利于申请人的新决定在**何时**开始具有普遍适用性，以及应该如何保护EPO用户的合法期望。上诉扩大委员会在三项决定（**G 5/88**，OJ 1991，137，有关行政协议；**G 5/93** OJ 1994，447；**G 9/93**，OJ 1994，891）中得出结论，推翻先前裁定的决定在向公众公告之前不得适用。

根据**G 5/93**（OJ 1994，447），EPO受其解释和实践做法的约束。对公众公告**G 3/91**（OJ 1993，8）决定之前，如果欧洲—PCT申请人申请权利恢复，EPO应承认恢复有关EPC 1973细则第104b条规定的缴纳国家费之时限（后为EPC 1973细则第107条；现为EPO细则第159条）方面的权利的可能性（另见**J 9/93**）。

在**G 9/93**（OJ 1994，891）中，上诉扩大委员会推翻了其先前的**G 1/84**（OJ 1985，299）决定，并裁定，欧洲专利所有人不得对其自己所有的欧洲专利提出异议（另见第7章D.2.1.3）。

扩大委员会认为，如果只涉及程序事项，可出于公平对未决案件不适用新法律解释。就转来的自我异议是否可接纳的问题，很显然，根据 EPO 多年遵循的 **G 1/84** 决定，该 EPO 未决案件的专利所有人有充分理由期望这次异议可被接纳。在委员会看来，阻止他们继续参与法律程序是不公平的，该法律程序是基于诚信原则而开启且未对任何第三方权利产生不利影响。

在 **T 716/91** 中，委员会主张，**G 4/93**（对应 **G 9/92**，OJ 1994，875）同样应适用于未决案件。在该案中，仅有异议人对异议部的中期决定提起了上诉，该中期决定裁定保持修改形式的专利。应诉人（专利所有人）请求保持专利最初被授予时的形式。在 **G 4/93** 中，上诉扩大委员会强调，在上述情况下，专利所有人首先应仅限于对异议部接受的修改版本进行辩护。因此，尽管申请人主张，在 **G 4/93** 决定公告前，无法确定专利权人基于最初授予的权利要求书主张一项请求是否正当，也无法确定对该问题是否存在相反的判例法规则，但是依据 **G 4/93**，委员会驳回了应诉人的主请求。委员会指出，**G 4/93** 中没有任何迹象将该案解释的法律规则仅限用于未决案件中。可见，该案与 **G 9/93** 的情况是不同的。相反，按照应诉人主张存在“相反的判例法”，应诉人本应采取相应的程序步骤（在本案中指提交上诉），确保其仍可请求保有其专利被授予时的形式，而不是冒险尝试其他被该委员会所遵循的可能解释。

参见 **J 8/00** 中上诉人的观点。根据该观点，扩大委员会的三项决定构成了一项一般规则的依据：新判例法的适用决不能“溯及既往”（上诉人所指的）。但是该观点未得到法律委员会的遵循。

在 **T 739/05** 中，委员会认为，在上诉扩大委员会对争议案件至关重要的某个重要法律点作出决定前，中止进一步审查案件的最终决定是没有理由的。委员会认为，由于存在与未决案件相关的合法期望保护原则，因此，上诉扩大委员会的决定不影响案件的结果。如果一项新决定推翻了 EPO 出版物中确立的长期现存的实践做法，相应判例法同意给予未决案件的申请人一个过渡期，在过渡期里，申请人仍然可以依赖于先前的实践做法，直到该决定公布于众。

最近有关剂量方案的 **G 2/08**（OJ 2010，* * *）主张，为了确保法律确定性和保护申请人的合法权益，扩大委员会在该决定（见第 1 章 C. 5. 2. 4 b “新颖性”）中对新法律的解释不具有溯及既往的效力，还确定了在 EPO 公报中公告当前决定后相应的 3 个月期限，以便根据将来的新情况进行应用。在这方面，与将来申请有关的日期应是该申请的申请日或优先权日（在主张优先权的情况下）。

B. 陈　述　权

在 EPC 2000 中，仅修改了 EPC 第 113 条的标题，其实质性条款并未变动。因此，尽管下述判例法的发展是基于在 EPC 1973 仍然有效时作出的决定，但其在新修改的 EPC 生效后将继续有效。

1. 一 般 原 则

根据 EPC 第 113（1）条，EPO 应当给予有关当事方陈述观点的机会，且只能根据有关当事方所陈述的理由或出示的证据作出决定。

这一重要程序权利旨在确保在当事方的请求被驳回的决定中，当事方不会不知不觉地受到该决定中给出理由的约束而没有陈述其观点的机会。在作出决定时，应当考虑当事方提出的论据，并允许当事方陈述其观点，否则将违反 EPC 第 113（1）条的规定，构成重大程序违法（参见 **J 7/82**，OJ 1982，391；**T 1039/00**，**T 778/98**）。

在 **J 20/85**（OJ 1987，102）中，委员会指出，EPC 1973 第113（1）条在确保 EPO 和 EPO 程序当事方之间的程序公正方面具有重大意义，特别是在产生事实争议的情况下。EPO 在审理有关事实争议的程序中，只有在查明所有相关证据，并通知有关当事方后，才可以作出不利于一当事方的决定。另外，在 **J 3/90**（OJ 1991，550）中，上诉委员会裁定，如果 EPO 已就事实进行了审查，其应当将询问情况和结果充分告知有关当事方，并在作出决定前给予当事方充分陈述观点的机会，否则就构成对 EPC 1973 第 113（1）条的违反（另见 **J 16/04**）。

1.1 “理由或证据”的定义

EPC 第 113（1）条规定的“理由或证据”应当理解为 EPO 的决定所依据的重要法律和事实推理（**T 532/91**、**T 105/93**、**T 187/95**、**T 1154/04**）。在 **T 951/92**（OJ 1996，53）中，委员会裁定，对“理由或证据”一词应作狭义解释。该案件是有关审查程序的案件。委员会在该案中认为，该词应被理解为导致申请被驳回的法律理由和事实理由，而不是理解为 EPC 所规定的狭义定义。

在 **T 375/00** 中，上诉人/异议人认为，异议部在其决定中所论及的问题与在先法律程序中所讨论的问题不一致，因此，侵犯了上诉人/异议人的陈述权。委员会裁定，由于对客观问题的定义是论点的一部分，而非 EPO 1973 第 113

(1) 条规定的“理由”的一部分，因此，上诉人的陈述权未受侵犯。委员会在 **T 33/93** 中指出，在上诉决定中引用初审决定的目的只是确认适当引起上诉人注意的立场，该行为仅仅是对论点的重复，并非 EPC 1973 第 113 (1) 条意义上的“新理由”或“新证据”。

在 **T 587/02** 中，委员会对于审查部在其决定中引用国际初审单位（而非 EPO 的部门）作出的国际初审报告基本上是没有任何异议的，但是前提是该报告采用与 EPC 规定的语言（根据 EPC 1973 细则第 51 (3) 条规定）构成了合理陈述。在就“创造性”提出反对的情况下，需要进行逻辑性的论证。该论证应是申请人可以理解的，且在适当的情况下，应允许申请人进行答辩。鉴于在该案中，国际初审报告不满足以上要求，所以委员会裁定，申请人的陈述权受到了侵犯。

1.2 一般原则的一些示例

如果申请人提供的、支持其主张的文件被用来对申请人造成不利，而 EPO 主要依据该文件作出驳回申请的决定，且没有给申请人机会就此陈述意见的，属于侵犯申请人陈述权（参见 **T 18/81**，OJ 1985，166 和 **T 188/95**）。该原则也确保能考虑所提出的理由，如果引用了日语文件，并在合理时间内提交了符合官方语言的译本，若不接受该译本，就是违反了该原则（**T 94/84**，OJ 1986，337）。

委员会在 **T 921/94** 中认定，上诉人善意递交的观点和其测试报告提供的技术信息实质改变了争议焦点；根据 EPC 1973 第 96 (2) 条和第 113 (1) 条，审查部在法律上有义务在作出驳回申请的决定前告知上诉人有关在 EPC 程序中就新情况所受到的反对，并要求上诉人提交进一步的观点（另见 **T 1154/04**）。

委员会在 **T 385/97** 中表示，如果 EPO 备案文件中明显存在与异议理由高度相关的事项，而一审部门和/或当事方没有考虑这一事项的，委员会有权改正这一情况，对该事项进行审议，但前提是尊重各当事方获得平等待遇的程序权利。

委员会在 **T 474/04**（OJ 2006，129）中裁定，如果对未经宣誓的证人声明中的主张仍有争议，则在依据该主张作出不利于争议方的决定前，通常应当批准当事方听取证人陈述。在该争议案件中，上诉委员会认为，异议部在 S. 先生可以作为证人作证的情况下仍然决定不传唤其为证人，此举妨碍了上诉人针对一项可能的决定性证据进行辩护（另见“证据法”章节）。

在 **T 763/04** 中，委员会裁定，如果上诉人认为某些事实和论据明显对其案件至关重要，且足以据此推翻争议决定的，而 EPO 在决定中却完全未加以考虑的，则构成对 EPC 1973 第 113（1）条的违反。如果某些重要事实和论据足以推翻争议决定的，而一审部门在决定中却没有论及或考虑，则属于侵犯陈述权。

根据这一决定，委员会在 **T 1997/08** 中指出，陈述权还保证了 EPO 能够在申请人对通知作出答复时注意并考虑申请人的意见。如果审查部的决定所依据的理由仅仅是对上述答复前的通知中所提出观点的重复，则可视为侵犯了当事方的陈述权。

在 **T 515/05** 中，上诉人在其异议书中仅仅依据 EPC 1973 第 100（a）条规定提出异议。而异议部却另外提出了有关专利是否满足 EPC 1973 第 83 条规定的问题作为异议的进一步理由。根据口头程序的记录，异议部主席在程序开始时表示，由于异议人没有充分证明 EPC 1973 第 100（b）条规定的异议理由，因此在该程序中将不会就该异议理由进行讨论。委员会认为，异议部的这一做法构成重大程序违法。虽然上诉人没有针对参加口头程序的传唤提交书面辩护词，但是这并不能剥夺其陈述权。上诉人仍然有权期望在口头程序中就新理由陈述观点。

根据既定判例法，EPO 不仅必须允许当事方进行陈述，还必须将这些陈述意见纳入考虑。审查部在“根据档案状态”的决定中明确表示，申请人在审查部的最后一次通知后没有再提交任何观点。但事实上这是不正确的。委员会得出结论，在 **T 1709/06** 中的情况下，由于申请人在一次含有新反对理由的通知后进行了答复，且申请人在该答复中提出了具有潜在重大意义的论点，而异议部却忽视了该论点，所以，申请人被剥夺了就其申请被驳回的理由陈述观点的权利。因此，EPC 第 113（1）条规定的申请人陈述权受到了侵犯。

1.3　一般原则的限制

在 **T 643/96** 中，审查部的决定依赖于一份仅给出了不完整著录项目数据的文件。委员会裁定，审查部虽然未能向申请人提供上述文件的副本，但是并不构成关于陈述权的重大程序违法。委员会的理由是，该文件所列内容已包含在另一文件中，上诉人/申请人已经了解这些信息，所以，该文件对案件来说并不是新证据。

委员会在 **T 405/94** 中裁定，尽管一当事方已经收到另一当事方发送的至少一封信函，说明发函当事方反对一篇公众可获悉的论点内容，且 EPO 将在口头程序中作出决定，但是信函接收方在口头程序前却没有回应的，或者发函当事方在口头程序中首次提供某些信息，这些信息需要接收当事方确认的，即代表接收当事方已经就该反对获得了充分的陈述机会，且无须再获得更多机会。

在 **T 296/96** 中，申请人在其对首次通知的回复中，没有递交令人信服的论点。审查部仅依据首次通知中的反对就驳回了当事方的申请，并没有在第二次通知中重复首次通知中的反对。尽管驳回申请依据的主要理由仅仅是对唯一一次通知中的论点的重复，但是由于申请人本有机会对争议决定所依据的理由陈述意见，因此该决定并不违反 EPC 1973 第 113（1）条规定。委员会在 **T 821/96** 中强调，根据既定判例法，审查部有权自由裁量是否根据 EPC 1973 第 96（2）条规定要求当事方作出陈述。如果在申请人进行答辩后，审查程序似乎有可能在专利授权过程中终止，审查部可以要求当事方再一次作出陈述。（另见 **T 201/98**）

在 **T 1237/07** 中，委员会声明，根据 EPC 1973 第 96 条和 EPC 1973 细则第 51 条，审查部有权自由裁量是否需要进行通知，还是更适合结束书面通知阶段，进入口头程序阶段。EPC 第 113（1）条规定的陈述权无须在书面阶段行使，其可在口头程序中满足。

在 **T 166/04** 中，申请人未出席口头程序，在口头程序的最后，审查部驳回了专利申请。上诉人认为，审查部在口头程序中短期内要求额外引用 5 份复杂技术领域内的在先技术文件（D4 ~ D8），此举构成了总体的程序违法。审查部本应该根据 EPC 1973 第 96（2）条和 EPC 1973 细则第 51（3）条的规定再次通知申请人，以保护申请人在 EPC 1973 第 113（1）条规定的陈述权。但是委员会注意到，上诉案件的决定只是附带提及了在先技术文件 D4 ~ D8。这些文件虽然在传票中有所引用，但并不因此而具有任何决定性作用。就算这些文件构成了重要论点的一部分，就通过传票较晚的引用这些文件是否适当的问题，委员会也不一定需要作出认定。除了不可延展的时限外，上诉人已经获得了就传票进行书面回复的机会，这与根据 ECP 1973 第 96（2）条规定对通知进行回复的情况是一样的。而事实上，上诉人也确实这么做了，他在 2003 年 3 月 27 日的信函中就在先技术文件 D1 ~ D8 全部提出了修改和意见。另外，委员会指出，申请人本可以在一审口头程序中进一步提出观点，但是申请人却没有参加一审口头程序。

就驳回申请前的第二次通信，委员会在 **T 1557/07** 中表示，其面对的案件情况与 **T 734/91** 的情况不相符，并解释了具体原因。而对于另一个问题，即申请人主张审查部没有完全准确地处理申请人提出的观点，委员会认为，审查部没有义务处理有关当事方提出的每一项观点。在该案中，审查部已经就争议的关键点进行了评述，已经向申请人清楚地解释了为什么申请人提交的观点不具有说服力。因此，申请人的这一主张也是不具有说服力的。综上，审查部并不构成重大程序违法。

1.4　陈述权与决定时间

委员会在 **T 663/99** 中裁定，如果在将撤销决定交付给 EPO 内部邮寄服务时，EPC 1973 细则第 57（1）条规定的就异议陈述观点的时限仍未到期，将构成对专利所有人陈述权的侵犯（另见 **T 804/94**）。

在 **T 1081/02** 中，上诉委员会裁定，由于异议部要求专利所有人在 2 个月内提交其认为维持专利所必要的文件，但却在该时限到期之前作出了中期决定，因此构成了对陈述权原则的违反。委员会认为，根据其精神，EPC 1973 第 113（1）条规定也应适用于以下情况：即给予一当事方一段期间以陈述观点，但是却在该期间届满前作出了决定，由此剥夺了当事方的陈述机会。

委员会在 **T 922/02**（单方参加）中表示，如果 EPO 在免除进一步审查后作出决定，则该决定只有在以下情况下才符合 EPC 1973 第 113（1）条的规定：EPO 在免除进一步审查后，向上诉人发出通知和要求（通常是宣告恢复程序），如果上诉人提出反对，不论是否希望，都要求上诉人在特定的期限内作出陈述或修改其请求。除以上情况外，其他任何终局决定对上诉人来说都是出乎意料的，违反 EPC 1973 第 113（1）条规定的诚实信用原则和公平陈词原则。在这一点上，委员会遵循了 **T 892/92**（OJ 1994，664）和 **T 120/96** 所确立的有关异议程序的判例法规则，该规则同样适用于审查程序，原因是，陈述权是适用于这两个程序的重要程序原则。

委员会在 **T 849/03** 中裁定，决定对于不知情的当事方没有效力。在审查程序中，如果未能提前将驳回申请的理由依据告知申请人，或申请人在审查部作出驳回申请的决定前没有理由预料到这样的决定结果的，均构成对申请人陈述权的侵犯。

在 **T 685/98**（OJ 1999，346）中，委员会判定，EPC 1973 第 96（3）条所规定的“未能按照第 96（2）条在规定时限内对要求作出回复”应当按照 EPC 1973 第 96（2）条和 EPC 1973 细则第 51（2）条所规定的“要求”的目的来解释，即应该给予申请人根据 EPC 1973 第 113（1）条行使陈述权的机会。

因此，如果申请人在信函中既未行使该权利也未放弃该权利，就不符合 EPC 1973 第 96（3）条规定的回复。在该案中，审查部认定，申请人在回信中所作的简单的程序请求已经在某种程度上导致其丧失了在规定的剩余 4 个月回复期限内陈述观点的权利。但是，通过对申请人信函的适当解释，我们发现，申请人既未行使也未放弃其在 EPC 1973 第 113（1）条下的就实质性问题陈述观点的权利，同时，在规定的回复期限到期前，申请人也未丧失前述权利。因此，在回复时限还有 2 个月才到期的情况下就仓促作出驳回申请的决定，明显违反了 EPC 1973 第 113（1）条的规定，剥夺了申请人陈述观点的机会（另见第 7 章 B. 2. 8，“审查程序”）。

在 **T 966/02** 中，异议人在适当时间内提交了两份格式适当的异议书。异议部认为，第二份请求书并不属于异议书，而仅仅是第一份异议书的补充。与仅在第二份请求书（异议书）中递交的文件 D1 比对，权利要求 1 中的主题不是新的主题。委员会裁定，以上决定违反了 EPC 1973 第 113（1）条的规定，因为异议部在作出决定前并没有要求上诉人（专利所有人）就新颖性和创造性陈述观点，也没有告知上诉人有关异议部将依据第二份异议书所呈列的材料（特别是 D1）评估新颖性。在该案中，在情况得到阐明以前，专利所有人明显认为两份异议书均为不可接纳，因此，认为没必要针对事实陈述其观点。异议部既没有向上诉人（专利所有人）阐明程序情况，也没有在阐明情况后给予上诉人就该情况陈述观点的机会，之后就作出了终局决定，这一举动是上诉人未能预见的，完全在上诉人的意料之外。

在 2006 年 5 月 17 日的 **T 281/03** 中，异议人/上诉人希望：如果新颖性成立，其能够就创造性向异议部陈述其观点。但是，口头法律程序中并没有审议创造性的问题。异议部在审议并宣布其有关新颖性的决定后立刻就宣布了驳回异议的决定。委员会认为，为了保证陈述权，在评审过程中应该存在明确步骤，允许异议人/上诉人在最终审议前就创造性陈述其观点，或在审议后就异议部的结论陈述其观点，且这一步骤应记录于审议记录中。即便异议人/上诉人在最终审议前已经再次获得了发言权，或已经进行最后一次陈词，也不足以满足上述要求，不论其有经验的代理人是否可能已经意识到存在作出终局决定的风险。

有关在进行简单通知后，没有要求当事方递交陈述观点就驳回当事方专利申请的审查程序中所产生的陈述权的具体方面将在第 7 章 B 进行详细讨论。

至于另一与异议程序陈述权相关的问题，即何时应向申请人发出有关根据 EPC 第 101（1）条（EPC 1973 第 101（2）条）提交意见陈述的要求，也将在第 7 章 D. 5 中进行讨论。

2. 口头法律程序的陈述权

2.1 参加口头法律程序的权利

EPC 第 113（1）条的规定也与 EPC 第 116（1）条规定的口头法律程序权

利紧密相关。委员会在 **T 209/88** 中表示，如果不遵照当事方对口头法律程序的请求，将剥夺当事方以其希望的方式对案件进行陈述和利用 EPC 赋予其权利的可能性的重要机会。通过对口头法律程序的请求，当事方可以在 EPO 作出不利于其的决定前依赖于这一程序，因此，没有必要进一步以书面形式递交其观点。在这方面，EPC 1973 第 116 条被认为是 EPC 1973 第 113（1）条的重要部分，其规定了必须给予当事方充分机会，以针对决定的理由陈述其观点（另见第 6 章 C. 1“口头法律程序”）。

2.2 引入新权利要求、相关文件和新观点

为了在引入新权利要求或相关文件的口头法律程序中给予当事方行使陈述权的机会，EPO 已经作出了大量决定。

如果异议部或上诉委员会认为有义务根据 EPC 第 114（1）条的规定审查在口头法律程序阶段首次递交的事实或证据的，必须在依据该等事实或证据作出合理决定前，按照 EPC 第 113（1）条的规定，给予其他当事方陈述的机会（**G 4/92**，OJ 1994，149；另见 **T 484/90**，OJ 1993，448；有关于迟延陈词的问题，参见 **T 330/88**、**T 356/94** 以及上述第 7 章 C. 1）。该原则同样适用于审查部的决定。

2.2.1 引入新权利要求或相关文件的情况

在 **T 951/97**（OJ 1998，440）中，审查部在口头法律程序阶段首次引入了文件 D4。欧洲检索报告中提到了 D4，但是，在口头法律程序前，在审查程序的任何阶段均未引用该文件；特别是，在根据 EPC 1973 细则第 71a 条规定的通信中并没有提到它。在半小时的延期后，上诉人提交了第二项附属请求，而审查部认为，该附属请求初步来看是不可接纳且不可获准的。针对这一情况，上诉人提出，由于审查部引入了新的引证文件，改变了程序的主题，所以应当进一步给予上诉人修改的机会。此外，审查部还应该给予上述人充分的时间，以针对 D4 进行陈述。在口头法律程序的最后阶段，审查部根据 EPC 1973 第 97（1）条的规定驳回了申请。

委员会发现，半小时太仓促，不足以对 D4 的复杂文本进行充分分析。很显然，D4 对于审查部有关创造性的调查结果至关重要，因此，就审查部的裁定所依据的证据，申请人并没有获得充分的机会根据 EPC 1973 第 113（1）条规定陈述其观点（另见 **T 492/03**）。审查部有关不考虑第二项附属请求的决定也依据了 EPC 1973 细则第 71a 条的规定，理由是，程序的标的没有改变。但是，委员会认为，根据 EPC 1973 细则第 71a（1）条和第 71a（2）条，程序的标的已经改变，尤其是审查部还在根据 EPC 1973 细则第 71a 条规定的通知

所召集的口头法律程序阶段首次引入了新文件，该新文件是一项**相关的新材料**。

在 **T 783/89** 中，在口头法律程序开始阶段，异议部向当事方出示了主权利要求书的新版本，并给予当事方 10 分钟的考虑时间。委员会裁定，这一举措完全出乎上诉人的意料，且异议部并没有给当事方充分的时间，以确定修改方案是否是可获准的。

在不少案件中，委员会也认为，引入新权利要求或相关文件并不违反 EPC 第 113（1）条的规定。

委员会在 **T 484/89** 中裁定，EPC 1973 第 114（1）条赋予了异议部考虑和适用所有相关的引用文件的权利。如果异议部打算这么做，它通常应该在安排口头法律程序时，向当事方发出有关上述内容的通信。在该案中，异议部认为有必要在口头法律程序中引用某文件。在这样的案件中，经当事方请求，异议部应当允许延期，或安排新的口头法律程序，以给予当事方陈述观点的机会。由于当事方没有提出请求，因此根据决定或口头法律程序的记录，异议部并没有违反 EPC 1973 第 113（1）条的规定。

在 **T 376/98** 中，备案文件明显显示，审查部在口头法律程序阶段首次引用了文件 D4。审查部中止了口头法律程序，给予申请人时间考虑。之后，当口头法律程序继续时，上诉人请求依据提交的文件作出决定。关于在口头法律程序中引入 D4，委员会强调，对于审查部来说，只要已经给予申请人针对终局决定前所提出的反对陈述观点的公正机会，就可以在审查程序的任何阶段引用相关文件且不受任何程序限制（参见 **T 1198/97**）。在委员会看来，上诉人请求作出决定仅说明上诉人没有兴趣进一步讨论 D4 的相关性或 D4 对决定的重要性。事实上，上诉人的请求导致审查部在除了直接决定外，没有其他选择。在这种情况下，审查部不存在任何程序违法。

在 **T 566/91** 中，异议部在疏忽的情况下，依据某一版本引用文件作出了撤销专利的决定，该引用文件比双方当事方拥有的并在委员会的口头法律程序中展示的版本更加完整。

为了在上诉委员会程序中遵循 EPC 1973 第 113 条规定，委员会中止了口头法律程序，并给予当事方半小时的时间在口译员的帮助下研究该更完整版本的文件。

在 **T 248/92** 中，审查部依据口头法律程序中首次递交的**观点**作出决定。委员会认为，审查部的决定并不违反 EPC 1973 第 113（1）条。尽管口头法律程序的一个目的是尽可能解决所有与决定相关的重要问题，但是，这并不限制在程序的最后立刻作出决定的要求。如果上诉人认为有必要进行进一步反映的，其原本可以请求中止口头法律程序或要求以书面形式继续程序，以便其能仔细分析新引入的论点，因为该论点显然对决定是至关重要的。

2.2.2　未引入新的权利要求、相关文件或新观点的案例

在 **T 195/84**（OJ 1986，121）中，代理人在口头法律程序中提出反对，认为该程序中已经出现了足以排除创造性的新理由，而其在之前并未就此获得答辩的机会。委员会不同意这一观点，因为该代理人已经知晓存在现有技术，所以其有充分的时间就此进行考虑。此外，该代理人并没有为更详细地审查该现有技术而请求额外的时间，也没有要求延期。

在 **T 327/92** 中，由于最接近的现有技术不利于修改的主权利要求，所以异议部在口头法律程序中仅依赖于一份首次引用的、不利于一项从属权利要求的文件，委员会认为此举并不构成重大程序违法，专利所有人在口头法律程序中已经获得了陈述机会。

2.3　口头法律程序后的变更

在 **T 862/98** 中，签署一审部门决定的异议部并非举行口头法律程序的异议部，后者的成员在口头法律程序**后**被替换了。委员会认为，一般应该避免在口头法律程序后变更异议部的成员组成。这点也应适用于没有以口头形式作出最终实质性决定的情况。如果变更是不可避免的，则一般应为当事方举行新的口头法律程序（参见 RPBA 第 7（1）条（RPBA 2007 第 8（1）条）的类似规定）。但是，如有例外情况，也可以不举行新的口头法律程序。

上诉人认为，异议部在口头法律程序之后改变了临时意见，依据之前未提出的新理由作出了争议决定，但并没有给予上诉人针对此新理由陈述观点的机会，此举违反了 EPC 1973 第 113 条的规定。在 **T 68/94** 中，委员会指出，临时意见不具有约束力。口头法律程序的目的在于概括和讨论当事方的观点。这意味着，根据 EPC 1973 第 113 条规定，一当事方不得就另一方的反驳发表评论。

对于异议部在争议决定中已经支持的观点，应诉人已经提交了一封含有该观点的信函。双方当事方对案件的所有观点都已经知悉。

3. 缺席口头法律程序和陈述权

在 RPBA 2003 生效以前（当前生效的是 RPBA 2007），一审部门和上诉委员会有关该问题的权威来源是 **G 4/92**。RPBA 2003 生效后，**G 4/92** 不再具有该方面的用途（参见 RPBA 第 3.2 点和 CA/133/02 中对 RPBA 2003 第 11 条的评述）。EPO 审查指南在涉及一审部门时仍然参考 **G 4/92**（参见指南 E－III，

8.3，2010年4月版）。关于审查部程序，请参见在 OJ 10/2008 第471页公布的通信。有关缺席的基本 EPC 规定是 EPC 细则第115（2）条（EPC 1973 细则第71（2）条）。

3.1 缺席口头法律程序——有关 G 4/92 的判例法

在 **G 4/92**（OJ 1994，149）中，上诉扩大委员会认为，就陈述权来说，如果经正式传唤的一当事方缺席口头法律程序，则不得依据在该口头法律程序中首次提出的事实作出不利于该当事方的决定。不得审议在口头法律程序中首次提出的证据，除非之前已经通知各当事方，且该证据仅用于支持其递交当事方的主张。尽管如此，如果新观点不构成新理由或新证据，则其在原则上是可被用作决定的依据的，前提是，该依据是基于已提出的事实和证据。这一意见仅涉及多方法律程序。

有不少决定说明了 **G 4/92** 是如何解释和应用于实践中的。

在 **T 341/92**（OJ 1995，373）中，委员会认为，如果在案件的该阶段，缺席的专利所有人（已经经正式传唤）可以预料到将审议的问题，并从到目前为止的程序中意识到案件决定将依据的实际基础，则在对于以修改后的形式维持专利起到阻碍作用的口头法律程序中，可以依据在该程序中首次审议的理由作出决定。上诉人（专利所有人）已提交了列出上诉理由的陈述书，并提交了一项主请求和一项带有新权利要求的附属请求。尽管如此，上诉人在口头法律程序中并没有代理人，并提前通知了委员会。在口头法律程序中，委员会**首次**提出有关主请求的权利要求1的主题违反了 EPC 1973 第123（3）条。委员会的结论是，主请求构成扩大的受保护范围，且该扩大的范围是不应予以受理的。在口头法律程序结束时，委员会宣告，专利将根据附属请求的权利要求进行维持。委员会认为，程序法并不阻碍其根据 EPC 1973 第123（3）条作出决定。

委员会提出，该案与 **G 4/92** 不同的情况在于，被反对的扩大范围并非基于在口头法律程序中首次引入的事实，而是单独基于对各权利要求的措辞所进行的比对，而该比对是根据授予的专利和提交给委员会的主请求所作出的。

在 **T 133/92** 中，委员会得出结论，在上诉人（异议人）缺席的口头法律程序中对基于修改的权利要求书维持专利的问题进行考虑并作出实质性决定并不与上诉扩大委员会在 **G 4/92** 中的意见相冲突。委员会表示，应诉人（专利权人）对权利要求书的限定消除了上诉人提出的反对。在此情况下，由于上诉人已经合理预料到应诉人将竭力排除所有反对观点，所以上诉人并不会为此感到出乎意料。当事方递交的附属请求明显不属于 **G 4/92** 所定义的“事实”。

否则，在提交了附属请求（通常如此）且异议人缺席（经常属于这种情况）的陈词中，是不得作出决定的。所以，这样的陈词没有意义且浪费时间，甚至违反法律确定性的一般原则：公众在终止法律纠纷方面的一般权益。同样地，委员会在 **T 771/92** 中认为，在上诉人缺席的口头法律程序中，基于一组修改的权利要求维持专利的决定同 **G 4/92** 所述的原则并不冲突。所递交的受限的权利要求既非事实，也非证据。对于应诉人会竭力排除反对的情况，上诉人是能够合理预料到的，所以上诉人对于所作的修改不会感到出乎意料。该修改是由于上诉人在书面程序中针对新颖性提出反对。

T 912/91、**T 202/92**、**T 856/92** 和 **T 890/92**（另见 **T 673/06** 和 **T 235/08**）依据的是相同的事实，委员会认为这些案件并不违反 EPC 1973 第 113（1）条的规定。在 **T 1049/93** 中，委员会裁定，如果经正式传唤，异议人选择不出席口头法律程序的，上诉委员会仍可考虑那些阻碍维持争议专利的现有技术。**G 4/92** 不应被解释为对自愿缺席的当事方权利的扩大。在 **T 414/94** 中，委员会表示，在当事方缺席的口头法律程序中，应诉人/异议人要求修改请求的，一般不予以禁止。缺席的当事方必须在口头法律程序前确定的案件法律和事实框架内推测异议方的反应，以及可能基于该反应所作出的决定。

在 **T 501/92**（OJ 1996，261）中，委员会裁定，如果在口头法律程序中，上诉人首次提出一项新理由，使该上诉得以依据记录文件所列的事实，而应诉人自愿缺席该口头法律程序的，则如果不给应诉人陈述机会就允许上诉依据该新理由将构成对 EPC 1973 第 113（1）条和 **G 4/92** 所确立的原则的违反。在该案中，上诉人（异议人）在口头法律程序中提出，专利所有人未能提交维持欧洲专利的正式请求，这将自动导致专利的撤销。

在 **T 892/94**（OJ 2000，1）中，尽管已经对应诉人（专利所有人）进行正式传唤，但其并未出席口头法律程序，且已经在口头法律程序开始前提前通知委员会，表示其决定不参加该程序。委员会认为，应诉人声明不再参加该程序，此举只能解释为其明确决定自愿放弃其在 EPC 1973 第 113（1）条下的权利，且不再利用任何机会对上诉人或委员会可能在该程序中引入的任何反对、事实、理由或证据进行观点陈述，即使这将导致撤销专利的决定。因此，委员会认为，尽管应诉人缺席口头法律程序，但是对专利撤销进行考虑和在作出实质性决定并不违反应诉人在 EPC 1973 第 113（1）条下的程序权利。

在 **T 191/98** 中，应诉人（专利所有人）没有出席口头法律程序，委员会所遇到的问题是，应诉人（专利所有人）是否已获得充分机会就以下问题陈述观点：对迟延提交文件 D10 的引用，对 D10 披露的解释，以及撤销决定所基于的理由。应诉人至少提前两年就知晓 D10 被上诉程序所受理的可能性，且委员会已经告知应诉人，将在口头法律程序中审议D10。上诉人认为D10可以推翻新颖性。委员会并不同意上诉人的这一观点，但是其表示，根据D10所披露的现有技术，授权的权利要求1中的主题缺乏创造性，所以，其裁定撤销专利。

委员会引用了**G 4/92**（OJ 1994，149），并表示，应诉人已经告知委员会其不会出席口头法律程序，其应该已经预料到委员会将考虑上诉人提出的任何证据和基于此类证据的观点，包括可能在口头法律程序中进一步审议基于具体证据的论证，并将据此就应诉人的授权专利作出实质上的决定。

T 55/91 提出了经正式传唤参加口头法律程序的申请人/上诉人缺席单方程序时的陈述权原则。委员会认为，根据EPC 1973第113（1）条，就委员会对新颖性的反对，上诉人本有机会陈述观点，但却没有利用此机会。在委员会根据EPC 1873细则第71（2）条正式举行的口头法律程序上，尽管上诉人缺席，但是考虑到该案件的情况，委员会得出结论，根据委员会列出的理由，权利要求1和权利要求2的主题缺乏新颖性。

3.2 缺席上诉委员会的口头审理

RPBA 2007第15（3）条（RPBA 2003第11（3）条）规定：“如果经正式传唤的当事方缺席口头法律程序，委员会无义务仅据此就推迟法律程序的任何环节，包括进行决定，缺席的当事方应视为仅依赖于其书面案件中的观点。”

在**T 706/00**中，委员会评述道，新RPBA的规定将取代**G 4/92**（OJ 1994，149）的决定。更近一些来说，请参见引用CA/133/02的**T 1704/06**和有关于RPBA第11（3）条的相关段落。

在**T 979/02**（单方参加）中，口头法律程序前两天，上诉人已经通知委员会，其将不出席该程序。同日下午，其单独提交了一份修改的权利要求书，供上诉委员会在其缺席的情况下进行审议。委员会引用了单方参加的**T 70/98**和RPBA 2003第11（3）条。在**T 70/98**中，上诉人在口头法律程序的前一天宣告不参加口头法律程序，之后又提交了一项新的附属请求。在该案中，委员会的结论是，上诉人已经放弃了在口头法律程序中就其情况进行辩论和在必要时针对反对提出进一步修改的机会。在争议案件中，委员会表示，为了程序经济，除了以请求的文件是否构成EPC明确批准的初步证据为标准来决定请求的可接纳性外，其没有其他合理选择。委员会认为，单独作为初步证据的说明书和权利要求书显示，存在大量形式上的瑕疵，并因此裁定不接受延迟提交的请求。为此，上诉被驳回。

在**T 986/00**（OJ 2003，554）中，附有口头法律程序传票的通信里含有对应诉人（专利所有人）的提醒，告知如果委员会基于一项附属请求裁定以修改形式维持专利，则应诉人（专利所有人）应准备好修改说明书和从属权利要求。此外，该提醒还告知应诉人（专利所有人），书面陈词应在口头法律程序前至少1个月内提出。但是，专利所有人仍然选择不委托代理人参加口头法律程序，且即便收到了提醒，也不就争议专利提交任何进一步的修改。

EPC 1973第113（2）条规定，委员会只能根据专利所有人提交的或同意的文本作出决定。此外，根据RPBA 1980第11（1）条（RPBA 2007第15（1）条和第15（2）条），正常来说，案件将在口头法律程序结束时作出决定，且当事方应在审理前提供所有相关的信息和文件。在**T 986/00**中，委员会认为，如果专利所有人选择不委托代理人参加口头法律程序，其应该确定已经在口头法律程序前提交了所有其希望进行审议的修改。在委员会看来，鉴于在该争议案件中，专利所有人已获得明确提醒，告知其注意有可能需要修改权利要求书和说明书，所以，其更应该遵守上述要求。因此，委员会认为其无须进一步考虑即可作出决定。于是委员会撤销了专利。

在**T 1903/06**中，委员会意识到，如果上诉人的代理人出席口头法律程序，则通过适当的修改，可以构成对提交的主请求和附属请求的反对。但是，委员会只能根据上诉人向其提交的文本对申请进行决定（EPC 1973第113（2）条）。因此，委员会同意**T 1000/03**中的以下结论："上诉人已经经正式传唤，且其本可以在口头法律程序中很容易地修改说明书中的上述和其他次要瑕疵。为了等待他们的修改而延期决定是没有必要的（参见RPBA第11（3）条）。根据EPC第113（2）条，委员会必须遵循上诉人/申请人递交的文本。如果上诉人/申请人缺席口头法律程序，则即便瑕疵易于纠正，其也必须承担申请被驳回的风险。"因此，上诉人必须承担缺席的后果。

4. EPC第113（2）条

根据EPC第113（2）条（在EPC 2000中未经修改），EPO只能根据专利申请人或专利所有人递交或同意的文本来考虑欧洲专利申请，并对申请作出决定。有关EPC第113（2）条的规定，请参见第7章B.3，"审查程序"和第7章E.17，"上诉费的退回"。

在**T 32/82**（OJ 1984，354）中，委员会表示，上诉委员会（或一审部门）在作出决定时，无权裁定授予一项所含权利要求与申请人递交的内容或相关性不符的欧洲专利。在**T 647/93**（OJ 1995，132）中，委员会指出，EPC 1973第113（2）条是一项基本的程序原则，是陈述权的一部分，具有极高的重要性；任何对该原则的违反，即使是由于对请求的错误解释，都将在原则上视为重大程序违法（另见 **T 32/82** 和 **J 19/84**）。如该案件所示，若已经在上诉理由中指出错误，而审查部未能根据 EPC 1973 第 109 条规定利用授予中间修改的可能性，就构成上述违法。

4.1 要求经申请人同意的文本

在 **T 73/84**（OJ 1985，241）中，委员会裁定，如果专利所有人在异议程序或上诉程序中表示，其不再同意专利授予时的文本，且不递交经修改的文本，其欧洲专利将被撤销（参见 **T 655/01**、**T 1526/06** 和引用的判例法）。委员会在 **T 706/00** 中指出，一旦提出请求，EPO 不得偏离该请求。EPO 只能批准或拒绝请求，不能批准更多、更少或批准与该请求不同的内容。除非提交的文本是可被批准的（至少是附属请求），否则，请求将被彻底驳回。在 **T 549/96** 中，委员会表示，申请人必须在程序最后明确指出其提议的文本，否则，审查部将无法确定其应该处理的版本，申请将最终被驳回，因为完全不存在清楚的请求。因此，如果申请人未能指出其同意的一项允许的附属请求文本，例如，明确否决或维持一项或多项不允许的、优先级别较高的请求，审查部可根据 EPC 1973 第 97（1）条规定驳回申请（另见 **T 976/97**）。

在 **T 237/96** 中，委员会解释，EPC 1973 第 113（2）条不得解释为审查部有义务接受申请人提议的任何修改，此规定旨在确保存在一个申请人同意的版本。在该案的情况中，审查部有充分的理由根据 EPC 1973 细则第 86（3）条拒绝申请人在 EPC 1973 细则第 51（4）条规定的通信后所提议的修改方案，且申请人并未表示同意任何其他版本的申请文件。按照 EPO 的惯例及支持此类惯例的判例法，应当驳回申请，理由是，不存在授予专利的依据，即 EPC 1973 第 113（2）条规定的申请人同意的版本。

在 **T 917/95** 中，作为多方法律程序当事方的专利所有人已经在口头法律程序前向上诉委员会递交了一项新的权利要求，但没有递交修改的说明书或附图。原说明书和附图与原权利要求书相关，但是与新权利要求不相符。由于专利所有人缺席口头法律程序，所以在口头法律程序的最后，没有任何维持该专利所能依据的文件（另见 **T 725/00** 和 **T 1174/01**）。

在 **T 255/05** 中，上诉人在“附属请求”中请求：“申请应当基于4 组替代权利要求中的全部或其中一组进行授权”。上诉人在括号中补充道，其认为，“如果超过一组权利要求是允许的，则其可能需要提交相应的分案申请”。因此，上诉人的“附属请求”并非一项请求，而是包含了多项请求。其实，上诉人所提交的并不仅仅是4 组替代权利要求，而是其中多组权利要求甚至全部权利要求的任何可能组合。所以，委员会完全不确定应该按何种顺序考虑这4

组请求和这些请求的任意组合。根据 EPC 1973 第 113（2）条，申请人有责任对其请求授权的专利所依据的文本进行解释。在附属请求的情况中，这也意味着申请人必须指出审查请求的顺序，原因是，提交附属请求意味着这样的请求只能在委员会拒绝之前请求的情况下提出。尽管委员会有所要求，但是上诉人并没有明确指出其所递交的多项请求的顺序，以及各项请求的确切内容，因此，不存在 EPC 1973 第 113（2）条定义的申请人所递交的或同意的文本，也不存在委员会可进行考虑的请求。

4.2　EPO 对文本认定的不确定或误解的案例

在 **T 666/90** 中，提交的请求并没有在异议部的口头法律程序中得到澄清。这在口头法律程序到书面决定起草期间引起了争议。委员会指出，在这样的案件中，应当采取适当行动，要求提供最终请求的书面版本，并要求澄清在决定作出前这些请求的排列顺序。没有澄清立场的，将违反 EPC 1973 第 113（2）条的规定，因此构成重大程序违法。在 **T 552/97** 中，异议部未对主请求作出决定，因此给人造成了错误的印象，令人认为该请求已经不在程序中了。

委员会指出，EPO 部门应该在作出决定前澄清立场，尤其是在口头法律程序中已经对请求进行修改的情况下。在 **T 355/03** 中，并不清楚申请人希望专利授予哪个文本。委员会认为，审查部本应确定申请人的真实要求，但是审查部并没有这么做，因此构成重大程序违法。

在 **T 1439/05** 中，根据 EPC 1973 第 113（2）条，EPO 必须对申请人所递交或同意的文本进行审议，并作出决定。如果存在多项请求，并以一主请求和依序的附属请求形式出现，且附属请求按照相关性的顺序递交，则审查部有义务依据请求递交的顺序作出决定。

在 **T 425/97** 中，异议部的书面决定中所附的单个权利要求文本在许多必要特征方面不同于口头法律程序中明显主张可取得专利权的文本。从口头法律程序的原始记录、案件的历史和进一步情况中，委员会得出结论，异议部并没有依据专利所有人递交或同意的文本对争议专利作出决定。此举涉及违反 EPC 1973 第 113（2）条，应被视为重大程序违法。

在 **T 543/92** 和 **T 89/94** 中，一份文件引用了修改的权利要求书，异议部虽然不是有意的，但是却没有对该文件进行审议。在这两个案件中，专利均被撤销。委员会裁定，如果 EPO 已经收到一个项目的邮件，则应视为负责对案件作出决定的机关也已收到该邮件。EPO 内的相关部门将对之后收到的邮件负有正确处理的责任。因此，上诉的决定违反了 EPC 1973 第 113（2）条的规定。

在**T 1351/06**中，主请求未被撤回，因此，仍然属于未决请求。因此，依据申请人同意的一项附属请求的文本作出授予专利的决定违背了 EPC 1973 第 113（2）条的规定。

C. 口头法律程序

1. 参与口头法律程序的权利

1.1 一般原则

EPC 第 116（1）条规定了口头法律程序中的各当事方在审查、异议及上诉法律程序中的权利；根据该条款的规定，如果 EPO 认为便捷，可经其提议启动口头法律程序，或经程序当事方要求，启动口头法律程序。换言之，在任何情况下，不会自动启动口头法律程序。参与口头陈词的权利是项极其重要的权利，EPO 应采取所有合理措施保障该权利（**T 19/87**，OJ 1988，268；**T 663/90**、T 808/94 及 T 911/04）。如有提出启动口头法律程序的请求，应指定此类法律程序。该规定是强制性规定，无酌情裁量的余地（**T 283/88**、**T 795/91**、**T 556/95**及 **T 1048/00**）。诸如快速进行法律程序、公平或程序经济之类的考量，不得凌驾于参加口头法律程序的权利原则之上。一旦 EPO 未对法律程序作出决定，便有权要求陈词口头法律程序（**T 598/88**、**T 556/95** 和 **T 114/09**）。

EPC 2000 并未对 EPC 第 116 条作出实质性变更，仅进行了少量编辑更正。

通常情况下，拒绝口头法律程序的请求违反提交评论的权利，并可要求退回上诉费（见第 7 章 E. 17，“上诉费的退回”）。因此，如驳回口头法律程序的请求，即使是因为疏忽的原因而被驳回，其决定应无效（**T 19/87**，OJ 1988，268；**T 93/88**，**T 560/88**，**T 663/90** 和 **T 766/90**）。

更确切地说，2007 年 10 月 25 日修改的 EPO 上诉委员会程序规则（RPBA）规定了与口头法律程序相关的规则。根据上述规则第 24 条的规定，上述规则于《欧洲专利公约》修改文本生效时生效，即根据《修改法案》第 8 条的规定，于 2007 年 12 月 13 日生效。

1.2 受理部之前口头法律程序的特殊案例

根据 EPC 第 116（2）条的规定，如受理部认为便捷，或打算驳回欧洲专利申请，口头法律程序仅能由申请人向受理部请求。因此，在 **J 20/87**（OJ 1989，67）中，法律委员会认为，根据 EPC 1973 第 116（2）条与 EPC 1973 第 111（1）条规定，如果委员会认为此类法律程序并不便捷，且不打算驳回欧洲专利申请，行使受理部职权的委员会可驳回申请人在对受理部决定进行上诉过程中提出的口头法律程序的请求。

受理部应根据 EPC 1973 细则第 69（2）条的规定，确定权利丧失是否由于 EPC 1973 导致的情形，不属于 EPC 1973 第 116（2）条规定的受理部“打算驳回欧洲专利申请”的情形。如受理部认为此类法律程序并不便捷，可驳回申请人的口头法律程序的请求（**J xx/xx**，OJ 1985，159）。

在 **J 17/03** 中，上诉委员会决定，受理部驳回口头法律程序并不意味程序违法。由于该决定确认权利丧失或驳回恢复权利的请求并不等同于驳回申请，受理部在处理上诉人的口头法律程序的请求时，有自由裁量权。

EPC 1973 第 116（2）条规定的自由裁量权并非毫无限制，需根据经认可的程序原则（例如，EPC 1973 第 113（1）条规定的陈述权）行使，受理部给了上诉人大量机会提交其案件，曾与之有过数次信件往来和沟通，并通过电话提供过咨询服务。

1.3 一般原则之实例

委员会在 **T 556/95**（OJ 1997，205）中指出，审查部有允许修正授权专利决定的自由裁量权，但并不意味该部门有驳回请求处理此类修正的口头法律程序的自由裁量权。在根据 EPC 1973 细则第 51（6）条签发通信后请求修正时，如审查部根据 EPC 1973 细则第 86（3）条规定，行使其自由裁量权时，应考虑 EPC 1973 第 116（1）条的规定。委员会还进一步指出，EPO 未完结法律程序前，仍有权要求陈词口头法律程序（EPC 1973 第 116 条）。最后，委员会补充道，上诉扩大委员会在 **G 7/93**（OJ 1994，775）中规定了（根据 EPC 1973 细则第 51（6）条发出通信后）审查部如何行使 EPC 1973 细则第 86 条规定的自由裁量权的指导方针——不得通过此类指导方针限制 EPC 1973 第 116（1）条的应用。

委员会在 **T 383/87** 中指出，EPC 1973 第 116（1）条保证了任何当事方请求口头法律程序的权利，即就其案件口头向 EPO 的相关部门提出辩护。当事方可能会认为，即使没有新的论据，口头陈述其案情，可能好于书面提交。除明显属于滥用法律的口头法律程序请求外，请求口头法律程序，且不用担心支付附加费用，是当事方的真正权利。委员会在 **T 125/89** 中强调，EPC 第 113（1）条和第 116（1）条明确不限定于“新的论据与重大论据”。当事方还可以在特定组合或系列里，重复已知的论据，或强调已提出的论据或联系此类论据。

委员会在 **T 693/95** 中指出，例如，在异议程序涉及多方时，EPC 仅规定了口头法律程序，各方均会受邀参与该程序，以便尊重司法公平的原则与各方的平等权利。但没有单方当事方与异议部或上诉委员会的成员就重大事项进行磋商的相关条款规定。就上述案例而言，应在异议部进行口头法律程序，上诉人有机会通过其出席人员之一提交其意见。因此，当事方要求陈词的权利被驳回的辩解没有根据。

2. 请求口头法律程序

当事方参与口头法律程序的权利应通过明确、无条件地请求此类法律程序来实现（**T 299/86**，OJ 1988，88；**T 433/87**，**T 663/90**）。应根据个案的事实情况，决定是否提出要求口头法律程序的请求。如有任何疑问，应要求相关当事方澄清（**T 19/87**，OJ 1988，268；**T 283/88**）。然而，委员会在 **T 528/96** 中解释道，尽管可合理预计异议部已质疑实际上是否提出请求，但由于提出明确请求的责任在于当事方本身，因此，未提出请求并不构成程序违法。

委员会在 **T 870/93** 中认定，上诉人在（有可能）请求口头法律程序前，仅声明了等待来自异议部的通信的意图。委员会补充道，为确保进行口头法律程序，异议人应提前请求。换言之，如异议人只是打算在某些条件下请求口头法律程序，应提交附属请求，明确说明此类条件。

2.1 请求的措辞

2.1.1 构成请求的措辞

就 **T 95/04** 单个案例而言，上诉人请求审查员电话通话后，还请求在作出不利决定前，其在“任何情况下”都有陈词的机会。在委员会看来，在特定意境中的“任何情况下”的表达已明确暗示，在审查员打算行使自由裁量权，并不与申请人进一步沟通的情况下，申请人希望能有参与陈词的机会，这种机会只能在指定口头法律程序的情况下提供。因此，申请人的请求还包括指定口头法律程序的请求。

委员会在 **T 19/87**（OJ 1988，268）中认为，申请人信函中有关“作为口头法律程序初步措施的面谈”的请求，只能解释为包括面谈的请求（可能被批准，也有可能不被批准），以及参与口头法律程序的请求。在上述案例中，口头法律程序应在审查部进行属于强制性规定（另见 **T 283/88**）。

在 **T 668/89** 中，“……申请人的代理人主张其口头参与并争辩案件的权利”的表达应视为口头法律程序的有效请求。

2.1.2 不构成请求的措辞

在 **T 528/96** 中，专利权人异议答辩（异议部作出决定前，提交的最后文件）的最后一段如下："如异议部认为还需提交额外信息，专利权人应在适当的时候，通过书面或在口头陈词时答辩。"异议部主张，该声明并不构成口头法律程序的请求。委员会同意该观点。因此，该声明并不构成正式的口头法律程序的请求。

在中期决定 **T 299/86**（OJ 1988，88）中，一当事方作出如下声明："然而，如果审查部打算驳回申请，本人保留根据 EPC 1973 第 116 条规定请求口头法律程序的权利。"这可解释为该当事方尚未决定是否请求口头法律程序（另见 **T 263/91**）。

委员会在 **T 433/87** 中解释道，专利所有人请求"终止异议法律程序，如有必要，尽快安排口头法律程序"的意思是指，只有在异议部认为有必要的情况下，才请求口头法律程序。"如果还有未决的问题，本人希望有机会与审查员探讨案件"的声明也不得理解为口头法律程序的有效请求（参见 **T 88/87**）。

2.2　撤 回 请 求

当事方只有通过明确表示不打算继续请求（例如，通过明确表示不打算继续请求的书面声明），才可撤销口头法律程序的请求。如无明确证据证明撤销请求，则应认为请求一经提出便始终有效，并在作出具有争议的决定时仍然有效（参见 **T 283/88**、**T 663/90**、**T 879/92**）。

在 **T 3/90**（OJ 1992，737）中，因一当事方附带请求此类法律程序，便指定了口头法律程序。该当事方随后声明，不会参与口头法律程序。委员会在其决定中指出，通常情况下，此类声明应视为等同于撤销口头法律程序请求（另见 **T 696/02**、**T 1027/03**）。由于在上诉法律程序中提交意见的各方要么已撤销口头法律程序的请求，要么声明不会参与口头法律程序，因此，委员会在 **T 910/02** 中，将案件发回一审部门不经口头法律程序进一步审查。在此情况下，委员会有遵从口头法律程序日期以便宣布决定，或撤销口头法律程序并根据书面法律程序发布决定的自由裁量权。

通过引用 **T 3/90**，委员会在 **T 1482/05** 中决定，关于不参加口头法律程序的声明与要求作出决定的请求，构成撤回口头法律程序的请求。上诉人/申请人特此明确表示，希望立即作出决定，并不愿意在所请求的口头法律程序中陈述其论据。

然而，一当事方未能回应要求其声明是否愿意维持口头法律程序请求的通信，原则上不得解释为撤回请求。

委员会在 **T 35/92** 中陈述道，异议部可合理预计当事方对其通信进行回应，该通信旨在尽可能地使法律程序简洁，但无法律依据解释上诉人在撤销口头法律程序附加请求时保持沉默的原因。EPC 1973 第 116（1）条规定的请求，只能通过撤销声明来撤销。

在 **T 686/92** 中，上诉人（专利所有人）收到异议部询问是否维持口头法律程序请求的通信后，保持沉默，异议部对此解释为撤销请求。委员会指出，如一当事方提出口头法律程序的附属请求，异议部无行使自由裁量权的余地。委员会认为，异议部未先行指定法律程序时，无权作出对当事方不利的决定。委员会在类似案件（**T 795/91**）中补充道，撤销请求要有当事方明确表达撤销的意愿（另见 **T 766/90**、**T 879/92**）。

委员会在 **T 1042/07** 中指出，如无上诉理由陈述之类的事项，且未对上诉的不可接纳性作出实质回应，应视为等同放弃上诉书里作出的口头法律程序的请求。

2.3 在同一部门进一步提起的口头法律程序

根据 EPC 第 116（1）条第二句的规定，如为相同当事方和程序标的，EPO 可由同一部门驳回进一步提起的口头法律程序的请求。委员会在 **T 298/97**（OJ 2002，83）中评述道，就法律而言，请求口头法律程序的权利不代表有就同一标的进行两次口头法律程序的权利。因此，委员会对有关可接纳性事项的进一步口头法律程序有自由裁量权。

委员会在 **T 194/96** 中指出，相同部门驳回进一步口头法律程序请求的自由裁量权，仅限于“当事方与程序标的相同”的案件。在上述案件中，首次口头法律程序后，提交了新的引证，该引证与存档的文件更为相关，能够改变且实际上已严重改变决定的性质。委员会认为，在此类案件中，EPC 1973 第 116 条意思范围内的程序标的不得再为同一标的（另见 **T 441/90**）。

委员会在 **T 731/93** 中指出，如法律程序中采信了新的证据，按三种官方语言版本的 EPC 1973 第 116（1）条的规定解释，则此类法律程序的标的不得再为相同标的。在此情况下，驳回进一步口头法律程序的请求，将构成重大程序违法。

在以下案件中，驳回了进一步口头法律程序的请求。

在 **T 298/97** 中，上诉人有 3 年以上的充足时间和机会准备并提交其论据。实际上，经其自己要求，还在口头法律程序后获得提交与该口头法律程序中各事项相关证据的机会。然而，由于上诉人无法克服自身不可接纳的问题，未要求进一步书面或口头法律程序。由于已经给了上诉人澄清机会，且未产生需进一步法律程序的事项，因此，驳回进一步口头法律程序的请求。

委员会在 **T 748/91** 中认为，在上述案件中，并无与 EPC 1973 第 116（1）

条第二句相关的、需进行进一步口头法律程序的实质上新的情形（另见 **T 692/90**、**T 755/90**、**T 25/91**、**T 327/91**）。在 **T 547/88** 中，由于双方当事方与标的均相同，委员会驳回了进一步口头法律程序的请求。首次口头陈词后，继续进行书面法律程序的目的旨在进一步澄清相同事实。

委员会在 **T 614/90** 中认为，进一步口头法律程序并不便捷。由于已在发给应诉人的通信中给出了驳回的原因，因此，同样驳回了对委员会拒绝再次进行口头法律程序发表书面意见的机会。

委员会在 **T 529/94** 中裁定，上述驳回不构成程序违法。实际上，从委员会在案件中表达的观点来看，审查部根据 EPC 1973 细则第 86（3）条的规定行使权力时，曾认为新提交的权利要求 3 和权利要求 4 是不可接纳的。由此产生的法律后果是，权利要求 3 与权利要求 4 从未结合在申请的文本中，也从未构成申请的组成部分。因此，在打算对已判定为不可接纳的所提出修改的许可性进行讨论的法律程序期间，第二次驳回要求举行口头法律程序的请求不构成程序违法。

2.4 口头法律程序附加请求

根据上诉委员会既定的做法，口头法律程序附加请求可解释为口头法律程序的请求，除非委员会打算裁定该案件有利于该当事方（参见 **T 3/90**，OJ 1992，737）。

在 **T 344/88** 中，上诉人请求当异议部决定全部或部分维持专利时，举行口头法律程序。异议部在未指定口头法律程序的情况下，驳回异议，并认为不可接纳。委员会认定，如确实驳回异议，认定不可接纳，且未作出维持专利的正式决定，上述决定就是该决定的结果。因此，一方要求口头法律程序的附加请求不得仅以字面意思来理解。鉴于以口头法律程序提出意见的权利特别重要，如果从请求的字面上可合理认为需进行口头法律程序，则应指定此类法律程序，或存在疑问时，应通过询问请求方，以便阐明附带请求的程度。

尽管委员会反复强调口头法律程序的绝对权，委员会打算将案件发回一审部门时，口头法律程序的请求有时视为附条件的请求。

在 **T 924/91** 中，上诉人请求如果基于提交的书面材料不能授予专利，则进行口头法律程序。委员会将案件发回一审部门，并声明无须指定口头法律程序，因为发回重审意味着上诉决定被驳回，而不是驳回申请。委员会强调，上诉人附条件的口头法律程序请求是目前上诉法律程序的请求，对今后在审查部进行的法律程序没有影响。同样，委员会在 **T 166/91** 中声明道，将案件发回一审部门的决定不得视为对上诉人不利，因此无须指定口头法律程序（另见

T 808/94）。

在陈述上诉理由时，上诉人在 **T 494/92** 中提出无附加条件的口头法律程序请求。委员会认为，就有关发明步骤的问题得出的积极结论而言，无其他重大事项和/或程序事项，此类口头法律程序毫无意义。因此，委员会仅将请求视为附条件的请求。

2.5 在进一步审查程序中的口头法律程序请求

委员会在 **T 892/92**（OJ 1994，664）中认为，对上诉委员会发回的“进一步审查”法律程序应视为原法律程序的继续，尤其是委员会驳回了原中期决定，使其不再具有法律效力。因此，专利所有人的原请求从未被撤销或修改，将于发回重审后再次生效，在未向专利所有人提供口头递交案件的机会前，审查部不应对专利所有人作出不利的决定（EPC 1973 第116（1）条）。

2.6 作为回复上诉委员会通信的口头法律程序请求

在 **T 1382/04** 中，上诉人受邀根据 EPC 细则第100（2）条的规定应委员会的通信提交意见陈述。如未及时回复此类邀请，将导致正在提交的申请视为已撤销（EPC 细则第100（3）条）。因此，委员会应查明是否及时收到符合 EPC 细则第100（2）条规定的回复。如未收到符合回复要求的回应，案件不再是未决案件。由于上诉人未对委员会的通信提出实质意见陈述，因此产生某些问题。委员会指出，从以往经验来看，出于行政的考虑，如申请人或上诉人在审查申请时明显失去利益，引入了视为撤销的法律文书，作为节省 EPO 和法院资源的方法。在本案中，委员会认为，由于无法认定上诉人失去上诉的利益，同时上诉人又请求口头法律程序，目的明显是打算对委员会的论据提交口头意见，因此，在时限内收到的提交意见陈述的口头法律程序请求是为了避免根据 EPC 细则第100（3）条规定的视为撤销的回复。

3. 缺席口头法律程序

关于适用当事方口头法律程序的法律规定，见 EPC 细则第115（2）条规定；关于适用上诉委员会的法律规定，见 RPBA 2007 第15（3）条（OJ 2007，536，自2007年12月13日起生效）。RPBA 2007 第15（3）条与 RPBA 2003 第11（3）条完全一致（OJ 2003，61）。关于制度审查部的口头法律程序的规定，见 EPO 的通知（OJ 10/2008，471）。

3.1 提交意见的权利与一当事方选择缺席

关于是否可以根据此类法律程序期间提交的新事实、证据和/或论据，对选择不出席口头法律程序的当事方作出决定的问题，参见第6章 B.3，“缺席口头法律程序与要求陈词的权利”。

委员会在 **T 917/95** 中认为，专利权人在各方之间的法律程序中提交了新的权利要求，但在上诉委员会举行口头法律程序前未修改说明书，且未出席口头法律程序，专利权人不能依赖委员会延迟裁决，仅为允许修改说明书，即使新的权利要求可授权（另见 **T 109/02** 和 **T 181/02**）。关于上诉人（申请人）在举行口头法律程序后提交了新的权利要求，但未出席此类法律程序的案件，参见最新的案件 **T 1704/06**（单方参加）。在该案件中，委员会根据 RPBA 2007 的规定作出决定。

3.2 不出席口头法律程序的通知义务

委员会在 **T 653/91** 中作出如下声明：“如被传唤出席口头法律程序，但当事方不想出席，则应在指定日期前，尽早向委员会（通过其登记官）与参与法律程序的其他任何当事方发出该当事方不打算出席的书面通知。除非情况特殊，此类事宜不适合通过电话沟通，特别是各当事方法律程序更不适合通过电话沟通。”

委员会还在 **T 930/92**（OJ 1996，191）中指出，传唤出席口头法律程序的各当事方在传唤时知悉自己无法出席的，应负有立即通知的同等义务。无论当事方是否是自己请求口头法律程序，也不论口头法律程序的传票是否附有通信，都属于这种情况。如被传唤出席口头法律程序的当事方在传唤时未提前通知 EPO 无法出席，根据 EPC 1973 第104（1）条的规定，为公平起见，费用分摊时，应有利于传唤时出席口头法律程序的另一方。

在 **T 692/00** 中，委员会认为，如上诉人（所有人）在指定口头法律程序的日期前不久才声明出席或不出席，并维持口头法律程序请求，属于滥用程序的行为。

应诉人在 **T 69/07** 中请求了口头法律程序，但未在指定时间出席口头法律程序。委员会注意到，根据《epi 成员行为准则》第6条的规定，代理人负有成员义务，成员与 EPO 打交道时应举止礼貌规范。应诉人的代理人有充足时间通知委员会不打算出席口头法律程序。这样可避免另一方与委员会在代理人非故意延误情况下等待代理人出席，之后，委员会的登记官有义务发出询问，确定代理人是否打算出席口头法律程序。委员会引用 **T 954/93**，该案件事实与本案有相似之处。委员会同意该案的观点，认为代理人的行为“应受到谴责”。

另见第7章 C.7.2.2“费用的分摊”。

4. 口头法律程序的准备与举行

4.1 确定或推迟举行口头法律程序的日期

确定一审部门举行口头法律程序日期的现行规定刊登于 OJ 2000，456。该规定自2000年11月1日起生效。最近，EPO于2008年12月18日下发的通知（OJ 2009，68）调整了变更日期的程序。关于上诉委员会的现行做法，参见 OJ SE 3/2007 第115页（该通知由 DG 3 副局长于2007年7月16日下发，很大程度上取代了2000年的通知）。上述两个通知在措辞上大致相同。

根据2008年12月18日的通知第2.1点规定，一审部门确定了进行口头法律程序的日期，并不得提前宣布（关于各部门的具体要求，参见通知）。根据2007年通知的第1点规定，"上诉委员会确定举行口头法律程序的日期，不得提前宣布该日期。"

关于日期变更，2007年通知（上诉委员会）第2点、2008年1号通知（一审部门）第2.1点、2000年通知，均有类似的术语声明，经一方请求，可取消 EPO 指定的口头法律程序，并择日另行举行，但该当事方应能提出择日另行举行的重大事由。一旦出现妨碍相关当事方出席口头法律程序的事由时，应尽快提交择日另行举行的请求，并附上充分说明事由的书面声明。就上诉委员会而言，委员会可根据 RPBA 2007 第15（2）条的规定行使自由裁量权，破例允许变更口头法律程序的日期。

2007年通知与2008年通知（分别为第2.1点与第2.3点）给出了请求延期的重大事由实例，包括"之前已通知的传唤……""已预订且无法更改的节假日""重大疾病"……

与之相反（分别为第2.2点与第2.4点），不可接受的事由包括：EPO或国家法院的口头法律程序的传唤是在相关法律程序传唤后作出的、工作压力太大。

2000年通知与2007年通知均声明，择日举行口头法律程序的请求应说明为何另一名代理人无法代替出席。

在 **T 1080/99**（OJ 2002，568）中，委员会在指定口头法律程序约3个月前发出的信函中指出，一当事方提出延迟口头法律程序的请求不符合2000年通知的全部要求。该当事方未尽快补充原请求所需的材料，反而选择在指定口头法律程序前不到1周内回复委员会的信函。委员会认为，推迟并择日再举行口头法律程序请求的补充事由与证据应视为收受过迟，因此，不接受此类事由。

然而，委员会对该当事方迟交的事由实质作出评论。委员会认为，“系列业务活动”不属于通知第2.3点规定的事由，因为业务活动由专利代理办公室或代理人直接管理与计划安排，通常不受通知第2.3条规定的“外力”影响。此外，根据通知第2.4条的规定，一般不接受以“工作压力过大”作为延迟口头法律程序的事由。委员会的结论是，就通知而言，迟交的补充事由并不充分。

在 **T 1053/06** 中，上诉人/申请人请求推迟口头法律程序的事由明确表明上诉人选择不再进行此案，并宁愿失去专利申请和日后不需缴纳续展费，也不愿意委员会现在作出不利决定。上述事由仅为上诉人自己方便，直到收到委员会的初步不利意见前，上诉人一直宁可进行上诉程序，事实上自己请求了口头法律程序。针对上述事由，委员会必须考虑大众与司法的利益。推迟进行口头法律程序，会不公平地延迟委员会的其他未决上诉。更为重要的是，委员会未收到上诉人/申请人任何事由前，延长专利申请的期限，这对公众来说不公平。因此，委员会认为应驳回推迟举行口头法律程序的请求。上诉人还要求将其推迟请求排除在公众提交的请求之外，这同样不允许。

RPBA 2003 第10b（3）条在修改后的 RPBA 中重新编号为 RPBA 2007 的第13（3）条，文本内容保持不变。在 **T 427/05** 中，于2007年4月3日寄出、2007年4月27日收到的信函中，上诉人请求撤销有争议的决定，并根据主请求或71项新的附属请求中的要求，以修改后的形式维持专利。应诉人（异议人）认为，在法律程序中不应采信上述请求；此类请求提交过晚，且内容过多。如不符合要求，应推迟口头法律程序。关于2007年6月12日进行的口头法律程序，委员会指出，根据 RPBA 2003 第10b（3）条的规定，如果在不推迟口头法律程序的前提下，可合理预计委员会或当事方无法解决的情况，已对口头法律程序后请求的修改（不论其存在何种可能相关性）作出安排，均不得接纳此类修改。因此，是否接纳72项迟交的请求，应由委员会根据其自由裁量权决定。关于推迟口头法律程序的请求，委员会认为无推迟的事由，根据其决定，只采信与外部讨论核心的标的事项相关的（尽管有时范围缩小了）迟交请求。

4.1.1　当事方、代理人或专家无法出席

在 **T 275/89**（OJ 1992，126）中，委员会认为有正式代理人的当事方患有疾病不构成推迟指定口头法律程序的充分理由，除非该当事方需出席。除非发生不可预见、例外情形，导致无法进行口头法律程序（如代理人或无代理人的当事方突然患病）或对法律程序的进展有决定性影响（如无法预见重要证人或专家无法出席），不得请求变更指定口头法律程序；**T 1923/06** 遵循了该

规定。

委员会在 **T 1212/04** 中认为，患有严重疾病构成推迟口头法律程序日期的充分事由的大众认可原则，并不适用于本案件申请指定的发明人患病的情形，因为上诉人未给出发明人出席口头法律程序很有必要，甚至不可或缺的理由，而且，与当事方代理人或重要证人或专家缺席相比，委员会认为发明人的出席对决定不太可能存在影响。

在 **T 37/97** 中，委员会认为，为支持请求而引用的事实既非不可预见，亦非例外情形，因此不符合推迟口头法律程序的规定。在此情况下，如果在正式发出口头法律程序的传唤后指定了新的代理人，应预计该代理人在受托上任前，能够确保自己于指定日期出席，或安排替代的代理人。另外，应预计专业代理人可在1个月内妥善准备出席口头法律程序，除非案件异常复杂，但本案并不异常复杂。

委员会在 **T 693/95** 中认为，已经耐心等候上诉人2年之久，上诉人有充足的时间选择自己的合法代理人。但上诉人未曾做到。耽误如此之久后，不再具有推迟口头法律程序的有效事由；为公平起见，委员会不仅须考虑上诉人的利益，还得考虑应诉人与公众的利益，应诉人与公众希望尽快得知异议专利的确切保护程度。

在 **T 664/00** 中，上诉人（专利所有人）曾提出口头法律程序延期，以便他们的美国专家能够出席，由于美国正处于公共假日时间，该专家无法在委员会指定的日期出席口头法律程序。出于以下原因，委员会驳回了该请求。出于特定原因的考虑，EPO不认可各缔约国的国家假日，更加不可能允许考虑全球非缔约国的国家假日。如果允许考虑某个国家的国家假日，会对其他国家的当事方构成歧视。

委员会在 **J 4/03** 中决定，如无其他特殊情形，上诉人希望自己出席口头法律程序本身并不构成推迟口头法律程序至上诉人能够出席的日期的重大事由。本质上，本案件针对一审部门决定的上诉是关于法律如何适用于与争议无关的事实上，因此，在法律程序中正式出席的当事方出席与否对法律程序或最终决定均无影响。

在 **T 1067/03** 中，应诉人的代理人请求推迟口头法律程序，因为该代理人之前曾预约了医生。该代理人说道，其客户反对更换代理人，除目前正在进行的上诉外，其他原因还包括未决的异议与专利侵权案件，这两者构成错综复杂的整体。在委员会看来，在上述情形下，可推迟口头法律程序。

委员会在 **T 1102/03** 中，适用了RPBA 2007第15（2）条和2000年通知条款（2007年通知再次确定了此类条款）的规定；在该案件中，代理人事先安排了假期，导致上诉人/专利所有人请求推迟口头法律程序。代理人认为该事实本身构成推迟的事由。然而，在委员会看来，假日可能会是请求的依据，但不构成推迟口头法律程序的充分事由。委员会在行使自由裁量权时，应考虑案件的所有情形，以及通知中给出的全部标准。本案的情况是产生了特别的组织负担：上诉程序开始时，曾涉及11名当事方；涉及上诉扩大委员会；可用于口头法律程序的最大的房间被预订了两天，无法在合理的期限内找到替代的房间（见通知第1.1点）。委员会判定，推迟已确定的口头法律程序至某天，可能会适合大多数当事方，如扩大委员会的成员、EPO的设施管理人员，胜过推迟或中断某个代理人在欧洲境内的假期。由于开明的态度会导致一系列推迟，因此，上述情形下，应适用严格的标准。如确定了各方均明确同意的替代日期，且委员会的成员与房间均未被占用，便符合了程序经济的要求。由于未达成此类约定，委员会出于程序经济的考虑，维持原定日期（只有需要时，才需占用第二天）。

在**T 601/06**中，委员会认为推迟口头法律程序的请求属于迟交的请求。代理人收到传票时，应意识到自己可能无法出席口头法律程序，并应立即提交自己的请求。在1个月以后提交请求不视为符合RPBA第15（2）条规定的“尽量在指定日期前提出”的要求，也不符合DG3副局长通知中“尽快”的要求。委员会认为，根据既定判例法（参见**T 1102/03**和**T 1053/06**），RPBA第15（2）条和上述通知平衡了各方的利益，公众会认为EPO有效地使用了资源与能力等。因此，如果未及时提交，可能会导致推迟口头法律程序举行日期的请求被驳回。

在**T 601/06**和**T 869/06**中，委员会为平衡各当事方与公众的利益，在收到请求约2个月内提供了替代的日期。2个月的时间源于这样一个事实：除了各方同意以外，至少在举行陈词的2个月前应发出新的传票，以便请求之日后的2个月期间可用于其他案件。

在**T 1505/06**中，异议部举行口头法律程序的3天前，专利所有人指定的代理人患病，并请求推迟口头法律程序。举行口头法律程序的前一天，异议部通知当事方不会推迟陈词。口头法律程序开始后，专利所有人的替代律师再次以指定代理人患病为由，请求推迟口头法律程序，异议部驳回了该请求。委员会认为，推迟口头法律程序的请求包含所有必要要件，以便异议部决定是否推迟口头法律程序（见VP 2和VP 3通知，OJ 2000，456）。决定是否推迟口头法律程序时，异议部可能需要考虑大量因素。所述因素包括提交口头法律程序请求的接近度、案件的复杂性、能够在剩余时间准备案件的替代代理人的可资利用性，以及推迟对另一方的影响。异议部在行使自由裁量权即将作出决定时，需衡量此类因素。委员会认为，如果一当事方的代理人无充分时间准备其案件，则要求陈词的权利并未得到尊重。这将构成实质性的程序违法。然而，如果上诉决定缺乏推理，便意味着委员会无法决定专利所有人要求陈词的权利是否尊重，因此，也无法决定是否构成重大程序违法。委员会将案件发回异议部进一步审查。委员会认为，异议部未在其驳回推迟口头法律程序请求的决定中给出驳回的理由，构成重大程序违法，因此，应向专利所有人与异议人退回上诉费。

4.1.2 新 证 据

委员会在 **J 4/03** 中认为，申请人希望在将来不确定的某个日期提交未指定的新证据，不构成推迟口头法律程序的重大事由。即使在单方参加的法律程序，上诉人应在口头法律程序的确定日期前，提交其希望依赖的任何事实或证据，以便委员会根据 EPC 1973 第 114（2）条的规定行使自由裁量权，决定是否根据相关材料接纳进一步的证据。

在 **T 881/95** 中，由于提交的证据对决定无影响，且只应在之后提供，因此驳回了推迟口头法律程序的请求。

4.1.3 在国家法院进行的法律程序

在 **T 392/97** 中，委员会裁定，国家专利法院随后指定举行口头法律程序的日期与委员会之前指定的日期为同一天，本身并不构成延期的充分事由。只有在“不可预见与例外”情形下，才可请求推迟指定的日期。“例外”可解释为无法进行口头法律程序的情形，或对法律程序的过程与结果有重大影响。（另见 OJ SE 3/2007，第 2.2 点，第 116 页）

4.2 缩短传票通知时间

根据 EPC 1973 细则第 71（1）条第二句规定，在口头法律程序传票中给出的通知至少应于 2 个月前发出，除非双方同意在更短的期间内发出。本条规定现已重新编号为 EPC 第 115（1）条第二句，其余内容保持不变。

委员会在 **J 14/91**（OJ 1993，479）中裁决，应尽快决定第三方在公开前检查申请文件的权利的相关争议，否则，EPC 1973 第 128（2）条规定就无效。如口头法律程序能够促进立即作出决定，根据 EPC 1973 细则第 71（1）条发出的传票可给出较短时间的通知（使未获得另一方同意），但应为各方留出足够的准备时间。委员会引用了 EPC 1973 第 125 条的规定并声明，如果请求检查申请人被驳回的文件，口头法律程序是为双方提供综合、快捷陈词的最好方法。尽管公约本身未对紧急案件作出任何规定，但在紧急情况下，应缩短通知的时间，这是各缔约国程序法广为认可的原则。缩短的程度应根据个案决定。

委员会在 **T 111/95** 中声明，审查部无权在发出传票 2 周后安排举行口头法律程序的日期。委员会认为，无任何证明表明申请人的代理人任何时候都无条件地接受确定的日期。因此，委员会认为传票无效，与传票相关的行动也无效。因此，案件发回一审部门重审，以便继续无效行为之前的法律程序。

在 **T 772/03** 中，口头法律程序的传票不符合至少提前 2 个月通知的要求。委员会评述道，当事方提出主张时，审查部有义务证明已达成较短通知期间的约定（遵循 T 111/95）。委员会认为，口头法律程序的记录并不能证明代理人同意较短的通知期间，且文件中并无证据表明代理人与审查部讨论过较短通知期间的问题。因此，审查部未能证明达成较短通知期间的约定。

4.3 根据 RPBA 第 15（1）条规定发出的通信

RPBA 2007 第 15（1）条规定如下："如需举行口头法律程序，委员会可发出通信，提醒重大事项或不再具有争议的事实，或能够帮助在法律程序期间专注重大事项的意见。"

根据 EPC 2000 的规定，RPBA 2007 第 15（1）条（RPBA 2003 第 11（1）条）的规定于 2007 年 12 月 13 日起生效，其他内容保持不变。根据 RPBA 2003 第 11（1）条的规定，如需举行口头法律程序，委员会可发出通信，提醒重大事项或不再具有争议的事实，或能够帮助在法律程序期间专注重大事项的意见。RPBA 第 11（1）条于 2003 年 5 月 1 日起生效，并取代原 RPBA 第 11（2）条（以下简称为"RPBA（先前版本）第 11（2）条"）的规定。两条规定的唯一不同之处在于，根据 RPBA 2003 第 11（1）条的规定，不再要求与口头法律程序的传票一同发出通信。该变更的目的旨在向委员会提供决定是否在口头法律程序前发出通信，以及在口头法律程序前多久发出通知的可能性。因此，RPBA 1980 第 11（2）条的规定仍适用于其他各方面。

委员会在 **T 614/89** 中指出，根据 RPBA 1980 第 11（2）条规定在口头法律程序前发出的通信有委员会对事实进行的临时评估，任何情况下，都不意味有约束力，且不应由任何一当事方解释为法律程序毫无意义。相反，该当事方有在进行口头法律程序时讨论案件的绝对权利。RPBA 1980 第 11（2）条下的通信仅为简要说明，旨在提前澄清某些观点，并加快法律程序的进程，以及鼓励双方当事方提出更为健全的论据，以便为作出决定提供可靠依据。

根据 1994 年 12 月 13 日的决定，行政委员会引入了 EPC 1973 细则第 71a 条关于口头法律程序准备的规定。EPC 1973 细则第 71a 条规定如下："下发传票时，EPO 应特别提出其认为作出决定时需讨论的事项。同时，应确定为口头法律程序所准备的书面提交文件的最终日期……”（OJ 1995，9）。

在**G 6/95**（OJ 1996，649）中，关于**T 276/93**（OJ 1996，330）中的移送案件，扩大委员会裁决道，EPC 1973 细则第71a（1）条不适用于上诉委员会，因此，根据RPBA 1980 第11（2）条的规定，上诉委员会仍有在下发口头法律程序传票时，决定是否发出通信的自由裁量权。EPC 1973 细则第71a（1）条规定的强制性程序要求适用于EPO的一审部门，但不适用于委员会，因为行政委员会在修改实施细则时，不得导致经修改的规则效力与RPBA相冲突，该RPBA由上诉委员会主席团根据EPC 1973 第23（4）条规定通过，并由反映委员会独立性的理事会批准。

4.4 EPC 细则第116条规定的解释与适用（EPC 1973 细则第71a条）

EPC 1973 细则第71a条规定现为第116条规定，除序号重新编排（从EPC 1973 细则第84条改为EPC 细则第132条）和法语版本进行编辑性修改外，其他部分保持不变。下文援引的判例法主要与EPC 1973 细则第71a条相关。关于最近引用EPC 细则第116条的判例法，例如参见**T 133/06**。另见第7章C.1，“延迟递交”。

EPC 1973 细则第71a条规定，包括但不限于EPO下发口头法律程序传票时，应确定为口头法律程序所准备的书面提交文件的最终日期。无须考虑在该日期后提交的新事实与证据，除非法律程序的标的发生变更而被采信。对于受邀根据EPC 1973 细则第71a（2）条规定提供符合EPC要求文件的申请人或专利权人而言，也是如此。

在**G 6/95**（OJ 1996，649）中，上诉扩大委员会认为EPC 1973 细则第71a（1）条的规定不适用于上诉委员会。然而，委员会在**T 97/94**（OJ 1998，467）中裁决道，如果委员会决定根据EPC 1973 细则第71a（1）条的规定发出通信，当事方有义务符合该通信的要求，尤其是与回复截止时间相关的要求。因此，EPC 1973 细则第71a（1）条对各当事方均有约束力。

委员会在**T 452/96**中强调，根据EPC 1973 细则第71a条的规定确定时限不得视为邀请提交新证据（另见**T 39/93**，OJ 1997，134与**T 885/93**），因此，对EPO无视迟交文件的权利不构成影响（另见**T 476/96**）。关于“新论据”，参见**T 131/01**、**T 624/04**和**T 926/07**。

4.4.1 审查和异议程序

最新的**T 343/08**决定大量引用了**T 755/96**的内容，包括EPC 1973 细则第71a条的详尽裁决。另见第7章C.1，尤其是**T 214/01**、**T 131/01**和**T 926/07**。

委员会在 **T 755/96**（OJ 2000，174）中评述道，EPC 1973 细则第 71a 条赋予了 EPO 自由裁量权。事实上，EPO 接受或拒收迟交的新事实或证据的权力适用 EPC 1973 第 114（2）条的规定，驳回请求修改的自由裁量权适用 EPC 1973 第 123 条及相应实施细则的规定。

关于行使 EPC 1973 细则第 71a 条规定的与修改相关的自由裁量权，委员会认为，行使自由裁量权时，应考虑特定案件的所有相关因素，平衡申请人就其主张的发明获得适当专利保护的利益与 EPO 为作出决定而加快审查程序的利益（遵循 **G 7/93**，OJ 1994，775）。

委员会在 **T 755/96** 中认为，区别申请阶段与异议阶段非常重要。引用 EPC 1973 细则第 71a 条规定的理由明确表明在异议法律程序中的特别关注，不会出其不意地增加当事方。异议法律程序的各方当事方经常由专业代理人代表出席，在处理新请求或证据时，代理人应与其客户和技术专家商讨，以获得进一步说明。因此，有充分的理由根据 EPC 1973 细则第 71a 条规定拒收最终日期之后提交的材料，或推迟口头法律程序。

然而，同样的考量并不适用于受托进行实质审查的审查部，因为审查部自身拥有技术专家，并且不需要从第三方获得指示。如果希望进行口头法律程序，一般情况下，即使与进行口头法律程序时提交的请求相关，委员会应评估根据公约是否明确不能接受请求，并根据该裁决决定在法律程序中不接纳此类新请求。行使自由裁量权时，不接纳经修改的权利要求书的审查部必须给出不接纳的理由。根据 EPC 1973 细则第 71a 条规定，太迟提交的评估不符合 EPC 1973 细则第 68（2）条规定的充分事由。

在 **T 712/97** 中，于 EPC 1973 细则第 71a（1）条规定的提交意见的截止日期，应诉人（异议人）提交了对比实验报告。异议部在法律程序中接受了该实验报告，但未接受上诉人回应的实验报告。委员会认为，在法律程序中接受应诉人的报告并不构成程序违法。然而，委员会认为，在法律程序接受应诉人的实验报告意味着法律程序的标的发生了 EPC 1973 细则第 71a（1）条规定的变更，因此，上诉人的实验报告也应接受，作为应诉人实验报告的回应。在上述情况下，上诉人报告不影响法律程序的结果，并不是决定是否在法律程序中接受与否所需考虑的因素。一当事方有权知悉其回应是否构成法律程序采信文件的组成部分，即使对此次审理结果不构成决定性影响。

在 **T 484/99** 中，上诉人（专利权人）主张，根据 EPC 1973 细则第 71a 条的规定，异议部拒绝考虑，甚至未阅读口头法律程序之日提交的请求修正，构成了程序违法。委员会不同意上述主张，因为从 EPC 1973 第 71a（2）条的字面意思来看，无须考虑权利所有人于最终日期之后提交的文件。在 **T 64/02**

中，委员会提到上诉委员会作出的判例法，在该判例中，上诉委员会认为，异议部不考虑迟交意见书的自由裁量权也包括在根据EPC 1973细则第71a条规定的最终日期后提交的经修改的权利要求书。因此，EPC 1973细则第71a（2）条也适用于附属请求中迟交的经修改的权利要求书，即使未在传票中要求此类权利要求书（另见下文所述的**T 1105/98**）。

委员会在**T 951/97**（OJ 1998，440）中考虑对审查部适用该条规定。委员会认为，法律程序的标的发生了EPC 1973细则第71a（1）条和第71a（2）条规定的变更，审查部在根据EPC 1973细则第71a条规定的通知召开的口头法律程序期间的第一次法律程序中，引用了相关的新材料。

审查部在**T 765/06**中指出，在口头法律程序的传票中，不得晚于口头法律程序举行前1个月提交初步意见书和新的权利要求书。进行口头法律程序前6天，申请人提交了新的请求，通过与申请人电话沟通，记录员认为该请求不受保护，且未根据EPC 1973细则第71a条的规定在口头法律程序中接纳该请求。委员会认为，允许提交新的权利要求并不意味着保证会在法律程序中考虑此类权利要求，并对审查有大量的时间限制。委员会解释道，为保障专利授权程序的法律形式，并确保谨慎作出决定，审查部在不具备应考虑事项的相关知识时，不会提前将时间浪费在准备口头法律程序上。

在**T 798/05**中，委员会不接受应诉人关于EPC 1973细则第71a条是对异议法律程序绝对禁止的论据，因此，裁定进行初步审查。委员会发现，EPC 1973细则第71a条的规定不违反或限制EPC 1973第114（1）条规定赋予的依据职权审查的原则，因为实施细则是EPC条文的下位法。委员会还指出，甚至EPC 1973细则第71a条三种语言版本的实际措辞不支持此类解释，因为诸如“需要”（德语“brauchen”）、“‘不需要’‘能’（法语‘peuvent’）”等表达都为接纳迟交意见书的自由裁量权提供了空间。EPC 1973细则第71a条规定的目的，仅仅旨在向EPO提供准备进行口头法律程序的安全管理框架。在单方参加的案件中，委员会声明，EPC细则第116条的要求并不表示应在通信中规定所有论据或作出决定的详细理由（**T 462/06**）。

4.4.2 上诉程序

由于EPC 1973细则第71a（1）条不适用于上诉委员会，上诉程序与EPC 1973细则第71a条（EPC细则第116条）相关的判例法仅涉及EPC 1973细则第71a（2）条（参见**G 6/95**与**T 97/94**，如上所述）。另见RPBA 2007第13条。

委员会在**T 1105/98**中解释道，EPC 1973第71a（2）条适用于上诉委员会的法律程序。在上述案件中，专利所有人在开始口头法律程序时（在口头法律程序传票规定的时限期满前)，便提交了修改的权利要求的附属请求。应诉人（异议人）主张，由于超过时限，应驳回附属请求。

委员会审查了是否可以根据 EPC 1973 细则第 71a（2）条的规定，以超过时限为由驳回附加请求，并决定该条规定还可通过附属请求的方式，适用于迟交经修正的权利要求，即使口头法律程序的传票并不包括提交附属请求的邀请。如果专利所有人在口头法律程序中提交了修改的权利要求书，委员会可行使其自由裁量权而不考虑该权利要求书，特别是如果案件的事实未变，且有必要进行额外调查，以便评估是否由于异议而不具备可专利性（另见 **T 681/02**、**T 494/04**）。

在 **T 401/02** 中，上诉委员会未在法律程序中接纳上诉人修改的权利要求书，即使实际状态未发生变化，该权利要求书已于首次进行口头法律程序时提交。根据 EPC 1973 细则第 71a（2）条及该条款涉及的判例法限制，按照修改的专利权利要求书（仅能由专利所有人在口头法律程序进行时提交，而无须考虑传票已规定了提交此类请求的最终日期）接纳的新请求在异议上诉法律程序中明显受到限制。委员会认为，如果不能预计委员会或上诉法律程序中的任何一当事方在不推迟口头法律程序的情况下研究修改的权利要求书，一般情况下，会驳回请求的接纳。

4.5　进行口头法律程序的地点

在 **T 1012/03** 中，申请人被传唤出席审查部在海牙举行的口头法律程序，其曾要求在慕尼黑进行口头法律程序。审查部在申请人缺席的情况下，在海牙进行了口头法律程序，并驳回了欧洲专利申请。申请人对此决定进行了上诉。委员会认为，EPC 1973 第 116 条并未规定举行口头法律程序的地点。EPC 1973 第 116（1）~（4）条的各类表达，例如“在同一部门”“在受理部、审查部及法律部”等表达可理解为各部门作为裁定机构的职能。如果相关部门需在口头法律程序中行使其职能，该部门应位于特定的地点，以便进行口头法律程序。上述表达中的“在”也暗示进行法律程序的地点。委员会继续审查了局长是否有权在海牙设立审查部，结论是 EPC 1973 第 10（1）条、第 10（2）（a）条和第 10（2）（b）条规定了该项权力。委员会的结论是，从 EPC 1973 第 116 条及 EPC 1973 第 10（1）条、第 10（2）（a）条和第 10（2）（b）条的规定，能够推断出可在海牙进行口头法律程序。

在 **T 1266/07** 中，上诉人/申请人请求通过视频会议进行口头法律程序。委员会以提交过迟为由驳回请求，但声明在将来可能会允许此类请求。然而，有必要为此制订整体框架。首先，在审查部进行视频会议明确受到监管（参见以视频会议形式进行的会谈与口头法律程序相关的最新信息，OJ 2006，第585页及以下）。然而，目前尚未有与上诉委员会相应的条款；值得特别注意的是，RPBA并未提及此类条款。其次，根据EPC第116（3）条的规定，在审查部进行的口头法律程序不公开，而根据EPC第116（4）条的规定，在上诉委员会进行的口头法律程序却是公开的。因此，有必要确保视频会议符合在委员会进行的口头法律程序应公开的要求。

4.6 计算机生成的演示文稿

在**T 1122/01**中，上诉委员会在口头法律程序中，应决定未能传达新事实的PowerPoint演示文稿的可采信度。委员会解释道，PPT演示文稿本质上属于书面演示信息，因此，可使一方提交除口头声明之外的书面论据。这也是当事方引入证据的新方法，或全新的、前所未有的演示方式。因此，存在另一方无法知悉从而产生了新的程序问题和延长口头法律程序的问题。

委员会解释道，与使用诸如配套挂图等视频辅助相关的原则同样适用于PPT演示。希望使用此类演示方法的当事方应尽早在口头法律程序前宣布其意图，并抄送委员会与其他当事方。在进行口头法律程序的过程中，可能会在演示前遭到拒绝，或考虑允许其演示，并作出相应决定（如有必要）。

在**T 1110/03**（OJ 2005，302）中，上诉委员会考虑了上诉人（专利所有人）拒绝异议人在异议部的口头法律程序中使用的演示方法，即演示时，异议人花费了1个多小时的时间演示含有大量复杂幻灯片的计算机生成的演示文稿。委员会同意**T 1122/01**表达的观点，在口头法律程序中不加限制地使用计算机生成的演示文稿，会滋生一定程度不公平的危险。通过在进行口头法律程序前，及时向另一当事方、异议部或委员会提供材料副本，可减轻这种潜在的不公平。

原则上，计算机生成的演示文稿无法与使用诸如配套挂图或高射投影仪等传统技术方法演示的方法区分开。委员会在**T 555/06**中声明，**T 1110/03**中提及的做法对当事方准备口头法律程序的时机作出了限制，但对内容并无影响。在本案中，异议人的代理人在进行口头法律程序前通知异议部，计算机生成的演示文稿仅涉及已提交文件的信息，因此，只能充当视觉辅助。然而，异议人未能按照异议部的指示提前递交内容副本。根据**T 1110/03**所产生的关注事项，异议部驳回演示的行为完全合理，也完全能够理解。如被驳回的演示仅限于文件所含的现有内容，并不会对所需演示的信息内容产生影响。此外，由于未能按异议部的指示提前提交内容的副本，异议人的代理人在进行口头法律程序期间并未感到措手不及。因此，并未侵犯异议人陈词的权利。

在**T 373/05**中，委员会举行口头法律程序的若干天前，上诉人/所有人要求提供在陈词会上演示PPT幻灯片的屏幕，然而，却未说明幻灯片的内容。口头法律程序开始时，分发了幻灯片的纸质版本，写明与应诉人异议的可采信性及披露的充分性相关的论据。委员会认为，由于无新的事实，迟交并不构成根据EPC 1973第114（2）条的规定无视该论据的理由。相反，委员会认为，在纸面上以视觉的方式呈现上诉人的论据，同样可以帮助应诉人准备其答辩。因此，委员会允许上诉人演示幻灯片。

委员会在**T 1556/06**中认为，异议部有决定进行口头法律程序方式的自由裁量权。如果一当事方不能以口头方式说明其论据，拒绝该当事方在口头法律程序中使用PPT演示，并不构成错误行使自由裁量权，因此不构成程序违法。

4.7　口头法律程序记录（EPC细则第124条）

关于对EPC 1973细则第76条的修正，参见OJ SE 5/2007关于EPC细则第124条部分的内容。

委员会在**T 642/97**中考虑了与记录相关的基本原则。根据EPC 1973细则第76条的规定，口头法律程序记录应含有“口头法律程序的要素……各当事方的相关声明……”字样。委员会强调，本条规定并不要求口头法律程序的记录应完全反映各当事方的论据。记录人员可行使自由裁量权，自行决定哪些内容“重要”或“相关”（参见**T 212/97**）。鉴于口头法律程序记录要求含有请求或同等重要的程序声明，一般情况下，多数含有可专利性的论据明显与之前书面意见书和书面裁决中的事实与意见书不同，因此，无须记录。然而，由于重大意见并未完全得到反映，如果一当事方认为口头法律程序的记录不完整，或存在错误，可要求异议部更正记录，以便维持其权利（**T 642/97**、**T 231/99**、**T 898/99**、**T 838/92**、**T 68/02**、**T 937/07**；关于评审程序中记录的重要性，特别另见**R 8/08**与**R 14/09**（理由第4点））。

委员会在**T 231/99**中认为，委员会承担决定专利有效性的责任，并无责任决定一审法律程序记录的准确性（另见**T 1198/97**）。委员会在**T 508/08**中认为，如果一审部门（异议部）认为自己可以忽略某些义务（回应更正记录的请求），委员会毫无办法，委员会无权强制要求一审部门履行义务。委员会在**T 212/97**中解释道，只能对决定提出异议。由于口头法律程序的记录既不是决定，也不是决定的组成部分，因此，上诉委员会不能“废除”记录（**T 838/92**也确定了该原则）。只有记录员超出与其认为“重要”或“相关”的自由裁量权时，才能说存在程序违法，例如，未记录一当事方模糊的声明或弃权。**T 928/98**指出，特别相关的事项是指对主题的定义有影响的特定请求及声明，例如放弃主题的声明。

委员会在 **T 1063/02** 中认为，委员会不能命令异议部修改口头法律程序的记录，除非该记录与实际法律程序明显不符。

在 **T 396/89** 中，各当事方并未对上诉人是否在异议部关于特定事项的意见达成约定。口头法律程序的记录里并无此记录。委员会认为，如果在口头法律程序期间作出明确让步，异议部有权根据此让步行为作出决定，除非异议部确信承认的事实并不属实。然而，如承认重大事实，应在陈词记录里仔细记录此类承认。

在 **T 740/00** 中，上诉人通知异议部，指出记录不能反映法律程序的实际过程。异议部未审查记录是否确实符合 EPC 1973 细则第 76（1）条的规定并决定是否进行修改，反而争辩记录如此，所以基本正确。委员会认为这是个循环推理，因此不符合 EPC 1973 细则第 68（2）条的规定。该条规定要求 EPO 的决定能够经得起推理。这构成程序违法（另见 **T 819/96**）。

在 **T 263/05**（OJ 2008，329）中，委员会认为上诉委员会的口头法律程序应记录委员会需对其作出决定的各当事方的请求，例如是否允许上诉、专利所有人要求维护专利的形式、案件重审的请求，或与上诉费或成本相关的请求。记录还应记载对标的定义有影响的特定声明，例如放弃标的声明，此类声明均与将作出的决定相关。各当事方的论据无须记录，在口头法律程序中作出的声明与采信，当事方打算在随后的国家法院诉讼时使用的均无须记录，或对委员会的决定无影响的声明或采信，此类声明或采信也不构成 EPC 1973 细则第 76（1）条规定的“法律程序的实质”或“相关声明”。

根据 **T 928/98**、**T 263/05**（OJ 6/2008，329；包括 EPC 1973 细则第 76 条下的详尽裁决，第 372 页）与 **T 61/07**，口头法律程序记录的功能不是记载当事方可能在随后的国家法院诉讼中将要使用的声明，例如关于专利保护程度的侵权诉讼。这是因为此类声明与委员会将要作出的决定“无关”，不符合 EPC 细则第 124（1）条规定的意思。此类事项应由国家法院专属管辖。据此，委员会在 **T 550/04**（异议人请求在记录中记载权利要求 1 中的“无氧环境”等表达有“完全无氧环境”的意思）中指出，该声明对委员会作决定的专利标的定义无任何影响，因此，不属于记录的标的。因此，委员会驳回了该请求。关于记录中各当事方的集体声明请求，另见引用了 EPC 细则第 124 条的 **T 966/99**、**T 468/99**、**T 957/99**、**T 459/01** 和 **T 550/04**。

4.8 费　　用

4.8.1 费用分摊

根据 EPC 第 104 条的规定，当事方未能在口头法律程序时提交新的重大论据不会导致不同的费用分摊。然而，在某些案件中，例如一当事方撤销口头法律程序请求，并要求延期举行，未出现滥用的情形时，可根据 EPC 第 104 条的规定进行不同的费用分摊（见第 7 章 C. 7. 2）。RPBA 2007 第 16 条（OJ 2007，536），即 RPBA 2003 第 11a 条（OJ 2003，61）（具体引用 EPC 第 104（1）条），更为具体地解决成本问题。根据 RPBA 2007 第 16 条规定，委员会“可经请求命令当事方支付另一当事方的部分或全部费用，在不限制委员会自由裁量权的前提下，该费用包括由……作为或不作为产生的，影响及时有效进行口头法律程序的费用”（例如参见 **T 53/06**）。

4. 8. 2　口头法律程序中的口译费

根据 EPC 细则第 4（1）条（EPC 1973 细则第 2（1）条）的规定，“在 EPO 进行口头法律程序的任何一当事方均可使用欧洲专利局官方语言，而非法律程序的语言，但该当事方应至少在口头法律程序举行前 1 个月通知 EPO，或提供口译法律程序使用的语言”（另见 2007 年 7 月 16 日的通信，OJ SE 3/2007，118）。

在 **T 473/92** 中，应诉人在口头法律程序举行前 3 天请求 EPO 为其安排口译服务，并承担口译费。据应诉人说，由于 EPO 并未发出相应的邀请，因此 EPC 1973 细则第 2（1）条规定的 1 个月期限未得到遵守；应诉人认为，EPO 应向他们提醒 EPC 1973 细则第 2（1）条规定的通知期。然而，委员会认为应诉人应承担口头法律程序的口译费。如果向当事方提供了免费的口译服务，EPO 至少应能通过充分的时间有效组织口译服务，从而减少成本开支。显而易见，只有 EPO 有权评估准备时间需要多久，EPO 无义务提醒应诉人通知期为 1 个月。在 EPO 出席的专业代理人应熟悉公约及其实施细则的内容。

在 **T 44/92** 中，委员会得出结论：如果拥有数个指定代理人的专利所有人打算在口头法律程序中使用法律程序指定语言之外的其他官方语言，EPO 不应承担口译费用（EPC 1973 细则第 2（1）条和第 2（5）条）（另见 **T 774/05**、**T 131/07**）。

5. 非公开口头法律程序

在 **T 1401/05** 中，委员会将公众排除在口头法律程序之外，该法律程序涉及将某些文件免予检查。根据 EPC 第 116（4）条的规定，原则上，口头法律程序应公开，除非委员会认为允许公众参与会对案件审理造成严重、不公正的影响，特别是对口头法律程序的当事方产生影响。委员会认为，由于请求免予对某些文件进行检查（临时的），不应允许公众参与此类陈词。否则，临时免予检查的目的就会受到破坏。在此情况下，应视为存在严重的、不公正的影响。

6. 委员会评议期间的助理出席

根据RPBA 2007第19（1）条的规定，只有委员会的成员可参与评议；然而，主席可授权其他官员参与。委员会在**T 857/06**中认为，在多个EPC缔约国中，法院（尤其是最高法院和宪法法院）的司法工作主要通过助理进行。同样，助理积极参与司法决定的准备工作也得到了广泛认可。根据惯例，在有限数量的情况下，助理可为EPO的上诉委员会提供支持。此类助理均通过正式的内部招聘流程选聘，只有经验丰富的审查员，即EPO的专职员工方可申请。委员会的结论是，行使RPBA 2007第19（1）条第二句规定的自由裁量权时，应允许委员会的助理出席和参与评议。

D. 时限、进一步处理与法律程序的中断

1. 时限的计算、确定与延长

1.1 根据EPC细则第131条计算时限

EPC细则第131条与以前版本（EPC 1973细则第83条）的不同之处仅在于一定程度的撰写方面的变化（参见OJ SE 5/2007）。

在**J 14/86**（OJ 1988，85）中，法律上诉委员会根据EPC 1973细则第83条对时限的计算作出以下裁定：EPC 1973细则第83（2）条规定所有时限的起算时间点，并将此时间点定义为产生时限的事件发生日之后的第二天，不能解释为要求对以年、月、周表示的时限增加一天，因此为公平起见准予增加一天。以年、月、周表示的时限的到期日根据EPC 1973细则第83（3）~（5）条确定。这些条款与EPC 1973细则第83（2）条相结合，明确地确定了时限以整年、整月和整周表示，不存在任何时限缩短或延长的可能性（另见**J 9/82**，OJ 1983，57）。

根据PCT细则第80条计算时限的方法相似，但是其措辞大大避免了EPC 1973细则第83条出现的表达不清楚。

在**J 13/88**中，法律上诉委员会参考上述引用的判例法，给出如何计算时限的示例。在有争议的案例中，必须计算12个月优先权期限。代表时限起算时间点的事件是要求优先权的申请的申请日，即1986年5月5日。EPC 1973第87条中提到的期限以月表示；该期限在相关的后续月份（例如，本案中是1987年5月）中与所述事件的发生日具有相同的日期，即1987年5月5日

（EPC 1973 细则第83（2）条与EPC 1973 细则第83（4）条结合）到期。

T 2056/08 涉及当与10天邮寄期限相结合时，计算提起上诉的期限。委员会提出，EPC 第108条规定的2个月期限是从推定或实际通知那天开始算。如果可以建议任何一种经验法则来计算上诉期限，应该是“10天加2个月”，而不是“2个月加10天”。

对于触发与权利恢复相关的时限开始的事件，参见第6章E.3.2.1；对于作为触发时限开始的事件的“通知”，参见第6章K.5；对于根据EPC 1973第78（2）条（EPC 细则第38条）计算时限的相关事件，参见 **J 13/04**。

1.2 根据EPC 细则第132条确定和延长期限

EPC 细则第132条定义了术语“指定期限”，对EPC 1973 细则第84条的其他修改是纯编辑性的（参见OJ SE 5/2007）。

1.2.1 时限延长时的相关标准（EPC 细则第132（2）条第二句）

在 **T 79/99** 中，委员会指出，当请求时限延长或口头法律程序延期时，委员会必须不仅考虑每一方的利益，也要考虑上诉中快速起诉的整体利益以及因延期造成其他案件的推迟。委员会裁定，在本案中，通过维持指定日期，有益于所有利益主体。

委员会借此机会提醒各方，大量未决上诉引发的一些延期是不可避免的，但因各方自身导致的附加延期常常可以避免，原则上也不希望出现附加延期。这样的附加延期不仅影响个案，而且也影响其他符合正常期限的未决上诉。通过与许多缔约国相应的法律规定相比较，EPC 的多数原始时限和委员会的程序都是很宽裕的。各方不应该把延长期限看作可以请求的，提出延长期限的请求应该慎重。只有需要附加时间的可能性变得很明显而不是在最后关头，才应该提出这样的请求。应该按照实际需要和合理需求寻求时间期限。一方寻求的延长越多，对任何一次延长所需的时间越长，所需提供的理由就越重要。提前向其他各方咨询上诉也是精明的——如果其他各方同意延长，委员会更可能同意；如果不同意，委员会也会留意他们的观点。委员会在考虑附加时间时继续并指出其他方或各方（如果知道）的观点，委员会不仅考虑提出的任何理由而且考虑先前延长（若有的话）的数量，在可能的情况下，应该避免延期对其他未决诉讼的影响以及所有延期的一般原则。类似的考虑适用于口头法律程序延期请求。

关于EPC 1973 细则第84条第二句（EPC 细则第132（2）条第二句）规定的自由裁量权的用途，另见 **T 954/98**。**J 12/07** 中考虑了将EPC 1973第120条和EPC 1973 细则第84条适用于EPC 2000 生效前时限已经届满的案例中。

1.2.2 收费规则中EPC细则第132条的适用性

在**J 7/07**中，受理部要求上诉人在1个月期限内递交证据并根据收费规则第8（4）条（现为收费规则第7（4）条）缴纳附加费，上诉人没有回复。当根据EPC 1973细则第69（1）条裁决权利丧失，上诉人对受理部驳回其请求的决定提出上诉，并争辩道，1个月期限太短，达到了重大程序违法，理由是与EPC 1973细则第84条不符。

委员会指出，EPC 1973细则第84条仅引用了公约和实施细则。但是，根据EPC 1973第120（b）条，实施细则应该指定收费规则中时限的最小值和最大值。

EPC 1973细则第84条没有清楚地提供最大值和最小值的事实表明EPC 1973第120条与EPC 1973细则第84条之间存在冲突。EPC 1973第164（2）条规定，如果存在冲突，则以公约的规定为准，因此，存在将EPC 1973细则第84条的规定适用于收费规则的基础，除非这些规则优于EPC的规定和/或实施细则的规定。EPC明显是较高级级别法律规范，在冲突的情况下，根据EPC 1973第164（2）条类推，EPC的规定优于收费规则的规定。根据一般法律原则，实施细则应该优于收费规则。因此，事实上实施EPC 1973第120条的EPC 1973细则第84条并没有明确引用收费规则，本身不应该成为将EPC 1973细则第84条适用于收费规则的障碍。并且，这些收费规则不包含指定时限最小值和最大值的自治规定。

鉴于以上所述，委员会认为EPC 1973细则第84条适用于收费规则第8（4）条中规定的时限。

1.3 因法定假日或干扰依法延长时限

在EPC 2000的正文中，EPC细则第134条（EPC 1973细则第85条）的适用范围超出包括“根据EPC细则第2（1）条的EPO局长允许的通信技术手段”的邮寄服务范围。如准备文件所证明的一样，第2款和第5款中的术语“邮件发送”（transmission of mail）也是指通过EPO局长允许的通信技术手段递交文件（CA/PL 17/06，第356页）。

J 13/05解释了EPC 1973细则第85条（EPC细则第134条）所提供的各种替代方案。判例法集中在EPC细则第134（2）条和134（5）条。

1.3.1 在缔约国中的邮寄中断（EPC细则第134（2）条）

EPC细则第134（2）条（EPC 1973细则第85（2）条）规定，如果在一缔约国内或缔约国与EPO之间邮寄工作受到干扰而使期限届满，则该期限可延长。干扰期应该由EPO决定。在修改EPC 1973细则第85（2）条过程中将术语“一般中断”（general interruption）删除。然而，如准备文件证明的一样，保留的术语“干扰”（dislocation）也指中断（CA/PL 17/06，第356页）。后面也引用了解释术语“一般中断”的决定，从而有助于解释引EPC细则第134（2）条引用的“一般干扰”（general dislocation）。

在**J 4/87**（OJ 1988，172）中，委员会重申，除EPC 1973细则第85（2）条提到的案例外，在因不可预见的邮寄延期导致不符合时限的情况下，EPO对时限的延长没有自由裁量权。

在**J 11/88**（OJ 1989，433）中，委员会这样解释EPC 1973细则第85（2）条：根据细则，如果发生了邮件投递的一般中断或后续干扰，可通过法律实施延长任何在中断或干扰期内届满的EPC 1973规定的时限。因此，如果EPO局长由于没有正确时间的相关信息而未对期限持续时间发表声明，则不会对受中断或干扰负面影响的当事方权利产生影响。委员会进一步阐明，邮寄中断或后续干扰是否归为“一般中断”是事实问题，必须根据任何可得的可靠信息决定，如果怀疑的话，EPO应该适用EPC 1973第114（1）条自行作官方查询。

J 3/90（OJ 1991，550）中，法律上诉委员会解释了“一般中断”概念，并且解释道，EPC 1973细则第85（2）条不局限于全国性中断。在该案例中，委员会必须考虑到邮件的中断是否影响到本区的居民，以这种方式为其提供“一般特性”，并决定，中断的有限地理范围不会使中断失去一般资格。根据EPC 1973细则第85（2）条，无论代理人是否已经采取所有避免邮政罢工带来影响的可能措施都不是相关测试。

在**J 1/93**中，法律上诉委员会认为，根据EPC 1973细则第85（2）条将“邮寄中断”解释为一般特性，居住在一定面积的区域（使具有有限地理范围）内的**公众**一定会受到影响。丢失单个邮袋可以影响多数个人收件人，而不是公众。

在**J 14/03**中，委员会确认，根据EPC 1973细则第85（2）条上诉人提供的中断证据可以导致个案期限的可追溯延长，如**J 11/88**一样，如果当时已经知道该证据，根据EPC 1973细则第85（2）条会保证局长声明。然而，委员会认为，在本案中，证据的质量完全不同于争议案件，争议案件的中断唯一的证据是报纸文章。委员会认为，作为文章的不确定证据不仅报道了因恶劣天气和非工会支持的罢工造成的大量问题，也报道了处理这些情况的措施。

1.3.2 缔约国境外邮政服务的干扰（EPC细则第134（5）条）

在**J 13/05**中，委员会强调，在“9·11”事件之后，才将EPC 1973细则第85（5）条（该条款在2001年9月11日开始生效）写入EPO中，原因是当时可用的法律救济还不足。当时的决定不将 EPC 1973 细则第 85（5）条扩大到缔约国境外的邮政中断，而且仅仅对于这些国家而言，EPO 才确信获得使局长宣布一般中断或干扰的必要信息。

因此，与前款不同，起草 EPC 1973 细则第 85（5）条是为了将举证责任强加于主张邮政服务一般中断或干扰的一方。

委员会裁决，上诉人没有提出任何支持其递交符合 EPC 1973 细则第 85（5）条要求的事实。根据措辞和目的，该细则要求在发送地发生中断或干扰，而不是在接收地。并且，根据 EPC 1973 第 120（a）条规定的目的，已经解释了另一个“相似的理由”的要求。如由措辞表明的和由立法史确认的一样，该条补充了 EPC 1973 细则第 85（2）条和还涉及其他相关案例，即因特定事件的缘故，存在邮政服务的一般中断或后续干扰，因此，和 EPC 1973 细则第 85（2）条一样，EPC 1973 细则第 85（5）条要求不止使用邮政服务的一个人受中断或干扰影响或者理论上可能受到中断或干扰的影响，即使极少数人或地理上的有限中断就足够了。

1.4 法定宽限期和假定遵守缴费时限

1.4.1 EPC 细则第 51（2）条规定的续展费的延长期限

EPC1973 第 86（2）条的实质内容已经移到 EPC 细则第 51（2）条。

在 **J 4/91**（OJ 1992，402）中，上诉委员会制定了一种计算续展费延长期限的新方法。委员会认为，根据 EPC 1973 第 86（2）条计算缴纳续展费和附加费的 6 个月期限时，根据 EPC 1973 细则第 37（1）条第一句，EPC 1973 细则第 84（3）条在细节上作必要的修改。这就意味着，根据 EPC 1973 细则第 37（1）条第一句，6 个月期限不是结束于第 6 个月与到期日相对应的那一日，而是结束于与到期日对等的作为“该月的最后一日”的那一日。为了根据 EPC 1973 细则第 86（2）条计算附加期限，因此在 EPC 1973 细则第 37（1）条第一句的背景下，EPC 1973 细则第 83（4）条导致了期限“从 1 个月的最后一日到 1 个月的最后一日”。

即使在 EPC 1973 细则第 85（1）条，第 85（2）条和第 85（4）条所提到的情况下，附加期限从 EPC 1973 细则第 37（1）条第一句指定月的最后一日开始。因此，在期限开始发生这样的情况不会导致期限的结束延迟到第 6 个月底进入第 7 个月。

1.4.2 EPC 1973 细则第 85a 条规定的缴费宽限期

在 EPC 2000 的背景下，考虑到 EPC 第 121 条（OJ SE 1/2003，190）规定了进一步处理延期申请，将 EPC 1973 细则第 85a 条和第 85b 条删除。自 EPC

2000 生效以来，在修改的公约生效时，只要请求进一步处理的时限还没有期满，EPC 第 121 条也可应用到未决欧洲专利申请中（AC 决定第 1（5）条，OJ SE 1/2007，198）。由于 EPC 1973 细则第 85a 条在大多数案例中不再应用，参见第 5 版判例法对该条规定的详细概述。

在 **J 5/91**（OJ 1993，657）中，法律上诉委员会得出的结论是，根据 EPC 1973 细则第 85a（1）条和第 85a（2）条规定，对后续缴纳指定费的时限在不同时间期满的，在最后日缴纳的所有指定费仍然有效。

在 **J 5/98** 中，委员会认为，根据 EPC 1973 细则第 85a（2）条规定，缴纳指定费的宽限期最后一日是国家假日的，对延长宽限期没有影响。

委员会在 **J 15/02** 指出，根据 EPC 1973 细则第 25（2）条第二句和 EPC 1973 细则第 85a 条的时限各自不能形成一个完整期限，即使在 **G 3/91**（OJ 1993，8）中，这两个期限密切相关，原因是只有当规定的附加费同过期指定费一起缴纳时，根据 EPC 1973 细则第 85a 条延期的权利才有效。

1.4.3 根据收费规则第 7（3）条和第 7（4）条假定按时缴费

在收费规则与 EPC 2000 一致的情况下，将收费规则的条款重新编号，第 8 条变为收费规则第 7 条（OJ SE 1/2007，201）。

在 **J 20/00** 中，EPC 第 86（2）条规定的第六次续展费和附加费都没有在规定日期进入 EPO 的银行账户。无论是否应用收费规则第 8（3）条（结合收费规则第 8（4）条），因其提到遵守缴费“期限”，还是存在问题。

委员会指出，收费规则第 8 条中规定的“期限”（period），乍一看，从第一日开始到最后一日结束的一定持续时间意义上来说，可以理解为“时限”（time limit），然而续展费到期日是特定的某一天，即欧洲专利提出申请一年后相应申请月的最后一日（EPC 1973 细则第 37（1）条第一句，EPC 细则第 51（1）条第一句）。但是，由于 EPC 1973 细则第 83（1）条（EPC 细则第 131（1）条）给出的期限定义并不令人信服。事实上，标志生效的到期日是很长时间的最后一日（一年和一日——EPC 1973 细则第 37（1）条第一句和第二句），在此期间，可以有效缴纳续展费（没有附加费）。委员会得出的结论是，收费规则第 8（3）条和第 8（4）条同样适用于缴纳续展费，在到期日当天或到期日以前已经满足收费规则第 8（3）（a）条所列条件之一的。该条规定也涵盖了在迟于相关时间点的前 10 天提供付款单的情况。

委员会认定，不遵守时限及因不遵守时限导致的权利丧失不能恢复，只要 EPO 没有通知收费规则第 8（4）条涉及的请求，指定的时限没有过期。由于审查部没有这样做，委员会有权依照 EPC 1973 第 111（1）条（参见 **T 842/90**），根据收费规则第 8（4）条设置了 2 个月时限。当上诉人在规定时间内缴纳要求的附加费以及提交影响缴纳第六次续展费的证据，就满足收费规则第8（3）条的所有要求。

2. EPC第121条规定的进一步处理

一旦期限届满，不能再请求延长（**J 7/81**，OJ 1983，89）。然而，EPC 1973第121（1）条规定，当欧洲专利申请将被驳回或已被驳回，或因未在EPO规定的期限内作出答复而被视为撤回时，申请人可以请求对申请进一步处理。无论EPO还是公约或实施细则规定的期限，也无论法律后果是丧失申请权还是部分丧失申请权，EPC第121条扩展了进一步处理的申请范围并在未能遵守欧洲专利授权程序和相关单方程序的时限的情况下，进行标准法律救济。因此在一些案例中，它替代了证明是复杂又不实用的权利恢复（MR/2/00，157）。在其他案例中，在进一步处理适用范围和权利恢复的证明非常严格的情况中，替代了规定此类救济的实施规则和与费用相关的规则（特别是EPC 1973细则第85a条和第85b条）。

根据EPC第121（1）条，如果没有遵守EPO规定的时限，申请人可以请求进一步处理其申请。但是EPC第121（4）条和EPC细则第135（2）条将这个一般规则，尤其是关于优先权时限、救济、进一步处理请求、权利的恢复以及不遵守实施细则中存在的用于特殊救济规定的特定时限排除在外。

因此，与EPC 1973的规定相比，可以将进一步处理应用到缴纳申请费、检索费、指定费、国家基本费和审查费的时限以及提交请求审查的时限（OJ SE 4/2007；MR/2/00，157）。由于如今进一步处理也应用到缴费时限，不再必须以书面形式提交进一步处理的请求。根据新的体制，通过缴纳法定费用使请求简化（OJ SE 5/2007）。

在EPC 2000生效时，如果请求进一步处理的时限还未届满，新规定可应用到未决申请中；由于EPC 2000已生效，也可以应用到已提交的申请中（第五号AC决定第1条，OJ SE 1/2007，第198页）。

在**J 37/89**（OJ 1993，201）中，法律上诉委员会指出，通过根据EPC 1973第121条请求进一步处理，申请人可以克服因驳回时限延长请求导致的EPC 1973第96（3）条（与EPC第94（4）条相对应）规定的权利丧失。同时，申请人可以请求退回进一步处理费用。该第二次请求应该决定于与其相关联的最终决定。根据EPC 1973第106（3）条，第二次请求的决定可以与最终决定一起提起上诉，也可以将上诉限制成对第二次请求的决定进行争辩。

在**J 47/92**（OJ 1995，180）中，法律上诉委员会指出，只有当时限的期限由EPO确定或设定的情况下，EPC 1973第121条规定的进一步处理才有效。

该问题已经由新版的EPC第121条代替。

在**J 16/92**中，在第一次要求提供意见陈述的通信没有引起申请人的回应后，根据EPC 1973细则第69（1）条审查部已经发出了一份通信。代理人申请进一步处理该申请，并请求延迟提交关于第一次通信的意见陈述。然而，EPC 1973第121（2）条规定，不必要在2个月时限内完成忽略的行为。法律上诉委员会的结论是，忽略的行为包括实质上是对第一次通信的答复，通过提交延长递交答复时限的请求，并不能完成忽略的行为，因为时限请求不等同于争议方在请求的时限内执行的行为。

3. EPC细则第142条规定的程序中断

对EPC 1973细则第90条（EPC细则第142条）的修改纯粹是编辑性的（OJ SE 5/2007）。

3.1 EPO自行适用EPC细则第142条

EPO必须自行适用EPC 1973细则第90条（EPC细则第142条）（**J ../87**，OJ 1988，323；**J 23/88**，**T 315/87**）。程序中断的后果是，对于申请人或专利权人，在程序中断之日，有效时限应该从程序重新开始之日开始（参见EPC细则第142（4）条）。然而，请求审查的时限以及缴纳续展费的时限只能终止（参见第6章D.3.7，“程序中断的后果”）。

3.2 无行为能力的概念（EPC细则第142（1）（a）条和第142（1）（c）条）

EPC中没有对“无行为能力”概念进行定义，根据相关人员是否是申请人或专利权人或专业代理人，对“无行为能力”的评估是不同的。在**J xx/xx**（OJ 1985，159）和**J ../87**（OJ 1988，177）中，法律委员会认为，申请人或专利所有人对申请或专利的法律行为能力必须由**相关国家的国内法**确定，原因是专利申请或专利的权益是财产权益（参见EPC 1973第74条和第2（2）条；另见**J 49/92**）。另一方面，**J xx/xx**（OJ 1985，159）指出，为了避免依赖于代理人的国籍和户籍的EPC 1973细则第90（1）（c）条的适用上产生差异，判断**代理人**的无行为能力应该应用统一的标准。

3.3 根据EPC细则第142（1）条确定申请人或专利所有人的无行为能力

在**J ../87**（OJ 1988，177）中，委员会裁定，一个简单的诊断书证明该申请人已经处于身心疲惫和抑郁状态，因该诊断证明对严重程度和这种状态的持续时间只字未提，因此不足以依照EPC 1973细则第90（1）（a）条确定该申请人无行为能力。

在**J 49/92**中，法律上诉委员会还是无法从申请人递交的材料中得出“他是德国法律规定的无行为能力人”的结论，德国法律在那个案例中是相关的。委员会没有如诊断书等表明申请人状况的证据，根据德国法律实践，申请人的这种状况排除了他合理运用他自己的意志，虽然申请费被错误地发送到德国专利局而不是EPO，申请人还是设法转让申请费。

3.4 根据EPC细则第142（1）（c）条确定代理人的无行为能力

在**J xx/xx**（OJ 1985，159）中，委员会指出，虽然缔约国的国内法中关于“无行为能力”概念以及其后果存在不同，但是，当一个成年人由于神志不清无法形成必要的自愿意图来执行对其有约束力的法律行为时，例如，订立一份有效合同，这样的成年人是无行为能力的，对于这一点，似乎达成了广泛共识。国内法认可这种神志不清，即使他只是暂时的（例如，因人身伤害或酒精或其他药物造成的神志不清）或时不时地发生，像患有精神疾病且有清醒期的病人。如果神志不清是长期的，且不可逆的，因其造成的丧失行为能力经常被法律认可。

委员会指出，细则或公约中并没有给出无行为能力的定义，但是能从EPC 1973细则第90条推断出大部分是对于无行为能力人，至少权宜之计应该指派新代理人（参见EPC 1973细则第90（30）条）。关于EPC细则第90（1）（c）条的目的，无行为能力的相关人无法代表委托人进行专业的工作。由于在EPO之前存在统一欧洲专业代理人，所有为了避免应用依赖于代理人的国籍和户籍的EPC 1973细则第90（1）（c）条的差异，应该存在判断无行为能力的统一标准也是合理的。当然，这与代理人管理个人事务的无行为能力的任何问题完全无关，根据相关国内法，将由其国籍或户籍管理。在这种情况下，关于EPC细则第90（1）（c）条的目的，应用依据经验形成的标准并考虑缔约国的国内法规则，确定代理人的无行为能力的问题是EPO问题之一。

在**J 7/99**中，委员会指出，关于EPC细则第90（1）（c）条的目的，考虑到缔约国的国内法原则，委员会已经确定了无行为能力的统一标准。基本考虑事项是相关代理人是否在关键时期处于工作的健康状态或是否缺乏作出合理决定的能力。

在**J 5/99**中，委员会指出，那就意味着仔细权衡所有可靠的信息。考虑所有材料事实的可靠医生的建议也是必不可少的。

无行为能力具有持续性（**J../86**，OJ 1987，528）。关于EPC 1973细则第90（1）（c）条，EPO必须判断代理人是否是无行为能力人，如果是，按照之前的判决，确定已经中断的时限（**J../87**，OJ 1988，323）。

在**J 7/99**中，上诉人的前代理人在口头法律程序中解释道，上诉人的心理障碍仅限于本案，在该案中，代理人秘书未能遵守 EPC 1973 第 91（5）条规定的时限，结果是，他本人未能在到期时间内提交恢复原状请求的理由（EPC 1973 第 122（2）条）。在代理人办理的其他案例中，他自动指出，都满足时限要求或没有出现其他错误。但是委员会裁定，根据对 EPC 1973 细则第 90（1）（c）条的理解，上诉人不是无行为能力人。依照本条规定，无行为能力的意思是，代理人的精神状态完全或几乎完全不能作出合理决定以至于其所有的工作职责（不只是孤立案例）都受到精神状态的影响。参照一个案例对代理人行为能力或无行为能力进行评定是非常不可靠的。因此，委员会没有裁定上诉人的前代理人在关键时刻处理申请是无行为能力人，并认为必须拒绝主请求（J 2/98 中也否决了无行为能力）。

在 1989 年 2 月 14 日的 **T 315/87** 中，委员会对判定增加了可信度，判定是前代理人发现了自己状态异常，尤其是 EPO 正式得知的情况下（与专业相关的法律程序，需要组织办公室工作）。委员会进一步接受了在那段时间，代理人患有身体和精神疾病。实际上，前代理人本人提交的医学文件指出了其精神状况。

3.5　缔约国以外国家代理人的无行为能力

在 **J 23/88** 中，受理部根据 EPC 1973 细则第 90（1）（a）条否决了申请人的要求，并认为，未涵盖在 EPC 1973 细则第 90（1）（a）条中的美国专利律师，既不是欧洲专利的申请人也不是专利所有人，也不是国内法授权的代为诉讼的人。该项决定是基于 EPC 1973 细则第 90（1）（a）条的狭义解释，特别是在细则的相关类别（依照国内法授权的人）涵盖了申请人（专利所有人）的法定代理人，但是没有扩大到根据非缔约国法律授权的专利律师，因此，专利律师的无行为能力与上述细则的生效无关。根据 EPC 1973 细则第 90（1）（a）条，委员会否决了申请人的要求。

然而，委员会自行考虑到，上诉人未特别依赖这条依据 EPC 1973 细则第 90（1）（a）条项下的（欧洲专利申请人的代理人的无行为能力）这种中断是否已经发生，委员会得出的结论是，依照 EPC 1973 细则第 90（1）（a）条，在相关事件内，诉讼案例中的美国专利律师是申请人的无行为能力代理人。该项解释与关于希望缔约国和非缔约国申请人平等待遇的准备性文件完全相符。委员会认定，EPC 1973 细则第 90（1）（a）条与 EPC 1973 细则第 90（1）（c）条的措辞之间的不同是经慎重选择的，以便使缔约国和非缔约国申请人受到平等待遇（参见 1971 年 11 月 22 ~ 26 日在卢森堡举行的关于建立欧洲专利授权系统的政府间会议第一工作小组第十次会议纪要，BR/144/71，第 71

点)。委员会评论道，在本案中，EPC 1973 第133（2）条为 EPC 1973 第134 条规定的职业代表性的要求提供了有限例外，只有在本案中，才能提交欧洲专利申请。只有申请人本人或由其正式授权的任何一名代理人才能有效提交。因此，实际上，一旦 EPO 正式启动国际申请的处理，根据 PCT 第27（7）条、EPC 1973 第133（2）条以及 EPC 1973 第134 条的组合效力，美国代理律师将丧失 PCT 第49 条规定的行为权利。一旦他丧失代理人身份，任何因其死亡或丧失能力导致的法律程序中断不再涵盖在 EPC 1973 细则第90（1）（c）条中。

3.6 因破产导致的法律程序中断（EPC 细则第142（1）（b）条）

根据 EPC 细则第142（1）（b）条（EPC 1973 细则第90（1）（b）条），如果对欧洲专利申请人的财产提起诉讼，因法律原因阻止 EPO 法律程序继续进行的，则 EPO 法律程序应该中断。

在 **J 9/90** 中，法律委员会认为，对于根据 EPC 1973 第60（3）条以及 EPC 1973 第20（3）条使用的 EPC 1973 细则第90（1）（b）条，进入欧洲专利登记簿的申请人和破产人（在此指有限公司）必须是合法一致的（对于可以恢复权利的情况，参见第6 章 E.9.）。

在 **J 26/95**（OJ 1999，668）中，委员会指出，可以从 EPC 1973 细则第90 条的立法史得出，对于是否根据 EPC 1973 细则第90（1）（b）条中断法律程序的问题，对财产权提起诉讼的名义或正式资格不是决定性的。诉讼是否为了满足所有债务人的债权也不是决定性的。对于中断的决定性标准是对财产提起诉讼这种行为是否使申请人继续法律程序成为不可能。对债权人的财产提起诉讼出现在《美国破产法》第11 章。但是，因为这样的诉讼，不继续审理案件，这对于债权人继续 EPO 法律程序是不可能的。相反，根据《美国破产法》第11 章的法律程序，即使因债务人有权保护其债权人的利益或受委托人（如果有委托人的话）的监督，继续代理其生意债务人受到一定限制，也是非常自然的。委员会的结论是，《美国破产法》第11 章破产法律程序与导致法律程序中断的上诉委员会承认的案例，无法相比例如在该案中根据法国法律已经被破产管理的各方（**J 7/83**，OJ 1984，211）或根据德国法律宣布破产的各方（**J 9/90**）。因此，委员会得出的结论是，在缺乏考虑案例的特殊情况下，根据《美国破产法》第11 章破产的第11 个标题“重组”针对申请人的法律程序不能中断 EPC 1973 细则第90（1）（b）条的法律程序。也无法证实与下面的例外案例 **J 9/94** 和 **J 10/94** 可比的情况，在 **J 26/95** 中的判例法也在**J 11/98** 中得到了证实。

3.7 程序中断的后果（EPC 细则第142（4）条）

EPC 细则第142（4）条第一句（EPC 1973 细则第90（4）条第一句）指

出，在法律程序中断时，对于申请人或专利所有人的生效时限应该重新从恢复法律程序的那一日开始。在这方面，EPC 细则第 142（4）条包括两个例外，即请求审查以及 EPC 细则第 142（4）条规定的缴纳续展费的时限不能构成对中断所有时限一般规则的例外。唯一的目的是为了详细说明在恢复法律程序时如何计算时限（**J 7/83**，OJ 1984，211）。

在 **J 7/83**（OJ 1984，211）中，委员会认为，由于申请人公司已经处于破产管理状态（EPC 1973 细则第 90（1）（b）条），一旦授予欧洲专利权的法律程序中断，从法院命令不再缴纳的那一日起到恢复授权法律程序的那一日，搁置 EPC 1973 第 94（2）条规定的缴纳审查费期限（EPC 1973 细则第 90（2）条）。期限恢复届满前剩余的那部分期限或 EPC 1973 细则第 90（4）条第二句规定的至少 2 个月。在 **J ../87**（OJ 1988，323）中，委员会指出，这样的解释不能应用到续展费中，原因是 EPC 没有规定缴纳续展费的时限，只是简单规定了缴纳续展费的到期日。影响可能搁置的续展费的唯一时限是参照 EPC 1973 第 86 条规定的一起缴纳续展费和附加费的 6 个月期限。到恢复法律程序之日，EPC 1973 细则第 90（4）条必须解释为在代理人或申请人丧失行为能力期间推迟缴纳续展费。

E. 权利恢复

1. EPC 2000 修正摘要

在 EPC 修正案中，进一步处理和权利恢复的关系被重新进行了界定。现在，进一步处理成为欧洲专利授权程序中错过时限的标准法律救济方式（另见第 6 章 D. 2 “进一步处理”），从而在某些情况下取代了权利恢复。根据 EPC 第 122（4）条和 EPC 细则第 136（3）条关于时限问题，在可以根据 EPC 第 121 条适用进一步处理程序的情况下，排除了权利恢复程序的适用性，尤其是对于 EPC 细则第 38 条、第 39（1）条、第 45（2）条、第 70（1）条、第 70（3）条以及第 159（1）（c）~（f）条规定的费用缴纳时限（参见 OJ SE 4/2007）。权利恢复程序在关于权利恢复请求的时限问题上继续被排除了适用性（EPC 第 122（4）条、EPC 细则第 136（3）条），但在请求进一步处理的时限问题上却具有适用的可能性（OJ SE 4/2007）。

不过在某一方面权利恢复程序的适用范围也得到了延伸。根据新法案，EPC 第 87（1）条规定的优先权期限的权利恢复现在具有了可能性。然而，从申请日和/或合理要求优先权的重要性来看，EPC 细则第 136（1）条第二句特别为那些对清楚性有急迫需求的案件设置了时间期限。任何优先权期限的权利恢复请求均须在该期限届满前2个月内提交（OJ SE 5/2007）。根据EPC第112a（4）条对时限的规定，这2个月期限同样适用于权利恢复请求的提交。

权利恢复的要求（EPC第122（1）条）和程序（EPC细则第136条）以及规范继续适用权利的规定（EPC第122（5）条）保持不变（OJ SE 4/2007）；但是细节内容，例如时限、请求需满足的要求或者主管部门已经被转移到实施细则中（EPC细则第136条）。权利恢复的法律效力现在被明确规定在EPC第122（3）条，未遵守时限的法律后果并未随之而来。

2. 权利恢复的适用性（EPC第122（1）条）

2.1 “时限”的含义

要使权利恢复成为可能，必须存在未能满足EPO时限要求（EPC第122（1）条）的情形，即按照公约或者EPO官方的要求，特别给予申请人一个时限，要求其在该时限内完成一定行为（根据EPC细则第59条）。

在**J 3/83**中，委员会解释道，EPC 1973第122条所述时限的概念，涉及一定持续时间的期限。在国家指定的情况下，并没有此类期限。根据EPC 1973第79（1）条，必须在具体时间指定缔约国。而在EPC 2000中这不再是个争议问题，因为根据新的EPC第79（1）条，申请提交当时的EPC所有缔约国均被视为在欧洲专利授权请求中进行了指定。

在**J 7/90**（OJ 1993，133）中，委员会认定，上诉委员会判例法设定的“时间限制”条件并不在EPC 1973第122（1）条所述的“时限”含义之内。上诉委员会判例法要求，一般来说，如果国家指定或者优先权数据的修正请求未能尽早作出以使警示通知连同欧洲专利申请一起公布，那么为了公众的利益，请求会被否决。

在**J 21/96**中，委员会认为提交分案申请的时间限定（EPC 1973细则第25（1）条）并非EPC 1973第122（1）条所述的时限。它仅仅指明了授权程序中在此之后不得再提交分案申请的时间点。这个时间点是由申请人在根据EPC 1973细则第51（4）条给予同意时确定的。因此，当不存在需要遵守的时限时，权利恢复是不可能的（另见**J 4/02**）。

即使EPC 1973细则第25（1）条于2001年被修正之后，法律上诉委员会仍坚持上述结论。在**J 10/01**中，委员会强调，并非EPC 1973规定的每个“时限”“时间限制”或者“时间限定”都是符合EPC 1973第122条要求的时限。根据**J 21/96**，EPC 1973细则第25（1）条并未设置在EPC 1973第122条意义上的时限，而仅仅是指明授权程序中在此之后不得再提交分案申请的时间点。本决定同样能够适用于诉讼中的案件，仅仅改变了定义的时间点，即从根据 EPC 1973 细则第 51（4）条正文批准之时变为早期申请不再处于未决之时。

在同一问题上，委员会在 **J 24/03**（OJ 2004，544）中强调，参照 **J 3/83** 和缔约国一般认可的程序法律原则，**时限**是指用于完成某一程序行为的**固定长度的期限**。委员会认为，在程序法上，某一条件性行为仅在法律规定所预见的具体系列情况发生前才能实现（**条件**），从概念上看与强加的对某一行为设定的时间期限是不同的（**时限**）。

委员会得出结论，EPC 1973 细则第 25（1）条并未设定任何时限，而是设置了一个条件，即早期欧洲专利申请是未决的。以通信方式将公开日告知申请人，不能被看作一种时限的默示设定（另见 **J 3/04**）。

EPC 中的时限含有**两个概念性要素**：（1）以年、月或日确定的时间期限；以及（2）一个作为时限起始日的有关日期，从该起始日计算时间期限。EPC 对申请人设定的不具有上述概念性要素的时间限制，根据 EPC 1973 第 122 条的宗旨，不能被看作时限（**J 18/04**，OJ 2006，560）。

2.2　作为 EPC 直接后果的权利丧失

根据 EPC 第 122（1）条，除非权利作为先前未遵守 EPO 要求时限的直接后果而丧失，否则权利是不能恢复的。

在 **J 1/80**（OJ 1980，289）中，经核证的优先权文件副本未能在 EPC 1973 细则第 38（3）条规定的 16 个月期限内提交。法律上诉委员会认定，根据公约仅在优先权文件未能在期间届满前提交才构成瑕疵。只有在此之后才能说存在瑕疵，且申请人应当被赋予在未来一定期间内补救这一瑕疵的机会（EPC 1973 第 91（2）条，EPC 1973 细则第 41（1）条、第 84 条）。委员会认为如果申请人没有利用这次机会，就只能是权利丧失了。

2.3　申请人的行为疏忽

根据 EPC 第 122（1）条，权利恢复既可以被授予欧洲专利的申请人，也可以被授予其所有人。原则上这是一项并不适用于异议人的法律救济措施，即使在 EPC 修正之后亦是如此。

在 **G 1/86**（OJ 1987，447）中，上诉扩大委员会在下述案例中认可了该原则的一个例外。作为上诉人的异议人如果未遵守**上述理由陈述书**的提交时限，那么根据 EPC 第 122 条可以享有恢复的权利（既定判例法，参见 **T 335/06**）。委员会首先评述道，在起草 EPC 1973 第 122 条时，公约中制定者的意图只是将某些案件和时限排除在恢复原状之外，而不是将这项功能仅局限于申请人和专利所有人。EPC 1973第122（1）条的措辞（EPC第122条在这方面保持不变）、有关EPC 1973的历史文献以及缔约国国家法律表明，异议人就上诉时限不应当享有恢复的权利。然而，这没有回答关于异议人必须在时限内提交上诉理由陈述书所提出的问题，因为当制定者决定将异议人排除在权利恢复之外时，EPC 1973草案并未对提交上诉理由陈述书设置独立的时限条款，因此他们并未对此事作出裁决。

扩大委员会认为，就上诉时限问题，证明将异议人排除在权利恢复之外的正当理由——尤其是一旦时限届满，专利所有人的利益在是否已上诉方面不再处于不确定状态——不应当被延伸至提交上诉理由陈述书的时限，因为这种不确定性不再存在。一旦提交上诉，法律程序即已开始，专利所有人必须像所有其他各方一样遵守程序要求，一直等到上诉委员会就上诉的可接纳性作出最终决定。

在此基础上，扩大委员会接纳了EPC缔约国认可的一般法律原则，即法院的法律程序必须赋予各方同样的程序权利，作为在法律面前人人平等的一般原则中派生出来的原则。根据这一原则，异议人不应当被给予区别于专利所有人的对待，因为这会导致对异议人的不合理歧视。

在**T 210/89**（OJ 1991，433）中，委员会裁定当异议人（上诉人）错过**提交上诉**的2个月时限时，将不会被赋予恢复的权利（EPC 1973第108条第一句）。寻求恢复权利的异议人（上诉人）不能依赖于“法律面前人人平等”的原则（适用EPC 1973第125条），因为上诉并非因程序理由而存在（区别于**G 1/86**，见上文）。申请人或所有人如未能启动上诉程序，那么他会发现已经到达法律道路的尽头；相反，异议人如果希望的话，可以在该欧洲专利管辖范围内的国家法院寻求撤销（另见**T 323/87**，OJ 1989，343；**T 128/87**，OJ 1989，406和**T 314/01**）。

参照**G 1/86**，委员会在**T 702/89**（OJ 1994，472）中表示，异议人如未能遵守EPC 1973第99（1）条规定的9个月时限提交**异议书**和缴纳适当的费用，那么异议人的权利恢复请求会因不予受理而被驳回。在**G 1/86**中，上诉扩大委员会认为，在上诉程序中，当上诉已提交且缴纳适当的费用时法律程序就启动了。同理，委员会在**T 748/93**中认为，按照EPC 1973第99（1）条，当异议书已提交且缴纳适当的费用时就启动了异议的法律程序。

在J 3/80（OJ 1980，92）中，委员会使大家清楚，如果有关**国家工业产权局未能及时**将向该国家局提交的欧洲专利申请**传递给EPO**，结果申请被视为撤回（EPC 1973第77（5）条），那么申请人不能主张权利恢复，因为EPC仅就存在应由申请人遵守却未遵守时限的情况规定了恢复的权利。

3. 权利恢复申请的可接纳性

3.1 能够对申请作出裁决的部门

能够对疏忽行为作出裁决的部门将有权对申请作出裁决（EPC细则第136（4）条，EPC 1973第122（4）条）。

在**J 22/86**（OJ 1987，280）中，委员会表示，对于未能缴纳授权和印刷费以及未能提交译本的，审查部首先有权对此疏忽行为作出裁决。然而，就本案的特定情形而言，根据EPC 1973第111（1）条，委员会决定行使审查部的权力对权利恢复的申请作出裁决（另见**J 9/86**）。

在**T 26/88**（OJ 1991，30）中，上诉人未能按照要求（根据EPC 1973细则第58（5）条）在收到请求通知书后3个月内缴纳印刷费和提交权利要求书的译本。专利权人递交了上诉委员会应当按照EPC 1973第122条对申请进行审查和作出裁决的请求。委员会认定**J 22/86**的情形与本案**完全不同**，并且认为作为例外情况行使审查部对权利恢复申请作出决定的权力是正当的。在委员会之前，案件由**异议部的手续人员**负责（另见**T 522/88**）。

在**J 10/93**（OJ 1997，91）中，委员会指出，根据EPC 1973第20（1）条，法律部有权对上诉人提出的专利申请转移备案请求作出裁决。然而，法律部不仅对该请求作出裁决，而且还处理了上诉人提出的权利恢复申请，法律部以不予受理为由驳回了该申请。在本案中，疏忽行为是申请人未能回复审查部根据**EPC 1973第96（2）条**签发的通信。因此，有权对权利恢复的申请作出决定的部门是**审查部**（EPC 1973第122（4）条）。委员会认定法律部已经越权。委员会表示，无论从何种需要来看，都不能认为将权利恢复请求作为审查转移备案请求前所要回答的初步问题进行裁决是正当的。委员会谨以此理由即宣告法律部的决定无效，并判令将权利恢复请求移交审查部进行审查。

在**J 23/96**中，申请人**根据EPC 1973第69（2）条**申请了**裁决**，并且**作为附属请求**申请**权利恢复**。审查部签发了一份简要的通信，称一旦根据EPC 1973第69（2）条作出的决定成为终局或者处于任何后续的上诉期间，即会对权利恢复的请求作出裁决。委员会指出，如果主请求被否决，附属请求被提交，附属请求随即取而代之成为主请求并且必须在同一决定中予以处理。审查部采取的进程与程序经济原则不符，并且也可能会迫使申请人上诉两次。从而形成了重大程序违法，意味着不考虑法律理据的情况下，宣告争议决定无效并移交给审查部对这两个请求一起作出裁决。委员会不能对权利恢复请求作出裁决，因为它不是EPC 1973第122（4）条意义上的“主管部门”。本案中，主管部门是**审查部**。

在**提交上诉书的时限**方面，**T 473/91**（OJ 1993，630）涉及权利恢复请求的管辖权。委员会指出，根据EPC 1973第109条上诉的可接纳性（中间修改）仅仅属于一审部门的管辖范围，此时这个问题能够在递交的上诉材料自身基础上立即作出裁决（上诉书和理由陈述书、上诉费的缴纳日）。因此，**上诉委员会**在有关上诉本身的时限问题方面对权利恢复的请求享有排他性的管辖权（EPC 1973第108条）（另见**T 949/94**）。委员会表示，在独立的较高审级机构进行的上诉审查体系里，正如公约根据移交法律救济原则所预见的那样，较低审级机构作出的终局决定（与作为上诉期届满的结果而不再具有可上诉性的决定不同）在已就其实质解决了所有未决争议的范围内，有效地中断了该机构跟案件的关系。作为移交法律救济原则的例外，EPC 1973第109条规定了一审部门的更正权。然而，作为移交上诉体系的例外情况，本条须进行狭义解释。委员会认为既然可接纳性问题的结果有赖于权利恢复问题的结果，权利恢复的请求应由上诉委员会裁决。

在**T 808/03**中，委员会指出有权决定上诉书是否符合公约要求的部门是上诉委员会。虽然这种有关上诉可接纳性的权限受限于EPC 1973第109（1）条规定的例外情况，但如果上诉被认为是可接纳的并且基础牢固，那么这一规定仅授予有限的权力以通过单一行为撤销该部门自身的决定。没有什么权力能够裁决上诉是不可接纳的。

在**T 624/96**中，委员会裁决，由于未能在EPC 1973第108条结合EPC 1973细则第78（3）条规定的时限内提交阐释上诉理由的书面陈述书，上诉应根据EPC 1973细则第65（1）条的规定被认为是不予受理的而被驳回，除非上诉人的权利恢复请求被准予。上诉人提交了这样的请求，根据EPC 1973第122（4）条，委员会有权对此请求作出裁决，因为疏忽行为关系到上诉。

在**W 3/93**（OJ 1994，931）中，委员会表示既然委员会要对抗议作出裁决，那么它也有权审查权利恢复请求（EPC 1973第122（4）条）。

3.2 提交权利恢复申请的时限（EPC细则第136（1）条）

EPC 1973第122（2）条的规定被转移到实施细则中（见EPC细则第136条）。原则上，自未遵守的原因消除起2个月的时限以及未遵守的时限届满后1年的时限仍旧适用，但EPC细则第136（1）条规定了两种例外情形：关于EPC第87（1）条（优先权）和EPC第112a（4）条（通过上诉扩大委员会复核的上诉书）规定期限的权利恢复请求必须在未遵守的时限届满后2个月内提交。因此在下文3.2.1中总结的判例法并不适用于此类案件，但是下文

3.2.2 中设定的原则可能会转移到 EPC 细则第 136（1）条第二句规定的 2 个月期限。

3.2.1　自未遵守的原因消除起 2 个月时限

（a）概述

权利恢复请求必须在错过而未遵守时限的原因消除之日起 2 个月内提交（EPC 1973 第 122（2）条第一句；EPC 细则第 136（1）条第一句）。如果错过了 EPC 1973 第 102（4）条和第 102（5）条规定的时限，即使尚未正式宣布撤销决定，上述规定也适用（**G 1/90**，OJ 1991，275）。同时必须在此阶段完成被疏忽的行为。权利恢复费也同样要在 EPC1973 第 122（2）条规定的权利恢复申请时限内缴纳（**J 18/03**）。

在大多数案件中，“未遵守时限的原因”与该方在意图符合时限要求的实施过程中的一些错误有关（**J 29/86**，OJ 1988，84；至于未遵守的其他可能原因，另见下文 7.2）。根据上诉委员会判例法，此类案件中，不遵守的原因的消除发生在**使**负责申请的人（专利申请人或他的专业代理人）意识到发生了未遵守时限的事实之日（**T 191/82**，OJ 1985，189；**T 287/84**，OJ 1985，333；**J 29/86**，OJ 1988，84；**J 27/88**、**J 27/90**，OJ 1993，422）。其中的决定性因素是负责申请的人如果已经采取了所有应有的谨慎，**本应注意到这一错误**的时间（既定判例法，例如参见 **J 27/88**、**J 5/94**、**J 27/01**，**T 315/90**、**T 840/94**、**T 170/04**、**T 1026/06**、**T 493/08**）。在 **T 261/07** 中，依赖于 **T 949/94**，专利权人争辩道，只有当已经实际收到异议部的决定时才意识到发生了疏忽行为。而委员会认为一经专利权人通过档案查阅注意到“有事情出了差错”，未遵守的原因就消除了（**J 9/86**、**J 17/89**、**T 191/82**）。

在 **T 493/08** 中，委员会认为，如果由于法律上的错误而未遵守时限的要求，那么未遵守时限原因的消除发生在申请人实际开始意识到法律上的错误之日。委员会表示，在与本观点形成鲜明对照的 **T 1026/06** 中，申请人应当进行调查的日期被认为是很严格的，即使作为法律上错误的后果，申请人明显未能进行这样的调查。

正如在 **J 27/90**（OJ 1993，422）中所陈述的，未遵守原因的消除是一个应在每个案件的独立背景下作出裁决的事实问题（**J 7/82**，OJ 1982，391；另见 **J 16/93**、**T 900/90**、**T 832/99**）。就事实上的错误来说，消除发生在任何专利申请负责人本应当发现错误发生的日期，这并不一定指 EPC 1973 细则第 69（1）条规定的通信收到之日（见 **T 315/90**）。然而，如果按时送达了此通信，在没有相反情况出现时，即可推定消除已经通过此通信生效（另见 **J 7/82**，OJ 1982，391；**J 29/86**，OJ 1988，84；**T 900/90**，**T 428/98**，OJ 2001，494；

T 832/99 和 **J 11/03**）。

在 **J 29/86**（OJ 1988，84）中，鉴于本案的特殊情况，委员会假定了一个稍晚的日期。在 **T 900/90** 中，委员会强调，在所有收到 EPC 1973 细则第 69（1）条规定的通知能够被认为构成未遵守原因的消除情况下，必须明确证实代理人和申请人均未意识到申请已经被视为在收到该通知之前被撤回。其他案件中，委员会同意了与 EPC 1973 细则第 69（1）条规定的通信收到之日不同的其他日期，具体案件包括 **J 16/93**、**J 22/97**、**J 7/99**、**J 19/04**、**T 24/04** 和 **T 170/04**。

在 **J 27/01** 中，委员会裁决长期离开住所的人必须确保法律上的重要文件能够传递给他们，这样他们才能在具体案件中可用技术的恰当时限内知晓文件内容。因此如果通信能够适当地传递给申请人，在他能够知晓 EPC 1973 细则第 69（1）条规定的 EPO 通信内容之日，就克服了完成疏忽行为的阻碍。

（b）负责人

在几项决定中，委员会考虑了本应发现疏忽行为的负责人的身份问题。

在 **T 191/82**（OJ 1985，189）中，委员会认为，在代理人雇员发现的根据 EPC 1973 未遵守时限造成权利损失的案件中，未遵守的原因，例如未了解到时限未被遵守，不能被认为原因已经消除，除非**有关代理人自身**意识到这些事实，因为他才肩负着决定是否应当提起权利恢复申请以及如果提起申请的话决定递交给 EPO 的理由和事实依据的责任（另见 **J 7/82**，OJ 1982，391；**J 9/86** 和 **T 381/93**）。

在 **J 27/88** 中，委员会认为争议案件中的负责人既不是申请人，也不是欧洲代理人，而是**美国专利律师**，他是申请人的授权代表并且被合理赋予了采取所有合理措施的权利。未遵守原因的消除日期为美国专利律师意识到疏忽行为之日。在本决定中，委员会表示未遵守原因消除的生效日并不一定是疏忽行为被发现的日期，而是注意到所有应尽责任应被发现的日期（另见 **T 315/90**）。

在 **J 27/90**（OJ 1993，422）中，申请人是一家美国公司，通过一般授权恰当指定了一名专业的欧洲代理人作为代表（EPC 1973 细则第 101（2）条）。对于续展费缴纳，上诉人使用了一家计算机服务公司，即所谓的“续展费缴纳代理所”。在专业代理人收到的 EPC 1973 细则第 69（1）条规定的通信中，上诉人被告知续展费及额外费用未能按时缴纳，申请被视为撤回。委员会认为在缺少相反情况时，根据 EPC 1973 细则第 69（1）条向专业代理人发送的通信消除了未遵守的原因。这也适用于各方通过其（国家）专利律师向欧洲专业代理人作出指示的情形。任命一家独立的服务公司缴纳续展费并不会构成相反的情况。

在 **J 16/93** 中，委员会表示，由于欧洲专利的申请人和专业代理人之间的合同关系（存档的专利申请文件对此有明确的授权），专业代理人负责遵守所有根据 EPC 1973 加诸其客户的义务。因此原则上，根据 EPC 1973 细则第 69（1）条向该代理人发送的通信消除了未遵守时限的原因。然而，如果发生例外情况，未遵守时限的原因可能仍会持续，即使申请人的代理人得到了由此导致权利损失的适当通知。这是一个混合各种情况的案例，其中既不能归责于申请人也不能归责于其代理人，尤其是事情起因于申请人及其代理人均搬到了新的地址，而申请欧洲专利权的公司负责人生了病，这使得专业代理人不可能即时联系到申请人。复杂的情况阻止了代理人实施疏忽的行为——缴纳第三年的续展费——因为他们没有收到预付款。对于授权并未对此作出明确约定以及为此并未收到任何款项的代理人，没有代表客户从自己口袋里掏钱垫付款项的义务。

在 **T 840/94**（OJ 1996，680）中，委员会指出，根据上诉委员会既定判例法，未遵守原因的消除发生于申请人或其代理人本应发现错误发生之日。委员会也评述道，EPO 已经像 EPC 1973 细则第 81（1）条规定的那样通知了欧洲代理人。如果一方指示授权代理人不再传递来自 EPO 的任何通信，那么就不能指望通知给欧洲代理人和必须推进程序的信息不足的事实。类似地，在 **T 812/04** 中，委员会认为，为了证明上诉不再受限作出未履行行为的时间点，需要考虑的人为正式委任的代理人。

在 **T 32/04** 中，委员会认为未能恰当进行申请转移备案的情况下，对 EPO 负责的人仍旧是申请人或其代理人。因此在未进行此项备案的情况下，申请人声称申请转移给第三人构成了“他人之间的行为”，即处于申请人和 EPO 的法律关系范围之外。

（c）视为通知的法律假定

委员会在几个决定中解释了，决定性因素在于实际收到 EPC 1973 细则第 63（1）条（EPC 细则第 112（1）条）规定通信的日期。

在 **J 7/82**（OJ 1982，391）中，委员会认为在一个案件中，如果收到通知与未遵守时限的原因消除的时间有关，那么具有重要意义的日期就是申请人**实际收到通知的日期**。在 **J 22/92** 中，委员会强调，未遵守原因的消除是一个事实问题，因此必须建立在排除合理怀疑的基础上。根据 EPC 1973 细则第 78（2）条（在 1973 年版本中直到 1998 年 12 月 31 日才生效）情况并不是这样，当已经派件并且缺少证据证明已经收到时，通知仅仅被视为已经作出。因此，委员会认为，上诉人的委托代理人首次意识到已经错过时限之日作为未遵守原因消除之日时，就产生了这个日期（见 **T 191/82**，OJ 1985，189）。

在**T 428/98**（OJ 2001，485）中表明，如果EPO通信通知申请人已经错过时限，未能完成EPC 1973第122（2）条第一句意义上的疏忽行为的原因通常在申请人真正收到通信之日就被消除了，只要未能完成该项行为纯粹归因于先前未曾意识到行为没有完成。EPC 1973细则第78（3）条规定（在1973年版本中直到1998年12月31日才生效，现为EPC细则第126（2）条）的视为通知的法律假定对于未遵守原因的消除日期没有影响，即使这对申请人不利，因为收到通信的实际日期早于根据EPC 1973细则第78（3）条计算的日期（另见**T 1063/03**）。

然而在**J 11/03**中，委员会同意了上诉人的意见，即未遵守原因的消除在根据EPC 1973细则第78（2）条视为通知之前并未发生，因为没有迹象表明在该日之前已经收到关于权利损失的通信（另见**J 10/99**）。

3.2.2　未遵守的时限届满日后1年的时限

权利恢复请求仅在未遵守的时限届满日后1年内是可接纳的（EPC 1973第122（2）条第三句；EPC细则第136（1）条第一句）。根据EPC细则第136（1）条第三句，权利恢复请求在规定的费用缴纳之前不会被视为已经提交。

在**J 16/86**中，委员会判定权利恢复请求在未遵守的时限届满日后超过1年提交的，无论延迟提交的理由是什么，都是不可接纳的（另见**J 2/87**，OJ 1988，330；**J 34/92**）。

在**J 6/90**（OJ 1993，714）中，陈述理由书在EPC 1973第122（2）条第一句规定的1年期限届满后立即提交，且在EPC 1973第122（2）条规定的本案中较晚届满的2个月期限内提交。法律上诉委员会指出1年的期限用于提供法律确定性。如果这一期限已过去，任何一方都能够确信地假定因为未遵守时限要求而导致无效的专利申请或专利不会再产生效力。然而，如果第三方通过检查文件注意到权利恢复申请已在1年时限内作出，那么他就会拥有足够的注意。委员会总结如下：要在未遵守的时限届满后1年内作出有效的权利恢复请求，那么如果档案中包含明确记录在案的目的描述，任何第三方均可据此推断出申请人正在努力维持专利权申请，这就足够了。（另见**T 270/91**、**T 493/95**、**J 6/98**）。

在**J 6/08**中，权利恢复费直到1年期限届满后才缴纳。委员会援引判例法（**J 16/86**，**J 34/92**，**J 26/95**，OJ 1999，668；**J 6/98**，**J 35/03**）认为，1年期限承担着截止日期的功能，目的在于在合理的期限内确保对公众的法律确定性以及EPO程序上的完整性。

然而，就本案的具体情况来看，委员会认为并未排除权利恢复的可能性，因为权利恢复的条件——在1年期限内缴纳权利恢复费——未能及时得到满足的事实大部分归咎于EPO 自身。EPO 未能履行其责任提供说明或建议，当考虑合法期望保护原则时，在1年内提交的权利恢复请求能够被作有效的，即使权利恢复费在1年期限届满后才缴纳。本案中，请求人当作未遵守时限的情况没有发生的权利比EPC 1973 第122（2）条第三句规定的1年期限意图保护的第三方法律确定性上的利益更重要。

在**J 12/98**中，上诉人上诉的主要争论点看起来是，在EPC 1973 第122（2）条第三句“未遵守的时限届满后1年内”这一表述应解释为“在申请人已经知晓未能遵守时限的情况发生后1年内”。正如委员会指出的，这种解释看起来会使EPC 1973 第122（2）条第一句和第二句所指计算2个月期限的起算点与EPC 1973 第122（2）条第三句计算1年时限的起算点相同。因此根据委员会的观点，这种解释会使EPC 1973 第122（2）条第三句丧失相应的功能，在某一日期起2个月内所做的事情必然在该日起1年期限内已经做了。在委员会看来，这样的理解违背了一般解释原则。

3.3　补偿疏忽行为

疏忽行为必须在未遵守的原因消除日起2个月内实施（EPC 1973 第122（2）条第二句；EPC 细则第136（2）条）。

根据**T 167/97**（OJ 1999，488），EPC 1973 第122（2）条第二句要求默示完成的行为同样必须满足EPC 的要求——本案中上诉理由陈述书根据EPC 1973 第108 条最后一句是可接纳的。而随权利恢复请求提交的理由陈述书对于宣布上诉可接纳性是不充分的，权利恢复的请求本身必定会被宣告是不可接纳的。

3.4　申请的提交和证明

根据EPC 细则第136（1）条第一句（EPC 1973 第122（2）条），权利恢复申请必须在未遵守时限的原因消除后2个月内以书面方式提交（援引EPC 细则第136（1）条第二句的特定案件除外）。根据EPC 细则第136（2）条（EPC 1973 第122（3）条），申请必须陈述据以作为基础的理由，并需阐明所依赖的事实。委员会认为有关可接纳性和意见递交的要求都必须考虑（另见下文7.1）。在**T 1465/08**中，委员会表示，缴费的简单事实一般来说并不会构成请求的提交。就权利恢复请求来说，仅仅缴费还不够并且没有满足EPC 细则第136 条的要求。根据上诉委员会既定判例法，这些规定（指EPC 1973 的规定，但此方面保持不变）一致地解释为下述含义，即至少包含申请所依据的核心事实的理由陈述书必须在规定的时限内提交（**J 18/98**）。仅仅依靠一般陈述而没有包含具体事实的申请将因证明不足而不予受理（**J 19/05**）。

在**T 13/82**（OJ 1983，411）中，委员会认为，只有在阐述和证明事实清楚地表明申请人已经采取了情况所要求的应有的谨慎去遵守时限，申请人才会得到适当的支持。委员会认为，通过**阐述和证明事实**，必须使最终案件至少具有这样的可能性，即助理作出的错误行为或疏忽是未能满足时限要求的原因。仅有该可能性并不足以为申请人开脱（**T 715/89**）。

在**T 287/84**（OJ 1985，333）中，委员会裁决，如果最初提交的书面申请不包含所依据的事实，但能够与包含上述事实的进一步文件放在一起阅读，而进一步文件是在申请提交的期限届满前提交的，那么权利恢复申请就可视为符合必须阐述所依据的事实的要求（EPC 1973 第122（3）条）。

在**T 324/90**（OJ 1993，33）中，委员会认为证明申请所阐述事实的**证据**可以在 EPC 1973 第122（2）条设定的2个月时限届满后提交。只有理由和事实陈述必须在2个月期限内提交。没有必要在权利恢复申请中表明所依据的事实得以证明的方式（例如诊断书、宣誓证词等）。如果要求的话，这样的证据可以在时限之后递交（另见 **T 667/92** 和 **T 261/07**）。

在**J 19/05** 中，委员会认为，根据 EPC 1973 第122（3）条第一句，权利恢复申请必须得到充分的证实，以确保能够排除任何后续引入新理由的可能性。依赖于一般陈述而**不包含具体事实**的权利恢复申请被认为不满足证明的要求，因此会以不予受理为由而被否决。本案中，上诉人的权利恢复申请以纯粹一般术语进行表述，不包含确认未遵守理由的具体事实、事件的时间次序或者有关人员未缴纳续展费的作为或者不作为背后的原因，也没有在代理人的后续文件中通过事实陈述弥补证据的不足。文件中给出的未遵守理由，即“误解”，是没有事实依据的，就像主张“传输错误”一样，因为没有解释是谁误解了什么以及什么时候发生的。

在**J 8/95** 中，上诉人辩称，EPC 1973 第122（3）条的德语版本没有规定在 EPC 1973 第122（2）条设定的时限内必须提交权利恢复申请的理由陈述书。在本案中，法律程序的语言是德语，因此很明显决定必须基于德语版。然而委员会裁决，EPC 1973 第177（1）条假定了统一的立法意图，而这种意图只有在所有 EPC 1973 的三种文字基础上才能确定（另见 **T 324/90**，OJ 1993，33）。

在**J 26/95**（OJ 1999，668）中，申请人错过了届满日彼此独立的两个时限，每一个都导致了申请被视为撤回。委员会认为在这一事件中，必须就每一个未遵守的时限提交权利恢复申请。如果两个不同的时限都被错过了，那么权利的丧失只有在下述情况下才能被克服，即如果申请人**就两个时限**都表明 EPC

1973第122条所有对请求可接纳及有根据的要求都得到了满足，包括EPC 1973第122（3）条第二句规定的两种费用的缴纳。

3.5　权利恢复申请中的缺陷修正

在**T 14/89**（OJ 1990，432）中，委员会指出，规范EPO和有关各方之间法律程序的诚信原则，要求申请人将注意力集中到权利恢复申请的**明显容易修正的缺陷**上（例如本案中：费用未缴纳和证据未提供），如果缺陷的修正能够预期在EPC 1973第122（2）条规定的2个月恢复原状时限内完成。

如果EPO未能在2个月时限内发出通信，则随后必须发出通信并设定新的时限。对于在该设定的时限内修正了缺陷的行为，就被视为在EPC 1973第122（2）条意义上已经及时履行。这个判例法由法律上诉委员会在一个类似的案件**J 13/90**（OJ 1994，456）中进行了确认。在**J 34/92**中，委员会却指出，这仅适用于非绝对时限。

在J 41/92（OJ 1995，93）中，委员会认为，EPC使用者不能仅仅通过要求EPO提醒他们程序进行过程中可能出现的缺陷，推诿他们自己遵守EPC 1973的规定的责任。然而，如果缺陷是EPO轻而易举就可发现的并且在时限内能很容易地修正，则诚信原则要求EPO签发一份警示通知（下述**T 14/89**，OJ 1990，432和**J 13/90**，OJ 1994，456）。尽管基于诚信原则，EPO可能有义务在具体问题上提供信息，但是任何一方不能指望EPO就程序进行过程中发生的缺陷给予的警示通知（参见**J 12/94**；另见第6章A.2.3，“关于合法期望保护下EPO责任的界限问题”）。

4. 根据EPC第122（4）条和EPC细则第136（3）条被排除在权利恢复之外的时限

根据EPC第122（4）条和EPC细则第136（3）条，同样根据EPC 1973第122（5）条，某些时限被排除在权利恢复之外。虽然新法案的规定表述不尽相同（参照进一步处理适用的期限），但大多数除外情况都继续适用。一个主要的例外情况是**优先权期限**（EPC第87（1）条）。根据新法案，优先权期限的权利恢复是可能的（受限于EPC细则第136（1）条第二句规定的条件）。对EPC的这一修正没有对EPC 1973第122（5）条进行解释的意思，EPC 1973第122（5）条明确排除EPC 1973第87（1）条规定的时限适用性，而且也没有就此留下解释的余地（参见**J 9/07**）。

然而，权利恢复继续被排除了适用于缴纳**申请费**、**检索费**、**指定费**和**审查费**的时限以及提交审查请求的时限的可能性（另见OJ SE 4/2007）。

因此 **J 11/86** 中作出的决定继续适用。委员会认为，没有及时缴纳申请费、检索费、指定费的欧洲专利申请被视为撤回（PEC 1973 第 90（3）条和第 91（4）条）。没有缴纳这些费用不构成 EPC 1973 第 91（2）条规定的可修正缺陷，EPO 必须给予申请人机会去修正该缺陷。因此，上诉人无法就 EPO 未签发提示通知而获得任何权利，而且无论这样的提示通知是否发出，EPC 1973 第 122（5）条都排除了权利恢复的适用性。

EPC 1973 第 122 条的规定并不适用于 EPC 1973 第 122（2）条提到的时限（**T 900/90**）。关于权利恢复请求时限（EPC 第 122（4）条，EPC 细则第 136（3）条），权利恢复的例外情况同样保持不变。

在 **J 12/92** 中，法律上诉委员会判定，就 EPC 1973 第 121（2）条第二句规定的时限请求权利恢复是可能的（参见 **J ../87**，OJ 1988，323；**J 29/94**，OJ 1998，147）。因为根据 EPC 第 121（4）条排除了进一步处理请求的时限，根据 EPC 2000，权利恢复的情况继续如此。

然而，根据进一步处理和权利恢复间的新关系、进一步处理的较宽范围以及 EPC 1973 细则第 85a 条和第 85b 条的有关删除，**EPC 1973 细则第 85a 条和第 85b 条**规定的宽限期问题的判例法现在被废除了。这个判例判定，就正常时限内未缴纳某些费用而确定的明示例外情况，也适用于 EPC 1973 细则第 85a 条和第 85b 条规定的宽限期内没有缴纳的情况，理由显而易见，要允许权利恢复适用于未遵守的宽限期，就要允许规避 EPC 1973 第 122（5）条中包含的明确禁止（参见 **J 12/82**，OJ 1983，221；**J 18/82**，OJ 1983，441；**J 11/86** 和 **G 3/91**，OJ 1993，8）。

在 **J 8/94**（OJ 1997，17）和 J 25/94 中，委员会确认了与 EPC 1973 细则第 85b 条新版本有关的判例法，新版本自 1989 年 4 月 1 日开始生效（参见 OJ 1989，1）。

下面概述的关于 EPC 1973 第 122（5）条规定的 **PCT 时限例外情况的**判例法同样被新法案废除。鉴于 EPC 1973 细则第 85a 条的删除、进一步处理的较宽范围以及明确界定的进一步处理和权利恢复间的关系（EPC 第 122（4）条第二句和 EPC 细则第 136（3）条），所涉及的争议不再出现（该判例法的详细资料参考第 5 版）。

在 G 3/91（OJ 1993，8）中，上诉扩大委员会认为，与早期裁决相反，如果欧洲—PCT 申请人未遵守**缴纳国家费、指定费或检索费**的时限，那么比起欧洲申请人，他们将不再被赋予权利恢复的权利。

在 **G 5/92** 和 **G 6/92**（OJ 1994，22 和 25）中，上诉扩大委员会裁决，EPC 1973 第 94（2）条规定的时限因此被排除了权利恢复的适用，无论申请人选择“直接”欧洲申请路径还是欧洲—PCT 申请路径（另见 **J 5/04**）。

在 G 5/93（OJ 1994，447）中，扩大委员会补充道，欧洲—PCT 申请人在 EPC 1973 细则第 104b（1）（b）（iii）条（在 2000 年 3 月 1 日之前有效的版本）中规定的**权利要求费**的缴纳时限能够适用权利恢复，因为欧洲申请人并未直接在 EPC 1973 细则第 31 条规定的相应费用缴纳时限上被 EPC 1973 第 122（5）条排除权利恢复的适用。

在 **J 13/03** 中，委员会否决了上诉人就 EPC 1973 第 122（5）条是否适用于进入地区阶段将再次提交上诉扩大委员会复核的 PCT 申请问题提出的请求。

在 **T 227/97**（OJ 1999，495）中，委员会指出时限仅可能通过 EPC 1973 第 122（5）条明确排除适用。委员会指出，没有任何立法意图假定要将 EPC 1973 细则第 28（2）条规定的时限排除在 EPC 1973 第 122（6）条规定的权利恢复之外。公众的保护由 EPC 1973 第 122（6）条进行保障。委员会还认为，根据 PCT 第 48（2）（a）条，未在 PCT 规定时限内实施某一程序行为的欧洲—PCT 申请人可以利用 EPC 1973 有关权利恢复的相关规定（EPC 1973 第 122 条)，在所有情况下欧洲申请人也可以直接在未遵守相关时限时借助上述规定。委员会得出结论，EPC 1973 第 122 条的规定适用于 EPC 1973 细则第 28（2）（a）条设定的时限以及 PCT 细则第 13 之二第 4 条设定的同等时限。

在 **J 1/03** 中，上诉人请求对 PCT 细则第 4.9（b）（ii）条规定的时限授予恢复原状的权利。然而委员会指出，实际上 EPC 1973 中没有与 PCT 细则第 4.9（b）（ii）条规定时限相应的时限。因此，在 **G 3/91** 的含义范围内，没有 PCT 规定的相同时限，仅有一个具有可比性的时限。委员会没有对本案中 EPC 1973 第 122（5）条的申请作出终局决定，因为就本案的情况不能授予权利恢复。

5. PCT 申辩程序中有关时限的权利恢复

PCT 第 48（2）（a）条表示，就任何缔约国而言，只要存在其国内法律允许的理由，都应当原谅满足任一时限的延误。当满足必要的条件时，PCT 第 48（2）（a）条就涵盖了有关权利恢复规定的适用性。因此，未在 PCT 规定时限内实施某一程序行为的欧洲—PCT 申请人，可以利用 EPC 1973 关于权利恢复的相关规定，在所有情况下欧洲申请人也可以直接在未遵守相关时限时借助上述规定（参见 **G 3/91**，OJ 1993，8）。

在 **W 4/87**（OJ 1988，425）中，委员会裁决，如果 PCT 细则第 40.2（c）条规定的支持申辩的理由陈述书递交迟延，就可以递交权利恢复申请，因为 EPC 1973 第 122 条和 PCT 第 48（2）条可结合适用。

在 **W 3/93**（OJ 1994，931）中，权利恢复请求意在使申辩能被视为已经在ISA根据PCT第17（3）（a）条和PCT细则第40.1条确定的时限范围内提交以实质上进行申辩审查。

委员会认为，通过与上诉扩大委员会在 **G 5/83**（OJ 1985，60，理由第5点和理由第6点）中确立的解释EPC 1973的原则进行类比，PCT第48（2）条应当解释为如下含义：如果在满足PCT细则第40.3条设定时限上发生了迟延，可以与未遵守PCT或者EPC 1973规定的其他类似时限的情况一样，适用相同的法律救济手段（另见 **W 4/87**）。委员会表示当准予权利恢复时，可恢复到未遵守时限后权利丧失通知之前的状况。上诉委员会所作的基于未遵守时限的决定因此变得无效，即使这是终局决定。换句话说，权利恢复的准予破坏了决定的法律有效性，因此不需要对该决定进行相应撤销或修正。结果是，申辩可予受理并且须依据其本身的情况进行审查。

6. 法律程序的各方

在 **T 552/02** 中，上诉人（所有人）称应诉人不应是权利恢复申请有关法律程序的一方。该主张实质上是基于指南E－VIII，2.2.7（旧版本）中的段落，其内容如下："只有在申请被否决的情况下，才需要陈述权利恢复决定的理由。这在异议程序中同样适用，因为异议人不参与权利恢复程序。"他们进一步认为，如果委员会对于EPC 1973作出了与指南中的规定不同的解释，则RPBA 2003第15（2）条规定委员会有义务陈述理由。

对于后一点委员会表示，（a）委员会成员不受任何指示的约束，仅须遵守EPC 1973的规定，这意味着委员会不受指南的约束，而且（b）RPBA 2003第15（2）条并未要求委员会陈述偏离指南的理由，而只是简单地规定"如果委员会认为（其）决定按照此类理由会更容易理解，那么委员会应陈述如此决定的理由"。

根据委员会意见，对权利恢复申请给出的回复对于应诉人非常重要，因为它影响上诉的实际可接纳性并因此影响异议部撤销争议专利的决定的可复核性。据此委员会推断，接纳一个既涉及上诉人利益又涉及应诉人利益的决定却没有给予应诉人呈递意见的机会，将违反EPC 1973第113（1）条。

在 **T 1561/05** 中，委员会得出同样的结论：EPC 1973第122条仅设定了请求人有关的规则。然而，这并不意味着在与当事方之间的异议或异议上诉程序相关发生的权利恢复程序中，请求人是唯一一方，其他人不具有当事方地位。

在相关的审查或异议程序范围内，权利恢复是独立的、正式设立的中间程序，涉及评估与某一决定有关的未遵守时限是否会导致不遵守此类行为的法律规定后果，或者如果请求人实施了情况要求的所有应有的谨慎，受限于时限的行为是否能被视为已经及时完成。因此，如果在多方诉讼的背景下提交了权利恢复请求，专利所有人和异议人也会成为权利恢复程序的当事方。在权利恢复法律程序中，请求的争议方根据 EPC 1973 第 113 条享有不受限制的陈述权。

7. 权利恢复申请的法律依据

根据 EPC 第 122（1）条，要使权利恢复得到许可，请求人必须表明尽管已经采取了情况要求的所有应有的谨慎，仍然错过了时限。

7.1　纳入考虑的递交材料

在 **J 5/94** 中裁决，可以扩充权利恢复请求所基于的理由，前提是完成了**及时**提交的递交材料，从而没有改变提交原始权利恢复请求的基础。

在 **T 324/90**（OJ 1993，33）中，委员会认为证明申请所阐述事实的**证据**可以在 EPC 1973 第 122（2）条设定的 2 个月时限届满后提交，只有理由和事实陈述必须在 2 个月期限内提交。同样在 **T 261/07** 中，委员会允许已经说明了其在 2007 年 4 月 2 日所知的全部相关事实的专利权人在 2007 年 5 月 31 日和 8 月 42 日给出进一步澄清事实的**证据**来为本案提供支持。

在 **J 18/98** 中，审查部否决了申请人的权利恢复申请。这一决定被提起了上诉。根据对 EPC 1973 第 122（3）条确立的既定判例法，委员会得出结论，**递交的事实只有在结合了上诉理由陈述的情况下**才能被予以考虑，因为上诉程序的功能仅仅是基于对一审部门早期决定的修正而作出司法裁决（**T 34/90**，OJ 1992，454）。在纳入考虑的递交材料基础上，委员会裁决申请人没有遵守其事实陈述和举证责任。助理已经得到认真的培训以及在随机抽查中证实助理是具有相关知识的、也是审慎的这种模糊陈述并不充分，因为没有就选择的条件、培训和抽查或者办公室运行模式给出进一步的详细资料。

在 **T 257/07** 中，委员会否决了上诉书提交时限的权利恢复，因为在 EPC 第 122（2）条规定的 2 个月内提交的权利恢复请求未能表明已经采取了所有应有的谨慎。仅在未遵守的原因消除后 1 年内，申请人有资格证明先前作出的某些陈述并增加先前未曾提到的新事实，尤其是关于档案和截止日期管理系统的事实。委员会从这些后续递交材料中发现，原始权利恢复请求仅对未遵守的理由、上诉怎样提交以及如何保证不犯错误给出了不完整的描述。

委员会认为这种疏忽不能通过进一步增加事实得到后续弥补，因为判例法只允许上诉人“递交用于明确在权利恢复申请中所阐述事实的进一步证据”（**J 2/86**，OJ 1987，362；**T 261/07**）。

7.2 没有能力遵守时限

在既定判例法下，未意识到时限届满被确认为时限遵守的一种障碍，非因自身错误导致的持续性财务困难也是如此。前者要与属于申请人或代理人的策略考量或者法律错误的故意行为区别开。

7.2.1 财务困难

在**J 22/88**（OJ 1990，244）中，法律上诉委员会必须解决在财务困难持续相当长一段时间的情况下EPC 1973第122条是否适用的问题。委员会参照"辅助解释方式"得出结论，非因自身错误经历的财务困难导致未遵守费用缴纳时限的，能够构成准予权利恢复的理由。准予请求的先决条件是申请人已经采取所有应有的谨慎努力获得财务资助。委员会还明确指出，要证明采取了"所有应有的谨慎"，当然必须清楚地证实财务困难是真实存在的，而且是超出申请人合理控制的情况造成的（另见**J 31/89**，**T 822/93**）。在**J 9/89**中，委员会指出，没有递交给委员会的证据证明上诉人或其代理人曾经在关键期寻找财务资助的努力。

在**J 11/98**中，PCT申请的第五次续展费没有及时缴纳，审查部根据EPC 1973细则第69（1）条签发了通信，说明根据EPC 1973第86（3）条申请被视为撤回。代理人请求EPO确认法律程序根据EPC 1973细则第90（1）（a）条或第90（1）（b）条（另见第6章D.3，"法律程序的中断"）被中断，并请求时限的权利恢复，理由是在1996年的相关时期，上诉人（专利申请人）一直在根据《美国破产法》第11章寻求保护。

委员会确认了审查部否决权利恢复申请的决定。申请人没有表明相关时间里一直缺少资金以致完全没有能力缴纳费用。只有后者的情况曾被委员会在一个例外案件中作为权利恢复的理由而接受。申请人递交的材料表明未缴纳第五次续展费不是因为完全没有能力缴纳，而是因为当时的商业优先事项，从而不能认为权利恢复是正当的。

7.2.2 策略考量

在**T 413/91**中，委员会表示，"没有能力"一词暗示一个客观事实或者障碍阻止了要求采取的行为，例如疏忽大意地将错误的日期输入监测系统。上诉人没有提交任何理由陈述书的理由是他们本来希望能够与所有人达成协议，但却没有实现。委员会表示这样的理由不能证明权利恢复的正当性，并指出这是一种非同寻常的司法救济方式。这没有给案件一方提供任何选择作为应采取适当行为的替代，也没有暗含消除任何**拟施行措施**重要影响的权利，即使这一措施后来证实是一个错误。有意选择不提交上诉理由陈述书的一方不能通过权利恢复请求这个不正当手段实现上诉复核。

在 **T 250/89**（OJ 1992，355）中，异议人主张他无法及时提交理由陈述书，因为他本来需要引用第三方保留的文件。委员会确认了早期决定中采取的立场（参见 **G 1/86**，OJ 1987，447；**T 287/84**，OJ 1985，333）。当判定是否已经采取了情况要求的所有应有的谨慎时，“所有”一词很重要，未遵守时限的行为必须是疏忽的结果，而不是应受责备的错误的结果。委员会驳回了权利恢复申请，理由是异议人拥有足够可自由支配的材料，能够根据 EPC 1973 第 108 条第三句和 EPC 1973 细则第 64 条及时拟定理由陈述书。

在 **T 1026/06** 中，在没有指定 DE 的情况下，上诉人的专利被授权（根据 EPC 1973 细则第 51（4）条的通信）。上诉人假定指定代号 DE 仍然保持有效且 EPO 会修正这个错误，因此在相关时限内没有对此提起上诉。当上诉人意识到了存在时限，但却因为对提交上诉的法律必要性问题理解错误而未能遵守它。

委员会对本案和 **T 413/91** 及 **J2/02** 中的情况加以区别，在上述另外两个案件中，委员会没有将有意允许时限届满的行为看作一种障碍。然而，这两个案件与本案不同，有关各方出于与法律程序无关的动机，已经有意地抑制了法律要求行为的实施，而本案的上诉人因为法律错误而未能提交上诉。尽管如此，委员会仍然否决了权利恢复申请，因为上诉人未能在未遵守原因消除之日起 2 个月内提交申请。

7.3　应有的谨慎的一般评述

7.3.1　简　　介

在很多决定中，委员会都对“情况要求的所有应有的谨慎”问题进行了判定。在考虑这个问题时，每个案件的具体情况都必须作为一个整体看待（**T 287/84**，OJ 1985，333）。

履行应有的谨慎义务必须考虑时限届满前所处的情况。换句话说，为了遵守时限所采取的措施应仅在当时适用的情况基础上进行评价（例如参见 **T 667/92**、**T 381/93**、**T 743/05**、**J 1/07**、**T 1465/07**）。

在 **T 30/90** 中，委员会认为，权利恢复申请的可准许性取决于上诉人和/或其代理人在相关决定之后的整个期间的行为是否反映“情况要求的所有应有的谨慎”。在这种关系上，“所有应有的谨慎”意指所有适当的谨慎，即**具有通常合理能力的专利权人/代理人**在当时的情况下会采取的尽可能多的谨慎。

在 **J 23/87** 中，委员会判定，根据 EPC 1973 第 122 条履行的应有的谨慎意味着，申请人在决定是否进行申请时，不能完全依赖于 PCT 官方和 EPO 在法律程序的不同阶段自愿提供的**信息**，相反必须确保正常情况下即使其迟延收到或者没有收到信息，也能够遵守 PCT 和 EPC 1973 的基本时限要求。

根据委员会的既定程序法，由于 EPC 规定的忽略或者**误解**并不构成权利恢复的正当性。这也适用于没有代理人的个人申请人（**J 2/02**）。关于纪律程序和欧洲资格审查的权利恢复，委员会在 **D 6/82**（OJ 1983，337）中判定，法律上的错误，尤其是时限通知和计算时限方面的法律错误，作为一般原则，并不构成权利恢复的理由。采取“情况要求的所有应有的谨慎”的义务意味着参加 EPO 法律程序或者与 EPO 有关的法律程序的人必须熟悉相关程序规则。

对于未遵守时限的原因涉及当事方打算遵守时限的实施过程中的一些错误的案件，判例法已经建立了准则，即如果未遵守时限的行为是由**例外情况**或者**在通常符合要求的监测系统内的个别错误**导致的，那么就视为已经采取了应有的谨慎（**J 2/86**、**J 3/86**，OJ 1987，362；**T 428/98**，OJ 2001，494 和 **T 785/01**；对于没有代理人的个人申请人需要满足的要求，另见下文 7.4.1b）。在后一种情形中，相关方必须表明系统通常运转良好（例如参见 **J 9/86**、**J 27/88**、**J 28/92**、**T 27/86**、**T 166/87**、**T 715/91**、**T 612/90**、**T 731/91**、**T 179/92**、**T 371/92**（OJ 1995，324）、**T 377/93**、**T 956/93**、**T 681/95**、**T 1062/96**、**T 186/97**、**T 428/98**（OJ 2001，494）和 **T 785/01**）。

7.3.2　例外情况

a）组织变动

在 **T 14/89**（OJ 1990，432）中，由于内部重组和迁移，EPC 1973 细则第58（5）条规定的通信被放入了错误的迁移箱，因此没有到达专利所有人的负责部门。

委员会认定，导致时限未遵守的这个事实构成了个别错误，这是公司组织无论如何精心都不能排除发生的可能性，因此满足了权利恢复的条件。

在 **T 469/93** 中，委员会认为，即使要履行“情况要求的所有应有的谨慎”义务，在**复杂的公司所有权转移**过程中也不能完全避免偶尔的错误发生。本案中的错误作为一个例外情况，错误的原因既然已经消除，上诉人权利恢复的请求被允许。

在 **J 13/90**（OJ 1994，456）中，申请人是一家雇用了约15名员工的小企业，正在与另一家公司进行收购谈判。在谈判过程中更换了律师，由于未能预见谈判失败，加上已经采取行动更换先前的律师，忽视了第四年续展费的缴纳。按照委员会的观点，这个特殊情形下的个别错误是可原谅的，因此权利恢复请求得到了准许。

在 **J 21/92** 和 **J 24/92** 中，申请人及其代理人（均为美国人）各自独立地更新了他们的**费用监测系统**。由于代理人不再负责缴纳上诉人的续展费，因此情况变得进一步复杂了。

在**T 369/91**（OJ 1993，561）中，相关情况涉及了从人工监测到**计算机时限监测**系统的转移。在这里“应有的谨慎”意味着确保在转移期间，处理各种案件的代理人被告知哪一个系统——人工还是计算机系统——已经产生了所说的提醒。只有那时他们才能够可靠地知晓是否以及何时可能会有进一步提醒。

在**T 489/04**中，委员会认为新计算机系统的安装不是非同寻常的情况。相反，委员会认为如果及时采取了适当的措施，则产生的员工责任就是可预见和可控的。

在**J 11/06**中，上诉人主张，由于美国代理人的免职和后续更换，产生了一些调整引起的混乱。然而，委员会指出，对于为什么这种调整会影响续展费的缴纳，上诉人没有给出详细说明。同样在**J 4/07**中，委员会认为不存在例外情况，因为代理人递交的材料不充分。

b）突发的严重疾病

在**T 525/91**中，委员会认为下述情况是可信的：突发的不能预见的疾病诊断书和急迫需要进行大手术的告知书不仅造成了上诉人的代理人的极度身体虚弱，而且造成了严重的心理压力。在这些情况下，由于诊断到入院之间只有较短时间（2个工作日）并且经证实秘书在其中一个工作日不在岗，必须承认即使诊断到入院期间，代理人也处于例外情形，阻止其将必要的注意力转移到迫在眉睫的时限以及采取必要的预防措施来确保遵守时限。在此情况下，委员会视为权利恢复的条件已经得到满足（另见**T1401/05**对**T 558/02**的引用）。

然而在这一背景下必须牢记的一件事是根据判例法对符合要求的时限监测系统的要求，该系统必须包括员工不在时的有效的员工替代系统。关于在大企业中的谨慎责任参见下述**T 324/90**；关于申请人的责任参见下述**T 1401/05**；关于经营一人办公室的代理人的责任参见下述**J 41/92**；以及关于个人申请人的谨慎责任参见**J 5/94**。

7.3.3 在符合要求的时限监测系统范围内的个别错误

a）一般原则

在通常符合要求的系统中的个别错误是可原谅的（例如参见**T 1024/02**、**T 165/04**和**T 221/04**）；上诉人或其代理人必须合理地表明用于监测EPC规定时限的有效系统在相关时间安置在办公室内（**J 2/86**、**J 3/86**（OJ 1987，362）和**J 23/92**）。

该系统有效运行很多年的事实就是一种很多决定中证明其通常情况下符合

要求的证据（参见 **J 31/90**、**J 32/90**、**T 309/88** 和 **T 30/90**）。在 **T 130/83** 中，委员会表示如果代理人已经建立了适当的提醒系统，为了确保在忙碌的办公室发生疏忽的后果，这种提醒机制本身就是代理人采取了谨慎的、强有力的初步证据（另见 **T 869/90**、**T 715/91**、**T 111/92**）。

然而在 **T 1465/07** 中，委员会不同意下述观点，即时限监测系统能够因为之前没有发生过问题而被认定为在通常情况下是符合要求的，因此即使存在疑问仍然认可已经采取了所有应有的谨慎。这种监测系统有效运行多年的证据会有助于支持通常情况下符合要求的性质认定，但是却会被这一性质的主要特征，例如独立的交叉核查缺失方面的证据抵消。在该案中符合要求的性质会被排除。

在 **T 580/06** 中，委员会必须对组织良好的系统中发生的未满足时限的个别情况作出裁决，即使未遵守的**原因**最终**仍是不清楚的**。上诉费没有及时缴纳，因为代理人的存款账户资金不足。EPO 能够证实已发送传真请求代理人补充账户资金并根据 ADA 第 6.5 点发出管理费账单，该传真已经进入代理人的事务范围。

代理人坚持认为，他对传真一无所知，但无法解释为什么错过了时限，也无法提供对其有利的相关证据，尽管他能够充分表明在他组织良好的办公室里先前从未发生过错过时限的情况。无法弄清楚在代理人事务范围内传真发生了什么的一个原因是他没有激活传真机的收件记录功能。委员会认为发现传真发生了什么问题的困难不能归责于代理人一方的应有的谨慎的缺失，也并非不符合这是一个在其他方面组织良好的系统范围内的个别错误的假定。尤其适用于下述事实，即代理人当时没有激活传真机的收件记录功能，因为该功能对于监测系统的组织没有重要意义。委员会因此认为没有理由推翻个别错误并不意味着有总体缺陷的组织这一判例法。

在 2002 年 9 月 3 日裁决的 **T 283/01** 中，委员会指出，申请人的系统对于处理有争议上诉来说没有良好的设计，与外部代理人的部分责任有关。**提交**和进行上诉的正常路径的偏离是申请人在本案具体情况下的有意决定。没有注意到提交上诉理由陈述书的时限是这种背离的结果。相反，委员会认为采取本案情况要求的所有应有的谨慎应当已经暗示了安装独立的控制机构、提供检测和纠正未注意和计算提交陈述理由书的时限的现实可能性。然而，从上诉人递交的这些事实可以清楚地看出，没有采取这样的措施。

在 **T 808/03** 中，委员会认为“通常可靠之人的个别错误”这一条件在本案中不满足，因为负责人在处理时限监测系统的提醒时已经发生了**第二次**错误。

在 **T 261/07** 中，包含被上诉决定的信件从来没有送达专利权人的中心知识产权部，而是仅被送达了负责在专利权人的场所接收和分发信件的中间传达部门。关于在建立适当监测收件的系统过程中采取所有应有的谨慎的问题，委员会认为，专利权人甚至不能说出信件签收人的名字，更别提证明某人对于他或她所受托的任务来说具有适当资格了。由于数据的例行删除，不能证明签收人及时将信件适当地输入了收发室的数据库，也不能证明其他在收发室工作的人和可能将信件从收发室取出送到中心知识产权部的人是经过恰当选择和培训的。进一步说，没有进行有效的交叉核查。这样一个保障系统本会要求收发室数据库和中心知识产权部数据库之间进行定期比较，以发现不符之处。

在 **T 473/07** 中，委员会认为代理人仅核查记录员输入的日期，并依赖计算机系统由此计算产生的时限，这种做法不能排除错误。现代真实的办公室包含计算机系统，但**程序缺陷**也是现实中众所周知的一部分，并不能被完全排除。因此，完全依赖计算机程序产生的时限，甚至不进行真实性检查，这不满足所有应有的谨慎的要求。

b）小企业/小公司

在 1988 年 5 月 16 日的 **T 166/87** 中，委员会认为，在一个特定办公室里，为了确保例如费用缴纳等程序行为及时完成所使用的具体安排，是否满足 EPC 1973 第 122 条“所有应有的谨慎”的要求，这个问题必须依靠每个案件的独立情况进行判断（**J 9/86**）。在委员会看来，必须考虑在正常运转期间，系统是否是合理的且通常符合要求的，并据此确认申请人在努力遵守所述时限的过程中，采用了“情况要求的所有应有的谨慎”。委员会认为，在一个相对比较小的办公室，通常以有效的个人方式运作，雇用通常可靠的员工，尤其是与上诉费等一次性缴纳款项相关的交叉核查机制完全可以看作一种冗余。

在 **J 31/90** 中，委员会认为，虽然决不能认为这种系统是完美的，但在本案的特殊情况下，却通常被看作符合要求的。然而委员会强调，由于代理人及其秘书工作的具体条件，这种系统只能如此看待。超过 10 年的时间单独在一个小办公室里共同工作，他们已经建立了良好的工作关系和相互信任。委员会认为该系统在相当长一段时期内运转良好。这种体制有效运转多年的事实就是其通常符合要求的证据（另见 **J 33/90**）。

在 **T 73/89** 中，委员会驳回了权利恢复申请，为了适当地运作，通常符合要求的日志系统要求有合格的律师进行检查，确认在具体案件中是否有必要或有可能进行扩展；在本案中没有进行这样的检查。

在 **T 428/98**（OJ 2001，494）中，委员会强调了在 **J 31/90** 和 **T 166/87** 中裁决的例外性质，并称根据上诉人递交的材料，其代理人办公室配备了 2 名专利代理人、2名律师、1名部分合格的专利律师（专利评审员）以及1名法学毕业生，也就是说共有6个人在他们的专业能力范围内处理有关的知识产权案件。这些案件都受时限的约束，如果错过时限就会对客户直接产生消极的法律后果，因此在这样一个办公室里，时限监测在重要性和等级两个意义上都是主要任务。委员会因此认为交叉核查机制是必不可少的。

在**J 11/03**中，委员会确认，一般来说对于一个有效的时限监测系统，其组织要求受限于企业规模和性质以及要监测的时限数量等因素。在某些情况下，对于雇用通常可靠的员工并且以有效的个人方式运作的小企业来说，交叉核查机制可以看作没有必要的，但是对于拥有自己的专利部门的大公司来说则不是这样（**T 166/87**）。上诉人是一家很小的企业，有一个实质上仅由商务经理和簿记员两个人组成的商业部。对于涉案申请，一张待付款清单和一个付款时间表被交给了商业部。簿记员通常情况下在工作当中是非常正确的和认真负责的。委员会认定，在此情况下，在没有损害系统功能的情形下，实际已支付款项的额外核查可能被视为没有必要的。

在**T 1260/04**中，阐述上诉理由的陈述书被视为没有收到，因为它仅以电子方式提交。然而，上诉人的权利得以恢复，因为委员会相信，未遵守时限的行为代表了一个符合要求的时限监测系统内的个别错误。代理人的办公室通常采用以下做法：为了确保文件具有一致性的内部电子记录，所有通信都被以电子方式发送给EPO，但是在EPO仍要求提供纸质副本的情况下，会以传真或快递方式发送确认副本。现有摘要记事系统忽略了“十日规则”。阐述上诉理由的陈述书在2004年10月7日以电子方式提交。上述理由的纸件形式的提交被代理人在内部截止日2004年10月8日前记录在摘要记事系统中。由于代理人的工作延迟，以为2004年10月18日时限才会届满，于是他决定在稍晚日期发送纸质副本。由于随后一周的疏忽，纸质副本没有按计划以传真方式发送。委员会认为在本案中，这是由于例外情况引起的个别错误。

在**J 41/92**（OJ 1995，93）中，法律上诉委员会认定，在任何情况下，一个审慎勤勉的专业代理人都要将他或她可能生病并有一段时间无法注意到时限这种情况纳入考虑的预期。因此，如果一个专业代理人运作一个一人办公室，则要制定适当的规定，这样才能在因为生病而不在办公室的情况下，仍然能够确保在**其他人的帮助**下遵守时限。如果在代理人的办公室没有代替者或者助理，例如与同行或者专业协会合作等可以达到这样的目的。

在**T 1401/05**中，委员会遵循了决定**T 324/90**、**J 41/92**和**J 5/94**，认为有必要**针对**负责时限监测的人员因生病而**不在办公室**的情况制定**合理的规定**，除非在案件的具体情况下，这样的规定会被认为是一种不当负担。只有制定了必要的规定，时限监测系统才有可能被视为“通常符合要求的”（参见 **T 324/90**），这是认定应有的谨慎以及将生病视为没有满足截止日期要求的理由的一个条件。

对于具体案件中备份的必要性，委员会认为要遵守的时限数量比较小（上诉人每年仅提交几个专利申请）是有关联的。根据这些情况，委员会认可没有必要为了满足应有的谨慎的标准，而就负责时限监测的唯一一名员工不可预见的 2 天生病而制定特别的规定；更进一步说，没有必要指派其替代者。委员会进一步认定，在上诉期限的最后 2 天负责时限监测的员工忽然经受了不可预见的疾病，当他在时限最后 2 天等待给出指示时即履行了实施应有的谨慎的义务。

c）大企业/大公司

在 **J 9/86** 中，委员会的观点是，在一个有大量日期需要在任意给定时间进行监测的大企业里，通常期望在系统中设定至少 1 次有效的交叉核查（**T 223/88**、**J 26/92**、**T 828/94** 和 **T 808/03**）。

在 **T 828/94** 中，委员会指出，监测系统应当包括**独立的交叉核查**，以防止代理人和技术助理之间产生误解，以为上诉书会由其他人及时准备和提交，例如一个独立于代理人和助理的负责核查的人。委员会指出，由于两个人负责同一个档案，结果可能产生误解时，因此助理应当就后续如何推进获得明确的指示。

关于独立交叉核查机制的必要性及其应当采取的形式问题，另见 **T 428/98**（OJ 2001，494）、**T 1172/00**、**T 785/01**、**T 36/97**、**T 622/01**、**J 1/07** 和 **J 13/07**。在 **T 257/07** 中，委员会强调，独立的交叉核查必须包括**另一个人**或者一个自动化系统来提醒另一个人。

在 1998 年 5 月 12 日的 **T 686/97** 中，委员会评述道，为了确保遵守 EPC 的其他程序规则，通常符合要求的提醒系统，对于职能是根据 EPC 规定作出司法终审的委员会来说，在上诉的背景下是不符合要求的。委员会认识到，行政部门的具体职能，尤其是仅限其对相关规则和时限的严格的非解释性应用，当时和现在都是切实可行的，因此认定是通常符合要求的。然而委员会指出，权利恢复的申请人，即企业专利部门使用的提醒系统，单纯依赖于各种 EPO 表格和/或官方公报上发布的通知中所包含的相关时限的明确和遵守。因此，提醒系统包括一个即使不是压倒一切的也是很重要的反应部件，而且相应地缺少对内部法律分析和后续的行政措施的依赖。“多余的”或者“故障保护系统”的提供是公司部门通常符合要求的提醒系统的重要组成部分。未就提交上诉理由陈述书适用的时限对负责的专利权律师提供行政提示，是与通常符合要求的系统的运作不相容的，因此也是与EPC 1973第122（1）条意义上的所有应有的谨慎的实施不相容。

在**T 324/90**（OJ 1993，33）中，委员会认为在大企业里，由于存在相当多的截止日期需要在任意给定时间进行监测，通常期望至少有一个在员工生病或者通常不在情况下的**有效的员工接替机制**，以确保官方文件（例如EPO决定等执行程序步骤期限的文件）得到适当的遵守。从本案递交的事实来看，不得不得出结论，没有对负责监测时限的员工的非预期不在的情况采取适当的防范措施。

在**T 677/02**中，委员会裁决，如果当一个大企业实际负责的代理人**工作时间不足**时，没有指定对时限监测系统的时限输入进行交叉审查的副手，那么这个大企业就没有实施“情况要求的所有应有的谨慎”。

7.4 要求实施“应有的谨慎”的人员和关于“应有的谨慎”的要求

基本上是由申请人（专利所有人）来表现应有的谨慎。如果第三方代其行事，那么申请人必须接受第三方代表其所做的行为（参见**J 5/80**，OJ 1981，343）。“应有的谨慎”义务的评估不尽相同，取决于是申请人、其代理人还是助理。

7.4.1 申请人“应有的谨慎”

a）一般原则

在**J 3/93**中，委员会判定，实施EPC 1973第122条规定的“所有应有的谨慎”的职责首先且最重要的是适用于申请人，其次是借助其委派书中指定的代表，适用于授权在EPO程序中代表申请人的专业代理人。代理人已经采取正确行为的事实并不能使其客户免于承担自身错误甚或过失的后果（另见**J 16/93**、**J 17/03**）。

在**T 381/93**中，上诉委员会评述道，申请人有权信赖其适当授权的专业代理人来处理EPO程序有关事宜。然而，委员会认为，就申请人收到通知称没有满足时限要求，和/或要满足时限要求作出指示来说，申请人有责任在此情况下采取“所有应有的谨慎”以满足时限要求。

在**J 22/92**中，委员会认为，为PCT申请而指派了美国律师的申请人有权相信通信副本也已经被发送给了美国律师。委员会引用适当比例原则表示，由于充其量可以看作很小的程序不规范造成了专利申请失败，这在另一种意义上看起来是一种极端严重的结果。委员会认为，在所述案件中，要考虑的“应有的谨慎”实际上不是期望专业代理人做的，而是期望没意识到程序进程的申请人做的。

b）无代理人的个人申请人

在 **J 5/94** 中，委员会考虑到上诉人是个人申请人，他没有指派代理人，既不熟悉公约的要求，又没有设立协调确保程序截止日期得到满足的办公机构。委员会指出在这样的案件中，不能适用与要求专业代理人或者大企业专利部门的同样的注意**标准**。

同时，个人申请人也承担着在程序进行过程中实施“应有的谨慎”的义务。相应地，当不使用专业代理人的服务时，个人申请人必须自己采取所有可能的措施，以确保在授权程序中无论要求什么，都能适当和及时地进行，防止任何权利丧失。他没有权利以不知道法律为借口，也没有权利不做任何从遵守时限来看合理预期由其完成的行为（**J 5/94**、**J 27/01**、**T 671/02**、**J 2/02**、**J 6/07**、**T 493/08**）。

在 **T 601/93** 中，上诉人没有意识到需要在时限内提交理由陈述书。委员会认为，考虑到 EPC 1973 第 108 条的明确规定，任何可能导致上诉人相信无须遵守要求的法律上的错误，都会排除“应有的谨慎”的适用（有关没有代理人的个人申请人的**法律错误**，另见 **J 2/02**）。

在 **T 122/91** 中，委员会认为，如果办公室负责人出去度假，却没有告知其助手由于涉及时限而要求予以即时注意的事务，则没有实施应有的谨慎。

c）使用未授权的代理人

在 **J 23/87** 中，申请人没有在 PCT 第 22（1）条和 EPC 1973 第 158（2）条规定的时限内提供国际申请的译本。上诉人，一家财力有限的日本小企业说，咨询了一位没有 PCT 事务特定知识的日本律师，而这位日本律师错误地告知上诉人，“指定国的申请可在 PCT 申请日后 20 个月内进行”（而不是正确的说法“优先权日”）。由于这一错误加上没有收到官方信息，上诉人没有意识到需要在相关时间向 EPO 采取某些行动。委员会认为，对于一个缺少必要 PCT 和公约程序知识的申请人来说，很明显有必要咨询能够胜任的专业代理人，以处理此类专利申请中涉及的程序问题。因此，委员会表示不满，认为对本案中要遵守的特定程序一无所知的申请人没有选择足够胜任的专业代理人，以使其在有机会了解本申请有关的详细资料后，正确地就有关事务向上诉人提供建议。

委员会补充道，专业代理人所犯的此类错误，即使进行了适当的咨询，也几乎不可能作为准予权利恢复的理由而接受。

7.4.2　专业代理人应有的谨慎

a）概述

下文 7.4.4 介绍了大量关于专业代理人在对待**助理**上的谨慎责任的判

例法。

在 **T 112/89** 中，委员会表示，关于 EPC 1973 第 122（1）条要求的“应有的谨慎”，申请人的义务与其代理人的义务是截然不同的，代理人应实施的“应有的谨慎”可能要依赖于**代理人及其客户之间存在的关系**。委员会指出，很明显代理人和申请人都必须实施所有应有的谨慎，以遵守专利授权程序中的所有时限。本案中，对于当代理人已经通知客户要遵守的时限并且确信客户已收到通知时，代理人的责任已经完全解除的说法，委员会并没有信服。相反，委员会的观点是，当代理人得到指示提起上诉但没有从客户处及时收到解除其责任所必要的额外指示时，代理人应当采取一切必要措施努力从客户处取得这些指示。

在 **T 1095/06** 中，委员会表示必须假定专业代理人持续监督自身的工作。不能指望就“在其他方面符合要求的系统中的个别错误”确立的判例法，而忽略专业代理人本身未遵守的行为，除非存在使得未遵守行为符合采取所有应有的谨慎要求的特殊情况。没有客观依据地相信行为已经实施，不能作为一种纳入 EPC 1973 第 122（1）条规定考虑的情况进行权衡。而且，委员会认为，申请对申请人的重要性，或者有关发明的技术优点，都不是能够作为支持准予权利恢复的情况进行考虑。

在 **J 16/93** 中，委员会表示，没有收到**用于缴纳续展费的任何资金**且授权也未就此作出约定的代理人，不能指望其自掏腰包代表客户预付资金。因为这种情况下客户可以自由决定以停止缴纳公约要求费用的方式放弃其申请，因此如果授权未对此作出约定，代理人承担着在付款后不能从 EPO（使客户不希望付款）或者从客户处获得付款补偿的风险。

在 **J 19/04** 中，委员会确信，如果没有收到指示，专业代理人没有义务代表客户缴纳续展费。然而，代理人行为的评估必须根据其确认**客户真实意愿**所做的必要行为的限度进行（另见 **J 1/07**）。（没有回复的）提醒通知的数量不是决定性因素，而是这些有关时限届满日期的提醒通知是何时发出的，提醒通知的内容是怎么表述的，以及在与客户的关系中代理人的职责是什么。

在 **T 1401/05** 中，委员会引用了代理人提醒客户合理日期责任的判例法。在本案中，代理人与其客户（专利申请人）之间的通信运转有效，最后一次联系大致发生在时限届满前 2 周。委员会的观点是代理人有权相信客户已经知悉了时限的届满。因此不要求代理人发出进一步的提醒通知来满足“应有的谨慎”的义务。由于错过期限的唯一原因是专利申请人在生病期间身体上无法采取行为，而不是有缺陷的监测系统造成对截止日期的忽视，因此权利恢复申请得到了准许。

在 **J 11/06** 中，委员会认为根据法律委员会遵循决定 **J 27/90** 确立的判例，即使续展费由其他人缴纳，指定的专业代理人在 EPO 法律程序中仍然是有责任的，而且如果有意续展的话必须采取必要步骤来确保付款（另见 **J 1/07** 和 **J 4/07**）。关于已采取的具体措施没有递交相应的理由，委员会将本案与 **T 14/89** 和 **J 13/9** 区分开。在这两个案件中，对于为什么发生错误给出了明确的理由，并提交了佐证。在 **J 4/07** 中，欧洲代理人有充分理由相信上诉人有意继续办理涉案申请。根据这些情况，委员会认为，对于欧洲代理人来说仅在决定性期限届满前超过 4 个月时发送一份单一的提醒通知是不够的。

在 **T 338/98** 中，上诉人起初由专业代理人 A 代表，但后来要求 A 把所有的档案转交给了新的代理人 B。有一项欧洲专利申请没有成功转交，虽然代理人们意识到申请的续展费到期应缴纳，但是他们对于费用缴纳没有达成明确的协议，结果续展费没有缴纳，申请被视为撤回。委员会认为在这种情况下，从形式上划定每个代理人在**案件移交**过程中各自承担的责任看起来并不适当，因为案件移交从其本身性质来看要求相关人员之间的合作并且自然会导致责任的重合。在此情况下，代理人没有对程序推进方式达成协议，上诉人也没有被告知未缴纳续展费和所述档案的消失，这些事实并不表明当时已经采取了情况要求的所有应有的谨慎。因此，委员会没有准许权利恢复。

在 **J 16/92** 中，委员会清楚地表示，任何人如果使自己陷入不能确保完成被疏忽行为的境地，都承担着其进一步处理请求因未及时完成被疏忽的行为而被判定不予受理的风险。本案中，代理人直到进一步处理时限届满前 4 天才开始处理该档案，因此发现时间太晚无法找到他要回复的第一份通信。

在 **J 1/03** 中，委员会强调了指定受理局非常重要，并且在许多案件中很难或者甚至不可能修正错误或者错过的指定。因此，“所有应有的谨慎”的基准在这些案件中是很高的。同样，在国际局签发的“记录副本收到通知”基础上，国际申请内容的审查必须非常谨慎地进行。

b）对 EPC 规定的无知或错误解释

在 **J 3/88** 中，委员会指出，应考虑以下事实，即根据 EPC 1973 第 134（1）条，缔约国原则上已经将申请人在 EPO 的代表局限于“专业代理人”，该专业代理人应当借助于自身资质保证最合适的代表。因此委员会认为，代理人不能解除其实施由于自身资质的原因而加诸其个人身上的任务（举例来说，例如法律和条约的解释）的责任。如果他把这样的任务委托给员工，且如果后者在工作过程中犯了错误导致未遵守时限，代理人则不能声称他已经采取了“情况要求的所有应有的谨慎”（另见 **J 33/90**）。

在 **J 31/89** 中，法律上诉委员会确认，EPC 的错误解释属于经适当授权的代理人在法律上有关时限计算规则（在本案中，是指有关续展费及附加费迟延缴纳规则）的**错误**，不能得到原谅。上诉人和代理人没有正确地判断续展费有效缴纳的截止日期（参见 **J 42/89**、**T 853/90** 和 **T 493/95**）。

在 **T 624/96** 中，委员会明确表示怀疑有关上诉理由陈述书提交时限计算的原始错误的性质。错误性质可能是对 EPC 规定的无知或错误解释造成的“法律上的错误”，例如就像在 **J 31/89** 或者 **T 853/90** 中一样。然而委员会认定，在本案的情况中，代理人没有犯这种“法律上的错误”。代理人引用了一个早期上诉，在该上诉中该代理人代表了同一申请人。经过证实之后，因此委员会得出结论，该代理人确实对上诉程序有一定的了解。代理人也递交了培训课程计划，培训课程由法国知识产权研究协会（IRPI）和巴黎商会（Paris Chamber of Commerce）组织，他曾在那里就欧洲专利权和 EPO 程序进行演讲。这也表明客户认为所述代理人对此类程序相当熟悉。委员会因此准许了申请人的权利恢复请求。

在 **J 28/92** 中，委员会认为代理人对 EPC 规定的错误解释不是没有依据的，也不是不合理的，并认为由于对 EPC 规则得出的并非不合理的解释而惩罚代理人是没有依据的，虽然这种解释后来证明是错误的。错过时限实际上是代理人的秘书没有正确实施代理人的指示造成的。申请人的代理人能够表明他有一个通常有效的时限监测系统，而且他也给了可信赖的秘书以合理的指示。委员会评述道，代理人对 EPC 法律规定的解释不会造成未实施情况要求的“所有应有的谨慎”的结果。

在 **T 493/08** 中，委员会分享了 **J 28/92** 中表达的观点并表示，这一规则可能存在例外情况，即无论如何，仅仅按照严格标准才能够认识到的法律错误不能得到原谅。

在 **T 516/91** 中，代理人所犯的错误是他请求将提交上诉理由的期限延长2个月。委员会强调 EPC 1973 第108条规定的时限是不能延长的。代理人错误地相信这些时限是可能延长的，没有实施应有的谨慎（另见 **T 248/91** 和 **T 853/90**）。

同样，在 **T 460/95** 中，代理人请求延长时限，虽然依据其专业能力，他本应当知道 EPC 1973 第108条规定的时限是不能延长的。委员会指出，代理人被期望对 EPC 有关时限的规定很熟悉，但是所述代理人没有像情况所要求的那样谨慎。然而在这个特定案件中，委员会认定，代理人在未遵守时限之前已经采取了预防措施，即预先联系上诉委员会登记处，并且已从该机构收到了导致其采取对其利益不利行为的信息。委员会的观点是，上诉人不应当仅仅因为信赖从 EPO 收到的信息而遭受损害，虽然这种信息后来证明是错误的或者可能被误解了。委员会认为信赖原则构成了同意专利所有人请求以及同意权利恢复的进一步理由。

在**T 881/98**中，上诉人的专业代理人已经致信给上诉委员会登记处，请求将时限延长2个月，但却没给出理由，也没有表明所述时限是指提交上诉理由陈述书的时限。他补充道，如果没有收到相反的通知，他将假定他的请求已经得到准许。时限已经届满后，通过代理人和登记处的一通电话，上诉人才了解到，时限是不可延长的，而上诉因不可接纳而被驳回。产生这个效力的通信在2天后签发。上诉人请求了权利恢复。他引用了合法期望保护原则——登记处本应通知他这个错误并及时引起注意。

委员会否决了权利恢复请求。首先，委员会确认了各委员会据以认为对EPC 规定的无知或误解不是未遵守争议时限的理由的判例法。委员会也不认为是登记处没达到合法预期，因为在本案中（与**T 460/95**相对比），上诉人并没有被登记处的错误信息误导造成损害，而是其自身犯了错误，以为时限能够被延长。在此情况下，对登记处来说也不容易意识到申请人的错误，因为延长时限请求很容易与常规请求混淆，尤其是因为它用的是标准表格。

在**T 733/98**中，委员会告知上诉人，阐述上诉理由的陈述书不符合EPC 第108条第三句的规定。上诉人就理由陈述书提交时限请求权利恢复，辩称他们依赖于EPO 第15/84号法律建议书，当上诉人收到EPC 1973 细则第51（4）条规定的通信时，该法律建议书仍然有效。委员会认为上诉人误解了所说的法律建议书，没有认识到在修正后的EPC 1973 细则第51条生效后，该法律建议书所述的处理主请求和附属请求的程序已经不再适用了。委员会裁决，EPC 1973 第122（1）条规定的“情况要求的所有应有的谨慎”要求在本案中没有满足。权利恢复请求被否决，上诉因不可接纳而被驳回。

7.4.3　非授权的代理人“应有的谨慎”

在**J 3/88**中，“非居民”申请人的美国专利律师与适当指定的专业代理人进行合作。委员会认为关于EPC 1973 第122（1）条意义上的“所有应有的谨慎”的要求，**美国专利律师**须被看作上诉人的代理人。因此，为了符合这一要求，必须确定美国专利律师采取了EPC 1973 第122（1）条要求欧洲专利申请人或所有人承担的应有的谨慎。

在**J 25/96**中，委员会认为，美国申请人借助了美国专利律师就EPO 有关的申请人责任事宜提供的服务，须将美国专利律师看作申请人的代理人。因此，为了满足“所有应有的谨慎”的要求，**美国专利律师**须表明其已经采取了要求申请人的“应有的谨慎”。

在**J 4/07**中，委员会指出，非欧洲代理人可被认为承担代理人的责任，代理人的职责是维护客户的利益，无论这个代理人是否有权在EPO或任何其他专利局代表申请人（参见**J 25/96**）。明确规定的特定时限的监测并不依EPC法律知识而定。因此，非欧洲代理人也必须为这类时限建立**可靠的**时限**监测系统**。而且，无论欧洲代理人还是非欧洲代理人，从一家律师事务所转到另一家律师事务所都必须在进入另一家事务所时确保其转入的已提交申请整合到时限监测系统中。

根据既定判例，如果指派了代理人，则这个代理人也必须遵守“所有应有的谨慎”，如果他没有这样做，就会归责于申请人。在**J 3/08**中，很清楚的是代理人没有按照指示作为，没有恰当地处理案件。委员会质疑，在代理人欺诈的例外情况下，把申请人通常不能预见且无法采取预防措施的行为也归责于申请人是否公正。根据委员会意见，如果背离代理人行为归责于申请人的一般原则，将代理人的欺诈作为权利恢复理由得到接受，则提交的证据必须非常令人信服的，以使委员会确信发生了欺诈而不仅仅是不专业的行为。

7.4.4 对待助理应有的谨慎

a）简介

上诉委员会的大量决定处理了下述法律问题：在什么情况下，助理的错误会被归责于当事方的代理人，并因此归责于该当事方。

在**J5/80**（OJ 1981，343）中确立了有关专业代理人的助理应有的谨慎的判例法。法律上诉委员会的关键判决规定，在助理发生了应受处罚的错误的情况下，如果专业代理人能够表明他为工作选择了合适的人员且该人已经在要实施的任务中得到恰当的指示，并且代理人本身对工作也进行了合理的监督，那么权利恢复的请求是可以准许的（另见**T 191/82**，OJ 1985，189；**T 105/85**、**T 110/85**，OJ 1987，157；**T 11/87**、**T 176/91**和**T 221/04**）。如果助理受托进行例如打字、邮寄信件和记录时限等日常任务，不能像要求代理人自己一样，以同样严格的注意标准要求助理（**J 16/82**，OJ 1983，262；**J 33/90**、**J 26/92**、**T 221/04**和**T 43/96**）。决定**J 5/80**也指出，如果除了日常任务外还委托助理进行了通常应由代理人借助其专业资质从事的工作，那么不能确认代理人实施了所有应有的谨慎（另见**J 33/90**和**T 715/91**）。近来有更多的决定强调，只要代理人接收要处理的档案，则全部责任归属于代理人，并且在这种程度上，并不认为代理人依靠助理对时限的计算是正当的（参见下文c））。

与助理选择、指示和监督方面的谨慎有关的以足够详尽的阐述形式承担的**举证责任**，参见**J 18/98**。

b）选择、指示和监督

为工作选择适当人员，对要实施的任务作出恰当的指示以及对工作进行合理的监督，这都是代理人义不容辞的责任（**J 5/80**、**J 16/82**）。关于假日、特殊假及其他突发情况下的人员替代也义不容辞地归属于代理人。代理人必须在至少几个月的时间里对新任助理进行定期的监督（参见 **J 3/88**、**T 715/91**）。

以上引用的判例法同样适用于居住于美国的专利律师（或其助理），如果其与适当指派的专业代理人合作。在 **J 3/88** 中，"非居民"申请人的美国专利律师要与适当指派的专业代理人进行合作。"备审案件记录员"（美国专利律师的助理）受托实施例如记录时限和核查到期日等日常任务。委员会表示，为了恰当地实施这些公认相当简单的工作，他们仍然需要一些基本知识。尤其是，备审案件记录员应当熟悉他们要处理的续展费缴纳的各种现存时限的含义，以及没有满足某一具体的规定时限的法律后果。另外，他们必须能够识别专利申请的重要日期，并将其记录在"索引卡"上。最后，备审案件记录员应当熟悉将需遵守的有关到期日告知负责的美国专利律师的条件和方式。最重要的是，他们应当知道当专业代理人发出的费用提醒通知被美国专利律师办公室收到时该如何处理。委员会得出结论，虽然没有特殊的资质要求，但如果先前没有给予适当的指示并在其熟悉工作之前予以紧密的监督，要求备审案件记录员令人满意地实施这些日常任务是相当不可能的。

对一个新从事备审案件记录员的活动进行合理监督，意味着要对他的工作进行定期的核查。为了保持效率和避免应受责备的错误，不应当主要由备审案件记录员在提醒负责的专利律师即将到期的时限时发起这些定期核查，而应当至少在最初的几个月培训期间，无论是否有这样的提醒，都系统性实施这些定期核查。这些核查的目标应当是确定索引卡已进行了准确的更新，尤其是考虑到后续收到的费用提醒通知。

在 **T 191/82**（OJ 1985，189）中，未及时缴纳附加费被认定明确归责于雇员所犯的一系列不幸的错误，尽管该雇员经适当选任并且经验丰富。

在 **J 12/84**（OJ 1985，108）中，当另一家公司的雇员得到指示去签收寄给代理人的挂号信时，没有遵守情况要求的应有的谨慎，因为他无法监督并非其企业所雇用之人的工作。

在 **T 309/88** 中，委员会表示，即使由未经正式培训的雇员作为专利律师的助理，也能够履行记录和监测时限的工作。这是不需要专门知识和专业资质的日常任务。然而，必须对助理要实施的任务给予适当的指示，并且须有经过培训的雇员现场给予建议。

在 **J 26/92** 中，委员会指出，根据上诉委员会判例法，如果在对待助理的问题上代理人实施了必要的应有的谨慎，则日常任务可以委托给助理进行。在这方面，为日常任务的实施选择合适的人，对要实施的任务给予适当的指示，以及对他们的工作进行合理的监督，这些都是代理人义不容辞的责任。

在 **T 949/94** 中，委员会表示，代理人应对委托的工作进行合理的监督。这不意味着他必须监督每一封信件的邮递。一旦他签署了信件并要求秘书进行邮寄，他就有权假定这封信已经寄出了。鉴于此，委员会认为代理人在对待秘书的问题上实施了应有的谨慎（**J 31/90**）。

在 **T 1062/96** 中，委员会认定，代理人所准备和签署信件的邮寄是典型的代理人可以委托给助理进行的日常任务（另见 **T 335/06**）。本案中，助理在同一天得到了以传真方式发送信件的明确指示。在一个组织得当的办公室里，代理人能够信赖这一指示会得到正确的执行。传真的发送不要求任何专门知识或资质。因此，已经在代理人办公室的每日工作中证实为可靠的助理，在本案中是秘书，可以期待由她在自身责任范围内从事这一工作。由于命令几乎都要立即执行，没有必要之后再对是否已实际发送了传真进行核查。

在 **T 1465/07** 中，委员会认为，由委员会判例法发展起来的代理人对待助理问题上的责任，完全符合比例原则。在本案中，代理人的秘书之前为另一位合伙人工作，在她接受新工作之后，所接受的有关备用核查的指示，除了继续以与前一个工作岗位所做工作的同样方式实施核查外，没有什么其他的。委员会认为这是不够的，在她接受新工作的较短时期内，需要对她进行监督。要求进行这样的监督不仅是适当和必要的，而且是相称的，因为监督不要求大量时间。

c）技术上合格的助理

在 **T 715/91** 中，委员会认为，归责于代理人的技术上合格的助理（经欧洲资格考试培训的工程师）所犯错误的结果，也须由上诉人承受。材料的撰写或者至少监督例如上诉理由等重要递交材料的寄发，通常会落到代理人自己身上。而且，鉴于助理仅是新雇用的人员，不能指望代理人能够在这么短的时间内就能够弄清楚助理在多大程度上确实了解 EPC 的规则和规定。

在 **T 828/94** 中，委员会还认定，负责的技术助理没有受到足够的监督，也没有得到恰当的指示。

参考实施应有的谨慎时要求的标准，委员会在 **T 832/99** 中裁决，在一家专利律师事务所工作的技术雇员不是助理，其实际上是在从事专利律师的工作。这意味着同样严格的应有的谨慎的要求将会像适用于上诉人及其代理人那样适用于该技术雇员。

d）取代助理的替代者

在 **J 16/82**（OJ 1983，262）中，委员会表示，有关助理的条件也适用于在其休假、生病或者其他原因不在时取代助理的替代者。这是生活中通常会经历的事实，即助理确实不得不时常进行临时性的替换。如果一个合格的助理不在，则申请人或代理人要么必须能够找到一个具有相似资格的替代者，要么自己接手分配给助理的工作。像助理一样，关于替代者的选择、指示和监督必须实施同样的谨慎标准（**T 105/85**）。

e）代理人的最终责任

在 **J 25/96** 中，权利恢复请求的理由陈述书特别解释了这样一个事实，即未遵守时限的行为是由受托负责监测时限的助理引起的。委员会认为，已经就日常任务和正常案例确立了判例法，代理人据此可以将监测时限的工作委托给适当有资格的和受到监督的人员。这并不意味着代理人也能够完全将下述案件交给这样的人员进行监测：

（i）非常急迫的；

（ii）需要代理人自己采取特别的注意和进行下一个步骤，以确保必要的行为及时得到履行；

（iii）如果发生任何错误或者延误则会导致不可挽回的权利丧失。

在 **T 719/03** 中，委员会没有认可上诉人的以下主张，即未遵守时限的行为是合格秘书所犯的个别错误，这个秘书在撤销决定的封面仅记录了上诉时限，却没有记录提交上诉理由陈述书的时限。委员会认为，上诉人的代理人本人没有实施应有的谨慎，因为争议的决定曾经给他看过两次，他却没有注意到要监测的有关强制性时限记录的不完整性。委员会认为，通过谨慎处理涉及法定时限的档案，代理人要频繁地面对要遵守的时限，从而保证时限的遵守。

在 **T 439/06**（OJ 2007，491）中，监测时限的助理在适用 EPC 1973 细则第78（2）条计算时限时犯了决定性错误。考虑到助理陈述称其在25年的职业生涯中从来没有因为不正确的“十日规则”计算而错过时限，这可以被视为个别错误。然而，关于要求代理人必要的“应有的谨慎”，委员会强调，达到适当选择、指示和监督的要求仅仅指助理在处理受托任务中的错误不能归责于代理人。这并不是说经过对助理进行适当的选择、指示和监督，代理人的责任就一劳永逸地终止了，也不是说代理人没有必要对受托任务采取进一步的谨慎了。

所有应有的谨慎要求什么取决于本案的具体情况。一旦代理人的办公室收到决定并且将时限进行了记录，则没有必要从一开始就进行第三次核查。这仍属于档案的行政处理问题，如果代理人已经建立了符合要求的系统，则他没有必要参与。然而，一旦代理人自行拾取其办公桌上的档案，以遵守相关时限，所有的责任就都传递给他。这些情况下的所有应有的谨慎要求代理人在收到要处理的档案时，核实其记录部门所计算的时限。他不能仅仅指望着已经将此项任务一次性地委托给了他的记录部门（另见 **J 1/07**，**T 719/03**，**T 473/07**）。

同样在 **T 1561/05** 中，委员会认为，代理人在签署上诉理由陈述书时，没有核查其助理的时限计算，并因此没有注意到计算是错误的，代理人个人有过错。构成代理人核心职责的一部分任务，例如签署有时限的递交材料时进行最终核查等，不能以免除代理人责任的方式委托给他人。

7.4.5 使用邮件递送服务时应有的谨慎

在 **T 667/92** 中，委员会考虑，当从英国邮递到德国仅仅只给了 2 天邮递时间时，是否能够说上诉人已经采取了情况要求的所有应有的谨慎，以及在这些情况下，使用特别邮递运输公司的选择是否与“应有的谨慎”的要求相一致。委员会指出，错过时限的当事方也必须对其递送方式的选择表现出应有的谨慎，而且外部代理的使用根据 EPC 1973 第 122 条可能被认为于申请人不利，因为缺少适当的保障措施。委员会补充道，在类似情形下，应当优先选择使用传真方式。委员会考虑了关于物品在慕尼黑被海关扣留了 36 小时这种不寻常的情况，这是一件无法合理预见的意外事件，因此准许了相应的请求。

在 **T 381/93** 中，问题是由于私人快递服务公司未能按照指示将内含相关文件的包裹递送给 EPO 产生的。在对应有的谨慎作出裁决时，委员会引用了决定 **T 667/92**。该决定中表示，错过时限的当事方也必须对其递送方式的选择表现出应有的谨慎。委员会认为，一旦已经选定了可靠的快递公司并委托了递送服务，则如果当事方已经给予快递公司所有必要和适当的指示，则该方就有权信赖该快递公司。

如果法律程序当事方基于文件没有在标准递送时间内送达而错过 EPO 时限，提出权利恢复请求，那么该方必须证明其所使用的邮递形式一般来说会确保文件能够按时送达 EPO。委员会没有考虑信赖通常邮递时间的当事方是否已经对时限实施了“所有应有的谨慎”的问题（**T 777/98**，OJ 2001，509）。

8. EPC 第 122（5）条规定的使用权

EPC 第 122（5）条对应于 EPC 1973 第 122（6）条，并且实质上没有变化（参见 OJ SE 4/2007）。

在 **J 5/79**（OJ 1980，71）中，委员会表示，根据 EPC 1973 第 122（6）条，只有在恢复涉及已经**公开**的欧洲专利权申请或欧洲专利权的情况下才会产生第三方使用者权利；这些商业利益处于危急之中的使用者们应当有权确信保护不再有效，这种保护的存在属于公共知识而且已经进入公共领域。委员会表示，这一规则的基础从来没有受到过质疑。本案中，恢复涉及在关键时期尚未公开的申请，所以单单基于这个理由，尚不存在第三方使用者权利。

在第三方权利产生之前，EPC 1973 第 122（6）条还有另一个要求，本案也不满足这个要求，即权利恢复应当**公布于众**。有关欧洲专利权申请和专利的公开是在《欧洲专利公报》中进行。根据 EPC 1973 第 129（a）条，公报应包含欧洲专利登记簿中登记的项目以及 EPC 1973 对其公开进行了规定的其他细节。本案中在未履行责任期间内权利恢复的细节不属于上述所指的“其他细节”。根据 EPC 1973 第 127 条第二句，在欧洲专利权申请公开之前，不能在专利登记簿录入项目。即使对于已公开的申请，EPC 1973 第 92（1）（u）条（EPC 细则第 143（1）（u）条）也规定，只有在申请失败（EPC 1973 细则第 92（1）（n）条；EPC 细则第 143（1）（n）条）或者专利撤销（EPC 1973 细则第 92（1）（r）条；EPC 细则第 143（1）（r）条）已经在登记簿中录入的情况下，才能录入权利恢复的日期。在本案中却不是如此。因此委员会认为，基于本案中上诉人并未受到上诉决定的不利影响这样的事实，第三方不能主张使用者的权利。

9. 恢复原状——法律程序的中断

在 **J ../87**（OJ 1988，323）中，委员会裁决，根据 EPO 自身必须适用的 EPC 1973 细则第 90 条（除了编辑上的修改之外，相当于 EPC 细则第 142 条），申请人或其代理人在法律上丧失能力具有中断法律程序的效果，而且如果适当，也具有中断 EPC 1973 第 122（2）条（EPC 细则第 136（1）条）中引用的 1 年时限的效果。

在 **T 315/87** 中，上诉委员会面临这样的问题，即在考虑权利恢复请求之前，EPO 是否应当首先自行核查存在 EPC 1973 细则第 90 条规定的法律程序中断的条件。委员会表示，应当优先考虑 EPC 1973 第 122 条的适用性，根据该条规定，不太严重的损害也能够作为权利恢复的理由。如果所有已经发生的权利丧失能够通过 EPC 1973 第 122 条规定的权利恢复得以克服，那么 EPC 1973 细则第 90 条规定的法律程序中断问题可以保持开放性。

在 **J 9/90** 中，法律上诉委员会认为，对于按照 EPC 1973 第 60（3）条（保持不变）和 EPC 1973 细则第 20（3）条（EPC 细则第 22（3）条）要适用的 EPC 1973 细则第 90（1）（b）条（因破产造成的法律程序中断），录入欧洲专利登记簿的申请人和破产方（在此指一家有限公司）必须在法律上是同一人。然而，根据 EPC 1973 第 122 条，有关各方并不是同一人这一事实并不必然排除权利恢复的可能性，仅间接受到例如破产等事件影响的人可以构成 EPC 1973 第 122（1）条意义上的“丧失能力”。然而在这样的案件中，受到如此影响的人必须证明他们已经实施了在此破产情况下能够期望的所有应有的谨慎。

10. 一般中断期间在局长时限延长背景下的权利恢复

在 **T 192/84**（OJ 1985，39）中认为，如果EPO局长延长了一般中断期间缔约国邮寄过程中的一般中断期间届满的时限，由营业地在该国的代理人提交的在该期间被认为已丧失权利的未决权利恢复申请，必须被视为从一开始就毫无目的地作出，即使未遵守时限的原因是邮寄中断以外的原因。因此，可以宣称没有丧失权利且可以退还权利恢复费。本规则（现为EPC细则第134条，另见第6章D.1.3.1，“邮寄的中断”）的重述没有引发对本判例法的质疑。

11. 比例原则

在T 111/92中，由于代理人对到期日的计算错误，上诉理由陈述书迟延提交了2天。委员会认为，由于人在处于压力下的一时错误而造成的“十日时限”计算中所犯的错误，是其他都符合要求的系统中的个别错误。委员会引用了比例原则并表示，根据法律一般原则，像行政法中适用的那样，一种用于达到给定结果（例如未遵守程序带来的制裁）的程序手段应不超过达到该结果的适当和必要的程度。牢记比例原则，本案中发生的由于程序失当造成的专利申请失败将是一个严重的结果。而且，在EPC 1973第122（6）条意义上被上诉理由陈述书迟延提交2天这一事实误导的任何第三方的利益将会受到EPC 1973第122（6）条的保护。委员会因此允许了权利恢复申请（另见 **T 869/90**、**T 635/94**、**T 804/95**、**T 27/98** 和 **J 22/92**）。

在 **J 44/92** 和 **J 48/92** 中，委员会指出，为了支持已经在某种程度上证实了准许上诉的其他理由，比例原则仅适用于**临界个案**。一般情况下比例原则适用于时限仅因为某种计算错误而错过一两天的情况（参见下文）。委员会认为，比例原则并不能帮助上诉人，因为也存在主要系统性故障，这不能依赖比例原则得到原谅。

在 **T 971/99** 和 **T 1070/97** 中，委员会表示，EPC 1973第122（1）条没有给比例原则的适用留下任何空间，因此错过时限的天数与认定是否采取了所有应有的谨慎无关。只有时限届满前的行为性质对于应有的谨慎问题的考量才是具有决定性的，而不是随后迟延的时间长短（另见 **T 439/06**（OJ 2007，491）和 **T 1561/05**）。

在 **T 1465/07** 中，在考虑欧洲人权法院和欧洲法院判例法的基础上，委员会解释了诉诸法院的权利背景下的EPC 1973第122条，并得出下述结论：

通过立法措施或其应用，比例原则适用于对诉诸上诉委员会的权利作出的限制，例如时限规则。这意味着这些措施或者其应用不能超过为了达到所述法规追求的合理目标而作出适当和必要的限制；当在几个适当的措施或其应用方式中选择一个时，诉诸法律必须是最不麻烦的，而且引起的不利因素不能是与所追求的目标不相称的。

关于 EPC 1973 第 108 条和 EPC 1973 第 122 条的适用，比例原则具有这样的效果，即这些规定的解释不能附加对于要达到的目标来说不适当、不必要或者不成比例的内容，其中所述目标是指通过避免歧视性或者随意性处理而实现的法律确定性和司法公正。相应地，**准予**权利恢复的条件，尤其是应有的谨慎的要求，不能以过度的方式进行解释，不合理地限制诉诸委员会并因此阻止委员会对案件作出裁决。这就是法律确定性和适当司法与 EPC 所指的实体正义之间的平衡。因而，比例原则必须总是与这些条件的解释相关地适用，这些条件决定着权利恢复申请是否能够被允许。所错过时限的天数与决定是否采用了 EPC 1973 第 122（1）条意义上的所有应有的谨慎无关，因为该条规定并未就此给比例原则的适用留下任何空间。

考虑到独立的交叉核查要求一般来说是否适当，委员会认为对于能够比小企业更经济地组织交叉核查的大企业来说，额外的负担不是不相称的。监测系统的独立性是适当和必要的。委员会既而对本案事实适用了比例原则并得出结论，通过赋予代理人自己以交叉核查的责任，能够改进适当的监测系统。

12. 权利恢复费的退还

在 **J 7/93**（另见第 9 章 B. 2 “EPO 的职能”）中，EPO 没有告知上诉人忽略 EPO 先前针对其认为错过的时限而签发的通信；这本来会使上诉人能够认识到其权利恢复请求是没有必要的。相反，EPO 继续推进权利恢复的程序并最终否决了权利恢复的请求，而没有考虑这些程序从一开始就没有必要的事实。委员会认定，这构成了 EPC 1973 细则第 67 条意义上的重大程序违法。委员会认为要求退还上诉费是合理的，即使上诉人并没有对此提出申请（**J 7/82**, OJ 1982，391）。委员会认为，由于不再有任何法律理由请求权利恢复，EPO 错误地接受权利恢复费，因此必须退还给上诉人（在 **J 1/80** 和 **T 522/88** 中得到确认）。

在 **T 1198/03** 中，被上诉人（异议人）迟一天发送了对上诉人上诉理由陈述书的答辩意见，如果委员会没有考虑其答辩意见，他请求恢复提交答辩意见的时限。委员会裁决考虑答辩人的答辩意见，权利恢复的请求因此是多余的。本案区别于其他案件，权利恢复的申请同样多余，委员会确实退还了相应费用。委员会表示在本案中，权利恢复并不是作为原则问题适用，而且在这种情形下，当事方不应当由于以多余提交的权利恢复请求为基础获得费用退还的利益，否则当事方可能会受到鼓励提交这样不适用的请求。

相比之下，EPO在**T 971/06**中犯了导致权利恢复请求的错误。由于审查部被上诉的决定与EPC 1973第97（2）条不符，委员会认为该决定无效。因此应当在没有上诉的情况下重新开放审查。而且，关于补救这个错误的程序，上诉人被审查部误导了几个月。当审查部最终签发通信否决了修正决定的请求时，上诉人提交了上诉书、上诉理由陈述书和权利恢复请求。委员会认为这些请求没有必要，但却是可以理解的回应。委员会认定有关这些请求所缴纳的费用必须予以退还。

在**T 46/07**中，委员会认定，如果权利恢复费在EPC 1973第122（2）条设定的2个月期限届满后缴纳，权利恢复申请则没有成立，因此即使没有对应的请求也必须退还该费用。

F. 收费规则

1. 概　　述

EPC无任何条款明确规定，如果EPC与收费规则（Rules relating to Fees，RFees）发生任何冲突，则EPC的效力应高于收费规则。但是，EPC显然是更高的法律规范。如发生诸如EPC 1973第164（2）条（本质上未经修改）与RFees的冲突，则EPC规定的效力应高于RFees的规定。此外，根据一般法律原则，细则的效力应高于RFess（**J 7/07**）。另见第6章D. 1. 2. 2，EPC细则第132条适用于RFees。

EPC 2000要求对RFees进行修改，该修改版也于2007年12月13日生效（见2006年12月7日的行政委员会决定，OJ 2007，10；另见2007年10月25日的行政委员会决定，OJ 2007，533）。自此，新的修改生效。

考虑到EPC第121条规定的继续处理扩大了适用范围，删除了EPC 1973细则第85a条和第85b条。新的EPC第121条扩大了继续处理的适用范围，并使之成为在没有遵守欧洲专利授权程序（包括缴纳费用的程序）规定时限的情况下可采取的标准法律补救措施。

2. 费用缴纳

2.1　缴纳方式

自2008年4月1日起，EPO不再接受以支票缴纳费用，不能再通过向

EPO 的财务账户付款或转账缴纳费用（RFees 第 5 条和第 7 条，经 2007 年 10 月 25 日的行政委员会决定修改，OJ 2007，533）。

根据 **T 415/88**，向德国专利商标局汇款的费用凭证不符合当时适用的 RFees 第 5 条，因此不能视为完成费用缴纳。以现金形式向德国专利商标局而不是向 EPO 缴纳上诉费，亦不予接收（**T 1029/00**）。德国专利商标局和 EPO 之间于 1981 年 6 月 29 日就文件和款项接收程序（OJ 1981，381）达成的行政协议（于 1989 年 10 月 13 日修改（OJ 1991，187））仅适用于协议实际规定的邮寄交付形式，不能扩大解释。现金付款与邮寄现金不同，因为它们并非以邮件形式予以交付的。现金付款更像亲手交付的文件，根据 1989 年的协议第 1（4）条，德国专利商标局不会代表 EPO 接收现金付款。

2.2　付款通知单

根据 RFees 第 5（2）条和第 7（2）条，EPO 提供存款账户以用于结算费用和 EPO 其他服务的支出。该存款账户受存款账户协议（ADA）及其附件（最后一次以 OJ 3/2009 补充文件形式予以发布）约束。

T 152/82（OJ 1984，301）认为，EPO 签发的付款通知单（debit order）应与明确表达意图的通知单实质内容相一致，即使其指明的金额很明显是不正确的。如果与 **T 170/83**（OJ 1984，605）一样，错误地使用了一种国内形式，该规则同样适用。在缺少付款通知单原件的任何记录的情况下，及时提交声称已发出缴纳费用的付款通知单的声明书本身将被视为该付款通知单（**T 17/83**，OJ 1984，306）。

T 773/07 案涉及 ADA（OJ 1/2005 进行了补充，此协议有效期至 2007 年 12 月 12 日），上诉人存款账户上的资金不足以承担上诉费。当事方主张，在相关日期本应该在 6 项其他费用之前扣除该费用。委员会驳回了这一意见，EPO 收款人员更无义务选择优先缴纳哪项费用，因为确保账户始终存有充足的资金是账户持有人的职责（ADA 第 5.2 点）。

在 **T 871/08** 中，异议人指出，应根据在线付款通知单缴纳上诉费，此外，异议人还要求，如果在 EPC 1973 第 108 条规定的时限届满之前仍未缴纳上诉费的，EPO 应扣除此款项。委员会认为，上诉人或其代理人应全权负责缴纳上诉费，不能将此责任推卸给 EPO，更不能使用附条件的命令（现为 ADA 第 6.3 点）。

正如 **T 270/00** 作出的确认一样，如果在最终确定的上诉费付款日期后撤销自动发出的付款通知单的，此时进行付款就太晚了。有效缴纳上诉费是一个事实，不能不缴纳上诉费，而且这不是上诉人所能决定的。

2.3 指明款项用途

在**J 19/96**中，委员会指出，**J 23/82**（OJ 1983，127）裁定，对于已在时限内缴纳的款项而言指明款项用途并非是一个强制性要求，并且根据RFees第7（2）条（现为RFees第6（2）条），可在稍晚时候指明款项用途。但是，委员会质疑这是否意味着：在相关时限到期后可以改变款项用途且效力追溯至付款当日。

2.4 指定费

经修改后的EPC第79（2）条规定，可以对指定缔约国收取指定费，使得该条从一个强制性条款变为一个授权条款，因此加强了EPC在该方面的灵活性。关于指定费的缴纳时限已移至EPC细则第39条。

根据自2009年4月1日生效的RFees第2条，针对所有缔约国的统一指定费适用于2009年4月1日当日或该日之后提交的欧洲专利申请以及于2009年4月1日当日或该日之后进入地区阶段的国际申请。

就早前有关指定费缴纳的法律问题，法律委员会在**J 23/82**（OJ 1983，127）中的观点认为，如果缴纳EPC 1973第79（2）条第二句或EPC 1973细则第85a条所规定的指定费时所支付的款项不足以在付款时间涵盖指定的所有缔约国，根据当时的RFees第7（2）条第一句（现为RFees第6（2）条第一句）应要求付款人选择其希望指定的国家。因此，在当时的RFees第9（2）条第二句（后来的RFees第8（2）条第一句）之前，先适用该条款。只有在付款人于时限内未遵守选择指定国的要求的情况下，方可适用RFees第9（2）条（而非适用当时RFees第7（2）条第二句）。（考虑到EPC第121条规定的继续处理扩大了范围，已删除EPC 1973细则第85a条；见上述第1点。RFees第8（2）条也已删除，该条适用于2009年4月1日当日或该日之后提交的欧洲专利申请和进入地区阶段的国际申请，此删除自2009年4月1日起生效。）

但是，在**J 19/96**中，法律委员会认为，如果申请人已个别地指明其已指定的国家，并为此缴纳相应指定费的，且根据当时RFees第7条邀请申请人，其并未指明应使用此等款项的其他国家，但确认其打算维持原有的个别指定的国家，则根据当时RFees第9（2）条第二句EPO继续审理是不公平的。依据法律委员会，出于法律原因由申请人明确指定的指定国家是不可能的这一事实并不等于申请人还未指明如何使用当时RFees第9（2）条第一句所述的并不充足的款项（见上述**J 23/82**）。指定仍然是申请人对推进程序意愿作出的明确和毫不含糊的声明，此声明对EPO具有约束力。

3. 付款日期

如果款项被缴纳给或通过转账缴纳给EPO的银行账户中，根据RFees第7（1）条（之前的RFees第8（1）条），付款金额或转账金额**实际计入**EPO账户的日期即视为已向EPO完成付款的日期。因此，如果上诉费被错误地转账至德国专利局（GPO）持有的银行账户中，则在确定是否在时限内缴纳了应缴给EPO的费用时，不得考虑将转账款项计入GPO账户的日期，也不能考虑发出通知书要求将款项转账给GPO的日期（见**T 45/94**和**T 1130/98**）。委员会指出，在德国专利1998年，GPO与其他部门合并后成为DPMA局和EPO之间于1981年6月29日就文件和款项接收程序达成的行政协议（1989年10月13日进行了修改（OJ 1991，187））中，未针对错误银行转账的款项或EPO通知书的转交作出规定。根据行政协议的规定，缴纳至德国专利局持有的多个账户之一的应付给EPO的款项应返还给付款人（**J 49/92**）。另外，根据行政协议第1（5）条，通过**邮寄**方式寄给GPO的款项可由GPO代表EPO接收，并交由EPO的职员每日收取。

同样，使用私营快递服务交付支票（该支票在相关时限届满后仍未送达）不能视为等同于使用邮政服务。在EPO局长于1998年12月11日作出的决定（OJ 1999，45）之前，相关快递服务并不被视为等同于邮政服务的交付服务。此外，本条款没有追溯效力（**J 13/98**）。（自2008年4月1日起，不再接收以支票方式进行的付款，另见第2.1条）。

根据RFees第7（3）条，尽管在付款期限届满后尚未收到款项，但是如果满足某些要求（参见**T 842/90**，**其中有**根据当时适用的RFees第8（3）条进行适用），应视为已遵守付款期限。

4. 小额欠费

根据RFees第8条第一句（之前的RFees第9条第一句），原则上只有按时缴足全部费用，方视为已遵守付款期限。但是，若认为有合理依据，在不损害付款人权利的情况下，EPO有权忽略任何小额欠费的自由裁量权（RFees第8条第四句，之前的RFees第9条第四句）。

在几个案例中，上诉委员会考虑了忽略小额欠费的合理性。在**T 130/82**（OJ 1984，172）中，委员会裁定，忽略刚刚超过10%的欠款是合理的。在**J 11/85**（OJ 1986，1）中，委员会指出，原则上少付10%左右的款项可视为小额款项（另见1987年7月20日的**T 109/86**）。另见**T 343/02**，其中未想到由银行扣除费用所产生的小于2%的欠款被忽略。

在**T 290/90**（OJ 1992，368）中，委员会认为，须考虑案件所有相关情况本着客观（而非主观）原则进行裁定。委员会认为，在这一情况下，20%的异议费视为小额款项，惩罚上诉人是不合适的，仅因为上诉人辩称其有权获得降低的异议费的主张是不成立的（根据EPC 1973细则第6（3）条），且在期限届满后上诉人很快缴纳了上述少付的20%。

但是，在**T 905/90**（OJ 1994，306，Corr. 556）中，委员会认为，最好通过比较少付金额与总金额来确定"小额"的含义。因此，不能单纯从数字考虑，认为20%不是"小额"。之前的RFees第9条（现为RFees第8条）旨在处理非常小或琐碎的金额，以防在任何无心之失导致未付相关法律程序的少许到期款项的情况下产生权利丧失。

在**J 27/92**（OJ 1995，288）中，审查费少付了20%（金额为560马克）左右。不同于**T 905/90**，委员会将当时RFees第9条（现为RFees第8条）中的"小额欠费"定义为待缴纳的特定费用数额的固定比例。至多20%的待缴纳费用可被视为上述规定所指的小额。此外，将20%选作"小额款项"的比例将达到所期望的目的，即可将之前的RFees第9条（现为RFees第8条）应用于以下情形：付款人根据EPC 1973细则第6（3）条以及之前的RFees第12（1）条，错误地试图从EPC 1973第14（2）条和第14（4）条规定的费用中扣减20%。委员会在该案中裁定，鉴于申请人不仅及时地缴纳，而且看起来是受到EPO所提供的信息误导而仅缴纳80%的费用，因此忽略该差额是合理的。

5. 审查费扣减

在**J 1/09**中，法律委员会认为，在国际申请进入欧洲阶段后，扣减审查费应遵循EPC 1973细则第107（2）条。上述条款并不适用于分案申请。RFees 2003第12（2）条仅规定了减免水平。关于减免条件，委员会引用了EPC 1973细则第107（2）条（另见**J 14/07**）。

G. 程序步骤

1. 一般原则

程序步骤是由法律程序一当事方执行的一种行为，属于约束此程序步骤及其效力的程序法的一部分，并影响法律程序的进程。上诉委员会的决定已就程序步骤形成了许多原则。

EPO 的法律程序可分为两种程序步骤：一类影响上诉决定的范围、对象和效力，另一类影响法律程序的形式。本节主要说明适用于上述两种程序步骤的一般原则。有关异议和上诉陈述书、请求对费用进行不同分摊、退回上诉费和安排口头法律程序的请求以及提交经修改的权利要求的具体描述将在适当章节中予以说明。

为了具有法律效力，符合法律确定性，有关程序的声明应清楚，鉴于其后果，终止法律程序的声明尤其应当清楚；含混不清的声明均是无效的（**J 11/94**, OJ 1995，596）。这在 **J 27/94**（OJ 1995，831）中得到了确认，**委员会表明**，这一规则暗示程序声明不应受任何条件限制，EPO 可以依据声明自由决定是否进一步办理。申请人根据 EPC 1973 细则第 51（4）条（EPC 细则第 71（3）条）认可了专利内容，并且还说明其打算在适当时候提交分案申请，尽管根据 **G 10/92**，只有在进行认可之前才能提交分案申请。因此，此认可不得视为有效，另见 **T 355/03**。法律委员会在 **J 16/94**（OJ 1997，331）中遵循了 **J 11/94** 和 **J 27/94**，认为，检验一个程序声明是否是清晰明确就是要看该声明是否清楚到足以让 EPO 据此继续处理，另见 **J 6/00** 和 **J 4/03**。

此外，各当事方拥有信赖程序声明的普遍利益，尤其是开启新程序的声明。因此，执行所需行为的人应在完成所需要求的日期取得一当事方（如申请人、异议人或上诉人）的身份和程序权利。程序声明不能在与 EPO 打交道的代理人还不清楚指示的基础上予以否定（**T 309/03**，OJ 2004，91；在此情况下，提交上诉的代理人不知晓申请人并不打算上诉）。如果无权提交程序声明的任何人提交了程序声明，此程序声明也是无效的（**J 28/86**，OJ 1988，85）。基于此，在 **J 12/95** 中，对专利申请文本的认可被认定为无效。按照代理人指令，通过快递服务将该认可和分案申请一起送至 EPO，但是在送到之前，一名员工只将该认可传真给了 EPO。因此，受理部认为该分案申请的提交无效。但是，委员会认定，有可信的证据证明该文件的传送是违背授权代理人的明确指示的，因此不能视为有效的认可。该分案申请应视为已在 EPC 1973 细则第 25（1）条（EPC 第 36（1）条）规定的时限内提交。

公约所列实体的法律人格应按照国内法院的相同基准（能够以自己名义和自己的利益进行起诉或被起诉）予以确定（**G 3/99**，OJ 2002，347）。

根据 **T 212/88**（OJ 1992，28），各当事方提出的所有请求（包括要求费用分摊的请求）均应在口头法律程序结束时的决定宣布之前作出。在 **T 552/97** 中，委员会裁定，在作出裁决之前，责任部门应澄清立场，准确确定所请求的内容并核实请求被撤回意见的正确性。在口头法律程序结束时，缺乏明确性的客观事实将构成重大程序违法。尽管撤回了上诉，有关辅助法律程序（如费用分摊）的请求尚未完结（**T 265/93** 和 **T 789/89**，OJ 1994，482）。另见 **T 884/91**、**T 82/92**、**T 92/92** 和 **T 329/92**。根据 **T 961/00**，专利权人在法律程序进行期间作出的有关维持专利的声明是否具备作为一个请求的法律意义并不取决于专利权人使用的措辞。法律意义上的请求仅需该请求来自专利权人的声明，其中正式表达了专利权人希望或认可异议部门应以某种方式作出的决定。

可以对程序声明进行解释（**G 9/91**，OJ 1993，408）。在一审部门法律程序中提交的声明在后续上诉法律程序中无效（见 **T 34/90**，OJ 1992，454）。

在 **T 446/00** 中，委员会指出，在通信制度中通信当然会包含向一名或多名当事方采取某些程序步骤的指示。各当事方应义不容辞遵守通信中的指示，委员会不能无视其发出的指示而进行限制。

2. 签　　名

在 **J 25/86**（OJ 1987，475）中，委员会认为授权签名是一项法律行为，基于此行为方能提出申请。

在 **T 960/95** 中，委员会裁定，根据 EPC 1973 细则第 61a 条（EPC 细则第 86 条）以及 EPC 1973 细则第 36（3）条第一句（EPC 细则第 50（3）条第一句），异议须经签名。未签名的就有瑕疵，可根据 EPC 1973 细则第 36（3）条第二句对此进行补救。根据 **T 850/96**，此规则应同样适用于无法辨识的签名。由未经授权第三方签名的异议仍应视为未经签名的异议（**T 665/89**）。

在 **T 848/00** 中，委员会表示，根据 EPC 1973 细则第 76（3）条，记录须经撰写记录的员工和开展口头法律程序的员工核证（现在的规定为“签名”，见 EPC 细则第 124 条）。本规则并未规定各当事方应进行会签。鉴于对员工签名没有任何争议，因此所记录的请求的法定效力得到确立。

根据 EPO 局长于 2009 年 2 月 26 日就以电子形式提交文件作出的决定（自 2009 年 3 月 5 日生效）第 7 条，如果提交的文件需要签名，根据第 8 条，可以采用传真签名、文本串签名或增强的电子签名形式。

在 **T 1427/09** 中，委员会认为，**T 665/89 确立的**未经授权人士的签名视为未经签名的原则不仅适用于手写签名，亦适用于电子签名。另见第 7 章 E. 7. 5. 1，“以电子方式提交上诉”。

3. 主请求和附属请求

3.1　可接纳性

在 **T 382/96** 中，委员会强调，欧洲专利法最基本的原则之一是申请人

（在异议法律程序中为专利所有人）负责限定专利的主题。这一点在如下条款中是明确的：例如 EPC 1973 细则第 51（4）~（6）条以及 EPC 1973 细则第 58（4）条 和第 58（5）条（EPC 细则第 71（3）~（5）条和 EPC 细则第 82（1）~（2）条）。申请人（专利所有人）不能通过提交多项请求将责任事实上推卸给 EPO 或法律程序中的任何其他当事方，更不用说使用未完全拟就的其他形式的请求。这么做构成了程序滥用，因为这样会强加给 EPO 和法律程序的任何其他当事方原本不属于他们的工作，从而妨碍了法律程序的有序进行。

在 **T 745/03** 中，委员会还指出，陈述案情的决定权在当事方手中。在提交多组权利要求时，当事方通常将它们按重点进行排序，限定最少的权利要求作为主请求，限定最多的权利要求作为附属请求，以便在排在前面的请求没有得到支持的情况下，限定多一些的权利要求仍然有获得支持的机会。在委员会的法律程序中，这种方法可能会表现为一种更加完备的被称为“混搭”（pick and mix）形式，因为在独立权利要求的不同排列组合中，排在后面的请求中也会有排在前面的请求中的独立权利要求。此方法可能导致以下情形：最终的决定没有提到某些独立权利要求，因为即使某特定请求中已在前面的请求中的某一个独立权利要求不满足 EPC 的要求，该特定请求得不到支持也不一定会对其他独立权利要求作出同样的决定，另见 **T 221/06**。

在 **T 148/06** 中，委员会认定几项请求不能被受理，这几项请求没有以主请求和附属请求的形式提交，而是以顺序相同的请求的形式提交的。委员会并无义务就几项请求是否可接纳发表法律意见用以指导上诉人按需确定待审请求的顺序。

在 **T 792/92** 中，委员会认定在口头法律程序结束时上诉人提出的请求是不予受理的，因为如果法律程序中的讨论结果对其不利，上诉人将有机会拟定新请求。

3.2　请求的顺序

附属请求是指对在主请求（或前面的附属请求）未获准许的情况下，要求进行修改的请求，见 **T 153/85**（OJ 1988，1）。此外，附属请求还指 EPC 1973 细则第 86（3）条（EPC 细则第 137（3）条）、EPC 1973 第 96（2）条和 EPC 1973 细则第 51（2）条（EPC 第 94（3）条和 EPC 细则第 71（2）条）以及 EPC 1973 第 110（2）条和 EPC 1973 细则第 66（1）条（在上诉法律程序期间）所述修改请求（见 **T 79/89**，OJ 1992，283）。在能够基于附属请求作出决定之前，应审查主请求并就此主请求作出决定（**T 484/88**）。关于此决定，委员会在 **T 169/96** 中指出，根据 EPC 1973 第 113（2）条，EPO 应受申请人或所有人的请求的约束，如果有主请求和附属请求，这意味着 EPO 亦应受请求的顺序的约束。如果决定涉及几个请求，对于被驳回的请求，应提供理由。决定应清晰指明该部门在作出决定时考虑了哪些方面（**T 234/86**、**T 745/03**）。认定审查部未在其决定中表述充分理由的其他案例，见 **T 951/97**。

3.3 审查程序

在 **T 488/94** 中，委员会表示，如果有主请求和附属请求，在驳回申请之前，根据 EPC 1973 第 113（1）条，审查部不仅应通知申请人主请求未获准许的理由，而且，如果附属请求的后续审查结果仍是否定的，还应通知申请人附属请求未获准许的理由。事先未通知请求驳回原因而“直接”驳回附属请求，仅有的例外情况是 EPC 1973 第 113（1）条规定的要求。

EPC 第 113（2）条要求 EPO 只能就申请人已提交或接受的文本审查申请。如果存在多个请求，其中有一项主要求和多项在后的附属请求，在其决定中审查部应受请求的顺序的约束。为了避免误解，审查部在口头法律程序结束时宣布决定之前应说明请求的状态（**T 1439/05**）。

根据 **T 1105/96**（OJ 1998，249），申请人有在一项主请求之外提交一项或多项附属请求的权利，也有维持所有该等请求的权利，即使审查部已通知其认为除最后一项附属请求外其他请求未获接纳或准许，此时申请人有权获得一个关于各项请求驳回的说明理由的可上诉的决定。如果审查部已通知其认为可准许提出另一项关于权利要求修改文本的请求，除非之前的所有请求均被放弃，提先驳回另一项要求将构成违法行使 EPC 1973 细则第 86（3）条（EPC 细则第 137（3）条）规定的自由裁量权并且根据 EPC 1973 细则第 67 条（EPC 细则第 103 条）构成重大程序违法。在 **T 320/99** 中，审查部认为该附属请求是可准许的，但仍然作出了驳回主请求的决定，从而驳回了申请。正确的做法本应是根据 EPC 1973 细则第 51（4）条就附属请求发出通信。此决定的作出构成重大程序违法，此违法行为构成了退回上诉费的依据（见 **T 1105/96**）。

在 **T 1157/01** 中，申请人已维持其所有请求（一项主请求和三项附属请求）。当审查部宣布其不批准第三项附属请求中提请授权的文本时，上诉人并未明确重申其维持在前的所有请求。但是，根据 **G 1/88**（OJ 1989，189）提及的一般性原则，如果未明确表示撤回，不能简单地推定放弃权利，并且按照公约的运作逻辑，保持沉默不能视为等同于放弃。该上诉的决定没有说明审查部驳回未决的排在前面的请求的原因，这构成了重大程序违法。

在 **T 1351/06** 中，委员会引用了决定 **T 79/89**（OJ 1992，283）、**T 169/96**、

T 1105/96（OJ 1998，249）以及第 15/05 号法律建议（Rev. 2，OJ 2005，357），其认为，允许申请人在审查阶段提出一项主请求和一项或多项附属请求以修改申请文本的做法是 EPO 标准惯例。委员会看不出为什么申请人不能这样做以响应 EPC 1973 细则第 51（4）条规定的通信，尤其是在该通信之前没有发出 EPC 1973 第 96（2）条规定的通信的情况下，因此，这构成了 EPC 1973 细则第 86（3）条所指的"第一次通信"。

在 **T 549/96** 中，委员会指出，EPC 1973 第 113（2）条要求审查部仅就申请人同意的文本对申请作出决定。因此，在该法律程序结束时，申请人应明确指明其希望采用哪个文本。如果申请人未表示其同意一项获准的附属请求的文本（如明确表示不同意或比起审查部准许的某一请求，优先维持一项或多项未获准许的请求），则审查部可根据 1973 年 EPC 第 97（1）条驳回申请。在 EPC 2000 中，EPC 第 113（2）条和 EPC 第 97（1）条基本保持不变。

委员会对异议法律程序和授权法律程序进行了对比。如果在异议法律程序中有一项可准许的附属请求，根据 EPC 1973 第 106（3）条并考虑专利所有人作出的修改作出了中期决定，决定的大意为欧洲专利满足了 EPC 1973 的要求。该中期决定还必须包括之前的请求未满足 EPC 1973 要求的原因。这样，就可以在维持专利的版本获得最终决定之前节省专利所有人为满足 EPC 1973 细则第 58（5）条规定的形式要求产生的其他成本。在授权法律程序中，没有类似的情况。相反，在单方法律程序中，适用依据职权审查的原则。在进入授权阶段之前，应确保满足了可专利性的条件。表示某版本申请符合 EPC 1973 的要求的中期决定将与此目的发生冲突。

委员会注意到第 15/98 号法律建议（OJ 1998，113）。EPC 1973 第 106（3）条的内容被移至当前 EPC 第 106（2）条，EPC 1973 细则第 58（5）条的内容被移至 EPC 细则第 82（2）条。该建议目前已被第 15/05 号法律建议（OJ 2005，357）取代。在 **T 482/06** 中，委员会认定 **T 549/96** 与更新后的法律建议一致，因为 **T 549/96 中提到**"在法律程序结束时，申请人须毫无疑义地指出其提请哪个文本"，第 15/05 号法律建议规定了作出该指示的机制。另见 **T 976/97**，其案发生于第 15/05 号法律建议生效之前，案情与 **T 549/96** 类似。在 **T 1220/05** 中，委员会（引用 **T 839/95** 和 **T 549/96**）认为，认定一项附属请求未获准许的中期决定不符合审查法律程序（相对于异议法律程序）的标准一审做法（见第 15/05 号法律建议（Rev. 2）第 1. 1 点），因可能产生后续影响（具有约束力，禁止不利变更），在上诉判例中的中期决定被看作不可取的。

3.4 异议程序

根据**T 234/86**（OJ 1989，79），如果专利权人坚持主张未获准许的主请求和附属请求，且该等请求排在获准许的请求之前，异议部可以——在某些情况下必须——按照专利权人排在后面的附属请求维持该专利。驳回排在前面的请求必须有依据（关于审查部的程序，见**T 488/94**）。

在**T 5/89**（OJ 1992，348）中，委员会确认，只有在撤回了所有排在后面的请求的情况下，才能只针对主请求作出驳回决定。此原则在**T 785/91**和**T 81/93**中亦得到确认。委员会在**T 861/97**中遵循了**T 5/89**的决定，其表示，如果明确维持某附属请求，但仅基于主请求作出决定撤销专利，就构成了对EPC 1973第113（2）条的违反。

在**T 155/88**中，委员会明确表示，不得要求专利权人撤回任何请求。如果专利权人除了提交一项主请求外，还提交了一项或多项附属请求，且并未撤回上述任何请求，异议部在其决定中应基于充分依据依次说明各请求不被接纳（在根据EPC 1973细则第57（1）条和EPC 1973细则第58（2）条行使其自由裁量权时；见**T 406/86**，OJ 1989，302）或不获准许的原因，见**T 234/86**，OJ 1989，79。如果异议部准许了一项附属请求，但在决定中未说明主请求或前面的附属请求未获准许的原因，应宣告该决定无效并基于重大程序违法退还上诉费（见**T 234/86**和**T 484/88**）。在**T 848/00**中，委员会认同**T 155/88**的推理，即如果专利权人因发生异议拟对权利要求进行修改，意图以通过限制所寻求的保护范围的方式迎合异议部的反对理由，一般而言，这不得解释为放弃所授予专利的权利要求所保护的主题。但是，该意见并不影响如何解读经修改的权利要求，因为可以在不放弃原先提交的专利说明书主题的情况下限制权利要求。

根据**T 961/00**，一当事方享有提交和维持主管机关认为不准许或甚至不可接纳的请求的程序权利。如果一当事方行使了上述权利，主管机关应就此作出决定，即如果该请求是不准许或不可接纳的，驳回该请求（见**T 1105/96**，OJ 1998，249），但是，主管机关不能简单地忽略该请求，犹如该请求不存在一样。否则，这将构成重大程序违法。

3.5 上诉程序

在**T 911/06**中，委员会表示，适用于上诉人（所有人）的请求顺序的法庭程序的一般原则可能不符合**G 9/91**（OJ 1993，408）决定所述当事方之间的上诉程序之目的。依委员会之见，如果上诉人（所有人）还以排名在后的请求的形式要求对一审决定的正确性进行审查，在上诉中审查新请求实质上将上诉程序变成了一审法律程序的直接延续，尽管根据 EPC 的一般逻辑，显然上诉法律程序与一审法律程序是完全分开且独立的。委员会指出，第 15/05 号法律建议（Rev. 2，OJ 2005，357）以及委员会的几个决定已确立了如下意见：如果一审审查程序和异议法律程序涉及申请人或所有人的主请求和附属请求，EPO 应受该等请求的顺序的约束。但是，此原则并不一定适用于上诉委员会的二审程序。鉴于前述内容，委员会认为，首先审查一审部门是否已正确评判递交的请求的内容。因此，在本案中，在审查新的经修改的权利要求之前，应首先审查驳回维持所授予专利的决定的正确性。

H. 证　据　法

1. 简　　介

在行政机关或法院作出决定之前，需确定是否存在实质事实，即根据相关法律条款产生法律效力的事实，此事实应通过取证予以确定。

如果由当事方陈述案情，当事方须提供证明其声称的事实的证据，以发生争议的事实为限。如果适用于调查原则，须由决定机构获取待证事实的相关证据，但决定机构职责的尺度属于其正当的自由裁量权的范围。相关机构不受对立当事方作出的相互佐证的陈述的约束；其拥有广泛的自由裁量权，决定接纳什么证据以及该证据的分量（不受约束地考查证据的原则）。

EPC 就提供或获取证据的方式、取证程序以及证据保护作了规定。此外，上诉委员会也考虑了该证据规定产生的其他相关问题。

EPC 第 117（1）条规定了一个可接纳的取证方法的非详尽清单。在对 EPC 进行修改时，EPC 第 117 条被缩减了（EPC 1973 第 117（2）~（6）条被新的 EPC 第 117（2）条取代），取证的程序细节被移至实施细则（见 EPC 细则第 118 ~ 120 条）中。经修改的 EPC 第 117（1）条不再列出可以取证的 EPO 部门（受理部、审查部和异议部、上诉委员会和上诉扩大委员会），目前该条仅笼统地规定“欧洲专利局的法律程序”。该条适用于 EPC 2000 生效时已授予的欧洲专利以及该生效日当日或之后未决的欧洲专利申请。

在 **T 543/95** 中，委员会对术语“证据”和“证实”进行了区分。证实声称公众已可以取得某物的时间的方法是指明日期或受限制的期限以及确立该时间的方式。证据的目的旨在验证所做的指称是否属实。证实并没有扩展至证据，尽管在使用书面资料作为证明方式时两者可能会重叠。

2. 可接纳证据

2.1 未对可接纳证据进行明确的逐条列举

EPC 第 117 条并没有对可接纳证据进行明确的逐条列举。公约亦没有规定事实问题只能通过某些形式的证据来证明。在判例法中，上诉委员会已考虑过一当事方所提交的证据能否在法律程序中予以接纳这一问题。在此可以假定，任何类型的证据均被可接纳用以证明任何事实。

在 **G 11/91**（OJ 1993，125）中，上诉扩大委员会表示，针对 EPC 1973 细则第 88 条第二句（现为 EPC 细则第 139 条）规定的可接纳的修正请求，证明专利申请日的公知常识的证据可以以公约（具体为 EPC 1973 第 117（1）条）作为提供或获取证据的途径所允许的任何适当形式。因此也可能是非文件形式的证据（另见 **G 3/89**，OJ 1993，117）。法律上诉委员会延续了 **J 11/88**（OJ 1989，433）的相同思路，即必须根据现有的可靠信息裁决事实问题。

判例法已多次确认 EPC 1973 未就 EPO 法律程序中可接纳的证据设置任何限制，上诉委员会宽泛地解释了“取证”这一术语，认为其不仅指代根据 EPC 1973 细则第 72 条（现为 EPC 细则第 117 条）陈词当事方、证人和专家口头证据，而且指代任何类型文件的作品、宣誓书以及以各种形式提供和获取的证据（见 **T 117/86**，OJ 1989，401；**T 416/87**，OJ 1990，415；**T 323/89**，OJ 1992，169；**T 314/90**）。经“公证人”（notaire）认证的宣誓证明也构成可接纳的证据，尽管其证明价值取决于具体案件情况（**T 301/94**）。

2.2 陈词证人和专家

在 **T 374/02** 中，委员会澄清，公约要求有一当事方希望证人提供证言的明确请求，因为 EPO 责任部门须就口头证据的取证作出决定（EPC 1973 第 117（1）（d）条和 EPC 1973 细则第 72（1）条；现为 EPC 细则第 117 条）。当事方应指明其想通过所要求的口头证据予以证明的详细事实。在该案中，上诉人只是写信请求委员会对三个人出席口头法律程序提出意见，并提到这三个人之一“能够另作陈述”但没有明确建议将所提到的这三个人作为证人。即使将对上述人士的提及视为明确的提供证人的建议，委员会认为无须陈词他们，因为“明确的提供证人的建议”并没有指明什么可能会说服委员会以不同的方式评估档案中现有的证据，而且证人旨在印证委员会期望陈词的事实，而不是对论证各自主张的当事方所提供的事实和论点之空白进行补充。

在 **T 543/95** 中，异议部拒绝陈词证人作证，认为证人仅仅是为了确认所提交的事实。异议部对异议人未曾提交其他文件证明是何时公开宣传册表示遗憾。委员会指出所有证据（不论其性质）的目的是对当事方的指称进行确认。当事方可自行选择证据。EPC 1973 第117（1）条所列出的种类仅仅是一些例子。异议部无权就未提供任何其他类型的证据提出批评。

一当事方的职员（见 **T 482/89**，OJ 1992，646；**T 124/88**、**T 830/90**（OJ 1994，713）、**T 443/93**、**T 937/93**）以及其客户（**T 575/94**）都可作为证人被陈词。证人可能存在**偏见**这一事实并不会使得其口头证据不被接纳，但是，在EPO对该证据进行考查时，将对上述事实予以考虑。关于此点，见下文第4.2点（证据的证明价值）。

在 **T 395/91** 中，委员会认为，由于专家将回答的问题已被作为本领域技术人员的发明人回答，因此对专家进行陈词是不恰当的。委员会进一步认为，根据可理解的技术事实对专利法内容进行评估是委员会成员的事情，而不是技术专家的事情。

在 **T 375/00** 中，委员会认为，只有在委员会认为若没有获得技术援助自身无法决定某事情的情况下，方有必要陈词专家。委员会包含两名在技术方面符合适当资格的成员的案件很少见，只有在特殊情况下方才发生。本案是一个相对简单的机械案件，不属于特殊情况。此外，上诉人自己可以主动地寻找必要的证据，而他并没有这样做。如果委员会主动地寻求专家以协助当事方处理案件，其可能面临偏袒的控诉。因此，本案中，委员会欲获取专家证据是没必要的，亦是不可取的。

在 **T 311/01** 中，上诉人（异议人）就本领域技术人员对D1的了解和理解提供了证人证言。委员会认为这是EPC 1973 第117（1）条规定的可接纳的证据形式，有必要澄清对决定可能重要的事项且证人本人知晓这一事项。但是，提供的证言仅证明相关技术领域的技术人员的知识和想法，而非证明具体事实。因此，上诉人提供的是专家而非证人，而这并非必要；至少就文件D1～D3和D5中所述特征和优点来说，委员会本身就足以称为专家。

2.3 书面宣誓声明和法定声明

EPC 第117（1）（g）条允许书面宣誓声明作为提供或获取证据的方式。其目的旨在确保已签字并递交书面宣誓声明的人无须作为证人接受陈词；此外，亦无须通过陈词该人以确认声明正文。在 **T 674/91** 中，委员会指出，该声明一般产生于对法律专家提问的回答，因此，如果多个声明包含风格相同的表述方式，这并不奇怪。关于以该等陈述提交的证据，只要没有对该等签名提出任何反对，委员会就无义务核查该等签名。

EPC 第117（1）（g）条所指的宣誓声明就是所谓的“宣誓书”。签署宣誓书并宣誓尽宣誓人所知宣誓书所载陈述正确无误且正确之行为须在法务官（solicitor）或监誓员在场的情况下进行。宣誓书不同于“法定声明”（statutory declarations），作出法定声明是不需要进行宣誓的。但是，法定声明并不是如宣誓具有一样效力的庄严的证据陈述，需由授权人士进行在场监誓。法定声明是 EPC 第 117（1）条规定的可接纳的证据形式。法定声明取代了 EPC 1973 第 117 条所述书面宣誓声明，根据德国法律，法定声明并不是证据（见 **T 558/95**）。

在 **T 770/91** 中，委员会指出，尽管 EPC 1973 第 117（1）（g）条未明确规定法定声明，根据不受约束地考查证据原则，应对该法定声明予以考虑。同样地，就像接受其他未经宣誓的陈述一样，EPO 也接受未经宣誓的庄严声明（**T 970/93**、**T 313/04**）。根据德国法律，法定声明并非常见证据形式之一。只有在特殊情况下方接纳该法定声明作为证据，且该法定声明具有的证明价值比常见证据形式（诸如证人证言）要小。但是，在 EPO 的法律程序中，一个简单的声明也能作为 EPC 1973 第 117（1）条所指的证据形式（见 **T 474/04**，OJ 2006，129）。

EPO 的法律程序可接纳任何类型的文件（不论其性质如何）。但是，任何文件的证明价值取决于对具体案件的特殊情况适用自由心证原则。在此背景下，EPC 并没有排除在法律程序中把一当事方的职员作为证人进行陈词的可能性。类似地，在 **T 327/91** 中，委员会不认为有理由无视一份经上诉人总经理签字的宣誓书。但是，如果以证人证言或法定声明的形式提供证据以代替送货单（理由是已过去了很长一段时间，送货单在常规粉碎中已被销毁，无法再生）是不被接纳的（**T 231/90**）。

在 **T 804/92**（OJ 1994，862）中，异议部已向各当事方发出通知详细建议了宣誓声明的内容。因为这种做法涉及引导证人的风险，可能严重影响该声明的证明价值，因此委员会坚决否定该做法。这适用于 EPO 法律程序中任何阶段的部门。

在 **T 798/93** 中，委员会强调，应一当事方的要求不会自动地下达命令，要求提供书面宣誓声明（此宣誓声明是 EPC 1973 第 117（1）条所列的提供或获得证据的方式之一）。相关部门享有自由裁量权选择 EPC 1973 第 117 条所述的提供或获得证据的方式，但只有在其认为必要的情况下方可命令提供此类证据。

在 **T 558/95** 中，委员会不能将异议人的法定声明排除法律程序之外，因为该法定声明由异议人的职员起草，且法定声明的措辞在某种程度上是同一的。相反，这是一个评估所提供的证据是否充分的问题（见下文 4.2，“证据的证明价值”）。

2.4　其他证据

EPC 并未说明 EPC 1973 第 117（1）（c）条中的“**文件**”这一术语的含义，**T 314/90** 将其定义为通过文字或图画表达想法的几乎所有的书面文件，包括已发布的文件。

在 **T 795/93** 中，委员会认为，**文件**，作为披露现有技术的途径，是一种具有多种功能的证明方式。其首要目的是通过其所含的书面描述提供给公众的信息，即以信息、知识、教导等形式为现有技术作出的贡献，并用以证明已提供该等信息。

在 **T 71/99** 中，在异议部的口头法律程序结束时撤销了专利。上诉人（专利权人）就受争议的决定提出的反对完全基于对异议部开展的口头法律程序的指称。但是，异议部的法律程序记录并未对口头法律程序的开展过程进行充分记录。为了向委员会证明实际所发生的事实，应诉人提交了一份报告。上诉人辩称，此文件不应予以接纳，但并未质疑文件里面所述的事实。鉴于所提交的摘录显然更加准确且不难理解，委员会认为没有理由不接纳此文件且在法律程序初期阶段告知了各当事方。

3. 取　　证

3.1　有权部门

EPC 1973 第 117 条对在审查部、异议部、法律部和上诉委员会的法律程序中接纳证据作出了规定。委员会在 **J 20/85**（OJ 1987，102）中明确说，受理部亦有权取证，尽管 EPC 1973 第 117 条并未列出该 EPO 部门。当前版本的 EPC 第 117 条指明了“EPO 的法律程序”中许可的证据类型。

3.2　时间范围

一旦产生争议，则须立即进行取证（**J 20/85**，OJ 1987，102）。如果专利律师已被告知将进行陈词，在各当事方专利律师未出席的情况下，也可向各当事方进行取证（见 **T 451/89** 和 **T 883/90**）。

在 **T 953/90** 中，委员会认为，在一方寻求通过证人陈述的形式证明潜在相关的事实时，如果另一当事方对此陈述有不同意见或 EPO 认为有必要，此证人陈述应在异议阶段之初提供以便证人根据 EPC 1973 第 117 条提供口头证据这一点尤为重要。

3.3　取证——被陈词的范围和权利

在 **T 39/93** 中，委员会认为其只应根据当前法律程序中举出的证据和论据对上诉作决定。考虑实际上并非来自本案的任何事项是完全错误的。

如果显微照片原件是另一起案件已使用的一项证据且在当前案件中仅使用其一份复印件，委员会仅应考虑当前上诉中所提交的复印件。

异议部拒绝考虑按时提交的证据侵犯了当事方自由选择证据的权利以及被陈词的权利（EPC 第117（1）条和第113（1）条）。具体而言：

EPO 部门在决定是接纳还是拒绝向其提交的证据之前须确定此等证据的关联性。根据委员会在 **T 142/97**（OJ 2000，358）的观点，只有在例外情况下 EPO 部门才无须这么做。尽管在本案中不存在审查关联性必不可少的情况，但是，异议部基于对所建议提交的证据的内容的猜测而拒绝此证据，甚至没有注意到所建议提交的证据及其与在先使用情况的关联。

在 **T 474/04**（OJ 2006，129）中，异议部撤销了涉诉的专利，因为在声明（没有以宣誓证据的形式提交）证明的在先使用期间发明并不具备创造性。既然声明中所提出的基本指称受到争议，当事方提出把声明人作为证人。尽管上诉人（专利权人）一直要求陈词声明人，异议部决定不传唤此声明人作为证人，尽管声明人可被传唤。委员会认为，这阻碍了上诉人就什么成为决定性的证据进行抗辩。事实上已妨碍了上诉人获得证据向委员会证明在先使用未曾以应诉人所指称的方式发生。由于在先使用是应诉人自己进行，证据很大程度上“由异议人掌握和了解”，因此异议部这一行为更加不适宜。因此，异议部已侵犯上诉人被陈词的权利，这构成重大程序违法，应将案件发回一审部门。因此，委员会明确表示，原则上，如果未经宣誓的证人声明中提出的指称仍受争议，在该指称成为针对异议方作出决定的依据之前，须对一当事方提出的陈词证人的请求予以支持。

在 **T 225/03** 中，在撤销专利之前，异议部并没有通过陈词证人进行取证，因为其认为书面证据足以证明公开的在先使用的指称。委员会认定该证明标准是充分的，并认为应支持应诉人的请求——通过陈词证人对书面证据进行补充，因为只有证人能够证明单项证据与其法定声明中所解释的使用情形之间的联系。因此，该案件被发回一审部门进行进一步审查。

在 **T 267/06** 中，当事方提供了一份宣誓书（随附一份未注明日期的图画）（文件 D12）以及证人陈词，作为证据证明异议书所声称的公开的在先使用。异议部驳回了该欧洲专利异议。在其决定中，仅在“事实和意见小结”部分提到了进行证人陈词作为证据的建议，而理由部分只针对与文件 D12（宣誓书）和图画作了阐述。

委员会认为，在争议决定中提出的论点显示，异议部认为无法核实关于 D12 的公开在先使用的某些指称，并就宣誓书所提及的“Umhausungen”（壳体）的技术形式作出了推定。因此，宣誓书中所提及的和在图画中演示的必要细节似乎并没有被考虑在内。在该情况下，为了判断D12的公开在先使用的主张，不应该忽视将证人陈词作为进一步的证据。根据该异议，证据中已提供了证人陈词，专门用来防止要求保护的在先使用的系统的所述细节受到争议而未被纳入考虑之中。因此，委员会认定，无视该提供证据的建议构成重大程序违法，因为证人一直没有机会根据EPC 1973第113（1）条行使被陈词的权利。

根据**T 716/06**，如果一当事方请求证人的口头证据，只有在认为有必要提供此口头证据的情况下，（对其将要作出的决定起决定性作用的事项进行澄清所需的）EPO主管部门方支持此要求。一般而言，如果主管部门没有对异议人支持所指称的在先使用所提出的事实和论点进行评估，主管部门无须就所指称的在先使用陈词证人。此外，如果援引在先使用仅是为了论证缺乏新颖性，且EPO部门认为所指称的在先使用事实上并非构成对该技术新颖性的损害（因为在此案中证明已公开不会对决定产生任何影响），通常亦无须陈词证人以证明所指称的在先使用已公开。相比之下，在本案中，异议部认为，不仅未证明所主张的公开在先使用，而且即使证明了该公开在先使用，也不会构成对技术新颖性的损害，因为其中并未说明定子盘是不透光的这一特征。但是，异议部并未考虑异议人要求就两个问题陈词同一位证人的建议。

委员会表示，如果异议人就所指称的公开在先使用和通过此等在先使用披露某些特征而要求陈词证人，在EPO主管部门决定既未证明所指称的公开在先使用，亦未证明对技术新颖性的损害（因为并未在在先使用中披露相关特征）之前，EPO主管部门原则上须支持此要求。

尽管判例法已确立一审程序和上诉程序中均可考虑第三方意见的规则，委员会不得忽视第三方意见，该第三方也无权要求陈词其意见的可接纳性以及支持其意见的任何证据的可接纳性。当然，如果该意见可（全部或部分）构成决定依据，法律程序的实际当事方有权就该意见被陈词。该权利单独地产生于EPC第113（1）条。因此，第三方意见（以及随附证据）的可接纳性完全由委员会决定（**T390/07**）。

在**T 1100/07**中，异议部得出结论：由于所提交的文件不足以证明权利要求中提出的所有技术特征，因此，无须对上诉人提供的两名证人进行陈词。关于第一名证人，委员会的结论是，异议部作出不对其进行陈词的决定是合理的，因为上诉人提供此证人仅仅是为了确认之前一封信函所述内容，该信函本身就包括对多个文件的指称。这些文件不言自明，证人对其内容的确认不能增加与案件相关的内容。但是，关于第二名证人，异议部作出的决定是错误的，因为其似乎忽略了一点：提供此证人并非仅仅确认对法定声明所作的表述，还为了提供证明公开在先使用的技术细节的证据。尽管委员会对异议部在考虑陈词证人的请求时所处的困境——该证据令人迷惑且并非针对案件关键问题——表示极度同情，该案被发回一审部门以便陈词第二名证人。

3.4 证据保管

T 760/89（OJ 1994，797）解决了退还已作为证据提交且应履行保密义务的文件的可能性。委员会裁定，在异议法律程序期间作为证据提交的文件以及援引该文件的意见原则上应备案存档直至法律程序结束并在法律程序结束后，还应再备案存档至少5年（见EPC 1973细则第95a条，现为EPC细则第147条）。仅在例外情况下且接到已证实但未考查的请求时，才能将作为证据提交的文件退还。如果要求退还文件的文件提交方的利益显然大于任何其他方的利益和公共利益，则视为构成该例外情形。例外情况也可能是以下情况：（1）如果文件提交违反保密协议；（2）如果文件并不属于现有技术，而是作为异议答辩的一部分的第三方声明；（3）如果相关其他当事方同意此要求。此规则同样适用于援引该文件的意见。

4. 证据评估

4.1 不受约束地考查证据原则

EPC没有规定如何评估取证的结果。不受约束地考查证据的原则应适用。因此，需作出决定的部门——基于获得的全部证据和法律程序并根据无须参考任何有关证据评估的法律条文的情况下自由确信——确定是否已发生所指称的事实（见**T 482/89**，OJ 1992，646；**T 327/91**、**T 838/92**和**T 575/94**）。判例法尚未针对证据考查规定任何一般规则；反之，如果某项证据是充分的，应视案件具体情况予以决定。如果委员会要求一当事方提交可获得的证据但该当事方并未这么做，这可以被理解为证据不支持其论点（见**T 428/98**）。另一方面，仅仅根据怀疑而提出的指称不可能被合理期望构成对证据可信度产生怀疑的有效理由（见**T 970/93**）。

但是，EPO的法律程序中采用的自由评估证据原则不能作为拒绝提供**相关且恰当**证据的合理理由。自由评估证据系指不存在任何固定规则以便在确定证据是否可信时予以遵守。这并不意味着决定机构可选择其认为能够充分确定事实的证据，但是，不存在任何固定规则以便在确定任何证据是否可信时予以遵守（**T 474/04**）。

在**T 324/03**中，上诉人（异议人）指定了3名证人提供证据证明其指称，即已发生相关专利（切削工具镶件）的在先使用，但委员会驳回陈词证人作证的请求。在该案中，委员会认为应当首先作出以下假设：只有在调查是否可将在先使用确定为事实时发现所指称的在先使用与其主题有关的情况下，在涉诉专利的优先权日之前，上诉人所指称的图纸 D8 所述型号为 229 的镶件才有效为公众使用。但是，如果所提交的文件中没有具体信息或数据，上诉人的指称应视为未经证实。因此，对委员会作出的决定而言，上诉人要求对证人进行陈词以证明所作出的指称变得**无关紧要**。

在评估证据时，有必要对以下两个文件进行区分：一个文件被指称为 EPC 1973 第 54（2）条所指的现有技术部分，也就是说，此文件本身被指称为代表在异议专利优先权日之前作为现有技术为公众使用的例子，另一个文件本身并非现有技术部分，但是，提交此文件是为了证明现有技术或对新颖性和创造性相关事实的任何其他指称进行证实（**T 1110/03**，OJ 2005，302）。第一个文件是现有技术的**直接证据**；一般而言，除了针对其真实性提出质疑，在其他方面均不能对其提出质疑。第二个文件也是证据，尽管此证据为**间接证据**；此文件针对诸如现有技术、技术公知常识、解释问题或技术推断等方面提供相关论证依据——该论证的合理性可受到质疑。只有第一个文件可不予理会，这么做的唯一理由是此文件发布日期晚于优先权日。即使在新颖性和创造性问题上，第二个文件亦不会因其发表日期而有效或失效。忽略间接证据将剥夺当事方享有 EPC 1973 第 117（1）条和第 113（1）条所规定的、缔约国普遍确认的基本法定程序权利。

在荷兰地方法院和上诉法院**国家法律程序**中，陈词了几名证人，且各当事方提供了书面声明。荷兰上诉法院不能确定连贯的证据链证明，确实已在争议专利优先权日之前发生指称的公开在先使用。在评估荷兰上诉法院的裁决后，委员会在 **T 665/95** 中作出如下裁定：无须进行其他调查，支持荷兰上诉法院作出的结论，因此裁定：所授予的权利要求 1 的主题被认为是新颖的，这与异议部的上诉决定恰好相反。

4.2　证据的证明价值——个案

4.2.1　充分的证据

在 **T 162/87** 和 **T 627/88** 中，裁定结果为：指称在先使用的一当事方的**职员作出的声明**可能是充分的。此外，**T 124/88**、**T 482/89**（OJ 1992，646）、**T 830/90**（OJ 1994，713）、**T 838/92** 和 **T 327/91** 也采用了一当事方的职员声明，但并未就声明的可靠性说明任何理由。不能仅仅因为证人与其他证人有关联并与一当事方拥有商业关系而对证人的可信度产生怀疑（**T 363/90**）。

T 937/93指出，证人声明的证明价值视具体案件具体情况而定。

在 **T 1191/97** 中，上诉人对一审部门对证据进行的评估提出批评，但没有对证人的可信度造成任何严重威胁。基于很久之前已发生相关事件这一事实，不难解释证人证言中某些不精确的信息。委员会认为，没有迹象表明证人违反了尽其所知作证的义务。

4.2.2 不充分的证据

根据不受约束地考查证据原则，有关争议事宜的各项证据需要具有适当的重要性以可靠地确定可能已发生的事情。原则上，由未知的无名人士作出的未经签字的声明起到的作用很小（**T 750/94**，OJ 1998，32）。

在 **T 332/87** 中，一份注明日期但未经签字的**内部文件**（此文件被标示为机密文件）与**未注明日期的传单**未被视为充分证据。在 **T 595/89** 中，委员会裁定，异议人涉及设备在飞机上安装及其出售的内部文件并不足以证明存在公开的在先使用。

在 **T 204/88** 中，**投标函**不足以证明存在公开的在先使用，因为并不能确定设备交付时间以及设备接收人；此外，对设备进行的描述过于笼统，因此不能确定此设备是否就是此发明。在 **T 725/89** 中，一份注明日期的投标函也未被视为充分证据，因为不能证明此投标函实际上是何时呈递的，此外，投标日期仅早于优先权日一周。相比之下，委员会在 **T 482/89**（OJ 1992，646）中认为，**未经签字的送货单**以及其他文件可构成证明完成交货的充分证据。

在 **T 48/96** 中，委员会表示，为了证明目录所述某种设备已在优先权日之前为公众使用这样的指称，表明目录已按时被发布并不足够，因为仅仅在目录上予以指明并不能构成绝对证据以证明事实上所述产品已某人使用；例如，可能会出现延误。因此，委员会裁定，目录中载明日期的**相关页副本**并不能作为证明设备为公众所用的充分证据。

在 **T 314/99** 中，关于公众可获得的学位论文，委员会认为，鉴于上述论文仅可以从大学化学系图书馆档案处获得，因此该论文并非是公开可获得的。作为证据产生的“**日志**”是手写的笔记簿，其中，档案中所获得的学位论文由图书管理员录入。日志本身并非图书馆的官方出版物，而主要是图书馆工作人员的内部文件。在对日志中的注释进行仔细检查后，委员会表示，不能得出肯定结论：相关条目确实是在相关优先权日之前作出的，此外，亦不能裁定此条目是因某原因或时间方面的其他原因在后来予以补充的。如果没有其他陈词或证据以驳回该论点，委员会不能得出结论：带注释的日志证据是未改动的。

在 **T 91/98** 中，应诉人（异议人）特别是在文件（8），即 **Lexis – Nexis 数据库的一个条目**的基础上，对创造性提出质疑。但是，文件并没有就此信息录入数据库的时间（向公众提供此信息的时间）提供任何证据。公众可获得此信息的时间不能视为条目标题所述的时间（1985 年 9 月 3 日），因为 1985 年 9 月 3 日不能等同于信息发布日期，且此日期甚至不一定是正确的。在对应诉人提交的声明和宣誓书进行详细评估后，委员会得出结论：不能明确确定向公众提供文件（8）所载明的信息的日期。

为了证明指称的公开的在先使用，在 **T 212/97** 中，上诉人（异议人）列举了基于**传闻**的事实。证明所指称的在先使用的证据的不充分性已引起上诉人的多次注意。上诉人并未引用任何证人。但是，如果被指称存在公开的在先使用，异议人应采取其所能采取的一切措施提供令人满意的证据。但是，在此案件中，尚未明确证明所指称的公开的在先使用。

在 **T 905/94** 中，专利所有人在某次展览会上展示了一扇百叶窗。在考查有关展览会的证据后，委员会考虑以下问题：将同一**商号**用于不同模型是否构成以下证据，即证明专利所有人已于优先权日之前根据相关专利销售或描述此百叶窗。委员会认为，将同一商号用于不同模型不能构成充分证据，因为同一产品（对此产品的技术特征作出的改进亦会随着时间发生变化）采用同一名称这是常见的行业实践做法。

在 **T 702/99** 中，委员会就试验证据的证明价值作出大量评论。委员会指出，由很多人开展的对比测试在满足相关条件下作为证据支持或反对品质（如产品（化妆品）经改善的"感觉"）是非常重要的，该条件要确保试验行为最大程度的客观性和可能在后期法律程序中作证人员的客观性。鉴于该证据是意见证据，因此具有固有的主观性，其价值取决于类似或同一观点的数量，面对该证据，法庭将寻求判断大量主观意见的客观价值。法律程序的各当事方在准备该试验证据时应采用相同标准。如果使用无关的人自然更有利于起到更大的重要性，只要试验条件能够保证达到使用无关的人所达到的情况，不反对使用职员，此职员不会因在先知晓试验产品或雇主所期望的试验结果而进行偏袒。

经常希望这类试验表现为"盲目性的"，即试验人员未参加要求保护的发明的制作或产生发明的研究或申请专利程序；此外，该试验已在严格的条件下予以开展。该证据呈递须是准确的，但是，呈递方式是次要的；一份仔细准备的报告和/或表单应传达试验人员提供的尽量多的信息。

在 **T 453/04** 中，委员会表示，上诉人（异议人）提供的**实验证据**是有缺陷的，原因有两个。首先，涉诉专利的教导不能准确地被再现；其次，代表现有技术的产品尚未经证明属于现有技术。因此，上诉人的实验证据未能表明，主请求中的权利要求 1 所规定的流程步骤将无法与现有技术的产品区分开来。

鉴于异议人已死亡，委员会在 **T 74/00** 中要判定此证据是否已表明其继承人继承了异议人提出上诉或提出此上诉的权利。委员会认为，可提供的最佳证据是适用于此案件事实的相关继承法（此处系指日本法律）证据，尤其是日本律师的**法律意见**；仅仅提交载有一方指示日本律师的通信副本并不能用作替代证据，因为该通信本身并非证据。在此案件中，委员会考虑两个事实问题，即异议人的死亡日期和继承问题。

关于第一个问题有两个证据——代理人指示日本专利律师的信函中的陈述（表明其并不知道异议人已在上诉申请日之前死亡）以及通知异议人已在2002年期间死亡的上诉通知中的信息。关于第一个证据，委员会认为此证据是模糊不清的、间接的，因此是非常不可靠的。但是，关于第二个证据，鉴于死亡日期的信息虽很概括但确实至少提供了死亡年份，因此至少基于可能性的权衡可以看作证明了在提交上诉时，异议人仍然是活着的。

关于死者的两个女儿是否共同继承了所有上诉权的问题，可获得的证据表明继承人身份的关键方面出现了不一致之处。因此，委员会得出结论：并未满足必要的法律要求，即须具备继承人的充分证据。因此，没有人可继续上诉，因此此上诉应失效（另见第7章C.5.1，“异议人身份转让”）。

在 **T 473/93** 中，委员会裁定，上诉人的猜测（其错误地作出了法定声明）不足以说明口头提出的与声明背离的事实显得更可信。因此，口头指称的事实应视为未经证明的。

在 **J 10/04** 中，受理部对经宣誓的声明的可信度提出了质疑。鉴于**经宣誓的声明**是基于主观的个人印象作出的，且个人印象并不总是可靠的（尤其是关于日常任务），受理部未邀请证人亲自进行陈词。法律委员会并不同意上述观点，并指出受理部本应亲自陈词证人以便能够评估其可信度。如果证人被告知根据适用法律，故意作出虚假声明将被处以罚款或监禁或二者兼之，委员会将把经宣誓的声明视为具有较高的证明价值的证据。因此，需要有充足的理由来不理会此类证据。该等理由可能是使得不太可能作出该声明的一系列情况，因此，**证人的可信度**将起到决定性作用。

此外，法律委员会还认为一个人的可信度可能仅能通过口头证据进行评估。不能仅仅因为证人与一当事方之间保持某种商业关系而对证人的可信度提出质疑。此外，基于证人的个人印象作出声明这一事实不能成为对该等声明不予理会的理由，因为证据往往是基于某人的个人回忆。如果基于个人印象的证据本身是不可信的，则证人提供的证据不可能是可信的。

在 **T 905/94** 中，委员会认为某个证人比其他证人提前3年作出声明这一事实并不能构成其证言更为可信的充分理由。

在 **T 780/05** 中，委员会还应考虑提供证人证据的请求是否经充分证实。在委员会口头法律程序中讨论新颖性时，当事方首次提出请求要求陈词证人作证。委员会认为该请求并未经充分证实，因为并未曾令人信服地证明以下情形——此情形将使得证人就相关事宜作出可靠的证言，即就公众精确、直接和可核证地知晓其所指称的在先使用公开可获得。以下事实进一步强调了提供证人的不令人满意的性质：只有在口头法律程序后期，方可提供其他人作为可能的替代证人，且无须证实其在相关事宜上作为证人的适合性。

4.3 “可能性的权衡”和证明标准——各种案件

作出决定所依据的事实须确定令决定主体满意。出现的问题就是什么样的满意度是必要的。

上诉委员会一般采用“可能性的权衡”标准，即基于某组事实较其他事实更可能是真实的。此标准尤其适用于异议上诉程序（见 **T 182/89**，OJ 1991，391；**T 270/90**，OJ 1993，725；**T 859/90**、**T 109/91**、**T 409/91**，OJ 1994，653；**T 1054/92**、**T 296/93**，OJ 1995，627；**T 326/93**、**T 343/95**），此外，还适用于在单方法律程序中作出的决定（**T 381/87**，OJ 1990，213；**T 69/86**、**T 128/87**，OJ 1989，406；**T 939/92**，OJ 1996，309）。在其他案件中，委员会依据其充分确信的情况作出决定（例如，见 **T 100/97**）。

如果 EPO 基于“可能性的权衡”标准就某事实问题进行审查和裁定，争议越严重，用来支持其证据的可信度应越高（**T 750/94**，OJ 1998，32）。如果就该事宜作出的决定可能导致某欧洲专利被驳回或撤销，例如，在有关所指称的在先公开或在先使用情况中，须对有关事宜的现有证据进行非常审慎和严格的审查。除非驳回或撤销原因（法律和事实原因）经过充分适当证明，否则，不得驳回或撤销欧洲专利。

就权利恢复而言，一般性规则是，基于提供的证据，委员会认定证实恢复权利申请而援引的事实是否是真实的。在 **T 243/86** 和 **T 13/82**（OJ 1983，411）中，根据 EPC 1973 第 122（3）条第一句（现为 EPC 细则第 136（2）条）就“释明”（陈述申请所依靠的事实）提出了请求。但是，此术语是否意味着（正如德国、澳大利亚或瑞士法律所规定）仅需较低程度的可能性尚不明确。

4.3.1 公开在先使用

在 **T 782/92** 中，委员会认为，应排除任何合理怀疑证明公开的在先使用。在 **T 472/92**（OJ 1998，161）中，委员会重新确认了适用于通常案件的“可能性的权衡”原则，但是对公开这样的在先使用情况作出了区分，即支持指称的公开在先使用的几乎所有证据均在异议人能力和知悉范围内。在该情况中，专利权人很少能够或事实上适用“可能性的权衡”原则。事实上，异议人所能做的是，通过指明证据中的矛盾之处对证据提出质疑或关注商业交易链中的任何漏洞，异议人需证明该漏洞以便基于此胜诉。

委员会表示，如果专利权人几乎无法获得任何证据证明未曾发生任何在先使用，异议人应**尽力**证明所指称的在先使用。此外，之后的判例法还确认，如果指称存在公开的在先使用，一般而言将无须进行作为委员会意见基础的“可能性的权衡”评估，而是遵循与接近绝对可信的更严格的标准。换言之，应存在排除合理怀疑范围的高度确定性（**T 97/94**，OJ 1998，467；另见**T 848/94**和**T 12/00**）。

在**T 970/93**中，权利要求涉及一家生产钢板的连续多机架轧钢厂。上诉人（异议人）提出两次在先使用，一次用于中国工厂，另一次用于德国工厂。就技术人员是否能够识别相关特征（中国工厂的轧制速度比）进行了相关讨论，因为该轧制速度比不可能来自某次单一的轧制活动。此外，应诉人认为，工厂建设者和所有人均将履行保密义务不对外披露工厂的实际容量而危及竞争力。根据“可能性的权衡”原则，委员会认为，自工厂开始运作至相关专利优先权日之间的约7年时间，考虑到以下证据和情形，工厂的轧机驱动电机的转速比不会为公众所知是不太可能的：在中国，通过推广和演示新安装的工业厂房来培训年轻的工程师是常见做法。出于应诉人提出的竞争原因保密义务阻碍此信息传播是不可能的。如果缺乏有关**保密**的证据，此原则同样适用于以下情形：认购此工厂的公司可能被视为公众的一员，此公司通过认购工厂并对工厂进行后续使用，拥有有关轧制速度比的相关信息。

在**T 441/04**中，委员会与应诉人达成一致，认为文件形式的证据相较于证人在很久之前的事件提供的证言而言，一般情况下，前者更为可取。但是这并不意味着，在本案中有必要排除此证言本身或此证言比书面证据更为可信。此处，委员会认为，通过在评估证据时采用排除怀疑的（高）证明标准，其已适当考虑了经证人证言证明的所指称的公开在先使用应归因于上诉人。经考查，提交的证据（主要是指证人证言）已符合上述标准，因此无须新的或其他证据（如图画）。就创造性的现有技术而言，异议部的行为导致了公开的在先使用被完全不予理会，因此是不恰当的。异议部坚持认为，提交的证据链没有缺失超出争议点（此处指公开在先使用的主题）的环节，证明指称的在先使用已经公开。这一点在本案中未曾受到争议。

4.3.2 披露的内容

在**T 793/93**中，现有技术的相关文件并未明确披露权利要求的某些内容。

委员会认为，如果字面上或明确披露的必然结果属于上述权利要求的范围内，EPC 1973 第 54 条所指的可获得性仍可予以确定。委员会认为，需采用比“可能性的权衡”更为严格的证明标准，即“排除一切合理怀疑”。委员会遵循了以下原则：如果就什么可能是或可能不是进行字面披露的结果和现有技术文件操作指南存在任何合理怀疑（换言之，如果仍然有“灰色地带”），则基于该文件作出的预测应无效（另见 **T 464/94**）。

在 **T 348/94** 中，委员会认为，本案未曾排除合理怀疑地证明，会议上口头陈述的技术内容**在各个细节上**均与 10 个月后在会议论文集中发表的相关文章一致。除非有相反证据，以之前在早些时候举行的公开会议上阅读的文章为依据的书面出版物不能被视为与口头披露的可能包含其他信息的内容相同（另见 **T 890/96**）。

在 **T 151/99** 中，根据可获得的证据（硕士论文已至少为一名公众成员获得），委员会认为上述出版物**可信度较高**。如果该引证文件存在于涉诉专利优先权日之前发表的文件之中，则可认为，上述论文在优先权日期之前也已为公众可获得。

在 **T 204/00** 中，委员会指出，根据既定判例法，为了评定新颖性确定现有技术披露的必然结果时采用的证明标准应比“可能性的权衡”严格得多（见 **T 793/93** 和 **T 396/89**）。委员会认为，在本案情况中，即如果上诉人指称的必然结果与现有技术文件 D1 的明确披露和应诉人获得的结果相冲突，尤其如此。此外，提交指称的当事方不仅应负责以该方式再现在先披露以表明已发生指称的必然结果，此外，还应令人信服地证明，是否与在先披露中指明的条件发生重大偏离对结果并不重要（另见 **T 396/89**）。

在 **T 1134/06** 中，委员会指出，评估证据的第一步是对来源的可靠性进行确定。在依据 EPC 第 54（2）条基于依据传统出版物（如发表的专利申请或说明书）评定新颖性和创造性的目的确定现有技术时，大部分出版物的来源均是可靠的。一般而言，大量的现有实物出版物副本将说明该来源具有证据分量，因为来源本身具有公权力的性质，如专利局。因此，出版日期和内容被认为是真实的，其可信度较高。

但是，在该案中，是通过互联网向公众作出披露的。为了证明互联网披露是现有技术的一部分，委员会认为，须采用与在先使用或在先口头披露所采用的同样严格的证明标准——须回答同样的问题“何时”“什么”和“在什么情况下”（在 **T 1875/06** 中得到了确认）。此外，委员会认为，确定是否通过互联网向公众作出披露的情形（若适当的话）也可包括影响信息可靠性的因素，例如，获得信息和注明日期的方式、来源保存信息的方式以及在予以保存后是否未对信息作出任何修改。

在 **T 1210/05** 中，委员会基于以下考虑得出结论，受争议的在先披露（公开展示与爱丁堡大会上的文件（1）相同的海报）证据不足，没有排除所有合理怀疑：各取证方法（提交的文件、证人宣誓书以及其口头证言）彼此不相冲突这一事实并不足以满足所要求的证明标准。此外，异议部的裁决完全依赖于一名证人的证言。没有任何独立证据（以书面形式或通过其他人）可用来支持异议部的上述裁决。这并不意味着证人的书面证词和口头证言本身是不充分的。但是，委员会表示，如果单独将此证据视为已排除任何合理怀疑证明了事实，需有合理的理由。关于作出此被上诉决定的原因，异议部认为，只有在异议部认为证人撒谎的情况下，方驳回此证人证言。委员会认为这种论证是错误的。委员会认为，应首先将证言所证明的事情视为事实，然后再评定证言的可信度。当然，以下情况是不符合实际情况的：只有在某人不诚实的情况下，此人才不会真言实语。在回忆某件事时，某人可能误犯错误，尤其是在此件事已过去一段时间的情况下。因此，委员会并不同意异议部的如下裁定：如果没有证据表明证人在撒谎，则此证人证言即为真实的。

4.3.3 修　　改

只有在委员会排除任何**合理怀疑**，确定申请主题未曾扩展至所提起的申请范围之外的情况下，委员会方允许作出修改或修正（**T 383/88**、**T 581/91**）。在审查 EPC 1973 第 123（3）条时，委员会在 **T 113/86** 中规定了如下原则：原则上，如果有丝毫怀疑未经修改的专利与经修改的专利可能有不同的解释，基于异议人或委员会提出的任何异议理由，专利权人提出的被认为是没必要的自愿修改应不予批准。

关于允许修改和修正的证明标准见第3章，“修改”。

4.3.4 主张有效的优先权

在 **T 1056/01** 中，委员会指出，由于有效的优先权日对可专利性起到的重要作用，要求获得优先权的申请的申请日应以正式的方式予以证明，即受理机构出具的证明（见 EPC 1973 细则第38（3）条；现为 EPC 细则第53（1）条；以及《巴黎公约》第4D（3）条）。即使根据 EPC 1973 第87（4）条（见《巴黎公约》第4C（4）条），未就以往申请的及时撤销规定任何此类**正式证明**，要求一个同等高要求的证明标准似乎是合理的，因为过去曾有一件有关同一发明的申请，两个日期对确定所要求的优先权的有效性同样重要。但是，在本案中，根据 EPC 1973 第87（4）条，对英国申请进行及时撤销并不成立。不同于限制可专利性的事实（例如，上诉人引用的 **T 219/83**），要求就同一发明进行的后续申请获得有效的优先权的前提条件是及时撤销以往申请。因此，撤销生效日期可能对申请人有利，其对申请撤销生效日期的依赖程度和其对后续英国申请的申请日（和内容）的依赖程度一样。

在**T 493/06**（优先权申请的转让）中，提交的法定声明和公证书足以证明转让协议**副本**与原件是一致的。

4.3.5　滥用行为

在**G 3/97**和**G 4/97**（OJ 1999，245 和 270）中，上诉扩大委员会认为，如果EPC 1973 细则第55（a）条（现为EPC 细则第76（2）（a）条）规定的异议人代表第三方行事，只有在异议人参与相关案件被视为通过滥用程序规避法律的情况下，方对该异议不予理会。在此方面，仅需向裁定机构提供明确且可信的证据证明已通过滥用程序规避法律即可。

在**T 291/97**中，上诉人在上诉理由陈述书中辩称，EPC 1973 第55（1）（a）条所指的明显滥用导致文件（1）的公开，因此公开文件（1）并不构成可针对涉案权利要求引用的现有技术。委员会裁定，在适用EPC 1973 第54 条时，将对上述公开予以考虑。在其裁定中，委员会指出，裁定出现EPC 1973 第55（1）（a）条规定的**明显滥用**是一件严肃的事。不会轻易推定存在滥用。明显滥用（德语："offensichtlicher Missbrauch"；法语："un abus évident"）表现出高证明标准：案件必须是明确的，疑案的解决方式将不会对申请人有利。在涉诉案件审理期间提交的证据并不能满足委员会认为适当的标准，尤其是因为几乎递交的所有声明均包含后来经修正的严重失实陈述或没有作为依据的失实陈述。此等错误已得到修正或没有作为依据是值得赞扬的，但是，是否能够将该陈述的部分内容作为依据这一问题仍未得到解决。此外，委员会还指出，在EPO 的法律程序中，将与事实核对过的书面证据作为依据是可能的；如果不是这种情况，相关方将承担以下风险：其证据被视为完全不可靠而不予理会。

4.3.6　形式要求

在**T 1200/01**中，上诉的争议是：是否能够视为上诉人已就专利提出异议。根据EPC 1973 第99（1）条最后一句，如果在异议期内缴纳异议费的，异议应视为已经提出。但是，在本案中，EPO 一直没看到上诉人提交的异议书或异议费付款凭证。委员会指出，关于确定EPO 没发现的文件的接收凭证所采用的证明标准，上诉委员会的既定判例法规定，尽管证明此行为发生的证据很少能够产生绝对确定性，但此证据至少能够表明，有很大的可能性发生指称的提交（另见委员会所引用的**T 128/87**，OJ 1989，406）。委员会还指出，在一些以往案件中（见委员会所引用的**T 243/86**和**T 69/86**），如果发现所寻求物品的任何具体踪迹，即使此踪迹并未肯定表明有很大的可能性EPO 曾经获得所丢失的文件，仍应视为满足此标准。但是，在此情况下亦同样考虑其他举证方式，如证人证言。

根据EPC 1973细则第69（1）条（EPC细则第112（1）条）表明权利丧失的通信应视为于投递后的第十日已递交至收信人。如果发生任何争议，确定信函已送达目的地是EPO义不容辞的责任（EPC 1973细则第78（2）条；现为EPC细则第126（2）条）。在**J 9/05**和**J 18/05**中，审查部提供的唯一证据是一封来自德国邮政关于接收国外邮政服务所提供的信息的信函。根据此信函，上述信函已寄送至未指明的经授权的收件人。委员会指出，上诉人陈词和证据的证明价值应根据EPO确定的证据证明价值予以权衡。关于这方面，委员会指出，就事情尚未发生递交的相关证据的一方遇到证明其指称的困难。如果信函未予以送达，上述当事方基本可推测可能已发生了什么或正常情况下可能已完成了什么事情，以便质疑EPO的证据。提交令人信服的证据表明未收到上述信函几乎是不可能的。如果申请人提出其尚未收到任何通信，EPO也将陷入困境。在这种情况下EPO须着手调查邮政服务并将信赖所获得的信息。此信息往往不尽如人意，因为邮政服务通常不会提供详细的信息。在一定时间后，有可能根本无法获得任何相关信息。但是，获得上述信息不得对申请人造成任何损害，尤其是在涉及表明权利丧失的通信的情况下。如果通过挂号信交付该通信（并附回执），则可能避免出现这种问题。

通过根据上诉人提交的证据权衡审查部的证据，包括德国邮政提供的相当模糊的信函，并从上诉人的角度考虑严重后果，委员会得出结论，无证据充分证明申请人收到EPC 1973细则第69（1）条所述的通信。在该情形下，EPO负有举证责任，应假定申请人是无辜的。

4.3.7 惩戒事项

在**D 5/86**（OJ 1989，210）中，委员会认为，在惩戒部门采取惩戒措施之前，应以令惩戒部门满意的方式确定侵犯专业操守规则的违规行为。无须绝对确定性，但是，需要依据人生的经验接近确定性的**较高程度的可能性**。如果就是否已发生违规行为提出合理质疑，则不得实施任何惩戒措施。

5. 举证责任

5.1 举证责任分配

5.1.1 概述

如果某重大事实未证实或不能证实，那么根据应履行相关举证责任的责任方作出了决定；不能确定实际状态这一事实将影响负有举证责任的当事方。在此方面，EPC 未规定任何明确条款。但是，根据上诉委员会的实践做法，可得出几个原则。根据 **T 200/94**（依据既定判例法），如果委员会进行的调查并没有使得其对所指称的事实排除合理怀疑，这将损害需要证明上述事实的当事方（以该事实作为依据的当事方）。

在所有情况下，在 EPO 的法律程序中，如果证明相关事实的责任主要在于一方，不能基于“不知道”的理由否认该方自身行为或是该方自己看法的事实（**T 247/98**）。根据 **T 254/98**，在未提供任何证据证明不仅其自身而且其相对方能够获得证据证明相关论点的情况下，一方不能仅仅通过援引 **T 472/92**（OJ 1998，161；见上文第 6 章 H. 4. 3. 1）和表明所有证据均在案件相对方的权力范围内，免除其自身就所指称的事实承担提供反证的责任。

在**单方法律程序**中，申请人就其支持的以下事实负有举证责任：（1）审查部引用的文件并非构成现有技术的部分（**T 160/92**，OJ 1995，35）；（2）已满足 EPC 1973 第 123 条所规定的条件（**T 383/88**）；或（3）权利要求的限制条件是可接纳的（**T 2/81**，OJ 1982，394）。此外，如果有理由相信充分披露可能不会涵盖所要求保护的所有主题，充分披露还要求申请人提供技术人员知晓相关知识的证据。

如果对充分披露发明所需要的专业知识范围或公开性存有任何合理怀疑，申请人应通过递交适当的证据证明其支持的事实以履行其披露发明的义务（**T 82/07**）。在 **T 32/95** 中，委员会认定，一旦申请人表明有合理原因怀疑某引用的文件是否属于现有技术，审查员应按照指南行事，即如果进行的其他调查未能获得充分证据排除上述怀疑，则不再进一步追究此事。

关于**异议法律程序**，**T 219/83**（OJ 1986，328）规定的如下原则应适用：如果各方对限制可专利性的事实作出了相反指称，且不能证实此指称，而且 EPO 不能主动证明该事实，则专利所有人受益于此存疑（另见 **T 293/87** 和 **T 459/87**）。在上诉法律程序中，在提到举证责任分配时，对于作为异议人的当事方没有差别（此案遵循了 **T 740/90**、**T 270/90**（OJ 1993，725）和 **T 381/87**（OJ 1990，213））

在 **T 998/04** 中，委员会以附带意见的形式强调，异议人应就指称的缺乏可专利性承担举证责任，且不能通过要求委员会主动开展的调查对上述举证责任予以免除，尤其是通过传唤 4 名指定的证人、通过聘请独立专家进行实验测试以及允许来自上诉人公司的人参加任何测试并询问证人或专家。而且，批准该请求并不符合 EPC 规定的事后批准的异议程序的性质，原则上该异议程序被视为应获得同等待遇的通常代表相反利益的各方之间的争讼程序（见 **G 9/91**，OJ 1993，408，理由第 2 点）。如果异议人对新颖性（如 **T 762/04**）、创造性（如 **T 382/93**）或发明的可再现性（如 **T 16/87**，OJ 1992，212；**T 182/89**，OJ 1991，391）提出质疑，在一审程序和二审程序中，其负有举证责任。在 **T 1003/96** 中，委员会确认，如果就现有技术披露存有任何不确定性，专利权人享有存疑的利益（见 **T 230/92**、**T 345/86**、**T 601/91** 和 **T 968/91**）。

在 **T 596/99** 中，委员会指出，尽管异议人通过指称审查部**错误地评估了证据**来质疑专利是合法的，但是，在异议法律程序中，举证责任仍应由异议人承担。因此，在本案中，上诉人（专利所有人）明确强调，即使应诉人（异议人）尽其努力成功就上诉人证据的说服力提出严重质疑，但这并不足以得出发明未能解决现有的技术问题这一结论，而只能得出证据不适当的结论。异议人要实际上证明权利要求1的主题不能解决上述问题的，应有必要提交可信的反证。综上所述，委员会认定，应诉人的辩解不足以免除其举证责任。

如果一方依赖以下指称即存在这样**一般法律准则**，根据此法律准则，该上诉应该得到准许（在本案中，如果出现严重的程序错误，可以取消终审法院作出的决定），该方应出示证据表明在大多数 EPC 缔约国均存在该程序原则，且此程序原则是 EPC 1973 第125条所规定“普遍公认的”原则（**T 843/91**，OJ 1994，832）。该案之后，在 **T 833/94** 中，另一委员会表示，如果所提交的证据不能直接表明相关事实是真还是假，而需要了解国家的法律和专利实践做法，如一方提出其论点所依据的任何其他事实一样，该法律和实践做法应得到证明。

5.1.2 各类案件

a）争议的新颖性

在 **T 713/01** 中，上诉人引用 **T 124/87**（OJ 1989，491）和 **T 206/83**（OJ 1987，5）否认 D2 中存在“可实施”的披露，即在使用溶解锂吡咯烷引发剂的情况下制备聚合物，根据 **T 124/87** 和 **T 206/83**，现有技术披露使新颖性丧失的标准是根据该披露可直接和明确地推断所要求保护的主题。在审查部的法律程序中，委员会认为，证明所指称的区别性“方法限定的产品”特征的举证责任应由申请人承担（见 **T 205/83**（OJ 1985，363）和 **T 279/84**）。委员会认为，上诉人的论点是不具有相关性的，此外，**T 464/94** 和 **T 727/95**（OJ 2001，1）中所述的是否能够仅基于预期性披露的“可能性的权衡”确定缺乏新颖性。

b）争议的创造性

在 **T 547/88** 中，创造性受到争议。尽管委员会要求当事方出具共同实验计划说明进行了哪些试验以及各当事方在何种情况下开展了各自的实验并获得相反的结果，但是，委员会不可能基于该测试明确断定不具备创造性。委员会认为，在本案中，就待解决的技术问题与所要求保护的特征的关联性，专利所有人应享有存疑的益处。而且，既然现有技术并未暗示受争议要求的主题，则此主题具备创造性。因此，应维持专利的有效性。

在 **T 97/00** 中，应诉人（专利权人）指称，上诉人应负责证明，在要求保护的整个范围内，并未获得活性更高、稳定性更强且选择性更高的 C_{5+} 烃。但是，委员会认为，根据既定判例法，法律程序的各当事方应各自承担举证责任就其指称的事实提供证据（另见 **T 355/97**）。因此，在本案中，专利权人应承担举证责任表明要求保护的方法导致涉诉专利所提及的被指称且未经证实的有益效果。如果没有任何确凿的证据证明获得了有益效果，涉诉专利中有关活性更高、稳定性更强且选择性更高的指称并未经证实，因此，在评定创造性环节时无须考虑该指称的效果。

c）争议的发明可再现性

在 **T 792/00** 中，委员会认定，如果专利仅包含随附的一份假想实验计划的示例，而且为了证明充分性依赖于此示例，专利权人应承担举证责任表明事实上实验是按照实验计划进行的。仅提供证据表明对实验计划进行了若干修改不大可能是充分的。委员会指出，一般规则是主张某事存在的人应承担举证责任。因此，如果专利权人指称专利示例可按照所述内容进行，且异议人对此予以否认，专利权人应负责提供证据。但是，如果示例包含一份完整的实验计划且专利权人证实已获得实验结果，委员会可能会承认专利权人已采取充分措施将举证责任转移给异议人，异议人应再次进行实验证明事实上并没有按照实验计划进行实验。

d）优先权文件内容

在 **T 1147/02** 中，涉案欧洲申请以国际申请形式予以提交，要求获得优先权，但不限于来自法国申请的优先权（P3）。但是，国际局提交的 EPO 文件中包含的优先权文件并不包括所授予专利的两个相关数字，这两个相关数字见 INPI 出具的核证副本。委员会解决了以下问题：上诉程序中的哪一方应承担举证责任证明优先权文件的确切内容以确定相关优先权日。委员会指出，第二上诉人对证明可获得的现有技术以审查新颖性和创造性所需要的优先权日提出质疑。因此，根据判例法所规定的原则，第二上诉人也应承担举证责任提供可信的证据证明涉案主题的相关日期并非优先权文件 P3 的申请日。

e）形式要求

在 **J 10/91** 中，委员会认为，如果某信函和随附的付费支票丢失，且没有其他证据或没有很大的可能性表明是在 EPO 内部丢失上述信函和支票的，则寄件人应承担相关风险。即使有确凿的证据表明已投寄上述信函和支票，但是此证据亦不能视为能够充分证明 EPO 已收到相关文件。如果邮政未交付相关文件，申请人应按照委员会在 **J 8/93** 中的规定承担由此产生的后果。

在 **T 632/95** 中，委员会确认，提交相关文件的一方应承担举证责任证明已收到某文件，同样，反之亦然，EPO 应承担举证责任证明收到其出具的文件。

在 **T 1200/01** 中，委员会指出，根据 EPC 的规定，遵守时限的关键是 EPO 收到某物品的日期，提交方应就该物品的接收承担责任。委员会认为，提交方应承担举证责任证明已完成物品提交。因此，提供的证据证明提交某物品的可能性不可能高于未提交物品的可能性将对提交方产生不利。在本案中，委员会认为，评估所提及的证据并不会导致得出以下结论：所指称的提交某物品的可能性高于未提交上述物品的可能性。

根据 EPC 1973 细则第 82 条（现为 EPC 细则第 125（4）条），EPO 应承担举证责任证明已正式告知各方上述文件。在 **T 580/06** 中，以传真方式发出总司 4.2.2 部门（财政和账户）所规定的通信（见 ADA 第 6.4 点以及 EPC 1973 细则第 77（2）（d）条；现为 EPC 细则第 125（2）（b）条），因此已妥为通知。但是，提出了以下问题：传真传送报告上的“发送成功”提示语是否能够充分证明已收到上述通知，收件人对此问题提出质疑。鉴于 EPO 上诉委员会没有相关方面的判例法，委员会借鉴了德国法律中就传真发送通知制定的程序原则（相关传真传输出现在德意志联邦共和国区域内）。考虑德国判例法并根据从德国判例法中所获得的知识，委员会确信，对收件人收到传真这一问题进行最新的客观评估需考虑相关的传真技术。当今，此项技术的高可靠性基于（但不限于）现代传真机进行工作所依据的既定技术协议。基于各项考虑，委员会得出结论，传真传送报告上的“发送成功”提示语应视为进行完整且无差错传输的证据，根据该证据，传真已进入代理人的责任范围。一旦传真进入了“发送成功”提示语所指明的收件人责任范围，风险将发生转移，因此接收人承担了其责任范围内的风险。

根据德国版本的 EPC 1973 细则第 78（2）条（现为 EPC 细则第 126（2）条），在存有疑问（im Zweifel）的情况下，EPO 须确定信函递交至收件人的日期。在 **T 247/98** 中，委员会裁定，在确定德国版本的 EPC 1973 细则第 78（2）条中的术语“im Zweifel”的含义时，应考虑法语版和英文版，认定存有争议（法语：en cas de contestation，英语：in the event of any dispute）。根据各方应承担的陈述责任相关的一般原则（该原则认为，寻求以有利于其自身利益的方式适用法律条文的一方应说明证明该适用合理的事实），即使其最终并没有承担该事实的举证责任)，尽管出现EPC 1973细则第78(2)条所指的争议，EPO应承担举证责任证明交付日期，这不能视为希望证明EPO信函逾期送达的一方无义务澄清其自身活动范围内的情况，而不采取任何抗辩措施静观EPO是否能够有效确定此信函递交至该方的时间。只有在认定事实上已于投寄信函10天后收到信函的情况下，才可能产生本裁定所指的争议（德文版中为"Zweifel")。

考虑到上述内容，在本案中，文件中仅仅没有回执和上诉人当时的代理人出具的收条并不构成EPC 1973细则第78(2)条有关是否已在寄送后的10天内将决定送达上诉人当时的代理人的争议("Zweifel"或"contestation")的充分依据。

5.2 举证责任转移

各方均应就其指称的事实承担举证责任。如果一方就其指称的事实提供可信证据，则就另一方提出的相反指称而需承担的举证责任就转移至该另一方(**T 270/90**，OJ 1993，725)。在**T 109/91**中，委员会认为举证责任可能随着证据的作用分量不断发生转移（例如，在**T 525/90**、**T 239/92**和**T 838/92**中予以确认)。

在**T 929/94**中，委员会引用了决定**T 750/94**(OJ 1998，32)，其表示，在**单方法律程序**中，如果申请人就某事实质疑初步证据（文件的名义公开日期）并提交证据取代该初步证据，则举证责任将转移至审查部以确定相关文件于上述日期"提供给公众"(其含义见EPC第54(2)条)。

在**异议法律程序**中，异议人应承担举证责任证明依据EPC 1973第100条提出的异议已经证实。一旦异议部已裁定维持专利效力且异议人已就上述决定提出上诉，在上诉时负责证明维持专利效力的原因合理的责任将不会自动转移到专利所有人手中(**T 667/94**)。但是，一旦异议部已裁定撤销专利的，在上诉时证明撤销专利的理由不合理（根据案情，异议部的决定是错误的）的责任将转移至专利所有人(**T 585/92**，OJ 1996，129；OJ刊登的缩略版不包括此处相关的理由第3.2点)。

在**T 131/03**中，委员会还从以下原则中获取了线索：在多方法律程序中，举证责任主要由异议人承担。但是，委员会指出，如果异议人已提出强有力的推定假定用于确定要求保护的对象的不寻常参数已隐含地在现有技术中公开，则专利所有人不能仅仅要求享有存疑的利益。专利所有人负责证明发明所限定的可自由选择使用的参数实际上能够在多大程度上将要求保护的主题和现有技术区分开来。

一般而言，异议人应承担举证责任确定披露的不充分性。如果专利并未提供任何有关发明特征如何付诸实践的信息，仅存在说服力不强的假定：发明被充分予以公开，在此案中，异议人可通过合理辩称公知常识将不会使技术人员能够将此特征付诸实践来履行其举证责任。

然后，专利所有人应承担举证责任确定相反的指称：公知常识确实使技术人员能够实施发明（**T 63/06**）。

在以下案件中，委员会针对举证责任的倒置作出决定：

在 **T 499/00** 中，应诉人从未证实对受争议决定作出的指称。委员会认为，不能倒置举证责任以在当时的情况下由上诉人（专利权人）承担举证责任：与 **T 585/92** 中的情形相反，异议部撤销专利并非因为确实未披露再现要求保护的对象所需要的信息，而是因为委员会认为在其他方面出现了错误。在本案中，举证责任不能转移至专利权人，因为委员会认为，仅仅根据异议人提出的论点和因素，并不能要求撤销专利（另见 **T 954/93**）。此原则同样适用于上诉人，但是，如果在上述方面容易被驳回的上诉人论点和指称与本案作出此决定的理由毫无关系，将不能对上诉人适用上述原则。

此外，在 **T 954/93** 中，委员会认可举证责任已发生转移。在本案中，上诉人（异议人）已基于欠缺新颖性对专利提出异议，此新颖性欠缺已通过实验予以证明。但是，上诉人（异议人）并没有进行任何测试，因为进行此测试的成本非常高。委员会认为该指称未经证实，因此拒绝倒置举证责任。实验成本非常高这一事实并没有将举证责任转移至专利所有人。

在 **T 743/89 中**，已证实在优先权日之前的7个月印刷了披露该发明的活页材料，但是并不能确定分发该活页材料的日期。委员会认为，尽管不再能确定分发日期，但是可合理认为已在7个月期限内完成分发。应诉人辩称事实并非如此，但是，委员会认为此指称缺乏合理性，因为应诉人应承担举证责任。

在 **T 453/04** 中，异议被驳回，即根据 EPC 1973 第100条提出的指称的依据被认定为不属实。在 **T 667/94** 中，委员会提及以往的判例法，根据该判例法，在该情况下，上诉人（异议人）应承担举证责任表明异议部的决定是不正确的。在上诉时负责证明维持专利效力的理由合理的举证责任不会自动转移至专利所有人手中。上诉人引用了 **T 109/91** 认为，在本案中，应适用有关举证责任倒置的原则，委员会不同意这一观点。委员认为，本案的情况大不相同。异议人提出的一个证据与 **T 109/91** 中异议人开展的非常详细的调查并不相关，即使不理会所提供的证据中的其他瑕疵。

在 **T 1210/05** 中，专利所有人对异议部的决定提起上诉，专利所有人通过在爱丁堡大会上张贴与文件（1）相同的海报，认为要求保护的对象是在涉诉专利优先权日之前提供给公众的。委员会需要判定上诉程序中证明爱丁堡大会上与文件（1）相同的海报的公众可获取性的举证责任由谁承担。应诉人（异议人）辩称，由于异议部在对证据进行正确评估的基础上已裁定了因在先披露而撤销专利，专利所有人应承担举证责任证明异议部就撤销专利给出的理由是不正确的。换言之，上诉人应举反证，即并未在爱丁堡大会上展示与文件（1）相同的海报。但是，委员会表示，在异议部的法律程序中，异议人应承担举证责任证明专利不满足 EPC 的要求。上诉程序并没有按照应诉人意见转移举证责任——即由上诉人举反证。很显然，在异议部撤销专利的案件中，上诉人须向委员会论证为什么决定是错误的。在本案中，上诉人已对此进行论证。

此外，还产生了有关形式要求的举证责任转移问题：

在 **T 128/87**（OJ 1989，406）中，向 EPO 提交支票的一方应承担举证责任证明 EPO 收到上述支票。但是，如果该方提供充分证据证明提交了相关文件的，举证责任就转移至 EPO，由 EPO 承担举证责任提供相反的更具证明力的证据（**T 770/91** 和 **J 20/85**，OJ 1987，102）。

I. 代　　理

例如，在 **J 1/04** 中，在 EPC 缔约国内拥有主要营业地的申请人无义务在公约规定的法律程序中由代理人代表行事。但是，如果申请人希望代理人代表其行事，申请人必须授权一名职员、一个专业代理人或法律从业者。

以下章节主要说明在法律程序中当事方自主选择（见前段）或必须选择（因为其在某缔约国没有任何住所或主要营业地）由代理人代表行事的情况下，委员会对有关问题的处理。

EPC 第 133 条规定了 EPC 中有关法律程序代理的一般原则。除了进行细微的编辑性修改和精简以让 EPC 整个文本更能保持一致外，在 EPC 2000 生效（2007 年 12 月 13 日）时，未对 EPC 第 133 条作出任何修改。同样，有关 EPO 代理的 EPC 第 134 条大致上保持不变，仅仅对其作出编辑性的修正，尤其是考虑到删除了 EPC 1973 第 163 条，此条已在很大程度上被其他条款取代。

EPC 1973 第 163 条的“祖父条文”（grandfather clause）的内容实际上已以简化形式作为永久性条文合并到了 EPC 第 134（3）条中，旨在处理未来加入 EPC 的国家的国家代理人的情况。

经修正的 EPC 第 133 条适用于 EPC 2000 生效时已**授予**的欧洲专利、EPC 2000 生效时未决的欧洲专利申请以及 EPC 2000 生效**当日或之后提交**的欧洲专利申请。自 EPC 2000 生效起，经修正的 EPC 第 134 条将适用。

1. 专业代理人

1.1 专业代理人名册（EPC 第 134（1）条）

EPC 第 134（1）条规定，在 EPC 规定的法律程序中，自然人或法人的专业代理仅可由在 EPO 保管的专业代理人名册上登记过的专利代理人进行。纳入该代理人名册需满足的要求见 EPC 第 134（2）条。

专业代理人名册旨在提供具体从事专利事务的有资质的代理人概述（**D 14/93**，OJ 1997，561）。

在 **J 1/78**（OJ 1979，285）中，上诉人被列入 EPO 的专业代理人名册，名为“von F.，A.”，列于字母“V”下。上诉人进行上诉旨在获得裁定使得其能够像在（例如）电话号码簿中一样列入专业代理人名册字母“F”下。委员会认定，列入上述名册是根据 EPO 局长制定的原则确定的，根据此原则，应按字母顺序排列姓氏全称。根据德国法律，之前的贵族头衔（von）构成姓的一部分。委员会指出，将某人列入此名册旨在向此人授权参加欧洲专利的授权程序。已对出于授权目的和名册发表目的列入名册作出了区分，EPC 1973 未就出于发表目的列入名册作出任何规定。为了满足公众的信息需求，EPO 不时地出具一份目录。在此目录中，列入名册的人可获准列入其希望列入的字母下。

1.2 在某缔约国既没有住所也没有营业地的人必须选择由专业代理人代理

根据 EPC 第 133（1）条，在 EPC 规定的法律程序中不得强迫任何人由专业代理人代理。但是，EPC 第 133（2）条规定，在缔约国中没有住所也没有主营业地的自然人或法人，必须由一名专业代理人代理，并通过该专业代理人进行公约规定（**T 1157/01** 复核了适用法律）的各种法律程序，但提交欧洲专利申请的情形除外（见 **T 451/89** 和 **T 883/90**）。实施细则还规定了其他例外。

在 **T 213/89** 中，日本发明人直接以一套经修正的申请文件回复 EPO，并随附一份寄给其代理人的信函，表明经修正的文件也已寄送给其代理人。委员会指出，未收到代理人作出的任何确认，确认直接收到的发明人的递交应被视为对 EPO 作出的正式回复。由于在缔约国中没有住所也没有主营业地的人必须通过其专业代理人进行法律程序，因此上述直接收到的递交可不予考虑。

同样，在 **T 717/04** 中，代理人于 2004 年 3 月 11 日为申请人提起上诉并同时缴纳了所规定的上诉费。2004 年 5 月 18 日，EPO 收到了上诉理由陈述书。2007 年 2 月 27 日，提起上诉的申请人（其系在缔约国中没有住所也没有主营业地的自然人或法人）发出的信函通过传真方式寄至 EPO，并随附供考虑的论点和一套新的权利要求。根据 EPC 1973 第133（2）条，由于提起上诉的申请人的地址并不位于缔约国内，委员会得出结论，提交权利要求和论点（如 2007 年 2 月 27 日，提起上诉的申请人发出的信函中的权利要求和论点）将需要专业代理。鉴于该递交并非由代理人作出，也不被代理人认可，因此，委员会可不予以考虑。

1.3　过渡期内的专业代理人

将某专业代理人列入 EPO 名册的条件之一是此专业代理人通过欧洲资格考试（EQE）。在 EPC 1973 生效后过渡期内，可根据 EPC 1973 第 163 条规定的条件豁免此要求（见 **J 19/89**，OJ 1991，425；**J 10/81**）。对于加入 EPC 1973 的所有国家而言，此过渡期于 1981 年 10 月 7 日结束（1978 年 7 月 6 日行政委员会的决定，OJ 1978，327）。EPC 1973 第 163 条是过渡规定之一，现在已被取代，因此，在新的 EPC 2000 中，此条款已被删除。

但是，在上述日期后，根据 EPC 1973 第 163（6）条，若某人的营业地或工作地位于一个新加入 EPC 1973 的国家，则此人可在该国加入 EPC 1973 后的一年内，根据 EPC 1973 第 163（1）~（5）条所规定的条件添加到名册中，即无须通过 EQE。EPC 1973 第 163（6）条作为"祖父条文"仍有重要性，因此在 EPC 2000 中予以保留以处理未来加入 EPC 的国家的国家代理人的情况。因此，EPC 1973 第 163 条的"**祖父条款**"的内容已作为 EPC 的永久性条文以简化形式合并至 **EPC 2000 第 134（3）条**中。

在 **J 18/92**、**J 30/92**、**J 31/92**、**J 32/92** 和 **J 33/92** 中，德国的统一给登记专业代理人带来了麻烦。上诉人辩称，EPC 1973 第 163（6）条的规定应适用于专利律师，即使该律师是在西德而非前东德获得了资格。委员会认为，通过类推，EPC 1973 第 163（6）条可能仅适用于具有类似情形的加入 EPC 的国家的专利代理人。

仅需前东德的专利代理人（而非在西德获得资格的同事）满足此要求。委员会认为，如果在某缔约国被视为专利代理人的人无须和工作地点位于刚成为成员的某国家的人一样通过考试而能够成为授权代理人，是不可思议的。因此，委员会驳回了上诉。

1.4　专业代理人以外的人履行的程序步骤

在 **J 28/86**（OJ 1988，85）中，法律上诉委员会认为，根据 EPC 1973 第 134 条无权担任代理人的人提出的审查请求是无效的。委员会指出，上述规则同样适用于后来才被列入专业代理人名册的代理人。该代理人在这种身份下既没有认可，亦没有再次提交其之前已提出的无效请求。

在 **T 665/89** 中，委员会就住所并非位于缔约国内的某异议人提出的异议（且异议书经并非专业代理人（EPC 1973 第 134（1）条或第 134（7）条）也非异议人职员（EPC 1973 第 133（3）条）的人签字）的可接纳性这一问题进行阐明。上诉委员会认为未经授权人的这一行为应视为签名缺失，因此此瑕疵是可予以补救的。经 EPO 要求，异议人应在规定的时限内提供缺失的正确签名。因此，此文件应根据 EPC 1973 细则第 36（3）条第三句保留原始接收日。

在 **T 803/03** 中，委员会审查了相关 EPO 判例法（**J 28/86** 和 **T 665/89**）以及其在本案中的应用，本案涉及未经授权人签名的放弃令。

在 **J 32/86** 中，委员会认为，为了满足 EPC 1973 第 133（2）条的要求仅仅指定专业代理人（上诉人在美国有其住所）并不会自动具有对申请人自身之前开展的行为进行验证的法律效力。但是，EPO 应向代理人提供公平机会以补救在指定代理人之前可能已经发生的可由其依法予以补救的任何瑕疵。

2. 有资格作为专业代理人的法律从业者

2.1 一般性问题

根据 EPC 第 134（1）条，在 EPC 规定的法律程序中的自然人或法人的专业代理，只能由已在上述名册上登记过的专业代理人承担。但是，EPC 第 134（8）条（EPC 1973 第 134（7）条）规定，该等法律程序中的专业代理也可按照专业代理人进行代理的相同方式由在某缔约国获得资格且在该国拥有其营业地并有权在该国就专利事务作为专业代理人行事的法律从业者进行。因此，EPC 第 134（8）条所规定的法律从业者条款构成例外情况。

在 **J 19/89**（OJ 1991，425）中，委员会指出，尽管属于法律从业者行列的人的头衔和职业背景各不相同，此行业已基于欧洲共同法律史和共同的法律文化基本公平地植根于缔约国。委员会指出，EPC 1973 第 134（7）条最后一条第一句是必要的，因为根据国内法，即使是一个实际的法律从业者也可能在某种程度上被排除担任专利事务的专业代理人。上述条款禁止“Rechtsanwalt”（律师）、“法律从业者”（legal practitioner）或“avocat”（律师）在 EPO 的法律程序中享有比其在国家专利局的法律程序中更广泛的代理权。因此，EPC 1973 第 134（7）条是一条仅适用于在所有缔约国均以不同头衔存在的法律从业者的特殊规则。根据 EPC 1973 第 134（7）条，缔约国内律师行业以及类似行业的人员凭借律师行业的机构（而不是单个律师的身份）有权在 EPO 的法律程序中担任专业代理人。

J 18/99 讨论的问题是，依据 EPC 1973 第 134（7）条，作为在西班牙获得资格且在西班牙拥有其营业地的法律从业者的上诉人是否有权在 EPO 的法律程序中开展代理第三方的专业代理。委员会认为，对于适用 EPC 1973 第 134（7）条而言，重要的是在缔约国获得资格的法律从业者有权在该国担任专利事务的代理人。公约并没有为此对有权担任委托人的“简单”代理人或“专业”代理人进行区分（参考“筹备文件”）。在对国家规定和 OHIM（欧共体内部市场协调局）得出的结论（1996 年 3 月 22 日局长第 2/96 号通知第 1 点）进行审查后，委员会得出结论：根据当前的西班牙法律，如果在西班牙拥有其营业地且在西班牙获得资格的法律从业者出示委托人的授权函，则其有权在西班牙专利商标局的法律程序中代表委托人处理专利事务。

2.2　法律从业者登记簿

法律从业者登记簿须明确区分于根据 EPC 第 134（1）~（4）条制定的专业代理人名册。

根据 EPC 1973 第 134（4）条，将某人的姓名列入专业代理人名册中将使得此人有权在 EPC 1973 规定的**所有法律程序**中行事，EPC 1973 未就法律从业者规定任何相关条款，因此其有权在 EPO 的法律程序中进行代理并不是一概的，而是直接取决于其是否遵守 EPC 1973 第 134（7）条的规定（**J 27/95**）。

专业代理人名册旨在提供从事专利事务的有资格的代理人概述；如果未获得该资质的法律从业者被列入名册中，将对名册目的产生不利影响。因此，EPC 1973 第 134（2）条规定的列入专业代理人名册的条件亦适用于法律从业者（**D 14/93**，OJ 1997，561）。

根据 EPO 实践做法，表明其旨在在 EPO 的法律程序中进行代理并出示授权函的法律从业者有权登记入法律从业者登记簿中，但前提是，其应满足 EPC 第 134（8）条的要求。法律部负责核查该要求并负责向法律从业者登记簿中登记某人的姓名或从中除名（另见 J 27/95）。

J 18/99 就根据 EPC 1973 第 134（7）条将上诉人登记为法律从业者的事宜进行了进一步讨论。委员会指出，上诉人系西班牙法律从业者（abogado），已提出请求要求根据 EPC 1973 第 134（7）条将其登记为法律从业者以有权在 EPC 规定的法律程序中行事，而无须提交经签字的授权函；而根据法律部的实践做法，只有在提交一方出具的经签字的授权函的情况下，方可将上诉人登记为法律从业者。因此，委员会将本案发回给法律部以便登记上诉人，但前提是此上诉人提交了经签字的授权函。

2.3　EPC 第 134（8）条规定的资格条件

在 **J 19/89**（OJ 1991，425）中，法律上诉委员会考虑了根据国内法律，具有在国内专利事务中担任专业代理人的法律资格和权利的专利律师是否应被视为EPC 1973第134（7）条所指的“法律从业者”并因此有权在EPO的法律程序中行事。委员会裁定，不论其在国内专利事务方面是否专业资质和代理权，国内法规定的**专利律师**不能被视为EPC 1973第134（7）条所指的“法律从业者”，因此无权在EPO的法律程序中担任专业代理人（另见**D 14/93**，OJ 1997，561）。

在**T 643/01**中，上诉人（专利所有人）辩称，异议人于2002年1月28日作出的回复是不可接纳的，因为该回复已经由R. 先生签字，R. 先生是一名法律从业者且是巴黎律师组织的成员，但是当事方指称无法证明R. 先生持有满足EPC 1973细则第101（1）条要求的授权。上诉人要求，如果相关签字人是基于其在EPO的法律程序中担任专业代理人的正式身份进行了签字，委员会应裁定，根据法国法律，不得同时兼任多个职位，因为在从事大律师职业的同时不可能恰当地也从事工业产权律师的职业。上诉人认为，该规定应使用EPC的法律。在该案中，委员会认为，2002年1月28日招致争议的诉状的签字人有权在EPO的法律程序中行事并为此持有相应的授权。R. 先生和D. 先生系法律从业者和合伙企业的成员，事实上均是巴黎律师组织的成员，这两人的姓名均登记在EPO的专业代理人名册中。因此，两人均有权根据EPC 1973第134（1）条和第134（7）条在EPO的法律程序中以特定身份或其他身份行事。委员会认为，法国专业和司法机构全权负责对在法国同时从事大律师职业和担任EPO法律程序的专业代理人的合法性作出决定。

在**J 27/95**中，法律上诉委员会首先明确指出，法律从业者是否能在EPO的法律程序中进行代理直接取决于其是否遵守EPC 1973第134（7）条的规定。因此，只要是法律从业者提出请求要求担任EPO的法律程序的专业代理人，法律部均有权审查其是否满足EPC 1973第134（7）条规定的条件。如果该请求被驳回的，可随时基于新的事实再次提出请求并对其予以重新考虑。在决定中，委员会指出，根据EPC 1973第134（7）条，在某缔约国获得资格的法律从业者应“在该国拥有其营业地”。委员会指出，在EPC 1973的三个语言版本中，均使用术语“其营业地”（与“一个营业地”形成对比）。委员会表示，这一表述已明确指出EPC 1973第134（7）条所指的营业地是指某人作为法律从业者从事其职业的处所（若有的话）。

3. 指定共同代理人（EPC细则第151条）

在**J 35/92**中，两个共同申请人中名字在前的申请人已在申请中将其权利转让给一家公司，然后该公司指定了另一名代理人宣称撤回了申请。第二名申请人并不同意此撤回。一审部门认为，该公司有权基于 EPC 1973 细则第 100（1）条单方撤回申请，根据 EPC 1973 细则第 100（1）条，名字在前的申请人可被视为两人的代理人。但是，上诉委员会对此并不赞同；只有在已指定共同的专业代理人的情况下，方适用 EPC 1973 细则第 100 条，而在该案中，原申请人已指定一名代理人，该代理人继续代表第二名申请人行事。因此，委员会裁定，名字在前的申请人宣称撤回申请这一做法是无效的。各当事方被给予 2 个月的期限用来指定共同专业代理人，若逾期未完成指定的，由 EPO 负责指定。

在 **J 10/96** 中，法律上诉委员会裁定，如果一名专业代理人共同代表几名申请人行事，且在法律程序期间，该专业代理人不再担任其委托人的代理人，需遵循的正确流程见 EPC 1973 细则第 100（2）条第二句。根据 EPC 1973 细则第 100（2）条第二句，EPO 将要求申请人在 2 个月内指定一名共同代理人。如未按要求予以指定，则 EPO 有权指定共同代理人。

在 **G 3/99**（OJ 2002，347）中，上诉扩大委员会处理的问题是共同异议和共同上诉的可接纳性。决定明确指出，对于共同提起的异议，除了由多方提起这一事实外，几乎和仅由一方提起的单一异议差不多。因此，共同异议人应通过其共同确定的共同代理人共同行事。在共同提起的异议中，均须有共同代理人（EPC 1973 第 133（4）条和细则第 100 条），且只有共同代理人有权在异议法律程序中代表所有共同异议人行事。

决定进一步表示，如果没有共同代理人，非共同代理人的单个异议人或共同提起异议的一群异议人中的子群体，不得自行或代表一名或多名或所有其他个人行事或介入程序。因此，只有共同代理人有权签署所提交的文件（EPC 1973 细则第 100 条和 EPC 1973 细则第 36（3）条），无须其他个人进行签字。在任何程序阶段，不论是异议程序抑或上诉程序，均可能发生以下情况：作为共同代理人的共同成员打算不再作为共同成员，即退出法律程序。在该情况下，其须向 EPO 告知其决定。这将产生以下程序后果：在确定新的共同代理人时，如果是异议程序的，适用 EPC 1973 细则第 100（1）条第一句；如果是后续上诉程序的，适用 EPC 1973 细则第 66（1）条。

此外，还可能发生以下情况：在未告知 EPO 的情况下，共同代理人不再在程序中行事。在上述两种情况下，其他共同成员须及时采取相应措施以继续开展程序且应告知 EPO 新的共同代理人（若已予以指定）。但是，在实际操作中没有必要确认非共同代理人的共同成员采取的程序行为的效力。鉴于 EPO 以处理缺失签名相同的方式对待未经授权人进行的程序行为（见 **T 665/89**），如果该瑕疵可在委员会依据 EPC 1973 细则第 36（3）条告知共同代理人以及进行该行为的未经授权人的通信中规定的其他时限内予以补救，则各共同成员或代表其行事的任何其他人可开展该行为以避免错过时限。如果程序行为经共同代理人签字的，可对该瑕疵予以补救。如果因任何原因，此人不再作为共同成员，根据 EPC 1973 细则第 100 条指定的一名新的共同代理人须完成签字。

关于在多个专利所有人中名字最前的所有人的住所不在缔约国的情形下指定专业代理人的必要性，**G 3/99** 适用 **T 1154/06**。

关于 EPC 细则第 151 条（EPC 1973 细则第 100 条）下指定的共同代理人以外的人在异议书中提起上诉的有效性，见章节“上诉程序”。

4. 指定代理人的授权书

以下章节主要就在众多案件中的授权是否实际存在的问题进行了讨论。

4.1 提交授权书

经修改的 EPC 1973 细则第 101 条变成了 **EPC 细则第 152 条**。EPC 细则第 152（6）条特别规定：“如未在规定期限内提交所要求的授权书，除提出欧洲专利申请外，代理人所采取的任何其他程序措施**视为未采取**，不影响公约规定的任何其他法律后果。”另见 2007 年 7 月 12 日 EPO 局长就授权书的提交作出的决定（OJ SE 3/2007，128）。

在 **J 12/88** 中发现，在未接到上诉人指示且使用伪造授权书的情况下，上诉人之前的代理人代表上诉人在 EPO 的法律程序中行事。委员会认为，所有该法律程序均是无效的，不存在向 EPO 提出有效的欧洲专利申请。代表上诉人缴纳给 EPO 的所有费用是不必要的且应予以退回。

在 **T 850/96** 中，上诉人指称，由于异议书的签字人并没有提交授权书，因此该异议不予接纳。根据上诉人所述的内容，职员须通过异议书声明其担任专业代理人，否则，该职员须提交授权书。在该案中，异议书的两名签字人均是专业代理人。委员会认为，1911 年 7 月 19 日 EPO 局长的决定（OJ 1991，489）（现为 2007 年决定，OJ SE 3/2007，128）第 1（1）条规定：只有在局长决定第 1（2）条和第 1（3）条所规定的情况下，登记在 EPO 保管的专业代理人名册上的且**自称被登记在 EPO 保管的名册**上的专业代理人需要提交一份经签字的授权书。在本案中，瑕疵并非是欠缺一份经签字的授权书，而是异议书的签字人并没有指出自己为专业代理人。

在 **T 425/05** 中，应诉人/专利所有人在法律程序开始阶段请求委员会宣布该上诉不予接纳，一方面是因为在提起该上诉时，原异议人（公司 I）已解散，因此不再依法存在，另一方面是因为上诉书中的错误不可能是专业代理人犯下的容易被纠正的纯粹笔误，因为该代理人显然不能代表从未授权其行事的公司F行事。委员会首先确定了，代理人代表公司I行事的权利从未曾受到质疑或撤销。同样明显的是，原异议人，即公司I不再依法存在，因为其已被解散且其资产已转让至公司F（其联营公司及唯一股东）手中。委员会得出结论，公司F承继了作为异议人的公司I，因此，亦是代理人的委托人。因此，代理人（其间确认其授权从未被撤销）提起的上诉是绝对代表其实际委托人（公司F）提起的；将公司I指明为上诉书的异议人/上诉人是由于笔误引起，此笔误后来已经纠正。

在**T 534/07**中，委员会裁定，代理人代表其委托人开展的程序行为的有效性不会受到存在的利益冲突的影响。

另见第7章E.7.4.1，“提起上诉的权利”以及**T 1324/06**，在**T 1324/06**中，将对是否真实存在授权书进行讨论。

4.2　一般授权书

本节所讨论的问题是所赋予的权限范围。

在**J 11/93**中，申请人根据EPC 1973细则第69（2）条正式要求就其申请视为被撤回的裁定作出决定。申请人在上诉理由陈述书中表示，EPC 1973细则第85a（1）条下的正式通信应寄送至经授权的欧洲代理人，因为该代理人根据就另一欧洲专利申请向EPO提交的一般授权书的正式授权代表申请人行事。但是，上述通信被直接寄至申请人（一家美国公司）。

委员会表示，申请人并没有采用推荐的一般授权书惯用格式，而且共同未决申请一同递交的文件中无任何可以让受理部推断出申请人打算使得上述文件被视为一般授权书，而非特别授权书。委员会确定，涉诉授权书从未曾被EPO登记为一般授权书，此外，即使其被登记为一般授权书，申请人应告知分配给此一般授权书的编号，以便受理部在根据EPC 1973细则第85a（1）条向申请人（地址为其最后所知地址，而不是寄给代理人）寄送通信之前对编号予以考虑。在该情况下，委员会认为，在发出根据EPC 1973细则第85a（1）条直接寄送给申请人的信函时，申请人尚未曾指定任何欧洲专业代理人。因此EPC 1973细则第81条的规定（其内容为：如果已指定代理人（欧洲代理人），将向此代理人发出通知）不能适用，而是仅适用EPC 1973细则第78（2）条（1998年12月31日生效的版本）。第78（2）条处理的问题是，通知在缔约国既没有住所也没有营业地，且未曾指定一名授权代理人的收件人。

在**J 9/99**（OJ 2004，309）中，委员会裁定，法律部有权核查一般授权书中列明的代理人授权书，并作出正式决定驳回一般授权书的登记。不予登记一般授权书的决定只能就EPC 1973细则第101（2）条所指的法律程序一当事方（授权方或被授权方）提出的请求作出。

在**J 17/98**中，法律上诉委员会需要就以下问题作出裁定：尽管EPO收到申请人的一般授权书，有关被视作撤回申请的通信是否已妥为告知非EPC缔约国居民的申请人。申请人辩称，事实上，有关被视作撤回申请的通信本应被告知EPO备案在册的一般授权书上列明的代理人。委员会认为，提交据以代表某特定申请人行事的一般授权书以及指定某个申请的代理人的通知是两个不同的程序行为。从属性上说，一般授权书并非针对特定案件，且并不允许EPO在未获得申请人提供的其他信息的情形下认为，在某特定案件中，已指定具体的代理人。根据公约，很明显，提交一般授权书并不意味着在特定案件中已指定专业代理人。在该情况下，直接根据公约条款，合法期望保护原则并未要求EPO以争议形式以外的形式发表全面的法律意见，但是法律意见本身应清晰、明确。

在**J 1/04**中，上诉针对的问题是受理部的以下裁定：因在向上诉人发出EPC 1973细则第85a条和第85b条规定的通信后，未在规定的适用时限内缴纳费用导致权利丧失，因此，申请被视为自2001年11月27日起被撤回。本案讨论的相关问题是：通信的通知是否妥为寄送至上诉人手中。在上诉程序中，上诉人不再辩称挂号信已送达其在当地邮政局取件的职员手中。尽管上诉人已在国际阶段指定了一名国际代理人，EPO还是直接将通信寄送给申请人，上诉人对这一做法提出了批评，因为EPO歧视并无视申请人不想亲自处理相关事务的意愿。

委员会首先指出，EPC 1973第133条明确指出，在EPC缔约国有主要营业地的申请人不必在公约规定的法律程序中通过代理人行事。但是，如果申请人希望代理人代表其行事，申请人必须授权一名职员、一个专业代理人或法律从业者。不论申请人作出何种选择，如果其不希望亲自处理事务并希望由代理人代为处理的，其须指定一名代理人，此代理人根据EPC 1973第134条规定在EPO的法律程序中进行代理。在该案中，申请人并没有这样做，尽管EPO在其2001年9月6日的信函中明确向申请人指明，国际阶段的授权并不包括欧洲阶段的授权，无视这点可能会导致权利丧失。在对上诉人的论点进行回应时，委员会说道，要求只有满足EPC 1973第134条规定的在EPO法律程序中进行代理条件的人方有权在EPO的法律程序中进行代理并不具歧视性。此外，只要申请人没有指定代理人负责在EPO的法律程序中代表其行事，以下一般原则应适用：EPO实施程序行为时被登记为申请人的人应作为法律程序当事方。因此，如果需要将通知寄给本案申请人/上诉人，通知应寄送至已登记的申请人，且此通知应已妥为寄出。上诉被驳回。

在 **T 1378/05** 中，法定代理人 G. 基于“仅仅”授权在德国专利商标局、联邦专利法院和德国联邦最高法院的法律程序中就“欧洲专利申请《文件传输系统授权方法》事宜”行事的有效性提起上诉，因而没有在 EPO 的法律程序中行事的授权。对于此情况，1991 年 7 月 19 日的局长决定第 2 条规定，法定代理人须在 EPO 规定的期限内提交授权书。上诉人于 2007 年 8 月 24 日（委员会在日期为 2007 年 6 月 27 日的信函中规定的 2 个月时限内）提交了该授权书，因此按照 EPC 1973 细则第 101（4）条的规定“按时”提交了该授权书。异议人辩称，有明显证据表明专利所有人后来提交的授权书是补签的，因此不可能已于“1997 年 12 月 18 日”签署。提交此份实属虚假的文件不能满足提交一份有效授权书的要求，因此，上诉应视为没有提出。委员会不认可异议人的论点。此外，委员会指出，在整个法律程序中以已公开的专利说明书良好示明的范围内代理人 G. 为专利的代理人后，它不必裁决合法期望保护原则是否有必要将本案中的上诉视为由法定代理人 G. 有效提出。在上诉阶段进行档案查阅后，异议人在 10 年后才对此提出质疑。因此，上诉被视为已提交，而且在其他方面是可予接纳的。

在 **T 1865/07** 中，委员会指出，在本案中提供不正确的一般授权书编号不会产生法律后果。

4.3　再　授　权

在 **T 227/92** 中，委员会认为，专业代理人向 EPC 1973 第 134 条所指的专业代理人以外的人进行再授权是无效的。因此，此再授权仅限于向专业代理人的技术顾问进行。

在 **T 382/03** 中，之前的代理人，即 UDL 的 E. 先生，提交了一份传真表明不是该组织成员的 U. 先生将以应诉人 1 的身份参加委员会的口头法律程序。E. 先生并没有告知委员会其组织的授权已终止。因此，将发生以下情况：局长的决定要求新的代理人 U. 先生证明其经授权代表应诉人 1 行事。鉴于 U. 先生并未提交应诉人 1 出具的一般授权书，因此应向委员会提供个人授权证明。原则上，这可通过提交异议人 1 出具的直接个人授权书或提交有权向第三代理人进行再授权的授权代理人出具的再授权书完成。鉴于 U. 先生在口头法律程序中提交了 UDL 出具的再授权书，剩下的唯一问题是，是否 UDL 有权作出该再授权。鉴于 G. 先生已提交异议书 1，但没有提交授权书，因此没有证据表明 G. 先生已获权进行再授权。委员会认为，委员会是否视代理人已经被一名当事方授权是一个证明问题，包括对具体情况中的证据和总体情况进行自由评估。为了就代理人的授权确定一个适当的证明标准，委员会对需要进行授权的目的进行了考虑。

关于通过一系列再授权获权代表一方提交意见的专业代理人的例子见**T 1081/06**。

4.4 代理人组织的授权

在**J 16/96**（OJ 1998，347）中，EPO法律部已告知公司×，其专利部门不能被登记为代理人组织。代理人组织系指仅仅由私人执业的专业代理人组成的组织。这一点从“有关EPO法律程序的代理相关事宜的通信”（OJ 1979，92）中可以清楚看出。由于公司专利部门的成员并非私人执业者，因此其不能被登记为代理人组织。

委员会得出结论，公约未针对EPO将EPC 1973细则第101（9）条（现为EPC细则第152（11）条）仅限适用于“私人执业的”专业代理人的这一实践做法作出任何规定。因此，上述条款所指的组织也可能由非私人执业的专业代理人组成。EPC 1973细则第101（9）条的解释符合公约序言所述的总体目标，即通过规定单一的专利授予程序向缔约国的发明提供保护。正如首次提出法律草案时所述，如果代理人通常通过组建某种组织（如事务所）聚集资源，EPC 1973细则第101（9）条将适用于各个国家，但针对不同国家的国内法律规定和传统各不相同。这也是此条款被修改的原因，原术语“合伙”和“Sozietät”被更通用的术语“代理人组织”和“Zusammenschluss von Vertretern”取代。法文术语“groupement de mandataires”仍保持不变（见1977年4月20日的CI/GT VI/166d/77）。鉴于此，无须狭义地解释术语“代理人组织”（**T 656/98**就这一点引用了**J 16/96**）。

5. 陪同人员的口头陈词

5.1 概　　述

在**J 11/94**（OJ 1995，596）中，法律上诉委员会将以下问题转交至上诉扩大委员会：上诉委员会是否可行使自由裁量权依据EPC 1973第134（1）条和第134（7）条决定未被授权在EPO的法律程序中代表当事方的人是否能够在口头法律程序期间（除了由专业代理人陈词外）提交陈词。此外，如果存在该自由裁量权，委员会在行使该自由裁量权时应遵守哪些标准。

上诉扩大委员会还就决定**T 803/93**（OJ 1996，204）提到的问题作出决定。此问题是，专业代理人以外的人（陪同人员）是否可依据EPC 1973第116条在异议部或上诉委员会的口头法律程序期间代表一方就法律或技术事宜提交口头陈词；如果可以，可在何种情况下提交口头意见。此问题不属于**J 11/94** 的情况，该案为单方法律程序，仅涉及法律争议。

扩大委员会在其作出的以下两个决定中给出了回答：一个是援引 **J 11/94** 的 **G 2/94**（OJ 1996，401），另一个是由 **T 803/93** 引发的 **G 4/95**（OJ 1996，412）。

在 **G 4/95**（OJ 1996，412）中，扩大委员会指出，一方指定的专业代理人涉及授权和指明负责向 EPO 陈述该方所有陈词的具有专业资格的人。根据 EPC 1973 第 133 条，陈述一方的案件陈述是专业代理人的主要核心职能。在口头法律程序中，专业代理人被期望陈述其所代表的当事方的整个案件陈述。

扩大委员会对事实和证据的陈述以及论点陈述分别进行了考虑。

关于陪同人员对事实或证据进行的陈述，扩大委员会认为，除了专业代理人对该方案件进行的完整陈述外，EPC 并不排除在口头法律程序期间陈述该口头陈词。在 EPC 规定的就事实和证据提交 EPO 拥有全部的自由裁量权下，可允许陈述该口头陈词。

关于陪同人员在口头法律程序期间是否可以论据形式提交口头陈词这一问题，扩大委员会指出，EPC 1973 第 133 条并没有针对书面法律程序和口头法律程序的陈述要求作出区分。因此，已指定专业代理人应对其代表的当事方提交的所有书面和口头陈词承担责任。但是，在公约规定的异议和异议上诉的**书面程序**中，指定的专业代理人可以提交经第三方（例如法律或自然科学教授）签字的其他文件。如果该等其他文件是在专业代理人承担责任并进行管控的前提下予以提交的，在提交该等文件的法律程序中，应对该等文件予以考虑。同样，依据 EPC 1973 第 116 条，在异议或异议上诉的**口头法律程序**中，除了专业代理人就其所代理的一方案件进行完整陈述外，该当事方专业代理人的陪同人员可代表其负责的法律程序的当事方就法律或技术事宜提交口头陈词。

扩大委员会进一步认为，提交该口头陈词并非是一个权利问题，需获得 EPO 依其自由裁量权作出的许可。EPO 在行使其自由裁量权时，应遵守以下标准：

（i）专业代理人应就将要提交的该口头陈词提出请求获得许可。此请求应列明陪同人员的姓名和资质，且应指明拟定的口头陈词的标的。

（ii）此请求应在口头法律程序开始之前充分作出，以便所有异议方能够就拟定的口头陈词妥善做好准备。

（iii）在没有发生例外的情况下，在开展口头法律程序前不久或开展口头法律程序时提出的请求应予以驳回，除非各异议方同意提交所要求的口头陈词。

（iv）应向 EPO 表明，陪同人员提交的口头陈词是在专业代理人承担持续责任和进行保管的前提下予以提交的。

在 **G 2/94**（OJ 1996，401）中，扩大委员会已明确指出，在单方法律程序和多方（异议）法律程序中，该口头陈词的可接纳性原则上无任何差异，而且，此问题已在 **G 4/95**（OJ 1996，412）的异议程序中予以充分考虑。扩大委员会指出，委员会应控制法律程序这一点很重要。委员会应根据个案情况行使其自由裁量权。需予以考虑的主要标准是：在裁定本案前应告知委员会所有相关事宜。应向 EPO 表明，陪同人员提交的口头陈词是在专业代理人承担持续责任和进行管控的前提下予以提交的。

在 **T 334/94** 中，委员会强调，对于获准代表一方在口头法律程序中提交陈词的由该方专业代理人负责管控的法律或技术专家而言，应满足 EPC 1973 第 113（1）条规定的相关标准。**G 4/95** 已裁定，打算提交该陈词的一方应在口头法律程序之前充分获得许可以便其他方有时间进行准备。只有在例外情况下，EPO 才允许在陈词日之前不久作出的该请求（若有的话），但前提是所有其他方均已表示同意。委员会指出，扩大委员会并未规定“足够提前”是指什么，亦未规定提出该请求的截止日期。委员会认为，足够提前提交陈词或新的一组权利要求所指的最短时间应为法律程序之前的 1 个月。基于此，在法律程序之前的 1 周内指定陪同专家是不允许的。

另一方面，在 **T 899/97** 中，上诉人（异议人）要求允许技术专家在口头法律程序期间发言以便解释在使用现有技术分离器时发生的物理现象。通过指明其已在口头法律程序之前的 2 周内收到上诉人发出的相关信函，并同时引用 **G 4/95**（OJ 1996，412）和 **T 334/94**，应诉人要求应拒绝批准技术专家进行发言。

委员会考虑了本案的特殊情况，即：

（i）委员会并未通过口头法律程序的传票规定提出进一步陈词的时限。

（ii）尽管应诉人（专利所有人）已收到提前 2 周的通知表明技术专家将出席口头法律程序，但是其并未就此立即采取任何措施，而是仅仅在口头法律程序开始阶段反对陈词该技术专家。

（iii）通过引用决定 **G 4/95 的案件提要**第 2（b）点所提及的标准（ii）和（iii），应诉人并未指明因该技术专家相对较晚进行陈述而使得其无法实施的或实施受到阻碍的任何具体准备措施。

（iv）该技术专家是上诉人与理由陈述书一起提交的测试报告（R2）的制定者之一，理由陈述书表明，委员会已在口头法律程序传票附件中提出一些具体技术事宜相关的问题，此外，此技术问题已经由一审部门讨论。

考虑到这一点，委员会认为上诉人已在口头法律程序之前“足够提前”提交了陈词技术专家的请求，而且，应诉人已能够就该技术专家提交的口头陈词（包括就根据报告R2检测现有技术分离器时发生的物理现象进行的解释）“做好准备”（见**G 4/95**）。

在**T 621/98**中，在口头法律程序期间，委员会面临以下问题：由专业代理人代理的专利所有人是否需要根据**G 4/95**（OJ 1996，412）提前表明其打算在法律程序期间作出陈词的意图。委员会裁定，专利所有人是法律程序的一当事方，因此不能将其视为陪同人员。作为法律程序的当事方，其有权参与法律程序。

在**T 1208/06**中，发明人与专利所有人并非同一人，因此**T 621/98**不适用。在此情况下，根据**G 4/95**标准，委员会认为，异议部将发明人归类为“陪同人员”，而非EPC第99（3）条所指的法律程序当事方并驳回所有人的请求合情合理。

在**T 89/04**中，D. 先生是OpenTV公司的副总裁。鉴于ACTV，Inc. 作为专利权人于欧洲专利注册处进行了备案，根据EPC 1973第99（4）条和第107条第二句，OpenTV公司系另一法人，并非法律程序的一当事方。专利权人/应诉人引用的决定**T 621/98**并不适用于本案，因为**T 621/98**处理的是另外一种情形，即专业代理人由专利权人陪同的情形。D. 先生被视为是陪同代理人的人员，因此，应满足决定**G 4/95**规定的标准。与该案情形一样，在没有发生例外的情况下，只有经异议方批准，方允许在口头法律程序之前的3天（未足够提前）提出请求。由于委员会未发现任何例外情形且上诉人/异议人提出反对表示其不能做好准备，因此委员会并未允许D. 先生代表应诉人（专利权人）在口头法律程序中提交口头陈词。

在**T 475/01**中，委员会通过行使其在公约下的自由裁量权并考虑了上诉扩大委员会规定的标准（见**G 4/95**，OJ 1996，412），允许当事方陪同人员在口头法律程序中提交口头陈词。与应诉人不同，委员会认为，EPC和上述扩大委员会决定均不能被视为暗示：在法律程序中代表其自身的一方与陪同人员提交的口头陈词相关的专业代理人将被区别对待。

在**T 1212/02**中，上诉人并不同意应诉人（异议人）的代理人的同事可在口头法律程序期间向委员会提交陈词。尽管代理人本身经授权作为EPC 1973第134条所指的专业代理人行事，但其同事并非如此，即使其同事也在同一公司（系应诉人的控股公司）的专利部门工作且熟悉本案。上诉人（专利权人）指出，EPC 1973第133（3）条未规定任何内容允许某法人的职员代表另一法人。

尽管上诉人已进行抗辩，但确实无任何法律条文允许某公司的代理人可由与该公司相关的另一家公司职员进行代表。另一个事实是，如果满足 **G 4/95** 规定的标准，委员会将享有自由裁量权允许本案经授权专业代理人以外的人在委员会的法律程序中就法律或技术问题提交口头陈词。为了节省时间，该案中，委员会采用了一个有效的方法决定允许专业代理人的同事提交意见，但前提是，代理人应事先作出明确保证表明其对该陈词负全责。

在 **T 302/02** 中，委员会根据 **G 4/95** 并未允许专家作陈词。在 **T 1706/06** 中，委员会引用了 **G 4/95** 表示，在没有发生例外的情况下，刚好在开展口头法律程序之前提出的请求应予以驳回，除非各异议方同意所要求的口头陈词。在该案中，专利所有人并未表示同意。而且，委员会认为，要求陈词异议人的技术专家的请求是刚好在口头法律程序之前“不久”提出的。不存在任何例外情况，因此委员会驳回要求陈词技术专家的请求。举一个不同的例子，在 **T 1207/06** 中，专利所有人对异议人代理人的陪同人员在口头法律程序中的陈词的可接纳性提出了质疑，并反对该陪同人员试图陈述异议人的整个案情，根据 **G 4/95**，这是不允许的。在 **T 1207/06** 中，委员会对专利所有人提出的反对并不表示赞同，委员会认为，已满足 **G 4/95** 规定的四个标准。

在 **T 919/07** 中，如果就陪同人员（如果其为一当事方的员工，则其不得代表该方）提交口头陈词提出的书面请求并未表明何种陈词可能会有利于在案证据，委员会行使了自由裁量权决定，如果委员会希望询问陪同人员一些问题，则应对该陪同人员进行陈词。

在 **T 520/07** 中，委员会并不赞同应诉人/专利权人的观点，即鉴于同一陪同人员已在异议部的口头法律程序中提交陈词，因此上诉人不会对其提出的请求感到意外。在所有程序步骤中，上诉程序与一审法律程序是完全独立的，因此在一审法律程序中提出请求并不会对前者产生任何影响。

关于将 **G 4/95** 规定的要求应用于一方如下抗辩中的示例：鉴于陪同人员正在准备欧洲资格考试，因此应向陪同人员提供训练机会，见 **T 378/08**。

基于委员会拒绝允许请求人的一名职员在口头法律程序中陈词而提出的复核请求见 **R 3/08**。

5.2 上诉委员会前任成员作出的口头陈词

在 **J 11/94**（OJ 1995，596）中，在口头法律程序期间，授权代理人由已经退休大约1年半的法律上诉委员会前任主席陪同。除了说明其自己的论点之外，专业代理人要求获得委员会前任成员陈词的许可。因此，提交至扩大委员会的本案涵盖了以下问题：委员会在就要求上诉委员会前任成员作出其他口头陈词的请求行使其自由裁量权时，是否适用特殊标准。

在 **G 2/94**（OJ 1996，401）中，扩大委员会指出，存在以下两个方面的潜在冲突：一方面是基于上诉委员会前任成员的专业知识背景，通过在 EPO 的法律程序中提交口头陈词，是否可将此视作上诉委员会前任成员寻求后续就业的权利；另一方面是摈除一切偏袒嫌疑开展 EPO 法律程序的必要性。国家司法体系已公认存在该等潜在冲突，国家司法体系明确指出，如果某人在担任法官后希望以私人法律从业者身份工作，则同意接受被任命为法官的该人应受到某些条款的限制。

存在该限制条款反映了公认的法律原则：法律程序当事方有权要求被合理排除偏袒嫌疑的法官进行公平陈词。扩大委员会得出结论，应解决上述潜在冲突以避免在开展 EPO 法律程序期间出现任何偏袒嫌疑。在适当开展 EPO 的法律程序期间，公共利益应高于希望代表法律程序当事方提交口头陈述的上诉委员会前任成员的个人利益。

因此，有必要至少在该人不再担任上诉委员会成员后的合理期限内对其口头陈词的可接纳性设定**限制条件**。如果没有具体立法，上诉委员会应享有**司法自由裁量权**决定在上诉委员会前任成员不再担任上诉委员会成员后的多久时间后，该前任成员可在上诉委员会的法律程序中提交口头陈词。扩大委员会裁定，在单方或多方法律程序中，上诉委员会应拒绝授予上诉委员会前任成员可在上诉委员会的口头法律程序中提交口头陈词的许可，除非向其充分表明，自该前任成员不再是上诉委员会成员起已过去了**足够长的时间**，在此基础上，如果允许提交该口头陈词，上诉委员会在裁定本案时可被合理排除偏袒嫌疑。

通常情况下，上诉委员会应拒绝授予上诉委员会前任成员可在上诉委员会的口头法律程序中提交口头陈词的许可，直至该前任成员不再是上诉委员会成员起已过去至少 **3 年**。在 3 年期限过去后，上诉委员会应授予许可，但发生非常特殊的情况除外。在 3 年期限到期之前，一般而言，将存在一个很大的风险，即公众将认为，在口头法律程序中提交该陈词将对前成员所代表的一方带来不公平的优势。

最近的 **T 585/06** 案处理的问题是上诉委员会前任成员以专利所有人顾问的身份参加异议部口头法律程序的事宜（见第 7 章 E. 17. 4. 6 “上诉费的退回”）。

5.3　非 EPC 缔约国的有资格专利律师的口头陈词

上述 **G 4/95** 裁定的另一个法律问题是，特别涉及 EPC 1973 第 133 条和第 134 条的规定，根据 EPC 1973 第 134 条是无资格的但是在非 EPC 缔约国是有资格的专利律师是否可陈述一方全部或部分案件，犹如其根据EPC 1973第134条有资格这样做一样。扩大委员会裁定，关于非EPC缔约国的有资格专利律师提交口头陈词这一事宜，没有特殊标准适用。前述标准同样适用于该等专利律师（见有关美国专利律师的**T 774/05**）。

6. 区分事实和证据的陈述与论点陈述

在**G 4/95**中，扩大委员会指出，根据EPC，区分事实和证据的陈述与论点陈述具有根本的重要性。正如在**T 843/91**（OJ 1994，818）中讨论的一样，扩大委员会指出，上诉委员会形成一个实践做法：“当其认为陈词专家将有助于更好地了解案情时，可允许专家作出协助”，反映了异议部的内部做法。在**T 843/91**中，当事方提出，EPC 1973第117条是接纳“专家”提交的口头陈词的法律依据。在此方面，扩大委员会认为，EPC 1973第117条并非按照所列举的**T 843/91**决定指明的一样，规定了陈词陪同人员陈述事实和证据的口头陈词的法律依据。EPC 1973第117条及EPC 1973细则第72～76条仅仅规定了涉及正式“取证”的相关程序。作为适用该程序的先决条件，该程序必然涉及EPC 1973第117条所指的取证决定的作出，且该决定应和一审程序一样列明EPC 1973细则第72（1）条所规定的所有事项。

J. EPO部门的决定

1. 请求作出决定权

根据EPC细则第112（1）条（EPC 1973细则第69（1）条），如果EPO注意到因EPC 1973产生了任何权利丧失，EPO须将此告知相关当事方。如果当事方不同意EPO的裁定，其可申请要求EPO就此事宜作出决定（EPC细则第112（2）条，EPC 1973细则第69（2）条）或要求进行进一步处理或恢复权利（视具体情况而定）（**J 14/94**，OJ 1995，824）。

对告知权利丧失后的请求作出决定是一项EPO不能忽略的重大程序权利。根据EPC细则第112（2）条申请作出决定的当事方有权收到权利丧失通知。如果EPC细则第112（2）条规定的权利丧失通知的正确性受到质疑，EPO有责任在**合理期限**内就通信的内容作出回复（参见**J 29/86**，OJ 1988，84；**J 34/92**）。

在**J 7/92**中，委员会表示，尽管对EPO而言，最好尽快根据EPC 1973细则第69（1）条（现为EPC细则第112（1）条）发出通信，但是，在本案中，在宽限期届满后的 7 个月之后发出通信不应受到责难。EPC 1973 并没有规定 EPO 应在特定期限内注意到 EPC 1973 细则第 69（1）条所述的权利丧失，亦未为后续通信规定任何期限。EPO 不可能对所有文件均进行长期且密切的关注从而始终尽可能快地采取行动以保护申请人的所有权利。

但是，如果 EPO 应处理其收到的包含显然便于修正的明显缺陷（且该等缺陷有望在规定时限内予以补救以避免权利丧失）的请求或文件，则可能会出现以下问题：在具体情况下调节当事方与 EPO 之间关系的诚信原则是否要求 EPO 无须在意该等缺陷（关于保护合法期望原则，见第 6 章 A.）。

在 **J 43/92** 中，委员会指出，只有在 EPC 1973 细则第 69（1）条（EPC 细则第 112（1）条）规定的情形下，方可依据 EPC 1973 细则第 69（2）条（EPC 细则第 112（2）条）提出有效申请要求作出决定。因此，该申请的必要条件是 EPO 事先注意到了因 EPC 1973 产生的权利丧失并将此告知了相关当事方，否则，EPO 将无依据根据 EPC 1973 细则第 69（2）条作出决定。委员会进一步指出，EPC 1973 细则第 69（1）条并没有规定以哪种特殊格式发出该等通信以区分其与公约规定的其他通信或通知。尽管根据第 16/85 号法律建议（OJ 1985，141），一般情况下，EPO 注意到权利丧失的通知中会提到根据 EPC 1973 细则第 69（2）条就此事宜申请作出决定的时限，提到上述时限似乎并非对通信的真实性质起到决定性作用。一个文件是否构成 EPC 1973 细则第 69（1）条所指的通信应根据其实质内容和背景进行判断。

2. 一审主管部门的构成

2.1　审　查　部

在 **T 714/92** 中，委员会在公开给公众查阅的文件中未发现任何迹象表明主审查员在离开审查部之前已签署受争议的决定。委员会认为，在审查部没有确保从公开给公众查阅的文件中可以明显地看出离开审查部的成员在离开审查部之前已同意决定文本的情况下，审查部在其所述构成不存在的当日作出决定应视为重大程序违法。因此，招致争议决定应视作无效且不具任何法律效力。

2.2　异　议　部

EPC 第 19（2）条规定，异议部应由三名技术审查员组成。其中至少应有两名审查员未参加过授予与异议有关的专利的法律程序。

在 **T 390/86**（OJ 1989，30）中，在构成异议部的三名指定审查员在场的情况下开展了口头法律程序。在其他两名审查员在场的情况下，主席在口头法律程序期间宣布了其决定。尽管后来以书面形式就此决定正式说明了理由，但是此书面决定是由开展口头法律程序时没有在场的三名审查员签署的。顾及具体情况，委员会对异议部的决定是否有效进行了考虑。根据EPC 1973第19条，很明显EPC 1973第101条和第102条所规定的审查和裁定异议的权力应始终由被指定进行此审查和裁定的审查员亲自行使。

EPO部门（如异议部）作出决定的权力不仅应由此部门亲自行使，而且还应在各当事方及公众的监督下予以亲自行使。同样，如果以书面形式作出决定列明口头决定的理由，根据此书面决定，各当事方与公众应能够看出，此书面决定由被指定构成负责此口头决定的具体异议部的审查员作出。当然，有可能并不是所有指定成员均能够签署书面决定（例如，因为疾病）。但是，委员会认为，如果某特定部门的决定具有法律效力，此决定应由代表被指定构成此部门的成员拟就，且应代表上述成员的观点就决定的标的作出裁决；此外，此决定还应经该等成员签字。因此，在口头法律程序期间交付的书面决定理由只能由参加口头法律程序的裁判机构成员签字。因此，委员会认为，就异议部已在口头法律程序期间以口头方式作出最终实体决定的案件而言，如果就上述口头实体决定说明理由的后续书面决定是由口头法律程序期间并非构成异议部的成员签署的，则此决定应无效。

在**T 243/87**中，上诉委员会进一步发展了**T 390/86**确立的原则。委员会认为，尽管在口头法律程序后，仅有一名异议部成员被替换，但是，这并无法保证之后签署的说明理由的决定能够准确反映参加口头法律程序的所有三名成员或甚至异议部绝大多数人的观点。委员会认为，某指定成员丧失能力（例如，因为疾病）的例外情形需区别对待。在该情况下，接受以下观点是合情理的：尽管说明理由的书面决定只应由实际参加口头法律程序的异议部成员签字，但是，其中一名成员仍可代表不能签字的人员进行签字。当然最好能检查一下说明理由的书面决定是否代表参加口头法律程序的所有成员。

在**T 251/88**中，异议部的组成被视为违背了EPC 1973第19（2）条的规定，因为三名成员中已经有两名参加过授予与异议有关的专利的法律程序。上诉委员会命令，异议部的决定应予以撤销，案件应发回由其他成员组成的异议部进行重新审查（另见**T 382/92**）。

在**T 939/91**中，异议部主席作为两名审查员之一参加了授予涉诉专利的决定，这一点根据EPO表格2035.4可明显看出。因此，上诉委员会裁决，异议部违反了EPC 1973第19（2）条，此外，由于作出决定的部门并无权作出该决定，因此所作出的决定应予以废止。委员会认为，如果违反EPC 1973第19（2）条规定的行为被视为重大程序违法，则要求退回上诉费是公平的。

在**T 476/95**中，异议部主席在授权法律程序的前期撰写并签署了一份负面通信，这发生在审查部作出驳回申请的决定之前。委员会认为，EPC 1973 第 19（2）条第一句和第二句提到了异议部成员对最终决定的参与，还提到了异议部成员对授权法律程序的各个阶段的参与。异议法律程序的主审查员也是经审查驳回申请的决定的签字人。如果主审查员与异议部主席均参加了授权法律程序，则应视为已发生违反 EPC 1973 第 19（2）条的行为。

在 **T 960/94** 中，委员会认为，根据 EPC 1973 细则第 68（1）条第二句和 EPC 1973 细则第 68（2）条（现为 EPC 细则第 111 条），应有一份说明理由的书面决定以确定以口头方式宣布的决定。由于作出该说明理由的书面决定的任务是出席口头法律程序的异议部成员的事务且不能委托给由其他成员组成的异议部（使其中两名成员保持不变），因此该说明理由的书面决定应由出席口头法律程序的异议部成员作出（遵循了 **T 390/86**，OJ 1989，30）。鉴于并未以出席口头法律程序的成员的名义作出任何确认性书面决定，因此以口头方式作出的决定无效且应予以撤销。

在 **T 838/02** 中，异议部的组成违反了 EPC 1973 第 19（2）条第二句。委员会指出，在该情况下，之前的上诉委员会决定是撤销受争议决定，正如 **T 939/91** 一样。但是，在 **T 251/88** 中，委员会在裁定是否发回案件之前询问了申请人（上诉人）是否援引了程序违法。本案的委员会指出，其更倾向于后一种方式。其指出，在个案中，为确保各当事方的正当利益，应尽可能快地推进程序进而作出最终决定。发回意味着严重延误，即使一审部门优先处理本案。因此，委员会认为，在就发回问题作出决定之前，可向各当事方提供机会发表相关意见。鉴于上诉人要求发回而应诉人并未提出异议，因此得出的结论是，没有不予以发回的特殊原因，作出决定予以发回（RPBA 1980 第 10 条）。

在 **T 900/02** 中，异议部的一名成员在口头法律程序后受雇于应诉人的代理人的事务所；但是，并未向各方提供新的口头法律程序。委员会指出，上诉委员会的判例法表明，在口头法律程序后作出的签字书面决定应是开展口头法律程序的一审成员（而不是其他人）的决定。此外，判例法还表明，应避免口头法律程序期间异议部的组成发生变化并作出书面决定。而且，如果无法予以避免，在异议部的组成发生变化的情况下，应向当事方提供新的口头法律程序（参见 **T 862/98**）。

3. 涉嫌偏袒

3.1　一般原则

EPC 第 24（3）条规定，由于 EPC 第 24（1）条所述的原因之一或者涉嫌偏袒，任何一名当事方均可对上诉委员会的成员提出反对。

在**G 5/91**（OJ 1992，617）中，上诉扩大委员会就异议部成员涉嫌偏袒发表了意见。在引起案件移送的**T 261/88**（OJ 1992，627）中，主审查员系异议人的前任职员，已多次在EPO的审查和异议程序中代表异议人公司。扩大委员会指出，尽管涉及案件的问题仅仅与异议部的法律程序直接有关，但是相关问题具有普遍性，涉及负责程序的其他EPO一审部门（如审查部）（见EPC 1973第15条）。

扩大委员会指出，当事方有合理理由认为**任何人均不得**对存在偏袒的案件作出决定应视为一般法律原则。因此，不偏袒的基本要求也适用于参加对当事方权利有影响的裁决活动的EPO一审部门职员。尽管EPC 1973第24条有关例外和异议的规定仅适用于上诉委员会和扩大委员会的成员而不适用于EPO一审部门（包括异议部）职员，但是这并不能构成得出以下结论的合理理由：该职员可豁免满足不偏袒要求。此外，尽管EPC 1973第24条仅适用于上诉程序，但是，将EPC 1973第24（3）条第二句和第三句规定的相关原则应用于基于涉嫌偏袒向一审部门提出的反对似乎是合情理的。因此，如果反对并非是**在**相关方知道反对理由**后**立即提出的或是基于国籍问题而提出的，可不予理会该反对。最后，扩大委员会认定，基于涉嫌偏袒而反对异议部的成员是否被视为合情理的这一问题应根据个案的具体情况予以认定。该考虑因素涉及偏袒程度的事实问题（而不是法律点），因此，这并不是上诉扩大委员会负责作出决定的事项。

在2006年12月7日的中期决定**G 1/05**（OJ 2007，362）中，X女士（系上诉扩大委员会的成员）告知委员会其不应该参加移送案件，因为在涉及移送的案件中，其中一名异议人的代理人来自其丈夫和儿子作为合伙人成立的律师事务所。扩大委员会指出，EPC 1973第24（2）条旨在维护以下一般法律原则：任何人不得对在当事方有合理理由认为存在偏袒的案件作出决定，该委员会成员如果认为因该理由不应参与案件，应告知委员会。这将避免出现随后在法律程序中出现撤回通知的情况，使作出决定的过程甚至所作出的决定蒙上阴影。因此，扩大委员会认为，如果在EPC 1973第24（2）条规定的撤回通知中上诉委员会成员给出了原因，且该原因本身构成偏袒反对的理由之一，一般情况下，应通过作出替换相关委员会成员的决定来消除该理由，因为可以预料提交通知的成员非常了解是否将发生可能的偏袒怀疑。

此外，上诉人的代理人对Y先生作为上诉扩大委员会成员的身份提出了质疑，因为看起来Y先生以上诉委员会成员的身份对待裁定的事项表明过立场。在《上诉扩大委员会程序规则》（RPEBA）和上诉扩大委员会的业务分配方案中，已规定了相关条款界定已经参与处理由上诉扩大委员会待裁定的事项的委员会成员在何种程度下应被排除出移送案件。上诉扩大委员会解释道，根据《上诉扩大委员会程序规则》和上诉扩大委员会的业务分配方案，已经以上诉委员会成员身份参与处理过相关事宜的委员会成员在某种程度上不排除参与上诉扩大委员会未决的移送案件，不能仅基于该事实以偏袒为由提出反对。关于上诉扩大委员会的法律程序，上诉扩大委员会认为，除非遇到影响委员会成员在以后的处理中不能客观地对待当事方陈词的情况，当事方基于在相关委员会成员参与的上诉委员会之前决定中就待裁定事宜已表明立场这一原因提出依据 EPC 1973 第 24（3）条第一句的规定对上诉扩大委员会的成员合理的偏袒怀疑，是不具有客观依据的。

在 2005 年 3 月 18 日的 **T 281/03** 中，委员会解释道，在评定偏袒时，需审查两个因素。一方面是诸如个人利益或对一当事方的反感引发的主观因素，即成员本身的内部特征。在获得相反证据之前，将假定每个人是公正的。另一方面，偏袒的表象涉及外部方面并且（不论该成员是否确实偏袒一方）反映了委员会在公众中获得的信任感。鉴于这方面的偏袒指的是外部表象，因此并不需要按照实际上发现偏袒的方式予以证明，但是，应对情况进行判定以确定此情况是否产生了具有合理客观理由的偏袒可能性（客观因素）。

3.2 个　　案

3.2.1 审查部和异议部的成员

在 **T 433/93**（OJ 1997，509）中，在发生了与一审部门作出的决定相关的重大程序违法行为之后，应当事方要求，该决定被撤销，案件被发回一审部门进行重新陈词。在移送案件后，委员会裁断，有必要由新组成的**异议部**（由三名新成员组成异议部）根据法律程序期间提出和引入的异议理由对案件进行审查和裁定。委员会认为，如果案件将由同一异议部进行再次陈词和作出决定，在对本案进行重新陈词和作出决定之前，此异议部的成员应尽力从其头脑中舍弃之前的裁定结果。

委员会认为，重要的不是在档记录是否表明存在之前的证据表明异议部的成员在之前处理案件时存有实际偏袒（见 1993 年 2 月 16 日的 **T 261/88**）或当前的异议部成员如果重新陈词本案事实上是否会不带有任何偏见或是否会公平，而是**当事方是否有合理理由**怀疑：如果由同一异议部对本案进行重新陈词，应如何裁定本案可能的偏见或可能的偏袒或其他原因，当事方将不会获得公平的陈词。

在 1993 年 2 月 16 日的 **T 261/88** 中，委员会认为，裁定人（本案中系指第一审查员）对本案的一当事方（本案中系指专利权人）先入为主的态度构成了偏袒。审查员就本案事宜持有的观点不同于当事方持有的观点这一事实本身并不构成偏袒。委员会认为，不构成偏袒仅限以下情形：负责作出影响当事方权利的决定的人员（如法官）对一当事方持有的态度动摇了自身的想法。委员会对以下事宜进行了审查：被上诉决定的相关论证是否表明存在重大缺陷使得有理由相信主审查员正有意或无意试图“弯曲”本案事实，而这么做的原因是其对一名当事方持有先入为主的态度。关于技术问题的分析，委员会未能发现任何根本的或明显的错误。

在 **T 143/91** 中，委员会认为，如果能够表明委员会的成员具有 EPC 1973 第24（1）条所指的个人**利益**，则此异议部成员偏袒了一当事方。但是，此成员之前受雇于在异议法律程序中的一当事方的公司这一事实并不能构成存在该个人利益的充分证据。

在 **T 951/91**（OJ 1995，202）中，上诉人根据 EPC 1973 第24条和第19（2）条在上诉理由陈述书中提出了反对，指出异议部偏袒了一方。在对本案作出裁决时，委员会指出，在上诉人未提出任何争议的口头法律程序记录中无任何内容导致得出以下结论：异议部未曾适当地考虑当事方的论点或在该法律程序期间涉嫌偏袒。委员会审查了被上诉决定列明的理由，并指出，决定本身没有表现出任何偏见。

在 **T 611/01** 中，委员会认定已发生重大程序违法，并裁决，只有移送案件才能确保按照正确的程序处理案件（此处理要求之前被拒绝）。委员会认为，新的审查法律程序应由不同人员组成的**审查部**（由三名新成员组成的部门）进行。在面临可能对一当事方存有偏见这一问题时，通常将作出此指令，委员会强调，本案不是这样的情况。但是，如果一当事方有合理理由感到其可能没有获得公平的重新陈词（正如 **T 433/93**（OJ 1997，509）发生的一样），则不同人员组成的一审部门也是适当的，或者如1996年5月13日的**T 628/95**一样，在委员会裁决一审决定无效的基础上将案件移送至不同人员组成的一审部门。

委员会指出，上诉人已要求了不同的人员组成，即使其没有提出该要求，委员会也将作出这样的指示，因为在发生严重的程序失误后，需尽可能确保不存在任何理由对开展进一步的法律程序表示不满，即使在无可挑剔地开展法律程序后，如果同一审查部再次驳回申请的，将可能出现上述表示不满的情况。在此情况下，应谨记非特定的审查部成员可能对程序违法负有责任或至少参与了程序违法，对作出被上诉决定的审查部成员作出此指示也更为合理。

在 **T 900/02** 中，委员会指出，上诉委员会的判例法确立的偏袒或偏见的怀疑足以使得一审决定失效（见《EPO 上诉委员会的判例法》，2001 年第 4 版，第 378 页）。这反映了 EPC 缔约国的程序法基本原则，即法院的所有成员均不得有偏见之嫌。尽管上述规则通常称为“反对偏见原则”（或有时称为“自然公正原则”），但必须注意，在援引该原则的大多数案件中，并未证明实际发生了任何偏见或偏袒，所发生的都是推论出来的，即行使作出决定权的一人或多人可能有理由偏袒某特定一方。

在 **G 5/91**（OJ 1992，617）中，委员会指出，扩大委员会认为提出涉嫌偏袒的反对是否合情理这一问题仅能根据个案的具体情况予以考虑。委员会考虑了上诉人提出的问题形式的反对：本案中，在作出书面决定之前，异议部的成员受雇于应诉人的代理人，这种情况公正吗？委员会认定，本案中，事实上并没有发生任何特殊情况；委员会表示，如果异议部或任何其他一审部门的成员向处理该未决案件的事务所合伙人或其他职员求职并被雇用，将不可避免地产生偏袒之嫌。

在 **T 479/04** 中，委员会指出，**G 5/91**（OJ 1992，617）的决定阐述了如下附带意见：关于异议法律程序，可能有人赞成让异议部自己借助允许独立上诉的中期决定考虑并判决该事宜。这具有在就实体事项作出实质决定之前解决程序问题的优势。委员会表示，可推断出无任何原则可禁止异议部针对偏袒指称作出决定（见 **G 5/91**）。委员会认定，**G 5/91** 中的决定事实上留下了以下问题：是否一定要在就实体事项作出最终或中期决定之前就异议部的偏袒行为作出决定。

委员会认为，尽管在上述附带意见中，扩大委员会认为将在就实体事项作出决定之前解决程序事宜是有好处的，但是这并不能从 **G 5/91** 中的决定推断出：原则上，不得在就实体事项作出决定的同时亦就程序问题作出决定。因此，委员会得出结论，在本案中，异议部在进行决定时并未犯下任何程序错误，作为受争议的决定部分，宣称它将是公正的。

3.2.2 上诉委员会的成员

在 **T 843/91**（OJ 1994，818）中，新指定的委员会应考虑，上诉委员会原来的三名成员是否涉嫌偏袒。委员会同意决定 **T 261/88**（见上文）中持有的以下观点：行使作出决定权的人员对一当事方持有先入为主的态度不构成偏袒。更确切地说，偏袒是指通过授予一方无权享有的权利或故意无视另一方的权利而有意关照该方。委员会援引了 **G 5/91**（OJ 1992，617）和 **G 5/91**（OJ 1992，617）说，基于涉嫌偏袒针对成员提出的反对是否被认为合情理仅能根据个案的具体情况予以裁定。

在 1999 年 3 月 22 日的 **T 241/98** 中，上诉法律程序的一当事方基于涉嫌偏袒根据EPC 1973第24（3）条向委员会的一名成员提出反对。鉴于该反对被正式接纳，委员会关于偏袒的实体争议开展了口头法律程序，排除了遭反对的成员但包括了其顶替者。由于委员会不能证明偏袒怀疑有客观依据，因而不再排除原成员，上诉法律程序继续由原来成员构成的委员会进行。

在1999年9月15日的**T 1028/96**中，委员会考虑了针对委员会成员提起涉嫌偏袒的反对的正确程序。委员会裁决，原委员会应承担义不容辞的责任根据EPC 1973第24（3）条对反对的可接纳性进行初步审查；其后，如果反对是可接纳的，可能需遵循EPC 1973第24（4）条规定的程序。当事方认为委员会的某成员过去“曾参加被上诉决定”（EPC 1973第24（1）条）而提出的反对仅涵盖审查部和异议部的决定，而不涵盖上诉委员会因该决定作出的决定。考虑到个案的具体情形，基于“涉嫌偏袒”提出的EPC 1973第24（3）条规定的反对可能会在与之前上诉程序的争议事实几乎相同的异议上诉程序中排除原指定的委员会成员。

根据1999年12月9日的**T 954/98**，以涉嫌偏袒排除委员会成员的规则不仅应根据司法公正原则进行解释，还应根据“gesetzlicher Richter”原则（“妥为指定的法官”原则）进行解释，因此，首先，公正性受到怀疑的成员不得处理案件；其次，若无客观原因，当事方不得改变委员会的组成。纯粹的主观印象或模棱两可的怀疑不足以使得某成员丧失资格。该成员的行为或情况应为一当事方的忧虑提供了合理的客观理由。采取可能对某特定当事方产生不利的可自由裁量性的程序步骤这一事实并不足以构成将此成员排除在外的合理理由，尽管相关方认为该步骤对其带有偏见。

在**T 190/03**（OJ 2006，502）（另见于2005年3月18日公布的**T 283/03**、**T 572/03**）中，专利所有人的异议和论点涉及了十分复杂的可能的偏袒来源的组合。委员会指出，专利所有人的异议和论点涉及根据EPC 1973第24条设想的两个不同的偏袒方面。首先，基于主观原因的偏袒，即成员的实际偏袒，例如因个人利益或对一当事方反感引起的偏袒；其次，“客观的观察者”可从成员的特定行为或对专利所有人的行为作出的回应推定出存在偏袒的怀疑或表象。因此，委员会指出，是否存在偏袒应根据以下两个测试予以确定：首先，需要证明相关成员存在实际偏袒的“主观”测试。其次，裁判委员会判定案件情况是否会产生对偏袒合理客观的担心的“客观”测试。

实际偏袒是成员本身的内部特征，存在实际偏袒很明显会引起反对，因为其违背了公平审理的原则。但是，怀疑和表象并不足以表明存在实际偏袒。这是因为行使司法职权的成员的基本职责是公正地作出决定，而不是被个人利益或其他人的想法或行为动摇。因此，在获得相反证据之前，应假定成员本人是公正的。

另一方面，偏袒表象涉及外部方面，其并不需要按照证明实际偏袒相同的方式予以证明，但是，应对情况进行判定以确定该情况是否导致对偏袒的担心具有合理客观原因。这基本上对应于 EPO 判例法所指出的上述“客观”和“合理”依据。

通过将上述测试用于本案，委员会得出以下结论：

委员会认为，不论委员会是否正确地行使了其权力或自由裁量权，不接纳经修正的权利要求将不会导致对偏袒合理客观的担心。此外，委员会还认为，在适当组成的委员会未曾开展程序步骤的上诉案件之初，一般而言，不会发生任何情况将产生对偏袒合理客观的担心。最终，委员会认为，基于客观测试，在回应 RPBA 2003 第 3（2）条所规定的要求这一事实时，相关成员超出事实给出的理由及相关解释并没有产生对偏袒合理客观的担心。

在 2006 年 3 月 30 日的 **T 281/03** 中，应诉人对原主席、原技术成员和原法律成员以偏袒为由提出了反对。因此，由替代人员构成的委员会应决定该反对是否合理。其中，应诉人指称，基于其曾提起的一个之前的诉讼，主席受报复心理驱使采取了其行为。

委员会认为，尽管对程序法或实体法的适用被认为是不正确的，但是这也很难证明，裁判机构有意侵犯当事方的权利。更不用说，当事方对上诉委员会之前作出的据指称有瑕疵的决定进行抨击可作为一个依据用来指称委员会成员在未来案件中的偏袒行为。如果是这样的话，将向当事方提供一个无限制的可能性以与偏袒无关的原因排除委员会成员参与其案件。在 1999 年 12 月 9 日的 **T 954/98** 中，委员会指出，上诉委员会已表示规范涉嫌偏袒的异议的相关条款具有双重目的。一方面，成员不得在暗含偏袒怀疑的案件中行事；另一方面，若无客观原因，当事方不得随意改变委员会的组成。如果偏袒怀疑仅仅是基于采取了影响某当事方的程序措施这一事实，则该怀疑不足以构成偏袒反对的合理理由。尽管该当事方将该措施解释为对其带有偏见，上述原则仍然适用。委员会得出结论，案件情况以及原董事会成员的行为并没有产生对偏袒合理客观的担心。此外，委员会应审查是否存在偏袒行为的主观原因。组成发生变化的委员会明确指出，行使司法职权的成员的基本职责是公正地作出决定，而不是被个人利益或其他人的想法或行为动摇。上诉委员会成员就职时提交的郑重声明书明确包括了该原则。

因此，在获得相反证据之前，应假定委员会成员本人是公正的。在 **J 15/04** 中，指定的两名法律成员认为，由于主席参与了驳回母申请的决定，因此，主席应回避参与上诉程序。但是，指定的主席并不赞同该观点，亦没有设想其为

EPC 1973 第24（2）条的对象。根据 EPC 1973 第24（3）条和 RPBA 2003 第3（1）条作出了一条行政命令，原来指定的主席和法律成员根据业务分配方案（BDS）由其替代人员替代进行裁判。委员会指出，如果原来指定的主席参加了被上诉决定，则根据 EPC 1973 第24（1）条规定，需排除原来指定的主席。委员会认为，根据该条文的措辞，排除原来指定的主席很明显是不合理的，因为被上诉决定不同于驳回母申请的决定。因此，委员会认定，EPC 1973 第24（1）条并不适用于此上诉，因此，将不会排除原来指定的主席就上诉的标的作出决定。此外，委员会还认定，由于自行回避通知仅仅基于这一事实，即原来指定的主席并未设想其为 EPC 1973 第24（2）条的对象，因此自行回避的理由不成立，排除两名法律成员不符合公约在该方面的规定。

在2008年11月28日的 **T 1020/06** 中，由替代成员组成的委员会考虑了以下问题：如果技术上诉委员会的所有成员参与了由相同成员组成的委员会之前作出的有关类似法律或事实问题的决定，则是否有理由说明存在 EPC 1973 第24（3）条第一句所指的偏袒怀疑。上诉人表示，正在讨论的在大部分上重叠的事项会引起这样的严重怀疑，即原委员会成员不会对该事项持有一个全新的、中立的且公正的观点。

委员会指出，"但是，上诉委员会的判例及其他法律已对此达成一致，即当事方提出的怀疑须具有合理的客观原因"以及"纯粹的主观印象或模棱两可的怀疑是不够的"（**G 1/05**，OJ 2007，362，理由第20点）。此外，委员会认定，RPBA 或 BDS 没有任何条款规定：如果某成员在同一或其他技术委员会处理的未决案件中已经处理了类似的法律或事实问题，则应排除此成员参与技术委员会处理的未决上诉案件。相反，BDS 第7条规定，如果委员会处理的未决上诉之间有密切的联系，主席应命令由相同成员组成的委员会作出决定。委员会接着说，如果 RPBA 和 BDS 并未禁止参与因涉及类似法律或事实问题而有密切联系的上诉案件，偏袒反对不得仅仅基于此事实。综上，委员会得出结论：本案的情形和原委员会成员的行为并未产生对偏袒合理客观的担心。委员会认为，在客观依据方面，没有任何理由支持以下怀疑：任何原成员可能对本案中的相关问题持有一种先入为主的态度。

鉴于上述原因，基于本案的特定情况，委员会驳回了根据 EPC 1973 第24（3）条针对原委员会成员提起的偏袒争议。

代表其委托人行事的专业代理人根据 EPC 第24（3）条提出了以下请求：上诉扩大委员会的某特定成员不参与 **G 2/08**（剂量方案）未决的移送案件。该申诉来源于第三人，该第三人是英国发生的法律诉讼（其中，权利要求的新颖性仅仅基于剂量方案）的一当事方。申诉依赖于以下事实：相关成员曾担任裁定之前案件的技术上诉委员会的主席。该案件的决定被称是例外的。有鉴于此，该第三人得出结论：相关成员很难本着公平原则处理在未决移送案件中未决定的事项，而且，对本移送案件结果感兴趣的人均将如此认为。

扩大委员会指出，根据 EPC，只有法律程序当事方有权提出偏袒怀疑的异议。尽管如此，根据 RPEBA 2007 第4（1）条，如果上诉扩大委员已知道可能存在源自某成员本身或法律程序任何一当事方所致的提出排除或反对的理由，则 EPC 第24（4）条规定的程序应适用。扩大委员会认定，所主张的观点并不能构成使法律程序延期或损害相关成员声誉的“表面上的”滥用程序，而是构成了 RPEBA 2007 第4（1）条所要求的“提出反对的可能理由”。最后，扩大委员会裁决继续按照 RPEBA 2007 第4（1）条规定开展 EPC 第24（4）条规定的程序。

扩大委员会指出，上诉委员会和上诉扩大委员会分别以司法机构身份行事且应采用一般程序法原则。依法妥为确定的上诉扩大委员会成员有义务审理根据“法律管辖”（ratione legis）和“属物管辖”（ratione materiae）分配给其的案件。也就是说，司法程序的当事方有权要求依法指定的法官对其案件进行考虑和裁决。此外，一旦依法确定法官，该法官应视为本着诚信原则行事，因此应被认为是公正的，直至另有证据证明该法官不公正（参见 ECHR，De Cubber v. Belgium，1984年10月26日；ETTL v. Austria，1987年4月23日；Hauschildt v. Denmark，1989年5月24日；Academy Trading Ltd et al. v. Greece，2000年4月4日）。

根据该申诉的理据，扩大委员会指出，在客观依据方面，没有任何原因怀疑相关成员本人的公正性，更重要的是确定其并没带有任何偏见。另外，该申诉并不包含允许在此方面产生合理怀疑的任何理由。相关成员的行为无任何举动可导致任何反对。但是，考虑到上诉委员会的成员应视为本着诚信原则行事且应被视为是公正的，“偏袒怀疑”也可能在客观方面是合理的。

上诉扩大委员会认可决定 **G 1/05**（OJ 2007，362，理由第20～26点）确立的论证并以此作为自己的论证，并重申“如果该条款没有排除以上诉委员会成员身份参与相关事宜处理的成员参与了上诉扩大委员会审理的未决移送案件，则不能仅仅基于此事实提出偏袒反对”（理由第27点）。扩大委员会裁定，扩大委员会成员未采取任何行为或决定中无任何内容可构成对该成员提起怀疑的合理理由，因此，该成员在本案中仍为上诉扩大委员会的成员。扩大委员会指出，相关决定是由三名成员组成的上诉委员会作出的，因此能够反映作为司法机构的委员会（而不是各个成员）得出的论证和结论。决定以大多数票通过而予以作出，且评议是秘密进行的。不能假定该决定代表了相关成员的个人观点。

3.2.3 上诉扩大委员会的成员

在2009年10月16日的上诉扩大委员会中期决定**G 3/08**中，扩大委员会指出，根据上诉委员会、上诉扩大委员会以及成员国国家法院的既定判例法，委员会成员仅在过去案件中就待裁定的法律事宜表达了其观点（不论是在之前的决定或文学作品中表达其观点，也不论该成员是以此前在EPO的身份或作为其他政府机构的专家表达其观点）这一事实并不能导致得出任何有关公正性怀疑的结论。基于委员会的观点，可能对某特殊利益产生不利的纯主观印象并不能构成要求排除该成员的合理理由。

4. 决定的日期

4.1 决定生效

上诉扩大委员会已认定，有必要区分口头法律程序中辩论结束后作出的决定以及书面法律程序结束后作出的决定。如果开展口头法律程序，则可以口头方式作出决定。决定将自被宣布起生效。在书面法律程序中决定生效的日期为告知决定之时。一旦宣布决定（如果是书面法律程序的，一旦告知决定），决定将生效且不能修改，即使是作出上述决定的机构，也无权修改该决定。如果一当事方已提起可接纳的且有理据的上诉，仅可由作出决定的机构根据EPC 1973第109条作出中间修改撤销相关决定（**G 12/91**，OJ 1994，285）。

4.2 内部决定过程的结束

在**T 586/88**（OJ 1993，313）中，委员会向上诉扩大委员会转交了以下法律点："如果审查部或异议部的决定不是在口头法律程序结束时而是在书面法律程序或口头法律程序之后以书面形式继续进行的法律程序之后宣布的，EPO相关部门的内部决定过程是在哪个时间点结束的？"

在**G 12/91**（OJ 1994，285）中，上诉扩大委员会表示，移交的法律点对于确定EPO一审部门考虑各当事方进一步陈词的最后时间点这个一般性问题至关重要。扩大委员会指出，决定生效的时间点，即宣布或告知决定的时间并不是当事方仍然可以提交陈词的最后时间。应在法律程序的**更早时间点**予以完成以便决定部门有时间依据各当事方的陈词进行评议，然后作出其决定。

关于口头法律程序，上诉委员会既定判例法将此时间点确定为辩论结束的时间——决定部门在首先陈词各当事方的陈词之后，以便其有时间评议决定。一旦辩论结束，应不再理会各当事方提交的其他陈词，除非决定部门允许当事方在规定的时限内提交该等陈词或决定重新开展口头法律程序以就相关事宜进行进一步的实质性辩论。

如果是在书面法律程序之后作出决定的，各当事方提交的全新事项仍可予以考虑的最后时间应与口头法律程序期间辩论结束的时间相一致。确保法律确定性需要的要求，这一时间应明确地确定为口头法律程序期间辩论结束的时间。EPC 1973 及其细则未包含任何条款确定这一时间。

上诉扩大委员会得出结论，内部决定过程结束的时间点是手续部向 EPO 邮寄服务处的送交的有盖章日期的标有填迟日期的决定当日。各当事方可非常容易地确定这个日期，因为，正如 EPO 局长解释的，此日期总是早于盖章日期 3 天。EPO 内部指示明确指出，决定中盖章日期距寄出此决定的日期总是间隔 3 天时间。如果因任何原因 EPO 邮寄服务处不能于盖章日期寄出决定，其应把决定退回手续部，接纳部将给予此决定另一个新日期，此新日期仍应早于实际寄出日期 3 天。这个做法保证了决定上的盖章日期总是早于决定实际寄出日期 3 天。因此，这满足了传送决定须确保的严格的法律确定性。

如果出于通知目的手续部向 EPO 邮寄服务处递交了决定，则此决定取自档案，那么作出此决定的机构无权参与。这个时刻标志着决定部门的法律程序结束。一旦法律程序结束，决定部门不再修改其决定。其不得理会各当事方之后可能向 EPO 提交的任何全新事项。鉴于各当事方有必要知道书面法律程序后的决定过程于哪个时间点结束，因此，应在决定中明确指明此时间点（另见 **T 631/94**，OJ 1996，67）。

在 **T 798/95** 中，出于通知目的，于 EPO 官方工作日 1995 年 8 月 25 日向 EPO 邮寄服务处递交了授予欧洲专利的决定。1995 年 8 月 25 日下午 6 点 47 分，上诉人通过传真方式提交请求要求根据 EPC 1973 细则第 86（3）条修改申请。委员会认为，在法律程序结束之后但在审查部作出授予之前提交要求修改的请求可不予理会，尽管该请求是于法律程序结束当日予以提交的。委员会指出，审查部的法律程序应在当日官方工作时间结束之前结束。之后，审查部不再修改其决定，因为其无权评议该请求。因此，上诉人的陈词是不正确的：审查部应于 1995 年 8 月 25 日（星期五）一整天对申请承担责任，而且，可在作出决定之前修改申请。

5. 决定的形式

5.1　一般性问题

在 **T 390/86**（OJ 1989，30）中，委员会表示，如果在口头法律程序期间以口头方式作出了实质性决定，应以书面形式将该决定正式告知当事方（EPC

1973细则第68（1）条，现为EPC细则第111（1）条），此外，还应以书面形式就作出该决定的理由对书面决定进行正式的补充（EPC 1973细则第68（2）条，EPC细则第111（2）条）。委员会判定，根据EPC 1973细则第68条和EPC 1973第108条，很明显，在正式以书面形式完善实质性口头决定并将此告知各当事方之前，提交上诉书的2个月期限并未开始。

在**J 8/81**（OJ 1982，10）中，委员会表示，根据EPO的通常做法，通信内容应已被视为决定，以保留EPC 1973及细则对决定和通信作出的明显区分（例如参见EPC 1973细则第68条和第70条，现为EPC细则第111条和第113条）。此外，根据EPC 1973细则第68（2）条该信函应提请注意上诉的可能性以及EPC 1973第106～108条的规定。但是，未满足EPC 1973细则第68（2）条的要求这一事实并非意味着该信函仅仅是一封通信。EPO签发的文件或通信是否构成决定取决于其实质**内容**而非其**形式**（**J 43/92**，**T 222/85**，OJ 1988，128；**T 713/02**）。

在**T 165/07**中，委员会指出，根据上诉委员会的既定判例法，一个文件是否构成决定取决于其实质内容而非其形式（例如参见**J 8/81**，OJ 1982，10）。实质的标准应根据其程序背景进行评估（见**T 713/02**，OJ 2006，267）。决定性问题是，在根据上下文客观地解释相关文件时，收件人是否已将该文件理解为最终文件（不单是初步文件）而且是EPO的主管机构对实体性或程序问题作出的具有约束力的判定。

在**T 42/84**（OJ 1988，251）中，委员会认为，EPO被指称未在决定中随附EPC 1973第106～108条的内容并不会使得决定无效，也不会构成重大程序违法。EPC 1973细则第68条（现为EPC细则第111条）规定，上诉可能性的书面通信必须使得各当事方注意到EPC 1973第106～108条规定的条款，其文本应随附于决定。但是，委员会还表示，各当事方不得援引通信中的遗漏提出请求。委员会认为，上述原则同样适用于仅遗漏条款文本本身的情况。

在**T 222/85**（OJ 1988，128）中，委员会指出，“通信”内容从未构成“决定”。作出这点区分很重要，因为只有“决定”是能够上诉的标的（见EPC 1973第106（1）条）。在本案中，通信仅代表单方法律程序中的初步意见，并不会对签发该通信的EPO部门产生约束力。相比之下，“决定”内容总是最终的且对作出决定的EPO部门产生约束力的，而且，只能通过上诉方式对决定提出质疑。

在**J 20/99**中，委员会在其决定中指出，如果EPO部门引用了上诉委员会或任何其他法律机构的决定，EPO部门应指明机构并将引用的段落以引号表示。委员会认定，考虑到未使用引号或指明消息出处，但逐字重复上诉委员会决定的理由，审查部已在其通信中提出了一些反对。委员会指出，当时的情况完全不同于审查部考虑的情况。

在 **T 830/03** 中，在向各当事方告知说明理由的书面决定后，手续人员告知各当事方，书面决定“仅仅是草稿”。EPO 作出了第二个书面决定以取代第一个书面决定。

委员会指出，满足法律确定性的需要要求对异议部根据 EPC 1973（尤其是 EPC 1973 细则第 68 ~ 70 条（现为 EPC 细则第 111 ~ 113 条））的形式要求向各当事方告知的书面决定作出有效推定。一旦决定宣布且将本案的（第一个）书面决定告知各当事方，异议部应受该决定的约束，尽管其认为作出的该决定“并不具法律效力”（见 **T 371/92**，OJ 1995，324）。该决定仅能通过二审方可予以撤销，但前提是根据 EPC 1973 第 106 条提起可接纳的上诉。在提交首份上诉书时，处理本案相关事宜的权力从一审部门转移至上诉审理部门（上诉的移交效力）。

因此，委员会判断，异议部根据 EPC 1973（尤其是 EPC 1973 细则第 68 ~ 70 条（现为 EPC 细则第 111 ~ 113 条））的形式要求告知各当事方的书面决定构成唯一依法有效的书面决定。异议部在告知决定后（更不必说，在提交首次上诉后）开展的所有行为是越权行为，因此不具法律效力。

5.2　口头决定与书面决定的抵触

在 **T 666/90** 中，异议部已在口头法律程序期间指明，如果提交了可获准许的权利要求版本的新文件，其将维持经修改的欧洲专利。尽管在口头法律程序期间，申请人的代理人并没有以书面形式正式提交该组权利要求，代理人已承诺在稍晚日期且会在规定的截止日期之前提交该等权利要求。但是，书面决定撤销了该专利。委员会认为，口头决定与书面决定发生抵触违反了 EPC 1973 细则第 68（1）条，因此构成重大程序违法。

在 **T 425/97** 中，上诉人将书面决定与异议部在口头法律程序中认为可申请专利的专利形式发生抵触作为上诉的唯一理由。委员会认为，该案中，根据以书面形式告知的在口头法律程序中作出的决定与以口头方式作出的决定之间发生的任何实质偏离都构成程序违法。

5.3　决定理由

5.3.1　简　　介

根据 EPC 细则第 111（2）条（EPC 1973 细则第 68（2）条），可提起上诉的 EPO 决定应说明理由。上诉法律程序的功能旨在就一审部门之前作出的单个决定的正确性作出司法裁判（参见（但不限于）**T 34/90**，OJ 1992，454

和**G 9/91**，OJ 1993，408）。因此，一审部门作出的符合EPC细则第111条要求的说明理由的决定是审查上诉的先决条件（**T 1182/05**）。

5.3.2 主请求和附属请求的理由

根据EPC细则第111（2）条（EPC 1973细则第68（2）条），可提起上诉的EPO决定应说明理由。根据上诉委员会既定判例法，须针对**每个**不同的请求（主请求和附属请求）作出说明理由的判定。尽管在特殊情况下，允许决定理由引用之前通信中给出的理由，但是必须从这些理由中可以清楚地看出哪一项考虑对主管部门作出其决定起到至关重要的作用。须保证，在仅基于专利所有人的主请求作出撤销专利的决定之前，专利所有人已明确撤销了所有附属请求（见**T 81/93**、**T 5/89**，OJ 1992，348）。如果专利权人除了提交一个主请求外还提交了一个或多个附属请求，且并没有撤销上述任何请求，异议部应（行使EPC 1973细则第57（1）条和细则第58（2）条规定的自由裁量权）在其决定中说明为什么各个请求基于实质原因是不可接纳的（**T 155/88**、**T 406/86**，OJ 1989，302；**T 951/97**，OJ 1998，440），抑或不允许的。如果异议部允许附属请求，但在其决定中并没有说明理由表明为什么该主请求或之前的附属请求不被允许，则该决定应视作无效且不具法律效力，并且应基于重大程序违法退还上诉费（见**T 484/88**）。

在**T 966/99**中，委员会认为，应驳回上诉人的第一个附属请求（根据该请求，书面决定应说明被撤回的主请求不被允许的原因）。

委员会在其决定中作出了大量说明。委员会指出，EPC 1973细则第66（2）条和EPC 1973第113（2）条意味着，处理专利撤销或维持的决定仅需包含撤销或维持专利权人关于未决专利文本的请求的相关原因。一旦专利权人撤回请求，委员会将不再有程序依据对其进行审查和裁决。此外，EPC 1973第113（2）条向专利权人授予一项排他性权利以提交有关专利文本的请求，因此法律程序当事方（而不是专利权人）提出的该请求是不可接纳的。因此，如果上诉人（异议人）递交有关该文本，委员会不得在决定中纳入有关该文本的理由。而且，委员会根据EPC 1973第107条（如扩大委员会在**G 9/91**（OJ 1993，408）中强调的）认为，各方之间的上诉程序旨在向败诉方提供机会依据是非曲直对异议部的决定提出质疑。如果被上诉决定因撤回主请求而被取消，则根据此请求维持欧洲专利将不再对上诉人产生不利影响。

5.3.3 符合EPC细则第111（2）条（EPC 1973细则第68（2）条）的要求

在**T 856/91**中，受争议的决定提到了优秀技术人员的知识并引用了“知名专家的声明”，但未载明任何信息使得读者推断出该人士是谁或他们到底说了什么。委员会认为，该不完整的信息并不构成违反EPC 1973细则第68（2）条（现为EPC细则第111（2）条），因为该信息足以使得通过某种方式说明决定理由，尽管该理由不充分且不完备。

在**T 647/93**（OJ 1995，132）中，上诉人针对审查部的决定提起上诉要求驳回申请，并主张审查部已构成重大程序违法，因为（但不限于）审查部并没有遵守指南所规定的程序或并没有根据EPC 1973细则第68（2）条提供一份说明理由的书面决定。委员会指出，驳回理由有些难以理解且EPC 1973未规定任何相关依据。但是，委员会认为，尽管决定的理由不够充分，但这并不意味着，根据EPC 1973细则第68（2）条（现为EPC细则第111（2）条），该决定是未说明理由的。

在**T 70/02**中，委员会认定，通过简单地表示“贵方的信函中无任何具有说服力的论点”以回复申请人所提出的详尽说明反对的信函，审查部接纳了一个不公平的态度，未向申请人指出其论点不具说服力的原因以使得其不能就审查部的结论作出回应。

根据EPC 1973细则第68（2）条（现为EPC细则第111（2）条），可提起上诉的EPO决定应说明理由。在此方面，委员会认为，论证并不意味着应详尽处理提交的所有论点，根据一般的诚信原则和公平的法律程序，决定除了应包含事实逻辑链条及事实所依据的理由，还应至少包含就相关争议的关键点进行的论证（但前提是该论证并不能从提供的其他理由中明显得出），以便于让当事方充分知晓其陈词不具说服力的原因并使得该当事方能够以相关争议作为其上诉理由。

5.3.4　不符合EPC细则第111（2）条（EPC 1973细则第68（2）条）的要求

在**T 493/88**（OJ 1991，380）中，委员会认为，如果在异议部（不同于异议人）认为专利主题具备新颖性后，异议部并没有表明其认为此主题也具备创造性的原因，根据EPC 1973细则第68（2）条第一句，则异议部驳回异议的决定并非正确合理的。

在**T 292/90**中，审查部仅仅针对创造性表明以下观点：要求保护的工艺明显接近文件2、文件3和文件4的教导。审查部未就其如何得出该结论作出任何解释。委员会认为，这种形式的论证是不充分的。可提起上诉的决定中给定的理由应让上诉人和上诉委员会能审查决定是否合理。因此，关于创造性的决定应包含能够得出相关结论的论证的逻辑链条（另见**T 52/90**）。

在**T 153/89**中，审查部并未就其决定中的裁定，即从属权利要求的主题不具备创造性说明任何原因。上诉委员会认为，受争议决定中的敷衍陈述无法使得委员会判断出该事宜是否得到充分调查。基于该原因，审查部的决定并不能构成理由充分的决定。

在**T 740/93**中，由于程序违法（异议部的组成人员错误），案件已被发回一审部门，要求由适当人员组成的异议部进行进一步审查。新的异议部作出的决定几乎与作出的第一个决定相同。委员会认为，根据EPC 1973细则第68（2）条（现为EPC细则第111（2）条），可提起上诉的决定应说明理由。在此方面，委员会认为，论证并不意味着应详尽处理提交的所有论点，根据一般的诚信原则和公平的法律程序，决定除了应包含事实逻辑链条及事实所依据的理由，还应至少包含就相关争议的关键点进行的论证（但前提是该论证并不能从提供的其他理由中明显得出）以便于让当事方充分知晓其陈词不具说服力的原因。尽管第二个决定几乎与第一个决定相同，但第二个决定并不符合EPC 1973细则第68（2）条的要求，因为该决定没有充足的理由，因此构成重大程序违法。

在**T 227/95**中，上诉人陈词，根据EPC 1973细则第68（2）条（现为EPC细则第111（2）条），异议部作出的维持以修改形式的专利的决定并非是合理的。委员会在其决定中认同此观点。决定未就案件的是非曲直说明任何理由。决定仅仅表示："关于理由，请参考1994年1月24日的上诉委员会决定"（**T 527/92**）。但是，决定**T 527/92**并不包含任何该理由，因此该案被发回至异议部进行进一步审理。在该案中，委员会仅裁决，不能根据专利权人（当时的）主请求维持专利。附属请求的审查完全交由一审部门进行处理。

在**T 698/94**中，委员会指出，异议部的口头法律程序的记录和被上诉决定的"事实和陈词小结"部分不包含任何有关各当事方所提出的论点的任何信息。法律程序各当事方不可能看出异议部是如何得出欠缺新颖性的结论的。因此，败诉方被剥夺了对决定所依据的理由提出质疑的权利，而这正是上诉委员会法律程序的真正目的（见**G 9/91**，OJ 1993，408）。委员会解释道，要求决定应说明理由的EPC 1973细则第68（2）条（现为EPC细则第111（2）条）系指决定应就已经申辩并经证实的各个理由明确列明结论及最终裁决所依据的论证逻辑链条。如果实际上被上诉的决定没有论证，则将构成重大程序违法。

在**T 135/96**中，异议部完全忽略了上诉人（异议人）为了支持其认为要求保护的主题缺乏创造性这一指称所形成的两个文件和论证。委员会认为，没有考虑有关被上诉决定所依据的缺乏创造性的理由的文件和论证违反了陈述权，因此构成重大程序违法和一审法律程序的根本性缺失。而且，被上诉决定不符合EPC 1973细则第68（2）条（现为EPC细则第111（2）条），因为其并没有就异议人提出的两个其他论证思路说明独立权利要求被认为具备创造性的原因。

在 **T 652/97** 中，委员会认为，EPC 1973 细则第 68（2）条（现为 EPC 细则第 111（2）条）所述原则确保了 EPO 和法律程序的各当事方之间的一个公平程序，EPO 仅能作出对一当事方不利的决定，前提是已充分说明该决定所依据的合理理由。该决定并没有向异议人说明有关主要论点的论证，该行为违反了 EPC 1973 细则第 68（2）条的要求，因此构成重大程序违法。

在决定 **T 615/95** 的附件中，审查部认为，只有在克服这几个反对的情况下方可作出中间修改。该等反对与驳回理由无关，且与被上诉决定也没有一点明显联系。委员会认为，一般而言，不得就处理与决定理由所解决事项无关的事项以附件形式对审查部的决定进行补充。

在 **T 473/98**（OJ 2001，231）中，委员会认为，出于整个程序的效率和效益目的，以下行为是完全适当且可取的，即异议部应在根据 EPC 1973 第 102（1）条采用决定的标准格式作出撤销决定的理由中以附带意见形式说明在上诉推翻该撤销决定的情况下可阻止发回案件的裁断。

在 **T 278/00**（OJ 2003，546）中，委员会指出，尽管被上诉决定的要旨是明确的，即根据 EPC 1973 第 56 条，涉案申请缺乏创造性以及根据 EPC 1973 第 82 条，涉案申请缺乏单一性，但是，根据既定判例法，EPC 1973 细则第 68（2）条（现为 EPC 细则第 111（2）条）要求决定应按照逻辑顺序说明该要旨合理的相关论证。委员会认为，被上诉决定的理由应视为合理的。委员会认为，EPC 1973 细则第 68（2）条的要求不能以以下方式进行解释：尽管存在难以理解而不充分的论证，但是，应由委员会或上诉人就论证的本意进行讨论。委员会应根据被上诉决定中所说明的论证评判一审得出的结论是否合理。如果委员会不能确定被上诉决定中指明的说明理由的不一致裁断孰对孰错，则并未满足上述要求（另见 **T 316/05**）。

在 **T 897/03** 中，委员会认为，让上诉委员会和上诉人推测审查部在不同通信中给出的哪些原因可能对驳回申请起到决定性作用的决定，不得视为满足 EPC 1973 细则第 68（2）条的要求。被上诉决定并未包含任何具体原因，而是仅仅引用了审查部所发出的各个通信（见 **T 652/97** 和 **T 278/00**，OJ 2003，546）。

在 **T 963/02** 中，委员会表明，如果仅仅通过引用之前的通信说明决定理由，则只有在提及的通信自身满足上述 **T 897/03** 和 **T 278/00** 所规定条件的情况下，方满足 EPC 1973 细则第 68（2）条第一句的要求。当事方和上诉委员会应能够明确从上述引用内容中发现驳回的决定性理由。如果引用了多个处理若干问题且可能以不同组的权利要求作为依据的通信，上述规则尤为适用。被上诉决定不得让委员会和上诉人推测之前通信中的哪些理由可能对作出驳回申请的决定至关重要（见 **T 897/03**）。

在 **T 1356/05**（也称 **T 1360/05**）中，申请人要求基于档案情况（the state of the file）作出决定。委员会认为，尽管指南规定了建议的程序，该请求仍不应当被解释为放弃对说明理由的一审决定享有的权利（指南，E－X，4.4，2005年6月版；另见 **T 1309/05**）。委员会指出，撇开指南中无任何规定优先于 EPC 1973 的某条款或规则（如 EPC 1973 细则第68（2）条）（现为 EPC 细则第111（2）条）（**T 861/02**）这一事实，其指出，指南中所引用的段落并没有详细说明如果在口头法律程序期间提出请求应遵守的程序，此外，一点也不明显的是，在该情况下将适用所建议的程序。相反，这涉及申请人仅依赖于书面程序的情况。术语“档案情况”暗示了所有相关事实和论证均已存档，即此事实和论证以书面形式存在，正如本案一样，已进行口头论证的，在口头法律程序后可能很难立即以书面形式对口头论证进行存档。

在 **T 1709/06** 中，委员会指出，尽管审查指南（E－X，4.4）建议了以标准格式“基于档案情况”作出决定的程序，但是，上诉委员会的大量决定（见 **T 1309/05**、**T 1356/05**）已指明，采用的标准决定格式“基于档案情况”作出决定不符合 EPC 1973 细则第68（2）条（现为 EPC 细则第111（2）条）规定的“说明理由”的要求，此处的档案指若干通信，有待上诉委员会通过“拼接”档案中的各论证点构建适用的原因或让人对哪些论点适用于哪个权利要求版本产生疑惑。受争议的决定的措辞无法使申请人或委员会正确辨别审查部驳回申请的原因。正如所引用的上述案件 **T 1309/05** 和 **T 1356/05** 一样，委员会持有相同的观点，认为审查部在本案中采用的决定格式不满足 EPC 1973 细则第68（2）条（现为 EPC 细则第111（2）条）所规定的说明理由的决定的要求。此外，根据上诉委员会的既定判例法（例如参见 **T 740/93**），“说明理由”的决定应解决所有重要的争议问题。因此，委员会认为，未处理申请人提交的论证也违反了 EPC 1973 细则第68（2）条（见 EPC 细则第111（2）条）。

在 **T 1182/05** 中，委员会指出，上诉委员会的大量决定表明，让上诉委员会和上诉人推测审查部在其通信中说明的哪些原因可能对作出驳回申请的决定至关重要的决定格式（系指几封通信）并不符合 EPC 1973 细则第68（2）条（现为 EPC 细则第111（2）条）规定的“说明理由”的要求（见 **T 861/02**、**T 897/03**、**T 276/04** 和 **T 1309/05**）。在该案中，审查部对上诉人提出要求“基于记录作出决定”的请求作出回复，其采用 EPO 表格 2061 的形式驳回了要求所谓的"基于档案情况作出决定"的申请。EPO 审查指南（2005 年 6 月；现为 2010 年 4 月）（E－X 4.4）规定了一个在以下特殊情况下完全适用的标准格式：审查部明确表示了其对之前通信中的申请文本提出反对并说明了相关理由。但是，审查部的决定未说明任何具体理由。因此，这使得委员会和上诉人需推测哪些理由是驳回申请的决定性理由。这与上诉委员会的以下既定判例不符：为了满足 EPC 1973 细则第68（2）条（现为EPC 细则第111（2）条），决定须按逻辑顺序说明命令合理的论证。决定须详细说明所依据的理由以及有关本案事实和法律方面的所有决定性考虑因素（见 **T 278/00**（OJ 2003，546））。尽管指南规定了建议的程序，申请人提出的要求"基于记录作出决定"的请求仍不能被解释为放弃对充分说明理由的一审决定所享有的权利（见 **T 1309/05**、**T 583/04**）。审查部在其决定中应解释作出该决定的具体理由以及申请人的反驳不具说服力的理由。否则，审查部未曾作出 EPC 1973 细则第 68（2）条所指的说明理由的决定，将构成重大程序违法。

在 **T 63/05** 中，委员会基于该日有效的文件（上诉人并没有收到委员会发出的实质性通信或提交任何其他意见）将上诉人的信函解释为一个要求作出说明理由的决定的请求。在该情况下，委员会指出，当然可以基于之前未告知上诉人的用来反驳其在上诉理由中说明要点的必要论证作出决定。同样不言而喻，委员会得出一个不利于上诉人的决定。上诉人是根据自己意愿（对同意者不构成侵害）递交要求基于档案状态作出决定的请求以及撤回口头法律程序的请求。

在 **T 1123/04** 中，委员会指出，根据上诉扩大委员会的既定判例法，有机会递交 EPC 1973 第 113（1）条规定保护的意见和论点是审查、异议和上诉法律程序的根本原则。正如在 **T 508/01** 中指明的一样，这不仅仅是递交意见的权利，而且还是使得该意见正式被考虑的权利。此外，委员会指出，EPC 1973 细则第 68（2）条（现为 EPC 细则第 111（2）条）规定，可提起上诉的 EPO 决定应说明理由。例如，"论证"的标准在指南部分 E－X，5 进行了讨论：EPC 1973 细则第 68（2）条就"说明理由的决定"作出的要求受以下两个法律原则驱动：一是应告知一方否定决定的详细理由，二是该论证和理由应便于执行后续司法复核的人员理解（EPC 1973 细则第 68（2）条："可提起上诉……决定"）。上诉委员会没有必要构建或甚至推测一审法律程序作出否定决定的可能理由。原则上，EPC 1973 细则第 68（2）条所提及的决定应是完整且独立的。

在 **T 1366/05** 中，裁判机构（此处系指异议部）就新颖性问题作出裁决，即鉴于现有技术，涉诉专利要求保护的主题不具新颖性（EPC 1973 第 54 条）。

上诉人基于因欠缺新颖性撤销专利的上诉决定违反了EPC 1973细则第68（2）条（现为EPC细则第111（2）条）未说明充分的理由而对上述决定提出反对。在审查新颖性实质性问题之前，委员会审查了上诉决定是否符合上述条款的要求。委员会认为，异议部的书面决定中没有任何论证说明其是如何得出结论：权利要求的主题欠缺新颖性或异议部因欠缺新颖性要求撤销专利的书面决定应根据EPC 1973细则第68（2）条说明理由，决定应包含从确定现有技术部分开始的论证逻辑链条以有效支持以下结论：要求保护的主题欠缺新颖性。仅对结论作出说明并不构成EPC 1973细则第68（2）条所指的论证。委员会表示，仅仅是对一方陈词进行的总结本身并不能构成裁判机构作出的论证，并认为，基于该不充分论证作出的书面决定并没有根据EPC 1973细则第68（2）条说明理由，此行为构成了重大程序违法。

在**T 265/03**中，委员会认为，审查部的决定不能被视为EPC 1973细则第68（2）条（现为EPC细则第111（2）条）所指的说明理由的决定，因为其并未就存档的对象（申请人的最新请求）说明相关理由。委员会指出，很明显，申请人提出的要求“基于档案状态”作出决定的请求仅仅是放弃EPC 1973第113（1）条规定的其可行使的就可能的驳回原因发表意见的权利，该弃权符合他所表达的不遵守口头法律程序传唤的意图。该请求不能被解释为放弃其对应充分说明理由的一审决定所享有的权利。事实上，“档案状态”不仅只限于EPO出具的存档文件，而且包括在申请人提出要求“基于档案状态”作出决定的请求之前（或甚至同时）申请人提交的文件和论证。因此，很明显，申请人的请求涵盖了提交的所有请求。根据EPC 1973细则第68（2）条，审查部应作出一份列明驳回申请的所有法律和事实理由的决定。委员会明确指出，在所有缔约国，在行政决定中说明决定理由是一项基本原则，EPC 1973细则第68（2）条构成对此原则作出的简单表述。此外，从EPC规定的制度实际运作来看，在没有EPC 1973细则第68（2）条规定的说明理由的决定的情况下，委员会不能审查上诉（EPC 1973第110条）。

在**T 750/06**中，申请人告知审查部，其已撤回口头法律程序的请求，并要求“立刻根据电话讨论内容基于当前的档案状态作出决定”。审查部作出了驳回欧洲专利申请的决定。决定中表示，申请人被告知了申请并不符合EPC的要求。此外，还告知了申请人作出决定的理由。申请人表示，其未提交任何意见或修改意见以回复最后通信，但要求基于档案状态作出决定。委员会认为，受争议的决定不能被视为EPC 1973细则第68（2）条（现为EPC细则第111（2）条）所指的充分说明理由的决定，因为其并没有充分论述驳回申请的所有法律和事实理由。在一审法律程序期间，从未讨论申请人最新请求的权利要求1和权利要求8所包含的若干附加特征（a）和（b）。申请人在文件中未发现审查部根据EPC 1973第96（2）条和EPC 1973细则第51（2）条发出的任何通信，即要求申请人在审查部规定的时限内提出意见陈述的通信。委员会指出，根据EPC 1973第96（2）条，从严格意义上讲，电话咨询记录并非构成通信，术语“档案状态”暗示了所有相关事实和论证均已存档，即该相关事实和论证均以书面形式存在，这在打电话后很难立即实现。

在**T 246/08**中，委员会指出，既定判例已对EPC 1973第113（1）条作出如下解释：提交的意见应在随后的决定中予以考虑（**J 7/82**，OJ 1982，391）。因此，如果决定很明显并没有考虑一方提交的潜在反驳论证，即可对相关决定产生不利影响或产生怀疑的论证，则此决定违反了EPC 1973第113（1）条，因此构成重大程序违法。简而言之，决定须标明一方引证的所有潜在反驳论证实际上均是可驳倒的。

决定中无任何证据表明审查部考虑了申请人的证据和论点。如**T 763/04**所述，仅仅正式通过授予申请人提出意见的程序可能性以遵守EPC 1973第113（1）条并不是足够的，正如该案中的情况一样。如果决定中无迹象证明确实阅读了该意见并根据案情进行了讨论，而非仅仅确认存在该意见，则此程序步骤未达到立法目的，而仅仅是一个纯粹的形式。综上所述，EPC 1973第113（1）条不仅要求应给予当事方机会提出其意见，更重要的是，还要求裁判机构确实对该意见进行了陈词和审查。因此，委员会裁决，如果在裁决案件时没有考虑申请人提交的潜在反驳论证，就违反了EPC 1973第113（1）条，剥夺了申请人陈述权利，因此构成重大程序违法。

关于一审决定给出的不充分理由以及可退回上诉费的情形见第7章E.17。

5.4 决定上的签字

在**T 390/86**（OJ 1989，30）中，委员会指出，尽管EPC 1973细则第70条（现为EPC细则第113条）规定“EPO出具的通信应经负责职员签字并注明责任职员的名字”，但EPC 1973细则第68条（现为EPC细则第111条）或公约中没有任何条款明确要求EPO一审部门的决定（可提起上诉的决定）需经责任职员签字。考虑到适用的原则，委员会得出以下结论：如果某特定部门的决定要具有法律效力，则该决定需经指定负责裁决决定标的部门的成员签字。

在**T 243/87**中，决定经证实后在口头法律程序之后以书面形式作出。该决定经参加了口头法律程序的两名成员以及未曾参加此口头法律程序的一名成员签字。委员会裁决，后者签字使得决定无效。由于已构成重大程序违法，委员会要求将案件发回一审部门并退还上诉费。

在**T 1170/05**中，评议的问题是仅经部门三名成员中的两名签字（未经已故审查员签字）的一审决定是否应被视为具有法律效力。审查部的书面决定（注明日期为2005年3月15日的表格2048）经第一审查员和主席签字，此外，主席还代表了已故第二审查员对书面决定进行了签字。在一张手写并经签字的便条上，主席明确声明，书面理由反映了审查部在进行评议期间商议了哪些事宜以及哪些事宜导致了在口头法律程序结束后宣布该决定。委员会认定，审查部在案件出现不幸情况下采取的行动符合上诉委员会的判例法，尤其是在**T 243/87**中。鉴于无任何理由质疑主席作出的手写声明或怀疑口头法律程序的记录并非基于第二审查员编制的草稿，委员会认为驳回申请的书面理由确实反映了在口头法律程序结束后审查部的评议过程，且根据上诉委员会引用的判例法，受争议的决定应被视为具有法律效力。

在**T 777/97**中，上诉人向异议部要求对说明书进行修正。第一审查员代表该部门缺席的主席对修正决定进行了签字。委员会裁决，该决定有效。

在**T 999/93**中，委员会认为，如果某特定部门的决定需具有法律效力，该决定应由代表指定构成此部门的成员撰写，且应代表上述成员的观点就决定标的作出裁定；此外，决定还应经该等成员签字。

在**D 8/82**（OJ 1983，378）中，委员会应就以下情况下签名是否有效这一事宜作出裁决：如果签名中仅以标记形式出现的姓氏仍能辨别出第一个字母，且可辨别出是用作签名目的。委员会认为，此签名是有效的，因为在EPO的几个缔约国，没有任何要求规定签名应字迹清楚或可辨别出由字母组成，能够用来鉴别签署人就足够了。

在**T 225/96**中，档案显示，受争议决定仅经异议部的第一审查员签字，并没有经其主席、第二审查员和法律成员签字。委员会发回了该案要求予以规范。但是，异议部回复说，这三名未签字的成员并未参加经其确认或批准准备将其姓名用于出具的文本中的法律程序阶段。

委员会裁决，此答复意味着异议部尚未拟就一个说明理由的决定，寄送给当事方的文件仅仅是第一审查员出具的草稿。但是，未经参加口头法律程序的所有异议部成员批准，向各当事方出具决定草稿构成了重大程序违法。委员会补充道，如果，正如其刚开始假想的一样，仅仅是签名缺失，可根据EPC 1973细则第89条（现为EPC细则第140条）予以修正。通过采取此方法，可以修正EPO决定中的语言错误、抄写错误和明显错误。委员会还指出，随附决定的表格从不需签字，因为该表格是电脑生成的，因此，根据EPC 1973细则第70（2）条第一句（现为EPC细则第113（2）条），盖章可代替签名。

一般而言，认为告知各当事方的决定是真实可信的。

6. 修正决定中的错误

6.1 一般性问题

在EPO决定中，仅可修正语言错误、抄写错误和明显错误（EPC细则第140条，EPC 1973细则第89条）。

在**T 212/88**（OJ 1992，28）中，委员会认为，在异议部的决定最后没有主席或记录撰写人员的签名构成EPC 1973细则第89条（现为EPC细则第140条）所指的可修正的明显错误。在本案中，第二审查员作为异议部的成员在记录中被提到，尽管事实上其并非异议部的成员且没有参加口头法律程序。委员会认为，通过根据EPC 1973细则第89条作出决定，修正这两个错误的有效性可追溯至原决定日期。在**T 116/90**中，同一委员会强调了根据EPC 1973细则第89条修正具有可追溯效力，但是表明没必要在修正日期后重新修改决定日期。

在**T 850/95**（OJ 1997，152）中，如果申请人提交了其在提交一整套申请文本的替换页时因记录错误所遗漏的两页说明书，应根据EPC 1973细则第51（6）条作出授权决定，且上述决定应要求在专利说明书中包含上述遗漏的两页。申请人被告知已完成专利说明书公开的技术准备。申请人要求，应纳入缺失页重新公开专利。审查部驳回了该修正请求，因为若审查部希望基于不同文本作出决定，则指定的修正与专利说明书中的段落毫无关联。

委员会认定，根据EPO的实践做法，审查部作出的授权决定（以电子表格形式）提到了申请人根据EPC 1973细则第51（4）条批准的文件，以便该等文件构成授权决定的不可分割的部分。遵循上述原则，专利说明书中的错误也可根据EPC 1973细则第89条（现为EPC细则第140条）予以修正。在授权决定中，委员会认为，如果提供的授权文本并非且明显不符合审查部真正意图的文本，则视为存在EPC 1973细则第89条所指的明显错误，错误的文本应由审查部在作出决定时实际上希望依据的文本替换。委员会指出，应避免就整个专利说明书提交替换页，但根据修正范围绝对有必要这么做的除外。

在**T 425/97**中，来自异议部的关于电话商议作出的记录表明，第二上诉人（专利权人）已促使异议部注意程序记录和决定中的明显错误。在通过电话进行商议后，通过传真方式寄送了决定中经修正的“事实和意见”与“理由”以及经修正后的记录。新的上诉期限并未规定。通过一个简短的随附通信，异议部告知各当事方，应根据EPC 1973细则第89条（现为EPC细则第

140条）作出修正；此外，由于附属请求7和附属请求8很明显已被混淆，进行修正已经变得很有必要。但是，在本案前述历史中并未发现上述附属请求8。在经修正的决定中，随附了一份全新的有效权利要求文本。因此，记录得到相应修正。

委员会提到了解决EPC 1973细则第89条（现为EPC细则第140条）适用范围的**G 8/95**，表示可看出针对决定提起的上诉与要求修正决定的请求之间的差别。事实上，在第一种情况下，修正是针对决定内容而言；在第二种情况下，修正是针对表达决定采用的形式而言。这意味着，如果专利文本并非且不能以符合裁判机构意图的形式存在，则在EPC 1973细则第89条适用范围内，可对专利文本进行修正（**T 850/95**，OJ 1997，152）。但是，委员会认定，在本案中，在口头法律程序与按照原始版本作出书面决定期间，异议部的意图已明显改变。经修正的决定所依据的权利要求与未经修正的决定所依据的权利要求有很大不同；而且，随附于决定的口头法律程序的记录文本并非原件，为了使其与决定保持一致，上述文件也经修改。鉴于上述原因，根据EPC 1973细则第89条，不能对原决定进行修改，因为所要求的修改将不仅会改变决定的形式，还会改变决定的实质内容。

在**T 212/97**中，委员会指出，根据EPC 1973细则第89条（现为EPC细则第140条），异议部可修正告知各当事方的决定副本中出现的明显错误。在本案中，尽管原文件并未提及，但已指定第四位人员作为异议部的成员。

在**T 965/98**中，委员会基于口头法律程序期间提交的权利要求作出口头决定。但是，在撰写书面理由时，上诉人要求对权利要求中的一个明显错误进行修正。委员会同意根据EPC 1973细则第88条（现为EPC细则第139条）进行修正并考虑根据EPC 1973细则第89条进行的修正对其原决定作出修改。

在**T 867/96**中，专利权人要求根据EPC 1973细则第89条（现为EPC细则第140条）修正上诉委员会的决定理由中的一个句子，表示各当事方均已同意某些文件代表最接近的现有技术。委员会指出，本案为已决案件，因此其不再负责。通过引用**G 8/95**（OJ 1996，481）和**G 1/97**（OJ 2000，322），委员会认为，只有作出决定的委员会方可裁定是否需要修正。此外，确定修正是否有必要需要研究事实，一般而言，在某种程度上这意味着该请求是可接纳的。因此，当前委员会裁决修正请求是可接纳的。但是，委员会还认为，该特定请求并不满足EPC 1973细则第89条所规定的要求，是毫无根据的，因此应予以驳回。

在**T 367/96**中，委员会指出，根据决定**G 1/97**（OJ 2000，322），应狭义地解释EPC 1973细则第89条。因此，EPC 1973细则第89条（现为EPC细则

第140条）仅允许修正根据EPC 1973细则第68条（现为EPC细则第111条）告知各当事方的书面决定文本中出现的形式错误。但是，EPC 1973细则第89条并没有就复核决定所依据的事实或法律事宜，以及推翻裁判机构基于对该事宜进行审查得出的结论作出规定。

在**T 1093/05**（OJ 2008，430）中，审查部根据EPC 1973细则第51（4）条于2003年6月30日发出了一个通信。该通信包含其已对权利要求和说明书作出的修改。申请人在信函中说道，审查部拟修改的内容是完全不能接受的，并要求专利应基于原权利要求。之后，审查部作出了授权决定，但并没有看到申请人的答复。决定中说道，基于根据EPC 1973细则第51（4）条于2003年6月30日发出的通信中指明的文件授予专利。专利权人要求根据EPC 1973细则第89条（现为EPC细则第140条）修正授权决定以按照专利权人同意的文本授予专利并公开经正式修改的说明书。委员会指出，上诉人对授权决定的内容提出了质疑，该授权决定本不应该以上述方式作出。正确的做法是对决定提起上诉。由于修正请求对授权决定的形式提出了质疑且希望审查部以上述形式作出决定，因此修正请求不会获得支持。在本案中，上诉人没有对授权决定提起任何上诉，而是根据EPC 1973细则第89条选择提出修正请求。但是，本案并不符合上述规则的条件，因为其并非明显错误，而且因为审查部并不想基于原权利要求作出决定。

6.2 欧洲专利说明书印刷版本中的错误

在**T 150/89**中，在已公开专利说明书中发现了一些印刷错误，该等错误在EPO认可的版本中并未出现。委员会认定，该等遗漏一般应按照常规予以修正。授权决定就专利存在和范围而言具有法律约束力（EPC 1973第97条）。说明书中重现了该决定（EPC 1973第98条）。专利说明书是公共主管机构发表的官方文件以便提供一般信息，在法院面前具有法律效力。因此，说明书应根据EPC 1973细则第89条（现为EPC细则第140条）与授权决定满足相同的修正标准。本条款并不涵盖事实问题或内容问题，只有明显错误可予以修正，EPO可**应请求或主动**作出该等修正。因此，专利说明书应与授权决定保持一致，且不论采用再版或勘误表形式（由一审部门，可能的话，或其手续人员决定）均应清楚表明作出的修正。

在**T 55/00**中，审查部已向上诉人的代理人寄送“EPC 1973细则第51（4）条规定的通信”。随附文件仅涵盖说明书的第1～40页。但是，通信文本并未考虑审查部的意图，因此遗漏了说明书的第41～44页。上诉是针对审查部作出的“驳回上诉人要求依据EPC 1973细则第89条（现为EPC细则第140

条）对错误进行修正的请求”的决定提起的。上诉人请求对专利说明书进行修正。

委员会认为，根据 EPC 1973 细则第 89 条进行修正是不可能的，因为说明书中未纳入第 41 ~ 44 页是由审查部行使其自由裁量权决定的，而非任何错误。委员会认为，由于公约并未规定任何修正或撤销已授予专利的可能性——但异议程序除外——且由于专利所有人不得就其自身的专利提交异议书，因此对决定和文件进行审查非常重要。上诉人曾有机会检查整套文件。委员会认为，EPO 告知表格 2004 的相关文本并随附一整套相关文件均符合 EPC 1973 细则第 51（4）条的要求。表格 2004 的相关文本明确表示“随附相关文件副本”。该等随附文件同时也构成通信的主要部分。因此，仅检查随附文件是否是通信所述文件并不足够，还应审查相关文件的内容。

6.3 根据 EPC 细则第 140 条（EPC 1973 细则第 89 条）修正决定的权力

在 **G 8/95**（OJ 1996，481）中，上诉委员会（技术委员会或法律委员会）是否有权就针对审查部根据 EPC 1973 细则第 89 条（现为 EPC 细则第 140 条）作出的“驳回要求修正授权决定的请求”的决定提起的上诉作出裁定这一法律问题被转给上诉扩大委员会。扩大委员会认为，该修正请求的**依据**并非未向该当事方授权其已要求的东西。该请求是基于以下指称：存在语言错误、抄写错误或类似的明显错误。

扩大委员会指出，已作出决定的机构有权根据 EPC 1973 细则第 89 条（现为 EPC 细则第 140 条）修正决定中的错误。因此，在审查程序中，审查部应根据请求修正授权决定中的错误。如果修正授权决定的请求与专利授权有关，则有关修正的决定也应与专利授权有关，因为该当事方的请求限定了争议标的。此外，扩大委员会还同意 **J 30/94**（OJ 1992，516）中作出的阐述，即被上诉的是驳回修正请求的决定。根据扩大委员会所述，这并没有改变二审争议的标的。EPC 1973 第 21（3）（a）条中的决定性标准并非是上诉决定是授权决定本身。如果决定的标的为待授权或已授权的专利文本，则决定“涉及”专利便足够，这是必然的情况，因为决定的标的是实质审查的结果并规定了专利所授予的权利。扩大委员会得出结论，驳回要求修正授权决定的决定与专利授权有关。因此，应由 EPC 1973 第 21（3）（a）~（b）条所规定的技术委员会负责就针对审查部依据 EPC 1973 细则第 89 条作出的“驳回要求修正授权决定的请求”的决定提起的上诉作出裁决。

在 **J 12/85**（OJ 1986，155）中，委员会指出，授予专利的决定中存在不一致之处可能是依据 EPC 1973 细则第 89 条（现为 EPC 细则第 140 条）提出修正请求的一个原因。但是，上诉委员会仅审查对 EPO 其他审查部门的决定提起的上诉。因此，上诉委员会不可能审查依据 EPC 1973 细则第 89 条提出的要求修正上诉决定的请求。在该请求被移交上诉委员会之前，首先应由一审部门就该请求作出决定。委员会进一步指出，该不一致性并不影响授予专利的决定的有效性，也不暗示着上诉人受该决定的“不利影响”。

在 **J 16/99** 中，委员会认为，如果要求修正已授权专利的优先权日，可依据 EPC 1973 细则第 89 条（现为 EPC 细则第 140 条）修正 EPO 的授权决定。委员会认定，EPC 1973 细则第 89 条是适用的，因为适用于 EPO 决定中的抄写错误和明显错误的条款允许修正授权决定（但不限于）中的错误，而未限于未决的法律程序。

委员会还认定，已作出上诉决定的手续人员无权依据 EPC 1973 细则第 89 条作出决定。该等决定应由审查部作出（见 **G 8/95**，OJ 1996，481），并非是可委托给手续人员的决定范畴之一（见 EPO 总司 2 的副局长发出的通知，OJ 1984，317，经其他通知修正，OJ 1989，178——关于在作出上诉决定时适用的版本，再次经 OJ 1999，504 中的通知修正，对涉案事宜未产生任何影响）。

在异议法律程序期间，**T 226/02** 中的应诉人请求对依据 EPC 1973 细则第 88 条（现为 EPC 细则第 139 条）所授予专利的说明书进行修正。经异议部成员签字的书面决定的要旨是驳回异议。决定的书面理由见红字印刷的“决定”的末尾部分。该部分表明，异议应予驳回，且应根据 EPC 1973 细则第 89 条（现为 EPC 细则第 140 条）修正专利的说明书。委员会认为异议部根据 EPC 1973 细则第 89 条作出“修正审查部的决定”的决定是越权行为。委员会认为，只有作出决定的机构有权将上述决定修正为其本来打算作出的决定形式，因此，只有审查部有权修正其自身的决定。

7. 行使自由裁量权的原则

在 **J 4/87** 中，上诉人表示，公约中无任何条款规定，在邮寄发生例外延迟的情况下，EPO 不得行使自由裁量权。但是，委员会认为，根据法律规定，EPO 没有按照上诉人的建议行使一般性自由裁量权。只有在公约规定可行使自由裁量权的情况下，EPO 方可行使自由裁量权。

在 **J 20/87**（OJ 1989，67）中，受理部驳回了要求部分退还欧洲检索费的请求。其决定原因是（但不限于），RFees 第 10 条规定了退还欧洲检索费的标准，该标准并没有规定任何有利于申请人的自由裁量权。本案中，并没有满足该标准。委员会确认了受理部的裁决，并认定，没有任何依据表明 EPO 有权就欧洲检索报告费用的退还公正地行使了一般自由裁量权。事实上，鉴于向EPO提交的大量申请以及基于一般自由裁量权单独评议的可能存在模棱两可的案件的复杂性，存在自由裁量权可能会给实践操作带来严重困难。

在**T 182/88**（OJ 1990，287）中，委员会明确了其向有关EPO部门授予的自由裁量权行使的判例法。委员会认为，在行使自由裁量权时，不论是为了某一方利益还是针对某一方，应给出行使裁量权的原因。如果公约就某EPO部门的法律程序中的事宜向其提供自由裁量权，一般法律原则要求就与上述事宜相关的因素行使该自由裁量权。通过在案件背景下审查行使自由裁量权的目的并根据公约背景确定该等因素（见**T 183/89**）。委员会强调，鉴于特殊情况，应始终根据具体情况行使自由裁量权。考虑与相关问题存在法律联系的因素并忽略不相关因素，应始终根据司法规定行使自由裁量权。向EPO法律程序的各当事方出示考虑因素不得与依法适当行使自由裁量权相混淆。

委员会已明确指出，如果公约就某EPO部门的一审法律程序向其授予自由裁量权，一般情况下，最好由一审部门行使此自由裁量权，因为此一审部门对法律程序享有控制权且应该知晓与行使自由裁量权有关的所有因素。此外，一旦一审部门行使了其自由裁量权，在针对上述自由裁量权行使的决定提出的任何上诉中，一般而言，上诉委员会不介入相关决定，除非决定中的论证很明显是基于错误的原则。

在**G 7/93**（OJ 1994，775）中，扩大委员会表示，如果在某特定案例中，审查部根据EPC 1973细则第86（3）条（现为EPC细则第137条）针对某申请人行使了自由裁量权，且申请人就行使自由裁量权的方式提出了上诉，上诉委员会无义务犹如其处于一审部门的立场一样审查本案的所有事实和案情以确定审查部是否以一审部门行使自由裁量权相同的方式行使了其自由裁量权。根据公约规定，如果一审部门需在特定情况下行使其自由裁量权的，在行使自由裁量权时应享有一定的自由，不受上诉委员会的介入。在某些情况（如在提及的委员会的法律程序中）中，如果上诉委员会得出结论：一审部门并未根据上述规定的适当原则行使其自由裁量权或以不合理的方式行使了其自由裁量权并因此超出了自由裁量权的适当权限，则上诉委员会应仅否决一审部门行使其自由裁量权的方式（另见**T 640/91**，OJ 1994，918）。

8. 审查指南在EPO中的法律地位

在**T 162/82**（OJ 1987，533）和**T 42/84**（OJ 1988，251）中，两个上诉委员会就审查部违反EPO指南的自由裁量权作出裁决。根据这两个决定，指南仅仅是针对正常情况的一般性说明。因此，如果审查部根据EPC 1973的规定行事，则审查部可违反此指南。在审查审查部的决定时，上诉委员会希望确保适用统一的法律并判断审查部是否已根据公约行事，而非是否根据指南行事。

在 **T 647/93**（OJ 1995，132）中，委员会表示，一般而言，审查部希望根据指南行事，但指出，指南并非法律规则，因此，未遵守指南所规定的程序本身并不构成重大程序违法（**T 51/94**、**T 937/97**）。

在 **T 1561/05** 中，委员会确认，EPO 的审查指南对上诉委员会并不具约束力（适用 **T 162/82**，OJ 1987，533）。

9. 未委托给手续人员的职责

在 **T 161/96**（OJ 1999，331）中，上诉人要求，应视为已按时缴纳异议费，且应视为已在异议期内提交第一异议书。上诉人根据 EPC 1973 细则第 69（2）条向 EPO 申请（现为 EPC 细则第 112（2）条）作出决定。根据 EPC 1973 细则第 69（2）条第二句，上诉人被异议部的手续人员告知：未发生任何权利丧失。后来，异议部驳回了第一异议，认为第一异议是不可接纳的。

委员会认为，鉴于依据 EPO 局长于 1979 年 3 月 6 日发出的命令，根据 EPC 1973 细则第 69（2）条第二句履行对异议人的**告知行为**并不属于委托给异议部的手续人员的职责，权利已转移至 EPO 总司 2 副主席（见 1984 年 6 月 15 日的通知，OJ 1984，319；于 1989 年 2 月 1 日进行了修正和补充，OJ 1989，178；现为 2007 年 7 月 12 日的决定，OJ SE 3/2007，107）。因此，上诉人无权依赖于手续人员发出的表明未发生任何权利丧失的通信。

在 **T 808/03** 中，代表审查部行事的手续人员根据 EPC 1973 细则第 9（3）条和总司 2 的副主席于 1989 年 4 月 28 日发出的通知就上诉书的提交作出拟授权恢复原状的决定（OJ 1999，504）。该上诉书的第 11 项委托手续人员在无须根据 EPC 1973 细则第 72 条进行进一步取证便可处理申请的情况下，根据 EPC 1973 第 122（4）条就申请作出决定。EPC 1973 第 122（4）条规定了就权利恢复申请作出决定的管辖，但前提是“有权判定所遗漏行为的部门应对此申请作出决定权利”。

委员会指出，所遗漏的行为是指上诉书的提交，有权判定上诉是否是可接纳的和（但不限于）上诉书是否满足 EPC 1973 要求的部门应是 EPO 的上诉委员会（EPC 1973 细则第 65（1）条；见 1995 年 3 月 24 日的 **T 949/94** 和 **T 473/91**，OJ 1993，630）。但是，就上诉的可接纳性作出决定的权力存在一个例外情况，因为，如果开展单方参加的法律程序的一审部门认为上诉是“可接纳的且理由充分”，根据 EPC 1973 第 109（1）条规定，此一审部门有权撤销自己的决定。

委员会指出，这并不构成享有充分的管辖权来判定上诉是否是可接纳的；无权判定上诉是不可接纳的，也无权判定上诉是可接纳的但理由不充分。如果上诉被认为是可接纳的且理由充分，则唯一享有的有限权力是按规定撤销自己的决定。而且，委员会认定，尽管EPC 1973第109（1）条赋予其的就可接纳性享有有限管辖权的审查部有资格成为有权就EPC 1973第122（4）条所指的上诉书的按时提交“作出决定的机构”，但不得对此权力进行拆分并根据上文提到的总司2副主席发出的通知第11项部分委托给手续人员以“作出决定”。鉴于上述原因，最终宣布一审部门的决定，即允许权利恢复的请求无效。

10. 管　辖　权

在**J 42/92**中，委员会应裁决，是否可在授权之后根据EPC 1973细则第88条第2句提出请求。委员会得出结论，仅能在申请未决期间或异议法律程序期间依据EPC 1973细则第88条（现为EPC细则第139条）提出要求修正说明书或权利要求的请求。根据EPC 1973第97（4）条，授予欧洲专利的决定在欧洲专利公报提及该授予当日生效。在上述日期后，只有在异议法律程序未决的情况下方可适用EPC 1973细则第88条。

此外，委员会指出，一旦向EPO提交的申请或EPO的异议法律程序已决，国家法院或负责处理此问题相关法律程序的其他当局享有唯一权力就修正问题（对技术人员而言显而易见性的要求）作出决定（另见**T 777/97**）。

K. 其他程序问题

1. 语言特权

1.1　概　　述

根据经修正的EPC第14（2）条，应以一种官方语言提交欧洲专利申请；如果以**任何其他语言**提交的，应将欧洲专利申请翻译成一种官方语言。新术语“任何其他语言”意味着可根据PLT第5条以任何语言提交申请，PLT第5条规定内容如下：为了确定申请日，须接受申请人以其自行选择的语言提交发明说明书。在以英语、法语或德语以外的语言为官方语言的缔约国内拥有住所或主要营业地的自然人或法人以及住在国外的国民可根据EPC第14（4）条（EPC 1973第14（2）和（4）条）在规定的时限内以该国官方语言提交文件。

因此，该人士有权根据EPC细则第6（3）条（EPC 1973细则第6（3）条）享有费用减免。EPC 2000规定，此费用减免亦适用于EPC第105a条规定的限制或撤销请求以及EPC第112a条规定的复核呈请。

在**G 6/91**（OJ 1992，491）中，上诉扩大委员会裁决，只有在以下情况下，即相关人员在提交、审查、异议或上诉法律程序期间以相关国家的官方语言（非英语、法语或德语）提交了**初始阶段必要项目**并在提交原件的同时也提供了必要的译文，其方可根据EPC 1973细则第6（3）条享有费用减免。

至今，该原则已应用于众多决定中，例如1992年6月3日的**T 367/90**、**T 385/90**和**T 297/92**。另见下文中的决定。

1.2　欧洲专利申请

鉴于可以任何语言提交申请，EPC第14（4）条就来自以英语、法语或德语以外的语言为官方语言的缔约国的申请人规定的特殊条款不再适用于提交申请，而是仅适用于之后提交的文件。

这些决定涉及EPC 1973的适用。

在**J 7/80**（OJ 1981，137）中，法律上诉委员会认为，如果构成申请的一部分文件以EPO的官方语言撰写，另一部分以作为缔约国官方语言的另一种语言撰写，则为了根据EPC 1973第80（d）条确定申请是否符合EPC 1973第14（1）条或第14（2）条，应以说明书和权利要求采用的语言为准。一般而言，应通过翻译成该官方语言的方式对构成申请的其他文件予以修正。

在**G 6/91**（OJ 1992，491）中，上诉扩大委员会裁决，为了能够要求费用减免，仅需在上诉法律程序期间以缔约国的官方语言提交**上诉书**作为初始阶段必要项目并将其翻译成EPO的任一官方语言。然后，诸如上诉理由陈述书在内的其他后续项目也可以EPO官方语言提交。

在**J 15/98**（OJ 2001，183）中，委员会裁决，如果以EPC 1973第14条所述的其中一种语言提交了专利申请，则应根据EPC 1973第80条确定**申请日**，不论申请人在缔约国有没有住所或主要营业地，或非缔约国国民这一事实，但前提是满足EPC 1973第80条规定的所有其他要求。在**J 6/05**中，委员会并不同意此观点。根据该决定，如果不能满足EPC 1973第14（2）条规定的其他条件，即申请人在上述缔约国（此处系指芬兰）有住所或主要营业地或是该国国民，则在经修正的EPC 2000生效之前，以缔约国官方语言（非英语、法语或德语，如芬兰语）提交的申请并不能产生EPC 1973第80条所规定的结果，即不能确定申请日（另见**J 9/01**）。

EPC第14条的措辞意味着可以任何语言提交申请。但是，须提交官方语言的译文。根据EPC第14（2）条，如果未按时提交所要求的译文，申请应视为撤回。

1.3 审查法律程序

在**J 21/98**（OJ 2000，406）中，已以意大利语在EPC 1973第94（2）条规定的时限内提交**审查请求**并同时提供英语译本的上诉人（专利申请人）被驳回根据EPC 1973第14条享有减免20%审查费的权利。根据受理部所述，以意大利语提交的书面审查请求与授权请求应一并予以提交。但是，根据委员会所述，应对与EPC 1973第75条、第92条和第94（1）条相关的EPC 1973第94（2）条进行解释，以便在授权程序内，审查请求构成与（之前）提交专利申请的步骤完全独立的**自主步骤**，使得申请人根据检索报告考虑是否继续授权程序。鉴于EPC 1973赋予申请人在公开检索报告后提出审查请求的权利，这意味着，想利用EPC 1973第14（2）条和第14（4）条规定的权利的申请人也可行使上述权利（另见**J 22/98**、**J 6/99**、**J 14/99**和**J 15/99**）。

当前，在公开检索报告后提出审查请求的权利见EPC细则第70（1）条。

在**J 36/03**中，委员会认为，如果以经授权官方语言提交审查请求的，应减免审查费，即使**在缴纳审查费之前，申请已被转让**给EPC 1973第14（2）条所提及的任何人员以外的申请人。

1.4 异议法律程序

关于异议法律程序，委员会在**T 290/90**（OJ 1992，368）中裁决，为了根据EPC 1973细则第6（3）条获准减免20%的异议费，受EPC 1973细则第55（c）条（EPC细则第76（2）（c）条）规范的异议书应始终以非授权的官方语言提交。德国异议人以荷兰语提出异议是不可接纳的，尽管其由荷兰的专利律师代理行事。

1.5 上诉法律程序

在**T 1152/05**中，在美国拥有主要营业地的一家公司以荷兰语提交了上诉书，因此，该上诉书不能受益于EPC第14（4）条的规定。法语译本也于当日予以提交。根据EPC第14（4）条，上诉书应视为没有提交。根据**G 6/91**（OJ 1992，491），如果在提交原件时也提交了译文，EPO不能将译文视为“正式的”上诉书，而视原件为多余。

1.6 费用减免的请求或通知

T 905/90（OJ 1994，306，勘误表556）认为费用减免的请求和仅告知已

支付被减免费用的通知均不是相关法律程序的初始阶段行为的必不可少部分。与此相反，**上诉书**对上诉法律程序而言显然是必不可少的，尽管与使用何种语言无关（适用了 **G 6/91**；另见 **J 4/88**，OJ 1989，483）。

1.7　译　文

根据 EPC 第 14（4）条，有权根据 EPC 第 14（4）条的子条款以缔约国的官方语言提交申请的一方须根据实施细则提供英语、法语或德语译本。

关于未遵守相应时限以官方语言提交译文产生的法律后果，若干决定已就此问题进行了处理。如果申请人未遵守 EPC 1973 第 14（2）条和 EPC 1973 细则第 6（1）条所规定的时限，根据 EPC 1973 第 90（3）条（**J 18/01**），申请应**视为撤回**。分别依据 **T 323/87**（OJ 1989，343）和 **T 193/87**（OJ 1993，207），按照 EPC 1973 第 14（5）条的规定，上诉书或异议书视为没有收到（现为视为没有提交，见 EPC 第 14（4）条）。但是，在 **T 126/04** 中，关于未遵守时限产生的法律后果，委员会并没有遵循 **T 323/87**。委员会认为，对 EPC 1973 细则第 65（1）条和 EPC 1973 细则第 1（1）条（其本身引用了 EPC 1973 第 14（4）条）进行的唯一可能解释是 EPC 1973 细则第 65（1）条决定了未按照 EPC 1973 第 14（4）条的要求提交上诉书译文产生的法律后果，因此，法律后果是**上诉的不可接纳性**。由于 EPC 1973 细则第 65（1）条并非特殊规定，因此，这并不构成 EPC 1973 第 164（2）条所指的冲突问题。

在 EPC 2000 中，EPC 1973 细则第 65（1）条现为 EPC 细则第 101（1）条，EPC 细则第 101（1）条并未提及 EPC 细则第 3（1）条，即 EPC 1973 细则第 1（1）条。

在 **T 170/83**（OJ 1984，605）中，错误地以荷兰语提交了付款通知单。委员会认为，EPC 1973 第 14 条并不适用——付款通知单不必以某语言载明仍然是清楚的。因此，并不会产生以非官方语言发出的付款通知单是否有效这一问题。

在 **T 700/05** 中，委员会认定，考虑到 EPC 第 153（2）条的规定，欧洲—PCT 申请被视为欧洲申请，因此按以下原则对待：PCT 申请应以不逊于处理在缔约国提交的申请的方式予以处理，原来以日语提交的 PCT 申请应采用以缔约国语言（非 EPC 官方语言）提交的申请相同的处理方式予以处理。因此，通过类推，在 EPO 的法律程序（也包括异议程序和上诉程序）期间，EPC 1973 第 14（2）条的规定应适用以使得以日语提交的 PCT 申请的英文译本与申请的日语文本原件保持一致。

2. 档案查阅

2.1 概　　述

EPC 第 128 条和第 93（1）条的实质内容并没有改动。对 EPC 第 128（5）条进行修改旨在使得实施细则能够规定 EPO 可通知给第三方或可公布的详细信息。

依据 **J 5/81**（OJ 1982，155），根据 EPC 1973 第 128 条，需对专利申请进行保密处理，到申请公开中止在 EPC 1973 第 93（1）条所述的 18 个月期限届满。

如果某人能够证明申请人援用欧洲专利申请的权利对抗他，则其可在**公开申请**之前查阅档案，而无须依据 EPC 第 128（2）条获得申请人的同意。根据 **J 14/91**（OJ 1993，479），如果在缔约国提出的首次申请中陈述权利援用同时又在后续欧洲申请中提及的权利，则可以说成已使用该权利。关于申请人与第三方之间就第三方根据 EPC 1973 第 128（2）条查阅档案的权利产生的争议，最好立刻召开口头法律程序进行裁决。

在 **J 27/87** 中，委员会对受理部根据 EPC 1973 第 128（2）条作出的驳回请求的决定表示了支持，因为没有任何证据表明申请人已援用其申请的权利对抗呈请人。在其中申请人的代理人指称其委托人已开发出一种新技术并提到了专利申请的通信摘录不能视为充分证据。

如果 EPO 及时收到优先权文件，但实际上是由第三方就另一申请提交该优先权文件的，委员会认为优先权丧失。因为 EPC 1973 细则第 38（3）条和第 104b（3）条（作出决定时为 EPC 1973 细则第 111（2）条，现为 EPC 细则第 163（2）条）确保了向请求查阅档案的第三方提供之前申请的经核证副本。这显然不同于本案的情况：某文件仅仅包含在一个完全不相关的档案中。

在委员会处理的 **T 1101/99** 中，异议人（上诉人）要求根据 EPC 1973 第 128 条查阅国际初审产生的相关文件档案。上诉人的请求并不是针对 IPEA，而是针对专利授权后，在 PCT 职能之外行事的 EPO。代表异议部行事的手续人员驳回了查阅案件的请求。委员会指出，EPO 总司 2 的副局长就向手续人员委派通常由 EPO 异议部行使职责发出的通知（1999 年 4 月 28 日，OJ 1999，504，第 13 点）中规定的术语“授权查阅”显然仅仅指一个积极的决定，而在被上诉决定中，查阅请求被驳回。委员会认定，没有任何合理理由可以解释超出其实际措辞之外委派的职责，从而导致该职责涵盖了驳回查阅案件的请求。

2.2　EPC 细则第 144 条规定的查阅的例外情形

EPC 细则第 144 条（EPC 1973 细则第 93 条）指出，根据 EPC 第 128（4）条，某些档案排除在可查阅范围之外。

在 **T 811/90**（OJ 1993，728）中，委员会认为，一经要求，在发生重大程序违法后，从供公众查阅的部分档案中撤回的且不属于 EPC 1973 细则第 93 条所规定的供查阅的文件范畴的已提交文件应退还给文件提交方。同样，标示“具机密性”的且不属于可供查阅的文件范畴的文件应退还给相关方，且不得记录任何文件内容（**T 516/89**，OJ 1992，436；另见 EPO 局长后来的决定，OJ 2001，458）。另见第 6 章 H.3.4 节，“证据保管”中的 **T 760/89**（OJ 1994，797）。

在 **T 50/99** 中，上诉人提出了似乎可信的商业理由要求保管上诉档案中非公开部分的合同及其英语译本。应诉人没有表示反对且委员会作出的决定并不依赖于该等文件。该请求被批准。

在 **T 264/00** 中，分别属于上诉人和应诉人的两名职员之间机密会议成果的两个内部文件包含了有关应诉人某些产品的构想、生产和营销的机密信息。委员会认为，传播此信息可能会对合法经济利益产生重大损害。因此，根据 EPC 1973 细则第 93（d）条，并没有向公众公开该等文件。

在 **T 379/01** 中，委员会强调，根据 EPC 1973 第 128（4）条，有关文件不供查阅的条款规定了公开查阅档案原则的例外情况，因此需要对该条款进行**狭义解释**。根据 2001 年 9 月 7 日 EPO 局长就不供档案查阅的文件作出的决定（OJ 2001，458），只有在查阅档案将损害自然人或法人的合法个人或经济利益的情况下，可按照一方的合理要求禁止查阅文件相关档案。委员会得出结论，仅仅对假设的个人或经济利益产生**抽象**损害并非是充分的禁止理由。要求不供查阅的当事方当然应证明，公开查阅某些文件将损害特定且具体的个人或经济利益。

3. 专利登记簿

3.1　概　　述

EPC 第 127 条已经重新起草，明确指明 EPO 保管的登记簿名为“欧洲专利登记簿”（European Patent Register）。此外，现在也已明确，实施细则详细规定将在欧洲专利登记簿记录具体的欧洲专利申请和专利，包括相关法律程序（见 EPC 细则第 143 条）。内容上未发生任何修改。EPC 1973 细则第 92（1）条现为 EPC 细则第 143（1）条。不过，EPC 2000 引入了应在欧洲专利登记簿中提及的两个新程序：

（i）限制或撤销欧洲专利的请求（EPC 第105a～105c 条）；以及

（ii）要求上诉扩大委员会进行复核的呈请（EPC 第112a 条）。

根据 **J 5/79**（OJ 1980，71），在公开欧洲专利申请之前，不得在专利登记簿中作出任何登记（EPC 1973 第127 条）。即使是已公开的申请，EPC 1973 细则第92（1）（u）条规定，只有在专利登记簿中列为申请丧失（EPC 1973 细则第92（1）（n）条）或专利撤销（EPC 1973 细则第92（1）（r）条）的情况下，方可登记权利恢复日期。

在欧洲专利登记簿上登记专利申请撤回与在欧洲专利公报上进行公开产生的作用是一样的，因为两者均是为了告知公众（**J 25/03**，OJ 2006，395；另见 **J 14/04** 和 **J 12/03**）。

3.2 许可的登记

关于在欧洲专利登记簿上记录**已授权专利**的排他性许可，法律上诉委员会在其决定 **J 17/91**（OJ 1994，225）和 **J 19/91** 中裁决，一旦一项专利被授权，将不再可能进行上述登记，因为 EPO 放弃了授权请求中指定的缔约国国家局的管辖权。

3.3 转　　让

EPC 第72 条规定，欧洲专利申请的转让应采取书面形式，并由合同双方签字。EPC 2000 并未对该条款作出任何修改。根据 EPC 细则第22 条（EPC 1973 细则第20（1）条），一经利害关系人要求且在撰写表明已发生转让且符合 EPO 要求的文件后，将在欧洲专利登记簿中登记欧洲专利申请的转让。本条款符合 PCT 制度（PCT 细则第92 条之二第1 款）。如果要登记转让，有关所需要的证明标准，EPC 细则第22（1）条的新措辞没有暗示有任何变化。

在 **J 38/92** 和 **J 39/92** 中，法律上诉委员会裁决，如果某正式文件**直接**证明发生了转让，则仅能根据 EPC 1973 细则第20（1）条（之前版本）基于该正式文件在欧洲专利登记簿上登记转让。如果递交的判决书提及了可能证明发生转让的另一文件，那么这是不够的。

评估是否有符合 EPO 要求的文件证明已根据 EPC 1973 细则第20（1）条和第20（3）条发生了转让以及在专利登记簿中进行了登记是相关一审部门的职责。因此，在上诉法律程序中，只有在相关一审部门已进行登记或存在明确的转让证据的情况下，方可以将原申请人替换为另一方（**J 26/95**，OJ 1999，668；另见 **T 976/97**）。

在 **J 12/00** 中，委员会总结了登记欧洲专利申请转让的前提条件，具体内容如下：（i）利害关系人的请求（EPC 1973细则第20（1）条）；（ii）撰写符合EPO要求的表明已发生转让（EPC 1973细则第20（1）条）的文件；以及（iii）支付管理费（EPC 1973细则第20（2）条）。本案涉及了职员所做的发明。据称，该职员对专利享有的权利已自动转让给其工作单位。撰写文件是为了指明义务，但是委员会认为，该等文件仅仅规定了转让权利的义务，并没有构成转让本身，而且，某些发明可豁免不被转让。撰写的其他文件涉及了基于转让文件以外的文件在不同国家进行的登记。委员会强调，EPC 1973的具体要求规定了向EPO登记权利转让所需要满足的条件，因此没有任何内容表明对于权利转让，哪些条件对另一专利局而言是充分抑或不充分的。

在EPC 2000中，EPC 1973第20条、第21条和第106（1）条大致保持不变。根据EPC第20条，法律部负责作出决定在欧洲专利登记簿中进行登记和删除登记。上诉应由法律上诉委员会而非技术委员会进行处理（EPC第106（1）条和第21（2）条）。因此，在异议程序及后续上诉法律程序中，不得对在专利登记簿上登记的专利所有人的权利提出质疑（见**T 553/90**，OJ 1993，666）。

如果在专利申请视为撤回后，专利仍可予以恢复且继任者在提出转让登记请求的同时已采取适当的程序步骤恢复申请，则可在欧洲专利登记簿中登记该转让（**J 10/93**，OJ 1997，91）。

4. 暂缓EPC第14（1）条规定的法律程序

EPC 1973细则第13条经简化并重新编号为EPC细则第14条。在经修改的EPC第97条中，形式要求已被移至实施细则中。

4.1 EPC细则第14（1）条（EPC 1973第13（1）条）

4.1.1 概　　述

根据EPC细则第14（1）条，如果第三方能够向EPO提供“证据”（evidence）（EPC 1973中的规定为“证明”（proof））表明其已针对申请人提起法律程序以寻求EPC第61（1）条所指的决定（见**J 28/94**，OJ 1997，400；**T 146/82**，OJ 1985，267和**J 10/02**），则EPO须依据职权暂缓授权程序，除非该第三方以书面形式告知EPO其同意继续开展该法律程序。专利权人将不会被陈词，但是可向法律部提交请求要求不暂缓法律程序。如果法律部的决定对申请人、所有人或第三方产生了不利影响，可对上述决定提起上诉（**J 28/94**，OJ 1997，400）。

决定**J 15/06**遵循了**J 28/94**（OJ EPO 1997，400）。要求暂缓的通信被视

为“特别的”预备性程序措施，此措施是保护第三方对涉案专利可能享有的权利的一个预防措施并且即刻生效。

应诉人撤回其要求暂缓法律程序的请求极大改变了上诉法律程序的程序情况。EPC 1973 没有任何条款规定，撤回暂缓请求将使得暂缓自动终止。不过，存在第三方的正当利益是根据 EPC 1973 细则第 13 条进一步暂缓法律程序的不成文前提条件。因此，根据 EPC 1973 细则第 13（1）条，撤回等同于且可被解释为同意继续开展法律程序，另见 **J 18/06**。

审查部作出的授予欧洲专利的决定（EPC 1973 第 97（2）条）并非于审查部开展书面法律程序后完成作出决定程序的当日生效，而是于欧洲专利公报提及授权的当日（EPC 1973 第 97（4）条）生效。在这段过渡期，EPO 的**授权程序**仍是**未决的**，根据 EPC 1973 细则第 13 条提出暂缓法律程序的请求是可接纳的（**J 7/96**，OJ 1999，443）。另见均引用 **J 15/06** 的 1995 年 12 月 18 日的 **J 33/95** 和 **J 36/97**。在这两个决定中，在公开提及专利授权后，EPO 根据 EPC 1973 细则第 13（1）条要求暂缓的权利得到确认，但前提是在公开之前未提出任何可允许的请求。暂缓授权法律程序意味着维持在暂缓法律程序时现有的法律状态，即 EPO 和各当事方均不得在暂缓法律程序时实施任何法律行为（**J 38/92** 和 **J 39/92**）。

在 **J 10/02** 中，上诉人认为，如果针对暂缓授权法律程序的决定提起上诉，EPC 1973 细则第 13 条的规定似乎与 EPC 1973 第 106（1）条（EPC 2000 中的此条款未经任何修改）的规定发生冲突。不过，委员会指出，上诉的中止效力旨在向上诉人提供临时的法律保护，在此意义上，不应采取任何措施实施一审部门的决定以确保上诉达到其上诉目的。但是，如果继续开展授权法律程序且上诉人要以对其有利的方式明确终止授权法律程序，且上诉理由充分成功说服了委员会，这将超出上诉人能够达到的目的。

4.1.2 国家法院启动法律程序

根据 **T 146/82**（OJ 1985，267），如果第三方向 EPO 提供了令人满意的证据，证明国家法院启动了相关法律程序，则应命令暂缓法律程序，但前提是欧洲专利申请尚未被撤回或被视为已撤回。

在 **J 6/03** 中，法律委员会认为，EPC 1973 细则第 13（1）条提到了直接（一般情况下自动地）导致 EPC 1973 第 61（1）条所述决定的法律程序。因此，此条款并不适用于第三国（此处指加拿大）法院作出的决定。

在 **J 36/97** 中，委员会认为，就 EPC 1973 细则第 13 条而言，委员会仅需确定，要求暂缓法律程序的一方是否已在缔约国针对申请人启动了法律程序，寻求判决表明其有权获得欧洲专利授权。上诉委员会将不会承认国家法院决定的管辖权，也不会评议该决定的有效性（另见 **J 8/96** 和 **J 10/02**）。

J 7/00 认为，**国内法**确定了何时且如何在缔约国依法启动相关民事法律程序。根据德国民事程序法典，授权法律程序于送达起诉状时启动。

在 **J 9/06** 中，法律委员会指出，根据 **G 3/92**（OJ 1994，607），缔约国的法院享有管辖权，可对要求获得欧洲专利授权的请求作出裁判。法律委员会得出结论，对于 EPO 而言，不可能审查被要求暂缓的欧洲专利申请中公开的主题与所有权在国家法院中争议的另一申请的公开是否是相符，且在根据 EPC 1973 细则第 13 条审查要求暂缓法律程序的请求的情况下，进行上述审查亦非 EPO 的职能。上述国家法院应全权负责解释请求人的请求范围，且在暂缓决定情形下，EPO 无须负责作出该解释。

只有在清楚且毫无疑义的证据表明请求人在国家法院的法律程序中提出的请求是为了寻求判决来表明其有权获得被暂缓欧洲专利申请授权的情况下，EPO 方有权根据 EPC 1973 细则第 13 条暂缓授权法律程序。在本案中，并没有满足 EPC 1973 细则第 13（1）条所规定的暂缓授权法律程序的要求。

4.2　EPC 细则第 14（3）条（EPC 1973 第 13（3）条）

根据 EPC 细则第 14（3）条，在暂缓授权法律程序后，EPO 可规定一个其打算继续开展授权法律程序的日期，不论根据 EPC 细则第 14（1）条开展的国家法律程序进入哪个阶段。这一规定之前体现在 EPC 1973 细则第 13（3）条中。其行文措辞已经修改。

在 **T 146/82**（OJ 1985，267）中，委员会认为，根据 EPC 1973 细则第 13（3）条，如果 EPO 规定了一个其打算继续开展欧洲专利授权法律程序的日期，一经申请人或申请暂缓法律程序的第三方的后续要求，该日期可予以修改或可发出上述命令。

在 **J 33/03** 中，法律委员会指出，与 EPC 1973 细则第 13（1）条下的情况相反，根据 EPC 1973 细则第 13（3）条，EPO 享有自由裁量权决定是否继续开展法律程序。在行使其自由裁量权时，应均衡各当事方的权益，但委员会既无权亦无资格决定欧洲申请属于哪一方或甚至授权法律程序更可能得到哪个结果。

EPC 1973 细则第 13 条旨在禁止以下行为：未经授权的申请人未经真正的专利所有人批准通过修改申请损害专利所有人的地位。由于实际上已准备对专利申请作出授权，因此上述情况不再有可能发生。委员会得出结论，在本案情况下，授予专利将最多剥夺第三方合适的法律地位，但继续暂缓法律程序可能给申请人带来真实的损失。

在 **J 10/02** 中，在根据 EPC 1973 细则第13（3）条行使其自由裁量权时，委员会考虑了授权法律程序仅仅涉及发明部分和暂缓持续时间这一事实。

5. 通　　知

如果已任命了代理人，通知应根据 EPC 细则第130（1）条（EPC 1973 细则第81（1）条）寄送给此代理人。除了以下决定，还可以参见决定 **J 39/89**、**J 22/94**、**J 17/98**，**T 703/92** 和 **T 1281/01**。

在 **J 19/92** 中，法律上诉委员会认为，如果通知是在申请人的代理人放弃其委聘书之前发送出去的，则视为适当地向此代理人发出了通知。因此，在放弃委聘书后，不得重复向申请人寄送通知。相反，有义务向委托人发出通知的是其代理人。在 **T 247/98** 中，委员会确认，EPC 1973 细则第81（1）条规定的通知是否将被寄送给代理人取决于**发送文件时**的法律状况。

但是，在 **T 703/92** 中，口头法律程序的书面决定和记录并非发送给了授权的代理人，而是发送给了异议人。委员会认定，由于未遵守有关通知的规定，因此通知是否已有效进行这一问题（根据 EPC 1973 细则第82条）取决于代理人是否已收到完整的决定以及何时收到该完整的决定。此外，EPC 1973 细则第82条内容没有改动，但被重新编号为 EPC 细则第125（4）条。

在 **T 812/04** 中，委员会指出，EPC 1973 细则第101（6）条与 EPC 1973 细则第81（1）条明确指出，在向 EPO 通知授权已终止之前，EPO 应向恰当任命的代理人告知通信、决定或其他文件，并指出，单单这些告知也将具有效力。上诉人已提交上诉书这一事实并不会使得上诉委员会的登记处有义务查询申请人（委托人）与恰当任命的代理人之间关系的法律地位或有义务直接向委托方发送文件和通信。EPC 1973 细则第101（6）条经简化并重新编号为 EPC 细则第152（8）条。

在 **J 5/04** 中，委员会已明确指出，在最初向受理局（此处指 INPI）而非 EPO 提交国际申请时任命的代理人并不满足 EPO 地区阶段有效任命代理人的要求。

在 **J 35/97** 中，EPC 1973 细则第85b条规定的通信并没有交给上诉人或其配偶（1995年12月19日旨在保护德国邮寄服务客户的规定——RPCPS，BGBl I，第2016页）而是交给了未经上诉人授权接收的第三方。上述第三方在收件人的营业场所，但并非其职员。委员会认为，这意味着并没有根据 RPCPS 第12（1）条和第12（2）条作出通知。而且该方亦无资格划入 RPCPS 第13条所规定的“替代收件人”范畴。此外，没有任何证据表明上诉人曾见到该通信。因此，委员会认定，EPO 未能证明已妥为发出通知。

考虑到EPC第121条规定的进一步处理扩大了适用范围，删除了EPC 1973细则第85b条。

在**T 172/04**中，上诉人承认，经授权代表其接收邮件的职员收到了相关通知。因此，代理人自己在几天或几周后才知晓通知是毫不相关的，因为已确定了唯一需要考虑的法律条件，即向收件人交付通知。

T 743/05和**T 261/07**也遇到了这一问题。在**T 743/05**中，委员会指出，不同的解释（必须让专业代理人本人注意到）将给欧洲专利系统的所有用户带来不确定性，因为在该案中，是否有效发出通知这一问题的回答完全取决于专业代理人的诚信、商誉或组织技能。在**T 261/07**中，撤销专利的决定（通过挂号信（附回执））被递交给了一名并非专利权人（收件人为该专利权人）职员的人员，而是代表专利权人接收信函的公司的职员。档案中没有该专利权人确认收到的记录，该专利权人声称从未收到决定。遵循**T 172/04**和**T 743/05**，委员会认为，出于法律确定性的原因，一旦收件人授权的人员已收到信函，则应视为已向收件人交付通知。

在**J 9/96**中，法律上诉委员会认为，根据EPC 1973细则第78（2）条以普通信函形式邮寄的通信在予以寄送时应视为已成功发出。不过，如果通信没有送达收件人，亦没有退还给EPO，不能采用视作已通知的法律假定，除非EPO能够确定，其已正式发出该通信（另见**J 27/97**和**J 32/97**）。根据EPC 1973细则第78（1）条，应以挂号信方式通过邮寄寄送通知（某些通知附回执）。

根据**J 27/97**，传真寄送通知并不满足EPC 1973细则第77（1）条和第77（2）条的要求，因此，不能视作EPC 1973第119条和EPC 1973细则第77条所指的常规通知。但是，根据新的EPC细则第127条，在满足EPO局长规定的条件下，可通过EPO局长确定的通信技术手段发出通知。EPC 1973中没有相应规定。

在**T 580/06**中，根据ADA第6.4点，仅通过传真方式发送了欠缴费用的通知。这种形式的通知符合ADA第6.4点与EPC 1973细则第77（2）（d）条。但是，局长并没有规定该规则所规定的以传真方式发送通知的条件；尤其是，并没有强制要求对传真进行邮政确认。因此，已以适当的形式发出了通知。委员会认为，传真传送报告上的“发送成功”应视作进行完整无误传送的证据，据此，传真已进入收件人的领域。一旦发生上述情况，风险即发生转移，收件人应承担其自己领域内的所有风险。

在确定当时的德语版EPC 1973细则第78（3）条（现为EPC细则第126（2）条）中术语“im Zweifel”的含义时，应考虑法语版和英文版，该术语指存有争议的（法语："en cas de contestation"，英语："in the event of any dispute"）。只有主张于投寄信函的10天后才收到信函的情况下，方可能产生该规则所指的争议（"Zweifel"，德语版中字面意思为"怀疑"）。仅仅没有回执或文件中找不到收据本身并不足以产生该规则所指的争议（"Zweifel"）（**T 247/98**）。

6. 欧洲专利申请的单一性

EPC第118条与EPC第60（3）条内容上保持不变。

某公司A在指定国（英国）拥有一项专利而另一相关公司B在其他指定国均拥有该专利。只有公司B针对专利撤销提交了上诉。应诉人提出了以下问题：对于只有公司A在英国拥有该专利而言，撤销决定是否为终局的决定，因为公司B提起的上诉以及上诉委员会就此作出的后续决定不仅会影响被上诉的有关英国的决定，也会影响公司B作为专利所有人所在的指定国的相关被上诉决定。

委员会认为，授权某欧洲专利的统一程序原则须予以考虑。此原则来源于EPC 1973第118条。该条款明确规定，在EPO的法律程序中，不同缔约国的申请人应视为共同申请人或专利所有人。因此，对所有指定国而言，一审部门和二审部门作出的决定均有效（**T 119/99**）。

在**J 2/01**（OJ 2005，88）中，委员会要处理的是为了母申请仅以两名共同申请人中的一人名义提交的分案申请。委员会指出，EPC 1973第118条所规定的统一性要求产生的后果是，如果两名或两名以上人员共同提交申请，则其不会获得与单个申请人获得的程序地位不同的程序地位，即使他们分别实施不同且相互矛盾的程序行为，包括提交不同版本的待授权专利。因此，共同申请人仅获得了一名申请人的程序地位，即两名申请人构成了**法律意义上的同一当事方**，且应共同承担该程序地位产生的有关申请的权利和义务。EPC 1973第60（3）条中的法律假定适用于共同申请人。

L. 对EPC的解释

1. 《维也纳条约法公约》

《维也纳条约法公约》（以下简称《维也纳公约》）仅适用于其生效后达成的协定，因此不能用于解释EPC 1973。但是，在**J 8/82**（OJ 1984，155）中，委员会指出有关条约解释的《维也纳公约》第31条和第32条仅仅编纂了现行国际公法。在其第一个决定（**G 5/83**，OJ 1985，64）中，上诉扩大委员会对此表示赞同并指出，国际法院、欧洲人权法院、联邦德国宪法法院（“Bundes-verfassungsgericht”）与上议院也将《维也纳公约》第 31 条和第 32 条中的解释原则应用于严格意义上其并不适用的条约。得出的结论是 EPO 也应如此。

根据《维也纳公约》第 31 条，须根据在文本中赋予条约条款的普通含义并考虑条约的宗旨和目的对条约进行解释。**T 128/82**（OJ 1984，164）补充道，根据《维也纳公约》第 32 条，也可以使用辅助的解释方法，如国际条约的立法历史（如准备工作及达成公约的情形）以确认通过适用《维也纳公约》第 31 条得到的含义或在适用《维也纳公约》第 31 条使得含义模棱两可或含糊不清或者产生了很明显荒谬或不合理的含义时确定含义。例如，在 **J 4/91**（OJ 1992，402）中，法律上诉委员会基于有关 EPC 1973 的历史材料支持其通过对相关条款进行目的论和系统的解释就缴纳续展费的额外期限达成的观点。**G 1/98**（OJ 2000，111）讨论了 EPC 1973 第 53（b）条的目的、与其他国际条约和法律文本之间的关系以及立法历史。在 **G 3/98** 和 **G 2/99**（OJ 2001，62 和 83）中，扩大委员会对 EPC 1973 第 55（1）条的措辞进行解释并考虑了立法者的意图、系统化解释、历史解释和动态解释等方面后就 EPC 1973 第 55（1）条得出结论。

在 **G 1/07** 中，上诉扩大委员会指出，《维也纳公约》中没有规定对可专利性的例外情况进行狭义解释和将先验地适用于对该专利性的例外情况进行解释的一般原则。《维也纳公约》第 31 条第 1 点规定的一般规则，即条约须本着诚信原则根据在文本中赋予条约条款的普通含义并考虑条约宗旨和目的进行解释，须以就任何其他条款采用的相同方式适用于 EPC 中包含的可专利性例外情况的条款。

2. 《与贸易有关的知识产权协定》（TRIPS）

2.1 对决定进行司法复核的要求

在 **T 557/94** 中，委员会讨论了对撤销专利的决定进行司法复核的 TRIPS 要求。在确认欧洲专利组织并非 TRIPS 的成员时，委员会调查了 EPC 1973 是否满足 TRIPS 第 32 条规定的司法复核基本原则。委员会认定，在任何情况下，根据 EPC 1973 第 111（1）条第二句，上诉委员会均有权就案情作出决定或发回案件；如果异议部维持专利且委员会正在首次考虑撤销专利，上述规则将不限于发回案件。在 EPC 缔约国进行司法复核的常用结构和与 EPC 1973 的背景下适用 TRIPS 第 32 条时，本条款确保了在撤销法律程序中进行司法复核的机会，但是，在司法部门首次考虑撤销的情况下，并没有要求复核部门将案件发回一审部门继续进行审理。

如果仅在上诉阶段引入了有关文件，则各方享有的公平法律程序的权利就完全不同了。根据委员会的判例法，这种程序情况要求仔细考虑。

不过，在**T 1173/97**（OJ 1999，609）中，委员会指出，尽管TRIPS不能直接适用于EPC 1973，但是，在审查计算机程序产品的可专利性时，鉴于TRIPS旨在就贸易相关的知识产权的可用性、适用范围和用途制定共同的标准和原则，可对TRIPS予以考虑。因此，委员会明确指出了当前趋势。上诉人引用USPTO和日本特许厅当前的实践做法使得委员会强调，在美国和日本的法律地位完全不同于EPC 1973规定的法律地位；只有EPC 1973第52（2）条和第52（3）条载明了可专利性的例外情形的规定。尽管如此，该发展代表了现代趋势，因此，委员会认为，该发展有助于专利法的进一步高度（全球性）统一。

2.2 根据TRIPS解释EPC第87条

在**G 2/02**和**G 3/02**（OJ 2004，483）中，扩大委员会需审查有关EPC 1973条款允许有不同解释的一些事宜，即EPC 1973中有关承认来自印度的优先权的条款以及TRIPS。扩大委员会认为，TRIPS并没有授权欧洲专利申请的申请人于相关日期（在非《巴黎公约》成员的但为WTO/TRIPS成员的某国进行首次申请时）主张优先权。扩大委员会指出，欧洲专利组织和EPO均不是WTO/TRIPS的成员，无任何文书规定的条款要求其遵守WTO/TRIPS。形式上，对缔约方而不是其他组织而言，包含一般（常规）法律原则的一般多边条约（如TRIPS）是国际法的来源。

扩大委员会认为，像欧洲法院和国际法院的决定和国内的决定一样，TRIPS规定是上诉委员会须予以考虑的因素，但是，该TRIPS规定对上诉委员会并不具约束力。同样上诉委员会可以合法使用TRIPS作为手段解释允许有不同解释的EPC 1973规定，因此TRIPS的具体规定不能构成忽略EPC 1973中明确且毫不含糊的规定的合理理由。这样做将侵占立法者的角色。这可通过以下事实予以确认：EPC 2000的立法者认为有必要修改EPC 1973第87条以便实施TRIPS。

扩大委员会解释道，欧洲专利组织作为一家国际公法组织，有其自己的内部法律制度（见英格兰和威尔士高等法院［专利法院］就Lenzing AG的欧洲专利（英国）作出的判决［1997］R. P. C.，第264页）。EPC 1973规定了授权欧洲专利的自治法律制度。在法律层面上，缔约国的立法和经缔约国签字的国际公约均是此自治法律制度的部分。在 EPC 1973 规定的制度框架内，缔约国仅仅享有立法权，通过政府间会议（EPC 1973 第 172 条）或由行政委员会（EPC 1973 第 33 条）行使此立法权。EPO 本身并非 WTO 和 TRIPS 的成员。因此，TRIPS 产生的义务并不会直接对 EPO 产生约束力，而是仅对是 WTO 和 TRIPS 成员的 EPC 1973 的缔约国产生约束力。在这方面，EPO 的某些或所有缔约国是否是 TRIPS 的成员是无关紧要的。即使所有 EPO 缔约国均于 1995 年 1 月 1 日成为 TRIPS 的成员，也不会产生印度专利法下的互惠问题，但是仍然需要根据 EPC 1973 第 87（5）条发出通知。

3. 对 EPC 的多种语言文本进行解释（EPC 第 177 条）

在 **J 8/95** 中，委员会认为，EPC 1973 第 177（1）条是基于以下假定：EPC 1973 的制定者只有一个目的，此目的应通过 EPC 1973 的三个版本予以确定。尽管一种语言版本的条款被认为与其他两个版本不同，但该版本不会产生其他两个版本可能产生的法律后果以外的任何法律后果——不论法律程序以何种语言开展。语言措辞上的不同只要能构成解释的一种因素，就须予以考虑。然而，在本案的问题中，正在考虑的条款（使如据称那样，有不同版本）可以很容易地以其他两种官方语言版本相同的方式予以理解，关于内容，三个版本的条款均保持一致。

4. 上诉委员会对 EPC 的解释

4.1 行政委员会关于解释问题的决定

J 16/96（OJ 1998，347）处理的问题是，EPC 1973 细则第 101（9）条所指的代理人组织是否也可由并非以私人身份执业的专业代理人组成。欧洲专利组织行政委员会已于 1978 年第四次会议上作出决定，本规则意义内的组织仅仅是指由以私人身份执业的专业代理人组成的组织。法律上诉委员会在其决定中指出，上诉委员会不受任何指令约束，仅遵守 EPC 1973（EPC 1973 第 23（3）条）的规定。行政委员会关于解释问题的决定不会对上诉委员会产生正式约束，该决定亦不能被视为上诉委员会作出决定的一个指令。但是，该决定是进行解释的一个相关因素。

根据《维也纳公约》，“须本着诚信原则根据在条约文本中赋予条款的普通含义和考虑条约的宗旨和目的”对 EPC 1973 进行解释（《维也纳公约》第 31（1）条）。根据《维也纳公约》第 31（3）（a）条，“各当事方就条约之解释或其条款应用达成的任何后续协定”也应予以考虑。通过根据《维也纳公约》第31（1）条解释本案，委员会得出结论，EPC 1973细则第101（9）条所指的组织也可指由并不从事私人执业的代理人组成的组织。根据行业内最近的发展，并未达到委员会决定的预期目标，即消除有关EPC 1973细则第101（9）条适用的不确定性，因此，就解释涉及的其他因素而言，此决定并不太重要。

4.2 考虑国内的决定

在**T 98/00**中，委员会认为，EPC 1973第69（1）条处理的并非是修改问题，EPC 1973第123条对修改问题作出了规定。EPC 1973第69（1）条的规定主要是为了负责裁决侵权案件的法院进行适用，因此其并非是EPC 1973第123（3）条要求的替代性条款。

在**T 452/91**中，委员会认为，在EPO部门的法律程序中，将仅仅根据公约裁决可专利性问题。不得引用任何国内的决定，犹如其对EPO具有约束力一样，EPO不得基于“依据某成员国的管辖权，不得支持可专利性”驳回请求。可能的情况是，大多数或所有其他缔约国的法律是不同的。国内部门得出结论的推论可能也会使得EPO部门根据公约得出类似的结论，但是，这首先需要对公约以及相关EPO上诉委员会的判例法进行评估，与国内部门得出结论所依据的立法和判例法进行比较并对其他缔约国的情况进行研究。

4.3 实施细则

在**T 991/04**中，委员会指出，鉴于在作出决定时，其措辞中的EPC 1973细则第65条（现为EPC细则第101条）也是EPC 1973的一部分，因此，不能援引EPC 1973第164（2）条规定的原则（如果EPC 1973的规定与实施细则的规定之间发生任何冲突，应以EPC 1973的规定为准）对EPC 1973细则第65（2）条第二句提出严重质疑。EPC 1973某条款规定的要求需由实施细则予以规定这一事实并没有产生任何冲突。鉴于EPC 1973并没有规定确定上诉的可接纳性的要求，因此，EPC 1973细则第65条以权威的方式规定了该要求。委员会表示，外交代表会议作为欧洲专利制度的立法者，起草了EPC 1973和实施细则，鉴于法律的统一性，应以一致的方式解读EPC 1973和实施细则。在此方面，实施细则起到的作用是**对EPC 1973进行权威解释**。

4.4 国内立法和EPC的不同

在**J 9/07**中，委员会表示，根据EPC 1973第1条，EPC规定了各缔约国共同遵守的授予发明专利的法律制度。该共同法律制度适用于所有欧洲专利申请，不论欧洲专利申请已经指定哪些缔约国。尽管一般情况下，希望EPC与国内法之间达到高度的统一性且事实上确实达到了该统一性，但是EPC 1973

第2（2）条或EPC 1973第66条并未就此规定国内立法和EPC的不同。委员会表明，除非公约另有明确规定，否则，EPO不得就相关指定国考虑比EPC规定对申请人更有利的具体国内法律规定。因为这将产生以下后果：违反EPC 1973第1条，就指定国家所依据的授权要求对欧洲申请予以不平等对待。此外，还违背了EPC 1973第118条所规定的申请单一性原则，因为，如果就相关指定国适用更有利的国内规定，区分相关指定国是唯一指定国的情况与也指定了其他国家的情况似乎是武断且不合理的。

5. EPC中的职责分配

在**J 5/01**中，申请人要求纠正第二个优先权申请的编号。根据EPC 1973细则第88条，受理部作出决定驳回了该修正请求。

委员会认定，受理部的上述决定是在申请人已根据EPC 1973第96（1）条表明其希望继续进行申请（自该时间点起，审查部应立即负责审查申请，同时受理部不再负责）后作出的（EPC 1973第16条以及EPC 1973第18（1）条）。委员会认为，EPC 1973第16条和第18条的措辞没有对受理部与审查部如何就欧洲专利申请分配职责作出任何解释。委员会指出，公约对职责进行明确且互相排斥的分配优先于对程序或成本经济的考虑（与**J 8/82**相反）。因此，依赖于提出修正请求的时间点而非EPC 1973第16条提及的两个行为（EPC 1973第96（1）条规定的审查请求或指明）是违反法律的。

M. 获得欧洲专利的权利

EPC第61条处理的问题是：在国内法院认为专利申请人以外的某人有权获得欧洲专利授权的情况下可采取的补救措施。本条款实质内容保持不变。EPC 1973第61（1）条规定的条款已移至实施细则中（见EPC细则第16条和第17条）。

在**G 3/92**（OJ 1994，607）中，上诉扩大委员会被要求就在以下情况中审查EPC 1973第61（1）（b）条的适用性：

上诉人于1988年提交欧洲专利申请。检索报告表明1985年某第三方就实质相同的发明提交了一份在先申请，此上诉人曾于1982年私下向第三方披露该发明。在先申请已被公开且于1986年因未缴纳审查费被视为撤回。于是，上诉人向英国专利局负责人（Comptroller）提出请求，并根据1977年英国专利法第12（1）条获得了在先欧洲申请所公开的发明专利授权。因此，根据1977年英国专利法第12（6）条，上诉人获准在英国提交新的申请，且该申请的申请日应视作与在先欧洲申请的申请日相同。随后，1990年，上诉人依据EPC 1973第61（1）（b）条就在先申请公开的发明提交了一份新的欧洲专利申请。

在1992年3月31日的中期决定**J 1/91**中，上述法律上诉委员会认为，英国专利局负责人的决定构成了EPC 1973第61条所指的最终决定。但是，是否授予专利权是国内法院负责决定的事情，该法院无权直接根据公约采取任何补救措施，应由EPO根据EPC 1973第61条处理此事。

然后，上述委员会接着考虑，是否需要根据EPC 1973第61条要求未决。鉴于条款可有不同的解释，委员会决定将该问题移交扩大委员会。

上诉扩大委员会认为，在国内法院作出以下最终决定时，即申请人以外的人员有权获得欧洲专利授权且根据EPC 1973第61（1）条的具体要求，此人依据EPC 1973第61（1）（b）条就同一发明提交一份新的欧洲专利申请，受理申请的先决条件不包括在提交新申请时EPO仍在处理之前的原始侵占申请。

因此，在1994年8月24日的**J 1/91**中，法律上诉委员会裁决，已满足EPC 1973第61（1）（b）条规定的条件，因此将专利申请发回受理部进行进一步审查。

第 7 章 EPO 法律程序

A. 初步和形式审查

1. 简　介

根据 EPC 第 16 条，受理部负责已提交申请的审查，并对欧洲专利申请的形式要求进行审查。详情参见下文 3.4，另见 **T 1012/03**。

根据 EPC 第 90（1）条规定，EPO 审查申请是否满足依据实施细则（EPC 细则第 40 条）赋予**申请日**的要求。如果申请不符合此要求，EPO 将告知申请人具有何种缺陷，并对其作出通知：如其未在 2 个月（EPC 1973 实施细则第 39 条曾规定其为 1 个月）内补正经发现的缺陷，其申请将不当作欧洲专利申请处理。如果申请人于 2 个月内补正经发现的缺陷，EPO 将告知申请人 EPO 赋予的申请日（EPC 细则第 55 条）。EPC 1973 第 91 条已经被删除，所有必要事宜如今包含于 EPC 第 90 条，许多条款已转到实施细则中。新条款适用于 2007 年 12 月 13 日前所有未决申请，且适用于此日或此日之后提交的申请。

如果欧洲专利申请已赋予申请日，则开始依据 EPC 第 90（3）条规定**就形式要求开展审查**。如果申请不符合该条要求，应给予申请人改正缺陷的机会（EPC 第 90（4）条及 EPC 细则第 58 条）。如果未改正任何缺陷，申请应予以驳回（EPC 第 90（5）条）。根据 EPC 第 90（5）条规定，未指定发明人如今也会导致申请被驳回，而且不再导致申请依据 EPC 1973 第 91（5）条规定被视为撤回。

2. 赋予申请日——所提交文件的语言

EPC 第 80 条涉及申请日的赋予，但有关要求的细节条款已移到实施细则

（EPC 细则第40条）中。

EPC 第14（2）条规定适用于2007年12月13日及此日之后提交的申请。根据该规定，可以**任何**语言提交申请。如果以官方语言之外的语言提交欧洲专利申请，应于提交申请之日起**2**个月内提交该申请的官方语言译本（EPC 第14（2）条及 EPC 细则第6（1）条）。

下述决定考虑了 EPC 1973 的适用。

J 18/96（OJ 1998，403）中，法律委员会认为，如果说明书与权利要求以两种不同的官方语言提交，则不满足 EPC 1973 第80条对赋予申请日所规定的要求。然而，尽管存在此不足，如果受理部已给予申请人充裕的时间，使其有充分理由确信已有效提交申请，那么，申请人关于赋予申请日的合理预期则可能被引用。

T 382/94（OJ 1998，24）中，权利要求与说明书已以德语提交，但包含文字描述的附图已以英语提交。委员会认为 EPC 并未使申请日的赋予依赖于附图中的任何文字描述（该附图以符合 EPC 1973 第14（1）或（2）条规定的语言拟就）。如果已于申请日如数提交附图，即使此附图包含以法律程序之外的官方语言写就的文字描述，此附图仍构成所提交的申请一部分。任何规定均不妨碍根据该文字描述的译文将申请修改为法律程序的语言。

J 15/98（OJ 2001，183）中，委员会认为，以 EPC 1973 第14条所指的语言（此处为西班牙语）提交的申请，不受“申请人在缔约国既无长期住所，也无主要营业所，且非缔约国国民”这一事实的影响，产生 EPC 1973 第80条所规定的结果（分配申请日），但前提是 EPC 1973 第80条的所有其他要求均已满足。

J 22/03 中，上诉委员会提及其在 **J 18/96** 中所作的决定，并作出解释：根据 EPC 1973 第80（d）条规定，提交的文件必须包含以 EPC 1973 第14（1）条和第14（2）条所提及的语言之一写就的说明书及一项或多项权利要求，以便赋予申请日。EPC 1973 第14（1）条第二句规定欧洲专利申请必须以**一种**官方语言提交。因此显然可以从该规定中推断出“申请应仅由一种语言写就的”原则。因为 EPC 1973 第80（d）条提及此规定，赋予申请日要求说明书与专利权利要求以同一种（所允许的）语言写就。（EPC 1973 第80（d）条已移到 EPC 细则第40（1）（c）条下，并修改为：“先前提交的申请书的说明书或参考文献”。）

3. 申请文件

3.1 提交申请文件

欧洲专利申请必须满足的要求列于 EPC 第 78 条，未对此条规定作出实质性修改。欧洲专利申请的要求之一为应缴纳申请费与检索费（EPC 第 78 条，EPC 细则第 38 条）。依据 EPC 1973 规定，未于提交欧洲专利申请之日起 1 个月内缴纳费用之一的，给予 1 个月的宽限期，自指出未遵守时限的通信通知之日起开始计算（EPC 1973 细则第 85a（1）条）。根据 EPC 2000 规定，时限保持不变，但宽限期已被删除；未缴纳费用如今会导致申请被视为撤回（EPC 第 78（2）条）。EPO 将根据 EPC 细则第 112（1）条规定告知申请人权利丧失。EPO 未根据 EPC 细则第 112（1）条作出决定的，申请人可于通知之日起 2 个月内通过请求进一步处理作出回应（EPC 第 121 条，EPC 细则第 135 条）——根据 EPC 细则第 112（2）条规定，如果有关当事方认为 EPO 的裁决有失准确，其须于此通知之日起 2 个月内请求可上诉的决定。如果请求进一步处理的时限尚未到期，则此规定适用于 2007 年 12 月 13 日前的未决申请及当时已授予的欧洲专利、2007 年 12 月 13 日及此日之后提交的申请与就此申请授予的专利。

EPC 第 75 条曾将提交欧洲专利申请的地域限制为慕尼黑与海牙，此限制规定现已从此条中移除。根据 EPC 细则第 35 条（之前的 EPC 1973 细则第 24 条）规定，可向位于慕尼黑、海牙或柏林的 EPO，或 EPC 第 75（1）（b）条所提及的当局书面提交欧洲专利申请。

还可（通过 EPO 在线服务）以传真或电子形式提交申请。例如 EPO 局长于 2009 年 2 月 26 日就以电子形式提交文件所下达的决定。采用 EPC 2000 前也存在以传真或电子形式提交申请的可能。

依据 EPC 1973 规定所作的两个决定指出，如果申请人希望赋予一个具体申请日，需要确保 EPO 自身或国家主管部门确实已于申请日之前收到申请文件。如果申请是以邮寄方式提交的，这一点将尤其重要。

在 **J 18/86**（OJ 1988，165）中，委员会规定，根据 EPC 1973 细则第 24 条与 EPC 1973 第 75（1）（b）条规定，欧洲申请的申请日通常为 EPO 直接收到或国家主管部门收到申请文件的确切日期。EPC 1973 所有条款均不允许出现这样一种可能，即将任何国家法律的任何条款用于赋予欧洲专利申请的申请日。

在 **J 4/87**（OJ 1988，172）中，委员会认为，不可预料的邮寄延误导致未遵守时限的，如果EPC 1973细则第85（2）条（关于在缔约国的邮件投递过程的一般干扰或随之而来的混乱）不适用于延长时限，EPO不得自行延长时限。申请日采用上述**J 18/86**所规定的原则，为EPO或国家主管部门收到申请文件的确切日期，另见**J 13/05**。

在**J 7/97**中，已通过传真方式向EPO提交欧洲专利申请，但说明书的其中一页缺失。这种情况不被视为“明显差错”，且为仅缺少那张未传真页的申请授予申请日。参见当前最新颁布的EPC细则第56条，此条规定与PLT第5（6）条规定相符，但是，如果申请人于EPC细则第56（1）条规定的申请日或通信之日起2个月内提交说明书或附图的缺失部分，将重新赋予此申请的日期。

在**J 13/04**中，委员会评述道，根据EPC 1973第78（2）条规定，申请费和检索费须于提交欧洲专利申请之日起1个月内缴纳（参见EPC细则第38条）。

因此，在目前的情况下，不能基于向EPO提交申请的日期或根据EPC 1973细则第24（2）条签发回执的日期决定缴纳此费用的时限，而应基于国家主管部门收到申请的日期赋予，但前提是该申请日同时为EPC 1973第80条所指的申请日。

3.2 申请后提交说明书的缺失部分或缺失的附图

EPC 1973细则第43条规定，如果有关申请的附图于申请日之后提交，则以附图申请日作为申请日。

EPC细则第56条规定已对此程序作出修改及补充，以同样适用于说明书的缺失部分。如果申请人于申请日或EPO要求申请人提交缺失部分的通信之日起2个月内提交说明书的缺失部分或缺失的附图，则以提交缺失部分的日期作为申请日。然而，如果申请书要求优先权，说明书的缺失部分或缺失的附图则完全包含在之前的申请中，且EPC细则第56（3）条的所有要求已满足，则申请日不再重新计算而保留满足EPC细则第40（1）条所规定的要求的日期。

EPC细则第56条仅适用于EPC 2000生效后提交的申请（**J 3/06**，OJ 2009，170）。根据行政委员会于2001年6月28日所作的决定第1条规定，如果与讨论中的规则相对应的条款亦适用于2007年12月13日前提交的专利申请，那么，就实施细则的适用性而言，可确保2007年12月13日之前提交的申请以EPC 2000规定为准。然而，如果实施细则中的某项规则对EPC 2000的某具体条款提出更为具体的说明，以与“实施”EPC这一目的相一致，则可认为此原则适用于该具体条款。这不适用于EPC第90条及EPC细则第56条之间的关系，因为EPC细则第56条未阐明EPC第90条。就整个体系而言，EPC细则第56条涉及EPC第80条（申请日），而EPC第80条未包含于条款目录（按规定，EPC 2000一生效，此条款应同样适用于未决程序）中，因此，与EPC第56条有关的规定亦不适用。

下述决定考虑了EPC 1973的适用。

J 19/80（OJ 1981，65）中，委员会认为，如果附图部分缺失，就EPC 1973细则第43条而言，缺失部分不被视为缺失附图；整个图表将被视为错误附图。EPC细则第139条（EPC 1973细则第88条）处理附图的修正。

然而，根据**G 3/89**与**G 11/91**（OJ 1993，117与125），仅可在技术人员从提交的所有文件中以常识直接明白地推断和客观看到的范围内，根据EPC 1973细则第88条第二句对欧洲专利申请或披露（说明书、权利要求和附图）相关的欧洲专利进行部分修正。此修正具有严格的声明性质，因此它不侵犯依据EPC 1973第123（2）条所作的禁止扩展规定。

即使未满足此条件的文件是与欧洲专利申请一起提交的，仍不得依据EPC 1973细则第88条第二句修正此文件，此文件包括但不限于优先权文件、摘要及诸如此类的文件。

根据**J 1/82**（OJ 1982，293），如果一张包含两个完整图表的附图迟交，就EPC 1973细则第88条而言，不得视此图表为错误附图。（参见EPC细则第56条，该条规定已谨慎避免“附图的缺失部分”这一措辞。）

3.3 替代发明

EPC 1973细则第88条略经重新起草，现已被重新编号为EPC细则第139条。

EPC细则第139条给予EPO允许修正的自由裁量权。**J 21/85**（OJ 1986，117）中，法律委员会认为，即使于提交申请后，立即依据EPC 1973细则第88条规定提交修正请求，并毫无疑问地证明发明的混淆出于偶然，EPC 1973细则第88条仍不允许将专利授权请求中的发明更换为另一个发明。

然而，**T 726/93**（OJ 1995，478）中，委员会实施其裁量权，允许将错误提交的错误权利要求和说明书替换为第一上诉人真正意于提交的文件。

J 21/94（OJ 1996，16）提出有关**T 726/93**的怀疑，并向扩大委员会转交下述问题：“形成欧洲专利申请的完整文件，即说明书、权利要求和附图，可以通过EPC 1973细则第88条下的修正，替换为申请人本意于随授权请求一起提交的其他文件吗?”**G 2/95**（OJ 1996，555）中，扩大委员会裁决不能进行此替换。

1997年1月20日作出的关于终止上诉程序的决定 **J 21/94** 中，法律委员会得出结论，即使授权请求（其与A发明相关）与申请文件（其披露最初公布的B发明）之间有冲突之处，仍可为B发明赋予申请日。在授权法律程序中披露进一步发明（此处指A发明）的，除非很明显，现已为此发明寻求保护，否则不得为进一步发明给予申请日。

3.4 受理部的权限范围

EPC 1973第16条包含对受理部负责时间的限制："直到申请人提出审查请求或根据EPC 1973第96（1）条规定表示希望继续其申请之前"，受理部应负责。此条款已从EPC中删除，以确保EPO在分配具体任务时享有更大的灵活性。

EPC细则第10条阐述受理部和审查部的责任。EPC第16条自2000年11月29日临时适用。

EPC细则第139条第二句（EPC 1973细则第88条）规定说明书、权利要求或附图有关的修正请求的接受条件，即经更正后明显不会产生申请人未考虑过的内容。此条件通常要求对文件进行技术审查，以便依据EPC 1973细则第88条提出"受理部是否有能力在此情况下处理修正"这一问题。

决定 **J 4/85**（OJ 1986，205）中，委员会明确指出，受理部的责任不包括对文件进行技术审查；因此受理部不应决定需进行此审查的修正请求，而应中止此请求，直到文件转移到审查部。然而，**J 33/89**（OJ 1991，288）中，委员会指出，依据EPC 1973细则第88条第2句，受理部仍有能力决定附图修正请求，该请求需要进行技术审查的除外。

依据 **J 5/01**，EPC 1973第16条与EPC 1973第18条中的措辞未为受理部与审查部分担对欧洲专利申请的责任所依据的解释留有余地。EPC对此责任进行清楚、相互排斥的分配优于对程序经济或成本经济的考量（与 **J 8/82**，OJ 1984，155相反）。因此，依赖作出修正请求的时间点而非依赖EPC 1973第16条所述的两种行为（EPC 1973第96（1）条规定的审查请求或指明）将违反法律。

委员会指出，依据EPC 1973细则第88条所作的修正事宜不构成对申请进行审查或对形式要求进行审查的一部分（EPC 1973第90条和第91条）。更确切地讲，可于整个授予程序期间，甚至于授予期间之后（如于异议程序期间）提出希望或需要作出修正；如果讨论中的两个机构的事宜或具体任务保留在受理部，其性质亦不表明受理部应承担根据EPC 1973细则第88条第一句决定修正的责任（受理部已下达决定，拒绝受理申请人修正第二优先权申请的数量的请求）。关于需要技术审查的修正，参见 **J 4/85**，OJ 1986，205。

J 13/02 中，委员会认为，一旦申请人作出有效审查请求，审查部必须审查申请是否满足 EPC 1973（EPC 1973 第94（1）条、EPC 1973 第96（2）条、第97（1）条及第97（2）条）的要求，则根据修改法案第6条，EPC 2000 第16～18 条已适用，并不改变受理部的能力已终止这一事实。

4. 申请人的识别

根据 EPC 1973 第 80（c）条规定，赋予申请日的要求之一是申请包含“识别申请人情况的信息”。EPC 第 80 条规定，欧洲专利申请的申请日应为满足实施细则所规定的要求的日期。当前规定（EPC 细则第 40（1）（b）条）包括经修改的“确认第一上诉人身份或允许联系申请人的信息”。EPC 第 80 条适用于 2007 年 12 月 13 日或此日之后提交的欧洲专利申请。

下述决定考虑了 EPC1973 的适用。

J 25/86（OJ 1987，475）指出，根据申请人或其代理人提交的文件中包含的所有数据能够确定无疑地识别申请人时就应视为已满足 EPC 1973 第 80（c）条对“识别申请人情况的信息”的要求。

EPC 第 60（3）条确立了 EPO 应假定申请人有权获得欧洲专利的原则。这一假定仅使 EPO 不再需要调查申请人是否有资格获得专利。然而，如果 EPC 第 60（1）条所提及的申请人之外的人士就获得欧洲专利的资格提出争议，可按照 EPC 第 61 条所规定的条件修改此资格。

J 7/80（OJ 1981，137）中，委员会认为，如果申请错误地指明了申请人，且错误的申请人及正确的申请人均为构成同一公司集团的一部分的公司，有足够证据支持修正请求的，可依据 EPC 1973 细则第 88 条修正错误。

继 **J 7/80**（OJ 1981，137）之后，**J 18/93**（OJ 1997，326）、**J 17/96** 与 **J 31/96** 中，委员会认为，有足够证据支持修正请求的，则允许依据 EPC 1973 细则第 88 条作出修正，替代申请人的姓名（名称）。此规定与 EPC 1973 第 61 条规定不存在冲突，后者涉及所有权冲突。EPC 1973 细则第 88 条第二句不适用。只需要确认是否有足够证据支持依据 EPC 1973 细则第 88 条规定所作的修正申请人姓名（名称）的请求；如果已请求修正错误，且 EPC 1973 细则第 88 条不适用，则 EPO 须确信已经发生错误、是什么错误、应采取什么修正。**J 8/80**（OJ 1980，293）中，委员会补充道，为避免任何滥用行为，证明事实无疑是一个沉重的负担。

依据 EPC 1973 细则第 88 条第一句规定所作的修正可追溯至原申请日

（**J 3/91**，OJ 1994，365；**J 2/92**，OJ 1994，375）。如果未发生差错，申请应恢复至其本应于申请日采用的形式（**J 4/85**，OJ 1986，205）。

J 17/97 与 **J 18/97** 中，代理人以 Int. Inc. 的名义提交母申请，但以 S. medica 的名义提交分案申请。受理部因申请人具有不同身份，拒绝将申请视为分案申请。因为第一上诉人未证明申请本应由 Int. Inc. 提交、却已由 S. medica 错误地提交，所以法律委员会在其决定中不接受这一修正请求——依据 EPC 1973 细则第 88 条将分案申请的申请人姓名（名称）替换为母申请的申请人姓名（名称）。

5. 指　定　国

5.1　EPC 第 79（2）条

关于 EPC 1973 第 79（2）条（有效期限至 1997 年 6 月 30 日）的判例法，请参考《欧洲专利版的法律上诉委员会判例法》（*Case Law of the Boards of Appeal of the European Patent Edition*）第 5 版。

5.1.1　EPC 第 79（2）条（自 2007 年 12 月 13 日起生效）

已修改 EPC 第 79 条，以便在提交欧洲专利申请时将 EPC 的所有缔约国视为已在欧洲专利授权请求中被指定。2009 年 4 月 1 日起，应为指定的一个或多个缔约国缴纳统一指定费（《收费规则》第 2（3）条）。申请人继续有权根据 EPC 第 79（3）条撤回指定。修改后的 EPC 第 79 条适用于 2007 年 12 月 13 日及此日之后提交的所有欧洲专利申请。

5.1.2　EPC 1973 第 79（2）条（有效期限自 1997 年 7 月 1 日至 2007 年 12 月 12 日）

EPC 1973 第 79（2）条引入了一个规定，即应于《欧洲专利公报》提及的公布欧洲检索报告之日起 6 个月内缴纳指定费。对 EPC 缔约国的预先指定由申请日的 **EPC 1973 所有缔约国的明确指定**替代。依据 EPC 1973 细则第 23a 条规定，申请包含于现有技术的，《欧洲专利公报》公布其指定费已缴纳的国家。

5.2　未缴纳指定费的结果

2009 年 4 月 1 日起，应缴纳对 EPC 所有缔约国的单一指定费。自该日期起生效的 EPC 细则第 39 条规定，应于《欧洲专利公报》提及公布欧洲检索报告之日起 6 个月内缴纳指定费。未适时缴纳指定费或撤回对所有缔约国的指定的，欧洲专利申请应被视为撤回。

除非申请人已在授权申请单的相应框中打叉，放弃收取 EPC 细则第 112

(1) 条项下的通知及请求进一步处理的权利，否则申请人可请求进一步处理。

2009年4月1日修改的EPC细则第39条适用于此日或此日之后提交的欧洲专利申请，及此日或此日之后进入区域阶段的国际申请。

下述决定考虑了EPC 1973的适用。

G 4/98（OJ 2001，131）中，上诉扩大委员会推翻了**J 22/95**（OJ 1998，569），认为在不影响EPC 1973第67（4）条的情况下，如果未于适用时限内缴纳相关指定费，在欧洲专利申请中指定EPC缔约国并不追溯地失去其法律效力，且不被视为自始即不存在。

上诉扩大委员会进一步认为，因为在其看来，指定被视为撤销并不带来一般的追溯效力，所以被视为撤回必然于EPC 1973第79（2）条，EPC 1973细则第15（2）条、第25（2）条及第107（1）条（如适用的话）所提及的时限届满时生效，而非于EPC 1973细则第85a条所规定的宽限期届满时生效。因此对EPC第76（2）条进行修改，以确保提交分案申请时，只有早期申请中保留指定的缔约国被视为在分案申请中被指定。

5.3 欧洲—PCT申请中的指定国修正

依据EPC第121条规定，如果对尚未缴纳指定费的任何缔约国的指定被视为撤回（EPC细则第39（2）条），则申请人现可请求进一步处理。下述判例法考虑了EPC 1973的适用。

J 17/99解释道，就欧洲—PCT申请中的指定修正而言，同样的原则应适用于欧洲直接申请（另见第9章，作为PCT专利局的EPO）。

J 27/96涉及欧洲—PCT申请，此申请最初为欧洲专利，指定了所有缔约国，但进入区域阶段时，仅指定10个缔约国，并为其缴纳费用。委员会确认，上诉委员会已在原则上允许通过补充对国家的指定，依据EPC 1973细则第88条进行错误修正（参见**J 3/81**，OJ 1982，100）。然而，因为未适时缴纳费用并非可依据EPC 1973细则第88条规定作出修正的错误，其为不可补救的错误（参考**J 21/84**，OJ 1986，75），所以无论EPC 1973细则第88条是否适用于声称未进行的指定，修正均可保持未决。第一上诉人以其他非指定国取代明确指定国的附属请求亦不能成功（指定国未错误指定），相反，差错在于遗漏未指定国。

此外，如果存在修正的追溯效力，这并不意味着申请人将于应作出指定或应缴纳费用时恢复至程序阶段，因此亦不意味着申请人可再度进入该阶段的整个程序。总的来说，错误修正是一种孤立的程序措施，而非重新确立为一个程序阶段的情况。

J 3/01 中，上诉委员会论述了同一问题：第一上诉人的请求旨在通过依据EPC 1973 细则第88 条规定所作的修正，恢复至在先程序阶段。委员会认为，依据 EPC 1973 细则第88 条规定所作的修正并未废除基于未修正的文件作出的决定的效力，亦未重新开始已终止的程序阶段或已届满的时限。换句话说，其后依据 EPC 1973 细则第88 条规定作出的文件修正不补救仅由错误文件间接引起的程序上的权利丧失。此原则还体现了依据 EPC 1973 细则第88 条所作的修正与依据 EPC 1973 第122 条所作的恢复权利之间的功能差异与本质区别（另见 **J 25/01**）。委员会作出结论，不允许为包括指定未缴纳指定费的英国之目的依据 EPC 1973 细则第88 条规定作出修正，因为此举将违反 EPC 1973 第122（5）条的规定，此规定不允许重新确立指定费的缴纳期限。

6. 优 先 权

6.1 提交优先权文件

依据 EPC 细则第52（2）条规定，优先权声明最好于提交欧洲专利申请时作出，但其仍可于主张的最早优先权日起16 个月内作出。

J 1/80（OJ 1980，289）表明，因为 EPC 1973 细则第38（3）条允许申请人于优先权日后16 个月结束前，随时提交经证明无误的优先权文件的副本；如果该日期结束时仍未提交优先权文件，则申请人收到要求方能修正的缺陷仅有1 个（参见 EPC 细则第53 条）。

6.2 优先权声明的修正

EPC 细则第52（3）条规定涉及修正优先权声明的可能性。EPC 细则第52（2）条及 EPC 第52（3）条对 PCT 为补充或修正优先权要求所规定的期限作出必要的术语调整，将其应用于欧洲直接申请，以避免区别对待欧洲—PCT 申请与欧洲直接申请。依据 EPC 细则第52（3）条规定，申请人可于“主张的最早优先权日期起16 个月内，或在修正可导致要求的最早优先权日期发生变更的情况下，于正确的最早优先权日期起16 个月内，修正优先权声明，以16 个月的期限届满为准，但可于向欧洲专利申请授予的申请日起4 个月届满前提交此修正”。

然而，为方便公布，已依据 EPC 第93（1）（b）条规定提交所作的请求之后，不得作出优先权声明（EPC 细则第52（4）条）。

因此，与 EPC 1973 细则第38（2）条规定相比，新制度显著放松了要求。依据新制度，申请时至少应指出在先申请的日期和国家，下文所述的决定依据 EPC 1973 作出。

在早期，依据 EPC 1973，法律委员会允许依据 EPC 1973 细则第 88 条第一句（EPC 细则第 139 条）修正对国家的指定（**J 8/80**，OJ 1980，293；**J 12/80**，OJ 1981，143；**J 3/81**，OJ 1982，100；**J 21/84**，OJ 1986，75）。之后不久，在优先权声明修正攸关的案件中，还采用此决定所提出的相当严格的原则。尽管可依据 EPC 1973 细则第 88 条第 1 句作出修正的错误可能为不正确表述或疏忽的结果，但所有在先案件均涉及疏忽的优先权声明（**J 3/82**，OJ 1983，171；**J 4/82**，OJ 1982，385；**J 14/82**，OJ 1983，121；**J 11/89** 与 **J 7/90**，OJ 1993，133）。

J 3/91（OJ 1994，365）、**J 6/91**（OJ 1994，349）、**J 9/91** 和 **J 2/92**（OJ 1994，375）这 4 个决定中，法律委员会完善了将应用于优先权声明的修正的原则。**J 6/91** 中，委员会分析总结了先前判例法，指出申请人须证明错误，即指出向 EPO 提交的文件未表明提交的申请所代理的人士的真正意图。早期决定将申请人举证界定为沉重负担。然而在 **J 9/91** 中，委员会认为对优先权声明的疏忽在几乎每个案件中均为差错。因此，一般来说，在此类案件中，无须要求有特殊证据以免除申请人证明已发生错误的负担。

尽管 EPC 1973 细则第 88 条第一句允许作出修正，而无任何时间限制，法律委员会仍遵循既定判例法，要求早些作出修正优先权要求的请求，以使申请的公布中包含提醒（**J 3/82**，OJ 1983，171；**J 4/82**，OJ 1982，385；**J 14/82**，OJ 1983，121）。主张该原则是因为 EPO 依据 EPC 1973 细则第 88 条第一句行使自由裁量权时，须平衡申请人在得到最优保护中的利益与第三方在维护法律安全及确保公布的申请数据的正确性中的利益。

然而，委员会注意到，在先的判例法已允许，在特殊情况下，甚至不需要此提醒即可进行修正：

（i）EPO 应为未公布提醒承担部分责任的（**J 12/80**，OJ 1981，143）及/或

（ii）公共利益未因下列原因受到严重影响的：

——明显差错（从这种意义上说，隐含，**J 8/80**，OJ 1989，293）；

——仅补充第二或进一步优先权（**J 4/82**，OJ 1982，385；**J 14/82**，OJ 1983，121；**J 11/89**）；

——以其他方式将申请人寻求保护的全部范围告知公众（**J 14/82**，OJ 1983，121）。

J 3/91、**J 6/91** 与 **J 2/92** 中，委员会认为，甚至在没有提醒的情况下公布欧洲专利申请后，仍可依据 EPC 1973 细则第 88 条第一句修正优先权声明，但前提是公布的申请中有**明显差异**，显示一些问题。在这种情况下，第三方利益未因修正受到负面影响。

J 3/91 中，委员会认为有经验的执业者本可注意到明显差异，因为要求的日本优先权日（1983 年 12 月 31 日）与欧洲申请日（1984 年 1 月 3 日）隔得很近，且曾提及日本申请号。

J 6/91 中，国际涉案申请要求美国部分继续申请的，该申请本身作为了部分继续申请呈现，且引用了在先美国申请。考虑到此种情况和其他特殊情况，委员会允许增加引用在先美国申请的（第一）优先权要求。

J 2/92 中，PCT 申请要求的美国优先权日因为记录错误，由原来的 USPTO 结案当周的星期五变为星期六。优先权文件标示出了正确日期。因为依据 PCT 细则第 17.1（b）条传送优先权文件的请求中出现进一步记录错误（文件号的录入错误），受理部（本情况中为 USPTO）将错误文件传送至 WIPO。委员会允许甚至在公布国际申请后，仍可替换错误文件，但其补充道，替换错误文件并不总是可能的（另见 **T 33/06**）。

T 972/93 与 **T 973/93** 这两个类似案件中，审查部驳回修正优先权日期的请求。欧洲专利申请 E1 要求法国申请 F1 的优先权，主张母申请优先权的优先权年度内自这两个申请中提交了 F2、F3 这两个法国分案申请。**T 972/93** 与 **T 973/93** 中的涉案申请为欧洲申请 E2 与 E3，这两个申请分别要求 F2、F3 的优先权。然而，出于差错，F2、F3 的申请日被作为优先权日。已为 E2、E3 发布错误的优先权日期后，在审查程序中检测出此差错，因为发现 E1 为 EPC 1973 第 54（3）条（已对 EPC 第 54 条作出实质修改——参见第 1 章 C“新颖性”）所指的先前权利。

因为 E2、E3 的申请日与错误的优先权日只间隔 8 个月，而优先权年度通常会得到充分利用，所以上诉委员会（遵守 **J 6/91**，OJ 1994，349）规定允许对错误明显进行修正。因为预先提交 E1（其与 F2、F3 与相同内容）有关的两个欧洲专利分案申请可能通过 F1 的优先权为 F2、F3 的主题取得保护，所以第三方利益未受负面影响。

另外，**J 7/94**（OJ 1995，817）中，委员会不允许修正。委员会认为，单凭未主张现有优先权这一事实并不能证明通过修正增加优先权是正确的。修正优先权数据的请求未及早作出，无时向在该申请的公告中加入警告的，仅当特殊情况证明修正优先权数据正确时，方可修正优先权数据（确认**J 6/91**，OJ 1994，349）。另见 **T 796/94**。

J 11/92（OJ 1995，25）中，委员会认为，甚至在未提醒公众修正请求已作出的情况下公布欧洲专利申请后，仍可通过在特殊情况下增加被删节的优先权修正不完整的优先权声明，但前提是申请人已适时通过作为预防措施提交的另外一个欧洲或欧洲 PCT 专利申请，将寻求保护的欧洲专利申请的全部范围告知公众（引用了 **J 6/91**，OJ 1994，349）。

T 713/02（OJ 2006，267）中，委员会认为，公布申请后，不应将对优先权数据的修正请求的审查限制为这种事实与情况的一部分，即上诉委员会在另一案件中所作出的决定被视为不排除修正的事实与情况。因此，委员会在案件中，不能忽略这一点——依据 EPC 1973 第 54（2）条规定，通过增加在先优先权日所请求的修正将自现有技术中删除高度相关的文件（申请人曾将此文件作为现有技术的组成部分实际接受此文件）（然而，根据 EPO 关于决定**T 713/02**（OJ 2006，293）的通知，除应补救权利全部丧失外，EPO 一审部门暂不遵守这一裁断——作出终止授权程序的决定前，不得采取任何对申请人有利的决定）。

J 16/08 中，在案件的特殊情况中允许修正指定国的请求。委员会遵守 **J 7/90**（OJ 1993，133）总结的判例法及 **J 6/02** 支持的判例法，采用此修正请求需要满足的 3 个条件：第一，差错为可免除的疏忽；第二，于发现错误后提交修正请求，未发生不当延误；第三，为了公众利益，修正请求作出得足够早，允许在欧洲专利申请中公布提醒。因为已错误地公布申请，显示所有指定的缔约国，所以本案件情况下，无须作出此提醒。因为从未有公布表示将发明的地域范围限制为 2 个缔约国，所以第三方不应因修正受到歧视。

7. EPC 1973 第 110（3）条（EPC 细则第 100（3）条）的适用性

J 29/94（OJ 1998，147）中，法律委员会认为，因为上诉效力（上诉委员会现在有能力负责此案件）适用于整个申请，所以，第一上诉人未适时对 EPC 1973 第 110（3）条所提出的要求作出答复的，即使上诉涉及形式方面，欧洲专利申请仍应被视为撤回（参见第 7 章 D. 3，上诉的移交效力）。

EPC 细则第 100 条合并了经重新措辞的 EPC 细则第 66（1）条与 EPC 第 110（2）条和第 110（3）条，论及了上诉审查。如果申请人未适时对 EPC 细则第 100（2）条所提出的要求作出答复的，欧洲专利申请应依据 EPC 细则第 100（3）条被视为撤回。

8. 申请的公开

J 5/81（OJ 1982，155）规定，可告知申请人完成 EPC 1973 第 93 条项下的公开申请的技术准备的关键日期（可依据 EPC 1973 细则第 48（1）条规定指明），给予申请人一定的最短期限。如果其于此期限内撤回申请，也可避免申请的公开。关键日期后才撤回申请的，申请人则不能再期望申请不被公开。然而，依法允许 EPO 自行决定阻止公开申请。参见 EPC 第 93（1）条、EPC 细则第 67（1）条和第 68（1）条。

B. 审查程序

1. 请求审查

1.1 一般性问题

依据EPC 2000规定，EPC第94条结合EPC 1973第94条和第96条论述了审查程序的发起与实施。EPC第94（1）条第一句与EPC 1973第94（1）条几乎完全一致。EPC细则第70条规定了提交审查请求的实际安排（包括形式与时限）。EPC细则第70（1）条规定，申请人可于《欧洲专利公报》提及公布欧洲检索报告后的6个月内，请求审查欧洲专利申请。该请求不得撤回。EPC细则第70（1）条详细论述了依据EPC第94（2）条规定所提出的审查请求。

依据EPC第94（1）条规定，EPO收到请求后，应依据实施细则审查欧洲专利申请及与其相关的发明是否满足公约的要求。缴纳审查费后，方可视为已提交请求（EPC第94（1）条第二句，EPC 1973第94（2）条）。

J 21/98（OJ 2000，406）中，委员会规定，应这样解释EPC 1973第94（2）条（尤其在被视为与EPC 1973第75条（规定了欧洲专利申请的提交）、EPC 1973第92条（有关欧洲检索报告）、与EPC 1973第94（1）条规定有关时）：在授权程序中，审查请求构成独立步骤，此步骤应与（先前）提交欧洲专利申请的步骤大不相关。具体地，根据EPC 1973第94（1）条的规定，为开始审查申请之目的，申请人须提交书面请求。这表明，依据公约规定，因为继续授权程序需要采取进一步措施（其在于提交书面审查请求——这意味着想要继续授权程序的新声明），所以专利申请不被视为申请人为获得专利授权应采取的唯一必要步骤。因此赋予申请人这样的权利，即得知检索报告结果后，再决定是否通过提交审查请求的方式请求进行授权程序（此举需要缴纳相关费用）或决定是否终止上述程序。公约规定的确清楚地旨在使申请人可根据检索报告结果，考虑进一步进行授权程序的便利性。

J 12/82（OJ 1983，221）中，委员会作出裁断，EPC 1973第94条明确不允许任何广泛解释——事实上，此条规定要求于特定期限内写就、提交请求，并于同一期限内缴纳费用。此外，应注意的是，EPC 1973的制定者，即缔约国，已给予在时限内提交请求的广泛效力：请求不得撤回（EPC 1973第94（2）条最后一句），但另一方面，如果迟交请求，欧洲申请将自动被视为撤回

(EPC 1973 第 94（3）条)。委员会认为，于 EPC 1973 第 94（2）条所规定的期限内缴纳审查费的，仅有这个事实不得视为已于适当时间提交申请。授予请求的 EPO 表格 1001.1 现包含书面审查请求。

J 25/92 中，委员会作出裁断，欧洲专利申请的申请人须使用 EPO 表格的，仅须确保在满足首要条件——应于特定期限内写就、提交请求时，及时缴纳审查费。这意味着适时缴纳审查费的确构成请求。

J 4/00 中，委员会认为，依据 EPC 1973 第 94 条所作的审查请求，除要求缴纳上述审查费外，还要求 EPO 及时收到的、来自申请人或其代理人的书面陈述中应体现申请人的申请应开展审查这一基本意图。尽管此要求明显不同于对缴纳审查费的要求，没有可如付款订单或其他付款指示一样载于审查请求格式文本。在这种情况下，为符合审查请求资格，向 EPO 提交的文本的唯一合理解释须为申请人想通过此申请告知 EPO，其希望 EPO 依据 EPC 1973 第 94 条的规定审查申请。

1.2 依据 EPC 细则第 70 条规定的审查请求

EPC 细则第 70（1）条规定，申请人可于《欧洲专利公报》提及公布欧洲检索报告后的 6 个月内，请求审查欧洲专利申请。不得撤回该请求。EPC 细则第 70（1）条详细论述了依据 EPC 第 94（2）条规定的审查请求。

依据 EPC 2000 规定，EPC 1973 第 96（1）条与 EPC 1973 细则第 51（1）条中的内容如今并入了 EPC 细则第 70（2）条和第 70（3）条中。

依据 EPC 细则第 70（2）条［EPC 1973 第 96（1）条］规定，申请人收到欧洲检索报告前已提交审查请求的，EPO 应**要求申请人**在规定期限内表明**其是否愿意继续处理**申请，并给予申请人机会，就检索报告发表意见，并在适当情况下修改说明书、权利要求书及附图。

J 8/83（OJ 1985，102）与 **J 9/83** 中，委员会作出裁断，就被视为欧洲专利申请的国际申请而言，须起草补充欧洲检索被告的，申请人应有权收到 EPC 1973 第 96（1）条与 EPC 1973 细则第 51（1）条所规定的通知书。就此国际申请而言，由于直到申请人依据 EPC 1973 第 96（1）条规定表明其意于进一步处理申请，审查请求的责任才落实到审查部，因此，申请人收到依据 EPC 1973 第 96（1）条规定所作的通知书后，撤回申请或允许申请被撤回的，可得到审查费的退款。

委员会指出，EPC 1973 第 96（1）条与 EPC 1973 细则第 51（1）条鼓励申请人在实质审查开始前根据欧洲检索报告仔细务实地回顾申请，采取这两条规定完全是为了申请人、第三方及 EPO 的各方利益。EPO 通过撤回当时的申请或允许申请被视为撤回，给予申请人得到可观的审查费退款的机会，为撤销很可能不成功的案件提供了额外激励。

1.3 收到欧洲检索报告后进行修改

申请人收到欧洲检索报告前，不得修改欧洲专利申请的说明书、权利要求书或附图，另有规定的除外。收到欧洲检索报告后，申请人可自行修改说明书、权利要求书和附图［EPC 细则第137（1）条和第137（2）条，EPC 1973 细则第86（1）条和第86（2）条］。

J 10/84（OJ 1985，71）中，委员会指出，EPC 1973 细则第86（2）条的一般用途为，允许欧洲专利的申请人自行作出修改，以便将欧洲检索报告结果考虑在内。

收到欧洲检索报告后、收到来自审查部的第一次通知书前，申请人可自行修改说明书、权利要求书及附图（EPC 1973 细则第86（2）条）。而且，因为依据 EPC 1973 细则第51（1）条规定，申请人有权就该阶段的欧洲检索报告发表意见，所以申请人有望收到审查部在第一次通信中对其意见所作的回复，该通信对申请人有利，因为他有权将修改与对该通信的回复一并提交。（EPC 1973 细则第86（3）条；参见 **J 8/83**，OJ 1985，102 与 **J 9/83**）

2. 申请的实质审查

2.1 依据 EPC 第94（3）条与 EPC 细则第71（1）条所发出的通信

审查目的为确保申请及与其相关的发明满足公约与实施细则相关条款所规定的要求。

依据 EPC 2000，EPC 1973 第96（2）条已被并入 EPC 第94（3）条。依据 EPC 第94（3）条规定，审查表明申请或与其相关的发明未满足公约要求的，审查部应要求申请人**在必要时可以多次**提交其意见陈述，并依据 EPC 第123（1）条规定**修改申请**。与 EPO 惯例一致，现已明确表示，EPO 不得仅要求申请人提交其意见陈述，还应要求其依据 EPC 第123条的规定修改申请。

此外，依据 EPC 细则第71（1）条（EPC 1973 细则第51（2）条）规定，审查部应在依据 EPC 第94（3）条规定所发出的任何通信中，在适当情况下，要求申请人在规定期限内修正发现的**任何缺陷**，并修改说明书、权利要求书及附图。

根据上诉委员会的既定判例法，审查部可自行决定是否发出**进一步通知书**。“在必要时可以多次”表明审查部可视情况需要，自行行使其权利。然而，依据 EPC 第113（1）条规定，如果对欧洲专利授权的主要反对依然不变的，则无须给予申请人就审查部的陈词反复作出评论的机会。仅当鉴于申请人的答辩，审查程序看起来很可能以专利授权终止时，在记录缺陷的经证实之通信之后发出要求作出评论的进一步通知书才是适当的（参见 **T 84/82**，OJ 1983，451；**T 161/82**，OJ 1984，551；**T 162/82**，OJ 1987，533；**T 243/89**，**T 300/89**，OJ 1991，480；**T 793/92** 与 **T 516/93**）。

T 640/91（OJ 1994，918）中，委员会规定，EPC 1973 第 96（2）条中“审查部须要求申请人‘在必要时可以多次’提交意见陈述”的要求含蓄表明，在特定情况下，审查部签发决定前，将负有要求申请人提交进一步意见陈述的法律**义务**。

考虑到 EPC 1973 第 113（1）条的规定，审查部以申请人在之前的意见陈述中缺乏诚信为由，可能倾向于签发直接决定的，在签发对申请人有不利影响的决定前，负有要求申请人作出进一步意见陈述的“必要”法律义务。此外，委员会指出，原则上来说，审查部依据 EPC 1973 第 96（2）条的规定行使其自由裁量权，决定是否要求申请人作出进一步意见陈述时，评估申请人的协作程度或诚信程度并不属于审查部的职责范畴。该自由裁量权的实施主要视是否存在对“此通知书可引起专利授权”的合理估计而定（另见 **T 855/90**，其中，委员会裁断，审查部已以不合理的方式实施其裁量权）。

T 802/97 中，委员会指出，委员会发出单一官方通信之后，在否决申请前，适用 EPC 1973 第 96（2）条规定以确定在具体案件中是否应给予申请人提出意见或作出修改的更多机会时，EPO 审查指南特别规定的审查部既定惯例是**提醒已诚实尝试**应对审查部的反对（例如，通过电话交谈或短暂的进一步书面行动）的申请人，除非其于规定时限内出示更多更令人信服的论据或作出适当修改，否则其申请将被予以否决。仅当申请人未真正付诸努力处理第一次通信所提出的反对时，审查部方应考虑直接否决申请，然而这是一个特殊情况。

T 201/98 中，委员会承认，在该案中，上诉人对单一通信的回应是真正试图处理审查部的反对。然而，审查部立即反驳申请的行为未超越其自由裁量权，但前提是决定符合 EPC 1973 第 113（1）条的规定，即决定以上诉人有机会发表意见为依据，这是上诉委员会的既定判例，参见 **T 84/82 B**（OJ 1983，451）及 **T 300/89**（OJ 1991，480）。在审查部的案件中，委员会认为，审查部的决定以上诉人有机会根据 EPC 1973 第 113（1）条的规定发表意见为依据。

T 1002/03 中，委员会规定，审查部在作出第一次通信后，进行直接驳回的行为并未超越 EPC 1973 第 96（2）条所规定的自由裁量权（“在必要时可以多次”），但前提是该决定符合EPC 1973第113（1）条的规定，即该决定以上诉人有机会发表意见为依据，这是上诉委员会的既定判例。在本案中，审查部依据EPC 1973第96（2）条规定所发出的第一且唯一的官方通信称IPER所述缺陷导致EPC相应条款项下的驳回。作为对官方通信的答复，上诉人提交了一组新的权利要求书（在这组权利要求书中，只有权利要求1已经修改，以解决就IPER不清楚所作出的驳回）。

在委员会看来，**未特别提醒**在这种情况下需要官方通信。因此，未违反上诉人的陈述权（EPC 1973第113（1）条），审查部在作出单一官方通信后驳回申请并不构成以不合理方式行使自由裁量权。

T 89/93中，委员会再次认为，申请人已**认真尝试**解决委员会提出的驳回或继续程序看起来很有可能产生正面结果的，审查部不得于第一次通信后否决申请。然而，委员会遵守**T 908/91**，决定退还上诉费将是不公正的。

T 79/91中，委员会认为，因为进一步通信不太可能产生正面结果，所以仅作出单一通信后驳回申请并不有悖于EPC 1973第96（2）条的规定。

T 63/93中，委员会规定，申请人的回应不能令审查部信服的，尤其是请求保护的主题未经实质性修改的，专利申请可于第一次通信后予以否决（另见**T 66/83**与**T 304/91**）。

T 246/08中，依据EPC 1973第96（2）条中的通信于1个月内的时限内寄出。委员会指出，EPC第120条规定，实施细则应特别规定时限（EPO的法律程序中应遵守公约来设定的时限）。EPC细则第132（2）条（EPC 1973细则第84条）规定，除另有规定外，EPO所规定的期限不得短于2个月，亦不得长于4个月。尽管可在某些情况下延长该期限，但不得缩短期限。因为规定时限仅为1个月且规定未适时回复将导致申请被视为撤回（EPC 1973第96（3）条）的通信使申请人无权享有常规下的2个月最短期限以准备、提交回复，所以寄出该通信达到更进一步的重大程序违法。

2.2 依据EPC第94（3）条与EPC细则第71（2）条规定所发出的通信

依据EPC第94（3）条（EPC 1973第96（2）条）所规定的法律程序，发出的各项通信都应附具**理由充分的陈述书**，并在必要时指出不同意欧洲专利授权的**各种理由**（EPC细则第71（2）条，EPC 1973细则第51（3）条）。而且，审查部应要求申请人在必要时多次发表其意见。

T 5/81（OJ 1982，249）中，上诉人主张，审查员未在所寄的唯一通信中就权利要求5发表意见，此疏忽有悖于EPC 1973第96（2）条与EPC 1973细则第51（3）条的规定。委员会指出，上诉仅可论述EPC 1973第106（1）条所指的可上诉的决定，而不是论述准备措施。EPC 1973 第96（2）条与EPC 1973 细则第51（3）条仅适用于**准备措施**。在违反EPC 1973 第113（1）条规定的情况下，将不考虑未遵守此要求，该未遵守的行为对决定否决申请有某种影响的除外。上诉人的反对无事实根据不只是此原因，还因为审查员注意到根据所涉权利要求书的内容作出独立权利要求的可能性，并就所涉权利要求书的内容作出评论。因为上诉人并未利用该可能性，所以审查部在驳回申请时，无义务讨论该可能性。因决定的原因而提及该可能性的，并不构成判决理由的一部分，而完全是为表明审查部知悉申请可能包含可申请专利的主题。不得质疑此情况下所作的反驳申请。

T 161/82（OJ 1984，551）中，委员会指出，必须区分决定的依据（申请或与其相关的发明未能满足公约的要求）与理由充分的陈述书（其更详细地解释审查部认为存在此依据的原因）（参见EPC 1973 细则第51（3）条）。只要对欧洲专利授权的决定性反对维持不变，EPC 1973 第113（1）条便不要求反复给予申请人就审查部的论据发表意见的机会，关于未使审查部信服的申请人论据有某些补充意见陈述的除外。

T 568/89 中，委员会认为，所述原因正确与否属判断问题，而非程序问题。

T 20/83（OJ 1983，419）中，委员会指出，EPC 1973 第96（2）条规定审查部须使申请人注意可专利性的所有障碍。此结论涉及公约本身所规定的可专利性的要求。然而，依据公约规定，专利在各缔约国的有效性不属于直接条件（参见 **T 830/91**，OJ 1994，728）。

T 98/88 中，委员会指出，EPC 1973 细则第51（3）条未强制要求依据EPC 1973 第96（2）条规定所作的通信阐述反对专利授权的所有依据。在此案件中，委员会认为，推迟审查有关EPC 1973 第52 条的要求至收到权利要求书的清楚版本为止，与EPC 1973 细则第51（3）条不存在冲突。

2.3 收到第一次通信后的修改（EPC 细则第137（3）条）

收到来自审查部的第一次通信后，申请人可自行对说明书、权利要求书及附图再作一次修改，条件是同时提交修改与对通信的回复。以后的各种修改都要经审查部批准（EPC 细则第137（3）条，EPC 1973 细则第86（3）条）。

T 229/93 中，委员会裁断，在该案的情况下，因为对审查部的第一次通信的回复时限届满后，以完全重新作出的说明书的形式提交此类修改有悖于程序经济的要求，所以审查部应考虑依据EPC 1973 细则第86（3）条拒绝同意修改（参见 **T 113/92**）。

T 300/89（OJ 1991，480）中，委员会指出，即使审查员可能预见修改可能产生专利授权，申请人希望作出修改的，仍应由申请人负责提议修改（包括以附属请求形式所提出的各类替代申请）。有任何反对的，申请人可在其对第一次通信（EPC 1973 第96（2）条）的回复中提议此修改（**T 599/92**）。委员会还认为，申请人有权随时要求口头程序，但如果其希望在不指定口头程序的情况下，避免产生签发不利决定的风险，申请人最迟应于其对依据 EPC 1973 第96（2）条所发出的该通信（此处指第一次）回复的意见陈述中请求口头程序。

2.4 进一步修改的可接纳性（EPC 细则第137（3）条）

根据 EPC 第123（1）条，可依据实施细则在 EPO 的法律程序中修改欧洲专利申请或欧洲专利。EPC 细则第137（3）条（EPC 1973 细则第86（3）条）具有特定相关性。

EPC 细则第137（3）条规定，收到来自审查部的第一次通信后，申请人可自行对说明书、权利要求书及附图做一次修改，条件是同时提交修改与对通信的回复。以后的各种修改都要经审查部批准。因此审查部的批准是一种**自由裁量权**的问题。

在给予或拒绝此意见时，审查部须根据决定 **G 7/93**（OJ 1994，775）所述的原则（尽管此原则与预授权阶段所做的修改相关，此原则仍具有一般有效性），负责任地行使其自由裁量权。扩大委员会指出，审查部在实施 EPC 细则第86（3）条（EPC 细则第137（3）条）的自由裁量权时，须考虑案件中产生的所有**相关因素**。尤其是，审查部必须将申请人在获得合法有效专利时的利益与 EPO 在通过签发授予专利的决定结束审查程序时的利益均考虑在内，且必须使这两种利益相互平衡（**T 1982/07**）。

一旦审查部已行使自由裁量权，仅当上诉委员会得出结论，即审查部未依据正确原则实施自由裁量权，或以不合理方式行使自由裁量权，超越自由裁量权的适当限度时，由此上诉委员会应推翻自由裁量权（特别参见 **G 7/93**，OJ 1994，775 的 **T 237/96** 与 **T 182/88**，OJ 1990，287）。

T 43/83 中，委员会指出，根据 EPC 1973 细则第86（2）条和第86（3）条规定，申请人有权自行两次修改申请。在该案中，申请人未利用这两次机会。

根据 EPC 1973 细则第86（3）条规定，申请人进一步修改需经审查部批准，以便审查部于第一次通信后，可全权决定申请并只依据已在第一次通信中提及的依据否决申请，也因此满足 EPC 1973 第113（1）条的规定。

T 951/97 中，委员会指出，是否给予批准是审查部的自由裁量权，且取决于个案实际情况、寻求修改的依据性质，并同样取决于程序阶段。在早期阶段比在晚期阶段取得修改更容易（参见 **T 529/94** 与 **T 76/89**）。

T 1105/96（OJ 1998，249）中，委员会指出，回复来自审查部的第一次通信后所提交的任何主请求或附属请求的可接纳性属审查部的自由裁量权问题（EPC 1973 细则第 86（3）条）。须考虑有关情况，依法行使其自由裁量权。在这类情况下，审查部表明允许以修改后文本的形式作出对申请主权利要求书的更多请求的，很难想象在任何情况下审查部行使此自由裁量权，否定此请求的可接纳性是合法行为。当然，在该案情况下，除放弃所有先前请求外，提前驳回此更多附属请求属滥用程序、非法行使 EPC 1973 细则第 86（3）条的自由裁量权，因此属 EPC 1973 细则第 67 条所指的重大程序违法。

T 166/86（OJ 1987，372）中，委员会认为，依据 EPC 细则第 86（3）条规定，仅在审查部同意后，方可进行进一步修改——包括为特定缔约国单独提交一组权利要求书（参见第 4/80 号法律建议，OJ 1980，48）。审查部须在适当评估特定情况后，决定是否同意所请求的修改，此举尤其涉及平衡 EPO 在快速完成程序中的利益与申请人得到在所有缔约国均合法有效的专利中的利益。如果申请人因正当理由在后期才能够请求修改，或所请求的修改明显对申请人很重要，且考虑所请求的修改不会明显延误授权程序，审查部不能拒绝同意作出修改。委员会认为后者是这种情况。

T 182/88（OJ 1990，287）与 **T 166/86**（OJ 1987，372）中，委员会决定，法律程序中，在特定情况下可接纳后期提交的一组单独的权利要求书。委员会补充道，EPO 行使自由裁量权的过程中，完全不应考虑其用户友好的声望。不应将表示对 EPO 各方的考虑混淆为依法适当行使自由裁量权。有人还认为，决定取决于自由裁量权的行使时，**应给出理由**。

T 872/90 中，委员会认为，“申请人已对权利要求书作出一次修改”的评论与对 EPC 1973 细则第 86（3）条的引用均不得被视为代表一种论证，原因是委员会认为此陈述仅构成对通过此条规定给予审查部的权力的引用。

T 246/08 中，审查部在一份传真中声明，未同意 EPC 1973 细则第 86（3）条规定所述的进一步修改。尽管口头法律程序的记录包含新的论据，该记录或之后的通信中仍重申未同意以后的任何修改的相似声明。委员会规定，审查部同意 EPC 细则第 137（3）条所述修改的权力属自由裁量权，此自由裁量权须在考虑特定案件的所有相关因素后被实施，尤其须平衡申请人为其发明获得适当保护中的利益与 EPO 有效快捷地结束审查中的利益，这是上诉委员会的既定判例。此外，自由裁量权的行使须有正当理由，否则将为武断行为。因此，

T 872/90 中，当时的决定委员会认为，“申请人已对权利要求书作出一次修改”的评论与对 EPC 1973 细则第 86（3）条的引用均不得被视为论证，原因是此评论仅构成对通过上述规定给予审查部的权力的引用。接着，于提交任何修改前拒绝同意修改不属于依据 EPC 细则第 137（3）条规定合理实施自由裁量权。确实，在委员会看来，这本身就属于重大程序违法，因为它面临着阻止申请人作出修改（合理方式本不能阻止申请人修改申请）的风险。委员会明确表示，预先作出不接受修改的正式声明，与告知申请人存在允许或拒绝修改的自由裁量权，在申请人提交修改时将行使此自由裁量权的通知之间有天壤之别。

2.5 涉及未检索主题的修改

未经检索的主题未结合最初请求保护的发明或一组发明以形成一个总的发明构思的，修改的权利要求书不得涉及该未经检索的主题（EPC 细则第 137（4）条，EPC 1973 细则第 86（4）条）。

T 442/95 中，在实质审查之初，审查部已根据提交的权利要求书涉及不同的三组发明的裁断，就该权利要求书提出缺乏单一性的异议。之后，上诉人根据这三组发明的主题提交修改后的权利要求书。审查部以此权利要求书缺乏新颖性为依据，予以否决。上诉程序中，上诉人根据未出现在提交的权利要求书中的主题，提交新的权利要求书。上诉人认为，可在说明书中发现对此最新请求保护的主题的描述。在委员会看来，请求保护的主题未经检索，且未结合最初请求保护及检索的多组发明，以形成一个总的发明构思。无须在此阶段调查所提交的申请是否为此权利要求书提供支持，因为依据 EPC 1973 细则第 86（4）条规定，不得接纳权利要求书。上诉人唯一可选的道路是以分案申请的形式继续上述权利要求书的主题。

T 613/99 中，EPO 作为国际检索单位，考虑到形成国际申请权利要求 1 和 2 主题的发明涉及被排除可专利性的行为。EPO 基于 PCT 细则第 39（1）（iii）条，避免检索这两项权利要求，而确立对剩余权利要求的国际检索报告。审查部已在之后的通信中规定，由于已对权利要求 1 和 2 作出修改，这两项权利要求不再涉及被排除可专利性的主题，作为回应，申请人提交一组新的权利要求书，仅包含这两项权利要求。随后，审查部否决欧洲专利申请并解释道，因为修改后的权利要求书涉及未曾为国际检索主题的事项，所以 EPC 1973 细则第 86（4）条在此情况中适用。

上诉委员会决定，此论证方式不适用。它表明，EPC 1973 细则第 86（4）条系指特定情况，即原申请中描述的主题，但未请求保护主题，因此主题未经检索；主题未以申请中请求保护的事项，满足单一性发明的要求；且申请人继检索报告后，提交仅涉及此未经检索的事项的新权利要求书。在这种情况中，不得在原申请所处环境中审查此新权利要求书的可专利性，因为此举将会造成不遵守 **G 2/92**（OJ 1993，591）所支持的原则，根据此原则，应审查的发明须为已缴纳检索费的发明。在该案中，情况完全不同。正在考虑中的申请所请求保护的主题已在原申请中请求保护，即使不可能实施有意义的检索，仍检索了此主题。此外，形成涉案申请的权利要求 1 和 2 主题的发明，与形成原申请权利要求 1 和 2 主题的发明在实质上是一样的。在这类情况下，如果审查部驳回了检索部对被排除检索的事项的裁断，经审查部要求，可实施所谓的附加欧洲检索。

T 443/97 中，上诉人（异议人）辩称，修改后的权利要求书与 EPC 1973 细则第 86（4）条相抵触。委员会认为，修改后的权利要求书不涉及未检索的主题。而且，委员会还指出，EPC 1973 细则第 86（4）条规定涉及缺乏发明单一性的争议。从 1995 年 6 月 1 日的 EPO 通知（OJ 1995，409）中可明显看出，EPC 1973 细则第 86（4）条涉及审查程序，特别是申请人未缴纳检索部就非单一主题要求更多检索费的案件。EPC 1973 细则第 86（4）条的目的为：如果任何修改与“对提交发明的审查必须先缴纳检索费”这一原则相抵触，则排除此修改。委员会指出，发明的单一性具有行政性质的要求，并指出，既然已为审查程序作出结论，即已授权专利，则满足此要求的行政目的（参见 **G 1/91**，OJ 1992，253）。因此，EPC 1973 细则第 86（4）条与该异议案件不相关。

T 708/00（OJ 2004，160）中，审查部已以 EPC 1973 细则第 86（4）条不允许作出新权利要求书为主要依据，否决申请。委员会指出，就涉及最初提交的权利要求书的非单一发明而言，尽管 EPC 1973 细则第 46（1）条要求申请人缴纳审查费，但申请人仍未缴纳审查费的，则 EPC 1973 细则第 86（4）条不适用。该情况下，不得进一步审查申请，如果诉求保护，则必须提交分案申请（参见 **G 292**，OJ 1993，591）。依据 EPC 1973 细则第 86（4）条，只有最初提交的权利要求书的主题与修改后的权利要求书的主题是这样的情况——如果当初将所有权利要求一起提交，除就起初实际提交的权利要求书而言应缴纳的检索费外，还应就 EPC 1973 细则第 46（1）条所指的不同发明有关的修改后的权利要求书缴纳进一步的检索费时，方可否决修改后的权利要求书（另见 **T 319/96** 与 **T 631/97**，OJ 2001，13）。

委员会指出，通过随后提交申请所披露的附加特征限制主权利要求书主题的修改一般不影响对 EPC 1973 细则第 86（4）条或第 46（1）条中的发明单一性的理解。

T 353/03 中，审查部已在否决申请的决定中阐明，未检索权利要求1中的新特征，因此依据EPC 1973第97（1）条与EPC 1973细则第86（4）条否决申请。委员会评述道，已就构成决定基础的权利要求1的主题，第一次在上诉决定中提出EPC 1973细则第86（4）条中的否决理由。申请人因此无机会于决定作出前发表意见，这与EPC 1973第113（1）条所规定的申请人权利相抵触，且构成重大程序违法。

委员会在其决定中裁决，审查部未考虑这一事实——EPC 1973细则第86（4）条提及驳回修改后的权利要求书所需要满足的另一个条件，也就是说，未检索的主题未结合最初请求保护的发明以形成一个总的发明构思（缺乏单一性）。上诉决定未讨论新权利要求1与原权利要求1不统一的原因。委员会得出结论，依据EPC 1973细则第68（2）条规定，上诉决定理由不充分。

EPC 1973细则第86（4）条自1995年6月1日起实施并生效，旨在阻止与“对提交发明的审查必须先缴纳检索费”这一原则相抵触的任何申请的修改。EPC 1973细则第86（4）条阻止申请人在对审查部的通知所作出的回复中转成未检索的主题，并使EPO在不是同时，而是依次请求保护不同主题的情况（申请人撤回既有权利要求书并将其替代为摘自说明书的最初非单一主题时，通常就是这种情况）下有办法作出回应（**T 274/03**；关于EPC 1973细则第86（4）条，参见1996年6月5日的通知，OJ 1995，409，420等）。

T 274/03 中，委员会指出，很明显，主题的后检索“转变”清楚表明请求保护的主题在性质上发生了显著改变，正常情况下，此改变不能与添加摘自说明书的特征相比，以进一步定义已成为原主权利要求书特征的元素。委员会认为，修改包含来自原说明书的补充特征构成对原权利要求书的限制的，代表申请人对就修改前的权利要求的可专利性提出的反对作出的可容许的反应，不构成滥用系统性质（EPC 1973细则第86（4）的实施旨在避免此滥用）（**T 377/01**与**T 708/00**）。因此，**即使可要求进行附加检索**，通常也不应认为此类修改与该规定的要求相抵触。在此情况下应注意到，请求保护的主题与之后请求保护的主题之间缺乏单一性的这一隐含裁断是依据EPC 1973细则第86（4）条规定提出反对的一项先决条件，且须与此处考虑的修改类型一起，都是事后得出的。然而，EPO审查指南清楚表明，就缺乏单一性提出的此形式的反对应为特殊情况，给予申请人提出质疑的权利（另见指南C-III，7.7-2010年4月版）。

T 1242/04（OJ 2007，421）中，在检索阶段，向申请人寄出EPC 1973细则第45条规定中的声明，告知申请人，如果使作出EPC 1973细则第45条的声明成为必要的缺陷已得到修正，将在审查过程中实施检索。未在审查阶段实施“附加”检索。依据 EPC 1973 第 52（2）条和第 52（3）条规定，审查部因欧洲专利申请缺乏技术特征，否决此申请。

委员会指出，在不“可能”基于所有或一些权利要求对现有技术进行“有意义的检索”的范围内，EPC 1973 细则第 45 条适用于不符合公约规定的情况。因此，仅在不可能进行检索的情况下，允许作出 EPC 1973 细则第 45 条的声明。在其他案件中，审查部将“在可行情况下”起草部分检索报告。委员会认为，EPC 1973 细则第 45 条仅涉及检索的实用性，而不涉及检索在之后实质审查中的结果的潜在关联，从该规定的实际措辞中可明显看出这一点。该规定涉及严重违反公约规定的情况（如最根本的不明确或缺乏任何技术特征）下，进行有意义的检索的不可能性。未满足此标准的，无论检索部认为检索是否将对其后程序产生任何重大结果，均不得参考 EPC 1973 细则第 45 条拒绝检索。归根结底，检索是实质审查的基础（现亦是 EPC 1973 细则第 44a 条项下的扩大欧洲检索报告的基础，反之则不然）。此外，不太明显的是，仅针对审查部认为“微不足道的”技术特征作出的权利要求可阻止对现有技术进行有意义的检索，实际上，此检索在此案件中应特别简单。委员会认为，申请人的主题有非技术方面的，仅可在特殊情况——请求保护的主题，即包含类似权利要求与从属权利要求的一整套权利要求书明显无任何技术特征——中作出依据 EPC 1973 细则第 45 条的声明。然而，在委员会看来，并不总是需要在此情况下对经文件证明的现有技术进行附加检索。根据上诉委员会的既定判例法，在不存在经文件证明的现有技术的情况下，就缺乏创造性提出异议是可能的（例如参见 **T 939/92**，OJ 1996，309）。异议以“众所周知的知识”为依据或无争论余地地构成常识一部分的，应允许前句所述行为。在此情况下，基于纯粹的正式理由对经文件证明的现有技术进行附加检索将属不当行为（另见 **T 690/06**）。

T 1515/07 中，委员会指出，根据上诉委员会的判例法，权利要求的技术特征已为公众所知悉的，审查部则无须进行附加检索。在该案中，审查部从申请人在说明书中确认并在口头法律程序中提交的现有技术着手，确定一系列技术特征（此技术特征并非来自此现有技术，但被认为对技术人员是显而易见的）。审查部未发现这些技术特征是众所周知的。换句话说，争议案件在审查部看来是完全正常的案件，在此案中，发明通过特定技术特征区别于最接近的现有技术，且任何基于创造性提出的异议均要求有实质性证据与论据。

委员会认为，在此正常情况中，未根据 EPC 细则第 63 条进行检索的，须进行附加检索。判例法在这一方面允许自由裁量权，这是事实，但自由裁量权被限制在众所周知的特征或申请人将其作为已知情况明确接受的情况。在所有其他情况中，均须进行附加检索（参见 **T 690/06**，理由第2点）。尤其是，只要尚未进行任何检索，如果请求保护的发明包含至少一项非众所周知的技术特征，正常情况下审查部便不应以缺乏创造性为由否决申请。审查部自身认为，当前案件不属于上述特殊情况，审查部却认为不“需要”进行检索，因为无论如何均可达成决定。然而，普遍接受该观点将产生以下结论：实质审查作为检索的基础，但检索不作为实质审查的基础，决定 **T 1242/04** 明确告诫这一裁断。在此情况中，审查部被认为已通过未进行明显必要的附加检索而构成 EPC 细则第103（1）（a）中的重大程序违法。因此审查部退还上诉费是合理的。委员会还认为，不要求作出对审查的明确请求（参见 EPC 第92（1）条），而且权宜之计不是未进行强制程序步骤的正当理由。

T 690/06 中，就审查部的程序而言，委员会认为，因为数据库分区与访问控制特征既不属于非技术特征，亦不属众所周知的特征，所以审查部应进行附加检索。继决定 **T 1242/04**（OJ 2007，421）所确定的原则之后，委员会认为，只要尚未进行任何检索，如果请求保护的发明包含至少一项非众所周知的技术特征，正常情况下审查部便不应以缺乏创造性为由否决申请。须在狭义范围内解释“众所周知”这一术语。

2.6 根据 EPC 第113（1）条的进一步通信事宜

依据 EPC 第113（1）条规定，EPO 可仅依据有关当事方有机会作出评论的理由或证据作出决定。

T 734/91 中，申请人已提交一组新的权利要求，以解决审查部在通信中提出的所有反对意见。委员会确认不应反复给予申请人对相同反对意见发表意见的机会，却指出，申请人已**真正尝试**解决审查部提出的异议的，EPC 1973 第113（1）条可给予申请人机会，以就驳回修改后的权利要求书的理由发表意见。

T 907/91 中，审查部未告知申请人其不接受申请人于收到第一次通信后与于口头法律程序后所提交的修改后的文件的理由，便否决申请。委员会认为此举违反 EPC 1973 第113（1）条，因为在书面程序或口头法律程序中签发具有争议的决定前，审查部应给出其拒绝接受修改后的文件的理由。此理由可视有关规定，具有正式性质或涉及实质性专利法。然而，也可基于程序法（参见 EPC 1973 第125条）普遍认可的原则，运用诸如申请人明显滥用专利授权程序，试图通过提交过度大量修改请求拖延法律程序等其他理由。

T 951/92（OJ 1996，53）中，委员会通过下列表述总结判例法：EPC 1973

第 113（1）条旨在确保，在以不符合公约某一要求为由签发驳回申请的决定前，EPO 已**清楚**告知申请人此不合规裁断所基于的基本法律理由与事实理由，以便申请人在决定作出前了解申请可能被否决及否决理由，且便于其可能有正当机会就否决理由发表意见及/或提交修改，以避免申请被否决。因此**不应在狭义范围内**解释 EPC 1973 第 113（1）条中的“理由或证据”这一术语。尤其是，在审查程序的环境中，“理由”一词不只系指在被视为未满足公约某一要求这一狭义中的否决申请的理由，“理由”一词应被解释为系指导致申请被驳回的**基本依据**，包括法律上的与事实上的理由（**T 187/95**）。换句话说，在签发决定之前，申请人应被告知其须满足的要求，且须有机会满足此要求。

如果依据 EPC 1973 细则第 96（2）条和 EPC 1973 细则第 51（3）条的通信未阐述基本法律依据与事实依据以支持“未满足公约某一要求”这一裁决，那么，依据此裁断签发的决定必然有悖于 EPC 1973 第 113（1）条——除非已签发确实包含基本依据的通信。如果在未签发包含基本依据的通信的情况下签发决定，则违反了 EPC 1973 第 96（2）条规定，因为为避免违反 EPC 1973 第 113（1）条，“需要”签发进一步的通知（另见 **T 520/94**，**T 750/94**，OJ 1998，32；**T 487/93** 与 **T 121/95**）。

T 309/94 中，委员会发现，审查部在作出决定前的最后一次通知中，已向上诉人（专利申请人）暗示，如果提交一审部门表明的意义上的修改后的权利要求书，则可期待得到正面决定（如授予专利）。于是，上诉人提交此权利要求书。之后，审查部未作出任何进一步信息，且违背给上诉人留下的印象，签发驳回申请的决定。这剥夺了上诉人发表意见或反驳的机会，因此违反 EPC 1973 第 113 条的要求。委员会认为此举系重大程序违法构成退还上诉费的理由。

T 92/96 中，委员会发现，审查部发出理由充分的通知后，申请人有机会就通知中所述反对发表意见，但将范围限定在对权利要求书作出**细微修正**的范围内。因为权利要求 1 被视为缺乏创造性，其基本特征保持不变，所以此类修正未达到导致审查部修改其意见的程度。因此必须预料到，审查部收到申请人的信件后将决定否决申请，因为申请人未真正努力回复反对意见。在委员会看来，申请人未因此受到歧视，且审查部无义务依据 EPC 1973 规定或诚信原则，签发新通信或进行电话会谈以讨论审查部已给予负面裁断的创造性问题。因此审查部未构成实质性违法，尤其是就 EPC 1973 第 113（1）条而言，且在此情况下，不批准上诉人依据 EPC 1973 细则第 67 条规定提出的审查费退还请求。

T 946/96 中，委员会指出，如果审查部依据 EPC 1973 细则第 86（3）条的规定，拒绝同意进一步修改，审查部应遵循经认可的正确程序在指南中有清楚阐述；如果将依据 EPC 1973 细则第 86（3）条否决修改请求，按照 EPC 1973 第 113（1）条规定，首先应向申请人寄出通信，给出拒绝修改的理由。此处，上诉中的案件决定首先向首次申请人表明，审查部无意实施经提交的权利要求书。此举属审查部的重大程序违法。依据 EPC 1973 细则第 86（3）条拒绝同意的情况下，无论之前已签发多少次通信，均须符合 EPC 1973 第 113 条的规定。

委员会继续说道，审查部依据 EPC 1973 细则第 86（3）条的规定，拒绝同意最新提交修改后的权利要求书的，不自动恢复审查部曾同意依据 EPC 1973 第 86（3）条规定考虑的之前提交的整套权利要求书——除非申请人表明将其作为附属请求。正确程序为告知申请人审查部意欲拒绝同意最新提交的整套权利要求书的理由，并询问申请人是否希望基于此理由作出决定。申请人之后仅在此权利要求书基础上维持请求，且他以后提出的任何论据均未说服审查部改变想法的，应签发决定表明依据 EPC 1973 细则第 86（3）条的规定**拒绝**同意的**理由**，且将以该申请未包含申请人同意的权利要求书为依据，按照 EPC 1973 第 97（1）条与第 78（1）条规定否决申请。

T 802/97 中，委员会认为，决定包含若干理由的，决定应就每个理由阐明其满足 EPC 1973 第 113（1）条的规定。在委员会看来，EPO 的决定包含单独论据与证据支持的若干理由的，决定作为一个整体应满足 EPC 1973 第 113（1）条的强制性要求，这点极其重要。由决定作出机构表明应将哪些理由视为决定依据——且无须因此符合 EPC 1973 第 113（1）条要求——只会导致各方的法律不确定性和混乱。上述原则的例外情况可作为附带说明，不构成决定所依据的理由的一部分。

T 275/99 中，委员会认为，上诉决定完全基于上诉人自大量国际初审报告（IPER）（为与被否决的欧洲申请完全对应的国际申请的说明书与权利要求书起草该报告，且该报告已通过引用而构成审查部官方通信的一部分）中已知理由、事实与证据的，则满足 EPC 1973 第 113（1）条的要求。

T 587/02 中，因为否决申请的决定包含依据公约作出的第一个被证实的异议，所以上诉人（专利申请人）以有疑义的决定违反陈述权（EPC 1973 第 113（1）条）为由提出上诉。委员会评述道，**T 275/99** 中称，通过 IPER 因引用而并入审查部的官方通信，可满足 EPC 1973 第 113（1）条规定，且委员会未就自 EPO 之外的国际初审单位处引用 IPER 提出反对，但前提是 IPER 以公约所采用的语言，构成 EPC 1973 细则第 51（3）条所规定的合理陈述；在创造性异议的情况下，将要求作出申请人可理解并可在适当情况下答复的一系列合乎逻辑的理由。

委员会指出，决定前的通信关注USPTO起草的IPER，且发现有必要考虑IPER的措辞以了解是否可确认公约中造成驳回的反对理由及其依据。在委员会看来，IPER未满足此测试，且评述道，于一次诉讼后便驳回申请表明上诉人未真正努力处理审查部提出的反对理由（另见**T 802/97**）。考虑到上诉人已删除权利要求1~11，且已在不存在应作出回复的明显理由的情况下仍出具论据，所以显然不属于这种情况。

T 268/00中，委员会指出，EPC 1973第113（1）条规定的陈述权仅排除以新证据与理由为依据作出决定，但不排除在仍基于事先通信中的理由作出的决定中使用**新论据**（此处此论据以特定技术观点为依据）。因此上诉人在上诉中的案件决定中提出的技术论据，无论是否为新证据，均不侵犯上诉人的任何权利。至于该论据的技术内容，当上诉人可能既不同意审查部的裁决、亦不同意给出的技术论据时，审查部与上诉人就创造性的实质性事宜持有不同意见不构成程序违法。

T 497/02中，上诉人依赖当时适用的指南，诉称，口头法律程序前未向其寄出书面通信或与其进行电话会谈，讲明依据EPC 1973第113（1）条规定驳回申请的理由，此举侵犯其根据EPC 1973第113（1）条的权利。委员会指出，申请人不得期望仅在规定的口头法律程序日期前1个月修改其权利要求请求，亦不能期望在口头法律程序前向其作出书面通信或电话通知，表明审查部意于行使EPC 1973细则第86（3）条规定的自由裁量权以反对接纳新请求，并表明反对理由。申请人应料到其须在口头法律程序中处理迟交请求有关的任何问题。

委员会评述道，EPC 1973细则第86（3）条的目的在于给予审查部自由裁量权，否决在未响应第一次通信的情况下对权利要求书的修改，以确保审查程序可在尽可能少的诉讼中得出结论（参见指南）。委员会从该条规定与指南C-VI 4.12（早期版本）中了解到，当时适用指南的目的在于给予申请人机会，以避免仅以不存在申请人同意的文本为依据，产生负面决定的情况。

T 1237/07中，依据EPC 1973第96条规定，一审部门须要求申请人在必要时可以多次就其意见陈述发表意见。然而，本条规定与EPC 1973细则第51条给予审查部自由裁量权，以评估何时有必要给予此机会，何时更适合结束书面阶段进行口头法律程序（例如**T 1578/05**）。

委员会指出，只要申请人可能讨论未决事宜，这一简单事实——申请人请求下一步骤为依据EPC 1973细则第51（4）条规定作出新通信，而非预先安排的口头法律程序——对审查部便不具有约束力；请牢记，与上诉人的主张相反，并不必然需要以书面形式行使EPC 1973第113（1）条规定的发表意见的权利，可通过口头法律程序行使此权利。审查部在新口头法律程序中的反驳是审查部依据 EPC 1973 第 96 条规定行使自由裁量权时采取的相同做法的一部分。

2.7 非正式通信

2.7.1 电话交谈

T 300/89（OJ 1991，480）中，委员会认为，关于上诉人就审查员未作出经请求的电话通知提出的投诉，指南清楚地阐述了此类非正式通信的惯例。此类非正式通信及与其有关的惯例应与 EPC 1973 第 96（2）条和 EPC 1973 细则第 51 条所规定的正式审查程序明显区分开来。审查员须考虑每个个案的具体情况，依据指南规定行使是否作出此类非正式通信的自由裁量权。然而，因为从此会话程序在 EPC 1973 中无规定、因而是 EPC 1973 所规定程序的额外程序的意义讲，此程序是非正式的，所以于诸如本案等案件中行使对申请人不利的此类自由裁量权，其性质不能为程序违法。在任何情况下，在委员会看来，在本案中均不得就审查员未电话通知上诉人而指责审查员。

T 160/92（OJ 1995，35）中，上诉人声称，在与主审查员进行的两次电话会议中，审查员误导其相信，将签发进一步通信作为下一程序步骤，所以反驳申请并非迫在眉睫。委员会指出，EPO 与申请人之间的通话在某些情况下，可作为加速进程较缓慢的程序的工具。然而，应提醒人们不要对极端情况期望过高，因为电话会议比书面沟通更容易产生误解，有时误解还会因沟通的双方参与者中的一方可能未做好处理案件的充足准备而升级。EPO 的程序原则上为书面程序，将 EPC 1973 第 116 条规定的口头法律程序排除在外，这样做是有充分理由的。而且，在审查程序（与异议程序）中，主审查员仅为审查部（由 3 名审查员组成）中的一名审查员，众所周知该审查员的个人言论对审查部不具有约束力。此外，电话会议未在公约的规定中，且电话会议不构成 EPO 正式程序的一部分。

委员会未否认，诚信原则应适用于 EPO 职员对法律程序各方采取的有关程序事宜（甚至是非正式事宜）的所有行为。然而，驳回审查部的决定前，须明显违反公约规定的程序规则。因为电话会议不构成上述正式程序的一部分，且程序性相关事实的次序已明确归档，所以委员会认为无必要进行详尽调查，以解决上述通话所谈及的事项。委员会认为，须通过关注文件的相关程序事实，要求对申请人在申请被驳回迫在眉睫的可能性方面是否受到误导这一争议性问题作出回复。

2.7.2 面　　谈

原则上，驳回同有关审查员进行面谈的请求不悖于公约所规定的任何程序规则。申请人请求面谈的，应批准请求，审查员认为此讨论不会产生任何有用目的的除外（指南 C－VI，2010 年 2 月 6 日版）。

T 98/88 中，委员会认为，EPC 1973 第 116 条给予各方参加口头法律程序的全部权利，但未给予各方与审查部某一特定成员进行面谈的权利。有关审查员应决定是否进行此类面谈（另见 **T 235/85**；**T 19/87**，OJ 1988，268；**T 409/87**；**T 193/93** 与 **T 589/93**）。

T 409/87 中，上诉人请求进行面谈，审查部未给出理由便拒绝面谈。委员会评述道，尽管上诉中的案件决定未具体表明为何未准许所请求的面谈，但从此可明显看出，审查部已认为此面谈不会产生任何有用目的。此类情况下，审查员无须准许所请求的面谈。因为与口头法律程序相比，面谈不属于公约规定的程序步骤，所以拒绝准许面谈请求不属于可上诉的决定，因此不在 EPC 1973 细则第 68（2）条前半句的规定范围内。

T 182/90（OJ 1994，641）中，上诉人未向审查部请求口头法律程序，只请求进行面谈。委员会认为，不能确认上诉人所声称的有悖于 EPC 1973 第 116（1）条规定。

T 872/90 中，委员会认为，依据既定判例法（参见 **T 19/87** OJ 1988，268），如果审查部认为有关申请人向其所提出的可能模糊的请求的真正性质存在任何合理疑问，作为惯例，应找有关当事方弄清楚，这点是完全可取的，尤其是因为 EPC 1973 第 116 条所规定的口头陈述权是极其重要的程序权利，EPO 应采取所有合理步骤维护此权利。因此，违反此权利原则上须被视为 EPC 1973 细则第 67 条所指的重大程序违法，拒绝授予该权利的情况与理由仅被视为误判的除外。

考虑到“陈词”机会请求的某种模糊性质（其首先引起代表非正式面谈请求的释义），允许或驳回该请求完全属于自由裁量权的问题，委员会裁决，此类误判已实际发生，且在这方面不存在实质性违法（参见 **T 19/87**、**T 283/88**、**T 668/89** 与 **T 589/93**）。

T 366/92 中，申请人“将欢迎在非正式面谈中与审查员讨论案件的机会……”这一表述不构成请求 EPC 1973 第 116 条所规定的口头法律程序。

T 299/86（OJ 1988，88）中，委员会认为，一方要求 EPC 1973 第 116 条所规定的口头法律程序不受该方已请求且/或已参加与审查员的面谈这一事实的影响。

T 808/94 中，委员会称，主审查员一人已通过电话进行的非正式面谈（亦称“个人咨询”）与/或非正式咨询可取代依据 EPC 1973 第 116 条规定充分请求的口头法律程序（该程序本将由审查部所有成员实施）（EPC 1973 第

18（2）条）。

第6章C论述了审查法律程序中涉及口头法律程序的上诉委员会判例法。

2.8 没有答复来自审查部的通信（EPC第94（4）条）

依据EPC第94（4）条规定，申请人未适时答复来自审查部的任何通信的，申请应被视为撤回。EPC 2000第94（4）条本质上与EPC 1973第96（3）条一致。

T 685/98（OJ 1999，346）中，应根据EPC 1973第96（2）条与EPC 1973细则第51（2）条规定的要求的目的——给予申请人机会依据EPC 1973第113（1）条规定行使发表意见的权利——解释EPC 1973第96（3）条中“没有及时答复按照……第2款所提出的任何要求”这句话。

T 160/92（OJ 1995，35）中，委员会认为，EPC 1973第96（3）条未要求“完整回复”，而仅要求“回复”以避免申请被视为撤回。申请人适时提交对审查部的通信的回复函（论述此通信的实质要点）构成EPC 1973第96（3）条所指的回复，因此从程序法的角度排除被视为撤回的可能性。

J 29/94（OJ 1998，147）中，委员会就EPC 1973第110（3）条评述道，另一种回复形式也可造成申请被驳回，而不造成申请被视为撤回；申请人不希望对通信作出实质性回复的，可请求根据既有案卷作出决定。

T 685/98（OJ 1999，346）中，委员会指出，依据EPC 1973第97（1）条作出有效反驳前，申请人须已行使发表意见的权利或已放弃该权利。委员会认为，不得将申请人于收到EPC 1973细则第51（2）条所规定的通信后提出的纯粹程序请求视为在4个月回复期限的剩余期间放弃发表意见的权利。申请人既未对所提出的反对意见作出实质性回复，亦未放弃发表意见的权利的，那么，因为依据EPC 1973第97（1）条规定，公约未规定不同制裁的，申请应予以否决，所以驳回申请属越权行为，可以撤销，重新开始。然而，EPC 1973第96（3）条为未作出回复规定了不同制裁，即申请被视为撤回。

在不明确的情况下，不得假设申请人已放弃EPC 1973第113（1）条所规定的陈述权。上诉扩大委员会在决定**G 1/88**（OJ 1989，189）中强调，不得简单假设“放弃权利”（a jure nemo recedere praesumitur）。因此，基于此类假设，于回复通信的原期限届满前，依据EPC 1973第97（1）条规定作出否决的决定有悖于EPC 1973第113（1）条规定，因而涉及重大程序违法。委员会清楚表明，申请人对EPC 1973细则第51（2）条所规定的第一次通信的回复函仅仅包含无任何实质性含义的程序请求，审查部无权依据EPC 1973第97（1）条规定否决申请。

J 5/07 中，委员会认为，提交分案申请不构成答复审查部在 EPC 1973 第 96（3）条所指的母申请中的要求。委员会指出，分案申请在法律上、行政上与母申请相关的授权法律程序分开独立（参见 **G 1/05**（OJ 2008，271；理由第 3.1 点与第 8.1 点；**T 441/92**）。提交分案申请，被反对的专利申请的文本就保持未修改的形式。

2.9 依据 EPC 第 97（2）条（EPC 1973 第 97（1）条）规定否决欧洲专利申请

依据 EPC 第 97（2）条（EPC 1973 第 97（1）条）规定，审查部如果认为欧洲专利申请或与其相关的发明不符合公约的要求，除本公约另有规定外，应否决申请。

未满足公约要求之一的欧洲专利申请须**被全部否决**，而无必要考虑申请作为一个整体（如从属权利要求）是否可能包含表明创造性的材料（**T 5/81**，OJ 1982，249；**T 293/86**、**T 398/86** 与 **T 98/88**）。

T 162/88 中称，申请人所提交或同意的版本的欧洲专利申请包含审查部视为不允许的权利要求的，审查部须依据 EPC 第 97（2）条规定全部否决欧洲专利申请，而不是仅否决相关权利要求（另见 **T 117/88**、**T 253/89** 与 **T 228/89**）。

T 11/82（OJ 1983，479）中，委员会认为，欧洲专利申请须满足实施细则中规定的条件（参见 EPC 1973 第 78（3）条）。审查部认为申请未满足此要求的，审查部有义务依据 EPC 1973 第 97（1）条规定否决申请。

委员会在若干决定中指出，审查部应就 EPO 在审查法律程序过程中正当提出的、申请人在回复中实质性处理的所有事宜，给予可上诉的决定**充分理由**——这是非常可取的。此“完整”决定使程序效率更高，无须将此事宜提交到一审部门；委员会可在不剥夺上诉人在两个实例中考虑此事宜的机会的情况下，决定在一审部门已经提出的所有事宜（参见 **T 153/89**、**T 33/93** 与 **T 311/94**）。

T 839/95 中，审查部未作出 EPC 1973 第 97 条所规定的最终决定，而是签发了表明作为 EPC 1973 第 106（3）条所规定的中期决定的决定，驳回主请求与两项附属请求，并声称依据第三附属请求要求保护的发明被裁断为满足公约要求。

委员会指出，从仅为异议法律程序向审查员所做的说明中预料到，可允许附属请求的案件中的中期决定。委员会认为，一审部门以与授权法律程序相同的方式行事属不当行为。在委员会看来，异议法律程序中的中期决定目的在于就可维持专利的版本作出最终决定前，节省所有人在满足 EPC 1973 细则第 58（5）′条所规定的形式要求时的进一步费用（**T 89/90**，OJ 1992，456）。因为不存在可能对申请人同意的版本提出异议的其他当事方，所以授权法律程序中不存在相应情况。因为上诉人因其之前的请求被驳回受到不利影响，所以上诉人可上诉。

T 856/05 中，上诉人争辩道，因为审查部的决定未就驳回权利要求 6 给出任何理由，所以此决定理由不充分，因此违反 EPC 1973 细则第 68（2）条规定。委员会认为，因为 EPC 未规定任何允许部分授权欧洲专利的条款，所以审查部依据 EPC 1973 第 97（1）条规定，决定否决欧洲专利申请时，仅陈述一个审查部认为可影响授权欧洲专利申请的理由已经足够。在该案中，因为审查部认为权利要求 1 的主题不包含创造性，所以审查部不能授权专利。因此审查部无义务就其他权利要求发表意见。

2.10　向上诉委员会提交的修改

依据 EPC 细则第 137（3）条（EPC 1973 细则第 86（3）条），收到来自审查部的第一次通信后，申请人可自行对说明书、权利要求书及附图再作一次修改，条件是同时提交修改与对通信的回复。以后的各种修改都要经审查部批准。

T 63/86（OJ 1988，224）中，委员会指出，整个 EPC 1973 细则第 86（3）条的措辞具体指向审查部。在上诉过程中提交微小修改的情况下，上诉委员会可适当行使 EPC 1973 细则第 86（3）条中的审查部的自由裁量权。然而，已提交实质性修改，要求对公约的形式要求与实体要求均进行进一步实质审查的，如果应进行此类进一步审查的话，审查部应仅于审查部本身已依据 EPC 1973 细则第 86（3）条规定行使自由裁量权后，作为一审部门进行进一步审查（**T 47/90**，OJ 1991，486；**T 1/92**，OJ 1993，685；**T 296/86**；**T 341/86**；**T 347/86**；**T 501/88**；**T 531/88**；**T 317/89** 与 **T 184/91**）。

T 1051/96 中，上诉人在上诉中再次采用审查部已根据 EPC 1973 第 82 条规定驳回、上诉人未进一步起诉的事宜。委员会认为，在就基于缺乏创造性等一些其他理由驳回限制性权利要求的决定提出的上诉中，不得允许申请人提出一项请求，这项请求回归至更宽泛的权利要求，因此再次采用可对其提出缺乏单一性的反对事宜。委员会裁断，委员会依据 EPC 1973 细则第 86（3）条规定行使自由裁量权时，应拒绝在法律程序中允许此请求（参见 **T 63/86**，OJ 1988，224）。委员会指出，这是因为，正如公约，尤其是 EPC 1973 第 96 条清楚表明与 **G 10/93**（OJ 1995，172）中规定的那样，就可专利性要求进行全面审查是审查部的任务，而非上诉委员会的任务。单方案件中，上诉委员会的法律程序主要涉及审查有争议的决定。

3. 签发EPC细则第71（3）条规定的通信之后的审查程序

3.1 简　介

依据EPC 2000，EPC细则第71（3）条规定如下："在决定授权欧洲专利时，审查部应将准备授权欧洲专利的文本通知申请人，并要求申请人在4个月内缴纳授权费和印刷费，而且要求申请人以法律程序所用语言以外的EPO两种官方语言对权利要求书进行翻译。申请人于此期限内缴纳这些费用并提交翻译文本的，应被视为同意准备用于授权的文本。"

EPC细则第71（3）条（EPC 1973细则第51（4）条）遵守行政委员会在2004年12月9日的决定（OJ 2005，8），根据该决定，不得延长缴纳授权费和印刷费、与提交权利要求书译文的期限。EPC细则第71（3）条规定该期限为4个月。

未适时缴纳授权费与印刷费或权利要求费，或未适时提交翻译文本的，欧洲专利申请应被视为撤回（EPC细则第71（7）条；EPC 1973细则第51（8）条）。现行EPC第4条中评论的某些决定涉及原EPC 1973细则第51（4）条的早期版本（EPC细则第71（3）条）。然而，此决定可同样适用于EPC细则第71（3）条。

3.2 申请人同意的文本

3.2.1 清楚且毫无疑义的文本认定

J 12/83（OJ 1985，6）中，委员会认为，违背EPC 1973第97（2）（a）条规定，以未经申请人同意的文本授权专利的，欧洲专利的申请人可因授权专利的决定"受到"EPC 1973第107条所指的"不利影响"。须依据"实施细则的规定"（此处为EPC 1973细则第51（4）条）为该条款之目的确立申请人的同意。

J 13/94中，委员会评述道，依据EPC 1973细则第51（4）条规定同意文本可能已对申请人造成严重程序后果。因此，依据法律上诉委员会的判例法，应仅在申请人的声明清晰明确且该声明特别表明如下内容时，声明方应被视为EPC 1973细则第51（4）条项下的有效同意：

- 同意不受任何条件限制（**J 27/94**，OJ 1995，831）；
- 很清楚申请人已同意哪份文本（**J 29/95**，OJ 1996，489）。

J 27/94（OJ 1995，831）中，委员会认为，为了法律确定性的利益起见，程序声明须清楚明确（确认**J 11/94**，OJ 1995，596）。这表明，声明须不受任何条件限制，使EPO可基于该声明决定是否继续进行。委员会裁断，审查部不应依据EPC 1973细则第51（4）条规定，将讨论中的信件视为有效同意，因为该信件包含一项使同意无效的条件。同意准备授权的文本是进行法律程序的下一步骤。依据EPC 1973细则第51（6）条规定作出通信的必要要求。收到声明时，EPO须清楚，声明是否为发出此通信的适当依据。为了法律确定性的利益起见，委员会规定，程序声明须清楚明确。审查部应就无效同意提出反对，从EPC 1973细则第51（5）条第一句中可预料最终结果。

T 971/06中，委员会指出，申请人或专利所有人依据EPC 1973第97（2）（a）条规定作出同意声明是EPO所有决定所基于的原则（参见EPC 1973第113（2）条）。相应地，申请人须同意经拟议的文本，这是审查部授权专利的任何决定的必要前提——这点是完全清楚的。未满足该前提的，审查部可采取的唯一行动方案是依据EPC 1973第97（1）条规定否决申请，或仍应考虑可进行的修改或修正的，继续审查。如判例法所示，同意条件如此严格，以至于唯一有效同意应为无条件的、清楚明确的同意（参见1996年10月4日的**J 13/94**；**J 27/94**，OJ 1995，831；**J 29/95**，OJ 1996，489）。委员会认为，在无有效同意的情况下，审查部无权决定授权，且在未经申请人有效同意的情况下声称作出的任何授权决定不得享有法律效力。因此，任何此类决定应为无效决定。

3.2.2 拒绝主请求与第一附属请求的EPC细则第71（3）条规定的通信（EPC 1973细则第51（4）条，2002年版）

T 1181/04（OJ 2005，312）中，上诉人（专利申请人）就审查部依据EPC 1973细则第51（4）条规定签发的否决主请求与第一附属请求的通信提起上诉。

委员会指出，审查部依据EPC 1973细则第51（4）条签发的通信给上诉人留下这一印象——除缴费并接受经拟议的文本或不缴费则申请被驳回外，他别无选择。因为该文件还包含拒绝更高级别请求的理由，且未表明如果上诉人意于维持此更高级别请求，应怎样进行，所以这一印象更加深刻。委员会评述道，未给予同意的情况亦将产生法律后果，即依据EPC 1973第97（1）条规定否决申请。申请人未同意的法律后果不同于未缴费或未提交译文的可预见的法律后果。在前一种情况下，申请被否决，而在后一种情况下申请被视为撤回。委员会指出，申请人未同意准备授权的文本有特殊法律后果这一事实使其有必要确保审查部已清楚确定申请人不同意文本。

委员会指出，向申请人寄出的通信反映出EPO的这一做法——并未为申请人不同意审查部提议的版本规定后续程序。委员会裁断，依据公约规定，此为不合理做法。申请人同意审查部准备授权的文本属授权程序的必要及关键因素，需正式确定申请人是否同意文本。此外，应给予申请人机会，表示其不同意审查部依据 EPC 1973 细则第 51（4）条规定以通知方式作出的准备授权的文本，且得到否决其请求的可上诉的决定。

在 **T 1255/04**（OJ 2005，424）中，委员会遵循决定 **T 1181/04**。委员会认为，在这样的情况——认为允许的请求存在，基于此请求寄出 EPC 1973 细则第 51（4）条项下的通信，但还存在未经允许的更高级别的请求——下，如果未伴随不允许更高级别请求的理由，则 EPC 1973 细则第 51（4）条项下的通信存在缺陷。此外，EPC 1973 细则第 51（4）条项下的通信应明确提及维持未经允许的请求的方案，因此将申请人请求基于此更高级别请求作出书面可上诉的决定的可能性告知申请人与审查部。

此外，委员会指出，如果申请人维持审查部的口头法律程序正在讨论的仍然未决的更高级别请求，则不得依据 EPC 1973 细则第 86（3）条规定否决该请求。决定仅因无申请人同意的 EPC 1973 第 113（2）条所指的可授予专利版本而否决申请的，此决定理由不充分，因为该决定未给出申请人同意的版本不符合公约可专利性要求的实质性原因。

3.3 无提交或同意的文本时否决申请的法律依据

EPC 第 113（2）条规定，EPO 只就专利申请人或专利所有人向其提出的或同意的欧洲专利申请或欧洲专利的文本进行审查并作出决定。

T 32/82（OJ 1984，354）中，委员会认为，依据 EPC 1973 第 113（2）条规定，其只就申请人向其提出的或同意的欧洲专利申请的文本作出决定。因而，委员会在裁定上诉时，无权依据公约决定授权其内容及相关性与申请人提交的权利要求不同的权利要求欧洲专利。即使委员会已向申请人表明，如果将此权利要求作为独立权利要求重写，可能允许作出从属权利要求，但申请人未明确请求委员会考虑将其作为独立权利要求，则委员会无义务这样做。

T 872/90 中，委员会认为，考虑到 EPC 1973 第 113（2）条的要求（依据此要求，EPO 只就上诉人向其提出的或同意的欧洲申请的文本进行考虑并作出决定），最新提交的权利要求所取代的原权利要求不再被视为构成申请人同意的文本。

T 647/93（OJ 1995，132），委员会裁断，EPC 1973 第 113（2）条的规定是基本的程序原则，是陈述权的一部分；此决定至为重要，以至于违反此规定（哪怕因请求的错误解释而违反此规定）原则上须被视为重大程序违法。在任何情况下，在上诉理由中指出错误后，审查部在本案中未利用准予 EPC 1973 第109条所规定的中间修改的可能性时，便构成此违法（参见 **T 121/95**）。

T 237/96 中，委员会指出，如在本案中，审查部根据 EPC 1973 细则第86（3）条规定不认可申请人提出的修改，且申请人不同意申请文件的任何其他版本，在这种情况下，一致的判例法所允许的 EPO 既定惯例为以不存在 EPC 1973 第113（2）条所指的可授权专利的文本为依据否决申请。

T 169/96 中，委员会认为，依据 EPC 1973 第113（2）条规定，EPO 受申请人或专利所有人的请求约束。在主请求与附属请求的情况中，这意味着 EPO 还受请求顺序约束。依据附属请求作出决定前，须对主请求作出审查及决定（**T 484/88**，2009年2月1日）。审查部已违反此原则，仅要求申请人依据附属请求三表明同意文本。因此，其明确不同意仅与申请版本必然相关。文件中所有内容均不得被解释为撤回主请求与附属请求一和二。因此，作出上诉中的案件决定时此请求仍然悬而未决，未就此请求作出决定违反 EPC 1973 第113（2）条规定。未处理附属请求三之前的请求还违反 EPC 1973 细则第68（2）条规定。决定涉及若干请求的，决定应给出驳回每项请求的理由（**T 234/86**，见上）。“第一审查员已在可能适用于此请求的先前通信中表明初步观点”这一事实不得取代决定本身的理由。鉴于决定的理由可能为了程序利益在适当情况下提及先前通信，决定应清楚表明哪些考虑因素使审查部作出其结论（**T 234/86**，见上）（另见 **T 1439/05**）。

T 246/08 中，上诉中的案件决定否决主申请的法律理由为“申请缺乏 EPC 第78（1）条所要求的一套有效的主请求权利要求书”。委员会指出，指南表明 EPC 1973 第113（2）条为委员会的案件情况中否决申请的法律依据，即不存在经同意的权利要求文本（2007年12月版 C－VI.4.9，第5款；另见2009年4月版）。然而，鉴于 EPC 1973 第113（2）条未提及不存在经同意的文本的法律后果，因为 EPC 1973 第78（1）（c）条规定不仅是对确定申请日的申请要求，还是对实质审查与授权的申请要求（Singer/Stauder，EPC 第3版第78（6）条与 Benkard，EPC 第78（2）条），所以委员会更倾向于审查部的做法。委员会认为，尽管审查部正常情况下应采用指南，但审查部未采用指南既不属于法律上的错误，亦不属于程序违法。因为所阐述的原因，在此具体情况中，委员会视偏离为认同的问题而非申诉的问题。

T 255/05 中，委员会评述道，上诉人的“附属请求”并非单一请求，还包含大量请求。其未明确委员会考虑此四项请求及任何此类组合请求的顺序作出任何规定。委员会指出，依据 EPC 1973 第113（2）条规定，EPO 只就申请人向其提出的或同意的欧洲专利申请的文本进行考虑并作出决定。因此确定申请人请求授权专利所依据的文本是申请人的责任。在附属请求的情况下，此责任包括这一要求——申请人还须表明审查请求的顺序。这是因为提交附属请求意味着仅在委员会不同意先前请求时提交此类请求。因此，甚至在委员会要求上诉人清楚表明其提交若干请求的顺序及每个请求的准确内容后，上诉人仍未清楚表明时，则不存在 EPC 1973 第 113（2）条所指的申请人提交或同意的文本，且不存在委员会可考虑的任何请求。因此，须不予理会上诉人的“附属请求”。

3.4　对 EPC 细则第 71（3）条规定的通信进行回复而提交的修改

根据 EPC 细则第 71（4）条规定，申请人可于 EPC 细则第 71（3）条所规定的期限内，请求依据 EPC 细则第 137（3）条规定作出修改或依据 EPC 细则第 139 条规定修正错误。

根据 **G 7/93**（OJ 1994，775），依据 EPC 细则第 71（3）条（EPC 1973 细则第 51（4）条）规定申请人同意递交的通知文本并不具有约束力。EPC 细则第 71 条（EPC 1973 细则第 51 条）未变更接受或否决 EPC 细则第 137（3）条（EPC 1973 细则第 86（3）条）所规定的修改请求或 EPC 细则第 139 条（EPC 1973 细则第 88 条）所规定的修改的标准。

T 375/90 中，签发 EPC 1973 细则第 51（4）条所规定的通信后，申请人提交修改的，委员会指出上诉委员会规定的限制采用 EPC 1973 细则第 86（3）条规定时可行使的自由裁量权程度如下：

（i）“接受已删除违反 EPC 1973 的缺陷的修改”这一义务中不存在自由裁量权（参见 **T 171/85**，OJ 1987，160；**T 609/88**）。

（ii）在所有其他案件中，须平衡 EPO 在快速结束法律程序中的利益与申请人在以修改的权利要求书获得专利中的利益（参见 **T 166/86**，OJ 1987，372；**T 182/88**，OJ 1990，287；**T 76/89**）。

委员会指出，指南 C－VI，4.8 与 4.9（旧版本）规定，EPC 1973 细则第 51（4）条所规定的通信未构成申请人质疑早期程序结果的机会，且 EPC 1973 细则第 51（4）条所规定的期限内仅可考虑微小修改。而且，申请人须就仅在此法律程序阶段提交修改给出充分理由。指南规定还要求在判决属于上述类别（ii）的案件时，平衡相关利益。继前述考虑因素之后，审查部（或有管辖权的委员会）适用 EPC 1973 细则第 86（3）条规定时，**并非可完全自行**拒绝审查经修改的各份文件。

T 171/85（OJ 1987，160）中，申请人争辩道，EPC 1973 细则第 88 条包含请求的修改，因此，作出 EPC 1973 细则第 51（4）条规定的同意通信后，仍可请求修改。委员会指出，人们普遍认为，作出授权决定前，可随时进行EPC 1973细则第88条第二句所规定的修正，事实确实如此。然而，委员会认为，此具体案件中未满足EPC 1973细则第88条第二句的要求。委员会认为，尽管不可能进行EPC 1973细则第88条第2句所规定的修正，然而，文件包含应于作出EPC 1973细则第51（4）条规定的通信前正当删除的不一致处。未删除不一致之处的，似乎不满足EPC 1973细则第97（2）条规定的授权前提：申请应满足公约要求。上诉委员会与审查部和申请人一致认为，即使申请人已通信同意EPC 1973细则第51（4）条所规定的（错误）文本，仍没有理由不删除权利要求书之间或权利要求书与说明书之间的不一致之处。且通常似乎无必要取消并替代EPC 1973细则第51（4）条规定的通信；仅当缔约国可能存在申请人无法接受的、EPC 1973第65（3）条规定的权利丧失时，方有必要予以驳回和替代。

T 1/92（OJ 1993，685）中，委员会裁断，根据EPC 1973细则第51（6）条规定，EPC 1973细则第51（4）条规定的时限结束时，不得毋庸置疑地确定申请人同意审查部准备授权欧洲专利的文本不得继续授权专利，且EPC 1973细则第51（5）条规定适用。委员会进一步指出，因上诉人于通信中规定的4个月期限内提交请求——请求不同意文本，并延长对EPC 1973细则第51（4）条规定的通信的回复时限，如果审查部不同意所提交的修改，上诉人有权依据EPC 1973细则第51（5）条规定，在收到审查部通知后作出意见陈述。这意味着，上诉人在任何情况下均有权就其请求处理作出回复。依据EPC 1973细则第51（4）条最后一句，上诉人进一步自动地享有请求延长期限的权利。如果修改请求准时提交，EPC 1973细则第51（5）条规定明确使申请人有权获得审查部对修改请求的回复。因此，时限届满后，且仅当存在明确同意时，方可作出任何最终决定。

T 999/93中，由于上诉人从未撤回主请求、第一附属请求与第二附属请求以及其于1993年4月6日发出的信件（不同意准备授权的文本，但请求就主请求作出决定）这一事实清楚表明上诉人根据更高级别的请求确实同意并提交文本，所以以缺乏申请的任何经同意的文本（EPC 1973第113（2）条）为由，根据EPC 1973细则第51（5）条规定否决申请的决定是错误决定（另见EPC 1973细则第51（5）条第二句）。相反，该决定应要求上诉人就主请求、第一附属请求与第二附属请求给出理由。

T 237/96中，委员会认为，申请人收到审查部依据EPC 1973细则第51（4）条规定寄出的通信后，请求扩大权利要求1的范围以包括一项最开始披露的实施例的行为与其先前的主张（所述实施例不是发明的一部分）不一致，提出关于清楚性与创造性的新议题，且任何有利于允许经修改的权利要求的论证均不支持扩大此范围。委员会裁断，审查部拒绝同意 EPC 1973 第 86（3）条规定的修改时，未以错误方式或不合理方式行使自由裁量权。审查部已同意权利要求修改后版本的，有必要重新开始审查。鉴于权利要求看起来不清楚，这将造成相当大的延迟。

T 1066/96 中，委员会指出，依据 EPC 1973 细则第 51（5）条规定，审查部享有 EPC 1973 细则第 86（3）条规定的、不同意申请人于 EPC 1973 细则第 51（4）条规定的期限内提交的修改的自由裁量权。然而，在那种情况下，EPC 1973 细则第 51（5）条明确规定，审查部应于作出决定前，要求申请人于审查部规定期限内递交意见陈述，且审查部应陈述拒绝同意修改的理由。须按照 EPC 1973 第 113（1）条规定的一般原则看待此规定，根据该条规定，EPO 只能根据有关当事方有机会陈述的理由或证词作出决定。

这种情况下，很明显不得提前批量排除进一步修改，但须根据个案情况分析 EPO 与申请人各自的利益，行使 EPC 1973 细则第 86（3）条所规定的自由裁量权（参见 **G 7/93**，OJ 1994，775）。因此，审查部以消极方式行使 EPC 1973 细则第 86（3）条规定的自由裁量权的过程中，仅当审查部在签发决定前已告知申请人不予接受其请求的进一步修改这一事实及不接受所述修改的理由，从而充分考虑申请人迟交进一步修改的理由时，方可否决申请。申请人维持请求，审查部认为申请人的反论无说服力的，因为该申请不包含申请人同意的权利要求，所以应依据 EPC 1973 第 97（1）条规定否决申请。

T 121/06 中，审查部已签发 EPC 1973 细则第 51（4）条所规定的通信，此通信已就上诉人提交的文本作出变更。此通信的附录中第一次引用文件 D4。委员会指出，EPC 不能预见签发 EPC 1973 细则第 51（4）条所规定的、包含修改的通信。然而，依据指南 C－VI，15.1（旧版本）规定，审查部可不签发 EPC 1973 第 96（2）条规定的通信，而在 EPC 1973 细则第 51（4）条规定的通信中包含修改。

尤其考虑到此通信引发缴纳费用与提交译文的严格时限，修改须达到合理期望申请人接受的程度。因此，审查部提交的修改为细微修改时，此程序方可适用。然而，在该案中，EPC 1973 细则第 51（4）条规定的通信表明基于以前从未被引用的文件对两项独立权利要求进行实质性修改。这不仅仅是整理已经同意接受最终确认的审查结果。通信有效开启一个全新的审查阶段，在这一阶段通常不期望申请人在没有论据的情况下接受通信。因此，EPC 1973 细则第 51（4）条规定的通信中提交修改，且不得合理期望申请人在未进行进一步讨论的情况下接受此通信的，提交此通信构成重大程序违法。

T 1093/05 中，委员会指出，以未经申请人同意的文本授权专利违反了EPC 1973 第97（2）（a）条与第113（2）条规定，因此属重大程序违法。委员会在此情况下裁定，审查部应受申请最终决定的约束，仅可依据可接纳的、理由充分的上诉驳回申请，这是上诉委员会与上诉扩大委员会的既定判例法（参见 **G 12/91**，OJ 1994，285；**G 4/91**，OJ 1993，707；**T 371/92**，OJ 1995，324；**T 1081/02**；**T 830/03**）。由于此既定判例法，委员会不得支持 **T 971/06** 中明示的错误决定无效，因此无须就此提出上诉的观点。

委员会指出，EPC 1973 细则第51（4）条规定的通信应结束实质性程序，且通常应以申请人同意的文本为依据。审查部在此通信中表明修改的，应确保其签发授权决定前已存在经同意的文本——尤其是在申请人报以审查部认为允许的修改，而审查部未签发 EPC 1973 细则第51（4）条规定的第二次通信的情况下。为避免此类问题，根据指南 C－VI 15.1（旧版本）规定，审查部应仅在可合理期望申请人接受的范围内，作出 EPC 1973 细则第51（4）条规定的通信中作出修改。否则，审查部须签发 EPC 1973 第96（2）条规定的通信（另见 **T 121/06**）。

T 1064/04 中，委员会规定，申请人至少有一次机会修改申请，且审查部已完成对申请的实质审查的，**G 7/93**（OJ 1994，775）中的原则可被视为通常适用于在法律程序后期阶段提交的新请求。委员会裁断，审查部已根据适用原则，合理行使了自由裁量权。口头法律程序结束时已到达审查法律程序的后期阶段，不应依据可从决定 **G 7/93** 中得出的原则考虑此后提交的任何修改。

3.5 同意授权文本后再次开展审查

G 10/92（OJ 1994，633）中，扩大委员会规定，审查部因任何原因须修改提议的授权文本而依据 EPC 1973 细则第51（4）条规定于申请人同意文本后再次开展审查法律程序的，EPC 1973 细则第51（4）条要求再次将审查部准备授权欧洲专利的文本告知申请人。在上诉法律程序中也是如此。依据 EPC 1973 细则第51（4）条规定在一审部门作出的同意对上诉有同等约束力。之后上诉委员会作出授权前须修改的结论的，申请人须再次同意修改的文本；委员会裁决该事宜的，应向委员会表明同意；或已提交该事宜的，应向审查部表明同意。

G 10/93（OJ 1995，172）中，扩大委员会认为，无论依据 EPC 1973 第96（2）条进行审查表达的是正面观点还是负面观点，审查部均不受此观点约束；依据 EPC 1973 细则第51（4）条规定同意文本后，可“因任何原因”再次开展审查法律程序。

3.6 发回进一步审理之后的审查

T 79/89（OJ 1992，283）中，委员会驳回上诉人的主请求，将案件发回一审部门依据附属请求进行进一步审查。这种情况下，EPC 1973 第 111（2）条规定适用。依据此规定，在案情事实相同时，一审部门应受到判决理由的约束。上诉委员会先前决定的判决理由是不允许主请求的主题，但依据附属请求授权专利取决于审查部对专利的可专利性的考虑。这种情况下，在委员会看来，审查部遵循委员会先前决定的事项，完全无权基于上诉人（以先前被驳回的主请求对应的主题）请求的权利要求书再次开展审查。审查部就可专利性审查附属请求主题，未对其作出反对的，应以基于附属请求的文本签发 EPC 1973 细则第 51（4）条规定的通信。此外，在未同意此文本的情况下，委员会认为审查部应根据委员会决定中所阐述的原因，否决申请。既然审查部无权就上诉人请求的权利要求书再次开展审查，在该上诉中，因为委员会仅可行使审查部管辖范围内的权利，所以委员会必然无权就此权利要求书再次开展审查。因此须否决上诉人的主请求。

3.7 EPC 细则第 71（5）条规定的通信进行修改

依据 EPC 细则第 71（5）条（EPC 1973 细则第 51（6）条）规定，审查部不同意依据第 71（4）条请求的修改或修正的，应于作决定前，给予申请人机会，在规定期限内递交其意见陈述及审查部认为需要的任何修改，及在修改权利要求书的请求下，提交经修改的权利要求书的译文。

申请人提交此修改的，应被视为已同意授权经修改的专利。如果欧洲专利申请被否决、撤回或被视为撤回，应退还依据第 71（6）条缴纳的授权费、印刷费与任何权利要求费。

上诉扩大委员会的决定 **G 7/93**（OJ 1994，775）涉及 EPC 1973 细则第 51（6）条的早期版本。然而，该决定所阐述的标准仍适用于 EPC 细则第 71（3）~（5）条规定的程序。

G 7/93 中，扩大委员会规定，EPC 1973 细则第 86（3）条中“以后的各种修改都要经审查部批准”这一措辞仅指审查部可能同意、也可能不同意申请人提出的修改请求。然而，由于 EPC 1973 细则第 51（6）条（早期版本）的基本目标是基于经同意的文本结束授权程序，审查部应以在整体审查程序相当早的阶段（尤其是于申请人同意经通知的文本前）收到的类似修改请求不同的考虑方式，考虑签发此类通信后收到的修改请求。应在作出请求的、预授权程序的非常晚的阶段的情况下，并以审查部已完成对申请的实质审查且申请人已至少有一次机会修改申请为背景，考虑此类请求。在这样的背景下，允许在签发 EPC 1973 细则第 51（6）条规定的通信后提交经请求的修改属例外情况。然而，在何种情况下适合对普通规则破例仍是一个问题。

作为对 **T 830/91**（OJ 1994，728）中的移交的回复，上诉扩大委员会初步关注于 EPC 1973 细则第 51（6）条规定的通信之后对专利申请进行修改的可接纳性问题。决定 **T 1/92**（OJ 1993，685）与 **T 675/90**（OJ 1994，58）对这一点有不同解释。

上诉扩大委员会的结论是：依据 EPC 1973 细则第 51（6）条规定签发的通信**不会使**申请人依据 EPC 1973 细则第 51（4）条批准申请人递交的告知文本**具有约束力**。甚至在签发此类通信后、签发授权专利的决定前，审查部仍可依据 EPC 1973 细则第 86（3）条规定自行决定是否允许修改申请。

在扩大委员会看来，考虑审查部何时可能适合依据 EPC 1973 细则第 86（3）条行使自由裁量权、允许在签发 EPC 1973 细则第 51（6）条规定的通信后修改申请时，应牢记该阶段修改请求的理由可能是申请人意识到修改需要或审查部提出某观点，或考虑第三方依据 EPC 1973 第 115 条作出的意见陈述。在此类情况下，应根据相同原则行使允许修改的自由裁量权。当然，仅当审查部准备允许作出修改遵循反对的内容时，审查部方可提出反对。审查部于签发 EPC 1973 细则第 51（6）条规定的通信后，行使其自由裁量权时，须考虑**所有相关因素**，尤其须考虑并平衡申请人在获得于所有缔约国均合法有效的专利中的利益与 EPO 在通过签发授权专利的决定结束审查程序中的利益。考虑到 EPC 1973 细则第 51（6）条规定的通信的目标——根据先前同意的文本结束授权程序，在授权程序的后期阶段允许修改请求将为例外情况。

可允许修改的例外情况的一个明显示例是：在扩大委员会看来，申请人就依据 EPC 1973 第 167（2）条规定保留权利的缔约国而言，请求替代各组单独的权利要求书的情况。同理，签发 EPC 1973 细则第 51（6）条规定的通信后，可允许作出未要求再次开展实质审查的**微小修改**与未明显延误签发授权专利的决定的**微小修改**。

至于向上诉扩大委员会提及的第二个问题——EPO 是否应将 EPC 1973 第 167（2）条规定的保留权利视为构成应依据 EPC 1973 第 96（2）条规定满足公约的要求，上诉扩大委员会认为，依据 EPC 1973 第 96（2）条规定，审查部须考虑申请或与其相关的发明是否满足公约的要求。公约缔约国依据 EPC 1973 第 167（2）条保留权利时，该缔约国保留在其国家法中规定 EPC 1973 第 167（2）条所述事宜的权利。国家法的此类规定明显不属于 EPC 1973 第 96（2）条所指的"公约的要求"。

因此，**G 7/93** 在这一点上取代了决定 **T 860/91** 与 **T 675/90**。**T 860/91** 与

T 675/90 中，委员会认为，签发 EPC 1973 细则第 51（6）条规定的通信后，不再存在 EPC 1973 细则第 86（3）条授予的允许修改的自由裁量权。

3.8 审查程序结束后进行的修改

T 798/95 中，授予欧洲专利的决定由审查部的手续处移交至 EPO 邮寄服务以便通知申请人。于当天下午 18:47（因此为法律程序结束后）提交 EPC 1973 细则第 86（3）条规定的修改申请的请求。委员会引用 **G 12/91**（OJ 1994，285）认为，即使请求申请日与法律程序结束日为同一天，仍不应考虑于法律程序结束后至审查部授权专利前提交的 EPC 1973 细则第 86（3）条规定的修改请求。

4. 撤回专利申请或放弃其某些部分

4.1 整体撤回专利申请

尽管在因失误撤回申请的情况下，EPC 细则第 139 条（EPC 1973 细则第 88 条）可能适用，EPO 收到的撤回申请的有效通知对申请人仍有约束力（例如参见 **J 10/87**，OJ 1989，323 与 **J 4/97**）。

仅当欧洲申请的撤回请求完全无保留、完全明确时，方可毫无疑问地接受此撤回请求（**J 11/80**，OJ 1981，141）。**J 11/87**（OJ 1998，367）中，委员会补充道，哪怕对所有人的实际意图有一丝疑问，仅当之后的事实确认此声明是真正意图时，方应被理解为撤回声明。

J 15/86（OJ 1988，417）中，委员会规定，被动放弃欧洲专利申请与主动撤回欧洲专利申请之间存在公认的区别。应根据每个案件自身的实际情况，考虑存在有关申请人意图的争议的案件。应在整个文件与周遭环境的背景下解释申请人或其代表出具的书面陈述。同理，**J 7/87**（OJ 1988，422）裁定，须根据周遭环境解释所采用的语言文字，该语言文字须清楚表明申请人确实希望直接无条件撤回申请，而非随着时间推移将导致申请被视为撤回的被迫放弃申请。实际撤回不取决于申请人是否采用术语“撤回”。

J 6/86（OJ 1998，124）中，委员会认为无法证明“申请人希望放弃该申请”这一陈述为明确撤回欧洲专利申请，因为在作出此陈述的情形的任何方面都无法证明此类解释。一旦在欧洲专利公报中向公众通知撤回申请，请求撤销撤回通知便太迟了（见 **J 15/86**，OJ 1988，417）。据称，在这种情况下，撤回申请是出于失误。

J 4/97 中，撤回申请 3 日后，申请人告知 EPO 其错误提交了请求，应取消请求。EPO 告知申请人撤回已生效且具有约束力，之后于欧洲专利公报中公布撤回通知。然而，委员会认为，可依据 EPC 1973 细则第 88 条规定修正申请撤回。**J 10/87** 中包含的涉及撤销撤回指定缔约国的法律考虑因素同样适用于整体撤回专利申请。尤其须确认，撤回申请是出于可原谅的错误、寻求撤销撤回未发生任何不当延误，且撤销撤回未对公众利益或第三方利益产生不利影响。

在争议案件的情况下，委员会认为，撤回申请 3 天后便撤销撤回，这一点强烈表明撤回申请确实是出于失误。失误由混淆上诉人为其专利申请指定的两个相似参考号码引起。在委员会看来，此错误可被视为可原谅的疏忽。因为于欧洲专利登记簿作出相应登记前，且于欧洲专利公报正式向公众通知申请撤回前 6 个多星期前已撤销对申请的撤回，所以未影响公众利益。因此，向公众告知撤回申请时，文件的公共部分清楚表明，已提交对撤回申请的撤销请求，从而提醒第三方以 EPO 公布的信息为准。国家法院依据 EPC 1973 第 122（6）条规定，加之必要变更的，可保护第三方利益。

J 14/04 中，委员会驳回对撤回申请的修正请求，在公众利益方面可以 EPO 正式公布的信息为准这一点上同意 **J 10/87**。然而，委员会认为欧洲专利登记簿构成官方出版物（另见 **J 37/03** 与 **J 38/03**），因为在请求撤回申请时，公众通过网络可自由访问登记簿，所以自登记簿显示已登记撤回请求之日起，公众可查看撤回请求。这与是否于该日期实际查阅卷宗无关。委员会认为 EPC 1973 第 122（6）条规定不得适用于对 EPC 1973 细则第 88 条规定的修正案件作出必要变更。

J 25/03（OJ 2006，395）中，法律委员会认为，欧洲专利登记簿的登记事项自公布之日起，构成了对公众的通知与在欧洲专利公报中的公布。委员会驳回对撤回专利申请的修正请求，并补充道，在登记簿中记录撤回与记录收回撤回的请求之间仅相隔 4 天并没有关联。甚至在审视完整卷宗后，未发现正式向公众通知撤回申请之时第三方有任何理由可怀疑撤回申请属于失误并可于之后撤销的情况下，仍允许撤销撤回因而造成进一步延误的，对法律确定性的影响将达到难以接受的程度。

J 4/03 中，法律委员会指出，于欧洲专利公报公布撤回申请（EPO 的正式公布方式，这意味着公众已收到信息：申请不再存在）之后，提交撤回申请的撤销请求，不满足允许修正的主要前提（另见 **J 7/06**）。

J 19/03 中，法律委员会决定，撤回通知不包含可依据 EPC 1973 细则第 88 条第一句修正的相关差错或错误。委员会裁断，依据 EPC 1973 细则第 88 条第一句规定，不足以证明申请人的真正意图与其代表提交的声明之间存在分歧；但额外规定，此分歧是由有能力就 EPO 的程序行为作出决定的人士所犯下的差错造成的。因此，一般来说，在专业代理人代表当事方的情况下，EPC 1973 细则第 88 条规定的错误须为代理人在表述其个人意图时的错误。本案未满足此要求。

4.2 放弃申请的某些部分

申请人或专利所有人放弃权利要求书的，产生这样一个问题：其目标是否旨在实质性放弃其申请或专利的相关主题，或他是否意图就涉及的主题提交分案申请，或此举是否仅试图重新表示其权利要求书以考虑 EPO 或异议人提出的反对意见。

放弃有实质效力的，不能作为未决授权或未决异议法律程序的一部分，或通过提交分案申请重新表述已放弃的主题。这是假设同时放弃说明书的相关部分。

J 15/85（OJ 1986，395）中，委员会认为，申请人在专利申请中撤销权利要求书、但当时未表明撤销权利要求书不影响提交分案申请的，审查部应拒绝同意之后提交的分案申请。

然而，可解释放弃声明，以便表示申请人无意最终放弃申请或专利的主题。**T 910/92** 中，申请人明确表示在申请中放弃几项权利要求书，但之后撤销其声明，并请求在分案申请中重新表述自申请中删除的权利要求书。委员会考虑在何种情况下可撤销放弃声明。委员会参考判例法（其要求确认作出声明的当事方的真正意图，考虑案件的所有情况）作出结论：本案中，上诉人的真正意图不是完全放弃原披露的一部分，而是避免因变更所寻求的保护而造成的缺乏单一性。与 **J 15/85** 中的案件相比，委员会认为，本案中无任何必要通过笼统禁止撤销放弃声明来保护公众利益。可预期，在本案申请有关的法律程序中有利害关系的任何第三方，将请求于法律程序得出结论前在适当期限审视卷宗。

J 13/84（OJ 1985，34）中，由于判例法已阐述申请的撤回声明，委员会将同一标准用于解释放弃声明。尤其须考虑所有情况而不是仅考虑此前的声明。本案中，申请人已删除权利要求 21 以响应来自审查部的通信，补充道："根据审查部的建议，我们正在为中间产物……与其制造方法提交分案申请"。受理部认为以原权利要求 21 作为主题的分案申请未于 EPC 1973 细则第 25（1）（b）条（于 1977 年 10 月 7 日生效的版本，于 1988 年 10 月 1 日有效删除此条规定）规定的 2 个月期限内提交。受理部主张，权利要求 21 已自 1983 年 6 月 6 日提交的申请中分离出来，因而不再构成 1983 年 8 月 31 日（分案申请的申请日）提交的母申请的一部分，所以权利要求 21 不得再转入分案申请中。

委员会不认同此观点，要求以解释申请的撤回声明的相同方式（考虑所有情况）解释放弃声明。委员会补充道，一般来说，如 **J 11/80**（OJ 1981，141）中法律委员会的决定总结中所陈述的那样，仅当撤回请求完全无保留、完全明确时，方可毫无疑问地接受此撤回请求。

委员会还参考了决定 **J 24/82**、**J 25/82** 与 **J 26/82**（OJ 1984，467）。这些决定裁断，依据 EPC 1973 细则第25（1）条规定（1977年10月7日生效的版本）具体撤回权利要求的，不应基于特定陈述单独解释申请人的受限意图，而应在整个程序的环境中解释申请人的受限意图。委员会认为，这种情况下不存在撤回权利要求的明确意图，因此可接纳分案申请。

T 118/91 中，委员会规定，在分案申请中包含特定权利要求不意味着已从母申请中撤回权利要求。

4.3 在缺乏单一性的情况下未缴纳进一步检索费

T 178/84（OJ 1989，157）中，根据 EPC 1973 细则第46（1）条（EPC 细则第64（1）条）规定，作为对通知的答复，未于该条所规定的时限内为主题缴纳进一步检索费的，在特定专利申请中视为已放弃该主题。由于 **T 87/88**（OJ 1993，430）中持有不同观点，因此 EPO 局长将此事宜提交至上诉扩大委员会。上诉扩大委员会在 **G 2/92**（OJ 1993，591）中认为，申请人未就非单一申请缴纳进一步检索费的，不得为未缴纳检索费的主题继续该申请，而必须就此主题提交分案申请。然而，未缴纳费用不应等同于放弃部分申请。

4.4 未缴纳权利要求费

申请人未缴纳权利要求费用的，依据 EPC 细则第45（3）条（EPC 1973 细则第31条）视为申请人已放弃权利要求书。除解决“申请的特定部分是否属说明书的一部分或是否属于权利要求”这一具体问题外，决定 **J 15/88**（OJ 1990，445）还清楚表明，仅当所涉及的主题仅包含在权利要求书中而未同时包含在说明书或附图中时，对特定权利要求书的此类放弃方可造成主题的实质性丧失。委员会认为，应缴纳权利要求费用时，拒绝缴费权利要求费用的申请人面临这样的风险：依据 EPC 1973 细则第31（2）条规定被视为放弃的、未在说明书或附图中发现的权利要求书的特征，之后不得被再次引入申请中，尤其不得被再次引入权利要求书中。基于 EPC 1973 细则第31（2）条规定，可能存在被迫放弃主题，这一观点看起来与 EPC 1973 第52（1）条 EPC 1973 第123（2）条规定中推断出的更高级别法律原则相冲突。申请人通常有权从最初提交的说明书、权利要求书或附图中的任何部分获得主题。其他单方法律程序（**T 490/90**）中确认了这一观点。

5. 合并法律程序

J 17/92 中，委员会首先指出，自从第 10/81 号法律建议被第 10/92 号法律建议（OJ 1992，662）取代后，其文本未在任何重大方面发生变化，对 EPO 机构无约束力。因此，将第 10/81 号法律建议纳入公约的合并可能性与其对合并所规定的前提均取决于上诉委员会的复核。委员会认为，根据公约序言中表明的愿望——通过授权专利的单一程序在缔约国内获得此保护，允许合并是依据公约可获准许并可使人满意的事宜。合并不仅有利于申请人的利益，还有利于公众利益，使公众无须考虑以同一文本准备两项单独欧洲专利。然而，委员会还裁断，实施合并的条件不应有不必要的限制。因此委员会认为，提交的两项该案申请须完全一致这一条件过于严格。正如在本案中，在申请人意于合并指定缔约国的欧洲—PCT 申请与其他缔约国的直接欧洲申请的情况下，使直接欧洲申请适用于欧洲要求，将包含权利要求书的欧洲—PCT 申请适用于申请人本国的要求不会不合情理。委员会裁决，可将合并申请中申请人希望继续推进的权利要求形式作为修改后的整套权利要求，或视为与所提交的整套权利要求相同的形式予以接受，合并申请应是可行的。该案中，分歧仅涉及从属权利要求和以第一医疗用途形式引入权利要求。委员会认为，此类修改后的整套权利要求书初步看来不应阻止合并。

6. 欧洲专利授权决定的生效

依据 EPC 第 97（3）条（EPC 1973 第 97（4）条）规定，授予欧洲专利的决定应于欧洲专利公报公布提及授予之日起生效。EPC 第 97（3）条实质上与 EPC 1973 第 97（4）条第一句一致。关于授权生效前必须经过的最短期限的规定已从该条规定中删除。由于其他授权手续已转移到实施细则中（参见 EPC 细则第 71 条），此事宜也由低层立法机构监管，这更为妥当。因此，EPC 1973 第 97（6）条已多余，所以已将其删除。

EPC 第 98 条规定 EPO 应于欧洲专利公报公布提及授予欧洲专利后，尽快公布欧洲专利的说明书。说明书内容已转到实施细则中（参见 EPC 第 73（1）条）。EPC 第 98 条现包含“尽快”一词，从技术上说，并非总能于提及授予专利的当天公布说明书。

J 7/96（OJ 1999，443）中，委员会不认同一审部门与申请人的以下观点：审查部依据 EPC 1973 第 97（2）条规定作出授予欧洲专利决定的当天，授予的法律程序结束。委员会指出，该日期确实代表审查部已结束对申请作出决定的过程；就即将授予的专利而言，EPO 与申请人均受决定约束，涉及权利要求书、说明书与附图，且专利的文本主题于该日期成为已决案件。之后，EPO不得再修改其决定，须不予考虑各当事方可能提交的任何新事宜（参见**G 12/91**，OJ 1994，285）。之后仅可依据EPC 1973细则第89条规定对表述、抄写错误及明显的其他错误进行更正。因此，决定授予欧洲专利的日期对EPO及申请人来说无疑是决定性日期。

委员会指出，依据EPC 1973第97（4）条规定，欧洲专利公报提及授权后，EPC 1973第97（2）条所指的授予欧洲专利的决定方可生效。依据EPC 1973第64（1）条规定，自提及授予专利之日起，在对其授予专利的每个缔约国内，EPO对其所有人授予与该国的本国专利所授予的同样权利。该提及还标志着于此时，EPO的责任结束，国家专利制度开始生效，授予的专利成为捆绑的国家专利。该提及还标志着可提及异议通知的期限已开始（EPC 1973第99（1）条）。因此，在公布提及授予专利之日，授予专利对第三方具有法律效力，且通过依据EPC 1973第98条规定公布专利说明书，一次性决定对申请人授予的保护程度。授予专利的决定（EPC 1973第97（2）条）后、公布提及授予（EPC 1973第97（4）条）前这一期间，仍视为EPO**尚未**就申请**作出决定**。一审部门在其决定中承认且申请人未提出异议：依据EPO既定惯例，此**过渡期**内仍可就申请采取某些有限措施，如可撤回申请或转让申请。申请人甚至可撤回个别指定，如果他们希望撤回的话。就其本身而言，EPO在此期间就此专利继续享有特定权利，承担特定义务，例如，年费到期后和专利权利的转让须由EPO登记。

J 23/03中，申请人请求将因失误打叉的指定国GR修正为GB。审查部经过大量通信往来，否决修正请求，理由是自公布专利之日起，公众在依赖已公布的信息中的利益高于专利所有人在修正中的利益，尤其是因为申请人在法律程序过程中（2004年与2005年通知形式后），曾有数次机会检查指定信息。

EPC 1973细则第88条不包含对时限的明确引用，因此委员会规定，可于专利授权程序的任何阶段提交修正请求（另见**J 6/02**）。此规定还适用于上诉人所请求的修正申请文件中的错误指定信息。然而，委员会裁决，上诉人于2002年4月29日才向EPO提交修正申请文件中的指定信息的请求。该日期前1个多月，专利公布中已提及授予申请人的专利。依据EPC 1973第97（4）条规定，提及专利授权使专利授权生效并结束专利授权法律程序。因此，上诉人提交其修正请求时，法律程序已不再悬而未决（参见**J 7/96**，OJ 1999，433与**J 42/92**）。

然而委员会认为，因为该日期后，依据单一制度授权的捆绑的欧洲专利分为国家专利（国家专利不再由EPO管辖，而由相应国家机构管辖），所以专利授权法律程序悬而未决是对提交可接纳的修正请求的要求。

7. 专利公报中的错误

EPO 第 97（3）条（EPC 1973 第 97（4）条）规定，授予欧洲专利的决定应于欧洲专利公报公布提及授予之日生效。

决定 **J 14/87**（OJ 1988，295）中提出这样一个问题：公布提及授予欧洲专利中的缺陷（疏忽授予有关的重大细节）在多大程度上可使专利无效？委员会认为，原则上来说，欧洲专利公报中公布提及授予专利中的缺陷不必然使 EPC 1973 第 97（4）条所指的授权决定无效。然而，仅可依据本案及"公布目的是使有关当事方注意授权专利，且提交异议的任何决定通常应以对专利授予的保护程度进行详细审查为依据，而不仅以欧洲专利公报中的细节为依据"这一事实决定此事宜。仅当提及授予专利同时公布专利说明书，方可令人满意地实施此类审查。

8. 公制单位或国际单位

EPC 细则第 49（10）条（EPC 1973 细则第 35 条）规定，就采用国际单位的公制制度而言合适的情况下，均应以符合国际单位表示数值。任何未满足此要求的数据均应以符合国际单位表示。一般情况下，都应用有关领域中普遍接受的术语、惯例、公式、标记和符号。

已精简 EPC 1973 细则第 35 条，使其措辞符合 EPC 2000 的风格，并已将该规定重新编号为 EPC 细则第 49 条。在 EPC 细则第 49（10）条中以通用形式规定有关唯一原则——申请人须使用有关技术领域中普遍接受的术语和标记。

因为决定 **T 561/91**（OJ 1993，736，另见 **T 176/91** 与 **T 589/89**）发现 EPC 1973 细则第 35（12）条（早期版本）仅要求欧洲专利的申请人以公制单位表示质量与尺寸，所以该决定导致修改 EPC 1973 细则第 35（12）条（EPC 细则第 49（10）条）。已修改 EPC 1973 细则第 35（12）条第一句的措辞，表明公制单位即指国际单位："就采用国际单位的公制制度而言合适的情况下，物理单位均应用国际习惯使用单位表示。"行政委员会 1994 年 12 月 13 日的决定已修改 EPC 1973 细则第 35（12）条，该条规定于 1995 年 6 月 1 日生效（OJ 1995，409）。

C. 异议和上诉法律程序的特殊之处

1. 迟延递交

1.1 简　　介

1.1.1 概　　述

根据EPC第114（1）条，EPO有义务主动审查事实，且审查事实过程中，审查内容并不仅限于当事方提供的事实、证据和论点以及所寻求的救济。但是，根据EPC第114（2）条规定，EPO无须理会涉案当事方未按时递交的事实或证据。这两条规定之间存在的明显矛盾产生了大量判例法。在**T 122/84**（OJ 1987，177）中，委员会总结了按EPC 1973的“筹备文件”依据职权审查迟延递交这一原则的历史沿革。

上诉委员会就迟延递交的考查确立了不同的思路。一个思路是，EPC第114（1）条优先于EPC第114（2）条；判定可接纳性的主要标准是现有技术的关联性（**T 156/84**，OJ 1988，372）。另一个是延迟提交内容的“复杂性”（**T 633/97**），决定接纳延迟提交的文件受限于高效开展上诉法律程序的总体利益。

T 718/98中认为，若延迟提交文件属于策略性措施，应否决该文件的可接纳性，不论其是否具备关联性（参见**T 169/04**）。

委员会强调，异议人需在异议期内递交所有反对意见，并将每一个反对意见阐述完整。

管辖上诉程序的详细规则也规定于2003年全面修改的上诉委员会程序规则（RPBA 2003）。其中规定的接纳新递交的标准考虑到了其他当事方接受公平法律程序的权利，旨在更加实际和可靠地开展法律程序。委员会被明确赋予了判定是否接纳当事方递交的后期修改（不管是事实、证据还是请求）的自由裁量权（详见CA/133/02）。行使上述自由裁量权时需特别注意新递交资料的复杂性、法律程序的当前状态和程序经济的需要（RPBA 2007第13（1）条）。2007年，再次修改了RPBA；此次，关于后期修改的条文被重新编号，但内容保持不变。

1.1.2 延迟递交

委员会强调，异议人需在异议期内递交其所有的反对意见，并将每一反对意见阐述完整。**T 117/86**（OJ 1989，401）中，委员会指出，9个月期限届满之后递交的论证一个反对意见的事实和证据属于延迟，根据 EPC 1973 第 114（2）条依自由裁量权，该延迟递交可以被法律程序接纳或也可以不被法律程序接纳。委员会必须确保高效地开展法律程序，公平对待其他当事方。当事方应尽早尽可能完整地递交有关其案件的所有事实、证据和论点，尤其是在有关当事方已经知晓该证据的情况下（参见 **T 101/87**；**T 237/89**；**T 951/91**，OJ 1995，202；**T 34/01**；**T 1182/01**；**T 927/04**；**T 1029/05**）。

"按时"提交不仅是指异议人在 9 个月异议期内提交事实和证据，还指专利所有人在 4 个月时限内答辩异议理由提出的内容。若提交新的事实和证据由另一当事方或被上诉决定的论点或观点引发，在案件的情况下不能提早提交新的事实、文件和/或证据，则可将该新的事实和证据视为已按时提交。若遵守了程序经济原则，即提交方已在法律程序中采取应有的谨慎，则在连续时限内递交的事实和证据也应被视为"按时"提交（**T 156/84**，OJ 1988，372；**T 201/92**；**T 238/92**；**T 389/95**；**T 532/95**；**T 502/98**；**T 468/99**；**T 574/02**）。

根据 RPBA 2007 第 12（2）条规定，上诉理由的陈述书和回复必须包含当事方的完整案件，应明确说明（但不限于）所有事实、论点和证据。根据 RPBA 2007 第 13（1）条规定，在当事方提交其上诉理由的陈述书或回复后，对该递交作出的任何修改可予以接纳，应由委员会行使自由裁量权进行考查。RPBA 2007 第 13（3）条补充道，若试图在安排了口头法律程序之后作出修改"提出了新的争议，且委员会或另一当事方或多个当事方不能合理预计在不延期口头法律程序的情况下处理这些争议"，则该修改不予接纳。RPBA 2007 第 12（4）条指出，委员会在行使该自由裁量权时也无须理会在一审法律程序中因延迟提交而未予接纳的延迟递交。RPBA 2007 第 12（4）条还指示我们，不太可能考虑本应在一审法律程序中递交的新递交。

1.2　关联性审查

1.2.1　概　　述

长期以来，上诉委员会实际做法受限于里程碑式的决定 **T 156/84**（OJ 1988，372）。根据该决定，EPC 1973 第 114（1）条规定的 EPO 主动审查原则优先于 EPC 1973 第 114（2）条规定的不予理会未按时提交的事实或证据的可能性。因此，判定延迟提交的文件和证据的可接纳性的主要标准为它们的**关联性**，即其相对于案件中已有的其他文件的证据分量（例如参见 **T 322/95**、**T 475/96**、**T 864/97**、**T 892/98**、**T 605/99**）。若委员会在行使 EPC 1973 第 114（2）条规定的自由裁量权时开展了"关联性审查"，则是否接纳延迟提交（本应在早前提交）的引证（例如，预期的文件）取决于其是否对案件结果具有决定性

（关联性）作用（参见 **T 258/84**，OJ 1987，119）。因此，EPO 有义务基于事实判断引证的关联性。若考虑了整个案件事实后，认为新递交文件对决定不存在重大影响，根据 EPC 1973 第 114（2）条委员会无须理会该递交，并无须给出详细原因（参见 **T 156/84**，OJ 1988，372；**T 71/86**；**T 11/88**；**T 705/90**）。

在 **T 326/87**（OJ 1992，522）中，委员会采取了同样的观点，决定理由是 EPC 1973 第 114（2）条对上诉委员会的调查责任设定了法律限制，且该责任不得被扩大解释为在法律程序后期就所声称的事实和所举出的证据进行漫无边际的调查。判定延迟提交的文件的可接纳性的主要标准为其**关联性**（另见 **T 286/94**）。

关于关联性审查，委员会在 **T 560/89**（OJ 1992，725）中解释道，EPC 1973 第 114（2）条允许 EPO 不理会只包含已按时提交的文件中的信息且未披露可能改变决定结果的事项的文件。根据 **T 611/90**（OJ 1993，50）中的决定，上诉委员会可以以不关联（在证据、文件和其他事项不比案件中已有的文件（**T 237/03**）更“有分量”或“有说服力”）为由，驳回延迟提交的证据、文件和其他事项。

不过，若延迟提交的证据具有关联性，即可能导致专利被撤销或专利范围受到限制，则案件必须接纳该证据并对其加以考虑（**T 164/89** 和 **T 1016/93**）。

根据 **T 97/90**（OJ 1993，719），EPC 1973 第 114（1）条的措辞并不意味着上诉委员会有审查各种新事项（不管递交得有多晚）的自由权力和实际义务，必须重新开展一审法律程序。EPC 1973 第 114（2）条和第 111（1）条对可由当事方引入上诉的任何新事项的范围设定了明确的限制，确保和保持上诉案件的案情与一审决定作出时依据的案情完全一样或极其相似。上诉委员会在以下（但不限于）案件中确认了该判例法：**T 26/88**（OJ 1991，30，委员会说上诉程序的核心功能在于按照是非曲直判定一审部门所作决定是否正确）、**T 326/87**（OJ 1992，522）、**T 229/90**、**T 611/90**（OJ 1993，50）和 **T 339/06** 中的上诉委员会进行了确认。

1.2.2 G 9/91 和 G 10/91 涉及的关联性审查

许多决定，尤其是 **T 1002/92**（OJ 1995，605），探讨了上诉扩大委员会在 **G 9/91** 和 **G 10/91**（OJ 1993，408 和 420）中阐述的关于新异议理由的可接纳性的原则对支持异议书中已包含异议理由而延迟提交的新“事实、证据和论点”的可接纳性所产生的影响范围。

在里程碑式的决定 **T 1002/92** 中，委员会得出如下结论：**在异议部的法律程序中**，根据 EPC 1973 细则第 55（c）条，为支持异议所依据的异议理由应在异议书中“标示事实、证据和论点”，如果初步认为有明确理由怀疑延迟提交的事实、证据和相关论点超出上述规定的限度，会对涉诉欧洲专利的维持产生影响，则此类延迟提交的资料仅能在例外情况下纳入法律程序。

上诉委员会在法律程序中规范接纳延迟提交的事实、证据和论点的标准比在异议法律程序中严格。

在 **T 1002/92** 中，委员会认为与一审法律程序相比，上诉程序属于司法程序，因此，“调查性较弱”。因此，对于**上诉委员会的法律程序**，根据 EPC 1973 细则第 55（c）条，为支持异议所依据的异议理由应在异议书中“标示事实、证据和论点”，如果初步认为延迟提交的事实、证据和相关论点具有很强的关联性，即能合理预计其会改变最终结果，因而很有可能对涉诉欧洲专利的维持产生影响，那么，此类新资料仅能在例外情况下由委员会合理行使自由裁量权接纳入法律程序。此外，也应考虑与案件相关的其他因素，尤其是专利权人是否反对接纳新资料及其反对原因，以及接纳该新资料很可能引起的程序复杂性程度。

一般来说，此类新资料提交得越晚，其很可能引起的程序复杂性程度越高。

很多决定肯定了 **T 1002/92**、**T 212/91**、**T 951/91**（OJ 1995，202）以及 **T 255/93**、**T 481/00**、**T 994/00**、**T 1235/01**、**T 982/02**、**T 671/03**、**T 1027/03**、**T 151/05**、**T 1600/06**）。

根据上诉委员会的既定判例法，只有延迟提交的证据与已在案的证据更具关联性，才能被接纳（**T 1557/05**）。

在 **T 874/03** 中，委员会考虑了在口头法律程序中首次提交的现有技术文件及其英语译文之后承认，十分明显该新资料可代表最接近的现有技术。根据 RPBA 2003 第 10b（3）条规定，原则上，此类事实和证据不能接纳入法律程序，因为接纳此类事实和证据会导致法律程序延期。但是，专利所有人同意接纳新材料，可以成为上述原则的例外情况。正如扩大委员会在 **G 9/91**（OJ 1993，409）中所强调的，委员会表示，在某些情况下从 EPO 开展的集中程序中排除此类事实和证据是符合专利所有人自身利益的。委员会指出，此类新资料必须经初步认定具有高度关联性，以便经专利所有人同意例外性地接纳入法律程序中。

在 **T 931/06** 中，委员会表示，判断创造性时，若延迟提交的文件属于相同或密切相关技术领域，并披露出于与争议专利相同或类似目的而想到的主题，可对其加以考虑。根据 **T 1002/92**，此类文件如可能对专利（至少以未经修改的形式）维持产生影响，即具备初步关联性。

1.3 适用于判断延迟递交的其他标准

1.3.1 概　　述

在其他决定中，延迟提交文件的关联性不再被视为接纳该文件的唯一决定性标准。其他标准例如，文件提交得有多晚，此类递交是否构成程序滥用，或接纳延迟提交的文件是否会导致法律程序的过分耽搁，也被认为具有决定性。基于限制EPO主动审查原则，可以从上诉程序中排除延迟提交的事实、证据和论点（参见**T 534/89**，OJ 1994，464；**T 17/91**；**T 951/91**，OJ 1995，202；**T 1019/92**；**T 1182/01**；**T 927/04**）。

根据RPBA 2007第13（1）条规定，在当事方已提交其上诉理由或回复后，是否接纳和考虑当事方对其递交的任何修改由委员会行使自由裁量权加以决定。行使该自由裁量权时应考虑（但不限于）新主题的复杂性、法律程序的当前状态和程序经济的需要。

在**T 188/05**中，委员会并未同意上诉人/异议人的观点，该观点认为委员会有义务接纳相关证据，不考虑证据提交得有多晚，但前提是其内容为质疑专利的有效性。上诉委员会判例法非常明确地确立了这样的规则，一审和上诉委员会享有决定是否接纳延迟递交的自由裁量权，且此类自由裁量权的行使取决于每个案件的事实，相关事项可包含新资料的关联性，新资料是否本应该在之前给出，若是，为什么不在之前给出，其他当事方和/或委员会自身是否感到惊讶，其他当事方和/或委员会处理新资料的容易程度以及是否有充分的时间处理。

1.3.2 滥 用 程 序

a）存在滥用程序的情形

在某些案件中，上诉委员会以滥用程序为由对延迟提交的资料不予理会。

在**T 951/91**（OJ 1995，202）中，委员会**甚至在提交的证据实际递交之前**就表示拒绝考虑该证据，并指出，EPC 1973第114（2）条赋予EPO部门的自由裁量权是用于确保为了当事方、一般公众和EPO利益迅捷地开展法律程序，预先防止策略性滥用。当事方必须考虑到，延迟提交的资料可能会不予理会，并尽其最大努力尽早尽可能完整地递交有关其案件的事实、证据和论点。当事方无充分理由而没有这样做的，接纳该证据会导致法律程序过分耽搁，上诉委员会完全有理由行使EPC 1973第114（2）条规定的自由裁量权，拒绝接纳该证据。委员会认为，提交上诉理由的陈述书20个月左右之后，上诉人（异议人）提议递交进一步新的实验数据属于滥用程序。

在**T 496/89**中，委员会指出，除对另一当事方来说不公平之外，在上诉程序中延迟引入文件和其他事项还会损害和违背公共利益。一当事方意图通过故意地延迟提交和无意地未递交其论点及支持论点的证据的方式，使其他当事方出乎预料的做法与公约的精神和宗旨相悖（另见 **T 430/89**）。

在 **T 270/90** 中，委员会以违背公平原则为由拒绝考虑延迟提交的实验数据。实际上，该数据不具备任何关联性，这仅仅是次要的考虑因素。

在 **T 741/91** 中，委员会称，对进行递交的当事方而言，在异议部口头法律程序前一天提交证据，却不允许另一当事方在口头法律程序中考虑和答复此类证据，是不可接受的行为。

异议部应行使 EPC 1973 第 114（2）条赋予其的自由裁量权，对此类证据不予理会。

委员会在 **T 718/98** 中判定，一当事方在法律程序的极晚阶段引入本可以提前很长时间提交的证据，作为其提高战胜对方胜算的策略性措施，构成滥用程序权利，因此被拒，不管其证据的关联性如何。

在 **T 135/98** 中，为了能以独立开展实验的形式准备和提交进一步证据，上诉人（专利所有人）寻求并获得了口头法律程序的推迟。最终提交的证据不是上诉人用于寻求延期的证据。委员会判定，上诉人明知其会提交出乎当事方和委员会预料的证据，却保持沉默达 4 个月，这是不公平的。须牢记，出于上诉人利益授予的任何口头法律程序的推迟起到的是延长上诉中止效力的作用；因此，如果口头法律程序的推迟是出于提起上诉的专利权人的利益，而且此时应诉的异议人在努力开发一项已经被异议部认定为无法获取专利的发明，则该异议人有被指控侵权的风险。在此情况下，上诉人的行为构成滥用程序。

在 **T 446/00** 中，委员会将多种形式的行为认定为滥用程序，包括不遵守委员会要求当事方采取某一步骤或多个步骤的程序指示。当事方对一个争议采取不明确的立场，随后不作解释地背离该立场，也属于滥用程序。上述情况尤其适用于（但不仅限于）争议各方之间的法律程序，在该法律程序中，另一当事方有权依赖上述立场，该立场属于其必须应对的案件的一部分。此外，委员会还表示，自己陈述案件并拟定自己的请求是法律程序（无论是单方法律程序还是多方法律程序）当事方的责任。

b）不存在滥用程序的情形

在一些其他决定中，上诉委员会认为，既然可能会使维持的专利面临风险，根据 EPO 主动审查原则对延迟提交的文件加以考虑就不存在策略性滥用（参见 **T 110/89**、**T 315/92**）。蓄意隐瞒信息构成了滥用程序（参见 **T 534/89**）。

在 **T 1019/92** 中，委员会得出结论，异议人在异议期终止后递交来源于异议人的现有技术资料，在没有证据证明其是出于策略性原因故意如此的情况下，不构成法律程序的滥用。委员会在法律程序中接纳了延迟提交的文件。

在 **T 330/88** 中，委员会认为，在口头法律程序中接纳延迟递交的相关性文件不违背陈述权。在连续两天举行的口头法律程序中给予了代理人充分的时间考虑这个仅有7页（包括权利要求书和2个图表）的文件。能期望该代理人以文件不具关联性为由否决文件或通过提交 经修改的权利要求的方式，以应对这一新状况。

在 **T 671/03** 中，异议部未在法律程序中接纳文件 D6 至 16，并表示，这些文件在异议期届满 2 年以后被提交，且初步看来这些文件不够完整足以证实声称的在先使用。上诉程序中还提交了另外 3 份文件。委员会将所有这些文件视为延迟提交的文件，并有是否接纳这些文件的自由裁量权。但是，委员会并不能明显看出，延迟提交文件 D6 ~ D19 是出于策略故意所为。因此，委员会认为该延迟提交不属于滥用程序。所以，不得在尚未考虑文件 D6 ~ D19 关联性的情况下直接不理会这些文件。详细审查各文件的关联性后，委员会得出的结论是，根据 EPC 1973 第 114（2）条规定，仅可在法律程序中接纳 D18，因为初步看来该文件具有高度关联性，即很有可能对欧洲专利的维持产生影响（**T 1182/01**、**T 1029/05**）。

在 **T 151/05** 中，委员会认为，上诉人首先依赖在先使用 2 并在意识到该论点未得到充分证实后依据证明公知常识的其他证据，在委员会看来这一事实属于误判，而非滥用程序。因此，委员会考虑了文件的关联性。

在 **T 1757/06** 中，异议人（Dow chemical Company of Midland）递交了 Dow Italia of Milan 在上诉委员会口头法律程序前 2 个月提交的一个专利出版物。委员会认为，异议人和申请人是独立的法人实体，虽然如此，可以预期同一商业集团的公司应该了解其各自的专利文件。通常，当事方意图在后期阶段提交其出版物的行为会失败，因为这会被视为滥用程序。尽管在本案中委员会未发现滥用情况，但委员会仍指出，在非常晚的阶段提交异议的人本应该从法律程序开始便意识到的文件的行为不应被宽恕。

1.3.3 程序经济

在 **T 633/97** 中，委员会认定，延迟提交的资料造成的审查的复杂性也应为考虑延迟递交的一项标准。委员会解释道，一旦在上诉案件中安排了口头法律程序，是否在程序中接纳新证据或请求不应取决于其提交新证据或请求的固定时限或新证据或请求本身的可取之处。高效开展上诉程序的总体利益对上述决定起主要作用，即在合理时间内，尽可能多地处理当事方提出的争议，并终结争议。若新递交中提出的**技术或法律争议的复杂性**很高，预计委员会和其他当事方在不延期口头法律程序的情况下不能予以处理，则通常不予理会该新递交。在口头法律程序之前或之中临时提交复杂的新主题面临着其关联性不被法律程序接纳或可准许性不被考虑的风险（参见 **T 1050/00**、**T 1213/05**）。

在 **T 1044/04** 中，委员会表示，延迟提交的文件是相对较简短的文件，并未提出使上诉法律程序复杂化的关于技术或法律争议的更复杂的实质性问题（参见 **T 633/97**）。因此，委员会在行使 RPBA 2003 第 10a（4）条（RPBA 2007 第 12（4）条）所指的权力时决定在上诉程序中接纳该延迟提交的文件 D6。

在 **T 151/05** 中，委员会根据 EPC 1973 第 114（2）条规定在法律程序中接纳了文件，并表示，该文件的提交并不晚，应诉人有充分时间准备答辩。

在 **T 1557/05** 中，委员会认为，就提起上诉的异议人提交的文件 D6 ~ D9 在上诉法律程序中的可接纳性而言，根据 RPBA 2003 第 10a（1）（a）条（RPBA 2007 第 12（1）条），该法律程序是以（但不限于）EPC 1973 第 108 条所规定的上诉书和理由陈述书为基础的，但这并不意味着与理由陈述书一起提交的所有证据自动成为上诉法律程序可接纳的证据，且 EPC 1973 第 114 条确立的原则不再适用。对延迟提交的事实、证据和论点不予理会，仍由委员会根据 EPC 1973 第 114（2）条规定行使自由裁量权。

在 **T 188/05** 中，委员会认为，接纳上诉人的新递交会提出委员会和被告在延期口头法律程序延期的情况下不能合理予以处理的问题，改变了其案件。因此，未根据 RPBA 2003 第 10b（3）条（RPBA 2007 第 13（3）条）的规定在法律程序中接纳该资料。

在 **T 1774/07** 中，在未延期口头法律程序的情况下将新文件引入法律程序中会违背平等对待当事方的原则。因此，委员会得出的结论是，不应将该文件引入法律程序中，无论其是否具备关联性。

1.3.4 延迟递交实验数据

在一些决定中，实验数据是在上诉委员会口头法律程序前 1 个月或 2 个月左右递交的。因延迟提交，根据 EPC 1973 第 114（2）条规定，法律程序未接纳该文件。原因在于，处理该数据远比处理科学出版物繁重和耗时，因此大多数情况下该数据要进行反实验（counter - experiments）（**T 342/98**、**T 120/00**、**T 157/03**）。在 **T 760/05** 中，委员会确认，在委员会指明的进行递交的最晚日期之前临时提交实验报告，与为对方预留足够时间研究该报告和开展反实验的原则背道而驰。

同样，在 **T 569/02** 中，委员会认为，通常另一当事方需要仔细考虑对比实验，包括与技术专家进行讨论，不能预计该技术专家能立即找到。另一当事方可能还需要重复测试或自己开展其他测试。委员会不认为**该测试的相关性**具有影响力，因为即使是具有相关性的此类证据也不应在法律程序的后期阶段提交。在口头法律程序前1个月提交的该对比测试被认定为不可接纳，无论其是否可能具备关联性。

此外，若在多方法律程序中安排了口头法律程序，必须提前递交实验结果，时间足以使其他当事方有机会开展反实验（例如 **T 270/90**（OJ 1993，725）、**T 939/90**、**T 375/91**、**T 685/91**、**T 305/94**）。太晚递交的实验结果（在口头法律程序前7周）违背了公平和快速的程序原则（**T 375/91**、**T 1008/05**）。

在 **T 685/91** 中，委员会也确认，异议部的决定不考虑在异议部口头法律程序前1个月提交的实验报告是正确的，因为，很明显，这么短的期限不足以开展反实验。但是，该报告被上诉法律程序接纳，因为同样的对比数据已与上诉理由陈述书一并递交，以支持对异议理由陈述书中首次提出的缺乏创造性的反对。

在 **T 356/94** 中，委员会补充道，在下列限度内，异议法律程序可接纳延迟提交的事实或证据：相关当事方根据 EPC 1973 第113（1）条对此类事实或证据进行了后续讨论，这意味着允许当事方有充分的时间（取决于提交的事实或证据的性质）进行解释。考虑在举行口头法律程序当日呈递的对比测试，可构成对另一当事方陈述权的侵权，因为其他当事方根本没有实质性的机会对此类测试进行测试。

1.3.5 公开在先使用

a）不考虑延迟提交的公开在先使用

上诉委员会特别针对异议人延迟提交的公开在先使用的证据的可接纳性设定了较严格的标准。基于 EPC 1973 第114（2）条，委员会未将延迟提交的证据纳入法律程序，因为，在特定情况下会构成滥用程序或违背诚信原则。在此情况下，委员会决定不审查该递交的**潜在关联性**（参见 **T 17/91**、**T 534/89**（OJ 1994，464）和 **T 211/90**）。在 **T 985/91** 中，委员会引用 **T 17/91** 认为，若延迟提交的文件与指称的在先使用有关，则在某些情况下才能在法律程序中接纳该文件。

在 **T 17/91** 中，一项基于异议人自身活动的在先使用的指称在异议期届满2年后提交，且没有充分延误理由。在委员会看来，这构成了对法律程序的滥用和对诚信原则的违背。因此，根据 EPC 1973 第114（2）条，不论其是否具备潜在关联性，对该指称均不予理会。

同样地，委员会在 **T 534/89**（OJ 1994，464）中裁定，尽管异议人已经知晓实际情况，且在异议期内不存在任何阻止异议人提出反对的情况，但异议人在异议期（EPC 1973 第 99（1）条）届满之后才基于异议人自己的在先使用提出反对，这构成滥用程序。委员会由此得出的结论是，一当事方在可提供必要支持证据的情况下故意不提出争议，这一事实很明显属于滥用程序，出于该当事方利益适用 EPC 1973 第 114（2）条接纳此类证据将违背诚信原则。

在 **T 211/90** 中，在口头法律程序前 4 周，上诉人首次指称公开了在先使用。但是，在异议期届满前，上诉人已经熟知该证据。委员会认为，尽管上诉人在提交异议时已熟知该证据，但上诉人未意识到该证据的关联性，这一事实并不能证明上诉人在法律程序后期阶段首次将该证据引入法律程序中是正当的，无论上诉人出于什么原因直到那时才意识到这些资料的潜在关联性。上诉人在上诉法律程序中更换了代理人和首次意识到该资料的关联性的是新代理人这两个事实均不能证明考虑该资料是正当的。因此，委员会决定不在接下来的法律程序中考虑该资料，不审查其潜在关联性。

若在上诉法律程序中的口头法律程序就要结束的较晚阶段中（而不是在理由陈述书中）首次指称在先使用，只有初步看来新资料具备高度关联性，才可以考虑新资料在该法律程序中的可接纳性（**T 503/94**、**T 1037/01**）。

在 **T 481/99** 中，委员会表示，异议部只可在例外情况下在法律程序中接纳延迟提交的事实、证据和相关论点这一原则（例如参见 **G 9/91**，OJ 1993，408；**T 1002/92**，OJ 1995，605）并不意味着应以首先需要通过取证确立新事实为由自动地不予理会延迟提交的、经证明具备关联性的在先使用的指称。但是，若延迟提交的在先使用的指称的相关递交和/或文件显示出任何不一致甚至是矛盾，决定部门有权根据 EPC 1973 第 114（2）条规定不予理会所指称的在先使用，无须作进一步调查。鉴于委员会已正确行使了其自由裁量权，委员会认为，没有理由背离异议部所做的对受到争议的所指称在先使用不予理会的决定。

在 **T 380/00** 中，上诉人（异议人）首次在上诉理由陈述书中依据工程师在求职面试中的对发明技术特征的非保密性披露。为支持该观点，上诉人提交了一份工程师出具的法定声明和指称在面试中制作的一系列图。委员会特别表示，法定声明并未指明参与面试的人员且未指明该技术图不含机密性标记。委员会进一步认为，应诉人（专利权人）的如下主张令人信服，即根据标准实践做法代表潜在雇主参与面试的人员应受到至少一项隐含的保密义务的约束，且上诉人未提供任何与上诉理由陈述书相反的证据。委员会最终认为，工程师指称的公开在先使用未经充分证实，不能以此为依据进一步调查该事项。

在上诉法律程序中递交的有关在先使用的文件这一问题上，委员会在 **T 508/00** 中裁定，公司或一群子公司内部的不畅通信不能构成允许延迟提交关于指称的在先使用证据的充分和可接受的理由。

b）考虑延迟提交的公开在先使用

在**T 847/93**中，委员会将案件发回一审部门处理，因为异议人指称的在先使用并不是其自身业务，而是指第三方公司生产并提供给异议人的装置。

在**T 628/90**中，因首次在上诉程序中提交且经充分证实的公开在先使用的指称可能具备的关联性，对其进行了考虑，以便彻底考虑有争议专利主题的可专利性（另见**T 150/93**、**T 947/99**）。

在**T 252/95**中，上诉人在其上诉理由中引用了未在异议法律程序中提出的公开在先使用。委员会接纳了新递交——在决定新递交是否属于延迟提交的过程中，委员会必须在异议法律程序中考虑整个技术贡献以及争议决定中给出的否决该异议的理由。上诉人令人信服地解释了其为什么不能通过继续基于最初引用的公开在先使用对异议部的决定作出回应，以及为什么需要使用新的公开在先使用对特征进行进一步讨论。

在**T 947/99**中，上诉人就延迟提出公开在先使用的主张的情况，称其是在1999年5月17日伦敦专利法院（Patents Court）平行开展法律程序过程中一次庭审中的意识到可能存在公开在先使用。委员会认为，上诉人已就为什么提出公开在先使用主张以及为什么未尽早提出该主张作了非常清楚的解释。

1.4 在异议法律程序中考虑延迟提交的事实、证据和论点

1.4.1 在提交上诉书的期限届满之后的递交

根据**T 1002/92**（OJ 1995，605），在异议部的法律程序中，根据EPC 1973细则第55（c）条，为支持异议所依据的异议理由应在异议书中“标示事实、证据和论点”，如果延迟提交的事实、证据和论点超出了上述“标示事实、证据和论点”的范围，只有初步认为有理由怀疑该延迟提交的文件可能对涉诉欧洲专利的维持产生影响，才能例外地被该法律程序接纳。

在**T 214/01**中，委员会决定接纳异议人在EPC 1973细则第71a条所指的“最终日期”提交的文件，该文件是为异议部的口头法律程序准备的。鉴于上诉人（异议人）在理由陈述书中对异议部不在法律程序中接纳所有这些文件的选择有所质疑，尽管EPC 1973第114（2）条规定授予了异议部考虑未及时递交的证据的自由裁量权，若异议人坚持证据具备关联性这一观点，异议部有义务就其所作出的不考虑这些证据的决定说明理由。在上诉决定中完全不提及于异议期之外提交的（相关）证据的做法是不可接受的。

委员会已在**T 705/90**中指出，任何不理会延迟提交的文件的决定均须随附说明原因，仅指明文件延迟提交是不够的。

1.4.2 异议部行使自由裁量权

在 **T 267/03** 中，委员会决定，若异议部正确行使了其在 EPC 1973 第 114（2）条所规定的自由裁量权，则委员会不得接纳异议部未接纳的延迟提交。

在 **T 927/04** 中，委员会提到，鉴于初步看来文件 D8 与证实在先使用不具关联性，所以，异议部决定不接纳文件 D8。对证据 D8 和异议部关于该证据不可接纳的决定进行考虑后，委员会对异议部未在选择不理会文件 D8 时滥用其在 EPC 1973 第 114（2）条所规定的自由裁量权的做法感到满意。因此，委员会决定不将文件 D8 引入法律程序。

在 **T 624/04** 中，委员会对 RPBA 2007 第 12（4）条和第 13 条规定的解释进行了评析，即若 RPBA 2003 第 10a（4）条（RPBA 2007 第 12（4）条）规定时限内提供的事实、证据和请求（非论点）已在一审时提供，但未被接纳或后来曾提交但未被接纳，则根据 RPBA 2003 第 10a（4）条（RPBA 2007 第 12（4）条）规定，委员会可拒绝接纳该资料。

在 **T 876/05** 中，委员会驳回了异议人“在一审部门的口头法律程序前几天提交新文件注定失败，因此，对其来说，到上诉阶段再提交这些文件比较好”的论点。委员会认为，RPBA 2003 第 10a（4）条（RPBA 2007 第 12（4）条）将本应当向一审部门递交的文件和已递交但未被接纳的文件放在平等的基础上。若在法律程序中提交这些文件，可能发生的最糟糕的情况是，异议部认定这些文件不可接纳，所以，这与不提交这些文件的结果没有什么区别。委员会行使 RPBA2003 第 10a（4）条所规定的自由裁量权，裁定审查所提交请求的可专利性时仅考虑表现出直接关联性的文件。

在 **T 609/99** 中，委员会表示，不论所有人是否反对接纳根据 EPC 1973 第 114（2）条在异议程序中未予理会的证据，委员会可在某些情况下考虑该证据，但不意味着这些证据初步看来具有高度关联性。这样行使其自由裁量权并不违反 **T 1002/92** 中所述的标准。

1.4.3 在异议部撤回的请求

在 **T 390/07** 中，有争议的请求并非一项新请求，而是一项提交给异议部的请求，因为请求被撤回，所以异议部并未对该请求作出任何决定。在上诉中存在已提交的任何其他请求的情况下，上诉可能接纳一审中被撤回的请求的唯一基础是，该请求可以克服针对其他请求所作出的决定给出的原因。在异议部法律程序中很明显会失败的（为避免对其作出正式决定）而被其他请求替代的主张请求，上诉中提交了该请求，委员会认为其不可接纳。

1.5 延迟提交的正当性

1.5.1 概　　述

根据上诉委员会的既定判例法，若延迟提交是对先前法律程序进展作出的适当和及时反映，则延迟提交是正当的（**T 855/96**）。为支持迄今为止所做的推理（**T 561/89**），证明声称的公知常识（若被质疑）（**T 106/97**、**T 1076/00**），延迟提交也是可接纳的。**T 339/92** 认为，若延迟提交的资料不会使法律程序延期，应考虑延迟提交的资料。一些决定裁判，当事方对涉诉决定中的认定或另一方的陈词作出回应时，延期并不那么要紧。

在 **T 502/98** 中，委员会表示，举例来说，若某些事实或证据在当事方递交一份对权利要求书或新实验测试报告所做的不可预见的修改后具备关联性，或截至当时被首次质疑已存在无争议的公知常识，属于这种情况。

在 **T 85/93**（OJ 1998，183）中，委员会指出，同任何其他支持异议人陈词的证据一样，公知常识证据也应在异议部的法律程序早期提交；若在上诉程序中首次提交该证据，委员会可能行使自由裁量权认定该证据不可接纳，从而拒绝该证据。在 **T 274/99** 中，委员会根据 EPC 1973 第 114（1）条规定考虑了延迟提交的教科书——尽管延迟提交的文件（包括证明是公知常识的文件），根据委员会的判例法规定，可以不予理会，因为其提供了对现有技术的更好理解，很明显其具备关联性；就应诉人而言，该递交可被视为合理的，且对其进行考虑没有以任何方式使法律程序延期。

在 **T 736/99** 中，现有技术文件 D4 于 EPC 1973 第 108 条规定的期限届满前 2 年 8 个月递交。委员会确认，对权利要求 1 暗示了优先权日的变更这一事实并非如被上诉决定所指出的那样。尽管如此，从法律上来讲，异议人收到了在上诉决定中关于优先权变更的解释性通知，在提交上诉理由陈述书的 4 个月期限后首次提交中间现有技术文件以回应上述通知应被视为延迟提交，是否接纳该文件是委员会根据 EPC 1973 第 114（2）条规定行使自由裁量权时应考虑的问题。委员会认为，文件 D4 与创造性的争议具有充分的关联性，尽管提交延迟，仍应在异议上诉程序中被接纳。

在 **T 1105/04** 中，委员会引用了 **T 736/99** 并在法律程序中接纳了一份延迟提交的文件，因为双方当事方认为该文件是最接近的现有技术文件。

在 **T 875/06** 中，委员会认定，额外证据 D14 和 D15 并未改变上诉人的案件，仅仅支持了先前所提出的论点，因为，相较于这些文件与已引入法律程序的文件之间的关联性，这些文件与发明引用部分之间更具关联性。由于对 D14 和 D15 的考虑未有效改变一审法律程序中案件的法律框架和事实，委员会根据 RPBA 2007 第 13（1）条规定在法律程序中接纳这些文件。在 **T 113/96** 和 **T 426/97** 中，涉及类似案件时，委员会接纳了新的现有技术文件。

在 **T 259/94** 中，上诉人于申请上诉 2 年后提交了新证据——包括反映公知常识的文件和测试报告。应诉人未反对将上述证据引入上诉程序。委员会认为，在此情况下，其有权根据“对同意者不产生侵害”（volenti non fit iniura）原则接纳延迟提交的证据。

1.5.2 对异议部决定的正当反应

在 **T 101/87** 中，委员会描述了下述情况之间的区别：（a）异议人在异议部决定原始引证并不构成撤销或限制专利时试图找出进一步的现有技术；（b）异议人开展进一步研究，回应对权利要求书的大幅度修改或异议部就论据链缺少关联所发表的意见。就后者来说，新文件可在法律程序中接纳，而不被视为延迟提交。

在 **T 49/85** 中，委员会表示，异议人首次与其理由陈述共同提交的引用文件未在适当时候提交，除非该引用文件提出了针对该决定给出的最新强调的原因的有效反证（另见 **T 172/85** 和 **T 561/89**）。若一方对异议人的递交作出反应，例如 **T 705/90** 中，在上诉人在其支持所呈递论据的观察中引用文件 I ~ N 的，回应应诉人的理由声明，该情况同样适用。同样地，在 **T 238/92** 中，鉴于文件充当着被视为争议决定中创造性评估要素的特征的第一证据，上诉委员会未将首次与上诉理由陈述书共同提交的文件视为“延迟提交”（另见 **T 117/92**）。

在 **T 927/04** 中，委员会表示，对于在异议法律程序中败诉的一方来说，试图就在先使用问题通过提交假定的缺失环节（例如本案）的方式来改善其在上诉中的地位是合法的。进一步考虑以下事实，上诉人尽早（在上诉程序伊始）提交文件，提交这些文件的行为并不意味着滥用法律程序。因此，委员会决定在法律程序引入中这些文件。

在 **T 1380/04** 中，D16 首次与理由声明共同递交。委员会认为，D16 与理由声明的递交是对异议部决定的正当反应。但是，其本身不足以证明在法律程序中接纳文件合法。初步看来，相较于已用于法律程序的任何其他文件而言，文件与创造性更具关联性。委员会得出的结论是，D16 与创造性问题具备充分的关联性，应在随后的法律程序中考虑 D16。因此，在法律程序中接纳了 D16。

1.5.3 代理人的变动

在 **T 430/89** 中，对延迟提交论据和文件的解释是，代理人只是最近刚接管案件。委员会认为，不能接受这个解释和将其视为延迟的理由。

在 **T 785/96** 中，上诉人在其于委员会开展口头法律程序前 1 个月寄送的附函中申请附加实验。上诉人称，本次延迟提交是因为代理人的变动，在此之后，实验的必要性才有所显现。委员会确认了决定 **T 97/94**（OJ 1998，467）并声明，代理人的变动并不能构成延迟提交的可接受理由，除非延迟提交是因为不可抗力。新代理人有义务根据其接替前任时已达成的观点继续法律程序（另见 **T 552/98**）。

在 **T 736/99** 中，现有技术文件 D4 于 EPC 1973 第 108 条规定的期限届满后的 2 年 8 个月递交。尽管上诉人（异议人）已毫无保留地予以接受，但专业代理人的变动并不是延迟的客观理由。

1.6 审查论据

根据上诉委员会判例法，EPC 1973 第 114（2）条规定，忽视延迟提交的论据没有法律依据。EPC 1973 第 114（2）条规定（EPC 第 114（2）条，未发生变更）提及了延迟提交的事实和证据，但并未提及论据（德语表达为“Tatsachen und Beweismittel”；法语表达为“faits et preuves”）。因此，不能以首次在口头法律程序中递交延迟提交的论据为由不理会这些论据（**T 92/92**、**T 704/06**）。

在 **T 92/92** 中，委员会认为，英文版本的 EPC 1973 第 114（1）条对“事实和证据”和“论点”进行了明确的区分，且 EPC 1973 第 114（2）条并未提及论点。EPC 1973 第 114（2）条应被解释为双方为其案件辩护的权利未受不正当限制。

上诉扩大委员会在意见 **G 4/92**（OJ 1994，149）中未把“新论点”定义为新理由或证据，而是基于已提出事实和证据的提出的理由（**T 131/01**，OJ 2003，115）。在 **T 604/01** 中，法律意义上的事实应被理解为案件的情节和事件，不考虑其法律依据。在本案中，委员会决定，仅应将上诉人在口头法律程序中提交的文件归为论据。在 **T 926/07** 中，委员会表示，事实是必须在适用情况下通过证据证实的要求保护的主题。与之相比，论据则是将法律运用在准时提交的事实和证据时生成的解释。因此，在异议和异议上诉程序的每个阶段均接纳了基于按时提交的事实的论据。

采用类似思路，在 **T 861/93** 中，委员会裁定，一方为支持其论据提到的决定从不属于 EPC 1973 第 114（2）条所指的可出于延迟提交原因被驳回的引证。上述条款不包含论据。因此，一方为支持其论据提到的决定应被视为这些论据的一部分，不应出于延迟提交原因驳回其论据。

与阐明上诉理由的声明一同提交的新文件加强了一审部门已经作出的辩护方向，应被视为败诉方的正常行为，不构成滥用程序（**T 113/96**、**T 1034/01**、

T 1177/04、**T 1267/05**）。

根据 EPC 1973 细则第 71a 条（EPC 细则第 116 条，未发生变更）规定，无须在传票指明的时间之后对新的事实和证据进行考虑，除非以法律程序主题发生变化为由接纳该事实和证据。上述情况依据的 EPC 1973 细则第 71a 条和 EPC 1973 第 114（2）条提到了延迟提交的事实和证据，但并未提到可在法律程序任一阶段提供的新论据（**T 131/01**，OJ 2003，115；**T 926/07**）。

在 **T 131/01**（OJ 2003，115）中，委员会指出，异议部应根据 EPC 1973 细则第 71a 条规定对在传票指明的时间之后递交的有关先前所声明事实的新相关论据加以考虑。

1.7 专利说明书或检索报告中引用的文件

虽然有争议的欧洲专利引用并确认了审查程序中考虑到的文件，但该文件在异议或异议上诉程序中并未经自动审核（**T 155/87**；**T 198/88**，OJ 1991，254；**T 484/89**；**T 652/99**）。根据 **T 291/89**，本条款规定同样适用于检索报告中引用的文件。在 **T 111/04** 中，委员会同意判例法并认为本条款同样适用于在授权法律程序过程中提交的证据。

但在 **T 536/88**（OJ 1992，638）中，委员会指出，作为最接近的现有技术，有争议专利说明书中引用和确认的、作为说明书中技术问题的提出依据的文件属于例外情况。尽管该文件在异议期内未被明确引用，该文件仍然构成异议或异议上诉程序的一部分（**T 541/98**、**T 652/99**、**T 454/02**、**T 86/03**）。

在 **T 140/00** 中，尽管涉案专利说明书曾引用文件（7），但文件（7）仅被视为传统背景技术，涉案专利说明书并未认为其至关重要或将其视为最接近的现有技术和要求保护的发明的出发点。因此，该文件并未自动构成上诉程序的一部分，所以，根据委员会的主动决定，该文件属于延迟提交的证据。

在 **T 234/90**、**T 300/90** 和 **T 501/94**（OJ 1997，193）中，委员会认为，出于阐明引用中所列技术问题的目的，在引用中被注明是最接近的现有技术的文件，若在异议期内未被明确引用，则该文件并未自动构成异议或异议上诉程序的一部分。

考虑到这个问题，委员会在 **T 387/89**（OJ 1992，583）中对在异议法律程序中根据 EPC 1973 第 114（1）条规定依据职权审查原则的范围作出了评论。委员会认为，如果异议人未依据欧洲检索报告中引用的文件支持其异议理由，异议部和上诉委员会均无义务重新考虑该文件具备的关联性。但根据 EPC 1973 第 114（1）条规定，如果异议部或上诉委员会有充分理由认为新文件可以影响决定结果，则其可以在异议法律程序中引入新文件（**T 420/93**）。同理，在 **T 588/89** 中，委员会根据 EPC 1973 第 114（1）条规定在上诉程序中引入了文件，因为其认为文件反映了最接近的现有技术并针对是否具备创造性这一问题提出了怀疑。

在 **T 219/92** 中，鉴于检索报告中引用的文件具备的关联性，对该文件进行了考虑。同时，委员会还认为，鉴于延迟引用属应诉人责任，且决定未对上诉人不利，因此，其根据 EPC 1973 第 111（1）条规定行使了其自由裁量权，考虑该文件后决定案件是合法的。

2. 撤回异议

2.1 在 EPO 的法律程序中撤回异议的影响

2.1.1 在异议法律程序中撤回异议

EPC 细则第 84（2）条（EPC 1973 细则第 60（2）条，并未发生变更）规定，若异议被撤回，EPO 可主动继续开展异议法律程序。

在 **T 197/88**（OJ 1989，412）中，委员会参考 **T 156/84**（OJ 1988，372）后认为，若根据 EPC 1973 细则第 58（4）条规定在发出通信后撤回异议，原则上，异议部应出于公众利益主动继续开展异议法律程序。根据委员会，若法律程序已进行到很有可能限制或撤销欧洲专利的阶段，应继续开展该法律程序，若异议人不提供进一步的协助，异议部本身不必开展广泛调查。

在 **T 558/95** 中，委员会指出，异议部在异议撤回前驳回了主请求。因此，关于该请求的决定具有终局性；甚至在撤回异议后，一审部门也不会再对该决定进行审查。因此，EPO 主动根据 EPC 1973 细则第 60（2）条第二句对法律程序的继续仅适用于非最终决定主题的附属请求。

根据 **T 283/02**，撤回异议是一项决定性的程序声明，其撤销了异议人作为法律程序积极方的身份。该项声明无须经异议部或专利所有人同意。声明自 EPO 收到该声明之日起立即生效。决定是否根据 EPC 1973 细则第 60（2）条规定继续法律程序由异议部全权负责。

2.1.2 在上诉法律程序中撤回异议

这一变化的影响取决于异议人在上诉程序中是上诉人还是应诉人。

在 **G 8/93**（OJ 1994，887）中，扩大委员会认为，如果**异议人**作为**唯一上诉人**提交撤回异议的声明，上诉程序将立即自动终止，无论专利权人是否同意。法律程序也可在委员会认为不符合公约关于专利维护要求的情况下终止。扩大委员会决定强调了发起和继续法律程序的权利与在未决法律程序中澄清事实的权利之间的区别。根据其判例法，在上诉程序中，前者是上诉人的**专有**职权，而后者则可能由委员会根据 EPC 1973 第 114 条规定行使，但前提是法律程序为未决法律程序。

这一点确认了早期的判例法（见 **T 117/86**，OJ 1989，401；**T 129/88**，OJ 1993，598；**T 323/89**，OJ 1992，169；**T 381/89** 和 **T 678/90**）。继撤回异议后所作的任何声明均不具备任何相关性（见 **T 381/89**）。**T 544/89** 已被否决。

但如果**异议人是应诉人**，撤回异议并不影响上诉程序（例如参见 **T 135/86**；**T 362/86**；**T 373/87**；**T 194/90**；**T 629/90**，OJ 1992，654；**T 138/91**；**T 329/92**；**T 627/92**；**T 463/93**；**T 798/93** OJ 1997，363；**T 78/95**；**T 4/04** 和 **T 340/05**）。因此，委员会必须重新审查异议部所作决定的主旨。但如果说明书符合 EPC 要求，委员会可搁置上述决定并根据上诉人请求维护专利。委员会审查决定时，可引用异议人在异议撤回前递交的证据（**T 340/05**，另见 **T 900/03**）。但根据 **T 789/89**（OJ 1994，482），应诉人撤回异议意味着其不再是有关实质性问题的上诉程序的一方，仅作为费用分摊相关方（经**T 82/92**、**T 884/91**、**T 329/92** 和 **T 340/05** 证实）。但在另一方面，**T 484/89** 认定，尽管上诉人已无义务积极参与，其仍是法律程序的一方。异议部的决定未经“专利局主动”审查，但仍是上诉结果。即，以上诉人撤销有异议决定的“请求”为基础（**T 958/92**）。

对于撤回异议在委员会依据职权审查事实的权利方面的影响，见下文第 7 章 E. 6. 4 审查的事实。

3. 介　　入

3.1　概　　述

根据 EPC 第 105 条，为介入异议程序中的可接纳性，当事方必须证明已有人向其提起同一专利侵权的法律程序，或继专利所有人请求停止被控侵权后，第三方已提起裁定其未侵犯专利的法律程序。根据 EPC 第 105（2）条，可接纳的介入应被视为异议。

修改 EPC 过程中，为阐明 EPC 第 105 条的含义，对其进行了重新起草。“法院”一词被彻底删除，因为不必在所有州的法院提起声称未侵权的起诉。关于介入的详细信息被转移到了实施细则中（见 EPC 细则第 89 条）。

在 **T 446/95** 中，侵权诉讼曾以法国国家专利为基础，委员会认为，根据 EPC 1973 第 105 条规定，介入的目的在于促使假定的侵权人就专利权人基于相反的**欧洲专利**为自己辩护，以防 EPO 和国家法院对欧洲专利的有效性作出互相矛盾的决定。鉴于以关于法国专利的侵权诉讼为基础介入欧洲专利没有法律依据，因此，在涉案案件中，欧洲专利声称享有优于法国专利的优先权且法国已被指定的事实不具备关联性。EPO介入的可接纳性并不取决于国家法的规定。因此，介入不可接纳。

3.2 被控侵权人在异议法律程序中的介入

在**G 4/91**（OJ 1993，339）中，扩大委员会认为，假定的侵权人根据EPC 1973第105条规定的在异议法律程序中的介入预先假定异议法律程序在其发出介入通知时仍处于未决状态。此外，从异议部作出决定后无权修改其决定这层意义上来说，应视为异议部对寻求救济的决定具有决定性。扩大委员会进一步认为，一旦发出该决定性决定，异议部的法律程序即终止，无论此决定何时成为最终决定。因此，如果异议部下发终止法律程序的决定后，异议法律程序各方均未提起上诉，根据EPC 1973第108条规定在2个月的上诉期限内提交的任何介入通知无效。另见**T 791/06**，在异议部的口头法律程序后，但在发出书面决定前提出介入。委员会认为，未决异议法律程序中未提出介入，而是在上诉程序中提出了介入。

在**G 3/04**（OJ 2006，118）中，扩大委员会得出的结论是（但不限于）有效介入方仅获得了异议人地位，无论介入发生在异议部的法律程序中还是上诉阶段。无论发生何种情况，其权利和义务都与其他异议人的权利和义务相同。特别是对于异议法律程序而言，这意味着，若所有异议人均撤回异议，则介入方在异议部的法律程序中可单独继续法律程序并提出上诉（若需要），因为根据EPC 1973第99条规定，介入方与异议人具有同等地位（另见下文3.3）。

在**T 631/94**（OJ 1996，67）中，委员会指出，一旦在书面法律程序中采用的终止异议法律程序的决定被移交至EPO邮寄服务，该决定即成为公共有效决定并自此发布。若法律程序的各方不就这一决定提起上诉，则异议法律程序就此终止，且此后不能再根据EPC 1973第105条的规定进行介入。

3.3 上诉程序中介入的可接纳性

在**G 1/94**（OJ 1994，787）中，扩大委员会得出的结论是，EPC 1973第105条应适用于上诉程序。术语“异议法律程序”并不仅限于一审部门，也可以指二审法律程序。因此，上诉程序中的介入可接纳。若未提出上诉，则在提出上诉的2个月期限内提出的介入不具备法律效力（**G 4/91**，OJ 1993，707；见上述3.2）。

3.3.1 上诉程序中的介入方权利

a）应付收费

一方仅在上诉阶段进行介入的，一些决定曾声明，若一方未在其自身权利范围内寻求上诉方的地位，无须支付上诉费（见 **T 27/92**、**T 684/92**、**T 467/93**、**T 471/93**、**T 590/94**、**T 144/95**、**T 886/96** 和 **T 989/96**）。在 **T 1011/92** 和 **T 517/97**（OJ 2000，515）中，委员会裁定，从原始上诉人撤回其上诉后介入方的可继续提起上诉程序这层意义上来说，若介入方想要获取其关于上诉程序的权利，其必须缴纳上诉费。但在 **T 144/95** 中，在上诉程序中提出介入并缴纳上诉费的，委员会判决（经介入方请求）退还上诉费——根据 EPC 1973 第 107 条规定，仅已参与促成决定的法律程序并受其不利影响的一方可提出可接纳的上诉。在上诉程序中提出介入的，介入方不满足这些条件，且不能被视为上诉人（参见 **G 1/94**，OJ 1994，787）。同时，EPC 1973 第 105 条规定了一项根据 EPC 1973 第 99 条缴纳异议费的时限的例外情形，但未就上诉费的缴纳制定该例外情形。

b）撤回上诉

扩大委员会裁决，在 **G 3/04**（OJ 2006，118）中，撤回唯一上诉后，不能与上诉程序中进行介入的一方继续法律程序（另见 **T 694/01**，OJ 2003，250）。

c）提出的异议理由

修改 EPC 过程中，仅就异议理由对 EPC 第 100 条进行了细微的语言上的变更，以便与三种官方语言保持一致。

在 **G 1/94**（见上文 3.3）中，扩大委员会还对介入方是否可根据 EPC 1973 第 100 条规定在上诉程序中提出任何异议理由这一问题进行了审查（使异议部尚未对异议理由进行审查）并以肯定的方式进行了认定。若提出新的异议理由，则除非专利所有人希望委员会当场作出裁决，否则应将案件移交至一审部门。**T 694/01**（OJ 2003，250）明确声明，委员会基于给定的一系列权利要求和待补充至该权利要求的说明决定维护专利的，在限定于改写说明书问题的上诉程序中，先前决定属于无法再上诉的案件，因此，介入方不能通过引入新异议理由的方式质疑该决定。

3.4 时　　限

3.4.1 介入时限

修改 EPC 过程中，介入时限从 EPC 1973 第 105 条转移到了 EPC 细则第 89（1）条，这说明介入通知应于提出 EPC 第 105 条提到的法律程序之日起 3 个月内提交。“法院”一词被彻底删除，因为不必在所有州的法院提起声称未侵权的起诉。

在**T 452/05**中，委员会对可能引发3个月期限的3个日期进行了考虑：提出临时禁令请求日、授予请求日或禁令已送交异议人日。委员会认为，仅最后一个日期应被视为决定性的时间点，因为仅自该日期起，异议人才可以提供促使其有权进行介入法律程序的证据。计算介入的3个月期限的适用时间起点为提出首次法律诉讼之日，即介入的唯一可用期限开始之日。根据EPC 1973第105（1）条规定，计算介入的3个月期限的时间起点的替代方案是相互排斥的（**T 296/93**，OJ 1995，627），另见**T 144/95**。不能使用EPC 1973第105条规定给予未按时提出上诉的异议人第二次机会，因为异议人不满足作为第三方的要求（**T 1038/00**）。

3.4.2 其他时限

在**T 392/97**中，根据EPC 1973细则第71（1）条第二句中至少提前2个月通知的规定，准介入人请求，推迟指定口头法律程序的日期，并主张其尚未被妥为传唤至口头法律程序。委员会认为，EPC 1973细则第71（1）条未规定，若继续为传唤后第三方提出介入，2个月期限的要求同样适用。作为一般原则介入方在其于介入日期所处阶段进入法律程序，包括**未决时限**。在此情况下，发出进一步传票或中止日期很明显将与异议人和专利权人先前就口头法律程序确定进行的约定以及双方在结束EPO的法律程序中的正当利益相冲突。因此，推迟指定的口头法律程序的请求被驳回。

3.5 程序行为评估

评估一方向EPO提起的程序行为的性质时应考虑其实质（而非其形式或名称）这一原则在判定国家侵权法律程序是否已经启动时同样适用（**T 188/97**）。

在**T 195/93**中，委员会认为，如果专利权人仅通过发送一份合法警告信的方式要求介入方停止生产和出售专利所含产品，则即使根据国家法规定，收件人应对收到信件30日后的损失负责，上述行为仍不能被视为其提起了申请法院裁决的法律程序。因此，介入不可接纳，应被驳回。同样地，根据**T 392/97**，EPC 1973第105条规定要求，介入方应证明专利权人曾请求其停止被控诉的专利侵权，且其曾提起了申请法院裁定其不是专利侵权人的法律程序。因此，向指称的侵权公司寄送信件，但寄送给其认为应负责收取信件的不相关人员的，不满足第一个要求，其介入不可接纳。在**T 446/95**中，信件仅声明回复声称的介入方信件中采用的态度，但未作出停止侵权的通知的，同样不满足第一个要求。根据2006年11月14日裁决的**T 887/04**，假定的侵权人应证明，第一，其曾收到过停止侵权的“请求”，即曾被明确要求停止侵权；第二，其曾被要求“停止”，即终止侵权。因此，仅作出法律诉讼警告或威胁的证据被视为不充分。

4. EPC 第 115 条

根据 EPC 第 115 条规定，继欧洲专利申请公开后，任何人员均可就所提交申请中的发明递交有关发明可专利性的意见陈述。EPC 1973 第 115（2）条下关于意见陈述应被传达给专利申请人或专利所有人的要求在修改 EPC 过程中被转移至了 EPC 细则第 114（2）条。此外，EPC 细则第 114（1）条还规定，第三方应以 EPO 官方语言和书面形式提出任何意见陈述并声明其依据的理由。同时，该条还明确规定，EPC 细则第 3（3）条规定适用。其规定，提交的书面证明，尤其是出版物可以任何语言书写。但 EPO 可要求在规定期限内提交一份使用其官方语言的译文。若未按时提交译文，EPO 可忽视考虑中的文件。

4.1 一般原则

在上诉委员会的法律程序中，委员会通常不主动进行介入，仅在经上诉人请求的情况下进行介入，适用自由处理原则。但该原则同样受到限制，包括受出于公共利益起草的规定的约束。这些规定包括适用第三方意见陈述的 EPC 第 115 条（例如参见 **T 60/91**，OJ 1993，551）。

委员会在 **T 156/84**（OJ 1988，372）中认定，EPC 1973 第 115 条规定促使第三方递交意见陈述的真正原因是除考虑当事方利益外，EPO 还有义务面对公众拒绝授予或维护其坚信不具法律效力的专利（该内容在 EPC 1973 第 114（1）条中介绍的 EPO 人员主动审查原则之后）。

4.2 谁可以提交意见陈述

EPC 1973 第 115 条规定“任何人员”（德语版表达为“jeder Dritte”，法语版表达为“tout tiers”）均可递交意见陈述。修改后的 EPC 将英文版本与德语和法语版本进行了统一，现称为“任何第三方”。见 1990 年 12 月 10 日裁决的 **T 338/89** 和 **T 811/90**。在后一种情况下，专利权人曾就异议部关于从文件公共部分移除特定文件的决定提起了上诉。异议人不是被质疑决定的一方，所以，无权参与委员会的法律程序。因此，其请求不可接纳，但可作为“第三方”根据 EPC 1973 第 115 条规定提交意见陈述而被接纳。

同样地，涉及介入的，在 **T 446/95** 中，公司的介入不可接纳，所以其附属请求不可接纳。但根据 EPC 1973 第 115 条规定，公司已提交的意见陈述和文件的处理不受任何阻碍。

4.3 EPC第115条下的意见陈述时限

4.3.1 概 述

EPC第115条或EPC其他条款中不存在任何强行向EPC第115条下意见陈述的递交时限设定限制或授权EPO根据递交时间不理会其所意识到的事实的规定（见**T 156/84**（OJ 1988，372）；另见继**T 156/84**之后的**T 283/02**）。

同样地，委员会在**T 390/90**中声明，EPC 1973第115条未希望就作为专利申请/专利主题的发明的可专利性递交相反意见陈述的人员设定最高递交时限。因此，EPC 1973第115条为非当事方在实际集中撤销（“异议”）法律程序（在**G 9/91**，OJ 1993，408中得到确认）以及在关于该法律程序决定的上诉过程中抨击其他方反对意见的专利提供了充分的出路。尽管介入不再适用，意见陈述可在上诉程序中提交。

委员会在**T 156/84**（OJ 1988，372）中得出的结论是，EPC 1973第115条规定不仅适用于授权前时期，同时还适用于授权后时期，很明显，该结论源于条款（EPC细则第114条）第2句提及的与专利申请人或专利所有人的意见陈述通信。

上诉程序在对异议法律程序中根据EPC 1973第115条规定的提交异议书时限期满后提交的文件进行了讨论，但并未对其进行考虑，经认定，该文件在相关时间尚不可公开获得，因此不能构成现有技术状态的一部分（**T 314/99**）。

4.3.2 第三方的意见陈述和EPC第114（2）条

修改EPC过程中，仅对EPC第114条德语版本进行了微小的编辑性修改。

委员会在**T 156/84**（OJ 1988，372）中援引EPC 1973第115条规定，用于辅助解释EPC 1973第114（2）条，鉴于从“第三者不得参与EPO的审理程序”这句很明显可以看出该第三者不是EPC 1973第114（2）条提及的一方，因此推定EPC 1973第114（2）条规定显然不适用于第三方根据EPC 1973第115（1）条规定就发明的可专利性在意见陈述中呈现的事实。这是为了加强以下观点：鉴于就未在限定期限内递交的事实而言“按时”并不具备任何含义，EPC 1973第114（2）条规定不适用于该事实。委员会进一步认定，异议人根据EPC 1973第115条的规定通过第三方提交被认定为延迟提交的文件，希望确保文件不会根据EPC 1973第114（2）条的规定被不理会的行为是很荒谬的。为避免这种异常情况，委员会总结道：根本不会拒绝延迟提交的相关资料，即使该资料由双方提交。

委员会在**T 951/91**（OJ 1995，202）中还考虑了EPC 1973第114（2）条

的申请，但授予了从 **T 156/84** 中所推理的相关资格。其指出，扩大委员会和上诉委员会已在许多情况下将《维也纳公约》第 31 条用于解释 EPC 1973 第 115 条规定，所以，是否应适用《维也纳公约》第 31 条规定仍然充满争议。根据 EPC 1973 第 115 条规定的目标和目的对其措辞进行解释后，很明显发现，其试图排他性地削减（而非扩大）第三方的权利，不扩大其超出 EPO 法律程序一方所享有的权利的权利。

4.4 审查范围

4.4.1 EPC 第 114（1）条和第 115 条

根据 EPC 细则第 76（2）（c）条规定，异议部可在应用 EPC 第 114（1）条规定时主动提出一个陈述中未包含但第三方在 EPC 第 99（1）条规定的时限届满后根据 EPC 第 115 条规定提交的异议理由（例如参见 **G 9/91**（OJ 1993，408））。扩大委员会决定强调，初步看来有理由相信理由具备关联性且可能从整体或部分影响专利的维持的，根据 EPC 1973 细则第 55（c）条（EPC 细则第 76（2）（c）条）规定，仅异议部可对陈述中未合理包含的理由进行考虑。

对第三方在上诉程序中提交的意见陈述进行考虑后，委员会在 1996 年 11 月 27 日裁决的 **T 667/92** 中提到决定 **G 9/91**（OJ 1993，408）和意见 **G 10/91**（OJ 1993，420）。结论是，在各方之间的上诉程序中，考虑到其目的并参考决定 **G 7/91** 和 **G 8/91**（分别是 OJ 1993，356 和 346），须以一个更加具有限制性的方式（而非异议程序）对 EPC 1973 第 114（1）条的规定作出解释，因此，原则上，根据 EPC 1973 第 115 条规定在 EPC 第 99（1）条规定的时限届满后异议人和第三方提到的新异议理由不能引入上诉阶段，除非专利权人同意。未经同意，委员会不理会第三方根据 EPC 1973 第 115 条规定提交的意见陈述。

委员会在 **T 580/89**（作为移交的委员会）中受扩大委员会在 **G 9/91** 中的决定的约束，并认定其无权审查权利要求书的主题的可专利性，其未在异议书中遭到反对但属于第三方根据 EPC 1973 第 115 条规定提交的，在异议部作出决定后方才抵达 EPO 的意见陈述的主题。

在 **T 690/98** 中，出现的问题是第三方提交的意见陈述是否可能导致 EPO 主动根据 EPC 1973 第 114（1）条的规定重新评估有争议专利主题的可专利性，即使上诉被认定为不可接纳。委员会认为，答案是否定的，因为根据 EPC 1973 第 110（1）条的规定，上诉的可接纳性是上诉审查的先决条件。建立可接纳性后方可审查争议决定的实质。因此，第三方在上诉阶段提出的异议不由 EPO 主动审查。

此外，EPC 1973 第 115（1）条第三句（EPC 第 115（1）条第二句）关于第三方不得“参与 EPO 的审理程序”的规定假定了 EPO 的法律程序未决。

最后，EPO 的法律程序未决的，EPO 可根据 EPC 第 114（1）条规定主动审查事实。EPC 第 114（1）条的明确规定“在 EPO 的法律程序中”，EPO 应主动审查事实。如果不存在未决的上诉程序，第三方的陈词将被排除 EPO 主动考虑的范围之内。另见 **T 328/87**（OJ 1992，701），其中委员会认为，当异议不可接纳时，EPO 不能根据 EPC 第 114（1）条规定主动审查事实。

4.5　意见陈述的性质

EPC 第 115 条规定，第三方提交的意见陈述必须涉及申请或相关发明的可专利性。在 **T 951/93** 中，涉及专利新颖性的意见陈述被接纳。委员会表示，根据 EPC 1973 第 115（2）条的规定提交意见陈述的第三方不能参与 EPO 的法律程序（为 EPC 1973 第 115（1）条），因此，不能在终审中参加陈词。

意见陈述一旦提交，应予以审查并评估其可信度。在 **T 598/97** 和 **T 51/87** 中，第三方的意见陈述被接纳。在后一个案件中，尽管审查部注意力很明显集中于根据 EPC 1973 第 115 条规定提交的一系列关键意见陈述中的特定文件的关联性，委员会对所提交的说明书的信息表示完全认可感到诧异。在 **T 918/94** 中，权利要求书中有关特定反应的仅有的试验证据源于第三方根据 EPC 1973 第 115 条规定提交的文件，该证据在性质上是负面的。委员会对该证据进行了考虑。

4.6　意见陈述应采用的格式

在 **T 189/92** 中，委员会认为，第三方有责任确保提交的事实和证据不仅清晰明确，而且应尽可能完整，以便审查机构可以直接对其进行处理而不会产生任何疑问且无须进行进一步调查。尤其是在第三方采用非 EPO 语言提交的情况下；应随附一份采用 EPO 官方语言的译文。根据修改后的 EPC 规定，提交的意见陈述必须采用官方语言（EPC 细则第 114 条）。提交的文件或出版物可采用任何语言书写，但应提交一份采用官方语言的译文，若未按时提交译文，文件将被不理会（EPC 细则第 3（3）条）。

在异议部的法律程序中，第三方根据 EPC 1973 第 115 条规定提交了意见陈述，引用公开的在先使用阻止授予专利。在没有附加任何保密义务的情况下授权其他公司访问设备时，据称曾发生公开的在先使用。异议部未考虑该意见陈述，因为不能认定所指称的事实具备确定性（2000 年 3 月 28 日的 **T 301/95**）。另见 **T 73/86**。

在 **T 41/00** 中，相较于审查程序中考虑的任何先前的现有技术引用文献而言，第三方根据 EPC 1973 第 115 条规定在上诉程序中提交的文件与要求保护的主题更接近。不过，由于公众是否可在专利优先权日获得文件这一问题仍存在争议，因此，案件发回一审部门。

在 **T 953/02** 中，应诉人以签名存在缺陷为由，即签名人非自然人，对根据 EPC 1973 第 115 条规定进行的提交提出了质疑。实际上，未参与法律程序的第三方的提交是在口头法律程序前不到 1 个月才进行。委员会未在法律程序中接纳该提交，因而也不需要考虑应诉人所附信函或文献。

4.7　第三方的法律地位

EPC（1973 年版和 2000 年版）明确说，第三方不能参与法律程序。

鉴于与根据 EPC 第 115 条的规定提交意见陈述的第三方相比，异议人可参与异议法律程序，因此，针对异议人创建了一揽子程序权利（见 **G 4/88**，OJ 1989，480）。未参与法律程序的第三方不享有被 EPO 陈词的权利（**T 951/93**）。第三方的陈词不完整的，也不能开展进一步调查（例如陈词证人）。这需要第三方的合作，但由于第三方不能参与法律程序，所以，与其合作是不可能实现的。因此，委员会在此情况下未考虑第三方的意见陈述（**T 908/95**）。鉴于 EPC 第 115 条所指的第三方不能参与任何法律程序，没有机会“递交意见陈述”，所以，该意见陈述的可接纳性完全是由委员会决定的（**T 390/07**）。

在 **T 283/02** 中，异议部曾在争议决定的事实和请求概要部分将第三方意见陈述当成了异议人提交的意见陈述。委员会认为，这个错误在后续的相关资料处理过程中并未起到决定性的作用。与上诉人的指称相反，异议部未完全忽视第三方意见陈述。异议部曾经合理地将意见陈述转发给了专利所有人。异议人将其作为意见陈述来源是错误的，但这并不影响法律程序的结果。

在 **T 951/91** 中，委员会认定，《维也纳条约法公约》第 31 条可被用于解释 EPC 1973 第 115 条规定。根据该条款的目标和目的对其进行解释，很明显，其试图排他性地削减（而非扩大）第三方的权利，没有将其权利扩展至超出 EPO 当事方所享有的权利。

4.8　考虑 EPC 第 115 条时的其他规定

4.8.1　修改欧洲专利申请

考虑在可能的情况下审查部可根据 EPC 1973 细则第 86（3）条（EPC 细则第 137 条）规定行使其自由裁量权认可依据 EPC 1973 细则第 51（6）条发出通信（EPC 细则第 71（5）条）后的修改时，应当牢记，在上述阶段提出修改请求可能导致（但不限于）对第三方根据 EPC 第 115 条规定提交的意见陈述作出考虑。

在任何该情况下，均应根据相同原则行使允许修改的自由裁量权（**G 7/93**，OJ 1994，775）。关于这些原则的进一步详细信息，见第 6 章 J.7 “行使自由裁量权”。

4.8.2 审查法律程序的中期决定

T 839/95 认为，附属请求可被接纳，从异法律程序中审查员对附属请求的批示中可预见一个中期决定，则该中期决定不适用于单方参加的审查法律程序。支持该观点的原因是，第三方可根据 EPC 1973 第 115 条的规定就发明的可专利性提出异议。

在委员会看来，只要申请的实质审查没有结束，就必须考虑该异议。在法律程序相关阶段之前作出关于申请的最终决定的，第三方提交的意见陈述的效力将受到限制。关于决定何时具有终局性的详细信息（第 6 章 J.4 “决定日期”），见 **G 12/91**（OJ 1994，285）。

4.8.3 重大程序违法

在 **T 283/02** 中，异议部将第三方的意见陈述正式转发给专利权人，但专利权人未作任何评论。异议部未在其决定中提及该意见陈述的行为不构成重大程序违法，尽管应提及该意见陈述。

4.9 提交意见陈述之后的发回

根据 EPC 第 115 条规定提交的意见陈述，委员会可选择将案件发回一审部门。例如参见 **T 249/84** 和 **T 176/91**。

在 **T 929/94** 中，委员会对第三方意见陈述和支持材料开展的初步审查表明，就该意见陈述中要求保护的发明的可专利性而言，出现了基于新的事实和证据的全新情况。为保护申请人通过对一审部门不利决定进行上诉的复核权，经申请人请求，委员会发回了案件，以便审查该新材料并根据该新材料作出决定。

在 **T 41/00** 中，由于公众是否可在专利优先权日获得第三方提交的文件这一问题仍存在争议，因此，案件发回了一审部门。

5. 当事方地位的转让

EPC 细则第 22（1）条和第 22（3）条（EPC 1973 细则第 20（1）条和第 22（3）条）未涉及专利申请注册转让所需证据的性质和范围的实质变化。因此，对于 EPO 而言，仅在 EPO 收到证明其已发生的**文件**，并在该文件的限制范围内，欧洲专利申请转让才有效。EPC 规定了该转让在申请人/所有人的当事方地位方面的效力，而既定判例法阐明了异议人地位有效转让的条件或标准。

5.1 异议人的当事方地位

5.1.1 实体要求

EPO 的法律程序未决的，为了所提交异议的利益，应将异议人的当事方地位当作异议人的商业资产的一部分连同资产转让或出让给第三方。

在 **G 4/88**（OJ 1989，480）中，上诉扩大委员会指出 EPC 1973 细则第 60（2）条（EPC 细则第 84（2）条）隐含地确认了异议被转让给异议人的继承人，且通过类比指出，异议可转让给异议人在法律上的普通继承人，它认为，异议构成了企业资产的不可分割部分；因此，在这些资产根据适用的国家法律进行转让或出让的情况下，根据从物随附主物时便成为主物一部分原则（“从物属于主物”），构成资产一部分的异议同样应被视为可转让或可出让（另见 **T 349/86** 和 **T 475/88**）。

根据该限制，允许随相关资产共同转让这一原则不仅适用于该异议，同样适用于针对异议部的决定提起上诉的权利（见 **T 563/89**）。在 **T 659/92**（OJ 1995，519）中，委员会就此声明，某些情况下，一方的权利可在异议上诉程序的任何阶段进行转让，但在本案中委员会认为，该异议作为异议人的商业资产的“不可分割的一部分”不能被转让。

后来的判例法也引用了 **G 4/88** 和 **T 659/92**：

在 **T 799/97** 中，异议人在一审异议法律程序中破产。代理人希望与收购破产公司的公司 D 继续法律程序。异议部以采购合同表明并非所有异议人的资产均被转让且交易中未涵盖相关项目和责任为由拒绝了该请求。尽管如此，委员会得出的结论是，异议人地位确实转让给了公司 D。委员会认为，**G 4/88** 或 **T 659/92 没有表示**仅在所有应收账款和负债是不合格转让的情况下，异议人地位才是被转让了。

同样，委员会在 **T 711/99**（OJ 2004，550）中也对上诉扩大委员会关于异议人地位转让的判例法进行了考虑。委员会认为，商业部门被出售时，可将异议人地位转让给单独一个继承人，但这是 **G 4/88**（OJ 1989，480）和 **G 3/97**（OJ 1999，245）中所述的异议不能被自由转让所依据的法律一般原则中的例外情形，该例外情形可被狭隘的解释为防止（与出售作为异议不可分割的一部分但本身无权提出异议的商业部门的异议人相比）异议人母公司在出售始终有权提出异议的子公司的情况下被视为有权转让异议人地位。此外，被转让的公司部门不是法人，缺乏合法权利的，异议人地位仅可随着享有唯一合法权利的异议人的部分商业活动的出让作出转让。但这并不适用于本案，本案中，虽然被转让的公司是母公司全资所有的子公司，但其仍有权在异议中代表其自身行事，享有充分的合法权利——法律人格的一项特征。

异议被分配至一个业务的两个不同部分的，仅可通过转让业务的两部分或整个公司的方式将异议人地位转让给第三方（**T 9/00**，OJ 2002，275）。

不同于法人和/或自然人之间的转让，异议可与商业资产一同转让，异议可从已故异议人处传给其继承人，不要求与已故异议人的任何特定资产一同转让（**T 74/00**）。已故异议人的继承人或多个继承人仅可通过参考适用于已故异议人财产的特定国家继承法的方式进行确定，这就意味着试图确立其有权继承异议的个人必须提供令人满意的证据。如果确立了多个已故异议人的继承人，则相关国家法应起到决定性作用。任何情况下，与其他多个异议人一样，所有可被确定为继承异议的继承人应始终是可确定的，并应通过共同代理人行事，若任何继承人出于任何原因不再作为多个异议人成员，应告知EPO。

5.1.2 形式要求

EPC不包含任何有关异议人地位转让的形式要求的明确规定。尽管如此，上诉委员会始终认为，将异议人地位视为已转让前，必须满足形式要求。通过类推，该裁断通常以EPC细则第22（3）条（EPC 1973细则第20（3）条）中的一般程序原则为基础。但一些委员会对该类推情况表示出了怀疑（例如**T 261/03**；另见**T 1091/02**，OJ 2005，14）。

鉴于**G 4/88**（OJ 1989，480）并未提到有关异议人地位有效转让的任何进一步程序上的要求，后继判例法规定，新异议人仅在提交证明其合法继承权文件的情况下才能获得异议人和参与上诉程序的一当事方地位（例如**T 870/92**、**T 19/97**、**T 478/99**），无须经异议方的同意。提供转让证明前，参与法律程序的初始当事方继续享有相关权利和义务（**T 413/02**）。若未能出具合法继承权证明，仅一个公司被指定为初始异议人的合法继承人（该继承人为初始异议人的合法继承人）的声明不足以证实异议人和参与上诉程序的一方的地位转让有效。

异议人地位与撤回专利过程中的商业利益的存在没有直接关系（**T 298/97**，OJ 2002，83）。撤回专利过程中拥有的商业利益不足以使商业继承人在缺乏异议人权利和相关商业资产转让证据的情况下获准接管和开展异议上诉程序。缺乏该证据时，向两名独立个人作出的异议人的商业资产的转让不能授予其中任何个人接管和开展异议或异议上诉程序的权利。递交该证据后，仅经该证据证实的受让人可获得该权利。

委员会在**T 19/97**中认为，作为商业资产对异议人地位作出的实体转让与其在本案中程序上的有效性之间存在明显的区别。作为形式要求，异议人地位在程序上的有效性取决于法律程序中的经正式证实的请求的提交。依据程序确定性，未经委员会正式地裁定，不得基于出让在法律程序外变更当事方，且不能产生具有追溯力的效力，在新异议人不作为唯一当事方进行参与的情况下，可分别执行或采取其他程序上的行动或决定。

虽然在新的所有人启动上诉程序前可进行转让，但EPO必须在提起上诉前收到转让证据，否则上诉不可接纳（**T 1137/97**）。在**T 261/03**中，EPO通过第三方提交的上诉人后来在上诉书中提到的信函首次获知业务转让。在委员会处理该案件的情况下，委员会将第三方提交的信息视为上诉人已在上诉书明确提到的日期向其提交该信息。尽管同一委员会就规定欧洲专利登记簿中记录欧洲专利申请的转让的EPC 1973细则第20（1）条（现为EPC细则第22（1）条）的类比适用提出了怀疑，其将上诉人试图获取异议人地位和向EPO递交相关证据意图作为记录转让的明确要求。该请求应被视为自动提交，无须缴纳行政费用（EPC 1973细则第20（2）条，EPC细则第22（2）条，不适用类推；另见**T 413/02**）。

在**T 956/03**中，委员会对该证据的提交**时限**问题进行了考虑。根据委员会，判例法显示了明确的倾向性，即主张转让最早可在提交证明转让的充分证据当日得到确认。为了保持法律确定性，根据这一原则对于确保知晓相对人的身份而言，这是令人满意的。在上诉期届满前发生转让的，受让人更换异议人的权利须通过在上诉期届满前提交必要证据来实现。在**T 428/08**中，上诉人争辩道，在先使用的证据可在异议期届满后提交，且不被视为异议理由而拒绝，所以，也应接纳在上诉期届满后递交的合法继承权证据。委员会首次区分了可接纳异议的条件（该条件在EPC中有所规定）和异议人地位转让的有效性（该有效性受与判例法裁决一致的标准的管辖）。不同的情况意味着不同的法律后果。本案中，委员会依据了判例法，该判例法明确规定，转让生效日期取决于证据申请日期，这与参与法律程序各方的身份必须清楚的程序确定性要求相一致。

因此，上诉人错误地认为，**T 670/95**没有对是否仍可以在上诉期届满后提交证据这一问题作出回答；就相关决定的理由而论，其明确说明了转让证据提交后才能与原始当事方开展法律程序。委员会认为，该阐述排除了证据提交后当事方地位发生任何溯及既往的变化。

就**提交证据**的要求而言，委员会在**T 6/05**中对与商业资产出让一并转让异议人地位的案件与通过兼并进行全盘转让的案件（例如本案）进行了划分。在前一种案件中，当事方地位可能仍由初始异议人享有，也可能转移给了新异议人，专利所有人的全面继承人在EPO的法律程序中自动获得当事方地位，因为EPC 1973细则第20（3）条规定不适用于法律全面继承权这一情况。继承人自兼并生效之日起获得当事方地位，且不止一次收到关于该效力的充分证据。欧洲专利转让原则经必要变更后适用于异议人地位的转让。如遇异议人的全面继承权，应只有一位享有权利和义务的个人（法人），其后果是自兼并之日起必须自动作为异议人继续现有的法律地位。因此，毫无疑问，在法律程序中的任何时候均由异议人实际享有当事方地位，不存在任何法律不确定性，无论关于该效力的充分证据何时提交。

5.1.3 扩大委员会在G 2/04中的决定

考虑到上诉委员会当时就异议人地位转让的实体和形式要求采用的不同解决方案，在**T 1091/02**（OJ 2005，14）中，委员会认为有必要将以下问题提交上诉扩大委员会：

1.(a) 异议人地位能否自由转让？

1.(b) 如果对问题1（a）的回答是否定的，则异议人将提交异议时为异议人全资所有的子公司且开展异议专利相关业务的法人的所有股份出让给其他公司并且交易相关人员同意转让异议的，该法人能否获得异议人地位？

2. 如果问题1（a）或（b）的回答是肯定的：

（a）接受异议人地位转让前须满足哪些形式要求？尤其是，是否需要递交证明所指称的事实的完整书面证明？

（b）提交上诉书时限届满前不能满足上述形式要求的，指称的新异议人申请的上诉是否不可接纳？

3. 如果对问题1（a）和1（b）的回答是否定的：

尽管由未授权申请上诉的个人提交，但上诉书包含一项将上诉视为已授权申请上诉的个人提交的附属请求，在此情况下，是否可接纳上诉？

转给上诉扩大委员会的问题在**G 2/04**（OJ 2005，549）中得到如下回答：

Ⅰ.（a）异议人地位不能自由转让。

Ⅰ.（b）如果提交异议时为异议人全资所有的子公司且开展异议专利相关业务的法人的所有股份被出让给其他公司，则该法人不能获得异议人地位。

II. 如果申请上诉时，存在就谁是法律程序的当事方这一问题如何对法律作出解释这种正当的法律不确定性，则以个人代表根据其解释他所代表的人是真正当事方，同时，对于附属请求，根据其他可能的解释提交附属请求的人也可以认为是法律程序真正当事方也是合理的。

5.1.4 处理转让的法律有效性的个案

在**T 425/05**中，在提交上诉的当日，不再合法地存在初始异议人。异议人地位已通过全面继承权转让给公司F。因此，初始异议人由F继承，F作为争议专利的异议人，并授权F作为委托人代表异议人行事。因此，由届时经确认授权从未被取消的专业代理人提交的上诉系以隐含但必要的方式代表新异议人提交。此外，如果专业代理人的代理授权在初始异议人不再合法存在的当日失效，必定会引发荒谬的后果：自当日起，申诉决定的通知将被视为无效，且上诉时限仅在新通知（此时有必要发出）发布后开始。委员会得出的结论是，起诉异议的过程未出现中断，因此，异议未失效，上诉可被接纳。

在 **T 384/08** 中，委员会预设，为了所提交异议的利益，异议人地位可作为异议人的商业资产与资产一并转让或出让给第三方（见 **G 4/88**，OJ 1989，480）。在上下文中，术语“业务”（business）从广义上来讲应被理解为由异议人开展或异议人可以开展的经济活动，该经济活动构成其商业资产的特定部分。在本案中，术语“业务”同样包含异议人在微阵列领域的核心科学研发活动。即使公司停止日常运营，即将因财政困难解散，该业务仍然存在，且可转让。在此情况下，人们可将业务称之为“被冻结”或“遗留”业务，只要存在允许其开展相关核心活动的商业资产，公司就仍有业务。为促使公司成为更加有吸引力的接管人或兼并候选人，在拍卖上出售大量有形资产（不包括商业活动所需的专利组合和实验室设备）的事实并未造成业务转让。

此外，委员会必须确定初始异议人作为卖方与购买公司之间签署的资产购买协议是否确立了有效的资产（和异议人地位）转让。委员会得出的结论是，事实的确如此。仅特定资产（此处系指：协议性就业安排、现金、有价证券、应收账款）被明确排除在协议之外的事实不足以得出协议未导致业务转让的结论；排除在外的资产对继续微阵列业务并不重要，到最后初始异议人剩下的就只是一个空壳。

下列情况下，认定异议人地位的转让在法律上无效：

在 **T 1178/04** 中，B 提交了一份声明，证明异议已从注册异议人 D 转移给 B。在异议阶段，除表示出“轻微怀疑”外，专利所有人并没有作出其他陈词。异议部认为转让有效。作为对提交上诉的回应，专利所有人对异议部就异议地位的转让所作的决定提出了质疑，并请求委员会考虑转让是否“合法”。委员会解释道，EPO 在法律程序所有阶段依据职权审查异议人地位的职责不仅包括审查初始异议的可接纳性，还包括审查任何声称的将异议人地位转让给新的当事方的转让的有效性。行使该职责时采用了禁止不利变更的原则。考虑到异议人地位转让的有效性，委员会引用了 **G 2/04**（OJ 2005，549），根据 **G 2/04**（OJ 2005，549）规定，母公司出售其全资拥有的子公司时不能转让异议人地位，即使是在母公司出于子公司利益提交异议的情况下。该结论更适用于本案。在本案中，交易与母公司/异议人的任何资产出售无关，但与部分间接子公司业务的出售有关。因此，认定转让在法律上无效。

在 **T 503/03** 中，上诉人认为，从异议与已被出售给第三上诉人的第二上诉人的先前全资拥有的子公司开展的商业运营有关这一事实，可以清楚地看出第二上诉人向第三上诉人转让了异议人地位。

引用相关扩大委员会判例法（**G 4/88**，OJ 1989，480；**G 2/04**，OJ 2005，549），委员会得出的结论是，子公司被出售时，母公司的异议人地位不可能被转让，无论是否对子公司或在本案中新母公司作出了转让。因此，在本案中，第三上诉人不能通过购买第二上诉人的子公司的方式在异议法律程序中获得当事方地位。

在 **T 426/06** 中，委员会未允许请求的异议人地位转让，因为已提交的异议人和上诉人的总协议不符合证明当事方地位有效转让的证据要求。在此情况下，对于不再提交任何进一步文件（例如，销售合同）的情况下，提交的该协议是否能构成部分商业资产转让的合适证据这一有争议问题，委员会未发表意见。

委员会在 **T 428/08** 中认定，若上诉书未指明向上诉人所作转让是如何发生的，则审查相关商标登记簿、查明缺失信息不属于委员会的职责。此外，商标登记簿仅仅提到了特定的商业部门，并未指明本案中转让了哪些权利。一个法人实体向另一个法人实体转让部门与一个实体在法律上与另一个实体完全合并的全面继承权有着显著的差别：商标登记簿中的合并记录隐含地说明了在登记簿备案时所有权利均被转让给另一实体，放弃该权利的实体届时不再合法存在；一个法人实体向另一个法人实体转让一个部门的，两个法人实体作为法律上的两个独立实体继续存在，即使转让已在登记簿中有所备案。转让合同中提到的双方意图就决定了向涉案部门出让了哪些权利或资产（另见 **T 561/01**）。因此，在本案中，视为异议人地位未被转让。

5.2 所有人的当事方地位

在异议法律程序中转让欧洲专利的，在登记簿上登记的新专利所有人将在异议和上诉程序中代替先前专利所有人。在这些法律程序中，其权利不会受到质疑（**T 553/90**，OJ 1993，666）。

对于有权上诉的专利受让人，须在 EPC 1973 第 108 条（未发生变更）规定的上诉期届满前根据 EPC 1973 细则第 20 条（EPC 细则第 22 条）规定提交证明转让、转让申请和转让费的必要文件。后备案的转让不能溯及既往验证的上诉（**T 656/98**，OJ 2003，385）。委员会在 **T 593/04** 中确认，上诉程序中，仅在相关一审部门进行备案或有确凿转让证据的情况下，另一当事方可以替代专利所有人（见 **J 26/95**，OJ 1999，668）。转让被证实前，初始当事方仍为法律程序的当事方，享有其所有权利和义务（见 **T 870/92**）。此外，姓名变更不能导致合法身份的变更（见 **T 19/97**）。

在 **T 15/01**（OJ 2006，153）中，委员会区分了当事方通过转让（见 **T 656/98**）和通过合并（例如，委员会的案件）获得专利的情况。委员会认为，EPC 1973 细则第 20（3）条（EPC 细则第 22（3）条）不适用后者，即因法律上的全面继承权引起的所有人变化。专利申请人或专利权人的全面继承人自动在 EPO 的未决法律程序中获得当事方地位。

6. 专利的限制、撤销、放弃或过期

6.1 限制/撤销

6.1.1 限制/撤销——EPC 第 105a ~ c 条

随着 EPC 2000 的生效，EPC 第 105a 条被引入。根据该条规定，经所有人请求，可撤销或限制欧洲专利。通过对权利要求的修改可实现限制。成功限制或撤销的效力在于所有授予专利的缔约国从一开始就被限制或撤销（EPC 第 68 条）。限制或撤销自限制或撤销决定在欧洲专利公报发布之日起生效（EPC 第 105b（3）条）

限制/撤销请求没有时限。但前提条件是不存在关于专利的未决异议法律程序（包括异议上诉程序（EPC 第 105a（2）条），否则视为没有提出请求（EPC 细则第 93（1）条）。如果提交异议时，限制法律程序尚在审理中，则限制法律程序终止（EPC 细则第 93（2）条）。如果专利权人希望撤销其专利，此时，异议法律程序仍在继续，其可以撤销专利，但不得采用 EPC 第 105a ~ c 条规定的程序（见下文 6.1.2）。如果其希望限制其专利，可通过在异议和异议上诉程序过程中修改专利的方式限制。

是否准予 EPC 第 105a 条下的限制或撤销请求由审查部决定（EPC 细则第 91 条）。如果请求可接纳，审查部审查修改的权利要求书是否构成所授予或修改的欧洲专利的权利要求书以及其是否符合 EPC 第 84 条、第 123（2）条和第 123（3）条（EPC 细则第 95（2）条）规定。就 EPC 第 52 ~ 57 条规定而言，权利要求书的审查是不可预见的。审查部的决定可向技术上诉委员会上诉。

6.1.2 异议和异议上诉程序中的撤销请求

EPC 第 105a ~ c 条规定的限制/撤销程序在异议和异议上诉程序中不可用。但经专利所有人请求，仍可在该法律程序中撤销专利。

如果专利所有人在异议或上诉程序中声明其不再认可授予专利的文本，且不提交修改的文本，专利即被撤销。该规定受 EPC 第 113（2）条的支持。该

条规定，仅在专利所有人认可的版本中可维持专利。如果不存在该版本，便缺少了维持专利的一项要求（**T 73/84**，OJ 1985，241，许多决定遵循了该决定，见 **T 157/85**）。

如果专利所有人本人请求撤销专利，作出撤销专利的决定时不就可专利性进行实质审查。由于缺少有效专利文本，无法对指称的可专利性障碍开展任何实质审查，所以，不可能对 EPC 第 100 条陈述的异议理由是否影响专利的维持进行审查（**T 186/84**，OJ 1986，79）。

在 **T 237/86**（OJ 1988，261）中，委员会表示，直接请求撤销是符合规定的，无论采用什么形式的文字，只要其向委员会明确说明上诉人和应诉人一致同意撤销专利即可。在 **T 459/88**（OJ 1990，425）中，委员会表示，如果在 EPO 的法律程序中，专利所有人自己请求撤销专利，恐怕没有比这更具说服力的原因，因为不可能出于公共利益而违背专利所有人意愿维持专利。因此，委员会行使其在 EPC 1973 第 111（1）条所规定的权利，撤销了专利（见最新决定 **T 655/01**、**T 1187/05**、**T 1526/06**）。

毫无疑问，申请撤销专利的所有人是请求具有 EPC 1973 第 68 条（EPC 第 68 条）规定结果的撤销，即追溯性地撤销欧洲专利申请及后续专利的效力（**T 186/84**、**T 347/90**、**T 386/01**）。

在 **T 237/86** 中，"我们因此放弃上述专利"的声明被认为与委员会可能根据 EPC 1973 第 111（1）条规定同意的撤销请求具有同等效力（见 **T 347/90**）。在 **T 92/88** 中，"允许专利在所有指定国失效"的表达被视为等同于撤销请求。许多案件中，委员会决定，专利所有人提出的撤回"申请"的请求等同于请求撤销专利（**T 264/84**、**T 415/87**、**T 68/90** 和 **T 322/91**）。

在 **T 347/90** 中，上诉人（专利所有人）在上诉程序中发布通知称其正在撤回申请。本案中，委员会将其声明解释为请求撤销专利，并在没有讨论实质性问题的情况下驳回上诉，因此，一审部门对专利的撤销进行了确认。在 **T 18/92** 中，专利所有人（上诉人）明确请求撤销专利。委员会将该请求解释为撤回上诉。撤回上诉意味着撤销专利的一审决定生效。在 **T 481/96** 中，委员会对两种解决方案进行了审查，并赞成 **T 18/92**。

应诉人（专利所有人）声明，专利自特定日期起便被放弃，这不能被视为请求撤销，因为其并没有指明专利从一开始就被放弃。因此，关于撤销请求的判例法不适用，不应审查上诉的是非曲直（**T 973/92**）。

6.2 专利的放弃、失效和届满

6.2.1 专利的放弃

根据 EPC 1973 的规定，专利所有人不能通过告知 EPO 其放弃欧洲专利的方式终止法律程序，因为这在 EPC 1973 中是不被允许的；在法律程序中的该阶段，在国家允许的情况下，应向指定的缔约国的国家机关寄送放弃通知（**T 73/84**，OJ 1985，241；**G 1/90**，OJ 1991，275；见 **T 123/85**，OJ 1989，336 和 **T 196/91**）。根据 EPC 2000 的规定，专利所有人可根据 EPC 第 105a 条规定请求撤销欧洲专利。但新程序的存在并不影响专利所有人向国家机关寄送放弃通知。

6.2.2 异议程序的继续（EPC 细则第 84（1）条）

如果欧洲专利在所有指定国失效或被放弃，经异议人请求，可根据 EPC 细则第 84（1）条（EPC 1973 细则第 60（1）条）规定继续异议法律程序，但前提是异议人应在收到 EPO 告知其专利被放弃或失效的通信后的 2 个月内提交请求。该规则未向 EPO 施加主动确定欧洲专利法律状态的法定义务，且不适用于指称的欧洲专利被放弃或失效的情况，除非 EPO 收到所有指定缔约国的相关机关的确认书（**T 194/88**、**T 809/96**、**T 201/04**）。

上诉委员会在异议上诉程序中适用了 EPC 细则第 84（1）条规定。以下为根据 EPC 细则第 84（1）条规定终止或继续异议上诉程序的案件。

6.2.3 终止异议法律程序的案件

在 **T 329/88** 中，上诉委员会通过类比在上诉程序中采用了 EPC 1973 细则第 60（1）条的规定，并在未就争议作出任何决定的情况下终止了法律程序，因为，在上诉程序中，欧洲专利在所有指定缔约国届满且上诉人（异议人）未请求继续上诉程序（见 **T 762/89**、**T 714/93**、**T 165/95**、**T 749/01**、**T 436/02**、**T 289/06**）。这里，需要注意的是，法律程序的终止对依据 EPC 1973 第 68 条所作的撤销没有任何影响；相反，其是以专利已被撤销的事实为基础的，从一开始便对任意指定缔约国没有任何影响。

如果上诉人（异议人）对应诉人（专利所有人）的专利已失效或已被放弃的声明有所怀疑，应诉人（专利所有人）应到 EPO 登记该失效或合理证明该失效。否则 EPC 1973 细则第 60（1）条规定不适用，上诉程序继续（**T 194/88**、**T 682/91**、**T 833/94**）。

6.2.4 异议上诉程序的继续

在 **T 1213/97** 中，在异议上诉程序中的专利已在所有指定缔约国届满。上诉人（异议人）应出于发布决定的目的请求对暗示上诉程序的请求的文件状态作出决定。委员会根据 EPC 1973 细则第 60（1）条规定行使其权力，继续上诉程序。

在 **T 598/98** 中，专利自异议人申请上诉后便在所有指定缔约国失效，上诉人（异议人）请求法律程序的继续。该请求得到认可。委员会认为，异议人在溯及既往撤销中的正当利益是委员会根据EPC 1973细则第60条规定决定终止或继续法律程序所需考虑因素中的一个因素。同时，委员会还表示，如果专利失效时，案件已备妥待作决定，且如果该决定对专利的命运产生重大影响（应根据实情作出决定还是简单地终止法律程序），在作出最终决定前，就专利中声明的发明的可专利性所作的核心裁决中的一般利益至少可以证明继续法律程序的合法性。

与上文援引的判例法相反，**T 708/01** 考虑到了专利所有人对异议部撤销专利的决定提出上诉的情况。专利在所有指定缔约国均已届满。委员会决定，上诉人需声明其是否希望维持上诉，则EPC 1973细则第60（1）条适用。专利所有人也可以申请以仅对先前专利有效的修改的形式维持专利。在本案中，上诉人声明其希望维持上诉。委员会决定继续法律程序。

7. 费用的分摊

7.1 各方必须承担各自费用的原则

根据EPC第104（1）条规定，通常，参与异议的法律程序各当事方须承担其产生的费用。但为公平起见，异议部或上诉委员会可命令各方分摊不同比例的取证或口头法律程序中产生的费用。在上诉阶段，RPBA 2007第16（1）条规定同样适用，允许委员会根据EPC第104（1）条规定在下述情况中命令各方分摊不同比例产生的费用：（a）根据RPBA 2007第13条的规定对当事方根据RPBA 2007第12（1）条所提交的案件作出的修改；（b）时限的延长；（c）不利于及时有效地进行口头法律程序的作为或不作为；（d）不遵守委员会指示的行为；（e）滥用程序（见OJ 2003，89中的旧版RPBA）。

作为修改过程的一部分，EPC第104（1）条规定被稍作修改，EPC第104（2）条也一并作了修改。关于指令不同的费用分摊决定和确定费用分摊程序的详细规定被转移到了实施细则中（见EPC细则第88条，EPC 1973细则第63条）。同时，EPC第104（3）条规定也被做了微小的修改（三种官方语言得到统一，属编辑性的改进/说明）。

行政委员会在其于2001年6月28日所作出的决定中为EPC第104条（见OJ SE 1/2007，197）设立了（但不限于）过渡规定。根据该过渡规定，修改后的EPC第104条规定适用于：

- EPC 2000生效时已经授予的欧洲专利；
- 届时就未决欧洲专利申请授予的欧洲专利。

在 **T 133/06** 中，委员会补充道，EPC第104条并未规定有关专利申请或已授予专利的任何实质性问题，仅仅规定了异议或上诉程序中提出的问题和涉及该程序的问题，从这层意义上来讲，EPC第104条属于程序规定。除非另有其他规定，否则新程序法立即适用但不具有追溯效力是一般法律原则。换言之，决定EPC第104条的规定是否适用根据EPC 1973发起的上诉程序时，委员会不仅须根据过渡规定考虑EPC第104条的规定适用于已授予的专利的事实，还应考虑促使应用本条规定的事件的发生日期。这是立即应用新程序规定且不赋予其追溯效力的唯一方法。

EPC 1973第104（1）条中使用的词语“取证”通常是指异议部或上诉委员会接收证据（**T 117/86**、OJ 1989，401；**T 101/87**、**T 416/87**，**T 323/89**，OJ 1992，169；**T 596/89**和**T 719/93**）。委员会的判例法是指EPC第117（1）条（未发生实质性变更）。根据该条规定，“取证”包括通常在EPO部门的法律程序中提供或获取证据（无论该证据采用哪种形式），尤其包括书面文件和宣誓声明的提交。EPC的修改将取证程序的详细规定转移至实施细则中（EPC细则第118~120条，见第6章H节，“证据法”）。

7.2 关于不同费用分摊不偏袒的案件

EPC未对不偏袒作出定义。因此，上诉委员会必须根据个案对是否分摊费用制定标准。多项决定一般性表示，如果当事方的行为不符合所需的谨慎程度，也就是说如果费用源于不负责任甚至带有恶意性质的可谴责行为，费用分摊是很正当的（例如参见**T 765/89**、**T 26/92**和**T 432/92**）。

但是，根据**T 717/95**，如果参与法律程序的当事方在与有争议专利声明中的主题进行比较时误解了引证的内容，不应将此视为发生了滥用。

对上诉委员会的决定的一项彻底考查显示，通常，不同的费用分摊请求是在不同的情况下提交的，在该情况中，费用主要用于：

- 文件和/或请求的延迟提交（见下文7.2.1）；
- 不利于及时有效地进行口头法律程序的作为或不作为（见下文7.2.2节）；
- 滥用程序（见下文7.2.3）。

7.2.1 延迟提交文件和/或请求

经专利权人批准，才能考虑在上诉程序中提交新的异议理由（**G 10/91**，OJ 1993，420）。但是，在**T 1002/92**（OJ 1995，605）中，委员会专注于延迟提交事实和证据以证实异议部的法律程序中引用的初始异议理由这一争议。解释EPC 1973第114（2）条（未发生变更）时，委员会适用了**G 10/91**中所述的原则并认为，如果初步看来有明确理由怀疑延迟提交的事实、证据和相关论点将影响欧洲专利的维持，应例外地在法律程序中接纳该延迟提交的资料。

在法律程序后期提交支持异议的事实和证据，并致使另一方承担较高费用的，为合理起见，可判令使用不同的费用分摊比例（见 **T 10/82**，OJ 1983，407；**T 117/86**，OJ 1989，401；**T 101/87**，**T 326/87**，OJ 1992，522；**T 416/87**，OJ 1990，415；**T 323/89**，OJ 1992，169；**T 596/89**；**T 622/89**；**T 503/90**；**T 611/90**，OJ 1993，50；**T 755/90**；**T 110/91**；**T 161/91**；**T 705/92**；**T 867/92**，OJ 1995，126；**T 719/93** 和 **T 970/93**）。决定费用的相关因素在于是否存在强有力的证据证实延迟提交是正当的，有争议材料是否对与费用的决定的倾向性无关。但是，需要指出的是，在个别案件中，由于没有产生较高费用的证据，所以，尽管存在不合理的延期，费用分摊请求仍被拒（例如参见 **T 297/86**；**T 212/88**，OJ 1992，28；**T 443/90**；**T 582/90**；**T 267/92**；**T 306/93**；**T 486/94**、**T 9/95**；**T 207/03**）。

根据上诉委员会判例法，如果当事方在法律程序后期引入重要的事实或证据，但不能提供强有力的延期理由，可考虑费用分摊（见 **T 117/86**，OJ 1989，401；**T 326/87**，OJ 1992，522；**T 97/90**；**T 611/90**，OJ 1993，50；**T 110/91**；**T 705/92**；**T 847/93**；**T 1016/93** 和 **T 574/02**）。如果延迟引用文件的原因并未指明可能达到滥用程序的不作为或其他状况，不能出于另一当事方利益裁定费用分摊（**T 1016/93**）。

a）延迟提交不正当

在 **T 117/86**（OJ 1989，401）中，上诉人一并提交了其理由陈述书和两份新文件以及一份宣誓书，支持诉争专利缺乏创造性的论点。委员会得出的结论是，新文件在提交异议的9个月期限内递交这一事实本身可能导致另一方产生额外开支，为合理起见，应分摊不同的费用。

委员会在 **T 83/93** 中认为，在异议期终止后40个月递交5份新文件作为证据（且未给出原因）并在异议期终止后51个月以新的事实和证据为基础根据 EPC 1973 第100（c）条规定（未发生实质性变更）重提反对属于滥用上诉程序。由于上诉人未经证实延迟提交的证据，与在9个月异议期内递交所有证据产生的费用相比，应诉人花费了较高的费用，在此情况下，所有项目（现有技术文件和初始文件与有效文件的比较）均可在单向操作过程中处理。

上诉人在上诉理由陈述书中仅依据3份新文件并首次基于本案专利中已讨论过的文件提出**新颖性问题**这一事实在 **T 416/87**（OJ 1990，415）中被视为滥用异议程序。引入与初始异议中所提交的论点和文件内容关系不大的论点和文件后，上诉人实际上是在上诉阶段提出了新的异议。很明显，这不是上诉的目的。与应诉人在所有事实和证据均在9个月期限内得到提交的情况下产生的费用相比，延迟递交大大增加了应诉人产生的费用。尽管应诉人明确希望仅在发生口头法律程序的情况下请求就费用作出决定，但滥用程序证实在取证中产生费用分摊是正当的。

在 **T 867/92**（OJ 1995，126）中，权利要求书曾在异议法律程序中被加以修改。修改权利要求书后 18 个月，上诉人（异议人）在上诉理由陈述书中引用了**新的现有技术**文件。委员会认为，EPC 未就引用新的现有技术来回复权利要求的修改设定时限。但是，延期较长时间引用新的现有技术且没有特殊理由证实延期合理的异议人面临着承担所有人在参加口头法律程序中产生的费用的风险，由于新的引证，案件不能结束。但是，由于不存在上诉人（异议人）故意在本案中滥用程序的迹象，委员会认为，判令上诉人支付这些费用的一半是合理的。

在 **T 514/01** 中，委员会认定，在异议部的首次口头法律程序中延迟的公开在先使用的指称导致了附加费用的产生，因为异议部的二次口头法律程序需要调查指称的公开在先使用。因此，关于费用的判定是合理的，也就意味着委员会不能同意上诉人（异议人）提出的撤销判令其承受首次口头法律程序费用的费用决定请求。

在 **T 931/97** 中，异议人在上诉程序中才提交专利权人在德国局的早期法律程序中已经知晓的新证据。委员会认为，在专利权人知晓文件并可评估其前景的情况下，不同的费用分摊不合理。

在 **T 416/00** 中，上诉人（异议人）提交了一份在本案专利中有所引用且在异议法律程序中有所提及，但双方在上诉程序之前从未讨论过且异议部明确拒绝接纳的文件。委员会认定，异议人出乎意料地利用其在口头异议法律程序中忽视的文件的意图违背了两个部门出于双方、公众和 EPO 利益在法律程序中作出的快速结论。即使对于异议人来说，这不是一项蓄意的策略，但依据管理法律程序的公平原则结果是一样的，且双方和其与 EPO 之间的关系需要这样的结果。鉴于应诉人对不同的费用分摊的请求有充分依据，本案的口头法律程序的费用应向上诉人收取。

在 **T 671/03** 中，根据 RPBA 2003 第 10b 条（现为 RPBA 2007 第 13 条），文件 D18 在上诉程序中首次提交，被视为构成对**上诉人陈词的修改**。如果该文件在异议期内提交，就没有必要在上诉的口头法律程序中讨论其接纳情况。准备和参加委员会发起的口头法律程序（主要讨论 D18 的接纳情况）费用可以避免。为合理起见，委员会裁定了经适当修改的费用分摊。

发回一审部门并不意味着应诉人延迟递交对本次上诉造成了不成比例的费用负担（**T 1182/01**）。因文件具备高度关联性，为允许专利权人通过管辖区的两次审理决定本案件，委员会决定将案件移交一审部门，借此成功在后期引入文件的，在缺少任何令人信服的延迟引入该文件的解释的情况下，双方之间的费用应根据延迟提交方应承担所有因其延期产生的额外费用的方式分摊。如果存在关于延迟提交事实、证据或其他事项的强有力的从轻情节，例如引入的文件不显著因此很难把握等，费用应由双方分摊（**T 326/87**，OJ 1992，522 和 **T 611/90**，OJ 1993，50）。

委员会在 **T 874/03** 中裁定，延迟提交事实和证据迫使将案件发回一审部门的，通常，上诉程序中的任何口头法律程序的费用由对提交延迟负有责任的一方承担。与在按时提交 D4 的情况下上诉人（专利所有人）应承担的正常费用相比，首次在口头法律程序中递交 D4 以及随后在法律程序中接纳该文件不可避免地增加了上诉人（专利所有人）在为其专利进行辩护时产生的费用。法律程序主题的变化证实接纳该延迟是不合理的。因此，在本案中，由应诉人承担上诉人（未通过专业代理人行事）产生的与上诉中的口头法律程序相关的费用（上诉人的两名参与人的差旅和住宿费用）是合理的。

b）延迟提交不正当，但并非是不利的

在一些案件中，尽管延迟提交不正当，委员会仍然拒绝不同的费用分摊，因为他们认为延迟引入的新文件并非对另一当事方不利。

在 **T 330/88** 中，应诉人在口头法律程序前两天提交了一份新文件。委员会认为，延迟提交是不正当的，但由于上诉人有**充分时间**处理该文件，特别是口头程序过后 4 个月并继递交评论的机会之后方才作出决定，所以，费用分摊是不合理的。

在 **T 633/05** 中，上诉人首次在上诉理由陈述书中提到曾被欧洲检索报告引用但未在异议法律程序中加以考虑的文件。委员会认为，上诉人试图提供新证据，支持已在异议法律程序中提出的观点，即现有发明的某些特性在技术中是已知的事实。由于上述文件已被上诉理由陈述书引用，且无论如何已成为审查文件的一部分，应诉人有充分时间研究这份非常短的文件内容，准备反驳上诉人关于其披露了有争议专利的某些重要特征的指控。因此，委员会没有理由怀疑上诉人的延迟提交旨在拖延上诉程序或致使应诉人承担不合理的附加费用。

在 **T 525/88** 中，延迟提交是不正当的，但由于文件**不具备关联性**且并未影响决定，因此，费用分摊请求被驳回。该规则同样适用在了 **T 534/89**（OJ 1994，464）和 **T 876/90** 中。

在 **T 882/91** 中，委员会没有调查不正当的延迟提交是否导致了较高费用，因为委员会认为另一当事方无须在延迟提交的文件上花费**更多的额外时间和精**

力，所以，没理由进行费用分摊（见 **T 737/89**、**T 685/91**、**T 556/90**、**T 231/90** 和 **T 875/91** 中的类似案件的决定）。

在 **T 28/91** 中，已提交给异议部的 3 份文件在上诉程序的较晚阶段被重新递交。委员会裁定延迟提交并非不利的，因为文件没有引入新的论据，不必开展额外工作（见 **T 133/06**）。

在 **T 938/91** 中，指称的公开在先使用与相关附图以及上诉理由陈述书首次被提交。专利权人以复杂的附图需要花费相当大的额外努力为由请求不同的费用分摊。委员会认为即使按时提交附图，仍需要对其进行研究，所以驳回了该请求。因此，延迟提交未产生任何附加费用。

T 336/86 涉及一个特殊案件。上诉人首次在上诉程序中提交了一个属于应诉人的破坏本案专利新颖性的在先专利。应诉人以提前递交专利，便可避免口头法律程序为由请求费用分摊。委员会也认为延迟提交不正当，且可能导致较高费用。但是，由于应诉人曾经或应当意识到**其自己专利的存在**，委员会认为，费用分摊不合理。

c）延迟提交正当

原则上，如果延迟提交事实和证据正当，就不需要分摊不同的费用。委员会认为，如果在法律程序的较晚阶段首次提交新文件，作为对来自委员会的通信、来自其他当事方的评论或专利的修改或一审部门的决定的回应，有必要将文件放在第一位，则延迟提交正当或未发生滥用程序（见 **T 582/88**、**T 638/89**、**T 765/89**、**T 472/90**、**T 556/90**、**T 334/91**、**T 875/91**、**T 81/92** 和 **T 585/95**）。

在 **T 712/94** 中，委员会允许上诉人（异议人）在上诉阶段引入有关指称的在先使用的事实和证据，并拒绝应诉人（专利权人）的费用分摊请求。专利权人已经在作出一审决定前进行的协商中意识到了在先使用文件。因此，协商失败后，将该文件引入上诉程序并**没有让其出乎意料**。因此，委员会认为，没有合理理由要求不同的费用分摊。

在 **T 1167/06** 中，委员会并未将上诉人在口头法律程序前两周提交 3 项进一步附属请求、额外论据和 4 份短小文件的行为视为滥用程序，后者阐明了已被讨论过的问题的公知常识。需要翻译**请求书**和**文件**并产生相关费用是由三种官方语言进行的欧洲程序决定的，对所有当事方具有同等影响。由于该专利的法律程序的语言是德语，应诉人肯定希望用该语言进行陈词。应诉人表示，增补的代理人必须处理延迟提交并前往口头法律程序，因为承接案件的代理人此时可能已经在休假了。但委员会认为，代理人休假缺席并不是另一当事方的过错。此外，应诉人（异议人）在异议部同样有两名代理人，所以，增补的代理人不再需要时间去熟悉最新更新的档案。

同样地，在**T 29/96**中，不同的费用分摊的请求被驳回。一份内容非常简明的文件与上诉理由陈述书被一起提交。委员会裁定，这是可以递交的最早时间。在任何情况下，新文件的引入均不能被视为提出新的异议，新文件并没有引入新的最接近的现有技术，它只是一个新的次要信息来源。在委员会审理的案件中，上诉人作为异议法律程序的败诉方在上诉程序中引入了文件，试图通过**填补**产生争议决定中提到的**空缺**来**改善其地位**是符合逻辑的。

在**T 1171/97中**，由于上诉人（异议人）并没有出于阻碍法律程序的目的提交其在另一项研究过程中委员会确信知晓的新文件，而是因为**根据异议部的说明**，新文件包含先前参考文献中未发现的方面，所以，委员会驳回了费用分摊请求。

在**T 554/01**中，申请人继异议部作出否定决定后提交了一些文件。委员会认为，仅依据后期提交了某些文件的事实不能证明申请人存在滥用的论据，尤其是出于合法希望补充其在一审部门失败的观点递交的。此外，应诉人并没有证实，文件引入法律程序导致其产生了附加费用。

在**T 507/03**中，异议部认为要求保护的发明可通过异议人引用的文件申请专利。作为对诉争决定给出的原因的回应，异议人（上诉人）在提交异议的9个月期限届满后在上诉程序中提交了一套新文件。基于延迟提交这一原因拒绝不同的费用分摊的请求后，委员会争辩道，根据EPC 1973第108条（仅作了编辑性的变更）和EPC 1973细则第65条（EPC细则第101条）的规定，上诉理由陈述书必须指明请求修改或撤销决定的范围。但这并不能妨碍败诉异议人在其认为新的现有技术可以回应上诉决定给出理由的情况下提交新的现有技术。而且，新文件都**很容易理解**且没有引发**任何不合理的额外工作**（例如证明违背各方应根据EPC 1973第104条规定承担各自费用这一通行规则合理）。

在**T 242/04**中，委员会认为，应诉人的延迟提交是为了回应**异议部关于进行书面陈词的通信**，应诉人是在通信中记录的最终日期届满前1个月左右（也是在口头法律程序召开前2个月左右）进行了书面陈词。因此，不能认为延迟提交是毫无理由的或认为应诉人的行为是不道德的。此外，请求费用分摊，特别是技术专家出差费用赔偿的上诉人并未提供技术专家出席异议部陈词的必要性的原因（更别说相关证据了），也未提供任何证明各自履行是由上述延迟提交引发的证据。因此，认为不同的费用分摊是不合理的。

委员会在**T 333/06**中认定，上诉人在获知委员会的初步否定观点后坚持接纳新异议理由（缺乏创造性）和新支持文件的请求的行为不构成滥用，因为该裁判意见并不是最终决定。此外，上诉人可能会承认新文件与新颖性无关，客观上讲，上诉人希望其口头陈述可能促使缺乏新颖性作为新异议理由被接纳，从而与新颖性有关的新文件也被接纳，借此维护新文件的上诉人不能受到责难。因此，这不可否认地使得应诉人对口头法律程序的准备比其在上诉人撤回新文件的情况下准备口头法律程序更加困难，上诉人迫使应诉人进行这些准备的程序行为不属于滥用，而是上诉人的合法特权。

d）延迟提交正当，但为了公平裁定不同的分摊

在 **T 847/93** 中，委员会接纳了记录新的现有技术的上诉理由陈述书。关于延迟提交新的事实和证据的从轻情节由上诉人提出，委员会认为该情节可信。另外，委员会还认为，应诉人因全新案件陈述的引入产生的费用比其未在后期提交事实和证据的情况下产生的费用高是可信的。因此，委员会决定根据 EPC 1973 第 104（1）条规定裁定费用分摊。根据该裁定，上诉人须向应诉人支付案件发回一审部门后应诉人因后续口头法律程序和取证以及任何后续上诉所产生费用的 50%。在 **T 1137/97** 中，同样在法律程序中接纳了延迟提交的文件，并判定了不同的费用分摊。确定费用时，委员会根据 EPC 1973 第 111（1）条（未发生变更）规定行使其自由裁量权判定了 2 500 欧元的固定费用，以避免开展精确金额调查的需要，该精确金额本应该对双方来说会更加难以负担。

在 **T 937/00** 中，委员会认定，很明显，上诉人在口头法律程序之前采用书面形式递交的所有请求都不可接纳，而且，在上诉人选择提交异常多的独立权利要求作为对异议书的回应的情况下，很难视为其提交合适：仅在上诉阶段，其就递交了经修改的独立权利要求 2、5、29 和 69，在异议程序中其还曾提交了不少于 6 个不同版本的权利要求，独立权利要求 5 和 58 实际上与独立权利要求 2 和 29 中的限制性相违背。在口头上诉程序即将结束时，其还提交了第三项附属请求。根据该请求，在上诉程序中有争议的所有权利要求应被放弃。在此情况下，由于委员会驳回了上诉人的第三项附属请求，委员会觉得必须接纳延迟提交的附属请求，上诉已被驳回，撤销专利为最终决定。委员会将案件发回一审部门，异议部未考虑剩余的权利要求。但是，委员会认为，为合理起见，应判定分摊口头法律程序的费用，即上诉人承担应诉人出于参加口头法律程序目的因出差和支付其代理人报酬所产生费用的 50%。

7.2.2 不利于及时有效地进行口头法律程序的作为或不作为

a）当事方未出席口头法律程序

请求口头法律程序的当事方无义务出席口头法律程序。其正式宣称缺席的行为不会被视为不正当行为。但是，委员会认为，传唤当事方太晚或根本不宣布其将不出席口头法律程序是极度不合适的。该行为与负责任地行使权利和基

本的礼节规则是不一致的（例如参见 **T 434/95**、**T 65/05**）。

被传唤参与口头法律程序的各方自其知晓将不作为被传唤方参与口头法律程序后尽快告知 EPO 是各方的衡平义务，不管是其本身还是其他方请求的口头法律程序，也不管通信中是否附随口头法律程序的传票。如果被传唤参与口头法律程序的一方未作为被传唤方参与口头法律程序且未提前告知 EPO，则出于作为被传唤方参与口头法律程序的另一方的利益，为合理起见，应根据 EPC 1973 第 104（1）条规定进行费用分摊（关于既定判例法，例如参见 **T 930/92**，OJ 1996，191；**T 123/05**）。

i）判定不同的费用分摊

在 **T 909/90** 中，经上诉人的请求，指定了口头法律程序。上诉人在未提前通知委员会或异议人的情况下未参加口头法律程序。而且，上诉人未对委员会的通信发表任何意见。因此，口头法律程序未给案件带来新的进展。

委员会判定费用分摊，没有审查是否因上诉人未出席上诉导致了更高的费用。

在 **T 937/04** 中，上诉人和专利所有人于 2006 年 2 月 17 日（星期五）16:27 工作时间结束后仅向 EPO（未向其他方）发送传真告知委员会其将不参加口头法律程序，且未合理说明在如此晚的时间提交信息的原因。因此，其他方于 2006 年 2 月 20 日（星期一）（口头法律程序前 1 个工作日）从委员会登记员处获知上诉人将不参加口头法律程序。委员会表示，上诉人仅通知 EPO 而不通知其他方的行为属于未尽其合理努力，并得出如下结论：为合理起见，出于应诉人利益，应判定费用分摊。但是，委员会在 **T 1079/07** 中表示，在合理时间内告知 EPO 和法律程序的任何其他参与方其将不参加口头法律程序属于礼节和尊重方面的问题，并非需要履行的程序义务（见 **T 69/07**）。

一方**延期**作出不参加口头法律程序的决定或延期将其决定告知委员会的，出于其他方利益，就通知未在口头法律程序前的合理时间提交直接产生的费用而言，应判定费用分摊。在 **T 91/99** 中，委员会表示，上诉人在规定的法律程序之日 2 个工作日之前未发送其不参加口头法律程序的通知的，将构成过失或蓄意行为，应根据 EPC 1973 第 104（1）条规定对该行为进行考虑；但在本案中，上诉人不存在应根据 EPC 1973 第 104（1）条规定判定费用分摊的可谴责行为（相比之下，在 **T 693/95** 和 **T 338/90** 中，裁定费用分摊的原因在于，在前一案件中，上诉人在口头法律程序前 1 小时才发送缺席通知；在后一案件中，上诉人在口头法律程序开始时才发送缺席通知）。

同样地，在 **T 434/95** 中，上诉人**未及时**告知委员会其不出席口头法律程序是判定其承担费用的理由。该决定引用扩大委员会在 **G 4/92**（OJ 1994，

149）中的意见，认为陈述权意味着对被正式传唤但未出席的一方产生不利影响的决定不能基于事实在口头法律程序中首次提出。委员会认为，扩大委员会的意见与其对费用分摊请求所作出的决定无关，在本案中，不存在引发新事实陈述的递交。目前这种情况下的问题更像是一方选择不参加口头法律程序所引起的程序后果。上述意见适用于就涉诉专利所作的实质性决定，不适用于本案，即不适用于应诉人未在口头法律程序中递交新事实的情况（见 **641/94** 和 **T 123/05**）。

在 **T 53/06** 中，上诉人请求口头法律程序，“以避免委员会不驳回决定”。由于委员会发出参与口头法律程序的传票和通信明确指明委员会的暂定意见是驳回上诉决定，上诉人收到该通信便知晓，不仅要开展口头法律程序，而且其请求开展口头法律程序的条件已经满足。但是，上诉人未在其知晓后回复通信或指明其不参加口头法律程序，更别说尽快作出该行为了。鉴于在上诉人没有作出除上诉理由以外的任何陈词的情况下应诉人未补充其案件陈述，因而**口头法律程序证明显然是不必要的**。因此，对委员会来说很明显，因上诉人的行为，口头法律程序不仅成为不必要，而且是对应诉人和委员会的时间和努力的无效使用。此外，如果上诉人在口头法律程序指定日期前使其他方很好地了解其状况，不仅可以避免应诉人和委员会的不必要工作，还可以将口头法律程序开展的当日用于开展其他未决上诉的口头法律程序。在此情况下，出于应诉人利益，根据 RPBA 第 16（1）（c）条和 RPBA 2007 第 16（1）（e）条认为费用分摊合适（见 **T 212/07**）。

ii）驳回费用分摊请求

通常，一方的缺席并不会对出席方产生不利影响。如果受影响双方未证实或声称其因为上诉人缺席产生了额外费用，不能判定不同的费用分摊（**T 544/94**；另见 **T 632/88** 和 **T 507/89**）。

在 **T 591/88** 中，双方请求开展口头法律程序——实际上，双方均提交了“**无条件**”请求。应诉人在未给出任何提前通知的情况下缺席。上诉人以如果其知晓应诉人不出席，口头法律程序就没必要为由请求费用分摊。委员会驳回了不同的费用分摊，因为上诉人提出的是“无条件”的口头法律程序请求，即包含另一方不出席的可能性。

在 **T 65/05** 中，应诉人认为，与上诉人一样，如果其被及时告知异议方不出席，其也不会参加口头法律程序。在本案中，委员会认为，口头法律程序被就此放弃或应诉人无论如何不参与口头法律程序或撤回其口头法律程序请求值得怀疑。双方曾提交了口头法律程序附属请求。委员会发出了传票，未充分就案件是非曲直发表意见，尤其是没有作出任何其很可能决定支持应诉方的声明或暗示。因此，如果应诉人不参与口头法律程序，其不能仅依据书面陈词相信会作出一项有利决定。在此具体情况下，委员会认为，即使应诉人（专利所有人）知道异议方可能不会出席，其最好还是出席口头法律程序，为其利益辩护。因此，不同的费用分摊请求被驳回（另见 **T 190/06**）。

在 **T 435/02** 中，上诉人和应诉人都提交了**口头法律程序附属请求**。提交请求时，应诉人想参加口头法律程序，以确保在其没有机会口头陈述案件的情况下委员会推翻了上诉决定。回应上诉人不参与法律程序的决定时，应诉人发通知称其也不参与法律程序，并解释道：其希望参与法律程序“仅仅为了反驳专利权人在这些法律程序中所作的陈述/论点”。尽管委员会已明确告知各当事方，口头法律程序会如期举行，应诉人仍未参与。应诉人请求了不同的费用分摊，因为上诉人撤回其口头法律程序请求过晚，导致应诉人产生了不可弥补的费用。委员会驳回了该请求，理由与应诉人的主张相反，应诉人缺席不是对上诉人不参与法律程序这一决定的回应，而是应诉人选择不使用其请求口头陈述其案件这一机会引发的结果。

在 **T 275/89**（OJ 1992，126）中，上诉人的代理人提交了一项请求，以上诉人因病不能参加口头法律程序为由请求延期原定于5月3日上午9:00召开的口头法律程序。该请求的提交时间太晚（4月30日下午），考虑到公共假日第二天**不可能及时**告知应诉人——应诉人已经在5月1日出发了。延期请求被驳回，但口头法律程序在上诉人未参与的情况下召开了。应诉人以如果其知道上诉人缺席，其也不会参与法律程序为由请求不同的费用分摊。但委员会的观点是，事实是应诉人已决定早点动身，上诉人不应承担任何责任。此外，唯一重要的是上诉人的缺席是否导致没有必要召开口头法律程序，答案是否定的。因此，费用分摊请求被驳回。

在 **T 849/95** 中，应诉人提交了费用分摊请求，因为上诉人未及时告知EPO其不参与其请求的口头法律程序。因为安排口头法律程序不只是应双方请求，还因为委员会本身需要进一步由应诉人一方提出事实，所以，委员会驳回了上述请求。即使上诉人及时通知EPO，口头法律程序也不会被取消。

在 **T 838/92** 中，上诉人未参与口头法律程序。应诉人请求不同的费用分摊，因为其与7名**证人**出席了法律程序。委员会驳回了该请求，因为证人是在应诉人的安排下出于证实应诉人指称的在先使用目的被传唤的。所以，没有理由向上诉人收取费用（见 **T 273/07**）。

b）请求安排或延迟法律程序；撤回举行口头法律程序的请求

基于EPC 1973第116（1）条（未发生变更）的规定，若任意当事方认为必要，其均享有请求口头法律程序的专有权利。当事方需经过比另一方更远的行程这一事实并不构成滥用口头法律程序请求。此外，由于口头法律程序中待讨论的问题很简易，可以很容易地采用书面形式陈述，基于这一事实提出滥用的反对不能成立（**T 79/88**）。

在 **T 407/92** 中，尽管委员会基于应诉人在首次口头法律程序中提出的3项附属请求在首次口头法律程序最后宣布法律程序应继续采用书面形式，但应诉人在首次口头法律程序后递交了许多增补的权利要求并请求**附加口头法律程序**，所以，上诉人和异议人将此视为滥用，从而作为有权的当事方请求费用分摊。鉴于本案专利相对复杂的技术内容，委员会本身认为有必要与双方开展进一步口头讨论，所以，委员会并不认为本案存在任何滥用行为。因此，请求被驳回。

在 **T 297/91** 中，基于一些原因，不可能在首次口头法律程序中决定所有问题，所以，应诉人（专利所有人）请求开展第二次口头法律程序并提出相关费用应由上诉人承担。由于超出专利所有人控制的原因，进一步的口头法律程序已经成为必要，所以，委员会驳回了费用分摊请求。

在 **T 432/92** 中，由于应诉人的代理人父亲此前去世，所以，在约定口头法律程序召开之日前2天请求**延迟**口头法律程序。上诉人请求了不同的费用分摊，因为其代理人已经从美国前往 EPO，产生了不必要的费用。上诉人争辩道，应诉人可以从其专利律师事务所选择其他代表。委员会驳回了该请求，因为另一方并没有任何明显的不正当或不合法行为。委员会尤其认为，应诉人不可能选择需要在一天内准备两场口头法律程序（另一场是一个正在进行的平行案件的口头法律程序）并且还要出差的其他专利律师作为代表。

在 **T 42/99** 中，第一上诉人早在口头法律程序前1个月便宣称，专家将参与这些法律程序。但在指定法律程序召开日前不久，第二上诉人提交了一项请求，请求在口头法律程序中接纳专家所作的陈述。同时，第二上诉人还请求延迟口头法律程序，以便其专家有充分时间准备。委员会决定推后指定日期，以便专家陪同上诉人参与口头法律程序。但即使如此，委员会仍然认为判定不同的费用分摊是公平的。

基于其原因，委员会的观点是，尽管第二上诉人不可能在委员会设定的时限内对第一上诉人的“专家将参加口头法律程序”这一声明作出答复，第二上诉人也应在此后立即对上述声明给予“回应”，而不是在指定的口头法律程序的日期前不久才作出“回应”。在这么晚的时间，不可能在没有金钱损失的前提下取消第一上诉人的代理人已安排的去慕尼黑的行程和酒店预订，这一情况是可信的。

在 **T 99/05** 中，上诉人于口头法律程序前13天提交了一份新的实验报告，鉴于此，应诉人要求延迟口头法律程序。上诉人强烈反对该延迟。因为在委员会看来，延迟口头法律程序这一问题与是否应在法律程序中引入延迟提交实验报告这一问题有关，所以委员会认为应维持口头法律程序，听取双方就上诉人延迟提交实验报告的关联性的论点，以此来决定是否在法律程序中引入该报告。但是，口头法律程序并未就可专利性作出最终决定，且安排第二次口头法律程序的目的在于允许应诉人有充分的时间提交反实验。同时，延迟提交并不代表滥用法律程序，因为，很明显，法律程序的最终结果并未延迟。因此，委员会认定，为合理起见，判定不同的费用分摊是合理的。

EPC 并不阻止当事方在法律程序的任何阶段**撤回口头法律程序请求**。该请求的撤回不属于可谴责行为，也不能成为根据 EPC 1973 第 104（1）条评估合理性是否存在的一个因素（**T 91/99**）。

在 **T 154/90**（OJ 1993，505）中，尽管异议部认为口头法律程序没有必要，异议人起初仍坚持口头法律程序。但是，计划日期前 **8 天**，异议人告知异议部其希望取消口头法律程序。因 EPO 内部管理的缘故，异议部直到口头法律程序当日才收到该函。上诉委员会裁定，由于不需要评估新的事实或证据，8 天足够取消口头法律程序（在 **T 10/82**，OJ 1983，407 中，情况有所不同）。由于完全因内部原因导致信函收到的时间太晚，异议人并没有过错。他们无义务承担另一方的费用。改变对口头法律程序必要性的看法也不能被视为可谴责行为（见 **T 383/05**）。

在 **T 29/96** 中，应诉人在设定的口头法律程序的日期前 **4 个工作日**告知委员会和上诉人其放弃专利且不再请求口头法律程序。但是，放弃专利的声明并不完全明确。委员会驳回了上诉人判定应诉人承担费用的请求，很明显，口头法律程序将是多余的。此外，上诉人本可以联系总司 3 的注册处，查明法律程序的开展过程。同时，委员会还拒绝接纳上诉人证明继放弃专利后阐明法律地位过程中产生了附加费用的进一步论据，无论如何，即使在没有（取消）口头法律程序的情况下，这些也会发生。

在 **T 556/96** 中，上诉人**早在口头法律程序前的一个下午**撤回了举行口头法律程序的请求。那个时候，异议方的代理人已经出发了。委员会裁定，上诉人撤回其请求的时间过晚。另一方同样无条件请求口头法律程序的事实不具备关联性，其也可以在知晓上诉人缺席后及时撤回请求。因此，委员会判令上诉人支付应诉人在准备和参加口头法律程序中产生的费用。

在 **T 490/05** 中，专利所有人在口头法律程序前一天撤回了举行口头法律程序的请求和不处理诉争决定的请求。对于在口头法律程序前仍享有重大利益的异议人来说，很明显，撤销专利的诉争决定将成为最终决定。这给其带来了一项优势，专利所有人能够将口头法律程序的准备集中在费用分摊请求上。因此，没有合理理由分摊异议人产生的费用。委员会考虑的另一个因素是异议人未回应专利所有人首次提出的分摊请求。实际上，应诉人本身将口头法律程序视为陈述其在费用分摊中地位的一次机会。

c）其他案件

如果口头法律程序花费过多费用，且该费用主要由一方产生，则费用分摊是适宜进行的（见 **T 49/86**）。

在 **T 1022/93** 中，上诉人没有在书面上诉程序中谈论其为什么会认为应将修改后的方法权利要求视为具有创造性，且没有指明增补的示例根据修改后的权利要求书描述了一个方法。所以，不可能在不召开口头法律程序的情况下移交案件或在口头法律程序中处理案件的实质性内容。因此，为公平起见，上诉人需根据 EPC 1973 第 104（1）条规定偿付应诉人因参与委员会的口头法律程序产生的费用。

但在大多数案件中，委员会都认定，不存在滥用并相应地拒绝判定不同的费用分摊。

双方曾多次试图提起费用分摊，理由是请求提出新论据的当事方未在口头法律程序中提出新论据，所以存在滥用口头法律程序。尽管在 **T 167/84**（OJ 1987，369）中，根据这些理由分摊了费用，委员会仍一致认为，参加口头法律程序的权利是绝对的，不受任何条件的约束（**T 614/89**、**T 26/92**、**T 81/92**和 **T 408/02**）。

T 303/86、**T 305/86**、**T 383/87**、**T 125/89**（一审决定除外）和 **T 918/92** 认定，未提出新论据并不能成为分摊费用的原因。

在 **T 905/91** 中，应诉人以上诉人未将其准备的附属请求带至口头法律程序致使口头法律程序需持续到下午为由请求不同的费用分摊。委员会基于以下理由驳回了该请求。首先，上诉人已尽力解释委员会明确提出的保留意见，并提交了新文件。其次，更确切地说，口头法律程序的目的在于通过直接交换证据全面澄清状况，必要情况下，根据讨论结果改变专利申请的表述。口头法律程序的持续时间取决于特定的案件；无论如何，将该法律程序持续到下午都正常，而且，双方需要为此做准备。

在 **T 210/98** 中，应诉人以上诉人在口头法律程序初撤回 3 项附属请求，使其所做准备浪费了时间由请求费用分摊。委员会驳回了该请求，声称各方为口头法律程序做充分准备很正常。观点发生变化是专业代理人在口头法律程序中会遇到的情况之一。在口头法律程序中经讨论变更或撤回请求并不特别，所以，在口头法律程序初撤回请求不能被视为滥用程序。很明显，这是对有说服力的书面论点所作出的反应。

在**T 668/03**中，考虑到必须召开二次口头法律程序，上诉人请求费用分摊。事实上，由于其中一位异议人的身份在首次口头法律程序中引起了上诉人的怀疑，所以，必须延迟前一个口头法律程序。委员会指出，应诉人有义务在法律程序中明确哪些人属于一般异议人。但是，如果上诉人在首次口头法律程序前提出该问题，便可以以书面形式作出处理，从而避免进一步口头法律程序的费用。因此，委员会未找出任何判定不同的费用分摊的理由。

7.2.3 程序滥用

如发生滥用行为，裁定一方承担费用是合理的，因此制定了各方承担各自费用这一原则的例外情形。在许多案件中，当事方会基于滥用程序寻求获取不同的费用分摊。

a）提交异议或上诉

通常，请求费用分摊的理由都是异议书或上诉提交不正确。

在**T 170/83**中，异议人采用了不正确的异议费用缴纳方式，导致手续人员决定驳回异议；基于此，异议人就该决定提出了上诉。专利所有人（应诉人）请求裁决上诉人承担上诉费用，因为，由于上诉人所犯的错误才导致法律程序成为必要。委员会驳回了该请求，认为上诉程序没有不当。证明费用分摊合理的滥用只能源于一方在**法律程序**中的行为。

在许多案件中，委员会将异议或上诉的可接纳性或可允许性视为未发生滥用的标志（例如**T 7/88**和**T 525/88**）。同样地，在**T 506/89**中，委员会认定，鉴于异议人在口头法律程序中决定维持经修改的专利，异议人的上诉申请不构成滥用程序，因此，驳回异常情形的费用分摊的请求。提交上诉时未提交新论据的（**T 605/92**）、上诉人成功率很低（**T 318/91**），不视为滥用程序。在**T 99/87**中，委员会认为，无论在口头法律程序的讨论中还是在应诉人拟备新权利要求中，都不存在滥用。

b）撤回异议或上诉

上诉人有权随时撤回其上诉。根据当事方自由处分原则，以已安排口头法律程序，不能及时通知异议方为由，该项权利不受限制，甚至不受费用分摊的威胁。一般来说，应诉人从撤回上诉中获取的利益将抵消其产生的费用，即使该费用是可以避免的。即使由于费用分摊请求，上诉在形式上仍处于未决状态，情况也是如此（**T 490/05**）。

在**T 85/84**中，上诉人于口头法律程序日期前48小时向EPO和应诉人的代理人发送电报，撤回上诉。EPO在下午4:17通过电报将该信息和取消口头法律程序的决定转发给应诉人的代理人（专利部门的一名成员）。直到第二天，电报才到达专利部门。但是当时，为准备慕尼黑的口头法律程序，应诉人的代理人已经启程。其请求费用分摊。尽管异议和上诉已被撤回，委员会还是就费用分摊作出了决定（见 **T 765/89**）。委员会驳回了分摊费用请求，因为应诉人的代理人已被及时告知不再召开口头法律程序。内部延期转发该通信并非上诉人的过错。代理人在口头法律程序前一天前往慕尼黑从行程距离上来看是不合理，因此，从口头法律程序这一点来看，是没有必要的。上诉人可以认为其通信已按时抵达代理人，不存在可谴责行为。

在 **T 614/89** 中，上诉人出于经济原因于指定的口头法律程序日期前 **4 天**撤回其上诉。同日，应诉人得到通知。第一应诉人以其已经为口头法律程序做准备且上诉人应在指定日期前很长一段时间就已经知晓上诉没有机会成功为由提交了费用分摊请求。委员会以上诉撤回足够及时，未产生口头法律程序费用为由作出了驳回该请求的决定。委员会还裁定，参加口头法律程序的权利不受限制，上诉人的行为既不存在过失也不带有恶意（另见 **T 772/95**）。

在 **T 674/03** 中，异议人于预定的口头法律程序日期前 **9 天**撤回其上诉。委员会认为，行使绝对的程序权利原则上并不构成滥用。没有证据证明异议人在任何时候以适用于不同的费用分摊（特别是，寻求偿付的费用通常是当事方在上诉程序中为其利益辩护产生的）这种不当或过失方式行事。

c）其他案件

在 **T 952/00** 中，委员会认定，不偏袒要求是陈词案件的机构通过行使其自由裁量权根据事实作决定的一项因素。不当行为，无论是有意行为还是仅仅是可谴责过失导致的结果，都必须根据一普通勤勉方的行为进行判定。同时，不应产生的费用的直接产生原因必须是明确的。在本案中，对异议方在一审提交的证据和其在上诉阶段提交的附加证据进行对比很重要，要注意专利所有人在两次审判中提交的相反证据。委员会认定，专利所有人就异议人的指称的准确性所作的陈述随着时间的变化产生了很大的变化，而异议人的指称始终保持一致。委员会得出的结论是，如果专利权人不做虚假陈述，异议人就不需要承担收集进一步证据产生的费用。因此，准许了异议人（上诉人）的费用分摊请求。

在决定 **T 461/88**（OJ 1993，295）中，委员会决定，上诉人对陈词证人的坚持很明显符合负责任地行使权利这一原则，因为这可能是证实被指称的在先使用的公开性的唯一方法。委员会驳回了费用分摊请求。

在 **T 269/02** 中，上诉人在冗长的书面法律程序和异议部的口头法律程序中有充分的机会修改权利要求书，以缓解 EPC 1973 第 123（2）条规定的问题。但是，上诉人选择不这样做，导致根据 EPC 1973 第 123（2）条规定专利被撤销，使得单独处理修改问题的当前上诉程序成为必要。有鉴于此，应诉人争辩道，上诉人的行为是不合理的，如果上诉得到允许，案件被发回异议部，上诉人应承担因当前上诉程序产生的费用。与应诉人的主张相反，委员会声称，在诸如本案的案件中，专利已在异议法律程序中被撤销的，应给予上诉人研究正式以书面形式证实异议部决定的机会，以便决定上诉程序的适当请求形式。在这些情况下，委员会未发现上诉人滥用或过度使用其合法权利，借此导致应诉人产生（公平来讲）需要偿付的费用。因此，分摊费用的请求被否决。

同样地，委员会认为，**T 916/05** 下的情况不能证明不同的费用分摊是合理的。鉴于专利所有人已受到异议部的决定的不利影响，其有权提出上诉并递交任何在其看来可能在第二次审判中用于为其专利辩护的论点。如果开展法律程序，一些论据之前未提出但在异议部的口头法律程序中提出这一事实将被委员会认为不具备关联性，也不能被视为滥用法律程序。事实上，上诉人可以在向上诉委员会陈述其案件时选择**不同论据组合**。

在 **T 162/04** 中，应诉人请求不同的费用分摊，因为其在考虑上诉人在上诉程序中提交的大量请求时不得不投入大量的时间和精力。但是，随后，上诉人的请求被**撤回**。在应诉人看来，这使得其投入的时间和精力变得无用。委员会判定，该行为未达到滥用程序。实际上，上诉人撤回有争议请求并采用其他请求替代有争议请求的行为很明显是在尝试克服已提出的反对，这并非令人不能接受的，而应被视为对其案件的合法辩护。因此，费用分摊的请求被否决。

应诉人在案件 **T 248/05** 中提出的费用分摊请求主要是基于，指称经授权的权利要求 1 的类别**缺乏清楚性**以及上诉理由陈述书中阐述的上诉人陈词模糊不清。但委员会认为，指称要求保护的主题缺乏清楚性以及可能因阐述主题产生的相关附加费用不能证实由上诉人分摊费用是合理的。首先，权利要求 1 中被批评的部分和所指称的陈述书模糊不清与本案上诉标的（异议部就增补的主题所作裁断）毫无关系。其次，权利要求或递交的缺乏清楚性很难被视为滥用程序，除非是有意的。因此，委员会认为不存在任何费用分摊的法律依据。

7.3 程序方面

7.3.1 提交费用分摊的请求

上诉委员会的实践做法是，双方的请求（包括关于费用的任何请求）应在口头法律程序宣布决定前提出（**T 212/88**，OJ 1992，28）。但在本案中，费用分摊请求属于例外，因为双方当时并未意识到该实践做法。

如果可从不同的费用分摊决定中受益的当事方未请求费用分摊，甚至宣布不会执行该决定，就没有理由决定不同的费用分摊（**T 408/91**）。委员会认为这一规则在费用分摊合理的情况下同样适用（见 **T 125/93**）。

应诉人仅作为参与上诉程序的一方，出于正当权利提交的费用分摊请求（EPC 1973 第107条第二句；德语和法语版本发生了编辑性变更；英文版本未发生变更）必须被视为不可接纳而予以驳回，因为其可能违背了公平对待原则（**T 753/92** 和 **T 514/01**，**T 1237/05**）。

在 **T 896/92** 中，因缺乏证据和明显的理由，不同的费用分摊请求被驳回。在决定 **T 193/87**（OJ 1993，207）中，委员会也驳回了费用分摊请求，因为其并未发现任何可以证实该费用分摊合理的不偏袒理由，且应诉人也未就此提出任何证据。在多项决定中，上诉委员会都强调了提交支持不同的费用分摊请求的证据的重要性（例如 **T 49/86**、**T 193/87**、**T 212/88**（OJ 1992，28）、**T 404/89**、**T 523/89**、**T 705/90**、**T 776/90** 和 **T 306/93**）。

7.3.2 权限问题

T 765/89 强调，即使上诉人撤回其上诉，委员会仍负责决定费用应由上诉人承担的请求。异议人/应诉人在上诉程序中撤回其异议的，在上诉程序与实质性问题的范围内，异议人/应诉人就停止参与上诉程序；但在费用分摊问题仍存在争议的范围内，异议人/应诉人就仍保持其当事方地位（**T 789/89**，OJ 1994，482）。

在 **T 1059/98** 中，就应诉人的费用分摊请求而言，委员会表示，没有就有关一审部门的口头法律程序的费用向异议部作出分摊请求，且异议部也未在上诉决定中考虑此事或对此事作出任何决定。EPC 1973 第21（1）条（未发生变更）规定，上诉委员会仅能审查因 EPO 一审部门决定提起的上诉。

很明显，这就意味着，在本案中，如果费用分摊请求是首次向上诉委员会提出，且一审部门未就此作出任何决定，则委员会不能审查和决定因异议部的口头法律程序产生的费用分摊请求。因此，委员会无权考虑和决定应诉人的费用分摊请求，该请求被驳回。

原则上讲，不能在转让法律程序中分摊费用（**J 38/92**，OJ 1995，8）。

7.3.3 可分摊的费用

根据 EPC 细则第88（1）条（EPC 1973 细则第63（1）条）规定，费用分摊应在异议决定中得到处理。仅是确保对涉及权利的合理保护所需的费用可纳入考虑。费用包括双方代理人的报酬。

该规定频繁地被用于上诉委员会判例法中（**T 167/84**，OJ 1987，369；**T 117/86**，OJ 1989，401；**T 416/87**，OJ 1990，415；**T 323/89**，OJ 1992，169）。在 **T 930/92**（OJ 1996，191）中，委员会认为，确定应由当事方缴纳

费用的，除该方专业代理人的报酬外，根据EPC 1973细则第63（1）条规定，该方雇员在口头法律程序前和过程中指示专业代理人产生的费用也应予以考虑，但前提是，为确保合理保护相关权利，该指示是必要的。在**T 326/87**（OJ 1992，522）中，将案件发回一审部门产生的所有费用均可分摊。

在**T 758/99**中，委员会认为，就上诉程序中因延迟递交产生的**未来**费用所作出的决定取决于后继的程序进程，且在缺乏必要事实的情况下，不能在该阶段作出决定。委员会尽量避免该“开放式”的费用裁决，同意上诉人提出的“该裁决的影响不可预知”的异议（见**T 133/06**）。基于这些原因，委员会未在**T 611/90**中作出判决；根据**T 611/90**，合法产生的未来费用是可分摊的。委员会将案件发回一审部门并判令，关于费用分摊请求的决定将在晚些时候给出。

经请求，根据分摊费用的决定，需缴纳的费用由**异议部注册处**确定。经实施细则（EPC 1973第104（2）条）规定的期限内所提交的请求，注册处确定的费用可通过异议部对此作出决定的方式进行复核。根据EPC细则第88（3）条规定，该期限为发出确定费用的**通信**后的1个月。同时，还需提交书面请求，并声明其所依据的理由。此外，缴纳法定费用后，方能视为请求已提交。该要求基本上与上诉要求一致。

在**T 668/99**中，如果法律程序未被转交至更高的司法机构，而在同级司法机构继续执行，那么禁止不利变更是否适用于针对异议部注册处**确定费用的法律救济**？委员会回顾道，与不同之处相比，上诉和异议部决定请求有更多相似之处（中止和移交效力），所以，唯一请求方的地位相当于唯一上诉人的地位。因此，委员会同意，禁止不利变更同样适用于根据EPC 1973第104（2）条第二句提出的请求。

裁定费用分摊的**上诉委员会**有权根据EPC 1973第104（1）条和第111（1）条第二句并充分考虑EPC 1973第113（1）条进行分摊和确定费用（例如参见**T 934/91**，OJ 1994，184）。分摊范围取决于个案的具体情况。可判定引发费用增加的法律程序当事方缴纳全部或部分费用（**T 323/89**，OJ 1992，169）。

鉴于在异议期届满后提交新材料可能引发费用增加，在**T 117/86**（OJ 1989，401）中，委员会判定，上诉人应缴纳应诉人的代理人在准备和提交上诉回复过程中产生的费用的50%（见**T 83/93**）。

在**T 715/95**中，仅在上诉程序中提交了新文件，延期是不合理的。但是，由于文件具备高度关联性，委员会接纳了文件，并将案件发回一审部门。但一审判决同样判定延迟提交方支付50%的口头法律程序费用和100%的下一步法律程序费用。同样地，在 **T 45/98** 中，上诉人仅在上诉程序中提交了文件。文件在法律程序中得到接纳，但案件未被发回一审部门。就费用分摊而言，委员会判定，上诉人应支付 45% 的异议方代理人在上诉程序中产生的费用。

7.3.4　只对费用决定提出的上诉不可接纳

EPC 细则第 97（1）条（EPC 1973 第 106（4）条）规定，异议法律程序的费用分摊不能作为上诉的唯一标的。因此，通常来说，如果关于撤销专利的上诉因缺乏事实和其他可接纳请求而被视为不可接纳被驳回，则关于费用分摊的上诉必须被视为不可接纳。但是，如果诉争决定未考虑口头法律程序请求的撤回，而基于重大程序违法，则必须驳回有关费用分摊的诉争决定（例如参见 **T 154/90**，OJ 1993，505）。

在 **T 1237/05** 中，委员会认定，未受专利撤销的不利影响的异议人无权仅就费用分摊提起上诉。根据 EPC 1973 第 106（4）条规定，异议人仅出于上述理由提起的上诉不可接纳。既然如此，仅专利所有人的上诉可被接纳这一事实本身并不能使得异议人（在任何情况下均不受对是非曲直作出的一审决定的不利影响的异议人）的上诉可被接纳，因为其仅与费用分摊有关。上诉程序（至少由一项可接纳的上诉发起）和一方提起的上诉之间必须有所区别；EPC 1973 第 106（4）条的措辞明确将法律程序的各方提起的上诉归为法律程序，不考虑其他方提起的其他上诉。

在 **T 753/92** 中，第一应诉人仅在其费用分摊请求被驳回的情况下受到上诉决定的不利影响。如果应诉人就该决定提出上诉，根据 EPC 1973 第 106（4）条，以费用分摊作为唯一标的上诉不可接纳。

在 **T 668/99** 中，委员会认为，由于各方未就异议部的费用决定提出任何上诉，上述决定在申请上诉的时限届满后即成为最终决定。委员会认定，相关方未在上诉提交请求中提及的费用决定，也没有明确指出质疑该规定。根据 EPC 1973 第 104（1）条规定，EPO 所作的费用决定并未改变结果。委员会认为，与一致认为需始终接受复核的一般程序要求不同（包括上诉程序），EPO 签发费用决定并不一定意味着该决定仍需由 EPO 复核。由更高的司法机构审查决定需要一方提出上诉。

在 **T 420/03** 中，关于费用分摊的“附加决定”属于上诉范围。上诉对费用分摊决定完全没有提及，取消该决定的请求包含在上诉理由陈述书中。在本案中，委员会认定，上诉书不包含关于费用分摊的任何明确陈述，且上诉书中不包含任何可以被间接解释为费用分摊是上诉标的陈述。

D. 异议程序

1. 异议程序的法律性质

1.1 简　　介

异议是继授权程序之后独立的各方之间的程序（参见 G 1/84，OJ 1985，299；见 T 279/88；T 182/89，OJ 1991，391；T 387/89，OJ 1992，583；**T 198/88**，OJ 1991，254；**T 373/87**）。它是基于请求提起的纯粹行政程序（通过在规定的期限内提起异议）。它与上诉程序有着根本性的区别，上诉程序应被视为司法程序，且从本质上来说，上诉程序是缺乏调查性的（参见 **G 7/91** 和 **G 8/91**，OJ 1993，356 以及 346；**G 9/91**，OJ 1993，408）。

在异议法律程序中，EPO 必须自行调查事实。但是，**依据职权审查**这一原则受到出于提高程序透明度和效率目的而设定的多种限制，通过集中法律程序的方式防止延期，并限制各方承担的风险。

怀疑欧洲专利法律有效性的任何个人均可提交一份理由充分的书面异议书。异议是一种法律救济，通过异议，已授予的专利可被撤销或受到限制；但与上诉不同，异议既没有中止的效力，也没有将案件转交上级审查部门的效力（参见 **T 695/89**，OJ 1993，152）。异议人决定异议法律程序中可能被审查的专利主题（**当事方处分原则**）。因此，审查部的法律程序所考虑的文件并不自动成为异议或异议上诉程序应考虑的证据，即使该文件在异议专利中有所引用且得到认可（**T 198/88**，OJ 1991，254）。

以下章节对委员会和上诉扩大委员会在几项决定中论述的适用异议程序的基本原则内容进行了更加深入的论述。

修改 EPC 时，异议程序有关的规定在很大程度上都保持不变。具体而言，EPC 第 100 条和第 101 条被重新改写，为清楚起见，在结构上有所调整，EPC 1973 第 102 条被插入 EPC 第 101 条中。适用异议程序具体方面的某些规定被转移至实施细则。被重新编号至 EPC 细则第 75 ~ 89 条的一些规定的措辞更加简明，并与修改后的 EPC 2000 取得了一致；虽然其他规定更加准确，但均未发生实质性的变化。

1.2 争议的各方之间的法律程序

授权后的异议采用通常代表相对利益且应受到同等公平对待的当事方之间的争议法律程序的形式。

扩大委员会在 **G 9/91** 和 **G 10/91**（OJ 1993，408 和 420）中对异议程序的基本方面进行了论述，得出上述结论。其认为，异议仅在欧洲专利授权后（在专利所有人在各指定缔约国享有该国授权专利所赋予的同等权利时）发生（EPC 第 64 条和第 99 条，未发生实质性变更）。此外，与传统的授权前的异议不同，异议人寻求的救济不是拒绝专利申请，而是撤销（全部或部分）已在所有指定缔约国即时生效的授权专利（参见 EPC 1973 第 68 条；经修改）。此外，异议理由（EPC 1973 第 100 条；未发生实质性变更）被限制在且在本质上与国家法规定的撤销的原因相同（EPC 1973 第 138 条；经修改），看来，根据 EPC 授权后的异议的概念与经典的授权前的异议的概念有很大的不同。

EPO 的异议程序有几项重要特征与传统的撤销程序有共同之处，且其效力与这种程序的效力也极为相似。

一旦提交异议书，无论异议是否有效、可接纳或可接受，程序自动成为双方间的程序。EPC 细则第 79（1）条（EPC 1973 细则第 57（1）条）明确要求异议部向专利所有人传达异议；同时，指南 D－Ⅳ，1.5（旧版）规定，应将关于是否视为异议已提交或可接纳的通信和决定也告知专利所有人。因此，公约不允许通过异议部决定“结束单方参加的法律程序”（**T 263/00**）。

1.3 多个异议，仅一个异议程序

根据 EPC 第 99（3）条（EPC 1973 第 99（4）条）规定，异议人与专利所有人均为异议法律程序的当事方。从本条规定可以清楚地看出，多个可接纳的异议并不需要发起相应数量的平行异议法律程序，而是仅有一个。根据 EPC 细则第 79（2）条（EPC 1973 细则第 57（2）条）规定，任意异议人均可在异议法律程序和任何后续上诉程序中依据其他异议人正式递交的异议理由并可与所有其他方进行通信（**T 270/94**、**T 620/99**、**T 774/05**）。

2. 异议的可接纳性

2.1 有权提出异议

2.1.1 简　　介

异议人的地位是程序地位，证实该地位的方式属于程序法问题（**G 3/97** 和 **G 4/97**，OJ 1999，245 和 270）。上述内容在 EPC 第 99（1）条和第 100 条（两条规定都未发生实质性变更）以及 EPC 1973 细则第 55 条和第 56（1）条（EPC 细则第 76 条和第 77（1）条）中有所规定。根据这些规定，异议人是符合规定中陈述的提交异议条件的个人，特别是可识别性的个人。EPC 未就异议人设定任何其他明确的正式条件。

异议的可接纳性由EPO自行审查，这是上诉委员会判例法坚决确立的原则。由于异议的可接纳性是对异议提交文件开展任何实质性审查的不可或缺的程序要求，所以，可在法律程序的任何阶段（甚至在后期向上诉委员会提出）以异议人无权提出异议为由提出异议不可接纳的反对（参见 **T 289/91**，OJ 1994，649；**T 28/93**；**T 590/94**；**T 522/94**，OJ 1998，421；**T 960/95** 和 **T 1180/97**）。如果上诉委员会有充分理由审查异议的可接纳性（**T 199/92**），其可以并且有义务开展审查，即使专利所有人并未在异议或上诉程序中质疑可接纳性（**T 541/92**）。

在 **G 4/97**（OJ 1999，270）中，上诉扩大委员会重申，可基于有关异议人身份的理由在上诉程序中质疑异议的可接纳性，即使异议部未收到该反对。

第七章C.5.1对关于**异议人地位转移**的判例法单独进行了论述。

异议人的地位同样可以通过**介入**未决异议法律程序的假定的侵权人获得（参见第七章C.3“介入”）。

2.1.2　异议人的动机不具关联性

EPC未要求**异议人**在异议法律程序的结果中**有其自身利益**；EPC 1973第99（1）条（未发生实质性变更）声明“任何个人”均有权提交异议书。早在 **G 1/84**（OJ 1985，299）中，扩大委员会就认为，原则上讲，异议人的动机不具备关联性（否则，毫无疑问，“任何个人”一词就会被当作“任何利益相关的个人”），然而其身份具备主要的程序重要性（在 **T 635/88**，OJ 1993，608；**T 590/93**，OJ 1995，337中同样如此）。根据判例法，委员会在 **T 798/93**（OJ 1997，363）中认定，EPC及其随附规定对异议人的个人状况和行事动机未作要求。因此，如果像在本案中一样，基于反对异议人地位（例如其职业——在EPO的专业代理人）或其专业技术领域（不同于异议专利所在领域）或其缺乏行事动机（异议人的陈述称其行事原因是为了完成培训）这些特定方面提出宣称异议不可接纳的请求，该请求应被驳回。

就这一点而言，**G 3/97** 和 **G 4/97**（OJ 1999，245，270）认为，EPC 1973立法者为了公共利益明确将异议程序设计为一项法律救济，根据EPC 1973第99（1）条（未发生实质性变更），该异议程序对“任何个人”均开放。要求异议人在专利无效过程中表现出无论何种类型的利益与上述规定相背。在缺乏滥用行为的证据的情况下，异议人的动机对EPO来说是毫不相干的。

2.1.3　专利所有人或发明人提出的异议

考虑到异议程序的目的和特殊性质，专利所有人不可能反对其自身的专利。在 **G 9/93**（OJ 1994，891）中，上诉扩大委员会背离其在 **G 1/84**（OJ 1985，299）中的观点，认为，专利所有人不包含在EPC 1973第99（1）

条（未发生实质性变更）提及的“任何个人”中。EPC 第五部分的规定和相应实施细则明确基于以下假设，即异议人是除专利所有人外的其他个人，异议程序始终是各方之间的。因此 **G 1/84** 决定中设立的判例法已过时。

在 **T 3/06** 中，专利权人争辩道，第二异议人作为涉案专利的发明人不能有效提出异议，即使 EPC 第 99（1）条（未发生实质性变更）中“任何个人”的通常语言定义并未阻止发明人提交异议。专利权人建议，更新 **G 9/93**（OJ 1994，891）中将专利所有人从“任何个人”的定义中排除的裁定，以排除发明人是专利所有人股东的情况。委员会认为，专利所有人和异议发明人是不同的个人。发明人虽然是专利所有人的股东，但不是公司的管理层，对有关专利所有人业务的商业和司法决定不会产生任何实质性的影响。特别是，专利转让合同构成了该权利排他性地由专利所有人占有这一事实的证据。最后，发明人提出的合约协议或信托义务的被控侵权是有关双方内部关系的问题，本身对当前异议和上诉程序没有任何影响。委员会认为，双方的异议和上诉法律程序行为表明，当前法律程序明显存在争议。与专利所有人合作的发明人滥用法律的假定可能性被排除。委员会得出结论，第二异议人（发明人）的异议可接纳，但不允许专利权人请求将具名发明人提出的异议是否可接纳这一问题转给上诉扩大委员会。

2.1.4　代表第三方提交异议——“稻草人”

移送案件 **T 301/95**（OJ 1997，519）和 **T 649/92**（OJ 1998，97）质疑如果异议人是代表其他个人行事的“稻草人”，异议是否不可接纳这一问题。在 **G 3/97** 和 **G 4/97**（OJ 1999，245，270）中，上诉扩大委员会裁决，异议人是满足 EPC 第 99（1）条和 EPC 1973 第 100 条（两条规定均未发生实质性变更）以及 EPC 1973 细则第 55 条和第 56（1）条（EPC 细则第 76 条和第 77（1）条）要求的个人。提交异议使其正式成为合法异议人。

煽动其提出异议的第三方不能实施任何程序行为，也必定不能被视为法律程序的当事方。EPO 同样缺少调查稻草人涉入的指称范围。所以，仅因根据 EPC 细则第 76（2）（a）条（EPC 1973 细则第 55（a）条）规定被指定为异议人的个人代表第三方行事，不能完全认定异议不可接纳。但是，如果异议人的参与被视为通过滥用正当法律程序来规避法律，异议则不可接纳。**尤其是**，如果：

- 异议人代表专利所有人行事，即构成规避法律。根据 **G 9/93**（OJ 1994，891），所有人不能对其自身的专利提出异议；异议是各方之间的法律程序，所以，专利权人和异议人必须是不同的个人。
- 如果异议人没有根据 EPC 1973 第 134 条（措辞经修改）规定取得必要

资格，但在总体看来与专业代理人典型相关的活动的背景下代表客户行事。这种情况即是，如果个人无权作为专业代理人代表客户行事并开展应由专业代理人开展的活动，但为规避禁止其作为专业代理人行事的法律，其本身仍扮演当事方角色。

但是，滥用程序规避法律的行为**并不仅仅**在专业代理人代表客户以其本身名义提出异议；居住地或主要营业地位于EPC缔约国的异议人代表不满足要求的第三方行事的情况下**方才发生**。决定是否通过滥用程序规避法律时，应适用自由评估证据原则。举证责任由指称异议不可接纳的个人承担。裁决机构需基于清楚可信的证据确信该滥用正在发生。

根据上诉扩大委员会制定的上述原则，在很大程度上认为先前的相关判例法已不再适用（参见 **T 10/82**，OJ 1983，407；**T 635/88**，OJ 1993，608；**T 25/85**，OJ 1996，81；**T 582/90**，**T 289/91**；J 1994；649；**T 548/91**，**T 339/93**；**T 590/93**，OJ 1995，337；**T 798/93**，OJ 1997，363；详细信息另见《EPO上诉委员会判例法》1998年第3版第424页和第425页）。

2.1.5 同一个人重复提交异议

在**T 9/00**（OJ 2002，275）中，委员会指出，可以缺乏正当利益为由反对同一个人重复提交的异议。其裁定，就同一已授权专利提交两份不同异议书的（法人）个人只能获得一次作为异议人的当事方地位，即使两份异议书均符合EPC 1973第99（1）条（未发生实质性变更）和EPC 1973细则第55条（EPC细则第76条）的要求。两份异议书均以缺乏新颖性和创造性作为异议理由。由于与前一异议相比，后一异议不需要变更异议法律程序中的任何法律地位，因此委员会以缺乏一般正当利益为由视其为不可接纳。也不能从后一异议被出让给不同于前一异议的公司部分且仅那一部分被转让给第三方的事实中推断出相关利益。

在**T 9/00**中，虽然由同一异议人提交，但两份异议书的提交时间相差2个月，且内容不同。异议费也分别针对各异议进行了缴纳。异议中不存在交叉引用。随后，异议人声明，尽管提交两次是个错误，但其仍希望维持两项异议。但在**T 774/05**中情况全然不同——两项异议确是根据异议人意图提交的。在此，委员会认定，仅一项异议满足提交要求，且如传真声明“异议费支票用于异议”所示，异议人打算仅维持一项异议。分开异议的唯一迹象在于每份所提交的文件均声称它们是一项异议。但委员会认为，这并不是异议人打算提交两项异议的说明，而仅仅是异议内容的说明。因此，异议被认为可接纳。

在**T 966/02**中，同一异议人根据EPC 1973第100（a）条（未发生实质性变更）就争议专利提交了两项异议，异议部仅依据引用文件D1的第二项异议作出了其决定。然而，委员会认为，本案中的问题不是第二项异议是否可接纳，更像第二项异议中的材料是否可接纳。异议部是否有权使用第二项异议引用的文件仍待商榷。委员会声明，无论提交的第二项异议是否可接纳，第一项异议的提交形式和时间都合适，所以，第一项异议可接纳，应提起异议法律程序。如果第二项异议可接纳，一审部门有义务考虑其引用的材料。但是，如果第二项异议不可接纳，根据 EPC 1973 第 114（1）条（未发生变更）关于自行审查的规定，一审部门有权考虑不可接纳的异议引用的材料；但前提是：（i）另一可接纳异议被提交；且（ii）因为材料具备关联性，有理由这样做。在本案中，两项条件均满足。因此，鉴于一审部门在任何情况下均有权考虑文件 D1 和第二套起诉书中引用的任何其他相关材料，所以，没有必要决定第二项异议是否可接纳。

2.1.6 共同异议（多项异议）的可接纳性

a）缴纳单项异议费

根据 EPC 第 99（1）条（未发生实质性变更），任何个人均可提交异议书。上诉委员会在多项决定中对“任何个人”一词都有所解释。在 **T 272/95**（OJ 1999，590）中，举例来说，委员会对解释问题进行了考虑，且由于澄清需要，将（但不限于）在仅缴纳一份异议费的情况下，多人提交的异议是否可接纳这一问题转给了扩大委员会。

在 **G 3/99**（OJ 2002，347）中，上诉扩大委员会认为，由两个以上个人共同提交的异议，若符合 EPC 1973 第 99 条（EPC 第 99 条和 EPC 细则第 75 条）和 EPC 1973 细则第 1 条和第 55 条（EPC 细则第 3 条和第 76 条）规定，在仅缴纳一项异议费的情况下，是可接纳的。异议费的缴纳与提出的异议有关，而与提出异议的个人的数量无关。由单个自然人、单个法人、根据具有管辖权的法律与法人等同的单个机构提交异议没有程序的差别。

就 EPC 1973 第 99（1）条对“任何个人”一词的解释而言，上诉扩大委员会认为，对于由多数个人共同提交的异议而言，共同异议人必须为自然人、法人、根据具有管辖权的法律与法人同等的机构或任意组合。

b）多个异议人的陈述、法律状态和组合

在 **G 3/99**（OJ 2002，347）中，扩大委员会还认为，在共同提交的异议中，就一切情况而论，都必须有一名**共同代理人**（EPC 1973 第 133（4）条和 EPC 1973 细则第 100 条，未发生实质性变更），且只有共同代理人有权代表所有共同异议人（作为整体）在异议法律程序中行事。因此，不是共同代理人的个体异议人或共同异议人小组（不包括共同代理人）无权代表其本人或代表一个或多个或所有其他个体行事或介入。仅共同代理人有权签署提交的文件；不需要其他个体的签名（理由第14点）。鉴于EPO将非权利人以同样方式开展的程序行为视为签名缺失（参见**T 665/89**），任意共同异议人或代表其行事的任何其他个人可开展该行为，以免错过截止日期，但前提是，缺陷在委员会根据EPC 1973细则第36（3）条（EPC细则第50（3）条）规定发出的通信中设定的附加期限内得到补救，被告知共同代理人并被发送给开展行为的非权利人。共同代理人签署程序行为后，视为缺陷得到补救（理由第20点）。

为保障专利所有人的权利及其在程序效率方面的利益，必须在整个法律程序中明确谁属于共同异议人或共同上诉人小组。如果共同异议人或上诉人（包括共同代理人）计划撤出法律程序，共同代理人或根据EPC 1973细则第100（1）条（未发生实质性变化）确定的新共同代理人应通知EPO，以便撤出生效。

在2005年2月9日的**T 482/02**中的中期决定提及判例法，委员会声称，异议的提交是代表本身享有法人资格的机构还是几个共同行事的自然人这一问题存在疑问，应要求异议人（本案中，是英国合伙企业）证实该机构属于法人还是其同等机构。如果未得到证实，应视为代表作为共同异议人的几个自然人提交的异议（另见**T 866/01**）。在此情况下，为遵守EPC 1973细则第55（a）条（EPC细则第76（2）（a）条）规定，异议人仍应提供其同伴的姓名和地址。如果委员会未在规定时间内收到上述信息，根据EPC 1973细则第56（2）条（EPC细则第77（2）条）规定，应以不可接纳为由驳回异议，无论该信息是否足以阻止根据EPC 1973细则第56（1）条（EPC细则第77（1）条）规定作出的反对。

类似地，在**T 315/03**（OJ 2005，246）中，委员会根据扩大委员会在**G 3/99**中的决定补充道，多个异议人提出的异议的可接纳性在整个法律程序中须不时接受审查，各方不能希望异议部或委员会单独进行审查。很明显，委员会不具备监督多个异议人组合和其所有成员的法律状态所需的所有缔约国相关法律的资源和知识。一旦可接纳性得到初步确认，试图质疑可接纳性的一方或各方应就不可接纳性提出充分理由。但是，委员会认为，在本案中，没有理由质疑多个异议人的法律状态，应诉人未指出除异议部持有的说明多个异议人的法律状态存在问题的证据以外的其他证据。如果应诉人希望对该结论提出发对，其应负责提供或表明可以质疑该结论的证据——举例来说，来自官方注册处的证据或表明法人已不再存在或从来不曾存在过的问询结果，或根据相关国家法，法人不具备异议部认定的地位的证据。

就随时间发生变化的多个异议人**组合**而言，委员会与应诉人一致认为，超过11年半时间未提供关于1200名第六异议人（简称“异议俱乐部”）的任何通知在本质上可被视为不满足“始终明确”这一条件的征兆。从另一方面讲，仅出于就一项专利提交异议目的出现的异议人在本质上不能作为对可接纳性的反对，异议人的动机或动机缺乏与此毫无干系（参见 **G 3/97**，OJ 1999，245）。类似地，个体或多个异议人可能受其他方支持对委员会来说也是毫不相关的。很明显，该支持者不能参加法律程序，也不可能影响其结果。在任何法律程序中，都存在希望看到特定当事方成功的，很可能不是当事方的人（例如作为当事方的公司的雇员或股东）。如果一些异议人——像在本案中一样——提及了许多其支持人，认为这可能影响相关结果，当然，这是不正确的。但是，支持本身对于当事方来说不可能是质疑可接纳性的理由。

2.2 异议的形式要求和按时提交

2.2.1 基本原则

根据 EPC 细则第 150（1）EPC 条（EPC 1973 第 99（1）条），异议书必须在欧洲专利公报公开欧洲专利授权后的 **9 个月**内提交。为了法律确定性，公约规定了异议期届满前异议必须满足的特定要求。这些要求包括：充分识别异议人身份、指明异议专利、以书面形式提交异议书、陈述具体理由、缴纳异议费等。

满足 EPC 细则第 150（1）条（EPC 1973 第 99（1）条）关于按时提交异议的要求后，潜在异议人方可成为 EPO 的法律程序的当事方（参见 **T 152/85**，OJ 1987，191）。

T 438/87 讨论的问题是，延期**公开**欧洲专利说明书是否可能以任何方式影响提交异议的时限的计算。上诉委员会的结论是，在本案中，公开日即异议期开始之日，因为本案中的专利授权已通过正常方式为公众所知，所以不考虑哪些问题可能影响专利说明书的公开以及该不幸事件可能因第三方地理位置对特定第三方造成哪些影响。

2.2.2 异议人的身份

EPC 细则第 76（2）（a）条（EPC 1973 细则第 55（a）条）规定，异议书必须包含异议人的姓名和地址以及其住所或主要营业地所在国；根据 EPC 细则第 41（2）（c）条（EPC 1973 细则第 26（2）（c）条）规定，这些内容涉及需确立的身份所依据的具体细节。如果在允许提交异议的期限届满前，异议人的身份得不到确立，异议不可接纳（**T 25/85**，OJ 1986，81）。但是该缺陷可补救（**T 590/94**）。

在 **T 870/92** 中，委员会强调，指明法人实体时，未使用其确切官方名称（EPC 1973 细则第 26（2）（c）条和第 61a 条；EPC 细则第 41（2）（c）条和

第86条）并不一定意味着异议不可接纳。但是，足以指明当事方身份的错误名称必须与缺乏该信息的情况加以区别。名称上的错误可以随时修改（EPC 1973细则第88条第一句；EPC细则第139条第一句；参见**T 828/98**）。

在**T 1165/03**中，应诉人提出了几项理由，质疑第一异议人的异议的可接纳性。这些理由主要由异议人本身或代表异议人的个人提供。一方考虑了异议人的身份，特别是在最后阶段（在委员会的口头法律程序过程中）提交的身份证证据的评估。委员会将身份证或护照视为身份的最好证据，但同一规定还适用于所有证据，即其价值可被其他证据抵消或否定。在本案中，提交了两份不同的身份证复印件。第一份已被寄送给异议部，但这份复印件与随后传真发送给委员会的复印件相比较模糊，但很明显，这与传真和随后在口头法律程序中提交的文件不是同一份文件。以异议人名义签署的信函上说其姓名只是意外地被用于法律程序且其经常在工作地址而不是身份证上显示的家庭地址。但是，先前备案的复印件上并没有清晰的地址。此外，信函中的工作地址与报委员会备案的第二份复印件中显示的工作地址也不一致。因此，委员会认为，本质上来讲，身份证证据不可靠且不能使人信服。

2.2.3 发明名称

根据EPC细则第76（2）（b）条（EPC 1973第55（b）条），异议书必须包含（但不限于）专利号、所有人姓名和发明名称。如果所提交的异议不足以指明专利标识，根据EPC细则第77（1）条（EPC 1973细则第56（1）条）规定，应以异议不可接纳为由驳回异议，除非该缺陷在异议期届满前得到补救。

在**T 317/86**（OJ 1989，378）中，异议人未在EPC 1973细则第56（2）条（EPC细则第77（2）条）规定的期限内指明发明名称。委员会决定，异议书遗漏发明名称（仅仅是指明异议专利的著录数据的一个项目）并不构成EPC 1973细则第56（2）条（EPC细则第77（2）条）意义下的缺陷，但前提是向EPO提供的其他细节足以轻易地识别异议提出的异议专利，且毋庸置疑。

在**T 344/88**中，上诉委员会考虑了如果异议期届满，异议人引用错误的专利说明书编号仍未得到改正，是否违背EPC 1973细则第55（c）条（EPC细则第76（2）（c）条）规定。异议人引用的首份专利说明书与发明根本毫无干系。但是，异议书包含了可以识别实际目标专利说明书的详细信息。上诉委员会允许改正编号。考虑到提交的详细事实，仅仅因为引用的专利说明书的编号错误便驳回异议的形式要求有点过头了。EPO是否真的在收到异议书和异议期届满期间进行了修正是无关紧要的。唯一的决定性因素是，错误在异议期内得到了识别，且异议部能够基于引用文件的说明确立后者的身份，并排除一切怀疑。

在 **T 335/00** 和 **T 336/00** 中，EPC 1973 细则第 55（b）条（EPC 细则第 76（2）（b）条）要求并未得到全部满足。除此之外，如发明名称缺失、针对申请的异议。尽管如此，委员会仍视为异议可接纳，因为根据具体的公开号，其可唯一且很容易地识别异议专利。甚至反对申请存在错误、名称被遗漏都不足以促使委员会将异议视为不可接纳。

2.2.4 异议费的缴纳

EPC 细则第 150（1）条最后一句（EPC 1973 第 99（1）条最后一句）声明，缴纳异议费前，不视为已提交异议书。根据委员会在 **T 152/85**（OJ 1987，191）中的认定，异议费的缴纳是一项实际要求，如果异议待接纳，必须在 9 个月异议期内满足上述要求。计划提出异议的，未在所需时间内缴纳异议费的行为属于事实错误；一旦过了提交异议的时限，该错误便不能予以改正。

根据 EPC 1973 细则第 88 条（EPC 细则第 139 条）规定，未及时缴纳异议费的行为也不能得到改正。从 EPC 1973 细则第 88 条（EPC 细则第 139 条）“EPO 的明确政策是区分文件中的错误和其他类型的错误（例如，未及时缴纳费用），仅允许修正文件中的错误”的措辞中可以明显地看出上述规定。

2.2.5 其他要求

在 **T 193/87**（OJ 1993，207）中，委员会认定，如果所提交的异议书是用 EPO 的官方语言以外的缔约国语言书写的，但未按时提交 EPC 1973 第 14（4）条（经修正合并于 EPC 1973 第 14（5）条）规定的**译文**，视为未收到异议书，异议费将予以退还（遵循 **T 323/87**，OJ 1989，343）。鉴于异议未生效，也就不存在根据 EPC 1973 细则第 56（1）条（EPC 细则第 77（1）条）规定审查其可接纳性的问题。

在 **T 960/95** 中，所提交的异议书**未经签字**。委员会声称，异议书应经正式签字（EPC 1973 细则第 36（3）条第一句和 EPC 1973 细则第 61a 条；EPC 第 50（3）条第一句与 EPC 细则第 86 条）。签名的遗漏已在异议部规定的时限内得到补救，所以，上诉书保留了其原始接收日（EPC 1973 细则第 36（3）条第三句；EPC 细则第 50（3）条第三句）。类似地，在 **T 1165/03** 中，委员会驳回了应诉人“提交的异议书没有签名是致命的”的论点，因为异议人在收到要求后已经通过提供签名的方式补救了该不足，根据 EPC 1973 细则第 36（3）条（EPC 细则第 50（3）条）。考虑到随后的发展，备案的上述异议人签名或异议人的任何其他签名是否是真实的这一问题可能会随之出现，但文件显示，最终，经签字的异议书的提交仍在规定期限内。

2.3 异议的证实

2.3.1 异议的法律依据

异议的法律依据是 EPC 第 100 条（未发生实质性变更），该条包含了一份详尽的理由列表。因此，仅可以欧洲专利的主题不可取得专利、欧洲专利未充分公开发明或欧洲专利的主题超出最初公开的范围为由提交异议。EPC 第 100 条列出的异议理由与 EPC 制定的专利授予要求一致。

上诉扩大委员会在 **G 1/95**（OJ 1996，615）中提出了许多适用该领域的基本原则：

EPC 1973 第 100（b）条和第 100（c）条规定的各异议理由均与异议可能依据的一项单一的、独立的且明确界定的法律依据相关，即公开不充分或禁止修改，而同样的异议理由不适用 EPC 1973 第 100（a）条。

EPC 1973 第 100（a）条不仅提及了依据 EPC 第 52（1）条可取得专利的发明的定义和 EPC 1973 第 53 条可专利性的例外情形，而且提及了 EPC 1973 第 52（2）~（4）条和第 54 ~ 57 条就术语“发明”“新颖性”“创造性”和“工业实用性”给出的一系列定义，这些定义与 EPC 1973 第 52（1）条共同设定了具体的要求，因此，以独立的法律反对或异议基础形式构成了独立的异议理由。总的来说，EPC 1973 第 52 ~ 57 条规定并未出于 EPC 1973 第 100（a）条规定的目的构成对专利维持的单一反对，而是不同反对的组合，其中一些反对可能彼此完全独立（例如 EPC 1973 第 53 条、52（1）条、第 54 条），其中一些反对可能紧密相关（例如 EPC 1973 第 52（1）条、第 54 条、第 52（1）条、第 56 条）。可根据 EPC 1973 第 100（a）条规定予以接纳的异议必须至少依据一项异议的法律依据，即至少依据 EPC 1973 第 52 ~ 57 条规定的异议理由。

EPC 1973 细则第 55 条和第 56 条（EPC 细则第 76 条和第 77 条）的一项功能是确立可接纳的异议书所需包含的内容。EPC 1973 细则第 55（c）条指明，异议书必须包含一份声明书，声明书中要明确对欧洲专利提出异议的问题（上文提及的法律理由）、提出异议的理由及为说明其理由而援引的事实和证明。如何明确区分理由的措辞是指法律原因或法律依据（例如 EPC 1973 第 100（a）条规定的法律依据）和证明。因此，在 EPC 1973 第 99 条和第 100 条以及 EPC 1973 细则第 55（c）条的背景下，“异议理由”应被解释为就专利的维持提出反对的一项独立法律依据。特别是，EPC 1973 第 100（a）条包含不同的异议组合（法律依据）或不同的异议理由，不针对单一异议理由的规定。

2.3.2 援引事实和证据的必要性

可接纳性异议的形式要求是特定理由的实体化。

根据 EPC 细则第 76（2）（c）条（EPC 1973 细则第 55（c）条），异议书必须陈述以下三项：（i）对欧洲专利提出异议的问题；（ii）提出异议的理由；以及（iii）为说明其理由而援引的事实和证明。对于可接纳的异议来说，一项异议理由满足 EPC 1973 细则第 55（c）条的要求即可。EPC 中没有关于部分异议可接纳这一概念的任何依据。“不可接纳”这一概念仅适用于作为整体的异议书（如 **T 653/99** 中认为的那样；另见 **T 212/97** 和 **T 65/00**）。委员会已经设定了援引事实、证据和论点符合**第三项要求**的情况。一旦满足上述要求，即视为异议已经充分“证实”，因此是可接纳的。

异议书是否符合 EPC 细则第 76（2）（c）条要求这一问题应在 9 个月异议期届满时得到确定。异议人后来引用异议书未提及的现有技术支持其论点的，相关日期当日客观符合要求的异议书不得被视为不可接纳（**T 1019/92**；另见 **T 104/06**）。

根据委员会在 **T 182/89**（OJ 1991，391）中的观点，如果异议理由在异议书中有所指称，但未根据 EPC 1973 细则第 55（c）条（EPC 细则第 76（2）（c）条）规定在 9 个月异议期内得到证实，应以与异议在 EPC 1973 细则第 56（1）条（EPC 细则第 77（1）条）规定不可接纳相同的理由予以驳回。如果未开展该程序，异议人可通过在异议书中指称多项理由但仅支持其中一项的方式轻易滥用法律程序；此后，在异议法律程序的较晚阶段，其可以提出事实和证据，支持其他指称的异议理由，从而导致延期和费用增长。委员会认为，这是不允许的。

在 **T 222/85**（OJ 1988，128）中，上诉委员会认为，如果异议书的内容足以**客观合理地理解**异议人的案件，视为第三项要求得到满足。委员会认为，EPC 1973 细则第 55（c）条（EPC 细则第 76（2）（c）条）中的第三项要求（连同前两项要求）的目的在于，确保异议书充分详述异议人案件，以便专利权人和异议部知晓案件是什么。鉴于 EPC 1973 细则第 55（a）和第 55（b）条（EPC 细则第 76（2）（a）条和第 76（a）（b）条）要求以及 EPC 1973 细则第 55（c）条第（i）一项和第二（ii）项要求在性质上应被视为**正式**要求，EPC 1973 细则第 55（c）条的第三项要求连同 EPC 1973 第 99（1）条在性质上为**实体要求**，呼吁阐述异议人案件事实的推理。起草得当的异议书应包含完整但简明的推理。一般来说，异议书包含的推理越少，因不可接纳而被驳回的风险越大。委员会认为，特定异议书是否符合 EPC 1973 第 99（1）条和 EPC 1973 细则第 55（c）条的最低实体要求这一问题仅应根据个案的背景决定［因为多种相关因素（例如，所提出的问题的复杂性）会因案件的不同而不同］。因此，根据个案的情况，如果援引的关于异议理由的异议人案件推理和事实的相关“事实、证据和论点”充分，足够异议部和专利权人合理理解，视为EPC 1973细则第55（c）条要求得到满足。上述情况应根据与异议专利相关的技术领域中的娴熟的技术人员的观点在客观基础上予以评估（类似于**T 925/91**，OJ 1995，469；另见**T 2/89**，OJ 1991，51）。

异议书在这方面的充分性问题必须与异议人的案件**优势**问题加以区别。一方面，难以令人信服的异议理由可能已被明确提出和辩论。相反，有缺陷的提交可能会以不可接纳为由被驳回，但如果起草得当，其可能会成功（例如参见**T 621/91**、**T 3/95**、**T 152/95**和**T 1097/98**）。

在**T 204/91**中，委员会特别声明，EPC 1973细则第55（c）条中的术语“援引”应被解释为需要的**不仅仅只是**众多可能的专利抨击和很可能证明任意可能的抨击的**一条线索**，该原因或线索可能通过随后延迟提交（甚至可能在上诉阶段）的进一步证据、论点或其他事项（甚至新的异议理由）扩增。相反，例如，“援引”的范围和深度应促使专利权人和异议部清楚地认识到正在对专利提出的抨击是什么以及针对该抨击所引证的证据支持是什么。换言之，专利权人和异议部应被定位在清楚地理解所提交的异议的性质以及支持该异议的证据和论点上。这就需要详细阐述案件的相关情况，以便专利权人和异议部能够**对所提出的至少一项异议理由**形成最终意见，且不需要开展进一步调查（参见**T 453/87**和**T 279/88**）。但根据**T 199/92**所述，在没有不当负担的情况下理解异议书中针对其专利的案情陈述时，不能排除专利权人必须要加入**大量解释**的可能性。

在**T 934/99**中，委员会声称，根据EPC 1973细则第55（c）条并未在异议书中所提出的论点必须使人信服或具有说服力这层意义上暗含逻辑推理思路的相关要求。相反，标准是无论提出的论点是否相关和（必要情况下，作为合理解释工作的结果）足够详细，可使得技术领域的人员对异议人明显依据的推理思路（在逻辑上）正确（有说服力）与否（错误）形成合理意见。

EPC细则第76（2）（c）条（EPC 1973细则第55（c）条）未要求仅以该完整的“事实、证据和论点的援引”为基础允许最终审查（参见**T 1069/96**）。同样地，对于异议的可接纳性，EPC也未要求说明异议的论点本身必须很有说服力，以便其可被接纳。考虑到证据是确定异议是否有充分的事实依据的一部分。根据EPC第101（1）条第一句（EPC 1973第101（1）条），只有在确定异议可接纳后，方能做到这一点（参见**T 234/86**，OJ 1989，79；**T 453/87**和**T 2/89**，OJ 1991，51）。因此，异议书中的虚假陈述并不影响其可接纳性。异议人诉状中的陈述不需要真实，异议部和专利权人只需要能够推敲这些陈述。他们可以查明引用文献有误或异议书中观点错误或引用文献无误且观点正确。

这只不过是案件的事实问题（参见 **T 534/98**）。在 **T 353/06** 中，委员会对事实和证据的确证性价值和未指明说明异议理由的事实和证据的情况进行了区分。其提出，证实指称的在先使用确实是公共的属于证明问题，对异议的可接纳性影响不大。

在 **T 426/08** 中，委员会审查了应诉人的论点：尽管无须提交证据，但应在异议期届满前予以指明，异议的可接纳性并不是仅仅根据异议书确定的，而是根据异议书以及异议截止期限前后提交的异议书中指明的证据确定的。处理该论点时，委员会对截止期限前后以及援引和证明中提交的证据进行了区分。

的确，审查可接纳性时，委员会可将截止期限前提交的证据视为援引（特别是具体化）的事实和/或证据。但是，对于可接纳性问题来说，该证据的内容是否真的可以作为事实的证明与其是不相关的。在任何情况下，如果存在异议人（虽无义务在截止期限前提交证据）在截止期限前提交的证据可能对其不利（例如，因为证据还没有定论）的可能性，这是不公平的。为审查可接纳性，委员会不能考虑异议期内已指明但直到截止期限过后才作为援引的事实或事实证明提交的证据。这可能与适用异议程序的 EPC 规定的措辞相违背。

2.3.3 各种案例

a）异议理由的充分证明

上诉委员会的几项决定非常详细地思考了何时审查异议的可接纳性，构成异议书中的充分证明是什么。

在 **T 134/88** 中，异议并未涉及提出的权利要求的所有方面，但仍满足 EPC 1973 细则第 55（c）条（EPC 细则第 76（2）（c）条）的要求。委员会总结道，就组合发明而言，如果针对指称的缺乏创造性的异议仅跟单个特征的评估有关，则异议通常不可接纳；可接纳的异议应将发明视为一个整体或至少应涉及其**必要**内容，以便一旦指明异议依据的事实，便可辨识促使专利所有人和评判机构基于宣称的异议理由作出唯一性判断，无须自行调查的情况（另见 **T 1279/05**、**T 114/07**）。

在 **T 185/88**（OJ 1990，451）中，委员会裁定，如果引用的说明缺乏创造性的唯一主张的唯一文件（在本案中，为德国专利说明书）实际在提交之日或优先权日期之后才公开，但只要其包含一份该文件在提交之日或优先权日期之前便为公众所知的参考文件（在本案中，为德国未核实申请或“公开说明书”），便可认为异议理由符合规定。

在 **T 406/92** 中，异议人在异议书中声称，D4 以书面形式记录了曾在会议上以口头方式陈述的内容。关于该会议的参考文件在 D4 的脚注中有所说明。

异议部驳回了异议。在决定中，其争辩道（但不限于），根据 EPC 1973 第 54（2）条（未发生变更）规定，与文件 D4 相应的谈话不能被视为属于现有技术，因为脚注显示该谈话与后来的公开相对应。委员会决定，公众对口头陈述的可接受程度取决于“方式”（谈话、讨论、无线电广播或电视节目等）以及“地点”（公众会议室、工业大厦等）。异议书给出了这方面的信息。上述会议的召开实际公开与否以及谈话内容是否确与 D4 的披露有关都不影响**异议的可接纳性**，但对根据实体法评估**异议的可接纳性**有着重大意义。基于这些原因，视为异议是可接纳的（参见 **T 786/95**）。

在 **T 533/94** 和 **T 534/94** 中，关于要求保护的发明的单个特征与异议书中现有技术文件的相关文章之间的关系已通过表格形式列出，但未明确指明为破坏发明的新颖性或构成显著性论点的依据指称了哪些特定声明。委员会认定，这不会影响异议书的可接纳性。委员会评述道，异议书是寄给不仅熟悉技术而且能够胜任新颖性和创造性审查的异议部和专利权人的。所以，根据委员会的判定，详细且详尽地讨论向该技术人员隐含的事件对于理解异议人的案件来说是不必要的，因此，并不是一项可接纳性要求（另见 **T 534/98**，其中，委员会认为，根据案例法中的普遍观点，异议的证明不需要关于一般常识的权利要求证明，除非权利要求受到另一方或 EPO 的质疑）。

在 **T 521/00** 中，委员会不得不评估根据 EPC 1973 第 100（b）条（未发生实质性变更）指称的不充分披露的异议理由是否在异议书中得到了证明。上诉人曾提到 **T 65/00**，在其中，上诉人声明，对于可接纳的异议，论点只要确立了存在争议的案情陈述即可，与异议人提出的论点是否提及了 EPC 1973 第 84 条或第 83 条规定无关。委员会承认，该声明涵盖了本案观点，但与其并不一致。根据委员会的观点，仅仅确立存在争议的观点并不符合 EPC 1973 细则第 55（c）条（EPC 细则第 76（2）（c）条）要求，该条要求递交为说明指称的异议理由援引的事实、证据和论点。鉴于扩大委员会已在 **G 9/91**（OJ 1993，408）和 **G 10/91**（OJ 1993，420）中强调了该条规定的重要性，所以，通过降低该条要求的不同方式削弱了该条规定。因此，委员会更倾向于遵守 **T 134/88**（见上文），在其中，委员会认定，对于不能归入异议理由的指称，应不作考虑。

在 **T 864/04** 中，应诉人提出了反对，认为证据并未构成 EPC 1973 第 54（1）条或第 56 条（未发生变更）规定的现有技术，而异议书仅依据了作为法律事项并不能支持驳回的证据，所以异议不可接纳。随后依据的相关证据的确认尚待调查，不能弥补该缺陷。在后来的提交文件中，应诉人解释道，由于缺少符合 **T 185/88** 规定意义的“相关在先公开的明确参考文件”和“一眼就能看出”，异议部将 D1a 视为在异议书中的“引用”是错误的（OJ 1990，451，见上文）。因此，根据应诉人所述，找出在专利申请前公开的申请对于他们来说属于不当负担。但委员会指出，引用的判例法 **T 185/88**，是在文件混淆（文件被错误地进行了引用，而非相应的未经审查应用文件）的情况下对 EPC 1973 第 99（1）条（未发生实质性变更）和 EPC 1973 细则第 55（c）条（EPC 细则第 76（2）（c）条）规定的适用。

很明显，本案关于 D1a 情况的事实完全不同，所以，没有发生同样的问题。评估文件 D1a 是否属于可合理辨识的证据的要点在于异议书中关于 D1 的表述是否足够明确，可促使读者（在本案中，是指专利权人）找出该文件的精确公开日期。委员会认为，事实的确如此，因为查找 D1a 的公开日期不涉及不当负担，D1a 是 D1 的本源专利。

上诉人（专利所有人）在 **T 1218/04** 中争辩道，异议书很明显不够充分，因为在其回复中，必须推测异议人可能的抨击思路。但委员会认定，这不是评估异议书是否具备 EPC 1973 细则第 55（c）条意义下的充分性的客观标准。在异议法律程序中，双方可自由选择其认为最好的行动方针。在本案中，专利所有人写了一份很长的回复回应异议书中提交较短的文件的事实本质上并不是这些提交文件不充分的证据。实际上，长回复可能被视为专利所有人通过探索异议人可能发动的所有抨击增强其辩解的意图。

b）异议理由的不充分证明

在 **T 448/89**（OJ 1992，361）中，上诉委员会遵循了决定 **T 222/85**（OJ 1988，128），并以异议不可接纳为由驳回了异议。委员会认为，如果作为对新颖性不利的部分被引用的文件描述了几个不同的主题，但未声明且不易辨识哪个主题涵盖了有争议权利要求的所有特征，视为其不满足 EPC 1973 细则第 55（c）条（EPC 细则第 76（2）（c）条）对支持待说明理由的事实和证据的要求。在该案中，缺乏创造性的异议并未指明事实、证据和论点。如果关于欧洲检索报告中引用的所有出版物的参考文献未声明且不易辨识哪份文件支持哪个论点，视为参考文献不充分。

委员会在 **T 545/91** 中根据判例法作出以异议不可接纳为由驳回了异议的决定，因为尽管所依据的提交文件包含 200 页内容，但异议书并未具体参考任何特定的文章。尽管异议人认为专家可以在索引中立即找到相关章节的观点正确，但委员会认为，进一步澄清是有必要的，因为该章节有 86 页长，且所包含的主题之间没有直接关系（参见 **T 204/91**）。

在 **T 550/88**（OJ 1992，117）决定中，上诉委员会考虑了**国家优先权**是否可以作为法律问题构成 EPC 1973 第 54（1）条和第 54（3）条（未发生实质性变更）规定的关于缺乏新颖性的理由的“事实或证据”。如果不能，则该事实和证据不支持被指称的异议理由，所以不满足EPC 1973细则第55（c）条（EPC细则第76（2）（c）条）的要求。在委员会看来，根据对EPC 1973第54（3）条的解释，国家优先权不包含在现有技术中，且仅根据公约在先提交的欧洲专利申请可被视为EPC 1973第54（3）条规定的现有技术。在本案中，上诉委员会裁定异议不可接纳，因为异议书中指明的唯一事实和证据参照的是国家优先权。

在**T 182/89**（OJ 1991，391）中，委员会认为，为确立不充分性，异议人**仅仅**“完全按所述”重复专利中的一个例子，未取得专利中陈述和宣称的确切描述结果的一个实例陈述很明显在原则上不足以免除举证责任。其实，如果异议书根据EPC 1973第100（b）条（未发生实质性变更）指称不充分性作为异议理由，并将该声明纳入其中，作为支持该理由援引的仅有的“事实、证据和论点”，那么，在委员会看来，这是视为异议书不可接纳从而驳回异议书的很好理由，因为异议书未包含充分的事实和证据，即使**随后证明**该事实和证据可以提供撤销专利的法律和事实理由。

同样地，在**T 511/02**中，上诉人（异议人）是否履行了EPC 1973第99（1）条（未发生实质性变更）和EPC 1973细则第55（c）条（EPC细则第76（2）（c）条）规定的证明义务这一问题被提出。委员会考虑了上诉人引用了装配说明书以及使用和安装说明书并指明其公开日期的异议书的内容。指出装配和安装说明书通常没有公开日期，只有编码或未编码的印刷日期，因此，并不是真正意义上的“公开”，而是通过与待装配或安装产品共同分配的方式提供给公众。因此，委员会认为，上诉人使用的术语“公开日”无论如何都是一种误导。同样地，本案中的引用文件也未指明是何时以及如何将引用的说明书提供给公众的。鉴于这项因素对于确立引用文件是否构成现有技术的一部分，从而确定事实上是否可以引用这些引用文件反对专利来说至关重要，相关事实和证据的引用文件不充分（另见**T 1271/06**）。

在**T 522/94**（OJ 1998，421）中，委员会通过附带意见的方式对可接纳性的重要性发表了意见。异议人陈述的事实不充分，异议部无法确定新颖性和创造性问题。委员会强调，异议的可接纳性是根据形式要求检查异议的重要因素；缺乏可接纳性时，案件实情不能通过“明显缺乏有效性的情况下，不能维持专利”这一理论来证实。如果事实、证据和论点不充分，就不存在该“明显观点”。不能通过过度强调依据职权原则和将确立案情的责任从异议人转移至异议部来规避关于可接纳性的要求。

2.3.4 异议中指称的公开在先使用

a）相关情况的充分证明

根据上诉扩大委员会在 **G 1/95**（OJ 1996，615）中的决定，指称的公开在先使用并不能构成 EPC 1973 第 100（a）条（未发生实质性变更）意义下的异议理由，而是为证实该理由而引用的一个事实（**T 190/05**）。

如上所述，如果 EPO 和其他方在无须自行调查事件的情况下能够理解权利要求，视为权利要求得到充分证明。因此，通常情况下，如果公开在先使用的指称已得到充分证明（可以很容易从中看出在先使用是如何发生的（在例如 **T 6/86**、**T 329/86** 和 **T 78/90** 中，事实并非如此），则委员会将仅考虑该公开在先使用的指称。如果异议人希望出于 EPC 1973 第 54（2）条目的将在先使用作为现有技术以及开展异议的实质审查的法律和事实框架的一部分，则异议书必须在异议期内指明可以确定在先使用的日期、使用内容和在先使用相关情况的所有事实。在 **T 538/89** 中，委员会强调，鉴于 EPC 1973 细则第 55（c）条（EPC 细则第 76（2）（c）条）仅要求指明证据，所以，可以在异议期届满后提交规定的证据（另见 **T 752/95**、**T 249/98**）。就随后的证人审查，证人的提名不构成证据的指明（另见 **T 28/93** 和 **T 988/93**）。

如果给出有关向公众提供的内容，提供内容的地点、时间、方式和人员的详情，视为公开在先使用得到充分证明（**T 328/87**，OJ 1992，701；**T 93/89**，OJ 1992，718；**T 1002/92**，OJ 1995，605 和 **T 212/97**）。指称的公开在先使用需在异议书中进行特定的实体化。但是，仍需区分审查异议的可接纳性与审查其实体上的是非曲直的区别。决定 **T 194/86**、**T 328/87**（OJ 1992，701）、**T 93/89**（OJ 1992，718）、**T 232/89**、**T 538/89**、**T 754/89**、**T 78/90**、**T 600/90**、**T 877/90**、**T 441/91**、**T 602/91**、**T 988/91**、**T 541/92** 和 **T 927/98** 认为，如要确定发明是否是通过在先使用提供给公众的，必须阐明以下情况：

（i）在先使用发生的时间；

（ii）通过在先使用公众可获得的内容；

（iii）使用行为的情况，即通过在先使用将主题提供给公众的地点、方式和人员。

确定该在先使用实际是公开的对可接纳性的影响不大（**T 1022/99**）。

委员会在 **T 241/99** 中需要解决的问题是，在声称出售是面向**小型封闭组客户群**的情况下，以“客户 X、Y、Z……”形式指明买方是否充分。委员会提到了判例法，根据判例法规定，不受保密义务约束的单一经证实的出售足以证实 EPC 第 54（2）条意义下已出售的物品可被公众获得（**T 482/89**，OJ 1992，646）。但是，在此情况下，在异议期内指明唯一买方的姓名和地址后，才能视为满足 EPC 1973 细则第 55（c）条（EPC 细则第 76（2）（c）条）的要求。因此，委员会不将计算机打印输出（客户代码清单）中的编码客户详情视为对客户身份的说明。委员会进一步认为，被传唤证实计算机打印输出正确性的两名证人仅可能说一些关于计算机打印输出产生情况的事情。由于为了法律确定性，必须能根据 9 个月异议期结束时提交的文件确定异议的可接纳性，为找出被传唤证人是否知晓可能成为公众可获得证据的出售情况，要求专利所有人和异议部首先听审该证人显得有点过分。因此，委员会以异议不可接纳为由驳回了异议。

关于指称的公开在先使用的证据评估的进一步详情，见第 6 章 H. 4. 3. 1 “证据法”。

b）EPO 自行审查

根据 EPC 1973 第 114 条（未变更）规定，EPO 负有就公开在先使用开展自行审查的有限义务。

在 **T 129/88**（OJ 1993，598）中，委员会指出，尽管上诉委员会有义务根据 EPC 1973 第 114（1）条（未发生变更）规定自行调查问题，但其无义务调查公开在先使用的指称，且当事方先前已从法律程序中撤回该指称，很难在没有当事方配合的情况下确立所有相关事实。原因在于，EPC 第 114（1）条赋予 EPO 自行审查的义务在其范围内并非是不受限制的，而是局限于合理性和权益性的考虑。因此，如果异议人撤回异议，指明其对异议结果不再感兴趣，尽管 EPO 有权出于程序经济依靠相关证人的居住国迫使其向 EPO 或缔约国法院提供证据，EPO 也不能再正式对问题展开进一步调查。

但是，如果相关在先使用经真实性无可非议的文件证实，或关于指称的公开在先使用的重要事实不存在争议，情况可能就有所不同了（参见 **T 830/90**，OJ 1994，713；**T 887/90**、**T 634/91**、**T 252/93** 和 **T 34/94**）。

2.4 审查可接纳性的程序方面

根据 EPC 细则第 77（1）条（EPC 1973 细则第 56（1）条）规定，如果异议部指出异议书不符合 EPC 细则第 150（1）条（EPC 1973 第 99（1）条，即关于（但不限于）提交异议书时限的规定）规定，异议部必须以异议书不可接纳为由驳回异议书。

在 **T 222/85**（OJ 1988，128）中，委员会声明，根据 EPC 1973 细则第 57（1）条（EPC 细则第 79（1）条）发出的指明异议的可接纳性的通信不是异议部的决定，且发送该通信不能阻止根据 EPC 1973 细则第 56（1）条（EPC 细则第 77（1）条）规定以不可接纳为由驳回异议书，例如，如果专利所有人在法律程序中质疑可接纳性（另见 **T 621/91**）。

在 **G 1/02**（OJ 2003，165）中，上诉扩大委员会审查了手续人员是否有权决定延期缴纳异议费和后果以及异议的不可接纳性。局长认为 **T 295/01**（OJ 2002，251）和 **T 1062/99** 之间存在分歧，要求上诉扩大委员会考虑 1999 年 4 月 28 日的通知第 4 点和第 6 点是否与更高一级的规定相冲突（OJ 2002，466）。在关于其决定的理由中，扩大委员会声明，根据 EPC 1973 细则第 9（3）条（EPC 细则第 11（3）条）规定，副局长 DG2 的通知有效，可据此授予手续人员和异议部不涉及任何技术或法律困难的审查职责。因此，其得出的结论是，1999 年 4 月 28 日的通知第 4 点和第 6 点与更高一级的规定不冲突。

一旦异议因不可接纳被驳回，应视为异议程序合法终止，不再开展实质审查。异议的不可接纳性（一旦得到最终确定）或上诉具有将欧洲专利转移至指定国的国家管辖区的效力，该管辖区此后有责任根据其本国立法评估专利有效性。因此，委员会得出结论，拒绝接纳异议以审查该异议的是非曲直的决定与上文提到的原则不符。关于以不可接纳为由驳回异议的决定中的实质性问题的评论无法律效力。但是，原则上，作为可能导致国家阶段内的法律不确定性且可能对所有人或异议人不利的程序缺陷，应避免该评论（**T 925/91**，OJ 1995，469；另见 **T 328/87**，OJ 1992，701）。

3. 异议的实质审查

3.1 基本原则

在 **G 9/91** 和 **G 10/91**（OJ 1993，408 和 420）中，扩大委员会认为，EPC 1973 细则第 55（c）条（EPC 细则第 76（2）（c）条）仅在被解释为具备（与其他规定共同）管辖异议的可接纳性以及同时确立开展异议的实质审查的法律和事实框架的**双功能**时才有效。

异议案件的**法律框架**由（i）对专利提出异议的范围，以及（ii）提出异议的理由全权界定；同时，异议案件的**事实框架**由异议书根据 EPC 1973 细则第 55（c）条规定引用和陈述的事实、证据和论点确定。所以，不言而喻，实际不受该事实、证据和论点支持的理由以及实际未受到异议的权利要求（不同于仅在异议书中被提及）不能构成异议的“法律和事实框架”（**T 737/92**）。必须对 EPC 1973 细则第 55（c）条的两项主要要求（对欧洲专利提出异议的问题和异议理由）进行区别。

3.2 异议的法律框架审查

3.2.1 异议范围

EPC细则第150（1）条（EPC 1973第99（1）条）规定（但不限于）“异议书应以理由充分的书面陈述形式提交”。EPC细则第76（2）（c）条（EPC 1973细则第55（c）条）要求异议书包含（但不限于）“一份明确对欧洲专利提出异议的理由充分的声明书”。异议法律程序构成了EPC的一般规则（欧洲专利被授予后不再属于EPO的管辖范围，而成为指定缔约国管辖范围内的专利）的例外情形。异议法律程序是一项特殊程序，凭借该程序，在有限的时间期限内，集中撤销欧洲专利的行为可交由EPO决定。

考虑到这一背景，委员会在**T 9/87**（OJ 1989，438）中认为，异议人根据EPC 1973细则第55（c）条规定作出的“对欧洲专利提出异议的问题”的声明和异议理由定义了异议所提出的问题，因此，属于EPO根据EPC 1973第101条（EPC第101条将EPC 1973第101（1）条和第101（2）条与第102（1）~（3）条进行了结合）规定审查欧洲专利的管辖范围。

有段时间，基于异议部或上诉委员会可根据EPC 1973第101条和第102条（现并入EPC细则第101条）规定审查专利的范围，对上诉委员会判例法进行了划分。一些委员会主张将审查限制在有争议的权利要求上（例如**T 9/87**，OJ 1989，438和**T 192/88**）。

其他委员会则更倾向于根据EPC第114（1）条（未发生变更）规定不受限制地审查异议理由和权利要求（例如**T 156/84**，OJ 1988，372；**T 266/87**、**T 197/88**，OJ 1989，412；**T 493/88**，OJ 1991，380和**T 392/89**）。

在**G 9/91**和**G 10/91**（OJ 1993，408和420）中，扩大委员会认为，如果后来可以将其他专利部分自由引入法律程序，则EPC 1973细则第55（c）条关于在EPC 1973第99（1）条（未发生实质性变更）规定的时限内指明对专利提出异议范围的要求可能变得没有意义。这也与公约中的授权后异议的基本概念相违背。因此，异议人未在其异议中列入的主题不是任何“异议”的主题，也不是EPC第114条和第115条（未发生实质性变更）意义下关于非异议主题的任何现有“法律程序”。所以，EPO根本无权处理（参见**T 443/93**）。

但是，对于从属于已进入异议或上诉程序的独立权利要求的权利要求书而言，即使其并未得到明确反对，但如果根据已获取的信息，其有效性存在疑问，可就可专利性对其进行审查。

T 376/90（OJ 1994，906）中，就**G 9/91**（OJ 1993，408）对上诉委员会惯例可能产生的影响进行了讨论。对于EPC 1973细则第56（1）条和EPC

1973 细则第 55（c）条（EPC 细则第 77（1）条和第 76（2）（c）条）关于异议书应包含一份明确对欧洲专利提出异议范围的声明书的要求，委员会继续采用公认的应以收件人能够理解声明书、考虑周边环境的方式解释声明书的原则（就这一点来说，参见 **T 1/88**，其中，委员会基于“客观解释价值”对模棱两可的程序行为进行了解释）。但是，委员会补充道，对专利提出异议时缺乏对其提出异议范围的明确声明书的，尽管将缺乏该声明书视为异议人意图就专利整体提出异议的说明属于一般惯例，但根据 **G 9/91**，继续采用该“自由”惯例的行为仍然是有问题的。的确，在对专利提出异议的范围值得严重怀疑的极端情况下，这可能导致异议因不可接纳而被驳回。但是，由于本案不存在上述值得严重质疑的情况，所以，该法律观点并未得到确定。

下文给出了委员会在该领域作出的一些具体决定。

在 **T 1019/92** 中，对整体撤销专利的明确请求被认定满足 EPC 1973 细则第 55（c）条（EPC 细则第 76（2）（c）条）的要求。委员会认为，在此情况下，如果异议人请求整体撤销专利，那么，未引用具体现有技术资料来反对从属权利要求的事实不能排除异议中的权利要求。

在 **T 1066/92** 中，（10 项）权利要求中的权利要求 3 ~ 5 受到异议的质疑。提出驳回这些权利要求的请求的理由是缺乏新颖性和创造性。异议部仅基于已授权的权利要求 1 和权利要求 2 以修改的形式维持专利。专利权人针对决定提起了上诉。委员会指出，异议人在异议时限内和异议部的法律程序后期都未明确请求将异议扩大至已授权的权利要求 6 ~ 10。异议人认为，EPC 1973 第 114（1）条（未发生变更）授予了异议部扩大异议的权力，特别是在不扩大异议可能导致明显不可授予专利的权利要求得到维持的情况下。委员会声明，根据 **G 9/91**（OJ 1993，408），异议部无权将异议扩大至已授权的权利要求 6 ~ 10，所以，其无权撤销这些权利要求。且不说委员会初步看来并不认为已授权的权利要求 6 ~ 10 的主题不可专利这一事实，异议人的意见也不受 **G 9/91** 支持。其进一步说明，扩大委员会的决定没有给 EPC 1973 细则第 55（c）条（第 10 点理由）规定超出陈述书范围的异议留下任何余地。委员会认为没有理由违背 **G 9/91** 中的结论，并认为，已授权的权利要求 6 ~ 10 应由异议部维持。因此，撤销非异议权利要求的决定属于越权，应被驳回。

在 **T 114/95** 中，应诉人（专利所有人）辩称，就已授权的独立权利要求 4 而言，上诉不可接纳，因为上诉人未根据 EPC 1973 第 100 条（未发生实质性变更）规定在其异议书中证实任何反对该权利要求主题的理由。委员会认为，如果异议人请求整体撤销专利，就足以在**至少一项专利的权利要求**满足 EPC 1973 细则第 55（c）条要求方面证实异议理由（参见 **T 926/93**，OJ 1997，

447；**T 1180/97**）。EPC 1973 细则第55（c）条并未提到权利要求，但要求异议书包含对专利提出异议的问题。同时，委员会也认定，EPC 未就允许异议被认为可接纳的异议人出于撤销专利目的说明和使用其他异议人提交的理由、证据和论点设定任何限制。因此，在本案中，上诉人获许依据未上诉的其他异议人针对授权的权利要求4提交缺乏创造性的文件。

3.2.2 异议理由的审查范围

EPO 的法律程序规定，欧洲专利申请和专利受当事方处分原则（ne ultra petita）约束。根据该原则，法律程序（除了一些例外情况）是基于请求和 EPC 第114（1）条（未发生变更）规定的**依据职权审查原则**（根据该原则，EPO 自行审查事实且不受双方论点或请求的限制）开始的（参见 **G 9/92**，OJ 1994，875；**G 4/93**，OJ 1994，875）。

但是，为了使 EPO 法律程序更清楚和促进法律程序，依据职权审查原则受到了一定限制，从而限制双方风险。该原则还受审查异议理由的约束，但与其说这属于权利问题，倒不如说这是持续应用程序原则的问题。在一审法律程序中，异议部应**仅**审查异议人在异议时限内提交并通过事实和证据合理说明的**那些异议理由**。超出此范围的理由仅在特殊条件适用的特殊情况下考虑（**G 10/91**，OJ 1993，420）。

在 **G 9/91**（OJ 1993，408）中，上诉扩大委员会考虑了异议部或上诉委员会有权裁定异议书未提出质疑的专利部分的可专利性的范围。其决定，仅在根据 EPC 1973 细则第55（c）条（EPC 细则第76（2）（c）条）规定提交的"明确对欧洲专利提出异议的问题的声明书"对专利提出质疑的情况下，异议法律程序未决。因此，声明书中未质疑的主题不属于 EPC 1973 第101条和第102条（EPC 第101条将 EPC 1973 第101（1）条和第101（2）条与第102（1）~（3）条进行了结合）意义下的"异议"主题或 EPC 1973 第114条和第115条（未发生实质性变更）意义下的"法律程序"。因此，异议部或上诉委员会只能在异议书中提出质疑的限度内对专利的撤销或维持作出裁决。

就此，扩大委员会提出了以下区别：对于对专利提出异议的范围来说，它属于异议部或上诉委员会处理无异议部分的正式权力问题，然而，关于异议理由的问题更倾向适用于对欧洲专利或其部分合理提出异议的情况的程序原则。扩大委员会未在 EPC 1973 第114（1）条（未发生变更）中找到任何**义务审查**根据 EPC 1973 细则第55（c）条（EPC 细则第76（2）（c）条）规定提交的声明书中未包含的异议理由的**法律依据**，其审查了该条内容是否真的授予了异议部或上诉委员会调查该理由的权力。其认为，异议部或上诉委员会无义务考虑 EPC 1973 第100条（未发生实质性变更）提到的超出根据 EPC 1973 细则第

55（c）条规定提交的声明书中涵盖的理由的异议理由。但是，异议部可根据 EPC 1973 第 114（1）条的规定例外地考虑其他初步看来可能对欧洲专利的维持产生影响的所有或部分异议理由。

为反映该判例法，EPC 第 101（1）条的措辞在修改文本中有所变化，其清楚地表明了异议部不一定有义务审查所有异议理由（“至少一个异议理由”）。

委员会对 EPC 第 114（1）条规定的调查权与 EPC 细则第 100（1）条（EPC 1973 细则第 66（1）条）规定的“加以必要的变更”共同解读是对委员会权力设定限制的司法上的公正。为允许在上诉中转移异议的法律和事实框架，独立于 EPC 的其他规定，特别是根据 EPC 细则第 100（1）条（EPC 1973 细则第 66（1）条）解读和错误地依赖 EPC 第 114（1）条（未发生变更）的措辞将违反 EPC 中包含和明示以及扩大委员会在判例法中解释的法律原则（例如参见 **T 737/92**）。

根据 **G 10/91** 中的决定，委员会认为，在 **T 274/95**（OJ 1997，99）中，如果异议书证实了异议理由，但异议部的法律程序并未维持该异议理由（在本案中，异议人在口头法律程序中作出了具有同等效力的声明书），异议部无义务进一步考虑该理由或在其决定中处理该理由，除非该理由具有充分的关联性，很可能对专利的维持造成损害。

在 **T 223/95** 中，上诉人争辩道，异议部应通过调查自行采取措施确立现有技术人员的知识水平。委员会评述道，该调查方法可能与 EPC 授权后异议法律程序的特性不一致，原则上，后者被视为应受到同等公平对待的、代表不同利益的双方之间的法律程序。委员会认为，假设异议部可以完全公正性地寻找、收集和筛选证据是不切实际的；审查部和异议部的功能有重要的区别。因此，向异议部递交说明提出异议的理由的事实、证据和论点是异议人自身的责任。

3.2.3　新的异议理由

a）基本原则

在 **G 1/95** 和 **G 7/95**（OJ 1996，615 和 626；合并的法律程序）中，上诉扩大委员会确定了 EPC 1973 第 100 条（未发生实质性变更）规定的“异议理由”的法律概念的含义。其指出，该规定的功能在 EPC 的框架内提供有限数量的法律依据，即异议可能依据有限数量的反对。扩大委员会评述道，一方面，EPC 1973 第 100 条提及的所有“异议理由”在公约中的其他条款中都有对应的规定。另一方面，鉴于 EPC 1973 第 100（b）条和第 100（c）条规定的各异议理由都与异议可以依据的单一法律依据相关，即分别得到授权前的不充分的披露或禁止修改，同样的异议理由不适用 EPC 1973 第100（a）条。EPC 1973 第100（a）条不仅提到了 EPC 1973 第52（1）条（经重写）规定的可取得专利的发明的一般定义、EPC 1973 第53条（经重写）规定的可专利性，而且提到了 EPC 1973 第52（2）~（4）条（经重写，第52（4）条被删除，并被并入第53（c）条中）和 EPC 1973 第54~57条（部分经重写，其他的未发生变更）规定的一些定义（“发明”“新颖性”“创造性”和“工业实用性”），该内容与 EPC 1973 第52（1）条的规定结合，定义了特定的要求，从而形成了独立的异议理由。

因此，综合来说，这些规定（EPC 1973 第52~57条）连同 EPC 1973 第100（a）条未构成对专利维持的单一反对，而是一批不同的反对或法律依据。对于在 EPC 1973 第100（a）条规定的框架内可接纳的异议来说，其必须至少以一项异议的法律依据（至少一项 EPC 1973 第52~57条阐明的异议理由）。

考虑到 EPC 1973 第114（1）条（未发生变更）在异议上诉程序中的合理应用，上诉扩大委员会还决定了用于 **G 10/91**（OJ 1993，420，理由第18点）时的“**新异议理由**”这一法律概念的含义。其认定，该术语应被解释为试图提出异议书未提出和证实且异议部未根据 **G 10/91**（理由第16点）阐明的原则引入法律程序的异议理由。

在 **G 1/95**（OJ 1996，615）中，扩大委员会决定，根据 EPC 1973 第100（a）条（未发生实质性变更）阐明的理由对专利提出异议，但只能以缺乏新颖性和创造性为由证明异议的，基于 EPC 1973 第52（1）条（未发生实质性变更）的不可专利主题的理由即为新异议理由，因此，未经专利权人同意，不能将该理由引入上诉法律程序（另见参考决定 **T 937/91**，OJ 1996，25）。

在 **G 7/95**（OJ 1996，626）中，扩大委员会决定，考虑到异议书中引用的文件，以权利要求缺乏创造性为由根据 EPC 1973 第100（a）条（未发生实质性变更）的规定对专利提出异议的，基于 EPC 1973 第52（1）条（未发生实质性变更）和第54条（经修改）规定提出的上述文件缺乏新颖性的理由属于新异议理由，因此，未经专利权人同意，不能将该理由引入上诉法律程序。但是，根据决定缺乏创造性的理由的情况，可考虑权利要求相对于最接近的现有技术文件缺乏新颖性的指称（另见参考决定 **T 514/92**，OJ 1996，270）。

b）个案

在 **T 135/01** 中，委员会持有的观点是，仅仅一方或异议部在异议程序中作出，对于现有技术而言权利要求主题属于新主题的意见陈述，并不意味着**缺乏新颖性**被用作**异议理由**。因此，创造性的判断通常开始于新颖性特征的确定，该特征暗示着一项关于权利要求主题是新主题的发现。将该新颖性的常规确定视为引入缺乏新颖性的异议理由，等同于将该异议理由归为缺乏创造性必然附随的异议理由，这与决定 **G 7/95**（OJ 1996，626）相违背。特别是，由于在异议程序中实质提出了确认缺乏新颖性的要求，本委员会认为法律程序一方或根据 EPC 1973 第 115 条（未发生实质性变更）规定递交意见陈述的第三方或异议部所提出的争议，视为权利要求主题相对于一些特定的现有技术而言，并不是新主题。

根据委员会在案件 **T 514/04** 中的裁定，首次针对权利要求 5 提出的关于产品制备流程的缺乏新颖性的异议不能被扩大到从该流程中得到的产品，包括权利要求 1 ~4 中提及的产品，因此，首次针对权利要求 1 ~4 向委员会提出的缺乏新颖性的异议属于新异议理由。

在 **T 928/93** 中，异议人指称，专利主题缺乏新颖性。该异议无效，因为尽管现有技术中的主题和要求保护的主题表现出了同样的效果，但其并不具备相同特征。根据始终如一的判例法，现有技术的披露并不包含现有技术所述主题的等同物。上诉人（异议人）在其对口头法律程序传票所作的回复中首次提出基于**缺乏创造性的异议**。考虑到扩大委员会在 **G 10/91**（OJ 1993，420）和 **G 7/95**（OJ 1996，626）中的决定，鉴于应诉人未作出同意，所以，不能将该新异议理由纳入考虑。

在 **T 131/01**（OJ 2003，115）中，以缺乏新颖性和创造性为由根据 EPC 1973 第 100（a）条（未发生实质性变更）规定对专利提出了异议，缺乏新颖性的理由根据 EPC 1973 细则第 55（c）条（EPC 细则第 76（2）（c）条）规定得到了证实。委员会认为，考虑到新颖性是确定发明是否具备创造性的先决条件且该先决条件被指称未得到满足，缺乏创造性的理由的具体证实是不必要的；而且通常来说，在不反驳所提交的支持缺乏新颖性的论证的情况下，缺乏创造性的理由的具体证实是不可能的。因此，缺乏创造性的反对并不是新异议理由，未经专利权人同意，不得在上诉程序中予以审查。

在 **T 635/06** 中，异议书指明，由于标准 EPO 形式的框架已被废弃，且异议书明确指明了两项理由，所以，以缺乏新颖性和创造性对涉案专利提出异议。在本案中，异议人通过对超出其针对新颖性提出的论点范围外的论点进行任何分析来证实缺乏创造性的理由是不可能的。因此，异议人的立场被限定为，披露的组合物和要求保护的主题的比较并未显示出任何区别特征，但是，这种情况对于创造性的详细反对来说是必要的。所以，委员会认为，缺乏创造性的理由得到了充分阐述，可在异议书中提出。

引入**修改的权利要求**情况下，还须考虑其他因素：**G 10/91**（OJ 1993，420）强调，必须严格根据 EPC 审查修改。因此，应诉人（异议人）根据 EPC

1973第100（b）条（未发生实质性变更）规定首次在上诉程序中针对修改的权利要求提出异议的，上诉人可以拒绝讨论新理由（**T 27/95**）。

在**T 922/94**中，委员会强调，EPC 1973第102（3）条与EPC 1973细则第66（1）条（EPC第101（3）（a）条以及EPC细则第82条和第100（1）条）授予了委员会考虑可能因最初提交权利要求书的修改引起的根据EPC辩护或未辩护的所有可能的反对的广泛权利。尽管关于EPC 1973第123（2）条（未发生实质性变更）要求的反对未在EPC 1973细则第55（c）条（现为EPC细则第76（2）（c）条）中得到明确辩护，但其构成了异议部的部分决定，委员会认为，EPC 1973第123（2）条规定的异议构成了上诉决定的法律框架的一部分，上诉人不能依据**G 10/91**作出不在上诉法律程序中接纳该理由的请求。

如果反对起因于授权前对权利要求所作的修改，且该反对未被作为EPC 1973第100（c）条下的异议理由根据EPC 1973细则第55（c）条规定首次提出，则在异议法律程序中修改权利要求的事实不允许异议人在未经专利权人同意的情况下根据EPC 1973第123（2）条规定在上诉阶段提出可接纳的异议（**T 693/98**）。

将权利要求书和经授权的说明书描述的特征引入独立权利要求不能被视为使得接纳EPC 1973第100（b）条为新异议理由合法的修改，EPC 1973第100（b）条要求，欧洲专利作为整体必须以充分清楚和完整的方式披露发明，以便现有技术领域的技术人员实施发明（**T 1053/05**）。

c）新异议理由的审查范围

i）在异议法律程序中

在**T 736/95**（OJ 2001，191）中，上诉人根据EPC 1973第100（c）条（未发生实质性变更）提到的理由未在异议书中提出。异议部决定不接纳新提交的理由，且未给双方任何其认为新理由不太相关的说明。随后出现的问题是，是否可以根据EPC 1973第114（1）条（未发生实质性变更）规定审查新理由。考虑到上诉扩大委员会在**G 10/91**（OJ 1993，420）和**G 1/95**（OJ 1996，615）中的决定以及EPO审查指南，委员会得出的结论是，一审部门至少须审查新理由是否具备关联性。一审法律程序的目的在于避免无效专利。因此，在本案中，以不可接纳为驳回理由前，异议部应首先根据EPC 1973第114（1）条规定审查根据EPC 1973第100（c）条提出的理由是否会对专利的维持产生影响。由于异议部并未开展上述审查，而是仅依据提交理由较晚的事实便拒绝接纳理由，因此，异议部剥夺了上诉人提出的理由的关联性及其可接纳性在上诉中被审查的机会。

在 **T 433/93** 中，委员会认为，在正常情况下，如果异议部决定在法律程序中引入除异议人在异议书中提出和证实的异议理由外的新异议理由，应该尽早在法律程序中以书面形式执行该操作。异议部向专利所有人发出的告知所有人其将新异议理由引入法律程序的书面通知应同时确保所有人不仅可从中获知新异议理由（异议的新法律依据），而且可从中获知法律和事实原因（其证明）可以有效证明新理由可能导致无效性和撤销的裁定，以便所有人被充分告知其必须面对的情况并有机会在回复中发表其意见。如果，在非常特殊的情况下，异议部首次在口头法律程序中决定，新异议理由应被引入法律程序，原则上，即使在口头法律程序中，异议部以书面形式告知所有人引入新理由和证实该新理由的法律和事实原因也是合适的。这种方式可以避免可能的误解，通知将成为案件的书面文件记录的一部分。

根据委员会的观点，在 **T 520/01** 中，理由在异议期得到证实，且提出理由的当事方未出席异议口头法律程序也未撤回理由的，异议部应处理理由，且其他上诉人可以在后继的上诉程序中接纳理由。

ii）在上诉程序中

经专利所有人同意后，方可考虑新的异议理由（**G 10/91**，OJ 1993，420）。

根据 **T 758/90**，从 **G 9/91** 或 **G 10/91** 中很难确定委员会是否仅在取得专利权人同意的情况下审查异议部基于异议人提交的文件加以考虑且随后被不同的异议人作为上诉人接纳的异议理由。但是，由于该问题与本案的决定无关，因此，并未得到解决。但是，在 **T 774/05** 中，委员会决定接纳首个异议人未在异议书中提及但被纳入上诉被认为不可接纳的异议人的异议书中的理由。委员会认为，从 EPC 1973 第 99（4）条（EPC 第 99（3）条，措辞未发生变更）的措辞可以得出，如果异议人不止一个，但仅有一项单一异议程序，上述内容同样适用于异议上诉程序。

T 986/04 进一步考虑了委员会在先前上诉程序中移交给异议部的上诉程序——**T 1116/97**。在其异议书和首次上诉程序中，异议人根据 EPC 1973 第 100（c）条（未发生实质性变更）规定提出了基于其他理由撤销专利的反对，异议部认为该项反对不合理。在移交后的异议程序中，任何当事方以及上诉决定都未提及根据 EPC 1973 第 100（c）条规定提出的理由。应诉人首次在后继的上诉程序中提及上述理由，上诉人反对引入该理由。委员会认为，只有在先前的异议法律程序已引入理由的情况下，才可考虑该理由——在决定 **G 9/91**（OJ 1993，408）中，上诉扩大委员会解释道，上诉程序的目的主要是给予败诉方一次基于实情质疑决定的机会。若理由未在继续的异议法律程序以及随后关于上诉决定的论证中得到重申，不得视为理由曾被纳入促成当前上诉程序的异议法律程序，因而，理由应为新的上诉理由。

委员会曾基于以下问题考虑了**G 10/91**（OJ 1993，420）的影响：如何继续异议部曾自行审查的异议理由；以及异议法律程序中提出异议理由，但出于某些原因，异议部未进行审查的，如何继续。

如果异议部**自行**审查了异议理由，则上诉委员会有权就此作出裁定（例如参见**T 309/92**、**T 931/91**）。在**T 1070/96**中，委员会认定，鉴于上诉程序的目的在于就一审决定的正确与否作出决定，所以，异议人提出具体反对或该特定异议人是否仍为法律程序当事方的问题与此毫不相干，但前提是，上诉决定对反对进行了处理。

但是，如果上诉决定未以实质性方式处理异议理由，则仅仅在上诉决定中参考EPC 1973第100（c）条（未发生实质性变更）并不意味着相应的异议理由被引入法律程序（**T 128/98**）。

T 986/93（OJ 1996，215）中，如果上诉委员会认为异议部就此行使的自由裁量权有误，上诉委员会有权考虑异议部根据EPC 1973第114（2）条（未发生实质性变更）规定**未理会**的延迟提交的**异议理由**。委员会将意见**G 10/91**大意解释为，“新的异议理由”是指上诉阶段前未提出的所有理由，而非上诉人在其争辩中所说的未根据EPC 1973细则第55（c）条（EPC细则第76（2）（c）条）规定在异议期内提交的理由或异议部根据EPC 1973第114（2）条规定认定不合格的理由。

在**T 274/95**（OJ 1997，99）中，委员会认为，对于经异议书证实但之后**未**向异议部**主张**的异议理由，如试图重新引入上诉程序，不应被视为意见**G 10/91**意义下的“新的异议理由”，所以，上诉委员会可行使其自由裁量权，在未经专利所有人同意的情况下重新将其引入上诉程序。

在**T 101/00**中，通过对比，就不充分披露提出的反对未在异议书中得到证实，因此，其不能在异议决定中得到处理。上诉人（异议人）在委员会的口头法律程序前未提出反对，仅在异议书的一段中提到该反对。委员会得出的结论是，反对应被视为新的异议理由，所以不能被考虑。EPO和专利权人都不能基于异议书客观且坚定地确定异议实际是以EPC 1973第100（b）条（未发生实质性变更）为基础的且不能确定支持反对的事实和证据是什么。

在**T 736/05**中，情况不同，除异议书中的“不充分披露”和关于被质疑决定的原因中的相关理由外，真正提出对不充分的披露的反对前，上诉程序曾两次提及该反对。委员会驳回了该反对。尽管被申诉决定包含“基于……不充分的披露……请求撤销专利”的措辞，但是，委员会基于以下内容得出的结论是，反对构成一项新的异议理由，仅在专利所有人/应诉人同意的情况下，才能考虑该反对：

（i）EPO 异议单 2300 用于提出异议，在该异议单中，仅缺乏新颖性和缺乏创造性被勾选为异议理由；

（ii）异议部根据 EPC 1973 第 100（b）条提出的反对毫无道理的裁定；以及

（iii）援引的判例法。

在 **T 520/01** 中，委员会声明，依据异议理由的唯一当事方未在异议口头法律程序中**明确提出**异议理由（在本案中，该理由不充分），**且**异议部未在其决定中处理该理由的，在上诉程序中该理由构成一项新理由，根据意见 **G 10/91**（OJ 1993，420），考虑该理由需经所有人同意。即使严格解读 **G 10/91** 的措辞，其仍不适用于初步得到充分证实的撤回理由，委员会认定，就 **G 10/91** 处理一审未审查但被（重新）引入上诉阶段的事件的一般方法而言，有必要考虑在本案中类似地应用上述意见。一个重要因素是可以随之发生的程序结果。一个很有可能的影响是，案件被移交一审部门，专利权人发现其处境与其在异议部的初始口头法律程序开始时的处境完全一样。委员会认为，该可能性并不符合意见 **G 10/91** 所表达的观点，即专利权人不应在法律程序的极晚阶段面临不可预见的复杂因素。该可能性将会对专利权人产生不当负担并产生滥用的机会（然而，另见 **T 1066/92**）。

委员会在 **T 798/05** 中的观点是，异议部至少应审查初步看来是否有明确理由相信新提出的不可再现性理由会影响专利的维持。异议部还应与当事方讨论该问题。但是，由于口头法律程序的记录和异议部的决定都没有提及任何该审查或讨论，所以，法律程序的开展构成了程序违法。委员会进一步说明，接纳根据 EPC 1973 第 114（2）条（未发生实质性变更）延迟提交的证据的条件与接纳延迟提交的理由的条件不同。此外，不能通过解释与决定不相关的其他情况的方式应用决定，且不能在没有任何理由说明的情况下实施决定。一审部门应通过当事方和委员会可以清楚地理解作出决定的依据的方式证实决定。

3.3 异议的事实框架的审查

在 **T 1002/92**（OJ 1995，605）中，委员会声明，异议期届满后考虑提交给异议部和上诉委员会的异议书未涵盖进一步异议理由的可接纳性时，扩大委员会有必要明确结合至少一项为说明该新理由而援引的**新的事实和证据**考虑该新理由的可接纳性。很明显，无论在异议期内还是届满后，仅仅一份未包含为说明新理由而援引的新的事实、证据和论点的新理由声明不可接纳。就延迟提交的新的事实、证据和论点连同新理由的可接纳性制定一项标准，并就为说明异议声明书中已经涵盖的异议理由而延迟提交的新的事实、证据和论点的可接纳性制定一项不同的标准是不合逻辑的。因此，委员会认为，扩大委员会在意见 **G 10/91**（OJ 1993，420）中制定的作为新的异议理由的潜在可接纳性的原则同样可适用于为说明异议声明书中已经涵盖的异议理由而延迟提交的新的事实、证据和论点的可接纳性。

同样地，修改的权利要求书被引入异议法律程序的，不应就异议人针对新权利要求书提交新引用文件和新论点提出反对（**T 623/93**）。异议部审查以此方式证实合理的新提交符合上诉扩大委员会决定 **G 9/91**（OJ 1993，408，理由第19点）。

在 **T 154/95** 中，委员会裁定，在异议或上诉程序中，从根本上说，异议人如何发现提供给公众的文件或其他证据并不重要。所以，异议人可以引用异议被认为不可接纳的其他异议人在同一案件中援用的在先使用，因为该在先使用在异议期届满后已被提交。

4. 异议法律程序中的修改

4.1 可接纳性

4.1.1 基本原则

一旦发出授权决定，欧洲审查程序即终止；在不对结果作任何进一步修改的情况下，根据 EPC 细则第140条（EPC 1973 细则第89条）所作修正除外，结果对申请人和 EPO 具有约束力。但是，如果任意方提出异议，涉案专利可能会被修改。尽管，由于法律程序不是审查法律程序的延续，专利所有人不能经自行酌情考虑作出该修改，但其仍有权根据 EPC 细则第80条（EPC 1973 细则第57a条）规定——在不损害 EPC 细则第138条（EPC 1973 细则第87条）规定的情况下——通过修改说明书、权利要求书和附图的方式回应异议人提出的异议，但前提是，修改应源于 EPC 第100条（未发生实质性变更）指明的异议理由，即使异议人未援引个别理由。新规定同样适用于截至当日未决的所有法律程序。EPC 细则第80条规定作为特别法适用于异议法律程序中的修改。

异议法律程序中的任何修改应源于 EPC 1973 第100条（未发生实质性变更）指明的异议理由。但是，异议人实际援引的本案异议理由是不必要的。举例来说，在以不可专利性为由提出的可接纳的异议法律程序中，专利所有人同样可递交修改，以移除增加的主题（指南 D-IV，5.3-旧版）。在异议法律程序中，专利所有人同样可以提交一组或多组替代权利要求，根据该等替代方案，异议部可作出以修改的形式维持专利的决定，并以优先次序列出这些权利要求（EPO 第 15/05 号法律建议（第 2 版，修改版），OJ 2005，357）。

在 **T 1149/97**（OJ 2000，259）中，委员会认为，相关 EPC 规定可被视为反映了与异议阶段相关的程序中止效应的形式方面。在此阶段的专利授权不构成一般的分界点，在该分界点，必须以修改的方式保护专利，但修改仅作为对实际或可能的异议理由或早期国家权利冲突的回应时方可被接纳。所以，遵从 EPC 细则第 57a 条和第 87 条设定的限制是在异议法律程序中对授权后修改的可能的实质性中止效应作出任何进一步考虑的先决条件。在委员会看来，该**实质性**中止效应只能以 EPC 第 123（3）条规定为基础（另见第 3 章 B 节，“修改”）。

在 **T 323/05** 中，委员会声明，EPC 1973 细则第 57a 条（EPC 细则第 80 条）就可能对涉案专利作出的修改设定了一项限制，即修改必须源于 EPC 1973 第 100 条（未发生实质性变更）指明的异议理由，即使异议人未援引个别理由。EPC 第 84 条（未发生变更）和 EPC 1973 细则第 57a 条是在异议部要求专利所有人修改说明书时给予专利所有人指导的两项规定。换言之，修改必须适当和必要，仅此而已。

源于 EPC 第 100 条指明的异议理由未包含的**国家优先权**的修改在异议法律程序中同样可接纳。作为 EPC 1973 的总则，EPC 细则第 138 条（EPC 1973 细则第 87 条）的说明同样适用于异议法律程序，并将上述内容表达得一清二楚（先前惯例，参见 **T 550/88**，OJ 1992，117）。

同时，该项内容在 **T 15/01**（OJ 2006，153）中也得到了委员会的确认。在此情况下，上诉人以由于西班牙和希腊在 EPC 1973 第 167（2）（a）条（现已被删除）下提出的保留在提交申请当日仍然有效，一些授权的权利要求在这两个缔约国可能无效为由证明了向西班牙和希腊提交分开的权利要求合理。委员会认为，尽管 EPC 1973 未明确规定申请人或所有人希望考虑 EPC 缔约国在 EPC 1973 第 167（2）（a）条下提出的保留的相应情况，但其自一开始接受向该缔约国提交的分开的成组权利要求时便已经是 EPO 的既定惯例。该惯例在 **G 7/93**（OJ 1994，775）中也得到了上诉扩大委员会的确认。在 **G 7/93**（OJ 1994，775）中，上诉扩大委员会将该情况视为例外情况。在此情况下，在审查程序极晚阶段进行修改是合适的。技术委员会进一步明确表示，EPC 1973 细则第 57a 条（EPC 细则第 80 条）的一般目的在于为克服针对欧洲专利的有效性提出的异议作出修改的情况下允许修改。根据 EPC 1973 细则第 87 条（EPC 细则第 138 条）说明，在 EPO 的集中异议程序的框架内，如果专利权人想要克服仅在特定缔约国存在的可能的无效性理由，同样允许修改。为缔约国制定分开的成组权利要求并未违反 EPC 1973 细则第 57a 条规定，因为根据缔约国在 EPC 1973 第 167（2）（a）条下提出的保留，经授权的特定产品权利要求可能被视为无效或失效。

由于 EPC 未规定在异议法律程序中放弃专利，所以，即使专利所有人出具大意为放弃专利的明确声明，其仍不能在该法律程序中放弃全部或部分专利，只能要求修改专利。请求**以限制形式维持专利**时，专利所有人仅是试图划定专利界限，以迎合 EPO 或异议人提出的反对，不能凭借该限制不可撤销地放弃要求受限制请求未涵盖的对象。原则上，专利所有人可在异议法律程序中随时撤回该请求或随后对其作出修改，特别是，继续为已授权专利进行辩护，除非上述行为可能构成滥用程序法或禁止不利变更原则禁止所有人实施上述行为。这是既定判例法（见 **T 123/85**，OJ 1989，336；**T 296/87**，OJ 1990，195；**T 155/88**；**T 225/88**；**T 217/90**；**T 715/92**；**T 752/93**；**T 1037/96**；**T 445/97**；**T 473/99**；**T 880/01**；**T 794/02**；**T 934/02**；**T 1213/05**；**T 1394/05**）。

根据 **T 123/85**（OJ 1989，336）中的判例法，在异议法律程序中仅为其专利的限制版本进行辩护的专利所有人在任何后续上诉程序中寻求恢复已授权专利的行为不受任何限制。但是，该情况受 **G 9/92** 和 **G 4/93** 规定的条件的约束（OJ 1994，875；因此 **T 369/91**（OJ 1993，561）中采取的立场已过时）。

4.1.2 修改的申请日

EPC 细则第 80 条（EPC 1973 细则第 57a 条）解决的只是所有人修改专利的权利的实体方面，未指明允许修改的截止时间；现有实践做法不变。该权利限制符合异议法律程序的目的和宗旨，而未考虑像 EPC 细则第 137（3）条（EPC 1973 细则第 86（3）条）这样的自由裁量规定的需要（参见 EPO 于 1995 年 6 月 1 日发出的关于修改 EPC 1973、实施细则和收费规则的通知，OJ 1995，409）。

如前所述，上诉委员会已特别从 EPC 细则第 79（1）条（EPC 1973 细则第 57（1）条）得出所有人无权使修改在异议法律程序中的任何阶段均可被接纳的原则。经异议部或上诉委员会自由裁量，如果修改既不合适也不必要，其可拒绝修改。尤其是，如果延迟提交的修改不是为了很好地克服反对，其可拒绝修改。一般来说，回答修改是否合适这一问题时应以修改内容为基础，即修改已被实际递交后。如果很明显专利所有人在多次修改失败后不再认真地尝试克服反对，而仅仅是使法律程序延期，则任何进一步修改均可被拒绝（**T 132/92**）。

延迟提交（陈词前或陈词时）的权利要求在异议法律程序受到的约束与上诉程序中的约束相同。在 **T 648/96** 中，在异议部的口头法律程序中请求的修改只是对已提出的论点的回应。委员会称，如果所提交的（特别是在口头法律程序中提交的）文件（包括权利要求）是对裁判部门或异议人的反对作出回应，或明显是可准许的，则 EPO 决定部门享有考虑这些文件的自由裁量权。但是，在法律程序中应避免不合理延期。

在 **T 382/97** 中，上诉人（专利权人）仅在口头法律程序开始时提出了三项附属请求。上诉人试图通过引用 EPC 1973 细则第 57a 条（EPC 细则第 80 条）的规定为自己忽略异议部根据 EPC 1973 细则第 71a 条（EPC 细则第 116 条）所设定的时限的行为辩解，其宣称 EPC 1973 细则第 57a 条（EPC 细则第 80 条）“是异议法律程序中关于修改的特别规定”且未“指明允许修改的截止时间”。委员会同意，EPC 1973 细则第 57a 条明确确立了专利所有人根据该条规定的标准修改其专利的权利。但是，委员会不认可上诉人的下述论点，即 EPC 1973 细则第 57a 条未作时限规定的情况赋予了专利所有人在无正当理由的情况下随时（在口头法律程序中）递交其专利修改的权利。委员会判定，EPC 1973 细则第 57a 条和第 71a 条共同规制专利所有人向异议部提交专利修改的程序条件，当然，该修改应满足 EPC 1973 第 123（2）条和第 123（3）条（实质内容未变）规定：EPC 1973 细则第 57a 条设立了修改的法律依据，EPC 1973 细则第 71a 条规定修改的截止时间。委员会就此强调，如果延迟递交修改有正当理由，则可以接纳未在 EPC 1973 细则第 71a 条规定的时限内递交的修改。最后，委员会指出，专利所有人依据 EPC 1973 细则第 57a 规定享有的修改其专利的权利并不等同于其当然享有提交附加的附属请求的权利。任何修改均须以最适宜的方式进行，该方式由异议部合理考虑所有当事方的利益后确定。

在 **T 463/95** 中，异议部驳回了以修改的形式维持欧洲专利的主请求，原因在于权利要求 29 在口头法律程序前一周才提交，且其主题与现有技术相比不具有创造性，很明显，这是不可接纳的。委员会指出，异议部在其异议程序中行使了关于修改请求的自由裁量权；并表示，由于异议人很熟悉主题，如果将被异议的已授权权利要求中的特征进行组合形成了新的或经修改的独立权利要求，可以合理预期会考虑该新的或经修改的独立权利要求。委员会进一步指出，上诉人（专利所有人）表示，其在后期才意识到可能的侵权，且其应在已授权的权利要求范围内为其法定权益辩护。委员会得出的结论是，在此情况下，异议部应请求当事方就权利要求 29 发表意见。仅在权利要求 29 的主题有本质区别时，异议部才可以基于明显不符合规定以不可接纳为由予以驳回。但是，在本案中，专利权人是尽可能在已授权的权利要求 1 被驳回后的正常补救框架内行事。

4.1.3 提交经修改的权利要求

上诉委员会制定的处理修改异议专利的原则同样适用于在异议或后续上诉程序中提交的附加的从属或独立权利要求。

a）从属权利要求（子权利要求）的提交

增加与任何授权的权利要求不对应的新从属权利要求对于克服异议理由来说是不合适或不必要的，因此，是不被允许的（例如参见 **T 794/94**、**T 674/96**、**T 24/96**）。正如 **T 829/93** 和 **T 317/90** 解释的那样，独立权利要求的增加不是对要求保护的主题不可获得专利这一反对的回应，因为其既没有限制也没有修改相关独立权利要求中要求保护的主题。如果相关独立权利要求最终被驳回，那么，从属权利要求可以作为一个重要安全保障这一事实并不能证明在异议法律程序中向剩余的较广泛的独立权利要求中增加从属权利要求是合理的。

在 **T 711/04** 中，委员会认为，**G 9/91**（OJ 1993，408）中的决定没有回答专利所有人可在异议或上诉程序中对权利要求作出怎样的修改这一问题。其仅仅制定了对本案专利进行实质审查的法律和事实框架。根据这些原则，由于非异议权利要求的主题并不是EPC第101条和第102条（EPC第101条将EPC 1973第101（1）条和第101（2）条与第102（1）条至第102（3）条进行了结合；EPC细则第82条）所指“异议”的标的或EPC第114条和第115条（实质内容未变）所指“法律程序”的标的，所以，即使专利所有人也不能提议修改。但是，上诉扩大委员会还认定，如果特定异议范围外的唯一主题是应被视为暗含的从属权利要求，该基本原则不能直接适用（见理由第11点）。委员会认定，与主权利要求合并并作为新权利要求提出的子权利要求必须对其形式和实体进行审查，以确定该权利要求的组合是否扩大了所寻求的保护，才能作为子权利要求例外情况取得合理性的事实依据。还表明，在本案中，**G 9/91** 决定中的理论性法律构想即EPC第114条或第115条（实质内容未变）未规定任何法律程序，是站不住脚的。希望将专利限定为非异议的从属权利要求的主题的专利所有人须将该从属权利要求与相应的主权利要求结合起来。因此不可避免地，非异议的从属权利要求得到修改，即使修改可能仅仅是技术性细节。

b）独立权利要求的提交

原则上，上述判例法同样可适用于为回应异议理由而提交新独立权利要求的情况。

在 **T 610/95** 中，上诉人未提供理由充分的论点证明是异议理由迫使其提交了独立权利要求5。委员会引用了 **G 1/84**（OJ 1985，299），**G 1/84**（OJ 1985，299）已明确指出，异议程序不是审查程序的扩展，不能作为审查程序的扩展滥用异议程序。委员会的观点是，如果认为可接纳在异议法律程序中，同时通过纳入附加的新独立权利要求（该请求在已授权专利中没有对应部分，所以，不是审查程序中的实质审查的主题且因其在已授权专利中不存在而使得无法受到异议的）的方式修改已授权专利的文本同时维持受到异议的唯一的独立权利要求，将违背 **G 1/84** 中阐明的原则。

在 **T 223/97** 中，委员会确认，在异议法律程序中增加一项或多项独立权利要求但维持本案主权利要求不能被视为迎合针对其提出的异议理由设定的主权利要求的一项限制。因此，仅仅在已授权的权利要求中增加新权利要求是不可接纳的，因为该修改不能说是为了迎合异议理由。所以，该新权利要求是不可接纳的，即使其满足 EPC 第 123（2）条和第 123（3）条（实质内容未变）的双重条件。然而，以多项（例如两项，每项独立权利要求都对应获授权的独立权利要求涵盖的对应的特定实施例）获授权的独立权利要求替代一项获授权的独立权利要求是可接纳的，但前提是该替代是由 EPC 第 100 条规定的异议理由引发的。

根据上述决定，委员会在 **T 181/02** 中认为，只有在特殊情况下，异议理由才会引发两项或多项独立权利要求替代获授权的单一独立权利要求的情况，举例来说，授权的独立权利要求包含两个特定实施例。如果两项授权的独立权利要求（例如，权利要求 2 和权利要求 3）与单一独立权利要求（权利要求 1）平行关联，上述情况同样可能发生。那么，提交两项独立权利要求（例如包括权利要求 1 和权利要求 2 以及 1 和权利要求 3 的特征）是有可能的（此外，减少了权利要求的数量）。

但是，在本案中，委员会认为，其没理由要求用两项独立权利要求去克服基于 EPC 第 100 条（实质内容未变）提出的一项反对。通常，对于专利权人来说，仅对授权的权利要求作出一次修改（为授权的单一独立权利要求增加一个或多个特征）便可维持一项单一独立权利要求。通常情况下，为避免撤销专利而基于未修改或已修改的授权的单一独立权利要求增加第二项独立权利要求是不必要的。此外，增加第二项独立权利要求并不能对避免撤销起到任何帮助作用（参见 **T 610/95**）。

委员会在 **T 263/05**（OJ 2008，329）中引用了上述判例法，并补充道，如果对包含单一独立权利要求的授权的专利进行修改，借此引入多项独立权利要求是对异议理由的必要和适当回应，EPC 细则第 57a 条（EPC 细则第 80 条）不会禁止该修改。审查修改时，委员会无须决定，异议理由是否可能引发仅在“特殊情况下”才可能发生的两项或多项独立权利要求替代获授权的单一独立权利要求的情况。但是，在每一个个案中，其都会被问到提议的修改是否是为避免撤销专利而设定的适当和必要回应并应视该修改是由异议理由引发的这一问题。在本案中，委员会认定，其源自受抨击的权利要求与其他授权的权利要求的组合，通常，这种修改形式是最合适也是最不容易引发麻烦的一种形式。

考虑到专利所有人不能再提交分案申请，委员会认为，专利所有人不能在放弃属于缺乏新颖性抨击目标的受保护主题的情况下提出一组修改后的从属权利要求。

在 **T 937/00** 中，关于在此情况下提交多项独立权利要求以回应异议、后续修改的可接纳性以及异议程序的开展，委员会作出了评述。作为对异议的回应，专利权人提交了两套不同的权利要求，分别包含 18 项和 21 项独立权利要求。委员会引用了 **G 1/91**（OJ 1992，253），根据 **G 1/91**（OJ 1992，253），发明的单一性并不属于欧洲专利必须满足的要求。委员会也认为，不反对专利权人为回应异议修改其权利要求，以便权利要求在给定类别的单一一般权利要求不能维持时，包含对应该要求最初涵盖的不同主题的多项独立权利要求。

但是，委员会指出，在本案中，针对不同的发明提交多项独立权利要求可能使得异议程序过度复杂或延期，尤其是在该提交伴随一些进一步修改的情况下。事实上，如果后续修改的提出采用的是逐个方式而非另一方提出反对时就处理所有反对的方式，如果很显然修改将引发新的问题，特别是如果其引入非起因于授权版本中任何权利要求组合的新权利要求或其引入最初提交的申请文件没有明确支持的特征，高效并尽可能完整地审查异议是不可能的。在本案中，考虑到在异议阶段引入的异常多数量的独立权利要求以及授权专利依据了不少于 14 项优先权申请这一事实，且从上诉人自身的一项先前专利申请来看，仅有的两项一般性的获授权的独立权利要求的主题缺乏新颖性，异议部拒绝接纳后续修改的行为在此情况下看起来并不是过度不公平的。

c）EPC 细则第 43（2）条（EPC 1973 细则第 29（2）条）在异议法律程序中的适用

EPC 1973 细则第 29（2）条被重新编号为 EPC 细则第 43（2）条，但其实质内容并未被修改。该条规定，欧洲专利申请不能包含一项以上的同一种类的独立权利要求，除非其涉及：（1）多个相互联系的产品；（2）产品或装置的不同使用方法；或（3）通过单一权利要求涵盖特殊问题的替代方案不合适时，特殊问题的替代方案。

根据委员会在 **T 1416/04** 中的观点，如果修改后的独立权利要求源于先前权利要求的删除，则为提供对包含唯一一项独立产品权利要求授权的权利要求所作的修改，包含多项独立产品权利要求的请求根据 EPC 1973 细则第 57a 条（EPC 细则第 80 条）是准许的。

就权利要求的形式而言，在本案中，委员会并不认为其与决定 EPC 1973 细则第 29（2）条规定是否适用异议有关：即使 EPC 1973 第 29（2）条应被视为适用，授权的权利要求中的主题也不能适当地被一项独立权利要求涵盖，以便该条要求以任何方式得到满足。如果 EPC 1973 第 29（2）条被视为不适用异议，凭借其与欧洲专利申请有关但与授权的专利无关的措辞，在本条下应该不存在针对权利要求形式的反对。

在 **T 1/05** 中，委员会未将以方法限定产品的权利要求的引入视为因异议理由引发的修改。该权利要求的提交表明，这些修改不是为了引导异议理由的处理，而是试图弥补出于处理该理由的目的而作出的修改（产品权利要求的删除）的效力。

EPC 1973 细则第 29（2）条（EPC 细则第 43（2）条）在法律程序中的范围和潜在适用性在 **T 263/05**（OJ 2008，329）中得到了详尽的论述。根据 **G 1/91**（OJ 1992，253），委员会认为，在本案中，要求修改的权利要求满足 EPC 1973 细则第 29（2）条要求是否仍然合理这一问题必须得到确定。考虑到该条的目的和立法记录，委员会得出如下结论，该条内容并非全面适用于异议法律程序中的所有修改。如果其适用，那么，作出任何引入非单一的权利要求的修改（考虑到专利所有人不能再提交分案申请，不但在异议法律程序中可允许，而且是明确合适的内容）是不允许的。得出的结论是 EPC 1973 细则第 29（2）条规定全面适用于异议法律程序将削弱 **G 1/91** 中的决定。要求经修改的权利要求满足 EPC 1973 细则第 29（2）条的规定是不合理的，不得为了禁止修改授权的专利而在异议法律程序中应用该条规定。本案的情况是 EPC 1973 细则第 29（2）条可能迫使专利所有人放弃已包含在授权的权利要求中的潜在有效主题。委员会不能在异议法律程序中设想应用 EPC 1973 细则第 29（2）条的任何情况，在考虑到异议理由的情况下，一旦确定对权利要求的修改是必要且合适的，那么，不可避免地，强行要求修改应满足 EPC 1973 细则第 29（2）条这一纯粹行政性规定的附加要求就会变得不合理。

4.1.4 意图弥补缺乏清楚性的修改

对权利要求的清楚性提出的任何反对或任何后续的修改请求仅在其可以影响 EPC 第 100 条（实质内容未变）规定的争议决定或作为该争议的结果导致主题被修改时才与异议法律程序相关。这是委员会在 **T 127/85**（OJ 1989，271）中的观点。其随后补充道，如果专利所有人仅获许通过非异议理由所必需的修改方式整理和改进其披露，即使该修改符合 EPC 1973 第 123 条（实质内容未变）的规定，仍然属于滥用异议法律程序。

对于旨在澄清权利要求或说明书中的歧义而在异议法律程序中所作的修

改，该规定同样适用。

根据EPC细则第81（3）条（EPC 1973第58（2）条），限制考虑修改意在加速异议法律程序，使异议法律程序简单化（例如参见**T 406/86**，OJ 1989，302；另见**T 24/88**、**T 324/89**和**T 50/90**）。

关于这一点，委员会在**T 23/86**（OJ 1987，316）中指出，EPC 1973第84条（未发生变更）是一项关于申请的EPC要求，即无论专利所有人是否作出任何修改，根据EPC 1973第102（3）条（EPC第101（3）（a）条和EPC细则第82条）提出的申请均应在异议法律程序中得到考虑。但是，EPC 1973第84条本身不属于EPC 1973第100条（实质内容未改动）规定的一项异议理由——异议不能以专利权利要求缺乏EPC 1973第84条规定的清楚性为依据。在**T 792/95**中，另一委员会确认了在异议法律程序和后续上诉程序中仅根据EPC 1973第100规定的异议理由认为必要的情况下可以作出修改这一原则；就此，其引用了**G 1/84**（OJ 1985，299），根据**G 1/84**（OJ 1985，299），异议法律程序不是审查程序的扩展，不能作为审查程序的扩展（延续）滥用异议程序。

在**T 113/86**中，上诉委员会根据这一原则裁定，如果修改前后对专利说明书作出不同解释的可能性较小，则考虑到异议人根据EPC 1973第100条或委员会根据EPC 1973第114条（未发生变更）援用的异议理由，专利所有人提出的修改不可接纳。由于为澄清授权的权利要求所作的修改，专利授权的保护实际上也可以得到延伸，权利要求可以得到比法院根据EPC 1973第69条（实质内容未变）对其所作的解释更加广泛的解释。但是，委员会认为，如果权利要求和说明书的不一致源于一个错误，则消除该不一致是允许的，前提是，整体考虑专利说明书，该错误对于技术人员来说如此明显以至于相关第三方可以预期修改的权利要求授权的保护范围。在这种情况下，请求修正错误并不代表滥用异议法律程序。此外，消除不一致是为了法律确定性。

但是，如果缺陷源于说明书和权利要求的不一致，则根据EPC第83条（未发生变更）要求（而非EPC第84条要求），可以针对发明的披露缺乏清楚性提出反对，且可以在异议法律程序中考虑发明的披露缺乏清楚性（例如参见**T 175/86**）。

在**T 565/89**中，委员会认为，根据EPC 1973第102（1）条和EPC 1973细则第66（1）条（EPC第101（2）条第一句和EPC细则第100（1）条），异议上诉程序中，权利要求的清楚性是不相关的，因为这不属于EPC 1973第100条（实质内容未变）规定的一项异议理由，所以，委员会拒绝接受针对本案权利要求的清楚性提出的反对。但是，判定权利要求的可专利性意味着密切关注其内容且根据 EPC 1973 第 69（1）条（实质内容未变）规定，使用说明书和附图对其作出解释。（但不限于）**T 89/89** 和 **T 62/88** 遵从了该原则。在 **T 16/87**（OJ 1992，212）中，专利权人和异议人不同意权利要求中一个术语的解释，但是委员会也已明确指出，需客观地确定权利要求的含义以评估其主题的新颖性和创造性时，EPC 1973 第 69（1）条同样适用于异议法律程序。

在 **T 64/85** 中，在异议法律程序中，专利所有人首次修改了其权利要求 1，随后作为其主请求，其要求维持经授权的专利。异议人认为，专利所有人通过修改放弃了特定主题。鉴于异议人和公众有权相信该主题不再受保护，该放弃不可撤销。但是，委员会认为，在此情况下作出的修改不影响说明书或附图中的任何实施例，所以，其并未明确限定最初寻求的保护，而是澄清了已明确包含在说明书中的特征（**J 15/85** 决定不适用这种情况）。委员会还认为，在异议部对可专利性作出评论前提交的修改不是决定性的（另见 **T 168/99**）。

在 **T 684/02** 中，委员会考虑了为避免专利说明书中的不一致而在审查程序中被删除的主题是否可以在后续法律程序的异议中得到恢复这一问题。根据 **T 1149/97**（OJ 2000，259）和 **T 37/99** 中的判例法，委员会得出结论，根据 EPC 1973 第 123（3）条（实质内容未变）的规定，为避免专利说明书中的不一致，已根据 EPC 1973 第 84 条（未发生变更）和第 69 条（实质内容未变）删除或指明不再与授权前发明相关的主题的恢复通常是不可接纳的。基于上述决定中阐明的理由和注意事项，委员会表示，根据 EPC 1973 第 123（3）条规定，从授权前的专利申请中删除并在本案中得到考虑的特定细节不能恢复。

4.2 修改的实质审查

在专利权人请求作出符合 EPC 1973 第 123 条（实质内容未变）规定的修改的所有情况下，EPC 1973 第 102（3）条（EPC 第 101（3）（a）条和 EPC 细则第 82 条）赋予异议部和上诉委员会管辖权以及根据 EPC 整体要求判定经修改的专利的权力（**T 472/88**）。因此，该管辖权比 EPC 1973 第 102（1）条和第 102（2）条（现均为 EPC 第 101（2）条）授予的管辖权宽泛，即明确将管辖权限定于 EPC 1973 第 100 条（实质内容未变）提及的异议理由。对专利作出实质性修改时，两裁判部门均有权处理因该修改引发的理由和问题，即使该修改并非（且不能）由异议人根据 EPC 1973 细则第 55（c）条（EPC 细则第 76（2）（c）条）明确提出（**T 227/88**，OJ 1990，292；见 **G 9/91**，OJ 1993，408；**T 472/88** 和 **T 922/94**）。

根据 **T 227/88** 中的决定，委员会在 **T 301/87**（OJ 1990，335）中补充道，在异议中对专利作出修改时，应根据 EPC 1973 第 102（3）条规定对修改进行审查，以确定修改是否违背EPC 1973（包括EPC 1973第84条）的规定。但是，EPC 1973第102（3）条不允许在反对非起源于修改的情况下基于EPC 1973第84条提出反对。作出微小修改即可引发与修改本身不相关的、EPC 1973第100条规定外的反对有点荒谬。

委员会在**T 367/96**中得出的结论是，如果修改后的主权利要求事实上是由交叉引用授权的专利的权利要求的组合引起的，且由此涉及授权的专利中要求保护的特定对象，则EPC 1973第102（3）条不允许缺乏修改后主权利要求的说明书支持的反对。

异议部或上诉委员会是否有权审查源于授权的权利要求组合的修改的权利要求的清楚性这一问题，如果是，那么其职权范围问题在**T 1459/05**中得到了论述。委员会决定不依据现有判例法。根据该判例法，如果构成缺乏清楚性的修改包含符合正确交叉引用的授权权利要求的组合，则异议部或上诉委员会不享有EPC第84条规定的审查权。委员会认定，鉴于与现有技术的任何差异仅能依据唯一增加的特征进行界定，且要求保护的主题的评估取决于唯一增加的特征的技术重要性，所以，在本案中，必须制定一个例外情形。但是，其技术重要性对于技术人员来说不够明显以至于任何该差异不明显或至少不能通过技术人员可合理接受的不确定程度进行鉴别。不考虑具体案件情况，仅考虑过去几年来专利权利要求数量的急剧增长，委员会同样质疑一系列复杂权利要求中声称的所有可能组合的清楚性在授予前得到——或者甚至可能得到——彻底审查以至于其可以设想所有的清楚性问题都已经得到解决，从而使得异议法律程序中的进一步审查最终被免除的程度。委员会认为，其必须能够行使自由裁量权，例外情况根据个案而定，不根据存在授权权利要求的组合情况下排除EPC第84条规定的任何审查权的一般实践做法行事。特别是，在严格应用规定程序（原则上，该程序拒绝接纳以清楚性为由提出的异议）将导致开展专利文档的进一步审查（例如，与新颖性和创造性有关的文档）更加困难或甚至可能不会产生有意义结果的情况下，更应该行使自由裁量权。

在**T 656/07**中，缺乏清楚性起因于（至少部分起因于）专利授权后进行的修改。委员会认为，由于该清楚性缺乏是由于在异议法律程序中作出修改产生的，所以，在该法律程序中，可以针对缺乏清楚性提出反对，即使有争议的特征既出现在授权的权利要求中又出现在另一个组合中。在就清楚性提出的反对是源于相关修改的情况下，为了限制委员会的调查权，仅声明特征在授权的版本中出现是不够的。由于权利要求的特征不能被孤立地看待，而应结合其与其他权利要求组合的特征之间的相互关系共同看待特征，所以确定引入权利要求（作为整体）的修改产生的影响也是很有必要的。委员会认为，不能说法院审判程序中存在不能以缺乏清楚性为由质疑授权权利要求的组合的一般规则。无论专利权人在异议法律程序中的任何时候请求修改，EPC 第 101（3）（a）条都会授予异议部和上诉委员会管辖权，以及适用整个 EPC（包括 EPC 第 84 条）的权力。

在 **T 853/02** 中，本案专利涉及哺乳动物的挤奶系统。应诉人争辩道，如果专利说明书预期使用两用阀门作为变压源，则修改的放弃声明（如试图排除两用阀门）将不受专利说明书的支持。但是委员会认为，该反对与修改的放弃声明并非直接相关，因为该反对也可以针对同样提到术语“不使用两用阀门振动机”的未经修改的放弃声明提出。换言之，该反对与产生主请求的权利要求 1（非授权的专利的权利要求 1）的修改无关。因此，该反对表示了对授权的专利的权利要求 1 已呈现的特征提出 EPC 1973 第 84 条所规定的反对的意图。鉴于 EPC 1973 第 84 条不属于异议理由，所以，委员会认为，该反对不可接纳。

在 **T 648/96** 中，委员会认定，异议部未在争议决定中处理异议人对修改的文件提出的“缺乏清楚性”反对属于重大程序违法；根据 EPC 1973 第 102（3）条（EPC 第 101（3）（a）条和 EPC 细则第 82 条）规定，其应主动审查该修改是否符合 EPC 1973 第 84 条（未发生变更）和 EPC 1973 第 123（2）条和第 123（3）条的规定（见 **T 740/94**）。

4.3 发生修改时的附加检索

在 **T 503/96** 中，委员会考虑了需就限制性修改进行附加检索的条件。委员会参考了《指南》B – III，3.5（旧版），该指南提到“原则上，如可能且合理，检索应包含权利要求针对或其得到修改后可能合理针对的整个主题……”。委员会表示，是否在具体情况下委托开展附加检索是异议部的行政自由裁量权的问题，但是，如果行使该自由裁量权时援引了不合适的标准，将会不可避免地引发关于自由裁量权是否得到合理行使的疑问。

如果权利要求在异议或上诉程序过程中得到修改，则该修改是否符合 EPC 要求将得到全面审查（**G 9/91**，OJ 1993，408，理由第 19 点）；对于异议人来说，就可能需要开展的附加检索提交意见陈述以促使全面审查得到开展的行为是合适的（指南 D – VI，5，旧版）。判定附加检索是否必要以及如果必要，则执行该检索的义务问题是 EPO 的行政事务。

5. 程序方面

以下章节论述了委员会对异议程序的个别方面所作出的决定，特别是，与陈述权的授予和违背以及存在未决的侵权法律程序情况下的加快法律程序有关的情况。第7章C.2分别论述了**撤回异议**（EPC 1973细则第60（2）条；EPC细则第84（2）条）、该撤回对异议和上诉程序产生影响的情况下继续异议法律程序的可能性。关于**放弃**专利或专利**失效**情况下继续异议法律程序的判例法，见第7章C.6.2。

5.1 公正性原则

异议部在多方法律程序中不能向当事方提出任何建议。

在**T 293/92**中，异议部非但没有限制其本身评估当事方的请求，反而在其中扮演更加积极的角色，异议部在通信中暗示权利要求的措辞是可允许的。委员会说，抛开多方法律程序的公正性而言，该暗示也是不可取的，该暗示很可能导致各方对EPO的法律程序中的书面通信的临时和不具约束力的性质产生疑惑。在本案中，异议部通过暗示可允许的独立权利要求导致当事方认为，在案权利要求是不被允许的；异议部在口头法律程序中改变主意会令当事方更加意外和惊讶。

5.2 陈　述　权

5.2.1 平等对待原则和作出评论的机会

在多方法律程序中（例如异议法律程序），陈述权与**平等对待原则**是紧密相连的。在口头或书面陈述情况方面，任何当事方都不会受到优待。所以，异议部需要确保当事方可以全面交换陈词并有平等的机会就该陈词作出评论。全面的陈词交换比部分陈词交换用时较多这一事实不能证明违背基本的程序规则合理。如果异议部认为多次陈词交换比较合适，其必须为当事方提供作出评论的同等机会。因此，异议部可邀请一当事方递交**对异议书回复的答辩**，但在此情况下，异议部有义务邀请另一当事方对该**答辩作出回应**，之后，异议部必须再次决定开展第三次陈词交换是否合适。EPC细则第79（3）条（EPC 1973细则第57（3）条）规定允许异议部在“其认为合适”的情况下邀请异议人作出回复这一事实不能被解释为授权其违背上文提及的平等对待原则。正如EPC细则第79（3）条明确所述的，异议部行使自由裁量权决定是否开展第二次陈词交换（发出递交答辩邀请）（见**T 190/90**和**T 669/90**，OJ 1992，739；**T 682/89**以及**T 439/91**）。

在**T 532/91**中，另一委员会同样也考虑了平等对待原则；如果异议部认为展开**第二次陈词交换**并向异议人表明递交答辩的可能性是合适的，则其有义务开展第二次陈词交换并向异议人表明递交答辩的可能性；对于上诉人（专利所有人），异议部应采取同样的方式对待，以便完成陈词交换并在各当事方陈述其论点的次数方面平等对待各当事方。委员会不明白为什么异议部在同一陈词交换中写信给异议人说："您有提交答辩的自由……"，但却写信给上诉人道："请注意"，这会让上诉人不确定其递交答辩的权利。该不平等对待（尤其是，受到不利对待的是专利所有人）违背了平等对待原则且本身构成了一项程序错误。

在 **T 789/95** 中，文件中没有关于异议人的意见陈述副本已转给专利所有人的说明。所以，委员会认为，关于专利所有人的意见陈述的通信被遗漏，违反了指南 D－Ⅳ，5.4（旧版）的规定。委员会认为，由于违背了所有法律程序的各方都必须被赋予同等程序权利的原则，所以该行为构成重大程序违法。

在 **T 678/06** 中，委员会认定，异议部对待当事方时未遵从平等对待原则：委员会给予了应诉人专家作出评论的机会，但否定了听取上诉人技术专家意见的权利。因此，上诉人的技术专家未能就应诉人的指称提出质疑。应诉人处于有利地位。不过，在多方法律程序中，陈述权与平等对待原则是密切相连的。异议部需要确保当事方可以全面交换陈词并有平等的机会就该陈词作出评论。

5.2.2　提交意见陈述的邀请

a）"在必要的限度内经常地"

EPC 第 101（1）条（EPC 1973 第 101（2）条）要求异议部在审查异议时邀请当事方"在必要的限度内经常地"在规定期限内就其通信或其他当事方提交的通信作出评论，以此加强 EPC 第 113 条规定的陈述权。必要情况下，向欧洲专利所有人所作的通信必须包含一份涵盖针对维持欧洲专利的所有依据的说明理由的陈述书（EPC 细则第 81（3）条；EPC 1973 第 58（3）条）。

通常，EPC 第 101（1）条不要求通信必须包含不维持专利的理由，而是要求通信在"必要情况下"包含上述理由。该"必要性"仅在尽力确定事实或考虑到 EPC 第 113（1）条规定时才会产生。所以，**仅**在异议部认为有必要如此的情况下（例如，接受**新**实体或法律论点或促使当事方注意到仍需澄清的问题点），才必须发出**通信**。仅仅包含关于任何需发出通信的内容指示的，EPC 细则第 81（3）条未对上述原则的考虑补充任何内容。因此，EPC 第 101（1）条和 EPC 细则第 81（3）条的规定并不解释为异议部有义务在各种情况下在其作出决定前至少发出一次通信，除非其根据 EPC 第 113（1）条规定认为有必要如此（例如参见 **T 275/89**，OJ 1992，126；**T 538/89**、**T 682/89** 和 **T 532/91**）。

未根据 EPC 第 101（2）条规定至少发出一次通信本身不能证实违背了 EPC 第 113 条规定的陈述权的指称（例如参见 **T 774/97**）。举例来说，委员会并不认为异议部有必要根据 EPC 第 113（1）条在其通信中提前公布自己的意见或在专利权人已被告知异议人的另外的反对，但其未就此作出反应，而是坚持其通过修改的权利要求维持专利的唯一请求的情况下为专利权人提供进一步宣称其对限制专利感兴趣的机会（例如参见 **T 165/93**）。只要对有争议程序行为提出的决定性反对保持不变，根据 EPC 第 113（1）条规定为一当事方提供就 EPO 机构的论证作出评论的**再次机会**就没有必要（例如参见 **T 161/82**，OJ 1984，551；**T 621/91**）。

但是，如果 EPO 试图根据异议人延迟提交的证据的关联性考虑该证据，且专利所有人未就该证据作出评论，则 EPO 需发出提交意见陈述的邀请。在有关先前 EPO 表格的用途和条件的 **T 669/90**（OJ 1992，739）中，委员会认为，如果 EPO 发出一封（经合理解释）误导当事方认为没必要通过就对方提出的新事实和证据提交意见陈述的方式对其利益进行辩护的通信，而且如果该新事实和证据构成对被误导方有不利影响的决定的基础，则被误导方不再享有 EPC 1973 第 113（1）条所指的"陈述其评论的机会"。该法律程序同样不属于公正的法律程序，违背了规制 EPO 和法律程序各方之间关系的诚信原则。委员会不同意决定 **T 22/89**。在该决定中，情况类似，委员会认定，其可以从本案文件的教导（现有文件的关联性不容置疑）中推断出，该文件在决定中起到决定性作用（见 **T 582/95**）。

如果不存在先前来自异议部的通信的情况下援引专利且本案决定表示权利要求包括可授权的主题，视为发生违反 EPC 第 113（1）条规定的陈述权原则以及 EPC 第 101（1）条和 EPC 细则第 79（3）条（EPC 1973 细则第 101（2）条和第 57（3）条）规定的原则的行为（例如 **T 103/97**）。专利权人未请求口头法律程序这一事实在本案中被解释为其放弃对权利要求的任何进一步修改。

b）当事方的意见陈述的"必要和合适"限制

在异议法律程序中，专利所有人根据 EPC 第 101（1）条和 EPC 细则第 79（1）条（EPC 1973 第 101（2）条和 EPC 1973 细则第 57（1）条）有权就异议书提交意见陈述。从 EPC 第 101（1）条和 EPC 细则第 79（3）条可以很明显地看出，当事方的意见陈述仅在异议部行使其自由裁量权后认为合适的情况下才可接纳。换言之，仅在邀请当事方提交意见陈述和修改"合适"的情况下，当事方才会收到该邀请，且该意见陈述局限于递交的异议理由"需要"的范围内（见 **T 406/86**，OJ 1989，302）。也就是说，将当事方提交的意见陈述局限于"必要和合适"的范围内是为了有效开展异议法律程序（**T 295/87**，OJ 1990，470；**T 7/95**）。

在这个背景下，判例法引用了适用于异议程序的"一般原则"（见 EPO 的通信，OJ 1985，272）：EPO 的目的在于出于公众和异议法律程序各方的利益尽快根据异议人意见确定专利是否可以维持。委员会试图通过快速和简化的法律程序实现该目的，这就意味着异议部牢牢地控制着所有阶段。但是，这项要求必须与允许当事方充分陈述其案件以便作出正确决定的需要相平衡。就这一点而言，来自EPO关于新版异议程序的信息还没有变化（见OJ 1989，417）。

5.2.3 EPC细则第82（1）条（EPC 1973细则第58（4）条）所规定的提交意见陈述的通信和邀请

EPC细则第82（1）条（EPC 1973第58（4）条）规定，异议部应告知各当事方其意图维持专利的文本，如果当事方不同意该文本，则异议部还应邀请当事方提交其意见陈述。上诉委员会经常解决何时有必要发出该通信的问题。

在**T 219/83**（OJ 1986，211）和**T 185/84**（OJ 1986，373）中，委员会表示，因异议法律程序提起的上诉中的口头法律程序举行之后，根据EPC 1973细则第58（4）条的规定，如果相关机构不能合理预期当事方将在口头法律程序中最终提交关于以修改的形式维持欧洲专利的意见陈述，则其应向当事方发出通信。该判例法在多项决定（例如**T 75/90**、**T 895/90**和**T 570/91**）中都得到了确认。

在**T 446/92**中，委员会表示，在经妥为传唤的异议人未出席口头法律程序的情况下，如果法律程序中未涉及任何新事实或证据，则根据EPC 1973细则第68（1）条（EPC细则第111（1）条）规定，委员会根据专利权人在该法律程序中递交的请求作出以修改的形式维持有争议专利的决定不能采用口头方式。在此情况下，由于本案专利的维持采用的是来自专利权人并经其批准的修改文本（在此方面，见**G 1/88**，OJ 1989，189），而且，异议人有意不出席委员会口头法律程序被视为等同于默示地放弃依据EPC 1973第113（1）条和EPC 1973细则第58（4）条规定的陈述评论的权利，所以，EPC 1973细则第58（4）条可不予适用。在先前的决定**T 424/88**、**T 561/89**和**T 210/90**中，尽管上诉人（异议人）未参与口头法律程序，委员会仍未根据EPC 1973细则第58（4）条规定向各当事方/参加方发出通信。

5.2.4 EPO的“注意”通信和递交答复的充分时间

异议部根据EPC第101（1）条（EPC 1973第101（2）条）发出的提交意见陈述的邀请与来自EPO的通信不同，该通信仅仅请接收方注意。经手续人员签署的邀请上诉人“注意”异议人的意见的通信不属于异议部发出的EPC第101（1）条所指的通信，该条要求确定回复期限（通常为4个月；见《指南》E-VIII，1.2，2010年4月版）。如果收件人考虑过其收到的材料的重要性后认为有必要，其可以自由决定回复该通信。如果其打算回复但出于任何原因未能在合理时限内作出回复，其应采取合理行动告知异议部其困难（见**T 582/95**）。

上诉委员会曾在多项决定中处理了为EPO通信收件人提供充分回复机会来确定合理期限的问题。

EPC第113（1）条（实质内容未变）包含的陈述权要求，如果EPO决定在另一方提出反对前与法律程序一方进行通信，应为其提供**充足时间**递交适当的回应，无须发出要求其在规定时限内作出回复的明确邀请。因此，在另一方可公平地陈述其评论的充足时限届满前，EPO不能基于该反对作出决定。关于多长时间足够达到此目的的问题属于应基于各个案实情作出回答的**事实问题**。鉴于EPO设定的时限不应少于2个月（参见EPC细则第132条；EPC 1973细则第84条），所以，无论需在该时限内开展的行动简单与否或是否可以得到及时开展（通常为不存在任何例外情况），陈述评论的充分时限都不应短于上述期限（**T 263/93**）。

因此，在**T 430/93**中，委员会认定，如果应诉人合计被授予5个月时间对上诉人就异议所作的回复进行评论，鉴于上诉人随后既未被授予充足时间（几天）提交意见陈述且未受邀提交意见陈述，所以，存在侵犯陈述权的情况。

T 275/89（OJ 1992，126）提及了认为较短时期可接受的例外情形。该案中提出了如下的反对：通知专利权人来自异议人的意见和发布决定之间的时间间隔太短，上诉人无法提交意见陈述。委员会指出，异议部在作出该决定前等了超过1个月的时间。委员会认为，如果发出的通信是为了提供信息且未设定答复时限，通常，**1个月**（在本案中，超过1个月）足以符合EPC第113条要求。此外，异议书已经提及了被上诉决定依据的文件以及关于该文件的实质和法律重要性的评估，所以被上诉决定未以全新的标的作为依据。

在**T 494/95**中，委员会认为，通知专利所有人对异议作回复与出具决定之间超过1个月的时间间隔足够上诉人（异议人）有合理机会陈述其评论或至少足够其指明陈述评论的意图或请求口头法律程序。委员会认为，从EPC 1973细则第57（3）条（现为EPC细则第79（3）条）、EPO的异议程序中的信息（OJ 1989，417）以及先前的决定中可以很明显地得出，如果未开展口头法律程序，且决定仅依据当事方认为其有机会陈述评论所依据的理由，则允许在专利所有人递交意见陈述的期限届满后，无须另行通知便可作出决定。在本案中，委员会并不认为发生了任何程序违法，因为决定未依据上诉人不知晓的理由（EPC 1973第113（1）条），且异议部并非一定有义务根据EPC就上诉人对专利所有人的意见陈述作出答复设定时限或就应作出任何该回复提供建议。

相比之下，在须考虑技术难题的情况下，大约 1 个月的时间被认为甚至不够给上诉人告知异议部其试图提交实质回复以及为此请求合理时限的比较现实的机会，更别说陈述实质性评论了（**T 263/93**；另见 **T 494/95**）。

在 **T 914/98** 中，委员会表示，自上诉人收到应诉人回复至向 EPO 内部邮政服务交付决定消耗的 **17 天**时间，很明显对于给予上诉人充分评论的机会来说**太短**了。委员会认为，考虑到判例法，上诉人不能合理预期决定能如此快地发布。

5.2.5　发表评论的机会——多组案例

a）评论新异议理由的机会

EPC 第 113（1）条关于当事方陈述权的要求是不可侵犯的。该条规定，EPO 的决定仅可依据当事方有机会陈述评论所依据的理由或证据。不能对 EPC 第 113（1）条中的术语“理由或证据”作出狭义的解释。尤其是在审查程序的背景下，词语“理由”不仅仅是指（从被认为未被满足的公约要求的狭义上来说）关于申请的反对理由。词语“理由”是指导致申请被拒所必要的法律和事实论证。换言之，发布决定前，申请人必须被告知其需要满足的情况且必须有机会满足该情况（见 **T 951/92**，OJ 1996，53；另见 **T 105/93**）。对 EPC 第 113（1）条的解释同样可适用于异议法律程序：专利所有人不仅应被告知（通常采用书面方式）新异议理由（异议的新法律依据），还应被告知可能导致无效和撤销的决定的**基本法律和事实理由**（证实过程）。此后，专利所有人必须有适当机会陈述其评论、回复新理由及其证明（见 **T 433/93**）。

在 **T 656/96** 中，异议人提出的异议仅依据了所声称的发明缺乏创造性。但是，在事先通知异议部其将不参加口头法律程序，缺乏新颖性被作为一项异议理由被专利所有人在未出席的口头法律程序中首次提出。虽然异议部根据 EPC 1973 第 101（2）条（EPC 第 101（1）条）发出的通信中并未初步提出新颖性反对，但其仍撤销了专利。在此情况下，委员会引用了上诉扩大委员会的判例法，区分了缺乏新颖性的异议理由和缺乏创造性的异议理由（**G 7/95**，OJ 1996，626）并认可了异议部例外地根据 EPC 1973 第 114（1）条（实质内容未变）考虑初步看来从整体或部分上可能影响维持欧洲专利之新异议理由的权利（**G 10/91**，OJ 1993，420）。在本案中，委员会认为，特别是根据来自异议部的通信明确表达的关于新颖性的看法，不能从档案中收集到反对专利维持的任何情况，所以，上诉人有权认为新颖性问题在异议部未起到任何作用。因此，上诉人对异议部在其未参与的口头法律程序中以缺乏新颖性为由作出的撤销专利的决定感到意外，对于缺乏新颖性其从未被要求表达意见且没有任何原因不表达意见的。

在**T 270/94**中，委员会认定，异议部阻止仅依据缺乏新颖性提出异议的第一异议人就第二异议人正式递交并根据EPC 1973细则第57（2）条（EPC细则第79（2）条）传达给各方的缺乏创造性的异议理由作出评论，违反了EPC 1973第113（1）条规定。此外，委员会评述道，鉴于本案涉及法律程序一方提出的关于另一方适时递交的异议理由的论点，异议部依据的EPC 1973第114（2）条不适用于本案，因为其仅指明了EPO可以不理会延迟提交的事实或证据。

在**T 1164/00**中，委员会认为，原则上，如果异议部认为本案专利很明显不符合EPC 1973第83条（未发生变更）的要求，异议部有权在口头法律程序中（甚至后期）引入新异议理由。但是，在本案中，口头法律程序传票的附录B不包含异议部意图引入新异议理由的任何说明，这就意味着上诉人知晓了支持首次在口头法律程序中引入该新理由的事实和法律原因。因此，委员会得出的结论是，对于未被尽早告知且未被提前告知的事实和法律原因，上诉人感到意外，且在口头法律程序中没有准备针对该新反对作出合理辩护的公平机会。在此情况下，异议部应延迟口头法律程序，以便根据EPC 1973第113条（未发生变更）给予上诉人充分的时间准备针对新反对作出合理辩护（另见**T 433/93**（OJ 1997，509）和**T 817/93**）。

b）评论无争议的权利要求的机会

在**T 293/88**（OJ 1992，220）中，委员会认定，异议部在未提前发出任何通信的情况下作出撤销专利的决定，忽视了权利要求7、权利要求9和权利要求10的有效性并未受到质疑且各方应被合理给予退回在此情况下的地位的进一步机会这一事实。根据EPC 1973第113（1）条（未发生变更），异议部应承担向各方提出该相关额外事件的责任。在本案中，异议部未履行该责任（与**T 9/87**（OJ 1989，438）不同；**T 9/87**（OJ 1989，438）认为，异议部无义务审查无争议的涉及不同发明的不同范围内的权利要求）。

c）评论异议部的临时意见的机会

在**T 558/95**中，异议部在口头法律程序前发出了两次书面通信，“异议部的临时意见认为”，根据EPC 1973第100（a）条（未发生变更）公开在先使用描述的主题未损害有争议专利。因此，专利所有人对在口头法律程序中详细考虑公开在先使用“感到意外”。但是，委员会认为，该类临时意见对进一步法律程序不具约束力。尤其是，鉴于异议人继续详细描述其反对异议部所作评论的论点这一事实，不能从一开始就排除异议部作出不同评估的可能性。

d）以不可接纳为由驳回异议情况下的评论机会

如果异议部以不可接纳为由驳回异议，但未说明原因，则阻止了异议人作出回应，异议部侵犯了异议人作出评论的权利（**T 1056/98**）。

e）发回一审部门后的评论机会

通常，文件被发送给一当事方的，该方有充分时间在EPO部门作出决定前给予回应（**T 263/93**）。如果案件被发回一审部门开展进一步审查，基于该发回，文件收件人仍有机会对另一方出于被移交案件目的提出的论点进行抗辩（见**T 832/92**）。

根据EPC 1973第113（1）条（未发生变更），上诉委员会基于新证据向异议部发回案件让其开展进一步审查后，异议部应明确向当事方提供提交意见陈述的机会，即使其已在先前上诉程序中就该新证据提交过其意见（见**T 892/92**，OJ 1994，664；另见**T 769/91**）。在**T 120/96**中，另一委员会持有相同观点并补充道，EPC 1973第113（1）条中的术语“机会”仅在应用诚信原则和公平陈述权的情况下才能被赋予有效含义。如果存在该机会，有必要明确问及当事方是否想要在固定时限内陈述其评论，或者像在本案中一样，各当事方已在先前上诉程序中发表详细的陈词，则这些陈词是否完整。单独基于这些理由，委员会认定，发回后不发送任何宣布法律程序恢复的中间通信便直接终止异议法律程序不符合EPC 1973第113（1）条的规定。

委员会还认定，异议部应澄清最初（在异议法律程序前）递交的因上诉程序被中断的任何请求是否应继续维持、修改或撤回，或是否应递交进一步请求。根据上诉委员会的既定判例法（例如参见**T 892/92**，OJ 1994，664），委员会认为，考虑到（尤其是）维持未修改专利的最初的中间决定已被委员会驳回，因此不再具有法律效力，基于判定“进一步审查异议”的上诉委员会所作发回而开展的进一步法律程序应被视为原始异议法律程序的继续。因此，未被撤回或修改的上诉人的初始请求（包括其关于口头法律程序的附属请求）于发回后再次生效，异议部不能在不为其提供口头陈述的机会的情况下作出会对上诉人产生不利影响的决定（EPC 1973第116（1）条，实质内容未变）。

5.3 存在未决的侵权法律程序情况下，加快法律程序

如果异议部由于手里有大量工作不能快速处理异议案件，指南D－VII，1.1（2010年4月版）规定，原则上，其应按照接收顺序处理提交文件。此外，根据1998年5月19日发布的两项EPO通知（OJ 1998，361和362）规定，指南列出了必须授予优先权的异议：如果法律程序当事方或国家法院或其他缔约国的主管机关告知EPO侵权诉讼未决，则EPO应加快处理异议。

T 290/90（OJ 1992，368）给予了上诉委员会对加快处理异议和上诉作出评论的机会。在一个涉及七项异议的案件中，其中一项异议基于一般理由被驳回，导致异议人在1989年4月12日提出上诉。1989年6月2日，一份声明异议被视为没有提出的通信根据EPC 1973细则第69（1）条（EPC细则第112（1）条）规定发出，随后，1990年1月29日，一项决定根据EPC 1973细则第69（2）条（EPC第112（2）条）宣布。专利所有人请求加速处理上诉，因为有侵权诉讼未决，且考虑到市场上的侵权产品数量，异议法律程序花费的时间越久，专利所有人就越难实施专利。

委员会认为，加快处理是程序法的基本原则。对于专利来说，在实践中可以得到应用很重要；而且对于专利所有人和其竞争者来说，时间通常也尤为重要。因此，不仅迅速裁定上诉很重要，而且尽快结束异议法律程序也很重要。所以，如果一并提交多项异议，其中一项异议的可接纳性受到质疑，审查上诉时，应将异议的处理进行到准备好作出决定的程度，以便上诉程序完成后，可以尽快判定异议。根据EPC 1973第106（1）条第二句（上诉的中止效力，未发生变更），潜在的不可接纳的异议应被认为可接纳的，除非上诉委员会作出其他决定。

6. 异议部的决定

6.1 通过决定撤销欧洲专利

在**T 26/88**（OJ 1991，30）中，上诉委员会裁定了上诉，该上诉是针对手续人员根据EPC 1973第102（4）条（EPC细则第82（3）条第二句）作出的撤销专利的决定，因为印刷费的缴纳过晚。

委员会考虑了撤销是否应以决定的形式公布，并得出如下结论，EPC 1973第102（4）条规定的权利丧失起因于法律的（“自动”）运转且手续人员应根据EPC 1973细则第69（1）条（EPC细则第112（1）条）发送关于权利丧失的通信。

EPO局长根据EPC 1973第112（1）（b）条（未发生变更）着手处理这一事项。在**G 1/90**（OJ 1991，275）中，上诉扩大委员会表示，EPC 1973第102（4）条和第102（5）条（EPC细则第82（3）条第二句和第82（2）条）规定的专利撤销**需要有一项决定**。其对多个程序阶段（有关未来的欧洲共同体专利的授权、异议和撤销）进行了比较，并得出如下结论，法规的措辞清楚地指明了在不同情况下关于权利丧失根据EPC 1973细则第69（1）条（EPC细则第112（1）条）发送的是决定还是通信。同时，扩大委员会也考虑了法律确定性问题并根据有关EPC 1973细则第69条的“筹备文件”讨论了根据相关规定指明的权利丧失何时开始不可上诉的问题。委员会认定，以决定方式宣布撤销的法律程序既不会导致法律不确定性，也不会引发误解。而在授权程序中，有视为申请撤回的明确依据，且专利所有人不能通过向EPO作出声明的方式放弃其授权专利，所以，不存在异议的可能性。扩大委员会确认，何时根据EPC 1973细则第69（1）条规定发出随后经请求可作出决定（EPC 1973细则第69（2）条）的通信，以及何时作出决定前无须发出该通信应由立法者决定。如果EPC制定了不同的授权和异议规定，该不同规定并不构成内在矛盾。

6.2 中期决定

6.2.1 概　　述

在**T 376/90**（OJ 1994，906）中，首个未决定的问题是异议是否可接纳，以及初步决定仅与最终决定一起才可上诉的是否正确。就后者来说，异议部决定EPC 1973第106（3）条（EPC第106（2）条）所指的中期决定的可接纳性，即一个没有终止事关当事方的法律程序的决定。委员会认为，根据上述规定的明确语言表达，该中期决定仅与最终决定一起才能被上诉，除非该决定允许单独上诉。是否允许单独上诉在异议部的自由裁量权范围内。委员会认为，异议部恰当地行使了EPC 1973第106（3）条规定的自由裁量权，以尽快就实质性问题作出决定。

在**G 9/92**（OJ 1994，875）中，上诉扩大委员会阐述了在唯一第二上诉人一方面作为专利所有人、另一方面又作为异议人的情况下，提起可接纳的上诉排斥异议部的中期决定。如果专利所有人是对以修改的形式维持专利的中期决定提出反对的唯一上诉人，委员会和法律程序的非上诉异议人均不享有质疑以修改的形式维持专利的中期决定的合法权利。但是，如果异议人是对该等中期决定提出反对的唯一上诉人，则专利所有人主要局限于以异议部在其中期决定中维持的形式为专利辩护。

如果专利所有人作为法律程序一方依据正当权利提出的任何修改不合适且不必要，则委员会可以不可接纳为由驳回该修改。

6.2.2 维持经修改的欧洲专利

上诉扩大委员会在**G 1/88**（OJ 1989，189）中详细说明了以修改形式维持专利时发布可上诉的中期决定这一确立已久的EPO实践做法。

根据EPC 1973第102（1）~（3）条（已被删除，现为EPC第101（2）条和第101（3）（a）条），就对欧洲专利提出的异议所作出的决定可包括撤销专利、驳回异议或以修改形式维持专利，后者需要公开新的欧洲专利说明书。根据EPC 1973第102（3）（b）条（EPC细则第82（2）条），以修改形式维持专利的必要条件是印刷费已缴纳。

考虑到这些法规，为首先确立经修改的说明书文本，EPO很早便开始决定采用没有明确规定的中期决定策略。仅在该中期决定生效后，才根据EPC 1973细则第58（5）条（细则第82（2）条）规定要求缴纳印刷费并将权利要求翻译为其他官方语言。一旦上述条件都得到满足，将对以修改形式维持专利作出不可上诉的最终决定并公开新的专利说明书。

如果有专利所有人根据EPC 1973第113（2）条（未发生变更）“提交或批准”的文本，便可以作出维持欧洲专利的决定——甚至是中期决定。对此，EPC 1973第102（3）（a）条（EPC细则第82（1）条）规定，“根据实施细则的规定”，必须确定专利所有人批准了文本。始终根据EPC 1973细则第58（4）条（细则第82（1）条）规定行事是EPO异议部的标准实践做法，即使专利所有人已在法律程序中“提交或批准”文本，且异议人已驳回文本。

在**G 1/88**之前，委员会在**T 390/86**（OJ 1989，30）中认为，EPC 1973第102（3）条和EPC 1973细则第58（4）条并未规定根据EPC 1973细则第58（4）条发送任何通信前，异议部不得在异议法律程序中就异议提出的实质性问题作出（最终）中期决定。EPC 1973细则第58（4）条规定，异议部不得在未事先告知各当事方其意图维持专利的经修改的文本以及未邀请各当事方提交意见陈述的情况下，作出以修改的形式维持欧洲专利的决定。但是，EPC 1973第102（3）条（EPC第101（3）（a）条和EPC细则第82条）和EPC 1973细则第58（4）条均未规定异议部不得在根据EPC 1973细则第58（4）条发送通信以及“决定以修改的形式维持专利”前就异议提出的**实质性问题**作出**决定**。

举例来说，异议部可以在异议过程中（以口头形式或书面形式）提议特定修改违背了EPC 1973第123条（实质内容未变）规定的（最终）中期决定。同样地，委员会认为，异议部也可以在异议过程中作出（举例来说）异议专利的主要权利要求不能维持的（最终）中期决定。该**实质性中期决定**并非一项实际以修改的形式维持专利的决定，而是为该决定作出准备。为尽快结束法律程序，并在适当情况下（如EPC 1973第106（3）条，EPC第106（2）条设想的情况）允许当事方在异议法律程序终止前就实质性中期决定提起上诉，在异议法律程序中作出该实质性中期决定是合适的。委员会进一步认为，已作出最终实质决定的，异议部此后无权根据EPC 1973细则第58（5）条（EPC细则第82（2）条）或其他任何规定继续对作为该决定标的争议开展异议审查。双方进一步就该争议提交的陈词不可接纳。

在**T 89/90**（OJ 1992，456）中，异议人对以修改的形式维持专利的中期决定提出了反对。委员会评述道，EPC不包含关于何时可交付或应交付中期决定的一般规则。因此，判定个案情况下作出中期决定是否合适或事项是否可以仅通过终止法律程序的决定得到解决时，相关部门须行使其自由裁量权。这需要权衡不同的考虑，例如，总体来看，中期决定是否可加速或简化法律程序（举例来说，澄清有争议的优先权问题对于后续法律程序的形式和长短尤为重要），同时清楚地纳入费用问题。委员会认为，很明显，根据EPC 1973第106（3）条（EPC第106（2）条）发布以修改的形式维持专利的可上诉的中期决定的既定实践做法是建立在权衡费用方面的基础上的。委员会得出的结论是，无论从形式上还是从实体上来说，该实践做法都是可接受的。

E. 上诉程序

1. 上诉程序的法律性质

EPC第106～111条、EPC细则第99～103条以及上诉委员会程序规则是规制上诉程序的条文。由于EPC细则第100（1）条规定，除非另有规定，在部门法律程序中使该部门作出的诉争决定的条文应适用于上诉程序，因此，EPC细则第100（1）条扮演着重要的角色。（EPC细则第66（1）条的内容并未发生任何变化）。然而，并非所有案件都会自动允许类推适用（application by analogy），同时，也并非每一项条文都会自动适合该类推适用（**G 1/94**，OJ 1994，787）。因此，究竟何时允许、何时不允许这项类推适用，应确定相关的标准。为上述目的，有必要分析上诉程序的法律性质。

上诉法律程序与一审法律程序是完全相互分离和独立的。上诉程序的功能在于，针对某一部门较早前作出的决定的准确性作出司法决定（**T 34/90**，OJ 1992，454；**G 9/91**，OJ 1993，408；**G 10/91**，OJ 1993，420；**T 534/89**，OJ 1994，464；**T 506/91**）。**T 501/92**（OJ 1996，261）中，委员会根据这项原则推出以下结论：当事方在一审法律程序中作出的任何程序请求或程序声明不适用于任何后续的上诉程序，但是，如果该请求或声明要继续保持程序上的有效性，则必须在后续的上诉程序中重新作出该请求或声明。

G 1/99（OJ 2001，381）中，扩大委员会认为，上诉程序应被视为是一项适用于行政法院（参见**G 8/91**，OJ 1993，346，理由第7点；及**G 7/91**，OJ 1993，356）的司法程序（参见**G 9/91**，OJ 1993，408，理由第18点）。一

项年代较久的决议 **G 1/86**（OJ 1987，447）中，扩大委员会同样提及了这一问题。**G 9/92** 和 **G 4/93**（同见 OJ 1994，875）中委员会判定，上诉法律程序的范围由上诉内容决定。

上诉程序的这些特征不仅可以作为判断某项条文是否可以类推适用于个案的标准，同时在很多方面还具有普遍的法律后果。根据扩大委员会列明的特征可以得出：法院程序的一般原则比如当事方自己主导法律程序进程的权利（当事方处分原则）同样适用于上诉（参见 **G 2/91**，OJ 1992，206；**G 8/91**、**G 8/93**（OJ 1994，887）；**G 9/92** 及 **G 4/93**）；原则上，对一审部门通过的决定进行复核仅可以基于已经向该部门递交的理由进行（**G 9/91**、**G 10/91**）；以及法律程序取决于提起该法律程序的呈请（不超出呈请范围）（参见 **G 9/92** 和 **G 4/93**）。扩大委员会也明确指出，异议部的决定权或委员会在异议上诉法律程序中的决定权受限于 EPC 1973 细则第 55（c）条规定的陈述，以针对欧洲专利的异议内容为限度。异议部或委员会无权决定超出该陈述的任何事项，因此，也无权调查超出该声明的任何事项（参见 **G 9/91**）。这明确了 EPC 1973 第 114（1）条的适用范围，并阐明了提起和判断法律程序标的与审查相关事实两种权力之间的区别。下文更加详细地讨论了个别的程序后果和扩大委员会的决定。

2. 上诉的中止效力

根据 EPC 第 106（1）条（未曾修改），上诉具有中止效力。**J 28/94**（OJ 1995，742）中，上诉委员会对这项效力进行了定义，其中，第三方根据 EPC 1973 细则第 13（1）条主张专利授予权并且请求中止法律程序。委员会认为，上诉的中止效力意味着上诉得到解决之前，存在争议的决定没有任何法律效力。否则的话，上诉便没有任何价值。

因此，如果一个拒绝中止公开专利授予信息的决定导致了上诉，应推迟该公开，直至对该上诉作出决定。如果因为技术原因而无法推迟公开（比如本案），EPO 应采取全部必要措施告知公众专利授予信息不再有效（另见 **T 1/92**，OJ 1993，685）。

J 28/03（OJ 2005，597）进一步阐述了上诉的中止效力。根据法律上诉委员会，中止效力意味着被上诉的决定在作出之后不会立即产生应有的任何后果。决定作出以后正常情况下会采取的行动被“冻结”。中止效力并不意味着撤销被上诉的决定。即使是提起上诉以后决定本身保持不变，只能由上诉委员会取消或进行确认。此外，针对授予母申请专利的决定提出的上诉处于未决状态时，所提交的分案申请的状态取决于该上诉的结果。

根据 **T 591/05**，上诉的中止效力直接源自上诉本身并从属于上诉本身（EPC 1973 第 106（1）条），因此，直接源自上诉中止效力的任何情形均不得用来支持上诉本身的可接纳性。

3. 上诉的移交效力

现在，EPC 1973 第 110（2）条和第 110（3）条的条文可以分别在 EPC 细则第 100（2）条和第 100（3）条中找到，基本上没有发生变动。

一旦对指定国为所有缔约国的申请提起上诉时，一审便不再有权审查该申请——上诉不会留下未决申请的任何部分给一审处理。因此，EPC 1973 第 110（3）条规定的视同撤回申请适用于单方上诉法律程序中未能回复 EPC 1973 第 110（2）条所规定通信的情况，即使被上诉的决定没有否决该申请，只是否决了某一特定请求。委员会解释说，根据法律程序中申请和专利的单一性原则，即使被上诉的决定仅涉及国家的指定，而没有涉及整个申请，上诉的中止效力也会影响整个申请。既然受到公约约束，因此，只有公约条文违反更高的法律原则或者完全没有道理，才能考虑偏离该公约条文的明确措辞。委员会裁定，与指定的有效性不同，它不是专利授予程序的一部分——专利授予决定必须指明就哪些国家授予了专利（**J 29/94**，OJ 1998，147）。

上诉的移交效力不会影响一审部门对一个关于一审部门口头法律程序记录的请求作出决定的权力。移交的是被上诉决定所决定的标的物（**T 1198/97**）。

根据 **T 1382/08**，向委员会提出的任何上诉的移交效力仅针对有争议的决定中列明于上诉理由陈述书并且确实被上诉委员会质疑的那部分。因此，对于委员会而言，EPC 细则第 99（2）条所定义的有争议的决定应修改的部分同时也是移交效力的范围。反过来意味着，有争议的决定中未包含在上诉理由陈述书中的部分也不得作为上诉法律程序的一部分，因此，上诉时限届满以后，这部分变成了最终决定。

4. 法律程序的语言

适用于上诉法律程序的语言安排与所有其他 EPO 法律程序相同。根据 EPC 细则第 3（1）条，在书面法律程序中任何当事方可以使用任何一种 EPO 官方语言，并且，根据 EPC 细则第 4（1）条，口头法律程序的任何当事方可以使用并非该法律程序所使用的语言的 EPO 官方语言，条件是，该当事方应至少提前 1 个月通知 EPO，或者安排口译人员将该语言翻译成该法律程序所使用的语言。与分别与之相对应的 EPC 1973 细则第 1（1）条和第 2（1）条相比，这些条文基本上没有发生变动。

T 34/90（OJ 1992，454）中，应诉人没有遵守上述任何一项语言规定。应诉人的代理人争辩道，由于在异议部的口头法律程序中应诉人已经合法地使用了一种官方语言的替代语言，因此，应诉人应被允许在委员会陈词中使用相同的语言。虽然应诉人的代理人并没有这样说，但其暗示上诉程序仅仅是一审（异议）法律程序的延续。就决定使用 EPC 1973 细则第 2（1）条规定的官方语言的替代语言的可接纳性而言——以及就其他程序而言，委员会从上诉程序与一审法律程序完全分离并且独立这一原则推出，只有当事方再次提供必要通知，当事方才能在口头程序中使用该替代语言（另见总司 3 副局长的通信，OJ 1995，489）。

J 18/90（OJ 1992，511）中，委员会承认，在书面法律程序和决定中，EPO 机构同样可以使用并非该法律程序所使用语言的官方语言，条件是，该法律程序的所有当事方已经对此表示同意（另见 **T 788/91**）。

T 706/91 中，上诉便是依据 EPC 1973 细则第 1（1）条采用一种官方语言（具体为德语）草拟的。因此，上诉人引用了来自受到争议的欧洲专利中以该语言编制的权利要求书和说明书的段落，虽然权利要求书和说明书已有采用该法律程序所使用语言——法语的文本。委员会决定，该引用是不可接纳的（另见第 6 章 K. 1“语言特权”）。

5. 当事方的程序地位

5.1 上诉程序的当事方

根据 EPC 第 107 条第二句（无论是英文版还是法文版均未发生任何变化），一审部门法律程序的当事方也是未来上诉法律程序的当事方，即便一审部门法律程序的当事方本身没有提出上诉。根据 EPC 第 99（3）条，异议人和专利权人均属于异议法律程序的当事方。此外，EPC 第 105 条对假想侵权人的介入作出了规定。

就其他法律程序而言，适用以下一般原则：合法权益受到涉诉决定影响的主体就属于该法律程序的当事方。例如，**T 811/90**（OJ 1993，728）中，异议程序已经结束，并且提交上诉的时限已经届期。只有专利所有人提出了上诉，但是这项上诉仅是针对附带于该异议作出的另外一个决定。委员会认为，由于另一当事方不属于相关决定的当事方，因此，另一当事方没有权利成为上诉的当事方。然而，针对法律部决定拒绝根据 EPC 1973 细则第 13 条中止专利授予法律程序提起上诉的，在对该上诉作出的决定中，应将申请人作为该法律程序的当事方对待。这项中止请求不能与专利授予法律程序相分离。申请人的法律地位直接受到该中止的影响，这是因为，在该中止的持续期间，申请人被剥夺了 EPC 1973 第 64（1）条规定的权利（**J 33/95**）。根据 **T 838/92**，异议部或上诉委员会不得依据 EPC 1973 中任何内容将任何当事方排除在进行中的法律程序之外。

专利授予法律程序应第三方请求根据 EPC 1973 细则第 13 条中止时，未接受陈词的专利申请人仍然可以质疑该中止的理由是否正当。该专利申请人作为当事方有权参加第三方针对 EPO 驳回其请求提出的任何上诉法律程序（**J 28/94**，OJ 1997，400）。

T 643/91 中，第一异议人的上诉由于不可接纳而被驳回。第二异议人提交了一项可接纳的上诉。第一异议人被委员会当作符合 EPC 1973 第 107 条规定的"法律程序的任何其他当事方"，因此，第一异议人作为当事方有权参加第二异议人所提起的上诉程序。然而，**T 898/91** 中，委员会认为，所提出的异议由于不可接纳而被异议部驳回并且未针对这项驳回决定提出上诉的异议人，无权成为专利所有人所提起的任何上诉的当事方。这是因为，一旦异议部对于该异议作出的不可接纳决定具有完全的法律效力，该异议人便不再是异议法律程序的当事方。公司解散不再作为法人以后便会丧失成为任何法律程序当事方的能力。如果该公司是原上诉人，则相关上诉也会随之失效（**T 353/95**）。然而，任何当事方并不会仅仅因为签发了破产法律程序而丧失异议人或上诉人地位（**T 696/02**）。

两位异议人针对不同系列的权利要求提出上诉，但是其中一位异议人后来撤回上诉的，撤回上诉的异议人便成为享有 EPC 第 107 条规定的权利的当事方，而另一位异议人则成为唯一上诉人（例如参见 **T 233/93**）。

根据 EPC 1973 第 115 条评论所请求保护的发明的可专利性的第三方不属于 EPO 法律程序的当事方。另见第 7 章 C. 4"EPC 第 115 条"。

5.2 EPC 第 107 条规定的当事方权利

EPC 第 107 条未发生任何改动。对 EPC 进行修改的过程中，仅对德文版和法文版的 EPC 第 107 条作了小幅的编辑性修改。

上诉法律程序中，判例法承认所有当事方的陈述权（参见 **J 20/85**，OJ 1987，102；**J 3/90**，OJ 1991，550；**T 18/81**，OJ 1985，166；**T 94/84**，OJ 1986，337；**T 716/89**，OJ 1992，132），但要受到快捷开展程序原则的限制（参见 **T 295/87**，OJ 1990，470）。当事方还有权参加口头法律程序。

此外，**G 1/86**（OJ 1987，447）承认以下原则的有效性：在上诉委员会法律程序中必须平等对待处于相似法律情形中的所有当事方。

决定**T 73/88**（OJ 1992，557）从这一点推出结论，法律程序的所有当事方均有权继续上诉法律程序。如果已经存在一项有效的上诉，便不再需要提出任何其他上诉，并且应返还为后来提出的上诉缴纳的费用。然而，在决定**G 2/91**（OJ 1992，206）中，扩大委员会却不这样认为。它认为，从法律角度来看，提出上诉的当事方的地位与没有提出上诉的当事方的地位没有可比性。根据程序法的公认原则很容易得出，上诉人自己无法决定自己提出的上诉是否可以站住脚。EPC 1973 第107条第二句仅肯定了属于一审法律程序当事方的非上诉人是**当下**上诉法律程序的当事方。如果一个主体有权提出上诉但是没有这样做，而是选择“自动”成为上诉法律程序当事方，在上诉人撤回上诉的情况下，该主体没有独立的权利自己继续该法律程序。要想获得该项权利，该主体必须自己提出上诉并缴纳相关的上诉费。同样地，除非满足 EPC 1973 细则第67条规定的各项要求，否则，没有理由退还为第一次上诉后所提出的任何上诉缴纳的费用。非上诉当事方是否可以提出实质请求的相关争议在**G 9/92**和**G 4/93中**进行了处理（同见 OJ 1994，875；参见第7章E. 6. 1“禁止不利变更”）。（注意 EPC 1973 细则第67条（EPC 细则第103条）的各项要求已经发生了更改）

必须平等、公平地对待当事方（**G 9/91**，OJ 1993，408，理由第2点）。

T 1072/93中，委员会认为，在如何能克服一项反对的问题上，即使是源自委员会本身的反对，委员会向其中一个当事方提供具体建议的自由非常有限，尤其是在首先必须保证司法公正的多方法律程序中。

T 253/95中，同一个委员会确认，上诉委员会必须在多方法律程序中要严格保持公正，并且认定，如是开始口头法律程序之前向一当事方提醒依据由该当事方需要承担举证责任的理由而提出的针对该当事方的论点，构成明显违反公正原则的行为，即使也向另一方当事方发送了载明该论点的通信。**T 394/03**中，委员会认为，虽然异议部驳回异议的决定被取消，在没有当事方提出请求的情况下，没有必要给予专利权人和应诉人另外的评论机会，并且考虑到委员会需要保持公正，原则上也不需要这样做。**T 902/04**中，委员会遵循了**T 394/03**，考虑了程序经济原则、当事方处分原则和多方法律程序保持司法公正的要求，认为这样裁决案件是合适的。既然异议人的请求已经得到了允许，那么，就没有必要举行异议人纯粹出于备用目的而请求的口头法律程序。

T 864/02中，委员会认定，根据部分判例法，有权利的非上诉当事方不具有在各个方面均与上诉人相同的程序地位，比如，在上诉人撤回上诉的情况下，非上诉当事方没有权利自己继续上诉法律程序（参见**G 2/91**（OJ 1992，206）和**G 9/92**（OJ 1994，875））。然而，判例法还确认了未决法律程序的所有当事方均具有陈述权，而这是以下原则的一个具体方面：必须公正、平等对待 EPO 未决法律程序中的所有当事方。**G 1/86**（OJ 1987，447）对此进行了确认。根据委员会的观点，上诉人和有权利的当事方在法律上的唯一的根本不同点在于他们成为上诉程序当事方的方式，前者通过递交上诉书，而后者则是依据 EPC 1973 第 107 条。一旦他们成为上诉程序的当事方，他们便具有完全相同的权利。由此，有权利的当事方在异议书提出理由的情况下有权提出新颖性反对，该当事方递交符合了异议程序。**T 591/01** 和 **T 475/97** 中，享有当然法定权利的各当事方获许递交请求。

6. 详细审查的范围

对 EPC 进行修改的过程中，德文版的 EPC 第 114 条得到了小幅编辑性修改。英文版和法文版的 EPC 第 111 条仅是得到了小幅修改。EPC 1973 第 110（2）条和第 110（3）条关于上诉可接纳性作出的各项要求已经移到 EPC 细则第 100 条。

通过上诉，败诉方有机会质疑对自己有不利影响的一审决定，并试图取消或更改该决定。上诉构成了上诉程序的标的（**G 9/91**，OJ 1993，408；**G 10/91**，OJ 1993，420，理由第 18 点；**G 9/92**，OJ 1994，875）。委员会的决定权取决于上诉人的请求。作为诉争决定基础的法律和事实框架决定了可以在什么范围内行使该权力（**G 9/91**、**G 10/91**，尤其是理由第 18 点）。就异议而言，这意味着，异议人的一审请求决定了在一审和二审中相关专利在什么范围内受到了质疑以及待考虑的异议理由。除此之外，委员会无权对其他对象作出决定。作为这项原则的例外情况，如果可获得的材料引发对从属权利要求的有效性的初步怀疑，则可以对该权利要求进行审查，并且获得专利权人同意以后可以考虑新的异议理由（**G 9/91**、**G 10/91**、**T 362/87**（OJ 1992，522））。上诉人的请求同时限定了 EPC 1973 第 114（1）条的适用范围；超过这个范围，无权审查事实（**G 9/92**，理由第 3 点和第 4 点）。

在可接纳的异议上诉程序中，在缺乏来自应诉人的指明不应修改或取消异议部决定的“请求”或回复的情况下，依据 EPC 1973 第 110 条和第 111 条，上诉委员会仍应审查并决定上诉是否被允许 **T 501/92**（OJ 1996，261）。委员会还支持 **T 34/90**（OJ 1992，454）。根据 **T 34/90**，一审法律程序期间作出的程序声明不适用于上诉法律程序。

6.1　请求的约束力——禁止不利变更

在 **G 9/92** 和 **G 4/93**（同见 OJ 1994，875）中，转给上诉扩大委员会的法

律问题是，如果对上诉人不利，在异议上诉法律程序中上诉委员会作决定时是否可以背离上诉书中阐述的请求以及可以在什么范围内背离。

扩大委员会考虑了若干因素。上诉的目的在于消除“不利影响”。由于提交上诉的时限限制，因此，允许非上诉方在不受时间限制的情况下通过自由递交自己的请求更改法律程序的范围，这是与时限限制相悖的。作为应诉人，非上诉方有机会在上诉法律程序中作出自己认为适当且必要的递交以抗辩一审部门得出的结果。

由此，扩大委员会得出以下结论：

（1）如果**专利权人**属于反对内容为维持自己经修改的专利中期决定的**唯一上诉人**，则无论是上诉委员会还是非上诉异议人（根据 EPC 1973 第 107 条第二句有权作为法律程序的当事方）均不得质疑对该经修改的专利的维持。

（2）如果异议人属于反对异议部作出的内容为维持该经修改的专利中期决定的**唯一上诉人**，则在上诉法律程序中，专利权人首先仅限于对该维持的专利进行抗辩。如果专利权人（凭借 EPC 1973 第 107 条第二句规定的当然法定权利作为法律程序的当事方）提议的修改既不合适又不必要，则委员会可以不可接纳为由驳回该修改（例如参见 **T 321/93**）。

a）一般性问题

不能将禁止不利变更原则扩展，单独适用于异议部决定中的每一点（**T 327/92**；另见 **T 401/95** 和 **T 583/95**）。

T 149/02 中，委员会说，禁止不利变更和上诉的移交效力这两项一般性程序原则赋予委员会考虑其标的权力，是互为补充的，必须同时适用，不得厚此薄彼。

T 1178/04（OJ 2008，80）中，委员会认为，如果争议是一个人的当事方权利，则就不应适用禁止不利变更的原则，需牢记这项原则主要源自德国法律中的既定原则（Verschlechterungsverbot）。这项原则也不得适用于以下情形：（a）向法庭提出相关请求存在程序上的先决条件的（Verfahrensvoraussetzungen）；以及（b）该先决条件属于无法被放弃或免除的先决条件（unverzichtbare Verfahrensvoraussetzungen），只有该先决条件已经满足，才能达到令法院满意的程度。根据委员会的观点，在诸如此类的专利法律程序中，该类先决条件包括异议本身的可接纳性和一个人成为最初法律程序当事方的能力。

根据 **T 1194/06**，没有理由认为上诉扩大委员会在 **G 1/99**（OJ 2001，381）中（甚至）认定对保护范围的重大限制是不可接受的。**G 1/99** 也没有区分不同“类型”的不能允许的修改。因此，委员会没有理由认为对待一个关于不被允许的弃权声明的修改的方式应完全不同于其他不被允许的修改，即使

决定 **G 1/99 之后**哪些被当作是不被允许的弃权声明这一问题得到了澄清。

b）专利权人作为唯一上诉人

委员会在 **T 856/92** 中适用了 **G 9/92** 和 **G 4/93** 中详细说明的原则，得出结论，如果唯一上诉人和专利权人仅对被异议部中期决定判定为允许的部分权利要求提出上诉，则无论是委员会还是异议人都不可以质疑上诉人未质疑的权利要求。

T 598/99 中，委员会评述道，适用禁止不利变更原则的目的是避免将唯一上诉人置于较其上诉之前更为糟糕的处境。如果专利权人是唯一上诉人，那么，就不可以利用这项原则来保护异议人/应诉人免于被置于较上诉之前更为糟糕的处境（**G 9/92**（OJ 1994，875）和 **G 4/93**（OJ 1994，875））。实际上，只要唯一专利权人在针对专利撤销提出的上诉中获胜，异议人的地位必然会比上诉前更糟糕。在这点上，异议人无权针对撤销专利的决定提出上诉这一事实不大重要。

T 659/07 中，委员会认定，是否可以应用禁止不利变更这一原则取决于案件的程序状态，因此，应在审查请求实质上的是非曲直之前审查案件的程序状态。在专利权人为唯一上诉人的情况下，委员会进一步认为，委员会无法驳回异议部中期决定中维持的专利，无论是按照应诉人/异议人的要求还是依职权，即使是所维持的专利会由于已授权和维持的两个权利要求 1 中所述的特征引入了违反 EPC 1973 第 123（2）条的主题而被撤销。

c）异议人作为唯一上诉人

T 752/93、**T 637/96** 及 **T 1002/95** 中，异议部维持了经修改形式的专利，而且只有异议人提出了上诉。上诉法律程序期间，非上诉专利权人提议了数项修改。**T 752/93** 和 **T 1002/95** 中，委员会认定，根据 **G 9/92**，如果非上诉专利权人提议的修改既不合适又不必要，也就是说，并非是由上诉引起的，则可能会由于不可接纳而被委员会驳回。因此，根据 **T 752/93**，专利权人应有机会更正后来在法律程序中被发现的错误修改。同样，在 **T 637/96** 中，应诉人（专利权人）可以请求恢复获得授权的权利要求，因为在异议程序中对这项权利要求作出的修改并没有改变它的主题（也就是说，获得批准的权利要求与修改以后的权利要求指向同一个事物），因此该修改是没有必要的。**T 752/93** 和 **T 637/96** 中，委员会认定修改并没有将唯一上诉人置于更加糟糕的处境，因此，便将其视作适当且必要的修改。**T 1002/95** 中，委员会指出，根据紧随决定 **G 9/92** 和 **G 4/93** 生效的 EPC 1973 细则第 57a 条，专利权人有权作出由 EPC 1973 第 100 条规定的异议理由引发的“适当且必要的修改”，即使异议人并没有援引各个理由。

T 23/04 中，委员会明确提出，禁止不利变更的各项要求并不意味着上诉方（异议人）具有指定所提议修改应采取的形式的权利，当然也不意味着其具有规定对专利所有人造成最大不利影响的修改形式的权利。

T 1380/04 中，委员会引用了 **G 1/99**（OJ 2001，381）认为，不允许专利权人/应诉人删除任何一个术语，因为这会恶化上诉人的法律地位，违背禁止不利变更原则。如果删除的术语仅是按照异议部的建议引入的，就无关紧要，因为这不会改变专利所有人负责批准这项修改这一事实。

d）专利撤销

T 169/93 中，**G 9/92** 的原则应用到了专利被撤销而非被修改的情形。专利权人针对专利撤销决定（基于缺乏创造性）提出了上诉。异议部认定，这项专利已充分披露，并且具有新颖性。上诉人认为，这些问题不能重新开启，因为没有一位异议人对这项基于决定 **G 9/91**（OJ 1993，408）、**G 10/91**（OJ 1993，420）和 **G 9/92**（OJ 1994，875）作出的认定提出了上诉。但是，委员会并不这样认为，指出，应诉人无法提出上诉，不属于 EPC 1973 第 107 条规定的受到不利影响情形，其撤销请求已经获准。

此外，由于专利已经被撤销，上诉人根本不可能会遭受比这更为糟糕的结局。因此，应诉人应重新辩论已经在异议部程序中争议的事项。另在 **T 1341/04** 中，委员会进一步指出，专利撤销决定所导致的情形与由异议部维持经修改形式的专利的情形在法律上是不同的，在后一种情形下，专利权人和异议人都可以对有关决定提出上诉。正是由于该后一种情形导致了 **G 9/92** 和 **G 4/93** 中的如下结论：异议人是唯一上诉人的，在上诉法律程序期间，专利权人首先仅限于对由异议部所维持的专利形式抗辩。

e）原则的例外情况

关于禁止不利变更这项原则存在的例外情况。**G 1/99**（OJ 2001，381）中，上诉扩大委员会回答了 **T 315/97**（OJ 1999，554）转给的一个问题，即"是不是只有经修改的权利要求会将作为唯一上诉人的异议人置于较没有上诉的情况更为糟糕的情形，例如，删除了权利要求的一项限制性特征，才能被驳回？"

扩大委员会认为，**原则上**，该权利要求必须被驳回。然而，在异议部允许不可接纳的修改的情况下，这项原则也有例外。就目前我们正在讨论的案件而言，异议部就是在取得专利所有人的同意后才这样做的，专利所有人因而没有受到该决定的不利影响，也无法上诉。上诉法律程序进行期间，专利所有人（应诉人）提出了一项包括附加的（但是不被允许的）限制性特征在内的主请求以及一项删除这项限制性特征（借此扩大权利要求）的附属请求。扩大委员会认定，必须驳回主请求，因为它没有满足公约的要求。此外，如果不考虑该案件的具体情况便应用禁止不利变更这项原则，该附属请求也必须被驳回，因为它会将异议人（应诉人）置于较没有上诉的情况更为糟糕的处境。此时委员会可能采取的唯一行动便是撤销专利，并且没有对专利所有人进一步救济。由此，可接纳的修改被异议部认定为不允许的直接后果是专利所有人完全丧失保护。扩大委员会认为，如果不向专利所有人提供一次减轻异议部判断错误所致后果的公平机会，对于专利所有人是不公平的。因而，专利所有人应被允许按照如下内容提出请求，以便克服这项缺陷：

- 首先，请求一项修改，引入一项或多项限制经修改的专利范围的原始披露特征；
- 如果上述限制不可行，请求一项修改，引入一项或多项扩大被维持专利的范围的原始披露特征，但是该请求受限于 EPC 1973 第 123（3）条；
- 最后，如果上述两项修改都不可行，请求删除不可接纳的修改，但是该请求受限于 EPC 1973 第 123（3）条，即使异议人的处境会因此而更加糟糕。

关于如何应用 **G 1/99** 所阐释的原则，参见 **T 594/97**、**T 994/97**、**T 590/98**、**T 76/99** 和 **T 724/99**。

根据 **T 809/99**，一经上诉，非上诉专利所有人首先受限于对由异议部维持的权利要求进行抗辩。如果这些权利要求不被允许，禁止不利变更这项原则便可以适用，也就是说，会将异议人置于较没有上诉的情况更为糟糕的处境的经修改的权利要求必须被驳回。

委员会继续说，**G 1/99** 所述的该原则的唯一例外情况，要求克服权利要求中缺乏可能的特定顺序。实际上，克服该缺陷的第一项解决方案（引入一项或多项不会将异议人（上诉人）置于较提出上诉之前更为糟糕的处境的原始披露的限制性特征的修改）涉及对权利要求的范围限制。该限制还可以通过删除权利要求中导致该缺陷的替代性实施例来实现。

专利所有人认为，将两项替代方案限定为一项方案会导致保护范围过窄而失去商业上的吸引力，这不是抛弃这项解决方案而寻求 **G 1/99** 指明的下一项可能的解决方案的正当理由（理由第 24 点）。

根据 **T 239/96** 中的附带意见，委员会认为，缺乏交叉上诉（德语“Anschlussbeschwerde”）的相关规定的情况下，不能也根据公约排除禁止不利变更原则。这是因为，在满足当事方对于公平陈词的合法期望的同时，这项原则可以作为避免不必要上诉的手段。

6.2 审查的标的物

作为对异议意见进行实质审查的一项不可或缺的程序要求，异议的可接纳性在各阶段（包括在后来的上诉法律程序）必须依职权开展检查（**T 240/99**）。

无论是在异议法律程序中还是在上诉法律程序中，都不可以审查在9个月的时限内无异议的专利标的物（例如单项权利要求）的部分。EPC细则第76（2）（c）条（EPC 1973细则第55（c）条）规定的异议人陈述确立了可以在什么范围内质疑专利以及异议部或上诉委员会正式的职权范围。这项原则的唯一例外情况关乎**仅**明确地指向独立权利要求的主题的异议。在这种情况下，从属于该独立权利要求的数项权利要求涵盖的主题还可以接受可专利性方面的审查（例如参见**G 9/91**，OJ 1993，408；另见**T 323/94**）。

根据**T 896/90**，异议人已表示想要撤销整个专利的情况下，针对单个获得授权的独立权利要求的详细异议理由并不意味着只有专利的某一部分产生了争议。然而，**T 737/92**中，委员会认定，只能提交得到证实的异议。

两位异议人针对不同系列的权利要求提出上诉，其中一位异议人后来撤回上诉的，撤回上诉的异议人成为EPC第107条的规定有权当事方，而另一位异议人则成为唯一上诉人。上诉的范围根据后者的请求予以确定，但非上诉当事方不可以超过这个范围，委员会也必须遵循这个范围（**T 233/93**）。

在专利权人针对专利撤销决定提出上诉的情况下，委员会不受异议部认定的约束；必须考虑整个案件，包括异议部认为具有新颖性的权利要求以及非上诉异议人提出反对的权利要求（**T 396/89**）。此外，如果作为唯一上诉人的专利所有人在异议上诉程序中对根据异议部中期决定接纳的专利版本进行修改，委员会不仅有权而且有义务依职权从形式和实体角度审查该修改，即使应诉人明确认可修改（**T 1098/01**）。同样，如果专利所有人在针对异议部的整个决定提出的上诉中担任应诉人，委员会有权力并且有责任自己决定要处理每一项争议，并且不受该异议部（对应诉人有利的）决定中任何认定的约束（**T 36/02**）。

异议上诉程序中，除非专利权人同意，对于移除从属权利要求中的引用以后仍然保持不变的权利要求，为了核实它们是否包含于该法律程序中首次提出的异议理由，无须审查该权利要求（**T 968/92**）。

根据**T 123/85**（OJ 1989，336），EPC没有对专利权人在异议法律程序中放弃他们的专利（引用了**T 73/84**，OJ 1985，241；**T 186/84**，OJ 1986，7）

作出规定，也没有对为了限制某项专利而要求他们放弃该专利的任何部分作出规定。因此，对于异议法律程序中被撤回的请求，可以在后来的异议上诉法律程序中予以考虑。这一观点在许多决定中得到了遵循，包括 **T 296/87**（OJ 1990，195）、**T 934/02**、**T 699/00**、**T 794/02** 和 **T 1276/05**。**T 900/94** 中，委员会解释道，在一审或二审部门的法律程序中递交权利要求书的受限制版本符合 EPO 一贯的实践做法，该做法在决定 **T 123/85**（OJ 1989，336）中确立，在 **T 153/85** 和 **T 133/87** 中得到确认，不被视为部分地放弃原始递交的主题。

T 1018/02 中，委员会表明，欧洲专利的修改必须符合 EPC 1973 细则第 57a 条。根据这项规则，只要是由异议理由引发的就可以进行修改。然而，这并不意味着，一旦专利所有人在一审中选择抗辩与获得授权的权利要求相比在范围方面受到限制的主请求，专利所有人便不能在上诉法律程序中超过该请求的范围限制。根据 **T 407/02**，原则上，仅在异议部程序中辩护自己受限形式的专利的专利所有人，可以在上诉中请求回到更宽泛的版本或甚至回到经授权的专利。

根据 **T 386/04**，专利被撤销的上诉人/专利所有人有权去寻求维持获得授权的专利，即使向异议部提出的主请求仅是维持限制更多的形式的专利。但是例外情况是，允许所有人恢复修改以后的权利要求将构成滥用程序。根据委员会，这项长期存在的原则不与关乎提出新争议的新权利要求的决定 **T 528/93** 或 **T 840/93**（OJ 1996，335）相矛盾，也不与上诉扩大委员会在关乎上诉目的的决定 **G 9/91**（OJ 1993，408）中的观点相冲突。由此而论，并不存在区分专利被撤销案件与专利被维持案件的程序逻辑。

T 528/93 中，委员会认为，一项请求由于在异议法律程序中被撤回而不再是争议决定的标的时，上诉法律程序中提交的完全一致的请求不是该上诉的标的，这是因为，就这项请求而言，上诉人不会受到异议部决定的不利影响。

审查并消除权利要求书和说明书中存在的对于反驳经证实的异议理由而言，并不必要的任何模糊之处不属于异议上诉程序中的对争议决定的审查。如果权利要求书中出现与已授权文件中的更改无关的模糊之处，EPC 1973 第 69 条规定，必须使用说明书和附图解释该权利要求书，而非该权利要求必须进行更改（**T 481/95**）。

T 653/02 中，委员会认为，委员会无权审查将获得授权的权利要求 1 与专利未被反对的范围内的从属权利要求（sub - claim）合并以后新形成的权利要求；这不属于 **G 9/91**（OJ 1993，408）允许的例外情况。**T 646/02** 中，委员会认定，涉诉案件与 **T 653/02** 中向委员会呈递的事实的区别在于，无异议的主题在专利中进行描述，属于获得授权的独立权利要求，但其本身不属于获得授权的专利的独立权利要求的主题。然而，委员会是否有权进行审查仅取决于专利是否明显受限于异议书未涵盖的主题。**T 646/02** 通过限制**故意被排除在外的独立权利要求**的主题实现了上述目的，而涉诉案件则通过限制**故意被排除在外的发明不同版本**实现了上述目的。委员会认为，由此，**G 9/91** 中的例外情况也不适用于当前案件，因为，它只适用于异议书隐含包括的主题，而不适用于那些明确排除在外的主题。

根据 **G 9/91**，上诉程序中专利所有人可以按照 EPC 1973 细则第 57a 条修改无争议的**从属**权利要求（**T 711/04**）。

尽管依据 **G 9/91**（OJ 1993，408），上诉程序被视为司法程序，但是，这并不意味着委员会在当事方所递交的法律依据和事实这一框架内审查上诉时，局限于考虑当事方在文件中标示的内容和当事方递交的事实。审查上诉可能会引发这一框架内的其他相关问题而要求当事方提交意见陈述。此外，权利要求的修改是在异议程序进行期间作出的情况下，需要充分审查该修改是否符合 EPC 的要求（**T 1355/04**）。

因（但不限于）权利要求缺乏清楚性而未能按照 EPC 1973 细则第 45 条实施检索的申请，由于相同原因而被驳回的，上诉委员会只需审查该权利要求是否是因为未能遵守 EPC 1973 第 84 条的清楚性要求而无法实施有意义的检索。**T 1873/06** 中，委员会认定权利要求满足 EPC 的各项要求，本可以对其进行检索，委员会将申请发回了审查部，由其进行额外检索并继续实质审查。EPC 1973 细则第 45 条已经简化，成了 EPC 细则第 63 条。只有英文版和德文版的 EPC 第 84 条进行了小幅编辑性修改。

6.3 审查中的可专利性要求

6.3.1 单方法律程序

G 10/93（OJ 1995，172）中，扩大委员会裁定，审查部驳回申请的，委员会有权审查该申请或与该申请相关的发明是否满足 EPC 1973 的各项要求。对于审查部未能在审查程序中予以考虑的要求或者视为已经得到满足的要求，都要进行审查。然后，在适当的情况下，委员会要么自己裁定案件，要么将其发回审查部。

这是从单方参加的审查不具有争讼性这一事实推出的规则。该规则涉及在只有一位当事方（专利申请人）参加的法律程序中审查可专利要求。每一审查阶段所涉及的部门必须确保该要求得到满足。因此在单方法律程序中，上诉委员会既不局限于审查争议决定的理由，也不局限于审查作为该决定依据的事实和证据，并且可以接纳新的理由（使是通过单方参加的案件）。上诉法律程序的主要目的是审查争议决定。

这项决定基于案件 **T 933/92**。在 **T 933/92** 中，审查部以不符合 EPC 1973 第 123（2）条为由驳回了申请。虽然委员会对于 EPC 1973 第 123（2）条持有与审查部相同的观点，但是委员会认为应该以缺乏创造性为由驳回申请。在委员会看来，**G 9/91** 和 **G 10/91** 并没有解决是否可以增添或更换理由这一问题。

对于在上诉被部分撤回的情况下，案件审查责任的范围是怎样的这一问题在第 7 章 E. 11. 1 节中进行了讨论。

6.4　被审查的事实——在上诉法律程序中应用 EPC 第 114 条

当事方没有权利确定委员会的决定中应该考虑哪些事实。相反，EPC 第 114（1）条（未发生任何变动）也可以应用在上诉法律程序中要求委员会主动确定事实（参见 **T 89/84**（OJ 1984，562）和 **J 4/85**（OJ 1986，205）；在应诉人的“交叉上诉”没有必要这一点上，前者被取代）。

由于扩大委员会在 **G 8/93**（OJ 1994，887）中明确指出，只有法律程序处于未决状态时才存在 EPC 1973 第 114（1）条规定的委员会义务。早前，**T 328/87**（OJ 1992，701）已经裁定，仅在上诉可被接纳的情况下方可调查事实。但是，在延迟递交事实和证据的情况下该义务存在限制，比如 EPC 1973 第 114（2）条的规定。在异议人/应诉人撤回异议的情况下，也适用这一规则。**T 34/94** 中，委员会认定，“出现异议撤回时，异议人为应诉人的，委员会可以考虑在撤回异议之前异议人递交的证据。但是，出于程序经济的考虑，EPC 1973 第 114（1）条规定的 EPO 主动审查事实的责任，不要求 EPO 在没有异议人配合就无法查清重大事实的情况下开展的口头法律程序中，审查异议人的递交”（这确认了 **T 129/88**，OJ 1993，598；**T 830/90**，OJ 1994，713；**T 887/90**、**T 420/91** 和 **T 634/91** 的判例法；另见 **T 252/93**）。

T 182/89（OJ 1991，391）列明了调查义务涉及哪些内容；EPC 1973 第 114（1）条不得被解释为要求异议部或上诉委员会查清是否存在未能被异议人恰当证实的、支持异议理由的事实，相反，应解释为授权 EPO 充分调查根据 EPC 1973 第 55（c）条指称并得到恰当证实的异议理由（另见 **T 441/91** 和 **T 327/92**）。**T 263/05**（OJ 2008，329）中，委员会承认，根据 EPC 1973 第 114（1）条，它具有依职权审查经修改的权利要求的责任，但是仅限那些乍看不符合 EPC 1973 第 114（1）条的规定，比如缺乏清楚性或清晰性。

T 60/89（OJ 1992，268）认为，所指称事实发生在很久之前且没有提出证据证明缺乏新颖性，当事方不再争议这个问题的，便没有义务按照 EPC 1973 第 114（1）条依职权调查这个问题。**T 505/93** 中，委员会也不认为自己在异议人拒绝出席澄清在先使用的口头法律程序的情况下有义务开展进一步的调查。

若一审部门与/或当事方未能考虑明显可以在 EPO 档案中获得的且与异议理由相关的高度关联事项，则委员会的权力可以扩至矫正考虑该事项的角度。当然，条件是必须尊重当事方获得公平及平等待遇的程序权利。这不仅符合扩大委员会的决定 **G 9/91**（OJ 1993，408）和 **G 10/91**（OJ 1993，420），同时也是委员会的责任，这是因为法律程序中的终审环节关乎有异议的欧洲专利能否得到授予或维持（**T 385/97**）。这增强了委员会决定的可接受性以及委员会作为有权裁定效力达至全部指定缔约国的可专利性的唯一司法机构的身份，前提条件是，该决定是以上诉法律程序期间递交的所有材料为基础的。因此，如果该法律程序中出示的一个文件不具有完全的相关性或不完全符合程序经济原则，也应考虑该文件（**T 855/96**）。

T 715/94 中，扩大委员会认为，它有权将已向审查部门和异议部门递交的但被认为无关的文件认定是破坏新颖性的，因为在上诉人的异议书中已经质疑了新颖性，而且也引用了该文件。

T 87/05 中，委员会认为考虑到（但不限于）新主题的复杂性、法律程序的当前状态以及程序经济化原则，RPBA 管理法律程序接纳迟延请求的条文多半已经将上诉委员会关于此类请求可接纳性的既定判例法变为成文法（参见 RPBA 2007 第 13 条）。

上诉人/异议人针对异议部门维持修改形式的专利决定提出上诉的情况下，上诉委员会在考虑该上诉时，必须考查上诉人/异议人提出论点的权利要求以及完全或部分从属于该权利要求的权利要求，并且必须有限制地应用 EPC 1973 第 114（1）条（**T 223/05**）。

6.5 被审查的论点

当事方是否已经履行向公众公开文件方面的举证责任这一问题就是一个论点，而非一项新上诉理由。禁止或限制增补专利异议内容、提出新的异议理由或引入新的事实或证据不适用于接纳新论点。的确，上诉法律程序尤其是口头法律程序的主要目的在于，向败诉方提供机会对部门决定中对其不利的有关事项提出新意见和/或援引委员会对导致一审部门作出不利决定的推理中的事实。在实践中，这可以依靠新论点来实现。虽然最好在法律程序中尽可能早的阶段中提出所有相关论点，但是 EPC 1973 第 108 条并没有要求上诉理由陈述书穷尽所要提出的论点（**T 86/94**）。

同样，在 **T 432/94** 中，允许上诉人重新界定发明要解决的问题。委员会指出，无法根据 EPC 1973 第 108 条第三句得出以下结论：上诉人在整个上诉法律程序受限于理由陈述书中用到的论点；这涉及可接纳性要求，但是并不限于上诉法律程序中的争议事项。

6.6 对一审自由裁量决定的审查

如果上诉针对一审部门对程序事项行使自由裁量权的方式进行了质疑，上诉委员会没有责任像一审部门一样审查这项案件的所有事实和情形，也没有责任判断是否自己原本应该可以按照和一审部门相同的方式行使该自由裁量权。只有在上诉委员会认定一审部门按照错误原则行使自由裁量权的情况下，或者认定一审部门行使自由裁量权时未能考虑正确原则的情况下，或者认定一审部门未能采用合理的方式行使自由裁量权的情况下，上诉委员会才可以推翻一审部门行使自由裁量权的方式（**T 640/91**，OJ 1994，918；另见 **T 182/88**，OJ 1990，287；**T 986/93**，OJ 1996，215；**T 237/96** 和 **G 7/93**，OJ 1994，775）。另见 T 1119/05。

7. 上诉的提交和可接纳性

根据 EPC 第 108 条，应按照实施细则于得知决定之后 2 个月内提交上诉书。只有在缴纳上诉费后，上诉书才视为已经提交。先前载于 EPC 1973 细则第 64 条的上诉书内容，现在载于 EPC 细则第 99 条。考虑到以后会用到电子通信手段，有必要避免使用“书写形式”或者“书面形式”等表达以及将该规定留给实施细则，因此这些表达已从 EPC 中删除。

上诉的可接纳性仅可以从整体上进行判断（**T 382/96**）。EPC 并不支持上诉“部分可接纳”这一观念（**T 774/97**）。另见 T 509/07。

7.1 过渡性条文

如果上诉书是早于 EPC 修改版生效时间提交的，根据开展程序行动的权利受制于该行动发生之时有效的法律这项原则，上诉的可接纳性必须依据 EPC 1973 的条文进行判断（**T 1366/04**）。

为了在特定的法定时间段内满足可接纳性的各项要求，根据相关条文判断一项上诉是否可以被接纳完全取决于时限届满时的实体和法律地位。既然在审查可接纳性时不考虑满足可接纳性要求的时限届满以后迟延递交的可接纳性，那么，在满足可接纳性要求的时限届满以后法律地位的任何变化也不会对可接纳性的判断造成任何影响，无论是对上诉人有利的影响还是对上诉人有害的影响（**J 10/07**；OJ 2008，567）。

T 2052/08 中，委员会援引了 **J 10/07** 中 EPC 细则第 103 条不得适用于 EPC 2000 生效以前提交的专利申请上诉案件这一裁断认定，由于 **J 10/07** 涉及在一审发生重大程序违法事件的情况下退还上诉费，因此，它的结论不得被当作对 EPC 细则第 103 条的可适用性的隐含表述。

T 616/08 中，委员会认定，就一个规则调整后的版本或原始版本是否适用而言，具有相关性的事实是只要立法者不积极就会有法律空白，需要由判例法来填补。2001 年 6 月 28 日行政委员会关于 2000 年 11 月 29 日修改《欧洲专利公约》的法案第 7 条中过渡性条文（以下简称“过渡性条文”）决定中虽提及了 EPC 第 106 条、第 108 条和第 110 条，但是却没有提及 EPC 第 107 条、第 109 条和第 111 条。委员会同时考虑了过渡性条文的目的（具体而言是避免长时间使用不同版本的 EPC）以及 EPC 中没有表明希望同时使用涵盖上诉法律程序的新旧版本条文这一事实。因此，委员会决定，在 EPC 第 106 条、第 108 条和第 110 条可以适用的情况下，适用 EPC 第 107 条、第 109 条和第 111 条及细则的相应条款。

委员会引用了 **J 10/07**（OJ 2008，567）。**J 10/07** 中，法律委员会得出结论，EPC 1973 第 107 条和第 111 条应适用于在截止日期前提交的申请。但是法律委员会认为，继续使用过渡性条文中没有提及的 EPC 1973 中的条文似乎与立法者的目标不一致，即修改以后的条文应尽快在实践中生效并且应避免长时间内使用不同版本的 EPC。

7.2 可上诉的决定

EPC 第 106（1）条第一句规定，EPC 上诉针对的是受理部、审查部、异议部和法律部的决定。在所有的三种语言版本中，这项条文均未发生任何改动。

7.2.1 部　门

委员会仅可以审理针对其他 EPO 部门所作决定提出的上诉（**J 12/85**，OJ 1986，155）。因此，关于扩展专利申请和专利至扩展国家，无权向上诉委员会主张追讨权。这是各个国家的管辖范围（**J 9/04**，另见 **J 2/05**）。

7.2.2 决　定

一份文件是否构成一项“决定”取决于这份文件的内容，而非它的形式（**J 8/81**，OJ 1982，10；另见 **J 26/87**，OJ 1989，329；**J 13/92**，**T 263/00** 和 **T 713/02**（OJ 2006，267））。因此，所涉文本是以信函的形式存在的或是文本说“……决定”允许该请求是无关紧要的。日期注明为 1999 年 4 月 28 日的总司两副局长通知中使用措辞“涉及错误修正的决定”这一事实也不是决定性的（**T 713/02**，OJ 2006，267）。

T 1062/99 中，针对手续人员以不可接纳为由而驳回异议的信函被认为是可上诉的决定。一个“决定”必须是在法律上行得通的替代方案之间作出的合理选择（**T 934/91**，OJ 1994，184）。

上诉委员会判例法已确立，以下几项**不得**视为是其他 EPO 部门作出的可上诉决定：

（1）根据 EPC 1973 细则第 89 条提出的修正争议决定的请求。该请求在一审中被作出裁决以后方可将有关事项提交至委员会（**J 12/85**，OJ 1986，155）。

（2）EPC 1973 第 96（2）条和 EPC 1973 细则第 51（3）条提及的预备步骤（**T 5/81**，OJ 1982，249）。

（3）根据 EPC 1973 细则第 57（1）条（**T 222/85**，OJ 1988，128）或者 EPC 1973 细则第 69（1）条进行的通信（**J 13/83**）。

（4）异议部认定异议已经有效提交并且表明关于异议在口头法律程序中会作出决定的通信（**T 263/00**）。

（5）一审部门（比如，异议部）负责人驳回针对该部门成员的以涉嫌不公正为由提出的反对的命令。然而，根据 EPC 1973 第 106（3）条针对该部门的最终决定或任何单项可上诉的中期决定提出的上诉中，可以基于该理由质疑该部门的组成（**G 5/91**，OJ 1992，617）。

（6）负责人针对检查档案的请求作出的“决定”。根据总司 2 副局长通知（OJ 1984，317，分别在 OJ 1989，178 和 OJ 1999，504 中得到了修改和补充），负责技术意见（EPC 1973 第 25 条）或者有手续人员的审查部才有权对档案检查请求作出决定。因此，该被上诉的“决定”从一开始就是无效的，该上诉是不可接纳的（**J 38/97**；另见 **T 382/92**）。

（7）带有 EPO 总司的信笺抬头且经 EPO 副局长签署的信函，条件是，从信函的内容明显可以看出信函并没有构成决定，而且从信函的形式明显可以看出信函并非来自 EPC 1973 第 21（1）条列明的任何部门（**J 2/93**，OJ 1995，675）。

（8）口头法律程序的记录（**T 838/92**）。**T 231/99** 认为，异议部主动对口头法律程序的记录作出的修正不是直接可上诉的。

（9）来自手续人员的通信，该手续人员主要处理专利权人保持异议程序的请求并将案件发回审查部让其根据 EPC 1973 细则第 89 条对修正请求作出决定（**T 165/07**）。

T 26/88（OJ 1991，30）中，委员会认为内容为根据 EPC 1973 第 102（4）条和第 102（5）条撤销专利的任何文件不构成一个决定，但被 **G 1/90**（OJ 1991，275）推翻了。

7.2.3　中期决定

根据 EPC 第 106（2）条（EPC 1973 第 106（3）条），针对涉及一当事方的未中止法律程序的决定（中期决定），仅可以连同最终决定提起上诉，该决定允许单独上诉的除外。针对涉及异议可接纳性（例如参见 **T 10/82**，OJ 1983，407）或者维持修改形式的专利（例如参见 **T 247/85** 和 **T 89/90**，OJ 1992，456）的中期决定，提出单独上诉是可能的。

T 857/06 中，异议部试图将其第一次（不可上诉的）中期决定的内容并入第二次（可上诉的）中期决定中。委员会指出，已经决定的事项不可以在相同的审查阶段中再次作出决定，因此，上诉人除了要针对第二次中期决定提出上诉以外，还必须针对第一次中期决定提出上诉。尽管未明确对第一次中期决定提出上诉，异议部试图并入第一次决定内容的行为在程序上却是不正确的、具有误导性的。委员会得出的结论是，根据合法期望的原则，必须把上诉内容看作包括第一次中期决定。

7.2.4　针对上诉委员会的决定提出上诉

G 1/97（OJ 2000，322）中，扩大委员会确立了以下规则：

（1）在 EPC 1973 的背景下，为了回应基于指称违反根本程序原则而提出的旨在修改上诉委员会作出一事不再理的最终决定的请求，采取的管辖措施应视为以不可接纳为由驳回了该请求。

（2）不可接纳的决定应由作出形成修改请求标的决定的上诉委员会签发。该项决定可以立即签发，无须办理其他程序手续。

（3）管辖措施仅适用于针对日期晚于上诉委员会当前决定日期的决定而发出的请求。

（4）如果要求 EPO 法律部针对上诉委员会的决定提出的登入欧洲专利登记簿的请求作出决定，EPO 法律部不得作出以下命令：只有在请求（不论其形式为何）是基于指称违反根本程序原则而提出且旨在修改上诉委员会最终决定的情况下，才可以登入欧洲专利登记簿。

自那时起，多项决定（比如 **J 16/98**、**J 3/98** 和 **T 431/04**）都遵循了这些原则。

T 846/01 解释道，上诉理由的书面陈述中至少应有一项争议点，即至少被上诉的审级本应裁决上诉人胜诉但并未如此裁决存在争议。关于这一点作出的对上诉人有利的决定同时也必定产生了不同的结果。不得以上诉为借口请求考虑被上诉的审查环节无权考虑的内容。

在本案中，很明显，上诉人并没有质疑异议部关乎权利要求书重新编号和说明书修改这项决定的内容，实际上却是试图重新开启已经在上诉委员会的早期决定中决定的有效性问题。根据 EPC 1973 第106条，并且考虑到一事不再理原则，不能再质疑这项决定。

根据 EPC 第112a条，EPC 2000 引入了对上诉委员会的决定实施限制性的司法复核这项举措。参见第7章 E.15“复核呈请”。

7.3 负责审理案件的委员会

委员会的职责和组成参见 EPC 第21条。**G 2/90**（OJ 1992，10）中，扩大委员会明确指出，根据 EPC 1973 第21（3）（c）条，上诉委员会仅可以审理针对成员少于4人的审查部作出的并不涉及申请驳回或授权的决定提出的上诉。对于其他情况，也就是被 EPC 1973 第21（3）（a）条、第21（3）（b）条和第21（4）条涵盖的案件，应由技术委员会负责。EPC 1973 第21（3）条和第21（4）条关于上诉委员会职责和组成的规定没有受到 EPC 1973 细则第9（3）条的影响。

EPC 第21（3）（a）条明确指出，针对涉及限制或撤销欧洲专利的决定提出的上诉应由技术上诉委员会审理。

G 3/03（OJ 2005，343）中，上诉扩大委员会认为，根据 EPC 1973 第109（1）条进行中间修改的情况下，该决定遭到上诉的一审部门无权驳回上诉人提出的上诉费退还请求。有权对该请求作出决定的是在中间修改未被授权的情况下根据 EPC 1973 第21条有权处理上诉实体争议的上诉委员会。

关于针对审查部驳回根据 EPC 1973 细则第89条提出的修正授权决定请求的决定提出的上诉，应由技术上诉委员会决定（**G 8/95**，OJ 1996，481；被 **J 30/94** 推翻）。但是，在多方的异议上诉程序中，关于根据 EPC 1973 细则第89条在单方审查程序中作出的授权决定，委员会没有上诉权限审查针对该决定作出的修正决定，这是因为，该修正决定并没有构成向委员会提出的上诉程序的标的；参见 **T 79/07**，与 **T 268/02** 相悖。

根据 **T 1382/08**，关于 EPC 1973 第21（3）条规定的责任问题，如果争议决定自相矛盾或者不清楚，则应借助该决定相对于上诉人的法律后果或者该决定在法律性质方面留给公众的印象予以看待。

另外，针对审查部驳回根据 EPC 1973 细则第88条专利授权以后提交的修正请求的决定提出的上诉应由法律上诉委员会决定。该上诉涉及 EPC 1973 细则第88条规定的请求是否可以在专利授权以后提出的问题。这纯粹属于一项法律问题，并且不牵涉欧洲专利申请的驳回或欧洲专利的授权。答复这一先决问题并不涉及考虑与专利一同获得授权的文本，这也是和 **G 8/95** 相一致的（**J 42/92**）。

7.4 上 诉 权

7.4.1 形 式 方 面

根据 EPC 第 107 条第一句，关于 EPO 的决定，仅限导致产生该决定的法律程序的当事方可以针对该决定提出上诉。这条规定的英文版尚未发生任何变化。法文版和德文版发生了小幅编辑性修改。

J 1/92 中，以代理人而非受到争议决定不利影响的当事方的名义提交的上诉以不可接纳为由被驳回。

T 340/92 中，上诉人是一家公司，但是，很明显在上诉书中这家公司是被误当作了异议人，它的附属公司才是真正的异议人。实际的上诉人是受到异议驳回决定不利影响的唯一当事方，并且很容易通过上诉档案中登记的代理人发现。委员会认为，这项缺陷可以根据 EPC 1973 细则第 65（2）条得到补救。另见 **T 875/06**。

但是，如果上诉书由受到不利影响的当事方提交，而上诉理由却是由不属于异议程序当事方的另一家公司提交，且这家公司也不是受到该程序的结果不利影响的当事方，这种情况下，该上诉不会被认为是可接纳的。由于实施细则没有根据 EPC 1973 第 133（3）条最后一句作出任何规定，因此，EPC 1973 不允许与一位法人存在经济关联的另一位法人的员工代表前者，同样，后者也无法代表前者提交上诉理由（**T 298/97**，OJ 2002，83）。不存在任何明确相反表述的情况下，获得受到任何决定不利影响的当事方行事的授权以后，针对该决定提交上诉的专业代理人必须被假定为代理其在一审法律程序中代理的同一当事方行事，而不是代理无权上诉的其他人行事（**T 920/97**）。

G 3/99（OJ 2002，347）中，上诉扩大委员会认为，在异议方由多个个体组成的情况下，根据 EPC 1973 细则第 100 条，应由共同代理人提交上诉。在上诉由无权个体提交的情况下，上诉委员会视作该上诉没有得到正式签署，因而会邀请共同代理人在指定的时限内予以签署。应向提交上诉的无权个体告知该邀请。先前的共同代理人停止继续参与法律程序的情况下，应根据 EPC 1973 细则第 100 条确定新的共同代理人。

为了保护专利所有人的权利，并且出于提高程序效率的考虑，在整个法律程序开展的过程中必须明确共同异议人或共同上诉人群体包括哪些个体。在任何共同异议人或上诉人（包括共同代理人）计划退出法律程序的情况下，共同代理人或者根据 EPC 1973 细则第 100（1）条确定的新的共同代理人必须通知 EPO，这样退出行为方可生效。

进入破产管理程序的公司无权继续依法提交上诉，仅限破产管理人可以代理它提交上诉。**T 693/05** 中，破产管理人授权代理人提交了上诉，并且这项上诉被认为是可接纳的。**T 1324/06** 中，先前被宣布破产的公司的授权代理人代理公司提交了上诉。EPC 1973 细则第 101（6）条和 EPC 细则第 152（8）条规定，授权终止通知 EPO 之前授权的代理人应视为处于获得授权的状态。依凭这两条规定，委员会认为，既然没有收到来自破产管理人或代理人的通知，那么，该上诉应该是可以接纳的。

关于专利受让人的上诉权，请参见第 7 章 C. 5. 2“视同专利所有人的当事方地位”。

7. 4. 2　受到不利影响的当事方

根据 EPC 第 107 条（只有英文版没有发生变化），法律程序中任何受到不利影响的当事方均可以上诉。根据 **T 234/86**（OJ 1989，79），就任何当事方而言，决定未能迎合当事方主请求或在先的被允许的附属请求视为当事方受到不利影响（另见 **T 392/91**）。专利所有人撤回主请求或在先附属请求并且认同被允许的附属请求的属于例外情况（**T 506/91**、**T 528/93**、**T 613/97**、**T 54/00** 和 **T 434/00**）。这类情况下，专利由异议部以修改的形式进行维持（想要了解更多关于主请求和附属请求之间关系的信息，另见第 6 章 G. 3“主请求和附属请求”）。

为了确定当事方是否受到了不利影响，除了将当事方的目标和决定的主旨进行比较之外，还必须核实争议决定宣布时和上诉提出时当事方是否因此受到了不利影响（参见 **T 244/85**，OJ 1988，216）。上诉人意图仅修改决定理由而非决定本身（**T 84/02**）的，或者上诉的唯一目的是解决任何一项与案件无关的法律点的（**J 7/00**），即便委员会决定裁定这样的问题，该上诉仍然是不可接纳的（另见 **T 1790/08**）。专利权人的请求实际得到许可的情况下，为了获得上诉机会而放弃权利要求以得到的即时决定同样也会导致上诉成为不可接纳的上诉（**T 848/00**）。

T 298/97（OJ 2002，83）中，委员会认为，上诉书由受到不利影响的当事方提交，而上诉理由却是由与受到不利影响的当事方有经济关联的自然人或法人而非该当事方亲自提交的情况下，上诉也无法被认为是可接纳的上诉。

a）专利申请人

J 12/83（OJ 1985，6）中，委员会认定，在以下情况中，欧洲专利的申请人可能会受到专利授予决定的 EPC 1973 第 107 条意义上的“不利影响”：专利连同未经申请人按照 EPC 1973 第 97（2）（a）条和 EPC 1973 细则第 51（4）条批准的任何文本一同被授权的。**J 12/85**（OJ 1986，155）中，委员会认为，只有在授予决定与申请人的具体请求不一致的情况下，申请人才会受到 EPC 1973 第 107 条所指的“不利影响”（另见 **T 114/82** 和 **T 115/82**（同见 OJ 1983，323）及 **T 1/92**，OJ 1993，685）。**J 5/79**（OJ 1980，71）裁定，就由于未能提交优先权文件而被认定优先权失效的申请人而言，在申请公布之前恢复优先权的情况下，视为该申请人已经停止受到不利影响。

审查部虽然纠正了自己的决定但是拒绝退还上诉费的情况下，申请人被视为受到了不利影响，可以提出上诉（**J 32/95**，OJ 1999，713）。

构成纠正决定依据的理由不仅仅应解释为该决定的法律依据，还应解释为支撑法律依据的事实理由。由此，**T 142/96** 中，受到事实依据不利影响的申请人被视为受到了不利影响。

b）专利所有人

T 73/88（OJ 1992，557）中，委员会裁定，如果异议部的决定支持专利权人的专利维持请求，则专利权人便不得针对决定过程中的不利推理提出上诉（这里涉及专利权人的优先权主张），这是因为，专利权人没有受到 EPC 1973 第 107 条所指的不利影响。

T 457/89 中，委员会认为，通过类比 **G 1/88**（OJ 1989，189），上诉人（专利权人）受到了专利撤销决定的不利影响，尽管专利权人未能在异议部根据 EPC 1973 第 101（2）条和 EPC 1973 细则第 58（1）~（3）条发出的要求中规定的时间内就某项通信发表意见。

根据 **G 1/88**，违规行为可能会导致权利丧失，虽然 EPC 1973 一直都明确提及了这一点，但是 EPC 1973 第 101（2）条却没有对任何权利丧失作出任何规定。

反映法律程序确定性基本价值的一项原则是，在作出准许当事方最终请求的决定的情况下，当事方不得被视为受到 EPC 1973 第 107 条所指的不利影响。根据 EPC 1973 细则第 88 条要求修正任何文件而提出的作为上诉唯一理由的请求是不可接纳的（**T 824/02**，OJ 2004，5）。这个案件中，专利所有人根据 EPC 1973 细则第 88 条请求修正自己撤回所有请求的信函（另见 **T 961/00** 和 **J 17/04**）。在后来的决定中，委员会认定，尽管上诉书中仅提到了根据 EPC 1973 细则第 88 条和第 89 条针对被上诉决定提出的修正请求，但是，专利所有人却由此（隐含）指称，被上诉决定错误地限制了专利的地区范围，并且这项决定应该被取消。因此，委员会认为，上诉人已经充分声称受到了不利影响，并且该上诉是可以接纳的上诉。**T 537/05** 中，关于基于上诉人的主请求而作出的以修改的形式授权专利的被上诉决定，上诉人被认为受到了该决定的不利影响，这是因为上述请求是在异议部“决定”主题未满足 EPC 1973 第 56 条的各项要求以后才提交的。赋予措辞“决定”真实的含义以后，异议部随后撤销了专利，异议部在作出决定以后采取的行动超越了自己的权限，因此，专利所有人受到了不利影响，有权进行上诉。

T 591/05 中，在国家法律程序中发现任何现有技术披露意味着专利所有人随后受到了不利影响这一论点被驳回。通过授权专利，一审部门同意了上诉人当时有效的请求。此外，上诉的中止效力是上诉本身的直接后果，并且从属于上诉本身（EPC 1973 第 106（1）条），因此，不得援引由上诉的中止效力直接引发的任何情形来支持上诉本身的可接纳性。

T 332/06 中，专利所有人的上诉在提交时是可以接纳的，但是收到理由陈述书以后反而变成了不可接纳的上诉。后一种情况下，专利所有人仅针对决定中与缔约国德国提出的权利要求相关的部分提出了质疑。但是，关于德国提出的被异议部在中期决定中认定属于可允许的权利要求与专利所有人主请求包含的权利要求是相同的，而后者却仅在其他缔约国内遭到了驳回。因此，就德国而言，专利所有人没有受到不利影响。

根据 **T 1351/06**，就任何附属请求而言，只有在主请求或相对更高一级的附属请求未被授权的情况下，附属请求才有效。根据 EPC 1973 第 113（2）条，EPO 受到申请人请求的约束。在本案中，主请求没有被撤回，因此仍然尚未得到裁决。因此，基于附属请求作出的专利授权决定是与 EPC 1973 第 113（2）条相悖的。因此，根据 EPC 1973 第 107 条，上诉人受到了不利影响。

c）异议人

（i）EPC 细则第 82（1）条

根据 EPC 细则第 82（1）条（EPC 1973 细则第 58（4）条），异议部决定维持修改以后的专利之前，异议部应告知当事方它计划与其专利共同维持的文本，并应要求当事方在反对该文本的情况下在 2 个月内提交各自的意见陈述。

T 271/85（OJ 1988，341）中，一审部门以及众多上诉程序中应用先前措辞不同的规则导致向扩大委员会移交案件。比如，**T 244/85** 中，委员会认为，对 EPC 1973 细则第 58（4）条规定的通信保持沉默应解释为认同以提议的形式维持专利的表现；未能在 EPC 1973 细则第 58（4）条规定的时限内通知自己反对维持经修改的专利的异议人提出的上诉是不可接纳的，因为异议人不能声称自己受到了不利影响。转给扩大委员会的法律点如下：“通知 EPC 1973 细则第 58（4）条规定的通信以后，如果异议人反对与拟维持的专利共同维持的文本但是未能在 1 个月内作出任何意见陈述，异议人在这种情况下的上诉是否

是可接纳的?”（该时限现在是2个月）

G 1/88（OJ 1989，189）中，扩大委员会认定，异议人未能在指定的时限内对于文本作出任何意见陈述这一事实不导致异议人的上诉成为不可接纳的上诉，即便已根据EPC 1973细则第58（4）条要求异议人这样做。

扩大委员会论述道，将保持沉默视作同意的相当于撤回异议伴随着放弃上诉权。然而，放弃任何权利不能简单地假设。同时，将保持沉默视作放弃也与公约运行的逻辑相冲突，因为，这样做会与公约基本的起草哲学以及公约处理权利丧失的方式相矛盾。公约已明确规定，疏忽的法律后果是权利丧失。同时还必须牢记，根据EPC 1973第164（2）条，实施细则必须始终根据公约进行解释。

因此，关于实施细则的解释，应以最为接近公约的原则为准。通过至少向相对更高一级的裁判法院提出上诉保护当事方的权利是公约的一项原则。因此，实施细则应按照EPC 1973细则第58（4）条不干涉EPC 1973第106条和第107条规定的上诉权的方式进行解释。技术性解释，即按照EPC 1973细则第58（4）条规定的程序的含义和目的进行解释，会产生相同结果。

T 156/90中，异议人申明，如果权利要求按照指定的方式进行修改，异议人便不会反对维持专利。专利所有人相应地修改了权利要求。但是，异议人针对维持按照上述方式修改的专利的中期决定提出了上诉，并辩称情况已经发生了变化，因此，它不再受到自己同意的约束。这项上诉以不可接纳为由而被驳回。

另外，**T 266/92**中，异议人在异议程序中声明，如果专利权人同意专利修改以后的措辞，那么，异议人便撤回口头法律程序请求，而实际上，异议人也是这样做的。异议部以修改的形式维持了专利。而异议人提出了上诉，请求撤销专利。专利权人认为，异议人没有受到不利影响，因为通过撤回口头法律程序的请求，异议人已经明确认可了专利的措辞。上诉委员会却并不这样认为，而是认为撤回口头法律程序的请求就其本身而言并不意味着撤回任何其他既有的请求。除了同意以外，最初要求口头法律程序的当事方放弃自己请求可能还存在其他原因——比如说希望节约成本或者获得较快的决定。因此，委员会得出结论，上诉人受到了EPC 1973第107条所指的不利影响，有权进行上诉。

T 299/89中，委员会考虑了在异议中请求部分撤销而在上诉中希望全部撤销的异议人的上诉权的范围。委员会决定，这种情况下，异议人上诉权的范围应根据异议中原始请求的范围决定。只有在原始请求未被授权的情况下异议人才可以被视为受到了EPC 1973第107条规定所指的不利影响，但是，上诉时，异议人不得提出范围更为宽泛的请求。

T 833/90 中，委员会认为，不清楚或者不确定异议人（上诉人）是否同意专利维持的情况下，上诉应视为可接纳的。这项观点在 **T 616/08** 中得到了遵循。

(ii) 概述

对于有利于专利所有人的撤销决定给出的附带意见理由，如果对于异议部而言，撤销决定在上诉中被取消的情况下出于避免豁免的目的而考虑该附带意见理由是合适的，则异议人便不会受到该附带意见理由的不利影响（**T 473/98**，OJ 2001，231）。

T 273/90 中，委员会的结论是，由于修改后的权利要求和说明书不充分的调整引发的法律不确定性构成了 EPC 1973 第 107 条规定的充分不公平，这是因为，上诉人（异议人）的商业利益可能会受到不利影响（**T 996/92** 同样如此）。

T 1178/04（OJ 2008，80）中，委员会认定由异议人提交的上诉属于可接纳的上诉，即使发生有争议转让以后异议人身份的有效性遭到了质疑，这是因为，对于 EPC 1973 第 107 条的目的，就任何个体而言，即使该个体参与法律程序的权利受到了质疑，该个体仍然属于相关法律程序的当事方。宣布该个体无权参与相关法律程序的决定具有的影响应该是该个体不再有权参与相关法律程序，而不是该个体从来都不属于相关法律程序的当事方。

7.5 上诉的形式和时限

登记处通知案号和主管上诉委员会不构成 EPC 1973 细则第 69（2）条规定的承认上诉处于未决状态的决定（**T 371/92**，OJ 1995，324；另见 **T 1100/97** 和 **T 266/97**）。EPC 1973 细则第 69（2）条现为 EPC 细则第 112 条。

7.5.1 上诉的电子提交

根据 EPC 1973 第 108 条，自可被上诉的决定公布之日起，如需上诉，应在 2 个月内采用**书面形式**提交上诉书。因此，**T 781/04** 和 **T 991/04** 中，通过引用 EPO 于 2003 年 12 月 9 日发布的关于“我的 epoline® 门户”的通知，以不可接纳为由驳回了采用电子手段（epoline®））而非“采用书面形式”提交的上诉。根据 EPC 第 108 条，“采用书面形式”这项要求已经被删除——考虑到以后会用到电子通信手段，有必要避免使用“书写形式”或者“书面形式”等表达以及将该内容留给实施细则规定。EPC 第 108 条规定，上诉书应按照实施细则进行提交。**T 765/08** 中，委员会引用了 **T 781/04**、**T 991/04** 和 **T 514/05**，表示，如果采用未经EPO局长核准的技术手段（这里指的是电子传送手段）进行提交，则据称属于随后为EPC细则第2（1）条目的提交的文件（这里指的是上诉书）的文件不得视为成功接收。

根据EPO局长于2009年2月26日关于文件电子提交的决定（决定2009）（OJ 2009，182），自2009年3月5日起，EPC规定法律程序中的文件可以采用电子形式向EPO提交。

T 1090/08中，在一项日期晚于“决定2009”生效日期的决定中，委员会授权恢复了这项决定中上诉人的权利。根据这项决定，由于上诉人是在“决定2009”生效之前通过epoline®提交了上诉理由陈述书，因此，上诉人的上诉以不可接纳为由遭到驳回。

T 1427/09中，尽管上诉书和理由陈述书及时得到了提交，但是相关的电子签名却没有发送给获得授权在法律程序中行事的个体，这违背了“决定2009”第8（2）条。“决定2009”第8（2）条没有说明未能遵守本条的法律后果。委员会认为，正如**T 665/89**所述，未授权个体的签名应视为是没有签名这项原则不仅应适用于手写签名，还应适用于电子签名。因此，上诉程序中文件的电子提交连同未授权个体的电子签名应视为在相同的法律程序中根据EPC细则第50（3）条采用邮件或传真的方式提交未签名的文件。

7.5.2 上诉书的格式和内容

关于将要在EPC第108条规定的期限内提交的上诉书，对EPC 1973细则第64（a）条和第64（b）条提及的各项要求进行考虑以后，EPC细则第99（1）条规定了该上诉书的内容。根据EPC细则第99（1）条，上诉书应包括上诉人的姓名（名称）和地址（EPC细则第99（1）（a）条）、诉争决定的描述（EPC细则第99（1）（b）条），及限定上诉标的请求（EPC细则第99（1）（c）条）。

但是，如果根据EPC 1973细则第64（b）条，上诉人早已必须将说明争议决定请求修改范围的陈述书纳入上诉中。这很少会导致由异议人提交的上诉出现问题；一般来说，异议人会请求取消诉争的决定，（部分或全部）撤销专利。但是，如果上诉人是专利所有人，修改以后的权利要求差不多总是和上诉理由陈述书一起提交，而且只有在这时，针对诉争的决定提出的修改请求的准确性质才会变得明显。因此，这项要求被移至规定上诉理由陈述书内容的EPC细则第99（2）条；在此之前，一直按照EPC 1973第108条第三句留给上诉委员会判例法处理。

a）EPC 1973细则第64（a）条（参见EPC细则第99（1）条）

决定**T 483/90**中，委员会认为，在上诉书中，如果上诉人的姓名（名称）不准确、地址缺失，但是有异议专利的编号和专业代理人的姓名（名称）和地址同先前法律程序中引用的相一致，并且上诉人在该法律程序中被称为异议人，那么，就能充分识别上诉人。**T 1/97** 中，委员会认为，上诉书应包含上诉人的真实姓名（名称）。如果没有，该缺陷可以按照 EPC 1973 细则第 65（2）条进行修正。

T 613/91 中，虽然上诉书中缺失了上诉人的准确地址，但是来自异议程序的当事方和委员会都知晓。委员会认为，有充分的信息指明了 EPC 1973 细则第 64（a）条规定的身份信息。**T 774/05** 中，上诉被以不可接纳为由驳回，因为上诉书中没有提及上诉人的地址。依据 EPC 1973 细则第 65（2）条，委员会已经要求上诉人在委员会规定的时限内纠正该缺陷，但是上诉人未能在规定时限内完整补救。未能遵守规定时限会产生怎样的影响清楚地载明于 EPC 1973 细则第 65（2）条。这项规定使委员会以不可接纳为由驳回了上诉。随后，为了纠正上诉缺陷，上诉人提出了时限延展请求。但是，根据 EPC 1973 细则第 84 条最后一句，该请求必须在相关时限届满之前进行提交。由于时限届满以后未能遵守时限要求的法律效力会立即起效，因此，根本不可能授权溯及既往的时限延展请求。

T 867/91 中，上诉书利用编号指明了被起诉的专利，利用日期指明了被上诉的决定。同时，上诉书还包含专利权人的姓名（名称）以及上诉人代理人的姓名（名称）和地址。但是，没有包含上诉人的地址，并且没有明确说明专利权人就是上诉人。

委员会认为，既然上诉书提供的信息足以识别上诉人及其地址，那么 EPC 1973 细则第 64（a）条的各项要求已经得到满足。

根据 EPC 1973 细则第 65（2）条和第 64（a）条，出于用上诉中未指明的自然人或法人取代上诉人的目的而去修正上诉人的姓名（名称）是允许的，条件是，修正的真正目的是以上述个体的名义提交上诉以及根据上诉中的信息（必要的情况下，借助其他在案信息）可知，上诉存在很大的可能性应该以上述个体的名义进行提交（**T 97/98**，OJ 2002，183；另见 **T 15/01**，OJ 2006，153；**T 715/01**、**T 707/04** 和 **T 875/06**）。

只要上诉人能够被识别身份，由上诉被提交之前姓名（名称）发生过改变的上诉人提交的未说明该变更的上诉就满足 EPC 1973 细则第 64（a）条的各项要求（**T 157/07**）。

b）EPC 1973 细则第 64（b）条（参见 EPC 细则第 99（1）（b）条和第 99（c）条）

关于 EPC 1973 细则第 64（b）条（EPC 细则第 99 条）发生的修改，参见上文7.5.2。根据EPC 1973细则第64（b）条，上诉书必须包含一份指明争议决定以及请求修改或取消该决定的陈述书。根据EPC细则第99（1）（b）条和第99（c）条，上诉书应包含争议决定的描述和限定上诉标的请求。

根据**J 16/94**（OJ 1997，331），为了确保上诉书符合EPC 1973第108条第一句和EPC 1973细则第64（b）条的规定，必须明确质疑可上诉决定的意图。因此，作为附属请求提交的上诉，即以主请求不被一审部门允许为条件而提出的上诉，是不可接纳的。这是因为，首先考虑到EPC 1973第108条规定的时限，又考虑到一审部门将来根据EPC 1973第109条采取的行动，以及尤其考虑到在EPC 1973第106（1）条规定的上诉的中止性质，决定是否受到了质疑应有法律确定性。这在**T 460/95**中得到了确认（OJ 1998，588）。

如果上诉书没有明确请求取消决定的范围，委员会将会核查是否可以根据上诉人的全部递交确定有关信息（参见**T 7/81**（OJ 1983，98）和**T 32/81**（OJ 1982，225）；另见**T 932/93**和**T 372/94**）。

T 85/88中，上诉人按时提交了上诉书。但是，上诉人没有按照EPC 1973细则第64（b）条的要求提交明确请求取消决定范围的陈述，而是在上诉期过后才提交的。委员会认为，如果对上诉书进行客观解释，还是可以推出上诉时的请求范围的（另见**T 1/88**）。

T 631/91、**T 727/91**及**T 273/92**确认了下述原则：在上诉期间提交的请求未能明确上诉范围的情况下，可以根据上诉人的全部递交推断出上诉的范围。

由于上诉人的递交中没有相反的表述，上诉委员会认为，上诉人希望和在异议程序中提交的请求一样在上诉程序中提交请求（另见**T 925/91**（OJ 1995，469）和**T 281/95**）。

根据**T 194/90**，上诉人（异议人）针对异议部撤销其专利作出的决定提出上诉但是没有正式说明自己请求的情况下，这项原则同样适用。这样，上诉人被视为保持自己在异议阶段提出的请求不变。

T 632/91中，上诉书没有明确请求修改或取消被上诉决定的范围，其中，被上诉决定驳回了专利申请的唯一版本。委员会认定，措辞"……我方特此提交针对此决定的上诉书……"必须且仅可以被解释为请求完全取消被上诉的决定，并根据为被上诉决定提及的欧洲专利申请提交的文件授权专利。因此，上诉满足了EPC 1973细则第64（b）条的各项要求，是可接纳的上诉（另见**T 49/99**）。

提出请求以及被上诉决定未能满足在上诉理由中提出的请求的理由，足以确立上诉的可接纳性（**T 445/97**）。

如果异议部决定中的唯一裁定是撤销专利，专利所有人声明自己针对该决定进行上诉相当于专利所有人声明自己希望并据此请求完全取消该决定，这是因为，要取消就必须是完全的。因此，上诉书的内容符合 EPC 1973 细则第 64（b）条规定的可接纳上诉的要求，即确认请求取消决定范围的陈述（**T 407/02**）。

根据 **T 420/03**，上诉书中必须明确 EPC 1973 细则第 64（b）条规定的上诉范围。原则上，如果不是在 2 个月的上诉期内提交的，那么，列明上诉理由的陈述书就不得用来完善或修改上诉书中明确的上诉范围。

T 358/08 中，委员会认为，就上诉人的请求而言，EPC 细则第 99 条既没有针对上诉书中的要求也没有针对上诉理由陈述书中的要求更改先前法律。只要上诉书中包含一项完全或者（适当的情况下）部分取消决定的请求（也可以是默示请求），EPC 细则第 99（1）（c）条就得到了遵守。该请求具有 EPC 细则第 99（1）（c）条规定所指的“限定上诉标的”的效果。就专利申请人或所有人提出的上诉而言，上诉书也没有必要包含以任何特定形式维持专利的请求。这是一项与“应在什么范围内修改决定”相关的问题，因此，对于 EPC 细则第 99（2）条规定的上诉理由陈述书而言也是重要的。这个观点在 **T 509/07** 中得到了确认。

c）EPC 细则第 99（3）条

EPC 细则第 99（3）条和第 41（2）（h）条共同明确规定，上诉书必须由上诉人或其代理人签署，但是并非上诉书中提及的每份文件都必须由上诉人或其代理人签署，也并非上诉人或其代理人的签名必须位于该文件的特定位置或页码。本案中，付款通知单属于上诉书的一部分，因此，委员会认为，付款通知单上的签名满足所述的 EPC 要求。因此，在 **T 783/08** 中，上诉得到了有效提交。

7.5.3 在时限内提起的上诉

T 389/86（OJ 1988，87）中，委员会称，晚于口头法律程序宣布决定但是在得知书面的、妥为证实的决定之前提交的上诉符合 EPC 1973 第 108 条第一句规定的时限要求。另见 **T 427/99** 和 **T 1125/07**。

在没有按时提交翻译成 EPO 官方语言的上诉书译文的情况下，根据 EPC 1973 第 14（5）条，上诉书视为没有成功被接收，而且上诉也会被视为没有被提交（**T 323/87**，OJ 1989，343；另见 **T 126/04**）。在公司无权受益于 EPC 1973 第 14（4）条规定的提交非 EPO 官方语言的上诉书的情况下，即便同日提交了 EPO 官方语言的译本，该上诉书仍然会被视为没有被提交。在考虑到译本和原件同时提交的 **G 6/91**（OJ 1992，491）中，EPO 不能将译本视作

“正式”的上诉书，并因原件多余将其忽略。正如 **G 6/91** 进一步所述的，“译本不得当作原件；不管申请日期为何，译本始终是译本，它具有所有的后续法律后果，包括修正译本以便与原件保持一致的可能性”（**T 1152/05**）。

根据 **T 1281/01**，在先前的授权代理人通知 EPO 上诉提交事宜已经交由其他代理人办理以后，（被上诉）决定实际是交付至该先前的授权代理人的情况下，（被上诉）决定发布以后第 10 天已经交付这项法律假定（EPC 1973 细则第 78（2）条）不适用。根据 EPC 1973 细则第 82 条，授权代理人收到被上诉决定之日视为被上诉决定已经得到通知，据此，上诉视为按时得到提交。

同样，由于受到 EPO 误导，上诉人认为已发布的决定只是草案，其将被第二份决定取代，则上诉人在第二份书面决定被通知以后 4 个月内提交上诉也是可以的（**T 830/03**）。在因异议部发布两项决定引发误导的情况下，上诉人在适用于第二份决定的时限内提交上诉理由陈述书也是可以的，即使该提交行为超出了第一份决定适用的时限（**T 993/06**）。

7.5.4 上诉费的缴纳

如果未能在规定的时限内提交书面的上诉书，便会出现这样的问题：是否只缴纳上诉费用便可以构成提出上诉的有效手段。**T 275/86** 中，委员会认为，EPO 表格 4212 05.80 的缴费应予以接受，这是因为，该通知所包含的信息实质上与 EPC 1973 细则第 64 条规定的上诉书所包含的信息是相同的。但是，**J 19/90** 中，委员会称，只是缴纳上诉费用不能构成提起上诉的有效方式。即使缴费的目的指明是与所述专利申请相关的“上诉费”，并且也使用了费用及成本支付表，这同样适用。这在 **T 371/92**（OJ 1995，324）、**T 445/98** 和 **T 778/00**（OJ 2001，554）中得到了确认。其中，委员会同时补充道，在涉及上诉可能性的通信的附录中，即便是未能指明其中有 EPC 1973 细则第 65 条的规定，也不会导致不完整或者产生误导。

T 514/05（OJ 2006，526）同时确认，只是缴纳上诉费不能构成提起上诉的有效方式。即使缴费的目的指明是与所述专利申请相关的“上诉费”，并且也使用了费用及成本支付表，这一规则同样适用。

7.6 上诉理由陈述书

根据 EPC 第 108 条，如需上诉，决定通知之日起的 4 个月内应按照实施细则提交一份列明上诉理由的陈述书（参见 EPC 细则第 99 条）。但是，如果根据 EPC 1973 细则第 64（b）条，上诉人早已必须将说明请求修改争议决定之范围的陈述书纳入上诉中。现在，这项要求已经移至 EPC 细则第 99（2）条，它明确了理由陈述书的内容（参见 **T 358/08**）；到目前为止，这一直按照 EPC

1973 第 108 条第三句留给上诉委员会判例法处理。关于该判例法，详见下文。修改以后的 EPC 第 108 条的适用范围包括已授权的欧洲专利、截至 EPC 2000 生效之日未决的申请以及于该日期或其后提交的专利申请。

7.6.1 一般原则

先前的两项决定中，上诉委员会确立了适用于理由陈述书的原则。

T 220/83（OJ 1986，249）中，委员会裁定，上诉理由应明确作为取消决定案件的法律依据或事实理由。提出的论点必须简洁明了，以便委员会和其他当事方无须首先自己开展调查便能够快速明白指称决定不准确的理由以及上诉人提出论点的事实依据。尽管节选自详述现有技术的文献的段落可能会被视作理由不可分割的一部分，但条件是，上诉理由中已经充分并且准确提及了该段落，它们无法独自形成一份充分的理由陈述书。

这项原则在众多决定中得到了确认，比如 **T 250/89**（OJ 1992，355）、**T 1/88**、**T 145/88**（OJ 1991，251）、**T 102/91**、**T 706/91**、**T 493/95**、**T 283/97**、**T 500/97**、**T 1045/02** 和 **T 809/06**（另见 **T 12/00**，该案件与 **T 220/83** 形成了对比，认定的事实不同）。

关于这些决定，**T 213/85**（OJ 1987，482）中，委员会称，满足上诉可接纳性所必需的理由必须与争议决定给出的主要理由进行对比和详细分析。如果一个异议因为缺乏足够的证实而被驳回，并且上诉理由仅对可专利性提出了异议，没有详细说明异议的可接纳性，那么，上诉会因为缺乏足够的证实而被驳回（另见 **T 169/89**）。

增补或适用该原则的其他决定如下。

在提交的新事实将法律依据从决定中移除的情况下，EPC 1973 第 108 条规定的理由可以视为充分理由。异议理由以新事实为依据，并且关于异议部决定的理由不存在任何论述的情况下，这项原则同样适用（**T 252/95**）。

T 45/92 中，上诉人对一审部门决定的准确性提出了异议，因为在判断创造性时出现了一项错误。委员会以缺乏根据为由认为这项上诉是不可接纳的，这是因为，出现的错误不是很严重且争议决定不仅是基于这项错误作出的，同时上诉人也没有论述创造性方面的其他考量。

T 3/95 中，异议部驳回了根据 EPC 1973 第 100（a）条提出的异议。异议人提出上诉的依据是下述论点：问题既没有披露也没有解决，而且 EPC 1973 第 83 条的各项要求未得到满足。鉴于尽管明确提及了 EPC 1973 第 83 条，但是在问题和解决方案要求客观定义待解决的问题的情况下，即以确保问题由要求保护的主题进行解决的方式进行定义，第二个论点不仅仅与披露的充分性有关，还与创造性有关，因此，委员会认定这项上诉是可接纳的。

上诉理由陈述书中提及的法律点没有超过向异议部提及的法律点这一事实不会损害上诉的可接纳性。为了确保上诉的可接纳性而需要提交新论点这一要求会隐含被上诉决定必须准确的意思。上诉也不必非得具有很大的胜算。此外，随后撤回已经在上诉理由陈述书中得到证实的相关异议不会溯及既往损害已提交上诉的可接纳性（**T 644/97**）。缺乏关联性和说服力虽然可能会导致上诉出现不利的结果，但是它们本身不会导致上诉不可接纳（**T 65/96**）。但是，一般情况下，单纯提及自己在一审环节中递交的无法代替对上诉的法律和事实理的详细描述。判例法允许采用这种形式进行证明的情况下才会出现例外。一般来说，提及早先的递交，即使是在与争议决定一同考虑的情况下，不会明确争议决定的哪些理由被认为是错误的以及理由是什么。委员会和反对方不会因此就不去自己开展调查而直接考虑上诉的法律理据（**T 349/00**；另见 **T 165/00**）。在理由陈述书虽是在规定的时限内提交但却涉及完全不同的案件的情况下，上诉会被认为是不可接纳的（**T 335/06**，尽管权利恢复得到了授权）。

根据 **T 335/06**，RPBA 2003 第 10a（2）条要求，基于异议部早先依凭的理由的一项补充理由而希望提出被上诉决定应得到支持这项论点的当事方，必须针对该补充理由连同依凭的所有事实、论点和证据详细说明完整案件。

上诉的可接纳性仅可以从整体上进行判断（**T 382/96**）。EPC 并不支持上诉部分可被接纳这一思想（**T 774/97**）。因此，**T 509/07** 中，委员会认定，在首次附属请求明确符合 EPC 第 108 条第三句的要求的情况下，主请求提交的理由是否充分对上诉的可接纳性而言并不重要，在至少一项请求满足上述要求的情况下，整体而言上诉会是可接纳的。但是，这与未能满足 EPC 第 108 条第三句的可接纳性要求的请求是否被允许进入上诉程序不同。**T 382/96** 和 **T 509/07** 中，此类未经证实的请求是不允许进入上诉程序的。另见**T 1763/06**。

7.6.2　该原则的例外情况

部分案件中，即使上诉的理由没有满足上述要求，委员会仍然认为是可接纳的上诉。上诉委员会判例法在 **T 922/05** 中得到了审查，其中大部分内容被认为相对而言比较宽容。但是，对一方过度宽容无疑会被认为对另一方不公。委员会认为，如果当事方的递交仅可能使委员会**推断出**一系列的推论，这既不会满足 RPBA 规定的“清晰理由”的规定，也不会满足 RPBA 规定的“**明确**说明事实和论点”的要求。

a）上诉未给出详细理由

J 22/86（OJ 1987，280）中，委员会明确指出，在书面陈述书没有包含全部理由的情况下，如果宣读被上诉决定和书面陈述书以后可以很快看出被上诉决定应被取消，则这项要求可以视为得到了满足。

T 1/88 中，委员会认为，上诉人仅在理由陈述书中辩称一份据称显示被起诉专利的工艺是显而易见的文件未得到适当判断，该陈述书遵守了 **T 220/83** 和 **T 213/85** 中的标准。虽然缺乏创造性属于争议决定的部分依据，但是在这个案件中，缺乏创造性这一问题没有得到详尽处理。另见 **T 1345/04**。

T 925/91（OJ 1995，469）中，委员会认为，在异议部虽然考虑了案件的法律理据但是仍然以不可接纳为由驳回异议，以及上诉人在上诉理由陈述书中仅提及实质论点的情况下，视为没有充分明确上诉理由（参见 **T 213/85**、**T 169/89** 和 **T 534/89**）。但是，由于异议部的行为是错误的，并且是具有误导性的（尽管异议部的决定认为异议是不可接纳的，但是它仍然审查了异议的内容），根据诚信用则（**G 5/88**，OJ 1991，137），尽管事实如上所述，上诉仍然应被视为可接纳的。

T 574/91 中，上诉人仅辩称，异议部"没有抓住重点"，没有论述决定的理由。委员会认为这份理由陈述书是可接纳的，即使它没有论述争议决定中的任何论点，并且所提出的唯一论点与该项决定无任何关联。由于上诉人方面没有提出特定的反对，这种情况下，上诉仅局限于审查专利撤销的理由。

T 961/93 中，委员会认为，上诉的唯一理由是在专利所有人提交撤销专利请求的情况下，异议人的上诉被视为得到了充分证实（另见 **T 459/88**，OJ 1990，425）。

T 898/96 中，一位上诉人并没有核准专利的文本（EPC 1973 细则第 51（4）条），而是请求授权另一份经修改的文本。审查部驳回了这项申请。上诉期间，申请人称，上诉"现在已经被以先前允许的形式提出的专利授权请求这一事实证实"（参见 **T 139/87**，OJ 1990，69）。上诉被认定为可接纳。

T 934/02 中，委员会裁定，上诉可以采用提交去除争议决定所有依据的经修改权利要求的方式得到证实，即便它没有指明争议决定属于错误决定的任何具体理由。因此，没有必要出于充分证实上诉的目的而提交用以支持上诉人（专利所有人）不再在上诉程序中辩护权利要求的版本的理由。这里，委员会提到了既定判例法，根据这项判例法，即使没有给出质疑决定的理由，上诉仍然视为已经得到充分证实，条件是以下两项标准得到满足：（i）（比如）由于连同理由陈述书提交了一系列新的经修改的权利要求，法律程序的标的发生了变更；以及（ii）考虑到法律程序的标的已经发生变更，决定的理由不再具有关联性。**T 1276/05** 中，委员会指出，无须进行解释是以委员会当前案件的具体情况为依据的，在这个案件中，提议的修改明显克服了决定的理由，因此，上诉应是可接纳的，这种情况是不常见的。

b）上诉仅以一审法律程序发生时已经存在的但是未能在该法律程序中提

出的事实为依据（新案件）

T 611/90（OJ 1993，50）中，关于缺乏新颖性这一点，理由陈述书基于上诉阶段中首先提出的公众先前使用形成了一个全新的案件，但是没有论述作为争议决定依据的理由。委员会认为该项上诉是可接纳的，这是因为，尽管与被上诉决定中的理由无关，但是所提出的新理由仍然属于同一异议范围（另见 **T 938/91**、**T 3/92**、**T 219/92**、**T 229/92**、**T 847/93**、**T 708/95** 和 **T 191/96**）。

如果一项上诉与争议决定给出的理由（缺乏创造性）无关，只是旨在基于一份新的文件提出新的异议理由（缺乏新颖性），这是与 **G 9/91** 和 **G 10/91**（OJ 1993，408 和 420）列明的原则相悖的。根据该原则，上诉必须和异议程序在相同的法律和事实框架内。该上诉相当于一项新的异议，因此是不可接纳的（**T 1007/95**，OJ 1999，733）。

c）上诉仅以首次与上诉一同提出的证据为依据，即使一审法律程序开展时它们已经存在并被知晓

T 389/95 中，基于既有的异议理由提出了一项上诉，但是这项上诉仅是以上诉理由中提出的新证据为依据。委员会认定该项上诉是可接纳的，这是因为，新的事实框架问题是一项需要作为上诉实质审查一部分进行客观确定的事实。**G 10/91** 甚至允许在上诉程序中考虑新的法律异议理由，条件是经专利权人同意，并且根据该异议理由，仅是以该理由作为依据的上诉事实上是可接纳的；同样地，尽管事实框架不同，以相同法定理由作为依据的上诉也可以是可接纳的。另见 **T 932/99**。根据 **T 1029/05**，不能仅仅因为一项上诉以首次与上诉理由一同提交的证据为依据而将其视为不可接纳，这是委员会一贯的裁判规则。另见 **T 1082/05**。

d）仅以新请求为依据的上诉

T 729/90 中，委员会认为，即便根据理由陈述书不能确定争议决定为什么不正确，只要在克服一审部门反对的附属请求中提出权利要求，上诉就可以是可接纳的（另见 **T 105/87** 和 **T 563/91**；关于上诉人是否受到不利影响的问题，参见第 7 章 E. 7. 4. 2 “受到不利影响的当事方”）。

T 162/97 中，尽管提交了一项新的经修改的权利要求，但是请求完全维持被起诉的专利的上诉还是被认定是可接纳的。根据理由陈述书可以明确看出，考虑到经修改的权利要求，上诉人认为被上诉决定的推理不再适用。理由陈述书还明确指出，经修改的权利要求和被上诉决定的推理两者之间存在因果联系。另见 **T 1197/03** 和 **T 642/05**。

但是，由于上诉人既没有在 EPC 1973 细则第 51（4）条规定的时间段内

通知自己同意授权提议的文本，也没有在该时间段内提议符合 EPC 1973 细则第 51（5）条含义的修改，根据 EPC 1973 第 97 条和 EPC 1973 细则第 51（5）条上诉被驳回的情况下，如果只涉及与其一同提交的新的权利要求的可接纳性和可允许性，上诉理由陈述书是不可接纳的（**T 733/98**）。

7.6.3 决定宣布以后的情况变化

决定作出以后事实发生的变化，以致所作决定以不再有效的理由为依据的情况下，上述原则不得适用。

J../87（OJ 1988，323）中，委员会认为，尽管上诉人所依凭的理由是基于一项更适合向一审部门提交的新的事实，考虑到一旦这项新的事实得到确认，争议决定便不再具有任何法律依据，上诉人所依凭的理由作为上诉理由仍然是充分的。

J 2/87（OJ 1988，330）和 **T 195/90** 中，委员会认为，上诉书可以被解释为包含一项针对有关决定的修正请求时，EPC 1973 第 108 条规定的最低要求视为得到了满足，理由是既然 EPO 早前的通信中规定的条件现在已经得到满足，则有关决定不再具有正当的理由。

提交上诉理由陈述书时，情况肯定已经发生了变化。**T 22/88**（OJ 1993，143）中，委员会认为，只声明上诉人会弥补不作为的书面陈述书不包含充分的理由，因此，不能构成一份有效的上诉理由陈述书。根据 **T 387/88**，充分声明了已经完成了构成决定依据的不作为。

7.6.4 参考早前递交

委员会经常会遇到这样的问题，即参考一审法律程序中递交的理由陈述书作为上诉理由陈述书是否合规。原则上，仅仅一般性参考早前递交的理由陈述书不会被视为充分的上诉理由陈述书（参见 **T 254/88**、**T 432/88**、**T 90/90**、**T 154/90**，OJ 1993，505；**T 287/90**、**T 188/92** 和 **T 646/92**）。一些决定将该类递交作为可接纳的上诉理由，该决定涉及一审中提出的论点已经充分解决了争议决定依据的特殊情况。理由陈述书是否满足 EPC 1973 第 108 条的要求只能根据具体情况具体分析（**T 165/00**）。

部分较早的决定认为参考较早递交的理由陈述书作为上诉理由陈述书是合规的，例如 **T 355/86** 和 **T 140/88**。**T 725/89** 中，向异议部提交的一份书面文件被用作了上诉理由陈述书，而且随后也被委员会认作是有效的理由陈述书。这份文件针对口头法律程序的结果发表了意见，是在异议部发出书面决定之前被异议部收到的。

7.6.5 参考其他文件

还会出现参考其他文件是否可以构成充分的理由陈述书的问题。

在理由陈述书提到了说明书中的某个章节，但是没有提交支撑该主张可允许性的文件，理由陈述书会被认为是不可接纳的（**T 145/88**，OJ 1991，251）。

但是，上诉人仅一般性参考数项文件便指称缺乏创造性，委员会认为理由陈述书会作为上诉理由陈述书是充分的，因为上诉人希望从该文件中得出的结论是显而易见的（**T 869/91**）。**T 100/04** 中，允许理由陈述书参考早前提交的信函，即使理由陈述书中记载的参考该信函的日期不对也没关系，因为，这类错误是明显的。

根据 **T 624/04**，对于上诉的可接纳性而言，RPBA 2003 第 10a（2）条第三句原始版本强制性附随上诉理由陈述书参考的文件复印件这项责任不构成一项要求。自这项规定修改以后的版本生效起，即自 2005 年 1 月 1 日起，该文件的复印件视为已经得到提交。

8. 平行法律程序

T 18/09 中，委员会强调，向任何国家法院和上诉委员会提出的平行法律程序中，当事方应尽早告知两个法院自己的立场，并且应请求适当的法院提前宣布裁决，以避免两项诉讼的结果发生重复。无论是一当事方请求，还是双方或所有当事方经协商一致共同请求提前宣判，抑或国家级别的法院请求加速裁判，所有当事方必须接受包含短时限的严格程序框架。同时还必须明白，提前宣判不会对任何一方的平等待遇造成影响，也不会为任何一方带来任何好处。

9. 做决定过程的结束

9.1 实质辩论的结束

EPC 没有规定实质辩论何时视为结束。尤其是虽然开展了口头法律程序但是却没有宣布任何决定就结束的情况下，通常必须决定随后提交的文件是否应予以考虑。

有必要对下述两种情况进行区分：

（i）口头法律程序结束时委员会虽然没有宣布自己的决定，却保留了随后书面宣布自己决定的权利，但是都没有明确宣布辩论已经结束；

（ii）口头法律程序结束时委员会宣布辩论结束的同时还宣布会以书面形式作出决定。

就前一种情况而言，通常情况下委员会认为口头法律程序结束以后提交的文件是过期的，只有在它们具相关性的情况下才会予以考虑（EPC 1973 第 114（2）条）。例如参见 **T 456/90** 和 **T 253/92**。

就后一种情况而言，委员会采取了两种解决方案。第一种首先是在 **T 762/90** 中采取的，该决定“事实和递交摘要”部分说，委员会不会考虑在辩论结束以后提交的文件。采取这种解决方案的话，该文件会自动被排除在档案之外。**T 411/91** 也采取了这种方案。

另外一种解决方案首先是在 **T 595/90**（OJ 1994，695）中采取的。它规定，只有在委员会决定重新开启辩论的情况下才可以考虑在辩论结束以后提交的文件。这种方案需要对上述递交进行审查。

T 1629/06 中，在口头法律程序开始的前一天，上诉人宣布自己不想出席口头法律程序，并请求采用书面形式继续该法律程序，但是上诉人没有说明这样做的理由。委员会驳回了上诉人的请求。

9.2　根据当时有效的档案作出决定

T 784/91 中，委员会认为，单方法律程序中，如果上诉人表明自己不希望对案件发表任何意见，这可以解释为上诉人同意基于当时有效的档案对该案作出的决定。

9.3　决定传达以后的法律程序

T 843/91（OJ 1994，818）中，委员会称，一旦作出任何决定，除了起草书面的决定以外，委员会便不能也无权采取任何其他行动（另见 **T 296/93**，OJ 1995，627，该案中委员会没有理会决定公布之后提交的陈述书；**T 515/94**）。**T 304/92** 中，委员会主席公布委员会的决定之后，应诉人提出提交新的权利要求的请求，虽然应诉人的请求遭到驳回，但是（连同回复一起）记录在了事实摘要中。

但是，**T 212/88**（OJ 1992，28）中，口头法律程序结束时公布了实质决定，随后某位当事方提交了一项费用分摊请求，并且这项请求得到了允许，这属于例外情况。尽管委员会的实践做法是，当事方想要提出任何请求，包括任何费用请求，均必须在口头法律程序公布任何决定之前提出，但是这项实践做法尚未公布于书面文件中，因此，当事方或其代理人没有任何理由已经意识到这项实践做法。

T 598/92 中，口头法律程序传达决定以后，次日，根据上诉人的请求，修正了一项权利要求中存在的一处错误。

9.4　委员会的中期决定

中期决定可以给出上诉是可接纳的裁决。EPC 第 110（1）条和 EPC 细则第 101 条显示，考虑任何上诉的法律依据之前，委员会必须审查上诉的可接纳性。在涉及可接纳性的法律点具有普遍意义并要求快速作出决定的情况下，适合中期决定（参见 **T 152/82**，OJ 1984，301；以及1987年7月20日的 **T 109/86**）。

此外，关于恢复上诉时限（1989年2月14日的 **T 315/87** 及 **T 369/91**（OJ 1993，561））、异议的可接纳性（1996年7月3日的 **T 152/95**），以及（最终决定未作出之前）为了快速通知公众由于上诉具有中止效力，因而欧洲专利公报（European Patent Bulletin）授权信息是错误的，委员会也签发了中期决定。向扩大委员会转交任何法律点也属于中期决定。

10. 向一审部门移交

10.1 概　　述

根据EPC第111（1）条（除了法文版发生了小幅编辑性修改以外，基本上没有发生任何变化），上诉委员会可以就上诉作出决定，也可以将案件移交至负责被上诉决定的部门。

10.2 提交或延迟递交相关新文件之后的移交

10.2.1 概　　述

异议程序开展期间提交新的援引（比如预期的文件）的情况下，会出现是否应该向一审部门移交案件这一问题。上诉委员会判例法认为（参见 **T 258/84**，OJ 1987，119；**T 273/84**，OJ 1986，346；**T 215/88**；**T 611/90**，OJ 1993，50；**T 621/90**；**T 166/91**；**T 223/95**），关于异议上诉程序中首次提交的任何文件，如果该文件具有充分的相关性并且可以纳入考虑的范围，则按照实践做法，案件应根据EPC 1973第111（1）条移交至一审部门，以便该文件可以接受两级司法机构的审查，并且专利所有人不会被剥夺随后提出复核的权利。但是，在文件本身不会影响专利维持的情况下，委员会可以根据EPC 1973第111（1）条自行审查并决定有关事项，这是上诉委员会一项既定的实践做法（**T 326/87**，OJ 1992，522；**T 416/87**，OJ 1990，415；**T 626/88**、**T 457/92**、**T 527/93**、**T 97/90**，OJ 1993，719）。

T 1913/06 中，考虑到程序效率的必要性以及合理、高效法律程序中的公众利益，允许与异议人/上诉人的上诉理由一起提交的文件进入法律程序，但是应诉人的移交请求会被驳回。根据被允许的文件，专利被撤销。另见 **T 1007/05**。

同样地，单方上诉程序中，任何文件首次于上诉程序开展期间得到依赖，并且由于存在相关性而得到允许的情况下，案件通常会被移交至一审部门（例如参见 **T 28/81**、**T 147/84**、**T 170/86**、**T 198/87**、**T 205/87**）。

T 1070/96 中，委员会称，由于存在具有相关性的新文件会对将要通过的决定产生重大影响的情况下，尽管照例来说应该将案件移交至一审部门，但是如果委员会能够根据被上诉决定的推理推断出知晓延迟提交的文件的情况下异议部会作出怎样的决定，进行案件移交是不适当的。

T 111/98 中，委员会认为，作为对援引新文件的回应而修改权利要求，就其本身而言无法构成向一审部门移交案件的充分理由。是否进行移交由委员会自由裁量。

T 611/00 中，上诉人依凭的异议理由同其在一审环节中依凭的一样，但是上诉人却基于全新的证据提出了上诉。委员会认为，为了接纳这项全新的证据，委员会必须平衡两项公众利益需求，即程序公正和防止未授权的垄断（unwarranted monopolies）。如果委员会认定应对文件予以考虑，委员会必须确保应诉人在关于案件采取的其他行动中得到法律程序上的公正对待。因此，必须批准向一审部门移交案件的请求。

T 736/01 中，委员会称，既然上诉的功能不包括审查和决定源于新近提交并得到允许的现有技术的新案件陈述（参见 **T 26/88**，OJ 1991，30；**T 611/90**），则委员会应根据 EPC 1973 第 111（1）条行使自由裁量权并将案件移交至异议部。

T 361/03 中，上诉人（异议人）先于口头法律程序的 1 个月提交的一项文件从根本上改变了被上诉案件的事实框架。虽然委员会接纳了该项文件，但同时也认为案件移交是正当的。委员会之所以这样做具有双重目的，一是允许这项新的案件接受两级司法机构的审查，二是向应诉人提供合理的机会考虑是否存在进行撤回修改的可能以及（如果存在）为该经修改的请求进行辩护的过程中可以出示的证据。

T 991/01 中，上诉人向审查部提出口头法律程序之后，关于一项日本专利申请，审查部向上诉人发送了一份由电脑生成的译文，但是没有在档案中保留任何复印件，因此，直到上诉人在向上诉委员会提出的口头法律程序中提交这份译文，委员会才意识到这份译文的存在。这项案件得到了移交。向一审部门移交案件是否适当由上诉委员会决定，上诉委员会应逐个评估案件的法律依据。

10.2.2　处于危险状态的专利

T 326/87（OJ 1992，522）中，委员会补充道，新的援引将专利维持置于危险状态的情况下，特别需要向一审部门移交案件。但是，如果没有将专利维持置于危险状态，委员会可以自行决定是否移交，正如 **T 253/85**、**T 49/89**、**T 565/89** 和 **T 881/91** 中的做法一样。

T 638/89 中，由于上诉理由陈述书首次援引的一份文件具有高度的相关性，并且据此应被允许进入法律程序中，因此，上诉委员会遵循上述论点将案件移交至了异议部。

如 **T 1060/96** 所示，专利处于危险状态的情况下，不得自动进行移交。其中，关于上诉人（异议人）在上诉程序期间并且先于口头法律程序一年递交的一份文件，应诉人具有一年的时间可以对该文件的考量提出质疑。此外，从技术层面来讲，这份文件非常简单，它仅仅强化了对已知文件的教导。委员会驳回了应诉人的移交请求，并撤销了这项专利。

10.2.3 新 事 实

T 125/93 中，专利权人于口头法律程序指定日期之前不久提交具有高度相关性的文件的情况下，根据 EPC 1973 第 114（1）条，委员会允许该文件进入法律程序。随之而来的影响是，较作为被上诉决定依据的事实框架而言，被上诉案件的事实框架发生了改变。**G 9/91** 和 **G 10/91**（OJ 1993，408 和 420）中，事实框架发生该变化的法律后果得到有效解决以后，并且在扩大委员会没有提出任何“特殊理由”的情况下，委员会将案件发回异议部进行了重审。

T 611/90（OJ 1993，50）中，上诉人（异议人）在上诉理由陈述书中，基于公众在先使用而非先前援引的在先公开的理由，提出了一项全新的案件陈述。委员会解释道，基于情况上诉委员自行处理该上诉可允许性的做法也许是不适当的，是因为，会导致出现一项完全不同于作为争议决定依据的案件。据此，被上诉程序不应仅仅作为一审法律程序的延续，这项要求可能会凌驾于公众和当事方享有的快速开展法律程序的权益。为了确保双方当事方得到公正对待，委员会将案件移交至了异议部。委员会允许延迟提交的材料进入法律程序的同时还决定，对材料延迟提交负责的当事方应承担由此而引发的所有额外费用（另见 **T 847/93**）。

T 97/90 中，委员会引用了 **T 611/90** 并确认，上诉程序中，由于延迟提交新证据、论点或其他事项而导致出现的案件实质不同于作为争议决定依据的案件的情况下，如果对于确保双方当事方得到公正对待是必要的，应将这一案件移交至一审部门。

但是，这并不表示在上诉中延迟提出新的异议理由的案件都必须向一审部门进行移交。相反，仅限在新的理由被允许进入上诉程序后会导致专利撤销的情况下才可这样做。

T 852/90 中，上诉人（异议人）提出了一项在口头法律程序开始时引入新证据的请求，而上诉委员会接受了这项请求。委员会确认，被上诉的案件被证明不同于，或者不类似于，由一审部门作出决定的案件的情况下，根据 EPC

1973 第 111（1）条，被上诉案件应移交至该部门。但是，就本案而言，延迟提交的证据只是相当于对早已接受异议部详细审查的案件的详述——尽管它是一份具有重大意义的详述。因此，委员会决定没有必要移交案件。

2005 年 2 月 21 日的 **T 402/01** 认为，至少在作为对修改权利要求的回应而提交文件的情况下，上诉理由援引了新的文件以后，专利所有人不会享有案件移交的当然权利，即便事实框架发生了任何变化，条件是，双方当事方享有的公平陈述权利（EPC 1973 第 113（1）条）不会受到任何损害。

10.3 在上诉程序中权利要求发生实质性修改后的移交

针对驳回欧洲专利申请的决定提出的上诉中，对权利要求进行修改应遵循 EPC 细则第 137（3）条最后一句（EPC 1973 细则第 86（3）条最后一句，相比之下未发生任何变化）的规定。

根据 **T 63/86**（OJ 1988，224），上诉期间提出需要进一步地大规模审查对权利要求的重大修改的情况下，案件应移交至审查部。这样可以确保上诉人向二审部门提出上诉的权利得到维护，不管是关于行使 EPC 1973 细则第 86（3）条项下的自由裁量权，还是关于修改以后的权利要求是否具有形式和实质上的可允许性。数个上诉委员会在各自的决定中应用了这项判例法，例如，**T 200/86**、**T 296/86**、**T 341/86**、**T 98/88**、**T 423/88**、**T 501/88**、**T 47/90**（OJ 1991，486）、**T 184/91**、**T 919/91**、**T 599/92**、**T 1032/92**、**T 1067/92**、**T 96/93** 和 **T 186/93**。

T 746/91 中，委员会应用了 **T 63/86** 列明的原则，并将案件移交至异议部，由其审查并决定是否应行使对上诉人有利的自由裁量权以及（如果是）权利要求是否符合公约的规定。在特定的情况下，委员会持有这样的观点，因为就其本身而言异议程序相对比较简短，并且不会涉及开展口头法律程序。因此，这符合应快速确定某项专利是否应该予以维持的原则。此外，修改以后的权利要求与理由陈述书进行了提交，也就是在上诉程序尽可能早的阶段进行了提交。

T 462/94 中，委员会称，上诉期间，如果所通过的修改导致了全新的情况，应向当事方提供机会在两项审判环节中对各自的权利要求或递交进行辩护。案件被移交至一审部门进行进一步审查。

T 125/94 中，委员会将案件移交至了一审部门，这是因为，修改以后的权利要求不仅从实质上改变了争议决定的事实框架，而且还要求对额外的归类单元进行检索以便确定最近的现有技术。

T 1201/00 中，委员会认为，可能需要将案件移交至异议部，由异议部评估未得到审查的创造性问题的情况下，出于克服缺乏新颖性的异议意见的目的，并且对比某项引用文件以后于向委员会提出的口头法律程序开展期间首次递交的新的附属请求可能会例外地被允许，而且还可能会例外地被移交至异议部，由异议部对比上诉文件进行最终的新颖性审查，条件是，享有优先权的任何请求不会因缺乏新颖性而获得授权。一审部门需要对比全部引用的现有技术评估创造性意味着对比一项引用的文件进行新颖性审查不会导致异议程序出现明显延期。

根据 EPC 1973 第 111（1）条行使自由裁量权以后，委员会决定接纳新的附属请求，并将案件移交至异议部，由其在这个问题上作出进一步的决定。相对于需要对比全部引用的现有技术评估创造性而言，由于对比任何单项文件进行新颖性审查而引发的任何短暂延期在很大程度上是微不足道的。

但是，上诉程序开展期间，作为对援引新文件的回应而修改权利要求，就其本身而言无法构成向一审部门移交案件的充分理由（**T 111/98**）。根据这项决定，**T 98/00** 中，尽管上诉人请求移交案件，但是委员会却没有这样做，并且委员会认定，如果上诉程序中出现任何新问题，不管该问题的性质如何，委员会有义务根据事实移交案件的话，这样做没有任何意义。

T 908/07 中，委员会认为，对于任何延迟提交的权利要求而言，如果委员会行使自由裁量权时主要因为可以清楚预料到委员会和异议人无须延期口头法律程序便可以处理出现的问题才接纳该权利要求的话，则在正常的情况下，该权利要求不应移交至一审部门，由其对作为一审决定依据的异议理由进行审查。

T 1300/06 中，委员会回顾，根据 **G 9/91**（OJ 1993，408），在 EPC 1973 第 100（c）条不属于原始异议理由并且异议部认为没有必要通过行使自由裁量权将其引入异议程序的情况下，经专利权人同意，委员会才可以在上诉阶段为获得授权的权利要求考量这条规定。但是，这不会妨碍委员会重新审查公约关于包含修改且提交目的是克服原始异议理由的其他请求的形式要求。根据这类条款提出的反对，以及为该反对递交的论点还可能与获得授权的权利要求相关，但是这项事实不会妨碍委员会以新的经修改的请求为背景对它们进行考虑，这是因为，每项请求均应单独进行考虑。因此，这项案件进行了移交。

10.4 发生重大程序违法以后的移交

通常，一审法律程序发生重大程序违法的情况下，委员会会命令案件向一审部门进行移交（**T 125/91**、**T 135/96** 和 **T 1065/99**），即使该违法行为仅影响到了两位异议人中的一位（**T 125/91**）。RPBA 1980 第 10 条是这样要求的，它规定，一审法律程序存在明显、根本缺陷的情况下，委员会应向一审部门移交案件，除非存在特殊理由不需要这样做（例如参见 **T 135/96**）。异议部构成违反 EPC 1973 第19（2）条的情况下，在委员会决定是否移交案件之前应向当事方提供发表意见的机会（**T 838/02**）。异议部的决定存在明显错误导致被上诉决定自相矛盾并且在法律上含混不清，进而导致无法辨清上诉人是否受到了不利影响的情况下，这构成重大程序违法行为。这种情况下，委员会应将案件移交至一审部门进行进一步的审查（**T 616/08**）。**T 1077/06** 中，关于针对一审部门损害自己的陈述权利而通过的决定提出上诉的当事方，未出席向二审部门提出的口头法律程序是否就意味着该当事方已经溯及既往地放弃了自己可以向一审部门主张的陈述权利，委员会无法在 EPC 中找到任何法律依据。

但是，案件移交不是适合所有案件。

单方法律程序中，委员会能够作出有利于上诉人的决定的情况下，没有必要进行案件移交（**T 749/02**）。**T 48/00** 中，将要出现的该案最终决定的耽搁没有被视为特殊理由。**T 914/98** 中，如果委员会认为，上诉人在异议部前享有的公平陈述权这项基本权利必须优先于应诉人通过使委员会充分处理而非移交案件获得的任何优势，向德国法院提起的侵权法律程序不构成特殊理由。

T 679/97 中，尽管异议部发生了重大程序违法行为，但是考虑到当事方享有让案件得到终局决定的权益，委员会决定不移交案件。

T 274/88 中，委员会同意，如果不合规之处在上诉程序开展期间得到补救，则正常情况下，案件仍然可以向一审部门进行移交。但是，在这项仅涉及一位当事方的特殊案件中，委员会没有进行案件移交，这是因为，经修正以后申请的主题具有了可专利性，上诉人明确放弃了将有关问题置于两个审判环节进行考量的权利，并且审查部已经表示这对可专利性问题是有利的解决方案。

10.5 引入新的论点及说明书的修改

没有引入任何新的文件、仅是从另一个角度提出论点的情况下，或者基于一审部门已经表示准备接受的附属请求权利要求得到维持的情况下，想要尽量保持程序简短就不应进行案件移交（**T 5/89**，OJ 1992，348；1990年7月3日的 **T 392/89** 及 **T 137/90**）。

T 1913/06 中，委员会明确指出，关于口头法律程序开展期间提交的任何文件，如果根据合理估计委员会或者另一方当事方必须延期口头法律程序才可以处理该文件，并且该文件根据 RPBA 第13（3）条没有被接纳，则不应出于考查该文件的目的向一审部门移交案件。

考虑到需要尽量保持程序简短，可能的话，应避免为了保持说明书和修改以后的权利要求相一致而向一审部门移交案件，即使是 EPC 1973 第111（1）

条允许这样做（**T 977/94**）。

10.6 行使发回案件的自由裁量权

当事方没有绝对的权利，要求必须经由两审环节决定某项问题。根据 **T 83/97**，上诉环节没有必要每次出现新案件时都进行案件移交，也就是说，并非是在任何全部法律程序中当事方都享有将有关案件提交两个审查阶段的绝对权利。（事实上移交了该案件，因为委员会认定，如果考虑到上诉委员会长久以来的实践做法，未能提前警告当事方存在案件移交可能性，而依据当事方的请求对所有未决的实质性问题作出最终决定会违反 EPC 1973 第 113 条。）

同理，**T 249/93** 中，委员会认为，是否进行案件移交由委员会自主决定。案件移交可能意味着在专利届满之前无法作出最终决定的情况下，委员会倾向于自己决定有关问题，除非存在充分的理由不允许委员会这样做。

TRIPS 第 32 条也没有限制委员会在案件移交方面的自由裁量权。**T 557/94** 中，委员会认为，一审部门没有撤销专利，并且审查环节意图偏离一审决定行事的情况下，TRIPS 第 32 条（它规定任何专利撤销决定均应接受司法复核）不会迫使复核环节必须向一审部门移交案件。根据 EPC 1973 第 111 条的授权，委员会可以自由地对案件的法律理据作出决定，而且通过要求必须向一审部门移交案件的方式限制复核环节的权力——取决于被质疑决定的“结果”——至少与大多数 EPC 缔约国的法律体系相悖。

也不得假设参与 TRIPS 磋商的成员希望引入该限制。

出于对整体的程序经济和效率的考虑，**T 473/98**（OJ 2001，231）中，委员会还认定，在上诉推翻撤销决定的情况下，异议部根据 EPC 1973 第 102（1）条利用标准决定模式通过附带意见的方式将可免于移交案件的裁断纳入撤销决定的理由中，是完全适当和可取的，另见 **T 915/98**。**T 275/99** 中，委员会称，从纯粹的程序观点来看，无法对审查部在被上诉决定中遗留创造性问题这项事实提出反对，因此，案件进行了移交。

T 869/98 中，尽管上诉人和应诉人都希望委员会亲自作出最终决定，而不是将案件移交至异议部，但是委员会却没有满足它们的愿望，同时委员会指出，考虑并决定上诉程序开展期间首次提出的问题并不属于上诉委员会的职能。在书面上诉程序中，由于根本没有对创造性进行评估，因此，委员会根据 EPC 1973 第 111（1）条行使了自由裁量权，并且将案件发回了异议部。

另一方面，**T 887/98** 中，委员会认为案件移交不具有正当理由：上诉人（专利申请人）确实能够在一审和二审的法律程序中提出自己的论点，并且已经获得了大量时间去研究口头法律程序中的 D2 文件。此外，审查部认定另一份文件对创造性是不利的，因此，在审查部法律程序中引入 D2 不会影响自己的决定。鉴于这些理由，外加出于对程序经济原则的考虑，委员会驳回了上诉人的案件移交请求。

T 265/05 中，委员会解释道，根据 EPC 1973 第 111（1）条行使自由裁量权时，无论是为了决定还是为了移交案件，委员会均应考虑案件的具体情况以及当事方的意愿（这里，当事方请求委员会亲自决定案件）。考虑到异议部不得不在没有应诉人参与的情况下独自开展任何进一步的审查行动，关于异议部为什么自己没有立即允许当事方该请求，委员会能够找出的唯一有利理由要么是存在根据可获得的信息从表面看起来缺乏可专利性的情形，要么是存在由于缺乏信息而引发根本不确定性的情形。由于情况并非如此，委员会选择根据 EPC 1973 第 111（1）条行使自由裁量权，随后亲自决定了案件。

11. 约　束　力

11.1　一 般 原 则

根据 EPC 第 111（2）条，事实相同的情况下，如果案件被移交至其决定被上诉的部门，则 EPO 一审部门会受到上诉委员会裁判理由的约束。

关于随后针对后续决定提出的上诉，也会在发生案件移交的情况下受到早前上诉委员会决定约束的问题。

上诉委员会认为，在这种情况下（例如参见 **T 21/89**、**T 78/89**、**T 55/90**、**T 757/91**、**T 113/92**、**T 1063/92** 和 **T 153/93**）之所以也存在约束力通常是因为上诉委员会的决定是终局的，并且不可上诉，如此一来，任何 EPO 机构，甚至包括上诉委员会，都不得对已经决定的事实作出新的决定。**T 690/91** 中的论点是，因为根据 EPC 1973 第 111（1）条委员会可行使与被上诉决定负责的部门相同的权力，则相同的约束力应适用于任何随后的上诉程序。与之前的 EPC 1973 第 111（1）条相比，EPC 第 111（1）条未发生任何变化。就分案申请而言，如果母案申请情形中的上诉委员会关于相同主题作出了决定，则分案申请还适用于已决事项（*res judicata*）原则（**T 51/08**）。因此，关于母申请中的委员会作出最终决定的主题，分案申请无法对其继续进行请求。此外，就任何案件而言，如果其中的上诉理由陈述书未能包含递交和主张构成该主题的一系列权利要求，则上诉视为未得到充分证实。

EPC 1973 中，不存在允许针对上诉委员会的决定提出上诉的规定。上诉委员会的决定是终局的，因为，除非成文法另有明确规定，不得对决定提出争议。第一个上诉委员会交付决定以后，专利权利要求的内容和文本就会变成已决事项，禁止在EPO法律程序中对其进行修改（**T 843/91**，OJ 1994，818；另见**T 153/93**）。根据EPC 2000，上诉扩大委员会有权对EPC第112a条项下的复核请求作出决定，以便确保限制性的司法复核成为可能。据此，现在可以对上诉委员会的决定提出异议，但是仅可以基于有限的理由对其提出异议（参见第7章E.15“复核呈请”）。

上诉委员会属于法院这项事实在**G 1/86**（OJ 1987，447，理由第14点，德文版和法文版本——委员会认为，英文译本中的措辞“作为法院行事”不准确）中得到了确立。

EPC 1973第111（2）条关于决定的裁判理由是作出决定的根据或理由——换句话说，也就是案件中决定裁判结果的点（**T 934/91**，OJ 1994，184）。虽然它没有包含在命令中，但是包含在了“决定理由”部分中，因此，对于它的约束力而言，命令中没有提及特定事项并不重要（**T 436/95**）。

“已决事项”系指经由具有有效司法管辖权的法院最终解决的事项，该法院会最终确定当事方及其利害关系人在该事项方面的权利，而且该最终判决会完全禁止随后采取的涉及相同权利要求、诉求或诉因及相同当事方或其利害关系人的任何法律行动（**T 934/91**，OJ 1994，184）。但是，只有在案件移交至一审部门的情况下，上诉委员会的决定才具有EPC第111（2）条提及的约束力。另一个案件中，上诉委员会的决定对一审部门不具有约束力（参见**T 288/92**；另见**J 27/94**，OJ 1995，831）。

此外，同时考虑到EPC和已决事项原则，在针对审查部的决定提出的上诉中，上诉委员会作出的决定不论是对于后来的异议程序还是对于由该异议程序引发的上诉都不具有约束力（**T 167/93**，OJ 1997，229）。上诉委员会决定的约束力还不只局限于委员会的构成未发生任何变化的情形（**T 436/95**）。根据**T 167/93**、**T 1099/06**中，委员会指出，异议程序是独立的，明显区别于审查法律程序，它的特征在于具有公共利益的性质。很明显，立法和程序框架旨在允许通过提出异议对已授权专利进行质疑的过程中的公共利益优先于对任何确定性或表面一贯性的考量。委员会指出，EPC法律认可这项原则的情况下，它的范围会变得极其狭窄，而且还必须满足**T 167/93**（OJ 1997，229）列明的六项准则——（d）事实问题相同、（e）当事方（或权利继承人）相同，以及（f）当事方的法定身份相同的情况下，问题由（c）具有有效司法管辖权的法院（b）以终局的形式（a）依法进行判决。因此，准则（c）、（b）和（f）未得到满足的情况下，早前审查上诉程序中的决定不可以作为后来异议上诉程序中的已决事项。

作出将案件移交至一审部门决定的委员会对说明书改写事宜保持沉默的情

况下，这不一定表示不需要对说明书进行任何改写，仅表示该事宜还未得到考虑或决定。因此，这一点不属于已决事项，可以在随后的上诉中提出（**T 636/97**）。

11.2 发回类型

发回的类型不同，EPC 第 111（2）条的法律效力在适用范围上也会有所区别。英文版和法文版的 EPC 第 111（2）条仅发生了小幅编辑性修改。

11.2.1 仅出于说明书改写的目的进行发回

T 757/91 中，委员会决定，案件移交以后，如果仍然未得到解决的唯一问题是改写说明书以适应在首次上诉程序中被认定有效的经修改的权利要求，则该问题便是将来上诉程序唯一可以予以考虑的问题。第一个上诉委员会交付决定以后，专利权利要求的内容和文本就会变成已决事项，禁止在 EPO 法律程序中对其进行修改（另见 **T 55/90**、**T 843/91**（OJ 1994，832）及 **T 113/92**）。

关于专利的实体可专利性和范围已经作出最终决定的情况下，出于修改说明书的目的进行案件发回，不会向异议人提供机会通过针对异议部的决定提出上诉的方式质疑专利的实体可专利性（**T 1063/92**）。

案件发回时，委员会没有提及任何可能必要的说明书改写。专利权人提议对说明书进行修改，而且该修改得到了异议部的认可。

异议人针对这项决定提出了上诉，其中，异议人质疑经上诉委员会决定的权利要求的新颖性和清楚性。根据 **T 843/91**（OJ 1994，832）、**T 153/93** 中，委员会认定，就决定中具有最终约束力的部分而言，构成其必要条件的全部事实发现属于已决事项，其结果是，无论是异议部还是上诉委员会都可以对试图针对上述事实提出质疑的新的事实、证据或论点进行考虑。

11.2.2 出于继续法律程序的目的进行发回

关于某些要求保护的主题，上诉委员会以不可允许为理由签发驳回决定，并且按照根据 EPC 1973 第 111（2）条提出的附属请求发回案件进行进一步审查的情况下，审查部不得在对案件进行进一步审查的过程中重新审查被驳回的要求保护的主题的可允许性；同时，上诉委员会也不得在任何后来上诉程序中重新审查该主题的可允许性（**T 79/89**，OJ 1992，283；另见 **T 21/89**）。

事实未发生任何变化的情况下，如果存在两次连续的单方参加的上诉程序，则第二次单方参加的上诉程序中，委员会会受到首次上诉程序中决定的裁判理由的约束。但是，应认为，不存在第二次法律程序中的某项特征与第一个上诉委员会在决定中起到关键作用的裁断不存在任何关联的情况（**T 690/91**）。

根据EPC 1973第111（2）条，上诉委员会将案件发回至其决定被上诉的部门进行进一步审查的情况下，只要事实相同，该部门必然会受到委员会裁判理由的约束。专利授权以后，除非是存在非常明显的理由，在这一点上异议部不得背离上诉委员会的先前决定，但是，在针对审查部的决定提出的上诉中，异议部依法不再受到委员会先前决定的约束，即使是在事实相同的情况下（**T 26/93**）。

出于继续法律程序的目的进行案件发回以后发生的异议法律程序中，对专利权利要求进行修改会改变上诉决定的事实依据。这种情况下，EPC 1973第111（2）条的约束力便不再适用。这不同于出于改写说明书的目的进行案件发回的情况，这里，先前的审查环节受到委员会决定裁判理由的约束，而且关于权利要求的可专利性作出的决定是终局的，即使事实已经发生了变化（**T 27/94**）。

EPC 1973第111（2）条明确规定，仅限“在事实相同的情况下”，再次涉及同一案件的一审部门和上诉委员会才会受到发回决定裁判理由的约束。据此，所提交的新的权利要求不与决定的裁判理由相冲突的情况下，异议部便不受首次决定的约束。但是，如果委员会驳回被上诉决定，将案件发回至一审部门，并命令用由委员会限定措辞的权利要求维持专利，会出现不一样的情形。这种情况下，一审部门无权接纳修改以后的权利要求，因为它们属于委员会决定中已决事项的一部分（**T 609/94**）。

T 255/92中，“为了进行进一步的审查”，委员会自行移交了案件。为避免质疑，委员会称，根据EPC 1973第111（2）条，关于在1991年10月15日向审查部提出的口头法律程序中得到修改的权利要求1的主题，较当前决定中予以考虑的现有技术而言，只有决定涉及创造性的情况下，审查部才会受到当前决定的约束（另见**T 366/92**）。

关于在相同案件中，委员会认为自己应在什么范围内受到早前上诉委员会决定的约束，另见**T 720/93**。尽管由于类型不同，并且包含大量不同的特征，待委员会处理的未决权利要求反映的事实不同于首次法律程序中的事实，但是委员会仍然认定首次决定中的部分裁决对二次法律程序具有约束力。

12. 上诉程序的终止

根据EPC，撤回专利申请、异议或上诉是可能的。决定**J 19/82**（OJ 1984，6）中裁定，部分撤回同样是可能的。未决上诉程序中撤回的法律后果详见下文。

12.1 撤回上诉

对 EPC 进行修改的过程中，除了德文版发生了小幅编辑性修改以外，其他版本的 EPC 第 114 条未发生任何变化。

G 7/91 和 **G 8/91**（OJ 1993，346 和 356）中，上诉扩大委员会裁定，关于诉争决定在一审环节中解决的实质问题，在唯一上诉人撤回上诉的情况下，上诉程序——无论是单方的还是多方的——应终止。扩大委员会认定，上诉被撤回的情况下，EPC 1973 第 114（1）条不允许继续该法律程序。这可以从公约的立法原理得出。如果 EPC 1973 第 114（1）条适用于所有撤回情形，则 EPC 1973 细则第 60（2）条为异议规定的例外情况便是多余的。撤回上诉也不在 EPC 1973 第 114（1）条句子第二部分中的“寻求救济”的范围内，审查事实的过程中，EPO 不必接受该条款的限制；撤回上诉构成一项不需要相关委员会同意的程序行为（理由第 8 点）。上诉程序是行政法院的法律程序，因此，一般程序原则的任何例外情况（比如“当事方处分原则”）必须得到较行政程序中的理由而言更重要的理由的支撑。无论是 EPC 1973 第 114（1）条还是公众或者应诉人的利益都不得构成针对这项解释的论据。EPC 1973 第 114（1）条局限于审查事实。公众的利益主要由异议体系进行保护。可以这样认为，既然专利没有妨碍那些没有提出异议的人，那么就没有必要为了保护他们的利益而继续上诉程序；同样，如果应诉人自己没有提出上诉，则也应视为应诉人的利益也不再需要保护。**G 2/91**（OJ 1992，206）对此进行了详细的解释。最后，扩大委员会指出，唯一上诉人撤回上诉的情况下，上诉就会失去中止效力；其后，关于实质问题，异议部的决定便成为终局的决定。

委员会在口头法律程序中宣布最终决定以后，如果（唯一）上诉人作出撤回上诉的声明，为了结束由于宣布最终决定而引发的决定作出程序，委员会不会因此而被免除向上诉人签发最终决定和书面详述决定理由的义务。根据 **G 12/91**（OJ 1994，285）这一规则已经生效（**T 1033/04**）。

唯一上诉人称自己已经撤回上诉，但是当事方关于唯一上诉人是否被允许这样做存在争议的情况下，委员会有权裁定该争议（**T 659/92**，OJ 1995，519）。

撤回上诉以后，仍然允许就附属问题作出决定（**T 85/84**）。因此，**T 21/82**（OJ 1982，256）、**J 12/86**（OJ 1988，83）、**T 41/82**（OJ 1982，256）及 **T 773/91** 中，上诉委员会处理了上诉被撤回以后提出的退回上诉费的请求；在 **T 117/86**（OJ 1989，401）、**T 323/89**（OJ 1992，169）**T 614/89** 和 **T 765/89** 中，上诉委员会则处理了费用分摊请求。

根据 **T 195/93**，上诉人在第三人介入请求提交以后撤回上诉的事实不会导致上诉程序立即终止。委员会必须考虑该第三人介入请求的可接纳性（另见第7章C.3“第三人介入”）。

上诉程序开展期间，根据 EPC 1973 第123条对专利主题设定可允许的限制以后，如果唯一上诉人（异议人）部分撤回上诉，这样做会导致委员会丧失对剩余的、受到限制的主题进行审查方面的自由裁量权。因此，这种情况下，专利必须以修改的形式获得授权（**T 6/92** 和 **T 304/99**）。**T 127/05** 中，委员会回顾，认为上诉结果对自己不利的情况下，作为唯一上诉人的异议人有机会撤回上诉。**G 7/91** 和 **G 8/91**（OJ 1993，346 和 356）中，上诉扩大委员会裁定，关于争议决定在一审环节中解决的实质问题，在唯一上诉人撤回上诉的情况下，上诉程序应终止。根据这项裁定，如果其希望这样做，作为唯一上诉人的异议人可以迫使未提出上诉的专利所有人“忍受”自己引入的任何缺陷。但是，如果其提出了上诉，专利所有人便可以防止自己被迫置于该情形中。此外，关于首次于上诉程序中提出的异议的回应，委员会不认为决定 **G 1/99**（OJ 2001，381）限制对该回应进行修改。

代理人没有留意到上诉人的相反指示就提交了上诉书，单纯这一事实无法成为提出一项修正效果就像没有提交过上诉一样的修正请求。该修正请求相当于撤回具有溯及力的上诉，而这在公约中没有相应的规定（**T 309/03**，OJ 2004，91）。

T 1003/01 中，发送专利放弃通知书被认为相当于撤回上诉。但是，**T 60/00** 中，上诉人声明自己已经决定不再继续上诉没有被当作明确撤回上诉的行为，依据是早期判例法规定的原则：撤回上诉是否有效并不取决于所使用的术语“撤回”（**J 7/87**，OJ 1988，422）；只有在完全不受限制并且清楚明白的情况下，撤回请求才会毫无疑问地被接受（**J 11/80**，OJ 1981，141）；如果对任何当事方的意愿存在任何疑问，所作声明只有在随后出现的相关事实确认撤回是当事方真实意愿的情况下才可以被解释为撤回（**J 11/87**，OJ 1988，367）。

附条件的撤回上诉是不可能的（**T 502/02**）。上诉人明确撤回上诉以后，无须详尽的书面决定上诉程序便可以结束，即使上诉人在撤回声明中附了一份明显不被允许的上诉费退回请求（**T 1142/04**）。

13. 中间修改

根据 EPC 第109（1）条（除了法文版发生了小幅编辑性修改以外，其他版本未发生任何变化），**单方**法律程序中，如果认为上诉可以被接纳且理由充足，则其决定受到质疑的部门必须纠正自己的决定。多方法律程序排除在纠正范围之外。但是，如果一审部门以不合规为理由错误地撤销自己先前决定以修改的形式予以维持的专利，这种情况下，不会妨碍一审部门纠正自己的专利撤销决定（参见 **T 168/03**）。由于 EPC 1973 第 109（2）条规定的 3 个月期限届满，决定受到质疑的一审部门便不再对有关问题负责。因此，3 个月的期限届满以后也无法对该决定进行纠正（**T 778/06**）。

13.1 概　　述

T 139/87（OJ 1990，68）中，上诉委员会明确指出，关于欧洲专利申请人提出的上诉，如果该上诉包含的修改明显符合如审查部所指出的作为申请驳回决定依据的反对，则该上诉应视为 EPC 1973 第 109（1）条项下具有充足理由的上诉。这种情况下，所签发决定产生怀疑的部门必须纠正自己的决定。诉争决定的不合规之处之外的不合规之处不会妨碍纠正争议决定（另见 **T 47/90，OJ 1991，486；T 690/90；T 1042/92；T 1097/92；T 219/93；T 647/93，OJ 1995，132；T 648/94；T 180/95；T 794/95**）。但是，如果审查部认为只有在克服数项反对，并且所克服的反对既与申请被否不相关，也与被上诉的决定不存在任何关联的情况下才存在作出中间修改的可能，该做法便失去了法律依据（T 615/95）。

T 473/91（OJ 1993，630）中，委员会明确指出，只有在根据上诉期间的递交立即作出决定的情况下，EPC 1973 第 109 条项下的可接纳性问题才可以由一审部门管辖。因此，上诉环节对于要求在与上诉本身相关的时限内恢复原状的请求具有专属管辖权。

T 919/95 中，上诉人认为，中间修改必然会导致上诉获得允许。仅取消争议决定和恢复中止法律程序的“推翻性”（cassatory）修改与公约相抵触。中间修改必须是“革新性的”（reformatory），也就是说，必须赋予上诉人一些被争议决定剥夺的权益。委员会称，争议决定的理由因可接纳的上诉而被移除的情况下，EPC 1973 第 109 条的各项要求视为得到了满足；一旦争议决定被取消，便可以作出所请求的决定，或者便可以恢复法律程序，这是因为，新的根据或事实要求进一步的审查。后者没有排除后续作否决申请的可能性。中间修改的目的在于加速程序的进行。即使申请人坚持自己的主请求，审查部仍然仅出于依附属请求授权专利的目的按照 EPC 1973 第 109 条的规定纠正决定的情况下，程序不会因此而加速进行，相反会放慢速度，而且这样做会构成重大程序违法（另见第 7 章 E. 13. 3“中间修改”部分的 **T 142/96**）。

13.2 上诉费的退回

对 EPC 进行修改的过程中，关于 EPC 第 109 条，只有英文版和法文版发生了小幅编辑性的修改。EPC 1973 细则第 67 条现为修改后 EPC 细则第 103 条。EPC 细则第 103（2）条规定，如果因为发生重大程序违法而修正自己的决定并且认为退回上诉费是合理的，则其决定导致质疑的部门应下令退回上诉费。所有其他情况下，是否退回上诉费由上诉委员会决定。这一立法源自上诉委员会的判例法（参见下文中的 **J 32/95**（OJ 1999，713））。

决定 **J 32/95**（OJ 1999，713）认为，EPC 1973 细则第 67 条第二句规定，根据 EPC 第 109 条作出中间修改的情况下，一审部门可以下令退回上诉费，但是不可以拒绝任何退回上诉费，并且认为，只有上诉委员会有权拒绝退回上诉费。根据 EPC 1973 第 109（1）条第一句，如果认为上诉是可接纳的并且理由充足，则其决定导致异议的部门有义务纠正自己的决定；此时，该部门没有权力向上诉委员会移交上诉。鉴于这种情况，如果该部门认为退回上诉费的请求不具有充足的理由，则该部门必须允许中间修改，并将退回上诉费的请求移交至上诉委员会由其决定。

根据 **T 1222/04**，对于一审部门允许根据 EPC 1973 细则第 67 条提出的上诉费退回请求而言，虽然允许中间修改构成了一项必要的前提条件，但是仅凭这项条件是不够的。

但是，关于有权处理该请求的上诉委员会的构成，决定 **J 32/95** 未作表述。**G 3/03**（OJ 2005，344）中，上诉扩大委员会认为，根据 EPC 1973 第 109（1）条进行中间修改的情况下，遭到上诉的一审部门无权驳回上诉人的上诉费退回请求。有权对该请求作出决定的是中间修改未被授予的情况下，根据 EPC 1973 第 21 条有权处理上诉实质争议的上诉委员会。

一旦中间修改获得允许，上诉便成为已决事项。不存在任何未决上诉的情况下，中间修改允许决定作出以后提出的任何上诉费退回请求会被视为不可接纳的，无论该决定由审查部作出还是由有权考虑上诉的上诉委员会作出（**T 242/05**）。

根据 EPC 1973 第 109（2）条，如果被上诉的决定未能在收到上诉理由陈述书以后的规定时间内得到纠正，则案件必须立即移交至上诉委员会，并且无须对案件的法律理据发表任何意见。因此，上诉引发其他毫不相干的问题的情况下（比如，上诉费的退回），根据 EPC 1973 第 109（2）条，一旦意识到无法在规定的时限内针对任何其他问题作出决定，负责审理案件的部门有义务在规定的时限届满之前针对纠正事宜单独作出决定（**T 939/95**，OJ 1998，481）。该时限现在是 3 个月。

根据 EPC 细则第 103（1）（b）条，如果上诉人在提交上诉理由陈述书之前和提交该陈述书的时限届满之前撤回上诉，则应退回上诉费。该规定的目的是在一定程度上弥补在另一方没有提出上诉的情况下没有形成的交叉上诉——出于防范提出上诉，以防另一方撤回上诉。

13.3　重大程序违法

对 EPC 进行修改的过程中，就 EPC 第 113 条而言，只有英文版发生了小幅编辑性修改。

原则上，只要发生了任何违反 EPC 1973 第 113（2）条的行为，即使是由于对请求作出了错误解释，就应视为重大程序违法行为。在任何情况下，只要上诉理由指出了错误，而审查部却没有根据 EPC 1973 第 109 条允许中间修改，就会出现该违法行为（**T 647/93**，OJ 1995，132；另见 **T 685/98**，OJ 1999，346）。

审查有效提交的上诉的可接纳性和法律理据之前，一审部门必须获得 EPC 第 108 条规定的文件。**T 41/97** 中，审查部决定，收到上诉理由陈述书**之前**和提交该陈述书的时限届满之前不纠正自己的决定。该决定被认为是一项程序违法行为。这项决定在 **T 1891/07** 中得到了确认。关于这两个案件，无论在哪一个中，委员会都没有下令退回上诉费，这是因为，由于该违法行为发生在上诉书提交之后，因此促使发生上诉提交的原因不可能是该违法行为。

根据 **T 691/91**，EPC 1973 第 109 条规定了两项法律上可行的替代方案：维持或者撤销被上诉的决定。本案中，审查部选择了第三种方案：通过签发纠正决定的方式维持早前的决定。但是，EPC 1973 第 109 条没有规定这项替换方案。

T 142/96 中，决定得到纠正以后重启审查这项实践做法被认为是与 EPC 1973 第 109 条中的程序经济原则相抵触的，因此构成了重大程序违法行为。

T 704/05 中，委员会认定，审查部本来能够通过根据 EPC 1973 第 109（1）条作出中间修改的方式取消自己的决定。但是，考虑到审查部明确被禁止提供未能允许中间修改的理由，因此，委员会也无法对审查部的该不作为发表评论。关于上诉是否驳回了否决申请的理由，根据 EPC 1973 第 109（1）条作出虽是强制性的但并不具有必然性的判决不是行使自由裁量权的行为，而且事实上也没有留下任何可以调查自由裁量权是否得到适当行使的机会。委员会意识到，关于这一点，虽然有许多上诉委员会决定持不同的看法——其中有的甚至认为应将该不作为看成一项重大程序违法行为而对其施以惩罚，但是暗示出，这些决定没有充分考虑 EPC 1973 第 109（2）条向审查部施加的保持沉默的要求。

一旦作出有效的中间修改允许决定，无论一审部门关于上诉的可接纳性和理由是否充足进行的判断是否正确，审查部无法取消该允许决定，更别说是手续人员（**T 303/05**）。

14. 转交上诉扩大委员会

根据EPC第112（1）条，对于确保法律应用的一致性必要的情况下，或者出现具有根本重要性的法律点的情况下（EPC 1973中称之为“重要的法律点”），应由上诉委员会自由决定是否将案件转交给上诉扩大委员会。**T 184/91**明确指出，仅限向上诉扩大委员会转交关于特定法律点的问题，而非整个案件。

正如早已在决定**G 8/92**（未被公布在OJ中）中阐明的那样，**G 3/99**（OJ 2002，347）中，上诉扩大委员会确认，即便上诉扩大委员会认为，原则上，向上诉扩大委员会进行转交要想获得被接纳，上诉必须首先是可接纳的；但是，如果向上诉扩大委员会进行转交涉及上诉的可接纳性，这项原则便不再适用。如果不存在这项例外，诸如向该委员会审理案件，委员会会无权向上诉扩大委员会转交关于涉及上诉可接纳性的重要法律点的问题。而这样做是与EPC 1973第112（1）（a）条相抵触的，它没有设置任何该类型的限制。

在**G 3/08**上诉扩大委员会于2009年10月16日通过的中期决定中，扩大委员会指出，根据EPC第112条转交案件时，提交法庭之友简报的公众不具有当事方的身份。无权提出任何请求，仅有权表达他们对案件的个人看法，这是因为，法庭之友不属于转交法律程序的当事方，因而，根据EPC第24（3）条，他们的任何请求都是不可接纳的。但是，根据RPEBA第4（1）条（OJ 2007，304），还应适用EPC第24（4）条。根据该条规定，第三方的递交被视为委员会依职权调查所指称的反对理由或偏袒嫌疑的依据。

以下决定主要涉及转交请求遭到驳回的案件，而其他决定早已在其他部分进行了阐述。

14.1 确保法律适用的一致性

原则上，如果不存在相反的判例法，并且看不到背离早期决定的理由，委员会通常会驳回转交请求（例如参见**T 170/83**，OJ 1984，605；**T 162/85**；**T 58/87**；**T 5/89**；**T 315/89**；**T 37/90**；**T 323/90**；**T 688/90**；**T 506/91**；**J 47/92**，OJ 1995，180；**T 473/92**；**T 952/92**和**T 702/93**）。

原则上，由于实际情况不同而要求对同一规则进行不同适用时，便不存在相抵触的情形（**T 143/91**）。

根据**T 373/87**，任何单个的、未得到确认的决定背离由数项决定共同确定的判例法的情况下，会出现相反的判例法。

T 154/04（OJ 2008，46）中，委员会认定，与上诉委员会其他决定给出的意见相背离的决定、不同委员会的决定中表述的背离意见，或者背离一些国家的法律，比如，出于维护自己案件的目的上诉人提及的英国上诉法院判例法，本身无法构成根据 EPC 1973 第 112（1）（a）条进行转交的有效理由（另见 RPBA 2003 第 15 条）。

公约的法律体系允许判例法发生演变，并规定由委员会自主决定是对背离其他决定的决定提出理由，还是向扩大委员会提交法律点。根据 EPC 1973 第 112（1）（b）条，EPO 主席可以介入，尤其是在一审法律程序中的法律情况不清晰的情况下。

出于协调国家和国际法律规则的目的，上诉委员会会考虑国家法院在解释法律的过程中通过的决定和给出的意见（参见 **G 5/83**，OJ 1985，64）。虽然如此，但是在 EPO 法律程序中，上诉委员会仍然需要履行自己作为独立司法机构理应承担的解释和应用 EPC 以及在关于专利授权事项的终审中作出决定的职责。此外，尽管是经过协调的法律规定，但是也无法不证自明地就可以看出它们的解释在不同的国家法院中也是协调的，更不用是说不同缔约国的法院，因此，如果不行使自己独立的辨别力，关于应该遵循何种解释，上诉委员会便会茫然不知。

14.2 重要法律点

对 EPC 进行修改的过程中，英文版的 EPC 第 112（1）条第一句的措辞发生了修改。法文版和德文版保持没变。

T 601/92 中，委员会认为，部分案件中，阐明法律点不涉及一般性利益；因此，该法律点的重要性不大。关于特定事宜不存在判例法也不会构成转交某项问题的充足理由（参见 **T 998/99**）。

纯粹为了阐明法律点方面存在的理论不构成转交的正当理由（**T 835/90**），而且根据 **T 118/8**，也不应转交假设的法律点。此外，转交的任何问题必须具有法律性质，而不应仅仅是一项事实问题。**T 373/87** 和 **T 939/92** 中，委员会持有相同的观点。根据委员会在 **T 181/82**（OJ 1984，401）中作出的裁定，也不得转交任何技术问题，其中，上诉人请求转交技术人员凭借自己的知识是否可以容易地理解任何现有技术文件中的技术内容这项问题（另见 **T 219/83**，OJ 1986，211 和 **T 82/93**，OJ 1996，274）。**T 972/91** 中，委员会裁定，不可以转交无法得到一般性解答的问题。在这项特殊的案件中，上诉人请求向上诉扩大委员会转交的问题是考虑到技术教导的内容如何解释和理解专利权利要求。基于争议问题相关理由之外的理由便可以作出决定的情况下，转交请求一定要被驳回。要想转交请求被接纳，转交委员会对于被转交问题必须有能力作出回答（**T 520/01**）。

委员会认为被转交问题的依据不符合规定的情况下，委员会没有进行转交（例如，**T 727/89** 中，被转交问题预先假设权利要求不新颖，而委员会却认为是新颖的；另见 **T 162/90** 和 **T 921/91**）。

委员会意图作出对提出转交上诉扩大委员会请求的当事方有利的裁定的情况下，原则上，委员会会驳回该请求（参见 **T 461/88**，OJ 1993，295；**T 301/87**，OJ 1990，335；**T 648/88**；**T 180/92** 和 **T 469/92**）。

根据 **T 26/88**（OJ 1991，30），作为某项问题依据的法律地位在其间发生变化，进而导致该问题不可能经常出现的情况下，不存在任何需要阐明的重要法律点。

根据 **T 247/85**，是否允许针对中期决定提出上诉这项问题不涉及重要法律点。

甚至，在出现涉及重要法律点的问题的情况下，如果委员会坚信自己可以独立解决该问题（参见 **J 5/81**，OJ 1982，155；**T 198/88**，OJ 1991，254；**T 579/88** 和 **708/90**），或者如果该问题对于决定特定案件而言不相干（例如参见 **J 7/90**，OJ 1993，133；**J 16/90**，OJ 1992，260；**J 14/91**，OJ 1993，479；**T 72/89**、**T 583/89**、**T 676/90**、**T 297/91**、**T 485/91** 和 **T 860/91**），那么，委员会也不会转交。

T 82/93（OJ 1996，274）中，由于上诉扩大委员会早已对该问题作出过决定，因此，没有允许转交。**T 297/88** 中，委员会详细解答了何时才可能转交扩大委员会早已作出决定的问题。委员会认为，原则上，只要扩大委员会关于争议决定的论据欠缺说服力，以致决定本身的准确性不可避免地导致质疑，那么，扩大委员会关于法律点提供的任何解答都可以被质疑。扩大委员会的论据基于错误前提，以致所得出的结论导致质疑的情况下也是如此。虽然前提准确，论据具有说服力，进而结论也必然准确，但是根据在其间出现的法律或技术发展，并且考虑到公众利益，将问题交由扩大委员会重新审查看起来可取的情况下，也可以对决定提出质疑。

1988年7月20日的 **T 208/88** 中，上诉委员会向扩大委员会转交了一项在扩大委员会其他法律程序中未决的问题，之所以进行转交是因为这个案件中出现了对作出决定有用的新方面。**J 15/90** 中，上诉委员会也向扩大委员会转交了一项未决的问题，之所以这样做是因为，上诉委员会希望向扩大委员会提供机会考虑可能会受其解答影响的另一种案件类型。**T 803/93**（OJ 1996，204）

中，委员会转交了授权代理人之外的个体是否可以出席由上诉委员会审理的技术案件这项问题，如此一来补充了扩大委员会尚未解决的另一项问题，即该个体是否可以出席法律案件。**T 184/91** 中，出于向法律程序的当事方提供机会向扩大委员会陈述各自案件的目的，委员会再次转交了一项尚未得到解决的问题。

委员会仅可以“在某项案件的法律程序开展期间”向上诉扩大委员会转交法律问题，并且应在扩大委员会关于上诉中被认为与该被转交法律问题相关的事宜作出决定之前进行转交。具有已决事项效力的法律点不可以向上诉扩大委员会转交（**T 79/89**，OJ 1992，283）。根据 **G 8/92**（未公布在 OJ 中），除非转交涉及与上诉的可接纳性相关的法律点，否则，只有上诉是可接纳的情况下才可能进行转交。

14.3 扩大委员会转交以后中止一审法律程序

如果审查部的决定完全取决于上诉扩大委员会关于 EPC 1973 第 112 条项下的法律问题或法律点的法律程序结果，而且审查部对此也知晓，那么，上诉扩大委员会决定有关事项之前，应中止进一步审查申请。未能照做的，视为 EPC 1973 细则第 67 条项下的重大程序违法行为（**T 166/84**，OJ 1984，489）。EPC 细则第 103（1）（a）条取代了 EPC 1973 细则第 67 条第一句的文本内容。

15. EPC 第 112a 条规定的复核呈请

15.1 概　　述

为了实现对上诉委员会的决定实施有限的司法复核，上诉扩大委员会有权对 EPC 第 112a 条规定的复核呈请作出决定。复核呈请仅可以以 EPC 规定的理由为依据。该理由首先是上诉程序中出现的根本性程序缺陷，其次是存在可能会对决定造成影响的犯罪行为（EPC 第 112a（2）条）。

一审环节中，根本性程序缺陷系指 EPC 第 112a（2）（a）~（c）条规定的那些缺陷，也就是，违反 EPC 第 24 条规定的对上诉委员会成员的排除和反对；未被任命为上诉委员会成员的个体的参与行为；根本性地违反 EPC 第 113 条的行为。2009 年 12 月 3 日的 **R 12/09** 中，根据 EPC 第 24 条提出的排除上诉扩大委员会成员的请求以不可接纳为理由遭到驳回——该成员被指称，由于他们是技术委员会或者上诉委员会的成员，他们必然有私人利益，进而必然会出现偏袒嫌疑。

此外，EPC 第 112a（2）（d）条开启了利用实施细则确定可以作为复核呈请依据的其他根本性程序缺陷的可能性。EPC 细则第 104（a）条和第 104

(b) 条规定，复核呈请也可以基于未能按照当事方的请求开展口头法律程序而引发的根本性程序缺陷，或者未能决定与委员会决定相关的请求引发的根本性程序缺陷。

EPC 第 112a (2) (a) ~ (c) 条中的示例，尤其是 EPC 第 112a (2) (d) 条的措辞明确指出，只有**根本性**（而非次要）**程序缺陷**才可以作为复核呈请的依据。EPC 细则第 106 条进一步规定，只有在根本性程序缺陷在上诉程序开展期间被反对，而上诉委员会却驳回该反对的情况下，复核呈请才会被接纳，除非根本无法在上诉程序开展期间提出该反对。

根据判例法，EPC 第 112a 条提供了一项例外的救济方法，而它的规定必须得到严格遵守。因此，EPC 第 112a 条不希望由三审部门决定任何案件，相反，基于由立法者详细规定的数量有限的理由（EPC 第 112a (2) 条以及 EPC 细则第 104 条)，它提供了司法复核权利（**R 1/08**）。扩大委员会的审查权也没有规定是否可以对决定遭到异议的委员会是否充分遵守了上诉阶段适用的程序规则进行一般审查。扩大委员会的审查权局限于根据审查复核呈请人提出反对的、EPC 规定的、根本的违反程序规则的行为。明显可以看出，扩大委员会有权审查被声称的违反程序规则行为，以便确认该行为是否会引发符合 EPC 第 112a (2) (c) 条规定的根本违反 EPC 第 113 条的行为（**R 2/08**）。此外，根据复核呈请所依据的条文的立法历史可以明显看出，不论在任何情况下，复核呈请都不可以作为一项手段审查实体法是否得到准确的应用（**R 2/08**、**R 9/08**、**R 8/09** 和 **R 13/09**）。

15.2 过渡性条文

2001 年 6 月 28 日行政委员会关于 2000 年 11 月 29 日修改《欧洲专利公约》的法案第 7 条中过渡性条文（“过渡性条文”）决定中规定“第 112a 条应适用于上诉委员会自其生效日期以来作出的决定”。根据 **G 12/91**（OJ 1994，285）和 **R 5/08** 中，扩大委员会将“作出决定”日期解释为宣布口头作出决定的日期，而非通知该决定的日期。因此，对于以虽然是在 EPC 2000 生效之前作出但是却在 EPC 2000 生效之后向当事方通知的决定为依据的复核呈请，以不可接纳为理由被驳回。

15.3 依据 EPC 细则第 106 条提出反对的义务

根据 EPC 细则第 106 条，仅限上诉程序开展期间关于程序缺陷提出反对但却被上诉委员会驳回的情况下，根据 EPC 第 112a (2) (a) ~ (d) 条提出的复核呈请才被接纳，除非上诉程序开展期间根本无法提出该反对。书面决定被指是基于专利所有人不知晓的理由和论点作出的情况下，复核呈请人无法针对程序缺陷提出任何反对。此时，辩论已结束，复核呈请人无权再提交任何文件或提出任何反对。因此，EPC 细则第 106 条的规定适用（**R 1/08**）。另见 **R 9/08**。

同理，**R 2/08** 中，基于书面程序作出争议决定的情况下，无须事先取得上诉委员会的通信，EPC 细则第 106 条结尾规定的例外情况看起来即可适用，由此，如果上诉委员会的决定是基于书面决定自身内容之外的理由，上诉人便无法确定该理由。

R 10/08 中，复核呈请人希望递交一项新的附属请求，据称是希望在口头法律程序公布决定的时候递交，但是委员会宣布，最终决定公布之后，其会正式受到该决定的约束。因此，委员会向复核呈请人提供了 EPC 细则第 106 条规定的第二项替换方案。

但是，**R 3/08** 中，扩大委员会认定，很明显，复核呈请人三项反对中的两项没有满足 EPC 细则第 106 条的要求。其中，第一项涉及委员会驳回复核呈请人出于实现自己的特别代理人出席的目的而提出的口头法律程序延期的请求。作为对委员会驳回的回应，复核呈请人一度试图任命另一名代理人，而且在当时，复核呈请人没有针对委员会拒绝延期口头法律程序的通信提出任何反对。因此，这项反对是不可接纳的。被认为不可接纳的第二项反对涉及复核呈请人声称自己在口头法律程序中没有获得充分的时间准备另外一份附属请求。复核呈请人又一次没有根据 EPC 细则第 106 条提出反对。

R 4/08 中，上诉扩大委员会明确指出，除非无法在上诉程序开展期间提出，根据 EPC 细则第 106 条提出反对属于程序行为，是针对上诉委员会的决定获得额外法律救济的一项先决条件。反对的有效性取决于是否符合两项条件：第一，反对必须采用上诉委员会可立即识别的形式进行表述，毫无疑问，按照 EPC 细则第 106 条提出的反对符合这项条件；第二，反对必须是具体的，意思是必须明确指出自己依凭的是 EPC 第 112a（2）（a）~（c）条和 EPC 细则第 104 条列明的哪些特定的缺陷。只要当事方的陈述书在格式和内容方面都符合这两项条件，它就可以成为符合 EPC 细则第 106 条规定的反对。扩大委员会在 **R 7/08** 中引用了 **R 4/08** 认定，复核呈请明显是不可接纳的，这是因为，无论是口头法律程序引入据称是未充分披露的新的方面的时候，还是委员会拒绝接纳两份文件的时候，复核呈请人都没有提出反对。另见 **R 6/09**。同样，**R 8/08** 中，扩大委员会强调，就其本身而言，根据 EPC 细则第 106 条提出的反对必须要有明确表述，不能提前拟就，也不能在 EPC 第 112a 条的意义上不指明其指称的根本程序违法行为。

15.4 EPC细则第107条规定的复核呈请的内容

EPC细则第107条与要求证实异议或上诉的类似条文相对应，同时考虑到复核呈请程序所提供救济的例外性质，它向复核呈请人强加的责任绝不会轻于该类似条文向异议人和上诉人强加的责任。因此，对于从客观角度出发合理理解复核呈请人的案件而言，复核呈请的内容必须是充分的，并且它的表述方式必须确保扩大委员会（以及任何其他当事方）能够立即明白有关决定为什么存在可以作为复核有关条文所规定的反对对象的根本性程序缺陷（**R 5/08**，其中的复核呈请被认为是不可接纳的）。然而，EPC细则第107条没有明确要求递交请求。根据EPC细则第107（2）条的措辞可以得到的唯一一项要求是，复核呈请必须明确指出复核呈请人希望上诉委员会的决定被取消。

15.5 EPC细则第109条规定的用以处理复核呈请的程序

R 5/08中，上诉扩大委员会阐明了潜在当事方在其他可能的复核呈请法律程序中的地位，尤其是在EPC第112a条和EPC细则第109条分别提供的两个不同阶段中的地位。EPC细则第109（1）条规定“在EPC第112a条规定的法律程序中，除非另有规定，否则，应适用上诉委员会法律程序的相关条文”。关于呈请的第一审法律程序，确实存在该“例外规定”，即EPC细则第109（2）条和第109（3）条。该例外规定的影响是，复核呈请人之外的当事方不得参与呈请法律程序的第一审，而且只要没有参与，该当事方便没有被陈词的权利。为了驳回明显不存在胜算的复核呈请，立法筹备文件强调，必须由扩大委员会成立三人合议组实施快速筛选程序。关于复核呈请人之外的当事方，立法者的意图是，扩大委员会认为复核呈请不会以明显不可接纳或不被允许为理由被驳回之前，不要求该当事方采取任何回应复核呈请的措施，以此方式维护该当事方利益。尽管未被传唤，复核呈请人之外的当事方仍然需要出席公开的口头法律程序。

15.6 根本性地违反EPC第113条的行为

在**R 1/08**、**R 2/08**、**R 3/08**、**R 4/08**、**R 9/08**、**R 10/08**、**R 11/08**、**R 3/09**和**R 7/09**中，均是基于发生了根本性地违反EPC第113条的行为提出了呈请（EPC第112a（2）（c）条）。

R 1/08中，扩大委员会称，要想在复核中获得胜诉，复核呈请人必须首先确定被审查的决定是基于与遭受不利影响的当事方不知晓并且没有机会发表意见的理由或证据进行评估或推理，其次再确定程序缺陷和最终决定之间存在因果联系，否则，所指称缺陷不会被认为是决定性的，因此也就不是根本性的。但是，复核呈请人未能确定其中任何一项。首先，关于附属请求，上诉委员会提供的推理与所有人/应诉人书面提出的论点直接相关，因此也就是该推理是基于复核呈请人有机会发表意见的理由或证据。此外，EPC 任何条文都没有要求上诉委员会提前向任何当事方提供所有可预见的论点，对于请求而言无论是有利的还是不利的（参见 **G 6/95**，OJ 1996，64；**R 13/09** 对此予以了确认）。另见 **R 11/08** 和 **R 6/09**，援引了 **R 1/08**，确认了因果联系的必要性。

R 2/08 中，呈请人坚称，考虑到作为争议决定依据的理由，上诉委员会损害了自己的陈述权利，尤其是驳回自己针对新颖性提出的反对以后。在复核决定中，上诉委员会驳回了针对新颖性提出的反对，理由是，它是一项首次与上诉书一起引入的全新异议理由，由于缺少应诉人的批准，因此必须被驳回。通过援引上诉委员会判例法（例如 **T 105/94**），关于异议程序，扩大委员会特别裁定，上诉书中未得到证实的异议理由不得仅仅因为上诉人曾经在异议表格相关项中打叉而不能被视为已经被有效地引入法律程序中。此外，支撑针对新颖性提出的反对的新文件首次于上诉阶段被递交的情况下，就其本身而言，该文件构成了 **G 10/91**（OJ 1993，420）和 **G 7/95**（OJ 1996，626）规定的全新异议理由，不得仅仅被当作已经在法律程序中的异议理由所提出论点的补充。因此，仅在上诉阶段提交新文件证明所指称的缺乏新颖性的反对明显可以构成全新的异议理由，不管上诉人是否曾在相关项上打叉，不得像上诉人错误坚持的那样被仅仅当作论点的补充。处理上诉阶段中出现的全新异议理由方面，上诉委员会的决定与上诉委员会判例法完全一致。扩大委员会还表示，期待上诉委员会的裁定对自己有利的当事方必须积极参与到法律程序中。另见 **R 4/08**。

R 3/08 中，呈请人指称，由于自己的一名员工未被允许在口头法律程序中提交英文文件，自己的陈述权利受到了损害（该案中，法律程序的语言是德语）。扩大委员会却不这样认为。该员工必须被当作 **G 4/95**（OJ 1996，412）所指的陪同人。根据该决定，不得作为一项当然权利采用口头的形式提交文件，而是必须获得 EPO 根据自由裁量权作出的允许才可以。此外，是呈请人的代理人撤销了自己的德语翻译请求，其在提出撤销之前知晓该员工将会出庭，但是出庭时提出翻译请求的时限早已经过期了。该员工的陈词本来可以由专利代理人采用德语进行表述的。因此，委员会的决定既没有构成自由裁量权的滥用，也没有不当地限制呈请人的陈述权利。

R 9/08 中，复核呈请人将以下指称作为自己案件的依据，即委员会将某份文件的全部披露考虑在内，而其中仅有部分是在法律程序中进行的，因此，复核呈请人无法针对全部披露发表意见。据称，该文件对于委员会的认定是具有决定性的。由于该论点会要求扩大委员会审查委员会得出的实质结论是否存在正当理由，因此该论点肯定会失败。根据决定理由无法看出，为了得出结论，上诉委员会借助了被委员会复制并明确提及的文件之外的文件的段落。由此，扩大委员会认定该复核呈请明显是不被允许的。

R 10/08 中，复核呈请人指称，由于没有在宣布辩论结束之前陈述当事方的最后请求，委员会主席违反了 RPBA 2007 第15（5）条。这种行为妨碍了复核呈请人提交另外一份请求，因为复核呈请人认为，在委员会陈述当事方的最后请求之前，辩论是不可能结束的。扩大委员会指出，只有在涉及根本性地违反 EPC 第113 条的行为或者 EPC 第112a（2）（d）条及 EPC 细则第104（b）条规定的根本性程序缺陷的情况下，违反 RPBA 2007 第15（5）条的行为才具有相关性。扩大委员会认定，复核呈请人具有充分的机会针对作为委员会决定依据的理由和证据发表意见，并且委员会的决定是基于辩论，而且提及了被辩论的请求。就可能发生的根本性地违反 EPC 第113（2）条的行为而言，参考了 **G 7/93**（OJ 1994，775）。根据该决定，该条文没有向申请人提供任何权利可以要求 EPO 必须考虑申请人所提出的修改请求。该条文的效力仅是防止 EPO 考虑和决定向其递交的或者经申请人或专利所有人同意的申请文本之外的任何文本。由于不存在任何证据表明复核呈请人希望提出其他请求，因此，委员会基于专利所有人向其递交的文本作出了决定。该复核呈请以明显不被允许为理由被驳回。

R 3/09 中，复核呈请人虽然没有声称委员会基于非经上诉人同意的文本作出了决定——如果是这样的话，委员会的行为明显会构成直接违反 EPC 第113（2）条的行为，但是却声称委员会赋予了它“曲解的”含义。扩大委员会表示，如果不存在其他可得到证实的显示当事方无法对于需讨论的法律点发表意见的情形，则委员会在准备口头法律程序的通信中表述的临时意见和委员会在其最终决定中进行的分析之间存在的不一致之处不构成根本性程序缺陷。“曲解”这项指称实际上是批评决定的推理没有根据。但是这却意味着要详细审查决定是如何应用实体法的——这超越了扩大委员会在复核法律程序中的权限。

另见 **R 8/09** 和 **R 13/09**。

R 7/09 中，复核呈请得到了允许，因为 EPO 无法确定异议人（上诉人）的上诉理由陈述书是否交付了应诉人（专利权人及后来的复核呈请人）。呈请人因此未能意识到上诉委员会是基于何种理由作出了撤销自己专利的决定，进而，委员会作出了根本性地违反 EPC 第113（1）条的行为。上诉理由陈述书可以很容易被公众获得，因此，呈请人也可以采用查阅电子档案的方式获得，但是，这一事实与 EPO 法律程序（其中包括专利局按照 EPC 的规定单独并特别通知的上诉程序）的当事方的权利丝毫无关。当事方必须能信赖专利局会遵守 EPC 的相关规定，至少就 EPC 第 113（1）条而言，当事方及其代理人自己没有责任通过定期查阅电子档案监督法律程序。

15.7 其他的根本性程序缺陷

R 1/08 中，呈请还指称存在 EPC 第 112a（2）（d）条规定的根本性程序缺陷，也就是，试图寻求复核的决定中缺乏与一项附属请求相关的论证。上诉扩大委员会提出了 EPC 第 112a（2）条或 EPC 细则第 104 条究竟有没有提供基于该法律点实施复核的可能性这一问题，但仅指出，呈请人承认被复核决定是有依据的。扩大委员会没有对决定的法律理据（也就是说，关于创造性的实体评估）实施复核，因为上诉委员会才具有最终和专属的权限。上诉委员会对所有有效请求作出了决定便没有对"裁决不全"作出决定并提供理由是合规的。因此，复核呈请是不被允许的。

R 10/08 中，所指称的根本性程序缺陷是，虽然委员会针对上诉作出了决定，但没有对与该决定相关的某项请求作出决定（EPC 细则第 104（b）条）。扩大委员会引用了 **G 12/91**（OJ 1994，285），根据该决定，某项决定公布的时刻不是当事方仍然可以进行陈词的最后时刻——该陈词必须在法律程序的早些时候予以作出，以给作决定部门留出时间针对当事方的陈词进行讨论并签发自己的决定。当事方必须能预想到这个事实：除非辩论重新开启，经过讨论以后决定就可以作出。因此，呈请人介入的最后时间本应是主席宣布辩论结束后进行讨论的时刻。如果意图提交另外一份请求，呈请人那时应请求重新开启辩论。该呈请以明显不被允许为由被驳回。**R 11/08** 中，扩大委员会确认，上诉委员会可以缺乏具体限定以及依赖委员会协助当事方为由驳回任何请求。

16. 上诉程序中提交经修改的权利要求

16.1 简　　介

16.1.1 一 般 原 则

上诉委员会既定判例法规定，包含经修改权利要求的新请求可以例外地在上诉程序中被接纳。决定中，委员会反复引用了 EPC 1973 细则第 86（3）条（EPC 细则第 137（3）条），关于异议上诉引用了 EPC 1973 细则第 57a 条（EPC 细则第 80 条）。根据 EPC 1973 细则第 66（1）条（EPC 细则第 100（1）条），EPC 1973 细则第 57a 条（EPC 细则第 80 条）获准用于上诉程序。此外，于 2003 年得到彻底修改的 RPBA 包含由上诉委员会自主决定是否接纳后续修改的详细规定。

根据早期的决定很明显可以看出，在上诉法律程序中，如果经修改的请求或附属请求认真地试图克服反对，或者延迟提交的该类请求存在正当理由且接纳该提交不会将委员会或另一当事方（视具体情况而定）卷入会明显耽搁上诉程序的审查中，委员会的确会接纳该类请求。但是，如果明显不被允许，那么，口头法律程序开始时或开展期间提交的请求尤其会被驳回（**T 95/83**，OJ 1985，75；**T 153/85**，OJ 1988，1；**T 406/86**，OJ 1989，302；**T 295/87**，OJ 1990，470；**T 381/87**，OJ 1990，213；**T 831/92**）。

同时，在其他决定中，委员会评论说，行使自由裁量权时，必须权衡案件的所有情形。权利要求递交的时间越晚，所应用的标准越严格。新的权利要求的主题不得严重背离已经提交的权利请求，尤其是，其不得包含任何先前没有要求保护的主题。鉴于新的权利请求没有引入 EPC 规定的新的反对，也不会克服 EPC 规定的所有未决的反对，因此，其应明显可被允许（**T 1126/97**、**T 52/99**、**T 468/99**、**T 397/01**、**T 411/02**、**T 81/03**、**T 989/03**、**T 515/06**）。

如果修改具有正当的理由，比如，提交的目的在于回应虽然未构成被上诉决定一部分但是在上诉程序开展期间提出而且未扩展被上诉决定和上诉理由陈述书确定的讨论范围的反对或者评论，出于程序经济目的的考虑，新的请求可以例外地被接纳，即使其是在很晚的阶段（例如，口头法律程序）中提交（**T 1126/97**、**T 52/99**、**T 468/99**、**T 397/01**、**T 846/04**、**T 1109/05**）。

16.1.2 上诉委员会程序规则（RPBA）

2003 年，RPBA（尤其是与延迟提交相关的条文）得到了彻底修改。关于针对当事方的递交（无论是事实、证据还是请求）作出的后续修改，其可接纳性明确由委员会自主决定（关于比较全面的描述，参见 CA/133/02）。RPBA 于 2007 年再次进行修改的时候，与后续修改相关的条文得到了保留，但是重新进行了编号。

RPBA 规范延迟请求可接纳性的条文基本上取自委员会关于这一点的既定判例法（**T 87/05**）。RPBA 2007 第 12 条和第 13 条（未发生修改，之前为 RPBA 2003 第 10a 条和第 10b 条，生效日期为 2003 年 5 月 1 日）的基本目标是汇集当事方在法律程序早期阶段的递交，以便确保处理过程中案件尽量保持完整。尤其是，会导致口头法律程序延期的修改不应被接纳。

根据 RPBA 2007 第 12（2）条，上诉理由陈述书和回复必须包含当事方的完整案件，并且尤其应明确指出所依凭的所有事实、论点和证据。根据 RPBA 2007 第 13（1）条，当事方提交上诉理由或者回复以后，委员会可以自主决定是否接纳和考虑对当事方的案件陈述作出的任何修改。尤其是考虑到新主题具有复杂性、法律程序的当前阶段及保持程序经济的必要性以后，委员会必须行使该自由裁量权。RPBA 2007 第 13（3）条补充道，关于试图在口头法律程序得到安排以后作出的修改，“如果修改提出的问题在委员会或其他当事方合理看来只有延期口头法律程序才可以解决的话”，则该修改不会被接纳。

因此，RPBA 2007 第 13（1）条规范最初不完整的案件陈述的后果以及后续修改的可接纳性。RPBA 2007 第 12（4）条明确提出，委员会有权排除本来可以在一审法律程序中提出但是却没有提出的请求。

根据既定判例法，除了 RPBA 2007 第 13 条列明的因素之外，委员会在自主决定是否接纳在法律程序晚期阶段提出的新请求时考虑的事项还包括该请求的胜算以及其内容是汇聚并详述已经讨论过的事实还是将焦点转移到法律程序尚未讨论的事实这一问题（**T 1474/06**）。

16.2 多方参加的上诉

16.2.1 原　　则

出现延迟提交经修改的权利要求的情况下，数项决定引用了上诉扩大委员会确立的关于 EPC 中多方参加的上诉程序的原则。根据这些原则，该上诉的主要功能是向当事方提供一项复核在具有司法性质的法律程序中作出的一审决定的权利。**G 9/91** 和 **G 10/91**（OJ 1993，408，420）尤其认为，多方参加的上诉程序的目的主要是向败诉方提供机会质疑对自己不利的决定，并获得关于一审决定是否正确这一问题的司法裁定。

因此，上诉程序在很大程度上是由之前异议程序的事实和法律范围决定。根据既定判例法，在异议部法律程序中败诉的、提出上诉的专利权人因此有权要求上诉委员会重新考虑被驳回的请求，或者在上诉程序的适当阶段提交新的请求，尤其是与上诉理由陈述书或回复一起提交。但是，如果专利权人希望上诉委员会考虑其他（进一步的）请求，该请求被接纳与否由委员会自主决定，而不是专利权人的一项当然权利（**T 840/93**，OJ 1996，335；**T 427/99**；**T 50/02**；**T 455/03**；**T 651/03**；**T 240/04**；**T 339/06**）。根据上述内容可以直接推断出，二审法律程序中，当事方仅可以在有限的范围内修改争议的标的，同时，RPBA 2007 第 12（4）条也反映了该原则。上诉程序不允许提出一个全新的案件（**T 356/08**）。

因此，处理专利权人在上诉程序开始以后提交的请求时，委员会必须考虑该请求在多大程度上与多方参加的上诉程序的司法性质相一致。

16.2.2 异议部未审查的请求

RPBA 2007 第 12（4）条规定，委员会可以拒绝考虑一审部门以延迟为由排除的递交。这一规定同样明确指出，原本可以在一审法律程序中提交却在上诉程序中进行提交的新递交不大可能得到委员会的考虑（**T 339/06**、**T 416/07**）。

关于决定是否接纳由提出上诉的专利权人提交但是未向异议部提交的请求时该如何适当地行使自由裁量权，根据委员会的既定判例法，需要考虑的关键问题是请求修改权利要求是否明显可被允许、其是否提出了新的反对、延迟提交该请求是否存在正当理由（如此可以防止滥用策略）以及委员会是否无须任何程序上的不当耽搁便可以对其进行处理（**T 153/85**，ABl，1988，1；**T 206/93**；**T 396/97**；**T 196/00**；**T 50/02**；**T 455/03**；**T 1333/05**）。

T 95/83（OJ 1985，75）早已经裁定，关于未能在口头法律程序之前适时提交的任何修改，如果该修改及其延迟提交同时存在某些明确的理由，则在上诉程序中仅可以根据其法律理据对其进行考虑（另见 **T 153/85**，OJ 1988，1）。**T 840/93**（OJ 1996，335）中，委员会进一步认为，如果提交的上诉不仅仅试图推翻异议部实际上已经考虑的就某项请求作出的决定，而且还基于新的请求提出异议部未曾考虑的问题，这样是与上诉程序的宗旨背道而驰的。延迟提交的请求可以得到接纳的唯一理由是，及时提出的情况下，专利权人会被剥夺仍然获得专利的任何机会。没有应用“最后争辩机会”的情况下，委员会必须将自己局限于上诉角色，必须仅就早已得到异议部考虑的请求作出决定（另见 **T 25/91**、**T 356/08**）。

专利权人必须适当地提交经修改的请求，也就是说，必须与上诉理由陈述书的回复一起提交，尤其是在修改由早已在一审法律程序中提出的反对引发的情况下（**T 735/00**、**T 792/04**）。经修改的权利要求不得引发与评估可专利性相关的情形，这是因为，该权利要示如此新以致对方当事方根据合理估计会认为如果不对程序进行不当的延期，该权利要求是无法得到解决的（**T 651/03**）。

T 240/04 中，委员会拒绝考虑第三项附属请求，因为上诉人本来是可以向异议部提交的。由于经修改的独立权利要求涉及一项技术问题，而这一问题仅与原始的权利要求存在细微关联，而且呈现了先前未经审查的事实，因此，上诉人确实应该向异议部提交该项请求。因此，上诉人必须面对委员会无法对该事项作出决定这个现实。该情形下接纳新的请求实际上会向专利权人提供机会强制要求上诉委员会按照其意愿将案件发回一审部门，而一旦这样做，异议人会被置于不利的地位，而且这也与程序经济原则相悖。

T 933/04 中，上诉人的主请求是根据被授权的专利提出的。但是，被授权的版本不是异议部决定的标的。该决定表示，被授权的专利（现为主请求）不具有新颖性，因此，上诉人没有继续进行追诉。如果上诉人意图继续追诉该专利，那么上诉人就不应该将其从法律程序中撤回。基于这一点，委员会拒绝接纳该主请求。

T 339/06 中，被授权的专利包含数项在相同范畴内的独立权利要求。委员会认定，该项新的请求也许会迫使自己在上诉程序中作出关于一个主题的首例裁定，该主题仅涉及与异议部决定标的大不相同的实施例。因此，尤其是，首次于上诉程序中提交并且仅涉及虽然在异议范围内，但是在一审决定中未得到考虑的独立权利要求的请求是否被接纳，必须根据早些时候是否也可以提交该请求进行决定。

T 64/02 涉及在缺少异议部审查不会构成程序错误的情况下附属请求究竟是否可以在上诉程序中进行审查的问题。委员会认定，上诉人的唯一请求是在按照被异议部以延迟为由驳回的附属请求维持专利的情况下，如果认为拒绝接纳该请求具有正当理由，则委员会可以无须审查该请求的可允许性便驳回上诉。

16.2.3　从属权利要求

T 1060/04 中，经修改的权利要求 1 源自被授权的权利要求 1 与数项被授权的从属权利要求特征的结合。口头法律程序开展期间，提出上诉的专利权人递交了相关的权利要求。

关于从属权利要求的可专利性是否必须进行审查这一问题，委员会特别指出，虽然针对从属权利要求的主题提出的异议还隐含地涵盖从属于独立权利要求的权利要求中（参见 **G 9/91**，OJ 1993，408，理由第 11 点）限定的主题，但是这一事实不一定意味着上诉程序开展期间的任何时候，当事方和委员会必须随时准备评估被授权的经修改的独立权利要求的可允许性和可专利性，包括从属于该独立权利要求的权利要求的主题（另见 **T 794/94**）。

T 565/07 中，上诉人提前口头法律程序 10 天提交了不同系列的权利请求。除了包含主请求的权利要求 1 之外，第四项附属请求的权利要求 1 还包含某项从属权利要求的特征。但是，它与第二项和第三项附属请求的指向完全不同。委员会裁定，尽管在原则上，根据 EPC 细则第 80 条，专利权人也应能够通过纳入（作为对被授权的独立权利要求不具有可专利性反对的回应）的从属权利要求的特征限制某项专利的主题，但是如果专利权人以不同的顺序反复行使该项权利，例如，采用同时或依次提交请求的方式行使委员会最终会决定应该以数项版本中的哪一种版本维持专利。那样也会与 EPC 第 113（2）条相抵触，该条文要求委员会根据“申请人向其递交的文本”作出决定。换句话说，应由专利权人决定需要进一步审查的文本以及无论任何情况下都必须与该决定保持一致的一系列或多系列权利要求，因此，也应由专利权人自主选择限制方向（另见 **T 382/96** 和 **446/00**），尤其是类似案中，指向的额外变化发生在只是提前口头法律程序 10 天提交的附属请求中的情况。

16.3 法律程序的状态

16.3.1 概　　述

根据上诉委员会的既定法律体系，上诉程序旨在确保法律程序尽可能简短和集中，以及在口头法律程序（已安排的情况下）结束时做好作出决定的准备。因此，对权利要求作出的修改应尽可能早地提交，如果没有在口头法律程序之前适时提交，那么委员会可以无视经修改的权利要求。该原则载明于 RPBA（**T 214/05**、**T 382/05**）。根据 RPBA 2007 第 12（2）条，上诉理由陈述书和回复必须包含当事方的完整案件陈述。除了所有事实、论点和证据之外，其应包括所有请求（**T 764/03**）。根据 RPBA 2007 第 15（6）条，委员会的口头法律程序结束时，案件应可以做好作出决定的准备，除非当时存在特殊原因妨碍了这样做。

提交经修改的权利要求或附属请求的时机和对其进行审查的过程中出现的困难对于决定其是否可以在上诉程序中被接纳而言都是重要的评判标准（**T 397/01**）：请求提交的时间越晚，其越可能会被认为是不可接纳的（**T 942/05**）；修改提出的问题越复杂，并且该修改提交的时间越晚，剩余时间不足以对其进行适当考虑的风险就越大（**T 81/03**）。

16.3.2 安排口头法律程序后的修改

根据 RPBA 2007 第 13（3）条，关于在口头法律程序得到安排以后作出的修改，如果其提出的问题在委员会或其他当事方合理看来只有延期口头法律程序才可以解决的话，则该修改不会被接纳。

口头聆讯得到安排以后试图向法律程序引入证据或请求的情况下，高效开展上诉程序的总体利益是一项待考虑的重要因素。根据情况，在法律程序必须进行延期才可以结束的情况下，新的递交或者请求可不予理会（**T 764/03**）。

T 133/04 中，口头法律程序得到安排以后，附属请求在该法律程序开展期间进行了提交。委员会认为，由于上诉程序开展期间没有提出新的反对，则便没有明显需要在提交上诉理由陈述书之后递交新的请求。上诉人也没有提供令人满意的证据证明与上诉理由陈述书一起提交的那些理由相比，延迟提交的请求能够更容易作为决定的理由纳入考虑范围（另见 **T 50/98**）。

T 476/03 中，委员会指出，附属请求是在比口头法律程序前 1 个月的时限还早 3 天进行提交的。因此，该请求是在委员会通信中规定的时限内适时提交的。由此，该附属请求不得视为是延迟提交的。

T 81/03 中，委员会认定，如果包含的法律点仅可以在额外的书面阶段得到适当处理，那么，在传唤出席口头法律程序的传票中设定的最迟届满日之前不久提交的请求必须被当作延迟提交。

此外，**T 253/06**中，委员会认为，根据RPBA 2007第13（3）条，允许将尽管是在规定的期限内提交但是却晚于口头法律程序得到安排时的附属请求当作延迟提交，前提条件是，该请求未得到证实，即没有随附解释为什么作出修改以及该修改将如何克服在法律程序开展期间提出的反对的理由一起提交。这种情况下，既无法合理期待委员会也无法合理期待法律程序的其他当事方考虑该法律点，尤其是存在大量请求并且权利要求的特征提出新论点的情况下。委员会引用了**T 888/02**，其中委员会认定，关于EPC 1973第125条，公平对待所有当事方的必要性阻止了该请求的可接纳性。

同样，**T 1443/05**中，委员会拒绝接纳根据RPBA 2007第13（3）条提出的附属请求，理由是，由于该请求延迟提交，如果不延期口头法律程序便无法回答EPC 1973第123（3）条的要求是否得到了满足这一问题（另见**T 1026/03**、**T 1305/05**、**T 455/06**）。

16.3.3 口头法律程序开展期间提交的请求

a）概述

关于是否应该行使自由裁量权接纳首次于口头法律程序开展期间递交的但是对于延迟不具有任何法律理据的经修改的权利要求，上诉委员会制定了数项标准。通常情况下，明显不被允许的权利要求不得被接纳。

此外，关于专利权人在口头法律程序中首次提交的新请求，尽管传票通知指明了提交该请求的截止期限，EPC细则第116条（EPC 1973细则第71a（2）条，未发生任何修改）和RPBA 2007第13（3）条大大限制了该请求在异议上诉程序中被接纳的范围。该附属请求可能会根据EPC 1973细则第71a条以延迟为由被驳回，除非法律程序的标的发生变更，其必须被接纳。

T 1105/98中，委员会的口头法律程序开始以后附属请求才得到提交。委员会认为，该请求可以根据EPC 1973细则第71a条以延迟为由被驳回，除非法律程序的标的发生变更，它必须被接纳。只要没有发生该变更，便可以行使EPC 1973细则第71a条规定的自由裁量权。这样做时，委员会必须确保经修改的权利要求满足了各项形式要求，并且看起来似乎具有胜算，同时还应考虑确认该事项所需的时间以及陈述权。一旦需要进一步检索，那么，该条件视为没有得到满足，这样的话，要么应延期口头法律程序，要么应向一审部门发回有关事项进行进一步审查。**T 681/02**中，委员会采取了**T 1105/98**中的观点。其中，委员会认为，如果该请求的意图是回应委员会在准备口头法律程序的过程中的初步意见，那么，本可以在该意见指明的时限届满之前进行提交，也就是说，在口头法律程序届满之前1个月。凭借附加性加入特征，附属请求的权利要求1不同于获得授权的权利要求1。因此，必须作出一般性的假定，即该特征未曾得到检索。

T 831/92 中，委员会认为，上诉委员会的口头法律程序开展期间在异议程序中提交附属请求是与程序公正原则相悖的，这是因为，异议人很难处理未能在口头法律程序之前适时提交的请求（**T 1333/05**）。**T 667/04** 中，委员会称，接纳该请求可能会导致口头法律程序发生延期，进而会推迟上诉程序作出结论的日期，而这是不可接受的。既然没有提出任何例外情形用以宽恕该请求的延迟提交，那么，接纳它便会与程序公正原则背道而驰（另见 **T 233/05**）。

T 406/86（OJ 1989，302）中，专利权人在上诉的某个阶段提议了修改。在这个阶段，根据EPC 1973第110条对上诉实施的审查实际上已经完成，而且已经起草了一项决定。委员会认为，接纳该修改会减缓法律程序的进度，并且可能影响第三方的权利。委员会承认，例外的情况下也许可以作出一项不同的结论，比如在经修改的文本明显可被允许的情况下（另见 **T 304/92**）。

T 206/93 中，如果延迟提交和明显不可允许的在案权利要求经讨论不被接受，上诉人请求进一步提交新的权利要求的机会。委员会认为，虽然这属于一项附属请求，但是没有指明待讨论的权利要求。接纳它会对应诉人适当处理新的权利要求造成不必要的困难，而且可能出现的延期会导致法律程序出现不可接受的耽搁。**T 231/95** 中，附属请求2是在口头法律程序结束以后提交的，提交的理由是，口头法律程序开展期间对要求保护的主题进行进一步限制的必要性才变得明显化。但是，委员会认定，口头法律程序中讨论的范围基本上局限于之前书面法律程序早已提出的反对，而且没有提出任何意外的新论点，能够导致应诉人需要面对新的情形（另见 **T 710/99**、**T 107/05**）。同样，**T 1194/02** 中，口头法律程序中的辩论范围基本上局限于早已经在书面程序开展期间提出的反对，而且没有出现任何导致新情形的意外事项。因此，口头法律程序结束以后才提交的请求以延迟提交为由被驳回。

T 14/02 中，口头法律程序开展期间，应诉人（专利权人）出于限制要求保护的主题的目的请求委员会允许自己提出额外的请求。委员会基于以下两点理由驳回了该请求：第一，提出新请求的必要性早已在口头法律程序开始之前变得明显化，因为委员会已经签发了一项包含临时否决意见的通信，意见中，委员会列明了主请求似乎不具备创造性的理由；第二，新请求提议的主题会要求对方当事方另外展开一项检索，进而会导致案件发回。

单方参加的案件 **T 1273/04** 中，委员会称，通常情况下，明显不被允许的权利要求不会被接纳。但是，如果权利要求通过了首个较低且较直接的门槛，并且以下条件得到满足，那么，其应该会被接纳：

（i）根据 EPC 明确地或隐含地规范申请修改的规定，修改明显可被允许；

（ii）最新定义的主题代表了作为审查和上诉程序的主题的会聚性发展；以及

（iii）经修改的权利要求的主题明显是新的。

因此，一般原则是，要想具有可接纳性，口头法律程序中延迟提交的经修改的权利要求必须通过作出明显可被允许的修改，从而实现自己明显可被允许（**T 1311/05**）。

T 1067/03（多方参加）中，委员会接纳了一项在口头法律程序开展期间首次提交的附属请求。它将该附属请求中包含的澄清视为对口头法律程序之前讨论的回应。此外，修改也没有复杂到无法在口头法律程序中作出明确决定的程度。

b）申请人缺席口头法律程序

根据 RPBA 2007 第 15（3）条和第 15（6）条，委员会没有义务仅因为正式传唤的任何当事方缺席口头法律程序而延期法律程序中的任何步骤，包括它的决定；此时，对该当事方是仅依凭其书面案件陈述。它还必须确保口头法律程序结束时，每项案件可以做好作出决定的准备。根据 RPBA 第 15（3）条的解释，该项规定与 EPC 第 113（1）条规定的陈述权原则不相冲突。这是因为，该条文仅提供了被陈词的机会，而且如果自己未能参加口头法律程序，则视为其放弃了该机会。

T 979/02 中，上诉人在口头法律程序计划开始前两天提前确认其不会参加口头法律程序。同一天下午，其提交了经修改的一组权利要求，以此作为“单一主请求”。委员会认定，出于保持程序经济的考虑，它唯有基于请求文件表面上看起来是否明显可被接纳就该请求的可接纳性作出决定。它的结论是，表面上看来，无论是说明书还是单独提出的权利要求都显示了大量的形式缺陷。

T 602/03 中，委员会认为，口头法律程序开始前不久（大约 1 个月）提交经修改的权利要求，但是随后却未能参加该法律程序的情况下，上诉人必须预想到一项基于其缺席的情况下针对该权利要求提出的反对作出的决定。权利要求的修改本质上导致出现一个在程序的先前阶段讨论的版本的情况下，没有什么能够妨碍基于先前讨论的反对和事实作出决定，即使该决定是在上诉人未能参加的情况下作出，修改是作为对要求上诉人参加该口头法律程序的传票的回应而提交（**T 78/05**、**T 942/05**）。

T 1704/06 中，上诉人没有指定代理人参加陈词。考虑到 EPC 第 113（1）条的要求，口头法律程序中，委员会必须考虑是否有机会关于这项包含先前未出现在任何独立权利要求中的主题的权利要求作出决定。上诉人在口头法律程序得到安排之后递交新的权利要求，但是却未能参加该法律程序的情况下，委员会拥有很多选择。它可以继续书面审查、发回案件、授权专利，或者以不可接纳为由驳回权利要求。同时，它还可以基于实质理由驳回新的权利要求，特别是以缺乏创造性为由，即使该权利要求先前已经被讨论过，而且是在口头法律程序开始之前适时提交。应该根据现行的法律和事实情况审查该实质要求的情况下，这将是特别情况。

T 1867/07 中，认可这项观点的同时，委员会还补充道，如果受到正式传唤的当事方按照自己的意愿选择不去参加口头法律程序，那么，他所处的地位相对于参加该法律程序的情况而言不可能更加有利。该案中，关于上诉人在口头法律程序开展期间最新提交的一组权利要求的格式和实体问题，他必须预料到相关讨论。即便上诉人自愿选择不参加口头法律程序，委员会也必须提出其在上诉人参加的情况下可以且会提出的问题，并且相应地作出决定。

c）异议人缺席口头法律程序

T 470/04 中，口头法律程序开展期间，提出上诉的专利权人提交了经修改的一组权利要求，这组权利要求包含15项，但是应诉人/异议人没有参加该口头法律程序。由于该组经修改的权利要求是基于早已在案的权利要求的组合，是作为对委员会在口头法律程序开展期间提出的反对的回应提交的，其并没有修改被上诉决定和上诉理由陈述书明确的主要讨论点，即缺乏创造性，而且在口头法律程序中很容易会被委员会处理，因此，委员会的结论是，该情形下，请求是可接纳的。此外，委员会没有义务仅因为正式传唤的应诉人缺席口头法律程序而耽搁自己的决定，这种情况下，应诉人可以被视为仅依凭它的书面案件陈述。

16.4 对经修改的权利要求予以考虑的标准

尽管延迟提交的权利要求请求本身存在可能不予理会的风险，但是这种情形不是经常出现的。因此，为了证明接纳该请求具有正当理由，上诉委员会的许多决定明确了可能出现的情形以及应该满足的标准（**T 516/06**）。

16.4.1 经修改权利要求明显可被允许

决定某项延迟提交的请求是否可被接纳时需要审查的因素包括新的权利要求的主题是否清楚和明确，以致无须进一步讨论便可以被理解和允许的地步。委员会可以快速确认权利要求不会导致新的反对，也不会克服根据EPC提出的所有未决反对的情况下，其明显是可被允许的（**T 51/90**；**T 270/90**，OJ 1993，725；**T 955/91**；**T 655/93**；**T 862/00**；**T 922/03**；**T 1004/01**）。这意味着：第一，关于延迟提交的请求满足形式要求这一点至少不存在任何疑问（**T 1785/07**）；第二，该请求有希望克服所提出的反对（**T 1859/06**）。

T 482/89（OJ 1992，646）、**T 543/89**、**T 297/91** 和 **T 252/92** 中，委员会接纳了口头法律程序开始时或开展期间首次提交的权利要求，理由是其明显是可被允许的。

T 87/05 中，委员会认定，程序经济的一般原则（参见 RPBA 2007 第 13（1）条和第 13（3）条）要求经修改的权利要求必须是明显可被允许的，也就是说，其至少应满足 EPC 规定的形式要求，不会导致未曾提出的反对。如此一来，其他当事方和委员会便可以在法律程序的晚期阶段在不会出现任何困难或延期的情况下评估其可专利性。

T 1004/01 中，作为对委员会在准备口头法律程序的过程中所签发通信的回应，12 项附属请求在规定的 1 个月期限内得到了提交。权利要求的修改仅涉及相对较狭义的特征和价值的限定，该特征和价值是清楚和明确的，足以让本领域技术人员轻易理解。委员会认定，上诉程序中提交数项附属请求是不常见的，因为，这是专利权人请求维持专利的最后机会。因此，专利权人的行为不可以被认为是滥用权利。

16.4.2 对反对作出的回应

一般而言，委员会接纳作为对报告人或另一当事方发表意见和提出反对的回应而提交的修改。但是，应避免出现不当的程序耽搁（参见 **T 38/89**、**T 459/91**、**T 933/91**、**T 1059/92**、**T 69/94**、**T 648/96**）。

引入的修改具有正当理由的话，比如，是作为对虽然不属于被上诉决定的一部分但是在上诉程序开展期间书面提出的反对或意见的回应而提交的，经修改的权利要求可以在法律程序中被接纳（**T 397/01**）。

T 626/90 中，委员会决定接纳应诉人在口头法律程序中递交的两组权利要求。委员会认为，新版本的权利要求的真正意图是克服上诉人针对要求保护的方法的创造性问题提出的反对，而且毫无疑问上诉人一点儿也不感到意外，这是因为，两项请求中的修改只是按照涉诉专利的描述将要求保护的主题局限于发明的最佳实施例（**T 1097/99**）。

T 610/94 中，口头法律程序开展期间，上诉人提交了一组新的权利要求。上诉人争辩道，考虑到仅在口头法律程序开始不久前得到引用的 D 12 中的现有技术，它已经对权利要求 1 进行了限制，并且新的权利要求旨在回应委员会在口头法律程序传票的附件中识别的缺陷。委员会决定接纳该新的权利要求，并决定一个半小时休庭以后恢复口头法律程序。委员会认定，由于应诉人自己直到口头法律程序开始不久前才引用 D 12，因此，应诉人应预料到一项经修改的且被限制的权利要求。

T 794/94 中，委员会承认，基因工程领域内的专利有时会导致出现例外问题，而该例外问题又会对起草适当的请求造成困难，为延迟提交该旨在满足早已经得到详细考虑的反对的请求提供了例外情况的正当性。但是，无权连续不止提交新请求以替代被委员会认定属于不可接纳或不可允许的请求。如果可以快速检查出请求是否满足 EPC 1973 第 123 条和第 84 条的要求，并且该请求对于克服某项异议理由是必要的，那么，可以大大提高其被接纳的可能性，即使是在非常晚的阶段。因此，比较明智的做法是不仅要拿出一份经修改的权利要求的清晰复印件，还要拿出一份被授权权利要求的复印件，准确说明与被授权的权利要求相比，新请求的权利要求作出了哪些删减和补充。此外，对于每项修改，还应提供原始说明书中为该修改提供公平基础的所有段落，以及该修改意图避免的异议理由。

T 1148/97 中，委员会认为，如果对权利要求措辞的修改将要求保护的主题局限在以下范围内，即法律程序得到迅速开展以后专利可以避免被撤销的命运，并且维持经修改的专利也会得到授权，那么，延迟提交的权利要求仍然可以被接纳（**T 710/99**、**T 30/03**）。

T 300/04 中，虽然口头法律程序中提交首项附属请求没有提出任何新的问题，但是它的目的明显是克服之前针对不一致性的反对。唯一的区别是，口头法律程序开展期间应诉人的反对证明是符合 EPC 1973 第 84 条规定的可信反驳，而不是符合 EPC 1973 第 83 条规定的假设性反驳。因此，委员会认为上诉人的延迟回应（首项附属请求）具有正当理由。对于对方当事方而言，提交首项附属请求没有引起任何意外的或复杂的情形，而且，委员会仍然能够在口头法律程序中作出决定。

T 1400/04 中，延迟提交的权利要求构成对委员会反对的回应，其属于对与上诉理由陈述书一起提交的权利要求的趋同性说明。由于在单方法律程序中，只有委员会必须处理经修改的案件陈述，而且考虑到会降低案件复杂性的适当修改，没有必要延期口头法律程序，因此，委员会决定接纳该延迟提交的修改。

T 385/06 中，专利所有人在委员会通信所确定的最终日期之前提交了修改。委员会判定，该修改可以被视为对委员会与两项异议理由相关的评论的回应。因此，该修改根据 EPC 细则第 80 条是可允许的，因为其是由异议人提出的异议理由引发的。进而，该修改是按照委员会的指示进行提交的，并且与被上诉案件有关。由于该修改是提前口头法律程序 2 个月提交的，而且专利所有人指明了专利说明书中的段落（主要是从属权利要求，也是该修改的依据），因此，委员会认为，根据合理估计，当事方和委员会无须延期口头法律程序便可以处理该修改。

T 1254/06中，行使自由裁量权时，委员会考虑了上诉人所处的复杂的程序情形。主请求和附属请求1和2中的几组权利要求不是上诉决定的标的，而且其是由上诉人在二次上诉程序开始时首次在上诉理由陈述书中提交的。在作为首次上诉程序标的驳回决定中，审查部认为该项仅与当前主请求存在细微区别的主请求和EPC 1973细则第86（4）条相抵触，没有进行实质审查便将其驳回。上诉人随后提交了一项分案申请。但是，委员会在首次上诉作出的裁定中明确指出其认为审查部的反对没有根据以后，上诉人继续申请作为母案申请一部分的主请求和附属请求1和2中的权利要求。

16.4.3 行使自由裁量权

T 577/97中，委员会提到了其享有的在上诉程序的任意阶段接纳经修改的权利要求的自由裁量权。在本案中行使自由裁量权时，它认为，没有必要利用判例法通常应用的“明显可被允许”测试。原则上，拒绝接纳附属请求的决定应局限于提交附属请求会被看作构成滥用程序权利的例外情况。**T 681/02**中，委员会评论，决定**T 577/97的具体情况是**，附属请求包含一项形式为新的权利要求的单项修改，而该新的权利要求属于带有进一步限制的授权权利要求。因此，可以认为附属请求的主题已经得到检索，进而，与当前案件形成对比，它可以在口头法律程序中进行审查。此外，委员会经常会拒绝考虑明显不可允许的延迟提交的权利要求（**T 446/00**）。

一些决定中，关于是否应该在上诉程序的任意阶段行使自由裁量权接受经修改的权利要求，委员会引用了**T 577/97**。**T 1124/04**中，在口头法律程序非常晚的一个阶段，委员会遭遇了提交另外附属请求的情形。据上诉人所说，进一步限制要求保护的主题的必要性在口头法律程序开展期间已经变得明显化，尤其是委员会认为D2是最接近的现有技术。根据**T 577/97**，委员会认为，它至少可以自主决定是否接纳经修改的权利要求，甚至是在上诉程序中非常晚的阶段，因此，它也可以在口头法律程序开展期间行使其自由裁量权。当然，必须确定程序的不偏袒不会因接纳该延迟提交的权利要求而受到损害（**T 952/99**、**T 360/01**、**T 500/01**、**T 872/01**、**T 45/03**、**T 696/04**）。

T 240/94中，由于不同情形的集合，延迟提交不可避免，其中，该情形包括委员会在口头法律程序传票中提供的相对较短的通知、传票附件包含一项针对上诉人关于发明提出的某项技术优势的意外否定评估这一事实、圣诞节期间进行通信存在困难以及无法联系到委托人的技术专家。委员会决定接纳该项新的请求，即使它会令应诉人感到意外。因此必须向应诉人的代理人提供时间向其委托人寻求意见和准备适当的回复。鉴于这些原因，在口头法律程序中，委员会决定继续该法律程序，以涉及附属请求采用书面形式为限。

T 1449/05 中，委员会称，针对试图在异议上诉程序的晚期阶段放弃自己之前长期对现有技术认可的或放弃坚持对现有技术默许接纳的专利所有人，可以行使自由裁量权允许任何当事方根据 RPBA 2003 第 10b（1）条或第 10b（3）条对自己案件陈述作出的修改。为了公平，接纳该放弃行为会要求延期口头法律程序，以便允许提出上诉的异议人搜寻充足的证据。该放弃本可以在法律程序的较早阶段实施。

16.5 拒绝考虑经修改的权利要求的标准

16.5.1 经修改的权利要求的复杂性

根据判例法，如果针对的是表面上看起来不可允许的主题，那么委员会拒绝考虑该延迟提交的附属请求的理由应是其不具有可接纳性。主题必须清楚和明确，足以很轻易地被理解并且可以视为可允许的（**T 51/90**；**T 270/90**，OJ 1993，725；**T 482/89**，OJ 1992，646；**T 252/92**；**T 1202/02**）。

T 92/93 中，替代的一组权利要求包含主题之前未要求保护的新的权利要求。委员会认为，由于委员会能够快速确定其没有引发新的反对，也没有克服公约规定的所有未决反对，因此，该权利要求不是明显被允许的（类似案件：**T 631/92**、**T 655/93**、**T 401/95**、**T 50/02**）。

T 70/04 中，委员会拒绝接纳以进一步修改的形式维持专利的附属请求，尤其是引用了 RPBA 2003 第 10b（3）条之后。关于该项附属请求的可接纳性，委员会认定，尽管指明的修改是两项权利要求的组合，但是它的范围相当广，并且提出了之前未在异议或上诉程序中予以考虑的新问题，主要是因为与得到维持的权利要求 1 相比，出现了大量新增的可变因素。如果接纳了该项请求，委员会便会有义务要么将案件发回异议部，以防止败诉方被剥夺一次审理的权利，要么另外安排口头法律程序。

T 708/05 中，为了证明在口头法律程序开展期间延迟提交经修改的权利要求具有正当理由，上诉人称，由于委员会在新颖性方面持有的立场与异议部不同，因此遭遇了始料未及的情形。委员会认为，任何当事方必须随时准备接受上诉委员会可能推翻一审决定中所得结论这一事实。在该晚期阶段引入放弃声明来确立新颖性的当前情形下，一项尽管先前明确提出过但是后来却被上诉人中途放弃的提议不是一项确保委员会出于有利于上诉人的目的行使自由裁量权的行为。该不稳定的行为与实现公正且构成合理的上诉程序这一宗旨背道而驰，开展上诉程序必须避免其他当事方猜测自己应该怎样组织各自的答辩。此外，该项新的请求的主题仍然会引发数项反对，因此不属于明显可被允许的主题。

16.5.2 主题的变化

T 1273/04 中，委员会认为，要想被接纳，口头法律程序中延迟提交的经修改的权利要求必须通过作出明显可被允许的修改，来实现自己明显可被允许。但是，在审查上诉程序中，这项原则必须参照申请审查的范围进行调整。将其应用到该案中以后，委员会认定，主请求的权利要求 1 采用明显可被允许的方式进行了修改。但是，该修改却以相反的方式变更了要求保护的主题，而出于评估新颖性的目的，这种方式会要求对现有技术进行新的研究，甚至存在对检索进行复核的潜在要求。因此驳回了主请求。

T 651/03 中，委员会认定，首项附属请求的权利要求 1 得到了修改，修改以后它的范畴由产品权利要求变成了用途权利要求。委员会的结论是，该项变更扩展了专利保护范围，因此是与 EPC 1973 第 123（3）条背道而驰的。因此延迟提交的请求是明显不可允许的。

16.5.3 附加检索的必要性

T 14/02 中，应诉人在口头法律程序中提出的所意图的请求不仅会涉及对权利要求 1 进行小幅更改，而且会涉及对这项权利要求进行大幅限制，而这很可能会要求上诉人进行新的检索，并且可能导致向一审部门发回案件（另见 **T 51/90**；**T 270/90**，OJ 1993，725；**T 25/91**）。**T 48/91** 中，委员会以不可接纳为由驳回了经修改的权利要求，因为其包含附加特征，而该附加特征的影响要么是不清楚的，要么必须通过进一步的调查（比如开展对比测试）才可以进行评估（另见 **T 234/92**，其中，说明书中的某项特征被引入了权利要求 1，如此一来可能要求附加检索）以及 **T 1105/98**（其中需要附加检索）。

为了评估声称的异议理由——缺乏专利性需要进行附加检索，进而导致要么必须延期口头法律程序，要么必须向一审部门发回案件进行进一步审查的情况下，希望其他当事方接受该附加检索是不合理的（**T 494/04**）。

单方参加的案件 **T 979/07** 中，委员会表示，接纳仅在口头法律程序中提交的一组权利要求并且由于该组权利要求将要求保护的专利转换成为其他技术事项而需要进行附加检索，实际上会在上诉程序中向申请人提供全权授权去延期口头法律程序或者重新开启整个审查程序。这样做会与必要的程序经济原则相抵触（另见 **T 407/05**、**T 1123/05** 和 **T 764/07**）。

16.5.4 程序经济原则

根据 RPBA 2007 第 13（1）条，行使自由裁量权的同时，委员会必须考虑到程序经济的必要性。只有在表面上看起来可允许的情况下提交时间非常晚的请求（口头法律程序开展期间提交的请求）才会被接纳。

关于在非常晚的程序阶段（口头法律程序开始前不久）接纳新的请求，只有在一开始该要求不适合用来克服关于权利要求的可允许性存在的质疑的情况下，才会符合程序经济这项原则（**T 978/05**、**T 1731/06**、**T 33/07**、**T 321/07**）。

T 1790/06 中，行使自由裁量权的同时，委员会还考虑了应诉人（专利权人）在口头法律程序开展期间的行为。当事方的义务包括小心不要发生损害口头法律程序有效开展的行为。举例来说，该法律程序中，递交请求时不得漫无目的，不得撤回后再次递交。不论是对于委员会还是对于其他当事方，这种做法都是不可接受的。尤其是，对程序经济的考虑要求向委员会提供合理的时间考虑所提交的任何新请求，尤其是无须延期口头法律程序便可以对其予以考虑。

T 796/02 中，委员会认为，就权利要求较宽泛的请求而言，出于防止委员会对该请求作出否定决定的目的而在上诉程序中将其撤回，但是由于包含更多受到限制的权利要求而发回案件进行进一步审查之后，又重新向异议部提出该较宽泛的权利要求构成滥用程序。正如该案所示，案件发回后进一步争议和可能的进一步上诉程序很有可能严重地损害对方和一般公众享有的某种程度的法律确定性，即该欧洲专利的存续和范围处于合理的时间长度内。重新引入主请求和首项附属请求因此构成滥用程序，由此其不会被委员会考虑。

T 516/06 中，委员会称，无权连续不止地提交新请求以替代被委员会认定属于不可接纳或不可允许的请求。法律程序必须在某个时刻结束。不然的话，尤其是在单方法律程序中，口头法律程序可能很容易被用来测试委员会在哪些主题是可专利的这一问题方面的意见，从而修改权利要求。该情况下，虽然没有“握笔”，但是委员会仍然会成为最后要求保护的主题的影子写手。

16.5.5　分案申请未决时经修改的权利要求不被接纳

T 840/93（OJ 1996，335）中，委员会认为，根据 **G 9/91** 和 **G 10/91**（OJ 1993，408 和 420），分案申请未决时，必须格外关注上诉阶段延迟提交的请求。不同分案申请在主题方面的区别不清楚，并且部分该申请尚未得到一审部门裁决的情况下，在异议之后的上诉阶段的口头法律程序开展期间接纳既不是明显可被允许而且真正意图也不是为了克服所提出的反对的新请求是不适当的。

T 28/92 中，权利要求不是明显可被允许的，但接纳请求将有关事项发回一审部门进行进一步审查也是不可接受的，尤其是因为作为涉诉专利基础的申请仍然是未决的分案申请。委员会不希望增加标的几乎相同，由 EPO 不同审级考虑的法律程序。

16.6 上诉程序中恢复较宽泛的权利要求

16.6.1 概　　述

权利要求的限制可代表回应 EPO 或异议人的反对的尝试，无须非得涉及任何实质性放弃意图。该情况下，会出现以下问题，即申请人或专利所有人是否可以恢复先前在该法律程序的较早阶段提议的较宽泛的权利要求。

16.6.2 单方法律程序

T 12/81（OJ 1982，296）中，申请被驳回。在上诉理由陈述书中，申请人请求删除权利要求 5。但是，在口头法律程序开展期间，申请人却请求在申请中恢复该权利要求。委员会驳回了该请求，理由是，该延迟的请求与 EPC 1973 细则第 86（3）条和 EPC 1973 细则第 66（1）条的立法理由相抵触，该条文旨在防止法律程序出现不当延长。

T 1282/05 中，被传唤参加口头法律程序时，上诉人提交了新的请求，而该经修改的请求所包含的权利要求涉及之前未曾要求保护的或者未曾在上诉程序中讨论的事项。措辞方面，该请求所包含的独立权利要求较之前在上诉程序中要求保护的事项更加广泛，实质上构成了原始权利要求 1 的恢复。委员会认定，该修改不可以被当作对传票中反对的回应，而且上诉人也没有针对该修改提供任何理由。此外，根据理由陈述书也没有看出存在恢复原来要求保护的事项的任何意图。因此，上诉人的行为违反了 RPBA 2007 第 12（2）条。另外，类似请求本来也可以向一审部门进行递交。

16.6.3 多方法律程序

委员会一致裁定，通常而论（除非发生禁止不利变更适用的情况或者存在程序滥用的情况），在异议程序中仅在有限的范围内对自己的专利进行辩护的专利所有人可以在后续的上诉程序中恢复自己专利较宽泛的版本，包括被授权版本。根据该裁决，对专利限制进行介入并不意味着明确放弃专利的任何部分，仅可以被当作出于划定与反对之间界限的目的而试图用言辞表达专利（参见（但不限于）**T 123/85**，OJ 1989，336；**T 296/87**，OJ 1990，195；**T 900/94**；**T 699/00**；**T 880/01**；**T 794/02**；**T 934/02**；**T 1018/02**；**T 1276/05**）。

原则上，如果恢复先前权利要求的请求看起来会构成滥用程序的行为，该请求会被否决，正如案件 **T 331/89** 那样。该案中，由于直到口头法律程序开始才提交请求，而且根据该请求的内容，该请求不是明显可被允许的，由此，委员会认为发生了程序滥用行为。

根据 **G 9/92** 和 **G 4/93**（OJ 1994，875），在异议上诉程序中，专利所有

人可以在什么范围内作出修改取决于一审法律程序的结果以及专利所有人是自己提交了一项可接纳的上诉还是仅作为应诉人（比如，**T 576/89**，OJ 1993，543；**T 770/89** 和 **T 217/90** 因此便不再具有可适用性）。

以下情景必须予以考虑：

（i）针对撤销自己专利的决定提起上诉时，专利所有人有权恢复自己专利措辞范围相对更广的版本（尤其是被授权的版本），即使在上诉程序开始时已经提交了一个受限的版本（**T 89/85**；**T 296/87**，OJ 1990，195；**T 373/96**；**T 65/97** 和 **T 564/98**）。根据 **T 386/04**，专利被撤销的专利所有人有权寻求维持被授权的专利，即使他向异议部提出的主请求仅是以更加受限的形式维持该专利。这项已确立原则不与涉及提出新问题的新的权利要求的决定 **T 528/93** 或 **T 840/93**（OJ 1996，335）相抵触，也不与上诉扩大委员会在涉及上诉目的的决定 **G 9/91**（OJ 1993，408）中的意见相矛盾（另见 **T 1276/05**）。

一旦异议上诉程序显示在异议程序开展期间被修改的权利要求违反 EPC 1973 第123（3）条，必须允许专利所有人和上诉人放弃该版本（**T 828/93**）。

（ii）**异议被驳回**和被授权专利得到维持的情况下，应诉人（专利所有人）可以恢复被授权的版本，条件是，其首先在上诉程序开展期间提议进行限制（**T 705/91**）。

（iii）经**修改的**专利**得到维持**的情况下，根据 **G 9/92** 和 **G 4/93**（OJ 1994，875），原则上，自己没有提起**可接纳上诉**的**专利所有人**仅可以对以下专利进行辩护：形式上被异议部在其决定中予以维持的专利。该专利所有人无权恢复被授权专利的版本（另见 **T 369/91**，OJ 1993，561）。关于该专利所有人在上诉程序中提议的任何修改，如果其既不适当又不必要，即其并非是由于上诉引发的，这种情况下，会遭到委员会驳回（例如参见1994年10月17日的**T 266/92**）。但是，根据1996年7月16日的 **T 752/93**，在上诉程序开展期间对经异议部修改的版本作出的既适当又必要的修改不仅仅可以限制该版本，还可以扩展该版本——即使是在专利所有人没有提起上诉的情况下。关于应诉人（专利权人）作修改方面的限制，参见 **G 1/99**（OJ 2001，381）；另见第7章E.6“详细审查的范围”。

（iv）如果专利以修改的形式维持，并且**专利所有人**自己是上诉人，这种情况下，其可以在上诉程序中坚持范围相对异议部允许的更广的权利要求。

T 168/99 中，委员会在法律程序中接纳了主请求，尽管该主请求之前曾被撤回并且未被异议部考虑。根据委员会的观点，专利所有人在异议部针对异议理由的相关性发表任何意见之前在异议程序中采取的任何行为最初应被当作仅是一项针对异议人的提议，旨在早期达成一致意见。措辞“撤回”（“经修改的权利要求”取代当前在案的所有权利要求）既不表示也不暗示放弃主题。**T 528/93** 中，委员会认为，关于起先在异议部的口头法律程序开展期间提交随后又在相同的法律程序中被撤回的任何请求，由于其未经异议部评估，因此不属于被异议决定的标的；另外，其也不属于上诉的标的，因为上诉人没有受到针对该请求的任何决定的不利影响。因此，委员会行使自由裁量权时没有在上诉程序中接纳该请求（另见 **T 506/91**）。

16.7　与法律程序无关的情形

16.7.1　简　　介

一些案件中，当事方利用与法律程序无关的情形证明了权利要求的修改是正当的。委员会拒绝接受以下理由：**T 160/89**（工作量繁重）、**T 148/92**（关于发明的最终实施例存在疑问，上诉人需要经常出差）、**T 626/90**（缺乏及时指示）、**T 583/93**（OJ 1996，496；专利权人和被许可人之间缺乏沟通），以及 **T 575/94**（出现新指示）。

T 764/03 中，上诉人关于未能在法律程序的较早阶段引入附属请求提供的唯一理由是，从竞争角度出发，专利权人花费了太多的时间决定哪些内容对于审查是有用的。委员会评述道，决定应该在上诉程序的哪个阶段提交请求、所提交的请求何时应该被视为延迟及该延迟的法律后果为何时，仅可以考虑相关上诉程序的规则和情形。与法律程序无关的情形，比如与竞争者之间的许可谈判或者侵权法律程序，不属于评估上诉程序应该在何时提交会影响专利内容的请求时需要考虑的因素，除非其作为案件加速处理请求的理由被提出。

16.7.2　当事方或代理人的变化

T 408/91 中，口头法律程序开始时，专利权人的新代理人提交了经修改的权利要求。委员会认定，由于距离上诉理由申请日期很久之前该专利的所有权就已经发生了转让，而且新请求所包含的权利要求看似真的是试图满足异议部撤销该专利的理由，因此，本案中延迟提交似乎具有正当理由。

T 830/90 中，委员会拒绝接受以代理人发生变化作为延迟提交请求的理由。**T 382/97** 中，委员会持有相同的观点，其中，它认为，仅是代理人发生变化不是一项证明延迟提交请求正当的有效理由，因为它是相关当事方随意采取的一项行动，通过该行动，相关当事方可以影响哪些程序行为必须被视为是延迟的，哪些必须被视为是及时的。很明显，该情形与任何合理的程序行为相矛盾。只有由于出现可被证实的例外和非常情形而必须变更代理人的情况下，委员会才会得出不同结论。

T 1032/96 中，委员会认为，向代理人转交案件由于某位同事患病而发生了延迟不足以作为仅提前口头法律程序的日期3天递交该组权利要求的正当理由。该权利要求被视为延迟。

T 1282/05 中，委员会认为（但不限于），撤回代理人不可以作为延迟恢复之前未曾被上诉程序讨论的范围相对更广的主题的正当理由，委员会必须假定，由于先前代理人的所有行动是经与上诉人协商并根据上诉人的批准开展的，因此其必须归咎于上诉人。

17. 上诉费的退回

根据EPC 2000，EPC细则第103条取代EPC 1973细则第67条作为处理上诉费退回事宜的基础条文。EPC 1973细则第67条中，规定发生中间修改或者上诉委员会认为某项上诉可允许的情况下，如果由于存在**重大程序违法**行为该退回是**公平**的话，应判令退回上诉费的部分现在转到了EPC细则第103（1）（a）条。

另外，EPC细则第103（1）（b）条在某种程度上倾向于对缺乏交叉上诉技巧进行补充。为了预防起见在法律程序的早期阶段提起的上诉——以防对方提起上诉，在对方没有提起上诉的情况下，可以在上诉书提交期限和上诉理由陈述书提交期限两者的届满日期之间撤回该上诉，也就是说，可以在当事方或EPO发生巨大花费或采取重大行动之前撤回。新的EPC细则第103（2）条规范一审部门和上诉委员会在上诉费退回事宜的权限，来自上诉委员会的判例法（**J 32/95**，OJ 1999，713）。

本节基本上是描述EPC 1973细则第67条仍然适用期间由决定引起的发展。关于适用于截至EPC 2000生效日期处于未决状态的专利申请的规则，参见**J 10/07**（OJ 2008，567）、**T 2052/08**；又如**T 1039/04**、**T 1544/06**、**T 1006/04**、**T 630/08**、**T 616/08**。

17.1 一般性问题

T 939/95（OJ 1998，481）中，委员会认定，结合上下文解读，以“如果该退回”开头的条款同时提及了中间修改和上诉。这意味着，对于该任意一个阶段，发生了重大程序违法行为，而且决定机构根据自由裁量权认定退回上诉费是公平的，这两项条件是必要的。

特定案件中，甚至在缺乏内容如此的请求情况下，委员会也会审查发生重大程序违法行为的情况下退回上诉费是否公平这一问题（**J 7/82**，OJ 1982，391；1989年3月22日的**T 271/85**；**T 346/88**；**T 598/88**和**T 484/90**（OJ 1993，448））。但是，EPC 1973细则第67条规定的条件没有得到完全满足的情况下，其无权退回上诉费（**T 41/82**，OJ 1982，256）。

同时还必须牢记，EPC 1973 细则第 67 条仅适用于决定被上诉的一审部门发生的程序违法行为。因此，**T 469/92** 中，所指称的程序违法行为不是异议部的行为，而是审查部的行为，尽管异议部的决定是上诉的标的。即便该行为违反了公约规定的程序要求，任何委员会也无权判令退回上诉费。

上诉被认定**不可允许**或者被撤回的情况下，EPC 1973 **没有**规定可以退回上诉费（**T 372/99**、**T 543/99**、**T 1216/04**、**T 752/05**、**T 1375/05**）。另外，如果任何上诉因为没有按照 EPC 1973 第 108 条第二句按时缴纳上诉费而**被视为没有提交**的情况下，可以判令退回上诉费。该情况下，由于上诉费的目的没有实现，即便上诉委员会没有作出任何具有退回意思的具体命令，也必须退还上诉费（**J 21/80**，OJ 1981，101；**J 16/82**，OJ 1983，262；**T 324/90**（OJ 1993，33）及 **T 239/92**；关于上诉的存在和可接纳性两者的区别，例如参见 **T 445/98**、**T 460/95**；另见 **T 778/00**，OJ 2001，554）。**T 1192/07** 中，恢复权利的请求被驳回。结果是，由于没有及时缴纳上诉费，上诉被视为没有提起。因此，必须退还上诉费（**T 257/07**、**T 1465/08**）。

T 791/06 中，委员会认为第三上诉人的介入可以被异议上诉程序接纳，因此仅需要缴纳必要的异议费，正如 **G 3/04** 确定的那样。因此，预防起见所扣留缴纳的上诉费没有任何法律依据。委员会因此得出结论，介入人缴纳的上诉费应予以退回。

T 323/87（OJ 1989，343）中，上诉书的译文没有按时提交。委员会认为，根据 EPC 1973 第 14（5）条，上诉书视为没有提交，于是，委员会判令退回上诉费。最近，**T 1152/05** 也决定，由于专利所有人被视为没有提起上诉，因此，便没有任何理由缴纳上诉费，必须退回。另一方面，**T 126/04** 中，委员会决定，未能按时提交上诉书的译文意味着上诉是不可接纳的。

T 308/05 中，委员会裁定，即使上诉被撤回，也应退回上诉费。例外的情况下，可以无视 EPC 1973 细则第 67 条基于公平理由考虑退还上诉费。举例来说，合法期望保护原则遭到违反的案件应判决退还上诉费（**J 30/94**、**J 38/97**）。该案中，EPO 被认定违反了合法期望保护原则，而这引发的后果是提起了一项客观上多余的上诉，这一事实迫使它基于公平理由退还上诉人缴纳的上诉费。

上诉费不得以未提交任何理由陈述书或者提交过晚为由进行退还（**T 13/82**，OJ 1983，411；**T 324/90**，OJ 1993，33）。这同样适用于如下情况，即出于实现上诉可被接纳的目的而故意不提交上诉理由的情况（**T 89/84**，OJ 1984，562），或者按时提交上诉书并缴纳上诉费之后，上诉在提交上诉理由的期限届满之前被撤回的情况（**J 12/86**，OJ 1988，83）。**T 773/91** 中，唯一上诉人在委员会开始审查之前撤回了上诉。委员会决定，由于唯一上诉人已经有效提起了上诉，因此不可以退回上诉费。

J 15/01 中，委员会裁定，对比根据 EPC 1973 第 106（1）条作出的任何决定，上诉是针对某项通信提起这一事实不足以作为退还上诉费的正当理由。正如该案中，如果委员会得出的结论是，根据 EPC 1973 第 106（1）条作出的任何决定不可以被上诉，这虽然会导致上诉丧失可接纳性，但是 EPC 1973 第 108 条规定的要求得到完全满足以后，这并不意味着它从来没有存在过。因此上诉费没有被退还。

17.2 上诉的可允许性

EPC 细则第 103 条规定，上诉必须是可允许的，这是退回上诉费的一项前提条件。根据该条文的措辞和目的可以明显看出，“可允许的”应被理解为意味着上诉委员会至少在事实上“遵循”上诉人寻求的救济，换句话说，允许其请求（**J 37/89**，OJ 1993，201）。**J 18/84**（OJ 1987，215）中，上诉委员会判令退回上诉费，并表示，上诉仅得到部分允许并不妨碍上诉费的退还（另见 **T 129/01** 和 **T 604/01**）。

17.3 公　　平

许多决定都讨论过 EPC 1973 细则第 67 条（EPC 细则第 103 条）规定的措辞“公平的”。

17.3.1 公 平 退 回

J 30/94 中，委员会提及了公平程序原则，并且认为，撤回上诉后，如果上诉未能在一审部门作出拒绝允许其决定之后的合理时间内发回至上诉委员会，可以**例外地**判令退回上诉费。该案中，上诉在提交之后第 7 年才转交给了上诉委员会。

T 1198/97 和 **T 1101/92** 中，委员会评述道，损害上诉人的陈述权和上诉的必要性两者之间存在因果联系；因此，退回上诉费是公平的。

T 552/97 中，委员会将 EPC 1973 细则第 67 条（尤其是英文版本）的含义解释为，数项上诉被提起的情况下，如果该退回是公平的，则应退回每项上诉人上诉的费用。该案中，委员会判令退回专利所有人以及异议人的上诉费。

J 38/97 中，委员会认为，上诉人已请求可上诉的决定之后，可以合法期待将由主管部门而非缺乏法定权力的任何个体签发的异议决定。根据规范 EPO 和申请人两者之间关系的诚信原则，该情形下判决退回上诉费是公平的。

2006 年 5 月 17 日的 **T 281/03** 中，委员会认为，退回上诉费是公平的，尽管上诉人在最后时刻来临之前曾经多次延期自己对创造性的案件陈述。委员会指出，如果可能的话，应避免在异议程序的最后时刻来临之前延期详细证实异议书中提出的创造性理由，因为这会引发对方和异议部始料未及的情形。但是，该案中，创造性论点所依据的文件和新颖性论点依据的文件相同，而且无法单纯利用“是”或者“不是”来回答相关特征的新颖性，而是必须取决于该文件怎样进行整体解释。对于异议人来讲，即便不是完全没有可能，在未能准确陈述怎样理解该文件的情况下，争辩缺乏创造性也是非常困难的，而且事实上该特征被异议部认定是不同的特征。

17.3.2　不公平退回

关于判定退回上诉费是不公平的，委员会提出了许多不同的理由。其中包括：（i）上诉人的行为足以导致退回上诉费不公平；（ii）重大程序违法行为同必须缴纳上诉费之间不存在充分的紧密联系；以及（iii）重大程序违法行为不是审查决定或上诉决定的决定因素。

J 22/85（OJ 1987，455）中，委员会认为退回上诉费不具有正当理由，因为上诉人未能向受理部提供随后在上诉程序中递交的证据。

J 4/09 中，委员会表示，原则上，在申请人没有利用参加原始法律程序的机会的情况下，该行为可以被视为不公平。该案中，它没有对受理部的通信作出回应；只是在上诉理由陈述书中提到了明显的不一致之处。

J 18/96（OJ 1998，403）中，受理部未能遵守涉及审查提交的条文。法律程序因此遭受了程序违法行为。尽管（尤其是）因为某项程序违法行为，上诉得到了允许，但是退回上诉费仍然是不公平的，因为上诉人自己导致了受理部法律程序发生的失误。

T 167/96 中，被异议决定没有满足理性决定的最低要求。尽管毫无疑问，缺乏论证相当于重大程序违法行为，但是委员会仍然认为退回上诉费是不公平的。的确，根据档案历史记录可以明显看出，虽然一审部门向专利所有人提供了大量时间提交合适修改，但是该修改没有得到任何回复。于是，上诉时，专利所有人提交了一组修改，而且认为该组修改会克服未决的反对。委员会判定，通过提交异议部在几年的时间内一直试图从上诉人处得到但是未能成功的必要修改，上诉人利用了上诉程序。根据 RPBA 1980 第 10 条，该决定被取消，案件被发回至一审部门（另见 **T 908/91**）。

T 1216/02 中，检索部向申请人（上诉人）发送了一份欧洲检索报告补充报告，但是，这份补充报告包含一处错误引用，很容易让人误认为类似于正确的引用。审查部以申请人对自己第二份通信的回复“令人费解”为由驳回了该申请。上诉人请求恢复审查程序，以便自己能够利用基于正确文件的回复取代该回复。委员会认为，即便是由于超出审查部认识和控制范围之外的理由，客观来看，驳回决定也是基于申请人未曾有机会发表自己意见的证据。客观上讲，这构成了EPC 1973细则第67条规定的重大程序违法行为。但是，委员会仍然没有认为退回上诉费是公平的。这是因为，发生案件发回或者中间修改的情况下，上诉人本来可以通过在自己的上诉理由陈述书中纳入对审查部基于提起上诉时自己所知的正确的文件的通信的实体回复促进进一步的实质审查。

T 893/90中，以缺乏新颖性为由驳回申请的异议决定主要基于文件1（相对于文件2），上诉人拥有充分的机会对文件1提出意见。委员会称，上诉决定已进行充分论证，因此，依凭文件2方面发生的程序违法行为与必须缴纳上诉费两者之间存在的关联不足以确保退回上诉费是公平的（上诉人没有选择只针对未受程序不当行为影响的其他问题提起上诉的案件，参见**T 4/98**，OJ 2002，139）。

T 41/97中，退还上诉费是不公平的，因为程序错误（上诉理由陈述书收到之前和其提交期限届满之前作出的中间修改被驳回）不是提起上诉的原因。

T 601/92中，无论是在通信中还是在决定中，异议部均没有针对专利所有人在该决定发布之前适时递交的（5）号附属请求发表意见。由于在上诉程序中先于（5）号附属请求递交的（2）号附属请求得到允许，委员会因此不认为存在任何需要退回上诉费的理由，因为这样做是不公平的，无论是否存在程序违法行为。

T 219/93中，委员会向一审部门发回了案件，因为它明确要求按照EPC 1973第109条进行修改。而且，该异议决定没有针对EPC 1973细则第68（2）条规定的某个法律点作出充分的论证。尽管如此，委员会还是没有决定退回上诉费，因为该驳回主要是基于其他理由，而且委员会认为该程序违法行为没有严重到EPC 1973细则第67条规定的程度，以致退回上诉费是公平的。

17.4 重大程序违法

以下主要介绍涉及“重大程序违法”定义的案件以及不在已指称和/或发生重大程序违法行为的案件主要类别内的案件。

17.4.1 定　义

根据EPC 1973细则第67条（EPC细则第103条），退回上诉费的前提条件是发生了重大程序违法行为。“重大程序违法”系指客观上会影响整个法律程序的缺陷（**J 7/83**，OJ 1984，211）。根据**J 6/79**（OJ 1980，225），原则上，“重大程序违法”这项表达应被理解为，没有按照公约规定的方式应用程序规则。但是，如果EPO针对程序规则提供了错误信息，而且该错误信息一旦被申请人遵循会引发如同不正确应用该程序规则一样的后果，这同样也可以视为“程序违法”。**T 12/03** 中，委员会称，重大程序违法行为属于程序中的一项客观缺陷，出现的原因是没有按照公约规定的方式应用程序规则。**T 1875/07** 中，委员会称，只有负责 EPC 1973 第 15 条规定的程序的部门（而不是依据 EPC 1973 第 10 条行事的局长）才会作出重大程序违法行为。因此，只是没有向公众披露 EPO 所使用的绩效评估体系的细节不会构成重大程序违法行为。

T 2321/08 中，审查部违反了 EPC 第 94（3）条和细则第 71（1）条规定的程序。该程序违法行为是重大的，因为它直接导致了申请被驳回。

如同 **J 15/99**、**J 21/98**（OJ 2000，406）、**J 22/98** 和 **J 6/99** 那样，**J 14/9** 决定，未能在决定中起到作用的任何程序违法行为不可以视为重大的。

T 5/81（OJ 1982，249）称，只是影响决定的某部分而没有影响决定判决理由的任何指称违法行为是不符合 EPC 1973 细则第 67 条规定的重大违法行为。

T 712/97 中，委员会认为，异议部实际上考虑了应诉人的实验报告，但是没有以不利于上诉人的方式依凭它。因此，尽管损害了上诉人针对应诉人的实验报告发表意见的权利，但是拒绝在法律程序中接纳上诉人的实验报告没有对异议部的决定造成任何影响。既然该拒绝没有对法律程序的结果造成任何实质性的影响，因此它不会相当于重大程序违法行为。

T 682/91 中，上诉委员会强调，不会对任何人造成不利影响的程序违法行为不得视为重大程序违法行为。程序违法行为的严重性取决于它的不利影响。

17.4.2 请求口头法律程序

通常，驳回口头法律程序请求会构成损害陈述权，而且同样也会构成退回上诉费的正当理由（**T 283/88**、**T 598/88**、**T 668/89**、**T 663/90**、**T 766/90**、**T 795/91**、**T 35/92**、**T 686/92**、**T 556/95**、**T 647/99**）。另见第 7 章 E.5.2（“上诉程序”）中的案件 **T 902/04**（援引了 **T 394/03**）。

根据 **T 405/96**，尽管上诉人提出请求但是仍然没有召集口头法律程序的情况下，视为发生了重大程序违法行为，应当退回上诉费。上诉人可以通过出示经正式盖章的回执的方式证明 EPO 已经收到该请求的情况下，这项原则适用，即使由于该请求在专利局内发生遗失才导致一审部门没有意识到。委员会暗示，与一审部门不应对该遗失负责这一事实不相干。这项原则同样适用于异议部由于疏忽未能回应上诉人明确请求举行口头法律程序的情形（**T 671/95**）。

T 209/88 和 **T 93/88** 中，未能传唤当事方参加口头法律程序被视为重大程序违法行为（另见 **J 16/02**）。**T 560/88** 中，上诉委员会认为，上诉人明确针对口头法律程序提出的附属请求未被授权的情况下，视为发生了重大程序违法行为（另见 **T 543/92**）。

但是，**T 19/87**（OJ 1988，268）中，委员会认为，认定不存在任何口头法律程序请求——即便是错误地认定不属于 EPC 1973 细则第 67 条规定的程序违法行为。另外，未能关于上诉人是否请求了口头法律程序向上诉人寻求说明也不构成违反任何程序的行为。

T 1183/02（OJ 2003，404）中，委员会认为，关于审查部口头法律程序的传票，包含基于诚信的回应性修改和论点不会延期传票执行。因此，省略确认传票是否仍然有效不会构成 EPC 1973 细则第 67 条规定的重大程序违法行为。

T 182/90（OJ 1994，641）、**T 119/91**、**T 523/91**、**T 366/92** 和 **T 397/94** 中，委员会称，忽略将要被撤回的请求或者与主要审查员进行面谈的请求不属于符合 EPC 1973 细则第 67 条规定的重大程序违法行为。考虑到该案的具体情况，关于是否应该按照指南开展非正式的讨论，应由审查员自由裁量（另见 **T 300/89**，OJ 1991，480）。

17.4.3　陈　述　权

J 14/82（OJ 1983，121）、**T 197/88**（OJ 1989，412）、**T 716/89**（OJ 1992，132）、**T 197/91**、**T 640/91**（OJ 1994，918）、**T 734/91**、**T 880/91**、**T 392/92**、**T 892/92**（OJ 1994，664）、**T 951/92**（OJ 1996，53）、**T 1045/92**、**T 1101/92**、**T 220/93**、**T 479/94**、**T 778/98**、**T 594/00** 以及 **T 1039/00** 判令退回上诉费，因为 EPC 1973 第 113（1）条强调的陈述权遭到损害，尤其是因为缺乏机会针对异议决定的理由发表意见。

T 18/81（OJ 1985，166）中，上诉委员会称，驳回某项申请的决定本质上是基于尽管是申请人出于支持自己案件的目的而提交、但却被用来反对申请人以致申请人没有机会发表看法的文件的情况下，视为申请人的陈述权遭到了侵犯。

J 7/82（OJ 1982，391）中，法律上诉委员会判令退回上诉费，因为被上诉决定没有考虑上诉人提出的任何论点，而且是基于上诉人没有机会发表自己意见的某项理由。关于这一点，**T 197/88**（OJ 1989，412）认为，令任何当事方感到意外构成了重大程序违法行为。

案件 **T 246/08** 中，委员会指明了重大程序违法行为。为了保护当事方在 EPC 第 113（1）条规定的陈述权，任何决定都必须说明当事方举出的所有潜在反驳性论点实际上都是可以被克服的。正如 **T 763/04** 所述，“要想遵守 EPC 第 113（1）条，只是向申请人授予发表意见的程序机会是不够的”。因此委员会在案件 **T 246/08** 裁决，决定案件时未能正式考虑申请人的任何潜在反驳性论点剥夺了申请人的陈述权，这是与 EPC 第 113（1）条相抵触的，相当于重大程序违法行为。申请人可以认为，根据 EPC 第 113（1）条向申请人授予发表意见的机会不仅仅是一项手续，更是一项申请人表述自己论点并且让其得到倾听的真实机会。否则的话，请求递交进一步论点便失去了价值。此外，该案中，委员会还称，递交任何修改之前作出拒绝允许修改的决定不是根据 EPC 细则第 137（3）条（EPC 1973 细则第 86（3）条）合理行使自由裁量权的表现，事实上是重大程序违法行为。

T 783/89 中，在口头法律程序中当事方仅被提供了 10 分钟考虑新版本的主要权利要求。委员会认为，这种方式的法律程序令上诉人感到了意外，因此构成重大程序违法行为。

如果根据 EPC 1973 细则第 51（4）条发布的通信提议，根据合理估计未经进一步讨论申请人便无法接受的修改，这种行为构成重大程序违法行为（**T 121/06**）。

T 543/92 和 **T 89/94** 中，异议部忽略了某项递交中出现的经修改的权利要求。上诉费被判决退回。

T 740/94 中，上诉委员会认为，在其以修改的形式维持专利的决定中，异议部未能处理针对某项经修改的权利要求根据 EPC 1973 第 100（b）条提出的反对，明显构成了重大程序违法行为（参见 **G 10/91**，OJ 1993，420，理由第 19 点）。

T 666/90 中，未能在异议部的口头法律程序中澄清请求相关的事项被视为重大程序违法行为。

T 666/90、**T 543/92**、**T 647/93**（OJ 1995，132）以及 **T 89/94** 中，上诉费被判决退回，因为发生了违反 EPC 1973 第 113（2）条的行为。该条文规定，EPO 仅可以考虑和决定向自己递交的或者经专利申请人或所有人同意的文本中的欧洲专利（另见 **T 898/96** 和涉及 EPC 第 113（2）条的第六章 B. 4）。

T 960/94 中，口头公布决定至作出书面决定期间，异议部的构成发生了变化。委员会决定，首要成员未能参加口头法律程序的异议部签发书面决定相当于违反了 EPC 1973 第 113（1）条和第 116 条的重大程序违法行为，因为该书面决定是在口头法律程序中未向当事方提供机会发表各自意见的某位首要成员签发的。书面程序应被取消。两位上诉人的上诉费被退回。

T 611/01 中，委员会决定，如果审查部告知上诉人签发任何决定之前存在提交论点的另外一次机会，这样做会引发重大程序违法行为。结果却是，上诉人被拒绝了该权利，而且决定也在不存在提交论点的另外一次机会的情况下签发了。该案被发回至了由不同成员组成的审查部主导的一审部门（关于涉及经修改的权利要求引起的不利影响，另见 **T 309/94**）。

T 1982/07 中，委员会表示，在审查过程中不仅应向面临新的现有技术文件的申请人提供陈述权，还应向该申请人提供以修改权利要求的方式对其进行回应以便克服该现有技术参考资料的权利，这对于公平审判原则而言是根本性的。该案中，审查部和申请人均认为，最新引入的文件 D3 属于具有高度相关性的现有技术，可能会损害申请的可专利性。遭遇该具有高度相关性的文件时，有必要向申请人提供机会修改权利要求，如果需要的话，通过引入说明书的特征进行修改。因此审查部按照自己的方式行使 EPC 1973 细则第 86（3）条（EPC 细则第 137（3）条）规定的自由裁量权是错误的，因为并没有允许申请人作出适当回应，而是将申请人限制在了以下范围内：既不是程序效率强制要求的，而且也不会根据引用的现有技术文件被证明具有正当性。审查部在行使自由裁量权时采用了一项不正当的限制性方式，这构成了重大程序违法行为。该背景下，审查部应根据 EPC 第 109（1）条纠正该决定，但是它却没有这样做。委员会判决发回至之前未曾处理过该案的审查部。

2006 年 5 月 17 日裁决的 **T 281/03** 中，委员会认为，新颖性得到确定的情况下，异议人/上诉人希望针对创造性发表意见，但是口头法律程序根本没有讨论创造性这一问题，而且仔细考虑并宣布自己的新颖性决定之后异议部立即公布了驳回异议的决定，这种情况下，视为异议部的法律程序中发生了重大程序违法行为。事实上，异议人/上诉人本可以针对创造性在较早时间发表的意见这一事实不具有关联性。

以下案件判决**不得退回**上诉费：

T 451/06 中，上诉人/异议人辩称，异议部的口头法律程序开始时，它已经明确表明除了单独基于 D1 中涉及的创造性缺乏问题提交了一项撤销专利的主请求，它还基于 D1 以及 D2、D3、D4、D5 和 D7 中的一项或多项文件中涉及的创造性缺乏问题提交了一项附属请求。上诉人/异议人指出，针对上述主请求对自己进行陈词以后，异议部中断口头法律程序进行了研究，而之后却没有要求上诉人/异议人提供支持上述附属请求的论点就直接决定驳回该异议。上诉人/异议人认为，这种情形类似于决定 **T 281/03** 中的情形，其中，委员会认定，异议部在公布驳回异议的决定之前只是讨论了新颖性而没有讨论创造性视为发生了程序违法行为。委员会评述道，异议部口头法律程序的记录显示，当事方提出各自请求之后，主席宣布，接下来需要讨论的问题是“被异议专利权利要求 1 的主题对比现有技术的创造性”。因此主席仅提及了缺乏创造性这项异议理由，而没有提及相关证据。但是，这不能解释为只是对讨论的范围强加了任何限制，而没有对异议理由的范围强加任何限制。实际上，主席请求呈递针对创造性的所有异议即是请求异议人呈递它的“主请求和附属请求”。关于上诉人/异议人的论点，即听取异议人针对 D1 的论点以后，异议部就应该要求异议人呈递基于 D1 和文件 D2、D3、D4、D5 和 D7 的“附属”案件陈述，正如之前宣布的那样，委员会认定，异议部没有责任要求异议人这样做，因为主席首次宣布接下来需要讨论的问题是创造性缺乏之后，应由异议人独自证实自己的异议理由。委员会认为该情形不同于决定 **T 281/03** 的情形；**T 281/03** 中，异议部未能向异议人提供机会针对创造性缺乏问题发表意见，因此剥夺了异议人证实某项异议理由的所有机会（参见 **G 1/95**）。相反，该案中，异议人已经获得机会证实创造性缺乏这项异议理由。因此，**T 281/03** 中的论证不得类推适用于该案。

T 33/93 中，上诉人争辩道，被上诉决定是基于某项重大程序违法行为，因为它首次引用了上诉人未被提供机会发表意见的某项上诉委员会决定。委员会称，引用该支持驳回的决定不是符合 EPC 1973 第 113（1）条规定的新理由或者证据，而仅是论点的重复，因为它仅确认了得到上诉人充分关注的立场。**T 990/91** 中，委员会认为，由于审查部没有必要出于驳回申请的目的在自己的决定中提出该项新的论点，因此审查部没有提供回应该项新论点的机会不可以被当作程序违法行为。

T 238/94 中，委员会认为，尽管确实没有在自己的决定中直接引用上诉人针对创造性缺乏问题的陈词，但是异议部却考虑了上诉人和应诉人所引用的全部文件的披露，以及其各自教导的可能组合。因此，委员会认为，异议决定过程中上诉人的陈词实际上得到了考虑，尽管是间接地（另见 **T 1004/96**）。

T 725/05 中，关于多方法律程序的当事方是否会受到异议部决定所包含的任何附带意见的不利影响，委员会进行了审查。委员会引用了 **T 473/98**（OJ 2001，231）。其中，它决定，该附带意见不会对多方法律程序的当事方造成不利影响，此外，纳入附带意见就异议部而言是适当的，因为这样做可以避免发回案件。

委员会称，异议部在被上诉决定的结尾处增加附带意见不会构成重大程序错误。

T 1098/07 中，委员会称，通常情况下，未能考虑证据会构成重大程序违法行为，因为它剥夺了 EPC 第 117（1）条和第 113（1）条强调的当事方基本权利。委员会认为，尽管是这样，但是部分因素可以减轻该程序违法行为的严重性。因此，决定未能明确提及当事方出于支持自己案件的目的而提交的材料是否构成重大程序违法行为取决于该材料（表面上的）重要性和证据价值。这里，需要提出的问题是：该材料意图证明的事实是什么、其与该事实之间的相关性如何，以及其证实该事实的可能性有多大？

涉及证人的一些其他案件如下：

T 269/00 中，委员会认为，未能传唤某位当事方出于确定某项事实的目的提供证人参加口头法律程序相当于重大程序违法行为。委员会认为该案的事实不同于 **T 142/97** 的事实。**T 142/97** 中，异议部拒绝考虑适时提交的证据（比如，证人证言或查验）的决定被认为侵犯了当事方自由选择证据的基本权利以及陈述权。**T 142/97** 中，委员会裁决，由于未能陈词异议人证明已经在异议书中得到充分证实的在先使用提供的证人，异议部损害了异议人在 EPC 1973 第113（1）条规定的权利。根据委员会的观点，该案情况不同，因为在先使用这项理由没有在异议期得到充分证实，而是在异议程序开展期间逐渐完成的。因此该案涉及在拒绝接纳延迟提交的证据时，异议部是否正确行使了 EPC 1973 第114（2）条规定的自由裁量权。

T 959/00 中，异议部没有回复异议人提出的陈词证明所指称的在先使用方面证人的请求。委员会认为，异议人未能陈词证人，而且被上诉决定中没有提及为什么没有必要陈词证人的任何理由，这相当于重大程序违法行为。

最近的案件 **T 716/06** 中，虽然委员会的结论是通常情况下没有必要陈词证人，但是委员会还认为，异议人请求针对所指称的公开在先使用以及该在先使用披露某项特定特征陈词证人的情况下，原则上，在决定所指称的公开在先使用既没有得到证实也不构成损害新颖性的最新技术之前——由于它没有披露争议特征因而反驳了现有技术，EPO 主管部门必须允许该请求。关于所指称的在先使用陈词证人，另见 **T 1100/07**。

T 909/03 中，委员会认为，发问为一方出庭辩护的证人之前没有必要向另一方提供详细证词的复印件。口头法律程序开展期间，即使双方当事方没有获得书面的陈词记录，另一方也已经获得充分机会针对证人证词发表自己的意见。因此没有发生任何重大程序违法行为。

17.4.4　一审决定给出的理由不充分

多项决定中，未能按照 EPC 1973 细则第68（2）条（EPC 细则第111（2）条，内容未发生任何变化）在决定中提供充分论证视为重大程序违法行为，这种情况下应退回上诉费（**T 493/88**，OJ 1991，380；**T 522/90**；**T 360/91** 及 **T 392/91**；**T 142/95**；**T 648/96**；**T 278/00**；**T 1016/00**；**T 604/01**；**T 362/02**；**T 749/02**；**T 427/03**；**T 571/03**）。**T 292/90** 中，委员会称，所提供的理由应

能够确保上诉人和委员会明白决定是否具有正当性（另见 **T 52/90**）。此外，**T 52/90** 中，委员会认为，无法根据所提供的理由明显看出说明理由的决定具有正当性的情况下，决定应至少包含针对一系列论点中主要争议点的部分论证，以便公平地向相关当事方说明为什么它的陈词被认为缺乏说服力（另见 **T 921/94**）。

T 850/95（OJ 1997，152）中，委员会评述道，用以拒绝修正任何决定中错误的表格（EPC 1973 细则第 89 条）包含预先印制的一般性理由，而且考虑到该案的具体情况，它似乎没有提供增加更为具体理由的机会。正确论证的决定会向上诉程序提供更为详细的事实依据，而且同时会向上诉人和委员会提供帮助。委员会认为，应由审查部按照修正请求针对决定提供实质性理由，以此处理案件的具体事实（另见 **T 897/03**）。委员会因此决定应退回上诉费。

T 1356/05 和 **T 1360/05** 中，委员会认为，请求针对文件的状态作出决定不会被视为放弃请求充分论证的一审决定的权利。

T 1182/05 中，回复上诉人的请求即“基于记录作出决定”时，审查部驳回了针对一项所谓的“基于档案情况作出的决定”采用 EPO 表 2061 提出的申请。但是，审查部的该决定没有包含任何具体的理由，只是提及了上诉人答复之前签发的通信（包括传票的附件）。某项决定表格提及数项通信的情况下，委员会引用了涉及 EPC 1973 细则第 68（2）条的决定 **T 861/02**、**T 897/03**、**T 276/04** 及 **T 1309/05**。委员会进一步称，上诉人的请求即“基于记录作出决定”不会被视为放弃请求充分论证的一审决定的权利。**T 1182/05** 中，委员会的结论是，关于采用标准表格作出的任何决定，仅提及与自己理由相关的先前通信和申请人针对该决定提出的请求时，这在相关案件中是不适当的。上诉费被判令退回。

T 859/97 中，委员会认为，决定驳回根据 EPC 1973 第 97（1）条提出的欧洲专利申请时，审查部仅陈述一项在其看来会影响欧洲专利授权的理由就足够了。该案中，审查部无法授权专利，因为它得出结论，权利要求 7 的主题不是新的。因此，它没有任何义务针对权利请求 1 ~ 6 的可专利性发表意见。EPC 1973 细则第 67 条的要求因此没有得到满足。

T 177/98 中，大量文件和论点被提出的情况下，异议部不会认为所有论点都具有高度相关性，因此也不会在自己的书面决定中对其进行全部讨论。委员会认为，EPO 审判部门没有义务详细考虑当事方的论点，也没有义务针对法律程序开展期间实现的所有现有技术组合一一提供意见。应由作出决定的机构抓住相关论点，并对其进行回复。但是，所提供的带有相应论点的材料越多，就越有可能针对论点的重要性作出选择。这是一项自由裁量的问题。

T 107/05 中，第二上诉人/第二异议人请求退回上诉费，理由是两项所指称的程序违法行为。关于第二项申诉理由，虽然第二上诉人承认从整体上来讲异议部的决定理由充分，但是其争辩道，异议部直接忽略了其书面陈词中提出的 E5 的论点。委员会指出，上诉决定的相关段落是错误的，因为它称“关于文件 E5，异议部指出，第二异议人没有提供与新颖性和创造性相关的任何论点”，这导致委员会得出以下结论，即异议部忽略了上述陈词。委员会认为，由于忽略任何当事方的论点而导致该当事方的陈述权受到损害的异议部，与仅未能详细考虑所有当事方的所有论点并且未能针对所有现有技术一一提供意见的异议部不同。委员会迄今没有发现针对异议部忽略与该决定不相干的细节的行为提出的任何反对。委员会指出，与第二上诉人引用的决定 **T 135/96** 不同，该案中，异议部称，它“主动”考虑了 E5，经过自己在其自由裁量权范围内的评估——在当前法律程序中得到确认的一项分析，它认为 E5 不具有相关性。看起来 E5 实际上并没有在异议部的口头法律程序开展期间被讨论，因此重要性不大。因此未能针对该文件考虑异议人的论点对于被上诉决定的结果不是具有决定性的。异议部犯下的该错误可以被当作程序违法行为，但是就本案而言，这不是一项重大程序违法行为。因此，对于退回上诉费而言，EPC 1973 细则第 67 条要求的发生重大程序违法行为要求未能得到满足。

T 1366/05 中，委员会认为，异议部的决定不符合 EPC 1973 细则第 68（2）规定的“论证充分”这项要求，因为异议部仅一般性地总结了异议人针对新颖性的陈词，简单地陈述了异议部所得出的结论，而没有指明披露具体特征所引用文件的相关段落以及为什么这些以组合形式披露的特征必然会导致得出所要求保护的主题缺乏新颖性这项结论。该失误构成重大程序违法行为。

T 755/96（OJ 2000，174）中，拒绝考虑提前口头法律程序一天提交的两项请求的决定仅是基于以下理由，即根据 EPC 1973 细则第 71a 条，该提交太迟。委员会裁决，以此作为拒绝接受这两项请求的理由不足以作为支撑审查部行使自由裁量权的理由，相反，该理由仅有将事项交由上述条文向审查部授予的权力处理的效果。委员会的结论是，被上诉决定没有满足 EPC 1973 细则第 68（2）条规定的论证充分这项要求。

T 75/91 中，委员会称，被异议决定能够使读者找到申请驳回决定提出的论证思路。该理由是否具有说服力以及是否必须被委员会接受是另外一个问题，与重大程序违法不相干。**T 856/91** 中，委员会认为，只要提供了部分理由，EPC 1973 细则第 68（2）条便视为得到了充分遵守，即使所提供的理由不完整，也不充分。上诉费退回请求因此被驳回（另见 **T 735/90**、**T 153/89**、**T 647/93**（OJ 1995，132））。

T 1065/99 中，委员会称，审查部依凭 EPO 根据 PCT 编制的国际初审报告（IPER）的情况下，向上诉人说明该依凭时不能显示出审查部没有客观考虑公约规定的可专利性要求。该案中，审查部将 IPER 当作自己的意见，即申请人没有满足公约的要求的唯一依据。委员会的结论是，IPER 只是间接地触及了三项反对——分别涉及无关性、清楚性和充分性，根据 EPC 1973 细则第 51（2）条签发的通信也只是间接地触及了这三项反对。因此，当事方没有机会质疑该反对。委员会以违反 EPC 1973 第 113（1）条为由判决退回上诉费。

T 1382/08 中，委员会认为，被上诉决定的逻辑结构要求判决本身必须清楚明白。忽视这项 EPC 1973 细则第 68（2）条规定的条件属于重大程序违法行为，这种情况下，应退回上诉费。

17.4.5 一审部门的裁决错误

大量决定中讨论了一审部门的裁决存在错误是否应被当作证明退回上诉费正当的重大程序违法（**T 19/87**，OJ 1988，268；**T 863/93**；**T 107/05**；**T 1078/07**）。

一般来说，EPC 没有明确规定应遵守哪种程序，判例法也没有确定任何既定做法的情况下，如果采用了错误的程序，不得视为发生了重大程序违法行为，因此不应退回上诉费（**T 234/86**，OJ 1989，79）。

在后来的一项决定（**T 208/88**，OJ 1992，22）中，这项原则的适用范围得到了扩展。在这项决定中，委员会认为，对比上诉委员会既定判例法，采取一条不同于上诉决定的思路不可以被当作重大程序违法行为。委员会所得出的结论不同于一审部门结论这一事实本身没有意味着后者发生了重大程序违法行为（**T 87/88**，OJ 1993，430；**T 538/89**；**T 182/92**）。**T 208/00** 中，委员会认为，必须限制一审部门行使自由裁量权的范围，虽然在该案中一审部门没有明显过界。委员会称，退回上诉费是不公平的，尤其是因为，根据既定的上诉委员会判例法，即使一审部门发生了"严重的裁决错误"，这也不会被当作退回上诉费的正当理由。

决定 **T 875/98** 中，委员会指出，公约没有包含任何程序规则要求异议部在涉及特定案件的决定中必须遵守其他案件的决定。委员会称，异议部签发的任何单项决定都不会确立其他异议案件必须遵守的任何"判例法"，即使两个案件的主题联系非常紧密。

T 367/91 中，委员会称，仅以对现有技术与/或要求保护的发明的某项错误作为依据评估决定必须被当作实质错误，但是不应被当作程序违法行为（另见 **T 144/94** 和 **T 12/03**）。

T 687/05 中，委员会认为，由于论证是基于对 EPC 1973 第 76（1）条针对母案申请的要求的审查而导致被上诉决定是基于对 EPC 1973 第 100（c）条的错误解释这一事实不构成违法行为，而只是判例法应用中出现的一项错误。因此，至少基于这一点，EPC 1973 细则第 67 条针对退回上诉费规定的要求没有得到满足。

T 17/97 中，由于异议部没有理会上诉人根据 EPC 1973 第 114（2）条和 EPC 细则第 71a（1）条提交的文件（5），因此，上诉人提出了退回上诉费的请求。就其性质而言，该错误解释不会构成 EPC 1973 细则第 67 条规定的程序违法行为。

审查部错误地认定某项权利要求的清楚程度不足以满足 EPC 1973 第 84 条规定的要求的情况下，这种行为不会构成程序违法行为，即使存在潜在的裁断错误并且审查部未能寻求上诉人的澄清（**T 680/89**）。

关于任何文件发生误解不构成程序违法行为（**T 1049/92**、**T 162/82**，OJ 1987，533）。**T 588/92** 中，委员会指出，针对解释技术内容时对应用的专业知识存在不同看法不构成程序违法行为。即使审查部方面发生严重判断错误，这也不可以被当作退回上诉费的正当理由（**T 860/93**，OJ 1995，47）。关于向 EPO 部门发送的任何信函出现误解构成裁决错误，但不属于重大程序违法行为（**T 621/91**）。

审查部未能遵循指南规定的某项程序本身不属于重大程序违法行为，除非这种行为同时也违反了受公约或实施细则条款管治的程序规则或原则。这是因为指南不具有法律约束力（**T 42/84**，OJ 1988，251；**T 51/94**；**J 24/96**，OJ 2001，434）。

J 9/05 和 **J 18/05** 中，委员会须针对审查部的决定作出裁定，审查部的决定为寄出之后第 10 天根据 EPC 1973 细则第 69（1）条签发的通信视为已经成功交付收信人。委员会认为，审查部针对邮寄交付情况作出错误评估的情况下，这仅构成判断错误，不属于违反程序而违反程序适用 EPC 1973 细则第 67 条的前提条件。

T 248/00 中，委员会决定，延迟递交未被接纳的情况下，如果相关部门不当行使了自由裁量权，也就是说基于不相关的或者没有理由的考虑行使，视为发生了程序违法行为。委员会认为，即使拒绝接纳最终可能被证明是不正确的决定，对判例法的该适用也不构成重大程序违法行为。相反，问题应该是拒绝接纳延迟提交的请求时异议部是否不当地行使了自由裁量权。

17.4.6 其他案件

（a）发生重大程序违法行为的案件

（i）涉及决定作出过程和决定效力的案件

J 5/81（OJ 1982，155）中，委员会认为，由于受理部违反 EPC 1973 第 106（1）条忽略了上诉的**中止效力**，受理部视为发生了重大程序违法。

T 227/95 涉及委员会作出决定向一审部门（异议部）发回案件进行进一步审查的情形，而不是像异议部认为的那样涉及维持专利的指示。异议部未能执行委员会命令这一事实构成了与 EPC 1973 第 111 条相关的重大程序违法。案件再次被发回至一审部门，同时上诉费也被退回。

T 425/97 中，委员会决定，正如本案一样，书面通知的决定实质性地背离口头法律程序中口头作出的决定构成了程序违法行为。

T 225/96 中，委员会裁决，向当事方签发未经异议部参加口头法律程序的所有成员一致核准的任何决定草稿属于重大程序违法。

T 883/07 中，委员会认为，审查部未能独立于与最初提交的申请无关的主请求之外单独审查附属请求构成 EPC 1973 细则第 67 条规定的重大程序违法。审查首项附属请求时，审查部错误地将它与该主请求进行了对比。实际上，针对作为“权利要求的附属请求”内容的经修改的申请进行审查时，就 EPC 第 123（2）条和 EPC 1973 细则第 86 条而言，针对审查该修改可允许性事宜需要对比的是**原始提交的申请**——就本案而言，应在 PCT 受理部根据 PCT 细则第 48 条的规定进行对比——PCT 细则第 48 条构成了国际检索报告的依据。这已经不单是术语不准确的问题，因为在该案中，进入地区阶段时该权利要求已经被修改，进而该经修改的权利要求构成了遭到被上诉决定驳回的权利要求之主请求。进一步考虑到审查部错误的单一性论证，委员会似乎有必要强调，发明单一性这项要求仅适用于（当时）有效的欧洲申请，并不适用于后续权利要求的请求之间的任何关系，因为在该权利要求请求中只有一项可以形成专利申请。根据发明单一性这项要求，**相同权利要求的请求范围内**的不同发明应通过一个总的发明构思相互联系，不管其是通过分别提交权利要求要求保护还是在某个单项权利要求范围内要求保护。该权利要求附属请求旨在加速申请或专利处理部门法律程序的进行。尽管该权利要求请求并非同时并行的存在，但是其形成了一个必须按照申请人或专利所有人指明的顺序进行考虑的堆叠——每一项均应独立于所有其他项之外进行考虑。

T 231/85（OJ 1989，74）中，委员会认为，**由于 EPO 内部发生耽搁**而未能考虑申请人的请求构成了重大程序违法行为（另见 **T 598/88**）。**T 205/89** 中，由于手续人员的错误，异议程序中针对意见递交时限提出的一项延展请求未能到达异议部，而这导致的结果是，异议部因此没有考虑后续递交中的论点而直接作出了决定。

T 804/94 中，委员会裁决，由于异议部在针对回复其通信要求的 **4 个月**

期限届满之前签发了一项驳回异议的决定，因此异议部发生了重大程序违法。

T 991/02 中，一项异议部决定由于缺乏法律依据遭到取消。异议部在该案中应用一项尚未生效的新规则构成了重大程序违法行为。

T 1178/04 中，发生了 EPC 1973 细则第 67 条规定的程序违法，原因是，针对要求保护的发明的可专利性提出的请求是由据称向其转让了异议但是转让无效的当事方在异议部口头法律程序中提出的。该请求是不可接纳的。

T 382/92 中，上诉委员会判决退回上诉费，因为异议部的构成不符合 EPC 1973 第 19（2）条的要求。异议部主席及其中一名成员同时也属于已经对相关专利的申请作出决定的审查部的成员（另见上文 **T 939/91**、**T 960/94** 以及 **T 825/08**）。决定**由无权手续人员**作出的情况下，也视为发生了重大程序违法行为（**J 10/82**，OJ 1983，94；**T 114/82**，OJ 1983，323；**T 790/93**；**T 749/02**）。

T 211/05 中，委员会认为，无权参与决定的个体实际参与的情况下会违反这样的原则，即专利申请审查权不仅应由主管部门亲自行使，而且必须在申请人和公众在场的情况下行使，就亲自行使而言，该行为构成了重大程序违法行为，尤其是因为这样做剥夺了申请人接受整个审查部陈词的权利。

T 900/02 中，委员会称，异议部或任何其他一审机构的成员首先主动向在该成员审理未决的案件的事务所合伙人或其他员工寻求就业机会随后接受该事务所提供的就业机会的情况下，必然会出现偏袒嫌疑，即使这种情况发生在口头法律程序之后。这构成重大程序违法。同时，委员会还认定，口头法律程序至书面决定签发期间发生最长延期 3 年 7 个月构成了重大程序违法。该案被发回至了一审部门。

尽管认定没有发生任何重大程序违法行为，**T 585/06** 涉及了偏袒嫌疑。该案中，上诉人/异议人认为，某位上诉委员会前任成员参加了异议部的口头法律程序，并且最终成为专利所有人的一名顾问，这种情况可能会导致异议部出现偏袒。据此，上诉人/异议人请求退回上诉费。委员会称，该前任成员不是作为授权代理人行事，而是仅作为专利所有人的顾问行事。上诉人/异议人没有提及异议部，甚至也没有提及异议部受应诉人代理人的控制。这构成了该案的事实与 **G 2/94** 的事实之间存在的重大不同之处。该案中，该前任成员仅是通过和授权代理人耳语提供了暗示，而授权代理人完全可以自由决定是接受还是不接受，同时，该前任成员没有亲自作出任何介入。口头法律程序开始时，上诉人代理人同意该前任成员可以坐在应诉人代理人旁边，并向其提供协助。即使是在口头法律程序开展期间，上诉人/异议人也没有针对该前任成员的参加提出反对。由于该前任成员没有坐在房间后排，很明显不属于公众中的一员。上诉人没有递交任何经证实的异议部发生偏袒行为的理由。最终，上诉费退回请求被驳回。

（ii）涉及 EPO 和当事方之间传递的文件和通信的案件

J 3/87（OJ 1989，3）中，委员会称，如果 EPO 通信没有清楚明白到应有的程度，并且导致正当的收件人犯下错误，则构成重大程序违法行为，即使**通信的模糊不清**部分的一些原因是一项不适宜的法律条文。**J 17/92** 中，上诉人申诉道，审查部签发通信时用到的表格是错误的，具体而言，是关于未提交任何回复的情况下申请将被驳回的表格。审查部承认表格错了，但是没有将它撤回。委员会认为，未能撤回错误表格也未能撤回申请可能遭到驳回的所述处罚构成重大程序违法。委员会判令，根据 EPC 1973 细则第 67 条，退回上诉费是公平的。

T 362/02 中，异议部撤销了专利，唯一理由是，上诉人未能回复异议部根据 EPC 1973 第 101（2）条签发的请求异议人提交意见陈述的通信。委员会认定，该决定属于重大程序违法行为，因为针对当事方未能回复根据 EPC 1973 第 101（2）条签发的任何通信的行为，EPC 没有规定任何处罚措施。此外，仅仅因为未能回复某项通信而撤销一项专利该法的明确意图相背，该法要求在希望放弃某项专利的情况下专利所有人必须同意该专利被授权或修改的形式并使用清楚明白的措辞。

J 17/04 中，法律上诉委员会称，EPC 1973 细则第 85a（1）条不仅仅向申请人提供了宽限期，即在延展时限内缴纳指定费的另外一次机会，而且还要求 EPO 向申请人发出警告。这被当作一项基本的责任，未发送任何提醒之前禁止作出最终决定。未能按照 EPC 1973 细则第 85a（1）条签发提醒会构成重大程序违法，除非申请人正式放弃这项被通知的权利。委员会指出，签发提醒不是 EPO 提供的一项“殷勤服务”，而是实施细则规定的一项行为（参见下文中的 **J 32/97**）。

J 10/07（OJ 2008，567）中，委员会认定，尽管受理部不应因根据 EPC 1973 细则第 43（2）条签发通信而被责难，因为在那一天图纸不可能会在档案中，但是它也不应该根据 EPC 1973 细则第 43（3）条签发日期为 2004 年 11 月 10 日的通知。相反，它应该按照 EPC 1973 细则第 43（1）条签发一项通信。因此，构成了重大程序违法。如果受理部遵守了法定程序，就没有必要提起上诉了。

（b）发生重大程序违法的案件

J 3/91（J 1994，365）中，法律上诉委员会驳回了退回上诉费的请求，并称，**错误地记录某个日本优先权日**不可以被视为程序违法行为。程序法没有要求受理部通知申请人记录时，“昭和”年被转换成了公元纪年的相应日期。该记录方式是知识产权从业者所熟悉的一项常规做法。

T 291/93 中，委员会认为，上诉人单单提及现有技术的一项不充分的检索无法充分支撑发生了重大程序违法这项指称。此外，针对以不可接纳为由驳回异议的决定中的实体事项发表的评论不具有法律效力。即使该评论具有误导性，也不代表证明退回上诉费是正当的重大程序违法（**T 925/91**，OJ 1995，469；另见 **T 1051/92**）。

J 20/96 中，在 EPO 要求任命专业代理人之前已经过去了 1 年 3 个月，而且 EPO 在要求提供上诉人的新地址之前又过去了近 1 年。尽管承认受理部在要求任命专业代理人方面行动慢了些，但是法律委员会仍然裁决，这不是一项重大程序违法行为，因为该任命属于上诉人的事情；同样地，也应由上诉人或其代理人提供上诉人的地址。

J 32/97 中，上诉人争辩道，未向上诉人的国际代理人发送一份根据 EPC 1973 细则第 85a（1）条和第 85b 条所签发的通信（一项仅适用于公开日期为 1996 年 10 月 31 日或之后的国际申请的新程序）构成了程序违法。但是，委员会驳回了这一观点。该新的程序属于一项未经 EPC 要求的殷勤服务（参见上文 **J 17/04**）。同时，委员会也没有准备接纳这样的指称作为上诉理由，即向居住地位于缔约国内的个体通知文件的程序不同于向居住地位于缔约国之外的个体通知的程序与《巴黎公约》第 2（1）条（国民待遇）相抵触。上诉人根据 TRIPS 第 4 条（最惠国待遇）提出的不公平待遇申诉同样遭到了委员会驳回。

T 642/97 中，一方当事方指称，由于主要的陈词没有反映在档案中，因此记录是不完整的，或者是错误的。委员会认为，该当事方可以请求异议部修正记录，以此维护自己的权利（**T 231/99**）。由于没有提出该请求，指称发生重大程序违法行为不具有正当理由（**T 99/08**）。

T 980/06 中，被异议决定认为权利要求 5 可以获得专利，但是在其先前唯一的一次通信中，审查部却持有否定的观点。该情况下，另外签发一份通信本应该是有用的。但是，尽管没有签发也不会构成重大程序违法。

T 343/08 中，委员会称，在任何口头法律程序开始之前针对申请人对该法律程序的传票的回复，审查部没有一般性责任提供反馈。

17.5 中间修改

根据 EPC 第 109 条，如果认为上诉可被接纳并且理由充分，则决定遭到异议的部门必须纠正自己的决定。这项原则仅适用于单方法律程序。除了措辞上发生了一处变化，EPC 2000 生效时，EPC 第 109 条基本没有发生修改（另见第 7 章 E. 13 “上诉程序”）。

EPC 1973 细则第 67 条（与 EPC 细则第 103 条一样）也规定发生中间修改的情况下应退回上诉费。但是，中间修改不一定必然会引发退回上诉费。EPC 1973 细则第 67 条的正确解释是，除了发生中间修改，还应发生**重大程序违法**（参见 **T 79/91**、**T 536/92**）。**T 939/95**（OJ 1998，481）中，委员会对 EPC 1973 细则第 67 条的解释是，结合上下文阅读的话，以“如果该退回”开头的条款同时提及了中间修改和上诉。这意味着，对于任意一个阶段，发生了重大程序违法，**以及**决定机构根据自由裁量权认定退回上诉费是**公平的**，这两项条件是必要的。

G 3/03 中，针对法律上诉委员会在 **J 12/01** 中向自己转交的问题，上诉扩大委员会裁决如下：发生 EPC 1973 第 109（1）条规定的中间修改的情况下，决定遭到上诉的一审部门无权驳回上诉人提出的上诉费退回请求。有权对该请求作出决定的是中间修改未被授予的情况下，根据 EPC 1973 第 21 条有权处理该上诉实质问题的上诉委员会。关于 **G 3/03** 适用的近期案例，参见上文 **T 1379/05**、**T 1315/04**、**T 245/05** 以及 **T 1863/07**，其中，列明 EPC 1973 第 96（2）条的适用条件以后，委员会最终认为，根据该案的具体情况，上诉费必须被退回，因为申请人没有提前收到任何警告的情况下申请便直接被驳回了。

T 21/02 中，一项上诉因为一审部门作出了中间修改而得到了妥善处理，因此上诉人递交上诉费退回请求时这项上诉已经不再处于未决状态。委员会认为，该案的事实不同于决定 **G 3/03**（OJ 2005，344）和 **J 32/95**（OJ 1999，733）的事实，并且在该案中，请求是在缺乏未决上诉的情况下递交的，因此它无法构成需要在上诉程序中进行处理的附属争议。委员会因此无权针对这项上诉费退回请求作出决定。

不存在未决上诉的情况下，批准中间修改之后提交的任何上诉费退回请求都会被当作不可接纳的，不论该决定是审查部作出的，还是上诉委员会作主管机构处理上诉时作出的。**T 647/93**（OJ 1995，132）中，委员会指出，上诉理由指出了**错误**而审查部却没有利用颁布中间修改这项机会的情况下，通常，这会被视为构成了重大程序违法行为（另见 **T 808/94**、**T 861/03** 及 **T 1113/06**）。**T 183/95** 中，没有按照 EPC 1973 第 109 条颁布中间修改，而且上诉被发回至了委员会。该案中，委员会指出，考虑上诉是否“理由充分”的时候，一审部门可以根据自由裁量颁布中间修改。该案中，从程序角度来讲，发回上诉不可以说成明显是错误的行为。

正如 **T 691/91** 指出的那样，EPC 1973 第 109 条授权审查部纠正决定的情形受到了严格限制。该条文仅提供了两项法律上可行的替换方案：维持被异议决定，并将案件发回上诉委员会或者取消该决定以及要么授权专利要么重新开启审查（视具体情况而定）。该案中，审查部选择了第三种方案：通过签发纠正被异议决定的方式维持早前的决定。审查部采取的这种方式导致上诉人必须针对该纠正决定提起二次上诉。委员会判令退回二次上诉费，因为该纠正决定超越了权限；并且判决退回首次上诉费，因为审查程序开展期间发生了侵犯陈述权的行为（另见 **T 252/91**）。

T 794/95 中，委员会认为，鉴于该案的具体情况，审查部应根据 EPC 1973 第109（1）条纠正自己的决定，并且按照上诉人的明确请求开展中间修改。但是，委员会并不认为判决退回上诉费是公平的，因为取决于被上诉决定的审查程序没有任何不足，而且上诉人提起上诉的必要性仅源自被异议决定的内容，而不是因为到这个阶段为止出现的任何程序缺陷，同样也不是源自审查部后来对上诉的不当处理（未能纠正自己的决定）。

T 898/96 中，委员会认为，只要申请人在上诉书中批准先前已经在根据 EPC 1973 细则第51（4）条签发的通信中指明的申请文本，那么，专利为什么没有被授权便不存在任何理由，即使申请人未能在提起上诉之前批准该文本。因此，审查部考虑到 EPC 1973 第113（2）条以后作出的驳回申请决定应采用中间修改的方式进行纠正。未能按照这种方式纠正该决定属于重大程序违法行为。但是，委员会并不认为退还上诉费是公平的，唯一理由是，申请人没有在提起上诉之前批准上述文本。

T 685/98（OJ 1999，346）中，委员会解释道，EPC 1973 第109（1）条是为审查部快速纠正在该案中发生的该类程序不当行为量身定做的。但是，看起来似乎审查部要么没有认识到未收到 EPC 1973 第96（3）条规定的回复的情况下自己的驳回决定是超越权限的，要么尽管认识到了但没有意识到该情形下应用上述条文并取消自己看似合理的决定是必需的。

像在该案中程序权利受到争议的情况下，重新开启的程序会导致专利被授权这一合理可能性的实用标准是不适用的。

此外，审查部仓促作出决定与 EPC 1973 第113（1）条相抵触。基本法律权利不得从属于对行政效率的考量。

因此，委员会借此机会强调了下述事实，即按照 EPC 1973 第97（1）条作出的任何驳回决定或者前述审查程序明显侵犯任何基本程序权利的情况下，如果审查部未能在上诉时允许中间修改，则视为发生了另外一次重大程序违法行为（遵循 **T 647/93**，OJ 1995，132），因为无论该案是否存在任何实体法律理据，都必须维护该权利。

第 8 章
上诉惩戒委员会的法律程序

1. 简　介

自然人或法人在 EPC 规定程序中的专业代理，只能由已在 EPO 代理人名册上登记过的专业代理人承担（EPC 第 134（1）条）。任何自然人符合下列条件的，可在专业代理人名册上登记：必须是一个缔约国的国民；必须在一个缔约国中有其营业所或受雇单位；必须通过欧洲资格考试（EPC 第 134（2）条）。根据 EPC 第 134（8）条（参考 EPC 1973 第 134（7）条）缔约国的法律从业者有资格担当代理人，服从其中规定的条件。

EPC 2000 采用的 EPC 第 134a 条中吸纳了原 EPC 1973 第 134（8）条的内容，在公约中确立了 EPO 专业代理人协会（“*epi*”）的地位。

对于 EPO 专利代理的更多信息，参见第六章 I “代理”。对于 EPC 2000 引入的更多细节变化，另见 OJ SE 4 及 5/2007。

在专业代理人名册上的所有人员必须是 *epi*（EPC 第 134a（2）条，另见《EPO 专业代理人协会成立规则》第 5（1）条，OJ 1997，350；对于规定的修改，见 OJ 2002，429，OJ 2004，361 及 OJ 2007，12）的成员且遵从欧洲专利组织行政委员会正式通过的《专业代理人惩戒规则》（RDR，OJ 1978，91；修改：OJ 2008，14），以及 *epi* 正式通过的《欧洲专利代理人协会行为准则》（OJ 2003，523）。

裁定侵犯职业行为规范的一审机构是 *epi* 惩戒组委会及 EPO 惩戒委员会（RDR 第 5 条；另见《惩戒组委会和惩戒委员会附加程序规则》，OJ 1980，176，177 及 183；对于修改，参见 OJ 2007，552）。上诉惩戒委员会（DBA）审理对 *epi* 惩戒组委会和 EPO 惩戒委员会决定的上诉（RDR 第 5 条和第 8 条；另见《惩戒组委会和惩戒委员会附加议事程序规则》，OJ 1980，176 及 188，对于修改，参见 OJ 2007，548；综合版：对 OJ 1/2010，50 的补充）。

EPC第134（2）（c）条提到的欧洲资格考试（EQE）具体由2009年1月1日生效的EPO专业代理人欧洲资格考试规则（REE，OJ 2009，9，同样对OJ 3/2010，2的补充2）及其实施细则（IPREE，对OJ 5/2009，20的补充；修改：对OJ 3/2010，20的补充2）。

这些规定替换REE 1994，（最后出版：对OJ 12/2008，1的补充）以及REE 1994实施细则（IPREE 1994，对OJ 12/2008，15的补充）。原规定（有关EQQ报名资格的规定，对OJ 12/2008，19的补充；考试行为的考生须知，对OJ 12/2008，24的补充；准备答题考生须知，对OJ 12/2008，29的补充以及监考人员须知，对OJ 12/2008，35的补充）的内容已经主要纳入IPREE及关于EQE行为考生的目前规定中（对OJ 3/2010的补充2）。

于2009年1月1日开始生效的REE及其IPREE引入了许多实质性变化。变化包括第一次产生监事会（REE第1（6）条、第2条和第3条），从2012年负责采用IPREE（REE第3（7）条）以及考前培训（REE第4（7）条和第11（7）条以及IPREE细则第10条）其他修改如下：简化了对学历资格以及工作经验的报名要求（REE第11条，IPREE细则第11~15条）；用一次性答完一张或多张试卷代替模块化考试的规定（REE第15条）；扩大所有考生的补偿制度（REE第14条，IPREE细则第6条）；流程化上诉程序（REE第24条）。

根据REE第24条（参考REE 1994第27条），DBA审理了对EQE考试委员会及秘书处决定的上诉。

根据先前规定，如果考虑相关性，DBA决定的对EQE考试委员会及秘书处决定的上诉参考以下内容。对于旧规则和相关的DBA决定的更详细信息，参见上诉委员会判例法先前版本（第5版）。

2. 欧洲资格考试

如上所述，只有通过EQE的人才可以登记在专业代理人名册上（EPC第134（2）（c）条）。

2.1 报名手续和条件

委员会在**D 4/08**中确认，考试秘书处严格执行公布的EQE截止报名日期，强调了及时有序地准备考试的重要性。根据**D 7/08**，在截止日期提交包括报名表及所有必须支持证据的完整申请是考生的义务（另见**D 12/08**、**D 15/09**）。

为了证明注册和报名合格，参考人通常必须具有在至少3年的全日制课程结束后授予的大学学科或技术资格，即学士学位或同等学力且至少有 80% 的课时中已专用于科学和/或技术科目（REE 第 11（1）（a）条，IPREE 细则第 11～14 条）。

资格考试的科目包括生物学、生物化学、施工技术、电力、电子、信息技术、数学、力学、医学、药理学以及物理学（IPREE 细则第 13 条）。

对于 REE 1994 相关决定以及 EQE 报名资格规定，参见第 5 版上诉委员会判例法公布的 **D 15/04**、**D 17/04**、**D 18/04** 和 **D 8/04**，另见 **D 5/08**、**D 10/08**。

报名的另一要求是考生通常必须在缔约国内的欧洲专利申请和欧洲专利领域内至少全职工作 3 年，如 REE 第 11 条第（2）～（5）款及 IPREE 细则第 15 条所述。如下所述根据原规定决定的案例保持相关性。

根据 **D 4/86**（OJ 1988，26），对于待满足的修改的 REE 1977 第 7（1）（b）（i）条规定的条件，实习生必须在可能的条件下完成其培训期以保证作为专业代理人的助理，经常参与代理人实际负责的有关专利申请程序。

D 14/93（OJ 1997，561）裁定，培训期不能由在专业代理人名册上没有登记其名字的法律从业者提供服务，即使法律从业者是国家法律规定的专利律师（参见 EPC 1973 第 134（7）条，参见现 EPC 第 134（8）条）。上诉人争辩说 REE 1991 第 7 条不允许在法律从业者监督下提供的培训期违反 EPC 1973 第 134（7）条的原则平等对待法律从业者和专业代理人（EPC 1973 第 134（1）条）。委员会持不同观点。REE 1991 第 7（1）（b）条中提到的行文以与欧洲专利申请和欧洲专利相关行文要求的学科或技术知识为先决条件，培训 EQE 考生的人需要具备此类知识，法律从业者通常不这样要求。

D 25/96（OJ 1998，45）裁定，未在专业代理人名册上登记的自主执业德国专利代理人不能提供 EQE 报名所需的职业行为。

委员会在 **D 16/04** 确认，审查秘书处的允许职业行为期仅在获得资格之后完成的做法并不与 REE 1994 第 10 条相抵触。REE 1994 第 10（1）条提到需要先具有大学学科或技术资格或同等资格，然后参考第 2 款规定的条件，即在考试日期完成 3 年全职培训期。语法次序的普通含义反映了正常学习之后是实际培训的共识。而且，培训期要求的长度是在开始培训期之前所需的考生的学科或技术资格，而不是相反。另见 **D 6/08**。

根据 REE 第 11（3）条结合 IPREE 细则第 15（2）条的要求，也指定了职业行为期如何可以合计组成全职培训期。

REE 第 11（2）（b）条允许已经在考试日期完成 EPO 至少 4 年全职审查员的职责的考生报名，之前未按照 REE 第 11（2）（a）条工作过。

在**D 19/04**中，上诉人，一个德国专利商标局多年的审查员，在递交其2005年考试的考生资格时，没有提供其按照REE 1994第10（2）（a）条的要求工作的证明，引用了REE 1994第10（2）（b）条。委员会指出，秘书处有权利不将该条规定应用于作为德国专利局的审查员的上诉人。根据REE 1994第10（2）（b）条，考虑到其专业经验，可以认为EPO审查员具有欧洲专利授权程序的全面知识。在国家专利局任职多年的审查员的工作经历不能等同于EPO审查员的工作经历。委员会裁断，考虑到EPO审查员的不同工作环境与国家局的不同工作环境，规定所代表的方法比例合理。

根据IPREE细则第16（2）条，如果考生是EPO专利审查员或缔约国的国家专利局的审查员，则根据REE第11（2）（a）条规定的职业行为期可以减少到1年。IPREE细则第16（1）条允许减少REE第11（2）条限定的已经在工业产权领域成功完成至少一学年专业学习的考生的期限。

2.2 考试条件

DBA在**D 2/95**中裁断上诉人歧视的指控；允许其他一些考生使用正常答题纸不是考试复印试卷的事实并没有违反监管其行为的规定。一些考生认为复印试卷更尴尬，但是其他更喜欢。也提出其他类似的论点——例如，允许使用这种复印试卷的时间太短，或者母语不是EPO官方语言的考生处于不利位置，因此应该给予比其他人更多的时间，让DBA相信，已经违背了相关规定（**D 11/00**）。

然而，委员会在**D 1/94**（OJ 1996，468）确实裁定，翻译错误可以违反REE 1991第11（3）条（对比REE第12（3）条，IPREE细则第5条），原因是该条规定认为从考生选择语言翻译到EPO官方语言中的一种是完全正确的。因此在该决定中，考试委员会必须给出为什么没有发现如此严重翻译错误的原因。

上诉人在**D 14/95**中的论点集中在指控违反平等对待原则。和该领域内的专家相比，C卷（取自机械工程）对于作为生物化学专家的上诉人显然不利。

委员会对违反平等对待作出裁断，上诉人的地位与试卷中所设专业领域恰巧不是考生专业领域的其他任何考生的地位没有什么区别。考试程序确实实际上涉及一定程度的“不平等性”。考试委员会设定试卷的有限数量，因此必须在不同技术领域内作出选择。因此，总有某些考生在所选特定领域内比其他考生更专业。但是，在任何一般考试中，这是固有的，因此不能构成任意不平等对待。而且，C卷考察的更多的是起草欧洲专利异议书的能力而不是测试专业技术知识。

考生在 **D 9/96** 中也是指控不平等对待，这次与 REE 1994 第 15 条（相比 REE 第 12 条）规定的语言规则相关。委员会承认，由于不是所有的考生接受母语的考试试卷，因此不是所有的考生都能得到平等对待。但是，在此背景下必须考虑到以上提到的区分是 EPC 1973 本身语言制度的直接结果。根据 EPC 1973 第 14（1）条，EPO 的官方语言是英语、法语和德语。每个专业代理人不可避免地遇到 EPO 三种官方语言中一种语言的文件和通知书。因此，为了公共利益及其委托人的利益，必须希望任何专业代理人理解 EPO 三种官方语言中至少一种并能够处理以该种语言起草的文件和通知书。

对考试委员会关于 1996 EQE D 卷无效的决定的一些上诉（**D 10/97**、**D 15/97**、**D 17/97** 及 **D 5/97**）的背景是给考生的部分（但不是所有）复印卷未包括问题 11。因此，考试委员会对所有考生的问题 11 打满分。在这一点上，DBA 重新确认了 **D 14/95**、**D 14/95** 称，只要任何不同等对待的性质和范围是合理的，在这种情况下，同等对待不是必须绝对的。但是，如果没有更好的理由，考试条件使考生处于不利位置将是法律的错误。鉴于这种情况，考试委员会以完全适合的方式对受影响的考生补偿。这必然涉及限制在一定程度上在特定情况下接受的某些不平等对待。尤其是，如果答案已经客观评分，它保证没有更糟糕的考生，那么，以 DBA 的观点，考试委员会纠正错误的方式是适合的，并不是不平等对待。

2.3　给答卷评分

REE 第 6（2）（c）条要求考试委员会给考试委员会成员提供考生答卷一致评分的指导（相比 REE 1994 第 16 条）。

根据 REE 第 8（1）（d）条和 REE 第 8（1）（e）条（e）款，考试委员会给答卷评分，每份答卷分别由两个委员会成员（阅卷人）评分（对比，REE 1994 第 8（b）条）。

D 4/99 中上诉人的申诉涉及两个阅卷人对 D 卷的评分不同。委员会称，在两个不同分数中只有一个是正确的情况下，上诉人的出发点与评分是考生工作的个体判断的事实相违背。相反，或多或少严格标准是可能的且不同方面可以认为是重要或者次要的，即使在包括在 REE 1994 实施细则中的对阅卷人评判试卷的一般指导。阅卷人在判定分数时必须具有一定的评价高度，单个阅卷人会得到不同的分数，均是合理的。因此，分数不同并不违反 REE 1994 及其实施细则的规定（**D 5/94**、**D 6/98**）。为了保护平等对待原则，评分表中规定了评分的协调性。如果评分不同，两个阅卷人可以在相互讨论的基础上修改分数或由考试委员会其他成员重新评分，并整体将试卷成绩交给考试委员会。这意味着，委员会推荐该成绩，考试委员会接纳或者全面了解两个阅卷人给的不同分数。该系统保证了 REE 1994 第16条要求的评分的一致性。

DBA 在 **D 6/99** 中确认，评分的细微差别并不违反 REE 1994 及其实施细则。他们是 REE 1994 第8（b）条规定——每份试卷分别由两个阅卷人评分——的不可避免的结果。委员会并不清楚任何支持上诉人的意见的规定，在这类案件中，应该记录每一类试卷中分数较高的分数。

D 10/02（OJ 2003，275）指出，REE 1994 或其实施细则都不能规定委员会不同意评分的例外案例遵循的法律程序；也不能传唤第三或第四阅卷人。DBA 指出，那些是非常案例，为了使考生相信他的试卷不是随意评分的，需要明文规定或受无关情况影响的程序。因此，REE 1994 或其实施细则中无任何依据指定第三阅卷人必须视为重大程序违法。

D 3/04 中上诉人申诉考试期间的不合适条件。但是，申诉决定没有表明考试委员会已经考虑了上诉人的申诉。以 DBA 的观点，考试委员会裁断，申诉中提到的情况不能证明配置额外分数合理，应该陈述解释为什么会这样的简单理由。

DBA 在 **D 7/05**（OJ 2007，378）中认为，评分细节包括将最大可获得分数和考生整个分数足够细分成子分数以及表示用于给予子分数的实质性法律问题。在产生分数计划表中，在保证一致评分的目的（REE 1994 第16条）和偏离至少合理和实体化的计划表的答案合理评分之间存在权衡。因此，计划表必须为策略留有一些余地——足够详细以构成根据 IPREE 1994 细则第6（1）条（参考现行 IPREE 细则第4（1）条）的评分细节，允许考生在已出版或可得的文件基础上验证答案的评分是否违反了 DBA 修改的评分规则。另见决定 **D 3/03**、**D 11/07** 及 **D 23/08**。

2.4 成绩/通过考试

为了通过考试，考生必须通过每份试卷或者获得 IPREE（REE 第14（1）条，IPREE 细则第6（1）条、第（3）条和第（4）条）规定的最低成绩。单张试卷中给予“补偿失败”成绩的可能性（IPREE 细则第6（3）（c）条）不再对第一次考生限制。如果，除了这次补偿措施，考生未通过考试，他必须补考未通过的试卷（REE 第16（1）条）。因此，根据 REE 及 IPREE 判断考生从事 EPO 专利代理人的适合性的临界个案是不可能的。关于这一点的在先决定，参见上诉委员会判例法第5版的临界个案2.4以及另见 **D 23/08**。

2.5 证实 EQE 决定

D 12/97（OJ 1999，566）中的争议是 EQE 考试委员会通知未通过考试的考生的决定是否必须合理。DBA 指出，REE 1994 没有要求。

委员会还裁断，上诉人的本质申诉——证实这样的决定是符合 EPC 1973 第 25 条意义下程序法普遍公认原则——是没有理由根据的。要做到这样，必须表明，EPC 缔约国要求证实这样的决定。

上诉委员会在 **D 3/03** 中确认，判例法（**D 12/97**，OJ 1999，566）中，REE 1994 既不要求 EQE 决定合理，也没有引用 EPC 1973 细则第 68（2）条（比较现 EPC 细则第 111（20 条），因此不适用。由于相同原因，审查指南也不适用。REE 及其实施细则是 EPC 的特别法。换句话说，除非明确提到 EPC，否则只能适用 REE 及其实施细则而不能适用 EPC。通过这些规定控制与 EPC 无关的特定事物的事实证明这些规定的附属性质是正确的，因为这些规定的目的是确认考生是否适合从事 EPO 专业代理人。关于法院审核的 EPO 欧洲专业代理人资格考试的规定，联邦德国宪法法院也认为不能将对考试决定提供理由的义务看作基本法规定的基本权利保护基本元素的表达（参见 2001 年 4 月 4 日的决定 2 BvR 2368/99）。

DBA 在 **D 7/05**（OJ 2007，378）中又确认了该判例法。从广泛推理，委员会认为，除了根据 IPREE 1994 细则第 6（1）条已经具有证实决定的功能的事实以外，在一定程度上，根据 REE 1994 第 27（1）条不考虑委员会权力范围，不能对同样需要审查决定单个证实的法治程序原则进行判断。与法律程序中考试委员会仅仅服从有限的司法复核的事实相关，可以看出缺乏提供单个证实的义务（关于这一点，另见以下 2.6.1 和 2.6.3）。

2.6　针对考试委员会和考试秘书处的决定提起上诉

2.6.1　上诉委员会的权限

根据 REE 第 24（1）条（对比 REE 1994 第 27（1）条），以违反法规或与其申请相关的任何规定为由，对考试委员会和秘书处的决定提起上诉。

但是，上诉委员会对审查行政委员会或其相关附属机构（在委托案件中）制定的实施细则的法律有效性的审查具有非常有限的范围。

上诉委员会在 **D 3/89**（OJ 1991，257）中称，在正当化考试有限范围中，附属机构具有指定这种规定的自由裁量权。只要立法机构和附属机构不滥用自己的自由裁量权，DBA 可以将关于考试的规定应用到本案例中（另见 **D 1/81**，OJ 1982，250；**D 5/89**，OJ 1991，210；**D 14/96**，**D 11/99** 及 **D 7/05**，OJ 2007，378）。

2.6.2　上诉时限/改正决定

应该在收到争议决定通知书 1 个月内提交的上诉书，必须包括陈述理由的陈述书（比较 REE 第24（3）条）。根据 REE 第24（3）条，考试委员会或秘书处认为上诉是可接纳且是理由充分的，则必须改正其决定并要求退还上诉费。如果在收到决定通知书的2个月内不允许上诉，上诉则发回 DBA。根据 REE 1944 第27条的下面两个决定主题的法律程序已经流程化了。

DBA 在2007年1月17日的决定 **D 38/05** 和 **D 4/06** 中裁断，对改正考试委员会决定的规定仿效 EPC 第109（1）条，并指定在类似情况下用于相同目的。不论哪种情况，目的是如果裁定当事方提交的对决定的上诉认为是（可接受的和）准许的，一审部门能够取消其自身决定。这是取消缺陷决定的快速且简单的方式。REE 1994 第27（3）条（类似于 EPC 第109（1）条）规定，如果认为相关要求应该满足，决定存在争议的部门，在本案中是考试委员会必须改正其决定。这也意味着，考试委员会有义务在决定授权或驳回改正之前仔细判断是否满足这些要求，在后面案件中，将事项提交给上诉委员会。因此，考虑上诉以及决定上诉是否准许的两个时限仅仅从接收到上诉理由陈述书起算，尽管在 REE 1994 第27（3）条中没有明确说明——与 EPC 第109（2）条形成对比。但是，参见 REE 第24条第（2）款和第（3）款，前文中已提到。

2.6.3 客观审查评分

根据 DBA 判例法（特别是 **D 1/92**，OJ 1993，357；**D 6/92**，OJ 1993，361 以及 **D 7/05**，OJ 2007，378），仅仅是出于确定考试委员会的决定没有违反 REE，关于其申请的规定或更高级别法律的目的，原则上才能对这些决定进行审查。在 **D 1/92** 及 **D 6/92** 中，DBA 的结论是其功能**不**包括根据**其自身特点**重新考虑考试程序。相应地，考试委员会对考试卷应得的分数的价值判断不应该由委员会审查。只有当上诉人能够示出争议是基于严重且显而易见的错误，委员会才能考虑。指称错误必须是显而易见的，以便无须重新开启整个评分程序就能够确认，例如，如果指定阅卷人将其评价基于争议决定依靠的技术上或法律上不正确前提。在判断考生工作中指称缺陷的其他要求超出了 DBA 的审判权，因为这些价值判断不接受司法复核。在 **D 7/05**（OJ 2007，378）中确认这些裁定。另见 **D 9/00**、**D 7/01**、**D 11/01**、**D 16/02**、**D 6/04**、**D 14/08** 及 **D 23/08**。

DBA 在 **D 6/98** 作了补充，这些条件符合根据 EPC 1973 细则第89条（相比现 EPC 细则第140条）修正错误的条件，尤其是誊写或计算分数出现的错误的案例。根据 REE 1944 第27（1）条（相比 REE 第24（1）条），DBA 没有权力重新开启判断程序（**D 15/97**）。DBA 不是授权审查考生考试的评分是否正当或正确且将自己的价值判断强加于考试委员会的二审部门（**D 20/96** 及

D 6/02）。

委员会在 **D 13/02** 中称，上述提到的明显错误是指无须重新评价考试卷就能识别的错误。例如，如果两个阅卷人对相同试卷的评分非常不同，因为评分差异将表明违反统一评分原则，不管评分的高低将是一个案件。明显错误的另一个示例将是措辞模糊或不能理解的问题。不需要参考评分，从常识归于该问题有关的措辞意义上看，这将会马上清楚。

D 17/05 引用 **D 13/02** 指出，**D 1/92** 中存在的错误不能从考生的答案与其他答案的比对中推断出来。委员会也引用陈述书，上诉的决定不需要披露阅卷人已经使用的评分说明以及根据既定判例法，对这样的披露不存在其他权利。

在 **D 3/00**（OJ 2003，365）中，上诉人声称，对于 D 卷第 1 和 2 部分中的每个问题，应该获得评阅其试卷的两个阅卷人中一个评阅最高分。上诉人在 **D 12/00** 也要求记录最高分数。并且，每个阅卷人评分之间的任何差异表现出对根据 REE 1994 第 16 条（REE 第 6（2）（c），英文文本，现在为评分提供一致性）的一致性原则的显而易见的忽视。委员会确认，其既定判例法，增加给定答案的分数的不同意见是原则上不接受司法复核的价值判断的一个反应。在 **D 4/99** 中已经解释了试卷评分是个体判断，在对评阅试卷的阅卷人的一般指导（参见 REE 1994 实施细则），或多或少严格标准是可能的且不同方面可以认为是重要或者次要的。因此，它符合 REE 1994 第 8（b）条（比较 REE 第 8（1）（e））的立法理由且阅卷人在判定分数时必须具有一定的评价高度，单个阅卷人会得到不同的分数，均是合理的（**D 5/94** 及 **D 6/98**）。两个独立阅卷人得出不同的分数的事实本身并不违背适用条款（**D 12/00**）。委员会在 **D 3/00** 中关注了这样的事实，对于评价试卷中考生答案的优点，当根据 REE 1994 第 8（b）条对试卷评分的两个阅卷人的评分不同时，考生本身无权要求将两个阅卷人中一个阅卷人给每个问题评阅的最高分数给予问题或子元素。

D 6/07 和 **D 7/07** 是关于 2007 年考试卷 C 评分的多个上诉决定中的两个。多数考生已经将对考试委员会认为不代表最接近现有技术的文件的攻击视为起点且在这点上并没有获得加分。考试委员会认为，按照长期的实践，即使已经使用了判断创造性的错误起始文件，也应该对适当起草问题和解决方案给予一些赞扬。考虑到法律程序的延迟性以及重新评阅所有试卷的可能性，作为一项额外措施，奖励已经完成试卷的所有应考人员 10 分追加分（作为可能的最大分数）将是公平的选择。DBA 首次认为考试委员会无理由的奖励违反 IPREE 1994 细则第 4 条第（2）款和第（3）款：在“适合实践”的标准要求评阅考生答案的各个部分的阅卷人不要忽视他们全部答题纸上下文的优点（**D 3/00**，

OJ2003，365）以及需要考虑公平阅卷，虽然从评分标准偏离，其仍然是合理的和属实的（**D 7/05**、OJ 2007，378）。委员会还裁定，根据 REE 1994 第 7（3）条，授予"通过"、"未通过"或"补偿未通过"记忆正式决定是否已经通过整个考试是考试委员会的义务。考试委员会的权力不能扩大考生单张试卷之前按照 0～100 分尺度评阅，因此通过 10 分追加分改变考试委员会的评分（根据 REE 1994 第 8（b）条以及 IPREE 1994 细则第 4（1）条）已经超越权限。不考虑 IPREE 1994 细则第 4 条的"适合实践"标准的给单个考生试卷抽象评分不仅违反了客观的原则，也违反了 REE 1994 第 8（b）条以及 IPREE 1994 细则第 4 条。最后，DBA 根据 IPREE 1994 细则第 4 条，命令给每个上诉人的 C 卷重新评分，保留了已经奖励给上诉人的 10 分追加分。

2.6.4 正当利益

根据既定判例法，对未通过 EQE 但是在已经决定上诉前重考通过 EQE 提起上诉的考生仍然保留上诉的正当利益。这在 **D 3/98 中**确认了这一点。任何其他观点等于否定他诉诸法律；正当利益将取决于法律程序需要多长时间。然而，上诉人可以发挥一点影响力，因此不应该承担后果。根据提起法律程序的日期确定是否有正当利益（在本案件中，提交上诉的当天）。

2.6.5 考试委员会的义务

DBA 在一些决定中指出，根据原考生须知第 7 点（OJ 1995，145）以及原监考人员须知第 7 点（OJ 1995，153），将与考试行为有关的及时且正式正确投诉提交给考试委员会，考试委员会应该发表临时意见，并邀请提出意见。如果不这样做，将违反程序法的普遍公认原则（EPC 第 125 条），即陈述权（EPC 第 113（1）条；参见 **D 17/96**、**D 2/97**、**D 2/99** 及 **D 3/99**）。参见现行 IPREE 细则第 19 条第（3）款和第（4）条。

3. 惩戒事项

行政委员会依据 EPC 1973 第 134（8）（c）条接纳并依据 EPC 第 134a（1）（c）条（OJ 2008，14）通过 2007 年 12 月 14 日的 AC 决定修正的 1997 年 10 月 21 日的《专业代理人惩戒规则》（RDR）（OJ 1978，91）不仅包括对一般职业义务、职业保密以及对客户行为的规定，而且包括对负责实施惩戒措施的惩戒机构的规定（另见《惩戒组委会和惩戒委员会的附加程序规则》，OJ 1980，176，177 以及 183；修改见 OJ 2007，552；《惩戒委员会程序附加规则》，OJ 1980，176 及 188 以及综合版，对 OJ 1/2010，50 的补充）。

3.1 惩戒措施

根据 **D 5/86**（OJ 1989，210），在实施惩戒措施前，惩戒机构必须确认违反了职业行为规则。不需要绝对确定性，但是在人类经验近乎确定性，需要一定程度的可能性。如果对是否发生违反存在理性怀疑，则不能实施惩戒措施。

EPO 惩戒委员会在 **D 11/91**（OJ 1995，721）已经判令将上诉人从专业代理人名册无限期删除。在其上诉中，上诉人对惩戒措施提出质疑并认为 DBA 程序不符合欧洲公约保护人权的规定，特别是因为不是由国家法律，而是由欧洲专利局 EPO 行政委员会已经确定的 DBA，惩戒机构并不构成独立法庭，DBA 不是国家权威机构（national authority），其决定不能被称为上诉上级法院。

DBA 认定欧洲保障人权公约包含表达 EPO 成员国共有的法律一般原则的规定。因此，这些规定应视为该组织法律制度的一部分，其各个部门应该遵守这些规定。这样适用于第 13 条，其个人权利通过司法提供保护。本条提到的“国家权威机构”显然应该理解为依照国家法律的主管机关。然而，在批准《慕尼黑公约》中，各缔约国接受特权的转移，从而使 EPO 专业代理人服从同一套专业条例，专业条例由一个中央机构控制，中央机构的决定是对二审机构的有效补救措施，二审机构的独立性由管理其构成的规则保证。起草这些条例和确定这些机构与法律的基本原则相符，具体地说是欧洲保障人权公约中的基本原则。

为了确保处罚与指控严重性是相称的，且尊重处罚不应该是任意的而是固定的或预定的准则，委员会认为 RDR 第 4（1）（e）条应该理解为“不是由文本限定的一段时间”，即是由主管惩戒机构来决定的酌情决定期。在该决定中，后者因该固定所述时间并陈述所做选择的理由。

上诉人 X 在 **D 20/99**（OJ 2002，19）对 EPO 惩戒委员会的谴责决定提交上诉。DBA 审核了关于主要指控的处罚并认为在法国已经受到起诉的 X 行为违反了 RDR 第 1 条第（1）款和第（2）款。很明显，D 已经参与起草了上诉人拥有的咨询公司 L 的欧洲专利申请，而公司 P 支付费用。但是，从文件看合同安排从来没有是发票的主题是显而易见的。

通过削减起草专利申请的成本给咨询公司 L 提供了优势。由于相对于欧洲专利律师，这不可避免地导致竞争的不公平曲解，所以这是不正当的好处。委员会的结论是，相对于同行欧洲专利律师，滥用公司资产等于是不公平竞争，因而表示违反管理 EPO 代理人的职业行为规范。

3.2　惩戒事项中决定的可上诉性

委员会在 **D 15/95**（OJ 1998，297）中裁定，惩戒组委会驳回申诉的决定是关于 RDR 第 8（2）条中提到的法律意义上人的决定，只有这种人才可对其提出上诉。因此，提出申诉的人无权提出上诉。审查上诉是限于保护“被告人”的权利，即RDR所指的“专业代理人”（另见**D 1/98**）。DBA在**D 28/97**及**D 24/99**中补充道，惩戒程序的目的不是为了个人，与其他相比，只追求自己的利益（虽然这可能在个案中受到影响）而是有序地为公众利益服务并且适当锻炼EPO专业代理人。任何由个人因代理人违反职业行为规范而提出的要求是专门主管（民事）法院的事情（另见**D 25/05**）。

4. 职业行为准则

职业行为准则的一般原则是在OJ 2003，523中公布的当前版本。作为对epi成员的一般要求，准则的第1（a）点作了引用（OJ 1978，91；OJ 2008，14）。

4.1 一般职业义务

委员会在**D 16/95**裁定，虽然在缔约国国家阶段起草、提交翻译并缴纳费用与授权、异议或上诉程序无直接关系，但是这些行文仍然涵盖在RDR第1条中。毕竟，他们是与欧洲专利相联系的行文（参见EPC 1973第65条和第141条）及本身是专业代理人工作的一部分。将这些行文视为涵盖在**RDR**第1条中也可以通过这样一个事实证明，即对于门外汉（例如委托翻译专利说明书的人）将与授权、异议或上诉程序有直接关系的代理人行文与无直接关系的代理人行文区分开来是困难的。由于与国家阶段相关的行为涵盖在RDR第1条中，与其相关的应受谴责的行为根据上述规定违反代理人一般职业义务（另见**D 25/05**）。

4.2 职业保密

上诉人在**D 11/91**（OJ 1994，401）中请求去除原告已经归档的各种文件。上诉人争辩说自己的请求是正当的，因为（但不限于）这些包含物违反了专业代理人遵从的保密原则。这些文件是原告和惩戒机构之间的信件以及与异议案件相关的信件。

委员会认定，RDR第2条提到的职业保密在EPO提供所有相关信息之前为惩戒机构的调查权力以及EPO专业代理人根据RDR第18条的义务作出限制。然而，从RDR第一部分的原则衍生出的保密义务不能用于拒绝RDR第18条规定的请求。

4.3 做广告

采用行为准则（当前版本，OJ 2003，523）使包含在第2（b）（1）点内的撤销禁令承担一个成员的专业服务与其他成员的专业服务之间的对比，如

OJ 1999，537 公开版本中制定的一样。

先前版本（OJ 1999，537）中的原做广告禁令已经由新规定第 2（a）点替换，新规定第 2（a）点称只要广告是真实客观的，通常是允许的。

5. 对上诉惩戒委员会的决定提起上诉

DBA 在 **D 5/82**（OJ 1983，175）中已指出，其无权将问题转给上诉扩大委员会。在 2007 年 1 月 2 日的 **D 7/05** 和 2006 年 8 月 31 日的 **D 2/06** 中，DBA 必须考虑寻求对最终决定进行审查的请求。委员会认为，当发布决定时，上诉委员会及 DBA 的决定就是最终决定，无须再提起上诉，委员会也不能自身将其取消。参考上诉扩大委员会在 **G 1/97**（OJ 2000，322）中规定的原则，驳回了不予受理的请求，根据该原则，上诉委员会发布了不予受理的请求，该决定成为请求审查的主题。无须更多的程序手续可以立即发布请求的决定。

第 *9* 章
作为 PCT 专利局的 EPO

按照 EPC 第 150（2）条，按照 PCT 提交的国际申请可以是 EPO 法律程序的标的。该法律程序中，适用 PCT 及其细则的规定，补充性地适用 EPC 的规定。在发生冲突时，以 PCT 及其细则的规定为准。

申请人可以提交一个以 EPO 为指定局（和任意选定局）的国际申请。这样的申请，一旦给予国际申请日，等同于常规的欧洲申请，通常称之为欧洲 PCT 申请（EPC 第 153（2）条）。一旦欧洲 PCT 申请在 EPO 进入地区阶段，则 EPC 规定的上诉程序将对 PCT 规定进行补充（**J 20/89**，OJ 1991，375）。

A. 上诉委员会在 PCT 规定的抗议法律程序中的权限

在 EPC 2000 生效之前，各上诉委员会负责在发明缺乏单一性的情况下，裁判针对分别作为国际检索单位（ISA）或者国际初步审查机构（IPEA）的 EPO 要求支付的附加检索或者审查费提出的抗议（EPC 1973 第 154（3）条和第 155（3）条）。委员会充当二审部门，因为在申请人为获得上诉委员会对抗议的审查而被要求支付费用之前，已经由复核小组对被要求支付附加费的正当性进行了复核。

随着 2007 年 12 月 EPC 2000 的生效，抗议程序已经得到简化。EPC 1973 第 154（3）条和第 155（3）条被删除，因此，委员会不再负责在缺乏单一性情况下针对 EPO 要求的附加费所提出的抗议作出裁判。抗议仅由所谓的复核机构进行一次审查（2005 年 4 月 1 日生效的 PCT 细则第 40 条和第 68 条）。

EPC 1973 第 154（3）条和第 155（3）条的删除适用于所有 2007 年 12 月 13 日或之后提交的国际申请。对于 2007 年 12 月 13 日之前提交而当日仍未决的国际申请，EPC 1973 第 154（3）条和第 155（3）条继续适用。

上诉委员会针对抗议法律程序的判例法可以在本书第 5 版中找到。

1. 向简化抗议程序的过渡

根据 2005 年 4 月 1 日生效的 PCT 细则作出了规定以便利于简化抗议程序。PCT 细则第 40 条和第 68 条进行了修改，这样在要求申请人为获得上诉委员会的审查而支付费用之前，就不再有对受邀支付附加费的正当性进行复核的要求了。只由复核机构对抗议进行审查。

2007 年 12 月生效的 EPC 的变化与 2005 年 4 月 1 日生效的 PCT 细则所进行的修改相适应。EPO 通过《通知》的方式处理两个日期中间要适用的法律程序。根据 2005 年 3 月 1 日有关 PCT 规定的抗议程序的 EPO《通知》（OJ 2005，226），在 EPC 2000 生效之前，EPO 在抗议递交上诉委员会之前继续提供对受邀支付附加费的内部复核。这种复核本质上是 EPO 的一项服务。

在 W 26/06 中，委员会对根据 EPO 2005 年 3 月 1 日的《通知》而确立的过渡性抗议程序的法律地位提出质疑。W 26/06 号决定涉及根据 2005 年 4 月 1 日生效的 PCT 细则第 40. 2（c）条（新版是 PCT 细则第 40 条）提交的对被要求支付附加检索费提出的抗议。委员会认为，PCT 修改后细则的生效时间与 EPC 生效时间的不同导致了 PCT 规定的修改后细则与 EPC 某些规定以及 EPO 相应的规定和/或通知之间的冲突局面。在委员会看来，PCT 修改后的规定与 EPC 1973 第 150（2）条（在冲突时 PCT 比 EPC 优先适用）没有给 EPO 在自愿基础上进行进一步复核服务留下空间（另见 W 1/06）。

相比之下在 W 20/06 中，委员会认为 2005 年 4 月 1 日生效的 PCT 细则第 40. 2（c）条和 EPC 1973 第 154（3）条之间没有冲突，EPC 1973 第 150（2）条第三句不适用。委员会没有在 PCT 以前和现在的要求中看到任何能够导致与 EPC 1973 第 154（3）条之间冲突的区别，因为作为 EPO 的组成部分的每一个上诉委员会在 EPO 作为 PCT 细则第 40. 2（c）条第二句的 ISA 的框架内构成了一个复核机构，全权对抗议作出决定。委员会认为，只有上诉委员会被赋予了在之后生效的 PCT 细则第 40. 2（c）条第二句中规定的复核机构的权力。在抗议递交上诉委员会之前可以实施内部的初步复核（另见 **W 22/06**、**W 2/07** 和 **W 6/07**）。在 W 18/06 中，委员会指出，按照 2005 年 3 月 1 日的 EPO《通知》，申请人可以认为 EPO 作为国际检索单位所遵循的法律程序将会导致上诉委员会的抗议复核。

B. 作为指定或选定局的 EPO

对于 PCT 规定的国际申请，如果 EPO 是“指定局”或者“选定局”，申请等同于常规的欧洲申请（欧洲 PCT 申请）。在欧洲 PCT 申请情况下，除了 EPC 的规定外，PCT 的规定也适用，并且如果两者之间存在冲突，以 PCT 的规定为准。

有关 EPO 作为指定局或选定局的判例法集中于两个领域。一个是关于 EPO 的权限，尤其是在涉及国际申请过程中的其他机构的背景下。另一个处理欧洲 PCT 申请的修改问题，尤其是指定国的修改。

一些决定与两种情况都有关。主要与 EPO 权限有关的判例法概述如下，主要与修改有关的判例法在第 7 章 A. 5. 3 中进行概述（“初步和形式审查”及其下“欧洲 PCT 申请中指定国的修改”）。一个更重要的问题是关于法律上诉委员会向上诉扩大委员会移交的有关程序中使用的语言。移交案件和上诉扩大委员会的决定进一步概述如下（参见第 9 章 B. 3）。

1. 随 EPC 的修改而引入的法律程序变更

在 EPC 的修改过程中，进入欧洲阶段不履行某些要求的后果已经发生了变化。根据 EPC 1973 细则第 108（3）条，申请人可以通过完成遗漏的行为并在合理时限内支付附加费而对未履行某些要求进行救济。随着 EPC 2000 的生效，这种救济方式不再使用。相反，现在的救济方式是进一步处理（EPC 细则第 160 条）。

另一个的程序变化是关于不具有单一性情况下的补充检索费的支付。根据 EPC 1973 的规定，申请人在进入欧洲阶段时能够为 PCT 阶段没有检索的发明支付附加检索费（EPC 1973 细则第 112 条）。根据新规定，申请人必须补充检索付费，该补充检索之前是在国际检索单位不是 EPO 时实施的，但是申请人不能再就国际阶段没有检索过的发明进行的附加检索付费（EPC 细则第 164 条）。对于此类发明，可以在进入欧洲阶段之后提交分案申请。

条文变动对指定国的影响在第 7 章 A“初步和形式审查”中有讨论。

2. EPO 作为指定局或选定局的权限

下述决定考虑了 EPC 1973 的适用。

在 **J 26/87**（OJ 1989，329）中，委员会认为，基于对授予国际申请的请求所作的适当解释，如果申请人在国际申请的申请日指定了 PCT 在其国内生效的 EPO 缔约国作为指定国，则 EPO 作为该缔约国的指定局受到 EPC 1973 第 153 条规定的约束，即使国际申请已经由国际局公布且并未提及指定国作为缔约国。

在 J 7/93 中，国际局没有根据 EPC 1973 细则第 104b（1）条（2000 年 3

月1日之前有效的版本）的规定在21个月时限内（在国际初步审查的要求中）告知EPO其选定的方案。因此，在期限届满时EPO根据EPC 1973细则第85a条签发了通信，要求支付EPC 1973细则第104b条规定要支付的费用，而没有意识到适用PCT第二章规定延长的31个月时限。

然而，费用没有在31个月的时限内支付，以及权利恢复的请求提交给了EPO。同时，EPO已经根据EPC 1973细则第69（1）条签发了内容为申请被视为撤回的通知。通知再次提到了21个月时限，EPO仍旧没有意识到其选定。对于根据EPC 1973细则第104b（1）（b）条和第104b（1）（c）条规定的支付费用的时限问题，基于EPC 1973第122（5）条权利恢复的除外情况，受理部继续驳回权利恢复的请求（遵循了**G 3/91**，OJ 1993，8）。委员会认为，根据EPC 1973细则第85a条签发的通信和根据EPC 1973细则第69（1）条签发的通知法律上是不存在的，因为它们不能建立在任何EPC或者PCT规定的基础上。因此，当事方阻止通信和通知发生作用的理由是无关紧要的，因为通信不会对该方具有损害性法律后果。此外，根据EPC 1973细则第85a条，费用可以在未遵守时限通知的1个月宽限期内与附加费一并支付。因为没有发送这样的通信并且当事方支付了费用和附加费，所以权利恢复的法律程序没有必要了。EPO没有考虑到程序从一开始就没有必要的事实而继续法律程序以及最终驳回权利恢复请求的事实，构成了重大程序违法。

1984年6月5日审查部根据EPC 1973第153（2）条以及PCT第25条和第24（2）条作出的决定（OJ 1984，565）是关于PCT第24（2）条规定的维持国际申请有效性的指定局。申请人错过了日本专利局作为受理局设定的提交代表人授权书的时限。

作为指定局的EPO，根据PCT第14（1）（b）条以及PCT细则第26.2条（PCT第24（2）条和第48（2）（a）条）免除了未能遵守受理局为形式瑕疵的修正设定的时限的行为。审查部裁断，PCT细则第26.2条规定的时限与EPC 1973第121条规定的EPO设定的时限具有可比性，并根据EPC 1973第122条对EPC 1973第121（2）条的规定时限授予了权利恢复。

在J 3/94中，申请人在一个国际申请中，在“地区专利”标题下指定了欧洲专利，在“国家专利”标题下指定了PCT的五个缔约国，包括德国和英国。然而，在提交给作为IPEA的EPO进行的国际初步审查要求中，仅选定了五个PCT成员国，在“地区专利”标题下没有打叉以表明也选定了EPO。申请人随后陈述，未选定EPO是由于国际初步审查要求提交时的一个错误造成的。然而他争辩道，EPC 1973细则第104b条规定（在2000年3月1日之前有效的版本）的时限已经实际得到遵守，因为“国家专利”（英国和德国）标题下对 EPC 缔约国的选定也具有使 EPO 成为选定局的后果，即使没有在表明欧洲专利的方框内打叉。申请人陈述，其行为已足以运用法律产生将 EPO 视为选定局的效果。

委员会指出，PCT 第31（4）（a）条最后一句规定，选定只能与根据 PCT 第4条已经指定的缔约国有关。对于规定国家和地区专利的国家，这意味着关于国家授予程序的选定只有在表明申请人希望获得国家专利的指定情况下才具有可能性。同样，关于地区授予程序的选定只有在表明申请人希望获得地区专利的指定情况下才具有可能性。由于每一种类型的选定对不同的授予程序有影响，在国家授予程序中使用国际初步审查结果的声明与在欧洲授予程序中使用它们的声明看起来是有区别的。委员会认为，PCT 第31（4）（a）条最后一句规定的指定和选定的一致性适用于以下两个原则：第一，选定不能代替申请提交时没有作出的指定；第二，申请人想要使用哪个国际初步审查结果决于申请人自己。选定的有效性必须由有关机构在国际阶段作出决定以赋予选定以效力，并且必须由这些机构在统一的基础上对选定进行评估。这明显与 PCT 规定的一贯实践做法相一致。作为指定局或选定局的 EPO 在其职责范围内全权对分指定其进行审查的申请作出解释。因此，EPO 不受受理局或国际局的解释的约束（**J 26/87**，OJ 1989，329；**J 19/93**）。

在 J 4/94 中，有别于英国专利局作为 IPEA 的情况，委员会必须考虑 EPO 是否有权解释申请人国际初步审查的要求。委员会承认，要求是向有权处理的合格主体 IPEA 提出的。然而，委员会引用了 **J 26/87**（OJ 1989，329），在该案中判定，受理局和国际局对授权请求表格的解释对于作为指定局履行职责的 EPO 不具有约束力。有效的指定把问题置于作为指定局的 EPO 权限范围内（PCT 第2（xiii）条和 EPC 1973 第153（1）条）。在对本案作出的决定中，委员会偏离了 IPEA 作出的解释。委员会裁断，要求中存在本应要求申请人根据 PCT 细则第60条进行修正的瑕疵。它认为 IPEA 对要求所表达意图的明确偏离对 EPO 没有约束力。因此对 EPO 来说，将自身作为有效选定的机构是具有可能性的。由此产生的结果是根据 EPC 1973 细则第104b（1）条（2000年3月1日之前生效的版本）适用31个月的时限。

3. 法律程序的语言

在 **J 8/07**（OJ 2009，216）中，一个 PCT 规定的国际专利申请以法语进行提交和公布。在进入 EPO 的欧洲阶段后，申请人附加了国际申请的英文译本，并请求未来的法律程序所使用的语言应当是英语。

如果请求被否决，其附属请求是 EPO 应当在所有书面法律程序和决定中使用英语。一审部门签发决定否决了两个请求。申请人对其决定提起上诉。

法律上诉委员会将问题转交上诉扩大委员会，扩大委员会在G 4/08中对该问题进行了回答。扩大委员会判定，如果国际专利申请根据PCT规定使用EPO官方语言予以提交和公布，则进入欧洲阶段后，提交使用两种其他官方语言之一的译本不可能使这种语言成为法律程序所使用的语言。EPC 1973和EPC 2000都不能允许如此解释。EPC规定和PCT规定之间也不存在任何冲突。

对于第二个问题，扩大委员会判定，在欧洲专利申请或者地区阶段的国际专利申请的书面程序中，EPO部门不能使用一种并非EPC第14（3）条规定的申请法律程序所使用的EPO官方语言。

第 10 章 机构事项

1. 与德国专利局的行政管理协定

德国专利局（GPO）局长和 EPO 于 1981 年 6 月 29 日就文件提交和付款签署了《行政管理协定》（*Administrative Agreement*）（OJ 1981，381）。根据协定第 1 条，向 GPO 提交的收件人或收款人却是 EPO 的文件和付款，会被视为已经由 EPO 在 GPO 实际收到的当天收到。

在 **G 5/88**、**G 7/88** 和 **G 8/88**（OJ 1991，137）中，上诉扩大委员会考虑了该《行政管理协定》的有效性。委员会得出结论，EPC 1973 第 5（3）条规定，EPO 局长代表欧洲专利组织；局长代表欧洲专利组织的权限仅限于其职责范围，因此无法从上述规定得出 EPO 局长具有签署此类协定的权力。签署协定这一局长权力的扩展更确切地说是从 EPC 1973 的其他规定中得出的，就 EPC 1973 第 10（2）（a）条而言，根据该条规定，局长必须采取一切必要措施保证 EPO 的运行。

委员会认为，就处理地址错误文件所签署的协定属于保证 EPO 运行的必要措施，理由如下：文书的地址错误导致权利丧失的风险，这种风险是因文件迟延收到而引发的未满足时限的结果。考虑到两个专利局的提交处确实存在混淆的可能性，且这种潜在可能性存在于慕尼黑，因此 EPO 和 GPO 之间的行政管理协定被认定有效。

然而，就 EPO 在柏林的分局而言，自 1989 年 7 月 1 日起才具有适用这一规定的基础。在此之前柏林分局既不是提交处，也没有设置信箱。就通过 GPO 柏林分局送达 EPO 的文件和付款而言，该行政管理协定无效。然而，上诉扩大委员会适用了有利于异议人的诚信原则，该异议人依据《官方公报》发布的《协定》，通过 GPO 柏林分局提交了针对欧洲专利的异议通知。

自从 1989 年 7 月 1 日 EPO 柏林提交处开设以来，在柏林与在慕尼黑一样存在混淆的危险。1989 年 10 月 13 日，两个专利局局长签署的《行政管理协定》适用于新的地点（参见 OJ 1991，187）。

在 **T 485/89**（OJ 1993，214）中，委员会认为，通过 GPO 在慕尼黑的传真机于异议期最后一日提交并在下一日转给 EPO 的异议通知是可接纳的；异议费已经在几天前支付。给 EPO 发送的而通过 GPO 在慕尼黑的传真机在规定时间内提交的异议书属于 1981 年 6 月 29 日《行政管理协定》所涵盖的范围，无论是否错误交付，都应当由 EPO 按照直接收到进行处理。

2. EPC 第 23（4）条规定的修改 RPBA 的权力

上诉委员会和上诉扩大委员会的《程序规则》应当根据《实施细则》的规定予以通过。这些《程序规则》须经行政委员会的批准（EPC 第 23（4）条）（另见 OJ 2007，536 和 OJ 2007，303）。

1994 年，根据 EPC 1973 第 33（1）（b）条，行政委员会通过对 EPC 1973 细则第 71a 条增加进一步规定的方式修改了 EPC 1973 细则第 71 条，大意是（除其他外）EPO 还必须在签发口头法律程序的传票同时签发通信（OJ 1995，409）。相较于 EPC 1973 细则第 71a（1）条的要求，RPBA 1980 第 11（2）条将是否随同此类传票发送通信的问题留给上诉委员会自由裁量。在 **G 6/95**（OJ 1996，649）中，扩大委员会认为 EPC 1973 细则第 71a（1）条不适用于各上诉委员会。EPC 1973 细则第 71a（1）条有关委员会的解释是建立在下述考虑基础上的，即 EPC 1973 第 23（4）条和第 33（1）（b）条规定了两种截然不同并各自独立的立法权限或权力的来源。

扩大委员会指出，EPC 1973 第 23（4）条规定 RPBA“应当根据《实施细则》的规定予以通过”。在扩大委员会看来，这明确指向了 EPC 1973 细则第 11 条所阐述的机制，该条规定 EPC 1973 细则第 10（2）条提及的主管机构（“主席团”）“应当通过”RPBA。扩大委员会得出结论，EPC 1973 第 23（4）条规定的修改 RPBA 的权力属于上诉委员会的主席团，并且须经行政委员会的批准。从 EPC 1973 第 23（3）条予以具体化的司法独立的原则进行考虑，根据 EPC 1973 第 23（4）条通过上诉委员会的主席团通过 RPBA 的机制具有重要价值，表明上述原则扩展到了作出此类决定的准备程序或与作出此类决定相关的其他程序。

扩大委员会进一步说明，根据 EPC 1973 第 33（1）（b）条，行政委员会有权修改《实施细则》。然而，对其权力的行使有明显的限制。行政委员会没有得到授权以下述方式修改《实施细则》即修改后规则的效果会与 EPC 1973 本身相冲突（EPC 1973 第 164（2）条）。扩大委员会认为，根据 EPC 1973 细则第 71a（1）条的适当解释，其强制性的程序要求适用于 EPO 的一审部门，但却不适用于各上诉委员会。如果 EPC 1973 细则第 71a（1）条要被解释为适用于 EPO 的所有机构，包括各上诉委员会，那么其效果会与 RPBA 1980 第 11

（2）条的效果直接矛盾和冲突，而 RPBA 1980 第 11（2）条是根据 EPC 1973 第 23（4）条的规定作为上诉委员会独立性的具体化而予以通过的。然而，必须假定行政委员会知晓其自身权力的限制。因此可以合理地推定行政委员会无意于为了规定一个与其先前批准的上诉委员会程序规则相冲突的规则而修改 EPC 1973 第 71 条。

3. 关于欧洲专利扩展的扩展条例

在 **J 14/00**（OJ 2002，432）中，委员会评述道，与斯洛文尼亚签署的扩展赋予欧洲专利的保护协定（《扩展协定》），包括于 1994 年 3 月 1 日生效的相关《扩展条例》（EO）（OJ 1994，75），是建立在于 1993 年 9 月 1 日生效的《欧洲专利组织与斯洛文尼亚共和国之间的专利合作协定》基础上的。该协定是 EPO 局长为了实施 EPC 1973 所分配的职能，经委员会批准在行政委员会授权下达成的国际条约。该协定不仅为申请人的利益服务，正如实际情况一样在斯洛文尼亚共和国提供专利保护的一条简单路径，而且为斯洛文尼亚共和国的利益服务，使该国仅通过扩展欧洲和欧洲 PCT 的申请和专利的效果使得在其国家领域内提供专利保护。

法律上诉委员会对适用《扩展条例》向 EPO 手续人员签发的信函提出的上诉是否具有可接纳性作出了决定。委员会认为，在本案中，可接纳性更确切地说被下述事实排除了，即根据 EPC 1973 第 106（1）条的穷尽性规定，只能对列在该条内的部门在 EPC 1973 规定的自身职责框架内所作出的 EPO 决定提出争议。然而，对于 EPO 根据《扩展协定》（包括 EO 的规定）履行其职责时作出的决定，情况则并非如此（OJ 1994，75）。

法律委员会认定，EO 的结构或法律性质不支持 EPO 手续人员签发信函的可上诉性。委员会认为，EO 规定的扩展程序在斯洛文尼亚共和国国家法律基础上产生了排他性的法律效果。EO 不包括向 EPO 转让主权权利。委员会认为，EPC 1973 及其《实施细则》的规定不适用，除非 EO 中另有规定。EO 因此十分明确地表明，其对 EPC 1973 规定的引用是穷尽的，因此不可能有其他规定的相应适用，包括 EPC 1973 第 106 条及其后条款对上诉程序的规定。

上诉人也不能援引诚信原则以获得 EPO 上诉委员会的法律救济。委员会表明该原则是欧洲专利法的基本原则之一。然而，就扩展程序而言，EPO 不是在 EPC 1973 的框架内行事。在其对 EO 的介绍中，EPO 明确表示，EO 仅是建立在斯洛文尼亚国家法律基础上的（OJ 1994，75），扩展程序及其效果仅受斯洛文尼亚国家法律约束（OJ 1994，80）。

在 J 9/04 中，委员会也对 EO 的结构或法律本质进行了评论。委员会指出，作为双边条例，详尽而严格地区别于《公约》之处在于，EO 主要处理的问题是将扩展的欧洲申请和受保护的权利融入各自的国内法律之中，以及其与建立在扩展国家的知识产权法律基础上的国内申请和权利的关系（对斯洛文尼亚来说，参见 BlfPMZ 1993，303——德国期刊）。这尤其包括对扩展申请和专利赋予与国内申请和专利同样的效果、将权利要求翻译成本国语言并向国内专利管理机构提供的义务、扩展申请和专利的国内认证文本、它们与有关国内申请和专利的现有技术效果以及最终的同步保护。根据委员会意见，这些规定没有为 EPO 创设任何义务。根据 EO 的规定，对国内专利机构 EPO 仅承担协助欧洲专利扩展有关的行政管理任务，即接收扩展请求，收取扩展费用，以及在扣除自身费用之后将余额转交给国内专利管理机构。

这也表明从 EO 的规定可以清楚地看出在扩展国家主权范围内，EO 受到最小介入原则的约束。另一方面，除其他外，《公约》还建立在下述基础上：国内主权对 EPO 的授权，EPO 行政管理中行政委员会的参与和控制职能，以及 EPO 和有关缔约国对续展费的分配。

委员会评述道，EO 并没有对加入《公约》附加任何新增的权利和义务。与上诉人的主张相反，根据 EO 的规定，EPO 在履行自身责任所提供的服务中也没有因此创建任何第三方权利。因此，有关专利申请和专利向扩展国家的扩展也没有向各上诉委员会的救济权利。对诸如本案的情况，这是负有责任的各自国家的国内管辖权。例如，斯洛文尼亚法律第 6（2）条规定了针对斯洛文尼亚专利局决定的上诉程序（另见 **J 2/05**）。

4. 根据欧共体条约向欧盟法院进行的移交——EPO 上诉委员会的法律地位

在 T 276/99 中，委员会指出，根据欧共体条约向欧盟法院的移交案件受第 234 条的约束（欧盟法院进行初步裁决的管辖权）。委员会指出，表面上，因为 EPO 上诉委员会不是欧盟成员国的法院或者裁判机构，其不具有将问题移交欧盟法院的法律地位。进一步说，委员会必须作出决定的问题也不归入《欧共体条约》第 234 条范围内。

委员会指出，上诉人似乎误解了德国宪法法院的评论（“Bundesverfassungsgericht”，BverfG，2001 年 4 月 4 日 2 BvR 2368/99 号决定，公布于 GRUR 2001，728 - 730——德国期刊）。委员会指出，其中所说的授权是 EPC 缔约国同时也是欧盟成员国的国家直接授予 EPO 的权力，而不是欧盟自身的授权。同时也存在非欧盟缔约国赋予的权力。由于欧洲专利组织并非欧盟机构的组成部分，并且非欧盟缔约国向 EPO（而不是欧盟或其机构）赋予了权力，那么将问题从 EPO 上诉委员会移交欧盟法院没有明显的依据。

原版判例索引

在原版判例索引中，所援引决定的相关信息按案号排列，给出了相应的委员会和决定日期。在 OJ 上发布的上诉委员会决定包含了发布年度和相应页码。

惩戒委员会的决定

D 1/81	04.02.82	1982，258	938
D 5/82	15.12.82	1983，175	944
D 6/82	24.02.83	1983，337	510
D 8/82	24.02.83	1983，378	616
D 4/86	08.06.87	1988，26	933
D 5/86	29.02.88	1989，210	564，942
D 3/89	05.03.89	1991，257	938
D 5/89	22.05.89	1991，218	938
D 11/91	14.09.94	1995，721	942，944
D 1/92	30.07.92	1993，357	939，940
D 6/92	13.05.92	1993，361	939
D 14/93	05.06.96	1997，561	572，576，933
D 1/94	17.05.95	1996，468	934
D 5/94	15.11.95		936，940
D 2/95	22.04.96		934
D 14/95	19.12.95		934，935
D 15/95	09.06.97	1998，297	943
D 16/95	29.03.98		943
D 9/96	09.03.98		935
D 14/96	21.01.97		938
D 17/96	03.12.96		941
D 20/96	22.07.98		939
D 25/96	17.03.97	1998，45	933
D 2/97	16.03.98		941
D 5/97	08.12.98		935
D 10/97	08.12.98		935
D 12/97	25.06.98		937
D 15/97	08.12.98		935，939
D 17/97	08.12.98		935
D 28/97	04.09.98		943
D 1/98	21.07.98		943
D 3/98	05.11.01		941
D 6/98	20.04.99		936，939，940
D 2/99	07.09.00		941
D 3/99	29.09.00		941
D 4/99	29.06.00		936，940
D 6/99	06.07.01		936
D 11/99	17.11.99		938
D 20/99	06.03.01	2002，19	943
D 24/99	14.05.01		943
D 3/00	03.05.02	2003，365	940，941
D 9/00	12.12.00		939
D 11/00	09.05.01		934
D 12/00	27.03.02		940
D 7/01	07.11.02		939
D 11/01	04.07.02		939
D 6/02	02.10.02		939
D 10/02	11.11.02	2003，275	936
D 13/02	11.11.02		939，940
D 16/02	16.07.03		939
D 3/03	23.04.04		937
D 3/04	05.07.05		936
D 6/04	30.08.04		939

D 8/04	23.08.04		933
D 15/04	14.02.05		933
D 16/04	18.02.05		933
D 17/04	11.02.05		933
D 18/04	28.01.05		933
D 19/04	28.02.05		934
D 7/05	17.07.06	2007, 378	937－939, 941
D 7/05	02.01.07		944
D 17/05	19.07.05		940
D 25/05	15.11.06		943, 944
D 38/05	17.01.07		939
D 2/06	31.08.06		944
D 4/06	29.11.06		939
D 6/07	28.08.08		940
D 7/07	17.09.08		940
D 11/07	14.05.09		937
D 4/08	18.12.08		932
D 5/08	15.01.09		933
D 6/08	30.12.08		933
D 7/08	02.02.09		932
D 10/08	15.01.09		933
D 12/08	02.02.09		932
D 14/08	23.07.09		939
D 23/08	03.06.09		937, 939
D 15/09	19.02.10		932

上诉扩大委员会关于转交案件的决定和意见

G 1/83	05.12.84	1985, 60	50, 139, 140
G 5/83	05.12.84	1985, 64	50, 54, 55, 134, 136－141, 143－153, 155, 156, 160, 228, 363, 506, 638, 879
G 6/83	05.12.84	1985, 67	50, 139, 140
G 1/84	24.07.85	1985, 299	436, 437, 763, 766, 767, 801, 805
G 1/86	24.06.87	1987, 447	492, 493, 509, 822, 826, 827, 870
G 1/88	27.01.89	1990, 469	542, 679, 813, 820, 845－847
G 2/88	11.12.89	1990, 93	3, 12, 99, 104, 116, 150, 153－160, 251, 289, 356, 357, 361, 363
G 4/88	24.04.89	1989, 480	728－731, 734, 735
G 5/88	16.11.90	1991, 137	425, 436, 857, 951
G 6/88	11.12.89	1990, 114	150, 153, 156－158, 160
G 7/88	16.11.90	1991, 137	425, 951
G 8/88	16.11.90	1991, 137	425, 951
G 1/89	02.05.90	1991, 155	297, 299, 302, 303, 308, 309, 313
G 2/89	02.05.90	1991, 166	297, 299, 302, 303
G 3/89	19.11.92	1993, 117	370, 373, 545, 648
G 1/90	05.03.91	1991, 275	496, 739, 819, 841
G 2/90	04.08.91	1992, 10	842
G 1/91	09.12.91	1992, 253	172, 273, 301, 669, 803, 804
G 2/91	29.11.91	1992, 206	822, 826, 827, 874
G 3/91	07.09.92	1993, 8	436, 483, 504, 505, 948
G 4/91	03.11.92	1993, 707	689, 720, 721
G 5/91	05.05.92	1992, 617	594, 597, 598, 840
G 6/91	06.03.92	1992, 491	625－628, 853
G 7/91	05.11.92	1993, 478	726, 764, 822, 873, 874
G 8/91	05.11.92	1993, 346	726, 764, 822, 873, 874
G 9/91	31.03.93	1993, 408	90, 539, 544, 565, 607, 608, 610, 703, 704, 710, 724－726, 764, 779, 785－788, 793, 794, 796, 801, 807, 809, 822, 826－828, 830, 832, 834, 835, 837, 858, 864, 866, 889, 892, 903, 905

G 10/91	31.03.93	1993, 420	703, 726, 742, 764, 779, 785, 786, 788-796, 815, 822, 827, 828, 830, 835, 837, 858, 864, 885, 889, 903, 915
G 11/91	19.11.92	1993, 125	315, 370, 545, 648
G 12/91	17.12.93	1994, 285	603, 604, 689, 692, 698, 729, 874, 883, 887
G 1/92	18.12.92	1993, 277	69, 71, 75, 99, 100, 103, 104
G 2/92	06.07.93	1993, 591	312, 313, 668, 669, 696
G 3/92	13.06.94	1994, 607	388, 634, 644
G 4/92	29.10.93	1994, 149	444, 447-450, 716, 750
G 5/92	27.09.93	1994, 22	504
G 6/92	27.09.93	1994, 25	504
G 8/92	05.03.93		878, 881
G 9/92	14.07.94	1994, 875	437, 787, 799, 819, 822, 826-831, 905
G 10/92	28.04.94	1994, 633	389, 390, 435, 538, 690
G 1/93	02.02.94	1994, 541	327-331, 355, 357, 366-369, 382
G 2/93	21.12.94	1995, 275	243, 245
G 3/93	16.08.94	1995, 18	397, 401, 420, 421
G 4/93	14.07.94	1995, 875	437, 787, 799, 822, 826, 828-831, 905
G 5/93	18.01.94	1994, 447	436, 504
G 7/93	13.05.94	1994, 775	358, 455, 470, 623, 665, 686, 688, 689, 691, 692, 728, 798, 838, 886
G 8/93	13.06.94	1994, 887	718, 822, 836
G 9/93	06.07.94	1994, 891	436, 437, 766, 767
G 10/93	30.11.94	1995, 172	681, 690, 835
G 1/94	11.05.94	1994, 787	721, 821
G 2/94	19.02.96	1996, 401	584, 585, 588, 925
G 1/95	19.07.96	1996, 615	3, 774, 782, 789, 790, 792, 917
G 2/95	14.05.96	1996, 555	315, 371, 649
G 4/95	19.02.96	1996, 412	584-590, 886
G 6/95	24.07.96	1996, 649	469, 472, 885, 952
G 7/95	19.07.96	1996, 626	789-791, 815, 885
G 8/95	16.04.96	1996, 481	618-621, 843
G 1/97	10.12.99	2000, 322	619, 841, 944
G 2/97	12.11.98	1999, 123	425, 428, 430, 433
G 3/97	21.01.99	1999, 245	562, 730, 765-767, 771
G 4/97	21.01.99	1999, 270	562, 765-767
G 1/98	20.12.99	2000, 111	36, 37, 41-44, 48, 54, 639
G 2/98	31.05.01	2001, 413	383, 397, 400-402, 404, 407, 410-413, 418, 422, 423
G 3/98	12.07.00	2001, 62	69, 639
G 4/98	27.11.00	2001, 131	391, 393, 394, 653
G 1/99	02.04.01	2001, 381	822, 829-832, 874, 905
G 2/99	12.07.00	83	69, 639
G 3/99	18.02.02	347	538, 578, 769-771, 844, 878
G 1/02	22.01.03	2003, 165	784
G 2/02	26.04.04	2004, 483	397, 640
G 3/02	26.04.04	2004, 483	397, 640
G 1/03	08.04.04	2004, 413	54, 208, 262-265, 319, 331-338, 341, 368, 402, 436
G 2/03	08.04.04	2004, 448	54, 208, 262-265, 331, 332, 337, 338, 402
G 3/03	28.01.05	2005, 344	842, 877, 928
G 1/04	16.12.05	2006, 334	8, 36, 37, 50-53, 60-63, 258
G 2/04	25.05.05	2005, 549	733-735
G 3/04	22.08.05	2006, 118	720, 721, 908

G 1/05	07.12.06	2007, 362	594, 601, 602
G 1/05	28.06.07	2008, 271	375-379, 381, 384, 386, 387, 679
G 1/06	28.06.07	2008, 307	376, 378-381, 384, 386
G 2/06	25.11.08	2009, 306	42
G 3/06	terminated		377
G 1/07	15.02.10	2011, ***	50-55, 57, 59, 61, 338, 639
G 2/07	pending		46
G 1/08	pending		46
G 2/08	15.06.09	2010, ***	602
G 2/08	19.02.10	2010, ***	137, 138, 143, 145, 149, 151, 156, 437
G 3/08	16.10.09		603, 879
G 3/08	12.05.10	2011, ***	XXXVII, 17, 20, 23, 24, 189
G 4/08	16.02.10	2010, ***	950
G 1/09	pending		388

法律上诉委员会的决定

J 1/78-3.1.01	02.03.79	1979, 285	572
J 5/79-3.1.01	17.01.80	1980, 71	529, 631, 845
J 6/79-3.1.01	13.06.80	1980, 225	912
J 1/80-3.1.01	17.07.80	1980, 289	492, 532, 654
J 3/80-3.1.01	31.01.80	1980, 92	493
J 5/80-3.1.01	07.07.81	1981, 343	517, 524
J 7/80-3.1.01	11.03.81	1981, 137	626, 651
J 8/80-3.1.01	18.07.80	1980, 293	651, 655, 656
J 11/80-3.1.01	25.03.81	1981, 141	693, 696, 875
J 12/80-3.1.01	26.03.81	1981, 143	655
J 15/80-3.1.01	11.06.81	1981, 213	397, 398
J 19/80-3.1.01	03.02.81	1981, 65	648
J 21/80-3.1.01	26.02.81	1981, 101	908
J 3/81-3.1.01	07.12.81	1982, 100	653, 655
J 5/81-3.1.01	09.12.81	1982, 155	65, 629, 658, 880, 923
J 7/81-3.1.01	21.12.81		484
J 8/81-3.1.01	30.11.81	1982, 10	605, 839
J 10/81-3.1.01	05.05.82		573
J 1/82-3.1.01	07.04.82	1982, 293	649
J 3/82-3.1.01	16.02.83	1983, 171	655
J 4/82-3.1.01	21.07.82	1982, 385	655, 656
J 7/82-3.1.01	23.07.82	1982, 391	438, 497, 499, 532, 615, 908, 914
J 8/82-3.1.01	08.11.83	1984, 155	638, 643, 650
J 9/82-3.1.01	26.11.82	1983, 57	478
J 10/82-3.1.01	21.12.82	1983, 94	925
J 12/82-3.1.01	11.03.83	1983, 221	504, 659
J 14/82-3.1.01	19.01.83	1983, 121	655, 656, 914
J 16/82-3.1.01	02.03.83	1983, 262	524, 527, 908
J 18/82-3.1.01	18.05.83	1983, 441	504
J 19/82-3.1.01	28.07.83	1984, 6	873
J 23/82-3.1.01	28.01.83	1983, 127	535
J 24/82-3.1.01	03.08.84	1984, 467	696
J 25/82-3.1.01	03.08.84	1984, 467	696
J 26/82-3.1.01	03.08.84	1984, 467	696
J 3/83-3.1.01	02.11.83		491
J 7/83-3.1.01	02.12.83	1984, 211	489, 912
J 8/83-3.1.01	13.02.85	1985, 102	660, 661
J 9/83-3.1.01	13.02.85		660, 661
J 12/83-3.1.01	09.11.84	1985, 6	682, 845
J 13/83-3.1.01	03.12.84		840
J 9/84-3.1.01	30.04.85	1985, 233	291

J 10/84 -3.1.01	29.11.84	1985，71	425，660
J 12/84 -3.1.01	25.01.85	1985，108	434，525
J 13/84 -3.1.01	16.11.84	1985，34	695
J 18/84 -3.1.01	31.07.86	1987，215	909
J 19/84 -3.1.01	12.11.84	1991，473	451
J 21/84 -3.1.01	29.11.85	1986，75	653，655
J 4/85 -3.1.01	28.02.86	1986，205	370，650，651，836
J 11/85 -3.1.01	23.10.85	1986，1	536
J 12/85 -3.1.01	07.02.86	1986，155	621，839，840，845
J 13/85 -3.1.01	25.08.86		375
J 15/85 -3.1.01	10.07.86	1986，395	695，806
J 20/85 -3.1.01	14.05.86	1987，102	438，549，571，826
J 21/85 -3.1.01	29.01.86	1986，117	649
J 22/85 -3.1.01	23.07.86	1987，455	911
J 2/86 -3.1.01	21.10.86	1987，362	508，510，512
J 3/86 -3.1.01	21.10.86	1987，362	510，512
J 6/86 -3.1.01	28.01.87	1988，124	693
J 9/86 -3.1.01	17.03.87		494，496，497，510，514，516
J 11/86 -3.1.01	06.08.86		503，504
J 12/86 -3.1.01	06.02.87	1988，83	874，909
J 14/86 -3.1.01	28.04.87	1988，85	478
J 15/86 -3.1.01	09.10.87	1988，417	693
J 16/86 -3.1.01	01.12.86		500
J 18/86 -3.1.01	27.04.87	1988，165	647
J 22/86 -3.1.01	07.02.87	1987，280	494，856
J 25/86 -3.1.01	14.11.86	1987，475	539，651
J 28/86 -3.1.01	13.04.87	1988，85	538，574
J 29/86 -3.1.01	12.06.87	1988，84	496，497，590
J 32/86 -3.1.01	16.02.87		574
J 34/86 -3.1.01	15.03.88		387
J 2/87 -3.1.01	20.07.87	1988，330	425，500，859
J 3/87 -3.1.01	02.12.87	1989，3	425，926
J 4/87 -3.1.01	02.06.87	1988，172	480，622，647
J 5/87 -3.1.01	06.03.87	1987，295	291，292
J 7/87 -3.1.01	28.10.87	1988，422	693，875
J 8/87 -3.1.01	30.11.87	1989，19	245
J 10/87 -3.1.01	11.02.88	1989，323	693，694
J 11/87 -3.1.01	26.11.87	1988，367	693，875
J 14/87 -3.1.01	20.05.87	1988，295	699
J 19/87 -3.1.01	21.03.88		398
J 20/87 -3.1.01	30.07.87	1989，67	454，622
J 23/87 -3.1.01	09.11.87		510，518
J 26/87 -3.1.01	25.03.88	1989，329	839，947，949
J 27/87 -3.1.01	03.03.88		629
J 3/88 -3.1.01	19.07.88		521，523，525
J 4/88 -3.1.01	23.09.88	1989，483	628
J 11/88 -3.1.01	30.08.88	1989，433	481，545
J 12/88 -3.1.01	07.11.88		579
J 13/88 -3.1.01	23.09.88		478
J 15/88 -3.1.01	20.07.89	1990，445	292，696
J 16/88 -3.1.01	18.08.89		292
J 22/88 -3.1.01	28.04.89	1990，244	508
J 23/88 -3.1.01	25.04.89		485，488
J 25/88 -3.1.01	31.10.88	1989，486	394
J 27/88 -3.1.01	05.07.89		496，497，510
J 29/88 -3.1.01	18.08.89		292
J 1/89 -3.1.01	01.02.90	1992，17	425，434
J 5/89 -3.1.01	09.06.89		426
J 9/89 -3.1.01	11.10.89		508
J 11/89 -3.1.01	26.10.89		431，655，656
J 17/89 -3.1.01	09.01.90		496
J 19/89 -3.1.01	02.08.90	1991，425	573，575，576
J 20/89 -3.1.01	27.11.89	1991，375	945
J 25/89 -3.1.01	19.03.90		292

J 26/89 -3. 1. 01	19. 03. 90		292
J 27/89 -3. 1. 01	19. 03. 90		292
J 28/89 -3. 1. 01	19. 03. 90		292
J 31/89 -3. 1. 01	31. 10. 89		508, 521
J 33/89 -3. 1. 01	11. 12. 89	1991, 288	650
J 34/89 -3. 1. 01	30. 01. 90		292
J 37/89 -3. 1. 01	24. 07. 91	1993, 201	485, 909
J 39/89 -3. 1. 01	22. 05. 91		635
J 42/89 -3. 1. 01	30. 10. 91		521
J 3/90 -3. 1. 01	30. 04. 90	1991, 550	438, 481, 826
J 6/90 -3. 1. 01	22. 10. 92	1993, 714	500
J 7/90 -3. 1. 01	07. 08. 91	1993, 133	491, 655, 657, 881
J 9/90 -3. 1. 01	08. 04. 92		489, 530
J 13/90 -3. 1. 01	10. 12. 92	1994, 456	430 -432, 503, 511, 520
J 15/90 -3. 1. 01	28. 11. 94		432, 881
J 16/90 -3. 1. 01	06. 03. 91	1992, 260	881
J 18/90 -3. 1. 01	22. 03. 91	1992, 511	824
J 19/90 -3. 1. 01	30. 04. 92		854
J 27/90 -3. 1. 01	11. 07. 91	1993, 422	496 -498, 520
J 31/90 -3. 1. 01	10. 07. 92		512, 514, 526
J 32/90 -3. 1. 01	10. 07. 92		512
J 33/90 -3. 1. 01	10. 07. 92		514, 521, 524
J 1/91 -3. 1. 01	25. 08. 94	1993, 281	644
J 3/91 -3. 1. 01	01. 12. 92	1994, 365	651, 655, 656, 927
J 4/91 -3. 1. 01	22. 10. 91	1992, 402	482, 639
J 5/91 -3. 1. 01	29. 04. 92	1993, 657	483
J 6/91 -3. 1. 01	01. 12. 92	1994, 349	655 -657
J 9/91 -3. 1. 01	01. 12. 92		655
J 10/91 -3. 1. 01	11. 12. 92		567
J 11/91 -3. 1. 01	05. 08. 92	1994, 28	435, 436

J 14/91 -3. 1. 01	06. 11. 91	1993, 479	467, 629, 881
J 17/91 -3. 1. 01	17. 09. 92	1994, 225	631
J 19/91 -3. 1. 01	17. 09. 92		631
J 1/92 -3. 1. 01	15. 07. 92		843
J 2/92 -3. 1. 01	01. 12. 92	1994, 375	651, 655, 656
J 7/92 -3. 1. 01	17. 02. 94		590
J 11/92 -3. 1. 01	12. 01. 94	1995, 25	657
J 12/92 -3. 1. 01	30. 04. 93		504
J 13/92 -3. 1. 01	18. 10. 93		839
J 15/92 -3. 1. 01	25. 05. 93		426
J 16/92 -3. 1. 01	25. 04. 94		485, 520
J 17/92 -3. 1. 01	22. 11. 96		697, 926
J 18/92 -3. 1. 01	18. 12. 92		573
J 19/92 -3. 1. 01	11. 10. 93		635
J 21/92 -3. 1. 01	16. 03. 95		511
J 22/92 -3. 1. 01	13. 12. 94		499, 517, 531
J 23/92 -3. 1. 01	17. 12. 93		512
J 24/92 -3. 1. 01	16. 03. 95		511
J 25/92 -3. 1. 01	29. 09. 93		427, 659
J 26/92 -3. 1. 01	23. 08. 94		516, 524, 526
J 27/92 -3. 1. 01	20. 05. 94	1995, 288	434, 435, 537
J 28/92 -3. 1. 01	11. 05. 94		510, 522
J 30/92 -3. 1. 01	18. 12. 92		573
J 31/92 -3. 1. 01	18. 12. 92		573
J 32/92 -3. 1. 01	18. 12. 92		573
J 33/92 -3. 1. 01	18. 12. 92		573
J 34/92 -3. 1. 01	23. 08. 94		434, 500, 503, 590
J 35/92 -3. 1. 01	17. 03. 94		577
J 36/92 -3. 1. 01	20. 05. 94		390
J 38/92 -3. 1. 01	16. 03. 95		632, 633, 761
J 39/92 -3. 1. 01	16. 03. 95		632, 633

案例	日期	公报	页码
J 41/92 - 3.1.01	27.10.93	1995, 93	430, 503, 512, 515
J 42/92 - 3.1.01	28.02.97		370, 625, 699, 843
J 43/92 - 3.1.01	28.11.95		591, 605
J 44/92 - 3.1.01	29.11.96		531
J 47/92 - 3.1.01	21.10.93	1995, 180	485, 879
J 48/92 - 3.1.01	29.11.96		531
J 49/92 - 3.1.01	29.05.95		486, 536
J 1/93 - 3.1.01	17.05.94		481
J 2/93 - 3.1.01	07.02.94	1995, 675	840
J 3/93 - 3.1.01	22.02.94		517
J 7/93 - 3.1.01	23.08.93		532, 947
J 8/93 - 3.1.01	19.03.97		567
J 9/93 - 3.1.01	26.04.95		436
J 10/93 - 3.1.01	14.06.96	1997, 91	494, 632
J 11/93 - 3.1.01	06.02.96		580
J 16/93 - 3.1.01	20.06.95		497, 498, 517, 519
J 18/93 - 3.1.01	02.09.94	1997, 326	651
J 19/93 - 3.1.01	15.12.97		949
J 2/94 - 3.1.01	21.06.95		433
J 3/94 - 3.1.01	28.03.95		948
J 4/94 - 3.1.01	24.03.95		949
J 5/94 - 3.1.01	28.09.94		496, 507, 512, 515, 518
J 7/94 - 3.1.01	18.01.95	1995, 817	657
J 8/94 - 3.1.01	07.12.95	1997, 17	504
J 9/94 - 3.1.01	18.01.96		489
J 10/94 - 3.1.01	18.01.96		489
J 11/94 - 3.1.01	17.11.94	1995, 596	538, 583, 584, 588, 682
J 12/94 - 3.1.01	16.02.96		433, 503
J 13/94 - 3.1.01	04.10.96		682, 683
J 14/94 - 3.1.01	15.12.94	1995, 825	434, 590
J 16/94 - 3.1.01	10.06.96	1997, 331	538, 851
J 21/94 - 3.1.01	12.04.95	1996, 16	649
J 22/94 - 3.1.01	19.06.95		635
J 25/94 - 3.1.01	14.03.96		504
J 27/94 - 3.1.01	27.02.95	1995, 831	390, 426, 427, 435, 538, 682, 683, 871
J 28/94 - 3.1.01	07.12.94	1995, 742	633, 822, 825, 862
J 29/94 - 3.1.01	10.03.97	1998, 147	504, 658, 678, 823
J 30/94 - 3.1.01	09.10.95		621, 843, 909, 910
J 8/95 - 3.1.01	04.11.96		502, 641
J 11/95 - 3.1.01	27.11.97		629
J 12/95 - 3.1.01	20.03.96		538
J 14/95 - 3.1.01	20.08.97		426
J 15/95 - 3.1.01	20.08.97		426
J 16/95 - 3.1.01	20.08.97		426
J 17/95 - 3.1.01	20.08.97		426
J 22/95 - 3.1.01	04.07.97	1998, 569	393, 653
J 24/95 - 3.1.01	20.08.97		426
J 25/95 - 3.1.01	20.08.97		426, 435
J 26/95 - 3.1.01	13.10.98	1999, 668	489, 500, 502, 632, 736
J 27/95 - 3.1.01	09.04.97		576, 577
J 29/95 - 3.1.01	30.01.96	1996, 489	682, 683
J 32/95 - 3.1.01	24.03.99	1999, 713	845, 876, 877, 907, 928
J 33/95 - 3.1.01	18.12.95		633, 825
J 4/96 - 3.1.01	15.04.97		430
J 7/96 - 3.1.01	20.01.98	1999, 443	390, 633, 698, 699
J 8/96 - 3.1.01	20.01.98		634
J 9/96 - 3.1.01	21.11.97		637
J 10/96 - 3.1.01	15.07.98		577
J 16/96 - 3.1.01	14.07.97	1998, 347	583, 641
J 17/96 - 3.1.01	03.12.96		651

J 18/96 - 3. 1. 01 01. 10. 97 1998, 403	426, 645, 646, 911
J 19/96 - 3. 1. 01 23. 04. 99	394, 535
J 20/96 - 3. 1. 01 28. 09. 98	927
J 21/96 - 3. 1. 01 06. 05. 98	388, 491
J 23/96 - 3. 1. 01 28. 08. 97	494
J 24/96 - 3. 1. 01 27. 04. 01 2001, 434	300, 923
J 25/96 - 3. 1. 01 11. 04. 00	523, 527
J 27/96 - 3. 1. 01 16. 12. 98	653
J 29/96 - 3. 1. 01 03. 09. 97 1998, 582	390
J 31/96 - 3. 1. 01 25. 11. 97	651
J 4/97 - 3. 1. 01 09. 07. 97	693
J 7/97 - 3. 1. 01 11. 12. 97	433, 647
J 17/97 - 3. 1. 01 14. 02. 02	394, 652
J 18/97 - 3. 1. 01 14. 02. 02	394, 652
J 22/97 - 3. 1. 01 10. 11. 99	497
J 27/97 - 3. 1. 01 26. 10. 98	637
J 29/97 - 3. 1. 01 14. 06. 99	429
J 32/97 - 3. 1. 01 20. 07. 98	637, 926, 927
J 35/97 - 3. 1. 01 07. 06. 00	636
J 36/97 - 3. 1. 01 25. 05. 99	633, 634
J 38/97 - 3. 1. 01 22. 06. 99	425, 840, 909, 910
J 2/98 - 3. 1. 01 27. 11. 02	487
J 3/98 - 3. 1. 01 25. 09. 00	842
J 5/98 - 3. 1. 01 07. 04. 00	483
J 6/98 - 3. 1. 01 17. 10. 00	500
J 11/98 - 3. 1. 01 15. 06. 00	489, 508
J 12/98 - 3. 1. 01 08. 10. 02	500
J 13/98 - 3. 1. 01 06. 04. 01	536
J 15/98 - 3. 1. 01 31. 10. 00 2001, 183	626, 646
J 16/98 - 3. 1. 01 20. 12. 00	842
J 17/98 - 3. 1. 01 20. 9. 99 2000, 399	428, 581, 635
J 18/98 - 3. 1. 01 16. 01. 04	501, 507, 524
J 21/98 - 3. 1. 01 25. 10. 99 2000, 406	627, 658, 913
J 22/98 - 3. 1. 01 25. 10. 99	627, 913
J 4/99 - 3. 1. 01 21. 03. 02	388
J 5/99 - 3. 1. 01 06. 04. 00	487
J 6/99 - 3. 1. 01 25. 10. 99	627, 913
J 7/99 - 3. 1. 01 17. 05. 00	487, 497
J 9/99 - 3. 1. 01 10. 10. 03 2004, 309	580
J 10/99 - 3. 1. 01 20. 12. 99	499
J 14/99 - 3. 1. 01 25. 10. 99	627, 913
J 15/99 - 3. 1. 01 25. 10. 99	627, 913
J 16/99 - 3. 1. 01 03. 09. 01	621
J 17/99 - 3. 1. 01 04. 07. 00	653
J 18/99 - 3. 1. 01 01. 10. 02	575, 576
J 20/99 - 3. 1. 01 08. 05. 00	606
J 3/00 - 3. 1. 01 20. 12. 01	431
J 4/00 - 3. 1. 01 21. 03. 02	659
J 6/00 - 3. 1. 01 22. 11. 02	538
J 7/00 - 3. 1. 01 12. 07. 02	634, 845
J 8/00 - 3. 1. 01 13. 03. 02	437
J 12/00 - 3. 1. 01 24. 01. 02	632
J 14/00 - 3. 1. 01 10. 05. 01 2002, 432	953
J 20/00 - 3. 1. 01 24. 09. 01	483
J 2/01 - 3. 1. 01 04. 02. 04 2005, 88	386, 387, 638
J 3/01 - 3. 1. 01 17. 06. 02	654
J 5/01 - 3. 1. 01 28. 11. 01	643, 650
J 9/01 - 3. 1. 01 19. 11. 01	626
J 10/01 - 3. 1. 01 15. 10. 02	388, 390, 491
J 12/01 - 3. 1. 01 26. 03. 03 2003, 431	928
J 15/01 - 3. 1. 01 15. 11. 01	909
J 18/01 - 3. 1. 01 02. 05. 02	628
J 25/01 - 3. 1. 01 13. 02. 03	654
J 27/01 - 3. 1. 01 11. 03. 04	496, 497, 518
J 2/02 - 3. 1. 01 09. 07. 02	509, 510, 518
J 4/02 - 3. 1. 01 28. 10. 05	491
J 5/02 - 3. 1. 01 30. 07. 02	429
J 6/02 - 3. 1. 01 13. 05. 04	657, 699

J 10/02 - 3.1.01	22.02.05		633 - 635
J 13/02 - 3.1.01	26.06.03		650
J 15/02 - 3.1.01	24.11.03		483
J 16/02 - 3.1.01	10.02.04		914
J 1/03 - 3.1.01	06.10.04		505, 521
J 4/03 - 3.1.01	09.09.04		465, 467, 538, 694
J 6/03 - 3.1.01	29.09.04		634
J 11/03 - 3.1.01	14.04.05		497, 499, 515
J 12/03 - 3.1.01	26.09.05		631
J 13/03 - 3.1.01	23.02.04		425, 505
J 14/03 - 3.1.01	20.08.04		481
J 17/03 - 3.1.01	18.06.04		454, 517
J 18/03 - 3.1.01	03.09.04		496
J 19/03 - 3.1.01	11.03.05		694
J 22/03 - 3.1.01	22.06.04		646
J 23/03 - 3.1.01	13.07.04		370, 699
J 24/03 - 3.1.01	17.02.04	2004, 544	388, 491
J 25/03 - 3.1.01	27.04.05	2006, 395	631, 694
J 28/03 - 3.1.01	04.10.04	2005, 597	390, 823
J 33/03 - 3.1.01	16.11.04		635
J 35/03 - 3.1.01	04.05.04		500
J 36/03 - 3.1.01	22.02.05		627
J 37/03 - 3.1.01	15.03.06		694
J 38/03 - 3.1.01	15.03.06		694
J 40/03 - 3.1.01	18.08.04		393
J 1/04 - 3.1.01	20.12.06		571, 581
J 3/04 - 3.1.01	20.09.05		492
J 5/04 - 3.1.01	29.11.05		504, 636
J 7/04 - 3.1.01	09.11.04		390
J 9/04 - 3.1.01	01.03.05		839, 954
J 10/04 - 3.1.01	05.07.04		557
J 13/04 - 3.1.01	23.12.04		478, 647
J 14/04 - 3.1.01	17.03.05		631, 694
J 15/04 - 3.1.01	30.05.06		601
J 16/04 - 3.1.01	28.04.05		438
J 17/04 - 3.1.01	09.04.05		427, 846, 926, 927
J 18/04 - 3.1.01	04.05.05	2006, 560	388, 492
J 19/04 - 3.1.01	14.07.05		497, 519
J 1/05 - 3.1.01	30.09.05		394
J 2/05 - 3.1.01	01.03.05		839, 954
J 6/05 - 3.1.01	17.10.05		626
J 9/05 - 3.1.01	21.12.06		563, 923
J 13/05 - 3.1.01	03.08.06		480, 481, 647
J 18/05 - 3.1.01	21.12.06		563, 923
J 19/05 - 3.1.01	24.11.06		501, 502
J 20/05 - 3.1.01	06.09.07		387
J 3/06 - 3.1.01	17.12.07	2009, 170	648
J 7/06 - 3.1.01	26.04.07		694
J 9/06 - 3.1.01	24.11.07		634
J 11/06 - 3.1.01	18.04.07		511, 520
J 15/06 - 3.1.01	30.11.07		633
J 18/06 - 3.1.01	30.11.07		633
J 1/07 - 3.1.01	25.07.07		510, 516, 520, 528
J 4/07 - 3.1.01	07.07.08		511, 520, 523
J 5/07 - 3.1.01	26.02.08		391, 679
J 6/07 - 3.1.01	10.12.07		518
J 7/07 - 3.1.01	12.12.07		479, 533
J 8/07 - 3.1.01	08.12.08	2009, 216	949
J 9/07 - 3.1.01	30.06.08		397, 503, 642
J 10/07 - 3.1.01	31.03.08	2008, 567	838, 839, 908, 926
J 12/07 - 3.1.01	15.04.08		479
J 13/07 - 3.1.01	10.07.08		516
J 14/07 - 3.1.01	02.04.09		537
J 2/08 - 3.1.01	27.05.09	2010, 100	388, 389, 431
J 3/08 - 3.1.01	02.10.08		524
J 5/08 - 3.1.01	09.07.09		389
J 6/08 - 3.1.01	27.05.09		427, 500
J 16/08 - 3.1.01	31.08.09		657
J 1/09 - 3.1.01	06.10.09		537

J	4/09 -3.1.01	28.07.09		911

上诉扩大委员会关于复核呈请的决定

R	1/08	15.07.08	882, 883, 885, 887
R	2/08	11.09.08	882, 883, 885
R	3/08	25.09.08	588, 883, 885, 886
R	4/08	20.03.09	883 -885
R	5/08	05.02.09	883, 884
R	7/08	22.06.09	884
R	8/08	19.05.09	475, 884
R	9/08	21.01.09	883, 885, 886
R	10/08	13.03.09	883, 885 -887
R	11/08	06.04.09	885, 888
R	3/09	03.04.09	885, 886
R	6/09	03.06.09	884, 885
R	7/09	22.07.09	885, 887
R	8/09	23.09.09	883, 887
R	12/09	03.12.09	882
R	13/09	22.10.09	883, 885, 887
R	14/09	22.12.09	475

技术上诉委员会的决定

1980

T	1/80 -3.3.01	06.04.81	1981, 206	163, 170, 202
T	2/80 -3.3.01	05.06.81	1981, 431	252, 286
T	4/80 -3.3.01	07.09.81	1982, 149	252, 263, 337
T	6/80 -3.3.02	13.05.81	1981, 434	97

1981

T	1/81 -3.2.02	04.05.81	1981, 439	211
T	2/81 -3.3.01	01.07.82	1982, 394	350, 564
T	5/81 -3.2.02	04.03.82	1982, 249	170, 176, 663, 679, 840, 913
T	6/81 -3.2.02	17.09.81	1982, 183	275
T	7/81 -3.3.01	14.12.82	1983, 98	851
T	9/81 -3.3.01	25.01.83	1983, 372	135
T	12/81 -3.3.01	09.02.82	1982, 296	64, 101, 102, 111, 118 -121, 127, 128, 904
T	15/81 -3.4.01	28.07.81	1982, 2	205
T	18/81 -3.3.01	01.03.85	1985, 166	439, 826, 914
T	19/81 -3.2.02	29.07.81	1982, 51	214
T	20/81 -3.3.01	10.02.82	1982, 217	163, 170, 171, 221
T	21/81 -3.5.01	10.09.82	1983, 15	200, 219
T	24/81 -3.3.01	13.10.82	1983, 133	163, 164, 170, 176, 202, 213, 215
T	26/81 -3.2.02	28.10.81	1982, 211	170
T	28/81 -3.3.01	11.06.85		863
T	32/81 -3.2.01	05.03.82	1982, 225	181, 198, 851

1982

T	10/82 -3.3.01	15.03.83	1983, 407	742, 754, 768, 841
T	11/82 -3.5.01	15.04.83	1983, 479	345, 346, 680
T	13/82 -3.5.01	03.03.83	1983, 411	501, 558, 909
T	21/82 -3.2.01	30.11.83		874
T	22/82 -3.3.01	22.06.82	1982, 341	204
T	32/82 -3.5.01	14.03.84	1984, 354	248, 257, 258, 451, 684
T	36/82 -3.5.01	25.10.82	1983, 269	208, 209
T	37/82 -3.5.01	29.07.83	1984, 71	199, 346
T	39/82 -3.2.02	30.07.82	1982, 419	206, 207

T 41/82 -3.3.01	30.03.82	1982, 256	874, 908
T 43/82 -3.3.01	16.04.04		134
T 52/82 -3.2.01	18.03.83	1983, 416	345
T 53/82 -3.3.01	28.06.82		350
T 54/82 -3.3.01	16.05.83	1983, 446	318
T 57/82 -3.3.01	29.04.82	1982, 306	295
T 60/82 -3.2.01	25.10.83		214
T 62/82 -3.4.01	23.06.83		215
T 65/82 -3.3.01	20.04.83	1983, 327	204, 205, 210
T 79/82 -3.5.01	06.10.83		216
T 84/82 -3.3.01	18.03.83	1983, 451	661, 662
T 94/82 -3.2.01	22.07.83	1984, 75	245, 252, 255
T 109/82 -3.5.01	15.05.84	1984, 473	205, 217
T 110/82 -3.3.01	08.03.83	1983, 274	295
T 113/82 -3.2.01	22.06.83	1984, 10	219
T 114/82 -3.3.01	01.03.83	1983, 323	845, 925
T 115/82 -3.3.01	01.03.83	1983, 323	845
T 119/82 -3.3.01	12.12.83	1984, 217	157, 199, 200, 210, 214, 305
T 123/82 -3.3.01	30.08.85		64
T 128/82 -3.3.01	12.01.84	1984, 164	134, 639
T 130/82 -3.2.01	26.08.83	1984, 172	536
T 146/82 -3.5.01	29.05.85	1985, 267	633 -635
T 150/82 -3.3.01	07.02.84	1984, 309	256, 257, 288, 290
T 152/82 -3.3.01	05.09.83	1984, 301	534, 862
T 161/82 -3.5.01	26.06.84	1984, 551	106, 107, 661, 664, 811
T 162/82 -3.5.01	20.06.87	1987, 533	274, 623, 661, 923
T 172/82 -3.4.01	19.05.83	1983, 493	343
T 181/82 -3.3.01	28.02.84	1984, 401	121, 122, 124, 127, 162, 171, 219, 221, 880
T 184/82 -3.3.01	04.01.84	1984, 261	172, 173
T 191/82 -3.2.01	16.04.85	1985, 189	496, 497, 499, 524, 525
T 192/82 -3.3.01	22.03.84	1984, 415	200, 220

1983

T 2/83 -3.3.01	15.03.84	1984, 265	170, 177, 197, 205, 210, 305
T 4/83 -3.3.01	16.03.83	1983, 498	111, 207
T 6/83 -3.5.01	06.10.88	1990, 5	24
T 13/83 -3.3.01	13.04.84	1984, 428	342
T 14/83 -3.3.01	07.06.83	1984, 105	229, 236
T 17/83 -3.3.01	20.09.83	1984, 307	534
T 20/83 -3.3.01	17.03.83	1983, 419	220, 664
T 36/83 -3.3.01	14.05.85	1986, 295	59, 134, 160, 223
T 43/83 -3.5.01	11.12.85		665
T 49/83 -3.3.01	26.07.83	1984, 112	37, 43
T 66/83 -3.5.01	06.06.89		663
T 69/83 -3.3.01	05.04.84	1984, 357	215, 219
T 84/83 -3.2.01	29.09.83		74
T 95/83 -3.2.01	09.10.84	1985, 75	888, 890
T 104/83 -3.3.01	09.05.84		214
T 115/83 -3.3.01	08.11.83		257
T 130/83 -3.3.01	05.07.84		512
T 140/83 -3.2.01	24.10.83		295
T 144/83 -3.3.01	27.03.86	1986, 301	36, 55, 57 -59, 223, 225
T 160/83 -3.2.01	19.03.84		361
T 164/83 -3.3.02	17.07.86	1987, 149	162, 222
T 169/83 -3.2.01	25.03.85	1985, 193	100, 173, 229, 338, 340, 403
T 170/83 -3.3.01	12.09.84	1984, 605	534, 628, 757, 879

T 173/83 - 3. 5. 01	10. 10. 89	1987, 465	69, 78
T 188/83 - 3. 3. 01	30. 07. 84	1984, 555	265
T 201/83 - 3. 3. 01	09. 05. 84	1984, 481	319 - 322, 350, 355, 408
T 202/83 - 3. 3. 01	06. 03. 84		229, 294
T 204/83 - 3. 3. 01	24. 06. 85	1985, 310	100
T 205/83 - 3. 3. 01	25. 06. 85	1985, 363	288, 289, 358, 418, 566
T 206/83 - 3. 3. 01	26. 03. 86	1987, 5	66, 67, 107, 230, 566
T 211/83 - 3. 2. 01	18. 05. 84	1986, 328	231, 345
T 219/83 - 3. 3. 01	26. 11. 85	1986, 211	288, 562, 565, 812, 880
T 220/83 - 3. 3. 01	14. 01. 86	1986, 249	854 - 856

1984

T 6/84 - 3. 3. 01	21. 02. 85	1985, 238	230, 341
T 13/84 - 3. 5. 01	15. 05. 86	1986, 253	173, 274, 275, 318
T 32/84 - 3. 5. 01	06. 08. 85	1986, 9	229
T 38/84 - 3. 3. 01	05. 04. 84	1984, 368	209
T 42/84 - 3. 4. 01	23. 03. 87	1988, 251	606, 623, 923
T 51/84 - 3. 5. 01	19. 03. 86	1986, 226	28
T 57/84 - 3. 3. 01	12. 08. 86	1987, 53	207, 208
T 73/84 - 3. 2. 01	26. 04. 85	1985, 241	451, 738, 739, 833
T 81/84 - 3. 3. 02	15. 05. 87	1988, 207	55, 56
T 85/84 - 3. 4. 01	14. 01. 86		757, 874
T 87/84 - 3. 2. 01	06. 02. 86		268
T 89/84 - 3. 2. 01	03. 07. 84	1984, 562	836, 909
T 90/84 - 3. 3. 01	02. 04. 85		177
T 92/84 - 3. 4. 01	05. 03. 87		268
T 94/84 - 3. 3. 01	20. 06. 86	1986, 337	439, 826
T 106/84 - 3. 2. 01	25. 02. 85	1985, 132	219
T 122/84 - 3. 3. 01	29. 07. 86	1987, 177	700
T 124/84 - 3. 3. 01	16. 01. 86		171
T 136/84 - 3. 3. 01	06. 03. 85		268
T 142/84 - 3. 2. 01	08. 07. 86	1987, 112	206
T 147/84 - 3. 2. 01	04. 03. 87		863
T 156/84 - 3. 4. 01	09. 04. 87	1988, 372	700 - 702, 718, 723 - 725, 786
T 163/84 - 3. 3. 02	21. 08. 86	1987, 301	204
T 165/84 - 3. 2. 02	29. 01. 87		252
T 166/84 - 3. 3. 01	22. 08. 84	1984, 489	881
T 167/84 - 3. 2. 02	20. 01. 87	1987, 369	99, 205, 755, 761
T 170/84 - 3. 2. 01	07. 07. 86	1986, 400	274
T 171/84 - 3. 3. 01	24. 10. 85	1986, 95	67, 230
T 175/84 - 3. 5. 01	22. 09. 87	1989, 71	198
T 176/84 - 3. 2. 01	22. 11. 85	1986, 50	184, 185
T 178/84 - 3. 5. 01	07. 12. 87	1989, 157	299, 311, 312, 696
T 184/84 - 3. 3. 01	04. 04. 86		402, 418
T 185/84 - 3. 2. 01	08. 04. 86	1986, 373	812
T 186/84 - 3. 3. 01	18. 12. 85	1986, 79	738, 833
T 192/84 - 3. 4. 01	09. 11. 84	1985, 39	530
T 193/84 - 3. 3. 01	22. 01. 85		86
T 194/84 - 3. 4. 01	22. 09. 88	1990, 59	347
T 195/84 - 3. 2. 01	10. 10. 85	1986, 121	184, 185, 205, 446
T 198/84 - 3. 3. 01	28. 02. 85	1985, 209	64, 111, 121, 127, 133
T 208/84 - 3. 5. 01	15. 07. 86	1987, 14	12 - 14, 16, 18, 29, 30, 33
T 215/84 - 3. 3. 01	10. 09. 84		161
T 225/84 - 3. 2. 01	16. 07. 86		205
T 237/84 - 3. 5. 01	31. 07. 86	1987, 309	257

T 249/84 -3.2.01	21.01.85		729
T 258/84 -3.2.01	18.07.86	1987, 119	702, 862
T 264/84 -3.4.01	07.04.88		738
T 269/84 -3.4.01	07.04.87		274
T 270/84 -3.3.01	01.09.87		217
T 271/84 -3.3.01	18.03.86	1987, 405	217, 343, 369
T 273/84 -3.3.01	21.03.86	1986, 346	862
T 279/84 -3.3.02	29.06.87		289, 566
T 287/84 -3.4.01	11.06.85	1985, 333	496, 501, 509, 510
T 288/84 -3.3.01	07.02.86	1986, 128	231

1985

T 17/85 -3.3.01	06.06.86	1986, 406	127, 128
T 22/85 -3.5.01	05.10.88	1990, 12	1, 2, 11, 12, 19, 30, 31
T 25/85 -3.3.01	18.12.85	1986, 81	768, 772
T 26/85 -3.5.01	20.09.88	1990, 22	108, 129, 130
T 32/85 -3.3.01	05.06.86		230, 236
T 35/85 -3.3.02	16.12.86		221
T 37/85 -3.2.01	13.01.87	1988, 86	197
T 48/85 -3.3.02	18.11.86		236
T 49/85 -3.3.02	13.11.86		715
T 52/85 -3.5.01	16.03.89		21
T 61/85 -3.3.02	03.09.87		358, 409, 410
T 64/85 -3.4.01	19.01.88		806
T 66/85 -3.5.01	09.12.87	1989, 167	352
T 68/85 -3.3.01	27.11.86	1987, 228	252, 253, 266, 278
T 69/85 -3.4.01	02.04.87		156
T 73/85 -3.3.01	14.01.88		209
T 80/85 -3.3.02	12.03.87		337
T 89/85 -3.2.01	07.12.87		905
T 98/85 -3.3.01	01.09.87		363
T 99/85 -3.4.01	23.10.86	1987, 413	171, 274
T 105/85 -3.3.01	05.02.87		524, 527
T 110/85 -3.2.02	26.11.87	1987, 157	524
T 115/85 -3.5.01	05.09.88	1990, 30	18, 30, 34
T 116/85 -3.3.01	14.10.87	1989, 13	50, 57, 223
T 121/85 -3.5.01	14.03.89		4, 32
T 123/85 -3.3.02	23.02.88	1989, 336	247, 739, 799, 833, 904
T 124/85 -3.2.01	14.12.87		247, 269
T 127/85 -3.3.02	01.02.88	1989, 271	246, 804
T 133/85 -3.2.01	25.08.87	1988, 441	275, 352, 354
T 139/85 -3.3.01	23.12.86		252, 266
T 144/85 -3.2.01	25.06.87		199
T 149/85 -3.3.01	14.01.86	1986, 103	627
T 152/85 -3.2.01	28.05.86	1987, 191	772, 773
T 153/85 -3.3.01	11.12.86	1988, 1	109, 541, 833, 888, 890
T 155/85 -3.3.02	28.07.87	1988, 87	175, 200, 208, 209
T 157/85 -3.2.01	12.05.86		738
T 162/85 -3.2.02	20.05.87		879
T 163/85 -3.5.01	14.03.89	1990, 379	16, 20, 21, 32, 33, 35
T 168/85 -3.4.01	27.04.87		274
T 171/85 -3.2.01	30.07.86	1987, 160	686, 687
T 172/85 -3.3.01	19.04.88		715
T 213/85 -3.3.01	16.12.86	1987, 482	855 -857
T 219/85 -3.2.01	14.07.86	1986, 376	232
T 222/85 -3.3.02	21.01.87	1988, 128	605, 606, 776, 780, 784, 840

T	226/85 - 3. 3. 02	17. 03. 87	1988, 336	229, 230, 236
T	229/85 - 3. 3. 01	27. 10. 86	1987, 237	171, 219
T	231/85 - 3. 3. 01	08. 12. 86	1989, 74	153, 154, 924
T	235/85 - 3. 3. 01	22. 11. 88		677
T	244/85 - 3. 3. 02	23. 01. 87	1988, 216	845, 847
T	247/85 - 3. 2. 01	16. 09. 86		841, 880
T	248/85 - 3. 3. 01	21. 01. 86	1986, 261	111, 163, 202, 288
T	251/85 - 3. 3. 02	19. 05. 87		288
T	253/85 - 3. 3. 02	10. 02. 87		864
T	260/85 - 3. 5. 01	09. 12. 87	1989, 105	315, 352
T	271/85 - 3. 3. 01	22. 03. 89	1988, 341	847, 908
T	291/85 - 3. 3. 01	23. 07. 87	1988, 302	109
T	292/85 - 3. 3. 02	27. 01. 88	1989, 275	232, 234, 240, 241, 246, 266
T	293/85 - 3. 3. 02	27. 01. 88		266

1986

T	6/86 - 3. 3. 01	23. 12. 87		782
T	7/86 - 3. 3. 01	16. 09. 87	1988, 381	121, 122, 177
T	9/86 - 3. 3. 01	06. 11. 86	1988, 12	219
T	10/86 - 3. 4. 01	01. 09. 88		231
T	16/86 - 3. 2. 02	04. 02. 88	1989, 415	361
T	17/86 - 3. 2. 01	26. 10. 87	1989, 297	319, 327, 355
T	19/86 - 3. 3. 01	15. 10. 87	1989, 25	55, 144
T	23/86 - 3. 4. 01	25. 08. 86	1987, 316	282, 283, 805
T	26/86 - 3. 4. 01	21. 05. 87	1988, 19	9, 10, 16, 25, 33, 188
T	27/86 - 3. 2. 01	11. 02. 87		510
T	38/86 - 3. 5. 01	14. 02. 89	1990, 384	4, 5, 27, 28, 31 - 33
T	48/86 - 3. 4. 01	12. 01. 88		214
T	49/86 - 3. 2. 02	17. 09. 87		755, 760
T	55/86 - 3. 2. 01	15. 03. 88		213
T	57/86 - 3. 3. 01	19. 05. 88		182
T	58/86 - 3. 2. 01	26. 04. 89		385
T	63/86 - 3. 2. 01	10. 08. 87	1988, 224	681, 865
T	69/86 - 3. 2. 01	15. 09. 87		558, 563
T	71/86 - 3. 2. 02	18. 01. 88		702
T	73/86 - 3. 2. 02	07. 12. 88		86, 727
T	95/86 - 3. 5. 01	23. 10. 90		4, 32
T	109/86 - 3. 5. 01	20. 07. 87		537, 862
T	113/86 - 3. 3. 01	28. 10. 87		561, 805
T	114/86 - 3. 4. 01	29. 10. 86	1987, 485	111
T	117/86 - 3. 3. 01	01. 08. 88	1989, 401	546, 701, 719, 741 - 743, 761, 762, 874
T	120/86 - 3. 2. 02	12. 07. 88		274
T	135/86 - 3. 5. 01	19. 06. 89		719
T	137/86 - 3. 4. 01	08. 02. 88		274
T	162/86 - 3. 3. 02	07. 07. 87	1988, 452	173
T	166/86 - 3. 3. 02	25. 09. 86	1987, 372	666, 686
T	170/86 - 3. 5. 01	02. 03. 89		863
T	175/86 - 3. 3. 02	06. 11. 90		805
T	177/86 - 3. 2. 01	09. 12. 87		355
T	186/86 - 3. 5. 01	05. 12. 89		30
T	194/86 - 3. 2. 01	17. 05. 88		782
T	197/86 - 3. 3. 02	04. 02. 88	1989, 371	221
T	200/86 - 3. 3. 02	29. 09. 87		294, 865
T	222/86 - 3. 4. 01	22. 09. 87		182
T	234/86 - 3. 4. 01	23. 11. 87	1989, 79	541, 543, 607, 685, 777, 844, 922
T	237/86 - 3. 2. 01	11. 06. 87	1988, 261	738
T	243/86 - 3. 2. 01	09. 12. 86		558, 563

T 246/86 - 3. 4. 01	11. 01. 88	1989, 199	315
T 254/86 - 3. 3. 02	05. 11. 87	1989, 115	166, 208
T 263/86 - 3. 4. 01	08. 12. 87		208
T 275/86 - 3. 3. 01	03. 10. 90		854
T 278/86 - 3. 2. 02	17. 02. 87		274
T 281/86 - 3. 3. 02	27. 01. 88	1989, 202	234, 239
T 283/86 - 3. 3. 02	17. 03. 89		244
T 287/86 - 3. 4. 01	28. 03. 88		161
T 290/86 - 3. 3. 01	13. 11. 90	1992, 414	55, 57, 58, 101, 146, 149, 150
T 293/86 - 3. 3. 02	05. 07. 88		679
T 296/86 - 3. 3. 02	08. 06. 89		681, 865
T 297/86 - 3. 2. 01	29. 09. 89		742
T 299/86 - 3. 3. 02	23. 09. 87	1988, 88	234, 239, 266, 455, 456, 678
T 300/86 - 3. 5. 01	28. 08. 89		77, 83
T 303/86 - 3. 3. 01	08. 11. 88		102, 756
T 305/86 - 3. 2. 01	22. 11. 88		756
T 307/86 - 3. 3. 02	02. 05. 88		236
T 313/86 - 3. 3. 01	12. 01. 88		263
T 317/86 - 3. 2. 01	15. 04. 88	1989, 378	773
T 322/86 - 3. 3. 01	11. 02. 88		171
T 329/86 - 3. 2. 01	02. 02. 89		782
T 336/86 - 3. 3. 01	28. 09. 88		746
T 341/86 - 3. 2. 01	19. 10. 87		681, 865
T 345/86 - 3. 3. 02	17. 10. 89		565
T 347/86 - 3. 3. 02	28. 01. 88		681
T 349/86 - 3. 2. 01	29. 04. 88	1988, 345	730
T 355/86 - 3. 2. 02	14. 04. 87		860
T 362/86 - 3. 5. 01	19. 12. 88		719
T 365/86 - 3. 2. 02	26. 01. 89		219
T 378/86 - 3. 2. 02	21. 10. 87	1988, 386	365
T 385/86 - 3. 4. 01	25. 09. 87	1988, 308	36, 61
T 389/86 - 3. 2. 01	31. 03. 87	1988, 87	198, 853
T 390/86 - 3. 3. 01	17. 11. 87	1989, 30	591 - 593, 605, 615, 820
T 398/86 - 3. 2. 01	16. 03. 87		679
T 406/86 - 3. 3. 01	02. 03. 88	1989, 302	103, 543, 607, 805, 812, 888, 894
T 416/86 - 3. 4. 01	29. 10. 87	1989, 309	355
T 420/86 - 3. 3. 02	12. 01. 89		358, 363
T 424/86 - 3. 3. 01	11. 08. 88		101
T 427/86 - 3. 2. 04	08. 07. 88		120
T 433/86 - 3. 3. 01	11. 12. 87		263

1987

T 4/87 - 3. 2. 01	19. 05. 88		274
T 9/87 - 3. 3. 01	18. 08. 88	1989, 438	785, 816
T 11/87 - 3. 3. 01	14. 04. 88		524
T 16/87 - 3. 4. 01	24. 07. 90	1992, 212	282, 283, 402, 565, 806
T 19/87 - 3. 4. 01	16. 04. 87	1988, 268	453 - 456, 677, 678, 914, 921
T 28/87 - 3. 2. 01	29. 04. 88	1989, 383	186
T 29/87 - 3. 3. 02	19. 09. 90		219
T 35/87 - 3. 3. 02	27. 04. 87	1988, 134	296
T 38/87 - 3. 4. 01	30. 06. 88		209
T 44/87 - 3. 2. 01	23. 05. 89		219
T 51/87 - 3. 3. 02	08. 12. 88	1991, 177	66, 67, 230, 727
T 54/87 - 3. 4. 01	10. 10. 88		209
T 56/87 - 3. 4. 01	20. 09. 88	1990, 188	100, 110, 199
T 58/87 - 3. 2. 02	24. 11. 88		879
T 59/87 - 3. 3. 01	26. 04. 88	1988, 347	153
T 59/87 - 3. 3. 01	14. 08. 90	1991, 561	99, 154, 207
T 62/87 - 3. 3. 01	08. 04. 88		69
T 65/87 - 3. 2. 02	18. 09. 90		199
T 77/87 - 3. 3. 01	16. 03. 89	1990, 280	105, 106

T 81/87 - 3.3.02	24.01.89	1990, 250	232, 402, 404, 414 - 416
T 85/87 - 3.3.01	21.07.88		122
T 88/87 - 3.2.02	18.04.89		268, 457
T 89/87 - 3.2.02	20.12.89		106
T 99/87 - 3.2.01	18.10.88		757
T 101/87 - 3.2.01	25.01.90		701, 714, 741, 742
T 105/87 - 3.3.01	25.02.88		858
T 124/87 - 3.3.01	09.08.88	1989, 491	102, 109, 122, 123, 566
T 128/87 - 3.2.01	03.06.88	1989, 406	493, 558, 563, 571
T 133/87 - 3.4.01	23.06.88		833
T 139/87 - 3.2.01	09.01.89	1990, 68	857, 875
T 141/87 - 3.4.01	29.09.88		181, 182, 199
T 145/87 - 3.2.01	28.02.90		339
T 148/87 - 3.3.02	24.11.89		290
T 154/87 - 3.2.01	29.06.89		220
T 155/87 - 3.2.01	07.02.90		717
T 162/87 - 3.5.01	08.06.89		86, 554
T 166/87 - 3.3.01	16.05.88		510, 514, 515
T 170/87 - 3.3.01	05.07.88	1989, 441	263, 265, 339, 340
T 172/87 - 3.2.01	12.01.89		247
T 179/87 - 3.2.02	16.01.90		229
T 181/87 - 3.3.02	29.08.89		234, 244
T 193/87 - 3.2.01	13.06.91	1993, 207	628, 760, 774
T 198/87 - 3.3.02	21.06.88		863
T 205/87 - 3.2.02	14.06.88		863
T 213/87 - 3.2.02	08.07.90		201
T 219/87 - 3.3.01	11.03.88		177
T 230/87 - 3.4.01	15.12.88		247
T 239/87 - 3.3.02	11.02.88		245
T 243/87 - 3.3.02	30.08.89		592, 616
T 245/87 - 3.4.01	25.09.87	1989, 171	50, 54
T 256/87 - 3.3.02	26.07.88		234, 236, 237, 248, 249
T 261/87 - 3.3.01	16.12.86		201
T 262/87 - 3.5.01	06.04.89		215
T 266/87 - 3.2.01	30.05.90		786
T 269/87 - 3.3.02	24.01.89		257, 404
T 293/87 - 3.3.01	23.02.89		86, 565
T 295/87 - 3.3.01	06.12.88	1990, 470	409, 812, 826, 888
T 296/87 - 3.3.01	30.08.88	1990, 195	124, 212, 799, 833, 904, 905
T 301/87 - 3.3.02	16.02.89	1990, 335	232, 239, 246, 317, 397, 404, 414, 421, 807, 880
T 302/87 - 3.3.02	30.01.90		208
T 305/87 - 3.2.02	01.09.89	1991, 429	96
T 315/87 - 3.2.01	14.02.89		219, 485, 487, 530, 862
T 320/87 - 3.3.02	10.11.88	1990, 71	36, 43, 46, 47, 290
T 321/87 - 3.3.01	26.01.89		214
T 322/87 - 3.3.03	25.04.90		266
T 323/87 - 3.3.02	24.03.88	1989, 343	493, 628, 774, 853, 908
T 326/87 - 3.3.03	28.08.90	1992, 522	702, 703, 742, 744, 761, 862, 864
T 327/87 - 3.2.01	12.01.90		282, 283, 285

T 328/87 - 3.2.01	04.04.91	1992, 701	726, 782, 784, 836
T 330/87 - 3.3.01	24.02.88		219
T 331/87 - 3.2.02	06.07.89	1991, 22	353
T 332/87 - 3.3.01	23.11.90		96, 110, 266, 554
T 350/87 - 3.4.01	15.06.89		219
T 362/87 - 3.3.01	13.12.90		828
T 365/87 - 3.3.02	14.09.89		186
T 373/87 - 3.2.04	21.01.92		719, 763, 879, 880
T 381/87 - 3.3.01	10.11.88	1990, 213	69, 86, 89, 558, 565, 888
T 383/87 - 3.3.02	26.04.89		455, 756
T 387/87 - 3.2.02	14.09.89		198
T 397/87 - 3.3.01	31.01.89		187
T 409/87 - 3.4.01	03.05.88		677
T 410/87 - 3.4.01	13.07.89		209, 215
T 415/87 - 3.3.01	27.06.88		738
T 416/87 - 3.3.01	29.06.89	1990, 415	284, 546, 741 - 743, 761, 862
T 417/87 - 3.2.01	17.08.89		372
T 433/87 - 3.3.01	17.08.89		455, 457
T 434/87 - 3.2.02	05.09.89		288
T 438/87 - 3.2.01	09.05.89		772
T 453/87 - 3.3.01	18.05.89		777
T 454/87 - 3.4.01	02.08.89		185
T 459/87 - 3.3.01	18.11.88		565
T 460/87 - 3.3.01	20.06.89		182

1988

T 1/88 - 3.3.01	26.01.89		786, 851, 855, 856
T 7/88 - 3.2.02	08.09.89		757
T 11/88 - 3.5.01	20.10.88		702
T 18/88 - 3.3.02	25.01.90	1992, 107	205
T 22/88 - 3.5.01	22.11.91	1993, 143	859
T 24/88 - 3.2.04	30.11.90		805
T 26/88 - 3.3.01	07.07.89	1991, 30	494, 703, 818, 841, 863, 880
T 39/88 - 3.3.02	15.11.88	1989, 499	244
T 61/88 - 3.4.01	05.06.89		212
T 62/88 - 3.5.01	02.07.90		806
T 73/88 - 3.3.01	07.11.89	1992, 557	401, 402, 404, 826, 845
T 79/88 - 3.3.03	25.07.91		753
T 85/88 - 3.3.01	31.08.89		851
T 87/88 - 3.2.01	29.11.91	1993, 430	299, 311, 696, 922
T 90/88 - 3.3.02	25.11.88		245
T 92/88 - 3.3.01	19.07.91		738
T 93/88 - 3.3.01	11.08.88		454, 914
T 98/88 - 3.4.01	15.01.90		664, 677, 679, 865
T 106/88 - 3.3.02	15.11.88		245
T 117/88 - 3.2.02	09.10.90		680
T 118/88 - 3.5.01	14.11.89		318
T 119/88 - 3.5.01	25.04.89	1990, 395	15
T 120/88 - 3.2.03	25.09.90		198
T 124/88 - 3.5.02	19.12.90		546, 554
T 129/88 - 3.3.03	10.02.92	1993, 598	92, 268, 290, 719, 783, 836
T 134/88 - 3.3.01	18.12.89		778, 779
T 136/88 - 3.2.02	11.10.89		355
T 140/88 - 3.4.01	13.02.90		860
T 145/88 - 3.2.01	27.10.89	1991, 251	855, 860
T 153/88 - 3.3.03	09.01.91		74
T 155/88 - 3.3.01	14.07.89		543, 607, 799
T 158/88 - 3.4.01	12.12.89	1991, 566	10, 22
T 162/88 - 3.2.02	09.07.90		679

T 171/88 - 3. 2. 02	07. 05. 90		288
T 182/88 - 3. 3. 01	03. 11. 88	1990, 287	622, 665, 666, 686, 838
T 185/88 - 3. 3. 01	22. 06. 89	1990, 451	778, 780
T 192/88 - 3. 3. 01	20. 07. 89		786
T 194/88 - 3. 2. 02	30. 11. 92		739, 740
T 197/88 - 3. 3. 02	02. 08. 88	1989, 412	718, 786, 914
T 198/88 - 3. 3. 01	03. 08. 89	1991, 254	717, 763, 764, 880
T 204/88 - 3. 2. 01	03. 04. 90		554
T 208/88 - 3. 3. 01	20. 07. 88	1992, 22	102, 107, 153, 154, 881, 922
T 209/88 - 3. 2. 01	20. 12. 89		444, 914
T 212/88 - 3. 3. 01	08. 05. 90	1992, 28	230, 232, 234, 407, 539, 617, 742, 760, 861
T 215/88 - 3. 3. 01	09. 10. 90		862
T 223/88 - 3. 5. 01	06. 07. 90		516
T 225/88 - 3. 3. 01	10. 08. 90		799
T 226/88 - 3. 4. 01	11. 10. 89		219
T 227/88 - 3. 3. 02	15. 12. 88	1990, 292	807
T 238/88 - 3. 3. 03	25. 04. 91	1992, 709	232, 259, 282, 285
T 241/88 - 3. 2. 01	20. 02. 90		100
T 245/88 - 3. 2. 01	12. 03. 91		74, 86, 102
T 251/88 - 3. 3. 01	14. 11. 89		592, 593
T 254/88 - 3. 3. 01	10. 10. 89		859
T 261/88 - 3. 5. 02	28. 03. 91	1992, 627	594
T 261/88 - 3. 5. 02	16. 02. 93		596, 598
T 265/88 - 3. 4. 01	07. 11. 89		317
T 271/88 - 3. 3. 02	06. 06. 89		257
T 274/88 - 3. 2. 01	06. 06. 89		867
T 279/88 - 3. 3. 01	25. 01. 90		763, 777
T 283/88 - 3. 3. 02	26. 11. 90		454 - 457, 678, 913
T 293/88 - 3. 2. 02	23. 03. 90	1992, 220	816
T 295/88 - 3. 3. 01	12. 06. 89		182
T 297/88 - 3. 3. 01	05. 12. 89		881
T 309/88 - 3. 3. 01	28. 02. 90		512, 525
T 310/88 - 3. 3. 03	23. 07. 90		108
T 312/88 - 3. 3. 01	29. 01. 91		237
T 315/88 - 3. 4. 01	11. 10. 89		198
T 317/88 - 3. 3. 01	13. 06. 91		162
T 329/88 - 3. 2. 05	22. 06. 93		739
T 330/88 - 3. 2. 01	22. 03. 90		444, 707, 745
T 344/88 - 3. 3. 03	16. 05. 91		459, 773
T 346/88 - 3. 3. 01	24. 04. 89		908
T 358/88 - 3. 3. 02	21. 09. 90		247
T 361/88 - 3. 2. 01	21. 06. 90		266
T 365/88 - 3. 3. 02	05. 08. 91		371
T 371/88 - 3. 2. 01	29. 05. 90	1992, 157	344, 360, 369
T 383/88 - 3. 3. 01	01. 12. 92		348, 373, 383, 561, 564
T 387/88 - 3. 4. 01	28. 11. 88		859
T 390/88 - 3. 3. 02	20. 02. 90		103, 222
T 392/88 - 3. 3. 01	06. 03. 90		214
T 401/88 - 3. 4. 01	28. 02. 89	1990, 297	370
T 415/88 - 3. 2. 01	06. 06. 90		534
T 416/88 - 3. 5. 01	31. 05. 90		282, 285
T 423/88 - 3. 2. 01	20. 11. 90		865
T 424/88 - 3. 4. 01	11. 05. 89		813
T 426/88 - 3. 2. 02	09. 11. 90	1992, 427	186
T 429/88 - 3. 2. 03	25. 09. 90		274
T 432/88 - 3. 5. 01	15. 06. 89		859
T 444/88 - 3. 3. 03	09. 05. 90		69
T 446/88 - 3. 2. 02	28. 11. 90		205
T 451/88 - 3. 2. 01	15. 01. 90		100
T 459/88 - 3. 3. 01	13. 02. 89	1990, 425	738, 857

T 461/88 -3.2.03	17.04.91	1993，295	102，758，880
T 465/88 -3.2.03	19.03.90		338
T 466/88 -3.3.02	12.02.91		209
T 472/88 -3.3.03	10.10.90		806，807
T 475/88 -3.3.01	23.11.89		230，237，730
T 484/88 -3.3.01	01.02.89		541，543，608，685
T 493/88 -3.4.01	13.12.89	1991，380	609，786，919
T 500/88 -3.4.02	12.07.90		215
T 501/88 -3.2.02	30.11.89		681，865
T 508/88 -3.4.01	20.07.89		219
T 514/88 -3.2.02	10.10.89	1992，570	347，370，382
T 522/88 -3.3.01	19.12.89		494，532
T 523/88 -3.2.01	26.02.91		338
T 525/88 -3.2.01	15.11.90		745，757
T 527/88 -3.2.01	11.12.90		347，382
T 531/88 -3.2.03	08.01.91		681
T 532/88 -3.3.01	16.05.90		205
T 536/88 -3.2.01	14.01.91	1992，638	717
T 544/88 -3.4.01	17.04.89	1990，429	299
T 547/88 -3.2.02	19.11.93		459，566
T 550/88 -3.3.01	27.03.90	1992，117	68，781，798
T 560/88 -3.2.01	19.02.90		454，914
T 572/88 -3.3.01	27.02.91		98
T 574/88 -3.3.01	06.12.89		164
T 579/88 -3.5.01	19.04.90		880
T 580/88 -3.4.01	25.01.90		230
T 582/88 -3.3.02	17.05.90		154，746
T 584/88 -3.3.01	03.04.89		59
T 586/88 -3.2.04	22.11.91	1993，313	603
T 591/88 -3.5.01	12.12.89		751
T 598/88 -3.3.01	07.08.89		454，908，913，924
T 601/88 -3.3.03	14.03.91		214
T 609/88 -3.3.03	10.07.90		686
T 619/88 -3.3.03	01.03.90		363
T 626/88 -3.2.02	16.05.90		862
T 627/88 -3.3.03	04.07.90		554
T 632/88 -3.2.02	21.11.89		751
T 635/88 -3.2.03	28.02.92	1993，608	766，768
T 636/88 -3.2.01	12.03.92		27
T 640/88 -3.3.03	14.12.90		371
T 648/88 -3.3.01	23.11.89	1991，292	204，880

1989

T 2/89 -3.3.02	03.07.89	1991，51	776，777
T 5/89 -3.4.02	06.07.90	1992，348	543，607，868，879
T 11/89 -3.3.01	06.12.90		264
T 14/89 -3.3.02	12.06.89	1990，432	430，502，503，510，520
T 16/89 -3.3.02	24.01.90		397
T 21/89 -3.3.01	27.06.90		870，872
T 22/89 -3.3.01	26.06.90		811
T 38/89 -3.3.03	21.08.90		898
T 40/89 -3.3.03	05.05.93		221
T 49/89 -3.4.01	10.07.90		361，864
T 60/89 -3.3.02	31.08.90	1992，268	178，183，186，229，232，836
T 65/89 -3.2.04	05.12.90		274
T 72/89 -3.2.05	04.06.92		881
T 73/89 -3.5.01	07.08.89		514
T 76/89 -3.3.02	10.10.89		666，686
T 78/89 -3.4.01	23.01.90		870
T 79/89 -3.2.01	09.07.90	1992，283	541，542，690，872，881
T 89/89 -3.4.02	27.03.90		282，806
T 93/89 -3.3.03	15.11.90	1992，718	69，782

T 96/89 - 3. 2. 03	17. 01. 91		361
T 99/89 - 3. 2. 01	05. 03. 91		182
T 110/89 - 3. 2. 01	25. 02. 91		706
T 112/89 - 3. 2. 04	04. 10. 90		519
T 115/89 - 3. 2. 02	24. 07. 90		175
T 118/89 - 3. 2. 03	19. 09. 90		347, 880
T 121/89 - 3. 2. 03	25. 06. 91		282 - 284
T 122/89 - 3. 4. 01	05. 02. 91		247
T 125/89 - 3. 2. 03	10. 01. 91		455, 756
T 130/89 - 3. 2. 02	07. 02. 90	1991, 514	198, 201
T 150/89 - 3. 2. 02	29. 04. 91		619
T 153/89 - 3. 3. 01	17. 11. 92		609, 680, 921
T 158/89 - 3. 3. 02	20. 11. 90		372
T 160/89 - 3. 4. 01	13. 11. 90		906
T 164/89 - 3. 4. 02	03. 04. 90		703
T 169/89 - 3. 3. 03	23. 10. 90		855, 857
T 176/89 - 3. 3. 03	27. 06. 90		165
T 182/89 - 3. 3. 01	14. 12. 89	1991, 391	232, 234, 250, 558, 565, 763, 776, 781, 836
T 183/89 - 3. 2. 01	30. 07. 90		622
T 184/89 - 3. 3. 02	25. 02. 92		171
T 194/89 - 3. 5. 02	04. 12. 90		282, 285
T 200/89 - 3. 3. 01	07. 12. 89	1992, 46	370
T 205/89 - 3. 2. 02	21. 08. 91		924
T 210/89 - 3. 5. 01	20. 10. 89	1991, 433	493
T 213/89 - 3. 5. 01	10. 04. 90		573
T 227/89 - 3. 3. 03	25. 09. 91		173, 220
T 228/89 - 3. 2. 01	25. 11. 91		680
T 231/89 - 3. 3. 02	14. 06. 91	1993, 13	366, 367
T 232/89 - 3. 2. 03	03. 12. 91		782
T 237/89 - 3. 2. 03	02. 05. 91		701
T 243/89 - 3. 2. 02	02. 07. 91		318, 661
T 249/89 - 3. 2. 02	15. 07. 91		295
T 250/89 - 3. 2. 01	06. 11. 90	1992, 355	509, 855
T 253/89 - 3. 2. 04	07. 02. 91		680
T 264/89 - 3. 2. 01	25. 02. 92		282, 285
T 268/89 - 3. 2. 02	06. 02. 92	1994, 50	170
T 275/89 - 3. 2. 01	03. 05. 90	1992, 126	464, 752, 811, 814
T 279/89 - 3. 3. 03	03. 07. 91		127, 129, 130
T 288/89 - 3. 2. 04	15. 01. 92		325
T 291/89 - 3. 3. 02	14. 05. 91		717
T 294/89 - 3. 4. 01	25. 10. 90		199
T 299/89 - 3. 3. 03	31. 01. 91		848
T 300/89 - 3. 3. 01	11. 04. 90	1991, 480	289, 661, 662, 665, 676, 914
T 315/89 - 3. 2. 01	11. 09. 90		879
T 317/89 - 3. 2. 03	10. 07. 91		681
T 323/89 - 3. 3. 02	24. 09. 90	1992, 169	546, 719, 741, 742, 761, 762, 874
T 324/89 - 3. 3. 02	13. 06. 91		805
T 331/89 - 3. 3. 03	13. 02. 92		905
T 338/89 - 3. 2. 03	10. 12. 90		724
T 344/89 - 3. 3. 02	19. 12. 91		174
T 345/89 - 3. 4. 01	27. 05. 91		275
T 365/89 - 3. 3. 01	10. 04. 91		101, 170
T 366/89 - 3. 2. 02	12. 02. 92		201
T 381/89 - 3. 2. 03	22. 02. 93		719
T 386/89 - 3. 2. 01	24. 03. 92		174
T 387/89 - 3. 4. 01	18. 02. 91	1992, 583	717, 763
T 388/89 - 3. 3. 01	26. 02. 91		197
T 392/89 - 3. 2. 01	03. 07. 90		786, 868
T 396/89 - 3. 3. 03	08. 08. 91		475, 560, 833

T 397/89 -3.2.03	08.03.91		318
T 402/89 -3.3.01	12.08.91		363
T 404/89 -3.2.01	09.04.91		760
T 411/89 -3.3.02	20.12.90		291
T 418/89 -3.3.02	08.01.91	1993，20	244，266
T 423/89 -3.3.01	10.06.92		291，363
T 424/89 -3.2.01	22.08.91		219
T 426/89 -3.4.01	28.06.90	1992，172	261，364，365
T 430/89 -3.3.01	17.07.91		282，285，705，715
T 435/89 -3.3.02	10.06.92		229，276
T 448/89 -3.4.01	30.10.90	1992，361	780
T 451/89 -3.2.04	01.04.93		549，572
T 454/89 -3.5.01	11.03.91		286
T 457/89 -3.2.04	21.03.91		845
T 472/89 -3.2.03	25.06.91		282，285
T 476/89 -3.2.01	10.09.91		282，283
T 482/89 -3.5.02	11.12.90	1992，646	76，546，552，554，783，897，901
T 484/89 -3.2.03	08.12.92		445，717，719
T 485/89 -3.2.02	14.08.91	1993，214	951
T 487/89 -3.3.03	17.07.91		245，268
T 488/89 -3.2.01	21.06.91		371
T 495/89 -3.3.02	09.01.91		244
T 496/89 -3.3.01	21.02.91		705
T 500/89 -3.3.01	26.03.91		114，209
T 506/89 -3.2.01	12.07.90		757
T 507/89 -3.3.03	31.01.91		751
T 516/89 -3.3.02	19.12.90	1992，436	630
T 519/89 -3.3.03	05.05.92		214
T 523/89 -3.2.01	01.08.90		161，760
T 528/89 -3.5.02	17.09.90		219
T 534/89 -3.2.02	02.02.93	1994，464	704，706，709，710，745，822，857

T 538/89 -3.2.01	02.01.91		782，811，922
T 543/89 -3.2.01	29.06.90		897
T 544/89 -3.2.03	27.06.91		282，284，719
T 551/89 -3.4.01	20.03.90		220
T 552/89 -3.4.01	27.08.91		201
T 560/89 -3.3.02	24.04.91	1992，725	185，702
T 561/89 -3.2.04	29.04.91		713，715，813
T 563/89 -3.2.01	03.09.91		288，730
T 564/89 -3.3.01	10.02.93		163，173，176，177
T 565/89 -3.2.03	26.09.90		282，283，805，864
T 568/89 -3.4.01	10.01.90		664
T 571/89 -3.2.02	22.05.90		350
T 576/89 -3.3.03	29.04.92	1993，543	905
T 580/89 -3.3.03	29.08.91	1993，218	726
T 583/89 -3.2.02	02.12.92		881
T 588/89 -3.2.03	15.01.92		717
T 589/89 -3.3.03	05.02.92		700
T 595/89 -3.2.01	10.07.91		554
T 596/89 -3.4.01	15.12.92		741，742
T 603/89 -3.4.01	03.07.90	1992，230	4，8，9，29
T 604/89 -3.4.02	14.01.92	1992，240	181
T 606/89 -3.3.01	18.09.90		164
T 611/89 -3.3.01	10.10.91		231
T 614/89 -3.2.03	11.06.92		468，756，758，874
T 622/89 -3.3.03	17.09.92		742
T 631/89 -3.2.02	10.04.92		214
T 638/89 -3.4.02	09.11.90		746，864
T 641/89 -3.3.01	24.09.91		168
T 665/89 -3.2.03	17.07.91		539，540，574，578，770，849

T 666/89 - 3. 3. 01	10. 09. 91	1993, 495	97, 101, 123, 129 - 131
T 668/89 - 3. 3. 03	19. 06. 90		456, 678, 913
T 673/89 - 3. 2. 01	08. 09. 92		317, 360, 368
T 680/89 - 3. 4. 02	08. 05. 90		922
T 682/89 - 3. 5. 01	17. 08. 93		810, 811
T 695/89 - 3. 2. 02	09. 09. 91	1993, 152	764
T 702/89 - 3. 2. 01	26. 03. 92	1994, 472	493
T 707/89 - 3. 3. 01	15. 04. 91		266
T 708/89 - 3. 3. 01	22. 03. 93		86
T 715/89 - 3. 5. 01	16. 03. 90		501
T 716/89 - 3. 3. 02	22. 02. 90	1992, 132	826, 914
T 721/89 - 3. 2. 01	08. 11. 91		237
T 725/89 - 3. 3. 02	20. 05. 92		554, 860
T 727/89 - 3. 2. 04	13. 03. 91		880
T 732/89 - 3. 3. 03	07. 10. 92		173, 220
T 735/89 - 3. 5. 02	09. 01. 92		274
T 737/89 - 3. 2. 04	07. 12. 92		745
T 743/89 - 3. 3. 03	27. 01. 92		72, 86, 570
T 754/89 - 3. 2. 03	24. 04. 91		214, 782
T 760/89 - 3. 2. 02	06. 09. 93	1994, 797	552, 630
T 762/89 - 3. 2. 01	28. 09. 92		739
T 763/89 - 3. 3. 01	10. 07. 91		98, 133
T 765/89 - 3. 2. 01	08. 07. 93		742, 746, 757, 760, 874
T 767/89 - 3. 2. 03	16. 04. 91		185
T 770/89 - 3. 2. 03	16. 10. 91		905
T 772/89 - 3. 3. 02	18. 10. 91		66, 67, 230
T 774/89 - 3. 3. 02	02. 06. 92		56, 59, 216
T 780/89 - 3. 3. 02	12. 08. 91	1993, 440	57
T 783/89 - 3. 4. 02	19. 02. 91		445, 915
T 784/89 - 3. 4. 02	06. 11. 90	1992, 438	319
T 789/89 - 3. 2. 01	11. 01. 93	1994, 482	539, 719, 760

1990

T 3/90 - 3. 4. 01	24. 04. 91	1992, 737	457, 459
T 5/90 - 3. 3. 03	27. 11. 92		364
T 12/90 - 3. 3. 01	23. 08. 90		101, 122
T 19/90 - 3. 3. 02	03. 10. 90	1990, 476	36, 37, 39, 44, 45, 48, 225, 232, 234, 241, 250, 416
T 30/90 - 3. 3. 03	13. 06. 91		510, 512
T 34/90 - 3. 3. 01	15. 10. 91	1992, 454	507, 539, 607, 822, 824, 828
T 37/90 - 3. 2. 02	01. 10. 92		363, 879
T 47/90 - 3. 3. 01	20. 02. 90	1991, 486	681, 865, 875
T 50/90 - 3. 2. 02	14. 05. 91		283, 805
T 51/90 - 3. 4. 01	08. 08. 91		897, 901, 902
T 52/90 - 3. 3. 01	08. 01. 92		609, 919
T 54/90 - 3. 3. 03	16. 06. 93		363
T 55/90 - 3. 2. 01	05. 05. 92		870, 871
T 60/90 - 3. 3. 03	11. 12. 92		343, 353
T 61/90 - 3. 2. 03	22. 06. 93		177
T 65/90 - 3. 2. 02	05. 03. 92		198
T 68/90 - 3. 5. 02	28. 11. 91		738
T 74/90 - 3. 2. 01	01. 10. 91		64, 215
T 75/90 - 3. 2. 04	03. 05. 93		363, 812
T 78/90 - 3. 2. 01	07. 12. 93		782
T 82/90 - 3. 3. 02	23. 07. 92		86, 229
T 87/90 - 3. 2. 02	26. 09. 91		78, 102

T 89/90 - 3.5.01	27.11.90	1992, 456	680, 821, 841
T 90/90 - 3.2.03	25.06.92		859
T 95/90 - 3.3.01	30.10.92		199
T 97/90 - 3.3.01	13.11.91	1993, 719	703, 742, 862, 864
T 110/90 - 3.5.01	15.04.93	1994, 557	16, 32, 33
T 114/90 - 3.3.01	26.02.92		69
T 116/90 - 3.3.01	18.12.91		617
T 130/90 - 3.3.02	28.02.91		290
T 132/90 - 3.2.03	21.02.94		399, 421
T 137/90 - 3.3.01	26.04.91		868
T 144/90 - 3.2.02	03.12.91		199
T 154/90 - 3.2.04	19.12.91	1993, 505	754, 762, 859
T 156/90 - 3.2.01	09.09.91		847
T 157/90 - 3.3.02	12.09.91		318
T 162/90 - 3.2.03	07.05.92		880
T 166/90 - 3.2.02	11.08.92		367, 368
T 172/90 - 3.3.02	06.06.91		222
T 176/90 - 3.3.01	30.08.91		379
T 182/90 - 3.2.02	30.07.93	1994, 641	51 - 53, 677, 914
T 190/90 - 3.2.04	16.01.92		810
T 191/90 - 3.3.03	30.10.91		363
T 194/90 - 3.3.01	27.11.92		719, 852
T 195/90 - 3.4.02	20.06.90		859
T 204/90 - 3.2.02	30.07.91		266
T 210/90 - 3.2.04	25.05.93		813
T 211/90 - 3.2.05	01.07.93		709, 710
T 217/90 - 3.3.01	21.11.91		799, 905
T 219/90 - 3.3.01	08.05.91		217
T 229/90 - 3.3.01	10.10.91		703
T 231/90 - 3.2.04	25.03.93		548, 745
T 233/90 - 3.3.02	08.07.92		94, 109

T 234/90 - 3.2.01	22.07.92		717
T 270/90 - 3.3.03	21.03.91	1993, 725	89, 558, 565, 569, 705, 709, 897, 901, 902
T 273/90 - 3.3.01	10.06.91		848
T 277/90 - 3.2.03	12.03.92		185
T 282/90 - 3.3.02	14.01.93		166
T 287/90 - 3.2.01	25.09.91		859
T 288/90 - 3.3.03	01.12.92		110
T 290/90 - 3.4.01	09.10.90	1992, 368	537, 627, 818
T 292/90 - 3.3.02	16.11.92		609, 919
T 294/90 - 3.2.04	28.01.92		198
T 297/90 - 3.2.04	03.12.91		245, 268
T 300/90 - 3.3.02	16.04.91		717
T 301/90 - 3.4.01	23.07.90		207
T 303/90 - 3.3.02	04.02.92		161
T 308/90 - 3.2.01	03.09.91		229, 338
T 314/90 - 3.3.03	15.11.91		546, 548
T 315/90 - 3.4.02	18.03.91		496 - 498
T 317/90 - 3.3.03	23.04.92		801
T 323/90 - 3.2.04	04.06.92		417, 879
T 324/90 - 3.3.03	13.03.91	1993, 33	502, 507, 512, 515, 517, 908, 909
T 332/90 - 3.4.01	08.10.91		206, 209
T 338/90 - 3.3.03	21.10.93		750
T 345/90 - 3.2.04	26.02.92		198
T 347/90 - 3.2.04	19.02.93		738
T 358/90 - 3.2.03	27.01.92		185
T 362/90 - 3.2.01	13.10.92		34
T 363/90 - 3.2.02	25.02.92		102, 554
T 366/90 - 3.3.01	17.06.92		130
T 367/90 - 3.4.01	03.06.92	1992, 529	626
T 372/90 - 3.2.04	20.05.94		338

T 375/90 - 3.2.02	21.05.92		686
T 376/90 - 3.3.03	08.09.93	1994, 906	786, 819
T 385/90 - 3.2.03	28.02.92		626
T 390/90 - 3.3.01	15.12.92	1994, 808	724
T 394/90 - 3.2.01	20.03.91		219
T 398/90 - 3.2.04	27.10.92		77
T 400/90 - 3.4.02	03.07.91		417
T 401/90 - 3.3.02	04.02.92		161
T 404/90 - 3.4.02	16.12.93		201
T 409/90 - 3.4.01	29.01.91	1993, 40	209, 403, 409
T 424/90 - 3.4.01	11.12.91		182
T 441/90 - 3.3.03	15.09.92		458
T 443/90 - 3.2.03	16.09.92		186, 742
T 446/90 - 3.3.02	14.07.93		267
T 449/90 - 3.3.02	05.12.91		234, 247, 415
T 453/90 - 3.2.03	26.01.93		261
T 456/90 - 3.5.02	25.11.91		861
T 469/90 - 3.4.01	06.02.91		173
T 470/90 - 3.3.01	19.05.92		208
T 472/90 - 3.3.02	10.02.93		746
T 483/90 - 3.2.03	14.10.92		850
T 484/90 - 3.2.01	21.10.91	1993, 448	444, 908
T 490/90 - 3.4.02	12.03.91		292, 697
T 493/90 - 3.3.02	10.12.91		288, 371
T 496/90 - 3.2.01	10.12.92		353
T 503/90 - 3.3.03	13.10.93		742
T 513/90 - 3.2.02	19.12.91	1994, 154	211
T 517/90 - 3.2.04	13.05.92		99, 205
T 522/90 - 3.4.02	08.09.93		919
T 525/90 - 3.3.02	17.06.92		569
T 530/90 - 3.2.02	23.04.92		173, 318
T 537/90 - 3.2.02	20.04.93		187
T 547/90 - 3.5.01	17.01.91		173, 318
T 553/90 - 3.2.03	15.06.92	1993, 666	632, 736
T 556/90 - 3.2.02	11.02.93		745, 746
T 562/90 - 3.2.02	30.10.92		101
T 565/90 - 3.3.01	15.09.92		111, 130
T 572/90 - 3.3.02	24.06.92		257
T 582/90 - 3.2.01	11.12.92		92, 742, 768
T 590/90 - 3.3.01	24.03.93		207
T 591/90 - 3.2.01	12.11.91		106
T 594/90 - 3.2.01	07.06.95		421
T 595/90 - 3.2.02	24.05.93	1994, 695	210, 211, 861
T 600/90 - 3.3.01	18.02.92		86, 782
T 606/90 - 3.2.05	29.01.93		372
T 611/90 - 3.3.03	21.02.91	1993, 50	702, 703, 742, 744, 761, 858, 862 - 864
T 612/90 - 3.3.02	07.12.93		510
T 614/90 - 3.3.03	25.02.94		459
T 621/90 - 3.5.01	22.07.91		862
T 622/90 - 3.4.02	13.11.91		258
T 626/90 - 3.3.02	02.12.93		174, 898, 906
T 628/90 - 3.5.01	25.11.91		711
T 629/90 - 3.5.02	04.04.91	1992, 654	719
T 650/90 - 3.2.02	23.07.93		215
T 654/90 - 3.3.01	08.05.91		230
T 656/90 - 3.4.01	13.11.91		166
T 663/90 - 3.3.01	13.08.91		453 - 455, 457, 913
T 664/90 - 3.2.02	09.07.91		288
T 665/90 - 3.3.02	23.09.92		251
T 666/90 - 3.3.02	28.02.94		452, 607, 915
T 669/90 - 3.4.01	14.08.91	1992, 739	810, 811
T 675/90 - 3.3.01	24.06.92	1994, 58	691, 692
T 676/90 - 3.2.04	14.07.93		339, 881
T 678/90 - 3.2.03	27.04.92		719
T 685/90 - 3.2.02	30.01.92		317, 347
T 686/90 - 3.2.03	21.06.93		15
T 688/90 - 3.2.04	26.10.92		879
T 689/90 - 3.4.01	21.01.92	1993, 616	341

T 690/90 - 3.2.03	15.05.92		875
T 692/90 - 3.2.02	28.09.93		459
T 695/90 - 3.2.01	31.03.92		214
T 705/90 - 3.2.01	15.07.91		702, 712, 715, 760
T 708/90 - 3.2.05	06.11.92		880
T 711/90 - 3.3.02	15.09.93		281
T 717/90 - 3.2.01	10.07.91		197
T 729/90 - 3.3.03	29.10.93		220, 858
T 735/90 - 3.3.03	02.09.92		921
T 737/90 - 3.3.01	09.09.93		231
T 740/90 - 3.3.02	02.10.91		232, 251, 565
T 752/90 - 3.2.03	08.12.92		266
T 755/90 - 3.3.03	01.09.92		459, 742
T 758/90 - 3.3.02	14.07.94		793
T 760/90 - 3.4.02	24.11.92		286
T 762/90 - 3.4.02	29.11.91		253, 363, 861
T 766/90 - 3.3.02	15.07.92		454, 458, 913
T 768/90 - 3.2.04	14.11.94		199
T 770/90 - 3.5.01	17.04.91		318
T 775/90 - 3.4.02	24.06.92		211
T 776/90 - 3.4.01	28.08.91		760
T 811/90 - 3.2.04	02.04.92	1993, 728	630, 724, 825
T 815/90 - 3.3.04	20.10.97		244
T 816/90 - 3.3.02	07.09.93		179, 244, 257
T 830/90 - 3.2.01	23.07.93	1994, 713	79, 92, 546, 554, 784, 836, 907
T 833/90 - 3.3.03	19.05.94		848
T 835/90 - 3.4.02	01.10.92		880
T 842/90 - 3.2.01	20.08.93		484, 536
T 850/90 - 3.2.01	10.06.92		275
T 852/90 - 3.3.01	02.06.92		865
T 853/90 - 3.5.01	11.09.91		521, 522
T 854/90 - 3.4.01	19.03.92	1993, 669	11, 12, 27
T 855/90 - 3.2.03	16.05.95		662
T 859/90 - 3.3.01	05.11.92		558
T 869/90 - 3.4.01	15.03.91		512, 531
T 872/90 - 3.2.01	27.06.91		667, 677, 684
T 876/90 - 3.5.02	05.12.91		745
T 877/90 - 3.3.02	28.07.92		76, 77, 782
T 883/90 - 3.2.04	01.04.93		549, 572
T 887/90 - 3.2.04	06.10.93		80, 87, 92, 784, 836
T 888/90 - 3.2.02	01.07.92	1994, 162	276
T 893/90 - 3.3.02	22.07.93		138, 140, 144, 145, 266, 911
T 895/90 - 3.2.04	23.09.93		812
T 896/90 - 3.2.03	22.04.94		833
T 897/90 - 3.3.02	07.05.91		275
T 900/90 - 3.2.03	18.05.94		497, 504
T 901/90 - 3.3.02	23.09.93	1994, 556	96
T 905/90 - 3.3.01	13.11.92	1994, 306	426, 537, 627
T 909/90 - 3.5.02	03.06.92		749
T 910/90 - 3.2.04	14.04.93		170, 171
T 938/90 - 3.3.03	25.03.92		363, 367
T 939/90 - 3.3.03	16.12.93		709
T 952/90 - 3.2.02	23.11.92		282, 283
T 953/90 - 3.4.01	12.05.92		76, 103, 549
T 955/90 - 3.4.01	21.11.91		185
T 958/90 - 3.3.01	04.12.92		158
T 961/90 - 3.2.01	07.06.95		421
T 969/90 - 3.4.01	12.05.92		76, 87, 102, 103

1991

T 5/91 -3.2.03	24.06.93		217
T 10/91 -3.3.03	08.01.92		367
T 15/91 -3.2.05	22.06.93		161
T 17/91 -3.2.02	26.08.92		704, 709, 710
T 24/91 -3.2.02	05.05.94	1995, 512	56
T 25/91 -3.5.01	02.06.92		459, 890, 902
T 28/91 -3.3.03	20.12.92		746
T 47/91 -3.2.03	30.06.92		186
T 48/91 -3.3.02	18.11.93		902
T 55/91 -3.3.02	11.07.94		449
T 60/91 -3.2.01	05.10.92	1993, 551	723
T 71/91 -3.5.01	21.09.93		4, 32
T 75/91 -3.2.03	11.01.93		921
T 79/91 -3.4.02	21.02.92		270, 663, 928
T 94/91 -3.4.02	09.09.91		299, 307
T 102/91 -3.5.02	11.10.91		855
T 106/91 -3.3.03	10.02.94		173
T 107/91 -3.2.05	06.12.93		236
T 108/91 -3.2.01	17.09.92	1994, 228	368
T 109/91 -3.3.02	15.01.92		558, 569, 570
T 110/91 -3.3.01	24.04.92		742
T 118/91 -3.2.01	28.07.92		379, 385, 696
T 119/91 -3.4.02	28.07.92		914
T 122/91 -3.3.02	09.07.91		518
T 125/91 -3.2.04	03.02.92		867
T 126/91 -3.2.01	12.05.92		229
T 138/91 -3.2.01	26.01.93		719
T 143/91 -3.2.03	24.09.92		596, 879
T 148/91 -3.3.01	01.09.92		247
T 153/91 -3.2.01	09.09.93		363
T 156/91 -3.3.01	14.01.93		235, 276

T 158/91 -3.3.02	30.07.91		240
T 161/91 -3.4.01	27.07.93		742
T 166/91 -3.2.04	15.06.93		460, 862
T 176/91 -3.3.03	08.04.91		247, 524, 700, 729
T 184/91 -3.3.02	11.06.93		681, 865, 878, 881
T 187/91 -3.4.01	11.03.93	1994, 572	348
T 196/91 -3.1.01	05.12.91		739
T 197/91 -3.2.04	18.01.93		914
T 204/91 -3.3.01	22.06.92		777, 781
T 205/91 -3.2.02	16.06.92		64
T 206/91 -3.3.02	08.04.92		199
T 209/91 -3.2.03	23.05.91		10
T 212/91 -3.3.02	16.05.95		704
T 214/91 -3.2.04	23.06.92		369
T 221/91 -3.2.01	08.12.92		81, 87
T 227/91 -3.2.02	15.12.92	1994, 491	150, 269
T 228/91 -3.2.01	27.08.92		76
T 234/91 -3.3.02	25.06.93		187, 219
T 236/91 -3.5.01	16.04.93		4, 33
T 243/91 -3.2.04	24.07.91		266
T 244/91 -3.2.03	01.10.93		186
T 245/91 -3.3.03	21.06.94		131
T 246/91 -3.3.01	14.09.93		172, 270
T 247/91 -3.3.01	30.03.82		101, 128
T 248/91 -3.3.02	20.06.91		522
T 252/91 -3.2.02	04.04.95		929
T 255/91 -3.4.02	12.09.91	1993, 318	130, 402
T 257/91 -3.4.01	17.11.92		217
T 258/91 -3.3.01	19.02.93		122
T 263/91 -3.2.01	04.12.92		457
T 267/91 -3.3.02	28.04.93		81, 86, 231, 247
T 270/91 -3.2.01	01.12.92		500
T 285/91 -3.4.01	15.06.93		199
T 289/91 -3.3.01	10.03.93	1994, 649	171, 765, 768

T 297/91 -3.2.04	16.06.94		753, 881, 897
T 304/91 -3.2.02	15.12.93		663
T 318/91 -3.5.01	18.08.92		757
T 322/91 -3.2.05	14.10.93		738
T 327/91 -3.5.01	19.11.93		76, 459, 548, 552, 554
T 334/91 -3.2.01	09.02.93		746
T 349/91 -3.4.02	10.03.93		243
T 360/91 -3.3.03	01.06.93		919
T 367/91 -3.5.01	14.12.92		922
T 369/91 -3.3.01	15.05.92	1993, 561	130, 511, 799, 862, 905
T 375/91 -3.3.03	17.11.94		709
T 384/91 -3.4.02	27.09.94	1995, 745	327, 328, 366
T 388/91 -3.4.01	12.10.93		266
T 391/91 -3.3.02	22.11.93		257, 266, 267
T 392/91 -3.2.05	24.06.93		844, 919
T 393/91 -3.3.02	12.10.94		260, 330
T 395/91 -3.3.04	07.12.95		546
T 406/91 -3.3.01	22.10.92		250, 251
T 407/91 -3.3.01	15.04.93		199
T 408/91 -3.3.02	23.11.93		760, 906
T 409/91 -3.3.01	18.03.93	1994, 653	162, 232, 239, 246, 257, 258, 276 -278, 558
T 410/91 -3.2.03	13.10.93		199
T 411/91 -3.3.02	10.11.93		861
T 412/91 -3.2.02	27.02.96		95, 106
T 413/91 -3.3.02	25.06.92		509
T 415/91 -3.5.02	13.05.92		353
T 418/91 -3.3.02	23.08.94		232, 247, 250
T 420/91 -3.2.05	17.03.93		92, 836
T 435/91 -3.3.01	09.03.94	1995, 188	162, 232, 238, 246, 276, 278
T 438/91 -3.3.04	17.10.94		55, 57
T 439/91 -3.2.02	21.07.91		810
T 440/91 -3.3.01	22.03.94		173
T 441/91 -3.4.01	18.08.92		110, 421, 782, 836
T 442/91 -3.3.02	23.06.94		111, 287
T 452/91 -3.3.03	05.07.95		252, 255, 642
T 453/91 -3.5.01	31.05.94		6, 29
T 455/91 -3.3.02	20.06.94	1995, 684	180, 183, 184, 212
T 456/91 -3.3.03	03.11.93		232, 247, 260, 282, 285
T 459/91 -3.2.03	06.06.95		898
T 462/91 -3.2.02	05.07.94		76
T 470/91 -3.3.01	11.05.92	1993, 680	296
T 473/91 -3.5.01	09.04.92	1993, 630	495, 624, 876
T 478/91 -3.2.01	02.06.93		216, 217
T 485/91 -3.2.04	25.04.94		206, 881
T 487/91 -3.5.01	22.01.93		236
T 492/91 -3.3.01	04.01.94		295
T 495/91 -3.3.01	20.07.93		164, 165, 172, 175
T 497/91 -3.2.02	30.06.92		402
T 500/91 -3.3.02	21.10.92		179, 183
T 506/91 -3.3.02	03.04.92		822, 844, 879, 906
T 508/91 -3.2.04	28.01.93		115
T 515/91 -3.2.03	23.04.93		214
T 516/91 -3.3.03	14.01.92		522
T 518/91 -3.4.01	29.09.92		98
T 522/91 -3.3.03	18.11.93		280
T 523/91 -3.3.03	29.03.93		259, 914

T 525/91 -3.2.01	25.03.92		511
T 532/91 -3.5.01	05.07.93		438, 810, 811
T 545/91 -3.5.01	28.04.93		780
T 548/91 -3.3.02	07.02.94		203, 232, 247, 250, 768
T 552/91 -3.3.01	03.03.94	1995, 100	289, 290, 342
T 555/91 -3.3.02	05.05.93		217
T 561/91 -3.3.03	05.12.91	1993, 736	700
T 563/91 -3.2.01	01.03.93		858
T 566/91 -3.3.02	18.05.94		206, 445
T 570/91 -3.2.04	26.11.93		164, 165, 167, 812
T 574/91 -3.3.02	13.08.93		857
T 576/91 -3.3.02	18.05.93		75
T 581/91 -3.3.03	04.08.93		373, 561
T 582/91 -3.2.01	11.11.92		325, 402
T 601/91 -3.3.01	27.07.93		565
T 602/91 -3.3.02	13.09.94		81, 82, 782
T 605/91 -3.2.03	20.07.93		217
T 606/91 -3.2.03	27.07.93		282, 285
T 613/91 -3.2.03	05.10.93		850
T 617/91 -3.2.02	22.01.97		216
T 621/91 -3.2.03	28.09.94		776, 784, 811, 923
T 622/91 -3.4.02	01.02.94		66
T 623/91 -3.3.01	16.02.93		253, 263, 264
T 624/91 -3.2.02	16.06.93		98
T 628/91 -3.5.02	14.09.92		353
T 631/91 -3.4.01	27.01.93		852
T 632/91 -3.3.01	01.02.94		187, 852
T 634/91 -3.2.02	31.05.94		79, 784, 836
T 640/91 -3.4.01	29.09.93	1994, 918	623, 661, 838, 914
T 643/91 -3.3.03	18.09.96		825
T 645/91 -3.3.01	13.07.93		109
T 651/91 -3.2.01	18.02.93		115
T 653/91 -3.4.01	24.09.92		461
T 656/91 -3.3.02	27.09.94		222
T 658/91 -3.3.01	14.05.93		101, 122
T 660/91 -3.4.01	23.07.93		209
T 674/91 -3.2.03	30.11.94		547
T 677/91 -3.4.01	03.11.92		97, 218
T 682/91 -3.4.02	22.09.92		740, 913
T 685/91 -3.3.03	05.01.93		709, 745
T 686/91 -3.3.01	30.06.94		164, 165
T 688/91 -3.5.01	21.04.93		259, 260, 275
T 690/91 -3.3.04	10.01.96		870, 872
T 691/91 -3.2.02	29.07.92		878, 929
T 697/91 -3.3.01	20.04.94		247
T 699/91 -3.2.04	21.05.93		217
T 701/91 -3.2.02	04.10.93		198
T 705/91 -3.4.02	27.04.93		905
T 706/91 -3.2.01	15.12.92		824, 855
T 715/91 -3.5.01	24.03.92		510, 512, 524-526
T 716/91 -3.2.04	15.05.95		437
T 727/91 -3.3.01	11.08.93		852
T 729/91 -3.2.04	21.11.94		88, 89
T 731/91 -3.2.03	03.05.95		172, 510
T 734/91 -3.5.01	07.04.92		442, 672, 914
T 740/91 -3.3.03	15.12.93		342
T 741/91 -3.3.01	22.09.93		172, 705
T 746/91 -3.5.01	20.10.93		865
T 748/91 -3.2.01	23.08.93		101, 339, 459
T 757/91 -3.2.03	10.03.92		870, 871
T 759/91 -3.3.03	18.11.93		280
T 766/91 -3.3.02	29.09.93		66, 86, 186
T 769/91 -3.2.01	29.03.94		817

T 770/91 -3.3.02	29.04.92		548, 571
T 773/91 -3.2.05	25.03.92		874, 909
T 784/91 -3.5.01	22.09.93		861
T 785/91 -3.3.03	05.03.93		543
T 788/91 -3.2.04	25.11.94		824
T 795/91 -3.5.01	02.11.92		454, 458, 913
T 796/91 -3.3.03	27.01.93		261
T 799/91 -3.2.01	03.02.94		79
T 800/91 -3.3.04	20.07.95		172
T 810/91 -3.3.01	04.09.92		266
T 822/91 -3.4.02	19.01.93		266
T 830/91 -3.3.02	15.09.94	1994, 728	664, 691
T 833/91 -3.5.01	16.04.93		4, 23, 24
T 834/91 -3.3.03	31.08.93		164
T 842/91 -3.2.03	11.05.93		70, 78
T 843/91 -3.3.01	17.03.93	1994, 818	590, 598, 861, 870
T 843/91 -3.3.01	05.08.93	1994, 832	566, 871, 872
T 852/91 -3.3.01	06.06.94		202
T 856/91 -3.4.02	08.10.92		608, 921
T 857/91 -3.2.03	16.11.93		100, 265
T 860/91 -3.3.01	03.08.93		692, 881
T 862/91 -3.2.04	17.03.93		215
T 867/91 -3.3.01	12.10.93		850
T 869/91 -3.5.02	06.08.92		860
T 875/91 -3.5.02	10.03.93		745, 746
T 879/91 -3.3.03	08.12.93		363
T 880/91 -3.4.02	26.04.93		914
T 881/91 -3.2.01	04.02.93		864
T 882/91 -3.2.01	04.01.93		745
T 884/91 -3.4.02	08.02.94		539, 719
T 885/91 -3.3.02	27.01.94		145
T 886/91 -3.3.02	16.06.94		179, 183, 275
T 891/91 -3.4.02	16.03.93		185
T 894/91 -3.3.01	16.06.92		266
T 898/91 -3.3.04	18.07.97		825
T 904/91 -3.3.01	18.01.95		109
T 905/91 -3.4.02	05.10.93		756
T 907/91 -3.2.03	08.10.93		672
T 908/91 -3.2.02	16.11.93		663, 911
T 912/91 -3.3.02	25.10.94		362, 448
T 919/91 -3.4.01	15.02.93		865
T 921/91 -3.2.05	09.12.93		880
T 924/91 -3.2.04	04.08.93		460
T 925/91 -3.4.02	26.04.94	1995, 469	776, 784, 852, 857, 927
T 931/91 -3.3.03	20.04.93		236, 794
T 933/91 -3.5.01	21.06.93		898
T 934/91 -3.3.01	04.08.92	1994, 184	762, 840, 870
T 937/91 -3.2.05	10.11.94	1996, 25	790
T 938/91 -3.2.03	21.09.93		746, 858
T 939/91 -3.3.04	05.12.94		592, 593, 925
T 942/91 -3.3.02	09.02.94		109
T 951/91 -3.3.03	10.03.94	1995, 202	596, 701, 704, 705, 725, 728
T 955/91 -3.4.01	04.02.93		897
T 957/91 -3.3.03	29.09.94		407
T 958/91 -3.3.02	25.03.84		78
T 962/91 -3.5.02	21.04.93		15
T 968/91 -3.3.03	12.01.94		565
T 972/91 -3.5.02	12.07.93		880
T 985/91 -3.2.04	23.03.94		709
T 986/91 -3.2.03	06.11.95		107
T 988/91 -3.2.01	29.06.93		782
T 990/91 -3.3.01	25.05.92		372, 917

1992

T 1/92 -3.3.02	27.04.92	1993, 685	681, 687, 691, 823, 845

T 3/92 -3.2.03	03.06.94		858
T 6/92 -3.3.01	26.10.93		874
T 18/92 -3.5.02	30.04.93		738
T 26/92 -3.2.02	27.01.94		742, 756
T 27/92 -3.2.01	25.07.94	1994, 853	721
T 28/92 -3.3.02	09.06.94		903
T 35/92 -3.2.01	28.10.92		457, 913
T 42/92 -3.4.01	29.11.94		97
T 44/92 -3.2.02	15.04.94		477
T 45/92 -3.3.01	09.11.93		539, 855
T 62/92 -3.2.04	20.06.94		287
T 65/92 -3.3.02	13.06.93		404, 407
T 77/92 -3.2.02	13.10.95		4, 34
T 81/92 -3.5.02	05.07.93		746, 756
T 82/92 -3.3.02	04.05.94		539, 719
T 92/92 -3.2.01	21.09.93		175, 539, 716
T 104/92 -3.3.04	06.08.96		212
T 110/92 -3.2.03	12.10.94		217
T 111/92 -3.5.01	03.08.92		512, 530
T 112/92 -3.3.02	04.08.92	1994, 192	207
T 113/92 -3.3.01	17.12.92		665, 870, 871
T 117/92 -3.2.01	02.12.93		715
T 127/92 -3.2.01	14.12.94		404, 421
T 128/92 -3.3.04	30.11.94		75
T 131/92 -3.3.03	03.03.94		407
T 132/92 -3.3.02	06.08.96		799
T 133/92 -3.3.01	18.10.94		122, 123, 448
T 148/92 -3.2.03	13.09.94		906
T 160/92 -3.4.02	27.01.94	1995, 387	73, 425, 427, 564, 676, 678
T 164/92 -3.5.01	29.04.93	1995, 387	16, 93, 182
T 179/92 -3.4.02	01.03.94		510
T 180/92 -3.4.02	29.06.94		880

T 182/92 -3.3.03	06.04.93		922
T 188/92 -3.3.02	15.12.92		859
T 189/92 -3.2.04	07.10.92		186, 727
T 199/92 -3.3.01	11.01.94		766, 777
T 201/92 -3.3.03	18.07.95		701
T 202/92 -3.3.01	19.07.94		448
T 219/92 -3.5.01	18.11.93		718, 858
T 223/92 -3.3.02	20.07.93		178, 179, 183, 242, 244
T 227/92 -3.4.02	01.07.93		582
T 229/92 -3.2.04	23.08.94		858
T 230/92 -3.2.02	16.05.93		565
T 231/92 -3.4.02	08.03.94		230
T 234/92 -3.2.03	12.01.95		902
T 238/92 -3.2.01	13.05.93		701, 715
T 239/92 -3.2.05	23.02.95		569, 908
T 242/92 -3.3.02	26.05.93		232, 247
T 248/92 -3.5.02	31.05.93		446
T 252/92 -3.4.02	17.06.93		897, 901
T 253/92 -3.5.02	22.10.93		212, 861
T 255/92 -3.5.02	09.09.92		873
T 266/92 -3.5.01	17.10.94		848, 905
T 267/92 -3.3.03	04.06.96		104, 742
T 272/92 -3.2.01	16.08.95		100
T 273/92 -3.3.03	18.08.93		164, 216, 852
T 281/92 -3.4.02	06.11.92		266
T 288/92 -3.3.01	18.11.93		348, 871
T 292/92 -3.3.02	06.09.96		221
T 293/92 -3.3.03	24.08.95		809
T 297/92 -3.5.01	06.10.93		626
T 304/92 -3.5.01	23.06.93		861, 895
T 309/92 -3.2.01	05.01.94		794
T 315/92 -3.5.01	27.04.93		706
T 321/92 -3.5.02	13.01.93		181
T 327/92 -3.3.04	22.04.97		75, 164, 446, 828, 836

T 329/92 - 3.2.01	29.04.93		539, 719
T 330/92 - 3.2.04	10.02.94		215, 216
T 334/92 - 3.3.01	23.03.94		169, 172
T 339/92 - 3.2.05	17.02.95		713
T 340/92 - 3.2.01	05.10.94		843
T 341/92 - 3.3.01	30.08.94	1995, 373	447
T 347/92 - 3.3.02	23.09.94		215
T 359/92 - 3.2.01	25.03.93		402
T 366/92 - 3.5.02	18.02.93		678, 873, 914
T 367/92 - 3.3.03	22.08.96		349
T 371/92 - 3.3.03	02.12.93	1995, 324	510, 606, 689, 849, 854
T 378/92 - 3.2.01	13.01.94		275
T 382/92 - 3.2.04	26.11.92		592, 840, 925
T 392/92 - 3.5.02	21.01.93		914
T 398/92 - 3.3.02	12.11.96		338
T 406/92 - 3.3.02	18.01.95		76, 778
T 407/92 - 3.2.05	20.07.95		753
T 410/92 - 3.5.02	20.09.93		200
T 418/92 - 3.2.03	10.03.92		261
T 422/92 - 3.4.02	21.02.95		109
T 426/92 - 3.4.01	03.03.94		220
T 432/92 - 3.2.01	28.01.94		742, 753
T 434/92 - 3.3.03	28.11.95		264
T 436/92 - 3.3.02	20.03.95		69
T 439/92 - 3.2.04	16.05.94		164, 165, 167, 282, 283, 287
T 441/92 - 3.5.01	10.03.95		376, 382, 383, 679
T 446/92 - 3.3.01	28.03.95		813
T 447/92 - 3.5.02	07.07.93		65, 108
T 453/92 - 3.3.01	20.12.94		214
T 455/92 - 3.2.04	05.10.93		255, 269
T 457/92 - 3.5.01	26.09.94		862
T 461/92 - 3.4.02	05.07.94		214
T 465/92 - 3.2.02	14.10.94	1996, 32	92, 97, 163
T 469/92 - 3.2.02	09.09.94		402, 403, 880, 908
T 472/92 - 3.3.03	20.11.96	1998, 161	83, 86, 89, 90, 103, 558, 564
T 473/92 - 3.5.01	10.03.95		477, 879
T 482/92 - 3.3.01	23.01.97		164
T 484/92 - 3.3.03	30.12.93		247, 277
T 492/92 - 3.3.01	18.01.96		234, 237
T 494/92 - 3.3.03	13.06.93		460
T 501/92 - 3.4.01	01.06.95	1996, 261	448, 539, 822, 828
T 503/92 - 3.3.03	17.03.94		247
T 506/92 - 3.4.01	03.08.95		220
T 511/92 - 3.2.02	27.05.93		92, 95, 97, 115
T 514/92 - 3.2.02	21.09.95	1996, 270	790
T 526/92 - 3.3.01	25.10.94		319
T 527/92 - 3.5.01	24.01.94		610
T 536/92 - 3.2.04	29.11.93		928
T 540/92 - 3.3.03	01.03.95		216
T 541/92 - 3.2.01	25.01.94		80, 87, 766, 782
T 543/92 - 3.3.03	13.06.94		453, 914, 915
T 555/92 - 3.3.02	15.11.95		288
T 570/92 - 3.3.02	22.06.95		140
T 574/92 - 3.4.01	17.03.95		199
T 578/92 - 3.4.01	02.02.94		206
T 585/92 - 3.3.02	09.02.95	1996, 129	69, 569, 570
T 588/92 - 3.4.01	18.03.94		923
T 597/92 - 3.3.01	01.03.95	1996, 135	265, 402
T 598/92 - 3.4.01	07.12.93		862
T 599/92 - 3.4.01	25.04.94		665, 865
T 601/92 - 3.2.04	20.04.95		107, 363, 880, 912

T 605/92 - 3.2.01	25.04.94		757
T 612/92 - 3.3.04	28.02.96		233, 240 - 242
T 627/92 - 3.5.02	30.03.93		719
T 630/92 - 3.3.02	22.02.94		206
T 631/92 - 3.3.03	11.05.95		130, 901
T 637/92 - 3.2.02	21.11.95		161
T 645/92 - 3.3.01	12.04.94		163, 176
T 646/92 - 3.3.02	13.09.94		859
T 649/92 - 3.3.04	28.09.99		767
T 653/92 - 3.3.03	11.06.96		264, 265
T 654/92 - 3.5.01	03.05.94		66
T 656/92 - 3.3.01	04.05.95		350
T 657/92 - 3.3.04	06.09.94		110
T 659/92 - 3.2.02	24.10.94	1995, 519	730, 874
T 667/92 - 3.3.02	10.03.94		502, 510, 528, 529, 726
T 675/92 - 3.4.01	10.11.93		185
T 684/92 - 3.2.01	25.07.95		721
T 686/92 - 3.5.01	28.10.93		458, 913
T 694/92 - 3.3.04	08.05.96	1997, 408	178, 180, 186, 203, 230, 233, 240 - 242, 257
T 697/92 - 3.2.02	15.06.94		205
T 703/92 - 3.2.04	14.09.95		635, 636
T 705/92 - 3.4.01	08.11.94		742
T 710/92 - 3.3.03	11.10.95		265
T 712/92 - 3.3.04	19.06.95		217, 219
T 714/92 - 3.2.04	18.09.92		591
T 715/92 - 3.3.02	10.02.94		799
T 720/92 - 3.3.03	31.05.94		267
T 737/92 - 3.3.03	12.06.95		785, 789, 833
T 739/92 - 3.3.03	16.07.96		83
T 741/92 - 3.2.02	21.06.94		207
T 745/92 - 3.4.01	08.06.94		201
T 753/92 - 3.2.03	04.04.95		760, 763
T 758/92 - 3.2.01	20.05.94		343
T 766/92 - 3.4.01	14.05.96		220
T 769/92 - 3.5.01	31.05.94	1995, 525	4, 5, 21, 23 - 25, 27, 188
T 771/92 - 3.3.01	19.07.95		448
T 782/92 - 3.2.01	22.06.94		81, 86, 89, 558
T 785/92 - 3.3.02	14.12.95		269
T 790/92 - 3.5.01	29.10.93		34
T 792/92 - 3.4.01	29.11.93		540
T 793/92 - 3.2.04	16.07.93		661
T 795/92 - 3.3.02	23.04.96		374
T 798/92 - 3.4.01	28.07.94		206
T 802/92 - 3.4.01	22.07.94	1995, 379	329
T 804/92 - 3.5.02	08.09.93	1994, 862	548
T 812/92 - 3.2.01	21.11.95		218
T 820/92 - 3.3.02	11.01.94	1995, 113	8, 52, 55 - 58
T 831/92 - 3.4.01	13.12.94		888, 894
T 832/92 - 3.5.01	23.06.94		817
T 838/92 - 3.2.01	10.01.95		475, 546, 552, 554, 569, 752, 825, 840
T 856/92 - 3.4.02	08.02.95		448, 829
T 861/92 - 3.3.02	01.02.93		293, 305
T 867/92 - 3.5.02	13.04.94	1995, 126	742, 743
T 870/92 - 3.2.05	08.08.97		731, 736, 772
T 879/92 - 3.5.01	16.03.94		457, 458
T 881/92 - 3.3.03	22.04.96		172
T 882/92 - 3.3.03	22.04.96		172
T 884/92 - 3.3.03	22.04.96		172
T 887/92 - 3.5.01	19.04.94		34
T 890/92 - 3.2.01	12.07.94		448
T 892/92 - 3.3.01	24.06.93	1994, 664	442, 460, 817, 914

T 896/92 - 3.2.01	28.04.94		100, 760
T 897/92 - 3.2.04	21.03.95		164
T 910/92 - 3.4.02	17.05.95		695
T 917/92 - 3.3.01	06.05.93		247
T 918/92 - 3.2.02	08.12.94		756
T 920/92 - 3.4.02	19.10.95		231
T 923/92 - 3.3.04	08.11.95	1996, 564	179, 232, 241, 404, 410 - 412
T 930/92 - 3.4.01	19.10.94	1996, 191	461, 749, 761
T 931/92 - 3.3.03	10.08.93		96
T 933/92 - 3.4.01	06.12.93	1994, 740	835
T 939/92 - 3.3.01	12.09.95	1996, 309	162, 177, 187, 200, 203, 213, 253, 276, 278, 558, 671, 880
T 943/92 - 3.2.04	10.04.95		214, 215
T 951/92 - 3.4.01	15.02.95	1996, 53	438, 672, 815, 914
T 952/92 - 3.4.01	17.08.94	1995, 755	100, 103, 879
T 955/92 - 3.3.02	26.09.95		372
T 957/92 - 3.3.01	21.12.93		171, 216
T 958/92 - 3.2.02	18.12.95		719
T 964/92 - 3.3.01	23.08.94		169
T 965/92 - 3.3.02	08.08.95		64
T 968/92 - 3.2.03	28.07.94		833
T 969/92 - 3.2.02	31.03.95		93
T 971/92 - 3.3.01	07.09.94		206
T 973/92 - 3.2.01	06.12.93		739
T 986/92 - 3.2.01	28.09.94		216
T 996/92 - 3.3.01	23.03.93		848
T 1000/92 - 3.3.01	11.05.94		169
T 1002/92 - 3.4.01	06.07.94	1995, 605	27, 703, 704, 710, 712, 713, 742, 782, 796
T 1011/92 - 3.2.03	16.09.94		721
T 1014/92 - 3.3.01	10.01.95		217
T 1019/92 - 3.2.01	09.06.94		704, 706, 776, 786
T 1032/92 - 3.4.01	23.08.94		865
T 1037/92 - 3.4.01	29.08.96		186
T 1042/92 - 3.2.04	28.10.93		875
T 1045/92 - 3.3.03	21.10.93		281, 914
T 1048/92 - 3.3.01	05.12.94		124
T 1049/92 - 3.2.03	10.11.94		923
T 1050/92 - 3.2.02	20.11.95		414
T 1051/92 - 3.2.01	26.04.94		927
T 1054/92 - 3.2.02	20.06.96		82, 87, 405, 558
T 1055/92 - 3.5.01	31.03.94	1995, 214	248, 257, 276, 277
T 1059/92 - 3.5.01	21.09.93		898
T 1063/92 - 3.3.03	15.10.93		870, 871
T 1066/92 - 3.3.02	05.07.95		787, 796
T 1067/92 - 3.4.01	16.07.94		865
T 1072/92 - 3.2.03	28.06.94		214
T 1077/92 - 3.2.02	05.12.95		216
T 1085/92 - 3.5.02	10.11.94		77, 78
T 1096/92 - 3.3.03	16.05.94		207
T 1097/92 - 3.3.03	27.09.93		875
T 1101/92 - 3.3.02	13.06.96		910, 914
T 1105/92 - 3.2.04	21.01.94		167

1993

T 26/93 - 3.5.02	16.12.94		872
T 28/93 - 3.2.03	07.07.94		765, 782
T 33/93 - 3.3.01	05.05.93		439, 680, 917
T 39/93 - 3.3.03	14.02.96	1997, 134	173, 180, 469, 549
T 51/93 - 3.3.04	08.06.94		138, 145, 149
T 55/93 - 3.2.02	15.03.95		197

T 59/93 -3.5.01	20.04.94		14, 28
T 63/93 -3.2.02	28.07.93		663
T 68/93 -3.3.01	24.01.95		101
T 71/93 -3.4.02	01.06.93		98
T 74/93 -3.3.01	09.11.94	1995, 712	56, 227, 228
T 81/93 -3.2.04	12.04.95		543, 607
T 82/93 -3.4.01	15.05.95	1996, 274	9, 54, 365, 880, 881
T 83/93 -3.4.01	02.04.97		743, 762
T 85/93 -3.4.01	17.10.96	1998, 183	714
T 89/93 -3.2.01	16.05.94		663
T 92/93 -3.4.01	31.07.95		901
T 96/93 -3.2.04	23.01.95		865
T 105/93 -3.3.01	22.05.95		438, 815
T 124/93 -3.3.02	10.08.95		426
T 125/93 -3.3.03	04.12.96		760, 864
T 134/93 -3.4.02	16.11.95		214
T 141/93 -3.3.03	15.03.96		116
T 149/93 -3.3.02	23.03.95		177
T 150/93 -3.2.04	06.03.95		711
T 152/93 -3.3.01	21.03.95		171, 214
T 153/93 -3.3.01	21.02.94		870, 872
T 157/93 -3.2.03	25.07.95		275
T 165/93 -3.2.01	12.07.94		811
T 167/93 -3.3.01	03.05.96	1997, 229	871
T 169/93 -3.3.01	10.07.96		830
T 186/93 -3.2.04	22.05.95		865
T 187/93 -3.3.04	05.03.97		178, 230, 233, 241
T 191/93 -3.4.02	07.06.94		339
T 193/93 -3.5.01	06.08.93		677
T 195/93 -3.3.04	04.05.95		723, 874
T 203/93 -3.4.01	01.09.94		177, 216
T 204/93 -3.5.01	29.10.93		16, 23, 24, 223
T 206/93 -3.3.03	30.10.96		890, 895
T 210/93 -3.3.03	12.07.94		157, 158
T 219/93 -3.3.03	16.09.93		875, 912
T 220/93 -3.3.03	30.11.93		914
T 225/93 -3.3.03	13.05.97		234, 237, 247, 249
T 229/93 -3.3.01	21.02.97		664
T 233/93 -3.2.05	28.10.96		211, 825, 833
T 234/93 -3.3.04	15.05.97		66, 187
T 238/93 -3.2.02	10.05.94		207
T 240/93 -3.4.01	17.10.94		221
T 249/93 -3.3.03	27.05.98		868
T 252/93 -3.2.02	07.02.95		784, 836
T 254/93 -3.3.02	14.05.97	1998, 285	150, 160
T 255/93 -3.4.01	27.09.94		704
T 263/93 -3.3.01	12.01.94		813, 814, 817
T 265/93 -3.3.02	22.09.93		539
T 276/93 -3.3.03	15.09.95	1996, 330	469
T 279/93 -3.3.01	12.12.96		159, 228, 363
T 286/93 -3.3.01	22.11.96		209
T 291/93 -3.2.05	22.06.95		927
T 292/93 -3.2.05	13.02.97		76, 79
T 296/93 -3.3.04	28.07.94	1995, 627	89, 178, 402, 404, 414, 415, 558, 722, 861
T 298/93 -3.3.01	19.12.96		164
T 306/93 -3.3.02	30.07.96		742, 760
T 311/93 -3.3.01	16.01.97		283, 401
T 321/93 -3.2.04	15.03.95		828
T 322/93 -3.3.03	02.04.97		232, 276
T 325/93 -3.3.03	11.09.97		165

T 326/93 -3.5.01	29.11.94		86, 558
T 333/93 -3.4.01	10.03.97		290
T 339/93 -3.3.04	18.04.96		768
T 350/93 -3.4.02	20.01.94		270, 274
T 351/93 -3.2.03	01.03.95		214, 218
T 352/93 -3.3.01	04.04.95		119
T 356/93 -3.3.04	21.02.95	1995, 545	36, 37, 39, 44, 46, 48, 49
T 365/93 -3.2.05	27.07.95		78
T 374/93 -3.3.01	04.03.97		353
T 375/93 -3.2.03	02.09.94		173
T 377/93 -3.2.05	29.10.93		510
T 378/93 -3.4.01	06.12.95		187
T 380/93 -3.3.03	10.02.94		164, 172
T 381/93 -3.5.01	12.08.94		497, 510, 517, 528
T 382/93 -3.3.01	19.09.96		565
T 404/93 -3.5.02	28.09.94		65
T 410/93 -3.3.03	16.07.96		165
T 412/93 -3.3.04	21.11.94		180, 183, 230, 242 -244, 253
T 419/93 -3.3.03	19.07.95		172
T 420/93 -3.4.01	03.06.97		717
T 422/93 -3.3.01	21.09.95	1997, 24	171, 182
T 430/93 -3.2.02	17.06.97		813
T 431/93 -3.2.01	17.11.94		220
T 433/93 -3.4.01	06.12.96	1997, 509	596, 597, 793, 815, 816
T 441/93 -3.3.04	27.03.96		183, 184, 414, 422
T 443/93 -3.5.02	22.03.95		546, 786
T 463/93 -3.4.02	19.02.96		719
T 467/93 -3.2.04	13.06.95		721
T 469/93 -3.4.02	09.06.94		511
T 471/93 -3.2.03	05.12.95		721
T 473/93 -3.3.02	01.02.94		557
T 487/93 -3.3.04	06.02.96		673
T 493/93 -3.3.04	30.01.97		367
T 505/93 -3.2.02	10.11.95		836
T 516/93 -3.3.02	02.04.97		661
T 527/93 -3.2.02	20.01.95		862
T 528/93 -3.4.01	23.10.96		834, 844, 905, 906
T 540/93 -3.2.04	08.02.94		206
T 549/93 -3.2.05	02.02.94		393
T 556/93 -3.3.03	19.02.97		276
T 582/93 -3.5.01	23.06.94		93
T 583/93 -3.3.03	04.01.96	1996, 496	203, 276, 354, 906
T 588/93 -3.3.02	31.01.96		175, 250
T 589/93 -3.2.01	15.06.94	1995, 387	677, 678
T 590/93 -3.3.01	10.05.94	1995, 337	766, 768
T 597/93 -3.2.02	17.02.97		198
T 599/93 -3.4.01	04.10.96		35
T 601/93 -3.3.01	13.09.94		518
T 605/93 -3.5.01	20.01.95		315
T 607/93 -3.4.02	14.02.96		105
T 616/93 -3.2.04	27.06.95		169
T 623/93 -3.5.02	19.10.95		66, 796
T 630/93 -3.5.01	27.10.93		257, 258, 260
T 647/93 -3.5.02	06.04.94	1995, 132	451, 608, 623, 684, 875, 877, 915, 921, 929, 930
T 653/93 -3.3.01	21.10.96		131
T 655/93 -3.2.03	25.10.94		209, 897, 901
T 656/93 -3.2.02	12.03.96		197
T 659/93 -3.3.03	07.09.94		232, 276, 278
T 660/93 -3.4.02	19.07.96		130

T 666/93 - 3. 2. 03	13. 12. 94		197
T 669/93 - 3. 2. 03	13. 02. 95		402
T 690/93 - 3. 3. 02	11. 10. 94		430
T 702/93 - 3. 4. 01	10. 02. 94		293, 879
T 703/93 - 3. 4. 01	17. 12. 96		220
T 713/93 - 3. 2. 02	12. 02. 96		197
T 714/93 - 3. 2. 01	20. 11. 95		739
T 719/93 - 3. 4. 02	22. 09. 94		741, 742
T 720/93 - 3. 4. 02	19. 09. 95		873
T 723/93 - 3. 3. 04	12. 07. 96		275
T 726/93 - 3. 2. 05	01. 07. 94	1995, 478	649
T 731/93 - 3. 3. 01	01. 12. 94		458
T 739/93 - 3. 2. 03	06. 04. 95		96
T 740/93 - 3. 2. 04	10. 01. 96		609, 612, 919
T 748/93 - 3. 3. 03	19. 04. 94		493
T 752/93 - 3. 2. 04	16. 07. 96		799, 830, 905
T 767/93 - 3. 3. 04	13. 11. 96		415
T 790/93 - 3. 5. 02	15. 07. 94		925
T 793/93 - 3. 3. 03	27. 09. 95		98, 560
T 795/93 - 3. 3. 01	29. 10. 96		162 - 164, 176, 216, 549
T 798/93 - 3. 2. 01	20. 06. 96	1997, 363	548, 719, 766, 768
T 803/93 - 3. 4. 01	19. 07. 95	1996, 204	584, 881
T 805/93 - 3. 3. 03	20. 02. 97		250
T 813/93 - 3. 3. 01	17. 10. 94		172
T 815/93 - 3. 3. 03	19. 06. 96		116
T 817/93 - 3. 4. 02	30. 11. 94		816
T 818/93 - 3. 2. 02	02. 04. 96		81, 85, 173, 205, 206, 229, 338
T 822/93 - 3. 3. 02	23. 05. 95		508
T 823/93 - 3. 2. 04	18. 10. 96		79
T 825/93 - 3. 4. 01	14. 01. 97		182
T 828/93 - 3. 4. 02	07. 05. 96		421, 905
T 829/93 - 3. 4. 02	24. 05. 96		801
T 840/93 - 3. 3. 02	11. 07. 95	1996, 335	834, 890, 903, 905
T 847/93 - 3. 4. 02	31. 01. 95		711, 742, 748, 858, 864
T 848/93 - 3. 4. 01	03. 02. 98		156
T 860/93 - 3. 3. 03	29. 12. 93	1995, 47	247, 269, 270, 282, 285, 286, 923
T 861/93 - 3. 3. 03	29. 04. 94		716
T 863/93 - 3. 5. 01	17. 02. 94		921
T 866/93 - 3. 3. 01	08. 09. 97		109
T 870/93 - 3. 4. 01	18. 02. 98		456
T 884/93 - 3. 3. 03	05. 09. 96		286
T 885/93 - 3. 3. 03	15. 02. 96		469
T 889/93 - 3. 5. 02	10. 02. 95		345
T 915/93 - 3. 3. 04	22. 04. 94		180
T 919/93 - 3. 3. 04	18. 11. 98		415, 416
T 926/93 - 3. 4. 01	01. 10. 96	1997, 447	787
T 928/93 - 3. 4. 02	23. 01. 97		100, 791
T 932/93 - 3. 2. 01	31. 01. 95		851
T 937/93 - 3. 2. 04	04. 03. 97		546, 554
T 943/93 - 3. 4. 01	03. 08. 94		94
T 951/93 - 3. 3. 04	17. 09. 97		726, 728
T 954/93 - 3. 3. 03	06. 02. 97		462, 570
T 956/93 - 3. 2. 04	17. 11. 94		510
T 961/93 - 3. 2. 04	14. 01. 94		857
T 970/93 - 3. 2. 01	15. 03. 96		398, 548, 553, 559, 742
T 972/93 - 3. 4. 02	16. 06. 94		656
T 973/93 - 3. 4. 02	15. 06. 94		656
T 977/93 - 3. 3. 04	30. 03. 99		99
T 986/93 - 3. 2. 01	25. 04. 95	1996, 215	794, 838
T 988/93 - 3. 4. 01	04. 07. 96		782
T 989/93 - 3. 3. 01	16. 04. 97		164, 165, 203

T 999/93 -3.4.02	09.03.95		616，687
T 1016/93 -3.2.01	23.03.95		703，742，743
T 1022/93 -3.3.01	05.10.95		755
T 1027/93 -3.4.02	11.11.94		200
T 1039/93 -3.5.02	08.02.96		345
T 1040/93 -3.2.04	16.05.95		164，167
T 1049/93 -3.3.01	03.08.99		448
T 1050/93 -3.3.03	07.11.96		263
T 1052/93 -3.3.01	10.01.96		405
T 1056/93 -3.2.01	16.01.96		402
T 1062/93 -3.3.02	30.04.97		174
T 1072/93 -3.3.03	18.09.97		826
T 1074/93 -3.3.04	15.12.98		175
T 1076/93 -3.4.02	16.02.95		80，84
T 1077/93 -3.3.02	30.05.96		57，58
T 1082/93 -3.3.03	14.11.97		414

1994

T 2/94 -3.4.01	04.02.98		182
T 20/94 -3.3.01	04.11.98		291，364
T 27/94 -3.2.01	14.05.96		872
T 34/94 -3.4.02	22.03.94		86，784，836
T 45/94 -3.2.01	02.11.94		536
T 51/94 -3.5.02	08.06.94		623，923
T 61/94 -3.5.01	12.10.95		257，258，277
T 63/94 -3.3.04	18.01.95		180
T 68/94 -3.3.04	11.08.99		446
T 69/94 -3.3.02	18.06.96		169，898
T 77/94 -3.2.03	28.04.98		88
T 86/94 -3.3.03	08.07.97		837
T 89/94 -3.3.03	05.07.94		453，915
T 97/94 -3.3.03	15.07.97	1998，467	90，469，472，559，715
T 98/94 -3.3.02	13.07.05		337
T 105/94 -3.2.02	29.07.97		885
T 118/94 -3.4.01	12.02.98		209
T 125/94 -3.3.02	29.05.96		866
T 134/94 -3.3.02	12.11.96		414
T 135/94 -3.5.01	12.06.95		206
T 143/94 -3.3.02	06.10.95	1996，430	140，149
T 144/94 -3.3.06	12.10.99		922
T 164/94 -3.3.01	11.11.96		220
T 189/94 -3.2.01	12.01.95		353
T 190/94 -3.5.01	26.10.95		20
T 200/94 -3.3.01	23.10.97		177，564
T 207/94 -3.3.04	08.04.97	1999，273	178，180，183，415
T 209/94 -3.3.03	11.10.96		128
T 212/94 -3.5.02	11.10.96		14
T 223/94 -3.2.04	16.02.96		197，199
T 226/94 -3.4.01	20.03.96		199
T 238/94 -3.2.01	11.06.97		917
T 239/94 -3.5.01	15.09.95		109
T 240/94 -3.5.01	04.12.96		900
T 259/94 -3.3.01	11.08.98		714
T 270/94 -3.3.01	22.01.98		765，815
T 284/94 -3.4.01	25.11.98	1999，464	324
T 286/94 -3.2.01	22.06.95		702
T 295/94 -3.2.04	26.07.94		216
T 301/94 -3.3.02	28.11.96		76，104，546
T 305/94 -3.3.03	20.06.96		709
T 309/94 -3.3.03	19.03.97		673，916
T 311/94 -3.3.01	28.06.94		680
T 312/94 -3.4.01	04.09.97		93，96，116
T 323/94 -3.2.04	26.09.96		832
T 324/94 -3.4.01	07.05.96		198，200
T 332/94 -3.3.01	18.02.98		278
T 334/94 -3.3.03	25.09.97		585，586
T 341/94 -3.3.02	13.07.95		214
T 348/94 -3.2.02	21.10.98		74，560
T 356/94 -3.2.01	30.06.95		444，709

T 363/94 - 3. 2. 03	22. 11. 95		198
T 372/94 - 3. 3. 01	14. 08. 96		851
T 373/94 - 3. 3. 02	31. 07. 98		168, 186, 217
T 382/94 - 3. 4. 02	17. 04. 97	1998, 24	315, 316, 646
T 385/94 - 3. 3. 04	24. 06. 97		162
T 386/94 - 3. 3. 04	11. 01. 96	1996, 658	179, 240
T 387/94 - 3. 3. 04	07. 03. 97		183
T 397/94 - 3. 4. 02	05. 04. 95		914
T 401/94 - 3. 3. 03	18. 08. 94		120
T 405/94 - 3. 4. 02	12. 07. 95		441
T 406/94 - 3. 3. 05	17. 12. 97		128
T 412/94 - 3. 3. 01	05. 06. 96		221
T 414/94 - 3. 4. 02	14. 05. 98		448
T 426/94 - 3. 3. 02	22. 05. 96		264
T 432/94 - 3. 3. 01	19. 06. 97		837
T 455/94 - 3. 2. 04	10. 12. 96		177
T 462/94 - 3. 5. 01	10. 01. 96		866
T 464/94 - 3. 3. 04	21. 05. 97		94, 95, 416, 560, 566
T 467/94 - 3. 3. 01	04. 11. 99		203
T 469/94 - 3. 3. 02	01. 07. 97		56, 60, 155
T 479/94 - 3. 5. 01	31. 07. 95		914
T 486/94 - 3. 2. 03	10. 03. 97		742
T 488/94 - 3. 4. 02	02. 07. 97		541, 543
T 490/94 - 3. 4. 02	11. 12. 97		266
T 498/94 - 3. 3. 04	22. 06. 98		244
T 501/94 - 3. 5. 02	10. 07. 96	1997, 376	717
T 503/94 - 3. 2. 04	11. 10. 95		710
T 510/94 - 3. 3. 04	21. 04. 98		243
T 513/94 - 3. 3. 04	23. 04. 98		243
T 515/94 - 3. 3. 04	29. 10. 97		861
T 520/94 - 3. 4. 01	07. 07. 94		673
T 522/94 - 3. 2. 05	22. 09. 97	1998, 421	765, 781
T 529/94 - 3. 3. 02	09. 10. 97		459, 666
T 530/94 - 3. 3. 10	20. 04. 98		260

T 533/94 - 3. 3. 01	23. 03. 95		779
T 534/94 - 3. 3. 01	23. 03. 95		779
T 542/94 - 3. 2. 01	07. 05. 96		383
T 544/94 - 3. 3. 02	22. 01. 97		207, 751
T 552/94 - 3. 3. 01	04. 12. 98		414
T 557/94 - 3. 2. 05	12. 12. 96		639, 868
T 561/94 - 3. 3. 01	06. 12. 96		221
T 575/94 - 3. 2. 01	11. 07. 96		546, 552, 906
T 586/94 - 3. 3. 06	29. 09. 99		249
T 590/94 - 3. 3. 03	03. 05. 96		64, 187, 341, 721, 765, 772
T 609/94 - 3. 4. 02	27. 02. 97		873
T 610/94 - 3. 4. 02	20. 06. 96		898
T 619/94 - 3. 2. 02	12. 12. 95		210
T 620/94 - 3. 5. 02	13. 06. 95		402, 422
T 631/94 - 3. 2. 05	28. 03. 95	1996, 67	604, 720
T 635/94 - 3. 2. 03	25. 04. 95		531
T 641/94 - 3. 2. 01	01. 02. 96		750
T 645/94 - 3. 3. 05	22. 10. 97		213
T 648/94 - 3. 3. 01	26. 10. 94		875
T 667/94 - 3. 3. 02	16. 10. 97		569, 570
T 668/94 - 3. 3. 01	20. 10. 98		203
T 671/94 - 3. 3. 01	11. 06. 96		187
T 673/94 - 3. 3. 02	07. 05. 98		337
T 676/94 - 3. 2. 01	06. 02. 96		67, 230
T 681/94 - 3. 2. 01	18. 06. 96		220
T 687/94 - 3. 2. 02	23. 04. 96		173, 198
T 697/94 - 3. 4. 01	28. 04. 97		216
T 698/94 - 3. 3. 03	17. 02. 97		610
T 712/94 - 3. 2. 03	14. 11. 96		746
T 715/94 - 3. 4. 02	13. 11. 97		837
T 731/94 - 3. 2. 01	15. 02. 96		198
T 740/94 - 3. 2. 03	09. 05. 96		808, 915
T 750/94 - 3. 4. 01	01. 04. 97	1998, 32	86, 89, 90, 554, 558, 569, 673

T 751/94 - 3. 4. 03	12. 05. 99		130
T 752/94 - 3. 3. 01	24. 05. 00		257
T 772/94 - 3. 5. 01	20. 03. 96		164
T 780/94 - 3. 5. 01	24. 10. 96		175
T 792/94 - 3. 2. 05	11. 10. 00		317
T 794/94 - 3. 3. 04	17. 09. 98		801, 892, 898
T 796/94 - 3. 5. 02	27. 11. 95		657
T 804/94 - 3. 2. 01	10. 07. 95		398, 442, 924
T 808/94 - 3. 4. 02	26. 01. 95		453, 460, 678, 929
T 817/94 - 3. 2. 04	30. 07. 96		167, 212
T 825/94 - 3. 3. 01	25. 02. 00		140, 276
T 826/94 - 3. 4. 02	30. 11. 95		111
T 828/94 - 3. 5. 01	18. 10. 96		516, 527
T 833/94 - 3. 5. 01	20. 08. 98		566, 740
T 840/94 - 3. 3. 01	26. 03. 96	1996, 680	496, 498
T 848/94 - 3. 3. 03	03. 06. 97		86, 90, 220, 559
T 853/94 - 3. 3. 02	02. 11. 98		140
T 856/94 - 3. 3. 04	05. 06. 97		180
T 859/94 - 3. 3. 06	21. 09. 99		321, 348
T 861/94 - 3. 2. 02	19. 09. 95		430
T 871/94 - 3. 2. 04	24. 10. 96		167
T 873/94 - 3. 4. 01	10. 07. 96	1997, 456	355, 382
T 882/94 - 3. 3. 03	07. 08. 97		220
T 892/94 - 3. 3. 02	19. 01. 99	2000, 1	159, 160, 449
T 900/94 - 3. 3. 02	09. 09. 98		833, 904
T 905/94 - 3. 2. 03	11. 06. 96		555, 557
T 912/94 - 3. 4. 01	06. 05. 97		171, 199
T 913/94 - 3. 3. 02	27. 02. 98		210
T 917/94 - 3. 3. 06	28. 10. 99		111, 349
T 918/94 - 3. 3. 04	06. 07. 95		727
T 921/94 - 3. 3. 01	30. 10. 98		439, 919
T 922/94 - 3. 3. 03	30. 10. 97		792, 807
T 929/94 - 3. 4. 01	07. 07. 98		569, 729
T 930/94 - 3. 3. 01	15. 10. 97		162, 203
T 949/94 - 3. 5. 02	24. 03. 95		495, 496, 526, 624
T 953/94 - 3. 5. 01	15. 07. 96		14, 223
T 958/94 - 3. 3. 02	30. 09. 96	1997, 241	139
T 960/94 - 3. 3. 04	13. 09. 00		593, 915, 925
T 977/94 - 3. 2. 01	18. 12. 97		279, 868

1995

T 3/95 - 3. 2. 04	24. 09. 97		776, 855
T 7/95 - 3. 5. 01	23. 07. 96		812
T 9/95 - 3. 2. 03	09. 04. 97		742
T 27/95 - 3. 2. 03	25. 06. 96		792
T 32/95 - 3. 5. 02	28. 10. 96		565
T 35/95 - 3. 2. 04	01. 10. 96		167
T 68/95 - 3. 3. 01	23. 09. 97		172
T 70/95 - 3. 3. 04	12. 01. 99		166
T 72/95 - 3. 3. 05	18. 03. 98		191, 199, 200
T 73/95 - 3. 3. 03	18. 03. 99		219
T 78/95 - 3. 3. 04	27. 09. 96		719
T 86/95 - 3. 2. 02	09. 09. 97		74
T 104/95 - 3. 3. 04	16. 09. 97		201
T 111/95 - 3. 3. 02	13. 03. 96		467, 468
T 112/95 - 3. 2. 01	19. 02. 98		327
T 114/95 - 3. 2. 01	08. 04. 97		787
T 121/95 - 3. 4. 01	03. 02. 98		673, 685
T 134/95 - 3. 2. 01	22. 10. 96		362
T 136/95 - 3. 2. 01	25. 02. 97	1998, 480	403
T 138/95 - 3. 3. 04	12. 10. 99		140
T 142/95 - 3. 2. 03	04. 05. 98		919
T 144/95 - 3. 2. 04	26. 02. 99		721, 722
T 151/95 - 3. 3. 02	18. 06. 98		289
T 152/95 - 3. 5. 02	03. 07. 96		776, 862
T 154/95 - 3. 2. 01	27. 01. 98		796
T 156/95 - 3. 3. 01	30. 03. 98		203
T 165/95 - 3. 5. 02	07. 07. 97		739
T 172/95 - 3. 3. 03	05. 03. 98		406

T 180/95 - 3.3.01	02.12.96		875
T 181/95 - 3.5.02	12.09.96		274, 275
T 183/95 - 3.5.01	25.06.96		929
T 187/95 - 3.4.02	03.02.97		438, 672
T 188/95 - 3.3.02	04.12.97		439
T 189/95 - 3.3.02	29.02.00		160
T 193/95 - 3.4.01	26.11.98		414, 416
T 211/95 - 3.5.02	09.07.97		375, 379
T 223/95 - 3.5.02	04.03.97		789, 862
T 227/95 - 3.5.01	11.4.96		610, 923
T 231/95 - 3.2.01	04.06.96		895
T 236/95 - 3.2.01	16.07.96		353
T 240/95 - 3.3.06	06.07.99		130
T 241/95 - 3.3.02	14.06.00	2001, 103	57, 152, 267
T 252/95 - 3.3.02	21.08.98		711, 855
T 253/95 - 3.3.03	17.12.97		826
T 272/95 - 3.3.04	15.04.99	1999, 590	40, 769
T 274/95 - 3.4.01	02.02.96	1997, 99	789, 795
T 277/95 - 3.3.04	16.04.99		405
T 280/95 - 3.5.02	23.10.96		177
T 281/95 - 3.5.02	24.09.96		852
T 289/95 - 3.2.01	04.03.97		382
T 301/95 - 3.2.05	27.06.97	1997, 519	767
T 301/95 - 3.2.05	28.03.00		727
T 317/95 - 3.3.02	26.02.99		147
T 321/95 - 3.4.02	06.11.96		429
T 322/95 - 3.3.03	10.08.99		216, 702
T 325/95 - 3.4.02	18.11.97		356
T 337/95 - 3.3.01	30.01.96	1996, 628	252
T 338/95 - 3.3.01	30.01.96		252
T 343/95 - 3.3.04	17.11.97		425, 429, 558
T 349/95 - 3.2.04	14.02.97		219
T 353/95 - 3.3.02	25.07.00		825
T 364/95 - 3.2.04	20.11.96		402
T 373/95 - 3.3.02	06.12.96		101
T 389/95 - 3.5.02	15.10.97		701, 858
T 396/95 - 3.3.02	17.09.96		353
T 401/95 - 3.3.01	28.01.99		828, 901
T 402/95 - 3.4.01	06.10.99		182
T 434/95 - 3.2.03	17.06.97		198, 749, 750
T 436/95 - 3.4.02	29.09.00		870, 871
T 442/95 - 3.3.04	26.09.96		667
T 446/95 - 3.2.02	23.03.99		720, 723, 724
T 460/95 - 3.5.01	20.10.97	1998, 587	425, 430, 431, 522, 523, 851, 908
T 463/95 - 3.5.02	29.01.97		800
T 476/95 - 3.2.01	20.06.96		593
T 480/95 - 3.4.02	05.11.96		81
T 481/95 - 3.4.02	15.05.97		834
T 482/95 - 3.3.03	28.08.95		276
T 487/95 - 3.2.04	07.08.97		165, 167
T 493/95 - 3.2.04	22.10.96		500, 521, 855
T 494/95 - 3.2.04	30.06.97		814
T 506/95 - 3.5.02	05.02.97		164
T 530/95 - 3.3.04	10.06.97		183
T 531/95 - 3.2.01	26.08.97		214, 215
T 532/95 - 3.3.01	04.03.99		701
T 543/95 - 3.2.03	10.11.97		72, 545, 546
T 556/95 - 3.5.01	08.08.96	1997, 205	454, 455, 913
T 558/95 - 3.2.01	10.02.97		398, 547, 548, 718, 816
T 576/95 - 3.2.03	15.04.97		170
T 582/95 - 3.2.01	28.01.97		811, 813
T 583/95 - 3.2.03	22.12.97		828
T 585/95 - 3.2.01	10.12.96		746
T 589/95 - 3.3.03	05.11.98		199
T 592/95 - 3.4.01	09.09.98		290
T 600/95 - 3.3.01	28.11.96		93

T 609/95 -3.3.02	27.08.98		343
T 610/95 -3.3.02	21.07.99		97, 206, 801, 802
T 611/95 -3.2.05	13.07.99		70
T 615/95 -3.3.01	16.12.97		321, 611, 875
T 616/95 -3.3.06	17.02.99		276
T 628/95 -3.4.01	13.05.96		597
T 632/95 -3.2.03	22.10.96		567
T 639/95 -3.3.04	21.01.98		240, 242
T 665/95 -3.2.03	01.03.99		554
T 670/95 -3.3.05	09.06.98		731, 732
T 671/95 -3.3.03	15.01.96		913
T 681/95 -3.4.02	02.11.95		510
T 693/95 -3.2.03	23.10.00		455, 464, 750
T 706/95 -3.3.05	22.05.00		160
T 708/95 -3.4.02	16.12.96		858
T 715/95 -3.3.06	19.12.00		762
T 717/95 -3.2.04	23.04.98		742
T 727/95 -3.3.04	21.05.99	2001, 1	242, 566
T 736/95 -3.3.04	09.10.00	2001, 191	792
T 737/95 -3.2.03	21.11.97		397
T 738/95 -3.2.03	19.09.07		360
T 739/95 -3.2.04	26.06.97		167
T 749/95 -3.4.02	16.07.97		290
T 752/95 -3.2.03	22.06.99		782
T 767/95 -3.3.04	05.09.00		120
T 772/95 -3.2.01	30.09.97		758
T 786/95 -3.2.04	13.10.97		779
T 789/95 -3.4.02	13.03.97		810
T 792/95 -3.2.01	05.08.97		805
T 794/95 -3.4.02	07.07.97		875, 929
T 795/95 -3.2.01	06.10.98		360
T 798/95 -3.3.01	06.12.95		605, 692
T 804/95 -3.3.01	04.12.97		531
T 809/95 -3.2.01	29.04.97		76, 82, 412, 413
T 838/95 -3.3.02	09.12.99		186

T 839/95 -3.3.05	23.06.98		543, 680, 728
T 841/95 -3.4.02	13.06.96		261
T 849/95 -3.2.02	15.12.98		752
T 850/95 -3.3.02	12.07.96	1997, 152	617, 618, 919
T 860/95 -3.3.05	27.10.99		269, 270
T 870/95 -3.4.02	14.07.98		111, 116
T 881/95 -3.2.01	25.06.97		235, 467
T 897/95 -3.4.03	22.02.00		198
T 900/95 -3.5.02	05.11.97		214
T 901/95 -3.5.02	29.10.98		87
T 908/95 -3.2.01	21.07.97		728
T 917/95 -3.2.04	01.08.01		452, 461
T 919/95 -3.2.02	16.01.97		876
T 923/95 -3.2.02	12.11.96		425, 432
T 931/95 -3.5.01	08.09.00	2001, 441	1, 2, 4-6, 10, 12, 25-27, 188-191
T 938/95 -3.2.01	06.03.97		325
T 939/95 -3.5.01	23.01.98	1998, 481	877, 908, 928
T 960/95 -3.3.03	31.03.99		220, 539, 765, 774
T 971/95 -3.4.03	15.09.00		164
T 980/95 -3.3.03	18.02.98		275
T 989/95 -3.3.04	06.05.99		268
T 994/95 -3.3.04	18.02.99		239
T 1002/95 -3.2.01	10.02.98		830
T 1007/95 -3.3.03	17.11.98	1999, 733	858

1996

T 24/96 -3.2.04	04.03.99		801
T 29/96 -3.2.04	16.09.97		747, 754
T 37/96 -3.3.06	07.02.00		70, 72
T 43/96 -3.5.02	05.07.96		524

T 48/96 – 3.5.01	25.08.98		88, 555
T 59/96 – 3.3.01	07.04.99		164, 165
T 64/96 – 3.2.01	30.09.97		328
T 65/96 – 3.3.03	18.03.98		132, 855
T 79/96 – 3.3.05	20.10.98		111
T 80/96 – 3.3.02	16.06.99	2000, 50	113, 228
T 92/96 – 3.5.02	12.09.97		673
T 107/96 – 3.2.05	25.11.98		418
T 113/96 – 3.2.04	19.12.97		714, 716
T 115/96 – 3.2.04	25.02.97		199
T 120/96 – 3.2.03	06.02.97		442, 817
T 135/96 – 3.2.01	20.01.97		610, 867, 920
T 142/96 – 3.2.02	14.04.99		845, 876, 878
T 158/96 – 3.3.02	28.10.98		93, 151
T 161/96 – 3.3.04	03.11.97	1999, 331	425, 430, 433, 624
T 165/96 – 3.3.06	30.05.00		70, 77
T 167/96 – 3.5.02	16.05.97		911
T 169/96 – 3.3.01	30.07.96		294, 310, 541, 542, 685
T 173/96 – 3.3.02	16.01.98		263
T 181/96 – 3.4.02	12.02.97		266
T 191/96 – 3.2.01	02.04.98		858
T 194/96 – 3.3.02	10.10.96		458
T 218/96 – 3.2.03	15.09.98		209
T 223/96 – 3.3.04	29.01.99		288
T 225/96 – 3.2.03	03.04.98		616, 924
T 233/96 – 3.3.02	04.05.00		144
T 234/96 – 3.2.05	01.12.97		187, 211
T 237/96 – 3.4.02	22.04.98		451, 665, 685, 688, 838
T 239/96 – 3.5.01	23.10.98		832
T 243/96 – 3.2.02	25.05.98		74
T 262/96 – 3.3.05	25.08.99		112
T 276/96 – 3.4.02	17.06.97		363
T 284/96 – 3.3.01	20.07.99		171, 214
T 296/96 – 3.3.01	12.01.00		318, 432, 441
T 319/96 – 3.2.03	11.12.98		312, 669
T 339/96 – 3.5.02	21.10.98		173
T 349/96 – 3.2.05	22.09.98		187
T 366/96 – 3.3.06	17.02.00		121
T 367/96 – 3.4.02	03.12.97		619, 807
T 373/96 – 3.2.02	25.05.00		905
T 379/96 – 3.3.02	13.01.99		185
T 382/96 – 3.3.03	07.07.99		540, 838, 856, 892
T 395/96 – 3.3.06	11.06.99		209
T 405/96 – 3.2.01	08.11.96		913
T 410/96 – 3.5.01	25.07.97		260
T 429/96 – 3.3.04	31.05.01		231
T 431/96 – 3.3.04	23.02.99		244
T 452/96 – 3.3.02	05.04.00		214, 469
T 458/96 – 3.4.02	07.10.98		282, 283
T 475/96 – 3.3.03	15.06.99		702
T 476/96 – 3.3.03	29.04.99		469
T 477/96 – 3.4.03	25.07.00		188
T 481/96 – 3.4.02	16.09.96		738
T 488/96 – 3.3.01	07.12.99		257
T 503/96 – 3.5.02	12.01.99		808
T 505/96 – 3.5.01	15.12.98		212
T 522/96 – 3.2.01	07.05.98		350
T 528/96 – 3.5.01	18.11.98		455, 456
T 532/96 – 3.3.03	13.07.99		140
T 541/96 – 3.4.01	07.03.01		224, 251
T 542/96 – 3.3.02	11.05.00		149
T 549/96 – 3.3.01	09.03.99		451, 542, 543
T 556/96 – 3.2.02	24.03.00		755
T 561/96 – 3.4.02	16.01.97		232
T 574/96 – 3.3.01	30.07.99		254
T 608/96 – 3.3.01	11.07.00		107
T 610/96 – 3.5.02	10.11.98		129
T 624/96 – 3.4.02	06.02.97		495, 521

T 626/96 -3.2.01	10.01.97		216，218
T 637/96 -3.2.04	27.11.97		830
T 643/96 -3.3.01	14.10.96		202，203，421，440
T 648/96 -3.5.02	16.03.98		799，808，898，919
T 656/96 -3.2.03	21.06.99		815
T 674/96 -3.3.02	29.04.99		237，801
T 686/96 -3.3.05	06.05.99		112
T 697/96 -3.3.02	07.10.99		205
T 708/96 -3.5.01	14.11.97		165
T 711/96 -3.2.04	17.06.98		198
T 717/96 -3.2.04	10.07.97		199
T 718/96 -3.2.01	30.06.98		224
T 730/96 -3.3.01	19.10.99		163，164，222
T 737/96 -3.3.04	09.03.00		180
T 740/96 -3.2.06	26.10.00		111，287
T 742/96 -3.2.05	09.06.97	1997，533	430
T 750/96 -3.4.03	27.11.01		266
T 755/96 -3.3.01	06.08.99	2000，174	469，470，921
T 785/96 -3.3.03	18.04.00		715
T 789/96 -3.4.01	23.08.01	2002，364	54
T 791/96 -3.3.04	15.11.99		183
T 809/96 -3.2.05	20.07.01		739
T 811/96 -3.3.06	09.03.00		321
T 819/96 -3.3.01	02.02.99		221，475
T 821/96 -3.3.01	25.04.01		441
T 823/96 -3.3.01	28.01.97		115，349，350，410
T 850/96 -3.2.03	14.01.98		539，579
T 855/96 -3.3.05	10.11.99		713，837
T 867/96 -3.3.02	21.06.00		619
T 869/96 -3.2.03	10.11.98		197
T 870/96 -3.4.02	16.07.98		166，167
T 886/96 -3.2.06	06.07.01		721
T 890/96 -3.3.06	09.09.99		560
T 898/96 -3.4.01	10.01.97		857，915，929
T 936/96 -3.3.05	11.06.99		220
T 946/96 -3.3.01	23.06.97		673
T 947/96 -3.4.03	07.12.99		350
T 953/96 -3.3.02	25.06.97		392
T 957/96 -3.3.01	28.01.97		307
T 961/96 -3.3.01	10.02.00		168
T 986/96 -3.4.01	10.08.00		171，182
T 989/96 -3.2.06	05.07.01		721
T 990/96 -3.3.01	12.02.98	1998，489	125-127
T 1003/96 -3.2.03	06.02.01		565
T 1004/96 -3.2.04	17.10.97		917
T 1008/96 -3.2.03	25.06.03		398
T 1018/96 -3.2.03	28.10.98		197
T 1028/96 -3.2.01	15.09.99	2000，475	598
T 1029/96 -3.3.01	21.08.01		88
T 1032/96 -3.3.03	26.05.00		907
T 1037/96 -3.2.04	04.06.98		799
T 1046/96 -3.3.04	19.01.98		373
T 1051/96 -3.3.04	13.07.99		681
T 1054/96 -3.3.04	13.10.97	1998，511	9
T 1060/96 -3.2.03	26.01.99		864
T 1062/96 -3.3.01	11.12.97		510，526
T 1066/96 -3.4.02	08.07.99		688
T 1069/96 -3.2.01	10.05.00		777
T 1070/96 -3.2.02	13.01.00		794，863
T 1073/96 -3.3.02	01.09.99		160
T 1105/96 -3.4.01	09.07.97	1998，249	541，542，544，666
T 1109/96 -3.3.03	18.02.99		313

1997

T 1/97 -3.2.01	30.03.99		850
T 10/97 -3.4.02	07.10.99		330
T 15/97 -3.3.01	08.11.00		199
T 17/97 -3.3.01	14.11.00		922

T 19/97 - 3.3.04	31.07.01		731, 732, 736
T 25/97 - 3.2.01	19.07.00		206
T 27/97 - 3.5.01	30.05.00		30, 191, 193
T 36/97 - 3.2.03	23.10.01		516
T 37/97 - 3.3.05	22.11.99		464
T 40/97 - 3.2.01	01.12.98		318
T 41/97 - 3.2.01	15.04.98		877, 912
T 43/97 - 3.4.01	10.10.01		206
T 56/97 - 3.3.02	30.08.01		145, 147
T 59/97 - 3.2.04	24.07.98		288
T 63/97 - 3.2.04	01.12.97		176
T 65/97 - 3.2.04	15.06.00		905
T 66/97 - 3.4.02	09.01.98		166
T 77/97 - 3.3.01	03.07.97		401, 409
T 83/97 - 3.3.04	16.03.99		868
T 100/97 - 3.2.05	16.06.00		558
T 103/97 - 3.4.02	06.11.98		812
T 106/97 - 3.2.03	16.09.99		713
T 123/97 - 3.2.01	10.09.98		216
T 142/97 - 3.4.01	02.12.99	2000, 358	550, 918
T 153/97 - 3.3.02	02.12.98		169
T 157/97 - 3.3.05	18.03.98		191, 199
T 158/97 - 3.3.05	04.04.00		191, 199
T 162/97 - 3.2.04	30.06.99		858
T 167/97 - 3.2.02	16.11.98	1999, 488	501
T 170/97 - 3.2.04	23.02.98		176
T 176/97 - 3.3.05	18.03.98		191, 199
T 186/97 - 3.4.02	15.09.97		510
T 188/97 - 3.3.04	08.02.01		404, 414, 723
T 191/97 - 3.3.03	03.02.99		221
T 202/97 - 3.5.02	10.02.99		83
T 212/97 - 3.5.02	08.06.99		474, 475, 555, 618, 775, 782
T 223/97 - 3.2.01	03.11.98		802
T 227/97 - 3.3.04	09.10.98	1999, 495	245, 505

T 231/97 - 3.3.01	21.03.00		202, 219
T 255/97 - 3.3.05	12.05.00		216
T 258/97 - 3.5.01	08.02.02		193
T 265/97 - 3.4.01	04.05.01		266
T 266/97 - 3.2.03	22.06.98		849
T 270/97 - 3.3.02	20.12.99		114
T 276/97 - 3.5.02	26.02.99		382
T 283/97 - 3.5.01	19.10.00		855
T 287/97 - 3.3.03	12.09.00		282, 285, 286
T 291/97 - 3.3.04	08.05.01		562
T 298/97 - 3.3.06	28.05.01	2002, 83	458, 731, 843, 845
T 299/97 - 3.3.06	06.06.01		247
T 313/97 - 3.3.01	17.02.00		171
T 315/97 - 3.4.02	17.12.98	1999, 554	831
T 323/97 - 3.3.06	17.09.01	2002, 476	263
T 325/97 - 3.3.02	10.02.00		168, 171
T 355/97 - 3.3.01	05.07.00		171, 202, 222, 566
T 378/97 - 3.3.06	06.06.00		247, 249
T 382/97 - 3.3.06	28.09.00		799, 907
T 385/97 - 3.3.02	11.10.00		439, 837
T 392/97 - 3.2.01	20.04.99		467, 722, 723
T 396/97 - 3.3.02	15.11.00		890
T 409/97 - 3.2.04	25.11.98		280
T 425/97 - 3.3.02	08.05.98		453, 607, 618, 924
T 426/97 - 3.3.05	14.12.99		714
T 438/97 - 3.2.03	09.02.99		187
T 443/97 - 3.2.01	17.09.99		668
T 445/97 - 3.3.01	01.04.98		799, 852
T 450/97 - 3.3.02	05.02.98	1999, 67	345
T 465/97 - 3.3.07	14.03.01		250
T 475/97 - 3.2.05	18.10.01		827
T 479/97 - 3.3.04	06.09.01		404, 405
T 497/97 - 3.2.02	25.07.97		339
T 500/97 - 3.2.02	15.01.01		855

T 517/97 -3.2.05	25.10.99	2000, 515	721
T 524/97 -3.3.01	16.05.00		220
T 541/97 -3.2.04	21.04.99		245, 252, 255
T 550/97 -3.5.01	21.09.99		215
T 552/97 -3.5.02	04.11.97		452, 539, 910
T 568/97 -3.3.02	21.02.02		266, 278
T 577/97 -3.3.05	05.04.00		900
T 584/97 -3.3.02	05.12.01		145, 148
T 586/97 -3.3.01	14.09.00		252, 253, 268, 276, 277
T 594/97 -3.2.04	12.10.01		832
T 596/97 -3.2.04	10.06.98		270
T 598/97 -3.4.02	10.08.98		727
T 611/97 -3.5.02	19.05.99		86
T 613/97 -3.3.01	26.05.98		844
T 623/97 -3.5.01	11.04.02		213
T 631/97 -3.4.03	17.02.00	2001, 13	313, 669
T 633/97 -3.4.02	19.07.00		83, 700, 707, 708
T 636/97 -3.3.04	26.03.98		240, 871
T 641/97 -3.3.01	17.10.00		203
T 642/97 -3.3.07	15.02.01		474, 475, 927
T 644/97 -3.3.03	22.04.99		165, 166, 172, 855
T 647/97 -3.3.02	01.02.01		406
T 649/97 -3.2.05	08.12.00		269, 270
T 652/97 -3.2.03	16.06.99		610, 611
T 659/97 -3.3.05	22.08.01		322
T 666/97 -3.3.03	01.10.99		358
T 679/97 -3.2.03	04.01.99		867
T 686/97 -3.3.03	12.05.98		516
T 701/97 -3.3.05	23.08.01		382, 383
T 710/97 -3.4.02	25.10.00		165
T 712/97 -3.3.01	27.01.00		470, 913
T 713/97 -3.3.01	18.02.98		168
T 714/97 -3.3.03	27.06.00		162
T 743/97 -3.3.04	26.07.00		239
T 747/97 -3.3.03	01.02.00		172
T 774/97 -3.2.04	17.11.98		811, 838, 856
T 777/97 -3.2.02	16.03.98		616, 625
T 784/97 -3.2.03	16.06.00		354
T 792/97 -3.3.03	09.09.99		165
T 793/97 -3.3.01	01.03.00		168, 215
T 799/97 -3.2.03	04.07.01		730
T 802/97 -3.4.02	24.07.98		662, 674, 675
T 805/97 -3.2.04	13.01.00		206
T 818/97 -3.2.03	26.05.99		230
T 838/97 -3.3.04	14.11.00		76, 83
T 859/97 -3.4.03	02.03.01		920
T 861/97 -3.4.02	22.06.99		543
T 864/97 -3.5.01	14.06.00		702
T 885/97 -3.2.04	03.12.98		177
T 887/97 -3.3.02	28.11.00		344
T 899/97 -3.3.05	28.11.01		586
T 903/97 -3.4.02	31.01.01		408
T 904/97 -3.4.02	21.10.99		379
T 906/97 -3.4.02	10.06.99		318, 340
T 909/97 -3.3.07	13.06.02		408
T 919/97 -3.3.01	29.01.98		86
T 920/97 -3.3.04	19.12.00		844
T 931/97 -3.2.06	08.01.01		744
T 935/97 -3.5.01	04.02.99		2, 16, 18, 21, 188
T 937/97 -3.5.01	28.10.98		623
T 948/97 -3.4.01	09.01.02		401
T 950/97 -3.4.03	26.03.02		260, 290
T 951/97 -3.4.01	05.12.97	1998, 440	444, 471, 541, 607, 666
T 967/97 -3.5.01	25.10.01		163
T 970/97 -3.3.05	20.09.00		216
T 976/97 -3.3.03	16.08.00		451, 543, 632
T 986/97 -3.2.04	25.02.00		257

T 994/97 -3.3.06	24.08.01		832
T 998/97 -3.3.02	11.07.01		250
T 1046/97 -3.3.01	02.12.99		124
T 1051/97 -3.3.02	19.05.98		171
T 1067/97 -3.4.02	04.10.00		321, 324, 325
T 1070/97 -3.3.05	04.03.99		531
T 1074/97 -3.3.01	20.03.03		290
T 1100/97 -3.2.05	08.05.98		849
T 1116/97 -3.2.04	26.10.99		794
T 1126/97 -3.4.01	13.12.01		888
T 1129/97 -3.3.01	26.10.00	2001, 273	254, 286
T 1137/97 -3.3.04	14.10.02		71, 732, 748
T 1148/97 -3.2.01	09.12.99		899
T 1149/97 -3.4.02	07.05.99	2000, 259	356, 357, 369, 797, 806
T 1164/97 -3.3.02	22.03.01		288
T 1165/97 -3.2.06	15.02.00		228
T 1167/97 -3.2.01	17.11.99		257
T 1171/97 -3.5.01	17.09.99		747
T 1173/97 -3.5.01	01.07.98	1999, 609	XXXVII, 2, 4, 5, 16-18, 20, 21, 24, 35, 188, 640
T 1177/97 -3.5.01	09.07.02		21, 23, 190, 193, 195
T 1180/97 -3.2.01	19.10.99		765, 787
T 1191/97 -3.2.04	10.04.00		554
T 1194/97 -3.5.02	15.03.00	2000, 525	19, 21, 35, 193
T 1198/97 -3.3.05	05.03.01		445, 475, 823, 910
T 1203/97 -3.2.03	09.05.00		164, 165
T 1208/97 -3.3.04	03.11.00		111, 282, 284, 285
T 1212/97 -3.3.04	14.05.01		73
T 1213/97 -3.5.02	16.11.01		740
T 1221/97 -3.4.02	13.10.98		382

1998

T 4/98 -3.3.02	09.08.01	2002, 139	141, 912
T 26/98 -3.4.01	30.04.02		180, 186
T 27/98 -3.4.01	07.05.99		531
T 45/98 -3.2.02	06.06.00		762
T 50/98 -3.3.06	13.06.02		893
T 51/98 -3.3.01	24.07.01		205
T 70/98 -3.3.06	15.11.01		450
T 71/98 -3.3.05	21.12.99		214
T 74/98 -3.3.03	19.10.00		113
T 80/98 -3.2.04	26.09.00		385
T 91/98 -3.3.04	29.05.01		91, 178, 555
T 97/98 -3.3.05	21.05.01	2002, 183	851
T 111/98 -3.3.05	10.07.01		863, 866
T 128/98 -3.2.04	15.03.00		794
T 135/98 -3.3.02	20.11.02		706
T 149/98 -3.3.04	15.01.03		260
T 177/98 -3.2.04	09.11.99		920
T 191/98 -3.2.06	04.03.03		449
T 201/98 -3.5.01	27.07.99		441, 662
T 203/98 -3.5.01	27.07.99		257, 258
T 209/98 -3.3.01	26.06.01		203
T 210/98 -3.3.03	19.12.00		756
T 226/98 -3.3.01	07.02.01		254
T 228/98 -3.3.03	04.04.01		352
T 238/98 -3.3.05	07.05.03		288
T 241/98 -3.2.04	22.03.99		598
T 245/98 -3.3.02	11.10.01		249
T 247/98 -3.3.05	17.06.99		564, 568, 635, 637
T 249/98 -3.2.01	11.01.00		782
T 254/98 -3.2.06	26.09.00		564
T 268/98 -3.3.05	16.05.01		211

T 274/98 -3.3.01	05.02.02		254
T 287/98 -3.3.06	05.12.00		316
T 319/98 -3.3.01	19.02.02		160
T 338/98 -3.4.02	02.03.99		520
T 342/98 -3.3.04	20.11.01		404, 708
T 376/98 -3.2.01	09.03.99		445
T 400/98 -3.3.06	19.09.02		172, 212
T 406/98 -3.2.03	26.09.00		197
T 411/98 -3.2.04	11.01.00		92
T 414/98 -3.2.04	30.11.99		176, 177, 199
T 425/98 -3.3.01	12.03.02		254
T 428/98 -3.3.05	23.02.01	2001, 494	425, 427, 497, 499, 510, 514, 516, 553
T 432/98 -3.3.02	28.11.01		212
T 437/98 -3.3.08	29.01.03		252, 255, 280
T 438/98 -3.3.03	12.10.00		369
T 439/98 -3.3.06	17.10.02		247, 249
T 445/98 -3.2.01	10.07.00		433, 854, 908
T 464/98 -3.3.05	12.09.00		167
T 471/98 -3.4.01	02.07.02		199
T 473/98 -3.5.02	05.09.00	2001, 231	611, 848, 869, 917
T 474/98 -3.2.03	10.05.01		29
T 480/98 -3.2.04	28.04.99		253, 264
T 484/98 -3.3.04	13.09.99		266
T 502/98 -3.3.06	07.06.02		701, 713
T 515/98 -3.2.04	14.09.99		105
T 517/98 -3.3.05	17.01.02	2003, 385	233
T 534/98 -3.2.03	01.07.99		777, 779
T 541/98 -3.5.01	10.02.00		717
T 552/98 -3.3.03	07.11.00		715
T 564/98 -3.2.01	06.06.00		905
T 587/98 -3.5.02	12.05.00	2000, 497	375, 385
T 590/98 -3.3.02	30.04.03		832
T 598/98 -3.3.05	16.10.01		740
T 619/98 -3.5.01	23.04.99		116
T 621/98 -3.5.01	18.06.99		586, 587
T 656/98 -3.3.04	18.05.01		583, 736, 737
T 685/98 -3.5.02	21.09.98	1999, 346	442, 678, 679, 877, 930
T 687/98 -3.3.03	11.01.01		276
T 690/98 -3.2.01	22.06.99		726, 836
T 693/98 -3.2.01	25.04.02		792
T 713/98 -3.3.03	17.01.02		246, 248
T 717/98 -3.3.06	04.11.02		282 -284
T 718/98 -3.3.06	26.11.02		700, 706
T 728/98 -3.3.01	12.05.00	2001, 319	125, 252, 253, 255, 269, 270, 289, 353
T 733/98 -3.4.03	14.12.99		523, 859
T 740/98 -3.3.01	09.11.04		436
T 748/98 -3.3.04	23.05.01		288
T 777/98 -3.3.07	30.03.01	2001, 509	529
T 778/98 -3.3.03	07.08.00		438, 914
T 828/98 -3.2.04	28.03.00		772
T 862/98 -3.4.02	17.08.99		446, 594
T 869/98 -3.3.06	09.05.00		869
T 872/98 -3.2.01	26.10.99		215
T 875/98 -3.3.03	26.10.01		922
T 877/98 -3.2.03	05.10.00		70
T 881/98 -3.4.01	23.05.00		522
T 887/98 -3.2.04	19.07.00		869
T 892/98 -3.5.01	23.03.00		702
T 910/98 -3.2.02	30.10.01		156, 158
T 911/98 -3.5.01	09.04.03		213
T 914/98 -3.2.01	22.09.00		814, 867
T 915/98 -3.5.01	17.05.00		869
T 925/98 -3.2.03	13.03.01		350

T 927/98 – 3. 2. 04	09. 07. 99		782
T 928/98 – 3. 2. 06	08. 11. 00		475, 476
T 939/98 – 3. 3. 03	17. 01. 02		269
T 942/98 – 3. 3. 01	13. 02. 01		204, 321
T 954/98 – 3. 5. 01	09. 12. 99		479, 599, 600
T 959/98 – 3. 3. 06	22. 10. 02		117
T 960/98 – 3. 3. 07	09. 04. 03		247, 249
T 962/98 – 3. 3. 01	15. 01. 04		327, 351
T 965/98 – 3. 3. 04	26. 08. 99		618
T 985/98 – 3. 2. 04	21. 10. 04		220
T 1001/98 – 3. 4. 02	10. 09. 03		66
T 1012/98 – 3. 3. 03	27. 06. 01		254
T 1017/98 – 3. 2. 06	18. 06. 01		261
T 1020/98 – 3. 3. 01	27. 06. 03	2003, 533	254, 271
T 1022/98 – 3. 3. 05	10. 11. 99		442
T 1041/98 – 3. 2. 02	22. 10. 01		269, 270
T 1043/98 – 3. 2. 01	11. 05. 00		187, 188
T 1053/98 – 3. 5. 01	22. 10. 99		194
T 1055/98 – 3. 3. 05	04. 04. 01		246
T 1056/98 – 3. 2. 01	02. 02. 00		817
T 1059/98 – 3. 2. 01	19. 02. 02		760
T 1062/98 – 3. 2. 06	17. 01. 02		234
T 1097/98 – 3. 2. 01	02. 02. 00		776
T 1105/98 – 3. 2. 01	19. 09. 00		471, 472, 894, 902
T 1130/98 – 3. 2. 01	12. 07. 99		536

1999

T 5/99 – 3. 2. 01	16. 05. 00		246
T 35/99 – 3. 2. 02	29. 09. 99	2000, 447	51, 53
T 37/99 – 3. 4. 02	09. 11. 00		806
T 42/99 – 3. 4. 01	21. 01. 04		753
T 49/99 – 3. 5. 01	05. 03. 02		286, 852
T 50/99 – 3. 2. 04	09. 10. 02		630
T 52/99 – 3. 3. 02	22. 08. 00		888
T 60/99 – 3. 2. 04	26. 04. 01		94
T 71/99 – 3. 4. 02	20. 06. 01		549
T 76/99 – 3. 4. 02	09. 10. 01		832
T 79/99 – 3. 3. 02	03. 12. 99		479
T 91/99 – 3. 3. 02	24. 01. 03		750, 754
T 119/99 – 3. 3. 06	25. 05. 00		638
T 131/99 – 3. 4. 02	19. 07. 01		421
T 151/99 – 3. 5. 01	24. 10. 01		85, 560
T 168/99 – 3. 5. 01	12. 12. 00		806, 906
T 172/99 – 3. 3. 03	07. 03. 02		232, 233
T 190/99 – 3. 2. 04	06. 03. 01		280, 344, 358
T 194/99 – 3. 4. 01	07. 05. 04		255
T 201/99 – 3. 3. 06	10. 09. 04		264, 336, 407
T 231/99 – 3. 2. 04	31. 08. 99		475, 840, 927
T 240/99 – 3. 2. 03	12. 12. 02		832
T 241/99 – 3. 5. 02	06. 12. 01		89, 783
T 263/99 – 3. 2. 02	20. 06. 00		164, 165
T 264/99 – 3. 2. 01	14. 11. 00		82, 340
T 274/99 – 3. 3. 06	16. 05. 01		714
T 275/99 – 3. 3. 02	25. 07. 00		674, 869
T 276/99 – 3. 5. 01	26. 09. 01		231, 954
T 304/99 – 3. 2. 01	07. 05. 01		874
T 308/99 – 3. 3. 02	02. 06. 03		212
T 314/99 – 3. 3. 03	21. 06. 01		71, 172, 555, 725
T 317/99 – 3. 3. 02	06. 02. 02		276
T 320/99 – 3. 4. 03	26. 09. 02		541
T 323/99 – 3. 3. 01	17. 10. 01		214
T 329/99 – 3. 3. 06	05. 04. 01		350
T 363/99 – 3. 3. 02	19. 04. 04		253
T 372/99 – 3. 2. 05	17. 11. 00		908
T 410/99 – 3. 3. 06	20. 01. 03		95
T 413/99 – 3. 3. 06	21. 02. 02		247
T 427/99 – 3. 3. 01	15. 11. 01		853, 890
T 433/99 – 3. 2. 02	24. 11. 00		270
T 438/99 – 3. 5. 02	24. 01. 02		373
T 468/99 – 3. 3. 06	16. 05. 03		476, 701, 888

T 473/99 - 3. 2. 05	22. 10. 02		799
T 478/99 - 3. 2. 04	07. 12. 00		79, 731
T 481/99 - 3. 2. 06	21. 06. 02		710
T 484/99 - 3. 3. 03	25. 07. 00		471
T 485/99 - 3. 3. 02	29. 04. 04		145, 148
T 491/99 - 3. 2. 01	24. 10. 00		109
T 494/99 - 3. 3. 02	19. 02. 03		222
T 543/99 - 3. 3. 06	24. 10. 00		908
T 553/99 - 3. 2. 01	21. 02. 01		369
T 588/99 - 3. 3. 06	27. 03. 03		212
T 592/99 - 3. 3. 02	01. 08. 02		330
T 596/99 - 3. 3. 03	05. 12. 01		565
T 598/99 - 3. 4. 03	17. 12. 02		829
T 605/99 - 3. 2. 06	25. 04. 02		702
T 609/99 - 3. 5. 02	13. 11. 01		713
T 613/99 - 3. 2. 01	30. 08. 99		668
T 620/99 - 3. 3. 04	08. 05. 03		288, 765
T 647/99 - 3. 3. 02	04. 04. 00		913
T 652/99 - 3. 2. 06	22. 02. 01		717
T 653/99 - 3. 3. 04	18. 09. 02		775
T 663/99 - 3. 2. 01	06. 02. 01		442
T 668/99 - 3. 2. 03	14. 09. 04		762, 763
T 686/99 - 3. 3. 01	22. 01. 03		350
T 688/99 - 3. 3. 03	11. 07. 01		383
T 702/99 - 3. 3. 02	03. 12. 03		222, 556
T 710/99 - 3. 4. 03	11. 02. 03		895, 899
T 711/99 - 3. 3. 07	21. 10. 03	2004, 550	730
T 717/99 - 3. 3. 03	18. 11. 04		334
T 724/99 - 3. 3. 02	24. 10. 01		832
T 736/99 - 3. 5. 02	20. 06. 02		714, 716
T 744/99 - 3. 5. 01	15. 01. 02		404, 410
T 758/99 - 3. 5. 01	25. 01. 01		761
T 809/99 - 3. 2. 06	22. 10. 02		832
T 832/99 - 3. 2. 05	17. 09. 04		497, 527
T 877/99 - 3. 3. 01	31. 07. 01		214, 252
T 898/99 - 3. 2. 06	05. 11. 02		475
T 919/99 - 3. 3. 04	07. 04. 03		151
T 930/99 - 3. 2. 07	01. 08. 02		237, 247, 249
T 932/99 - 3. 3. 07	03. 08. 04		284, 858
T 934/99 - 3. 2. 02	18. 04. 01		777
T 945/99 - 3. 3. 02	17. 12. 04		285
T 947/99 - 3. 3. 02	27. 11. 03		75, 711
T 952/99 - 3. 3. 03	10. 12. 02		160, 261, 900
T 957/99 - 3. 2. 06	12. 12. 02		476
T 966/99 - 3. 2. 06	03. 12. 02		476, 608
T 971/99 - 3. 3. 04	19. 04. 00		531
T 998/99 - 3. 3. 02	15. 09. 03	2005, 229	399, 880
T 1001/99 - 3. 2. 03	27. 06. 02		4, 10
T 1008/99 - 3. 4. 02	04. 05. 00		371, 382, 394
T 1019/99 - 3. 5. 01	16. 06. 04		168, 171
T 1022/99 - 3. 2. 01	10. 04. 01		76, 783
T 1049/99 - 3. 3. 02	09. 11. 04		101, 156, 158, 333
T 1050/99 - 3. 3. 08	25. 01. 05		334, 336, 337
T 1062/99 - 3. 2. 01	04. 05. 00		784, 840
T 1065/99 - 3. 3. 02	19. 09. 01		867, 921
T 1080/99 - 3. 5. 01	31. 10. 01	2002, 568	95, 463
T 1086/99 - 3. 3. 02	10. 11. 04		334
T 1097/99 - 3. 3. 04	28. 05. 03		898
T 1101/99 - 3. 3. 07	10. 04. 01		629

2000

T 4/00 - 3. 2. 06	17. 01. 03		96
T 9/00 - 3. 3. 02	18. 12. 01	2002, 275	731, 768
T 12/00 - 3. 4. 02	07. 11. 02		559, 855
T 13/00 - 3. 3. 02	27. 06. 03		408
T 36/00 - 3. 3. 08	02. 10. 03		240
T 41/00 - 3. 4. 02	19. 12. 01		727, 729
T 43/00 - 3. 3. 02	09. 05. 03		398
T 48/00 - 3. 3. 02	12. 06. 02		867
T 54/00 - 3. 5. 02	19. 12. 00		844
T 55/00 - 3. 5. 01	10. 10. 00		620
T 60/00 - 3. 4. 01	03. 07. 03		875
T 65/00 - 3. 3. 07	10. 10. 01		775, 779

T 74/00 - 3. 4. 02	15. 03. 05		556, 731
T 97/00 - 3. 3. 01	25. 09. 03		566
T 98/00 - 3. 3. 01	18. 03. 03		642, 866
T 100/00 - 3. 3. 03	07. 03. 03		126, 127
T 101/00 - 3. 3. 03	03. 07. 03		795
T 111/00 - 3. 3. 04	14. 02. 02		179
T 112/00 - 3. 4. 02	26. 06. 02		126
T 113/00 - 3. 5. 02	17. 09. 02		170
T 120/00 - 3. 3. 04	18. 02. 03		708
T 134/00 - 3. 3. 06	05. 09. 03		174, 265
T 140/00 - 3. 3. 01	27. 06. 02		717
T 141/00 - 3. 3. 05	30. 09. 02		258
T 165/00 - 3. 2. 01	30. 11. 00		856, 859
T 188/00 - 3. 4. 03	05. 05. 03		300
T 196/00 - 3. 3. 01	11. 07. 02		890
T 204/00 - 3. 4. 02	13. 11. 02		560
T 208/00 - 3. 2. 01	06. 10. 00		922
T 244/00 - 3. 5. 01	15. 11. 01		29, 34, 195
T 248/00 - 3. 3. 07	17. 02. 04		923
T 250/00 - 3. 3. 06	24. 03. 03		282, 285
T 263/00 - 3. 2. 03	25. 05. 00		765, 839, 840
T 264/00 - 3. 2. 04	28. 05. 01		630
T 268/00 - 3. 3. 01	16. 12. 03		203, 675
T 269/00 - 3. 5. 01	16. 03. 05		918
T 270/00 - 3. 5. 01	18. 09. 01		534
T 278/00 - 3. 3. 01	11. 02. 03	2003, 546	611, 613, 919
T 285/00 - 3. 3. 06	22. 10. 04		264, 334, 336
T 289/00 - 3. 2. 03	20. 06. 01		403
T 328/00 - 3. 4. 02	17. 09. 02		71
T 335/00 - 3. 2. 06	08. 10. 02		773
T 336/00 - 3. 2. 06	08. 10. 02		773
T 338/00 - 3. 3. 08	06. 11. 02		12
T 349/00 - 3. 5. 01	05. 04. 01		856
T 375/00 - 3. 2. 07	07. 05. 02		439, 547
T 380/00 - 3. 4. 02	07. 05. 02		710

T 395/00 - 3. 3. 04	22. 04. 04		201
T 402/00 - 3. 3. 01	05. 05. 04		375, 382
T 405/00 - 3. 3. 06	14. 10. 04		281
T 416/00 - 3. 3. 07	24. 01. 06		744
T 426/00 - 3. 2. 04	20. 10. 04		264
T 427/00 - 3. 2. 04	10. 05. 01		115
T 434/00 - 3. 3. 02	29. 06. 01		844
T 446/00 - 3. 3. 02	03. 07. 03		539, 706, 892, 900
T 479/00 - 3. 3. 05	15. 02. 02		169
T 481/00 - 3. 3. 02	13. 08. 04		704
T 485/00 - 3. 3. 05	22. 09. 04		234
T 499/00 - 3. 3. 06	28. 01. 03		250, 570
T 500/00 - 3. 3. 07	17. 06. 04		332, 426, 436
T 508/00 - 3. 2. 07	29. 06. 04		711
T 515/00 - 3. 2. 05	25. 06. 03		234, 403, 413
T 521/00 - 3. 2. 03	10. 04. 03		779
T 523/00 - 3. 2. 03	10. 07. 03		286
T 532/00 - 3. 3. 09	01. 06. 05		174
T 552/00 - 3. 3. 04	30. 10. 03		280
T 555/00 - 3. 2. 05	11. 03. 03		376
T 558/00 - 3. 5. 01	18. 02. 04		163, 213
T 561/00 - 3. 3. 05	17. 07. 02		382
T 594/00 - 3. 3. 04	06. 05. 04		914
T 611/00 - 3. 3. 06	18. 09. 01		863
T 619/00 - 3. 4. 02	11. 09. 03		247, 249
T 631/00 - 2. 4. 02	05. 05. 04		163
T 641/00 - 3. 5. 01	26. 09. 02	2003, 352	6, 8, 22, 170, 180, 184, 188, 190, 191, 194, 196
T 643/00 - 3. 5. 01	16. 10. 03		29, 35, 193
T 659/00 - 3. 5. 02	01. 07. 03		211
T 660/00 - 3. 4. 02	17. 04. 02		209
T 664/00 - 3. 3. 02	28. 11. 02		465

T 665/00 - 3.3.07	13.04.05		89, 423
T 687/00 - 3.3.07	05.10.04		254
T 692/00 - 3.3.06	13.05.03		461
T 699/00 - 3.3.07	25.04.05		833, 904
T 706/00 - 3.2.03	15.05.03		450, 451
T 708/00 - 3.5.01	05.12.03	2004, 160	669, 670
T 714/00 - 3.3.03	06.08.02		321, 324
T 725/00 - 3.2.04	16.06.04		452
T 727/00 - 3.3.06	22.06.01		321
T 735/00 - 3.3.04	23.03.04		891
T 740/00 - 3.2.06	10.10.01		475
T 747/00 - 3.3.01	01.03.05		264, 336
T 751/00 - 3.3.08	21.05.03		250
T 778/00 - 3.2.04	06.07.01	2001, 554	428, 433, 854, 908
T 786/00 - 3.3.03	19.12.01		125, 126
T 792/00 - 3.3.04	02.07.02		233, 236, 240, 250, 567
T 818/00 - 3.3.06	18.07.03		410
T 824/00 - 3.5.02	24.03.03	2004, 5	392, 846
T 835/00 - 3.3.03	07.11.02		165
T 848/00 - 3.3.02	13.11.02		539, 543, 845
T 860/00 - 3.3.06	28.09.04		315, 349
T 862/00 - 3.5.03	29.04.04		897
T 866/00 - 3.3.01	30.09.03		235
T 915/00 - 3.4.02	19.06.02		214
T 920/00 - 3.2.06	16.06.03		280
T 923/00 - 3.3.02	01.08.06		402
T 926/00 - 3.3.02	26.02.04		212
T 931/00 - 3.3.05	19.05.03		329
T 937/00 - 3.4.02	12.06.03		749, 803
T 943/00 - 3.3.03	31.07.03		247 - 249
T 946/00 - 3.3.01	24.11.04		172
T 952/00 - 3.2.03	27.11.02		758
T 959/00 - 3.3.03	21.01.05		918
T 961/00 - 3.3.05	09.12.02		539, 544, 846

T 966/00 - 3.3.03	06.03.03		160
T 968/00 - 3.3.08	19.04.05		265
T 970/00 - 3.4.02	15.09.04		163, 176
T 979/00 - 3.3.03	20.03.03		165
T 984/00 - 3.3.04	18.06.02		241
T 986/00 - 3.5.02	25.02.03	2003, 554	450
T 994/00 - 3.5.03	05.05.04		704
T 016/00 - 3.2.07	12.04.02		919
T 1023/00 - 3.4.03	17.09.03		251
T 1029/00 - 3.3.02	29.05.01		429, 534
T 1030/00 - 3.3.01	22.07.03		71
T 1031/00 - 3.3.02	23.05.02		136
T 1038/00 - 3.3.04	26.03.02		722
T 1039/00 - 3.2.04	15.01.01		438, 914
T 1048/00 - 3.2.03	18.06.03		454
T 1050/00 - 3.5.01	07.08.03		708
T 1074/00 - 3.3.04	13.05.04		252, 268
T 1076/00 - 3.3.04	05.08.03		140, 276, 713
T 1084/00 - 3.3.08	11.04.03		255, 280
T 1102/00 - 3.3.08	01.06.04		183, 334, 335, 337
T 1164/00 - 3.3.06	02.09.03		816
T 1172/00 - 3.5.02	05.09.01		516
T 1173/00 - 3.5.02	05.06.03	2004, 16	235
T 1176/00 - 3.5.02	23.07.03		391
T 1177/00 - 3.5.02	24.07.03		391
T 1188/00 - 3.3.03	30.04.03		174, 203
T 1195/00 - 3.2.02	24.05.04		211
T 1201/00 - 3.2.01	07.11.02		866

2001

T 10/01 - 3.3.08	09.03.05		264, 336
T 14/01 - 3.3.06	03.11.04		333
T 15/01 - 3.3.04	17.06.04	2006, 153	397, 400, 737, 798, 851
T 30/01 - 3.4.02	29.06.04		409
T 31/01 - 3.4.02	23.05.03		110
T 34/01 - 3.2.01	18.02.03		701

T 55/01 - 3.5.01	11.02.03		88
T 56/01 - 3.5.01	21.01.04		271, 273
T 83/01 - 3.3.02	10.08.04		233
T 125/01 - 3.5.01	11.12.02		20
T 129/01 - 3.2.06	25.06.03		909
T 131/01 - 3.2.01	18.07.02	2003, 115	469, 716, 717, 791
T 133/01 - 3.3.01	30.09.03		221
T 134/01 - 3.3.01	27.01.05		334
T 135/01 - 3.5.02	21.01.04		790
T 136/01 - 3.4.03	30.11.05		408
T 151/01 - 3.3.02	09.02.06		268
T 193/01 - 3.4.02	04.06.04		252, 255, 269, 270
T 211/01 - 3.3.06	01.12.03		166
T 214/01 - 3.5.01	07.03.03		469, 712
T 230/01 - 3.3.02	26.04.05		106
T 231/01 - 3.2.06	05.09.01		88
T 236/01 - 3.3.08	15.09.05		337
T 260/01 - 3.2.03	22.01.02		257, 258
T 283/01 - 3.3.05	03.09.02		513
T 295/01 - 3.3.04	07.09.01	2002, 251	784
T 311/01 - 3.2.03	04.11.01		547
T 314/01 - 3.5.01	18.12.03		493
T 320/01 - 3.3.01	12.03.04		203
T 344/01 - 3.3.02	15.03.05		247
T 351/01 - 3.3.08	02.07.03		241, 411, 412
T 360/01 - 3.3.03	21.10.03		900
T 373/01 - 3.5.03	14.10.04		285
T 377/01 - 3.5.01	14.10.03		670
T 379/01 - 3.5.01	24.03.04		630
T 380/01 - 3.3.06	28.05.04		280
T 386/01 - 3.4.02	24.07.03		738
T 387/01 - 3.2.06	13.01.04		237, 247, 248
T 393/01 - 3.3.02	13.07.04		212
T 396/01 - 3.5.01	25.05.04		285
T 397/01 - 3.3.06	14.12.04		888, 892, 898
T 402/01 - 3.5.01	21.02.05		865
T 423/01 - 3.3.04	25.03.04		408
T 433/01 - 3.3.03	04.06.03		320
T 459/01 - 3.2.06	06.11.03		476
T 475/01 - 3.3.08	15.06.04		40, 43, 587
T 486/01 - 3.3.04	03.09.03		145, 151
T 493/01 - 3.3.08	04.06.03		184
T 500/01 - 3.3.04	12.11.03		280, 282, 283, 317, 900
T 508/01 - 3.5.02	09.10.01		613
T 514/01 - 3.2.07	11.09.03		744, 760
T 520/01 - 3.2.07	29.10.03		793, 795, 880
T 545/01 - 3.2.01	16.09.03		269
T 554/01 - 3.3.09	20.10.05		747
T 561/01 - 3.5.01	30.06.06		736
T 579/01 - 3.3.04	30.06.04		359, 361
T 584/01 - 3.3.02	21.04.05		334
T 591/01 - 3.3.02	16.03.05		827
T 594/01 - 3.3.01	30.03.04		130
T 604/01 - 3.5.03	12.08.04		716, 909, 919
T 611/01 - 3.3.02	23.08.04		597, 916
T 622/01 - 3.2.02	08.05.02		516
T 643/01 - 3.4.03	07.07.04		576
T 650/01 - 3.4.01	14.10.04		164
T 652/01 - 3.4.02	12.09.02		100
T 653/01 - 3.4.03	23.03.03		431, 738
T 657/01 - 3.3.03	24.06.03		369
T 669/01 - 3.3.04	22.05.02		151
T 681/01 - 3.3.07	28.11.06		82, 285
T 694/01 - 3.3.04	04.07.02	2003, 250	721, 722
T 708/01 - 3.5.03	17.03.05		740
T 713/01 - 3.3.03	07.10.03		566
T 715/01 - 3.3.04	24.09.02		851

T	716/01 - 3.3.08	10.11.04		243
T	736/01 - 3.3.09	04.08.05		863
T	749/01 - 3.2.05	23.08.02		739
T	785/01 - 3.2.01	30.09.03		510，516
T	788/01 - 3.3.03	13.06.03		408，410
T	794/01 - 3.3.03	28.08.03		220
T	796/01 - 3.3.05	09.01.06		257
T	803/01 - 3.3.03	09.09.03		126，127，211，289
T	811/01 - 3.3.04	06.08.04		240
T	836/01 - 3.3.04	07.10.03		144，146
T	846/01 - 3.5.01	17.09.02		842
T	866/01 - 3.3.02	11.05.05		36，770
T	872/01 - 3.3.03	14.07.04		900
T	880/01 - 3.5.01	09.06.05		799，904
T	881/01 - 3.3.04	19.03.04		285
T	906/01 - 3.2.02	28.09.04		85
T	913/01 - 3.3.06	11.10.04		82
T	914/01 - 3.3.03	02.12.03		233
T	918/01 - 3.3.04	06.10.04		179
T	933/01 - 3.2.06	28.06.04		290
T	942/01 - 3.3.06	12.08.04		369
T	948/01 - 3.3.01	08.04.04		168，180
T	991/01 - 3.4.02	14.10.03		863
T	001/01 - 3.3.02	11.10.07		151，327
T	003/01 - 3.2.01	08.12.03		875
T	004/01 - 3.3.07	01.09.04		327，330，897，898
T	011/01 - 3.5.01	16.11.04		229
T	034/01 - 3.4.03	29.01.04		716
T	037/01 - 3.3.04	12.08.04		710
T	052/01 - 3.2.01	01.07.03		359
T	056/01 - 3.2.02	04.06.03		398，417，562
T	064/01 - 3.3.01	25.03.04		203
T	069/01 - 3.2.01	12.08.02		257
T	081/01 - 3.3.01	27.09.04		76 - 78
T	092/01 - 3.3.04	26.04.05		156
T	098/01 - 3.3.02	13.04.05		833
T	122/01 - 3.4.02	06.05.04		473
T	146/01 - 3.3.03	02.09.04		322，334
T	156/01 - 3.3.09	21.06.05		256，257
T	1157/01 - 3.3.06	01.09.04		542，572
T	1158/01 - 3.4.02	13.07.04	2005，110	376，379
T	1174/01 - 3.2.03	12.12.02		452
T	1182/01 - 3.3.03	14.06.05		701，704，707，744
T	1186/01 - 3.3.07	19.07.06		266
T	1200/01 - 3.5.02	06.11.02		563，568
T	1206/01 - 3.3.01	23.09.04		346，350，365
T	1212/01 - 3.3.02	03.02.05		164，214，215，218
T	1228/01 - 3.3.04	23.04.03		317，404
T	1235/01 - 3.4.01	26.02.04		704
T	1239/01 - 3.3.01	07.01.04		204
T	1250/01 - 3.3.05	14.05.03		236
T	1277/01 - 3.3.09	25.11.04		199
T	1281/01 - 3.5.02	23.01.03		635，853
T	1285/01 - 3.3.01	06.07.04		168
T	1288/01 - 3.3.03	26.03.04		232

2002

T	6/02 - 3.3.07	03.02.05		216
T	14/02 - 3.2.07	05.11.03		895，902
T	21/02 - 3.3.01	20.02.06		928
T	23/02 - 3.3.03	19.07.05		316
T	30/02 - 3.3.08	09.10.06		411，412
T	36/02 - 3.3.10	20.03.06		833
T	50/02 - 3.3.01	29.06.04		890，901
T	64/02 - 3.2.06	19.01.05		471，891
T	67/02 - 3.3.02	14.05.04		264
T	68/02 - 3.2.07	24.06.04		475
T	70/02 - 3.2.04	15.03.02		608
T	84/02 - 3.2.06	27.09.02		845
T	107/02 - 3.3.06	15.06.05		212
T	109/02 - 3.2.02	20.01.05		461

T 127/02 - 3.3.08	16.09.03		276
T 133/02 - 3.5.01	27.09.05		272
T 143/02 - 3.2.05	08.01.04		237
T 149/02 - 3.4.03	25.07.03		829
T 161/02 - 3.3.08	13.09.04		264
T 174/02 - 3.4.01	25.11.04		269
T 181/02 - 3.2.04	13.10.03		461, 802
T 226/02 - 3.2.07	13.07.04		621
T 241/02 - 3.2.07	24.09.04		357
T 250/02 - 3.3.04	28.04.05		361, 408
T 252/02 - 3.2.06	07.12.04		237, 247, 248
T 268/02 - 3.3.02	31.01.03		843
T 269/02 - 3.3.02	20.07.05		758
T 283/02 - 3.2.04	09.04.03		718, 724, 728, 729
T 287/02 - 3.2.03	03.09.04		275
T 288/02 - 3.4.03	22.04.04		290
T 295/02 - 3.3.03	01.12.03		266, 279
T 302/02 - 3.3.04	12.03.04		201, 587
T 315/02 - 3.2.02	12.09.03		72
T 326/02 - 3.3.03	11.05.04		160
T 343/02 - 3.5.01	20.01.03		537
T 357/02 - 3.3.03	30.07.04		174
T 362/02 - 3.3.02	26.06.02		919, 926
T 369/02 - 3.3.07	07.07.05		221
T 374/02 - 3.2.07	13.10.05		546
T 378/02 - 3.3.04	12.10.05		269
T 396/02 - 3.3.07	02.08.05		249
T 401/02 - 3.5.01	15.01.04		472
T 407/02 - 3.4.03	12.11.03		833, 852
T 408/02 - 3.5.01	07.04.05		756
T 411/02 - 3.3.04	07.11.06		361, 888
T 412/02 - 3.3.03	16.06.04		256, 287
T 413/02 - 3.5.01	05.05.04		731, 732
T 435/02 - 3.2.01	01.04.04		752
T 436/02 - 3.3.05	25.06.04		739
T 441/02 - 3.3.03	19.05.04		211
T 442/02 - 3.3.01	26.10.04		199
T 454/02 - 3.3.10	08.02.06		717
T 457/02 - 3.3.09	16.11.05		280
T 475/02 - 3.3.07	21.12.06		384
T 482/02 - 3.5.01	09.02.05		770
T 496/02 - 3.3.03	11.01.05		165, 221
T 497/02 - 3.3.04	27.05.04		675
T 499/02 - 3.3.07	24.06.05		266
T 502/02 - 3.5.01	17.01.03		875
T 506/02 - 3.3.08	18.01.05		334
T 511/02 - 3.2.03	17.02.04		781
T 552/02 - 3.2.04	15.10.03		506
T 553/02 - 3.3.06	14.07.04		10, 117
T 556/02 - 3.2.04	19.02.03		282, 283
T 558/02 - 3.2.04	23.07.03		512
T 563/02 - 3.3.06	31.05.05		247
T 564/02 - 3.3.03	30.09.04		289
T 569/02 - 3.2.07	02.06.04		709
T 574/02 - 3.3.09	26.04.05		701, 742
T 576/02 - 3.2.04	27.03.03		413
T 587/02 - 3.5.01	12.09.02		439, 674
T 609/02 - 3.3.08	27.10.04		237
T 611/02 - 3.2.06	09.11.04		237, 247, 248
T 619/02 - 3.4.02	22.03.06	2007, 63	1, 2, 5-7, 190, 192
T 643/02 - 3.2.04	16.09.04		379
T 646/02 - 3.2.03	21.09.04		834
T 653/02 - 3.3.03	09.07.04		834
T 668/02 - 3.3.01	08.03.05		221
T 671/02 - 3.3.06	10.08.04		518
T 677/02 - 3.2.05	22.04.04		517
T 681/02 - 3.4.02	05.06.03		472, 894, 900
T 684/02 - 3.3.03	12.10.07		157, 158, 806
T 696/02 - 3.4.02	02.11.04		457, 825
T 703/02 - 3.5.02	29.04.05		265

T 713/02 - 3.3.01	12.04.05	2006, 267	605, 657, 839, 840
T 720/02 - 3.4.02	23.09.04		376, 379
T 749/02 - 3.4.03	20.01.04		867, 919, 925
T 750/02 - 3.2.01	27.05.04		360
T 767/02 - 3.4.03	01.06.05		173
T 779/02 - 3.4.02	24.11.04		215
T 794/02 - 3.2.03	07.06.05		799, 833, 904
T 796/02 - 3.3.08	01.04.04		903
T 797/02 - 3.4.02	23.09.04		376, 379
T 799/02 - 3.2.04	27.07.04		171
T 833/02 - 3.3.01	16.11.04		168
T 838/02 - 3.3.07	29.01.03		593, 867
T 844/02 - 3.2.01	06.02.04		257
T 845/02 - 3.2.02	07.06.05		173, 174
T 853/02 - 3.2.04	26.11.04		808
T 861/02 - 3.5.01	25.06.04		612, 919
T 864/02 - 3.3.06	19.05.05		827
T 888/02 - 3.2.05	12.08.04		893
T 889/02 - 3.3.04	22.03.05		178
T 890/02 - 3.3.08	10.10.04	2005, 497	66, 250
T 900/02 - 3.3.08	28.04.04		593, 597, 925
T 910/02 - 3.4.03	22.06.04		457
T 914/02 - 3.4.01	12.07.05		2, 5 - 7, 12, 22, 188, 189, 258
T 922/02 - 3.2.03	10.03.04		442
T 924/02 - 3.3.01	04.11.04		203
T 929/02 - 3.4.02	09.12.04		205
T 934/02 - 3.2.01	29.04.04		799, 833, 857, 904
T 948/02 - 3.3.03	05.04.05		322
T 951/02 - 3.4.03	09.11.04		195
T 953/02 - 3.3.03	08.06.05		727
T 963/02 - 3.4.03	29.09.04		611
T 966/02 - 3.2.04	01.12.04		443, 769
T 970/02 - 3.2.06	25.10.04		335
T 977/02 - 3.5.02	16.06.04		160
T 979/02 - 3.4.02	08.10.03		450, 896
T 982/02 - 3.3.03	11.05.05		704
T 988/02 - 3.3.03	30.10.03		256, 271
T 991/02 - 3.2.01	26.09.03		925
T 992/02 - 3.3.01	22.11.05		256, 287
T 1001/02 - 3.2.03	06.07.04		191
T 1018/02 - 3.5.01	09.12.03		282, 285, 315, 833, 904
T 1023/02 - 3.3.04	19.05.07		235, 280 - 283
T 1024/02 - 3.2.05	12.05.04		512
T 1028/02 - 3.2.04	07.12.04		208, 265
T 1033/02 - 3.3.10	26.04.06		247
T 1045/02 - 3.5.02	13.11.03		855
T 1063/02 - 3.5.02	16.06.04		475
T 1067/02 - 3.3.08	30.11.04		322
T 1081/02 - 3.5.01	13.01.04		428, 442, 689
T 1090/02 - 3.3.04	30.09.04		160
T 1091/02 - 3.3.04	23.07.04	2005, 14	731, 733
T 1121/02 - 3.2.04	24.11.03		190, 193
T 1147/02 - 3.3.04	31.05.06		567
T 1151/02 - 3.2.02	04.11.03		286
T 1175/02 - 3.3.07	16.03.05		211
T 1183/02 - 3.5.02	17.02.03	2003, 404	914
T 1194/02 - 3.2.06	19.11.04		895
T 1197/02 - 3.2.02	12.07.06		63
T 1202/02 - 3.2.07	09.12.04		901
T 1212/02 - 3.4.02	12.04.05		587
T 1216/02 - 3.5.02	24.02.03		911

2003

T 3/03 - 3.3.06	19.10.04		325
T 12/03 - 3.2.05	03.02.04		912, 922

T 25/03 -3.2.06	08.02.05		324, 327
T 30/03 -3.2.06	12.05.05		899
T 39/03 -3.4.02	26.08.05	2006, 362	376, 377
T 45/03 -3.3.03	19.01.05		900
T 60/03 -3.2.03	13.07.05		354
T 61/03 -3.3.04	12.04.05		286
T 64/03 -3.3.03	01.02.05		286
T 81/03 -3.5.01	12.02.04		356, 888, 892, 893
T 86/03 -3.3.06	28.06.04		717
T 90/03 -3.3.08	17.03.05		379
T 131/03 -3.4.02	22.12.04		569
T 152/03 -3.2.02	22.04.04		85
T 157/03 -3.3.04	04.01.05		239, 708
T 163/03 -3.2.06	05.02.07		84
T 168/03 -3.3.02	07.03.03		875
T 172/03 -3.5.01	27.11.03		6, 23, 163, 164, 184, 190
T 175/03 -3.3.03	03.11.05		402
T 190/03 -3.5.01	18.03.05	2006, 502	599
T 190/03 -3.5.01	29.03.06		213
T 207/03 -3.3.10	08.03.07		742
T 208/03 -3.2.05	20.04.05		247
T 217/03 -3.3.06	02.03.05		333
T 225/03 -3.2.01	22.06.07		550
T 234/03 -3.3.01	18.05.06		117, 221, 222
T 237/03 -3.4.02	09.11.0		702
T 255/03 3.2.04	31.08.04		167
T 258/03 -3.5.01	21.04.04	2004, 575	1, 2, 4-6, 8, 20, 22, 26, 28, 189, 190, 193
T 261/03 -3.3.03	24.11.05		731, 732
T 265/03 -3.3.02	27.04.07		614
T 267/03 -3.4.02	28.09.05		72, 712
T 274/03 -3.2.01	08.07.04		670
T 281/03 -3.x.0x	18.03.05		595
T 281/03 -3.x.0x	30.03.06		600
T 281/03 -3.5.01	17.05.06		443, 910, 916, 917
T 283/03 -3.x.0x	18.03.05		599
T 285/03 -3.4.03	10.05.05		335
T 307/03 -3.3.07	03.07.07	2009, 418	385
T 309/03 -3.3.07	30.07.03	2004, 91	538, 875
T 315/03 -3.3.08	06.07.04	2006, 15	36, 38, 39, 44, 46, 771
T 318/03 -3.5.03	12.07.05		196
T 323/03 -3.3.06	26.11.04		163, 175
T 324/03 -3.2.06	08.09.05		553
T 335/03 -3.4.02	26.07.05		368
T 339/03 -3.3.10	11.11.05		168
T 353/03 -3.4.02	25.08.03		669
T 354/03 -3.3.01	07.12.04		168
T 355/03 -3.3.01	30.10.03		453, 538
T 361/03 -3.4.03	21.06.05		863
T 373/03 -3.4.01	02.09.05		91
T 378/03 -3.3.01	04.07.06		221
T 382/03 -3.5.01	20.07.04		582
T 383/03 -3.2.02	01.10.04	2005, 159	53
T 384/03 -3.3.02	17.01.06		149
T 394/03 -3.4.02	04.03.05		289, 827, 913
T 404/03 -3.5.01	12.07.06		327, 346
T 407/03 3.2.02	15.11.05		82
T 412/03 -3.3.01	16.06.05		286
T 420/03 -3.2.04	10.05.05		763, 852
T 423/03 -3.3.03	10.10.03		375, 382
T 424/03 -3.5.01	23.02.06		19, 20, 188, 189, 193
T 427/03 -3.3.02	13.10.04		919

T 431/03 – 3.3.03	03.05.06		282
T 455/03 – 3.3.01	05.07.05		890
T 466/03 – 3.5.02	21.09.04		428
T 476/03 – 3.2.07	30.09.04		893
T 492/03 – 3.3.08	11.03.05		445
T 494/03 – 3.3.08	18.05.05		408
T 503/03 – 3.3.04	29.11.05		735
T 507/03 – 3.5.02	07.10.05		747
T 525/03 – 3.4.02	27.09.05		272
T 531/03 – 3.4.03	17.03.05		188, 190, 191
T 537/03 – 3.2.03	10.11.05		408
T 542/03 – 3.3.04	14.07.05		178
T 548/03 – 3.2.03	28.03.06		166
T 571/03 – 3.5.01	22.03.06		919
T 572/03 – 3.x.0x	18.03.05		599
T 599/03 – 3.3.03	06.09.05		165
T 602/03 – 3.5.01	25.04.06		896
T 621/03 – 3.3.09	23.05.06		255
T 637/03 – 3.5.01	21.07.05		276
T 651/03 – 3.3.10	10.05.07		890, 891, 902
T 653/03 – 3.2.04	08.04.05		322
T 658/03 – 3.3.03	07.10.04		316
T 659/03 – 3.2.01	04.10.04		271
T 664/03 – 3.3.09	20.10.04		370
T 668/03 – 3.2.04	06.12.07		756
T 671/03 – 3.2.04	20.07.06		704, 707, 744
T 674/03 – 3.2.03	19.12.05		758
T 719/03 – 3.2.03	14.10.04		527, 528
T 731/03 – 3.3.01	28.07.05		346
T 745/03 – 3.4.02	22.09.05		540, 541
T 749/03 – 3.4.02	15.09.05		280, 344, 360
T 759/03 – 3.3.04	17.08.06		179
T 764/03 – 3.4.03	10.02.05		892, 893, 906
T 772/03 – 3.5.03	22.04.04		468
T 803/03 – 3.3.03	21.04.04		574
T 806/03 – 3.3.03	13.09.06		384
T 808/03 – 3.5.02	12.02.04		495, 513, 516, 624
T 813/03 – 3.5.02	07.01.04		257
T 818/03 – 3.4.03	06.07.05		258
T 826/03 – 3.4.01	16.03.07		87
T 830/03 – 3.5.02	21.09.04		428, 606, 689, 853
T 843/03 – 3.3.04	25.10.04		416
T 849/03 – 3.5.03	19.08.04		442
T 853/03 – 3.3.01	12.10.05		203
T 859/03 – 3.3.06	06.07.05		164, 280
T 861/03 – 3.3.02	28.11.03		929
T 874/03 – 3.2.04	28.06.05		704, 745
T 882/03 – 3.3.09	11.04.06		247, 248
T 883/03 – 3.3.04	07.09.05		215
T 897/03 – 3.3.08	16.03.04		611, 612, 919
T 900/03 – 3.2.01	18.10.05		719
T 909/03 – 3.2.05	01.02.05		918
T 910/03 – 3.2.05	07.07.05		402
T 922/03 – 3.2.01	11.05.05		897
T 928/03 – 3.5.01	02.06.06		196
T 956/03 – 3.3.08	19.07.06		732
T 958/03 – 3.5.01	17.01.07		196
T 975/03 – 3.3.04	24.07.07		358
T 984/03 – 3.3.10	25.07.08		221
T 989/03 – 3.3.02	23.10.07		888
T 1000/03 – 3.5.02	03.08.05		450
T 1002/03 – 3.5.04	17.01.07		662
T 1006/03 – 3.3.03	08.11.05		373
T 1012/03 – 3.3.05	01.12.06		472, 645
T 1020/03 – 3.3.04	29.10.04	2007, 204	141, 146, 148, 151, 276
T 1026/03 – 3.5.04	25.01.08		375, 893
T 1027/03 – 3.2.01	10.01.05		457, 704
T 1063/03 – 3.3.04	16.12.04		499

T 1067/03 - 3.5.01	04.05.05		465, 896
T 1102/03 - 3.5.01	28.05.08		465, 466
T 1110/03 - 3.5.02	04.10.04	2005, 302	473, 474, 553
T 1121/03 - 3.3.10	20.04.06		232
T 1165/03 - 3.3.08	03.05.07		772, 774
T 1172/03 - 3.2.02	04.05.05		53, 57
T 1173/03 - 3.3.01	29.06.06		266
T 1184/03 - 3.5.02	23.06.05		392
T 1197/03 - 3.3.01	14.06.05		859
T 1198/03 - 3.3.02	23.01.07		532
T 1200/03 - 3.3.07	15.06.05		161
T 1213/03 - 3.3.06	24.05.05		171, 222
T 1236/03 - 3.3.03	08.03.06		206
T 1239/03 - 3.3.03	02.11.06		323, 324, 373
T 241/03 - 3.3.04	01.09.05		178, 240, 280, 322
T 247/03 - 3.3.03	03.05.05		289

2004

T 4/04 - 3.2.03	25.04.06		719
T 5/04 - 3.2.02	17.01.06		52
T 20/04 - 3.3.08	16.03.05		414
T 23/04 - 3.3.03	05.04.06		830
T 24/04 - 3.2.03	01.07.05		497
T 32/04 - 3.2.03	27.10.05		499
T 49/04 - 3.4.03	18.10.05		29
T 56/04 - 3.4.03	21.09.05		286, 287
T 70/04 - 3.2.07	25.08.06		901
T 72/04 - 3.3.06	23.03.06		250
T 89/04 - 3.5.04	05.07.07		587
T 95/04 - 3.4.03	29.09.04		456
T 100/04 - 3.3.03	17.05.06		860
T 111/04 - 3.2.07	28.06.06		717
T 125/04 - 3.5.01	10.05.05		29, 34
T 126/04 - 3.2.01	29.06.04		628, 853, 909
T 127/04 - 3.5.03	11.10.06		255
T 133/04 - 3.3.03	26.04.06		893
T 143/04 - 3.2.02	12.09.06		63
T 154/04 - 3.5.01	15.11.06	2008, 46	1-4, 8, 11, 64, 116, 117, 170, 879
T 162/04 - 3.3.09	28.03.07		759
T 165/04 - 3.5.01	13.05.05		512
T 166/04 - 3.5.01	18.07.07		327, 441
T 169/04 - 3.2.03	09.06.05		701
T 170/04 - 3.2.03	01.07.05		496, 497
T 172/04 - 3.2.06	13.12.05		636, 637
T 188/04 - 3.3.04	31.05.05		297, 301
T 201/04 - 3.3.03	29.06.05		739
T 221/04 - 3.2.03	05.05.04		512, 524
T 235/04 - 3.3.10	29.06.06		174
T 240/04 - 3.5.01	13.12.07		890, 891
T 242/04 - 3.3.06	13.06.06		748
T 276/04 - 3.3.08	24.06.04		612, 919
T 292/04 - 3.3.04	17.10.05		155
T 300/04 - 3.5.01	21.04.05		279, 899
T 306/04 - 3.5.01	02.03.07		6
T 311/04 - 3.2.01	09.10.07		327
T 313/04 - 3.2.01	19.12.06		548
T 326/04 - 3.3.06	12.12.06		236
T 328/04 - 3.3.04	27.11.07		245
T 341/04 - 3.2.05	26.05.06		231
T 352/04 - 3.3.07	11.10.07		365
T 386/04 - 3.2.03	09.01.07		834, 905
T 388/04 - 3.5.02	22.03.06	2007, 16	4, 6, 7, 189
T 431/04 - 3.3.08	13.09.04		842
T 440/04 - 3.3.05	26.11.08		337
T 441/04 - 3.2.07	07.05.08		559
T 449/04 - 3.2.02	25.02.06		418
T 452/04 - 3.3.03	12.01.06		247-249

T 453/04 -3.3.03	01.02.07		556, 570
T 470/04 -3.3.06	12.06.07		897
T 474/04 -3.3.07	30.06.05	2006, 129	439, 548, 550, 553
T 479/04 -3.3.03	20.10.05		598
T 489/04 -3.5.02	08.09.05		511
T 494/04 -3.4.01	25.09.07		472, 894, 902
T 505/04 -3.3.08	07.10.05		282, 285
T 509/04 -3.3.04	05.07.05		149
T 514/04 -3.3.09	12.09.06		791
T 522/04 -3.3.08	28.05.09		42
T 550/04 -3.3.01	02.04.08		476
T 583/04 -3.4.03	06.06.06		613
T 593/04 -3.2.07	20.10.05		736
T 604/04 -3.3.08	16.03.06		239
T 624/04 -3.4.02	08.11.06		469, 712, 860
T 627/04 -3.3.08	15.09.05		278
T 667/04 -3.3.09	23.01.07		894
T 696/04 -3.3.03	15.09.05		900
T 707/04 -3.5.02	04.04.06		851
T 711/04 -3.4.03	12.07.05		801, 834
T 717/04 -3.2.04	28.02.07		573
T 738/04 -3.4.01	11.12.08		90
T 762/04 -3.3.10	15.11.07		565
T 763/04 -3.2.04	22.06.07		440, 615, 915
T 781/04 -3.5.03	30.11.05		433, 849
T 792/04 -3.3.10	20.11.07		891
T 799/04 -3.3.06	29.06.05		252
T 812/04 -3.5.01	18.11.05		498, 636
T 846/04 -3.4.01	04.07.07		888
T 864/04 -3.3.09	03.04.07		779
T 868/04 -3.3.10	10.05.06		337
T 870/04 -3.3.08	11.05.05		225-227, 239
T 887/04 -3.2.01	14.11.06		723
T 899/04 -3.5.04	02.04.08		410
T 902/04 -3.4.02	07.06.06		827, 913
T 903/04 -3.3.06	12.09.06		165
T 908/04 -3.3.03	15.02.06		256, 287
T 911/04 -3.2.02	10.02.05		453
T 927/04 -3.3.03	10.05.06		701, 704, 712, 715
T 933/04 -3.3.07	06.12.07		891
T 934/04 -3.4.01	17.06.05		160
T 936/04 -3.3.07	24.04.08		386
T 937/04 -3.3.06	21.02.06		750
T 956/04 -3.3.07	17.01.08		288, 289
T 986/04 -3.2.07	14.11.06		794
T 991/04 -3.3.05	22.11.05		433, 642, 849
T 998/04 -3.3.01	13.03.07		565
T 1006/04 -3.3.07	09.01.09		908
T 1033/04 -3.4.02	21.09.06		874
T 1039/04 -3.3.01	04.09.08		908
T 1040/04 -3.2.03	23.03.06	2006, 597	376
T 1044/04 -3.5.04	29.01.07		708
T 1057/04 -3.3.10	14.03.07		174
T 1060/04 -3.4.02	29.11.07		891
T 1064/04 -3.3.07	27.06.08		689
T 1105/04 -3.3.09	24.04.08		285, 714
T 1123/04 -3.4.02	25.08.06		613
T 1124/04 -3.3.03	17.01.07		900
T 1142/04 -3.4.02	04.03.05		875
T 1154/04 -3.3.08	21.04.05		438, 439
T 1161/04 -3.5.01	06.12.06		14
T 1177/04 -3.2.02	14.03.06		716
T 1178/04 -3.3.09	27.02.07	2008, 80	735, 829, 848, 925
T 1181/04 -3.3.06	31.01.05	2005, 312	683, 684
T 1191/04 -3.5.01	22.11.07		230
T 1212/04 -3.4.02	12.07.06		192, 464
T 1216/04 -3.2.04	22.04.05		908
T 1218/04 -3.2.06	16.03.06		780
T 1222/04 -3.5.01	12.04.06		876
T 1242/04 -3.5.01	20.10.06	2007, 421	670, 671

T 1255/04 - 3. 3. 01	16. 03. 05	2005, 424	684
T 1260/04 - 3. 2. 02	22. 03. 07		515
T 1262/04 - 3. 3. 04	07. 03. 07		239
T 1273/04 - 3. 4. 03	16. 11. 07		895, 902
T 1279/04 - 3. 4. 03	25. 09. 07		282
T 1284/04 - 3. 5. 01	07. 03. 07		194
T 1306/04 - 3. 3. 08	08. 12. 05		175
T 1315/04 - 3. 2. 07	18. 04. 05		928
T 1316/04 - 3. 3. 03	25. 11. 05		247
T 1319/04 - 3. 3. 02	22. 04. 08	2009, 36	145
T 1321/04 - 3. 2. 04	28. 02. 05		282, 283
T 1329/04 - 3. 3. 08	28. 06. 05		175, 176, 239
T 1336/04 - 3. 3. 08	09. 03. 06		175, 176
T 1341/04 - 3. 3. 09	10. 05. 07		831
T 1345/04 - 3. 3. 10	17. 01. 08		857
T 1351/04 - 3. 5. 01	18. 04. 07		23
T 1355/04 - 3. 5. 04	07. 11. 08		835
T 1366/04 - 3. 3. 10	16. 04. 08		838
T 1374/04 - 3. 3. 08	07. 04. 06	2007, 313	36, 41
T 1380/04 - 3. 2. 06	26. 09. 06		715, 830
T 1382/04 - 3. 5. 01	30. 07. 09		460
T 1400/04 - 3. 5. 04	28. 02. 08		899
T 1408/04 - 3. 2. 06	17. 11. 06		168, 280, 324 - 326
T 1409/04 - 3. 5. 04	14. 06. 07		567
T 1416/04 - 3. 2. 06	14. 12. 06		803
T 1418/04 - 3. 2. 05	22. 11. 07		280

2005

T 1/05 - 3. 3. 03	20. 04. 07		804
T 5/05 - 3. 3. 01	09. 11. 05		400, 419
T 6/05 - 3. 3. 10	09. 10. 07		733
T 21/05 - 3. 3. 04	13. 07. 06		241
T 29/05 - 3. 3. 08	13. 03. 06		255, 260, 268
T 62/05 - 3. 3. 03	14. 11. 06		398
T 63/05 - 3. 5. 02	26. 04. 06		613
T 65/05 - 3. 3. 05	17. 04. 08		749, 751
T 70/05 - 3. 3. 08	07. 02. 06		410 - 412
T 78/05 - 3. 5. 05	10. 01. 08		896
T 80/05 - 3. 3. 04	19. 11. 08		412
T 83/05 - 3. 3. 04	22. 05. 07	2007, 644	46
T 87/05 - 3. 3. 10	04. 09. 07		837, 889, 897
T 94/05 - 3. 2. 04	12. 07. 07		276, 278
T 97/05 - 3. 3. 03	31. 05. 07		323
T 98/05 - 3. 4. 03	08. 11. 07		327
T 99/05 - 3. 3. 03	29. 08. 06		754
T 107/05 - 3. 5. 03	12. 06. 07		895, 920, 921
T 123/05 - 3. 5. 02	24. 05. 07		749, 750
T 127/05 - 3. 2. 01	31. 08. 06		874
T 142/05 - 3. 2. 01	13. 06. 06		359
T 151/05 - 3. 2. 04	22. 11. 07		704, 707, 708
T 179/05 - 3. 3. 03	30. 11. 06		233
T 184/05 - 3. 2. 07	05. 02. 08		320
T 188/05 - 3. 2. 05	18. 06. 07		705, 708
T 190/05 - 3. 2. 01	23. 07. 08		782
T 211/05 - 3. 5. 04	30. 07. 09		925
T 214/05 - 3. 3. 06	19. 01. 07		892
T 223/05 - 3. 3. 01	24. 04. 07		111, 282, 285, 837
T 233/05 - 3. 5. 04	09. 01. 09		894
T 242/05 - 3. 2. 03	20. 09. 06		877, 929
T 245/05 - 3. 2. 06	25. 05. 05		928
T 248/05 - 3. 3. 08	25. 04. 06		759
T 250/05 - 3. 3. 02	04. 03. 08		369
T 255/05 - 3. 3. 08	18. 10. 05		452, 686
T 259/05 - 3. 3. 10	26. 03. 09		174
T 263/05 - 3. 2. 06	28. 06. 07	2008, 329	273, 475, 476, 802, 804, 836, 856
T 265/05 - 3. 5. 01	18. 01. 08		379, 869
T 297/05 - 3. 3. 08	02. 02. 06		276
T 303/05 - 3. 5. 03	08. 06. 06		878

案号	日期	官方公报	页码
T 308/05 - 3. 5. 03	27. 02. 06		909
T 309/05 - 3. 5. 03	27. 10. 06		196
T 313/05 - 3. 3. 04	06. 07. 06		89
T 316/05 - 3. 3. 10	19. 12. 07		611
T 323/05 - 3. 3. 01	09. 08. 07		798
T 339/05 - 3. 3. 01	10. 04. 08		238
T 340/05 - 3. 2. 01	06. 06. 07		719
T 369/05 - 3. 3. 10	27. 06. 07		232
T 373/05 - 3. 2. 07	27. 03. 07		474
T 382/05 - 3. 3. 06	18. 12. 06		892
T 383/05 - 3. 5. 02	01. 08. 07		754
T 407/05 - 3. 4. 02	03. 07. 08		902
T 425/05 - 3. 3. 02	23. 05. 06		579, 734
T 427/05 - 3. 2. 03	12. 06. 07		463
T 433/05 - 3. 3. 04	14. 06. 07		175, 237, 239
T 452/05 - 3. 2. 04	30. 08. 06		115, 722
T 461/05 - 3. 4. 03	10. 07. 07		324, 326
T 464/05 - 3. 2. 06	14. 05. 07		237, 247
T 466/05 - 3. 3. 03	19. 12. 06		247 - 249
T 471/05 - 3. 4. 02	06. 02. 07		6
T 490/05 - 3. 4. 03	21. 08. 07		755, 757
T 514/05 - 3. 4. 03	08. 09. 05	2006, 526	849, 854
T 515/05 - 3. 3. 09	02. 08. 07		440
T 537/05 - 3. 3. 03	29. 03. 07		846
T 555/05 - 3. 3. 03	24. 05. 07		253, 256
T 570/05 - 3. 3. 05	07. 03. 08		320
T 580/05 - 3. 3. 04	06. 03. 08		370
T 591/05 - 3. 4. 02	11. 05. 06		392, 823, 846
T 619/05 - 3. 5. 01	28. 02. 08		351
T 629/05 - 3. 5. 01	06. 07. 07		230
T 633/05 - 3. 5. 02	28. 03. 07		745
T 641/05 - 3. 3. 08	09. 11. 06		226, 239
T 642/05 - 3. 3. 10	20. 03. 07		859
T 651/05 - 3. 3. 06	17. 05. 06		255
T 666/05 - 3. 3. 04	13. 11. 08		412
T 687/05 - 3. 2. 06	28. 09. 07		377, 378, 922
T 688/05 - 3. 5. 01	19. 09. 07		190, 194
T 693/05 - 3. 4. 02	06. 03. 07		844
T 700/05 - 3. 3. 07	18. 09. 08		628
T 704/05 - 3. 4. 03	31. 07. 07		878
T 708/05 - 3. 3. 09	14. 02. 07		113, 131, 901
T 710/05 - 3. 3. 08	22. 02. 07		175
T 725/05 - 3. 3. 04	14. 10. 09		917
T 736/05 - 3. 3. 03	28. 06. 07		795
T 739/05 - 3. 3. 06	03. 11. 05		437
T 743/05 - 3. 2. 07	12. 10. 06		510, 637
T 752/05 - 3. 5. 01	31. 01. 06		908
T 760/05 - 3. 2. 07	03. 06. 08		708
T 774/05 - 3. 2. 07	08. 11. 07		477, 589, 765, 768, 793, 850
T 780/05 - 3. 3. 09	25. 06. 08		557
T 788/05 - 3. 2. 02	08. 05. 07		334, 419
T 795/05 - 3. 3. 03	13. 12. 07		337
T 798/05 - 3. 2. 02	30. 07. 07		471, 796
T 804/05 - 3. 2. 03	16. 10. 07		72
T 824/05 - 3. 3. 03	28. 09. 07		166, 175
T 856/05 - 3. 4. 03	26. 07. 07		680
T 876/05 - 3. 4. 01	07. 11. 07		327, 713
T 894/05 - 3. 3. 10	11. 11. 08		322
T 895/05 - 3. 2. 02	24. 01. 08		272
T 898/05 - 3. 3. 08	07. 07. 06		225 - 227, 239
T 903/05 - 3. 3. 04	30. 08. 07		410, 416
T 906/05 - 3. 3. 08	25. 01. 07		280
T 912/05 - 3. 5. 02	15. 04. 08		192
T 916/05 - 3. 5. 02	10. 05. 07		759
T 922/05 - 3. 2. 04	07. 03. 07		856
T 930/05 - 3. 5. 01	10. 11. 06		1, 6
T 942/05 - 3. 3. 02	13. 03. 08		892, 896
T 954/05 - 3. 3. 02	03. 05. 07		238
T 972/05 - 3. 3. 05	17. 03. 09		426
T 978/05 - 3. 3. 09	15. 07. 08		903
T 1007/05 - 3. 5. 04	18. 06. 09		863

T 1008/05 – 3.3.03	17.01.08		709
T 1018/05 – 3.2.06	25.09.07		246, 268
T 1029/05 – 3.3.03	12.03.08		701, 707, 858
T 1046/05 – 3.5.02	20.02.08		261
T 1048/05 – 3.3.04	05.12.07		276
T 1053/05 – 3.3.04	22.02.07		792
T 1054/05 – 3.5.01	28.05.08		197
T 1082/05 – 3.3.01	26.09.07		858
T 1093/05 – 3.5.01	13.06.07	2008, 430	619, 689
T 1109/05 – 3.2.06	10.04.08		888
T 1119/05 – 3.3.03	08.01.08		838
T 1120/05 – 3.2.04	21.02.08		340
T 1123/05 – 3.2.04	28.10.08		902
T 1127/05 – 3.3.04	15.01.08		137, 142, 152
T 1131/05 – 3.3.03	19.02.08		210
T 1152/05 – 3.3.03	08.04.08		430, 627, 853, 909
T 1170/05 – 3.5.02	27.10.06		616
T 1180/05 – 3.2.02	02.08.07		368
T 1182/05 – 3.2.01	19.02.08		607, 612, 919
T 1186/05 – 3.3.09	06.12.07		113
T 1187/05 – 3.2.06	12.07.07		738
T 1210/05 – 3.3.01	24.01.08		561, 571
T 1213/05 – 3.3.04	27.09.07		41, 411, 708, 799
T 1216/05 – 3.2.04	10.06.08		201
T 1217/05 – 3.2.04	08.05.07		276
T 1220/05 3.5.03	08.05.07		543
T 1227/05 – 3.5.01	13.12.06	2007, 574	22, 23, 188
T 1237/05 – 3.2.03	15.03.07		760, 763
T 1267/05 – 3.2.07	21.06.07		716
T 1276/05 – 3.2.07	07.02.08		833, 857, 904, 905
T 1279/05 – 3.4.02	15.07.08		778
T 1282/05 – 3.5.05	20.05.08		904, 907
T 1286/05 – 3.3.02	01.04.08		141
T 1305/05 – 3.5.02	25.06.08		893
T 1309/05 – 3.4.02	10.10.06		612, 613, 919
T 1311/05 – 3.4.03	11.12.07		895
T 1314/05 – 3.4.01	15.04.08		143
T 1333/05 – 3.3.05	18.06.08		890, 894
T 1356/05 – 3.4.03	16.02.06		612, 919
T 1360/05 – 3.4.03	16.02.06		612, 919
T 1366/05 – 3.3.10	18.10.07		614, 920
T 1375/05 – 3.3.04	10.01.06		908
T 1378/05 – 3.4.03	09.10.07		582
T 1379/05 – 3.3.08	20.02.06		928
T 1387/05 – 3.5.04	24.04.08		380
T 1394/05 – 3.3.05	04.04.08		799
T 1401/05 – 3.4.02	20.09.06		477, 512, 515, 520
T 1404/05 – 3.3.07	24.05.07		247, 255, 282
T 1409/05 – 3.4.03	30.03.06	2007, 113	376, 378
T 1417/05 – 3.5.05	04.12.08		206
T 1433/05 – 3.2.04	28.11.07		282
T 1439/05 – 3.4.01	19.08.08		453, 541, 685
T 1443/05 – 3.3.01	04.07.08		407, 423, 893
T 1449/05 – 3.4.03	26.09.06		901
T 1459/05 – 3.2.03	21.02.08		807
T 1464/05 – 3.4.02	14.05.09		82, 164, 181, 344
T 1466/05 – 3.3.08	27.07.07		240, 243
T 1482/05 – 3.2.04	08.02.08		437
T 1505/05 – 3.5.01	25.07.08		8
T 1514/05 – 3.3.09	01.07.09		213
T 1537/05 – 3.2.04	23.11.07		280
T 1538/05 – 3.2.04	28.08.06		12
T 1557/05 – 3.4.03	04.05.07		704, 708
T 1559/05 – 3.4.02	15.11.07		335, 337

T 1561/05 - 3.2.03	17.10.06		506, 528, 531, 623
T 1578/05 - 3.5.03	26.04.07		675
T 1586/05 - 3.3.03	06.02.08		247, 248

2006

T 3/06 - 3.4.01	03.05.07		767
T 33/06 - 3.3.06	18.09.07		656
T 53/06 - 3.4.02	21.02.08		476, 750
T 63/06 - 3.2.04	24.06.08		250, 570
T 104/06 - 3.2.05	20.07.07		776
T 106/06 - 3.3.04	21.06.07		308
T 121/06 - 3.5.01	25.01.07		274, 688, 689, 915
T 123/06 - 3.3.10	10.01.08		238
T 133/06 - 3.3.09	29.05.08		469, 741, 746, 761
T 142/06 - 3.3.03	11.03.08		126
T 148/06 - 3.2.04	08.01.08		540
T 170/06 - 3.2.04	04.03.08		220
T 190/06 - 3.3.09	18.11.08		751
T 211/06 - 3.3.07	25.04.07		167
T 221/06 - 3.4.02	24.07.08		540
T 229/06 - 3.2.02	09.12.08		76
T 250/06 - 3.3.08	11.10.07		406, 412
T 252/06 - 3.4.02	06.05.08		218
T 253/06 - 3.2.05	24.06.08		893
T 267/06 - 3.2.07	13.04.07		550
T 286/06 - 3.3.06	09.11.07		264
T 289/06 - 3.5.03	17.12.07		739
T 300/06 - 3.2.06	13.11.07		327
T 307/06 - 3.3.01	16.09.08		255
T 309/06 - 3.3.08	25.10.07		241
T 321/06 - 3.4.01	05.03.08		413
T 332/06 - 3.4.02	20.02.08		846
T 333/06 - 3.2.06	13.03.07		748
T 335/06 - 3.2.02	07.12.07		492, 526, 856
T 339/06 - 3.2.01	05.12.07		703, 890, 891
T 341/06 - 3.2.01	31.01.08		380
T 353/06 - 3.2.05	16.07.08		777
T 364/06 - 3.3.04	22.03.07		240, 241
T 385/06 - 3.5.04	06.03.08		899
T 404/06 - 3.4.02	17.04.08		266
T 405/06 - 3.3.08	06.12.07		280
T 406/06 - 3.3.04	16.01.08		137, 143
T 421/06 - 3.5.01	14.12.06		23
T 426/06 - 3.3.10	24.01.08		736
T 438/06 - 3.2.04	16.12.08		211
T 439/06 - 3.5.01	31.01.07	2007, 491	528, 531
T 451/06 - 3.2.06	04.10.07		916
T 455/06 - 3.2.06	02.09.08		893
T 462/06 - 3.3.01	01.07.09		471
T 477/06 - 3.5.01	20.02.09		417
T 482/06 - 3.5.02	18.05.06		543
T 493/06 - 3.3.08	18.09.07		398, 562
T 495/06 - 3.4.03	04.11.08		352
T 515/06 - 3.3.04	18.01.07		888
T 516/06 - 3.3.08	23.05.07		897, 903
T 555/06 - 3.2.01	22.11.07		474
T 580/06 - 3.4.01	01.07.08		512, 568, 637
T 585/06 - 3.4.02	29.07.08		589, 925
T 601/06 - 3.5.05	05.05.09		466
T 606/06 - 3.2.03	23.04.08		315
T 635/06 - 3.3.10	02.07.07		791
T 671/06 - 3.4.03	02.08.07		272
T 673/06 - 3.3.01	01.04.09		448
T 678/06 - 3.3.06	10.10.07		810
T 690/06 - 3.5.01	24.04.07		671
T 704/06 - 3.3.08	15.03.07		716
T 716/06 - 3.2.04	17.06.08		551, 918
T 750/06 - 3.5.02	08.03.07		614
T 765/06 - 3.2.03	11.12.06		429, 471
T 778/06 - 3.2.04	20.09.06		875
T 791/06 - 3.2.07	30.09.08		720, 908

T 809/06 - 3.5.01	27.06.07		855
T 824/06 - 3.3.09	09.12.08		352
T 850/06 - 3.2.07	13.02.08		212
T 857/06 - 3.3.04	05.06.08		477, 841
T 859/06 - 3.3.03	21.05.08		247, 249
T 860/06 - 3.3.06	02.10.07		93, 96
T 869/06 - 3.5.05	05.06.09		466
T 875/06 - 3.2.01	12.03.08		714, 843, 851
T 876/06 - 3.3.09	08.05.07		320
T 884/06 - 3.3.08	07.11.07		241
T 911/06 - 3.2.06	23.05.07		327, 544
T 931/06 - 3.4.01	21.11.08		704
T 971/06 - 3.3.08	21.03.07		533, 683, 689
T 980/06 - 3.5.01	26.05.09		927
T 985/06 - 3.3.06	16.07.08		350
T 993/06 - 3.3.06	21.11.07		853
T 1020/06 - 3.x.xx	28.11.08		601
T 1026/06 - 3.5.01	26.09.07		496, 509
T 1030/06 - 3.5.01	17.12.08		181
T 1053/06 - 3.4.02	01.07.08		463, 466
T 1063/06 - 3.3.10	03.02.09	2009, 516	236, 238, 252
T 1074/06 - 3.3.04	09.08.07		146, 236
T 1077/06 - 3.3.04	19.02.09		867
T 1081/06 - 3.3.03	10.10.08		583
T 1088/06 - 3.2.05	20.04.07		379
T 1095/06 - 3.3.07	07.05.08		519
T 1099/06 - 3.3.08	30.01.08		871
T 1107/06 - 3.3.04	03.12.08		337, 349, 350
T 1113/06 - 3.2.02	17.02.09		929
T 1134/06 - 3.2.04	16.01.07		91, 92, 560
T 1140/06 - 3.3.03	13.05.09		238
T 1154/06 - 3.2.03	09.12.08		578

T 1165/06 - 3.3.08	19.07.07	239
T 1167/06 - 3.3.05	26.07.07	746
T 1183/06 - 3.2.07	06.05.09	217
T 1188/06 - 3.3.08	18.10.07	241
T 1194/06 - 3.3.01	06.08.09	829
T 1204/06 - 3.3.01	08.04.08	280
T 1207/06 - 3.4.02	07.05.08	588
T 1208/06 - 3.2.02	03.07.08	586
T 1242/06 - 3.3.04	04.04.08	46, 47
T 1250/06 - 3.2.06	16.10.07	327
T 1254/06 - 3.5.03	08.03.07	391, 899
T 1269/06 - 3.4.02	20.09.07	329, 347
T 1271/06 - 3.2.06	15.04.08	781
T 1300/06 - 3.3.08	08.04.08	866
T 1324/06 - 3.2.04	14.07.08	580, 844
T 1351/06 - 3.5.04	10.06.08	453, 542, 846
T 1396/06 - 3.3.04	31.05.07	175, 178
T 1407/06 - 3.3.06	09.12.08	327, 346
T 1452/06 - 3.3.08	10.05.07	226, 239
T 1474/06 - 3.4.01	10.01.08	889
T 1505/06 - 3.2.07	18.09.07	466
T 1510/06 - 3.2.04	25.09.08	82
T 1526/06 - 3.3.04	11.07.08	451, 738
T 1543/06 - 3.2.04	29.06.07	2, 3, 8, 189
T 1544/06 - 3.2.01	14.04.08	908
T 1556/06 - 3.2.06	24.06.08	474
T 1562/06 - 3.5.02	22.09.09	400
T 1599/06 - 3.3.04	13.09.07	137, 142, 178, 281
T 1600/06 - 3.5.03	10.10.08	704
T 1629/06 - 3.3.06	16.01.08	861
T 1664/06 - 3.2.01	07.02.08	100
T 1704/06 - 3.5.01	14.12.07	450, 461, 896
T 1706/06 - 3.2.01	04.03.08	587
T 1709/06 - 3.5.03	30.05.08	440, 612
T 1731/06 - 3.2.06	23.09.08	903

T 1757/06 - 3. 2. 03	18. 11. 08	707
T 1763/06 - 3. 4. 02	15. 09. 09	856
T 1771/06 - 3. 3. 08	07. 02. 08	280
T 1772/06 - 3. 3. 08	16. 10. 07	315, 346
T 1785/06 - 3. 4. 01	02. 06. 08	251
T 1790/06 - 3. 3. 08	09. 12. 08	903
T 1808/06 - 3. 3. 09	14. 02. 08	279, 283
T 1855/06 - 3. 3. 07	18. 06. 09	159
T 1859/06 - 3. 2. 06	26. 02. 08	897
T 1873/06 - 3. 5. 01	13. 09. 07	835
T 1875/06 - 3. 3. 04	08. 01. 08	92, 561
T 1886/06 - 3. 3. 06	23. 10. 09	237
T 1898/06 - 3. 3. 01	12. 08. 09	256
T 1903/06 - 3. 4. 01	27. 05. 09	450
T 1913/06 - 3. 2. 04	30. 09. 08	863, 868
T 1923/06 - 3. 2. 04	24. 04. 09	464

2007

T 8/07 - 3. 3. 03	07. 05. 09	336
T 33/07 - 3. 2. 06	17. 07. 08	903
T 46/07 - 3. 2. 04	26. 06. 07	533
T 61/07 - 3. 2. 07	19. 08. 08	476
T 69/07 - 3. 2. 07	10. 03. 09	462, 750
T 79/07 - 3. 2. 01	24. 06. 08	843
T 82/07 - 3. 5. 04	23. 01. 08	565
T 114/07 - 3. 2. 06	09. 12. 08	778
T 131/07 - 3. 3. 09	24. 03. 09	477
T 150/07 - 3. 3. 06	27. 10. 09	355
T 157/07 - 3. 5. 05	24. 04. 08	851
T 165/07 - 3. 5. 03	23. 11. 07	605, 841
T 212/07 - 3. 2. 03	18. 11. 09	751
T 257/07 - 3. 2. 04	13. 03. 08	507, 516, 908
T 261/07 - 3. 3. 08	27. 09. 07	496, 502, 507, 508, 513, 637
T 273/07 - 3. 2. 02	08. 01. 09	752
T 314/07 - 3. 3. 10	16. 04. 09	352
T 321/07 - 3. 2. 06	23. 10. 08	903
T 330/07 - 3. 2. 04	20. 01. 09	201
T 336/07 - 3. 2. 04	11. 10. 07	189, 195
T 355/07 - 3. 2. 05	28. 11. 08	72
T 382/07 - 3. 3. 04	26. 09. 08	336, 370, 399
T 385/07 - 3. 3. 04	05. 10. 07	94, 142, 151
T 390/07 - 3. 3. 08	20. 11. 08	551, 713, 728
T 416/07 - 3. 3. 04	27. 03. 08	890
T 473/07 - 3. 5. 01	30. 11. 07	514, 528
T 509/07 - 3. 5. 04	30. 09. 09	194, 838, 853, 856
T 520/07 - 3. 2. 01	18. 02. 09	588
T 534/07 - 3. 3. 08	25. 11. 08	580
T 546/07 - 3. 2. 04	14. 02. 08	93, 96
T 565/07 - 3. 2. 03	10. 09. 09	892
T 608/07 - 3. 3. 03	27. 04. 09	249
T 656/07 - 3. 2. 02	06. 05. 09	807
T 659/07 - 3. 2. 04	28. 05. 09	829
T 764/07 - 3. 5. 03	14. 05. 09	902
T 773/07 - 3. 3. 10	06. 11. 08	534
T 775/07 - 3. 2. 04	07. 04. 09	353
T 788/07 - 3. 3. 04	07. 01. 08	43
T 815/07 - 3. 2. 06	15. 07. 08	233, 238
T 824/07 - 3. 3. 03	05. 10. 07	174
T 883/07 - 3. 4. 03	22. 11. 07	924
T 908/07 - 3. 2. 04	16. 05. 08	866
T 919/07 - 3. 3. 01	13. 01. 09	588
T 926/07 - 3. 2. 04	14. 05. 08	469, 716, 717
T 937/07 - 3. 3. 05	28. 08. 09	475
T 979/07 - 3. 4. 02	15. 10. 09	902
T 1041/07 - 3. 3. 10	01. 10. 09	351
T 1042/07 - 3. 4. 01	22. 08. 08	458
T 1072/07 - 3. 2. 07	19. 12. 08	213
T 1078/07 - 3. 2. 02	18. 09. 09	921

T 1079/07 -3.4.01	13.05.09	750
T 1098/07 -3.2.04	26.02.09	918
T 1100/07 -3.2.03	25.07.08	552, 918
T 1125/07 -3.3.10	07.10.09	349, 853
T 1179/07 -3.3.03	10.03.09	158
T 1192/07 -3.3.05	29.05.09	908
T 1225/07 -3.3.06	29.05.09	246
T 1232/07 -3.4.03	27.09.07	272
T 1237/07 -3.5.05	12.02.08	441, 675
T 1266/07 -3.5.03	26.11.09	473
T 1309/07 -3.2.04	23.06.09	78
T 1374/07 -3.3.02	13.01.09	321, 354, 355
T 1391/07 -3.4.02	07.11.08	386
T 1395/07 -3.3.10	07.07.09	282
T 1465/07 -3.4.02	09.05.08	510, 512, 526, 531
T 1500/07 -3.2.04	06.05.08	381
T 1501/07 -3.2.04	06.05.08	381
T 1502/07 -3.2.04	06.05.08	381
T 1511/07 -3.3.09	31.07.09	321
T 1515/07 -3.5.01	03.07.08	671
T 1557/07 -3.4.01	09.07.08	442
T 1774/07 -3.3.06	23.09.09	708
T 1785/07 -3.2.06	21.10.08	897
T 1863/07 -3.2.02	11.01.08	928
T 1865/07 -3.2.04	29.01.09	582
T 1867/07 -3.2.04	14.10.08	897
T 1875/07 -3.5.01	05.11.08	912
T 1891/07 -3.2.01	13.03.09	877
T 1982/07 -3.3.08	26.02.08	665, 916
T 2049/07 -3.2.07	08.09.09	285

2008

T 51/08 -3.5.05	07.05.09	391, 870
T 99/08 -3.2.03	20.02.09	927
T 235/08 -3.3.07	08.04.09	448
T 246/08 -3.4.03	14.08.08	615, 663, 667, 685, 915
T 343/08 -3.4.02	07.01.09	469, 928
T 356/08 -3.2.04	07.07.09	890
T 358/08 -3.2.06	09.07.09	852, 854
T 378/08 -3.2.06	24.11.09	588
T 384/08 -3.3.04	26.06.09	734
T 426/08 -3.4.02	01.12.08	778
T 428/08 -3.2.01	09.10.08	732, 736
T 463/08 -3.2.04	20.11.08	382
T 493/08 -3.4.02	29.09.09	370, 496, 518, 522
T 508/08 -3.3.08	08.10.09	475
T 567/08 -3.2.04	28.09.09	369
T 616/08 -3.3.04	23.03.09	839, 848, 867, 908
T 630/08 -3.2.06	05.11.08	908
T 765/08 -3.4.03	04.02.09	849
T 783/08 -3.3.03	15.07.09	853
T 825/08 -3.2.01	08.05.09	925
T 871/08 -3.3.05	23.02.09	534
T 1090/08 -3.3.08	30.03.09	849
T 1382/08 -3.4.01	30.03.09	824, 843, 921
T 1465/08 -3.5.03	27.07.09	501, 908
T 1790/08 -3.2.08	29.07.09	845
T 1997/08 -3.2.04	01.07.09	440
T 2052/08 -3.3.04	03.02.09	838, 908
T 2056/08 -3.2.04	15.01.09	478
T 2170/08 -3.2.07	27.01.09	397
T 2321/08 -3.5.02	11.05.09	344, 913

2009

T 18/09 -3.3.08	21.10.09	225, 860
T 114/09 -3.2.03	12.05.09	454

T 1427/09 - 3.5.05	17.11.09		540, 849

PCT 抗议

W 7/85 - 3.3.02	05.06.87	1988, 211	296
W 3/87 - 3.4.01	30.09.87		295
W 4/87 - 3.2.02	02.10.87	1988, 425	505, 506
W 2/88 - 3.5.01	10.04.89		295
W 3/88 - 3.3.01	08.11.88	1990, 126	293, 297
W 29/88 - 3.3.01	28.11.88		293, 294
W 31/88 - 3.3.01	09.11.88	1990, 134	302
W 32/88 - 3.4.01	28.11.88	1990, 138	294
W 35/88 - 3.5.01	07.06.89		297
W 44/88 - 3.4.01	31.05.89	1990, 140	297
W 3/89 - 3.3.01	11.04.89		293
W 7/89 - 3.3.01	15.12.89		302
W 11/89 - 3.3.02	09.10.89	1993, 225	301
W 12/89 - 3.3.01	29.06.89	1990, 152	302
W 13/89 - 3.3.02	12.07.90		294
W 14/89 - 3.3.01	26.01.90		301
W 16/89 - 3.4.01	29.11.89		294
W 17/89 - 3.2.02	02.03.91		303, 306
W 19/89 - 3.3.01	14.11.91		304, 313
W 21/89 - 3.4.02	13.06.91		299
W 27/89 - 3.2.02	21.08.90		303
W 30/89 - 3.3.02	07.06.90		295
W 32/89 - 3.4.02	07.08.90		295
W 6/90 - 3.2.02	19.12.90	1991, 438	297, 303, 304, 306, 307
W 18/90 - 3.2.01	17.08.90		303
W 19/90 - 3.2.01	02.10.90		303
W 24/90 - 3.2.01	05.10.90		303
W 26/90 - 3.2.02	09.11.90		295
W 36/90 - 3.3.01	04.12.90		313
W 38/90 - 3.2.02	13.03.91		305
W 39/90 - 3.4.02	12.02.91		297
W 48/90 - 3.3.01	22.04.91		306
W 50/90 - 3.3.02	06.05.91		306
W 59/90 - 3.3.01	21.06.91		301, 302
W 5/91 - 3.3.02	10.09.91		294
W 6/91 - 3.3.01	03.04.92		301, 302
W 8/91 - 3.2.02	26.02.92		295
W 14/91 - 3.2.04	03.06.91		301
W 16/91 - 3.3.02	25.11.91		303
W 17/91 - 3.3.02	08.08.91		301
W 21/91 - 3.3.02	19.02.92		303
W 22/91 - 3.2.02	10.02.92		306
W 23/91 - 3.3.02	08.09.92		294, 303
W 28/91 - 3.3.02	27.02.92		294
W 31/91 - 3.3.02	20.12.91		306
W 35/91 - 3.3.01	28.09.92		296, 309
W 43/91 - 3.3.03	09.04.92		303
W 50/91 - 3.2.03	20.07.92		297
W 52/91 - 3.3.02	19.10.92		297
W 54/91 - 3.2.01	28.01.92		295
W 5/92 - 3.5.01	28.02.92		293
W 10/92 - 3.3.02	30.10.92		303
W 22/92 - 3.3.02	16.11.92		297
W 29/92 - 3.2.02	19.10.93		306
W 32/92 - 3.2.02	15.10.92	1994, 239	305, 307
W 33/92 - 3.3.01	12.08.92		297
W 34/92 - 3.2.02	23.11.93		306
W 38/92 - 3.3.02	22.10.93		307
W 40/92 - 3.5.01	01.03.93		294
W 45/92 - 3.2.02	15.10.93		306
W 52/92 - 3.3.02	02.04.93		297
W 3/93 - 3.3.01	21.10.93	1994, 931	495, 505
W 4/93 - 3.3.01	05.11.93	1994, 939	300
W 8/93 - 3.2.04	24.03.94		306
W 9/93 - 3.3.01	14.07.94		307
W 1/94 - 3.3.01	29.07.94		309
W 3/94 - 3.3.01	15.12.94	1995, 775	309
W 8/94 - 3.3.03	21.11.94		301
W 2/95 - 3.4.01	18.10.95		307, 308
W 6/95 - 3.3.01	16.07.96		309
W 1/96 - 3.3.04	22.05.96		297
W 4/96 - 3.3.02	20.12.96	1997, 552	310

W	6/96 -3.3.01	15.04.97		310
W	1/97 -3.3.04	15.11.97	1999, 33	303
W	6/97 -3.3.01	18.09.97		297, 301, 306, 310
W	6/98 -3.4.02	17.12.98		295
W	11/99 -3.3.05	20.10.99	2000, 186	307, 308
W	18/01 -3.5.02	23.01.02		308
W	9/02 -3.2.03	23.09.02		302
W	9/03 -3.5.03	22.12.03		305

W	17/03 -3.5.01	20.09.04	302, 303
W	21/04 -3.2.07	25.05.07	302
W	1/06 -3.3.08	04.01.07	946
W	18/06 -3.3.04	05.03.07	946
W	20/06 -3.3.04	03.04.07	946
W	22/06 -3.2.02	15.03.07	946
W	26/06 -3.3.08	28.02.07	946
W	2/07 -3.3.04	23.02.07	946
W	6/07 -3.4.01	17.07.07	946

原版援引法条索引

1. 欧洲专利公约

EPC 2000

EPC 第 14 条	626
EPC 第 14（2）条	625，626，645
EPC 第 14（3）条	950
EPC 第 14（4）条	430，431，625－628
EPC 第 16 条	645，650
EPC 第 18 条	650
EPC 第 19（2）条	591
EPC 第 20 条	632
EPC 第 21 条	632，842
EPC 第 21（2）条	632
EPC 第 21（3）（a）条	842
EPC 第 21（3）（b）条	842
EPC 第 23（4）条	952
EPC 第 24 条	882
EPC 第 24（1）条	594
EPC 第 24（3）条	594，602，879
EPC 第 24（4）条	602，879
EPC 第 51（3）条	393
EPC 第 52 条	1，4，12，251，262，737
EPC 第 52（1）条	1，2，8，11，63，64，192，223，790
EPC 第 52（2）条	XXXVII，1，8，10，11，16，18，20
EPC 第 52（2）（c）条	17，189
EPC 第 52（3）条	1，10，11，16－18，20，189
EPC 第 52（4）条	60
EPC 第 53 条	36
EPC 第 53（a）条	36，42，50
EPC 第 53（b）条	36，42，44，45，47，48，50
EPC 第 53（c）条	36，37，49－62，64，133，134，140－142，145，146，259
EPC 第 54 条	64，68，656
EPC 第 54（1）条	64
EPC 第 54（2）条	64，72，76，162，262，397，560，569，783
EPC 第 54（3）条	64，65，162，262，337，397
EPC 第 54（4）条	64，133－135，137，142，145，146，262
EPC 第 54（5）条	64，137，141－143，145－147，152
EPC 第 55 条	68
EPC 第 56 条	162，213
EPC 第 57 条	57，223，225，251，262，737
EPC 第 60（1）条	651
EPC 第 60（3）条	638，651
EPC 第 61 条	643，651
EPC 第 61（1）条	633
EPC 第 64 条	251，764
EPC 第 64（2）条	158，287
EPC 第 68 条	737，738
EPC 第 69 条	247，251，281，282
EPC 第 69（1）条	279，282，283

EPC 第 72 条	631
EPC 第 75 条	647
EPC 第 75（1）（b）条	647
EPC 第 76 条	375
EPC 第 76（1）条	375，380－382，384
EPC 第 76（2）条	393，653
EPC 第 78 条	646
EPC 第 78（1）条	685
EPC 第 78（2）条	646
EPC 第 79 条	652
EPC 第 79（1）条	491
EPC 第 79（2）条	535，652
EPC 第 79（3）条	652
EPC 第 80 条	645，648，651
EPC 第 82 条	292，293，296，299，304，389
EPC 第 83 条	225，229，232，234，235，237，238，241，243，245－247，255，277，805
EPC 第 84 条	229，245－247，251，254，257，275－277，279，281，283，285，737，798，805，807，808，835
EPC 第 87 条	397，400，414，640
EPC 第 87（1）条	397，407，417，490，496，503
EPC 第 87（2）条	397
EPC 第 87（4）条	417
EPC 第 89 条	397
EPC 第 90 条	645，648
EPC 第 90（1）条	645
EPC 第 90（3）条	645
EPC 第 90（4）条	645
EPC 第 90（5）条	645
EPC 第 92（1）条	671
EPC 第 93 条	64
EPC 第 93（1）条	629，658
EPC 第 93（1）（b）条	655
EPC 第 94 条	658
EPC 第 94（1）条	658
EPC 第 94（2）条	658，660
EPC 第 94（3）条	392，541，661，663，913
EPC 第 94（4）条	392，485，678
EPC 第 96（2）条	650
EPC 第 97 条	633
EPC 第 97（1）条	542
EPC 第 97（2）条	679，680
EPC 第 97（3）条	697，699
EPC 第 98 条	698
EPC 第 99 条	764，769
EPC 第 99（1）条	725，765，767，769
EPC 第 99（3）条	586，765，793，825
EPC 第 100 条	721，738，764，765，774，797，798，802，804
EPC 第 100（a）条	397
EPC 第 100（b）条	233，247
EPC 第 100（c）条	376
EPC 第 101 条	764，785，788，801
EPC 第 101（1）条	444，777，788，810－813，815
EPC 第 101（2）条	806，811，820
EPC 第 101（3）（a）条	301，792，805，806，808，820
EPC 第 102 条	801
EPC 第 104 条	476，741
EPC 第 104（1）条	476，740，741，762
EPC 第 104（2）条	741，762
EPC 第 104（3）条	741
EPC 第 105 条	719，722，825
EPC 第 105（2）条	719
EPC 第 105a 条	625，631，737，739
EPC 第 105a（2）条	737
EPC 第 105b（3）条	737
EPC 第 105c 条	631，737
EPC 第 106 条	821，839
EPC 第 106（1）条	632，822，839
EPC 第 106（2）条	543，819，821，841

EPC 第 107 条	393，825，826，839，843，844
EPC 第 108 条	478，838，839，849，850，854，856，877
EPC 第 109 条	839，876，928
EPC 第 109（1）条	875，916，939
EPC 第 109（2）条	939
EPC 第 110 条	839
EPC 第 110（1）条	862
EPC 第 111 条	821，827，839
EPC 第 111（1）条	92，862，870
EPC 第 111（2）条	869－871
EPC 第 112 条	879
EPC 第 112（1）条	878，880
EPC 第 112（1）（b）条	XXXVII，17
EPC 第 112a 条	625，631，842，870，882，884
EPC 第 112a（2）条	882，887
EPC 第 112a（2）(a）条	882－884
EPC 第 112a（2）(c）条	882，884，885
EPC 第 112a（2）(d）条	882，883，886，887
EPC 第 112a（4）条	490，496
EPC 第 113 条	438，810，811，814，877，882，885，886
EPC 第 113（1）条	438，440，441，444，445，550，551，661，672，811，813，815，887，896，914，915，918，941
EPC 第 113（2）条	451，541，542，684，738，886，892，915
EPC 第 114 条	92，725，786，801，827，836，873
EPC 第 114（1）条	444，700，725，726，783，786－789，836
EPC 第 114（2）条	700，716，725
EPC 第 115 条	723－726，728，729，786，801，826
EPC 第 115（1）条	726
EPC 第 116 条	454
EPC 第 116（1）条	444，453，458
EPC 第 116（2）条	454
EPC 第 116（3）条	473
EPC 第 116（4）条	473，477
EPC 第 117 条	545，549
EPC 第 117（1）条	545，547，550，741，918
EPC 第 117（1）（g）条	547
EPC 第 117（2）条	545
EPC 第 118 条	638
EPC 第 120 条	663
EPC 第 121 条	482，484，485，490，533，535，636，646，653
EPC 第 121（1）条	484
EPC 第 121（4）条	484，504
EPC 第 122 条	492
EPC 第 122（1）条	490－492，507
EPC 第 122（2）条	507
EPC 第 122（3）条	490
EPC 第 122（4）条	490，503，504
EPC 第 122（5）条	490，529
EPC 第 123 条	661
EPC 第 123（1）条	315，661，665
EPC 第 123（2）条	262，283，315，320，321，324，336，337，340，344，350－352，366，369，370，381，382，384，737，802，924
EPC 第 123（3）条	315，355，358，366，369，737，797，802
EPC 第 125 条	941
EPC 第 127 条	631
EPC 第 128 条	629
EPC 第 128（2）条	629
EPC 第 128（4）条	630
EPC 第 128（5）条	629
EPC 第 133 条	571，572
EPC 第 133（1）条	572
EPC 第 133（2）条	572
EPC 第 134 条	571，572

EPC 第 134（1）条	572，574，575，931
EPC 第 134（2）条	572，931
EPC 第 134（2）（c）条	931，932
EPC 第 134（3）条	572，573
EPC 第 134（4）条	575
EPC 第 134（8）条	574－576，931，933
EPC 第 134a 条	931
EPC 第 134a（1)(c）条	942
EPC 第 134a（2）条	931
EPC 第 150（2）条	945
EPC 第 153（2）条	628，945
EPC 第 153（3）条	65，66
EPC 第 153（4）条	66
EPC 第 153（5）条	65，66
EPC 第 177 条	641

EPC 1973

EPC 1973 第 1 条	642，643
EPC 1973 第 2（2）条	486，643
EPC 1973 第 5（3）条	951
EPC 1973 第 10 条	913
EPC 1973 第 10（1）条	473
EPC 1973 第 10（2)(a）条	473，951
EPC 1973 第 10（2)(b）条	473
EPC 1973 第 14 条	626－628，646
EPC 1973 第 14（1）条	316，626，646，935
EPC 1973 第 14（2）条	316，537，625－628，646
EPC 1973 第 14（4）条	537，625，627，628，774，853
EPC 第 14（5）条	628，774，853，908
EPC 1973 第 15 条	594，912
EPC 1973 第 16 条	643，649，650
EPC 1973 第 18 条	643，650
EPC 1973 第 18（1）条	643
EPC 1973 第 18（2）条	678
EPC 1973 第 19 条	591
EPC 1973 第 19（2）条	592，593，596，867，925
EPC 1973 第 20 条	632
EPC 1973 第 20（1）条	494
EPC 1973 第 21 条	351，842，877，928
EPC 1973 第 21（1）条	621，760，840
EPC 1973 第 21（3）条	842，843
EPC 1973 第 21（3)(a）条	621
EPC 1973 第 21（3)(b）条	621
EPC 1973 第 21（3)(c）条	842
EPC 1973 第 21（4）条	842
EPC 1973 第 23（3）条	641，952
EPC 1973 第 23（4）条	469，952
EPC 1973 第 24 条	594，596，599
EPC 1973 第 24（1）条	596，599，601
EPC 1973 第 24（2）条	594，595，601
EPC 1973 第 24（3）条	594，595，598，599，601，602
EPC 1973 第 24（4）条	599
EPC 1973 第 25 条	840
EPC 1973 第 33 条	640
EPC 1973 第 33（1)(b）条	952
EPC 1973 第 33（4）条	953
EPC 1973 第 52 条	2，6，9，13，123，188，193，264，328，332，664，775，790
EPC 1973 第 52（1）条	1－11，21，22，25－28，31，44，158，173，188，189，192，223，224，228，288，697，775，789，790
EPC 1973 第 52（2）条	1－13，16，18，19，21，25，26，30，31，33，35，188－190，192，194，223，224，640，670，775，789，790
EPC 1973 第 52（2)(a）条	12，14，28
EPC 1973 第 52（2)(b）条	15，196

EPC 1973 第52（2）(c）条	5，7，9，11，14，16，18，22，24-26，28-33，189，196，223
EPC 1973 第52（2）(d）条	15，29，33-35
EPC 1973 第52（3）条	1-16，18，19，21，22，24-33，35，188，189，223，640，670
EPC 1973 第52（4）条	8，9，36，37，50-54，56-64，133，134，138，140，141，143，145，147，148，151，155，160，161，228，259，365，775，789
EPC 1973 第53条	41，775，789
EPC 1973 第53（a）条	36-41
EPC 1973 第53（b）条	9，36-38，43-49，54，639
EPC 1973 第54条	68，77，106，111，123，125，151，153，154，158，164，186，190，194，328，348，560，562，614，775，789，790
EPC 1973 第54（1）条	4，12，101，116，150，153，159，194，779，781
EPC 1973 第54（2）条	12，64，66，71-73，75-77，80，83-85，87，88，91，95，97，100，101，106，116，122，129，153，154，164，168，169，181，190，332，334，336，417，419，420，553，657，779，782
EPC 1973 第54（3）条	64-66，68，94，95，99，317，332，334，336，407，411，417，419，420，656，781
EPC 1973 第54（4）条	50，64，65，317，332，334，417
EPC 1973 第54（5）条	64，133-137，141，142，145，150
EPC 1973 第55（a）条	562
EPC 1973 第55（1）条	69，639
EPC 1973 第55（1）(a）条	69，562
EPC 1973 第56条	4，65，99，162，172，175，177，181，182，186，188，190，203，240，328，611，775，779，846
EPC 1973 第57条	4，7，9，56，57，140，188，223-228，264，332，775，789，790
EPC 1973 第60条	385
EPC 1973 第60（3）条	489，530，638
EPC 1973 第61条	386，644，651
EPC 1973 第61（1）条	634，643，644
EPC 1973 第61（1）(b）条	388，644
EPC 1973 第64条	111
EPC 1973 第64（1）条	362，698，825
EPC 1973 第64（2）条	43，156，287，288，291，362，364
EPC 1973 第65条	943
EPC 1973 第65（3）条	687
EPC 1973 第66条	643
EPC 1973 第67（4）条	393，394，653
EPC 1973 第68条	738，739，764
EPC 1973 第69条	111，234，279，282，284-286，356，361，805，806，834
EPC 1973 第69（1）条	282，284，286，356，357，360，361，364，642，806
EPC 1973 第70（2）条	316
EPC 1973 第72条	398
EPC 1973 第74条	486
EPC 1973 第75条	627，658

EPC 1973 第75（1)(b）条	647
EPC 1973 第76条	371，378，379，387
EPC 1973 第76（1）条	375－384，387，400，922
EPC 1973 第76（2）条	393，394
EPC 1973 第76（3）条	389，390
EPC 1973 第77（5）条	493
EPC 1973 第78（1)(a）条	674
EPC 1973 第78（1)(c）条	685
EPC 1973 第78（2）条	393，478，647
EPC 1973 第78（3）条	680
EPC 1973 第79（1）条	491
EPC 1973 第79（2）条	393，535，652，653
EPC 1973 第80条	426，626，645，646，648
EPC 1973 第80（c）条	651
EPC 1973 第80（d）条	316，626，646
EPC 1973 第82条	172，273，292，293，295，296，299，301，305，308，310，312，611，681
EPC 1973 第83条	37，103，108，162，186，224，225，229－240，242，244－250，276，277，416，440，779，816，855，899
EPC 1973 第84条	61，62，162，228，237，240，246－250，253，254，256－261，263－271，273，275－279，282，283，286，292，317，332，352，356，364，779，805－808，835，899，922
EPC 1973 第86条	490
EPC 1973 第86（2）条	482，483
EPC 1973 第86（3）条	508
EPC 1973 第87条	272，402，415，478，640
EPC 1973 第87（1）条	398－402，409，410，414，417－420，422，503
EPC 1973 第87（3）条	403
EPC 1973 第87（4）条	400，401，417－419，562
EPC 1973 第87（5）条	641
EPC 1973 第88条	400，401
EPC 1973 第88（1）条	420
EPC 1973 第88（2）条	400，409，420－422
EPC 1973 第88（3）条	400，421－423
EPC 1973 第88（4）条	402－404，409，421
EPC 1973 第89条	398
EPC 1973 第90条	650
EPC 1973 第90（3）条	503，628
EPC 1973 第91条	316，645，650
EPC 1973 第91（2）条	492，503
EPC 1973 第91（4）条	394，503
EPC 1973 第91（5）条	487，645
EPC 1973 第92条	299，627，659
EPC 1973 第93条	658
EPC 1973 第93（1）条	348，629
EPC 1973 第94条	658，659
EPC 1973 第94（1）条	627，650，658，659
EPC 1973 第94（2）条	489，504，627，658，659
EPC 1973 第94（3）条	659
EPC 1973 第96条	441，658，675，676，681
EPC 1973 第96（1）条	643，649，650，660
EPC 1973 第96（2）条	391，439，441，442，494，541，542，615，661－665，673，676，678，688－690，692，840，928
EPC 1973 第96（3）条	392，442，443，485，660，663，678，679，930
EPC 1973 第97条	620，680，859

EPC 1973 第97（1）条	312，444，451，542，650，669，674，679，680，683，688，920，930
EPC 1973 第97（2）条	533，633，650，687，698
EPC 1973 第97（2）(a）条	682，683，689，845
EPC 1973 第97（4）条	370，625，633，697－699
EPC 1973 第97（6）条	697
EPC 1973 第98条	620，698
EPC 1973 第99条	720，721，769，775
EPC 1973 第99（1）条	493，563，698，710，726，766，768，770－773，776，780，781，784－786
EPC 1973 第99（4）条	587，765，793
EPC 1973 第100条	569，570，721，764，767，775，787－789，797，798，805－807，830
EPC 1973 第100（a）条	440，769，775，782，789－791，816，855
EPC 1973 第100（b）条	225，233，255，276，440，774，779，781，789，792，795，915
EPC 1973 第100（c）条	329，330，354，367，379，743，774，789，792，794，866，922
EPC 1973 第101条	592，785，788
EPC 1973 第101（1）条	777，788，801
EPC 1973 第101（2）条	444，788，801，810－813，815，846，926
EPC 1973 第102条	592，764，785，788
EPC 1973 第102（1）条	330，611，785，788，801，805，806，820，869
EPC 1973 第102（2）条	806
EPC 1973 第102（3）条	301，785，788，792，801，805－808，820
EPC 1973 第102（3）(a）条	820
EPC 1973 第102（3）(b）条	820
EPC 1973 第102（4）条	496，818，819，841
EPC 1973 第102（5）条	496，819，841
EPC 1973 第104条	748
EPC 1973 第104（1）条	461，741，748－750，754，755，763
EPC 1973 第104（2）条	761，762
EPC 1973 第105条	720－723
EPC 1973 第105（1）条	722
EPC 1973 第106条	605，606，842，847，953
EPC 1973 第106（1）条	606，632，634，663，818，823，846，851，909，923，953
EPC 1973 第106（3）条	485，542，543，680，819，821，840，841
EPC 1973 第106（4）条	762，763
EPC 1973 第107条	391，587，608，682，721，760，825－828，831，833，839，845－848
EPC 1973 第108条	428，432，433，493，495，501，509，518，522，523，531，534，605，606，708，714，716，720，736，747，837，849－851，853－855，859，908，909
EPC 1973 第109条	389，451，495，603，685，851，876－878，912，929
EPC 1973 第109（1）条	495，624，842，875－878，928－930
EPC 1973 第109（2）条	875，877，878
EPC 1973 第110条	614，828，894

法条	页码
EPC 1973 第 110（1）条	726
EPC 1973 第 110（2）条	428，541，658，823，827
EPC 1973 第 110（3）条	658，678，823，827
EPC 1973 第 111 条	828，839，868，923
EPC 1973 第 111（1）条	142，454，484，494，639，690，703，718，738，748，762，862，863，865，866，868 -870
EPC 1973 第 111（2）条	690，870，872，873
EPC 1973 第 112 条	881
EPC 1973 第 112（1）(a）条	878，879
EPC 1973 第 112（1）(b）条	60，819，879
EPC 1973 第 113 条	446，447，507，673，816，868
EPC 1973 第 113（1）条	438 -446，448，449，455，506，541，551，553，585，613 -615，662 -664，666，669，672 -676，678，679，688，709，762，811，813 -817，865，914，915，917，918，921，930
EPC 1973 第 113（2）条	450 -453，541 -543，608，683 -687，689，820，846，877，915，929
EPC 1973 第 114 条	708，719，783，788，805
EPC 1973 第 114（1）条	445，471，481，702，703，714，716，717，724，726，769，783，787，788，790，792，815，822，828，836，837，864，873
EPC 1973 第 114（2）条	467，470，474，701 -703，705 -710，712 -714，716，725，742，794，796，816，836，861，918，922
EPC 1973 第 115 条	692，724 -728，788，791，826
EPC 1973 第 115（1）条	725，726
EPC 1973 第 115（2）条	723，726
EPC 1973 第 116 条	444，455，456，458，472，473，584，676 -678，915
EPC 1973 第 116（1）条	455，458 -460，677，753，817
EPC 1973 第 116（2）条	454
EPC 1973 第 117 条	547 -549，590
EPC 1973 第 117（1）条	398，545 -548，553
EPC 1973 第 117（1）(c）条	548
EPC 1973 第 117（1）(d）条	546
EPC 1973 第 117（1）(g）条	548
EPC 1973 第 117（2）条	545
EPC 1973 第 117（6）条	545
EPC 1973 第 118 条	638，643
EPC 1973 第 119 条	637
EPC 1973 第 120 条	479，480
EPC 1973 第 120（a）条	482
EPC 1973 第 120（b）条	479
EPC 1973 第 121 条	485，948
EPC 1973 第 121（1）条	484
EPC 1973 第 121（2）条	392，485，504，948
EPC 1973 第 122 条	388，429，491，492，494，502，504 -506，508，510，514，517，528，530，531，654，948
EPC 1973 第 122（1）条	491，492，517，519，523，530 -532

EPC 1973 第 122（2）条	427，432，434，487，495，496，499－503，507，530，533
EPC 1973 第 122（3）条	501，502，507，558
EPC 1973 第 122（4）条	494，495，624
EPC 1973 第 122（5）条	503－505，654，948
EPC 1973 第 122（6）条	505，529，531，694
EPC 1973 第 123 条	316，367，370，470，564，642，804，806，821，874，899
EPC 1973 第 123（2）条	148，173，208，230，263，265，272，290，315－320，322－327，329－334，338，341－355，357－359，361，366－371，373，374，376，377，381－383，401，402，408，649，697，758，759，792，800，808，830，835
EPC 1973 第 123（3）条	287，291，330，343，344，354，356－370，447，561，642，800，806，808，831，832，893，902，905
EPC 1973 第 125 条	385，467，493，566，597，672，893，937
EPC 1973 第 127 条	529，631
EPC 1973 第 128 条	629
EPC 1973 第 128（2）条	467，629
EPC 1973 第 128（4）条	72，630
EPC 1973 第 129（a）条	529
EPC 1973 第 133 条	581，584，589
EPC 1973 第 133（2）条	488，573，574
EPC 1973 第 133（3）条	574，587，843
EPC 1973 第 133（4）条	578，770
EPC 1973 第 134 条	488，574，581，582，587，589，768
EPC 1973 第 134（1）条	521，574，577，583，933
EPC 1973 第 134（2）条	576
EPC 1973 第 134（4）条	575
EPC 1973 第 134（7）条	574－577，583，931，933
EPC 1973 第 134（8）条	931
EPC 1973 第 134（8）(c) 条	942
EPC 1973 第 138 条	765
EPC 1973 第 138（1）条	68
EPC 1973 第 138（1）(a) 条	68
EPC 1973 第 139 条	68
EPC 1973 第 139（2）条	68
EPC 1973 第 141 条	943
EPC 1973 第 150（2）条	946
EPC 1973 第 150（3）条	425
EPC 1973 第 153 条	947
EPC 1973 第 153（1）条	949
EPC 1973 第 153（2）条	948
EPC 1973 第 154（3）条	292，945，946
EPC 1973 第 155（3）条	292，945
EPC 1973 第 158（1）条	66
EPC 1973 第 158（2）条	65，66，518
EPC 1973 第 158（3）条	65
EPC 1973 第 163 条	571－573
EPC 1973 第 163（1）条	573
EPC 1973 第 163（5）条	573
EPC 1973 第 163（6）条	573
EPC 1973 第 164（2）条	41，480，533，628，642，847，952
EPC 1973 第 167（2）条	692
EPC 1973 第 167（2）(a) 条	798
EPC 1973 第 172 条	640
EPC 1973 第 177（1）条	45，502，641

2. EPC 实施细则

EPC 2000 的实施细则

EPC 细则第 2（1）条 480，849
EPC 细则第 3 条 769
EPC 细则第 3（1）条 628，824
EPC 细则第 3（3）条 723，727
EPC 细则第 4（1）条 476，824
EPC 细则第 6（1）条 645
EPC 细则第 6（3）条 625
EPC 细则第 10 条 650
EPC 细则第 11（3）条 784
EPC 细则第 14 条 387，633
EPC 细则第 14（1）条 633，635
EPC 细则第 14（3）条 635
EPC 细则第 16 条 643
EPC 细则第 17 条 643
EPC 细则第 22 条 631，736
EPC 细则第 22（1）条 632，729，732
EPC 细则第 22（2）条 732
EPC 细则第 22（3）条 386，530，729，731，737
EPC 细则第 25 条 375
EPC 细则第 26 条 36，38
EPC 细则第 26（2）(c) 条 772
EPC 细则第 26（4）条 42
EPC 细则第 26（4）(c) 条 43
EPC 细则第 26（6）条 49
EPC 细则第 27（b）条 44
EPC 细则第 28 条 39
EPC 细则第 28（c）条 41，42
EPC 细则第 29 条 36，38
EPC 细则第 29（2）条 41
EPC 细则第 30 条 243
EPC 细则第 31 条 243，244
EPC 细则第 31（1）条 244
EPC 细则第 31（1）(a) 条 243
EPC 细则第 32 条 243
EPC 细则第 33 条 243
EPC 细则第 34 条 243
EPC 细则第 35 条 647
EPC 细则第 36 条 375，387
EPC 细则第 36（1）条 387，388，538
EPC 细则第 36（2）条 387，389
EPC 细则第 36（3）条 393
EPC 细则第 36（4）条 393
EPC 细则第 38 条 478，490，646，647
EPC 细则第 38（3）条 629
EPC 细则第 39 条 535，652，653
EPC 细则第 39（1）条 490
EPC 细则第 39（2）条 394，653
EPC 细则第 40 条 645
EPC 细则第 40（1）条 648
EPC 细则第 40（1）(b) 条 651
EPC 细则第 40（1）(c) 条 646
EPC 细则第 41（2）(c) 条 772
EPC 细则第 41（2）(h) 条 853
EPC 细则第 42（1）(b) 条 263，345
EPC 细则第 42（1）(c) 条 163，170，299
EPC 细则第 42（1）(e) 条 232
EPC 细则第 42（1）(f) 条 225
EPC 细则第 43 条 251，257，270，275
EPC 细则第 43（1）条 251，263，273
EPC 细则第 43（2）条 271，273，803，804
EPC 细则第 43（3）条 229，261
EPC 细则第 44 条 292，296
EPC 细则第 44（1）条 293，309
EPC 细则第 44（2）条 309
EPC 细则第 45 条 291
EPC 细则第 45（2）条 490
EPC 细则第 45（3）条 696
EPC 细则第 49 条 700
EPC 细则第 49（10）条 700
EPC 细则第 50（3）条 539，770，774，849
EPC 细则第 51（1）条 483
EPC 细则第 51（2）条 482
EPC 细则第 52（2）条 654

EPC 细则第 52（3）条	654
EPC 细则第 52（4）条	655
EPC 细则第 53 条	654
EPC 细则第 53（1）条	562
EPC 细则第 55 条	645
EPC 细则第 55（a）条	776
EPC 细则第 56 条	647－649
EPC 细则第 56（1）条	427，647
EPC 细则第 56（3）条	648
EPC 细则第 57a 条	797，802
EPC 细则第 58 条	484，645
EPC 细则第 59 条	484，491
EPC 细则第 63 条	671，835
EPC 细则第 64（1）条	299，311，696
EPC 细则第 64（2）条	299，300
EPC 细则第 67（1）条	658
EPC 细则第 68（1）条	658
EPC 细则第 70 条	658，660
EPC 细则第 70（1）条	490，627，658，660
EPC 细则第 70（2）条	660
EPC 细则第 70（3）条	490，660
EPC 细则第 71 条	686，697
EPC 细则第 71（1）条	661，913
EPC 细则第 71（2）条	74，541，663
EPC 细则第 71（3）条	538，540，681－683，691
EPC 细则第 71（4）条	686
EPC 细则第 71（5）条	540，690，691，728
EPC 细则第 71（7）条	682
EPC 细则第 73（1）条	698
EPC 细则第 75 条	764，769
EPC 细则第 76 条	765，767－769，775
EPC 细则第 76（2）(a）条	562，767，770，772，776
EPC 细则第 76（2）(b）条	773，776
EPC 细则第 76（2）(c）条	773，775，776，778－783，785，786，788，791，792，794，807
EPC 细则第 76（c）条	627，725，776，777，832

EPC 细则第 77 条	775
EPC 细则第 77（1）条	765，767，770，773，774，776，784，786
EPC 细则第 77（2）条	770，773
EPC 细则第 79（1）条	765，784，799，812
EPC 细则第 79（2）条	765，816
EPC 细则第 79（3）条	810－812，814
EPC 细则第 80 条	797－800，802，803，888，892，899
EPC 细则第 81（3）条	805，811
EPC 细则第 82 条	792，801，805，806，808，820
EPC 细则第 82（1）条	540，812，820，847
EPC 细则第 82（2）条	540，543，819－821
EPC 细则第 82（3）条	818，819
EPC 细则第 84（1）条	739
EPC 细则第 84（2）条	718，729，809
EPC 细则第 86 条	539，772，774
EPC 细则第 86（3）条	665
EPC 细则第 87 条	797
EPC 细则第 88 条	741
EPC 细则第 88（1）条	761
EPC 细则第 88（3）条	761
EPC 细则第 89 条	720，764
EPC 细则第 89（1）条	722
EPC 细则第 91 条	737
EPC 细则第 93（1）条	737
EPC 细则第 93（2）条	737
EPC 细则第 95（2）条	737
EPC 细则第 97（1）条	762
EPC 细则第 99 条	821，838，851，852，854
EPC 细则第 99（1）条	850
EPC 细则第 99（1）(a）条	850
EPC 细则第 99（1）(b）条	850，851
EPC 细则第 99（1）(c）条	850－852
EPC 细则第 99（2）条	824，850，853，854
EPC 细则第 99（3）条	853
EPC 细则第 100 条	658，827

条款	页码
EPC 细则第 100（1）条	541，788，789，792，805，821，888
EPC 细则第 100（2）条	428，460，658，823
EPC 细则第 100（3）条	460，658，823
EPC 细则第 101 条	642，747，785，862
EPC 细则第 101（1）条	628
EPC 细则第 103 条	384，541，821，826，839，876，907，909，912，928
EPC 细则第 103（1）(a）条	671，881，907
EPC 细则第 103（1）(b）条	877，907
EPC 细则第 103（2）条	876，907
EPC 细则第 104 条	882，884，887
EPC 细则第 104（a）条	882
EPC 细则第 104（b）条	882，886，887
EPC 细则第 106 条	882－884
EPC 细则第 107 条	884
EPC 细则第 107（2）条	884
EPC 细则第 109 条	884
EPC 细则第 109（1）条	884
EPC 细则第 109（2）条	884
EPC 细则第 109（3）条	884
EPC 细则第 111 条	593，605－607，615，619
EPC 细则第 111（1）条	605，813
EPC 细则第 111（2）条	74，605，607－615，919，937
EPC 细则第 112 条	849
EPC 细则第 112（1）条	499，563，590，591，646，653，818，819
EPC 细则第 112（2）条	394，590，591，624，646，818
EPC 细则第 113 条	605，606，615
EPC 细则第 113（2）条	617
EPC 细则第 114 条	724，727
EPC 细则第 114（1）条	723
EPC 细则第 114（2）条	723
EPC 细则第 115（1）条	467
EPC 细则第 115（2）条	447，461
EPC 细则第 116 条	469，471，472，716，799，894
EPC 细则第 117 条	546
EPC 细则第 118 条	545，741
EPC 细则第 120 条	545，741
EPC 细则第 124 条	474，476，539
EPC 细则第 124（1）条	476
EPC 细则第 125（2)(b）条	568
EPC 细则第 125（4）条	568，636
EPC 细则第 126（2）条	499，563，568，637
EPC 细则第 127 条	637
EPC 细则第 130（1）条	635
EPC 细则第 131 条	478
EPC 细则第 131（1）条	483
EPC 细则第 132 条	469，478，479，533，813
EPC 细则第 132（2）条	479，663
EPC 细则第 134 条	480，530
EPC 细则第 134（2）条	480
EPC 细则第 134（5）条	480，481
EPC 细则第 135 条	646
EPC 细则第 135（1）条	392
EPC 细则第 135（2）条	484
EPC 细则第 136 条	490，495，501
EPC 细则第 136（1）条	490，495，496，499，501，503，530
EPC 细则第 136（2）条	501，558
EPC 细则第 136（3）条	490，503，504
EPC 细则第 136（4）条	494
EPC 细则第 137 条	623，728
EPC 细则第 137（1）条	660
EPC 细则第 137（2）条	660
EPC 细则第 137（3）条	541，664，665，667，681，686，799，865，888，915，916
EPC 细则第 137（4）条	667
EPC 细则第 138 条	65，797，798
EPC 细则第 139 条	369，370，394，545，619，622，625，648－650，655，686，693，772，774

EPC 细则第 140 条	617 - 622，797，939
EPC 细则第 142 条	485，530
EPC 细则第 142（1）(a）条	485，486
EPC 细则第 142（1）(b）条	488
EPC 细则第 142（1）(c）条	485，486
EPC 细则第 142（4）条	485，489
EPC 细则第 143 条	631
EPC 细则第 143（1）条	631
EPC 细则第 143（1）(n）条	529
EPC 细则第 143（1）(r）条	529
EPC 细则第 143（1）(u）条	529
EPC 细则第 144 条	630
EPC 细则第 147 条	552
EPC 细则第 150（1）条	771 - 773，784，785
EPC 细则第 151 条	577，578
EPC 细则第 152 条	579
EPC 细则第 152（6）条	579
EPC 细则第 152（8）条	636，844
EPC 细则第 152（11）条	583
EPC 细则第 159 条	66，436
EPC 细则第 159（1）(c）条	490
EPC 细则第 159（1）(f）条	490
EPC 细则第 160 条	947
EPC 细则第 163（2）条	629
EPC 细则第 164 条	313，314，947

EPC 1973 的实施细则

EPC 1973 细则第 1 条	769
EPC 1973 细则第 1（1）条	628，824
EPC 1973 细则第 2（1）条	476，477，824
EPC 1973 细则第 2（5）条	477
EPC 1973 细则第 6（1）条	628
EPC 1973 细则第 6（3）条	537，625，627
EPC 1973 细则第 9（3）条	624，784，842
EPC 1973 细则第 10（2）条	952
EPC 1973 细则第 11 条	952
EPC 1973 细则第 13 条	387，633 - 635，825
EPC 1973 细则第 13（1）条	633 - 635，822
EPC 1973 细则第 13（3）条	635
EPC 1973 细则第 15（2）条	653
EPC 1973 细则第 20 条	736
EPC 1973 细则第 20（1）条	631，632，729，732
EPC 1973 细则第 20（2）条	632，732
EPC 1973 细则第 20（3）条	386，489，530，632，729，731，733，737
EPC 1973 细则第 23a 条	65，417，652
EPC 1973 细则第 23b 条	36，38
EPC 1973 细则第 23b（1）条	41
EPC 1973 细则第 23b（4）条	42
EPC 1973 细则第 23b（4）(c）条	43
EPC 1973 细则第 23b（5）条	45 - 47
EPC 1973 细则第 23b（6）条	49
EPC 1973 细则第 23c（b）条	36，44，45
EPC 1973 细则第 23d 条	38，39
EPC 1973 细则第 23d（c）条	41
EPC 1973 细则第 23d（d）条	38，39
EPC 1973 细则第 23e 条	36，38
EPC 1973 细则第 23e（2）条	41
EPC 1973 细则第 24 条	647
EPC 1973 细则第 24（2）条	648
EPC 1973 细则第 25 条	375，387，388，390
EPC 1973 细则第 25（1）条	376，387 - 390，491，538，696
EPC 1973 细则第 25（1）(b）条	696
EPC 1973 细则第 25（2）条	483，653
EPC 1973 细则第 26（2）(c）条	772
EPC 1973 细则第 27 条	173，292
EPC 1973 细则第 27（1）(b）条	263，344，345
EPC 1973 细则第 27（1）(c）条	163，170，190，299
EPC 1973 细则第 27（1）(d）条	299
EPC 1973 细则第 27（1）(f）条	225
EPC 1973 细则第 27a 条	243
EPC 1973 细则第 28 条	243 - 245
EPC 1973 细则第 28（1）(c）条	245
EPC 1973 细则第 28（2）条	505
EPC 1973 细则第 28（2）(a）	245，505
EPC 1973 细则第 28a 条	243

EPC 1973 细则第 29 条	251, 258, 270, 275, 292
EPC 1973 细则第 29（1）条	33, 117, 190, 257, 261, 263, 273, 274, 289, 361
EPC 1973 细则第 29（1)(a）条	275
EPC 1973 细则第 29（2）条	271 -273, 803, 804
EPC 1973 细则第 29（2)(a）条	272
EPC 1973 细则第 29（2)(c）条	271, 272
EPC 1973 细则第 29（3）条	229, 257, 261
EPC 1973 细则第 29（4）条	257, 260, 272
EPC 1973 细则第 29（6）条	256, 257, 287
EPC 1973 细则第 29（7）条	257
EPC 1973 细则第 30 条	292 -294, 310
EPC 1973 细则第 30（1）条	292, 307
EPC 1973 细则第 30（b）条	310
EPC 1973 细则第 30（c）条	294
EPC 1973 细则第 31 条	505, 696
EPC 1973 细则第 31（1）条	291
EPC 1973 细则第 31（2）条	697
EPC 1973 细则第 34（1)(c）条	299
EPC 1973 细则第 35 条	700
EPC 1973 细则第 35（12）条	700
EPC 1973 细则第 36 条	432
EPC 1973 细则第 36（3）条	539, 574, 578, 770, 774
EPC 1973 细则第 37（1）条	482, 483
EPC 1973 细则第 38（2）条	655
EPC 1973 细则第 38（3）条	492, 562, 654
EPC 1973 细则第 39 条	645
EPC 1973 细则第 41（1）条	492
EPC 1973 细则第 43 条	316, 648, 649
EPC 1973 细则第 43（1）条	427, 926
EPC 1973 细则第 43（2）条	926
EPC 1973 细则第 43（3）条	926
EPC 1973 细则第 44a 条	670
EPC 1973 细则第 45 条	670, 671, 835
EPC 1973 细则第 46 条	298, 300, 312, 313
EPC 1973 细则第 46（1）条	299, 300, 311 -313, 669
EPC 1973 细则第 46（2）条	299 -301
EPC 1973 细则第 48（1）条	658
EPC 1973 细则第 51 条	441, 523, 675, 676, 686
EPC 1973 细则第 51（1）条	660, 661
EPC 1973 细则第 51（2）条	443, 541, 679, 921
EPC 1973 细则第 51（3）条	74, 439, 441, 663, 664, 672, 674, 840
EPC 1973 细则第 51（4）条	274, 387, 389, 390, 452, 491
EPC 1973 细则第 51（5）条	682, 687, 688, 859
EPC 1973 细则第 51（6）条	455, 687, 690 -692, 728
EPC 1973 细则第 51（8）条	682
EPC 1973 细则第 55 条	765, 767 -769, 775
EPC 1973 细则第 55（a）条	562, 767, 770, 772
EPC 1973 细则第 55（b）条	773, 776
EPC 1973 细则第 55（c）条	627, 703, 712, 725
EPC 1973 细则第 56 条	775
EPC 1973 细则第 56（1）条	765, 767, 770, 773, 774
EPC 1973 细则第 56（2）条	770, 773
EPC 1973 细则第 57（1）条	442, 543, 607
EPC 1973 细则第 57（2）条	765, 815
EPC 1973 细则第 57（3）条	810, 811, 814
EPC 1973 细则第 57a 条	356 -358, 833, 834, 888
EPC 1973 细则第 58（1）条	846
EPC 1973 细则第 58（2）条	543, 607, 805
EPC 1973 细则第 58（3）条	811, 846
EPC 1973 细则第 58（4）条	540, 718, 812, 813, 820, 847
EPC 1973 细则第 58（5）条	494, 510, 680, 820, 821
EPC 1973 细则第 60 条	740
EPC 1973 细则第 60（1）条	739, 740
EPC 1973 细则第 60（2）条	718, 729, 809, 873
EPC 1973 细则第 61a 条	273, 539, 772, 774
EPC 1973 细则第 63 条	741

条文	页码
EPC 1973 细则第63（1）条	761
EPC 1973 细则第64条	509，838，854
EPC 1973 细则第64（a）条	850，851
EPC 1973 细则第64（b）条	850－852，854
EPC 1973 细则第65条	642，747，854
EPC 1973 细则第65（1）条	495，624，628
EPC 1973 细则第65（2）条	642，843，850，851
EPC 1973 细则第66（1）条	541，578，658，788，789，792，805，821，888，904
EPC 1973 细则第66（2）条	608
EPC 1973 细则第67条	384，532，541，666，673，677，826，876，881，907－914，920，922－926，928
EPC 1973 细则第68条	605，606，615，619
EPC 1973 细则第68（1）条	593，605，607，813
EPC 1973 细则第68（2）条	74，470，475，593，605，607－615，669，677，680，685，912，919－921，937
EPC 1973 细则第69条	431，819
EPC 1973 细则第69（1）条	427，434，479，485，497－499，508，563，564，590，591，818，819，840，923，948
EPC 1973 细则第69（2）条	394，454，494，580，590，591，624，818，819，849
EPC 1973 细则第70条	605，606，615
EPC 1973 细则第70（2）条	617
EPC 1973 细则第71条	952，953
EPC 1973 细则第71（1）条	467，722
EPC 1973 细则第71（2）条	447，449
EPC 1973 细则第71a条	444，445，468－472，712，716，717，799，800，894，921，952
EPC 1973 细则第71a（1）条	445，469－472，922，952
EPC 1973 细则第71a（2）条	445，469，471，472，894
EPC 1973 细则第72条	546，590，624
EPC 1973 细则第72（1）条	546，590
EPC 1973 细则第76条	474，476，590
EPC 1973 细则第76（1）条	475，476
EPC 1973 细则第76（3）条	539
EPC 1973 细则第77条	637
EPC 1973 细则第77（1）条	637
EPC 1973 细则第77（2）条	637
EPC 1973 细则第77（2）(d）条	568，637
EPC 1973 细则第78（1）条	637
EPC 1973 细则第78（2）条	499，528，563，568，569，580，637，853
EPC 1973 细则第78（3）条	495，499，637
EPC 1973 细则第81条	580
EPC 1973 细则第81（1）条	498，635，636
EPC 1973 细则第82条	568，636，853
EPC 1973 细则第83条	478
EPC 1973 细则第83（1）条	483
EPC 1973 细则第83（2）条	478
EPC 1973 细则第83（3）条	478
EPC 1973 细则第83（4）条	478，482
EPC 1973 细则第83（5）条	478
EPC 1973 细则第84条	469，478－480，492，663，813，850
EPC 1973 细则第85条	480
EPC 1973 细则第85（1）条	482
EPC 1973 细则第85（2）条	480－482，530，647
EPC 1973 细则第85（4）条	482
EPC 1973 细则第85（5）条	481，482
EPC 1973 细则第85a条	426，482－484，504，533，535，581，653，947，948
EPC 1973 细则第85a（1）条	580，646，926，927
EPC 1973 细则第85a（2）条	483
EPC 1973 细则第85b条	482，484，504，533，581，636，927
EPC 1973 细则第86条	455，924

EPC 1973 细则第 86（1）条	660
EPC 1973 细则第 86（2）条	660，661，665
EPC 1973 细则第 86（3）条	452，455，459，541，542，605，623，661，664－667，673－675，681，684－688，691，692，728，799，865，888，904，915，916
EPC 1973 细则第 86（4）条	667－670，900
EPC 1973 细则第 87 条	65，356，797，798
EPC 1973 细则第 88 条	290，342，369－373，394，395，545，619，621，625，643，648－656，686，687，693－695，699，772，774，843，846
EPC 1973 细则第 89 条	617－622，698，797，840－843，846，919，939
EPC 1973 细则第 90 条	485，486，489，530
EPC 1973 细则第 90（1）(a）条	486，488，508
EPC 1973 细则第 90（1）(b）条	488，489，508，530
EPC 1973 细则第 90（1）(c）条	486－488
EPC 1973 细则第 90（2）条	490
EPC 1973 细则第 90（3）条	486
EPC 1973 细则第 90（4）条	489，490
EPC 1973 细则第 92（1）条	631
EPC 1973 细则第 92（1）(n）条	529，631
EPC 1973 细则第 92（1）(r）条	529，631
EPC 1973 细则第 92（1）(u）条	529，631
EPC 1973 细则第 93 条	630
EPC 1973 细则第 93（d）条	630
EPC 1973 细则第 95a 条	552
EPC 1973 细则第 100 条	577，578，770，844
EPC 1973 细则第 100（1）条	577，578，770，844
EPC 1973 细则第 100（2）条	577
EPC 1973 细则第 101 条	579
EPC 1973 细则第 101（1）条	576
EPC 1973 细则第 101（2）条	498，581
EPC 1973 细则第 101（4）条	582
EPC 1973 细则第 101（6）条	636，844
EPC 1973 细则第 101（9）条	583，641，642
EPC 1973 细则第 104b 条	436，948
EPC 1973 细则第 104b（1）条	947，949
EPC 1973 细则第 104b（1）(b）条	948
EPC 1973 细则第 104b（1）(b）(iii）	504
EPC 1973 细则第 104b（1）(c）条	948
EPC 1973 细则第 104b（3）条	629
EPC 1973 细则第 107 条	436
EPC 1973 细则第 107（1）条	653
EPC 1973 细则第 107（2）条	537
EPC 1973 细则第 108（3）条	947
EPC 1973 细则第 111（2）条	629
EPC 1973 细则第 112 条	313，947

3. 收费规则

RFees 第 2 条	535
RFees 第 2（3）条	652
RFees 第 5 条	533，534
RFees 第 5（2）条	534
RFees 第 6（2）条	535
RFees 第 7 条	483，533，535
RFees 第 7（1）条	536
RFees 第 7（2）条	534，535
RFees 第 7（3）条	483，536
RFees 第 7（4）条	479，483
RFees 第 8 条	483，536，537
RFees 第 8（1）条	536
RFees 第 8（2）条	535
RFees 第 8（3）条	483，484，536
RFees 第 8（3）(a）条	483
RFees 第 8（4）条	479，480，483，484
RFees 第 9 条	536，537

RFees 第9（2）条	535
RFees 第10条	622
RFees 第10（2）条	312
RFees 第12（1）条	537
RFees 第12（2）条	537
RFees 第14（1）条	537

4. 专利合作条约（条约和细则）

PCT

PCT 第2（xiii）条	949
PCT 第3（4)(iii）条	296
PCT 第4条	949
PCT 第6条	302
PCT 第8（2)(b）条	417
PCT 第11（1）条	431
PCT 第14（1)(b）条	948
PCT 第15（5)(a）条	312
PCT 第17条	302，303
PCT 第17（3)(a）条	297－299，302，303，311，313，506
PCT 第22（1）条	518
PCT 第24（2）条	948
PCT 第25条	948
PCT 第27（7）条	488
PCT 第31（4)(a）条	949
PCT 第34（3）条	308
PCT 第34（3)(a）条	298
PCT 第48（2）条	425，505，506
PCT 第48（2)(a）条	505，948
PCT 第49条	488
PCT 第56条	298
PCT 第56（3)(ii）条	298
PCT 第二章	948

PCT 细则

PCT 细则第4.9（b)(ii）	505
PCT 细则第13条	292－294，307，311
PCT 细则第13.1条	293，295－297，301，302，304－309，313
PCT 细则第13.2条	293，296，301，306－310，313
PCT 细则第13.3条	309
PCT 细则第13.4条	295
PCT 细则第13之二.4条	245，505
PCT 细则第17.1（b）条	656
PCT 细则第26.2条	948
PCT 细则第33.1（a）条	298
PCT 细则第39.1（iii）条	668
PCT 细则第40条	302，303，945，946
PCT 细则第40.1条	506
PCT 细则第40.2（c）条	297，300，309，505，946
PCT 细则第40.2（e）条	297，300
PCT 细则第40.3条	506
PCT 细则第48条	924
PCT 细则第60条	949
PCT 细则第68条	945
PCT 细则第68.3（c）条	300
PCT 细则第68.3（e）条	300
PCT 细则第80条	478
PCT 细则第92bis.1条	631

5. 欧洲专业代理人资格考试规则

REE 第1（6）条	932
REE 第1（7）条	932
REE 第2条	932
REE 第3条	932
REE 第3（7）条	932
REE 第6（2)(c）条	935，940
REE 第7条	933
REE 第7（1)(b）条	933
REE 第7（1)(b)(i）条	933
REE 第7（3）条	941
REE 第8（1)(d）条	936

REE 第 8（1）(e) 条	936，940
REE 第 8（b）条	936，940，941
REE 第 10 条	933
REE 第 10（1）条	933
REE 第 10（2）(a) 条	934
REE 第 10（2）(b) 条	934
REE 第 11 条	932
REE 第 11（1）(a) 条	932
REE 第 11（2）条	933，934
REE 第 11（2）(a) 条	934
REE 第 11（2）(b) 条	934
REE 第 11（3）条	934
REE 第 11（5）条	933
REE 第 11（7）条	932
REE 第 12 条	935
REE 第 12（3）条	934
REE 第 14 条	932
REE 第 14（1）条	937
REE 第 15 条	932，935
REE 第 16 条	935 -937，940
REE 第 16（1）条	937
REE 第 24 条	932
REE 第 24（1）条	938，939
REE 第 24（2）条	938，939
REE 第 24（3）条	938，939
REE 第 27 条	932，938
REE 第 27（1）条	938，939
REE 第 27（3）条	939
IPREE 第 4 IPREE	941
IPREE 第 4（1）条	937，941
IPREE 第 4（2）条	941
IPREE 第 4（3）条	941
IPREE 第 5 条	934
IPREE 第 6 条	932
IPREE 第 6（1）条	937，938
IPREE 第 6（3）条	937
IPREE 第 6（3）(c) 条	937
IPREE 第 6（4）条	937
IPREE 第 10 条	932
IPREE 第 11 条	932
IPREE 第 13 条	933
IPREE 第 14 条	932
IPREE 第 15 条	932，933
IPREE 第 15（2）条	934
IPREE 第 16（1）条	934
IPREE 第 16（2）条	934
IPREE 第 19（3）条	941
IPREE 第 19（4）条	941

6. 专业代理人惩戒规则

RDR 第 1 条	943，944
RDR 第 1（1）条	943
RDR 第 1（2）条	943
RDR 第 2 条	944
RDR 第 4（1）(e) 条	942
RDR 第 5 条	931
RDR 第 8 条	931
RDR 第 8（2）条	943
RDR 第 18 条	944

7. RPEBA

RPEBA 第 4（1）条	602，879

8. RPBA

RPBA 第 3（1）条	601
RPBA 第 3（2）条	447，600
RPBA 第 7（1）条	446
RPBA 第 8（1）条	446
RPBA 第 10 条	593，867，911
RPBA 第 10a 条	889
RPBA 第 10a（1）条	712
RPBA 第 10a（1）(a) 条	708
RPBA 第 10a（2）条	856，860

RPBA 第10a（4）条	708，712，713
RPBA 第10b 条	744，889
RPBA 第10b（1）条	901
RPBA 第10b（3）条	463，464，704，708，901
RPBA 第11 条	447
RPBA 第11（1）条	450，468
RPBA 第11（2）条	468，469，952
RPBA 第11（3）条	449-451，461
RPBA 第11a 条	476
RPBA 第12 条	889
RPBA 第12（1）条	708，712，740
RPBA 第12（2）条	701，889，892，904
RPBA 第12（4）条	702，708，712，713，889，890
RPBA 第13 条	472，712，740，744，837，889
RPBA 第13（1）条	701，704，714，889，897，902
RPBA 第13（3）条	463，702，708，868，889，893，894，897
RPBA 第15 条	879
RPBA 第15（1）条	450，468
RPBA 第15（2）条	462，465，466，506
RPBA 第15（3）条	449，450，461，896
RPBA 第15（5）条	886
RPBA 第15（6）条	892，896
RPBA 第16 条	476
RPBA 第16（1）条	740
RPBA 第16（1）(c）条	751
RPBA 第16（1）(e）条	751
RPBA 第19（1）条	477

附　　录

1.《欧洲专利局上诉扩大委员会程序规则》

2006 年 12 月的《行政委员会的决定》批准了对《欧洲专利局上诉扩大委员会程序规则》的修改案，OJ EPO 2007，303。

欧洲专利组织行政委员会，

考虑到《欧洲专利公约》，特别是其中的第 23 条第 4 款，

考虑到 2006 年 11 月根据《欧洲专利公约实施细则》第 11 条第 2 款通过的对《上诉扩大委员会程序规则》的修改案，

作出如下决定：

特此批准本决定附录所示的对《上诉扩大委员会程序规则》的修改案。

2006 年 12 月 7 日于慕尼黑

代表行政委员会

主席

Roland Grossenbacher

附　录

决　定

《上诉扩大委员会程序规则》的修改案（OJ EPO 1983，3），该规则已经过OJ EPO 1989，362，OJ EPO 1994，443和OJ EPO 2003，58所述修改案之修改。

根据《欧洲专利公约实施细则》第11条，上诉扩大委员会修改了《程序规则》。经修改的《程序规则》全文如下：

第1条　适用的范围

根据EPC第112条和第112a条，本《程序规则》适用于上诉扩大委员会开展的法律程序。

第2条　业务分配和人员构成

（1）在每一工作年度开始之前，根据EPC第11条第3款任命的上诉扩大委员会成员应拟就业务分配方案。这一方案应指定该年度内EPC第112条规定的关于所移交之法律点的法律程序中的常规成员和替代人员，并应指定该年度内EPC第112a条规定的关于所提交之呈请的法律程序中的（根据情况而定）常规成员和替代人员。在该年度内可以对该方案进行修改。

（2）上诉扩大委员会的主席应根据业务分配方案，确定每个具体案件的委员会构成。

（3）由EPC细则第109条第2（b）款规定的构成人员审查EPC第112a条规定的呈请的，应根据EPC细则第109条第2（a）款，由两名具有法律资质的成员补充该构成人员。

（4）在EPC第112条第1（a）款规定的上诉扩大委员会开展的法律程序中，至少其中的四名成员不得参与过移交法律点的上诉委员会所开展的法律程序。

（5）EPC第24条适用于EPC第112a条规定的法律程序。对于根据EPC第11条第3款任命的委员会主席，如果针对其作出的决定提交了复核呈请，该主席不得参加复核法律程序。

（6）委员会的构成人员一旦确定或发生变动，应尽快告知各当事方。

第 3 条　成员的替换

（1）如果成员不能参与委员会，特别是由于疾病、工作量过大以及无法回避的承诺，该成员应被替代人员替换。

（2）希望被替代人员替换的成员应毫不迟延地向委员会主席告知其不能出席。

（3）上诉扩大委员会的主席可根据业务分配方案可指定另外一名具有法律资质的常规成员代替其行事。

第 4 条　排除和反对

（1）如果委员会了解到并非源自成员本身或法律程序当事方的理由，据此可能排除成员或提出反对的，应适用 EPC 第 24 条第 4 款规定的程序。

（2）应让所涉成员对于是否存在排除的理由提出其意见。

（3）在对是否排除该成员作出决定之前，不得继续开展本案的法律程序。

第 5 条　书记员

（1）委员会主席应为每个案件指定一名委员会成员或其自己作为书记员。委员会主席可另外任命一名书记员。根据 EPC 细则第 109 条第 2（a）款构成的委员会的书记员，一般应在 EPC 细则第 109 条第 2（b）款规定的构成人员开展的法律程序中继续担任书记员。

（2）如果另外任命了一名书记员，除非委员会主席另有指示，第 3 ~ 5 款提到的步骤应由书记员和另外一名书记员共同执行。

（3）书记员应事先了解案件情况，可以依委员会主席的指示拟备给有资格的当事方的通信。书记员应代表委员会在通信上签字。

（4）书记员应为委员会的会议和口头法律程序做准备工作。

（5）书记员应草拟决定或意见。

（6）如果书记员或另外一名书记员认为其关于法律程序语言的知识不足以起草通信或决定或意见，他可以用其他的官方语言之一进行起草。他起草的文件必须由欧洲专利局译为该法律程序的语言，且译本应经该书记员或该委员会的其他成员查核。

第 6 条　登记处

（1）应为上诉扩大委员会设立一个登记处。上诉委员会高级登记官或为同一目的指派的登记官，应负责履行其职能。

（2）根据EPC第11条第3款任命的上诉扩大委员会的成员可向登记处委派不涉及技术或法律困难的任务，特别是关于安排查阅档案、发出口头法律程序传票和通知以及核准要求进一步处理申请的请求。

（3）口头法律程序和取证的记录应由高级登记官、为同一目的指派的登记官或委员会主席指定的其他专利局职员拟就。

第7条　委员会构成人员的变动

（1）如果在口头法律程序之后委员会的构成人员发生了变动，应将此通知有资格参加该法律程序的当事方，经一当事方的请求应由新构成的委员会举行全新的口头法律程序。如果委员会的新成员要求举行全新的口头法律程序且其他成员表示同意，也应举行全新的口头法律程序。

（2）第1款不得适用于第2条第3款规定的构成人员发生变动的情况。在该情况下，即使口头法律程序已经举行，举行口头法律程序的请求可继续有效。

（3）已作出的临时决定对每一名新成员的约束力与对其他成员的约束力相同。

（4）在委员会已达成最终的决定时，一名成员不能履责的，应由一名替代人员代替。如果委员会主席无法履责，应由在委员会服务时间最长的具有法律资质的委员会成员，或者在成员服务年限相同的情况下应由最年长的成员，代表主席签署该决定。

第8条　法律程序的合并

如果递交了同一或类似标的上的两个或两个以上的法律点，或者对同一个上诉决定递交了两个或两个以上的复核呈请，委员会可以在合并的法律程序中考虑它们。

第9条　EPO局长发表意见的权利

在EPC第122条规定的法律程序中，委员会可以主动或应欧洲专利局局长书面说明理由的请求，邀请该局长书面或口头评论在委员会的未决法律程序开展过程中产生的具有普遍利益的问题。各当事方有权对该局长的评论递交意见陈述。

第10条　第三方的陈述

(1) 在EPC第112条规定的法律程序开展过程中，委员会可在认为其适当的情况下处理由第三方发送给该委员会的关于该法律程序中产生的法律点的书面陈述。

(2) 在看起来合适的情况下，委员会可在《欧洲专利公报》中发布关于此类陈述的进一步规定。

第11条　EPC第112a条规定的法律程序中给当事方的特别通信

不管其他规定所要求的通知或通信如何，

(a) 根据EPC细则第109条第3款，应告知其他当事方收到了复核呈请，且应向其发送一份该呈请；

(b) 在口头法律程序中驳回了一项明显不可接纳或不能获准的呈请时，应将此通知各当事方；

(c) 向根据EPC细则第109条第2(b)款构成的委员会转递了一项复核呈请后时，应将此通知各当事方。

第12条　在EPC第112a条规定的法律程序中时限届满后提交的新递交

(1) 不管EPC细则第109条第3款如何规定，如果在提交复核呈请的时限届满之后由呈请人作出的新递交因特定原因具有合理性，委员会可以考虑该新递交。

(2) 对于由EPC细则第109条第2(b)款规定的构成人员开展的法律程序中其他当事方于作出回复之后提交的新递交，这一规则同样适用。

第13条　通信对委员会不具有约束力

如果委员会认为就评估实体或法律事项与有资格的当事方通信是得当的，此类通信不应以暗示委员会以任何方式受此约束的方式作出。

第14条　口头法律程序

(1) 如果口头法律程序将要举行，委员会应努力使有资格的当事方在陈词中提供所有相关信息和文件。

(2) 第13条规定的委员会通信可以提请收信人注意看起来具有特殊重要

性的事项或表面上不再有争议的问题这一事实，或者可包含可能有助于在口头法律程序中聚焦于重要问题的其他意见。

（3）在口头法律程序指定日期之前尽可能早的时间收到一项书面说明理由的请求后，委员会可自由裁量是否例外地允许口头法律程序日期的变动。

（4）仅因妥为传唤的且可只依据其书面案件陈述处理的一当事方缺席口头法律程序，不应迫使委员会延后法律程序的任何步骤，包括作出决定。

（5）委员会主席主持口头法律程序，确保该法律程序公平、有序和高效地进行。

（6）在口头法律程序期间准备对案件作出决定时，委员会主席应说明有资格当事方的最终要求并宣布辩论结束。除非委员决定重启辩论，在辩论结束后当事方不得进行任何递交。

（7）委员会应确保在口头法律程序结束时已准备好对每个案件作出决定，除非有相反的特殊原因。在口头法律程序结束前，委员会主席可以口头宣布委员会的决定或意见。

第15条　口译译员的出席

如有需要，委员会主席应对口头法律程序、取证或委员会评议期间的口译作出安排。

第16条　评议和投票

（1）只有委员会的成员可以参加评议，不过，委员会主席可授权其他高级职员出席。

（2）在委员会的成员进行评议时，应首先听取书记员的意见；如另外任命了一名书记员，接下来听取另一名书记员的意见；如书记员不是委员会主席，最后听取委员会主席的意见。

（3）如有必要投票，应按相同的次序进行投票；即使委员会主席是书记员，他也要最后投票。

第17条　评议和投票　根据EPC细则第109条第2（a）款构成的委员会将案件递交根据EPC细则第109条第2（b）款构成的委员会

如果在EPC第112a条规定的法律程序中，根据EPC细则第109条第2（a）款构成的委员会在评议之后未能就能否以明显不可接纳或不能获准为由驳回复核呈请达成一致意见，该委员会应毫不迟延地且对该案的是非曲直不发表任何意见的情况下将该呈请递交至根据 EPC 细则第 109 条第 2（b）款构成的委员会，由其作出决定。

第 18 条　决定或意见的理由

（1）受到 EPC 细则第 109 条第 2（a）款的规限，委员会的决定或意见应根据成员的多数票作出。

（2）在 EPC 第 112 条规定的法律程序中，如果委员会的多数成员对此类决定或意见的理由表示同意，该理由也可表示大多数成员所持的意见。

第 19 条　《程序规则》的约束性

本《程序规则》对上诉扩大委员会具有约束力，但前提是《程序规则》不会导致不符合《公约》精神和宗旨的情形。

第 20 条　生效

根据《修改法案》第 8 条，本《程序规则》随《欧洲专利公约》的修改文本的生效而生效。

2006 年 11 月 6 日于慕尼黑
代表上诉扩大委员会
主席
Peter Messerli

2. 《欧洲专利局上诉委员会程序规则》

2007 年 10 月 25 日的《行政委员会的决定》批准了对《欧洲专利局上诉委员会程序规则》的修改案，OJ EPO 2007，536。

欧洲专利组织行政委员会，

考虑到《欧洲专利公约》，特别是其中的第 23 条第 4 款，

考虑到 2007 年 12 月根据《欧洲专利公约实施细则》第 10 条第 3 款通过的对《上诉委员会程序规则》的修改案，

考虑到专利法委员会的意见，

作出如下决定：

特此批准本决定附录所示的对《上诉委员会程序规则》的修改案。

2007 年 10 月 25 日于慕尼黑

代表行政委员会

主席

Roland Grossenbacher

附　　录

决　　定

《上诉委员会程序规则》的修改案（OJ EPO 1983，7），该规则已经过 OJ EPO 1989，361，OJ EPO 2000，316，OJ EPO 2003，61，OJ EPO 2003，89 和 OJ EPO 2004，541 所述修改案之修改。

根据《欧洲专利公约实施细则》第 10 条第 3 款，主席团修改《上诉委员会程序规则》。经修改的《程序规则》全文如下：

第 1 条　业务分配和人员构成

（1）在每一工作年度开始之前，EPC 第 12 条第 4 款所提到的主席团应就向上诉委员会分配该年度内可能提交的所有上诉拟就业务分配方案，指定可以在每个委员会服务的成员及其替代人员。在该年度内可以对该方案进行修改。

（2）每一上诉委员会的主席应根据业务分配方案，确定每个具体案件的委员会构成。

第 2 条　成员的替换

（1）如果成员不能参与委员会，特别是由于疾病、工作量过大以及无法回避的承诺，该成员应被替代人员替换。

（2）请求被替代人员替换的成员应毫不迟延地向委员会主席告知其不能出席。

（3）委员会主席根据业务分配方案可以指定委员会的另一名成员在特定上诉中代替他或她担任主席。

第 3 条　排除和反对

（1）如果委员会了解到并非源自成员本身或法律程序当事方的理由，据此可能排除成员或提出反对的，应适用 EPC 第 24 条第 4 款规定的程序。

（2）应让所涉成员对于是否存在排除的理由提出其意见。

（3）在对是否排除该成员作出决定之前，不得继续开展本案的法律程序。

第4条 遵守程序

（1）委员会主席应为每一项上诉指定一名委员会成员或自己来考虑该上诉的可接纳性。

（2）委员会主席或由其指定的成员应确保各当事方遵守本《程序规则》和委员会的指示，并应提出适宜采取的行动。

第5条 书记员

（1）每一委员会的主席应为每项上诉指定一名委员会成员或其自己作为书记员。如果考虑到案件的标的之后认为是适宜的，委员会主席可另外指定一名书记员。

（2）如果另外任命了一名书记员，除非委员会主席另有指示，第3~5款提到的步骤应由书记员和另外一名书记员共同执行。

（3）书记员应事先了解案件情况，可以依委员会主席的指示拟备给当事方的通信。书记员应代表委员会在通信上签字。

（4）书记员应为委员会的会议和口头法律程序做准备工作。

（5）书记员应草拟决定。

（6）如果书记员或另外一名书记员认为其关于法律程序语言的知识不足以起草通信或决定，他可以用其他的官方语言之一进行起草。他起草的文件必须由欧洲专利局译为该法律程序的语言，且译本应经该书记员或该委员会的其他成员查核。

第6条 登记处

（1）应为上诉扩大委员会设立登记处。登记官应负责履行登记处的职能。应在登记官中指定一名高级登记官。

（2）根据EPC第12条第1款所提到的主席团可向登记官委派不涉及技术或法律困难的任务，特别是关于安排查阅档案、发出口头法律程序传票和通知以及核准要求进一步处理申请的请求。

（3）登记官应向所涉委员会主席报告每项新提交上诉的可接纳性。

（4）口头法律程序和取证的记录应由登记官或委员会主席指定的其他专利局职员拟就。

第7条　口译译员的出席

如有需要，每一委员会的主席应对口头法律程序、取证或委员会评议期间的口译作出安排。

第8条　委员会构成人员的变动

（1）如果在口头法律程序之后委员会的构成人员发生了变动，应将此通知该法律程序的各当事方，经一当事方的请求应由新构成的委员会举行全新的口头法律程序。如果委员会的新成员要求举行全新的口头法律程序且其他成员表示同意，也应举行全新的口头法律程序。

（2）已作出的临时决定对每一名新成员的约束力与对其他成员的约束力相同。

（3）在委员会已达成最终的决定时，一名成员不能履责的，应由一名替代人员代替。如果委员会主席无法履责，应由在上诉委员会服务时间较长或最长的所涉委员会的成员，或者在成员服务年限相同的情况下应由较年长或最年长的成员，代表主席签署该决定。

第9条　上诉扩大委员会

如果由两名具有技术资质的成员和一名具有法律资质的成员组成的上诉委员会认为，上诉的性质要求该委员会应由三名具有技术资质的成员和两名具有法律资质的成员组成，该上诉委员会应在审查该上诉的最早阶段作出扩大该该委员会的决定。

第10条　上诉法律程序的合并

（1）如果由一个决定引发若干个上诉的提交，这些上诉应在同一个法律程序中进行考虑。

（2）如果由多个单个决定引发多个上诉的提交，且这些上诉被指定为由一个普通构成人员组成的委员会审查，经各当事方同意，该委员会可在合并的法律程序中处理这些上诉。

第11条　发回一审部门

如果一审法律程序明显有根本性瑕疵，委员会应将案件发回一审部门，除非有特殊原因显示不能这样做。

第12条　法律程序的基础

（1）上诉法律程序应基于：

（a）根据EPC第108条提交的上诉书和理由陈述书；

（b）多于一个当事方的，由一个或多个其他当事方在知晓上诉理由后4个月内提交的书面回复；

（c）由委员会发出的通信和根据委员会指示提交的对该通信的答复。

（2）上诉理由陈述书和回复应包含当事方完整的案件陈述。上诉理由陈述书和回复应清楚和准确地陈述为什么请求推翻、修改或维持被上诉的决定，并应明确地指明所依据的所有事实、论点和证据。所提到的所有文件应：

（a）作为附件提交，以该文件没有在授权、异议或上诉法律程序中提交过或没有在上述法律程序中由专利局出示过为限；

（b）在特定情况下按照委员会的指示提交。

（3）受限于EPC第113条和第116条，委员会可于提交上诉理由陈述书之后或在有多于一个当事方的情况下于（1）（b）的时限届满之后，对案件作出决定。

（4）在不影响委员会保留在一审法律程序中本应提出或没有被接纳的不可接纳的事实、证据或请求的权力的情况下，委员会应将各当事方根据（1）提出的所有内容考虑在内，只要其有关于上诉案件并符合（2）的要求。

（5）委员会可自由裁量是否例外地允许延长收到书面说明理由的请求之后的时限。

第13条　对当事方的案件陈述的修改

（1）委员会可自由裁量是否接纳和考虑当事方在提交上诉理由或回复后对其案件陈述的修改。行使该自由裁量权时应顾及（但不限于）所提交的新标的复杂性、法律程序的现有状态和程序经济的需要。

（2）其他当事方有权对委员会依职权认定不具有可接纳性的修改递交意见陈述。

（3）对于在已安排口头法律程序之后试图作出的修改，如果委员会或其他一个或多个当事方不能合理预计能在不延期口头法律程序的情况下得到处理，不得接纳该修改。

第14条　第三方介入

第12条和第13条应准用于上诉进行时发生的第三方介入。

第15条　口头法律程序

（1）如果口头法律程序将要开始，委员会可以发出通信，提请收信人注意看起来具有特殊重要性的事项或表面上不再有争议的问题这一事实，或者通信中包含可能有助于在口头法律程序中聚焦于重要问题的其他意见。

（2）在收到口头法律程序指定日期之前尽可能早的时间收到一项书面说明理由的请求后，委员会可自由裁量是否例外地允许口头法律程序日期的变动。

（3）仅因妥为传唤的且可只依据其书面案件陈述处理的一当事方缺席口头法律程序，不应迫使委员会延后法律程序的任何步骤，包括作出决定。

（4）委员会主席主持口头法律程序，确保该法律程序公平、有序和高效地进行。

（5）在口头法律程序期间准备对案件作出决定时，委员会主席应说明各当事方的最终要求并宣布辩论结束。除非委员决定重启辩论，在辩论结束后当事方不得作出任何递交。

（6）委员会应确保在口头法律程序结束时已准备好对每个案件作出决定，除非有相反的特殊原因。在口头法律程序结束前，委员会主席可以口头宣布委员会的决定。

第16条　费用

（1）受EPC第104条第1款所限，委员会可以应请求命令一个当事方支付另一个当事方的某些或全部费用，该费用包括由以下内容招致的费用，但不限制委员会自由裁量该费用：

（a）根据第13条对根据第12条第1款提交的当事方案件陈述所作的修改；

（b）时限的延长；

（c）影响及时和有效率地开展口头法律程序的作为或不作为；

（d）未遵守委员会的指示；

（e）滥用程序。

（2）命令支付的费用可以是接收方招致的全部或部分费用，且可以（但不限于）以百分比或具体数目表示。在后一种情况下，委员会的决定应是就EPC第104条第3款而言的终局决定。命令支付的费用可以包括专业代理人向当事方收取的费用、当事方自身招致的费用（不论其是否通过专业代理人行事）以及当事方支付的证人或专家费用，但仅限于必要且合理招致的费用。

第17条　给当事方的通信

（1）在法律程序的书面阶段，对有关程序事项的请求和指示进行的回复应通过通信的方式。

（2）如果委员会认为就评估实体或法律事项与当事方通信是得当的，此类通信不应以暗示委员会以任何方式受此约束的方式作出。

第18条　EPO局长发表意见的权利

在委员会开展的法律程序期间，委员会可以主动或应欧洲专利局局长书面说明理由的请求，邀请该局长书面或口头评论在委员会开展的未决法律程序过程中产生的具有普遍利益的问题。各当事方有权对该局长的评论递交意见陈述。

第19条　评议和投票

（1）如果委员会的成员并不都是持有相同的意见，委员会应会面，评议待作出的决定。只有委员会的成员可以参加评议，不过，委员会主席可授权其他高级职员出席。评议应是秘密进行的。

（2）在委员会的成员进行评议时，应首先听取书记员的意见；如另外任命了一名书记员，接下来听取另一名书记员的意见；如书记员不是委员会主席，最后听取委员会主席的意见。

（3）如有必要投票，应按相同的次序进行投票；即使委员会主席是书记员，他也要最后投票。不允许投弃权票。

第20条　偏离早前的委员会决定或偏离《指南》

（1）如果委员会认为有必要偏离早前的委员会决定中给出的对《公约》的解释，应给出该偏离的理由，除非该理由符合上诉扩大委员会的早前决定或意见。应将该委员会的决定告知欧洲专利局局长。

（2）在委员会在其决定中给出的对《公约》的解释不同于《指南》的情

况下，如果该委员会认为给出理由会让该决定更易于理解，则其应说明其这么做的理由。

第 21 条　偏离早前的上诉扩大委员会决定或意见

如果委员会认为有必要偏离早前的上诉扩大委员会意见或决定中包含的对《公约》的解释，该问题应转交上诉扩大委员会。

第 22 条　将问题转交上诉扩大委员会

（1）如果一个问题点将转交给上诉扩大委员会，所涉委员会作出大意如此的决定。

（2）该决定应包含 EPC 细则第 102 条第（a）、（b）、（c）、（d）和（f）项列明的项目以及该委员会转交上诉扩大委员会的问题点，也应说明该问题点出现的背景。

（3）应将该决定通知各当事方。

第 23 条　《程序规则》的约束性

本《程序规则》对上诉委员会具有约束力，但前提是《程序规则》不会导致不符合《公约》精神和宗旨的情形。

第 24 条　生效

根据《修改法案》第 8 条，本《程序规则》随《欧洲专利公约》的修改文本的生效而生效。

2007 年 9 月 12 日于慕尼黑
代表主席团
主席
Peter Messerli

3. 过渡规定

对2000年11月29日的EPC进行修改的法案第7条。

第7条　过渡规定

（1）修改版《公约》应适用于在其生效后提交的所有欧洲专利申请以及对所述申请授予的所有专利。该版《公约》不适用于在其生效时已授权的欧洲专利或当时未决的欧洲专利申请，除非欧洲专利组织行政委员会作出其他决定。

（2）欧洲专利组织行政委员会应不迟于2001年6月30日以代表和投票的3/4缔约国的多数票根据第1款作出决定。该决定应成为本《修改法案》不可分割的一部分。

2001年6月28日行政委员会关于对2000年11月29日的《欧洲专利公约》进行修改的法案第7条下的过渡规定的决定

欧洲专利组织行政委员会基于欧洲专利局局长的提案，考虑对2000年11月29日的《欧洲专利公约》进行修改的法案（《修改法案》）第7条第2款，考虑专利法委员会的意见，作出以下决定：

第1条

根据《修改法案》第7条第1款第二句的规定，以下过渡规定应适用于以下列出的《欧洲专利公约》已修改的新条款：

1. 第14条第（3）~（6）款、第51条、第52条、第53条、第54条第（3）款和第（4）款、第61条、第67条、第68条和第69条；第69条的解释权议定书；以及第86条、第88条、第90条、第92条、第93条、第94条、第97条、第98条、第106条、第108条、第110条、第115条、第117条、第119条、第120条、第123条、第124条、第127条、第128条、第129条、第133条、第135条、第137条和第141条，应适用于在其生效之时未决的欧洲专利申请，并适用于当时已授权的欧洲专利。然而，在所述时间之前生效版本的《公约》第54（4）条应继续适用于这些申请和专利。

2. 第65条、第99条、第101条、第103条、第104条、第105条、第105a~c条和第138条，应适用于在其生效时已授权的欧洲专利以及对当时未决的欧洲专利申请授予的欧洲专利。

3. 第54（5）条应适用于在其生效时未决的欧洲专利申请，只要还未就专利授权作出决定。

4. 第112a条应适用于自其生效之日起上诉委员会所作的决定。

5. 第121条和第122条应适用于在其生效时未决的欧洲专利申请以及当时已授权的欧洲专利，只要当时请求进一步处理或权利恢复的时限还未到期。

6. 第150～153条应适用于在其生效时未决的国际申请。然而，在所述时间之前生效版本的《公约》第154（3）条和第155（3）条应继续适用于这些申请。

第2条

根据《修改法案》第8条，本决定随《公约》的修改文本的生效而生效。

4. EPC 1973 与 EPC 2000 交叉引用列表

索引列表按主题比较了现行《公约》及其实施细则与 EPC 2000 公约及其细则的对应条文。

EPC 1973 公约：

1973 年 10 月 5 日版《关于授予欧洲专利的公约》（以下简称《公约》），《公约》文本根据《修改 EPC 第 63 条的法案》以及行政委员会决定（1978.12.21，1994.12.13，1995.12.20，1995.12.5，1998.12.10 和 2005.10.27）进行了修改。

EPC 2000 公约：

2001 年 6 月 28 日的行政委员会决定通过的《欧洲专利公约 2000》。

EPC 1973 细则：

EPC 1973 的《实施细则》，根据 2004 年 12 月 9 日的行政委员会决定最新修改。

EPC 2000 细则：

2006 年 12 月 7 日的行政委员会决定通过的 EPC 2000 的《实施细则》。

部分：

条文仅有部分内容对应。

EPC 1973 公约→EPC 2000 公约/细则

EPC 1973	EPC 2000
—	公约第 4a 条
公约第 16 条（部分）	细则第 10 条
公约第 18（1）条（部分）	细则第 10 条
公约第 52（4）条	公约第 53（c）条
公约第 54（4）条	—
公约第 54（5）条	公约第 54（4）条
—	公约第 54（5）条
公约第 61（1）条（部分）	细则第 16 条
公约第 77 条（部分）	细则第 37 条
公约第 78（2）条	细则第 38 条
公约第 79（2）、（3）条	细则第 39 条
公约第 80 条	细则第 40 条
公约第 88（1）条（部分）	细则第 53 条
公约第 91（1）~（3）条	公约第 90（3）~（5）条
公约第 91（5）条	公约第 90（5）条；细则第 60 条
公约第 92（2）条	细则第 65 条
公约第 93（2）条	细则第 68 条
公约第 94（2）、（3）条	细则第 70 条
公约第 95 条	—
公约第 96（1）条	细则第 70 条
公约第 96（2）、（3）条	公约第 94（3）、（4）条
公约第 99（3）条	细则第 75 条
公约第 99（4）、（5）条	公约第 99（3）、（4）条
公约第 102（1）、（2）条	公约第 101（2）条
公约第 102（3）条	公约第 101（3）(a) 条
公约第 105 条（部分）	细则第 89 条
—	公约第 105a ~ 105 c 条
公约第 106（2）条	细则第 98 条

公约第106（4）、（5）条	细则第97条
公约第110（2）、（3）条	细则第100（2）、（3）条
—	公约第112a条
公约第115条（部分）	细则第114条
公约第117（2）条	细则第119条
公约第117（4）~（6）条	细则第120条
公约第121（2）、（3）条	细则第135条
公约第122（2）~（5）条	细则第136条
公约第126条	—
公约第134（8）条	公约第134a条
公约第135（2）条	细则第155条
公约第136（1）、（2）条	细则第155条
公约第136（2）条	公约第135（2）、（4）条
—	公约第149a条
公约第151（1）条	细则第157条
公约第152条	细则第157条
公约第153（2）条	细则第159条
公约第154条	公约第152条
公约第155条	公约第152条
公约第156条	公约第153（1）条
公约第157（1）~（3）条	公约第153（6）、（7）条
公约第158条	公约第153（3）~（5）条
公约第159条	—
公约第160条	—
公约第160（2）条	公约第11（5）条
公约第161条	—
公约第162条	—
公约第163（1）~（4）、（6）条	公约第134（3）、（4）、（7）条
公约第163（5）、（7）条	—
公约第167条	—

EPC 1973 细则→EPC 2000 细则

—	细则第1条
—	细则第2条
细则第1条	细则第3条
细则第2条	细则第4条
细则第4条（部分）	细则第36（2）条
细则第5条	细则第5条
细则第6条	细则第6条
细则第7条	细则第7条
细则第8条	细则第8条
—	细则第10条
细则第9条	细则第11条
细则第10条	细则第12条
细则第11条	细则第13条
细则第12条	细则第9条
细则第13（1）~（3）、（5）条	细则第14条
细则第13（4）条	细则第78条
细则第14条	细则第15条
—	细则第16条
细则第15（1）、（2）条	细则第17条
细则第15（3）条	—
细则第16（1）、（2）条	细则第18条
细则第16（3）条	细则第78条
细则第17条	细则第19条
细则第18条	细则第20条
细则第19条	细则第21条
细则第20条	细则第22条
细则第21条	细则第23条
细则第22条	细则第24条
细则第23条	细则第25条
细则第23a条	—
细则第23b条	细则第26条
细则第23c条	细则第27条
细则第23d条	细则第28条
细则第23e条	细则第29条
细则第24条	细则第35条
细则第25条	细则第36条
细则第26条	细则第41条
细则第27条	细则第42条
细则第27a（1）、（4）条	细则第30条
细则第27a（2）、（3）条	—
细则第28（1）、（2）条	细则第31条
细则第28（4）、（5）条	细则第32条
细则第28（3）、（6）~（9）条	细则第33条
细则第28a条	细则第34条

细则第29条	细则第43条
细则第30条	细则第44条
细则第31条	细则第45条
细则第32条	细则第46条
细则第33条	细则第47条
细则第34条	细则第48条
细则第35条	细则第49条
细则第36条	细则第50条
细则第37条	细则第51条
细则第38（1）、（2）、（6）条	细则第52条
细则第38（3）~（5）条	细则第53条
细则第38a条	细则第54条
细则第39条	细则第55条
细则第40条	细则第57条
细则第41条	细则第57条；细则第58条
—	细则第59条
细则第42条	细则第60条
细则第43条	细则第56条
细则第44条	细则第61条
细则第44a条	细则第62条
细则第45条	细则第63条
细则第46条	细则第64条
—	细则第65条
细则第47条	细则第66条
细则第48条	细则第67条
细则第49条	细则第68条
细则第50条	细则第69条
细则第51（1）条	细则第70（2）条
细则第51（2）~（11）条	细则第71条
细则第52条	细则第72条
细则第53条	细则第73条
细则第54条	细则第74条
—	细则第75条
细则第55条	细则第76条
细则第56条	细则第77条
—	细则第78条
细则第57条	细则第79条

细则第57a条	细则第80条
细则第58（1）~（3）条	细则第81条
细则第58（4）~（8）条	细则第82条
细则第59条	细则第83条
细则第60条	细则第84条
细则第61条	细则第85条
细则第61a条	细则第86条
细则第62条	细则第87条
细则第62a条	细则第87条
细则第63条	细则第88条
—	细则第89~98条
细则第64条	细则第99条
细则第65条	细则第101条
细则第66（1）条	细则第100（1）条
细则第66（2）条	细则第102条
细则第67条	细则第103条
—	细则第104~110条
细则第68条	细则第111条
细则第69条	细则第112条
细则第70条	细则第113条
—	细则第114条
细则第71条	细则第115条
细则第71a条	细则第116条
细则第72（1）条	细则第117条
细则第72（2）条	细则第118条
细则第72（3）、（4）条	细则第119条
—	细则第120条
细则第73条	细则第121条
细则第74条	细则第122条
细则第75条	细则第123条
细则第76条	细则第124条
细则第77条	细则第125条
细则第78条	细则第126条
—	细则第127条
细则第79条	细则第128条
细则第80条	细则第129条
细则第81条	细则第130条
细则第82条	细则第125（4）条
细则第83条	细则第131条

细则第 84 条	细则第 132 条
细则第 84a 条	细则第 133 条
细则第 85 条	细则第 134 条
细则第 85a 条	—
细则第 85b 条	—
—	细则第 135 条
—	细则第 136 条
细则第 86 条	细则第 137 条
细则第 87 条	细则第 138 条
细则第 88 条	细则第 139 条
细则第 89 条	细则第 140 条
细则第 90 条	细则第 142 条
细则第 91 条	—
细则第 92 条	细则第 143 条
细则第 93 条	细则第 144 条
细则第 94 条	细则第 145 条
细则第 95 条	细则第 146 条
细则第 95a 条	细则第 147 条
细则第 96 条	—
细则第 97 条	细则第 148 条
细则第 98 条	细则第 149 条
细则第 99 条	细则第 150 条
细则第 100 条	细则第 151 条
细则第 101 条	细则第 152 条
—	细则第 153 条
细则第 102 条	细则第 154 条
—	细则第 155 条
细则第 103 条	细则第 156 条
细则第 104 条	细则第 157 条
细则第 105 条	细则第 158 条
细则第 106 条	—
细则第 107 条	细则第 159 条
细则第 108 条	细则第 160 条
细则第 109 条	细则第 161 条
细则第 110 条	细则第 162 条
细则第 111 条	细则第 163 条
细则第 112 条	细则第 164 条
—	细则第 165 条

EPC 2000 细则→EPC 1973 公约和细则

细则第 1 条	—
细则第 2 条	—
细则第 3 条	细则第 1 条
细则第 4 条	细则第 2 条
细则第 5 条	细则第 5 条
细则第 6 条	细则第 6 条
细则第 7 条	细则第 7 条
细则第 8 条	细则第 8 条
细则第 9 条	细则第 12 条
细则第 10 条	公约第 16 条；公约第 18（1）条
细则第 11 条	细则第 9 条
细则第 12 条	细则第 10 条
细则第 13 条	细则第 11 条
细则第 14 条	细则第 13（1）~（3）、（5）条
细则第 15 条	细则第 14 条
细则第 16 条	公约第 61（1）条
细则第 17 条	细则第 15（1）~（2）条
细则第 18 条	细则第 16（1）~（2）条
细则第 19 条	细则第 17 条
细则第 20 条	细则第 18 条
细则第 21 条	细则第 19 条
细则第 22 条	细则第 20 条
细则第 23 条	细则第 21 条
细则第 24 条	细则第 22 条
细则第 25 条	细则第 23 条
细则第 26 条	细则第 23b 条
细则第 27 条	细则第 23c 条
细则第 28 条	细则第 23d 条
细则第 29 条	细则第 23e 条
细则第 30 条	细则第 27a（1）、（4）条
细则第 31 条	细则第 28（1）、（2）条
细则第 32 条	细则第 28（4）、（5）条
细则第 33 条	细则第 28（3）、（6）~（9）条
细则第 34 条	细则第 28a 条
细则第 35 条	细则第 24 条
细则第 36 条	细则第 4 条；细则第 25 条

细则第37条	公约第77条
细则第38条	公约第78（2）条
细则第39条	公约第79（2）、（3）条
细则第40条	公约第80条
细则第41条	细则第26条
细则第42条	细则第27条
细则第43条	细则第29条
细则第44条	细则第30条
细则第45条	细则第31条
细则第46条	细则第32条
细则第47条	细则第33条
细则第48条	细则第34条
细则第49条	细则第35条
细则第50条	细则第36条
细则第51条	细则第37条
细则第52条	细则第38（1）、（2）、（6）条
细则第53条	细则第38（3）~（5）条
细则第54条	细则第38a条
细则第55条	细则第39条
细则第56条	细则第43条
细则第57条	公约第91（1）条；细则第40，41条
细则第58条	公约第91（1）条；细则第40，41条
细则第59条	—
细则第60条	细则第42条
细则第61条	细则第44条
细则第62条	细则第44a条
细则第63条	细则第45条
细则第64条	细则第46条
细则第65条	公约第92（2）条
细则第66条	细则第47条
细则第67条	细则第48条
细则第68条	公约第93（2）条；细则第49条
细则第69条	细则第50条
细则第70条	公约第94（2）、（3）条；公约第96（1）条；细则第51（1）条
细则第71条	细则第51（2）~（11）条
细则第72条	细则第52条
细则第73条	细则第53条
细则第74条	细则第54条
细则第75条	公约第99（3）条
细则第76条	细则第55条
细则第77条	细则第56条
细则第78条	细则第13（4）条；细则第16（3）条
细则第79条	细则第57条
细则第80条	细则第57a条
细则第81条	细则第58（1）~（3）条
细则第82条	细则第58（4）~（8）条
细则第83条	细则第59条
细则第84条	细则第60条
细则第85条	细则第61条
细则第86条	细则第61a条
细则第87条	细则第62条；细则第62a条
细则第88条	细则第63条
细则第89条	公约第105条
细则第90条	—
细则第91条	—
细则第92条	—
细则第93条	—
细则第94条	—
细则第95条	—
细则第96条	—
细则第97条	公约第106（4）、（5）条
细则第98条	公约第106（2）条
细则第99条	细则第64条
细则第100条	公约第110条（2）、（3）；细则第66（1）条
细则第101条	细则第65条
细则第102条	细则第66（2）条
细则第103条	细则第67条
细则第104条	—
细则第105条	—
细则第106条	—
细则第107条	—
细则第108条	—
细则第109条	—
细则第110~111条	细则第68条
细则第112条	细则第69条

细则第 113 条	细则第 70 条
细则第 114 条	公约第 115 条
细则第 115 条	细则第 71 条
细则第 116 条	细则第 71a 条
细则第 117 条	细则第 72（1）条
细则第 118 条	细则第 72（2）条
细则第 119 条	公约第 117（2）条；细则第 72（3）、（4）条
细则第 120 条	公约第 117（4）~（6）条
细则第 121 条	细则第 73 条
细则第 122 条	细则第 74 条
细则第 123 条	细则第 75 条
细则第 124 条	细则第 76 条
细则第 125 条	细则第 77 条；细则第 82 条
细则第 126 条	细则第 78 条
细则第 127 条	—
细则第 128 条	细则第 79 条
细则第 129 条	细则第 80 条
细则第 130 条	细则第 81 条
细则第 131 条	细则第 83 条
细则第 132 条	细则第 84 条
细则第 133 条	细则第 84a 条
细则第 134 条	细则第 85 条
细则第 135 条	公约第 121（2）、（3）条
细则第 136 条	公约第 122（2）~（5）条
细则第 137 条	细则第 86 条
细则第 138 条	细则第 87 条
细则第 139 条	细则第 88 条

细则第 140 条	细则第 89 条
细则第 141 条	公约第 124（1）条
细则第 142 条	细则第 90 条
细则第 143 条	细则第 92 条
细则第 144 条	细则第 93 条
细则第 145 条	细则第 94 条
细则第 146 条	细则第 95 条
细则第 147 条	细则第 95a 条
细则第 148 条	细则第 97 条
细则第 149 条	细则第 98 条
细则第 150 条	细则第 99 条
细则第 151 条	细则第 100 条
细则第 152 条	细则第 101 条
细则第 153 条	—
细则第 154 条	细则第 102 条
细则第 155 条	公约第 135（2）条；公约第 136（1）、（2）条
细则第 156 条	细则第 103 条
细则第 157 条	公约第 151 条（1）；公约第 152 条；细则第 104 条
细则第 158 条	细则第 105 条
细则第 159 条	公约第 153（2）条；细则第 107 条
细则第 160 条	细则第 108 条
细则第 161 条	细则第 109 条
细则第 162 条	细则第 110 条
细则第 163 条	细则第 111 条
细则第 164 条	细则第 112 条
细则第 165 条	—

5. 总体索引

A

后验
发明的单一性，295，297，298，299，300，302，305，309，310，311，313
先验
发明的单一性，297，305
文件的摘要
公众可获得性，73
解释，95
滥用
公众可获得性，68，69
明显滥用，68，69
审查法律程序，666
延迟递交，706，709，715，716
口头法律程序，455，461
证明标准，651
滥用程序，469－472，834
上诉法律程序中经修改的权利要求，900，903，905
上诉法律程序，743
费用分摊，756
审查程序，672
异议法律程序，766，767，768，804
口头法律程序，469
上诉费的退回，911
上诉委员会程序规则，1039
加快处理
未决侵权法律程序，818
偶然先占
修改，332，333
新颖性，106，107
意外披露
现有技术，106，107
赋予申请日
所提交文件的语言，645
初步和形式审查，645，647
附加费
权利恢复，525
口头法律程序延期
异议法律程序，722
给药服法
第二医学用途，140，145
行政管理协定，534，536，951
恢复权利的申请的可接纳性，494－503
证据的可接纳性，447，918
上诉的可接纳性，838－860
在时限内提起的上诉，838－860
可上诉的决定，839－842
上诉书的形式和内容，850
上诉的形式和时限，838－860
形式方面，843
受不利影响的当事方，844
异议的可接纳性，765－771
有权提出异议，765
按时提交，771
形式要求，771
异议人的同一性，772
共同异议，769
证据形式，775
多个异议，765，768
异议书，769，771，774，775，776，777，779，782，784，785
专利所有人提出的异议，766
异议费，773
异议期，776，778
程序方面，784
稻草人，767
异议的证实，774－784

发明名称，773
广告
代理人，944
美学创作，399
技术发明，1，11，15
宣誓书，547，550，561
文件年龄
创造性，214，216，217
特征聚集
创造性，197，198
农业方法，223
艾滋病病毒，234，415
所指称的优势，170
职责分配
对 EPC 解释，643
上诉的可允许性
上诉费的退回，907，909
合金组合物
公众可获得性，98
已知问题的替代方案，175
上诉法律程序中经修改的权利要求，888
异议人缺席，897
申请人缺席，896
滥用程序，900，903，905
附加检索，902
安排口头法律程序后的修改，893
当事人或代理人的变动，906
主题的变化，902
明确可允许的，890，895，897，901
复杂性，901
延期法律程序，895
从属权利要求，891
分案申请，903
行使自由裁量权，900
公平程序，893，894
最后机会，890
口头法律程序，888，889，894
程序经济，888，889，902
不利变更，904
恢复较宽泛的权利要求，904，905，906
异议部未审查的请求，890
对反对的回应，899
陈述权，894
审查程序结束后的修改，692
修改
“是否必要性”测试，352
各特征之间没有关系，322，325
摘要，315
特征的增加，327
附加的方法权利要求，318
附加检索，808
异议程序中的可接纳性，445
广告文献，345
口头法律程序之后，446
模糊的主题，339
修改的定义，317
基于错误进行的修改，342
装置发明，362
近似画法，339
参数之间的任意新联系，329
平均粒径，316
限制申请人提高自己的地位，327
生物技术发明，359
举证责任，323，330
计算错误，342
权利要求类别的变动，291，361－365
清楚性，804
组合，321
化合物的组合，322
特征的组合，318，319
单个实施例特征的组合，318
公知常识，346，348，349，371，373
冲突，366
审查法律程序中的同意，666，673，688，690

最初提交的申请的内容，315
交叉引用，341
截止时间点，356，357，358
要求保护的产品的定义，358
申请内容的定义，339
测试，348
特征的删除，327，329，347，349
含义的删除，321
说明书，315，323
现有技术的明书，344
不同系列的权利要求，316
直接且毫无疑义地可推断性，347
权利放弃，331－338，341
附图中的披露，338
分案申请，381，667
附图，315，316
技术特征的效果，346
消除矛盾之处，343
等同物，317
错误，342－344
必要特征，330，341
审查法律程序，660，662
示例，323
示例的特征，331
明确或隐含披露，350
保护的范围，359，361，362，365
特征提取，324
附图的特征，338
脚注解决方案，368
功能性特征，338，353
一般范围，350
概括，322，325，326
特征的概括，318
申请主题的概括，347
概括的特征，359
通式，321，330
化合物的一般群组，322
表示等式的图表，338
隐含披露，315，317，328
隐含特征，349
错误的结构式，342
独立名单，321
示例中披露的单个值，319
不可逃脱的陷阱，365
与其他特征相互作用，331
第三方利益，327
中位概括，324，351
国际申请，315
引入独立的特征，324
创造性的选择，327，330，331
独立的步骤，325
保护的限制，327
限制扩展，367
限制性特征，327，356
变化的特征，361
多项选择，350
消极特征，340
新范围，319，322，330，331
未披露的组合，324
非创造性的选择，328
新颖性测试，347，348，354
错误和修正的明显性，371
异议法律程序，246，247，791，797－809
具体组合，350
具体技术方案，350
前序，361
精确的附图，338
优选实施例，324
优选范围，331，350
优先权，402
优先权文件，315
制造产品的方法，364
以方法限定产品的权利要求，358，364
生产成本，328

解释《公约》第69条的议定书，356，361
引用现有技术，345
重新表述技术问题，318
重新引入已删除的特征，358
EPC第123条第（2）款与第（3）款之间的关系，366－369
库，318，350
特征库，340，357
示意性附图，339
EPC第123条第（2）款与第（3）款之间的冲突的解决方案，368
证明标准，373
结构特征，353
后续的细节增加，344－346
技术贡献，317，327
可允许性的测试，346－355
异议法律程序中的提交时间，799
译文，315，316
特征，361
未披露的等同物，324
未披露的消极特征，341
不公平的优势，327
用途权利要求，362，363
附图的值，338
从示例获得的值，322
收到欧洲检索报告后进行的修改，660
修改和权利放弃，402
向上诉委员会提交的修改，681
涉及未检索主题的修改，667
数额不足
少量，536
类似工艺
可以想象的产品，210
创造性，210
动物物种
可专利性的例外情形，36，44
动物品种
可专利性的例外情形，37
动物
可专利性的例外情形，37，44
医学方法，57
非疗法治疗，154
上诉费，854
合法期望保护，430
权利恢复，493
上诉程序，821－930
可接纳性，838－860
修改的权利要求，888－907
在时限内提起的上诉，853，888－907
可上诉的决定，839－842
被审查的论点，837
请求的约束力，828
决定宣布以后的情势变化，859
实体辩论结束，860
有权陈词案件的委员会，842
作决定过程的结束，860－862
同意异议的新理由，828
基于档案状态作决定 861
移交效力，823，829
自由裁量权，865
有权上诉，843－849
新异议理由的审查，793
详细审查的范围，822，827－838
审查的事实，836
程序公正，837
介入者应付费，721
不偏袒，826，827，837
独立程序，824
上诉委员会中期决定，862
中间修改，842，875－878
解释，877
语言，824
语言特权，627
法律性质，821，835，890

上诉书，849，850
第三方的意见陈述，826
平行诉讼，860
法律程序的各方，825，826，827
受到不利影响的当事方，844，845，847，848
可专利性要求，835－836
上诉委员会的初步意见，748
平等对待原则，826，827，837
当事方处分原则，822，827
程序经济，869，878
程序原则，825
程序声明，822
对行政法院适当的程序，873
作出决定之后的法律程序，861
公共利益，873
转给上诉扩大委员会，878－881
不利变更，828，829，830，831，832
重新表述技术问题，173
发回，862－869
对一审自由酌情决定进行复核，838
在两审中考虑争议问题的权利，868
分开的上诉，841
未作说明，847
上诉理由的陈述，854－860
异议上诉程序中审查的主题，832
重大程序违法（参见：上诉费的退回），877
移送案件后一审法律程序中止，878，881
中止的效力，634，822，846，874
终止，873－875
时限，853
撤回上诉，873－875
惩戒事项中决定的可上诉性，943
针对审查委员会和审查秘书处的决定提起的上诉，938－941
权利恢复的适用性，491－493
申请
主题的放弃，311
产生优先权，312，397－400
公开，629
作为整体的申请
披露的充分性，229，248，276，277
申请文件
语言，645
初步和形式审查，646－650
在《巴黎公约》缔约国或对该缔约国提起的申请，397
EPO自行适用EPC实施细则第142条，485
产生优先权的申请，312，397－400
指定共同专业代理人，577
费用分摊，476－477，740－763
滥用程序，756
公平，461，740－763
延迟递交，742，743，745，746
缺席口头法律程序，461，749，750，751
平等对待原则，760
在先使用，744
程序方面，760
撤回上诉，539
文本的批准，451，538，542
审查法律程序，684
申请人批准的文本，682－684
批准的专利版本
主请求和附属请求，542
陈述权，450，451－453，915
造船长的区域
公众可获得性，74，87
论点
延迟递交，716
审查的论证，837
EPC第83条和说明书的支持，245
确定不同点（新颖性），109－117
确定新颖性，64，109－117
比较每个不同项，109

组合物，113
措辞上的不同，111
价值的不同，112
区别特征，111
功能性特征，114
一般披露，111，115
必然获得的产品，114
文件的整体教导，101，110，128，131
具有方法特征的产品权利要求，116
引用第二在先文件，109
判断发明缺乏单一性，296－301
判断创造性，188－213
审查程序中判断缺乏单一性，299－301
判断在先使用，102
发明作为整体进行判断
技术发明，9
助理
权利恢复，501，507，523
拍卖，193
授权
提交，844
合法期望保护，428
代理人协会的授权，583
授权指定代理人，579－583
附属请求
口头法律程序，456，458，459，914
公众可获得，69－85
日本专利文件的摘要，74
文件的摘要，73
滥用，68，69
合金组合物，98
造船长的区域，74，87
可免费获得，71
可能性的权衡，73，86，89，290
生物材料，75
书，70，72
宣传册，72，86
举证责任，74，82，86，125
公司文件，70
公司自身的职员，77
会议，83
保密关系，79
大会，83
公开日，64，70
纯度，125
演示，79，102
毕业论文，71，85
文件，77
等同物，99
证据，73
展示，68，102
档案查阅，70
杀真菌剂，154
公众，75，298，435，436
德国专利，70
生长调节，102
隐藏的特征，104
隐含披露，131，132
隐含特征，97
与外部条件相互作用，99，104
中间产物，75，108
固有特征，99，104，153，154，159
合资协议，83
信函，81
图书馆，71，72
有限的人群，76，79
为测试日提供，81
居民，76
市场测试，82
微型芯片，102
披露错误，105
证据的性质，86
EPO 自行审查的义务，92
操作指南，71

口头披露，74，77
专利申请，72
期刊，72，88
允许公开文本，70，78
非本领域的技术人员，76，77
药理试验，93
初步证据，73，85，86
在先使用，74，78，79，80，82，85，86，87，92，102，105，107
程序违法，74
生产方法，75，125
原型，76，79，85
公开，70
公开通知，88
报价，80
口头披露的重复，74
报告，70
销售，76，102
用于试验目的进行的销售，81
选择发明，108，123
造船厂，87
小广告报纸，70
证明标准，88
标准工作小组，83
谈话，73，76
技术期刊，72
理论的可能性，69，71
不当负担，67，68，71，103，104
武器制造商，81

B

可能性的权衡
公众可获得，73，89
证据，69，86，88，89
新颖性，94，290
合法期望保护，429
披露的充分性，250
银行账户
收费，429，536
约束力
上诉程序，828，869－873
发回改写说明书，871
发回进一步审查，872
请求的约束力—禁止不利变更，828
程序规则的约束性，1031，1041
生物发明，42－49
生物材料，75
生物方法
本质上生物的方法，36，45
生物技术
生物材料的保藏，243－245
DNA，39，46，180
可专利性的例外情形，40，43
成功期望，177，178，179
可再现性，244
译文，178，183
技术人员，182，183，243
物质，225
披露的充分性，37，239－245
负责陈词案件的委员会，842
上诉委员会
前任成员，925
红利效果
创造性，173，219，221
书
公众可获得，70，72
育种方法，40，45，46，49
图书馆，43
宽泛的权利要求
权利要求的清楚性，259
创造性，203
优先权，403
现有技术，105

充分披露，247
说明书的支持，277
宣传册
公众可获得，72，86
证据，72，86
《布达佩斯条约》，245
捆绑的国家专利，698
举证责任，125，251，289，416，564－571，827
修改，330
上诉程序，571
公众可获得，74，82，86，87
披露，569，571
单方法律程序，564，569
实验，570
创造性，174，222，566
技术人员的知识，86
新颖性，566
异议程序，247，250，565，569，780，781，782
参数，569
邮寄中断，482
优先权文件，567
程序问题，468，571
以方法限定产品的权利要求，289
发明的可再现性，567
转移举证责任，569
商业资产
转移，729，731
业务分配，1026，1034

C

时限的计算，478－484
权利要求的类别，251，293，294
以方法限定产品的权利要求，291
不遵守的原因
权利恢复，496，497，498，499
权利要求类别的变化
修改，361，365
审查部的构成变化，597
异议部的构成变化，592，593，596，915
上诉委员会的构成变化，600
代理人的变化，710
权利恢复，511
口头法律程序之后的变化，446
特征部分
两部分形式权利要求，274，275
化合物，118－127，238，306，309，310，311
化学发明，117－133
创造性，202
选择发明，117－133
发明的单一性，294，295，296
化学发明和选择发明，117
民事法院
惩戒措施，943
两部分形式的权利要求，274，275
在后来的申请中要求保护在先申请中所披露的发明，412－414
权利要求，251－292
权利要求类别的变化，361，365
清楚性，250，251，252－270，804
计算机程序产品，18
从属（参见：独立权利要求），801
装置，28，251，276
形式，138，273－275
功能，277，281
独立（参见：独立权利要求），801
一部分形式权利要求，274
发明的技术特征，12，20
两部分形式权利要求，274，275
发明的单一性，296，299，303
措辞，19，140，228，251，252－261

权利要求费，291
权利恢复，504
得到说明书支持的权利要求，275
与权利要求相适应地改写说明书，279
装置权利要求，276
宽泛的权利要求，247，277
权利要求的清楚性，245
必要特征，275，276，277
保护范围，277
临时说明书，279
可再现性，276，278
子组合，276
披露的充分性，245
技术贡献，246，258，276
不当负担，278
公开的清楚性和完整性，231，239－243
权利要求的清楚性，251，252－270
没有上限或下限，268
装置权利要求，261
宽泛的权利要求，259
权利要求的类别，260
以参数表示产品特征，255
复杂性，254
权利要求的简洁性，257，270
诊断方法，259
权利放弃，262
必要特征，248，257
功能性特征，246，266
相关领域中普遍接受的含义，253
权利要求的解释，247
法律的确定性，252，253，259
测量质量的方法，254，256
多项权利要求，257
异议法律程序，246，804
方法权利要求，258，261
产品权利要求，255
附图标记，257
引用专利说明书，253，264
引用说明书或附图，256
相对质量，268，269
说明书的支持，245
瑞士型权利要求，267
商标，253，264
不当负担，254，262，263，266，270
发明的单一性，302
未指明的特征，268
用途权利要求，261
最接近的现有技术，163－170
辩论结束
决定日期，604
实体辩论结束
上诉程序，860
EPO 部门的决定，603
职业行为准则，943－944
做广告，944
职业义务 943
职业保密，944
代理人，944
组合发明
创造性，176，197－199，206
文组合件
创造性，165，201
特征组合
修改，264，318，319，321，324
创造性，199
新颖性，96，131
产品和方法特征的组合，290
现有技术文件内的组合，96
商业上的成功
创造性，214，217
商业用途
工业实用性，223，224，225
技术人员的公知常识，779
通信

模糊的，425，926
审查法律程序，441
口头法律程序，468
合法期望保护，426，434，926
陈述权，455
根据 EPC 第 94（3）条和 EPC 细则第 71（1）条的通信
特别提醒，662
根据 EPC 第 112a 条的通信，1029
根据 RPBA 第 11（1）条的通信
口头法律程序，468
根据 RPBA 第 11（2）条的通信
口头法律程序，952
根据 EPC 第 96 条的通信
审查法律程序，442，494
根据 EPC 1973 第 96 条的通信，391
根据 EPC 细则第 58（4）条的通信
异议法律程序，812
根据 EPC 细则第 69（1）条的通信，485，591
根据 EPC 1973 细则第 69（1）条的通信
合法期望保护，497
权利恢复，497，498，499，508
公司文件
公众可获得，70
公司自身的职员
公众可获得，77
比较测试
创造性，174，208，221
延迟递交，705，706
比较现有技术的每个单独项，109
权限
法律上诉委员会，632
根据 PCT 的规定法律程序上诉委员会的权限，945－946
根据 EPC 细则第 89 条更正决定的权限，620
内部作出决定过程结束，603
复杂性
延迟递交，700
组合物
工业实用性，227，228
用于生产药物的组合物，145
必要特征，294
审查部的构成，591
异议部的构成，446，609，915，925
委员会的构成，1026，1034，1036
一审主管部门的构成，591－594
产物的组成
确定新颖性，102，103，104
化合物
某些化合物的预期，119，124
功能关系，311
结构关系，311
发明的单一性，294，297
负责人
欧洲专利权利，644
计算机程序，18，19
可专利性的除外情况，16，20，188
工业实用性，223
解释，640
技术特征，5，9，20，30，188，191
计算机生成的演示文稿
口头法律程序，473
计算机实现的发明，16－25
技术考量，23
技术问题，5，22
“相同发明”的概念
优先权，419
无行为能力的概念，485
权利要求的简洁性，251，270－273
清楚性，270
同类型的独立权利要求，271
方法权利要求，270
多项权利要求，270
多余权利要求，271

用途权利要求，270
决策过程的结论，860－862
报名条件，932
申请需要满足的条件，229－251
会议
公众可获得，83
程序中断的后果，489
不支付进一步检索费的后果，**311**
法律程序合并，697，1029，1037
通过电话进行咨询，427，456，676
争议法律程序
异议法律程序，764，765，767
部分继续申请，656
避孕，56，161，227
缔约国，2，65，868，955
贡献法
技术性质，4
修正
修改，673
权限，620，650
证据，655
决定的修正
合法期望保护，428
恢复申请中的缺陷修正，502
欧洲—PCT 申请中的指定国修正，653
错误的修正，619，620
分案申请，394
专利说明书公开的技术准备，617
决定中错误的修正，616，617－622，698，840
提交文件中错误的修正，650，687
优先权声明的修正，654
化妆品
工业实用性，223
化妆品治疗
医学方法，58，59，161
用途的新颖性，161
费用，476－477
费用分摊，740－763
可能—会方法，176，177，197
可能－会方法和事后分析，176
EPO 提供的殷勤服务，510，927
合法期望保护，434
证人的可信度，554，557
确定缺乏单一性的标准，301－304
交叉上诉，832，836，877
交叉引用
修改，341
缩短传票通知时间
口头法律程序，467

D

数据处理
计算机程序，9，20
系统的技术特征，20
数据库，67
决定的日期
EPO 部门，603－605
合法期望保护，426
申请日
修改，604
分案申请，375
语言特权，626
初步和形式审查，645，651
优先权，397，400，404
合法期望保护，426
付款日，536
决定，679
可上诉的，475，839－842
约束力，606，870
修正决定的权力，620，621
审查部的构成，591
异议部的构成，591，609，915
错误的修正，617－622

决定日期，603
授予专利的决定，617
作出决定的过程，603
自由裁量权，607，620，622，666，691
决定生效，603
错误，619，620
专利授权决定中的错误，620
专利说明书中的错误，617
决定的形式，604，839
手续人员，604，606，620，621，624，925
理由不充分，918
决定的理由不充分，609，615，911，919
口头与书面决定抵触，924
中期决定，680，819－821，841，880
主请求和附属请求，607
口头法律程序的记录，618，840
缺失签名，617
预先打印的理由，919
合法期望保护，428，436
理由，295，607，917，920，921
发回改写说明书，871
代表部门成员，591，592，593
陈述权，674
决定上的签名，592，615
涉嫌偏袒，594
EPO 局长决定
无须档案查阅的文件，630
根据 EPC 第 69（2）条的决定，591
基于档案状态作出决定
审查法律程序，612，614，919
授予专利的决定，390
决定生效，697
错误，617，697
审查法律程序，691，697
具有已决事项效力的决定（参见：最终决定），842
EPO 部门的决定，590－625
决定权，590
书面法律程序，603
行政委员会关于解释问题的决定，641
异议部的决定，818－821
关于程序的声明，718
上诉程序，822
修改根据提交的申请直接且毫无疑义地可推断性，347
披露中的缺陷和错误，105
定义现有技术，64－92
公知常识的定义，66
技术人员的定义，180－184
术语“发明”的定义，3
纯度
新颖性，125，126，289
EPO 内部延期
程序违法，924
使法律程序延期
上诉程序中修改的权利要求，895
延迟递交，704，713
评议，1031，1040
邮件投递，480
延期，480，529
中断，481，530，647
权利恢复，528，530
证明
公众可获得，79，102
有权对申请作出裁决的部门，494
从属权利要求，295，834
上诉程序中修改的权利要求，891
异议法律程序，801
发明的单一性，295
生物材料的保藏，243－245
延迟递交保藏号，245
活体材料的保藏，243－245
说明书，224，225，315
创造性，170，172

发明的单一性，297，299，300，307
迫切需求
创造性，211
外观设计
创造性，200
指定局，298，302
EPO，298，313，946－950
指定费，535
分案申请，393
初步和形式审查，652
权利恢复，504
时限，483
欧洲—PCT申请中的指定
初步和形式审查，653
代理人的指定
国际申请，636
缔约国的指定
分案申请，393
受理局的指定
应有的谨慎，521
国家的指定，652－654
EPC 2000，491
初步和形式审查，652
权利恢复，491，509，654
确定一般最接近的现有技术，163
确定技术问题，170，301
确定申请人或专利所有人无行为能力，**486**
确定代理丧失能力，**486**
确定相关现有技术的内容，92－109
技术在不同方向的发展
创造性，215
偏离早前的决定，1040
移交效力，606，829
上诉程序，823
初步和形式审查，658
权利恢复，495
诊断
工业实用性，228
诊断方法，60－63
字典，66，94
毕业论文
公众可获得，85
上诉惩戒委员会，931－944
复核权力，938，939
惩戒组委会，943
惩戒组委会，epi，931
惩戒事项，564，941－943
惩戒事项中决定的可上诉性，943
惩戒措施，942
《欧洲人权公约》，942
权利放弃
偶然先占，262，332，333
修改，331－338
G 1/03之前的判例法，338
权利要求的清楚性，262
来自不同文件的特征的组合，264
定义，334，335
起草权利放弃声明，263
排除无法实施的实施例，262
创造性，208，265
权利放弃的法适用律，331
医学方法，60
新颖性，265
优先权，402
合法期望保护，333
恢复新颖性，332，336
保护范围，335
未披露的权利放弃，335
披露，224
公众可获得，92－109
清楚性和完整性，231，239－243
特征组合，96，131
有缺陷的，167
现有技术文件中的披露，92－109，128，131

附图，100，229，338
隐含，97，98，120，121，131，132，410
精确地，409
不具损害性的（参见：不具损害性的披露），68
专利说明书，111
药理试验，93
优先权，402
可再现性，107
现有技术，64，65，92－109，121，131
示例的教导，96，101
附图中的披露，338
在先申请中的披露
优先权，402，403，406
在后申请要求保护在先申请中的披露，401－412
在作为整体考虑的前一申请中披露，402
发现
技术发明，1，11，12－14
先前未知性能的发现
第二医疗用途，150
自由裁量权
上诉程序，838，865，878，894
EPO 部门的决定，607，620，622，623，920
审查法律程序，661，666，675，681，686，688，921，922
延迟递交，469，471，472，703，704，923
异议法律程序，799，923
口头法律程序，453，454，455，457，458，952
上诉费的退回，928
发回，868
自由酌情决定
复核，623，838
减免进一步检索费，**313**
区别特征，111－117
分案申请部，376
分案申请，375－395
上诉程序中修改的权利要求，903
修改，381－384，668，669
针对授予母申请专利权的决定提起的上诉，823
错误的修正，394
申请日，375，387
指定费，393
缔约国的指定，393
审查法律程序，538，668，669
提交，386－391，491
创造性，169
母申请，375，380，382，383，384，387，388，390，391，392，393
PCT 程序，947
初步和形式审查，652，653
优先权，375
程序问题，391－395
合法期望保护，435
权利恢复，491，492
分案申请的顺序，378
发明的单一性，312，668
有效性，376－379
并非以母申请的所有申请人之名提交的分案申请，638
分案申请，375
DNA，39，40，46，180，405，407，408，415，422
专利说明书或检索报告中引用的文件，717
剂量方案
第二医疗用途，141
双功能
异议法律程序，785
重复专利，384
新颖性，65
决定草案，1028，1035

附图，315，316
功能库，340
发明的单一性，299，307
应有的谨慎，509－517
申请人，517
助理，501，524
客户的真实愿望，520
受理局的指定，521
无代理人的个人申请人，518
未授权的代理人，518，523
私人邮递服务，528
专业代理人，517，518，519，521
权利恢复，496，498，507，508，509－517，530
取代助理的替代者，527
技术上合格的助理，526
案件移交，520
没有委派给手续人员的职责，624

E

容易补救的缺陷
合法期望保护，430－434，502，503，591
不支付指定费的后果，652
有效员工接替机制
权利恢复，515，517
选定局
EPO，946－950
电子提交文件，539
上诉，849
初步和形式审查，647
合法期望保护，432
权利恢复，515
发明的实施例，7，232，240
能够在优先权文件中披露，414
对映体
新颖性，124
百科全书，66，94
上诉扩大委员会，1036
有权上诉，843－849
有权提出异议，765－771
欧洲专利授权决定的生效，697
决定生效，603
账户中的支付项
收费，536
可以想象的产品
创造性，210
Epi，931
Epilady 案件
在先使用，105
EPO 作为 PCT 专利局行事，945，946－950
EPO 作为指定局或选定局，945，946，947
EPO 惩戒委员会，931，942，943
EPO 邮寄服务
决定移交，442，604，720
EPO 分局
机构事项，951
EQE 考试委员会，932，936，937，938－941
公平
费用分摊，461，740－760
收费，313，536
口头法律程序，454，461，464
上诉费的退回，907，909－912，928，929
等同物，251
修改，317，324
公众可获得，99
创造性，205
现有技术，99
误差容限和极限定义，407
判定错误
上诉费的退回，921
一审部门判定错误
上诉费的退回，615
错误，929

上诉人的地址，850
修改，342－344
计算错误，342
修正，371，851
优先权日，656
授予专利的决定，697
EPO 部门的决定，617
说明书，621
抄写错误，656
上诉人的名字，850
明显错误 621
专利公报，625，699
优先权权利要求，657
优先权声明，655
披露中的错误，342－344
欧洲专利说明书印刷版中的错误，619
促红细胞生成素，183
本质上生物的方法
可专利性的例外情形，45
欧洲—PCT 申请，945，946
法律程序的语言，949
《欧洲保障人权公约》，638，942
欧洲人权法院，531
《欧洲专利公报》，388，390，529，625，631，699，771
《欧洲专利公约》
特殊协议，397，399，400
《欧洲专利登记簿》，631－632
撤回申请，631
欧洲优先权
现有技术，65
欧洲资格考试，931，932－941
“执业资格”准则，937，941
学历资格，932，933
上诉，938－941
报名条件，932
决定中错误的修正，939
EPO 审查员，934
考试委员会，932，936，937，938－941
考试委员会，936
考试条件，934
考试秘书处，932，934，936，938－941
法律从业者，933
正当利益，941
评分，935，936
得分，939，940，941
EPO 官方语言，935
国家法规定的专利律师，933
平等对待原则，933，934，935，936
改正决定，938
陈述权，941
EQE 决定的证实，937
监事会，932
培训期，933
欧洲专利登记簿，736
欧盟
机构事项，955
证据评估，552－564
证明标准，38，40，88，89
证据，39，73，502，544－571
滥用行为，562
可接纳性，545－549，918
宣誓书，547，550，561
公众可获得，73
可能性的权衡，88，89，558－564
举证责任，74，125，330，564－571
比较测试，556
机密性，559
披露，560
证据的评估，481
实验证据，552－556
专家，546
传闻，555
创造性，174，221

证据保管，552
延迟递交，708，717
口头法律程序，444，445，447，458，467
在先使用，550，551，553，554，555，558，783
优先权，562
证明价值，554－558
权利恢复，507，508
陈述权，438，439，440，444，445，447，549
证明标准，558－564
法定声明，547
披露的充分性，250
誓词，547，557
取证，549，552－564
通话，429
不受约束的证据考量，545，552
未经宣誓的声明，547，550，562
证人，546，550，553，554，557
证人证言，559，561
医学领域创造性的证据，210
明显滥用（参见：滥用），68
发回进一步审理之后的审查，690
关于新颖性和创造性的审查，302
关于关联性的审查
延迟递交，702－704
EPO自行审查，481，836
上诉程序，832
异议法律程序，783，832
审查条件，934
审查费
审查法律程序，659
时限，489
审查被除外的主题或活动
可专利性的除外情况，4－7
审查程序，658－700
滥用程序，666，670，672
修改，662，667，681，690
收到欧洲检索报告后进行的修改，660
文本认定，682－684，690
同意修改，666，673，688，691
法律程序合并，697
授予专利的决定，682，687
自由裁量权，661，665，666，667，675，676，678，686，688，691，692，921，922
分案申请，668
专利公报中的错误，625，699
进一步修改，665
根据EPC第113（1）条的通信，672
非正式通信，676－678
各方利益，660，686，688，692，697，699
面谈，456，677
要求提交意见陈述书，661，687
语言特权，627
拒绝申请的法律依据，684
法律确定性，682
主请求和附属请求，541
国家专利法，692，698
口头法律程序，665，672，675，677
优先权，397
程序声明，682
程序原则，672
公共利益，699
审查请求，658－661
已决事项，698
实质审查再继续，690
陈述权，674，675，679，684
重大程序违法，608，666，669，673，677，679，684
实质审查，661－681
电话交谈，662，676，914
发明的单一性，299，668
未检索的主题，667
审查员
合法期望保护，429

审查部，591
权限，494，495
示例
否定创造性，211－213
合法期望原则，426
提请注意容易补救的缺陷的义务，431
现有技术，101，128
可专利性的例外情形，36－63
动物物种，36，44
动物品种，37
动物，37，44
育种方法，36，40，43，45，46，49
本质上生物的方法，45
杂交植物，43
杂交籽种，43
解释，36，38，41，43，44，45
违背道德的发明，36，37
有生命的物体，37
微生物工艺，36，44，48
欧洲社会与文明规范，39，40
公共秩序，36，37
植物细胞，44，46
植物品种，36，42，43，44，48，49
植物品种保护，43，48
植物，39，42，46，48
方法专利，43
基因工程方法，43，45，46，48
产品权利要求，10，45
以方法限定产品的权利要求，45
微生物方法的产品，44，48
立法理由，37
植物品种权规定，43，48
环境风险，39，40
选择育种，40，43，46
《保护植物新品种国际公约》，43，48
除外的国家优先权，68
可专利性的除外情况
计算机程序，188
工业实用性，50，223，224
医学方法，57，58，61，62，148
第二医学用途，153
发明的技术特征，1，2，4，5
上诉委员会成员的除外情况，1027，1034
行使自由裁量权（参见：自由裁量权）
不可接纳的，622
优先权用尽，400
展览
公众可获得，102
不具损害性的披露，68
展览优先权，399
生物技术领域的成功期望
创造性，177，178，179
专家，546
优先权文件中明确或隐含披露必要特征，404－406
事后分析，163，166，167，171－172，176，177，184
扩展
时限，479，485，522
扩展协定，953
欧洲专利的延伸，953
期限延长，480
方法限定产品型权利要求所赋予的保护扩大，291
依法延长时限，480－482
欧洲专利延伸的扩展条例，953
扩展国，954
受理处的权限范围，649
审查范围
上诉程序，827－838
保护的范围，246，251，252，277，282，284
修改，359，361，362
权利要求的措辞，366
权利要求的解释，94，287

详细审查的范围，827－838
上诉程序，882

F

事实
审查，836
程序公正
上诉程序，826，827，837，893，894
异议法律程序，789
陈述权，438，439
公平，909－912
化合物家族
现有技术，122
传真，637
特征
权利要求的清楚性，248
删除，329
必要，257，275，330，341
概括，318
缺失优先权，413－414
技术性，6，191，193
未指明，268
相对于早先的申请缺失的特征，413－414
对问题解决方案无贡献的特征，199
联邦德国宪法法院，638，938
费用减少
语言特权，625，627
EPC 第112a 条规定的复核呈请，625
收费监测系统
权利恢复，511
收费
行政协议，534，536
银行账户，429，536
付款日，536
付款通知单，534
账户中的支付项，536
公平，313，536
支付，533－535
按时支付，908
合法期望保护，432，433，434
支付目的，535
小额欠费，536
恢复权利费，496，530，532
医学领域
创造性，210
提交和上诉的可接纳性，838－860
提交和检索费
时限，647
申请的提交和证明，501
上诉程序中提交修改的权利要求，888－907
提交申请文件，646
提交优先权文件，654
提交授权书，579
提交局
机构事项，951
最终决定，593，604
财务困难
权利恢复，508
《巴黎公约》国家中的首次申请，417－420
第一医疗用途，294
新颖性，133－136
确定和推迟日期
口头法律程序，462－467
可预见的缺点或技术上非功能的修改，200
剥夺权利
口头法律程序，449，679
陈述权，443
上诉的形式和时限，849
决定的形式，605－617
权利要求的形式，273－275
手续人员
权限，494，621，624，629，784，925
查阅档案，629

错误和上诉费的退回，924
异议法律程序，629，784
根据 EPC 第 54（5）条的规定表述权利要求书
第二医疗用途，141
根据 EPC 1973 的规定表述权利要求书，138
表述技术问题，169，170，171，182，190
技术特征和非技术特征，29，170，194
新理由（参见：异议程序新异议理由），789，792
功能性特征，238，252
修改，353
确定新颖性，114
权利要求的清楚性，246，266
根据具体实例进行概括，267
用途的新颖性，150，154，156，159，160
例行试验，266，267
标准测试，268
说明书的支持，277，278
技术特征，5，30，32，35，232，267
功能相互依赖性
创造性，197，198
杀真菌剂
用途的新颖性，153
进一步要求支付附加检索费，313
相同部门的口头法律程序，458
进一步处理，484
权利丧失，590
权利恢复，490，504
时限，478－490，533，535，636，653

G

基因（参见：**DNA**），**40**
一般授权，580
一般职业义务，943
公众，185
公众可获得，75，298，435，436，437
利益，263，464，655，657，935
初步和形式审查，655
权利恢复，529
一般解释规则，93
一般限定的群组
现有技术，133
一般披露
确定新颖性，111，115
优先权，409，410
通式
新颖性，118，119，122
优先权，422，423
德国专利
公众可获得，70
祖父条款，571
异议理由
专利所有人同意，704，828
发明，721
上诉理由，1037，1038
物质群组
新颖性，118－127
生长调节
公众可获得，102
审查指南，10，162，176，180，205，397，435，612，662，670，677，686，765，808，810，813，914，937，1040
修改，359
法律状态，623
具有法律约束力，923
程序违法，923
发明的单一性，300，310，313

H

手册，186
技术人员的知识，66，94

硬件
技术性质，31
协调，640，879
假日
权利恢复，527
杂交植物
可专利性的例外情形，43
以方法限定产品的权利要求，290
杂交籽种
可专利性的例外情形，43
以方法限定产品的权利要求，290

I

发明的同一性
能够披露，414－416
优先权，400－416，420
申请人的同一性
初步和形式审查，651
疾病，144，225
口头法律程序，464
权利恢复，498，511，515，516，520，527
撤回对 EPO 法律程序异议的影响，718－719
不偏袒，826
上诉程序，826，827，837
EPO 部门的决定，594，599
EPO 的职员，596
异议法律程序，809
另见：涉嫌偏袒，594
隐含披露
修改，317，328，350
隐含特征
公众可获得，97
优先权，412
现有技术，97
后续申请的技术教导的隐含特征，412
商用工艺的改良
创造性，209
已知产品生产工艺的改良，168
性能改进
创造性，207
无力遵守时限，508－509
不可接纳的异议
陈述权，459
口头与书面决定抵触，924
错误的付款通知单，534
独立性
上诉委员会，469，952
独立权利要求，832
举证责任，273
相同类别，271
异议法律程序，273
发明的单一性，293，294，295，305
独立的交叉核对
权利恢复，516
判断工业实用性的因素，227－228
工业实用性，223－227
商业用途，223，224，225
可专利性的除外情况，50，223，224
权利要求的表述，228
指出盈利用途，225，226
物质的生产，225
医学方法，56
次要因素，227－228
工业品外观设计
优先权，398
必然结果
新颖性，97，99，102，109，114，118，121，132
非正式通信，676－678
信息
通过电话，427
错误的，425
合法期望保护，425，427，430，435

违反 EPC1973 第 123（2）条
技术问题，173
侵权法律程序，867，868
机构内部知识
现有技术，66，167
优先权日之前未公开的机构内部知识，66
破产，844
法律程序的中断，488
权利恢复，530
查阅档案，629 –630，840，1028
公众可获得，70
机密性，629，630
除外情况，630
手续人员，629
程序违法，630
机构事项，951 –956
行政协议，951
行政委员会，954
缔约国，955
欧洲共同体法院，954
扩展协定，953
欧洲专利的延伸，953
扩展条例，953
扩展国，954
传真，951
德国宪法法院，954
国家申请，954
国家法，954
时限，951
与外部条件相互作用
公众可获得，99，104
第三方利益（参见：一般公众），660
临时决定，1028，1036
中期决定，542，680，819 –821，833，842
上诉程序，841，880
异议法律程序，442，819 –821
中间修改，875 –878
权利恢复，495
上诉费的退回，876，907，928
中间化合物
发明的单一性，307
中位概括
修改，324
定义，325，326
中间产物
公众可获得，75，108
创造性，204，210
发明的单一性，295，296
国际申请
合法期望保护，431
现有技术，65，297，298，301，304，305，310
国际法院，640
国际初步审查单位（IPEA），292，298，302
发明的单一性，298，302
国际初审报告
陈述权，439，921
国际初审报告（ISA），292，297，298，302，303，313
发明的单一性，297，298，302，303，313
互联网披露，91，561
证明可获得日，91
解释，306
作为整体的文件的上下文，93，101，110
国内立法和 EPC 的不同，642
EPC，426，502，506，510，638 –643
EPC 1973，41，43，44，45
可专利性的例外情形，36，38，41，43，44，45
医学方法，62
权利恢复，521
EPC 细则第 46（1）条，312，313
发明的单一性，292
EPC 细则第 71a 条的解释和适用，469 –472

在顾及 TRIPS 的基础上解释 EPC 第 87 条，640
权利要求的解释，112，279－287
权利要求，140，153，279－287
权利要求的清楚性，247，285
说明书中术语的定义，283，284
说明书，281
附图，281
必要特征，153
专利赋予的保护范围，94，287
抵触的权利要求，286
术语的含义，280
EPC 第 69 条的相关性，282
技术特征，30
不清楚的术语，283，286，287
请求的解释
上诉程序，877
现有技术的解释，93
相关时间点，95
口译译员，1031，1036
EPC 1973 第 122 条和 EPC 1973 细则第 85（2）条之间的相关性，530
中断
邮件投递，480
法律程序的中断，488
破产，488
权利恢复，508，530
时限，478－490
介入
可接纳性，721－722
上诉程序，721
异议理由，721
侵权人，720，723
介入者的权利，720，721
异议法律程序，719
时限，722
撤回上诉，721，874
面谈，455
审查法律程序，456，673，677
固有特征
公众可获得，99，104，153，154，156，159
现有技术，99，104
引入新的权利要求、相关文件或新论据，444－446
发明
技术考量，5
违背道德的发明
可专利性的例外情形，36，37
民意调查，39
证明标准，38
转基因动物，37
转基因植物，39，40
一个总构思的创造性，306
创造性，162－222
特征聚集，197，198
指称的优点，170，221
替代方案，175
类似工艺，210
自动化，211
生物电子等排体，202
红利效果，173，219，221
宽泛的权利要求，203
化学发明，202
在几个显而易见的方案中选择一个方案，212
组合发明，176，197－199，206
文件组合，165，201
公知常识，214
比较测试，174，208，221
可能—会方法，176，177，197
优先权日，214
迫切需求，211
权利放弃，208
可以想象的产品，210

等同处，205
日常用品，187，188
生物技术领域的成功期望，177，178，179
事后分析，163，166，167，171 –172，176，177，184
对问题解决方案无贡献的特征，199
医学领域，210
表述技术问题，182，190
功能相互依赖性，197，198
商用工艺的改良，209
性能改进，207
中间产物，204，210
技术人员的知识，202
技术人员的知识水平，180，186
独占权，162
最有前景的跳板，166
最有前景的出发点，164，166
领近领域，181，184，185
已知手段的新用途，206
显而易见的新用途，207
旧的现有技术文件，168
单行道情形，220
后公布的文件，175
参数优化，208
部分问题，172，197，198，201，219
问题和解决方案方法，165，166，167，170，173，176，182，189，195，202
问题发明，170，205，210
以方法限定产品的权利要求，288，289
已知产品的生产方法，168
有目的选择，211
程序步骤颠倒，211
常规实验，178，183，212
次要因素，184，213 –222
次要因素——文件年代，214，216，217
次要因素——商业上的成功，214，217
次要因素——广告费，214
次要因素——技术在不同方向的发展，215
次要因素——许可，214
次要因素——技术偏见，201，214
次要因素——满足长期需要，214，217
次要因素——简单的方案，219
次要因素——预料不到的效果，219
次要因素——时间因素，216，217
一些显而易见的步骤，213
简单的方案，176，205
复杂技术的简化，212
技术人员（参见：技术人员），177，180 –188，190，191
解决技术问题，175，190
现有技术（参见：现有技术），190
结构相似性，164，202
材料替换，200
技术特征和非技术特征，188 –196
发明的技术特征，22，188，194
现有技术文件中的技术披露，199
技术效果，164，171，172，174，175
技术问题（参见：技术问题），170 –176，192
技术进步，162，170，171
技术上非功能性的修改，200
发明的单一性，298，299，302，306，307
伟哥，215，218
要求提交意见陈述书，443，661，687
国际专利分类，201
是否必要测试
修改，352
签发根据 EPC 第 113（1）条的进一步通信，672
证明问题，86 –92

J

日本专利代理人

权利恢复，518
日本专利文件
摘要，74，95
合资协议
公众可获得，83
管辖，625

K

技术人员的知识，66，106，108，110，125，130，714
举证责任，86
数据库，67
创造性，202
优先权，400，402，403，406，408，410，413，415，417
披露的充分性，234，235，237，240

L

语言
上诉程序，824
申请文件，645
欧洲资格考试，935
EPO的官方语言，641，646，824
法律程序的语言，824，1028，1035
欧洲—PCT申请，949
语言特权，625－628
上诉程序，627，628，824
申请日，626
审查法律程序，627
费用减少，625，627
提交专利申请，626
异议法律程序，627
译文，628
专利过期
异议上诉程序的继续，740
异议程序的继续，739
异议上诉程序的终止，739
延迟提交
权利要求，470，471，472
文件，449
新论据，463
新证据，463
口头法律程序，444－446
请求，450，470，472，921
延迟递交，700－718
滥用程序，704，705，706，709，715，716，837
加快法律程序，701
新异议理由的可接纳性，703
专利所有人同意，704
费用分摊，742，743，745，746
论点，446，447，716
代理人的变化，710，715
最接近的现有技术，704，717
比较测试，705，706，709
复杂性，700，705，707，708
反实验，709
使法律程序延期，704，713
自由裁量权，469，471，472，701，703，704，923
异议部的自由裁量权，712
禁反言，706
证据，708，717
关于关联性的审查，702－704，707，709
实验，705，715
法律程序中的公平性，701，705，706
延迟提交的合理理由，714
“延迟”的含义，701
EPO自主审查的义务，700，702，706，717
保密义务，711
异议法律程序，712－713
口头法律程序，712，716

程序经济，470，701，707
上诉委员会的法律程序，703
异议部的法律程序，703
合法期望保护，710
公共在先使用，707，709，710，711
权利恢复，507
测试的关联性，709
发回一审部门，862－869
检索报告，717，718
专利说明书，717
理由陈述书，712
上诉程序的主题，703
对同意者不构成侵害，714
讲演
公众可获得，73
法律建议，697
无记录 15/84，523
无记录 15/98，543
无记录 16/85，591
无记录 4/80，666
合法期望保护，428
法律上诉委员会
权限，632
法律行为能力，485
申请人/专利所有人，486，530
代理人，486，488
法律确定性，45，61，63，604，606，674
审查法律程序，674，682
权利要求的解释，252，253，259
通知书，637
优先权，401
程序步骤，538
权利恢复，493，500
陈述权，448
上诉程序的法律性质，821
法律部
权限，494
法律从业者登记簿，576
法律错误
权利恢复，509，510，521，523
缔约国以外国家的代理人无行为能力，488
法律从业者
欧洲资格考试，933
有权作为专业代理人行事的法律从业者，574－577
《EPO 审查指南》的法律状态，623
合法期望（参见：合法期望保护）
容易补救的缺陷，502，503
延迟递交，710
权利恢复，522
信函
公众可获得，81
知识水平
创造性，180，186
技术人员，191
披露的充分性，232
许可证
登记，631
许可
创造性，214
欧洲专利的限制，737
保护范围的限制
优先权，401
有限的人群
公众可获得，76，79
专业代理人名册，572，931，942
文献
技术性，66
论证的逻辑链条
决定，609，610
权利丧失，454，483，485，497，506，530，624，654，687
权利恢复，527
决定权，590

作为 EPC 直接后果的权利丧失
权利恢复，492，590

M

主请求和附属请求，540－544，607
审查法律程序，541
异议法律程序，543
以修改后的形式维持专利，820
出于测试的目的进行提供
公众可获得，81
补偿疏忽行为，501
居民
公众可获得，76
物质制造商
工业实用性，225
市场竞争对手，415
市场测试
公众可获得，82
马库什型权利要求
发明的单一性，309
马库什结构，118，271
数学方法
技术性质，14，30
技术发明，1，11，13
术语的含义，280
测量误差
权利要求的清楚性，253
测量方法
披露的充分性，247
医学方法，49－63
动物，57
避孕，56
化妆品治疗，58，59
诊断方法，60－63
权利放弃，60
可专利性的例外情形，50
可专利性的除外情况，57，58，61，62，147，148
工业实用性，56
法律假定，50
“疗法”的含义，55
方法权利要求，58
国家法，56
疼痛，55，56
怀孕，55
预防性治疗，55，57，59
打鼾，59
疗法和非疗法指示，57，59
治疗效果，57，58
治疗方法，55
治疗或预防效果，58
通过疗法进行治疗，55，57，58，59
兽医，50
兽医从业者，50
医疗从业者，140，147，148，228
药物
用途的新颖性，133－161
生产药物的方法，138
第二医疗用途，136－152
心智行为
技术性质，24，27，32
方法权利要求，251
美学创作，15
权利要求的清楚性，258，261
可专利性的例外情形，43
医学方法，58
用途的新颖性，138，139，152
技术性质，29
发明的单一性，293，294，305，307，308
退休金控制方法
技术特征，26
应用于私人领域的方法，227
经营商业的方法

工业实用性，223
技术性质，27
进行心智行为的方法
技术发明，1，11，25，28
游戏比赛的方法
技术发明，1，11，25
支付方法，533
公制或标准国际单位，700
微生物工艺
可专利性的例外情形，36，44，48
微生物工艺及其产品，48
微型芯片
公众可获得性，102
微生物
可专利性的例外情形，48
披露的充分性，240，242，243，244
记录，445，617，618，917
修正，475，618，840
错误，475，927
口头法律程序，453，468，474，610，823，840，1028，1036
陈述权，443
当事人的陈述，476
证人，918
缺失的附图，647，648
披露错误，105，108
误解（产生）
合法期望保护，426，428，429，431，435
技术与非技术特征混杂
技术发明，8，9，26，33
监测时限
权利恢复，507，512，514
独占权
创造性，162
用于展示的机动车
公众可获得，74
多项优先权，420－423
一项权利要求的多项优先权，421
分步式方法
微生物工艺，49

N

国家申请，954
国家法院，467，538
法律程序中止，634
国家决定
EPC 的解释，642
工业品外观设计的国家保藏，398
国家费
权利恢复，504
国家法，634，953，954
医学方法，56
权利恢复，492
欧洲专利权，644
国家局，954
国家专利法
发明的单一性，298，299
国家优先权
异议法律程序，781，798
现有技术，68
证据的性质
公众可获得，86
不超出呈请范围（参见：当事方处分原则），787
邻近技术领域
创造性，181，184，185
新提交 1029
已知手段的新用途
创造性，206
缺席
费用分摊，749
口头法律程序，447，451，457，461－462，896，897

非发明，5，10－35，188，190，191
不具损害性的披露，68
非技术特征，116
区别特征，116
新颖性，116
非疗法治疗，155，264
欧洲社会与文明规范，39，40
异议书，769，771，774，775，776，777，782，784，785
通知书，635－638
交付，637
纠纷，637
传真，637
邮政派送，637
代理人，635
文件派送时间，636
工业实用性的概念，223－227
新颖性，63－161
偶然先占，106，107
获得更高纯度，125
替代方案，115，120
宽泛范围，127
举证责任，86，125
化学化合物和化合物组，118－127
化学发明，117－133
特征组合，96，131
物质的组成，120，126，134
纯度，125，289
如何实施发明的示例，101，128
物质家族，122
第一医疗用途，133－136
功能性特征，154，156，159，160
功能上的限制，128
一般地限定的群组，133
物质群组，118－127
隐藏的事项，104，129
方法权利要求，75，87，95，107，110，114，115，118，125，128，130，131，138，139，152
多项选择，131
窄的选择，127，129，131，133
重叠范围，108，118，122，123，129，132
物质的参数，118，119，123，289
优选的数值范围，128
以部件箱形式拟备，135
以方法限定产品的权利要求，288，289
有目的选择，127，128
第二（进一步）医学用途，136－152
第二（进一步）非医学用途，152－161
参数范围的选择，118，127－133
起始物质，108，118，119，120，121，122，126
结构式，118，119，122
物质，122，134
技术效果，99，104，129，144，149，150，153，154，155，158，160
无歧义的披露，92，95，96，97，100，124
发明的单一性，298，299，302
用途权利要求，144，145，148，149，150，152
基于不同技术效果的新颖性
第二医疗用途，149
治疗应用的新颖性
第二医疗用途，144
用途的新颖性，133－161
新颖性测试
修改，347，348，354
优先权，401，402

O

附带意见，611
上诉委员会成员的反对，1027，1034
EPO 自行审查的义务

公众可获得，92
延迟递交，702，706，717
异议法律程序，789
提请注意容易补救的缺陷的义务，430－434
如不参加口头法律程序则给出通知的义务，461
保密义务
举证责任，82，87
会议，83
出于介绍的目的展示产品，79
显示发明，78
招股说明书的散发，78
明示协议，78
合资协议，83
出于测试的目的进行提供，81
市场测试，82
医疗领域，85
为获得学位而提交的论文，85
以书面形式介绍产品，80
原型，76，79，85
分包，79
默示协议，78，79，80，81，82，85
第三方的意见陈述，723
专利申请的修改，728
详细审查的范围，725
形式，727
中期决定，728
延迟递交，725
第三方的法律地位，727
性质，726
发回，729
重大程序违法，729
时限，724
显而易见的新用途，207
错误的明显性和修正，371
提供新的口头法律程序，594
正式表格，516
合法期望保护，427，428，432，581
官方语言，1028，1035
旧的现有技术文件
创造性，168
行为疏忽
权利恢复，492，501
致癌基因
可专利性的例外情形，45
披露的充分性，37
一部分或两部分形式的权利要求，274
单行道情形
创造性，220
民意调查，39
少数人持有的观点，1031
异议人地位
转移，729
提出意见的机会
审查法律程序，456，911
异议法律程序，593，811，815
陈述权，438，439，442，443，444，445，446，450，460，914，916
异议部，591
组合物，591，915，924，925
异议费，771，773
权利恢复，493
专利所有人提出的异议，437，766
异议程序，763－821
意见陈述书的可接纳性，810
稻草人的可接纳性，767
允许异议，779，785－797
修改，791，797－809
举证责任，247，250，768，780，781，782
根据EPC细则第58（4）条的通信，812
EPO的通信，629
争议的法律程序，764，765，767
从属权利要求，801
有权提出异议，765－771

证 据，731，732，733，764，767，772，779，783，789，796，817
EPO 自行审查，783
异议的范围，785，787
异议的事实框架，788，796
异议的提交，767
提出意见的进一步机会，811
异 议 理 由，774，775，777，778，780，782，787
异议人的同一性，772
不偏袒，809
独立权利要求，786，792，801，803
异议人的利益，771
中期决定，819 - 821
共同异议，769
语言特权，627
延迟递交，712 - 713
法律框架，785 - 796
主请求和附属请求，543
以修改后的形式维持专利，820
多个异议，765，768
新的异议理由，789，792，793，815
异 议 书，769，771，774，775，776，777，782，784，785
EPO 自行审查的义务，789
各方的意见陈述，444
提出意见的机会，815
异议期，776，778
当事方处分原则，764
优先权，397
程序经济，783
立法理由，301
专利撤销，818
陈述权，442，443，444，446，453，809 - 817
重大程序违法，609
异议的证实，774 - 784
发明的单一性，301
撤回异议，718
参数优化
创造性，208
口头披露
修改的权利要求，472
公众可获得，74，77
代理人的变化，465
延期理由，465
假日，465
疾病，466
口译费，476
延迟递交，471
地点，472
记录，474
新的事实和证据，469
非公开，477
延期，464
PPT 演示，473
程序经济，465
日期变更原因，466
不能出席，464
口头法律程序，453 - 477
滥用，455，461
延期，1038
上诉程序中修改的权利要求，889
费用分摊，476
附属请求，456，458，459，914
法律程序主题的变化，471
根据 RPBA 第 11（1）条的通信，468
计算机生成的演示文稿，473
缩短传票通知时间，467
审查法律程序，665，675
确定或推迟口头法律程序日期，462 - 467
前任成员，925
记 录，453，468，474，610，618，823，840，1028，1036
国家假日，465

缺席，447－451，457，461－462，896，897
日期延迟，462－467
准备与进行，462－472
日期变更原因，463
受理处，454
上诉费的退回，913
发回，459，460
代理人，464
请求，453，454，455－460，463，913
陈述权，441，444－447，454，455，461，467
相同的各方和主题，458，459
请求的措辞，456－457，459
受理部的口头法律程序，454
陪同人的口头陈词，583－589
上诉委员会前任成员的口头陈词，588
非 EPC 缔约国有资质的专利律师的口头陈词，589
公共秩序
可专利性的例外情形，36，37
个人形成的物理整体，40
证明标准，38，40
转基因动物，37，39
转基因植物，39，40
过时的技术
现有技术，168，169
重叠范围
新颖性，108，122，123，129，132

P

疼痛
医学方法，55，56
参数范围
修改，319，322，330
新颖性，118，123，127－133
参数
新颖性，119，123
母申请
发明的单一性，311
《巴黎公约》，227，397，399，640，927
部分和多项优先权，420－423
部分优先权，420－423
部分问题
创造性，172，197，198，201，219
偏袒，594
法律程序的各方
利益，825
上诉程序的程序地位，719，825
陈述权，506，825
上诉程序中的权利，825，826
受到不利影响的当事方，662，676，680，682，844
异议人，847
专利所有人，845
专利律师
代表，576
国家法规定的专利律师
欧洲资格考试，933
专利保护
技术发明，1－10
专利登记簿，841
专利说明书，773，778
错误，617－622
技术人员的知识，66
披露的充分性，230
动物和动物物种的可专利性，44
可专利性要求
分开独立，64
审查的可专利性要求
上诉程序，835－836
单方法律程序，835
可取的专利的发明，1－35
支付
按时付费，533

PCT 申请，65，167
作为现有技术的 PCT 申请，65
PCT 国际检索及初步审查指南，293，298，308，311
PCT 程序，295，300，945
上诉委员会的权限，945－946
EPO 的权限，946，947，948，949
指定国修正，946，947
分案申请，947
EPC 2000，945，947
进一步处理，947
地区阶段，945
PCT 检索指南，293，297，298，308，311，313
宽限期
EPC 第85a 条规定的收费，482
权利恢复，504
续展费，482
期刊
公众可获得，72
复核呈请，870，882，1029，1031
费用减少，625
根本的程序缺陷，887
根本违反 EPC 第113 条的规定，885
药物产品
工业实用性，228
药理试验
披露，93
植物细胞
可专利性的例外情形，44，46
植物品种
可专利性的例外情形，36，42，43，44，48，49
植物品种权
可专利性的例外情形，43，48
植物
可专利性的例外情形，39，42，46，48
多个独立权利要求，293
多个发明和进一步检索费，311－314
邮寄中断
举证责任，482
推迟申请日期
优先权，399
延期
费用分摊，753
口头法律程序，445，446，470，472，479，894，1030
后公布文件
创造性，175
前序
两部分形式权利要求，274，275
技术领域中的偏见
创造性，184，201，214
初步和形式审查，645－658
确定申请日，645，647，649，651
受理处的权限，645，649
部分继续申请，656
修正，648，649，650，651，653，655，657
优先权声明的修正，654，656
指定费，652
欧洲—PCT 申请中的指定，653
国家的指定，652－654
移交效力，658
分案申请，652，653
电子提交文件，647
错误，647，649，651，652，653
关于优先权日的错误，656
关于优先权声明的错误，654，655，657
附图中的错误，649
传真，647
提交申请文件，646
提交优先权文件，654
申请人的同一性，651
邮寄的中断，647

申请文件的语言，645
邮寄延期，647
合法期望保护，431
公共利益，655，657
申请的公开，657，658
信息呈现
技术性质，15，33，35
技术发明，1，11
EPO 局长，1029，1040
主席团，1034，1036
机构事项，952
假设
不偏袒，600
有效性，664
初步证据，73，86，416，512
平等对待原则，455，473，809－817
上诉程序，826，827
费用分摊，760
欧洲资格考试，933，934，935，936
优先权，401
权利恢复，493
陈述权，439
依据职权审查的原则（参见：EPO 自行审查的义务），700，764
诚信原则（参见：合法期望保护），430，591，662，673，676，951，953
公正原则（另见：涉嫌偏袒），594，597，599，809
合法期望原则（参见：合法期望保护原则）
当事方处分原则，723，787，822
比例原则，530
权利恢复，526，531
行使自由裁量权原则，622
优先权利要求
国家优先权，68
在先使用，423
费用分摊，744
公众可获得，74，78，79，80，82，85，86，87，102，105，107
产物的组成，102，103，104
证据，86，87
异议理由，783
信息的内容，102
延迟递交，707，709，710，711
EPO 自行审查的义务，92
现有技术，74，85，86，87，102，105，107
证实，782
优先权，397－423
修改，402
产生优先权的申请，397－400
相同发明的概念，419
申请日，397，400，404
极限定义，407
不同的优先权，421
不同范围，408
优先权文件中对必要特征的披露，402，404，405，406，414
根据 EPC 第 123（2）EPC 条的披露测试，401，402，410
分案申请，375，400
能够在优先权文件中披露，414，416
误差容限，407
审查法律程序，397
优先权用尽，400
展览优先权，399
相对于早先的申请缺失的特征，413－414
一般披露，409，410
通式，422，423
申请人的同一性，419
发明的同一性，400－416，420
隐含披露，401，410
技术教导的隐含特征，412
工业品外观设计，398－399
保护范围的限制，401

多次行使优先权，399
一项权利要求的多项优先权，420－423
新颖性测试，401，402
核苷酸和氨基酸序列，410
必要特征的省略，414
非必要特征的省略，413
异议法律程序，397
部分和多项优先权，420－423
推迟申请日期，399
早先的申请，412－414，420
优先权日，397，423
在优先权间隔期间公开，420
申请人或其所有权继任者的优先权，398
相同发明，400，401，409，411，418，421
选择发明，410
技术人员，403，408
糖果判决，401，404
现有技术，420
披露的充分性，415，418
瑞士专利法，399
教导，406
时限，478，654
实用新型，398
优先权日，235，397，423
创造性，214
优先权声明
初步和形式审查中的错误，654
优先权文件，315，403，404－406，407，413，414，422，423
披露，404，409，413，414，415
查阅档案，629
优先权间隔，422
优先权期限
权利恢复，490
优先权测试，403，413
问题和解决方案方法
创造性，162，163，165，166，167，170，173，176，182，189，195，202
发明的单一性，294，301，303
问题发明，170，205，210，305
程序经济，650
上诉程序中修改的权利要求，888，889，902
上诉程序，869，878
审查法律程序，665
根本法定权利，930
延迟递交，470，701，707，837
口头法律程序，454，457，473
权利恢复，494
发回，868
陈述权，450
上诉委员会程序规则，1038
程序原则，244，425－644，868，878，930
上诉程序，822，826，836
缔约国，467，493
口头法律程序，453
程序问题，391－395，625－638
举证责任，468
当事方的程序地位，825－827
程序步骤，537－544
滥用程序，540
法律的确定性，538
由专业代理人之外的人员执行，574
签名，539
重大程序违法，539，541，542，543，948
程序违法，456，459，475，912－928
上诉程序，867，877
通信，915
根据档案状态作出决定，919
EPO部门的决定，591，593，597，606，607，608，609，610，616，623，911
定义，912
EPO内部延期，924
决定草案，924

误判，914，921
审查法律程序，397，666，669，673，677，679
行使其自由裁量权，916
档案查阅，630
上诉委员会前任成员，925
审查指南，923
手续人员的错误，924
提出意见的机会，916
异议法律程序，397
当事方自身责任，917
决定的理由，466
受理处，454
权利恢复，494
上诉费的退回，907，912－928
发回，923
陈述权，438，440，446，451，452，453，470，610，676，810，914
单一理由，920
证人，918
上诉惩戒委员会的法律程序，931－944
EPO 法律程序，645－658
方法专利
可专利性的例外情形，43
通过方法直接获得的产品，287
产品权利要求，251，252
美学创作，15
可专利性的例外情形，10，45
技术性质，29
发明的单一性，293，294
具有方法特征的产品权利要求
确定新颖性，116
具有目的特征的产品权利要求
确定新颖性，161
产品参数
新颖性，118，119，289
以方法限定产品的权利要求，119，287－291
修改，290，358，364
抗体，290
举证责任，289
权利要求的类别，45，291
要求保护的产品无法以其他方式描述，290
产品和方法特征的组合，290
可专利性的例外情形，45
保护的范围，291
杂交植物，290
杂交籽种，290
创造性，288，289
新颖性，288，289
通过方法获得的产品，45
产品必须可授予专利权的要求，288
生产方法
公众可获得，75，125
已知产品的生产方法
创造性，168
通过方法获得的产品
直接地获得，287
隐含披露，97
微生物方法的产品
可专利性的例外情形，44，48
专业代理人，470，486，572－574
在过渡期，573
上诉委员会程序规则，1039
职业保密，944
计算机程序
技术发明，1，11
预防性治疗
医学方法，55，57，58，59
合法期望保护，425－438
交流的模糊性，926
决定的修正，428
EPO 提供的殷勤服务，434
EPO 部门的决定，425，591，609
上诉扩大委员会作出的决定，426

怀疑，426
容易补救的缺陷，430-434，591
电子提交文件，432
既定实践做法，426，436
欧洲PCT法律程序，425，436
审查员，429
单方法律程序，425
收费，430，432，433，434
信息，425，427，430
多方法律程序，425
法律建议，428
原则的限制，428
误解，431
正式表格，427
官方声明，426
口头协议，429
当事方自身责任，430，433
初步和形式审查，431
权利恢复，430，433
上诉费的退回，909，910
证明的要求，429
上诉委员会的单个决定，426，435，436
来源，426
过渡期，437
抗议程序
EPC 2000，945
复核机构，300，945，946
《公约》第69条的解释权议定书，234，284，356，361，805
原型，76，79，85
临时意见
陈述权，446，816
国际公法，638
公开
公众可获得，64，70，781
提及授权，390，633，823
欧洲专利说明书，772
申请的公开
初步和形式审查，657，658
在优先权间隔期间公开，420
公开通知
公众可获得，88
用途
第二（进一步）非医学用途，160，161
支付目的
收费，535
与目的有关的产品权利要求
新颖性，134，137

R

书记员，1027，1028，1031，1035，1040
判决理由
约束力，869，872
决定，664，690
立法理由
可专利性的例外情形，37
异议法律程序，301
合理的成功期望（参见：成功期望），178
决定的理由，607
陈述权，438，446，447，448，914
受理处，394
权限，643
口头法律程序，454
权利恢复，454，490
附加费，525
申请的可接纳性，494-503
美国代理人，497，517，523，525
上诉，493
PCT第48（2）a）条，505
助理，501，507，523
不遵守的原因，496，497，498，499
代理人的变化，511
权利要求费，504

根据 EPC 1973 细则第 69（1）条的通信，497，498，499，508
中间修改的权限，495
上诉委员会的权限，495
请求的缺陷，502
邮件投递，528，530
指定费，504
国家的指定，491，509，654
移交效力，495
分案申请，491，492
应有的谨慎，496，498，508，509，513，514，530
有效员工接替机制，512，515，517
电子提交文件，515
EPC 2000，490 – 491，495，504
专利局的错误，533
证据，502，507，508，524
收费监测系统，511
恢复权利费，496
财务困难，508
进一步处理，490，504
假日，527
疾病，498，511，515，516，520，527
独立的交叉核对，516，532
破产，530
EPC 的解释，521
法律程序的中断，508，530
日本专利代理人，518
大事务所/公司，516，517
延迟递交，507
法律确定性，493，500
法律错误，509，510，521，523
视为通知的法律假定，499
权利丧失，492，527，590
申请的法律理据，502，507 – 529
监测时限，507，512，514
国家基本费，504
国家法，492
行为疏忽，492，501
异议费，493
异议期，493
法律程序的各方，506
除外的 PCT 时限，504，948
宽限期，504
EPC 第 112a 条规定的复核呈请，496
平等对待原则，493
比例原则，517，526，530 – 532
优先权期限，490，496，503
程序经济，494
合法期望保护，430 – 434，436，502，522
公众保护，505
公共利益，491，529
专利登记簿中的引用，529
收费退还，532
续展费支付代理所，498
续展费，498，508，511，519，520
代理人，497，513
代理人的责任，527，528
陈述权，507
使用权，529
检索费，504
小企业/公司，514，515
上诉理由的陈述，492，495，501，509，513，521
重大程序违法，494
监督助理，513，514，524，526，528
时限监测系统，510，511，512，513，515，516，522，523
策略考量，509
收购，511
上诉时限，493
请求进一步处理的时限，504
时限，491，495 – 500，502，505，508 – 509，514，521，876

除外的时限，503 - 505
转移，499，632
引用公知常识，403
转给上诉扩大委员会，17，20，145，297，302，311，435，878 - 881
上诉委员会程序规则，1041
转给《欧共体条约》下的欧洲共同体法院的移送案件——EPO 上诉委员会的法律地位，954
不利变更
上诉程序中修改的权利要求，904
上诉程序，828，829，830，831，832
重新表述技术问题，171，172，194，195，318
否决欧洲专利申请（EPC 1973 第 97（1）条），679
否决口头法律程序，454
法律从业者登记簿，575
授权，576
法律部的权限，576
专利登记簿，631 - 632
登记官
合法期望保护，427，428，431，522，523
上诉委员会程序规则，1035
上诉扩大委员会程序规则，1028
许可证登记，631
植物品种权规定
可专利性的例外情形，43，48
上诉费的退回，826，907 - 930
没有提出请求，908
允许上诉，907，909
仅部分允许的上诉，909
上诉委员会的权限，928
手续人员的权限，925
异议部的构成，593
条件，908，909
自由裁量权，928
上诉的存在和可接纳性之间的区别，908
决定草案，924
公平，907 - 912，929
误判，914，921
一审部门误判，615
审查法律程序，616
行使其自由裁量权，915，916
提交请求，928
手续人员无权，925
上诉委员会前任成员，925
上诉的不可接纳性，908，909
理由不完备，921
中间修改，876，907，928
合法期望，909
缺失收据，913
偏袒，910
口头法律程序，913
合法期望保护，910
陈述权，454，914，929
上诉理由的陈述，909
重大程序违法，616，876，877，907，912 - 928
中止的效力，923
撤回上诉，908，909，910
EPC 第 123 条第（2）款和第（3）款之间的关系，366 - 369
EPC 第 83 条和第 84 条之间的关系，245 - 250
发回，744，817，862 - 869，870，871，1037
上诉程序，862，864 865
行使其自由裁量权，868
口头法律程序，459，460
法律程序再继续，460
重大程序违法，593，867，923
续展费
权利恢复，498，508，511，519，520
时限，483，490
代理人，571 - 590
律师，575

在缔约国内有住所或营业所的申请人，572
代理人组织，583
授权，575，576，577，579－583
共同异议人，578
共同专业代理人，577－579
技术专家所进行的披露，585
自由裁量权，577，584
发明人与专利所有人之间的区别，586
权力范围，581
提交授权书，579
上诉委员会前任成员，588
一般授权，580
祖父条款，571
共同上诉，578
共同异议，578
法律从业者，574－577
专业代理人名册，572，574，575
多个异议人，770
国家法，576
国家专利局，575
发给申请人的官方通信，580
口头法律程序，464，584
陪同人的口头陈词，583－589
非 EPC 缔约国专利律师的口头陈词，589
专利律师，576
无权人员，579
营业地，577
程序步骤，574
专业代理人，572－574
合法期望保护，581
法律从业者登记簿，575
分授权，582
过渡期，573

代理人

广告，944
美国，517
指定共同的，844
协会，583
授权，498，844
共同专业代理人，844
共同代理人，577
惩戒措施（参见：惩戒措施），943
技术专家所作的披露，585
权力范围，580
无效行为，579
法律从业者，574，933
专业代理人名册，574，931，932
非 EPC 缔约国—法律行为能力，488
通知书，635
发给申请人的官方通信，580
由另外的人执行的程序步骤，573，574
权利恢复，497，513

可再现性，230，231

生物技术，244
得到说明书支持的权利要求，246，278
工业实用性，224
后公布文件，238
现有技术，99，103，104，106，107，108
披露的充分性，229，234，236，242，244，250
不当负担，99，103，104，236，249

请求

没有澄清，426，452，459
进一步的口头法律程序，458
错误解释，451
口头法律程序，453，454，455－460，463，665，675，677，913
专利撤销，448，737
电话交谈，471

审查请求

审查法律程序，658－661

口头法律程序请求，455－460

放弃，458
怀疑，459

新引用，458
发回，460
陈述权，444，675，677
撤回口头法律程序请求，457
已决事项，619，722，842，870，877，881
审查法律程序，698
研究
生物技术，178，183，184
EPC 第167（2）（a）条规定的保留，798
复核一审部门的自由裁量决定，838
复核法律程序，1026
修订法案
EPC，650
专利撤销，830
上诉程序，737
异议法律程序，445，737，818
撤销法律程序，493
革命性的发明
工业实用性，224
决定权
EPO 部门的决定，590
欧洲专利权，643，651
陈述权，438－453，826
上诉程序中修改的权利要求，894
清楚的请求，451
异议部的构成，446
EPO 部门的决定，610
欧洲资格考试，941
证据，438，439，440，444，445，447
审查法律程序，442，443，444，445，453，679
时限届满，442
公平程序，438，439
最终决定，443
没收，443，679
不可接纳的异议，459
国际初审报告，439，921
请求的解释，684
法律确定性，448
记录，443
新理由，448
各方的意见陈述，444
提出意见的机会，438，439，442，443，444，445，446，450，460，914，916
异议法律程序，442，443，444，446，453，809－817
口头法律程序，441－447，452，454，455，461，467
请求的顺序，452，453
专利以经同意的文本形式，450，451－453，915
平等对待原则，439
程序经济，450
程序违法，438，440，446，451，452，453，470，675，679，684
异议法律程序中的临时意见，816
决定的理由，438，446，447，914
权利恢复，507
上诉费的退回，454，914，929
口头法律程序请求，444
单一通信，443
决定的时间，442，924
证人，918
证人声明，439
参加口头法律程序的权利，444，453－455，459，665
根据 EPC 第107条规定的当事方权利，826
使用权
权利恢复，529
环境风险，39，40
常规实验
创造性，178，183，212
所有 EPO 法律程序的共同规则，425－438
上诉委员会程序规则，595，1033
上诉程序中修改的权利要求，889

机构事项，952
延迟递交，701
上诉扩大委员会程序规则，1025
官方语言，1028
收费规则，312，533－537
时限，479

S

销售
公众可获得，76，102
出于测试的目的进行出售
公众可获得，81
相同目的或效果，164
满足长期需要，217
创造性，214，217
科学理论
技术发明，1，11，12－14
权利要求的范围
说明书的支持，277
检索费
权利恢复，504
发明的单一性，292，299，300，301，311－314，668
检索报告，659，660，745
发明的单一性，298，300，311，312
第二（或进一步）医疗用途，136－152，294
给药方案，140，144，145
疗法申请的概念，141，144，145，148
医疗器械，140，150
给药模式，149
新颖性，144
第二（或进一步）非医疗用途，152－161
上诉扩大委员会，152
新颖性，152－161
次要因素（另见：创造性），184，201，213－222
工业实用性，227－228
保密
查阅档案，629，630
不具损害性的披露，69
从一般披露进行选择，409
选择发明，108，115，117－133
选择最有前景的出发点，166
选择参数范围，127－133
选择育种，40，43，46
自相矛盾，99
欧洲优先权，65
造船厂
公众可获得，87
签名，539，774
EPO 部门的决定，592，615，617
关于决定，615
未作说明
口头法律程序，457
技术问题的相似性，165
简单的方案
创造性，176，205，219
复杂技术的简化
创造性，212
一个总的发明构思
发明的单一性，293，297，301，303，304－311
技术人员，31，180－184，251，306
生物技术，182，183，243
计算机实现的发明，184
创造性，163，177，180－188，190，191，198，205，214
知识水平，66，186，191
优先权，403，408
现有技术，66，93，97，106
披露的充分性，186，224，235，236，240，246
专家团队，180－184，192
小额欠费，536

小企业/公司
权利恢复，514，515
糖果判决
优先权，401
软件
技术性质，5，24
证明标准
修改，373
公众可获得，88
标准工作小组
公众可获得，83
起始物质，108，118，119，120，121，122，126，128，295
现有技术
意外披露，106，107
宽泛的权利要求，105
现有技术文件内的组合，96
内容，92－109
限定，64－92
确定最接近的，163，168
披露，64，65，92－109，121
附图，100
等同物，99
欧洲优先权，65
示例，101，128
一般解释规则，93
一般地限定的群组，133
隐含特征，97
机构内部知识，66，167
国际申请，65，297，298，301，304，305，306，307，310
固有特征，99，104
创造性，163－170
延迟递交，704，717
披露错误，105，108
最有前景的出发点，165
国家优先权，68
不具损害性的披露，68
过时的技术，168，169
重叠范围，108，129，132
PCT申请，65
在先使用，74，85，86，87，92，102，105，107
优先权，420
上诉费的退回，922
相关时间点，64
可再现性，99，103，104，106，107
相同目的，164，167
选择发明，108
技术问题的相似性，106，107
两部分形式权利要求，275
无歧义的披露，92，95，96，97，100，124
现有技术（另见：公众可获得），64，69，190
目的陈述
第二医疗用途，150
第三方的陈述，1029
法定声明，547
干细胞培养物
可专利性的例外情形，41
稻草人
异议法律程序，767
结构相似性
创造性，164，202
分授权，582
审查的主题
异议上诉程序，832
重大程序违法（参见：程序违法），877，912－928
EQE决定的证实，937
申请的实质审查，661－681
材料替换——类似使用，200
所有权继任者
优先权，398
披露的充分性，108，224，229－251

作为整体的申请，229，248，276，277
公众可获得，231
可能性的权衡，250
生物技术，37，239－245
宽泛的权利要求，233，247
机会，242
公开的清楚性和完整性，239－243
技术人员的公知常识，229，230，234，235，237，240
证据，224，250
发明的示例，231，241，242，251
发明的基本范围，235，248，250
技术人员的知识，186，229－231
测量方法，247
微生物，240，242，243，244
致癌基因，37
参数，247
专利说明书，230
优先权，235，415，418
引用另一文件，230，231
EPC 第 83～84 条之间的关系，245－250
申请的关联部分，229
可再现性，229，234，236，242，244，250
说明书的支持，245
技术文献，230
不当负担，236，241，244
口头法律程序传唤，894，1028，1036
监督
助理，513，514，524，525
预料不到的效果
红利效果，219
创造性，219
专利放弃，739，833
涉嫌偏袒，594－603，840，925
转给扩大委员会之后一审法律程序中止，881
法律程序中止，825，881
中止的效力
上诉程序，634，822
上诉费的退回，923
瑞士型权利要求，136，138，140，141，143，148，149，151，155，237
瑞士
专利法，68
誓词，547，557
时限监测系统
权利恢复，510，511，512，513，515，516，522，523

T

公司收购
权利恢复，511
进行记录，474
谈话
公众可获得，73，76
示例的教导
公众可获得，96
专家团队，180－184，192
技术特征和非技术特征，170
计算机实现的发明，9
创造性，188－196
技术性质，26
技术效果，191，192，193
发明的技术性质，223
权利要求，12
计算机程序，20，30
计算机实现的发明，188，191
必要条件，2
可专利性的除外情况，2，4，5
创造性，22，188，194
非技术信息，26
信息呈现，15，33，35
技术特征和非技术特征，26

技术效果，5，10
技术发明，3，7
技术问题，5，15
文字处理，30
技术贡献，4，10，33，34，176，223，317，327－331
特征的增加或删减，327
计算机实现的发明，21
创造性，162
现有技术文件中的技术披露，199
技术效果
创造性，164，171，172，174，175
新颖性，99，104，129，144，149，150，153，154，155，158，160
可取得专利的发明，20
技术特征和非技术特征，8，191，192，193
技术特征，5，10，15
技术专家
口头披露，585，586
技术特征
定义，252
技术发明，1－10
发明的技术性质，3，7
技术考量，31
文字处理，30
技术刊物，187
公众可获得，72，88
技术偏见，214
技术问题，170－176
已知问题的替代方案，175
虚构的技术上不切实际的，172
计算机实现的发明，5，19，22
技术问题的确定，170
表述，29，169，170，171，182，194
违反 EPC 1973 第 123（2）条，173
创造性，162，163，192
经营商业的方法，28
信息呈现，34
重新陈述技术问题，171，172，194，195
技术问题的相似性，165
技术性质，5，15
发明的单一性，295，297，301，302，304，307，309
文字处理，30
技术进步
创造性，162，170，171
发明之间的技术关系，308
技术教导（参见：教导），246
技术上非功能性的修改
创造性，200
电传，528
合法期望保护，433
电话交谈
审查法律程序，614，618，673，676，914
上诉程序的终止，873－875
异议上诉程序的终止，739
专利过期，739
判断是否允许修改的测试，346－355
教科书
披露的充分性，186，230
治疗效果
医学方法，57，58，59
治疗方法
医学方法，55
上诉时限
不具损害性的，428
权利恢复，493
时限，478－490，951
EPO 自行适用 EPC 实施细则第 142 条，485
计算，478－484，500，521，530
程序中断的后果，489
指定费，483
EPC 2000，479
审查费，489

到期日，478
延伸，479，480 -482，485，522，1039
假定遵守缴费时限，482 -484
提交和检索费，647
进一步处理，478 -490，636，653
邮寄的中断，480
法律程序的中断，478 -490
因为破产而中断法律程序，488
法律行为能力，485
国家假日，483
不可展期，441
宽限期，482 -484，948
在缔约国外邮寄中断，481
优先权，478，654
权利恢复，491，495 -500，502，503，505，508 -509，514，521，876
进一步处理费的退回，485
续展费，483，490
上诉委员会程序规则，1038，1039
收费规则，479
时限开始，478，496
翻译，628
发明名称，773
商标
权利要求的清楚性，253
转移
欧洲专利登记簿，631
权利恢复，499，632
异议人地位转移，729
证据，731，732，733，736
商标登记簿，736
概括继承，730，733，734，736，737
有效性，734
当事方地位转移，736
转基因动物，37，39，44，45
转基因植物，39，40，43，46，48，49
过渡性条款，483，484，1043
翻译，316，627，645，727，853
国际申请，315
语言特权，628
上诉费的退回，908
时限，628
筹备文件
EPC，488，639
发明的单一性，301
通过疗法进行治疗
医学方法，55，57，58，59
TRIPS，7，50，397，639 -641，868，927
与贸易有关的知识产权协定，639
对决定的司法审查，639

U

《英国专利案》
欧洲专利权，643，644
不当负担
公众可获得，67，68，71，103，104
生物技术，244
权利要求的清楚性，254，262，263，266，270
权利要求的简洁性，270
技术人员的知识，67，68
披露的充分性，236，241，244
说明书的支持，278
单一的主题
制造工艺和产品，308
筛选方法和产品，308
不同类型权利要求的内容统一，293
发明的单一性，292 -314
后验，295，297，298，299，300，302，305，309，310，313
先验，297，305
PCT 行政规程，297
化学发明，294，295，296

权利要求的清楚性，302
技术合作委员会，298
从属权利要求，295
分案申请，312
审查法律程序，299，668
化合物的功能关系，311
独立权利要求，293，294，295，305
中间化合物，307
中间产物，295，296
国际初步审查单位（IPEA），298，302
国际初审报告（ISA），297，298，302，303，313
创造性，306
创造性，172，298，299，302，306，307
马库什型权利要求，309
国家专利法，298，299
新颖性，298，299，302
异议法律程序，301
母申请，311
问题和解决方案方法，294，301，303
方法权利要求，294，305，307，308
产品权利要求，293，294
检索费，292，297，299，300，301，311－314
检索报告，298，300，311，312，668
一个总的发明构思，292，293，296，297，301，303，304－311
化合物的结构关系，311
技术问题，295，297，301，302，304，306，307，309
技术关系，293，296，297，302，303，305，306，307，308，309，310
筹备文件，301
用途权利要求，293，294
限定替代方案的单个权利要求的单一性（参见：马库什型权利要求），309
欧洲专利申请的单一性，638
概括继承
异议法律程序，730，733，734，736，737
《保护植物新品种国际公约》
可专利性的例外情形，43，48
用途
新颖性，104，145
用途权利要求，251，261
修改，362，363
工业实用性，228
用途的新颖性，144，148，149，150，152
发明的单一性，293，294
实用新型
优先权，398，421

V

蒸发器
公众可获得，102
前后行为矛盾
合法期望保护，427，434
兽医
医学方法，50
伟哥
创造性，215，218
《维也纳条约法公约》，638，641，728
对同意者不构成侵害
延迟递交，714

W

撤回口头法律程序请求，457
费用分摊，753
撤回上诉，873
费用分摊，757
介入，874
上诉费的退回，908
撤回申请
检索费，503